陇上学人

LONGSHANG
XUEREN

陇上学人

王福生　马廷旭　主编

甘肃人民出版社

图书在版编目（ＣＩＰ）数据

陇上学人 / 王福生,马廷旭主编. -- 兰州 ：甘肃
人民出版社，2023.4
　ISBN 978-7-226-05910-4

　Ⅰ. ①陇… Ⅱ. ①王… ②马… Ⅲ. ①社会文学－文
集 Ⅳ. ①C53

中国版本图书馆CIP数据核字(2022)第228215号

责任编辑：王建华

封面设计：雷们起

陇上学人

王福生　　马廷旭　主编

甘肃人民出版社出版发行

（730030　兰州市读者大道 568 号）

甘肃新华印刷厂印刷

开本889毫米×1194毫米　1/16　插页4　印张67　字数1311千

2023年4月第1版　　2023年4月第1次印刷

印数：1~500

ISBN 978-7-226-05910-4　　　定价：360.00元

前　言

汇萃百位学者，赓续陇上文脉。在《陇上学人文存》十辑 100 卷书目出齐之际，这部集中介绍《文存》百卷百位卷主的《陇上学人》也与大家见面了。它荣耀，因为它是甘肃当代学术史上的凌烟阁；它厚重，因为它承载了陇上几代学人的求索历程。对于甘肃人文社会科学发展史而言，它自身也是一件十分有纪念意义的事情。

在 2009 年纪念中华人民共和国成立 60 周年之际，为全面检阅和充分展示 1949 年以来甘肃人文社会科学领域取得的重要成就，在甘肃省委宣传部领导下，甘肃省社会科学院创意策划了《陇上学人文存》这一全省重大文化建设项目，并承担了编辑出版任务。《文存》以代表性学者及其代表性成果作为主要入选标准，遴选中华人民共和国成立以来，甘肃人文社会科学各个学科成就卓越的专家学者及其代表性著作，或标时代之识，或补学科之白，或为学问之精，或开风气之先，均足以存当代而传后世。通过一人一卷的个案文选形式，承载陇上学问之精华，展现陇上学术思想史之筋骨脉络，彰显陇上文化之精气神，为后代学者树立治学标杆。

经历 15 年的持续努力，伴随《文存》每辑十卷共百卷的持续编辑出版，已在全国文化学术界，尤其是在社会科学系统产生了较大影响。同时，在引领陇上后代学人们上下求索，形成"研究前人、学习前人、继承前人、传承陇上学脉、繁荣陇上学术"等方面，发挥着越来越大的作用，成为华夏文明传承创新区建设的著名文化品牌。至此，读者集团和社会科学院认为，有必要对这百位学者集中进行隆重推介，为《文存》工作画上阶段性的句号，遂共同编辑出版《陇上学人》这样一本人物谱，希望以前代学人的赤子之心和精神风范，激励青年学子求索进步，引领陇上学术继续创新发展。

甘肃作为华夏文明的重要发祥地，历史上人文领域有众多优秀学者。对《陇上学人》未能录入的优秀学者，将在《文存》第十一辑及之后各辑陆续选择入卷，并予以介绍。

王福生

2022 年 7 月

目 录

哲 学

经济学

历史学

敦煌学

文学艺术

语言文字

教育学

洪毅然

　　洪毅然（1913—1989），原名洪徵（音：zhēng）厚，字季远，号达人。四川达县人。20世纪中国著名马克思主义美学家、艺术理论家和艺术教育家。

　　1927年春，洪先生赴成都入四川美术专门学校普通师范科，开始正式学习绘画。1931年秋，考入国立杭州艺专（现为中国美术学院）绘画系，专攻素描与油画。其间广泛涉猎西方、苏联乃至印度等国哲学、艺术学等流派学说，受其影响，逐渐由绘画实践转向艺术理论、哲学、美学探索的道路。1937年艺专毕业，先后任教于西南美专分校、成都南虹工艺学校、四川省立艺术专科学校等。1948年，在四川省立艺术专科学校第一次做美学学术公开演讲，初步阐述了自己的美学基本观点，以此为起点，逐渐步入美学殿堂。1949年5月，洪先生第一本美学专著《新美学评论》问世，这本书为他以后的美学研究奠定了良好的基础。中华人民共和国成立以来，历任西北师范学院美术系副教授、教授。兼任中华全国美学学会理事、中国美术家协会会员、甘肃省美术家协会副主席、甘肃省美学学会会长、甘肃省五届人大常委、甘肃省五届政协委员、中国民主同盟甘肃省委常委等职。出版发行的主要美学著作有《美学论辩》（上海人民出版社，1958年11月）、《大众美学》（陕西人民出版社，1981年7月）、《新美学纲要》（青海人民出版社，1982年11月）等，同时发表了大量美学研究、美育教育和美学普及方面的文章，比较全面地阐释了自己的美学思想。

洪先生的美学思想从其不同时期的主要学术著作和文章中清晰可见，纵观洪先生的美学思想历程，可以分四个阶段来把握。

一、洪毅然美学思想的探索阶段（20世纪50年代以前）

尽管中国的传统文化有着丰富的美学思想，事实上，直至20世纪三四十年代，美学才以独立"学科"的面目进入思想知识界的视野，美学各流派面对西学东渐的背景要反映时代精神，普遍认为，建构美学"学科"体系才能很好地表达自己的美学观点。

其时，洪先生怀着"多年来学习美学而试欲建立一新美学系统"的强烈愿望，于1949年写下了《新美学评论》这本"首次初步研究报告"[①]。《新美学评论》是洪先生最早的一部美学专著，是他由绘画、艺术评论转向美学研究后首次尝试构建新美学体系的一个研究报告式著作。"新美学"之新，一方面在于评论蔡仪《新美学》，一方面在于建立自己不同于蔡仪《新美学》的新的美学——真正唯物主义美学体系，即对观念论旧美学和唯物论美学的辩证发展之后的美学。

在这本小册子中，洪先生试探性地提出了自己的美学理论观点，初步勾画了自己的美学理论体系。他的美学观点是在对蔡仪的美学观点的批判中得以展开的，蔡仪的《新美学》是较早地系统阐释马克思主义美学的力作，他力图在唯物主义的基础上建立自己的《新美学》体系，主张运用马克思主义哲学原则来考察美学诸问题，其美学思想的核心论点是"美即典型"，这根源于对艺术反映现实规律的提炼，在艺术领域，可以说具有真理性，但推及自然和社会现象，则具有很大的不彻底性和片面性。洪先生则是较早对蔡仪《新美学》作出理论反应的代表人物之一，他对蔡仪的《新美学》给予很高的评价，但表明"惟与蔡先生所见，颇有出入，特草此评论，藉与高明一商榷之"[②]。他首先表明自己和蔡仪关于新美学在美学本身的认识、思想观点、治学态度以及建立新美学的方法方面的基本分歧；其次重点和蔡仪商榷美的定义之典型说、美的认识之观念说、美的分类之单向美等问题；最后表明自己关于新美学的美的本质、美的经验、真善美的关系的基本观点。

洪先生认为美的本质是人的主观意识对于客观事物相接之一种偏于感觉上的评价，是一种"价值"而不是一种"实体"。这种价值是起于形相直觉，通过联想交替，而仍归于形相直觉所证悟到的，足以唤起种种情绪反应之一种偏于感觉上的价值；美学研究的问题"第一是美的本质——即何谓美？第二是美的构成——即怎样才美？第三是美的效用——即美与人生之关系，诸问题"[③]。美感是起于形相直觉，通过联想交替，

---

①洪毅然著：《新美学评论》，新人文学术研究社，1949年，第2页。
②洪毅然著：《新美学评论》，新人文学术研究社，1949年，第3页。
③洪毅然著：《新美学评论》，新人文学术研究社，1949年，第4页。

而仍归于形相直觉，并伴生一种积极的情绪反应的证悟心理活动（凡伴生消极的情绪反应者，为丑感）；美的构成要素有九种；美学的性质是哲学规范之学与科学说明之学兼而有之的学科，美学与艺术学、艺术哲学、艺术科学各有界说，不容牵混；在美学研究方法上，对观念派美学、实验派美学等美学流派应该采取兼容并包、谨慎取舍的态度，避免"划地自限""惧越雷池"。他坚定地认为，真正的新美学"应不只是与观念论的美学相对待之唯物论的美学而已，并且还要必须是观念论美学与唯物论美学两相化裁、升高以后的新形态"①。

《新美学评论》是洪先生美学研究的处女作，鲜明地表达了洪先生早期的美学思想，标志着洪先生美学生涯的起步。但正如后来洪先生自谦的那样，"可见过去我对蔡仪美学的那些批评，实际仍是不自觉地在为旧美学张目，而对新美学实行抵抗，不过不是采取直接反对，而乃采取的是调和、折中和杂糅的办法罢了。"②看似纠正蔡仪美学的机械性和烦琐性，及至 20 世纪 50 年代的辩论，对一些美学问题进一步明确以后，洪先生才看到了这本书矫枉过正的局限性。

二、洪毅然美学思想的发展阶段（20世纪五六十年代美学大讨论）

如果说 20 世纪三四十年代是现代中国美学初步建构体系的时代，那么延及 50 年代，各派则忙于丰富自己的理论体系。新的生活需要新的审美标准，社会主义建设需要与之相应的各学科的理论改造。在美学界，美及与美有关的名词术语、概念范畴确需明确，这是学科想象得以实质展开的前提。由于这时的美学学科建设和其他学科一样，必须表达对意识形态的高度契合，古今中西、唯物唯心，必须旗帜鲜明；说马列、行马列，向马列靠近，必须真诚而严厉，使得美学总的研究往往在概念上兜圈子，这是时代的局限性。

问题是，朱光潜等美学大家虽以极大的热情努力学习马克思主义美学并真诚检讨自己的唯心主义美学的错误，但是，在如何应用马克思主义来回答美学一些根本问题的看法上，他则坚持己见；蔡仪等美学家虽则高举唯物主义美学旗帜，但被指为缺乏辩证思想。而中国的美学家毫无疑问要建立马克思主义辩证唯物主义的美学体系，那么，一切这个体系之外的美学观点都要接受审视，都要放在社会主义社会政治生活实践和"思想改造"运动序列中表达话语，这种表达受意识形态的严格规定，基于此，美学研究者大多都乐于倾向唯物主义美学，都宣称自己是唯物主义美学者，都极力以马克思主义作为各自流派的哲学根据，都力图以马克思主义为指导去解决美学中的重

---

① 洪毅然著：《新美学评论》，新人文学术研究社，1949年，第7页。
② 洪毅然著：《美学论辩》，上海人民出版社，1958年，第20页。

大问题，但对这一主流意识形态——马克思主义的理解则各有不同，这就使美学在实质性的研究上观点对立，派别分明，令人眼花缭乱。因此，一场美学大讨论、美学理论转化就在所难免。

洪先生的不同之处在于一开始就契入马克思主义美学，这大约与他幼年时受的教育有关。他后虽多涉及古今中西美学思想，但对马克思主义的倾心则直接导致把自己的理想和时代精神结合，并进而转化为一种学术追求的动力，这使得洪先生的美学之路一开始就获得了科学的理论和方法论基础。洪先生以主将的身份积极参与美学大论辩，由于对马克思主义哲学有扎实的基础和进一步的理解，在思想方法上避免了形而上学、教条主义的影响，因此，在美学论辩上多有独到的见解，可谓左右开弓，斩获颇丰。他借鉴苏联美学研究方法，纠正美学与艺术学关系上的混乱和其相互替代的研究方法，围绕美学的研究对象、美的性质、美感实质及美与艺术的关系等美学问题来研究人类生活实践中一切审美意识及客观事物的美的实质、性质和功能，从辩证唯物主义哲学对哲学基本问题的回答中，从对朱光潜主观唯心主义美学的三个基本命题和蔡仪"美即典型"的形而上学唯物主义美学的机械性以及李泽厚、高尔泰等某些美学理论的片面性的批判中，以严格扎实的逻辑批判和心理学分析，阐明了自己辩证唯物主义的美学观点，即唯一科学的马克思列宁主义的美学，有力地推动了马克思主义美学在中国美学领域的生根和发展。

洪先生将论辩所陆续撰写的论文，结集成《美学论辩》一书。该书主要从前述几个问题入手，阐明自己的美学观点。概言之，洪先生认为，美学的研究对象是美的存在和审美意识诸规律；美感是人的主观意识对于客观现实界事物具体形象的感性直观的感受，但不仅限于那个简单的直接感觉，而是以此为基础并且是与那种直接感觉的快适与否基本一致的。美感过程中直接感觉和联想均具有重要作用。一切美感就其为感性的直观而言，诚然是个人主观的，但就其有生活的联想说来，却又同时是社会客观的；美的基本种类可分为现实美和艺术美、壮美和优美、悲剧的美和笑剧的美；美感的基本种类可分为惊赞和喜悦、哀矜和幽默；美感和美的认识，属于意识范畴；事物的美，就是其事物本身自己具有的、"充实而有光辉"的形象；美是存在于客观现实事物中，不是存在于主观意识里面；美是自然性和社会性的统一，而以社会性为决定因素；艺术的本质是现实之形象的审美反映，既包括美的事物，也包括丑的事物；艺术的职能是"为美而斗争"，这种斗争实际上是辩证过程，是维护和发扬美的事物，克服和消灭丑的事物，使美的愈美，丑的变美，方法就是典型化，即把典型的事物或事物的典型方面提高加强为、概括熔铸为典型的艺术形象。

需要指出的是，如果以其时美学界四大流派的形成来简单概括这次辩论的成果，无疑，洪先生是站在李泽厚客观社会派一边的。但又不完全一样，就美的自然性与社会性而言，洪先生和李泽厚都认为美是事物社会性和自然性的统一，但洪先生不同意李泽厚对美的决定因素的社会性的过分强调而放松自然性的观点。洪先生正确地指出了这种观点很可能导致"美成为非直观的"；就美感的心理过程而言，洪先生和李泽厚都强调美感与单纯感觉的区别，但洪先生同时看到了两者联系的重要性，并对美感的心理过程作了精彩的分析。

洪先生所参与的美学论辩，讨论问题涉及美学各方面，通过论辩，洪先生对美学任务、对象、本质和框架作出了自己的回答，他的彻底唯物主义美学诸观点全面展开，"新美学"的较为系统的体系基本形成，他的美学思想由唯物的向辩证唯物的方向逐步靠拢，为马克思辩证唯物主义美学的主导地位的建立作出了贡献。

三、洪毅然美学思想的深化阶段（20世纪七八十年代）

20世纪70年代后期，中国的美学研究经过长期的思想桎梏逐渐走向突破。经过"文化大革命"，美学家逐渐成熟起来，洪先生在较为宽松的环境中全面反思中国美学思想发展现状。

他认为，对于古代美学思想史，"唯多尚未加以批判整理"；半封建半殖民地时期，"几限于西方各派学说之译述与介绍"；20世纪40年代蔡仪的《新美学》确实是真诚地阐发马克思主义反映论的观点，并力求向辩证唯物主义靠近。但在洪先生看来，相对于一般唯心主义美学而言，不失有某种程度'新'的一面，但"图以唯物主义观点探讨之"（可惜陷入形而上学唯物论）[1]；朱光潜的美学则被一致认为是唯心主义的。对于20世纪五六十年代的美学大讨论，洪先生认为，"解放后经过1956—1961年全国报刊大讨论，已被提上日程的总课题是：美学怎样始可成为'既是唯物的又是辩证的'？解决这一研究任务，自当坚持贯彻马克思列宁主义、毛泽东思想，在辩证唯物主义哲学根本指导下，进行严谨科学探索，方能有成。兹事体大，亟待有志于斯者共同努力！……"[2]的确，"50年代的大辩论，实际是用马克思主义在奠定中国当代美学发展的基础。"[3]这是一个你方唱罢我登台的激烈争鸣过程，一些具体的美学理论得到了展现和讨论，但是，马克思主义美学的总的体系并没有得以扎实奠基。洪先生是较早反思这一大讨论并延展自己观点的学者。

基于此，洪先生于1975—1976年间，写成《新美学纲要》（出版于1982年）一书，可以说是作者对自己美学思想的系统总结，是其孜孜以求的"新美学"思想的简

---

①洪毅然著：《新美学纲要·自序》，青海人民出版社，1982年。
②洪毅然著：《新美学纲要·自序》，青海人民出版社，1982年。
③穆纪光著：《中国当代美学家》，河北教育出版社，1989年，第11页。

明纲要。也可以看作是洪先生美学思想的成熟代表作，标志着洪先生美学思想进一步得到深化。

在这本书里，洪先生以简明的方式阐述了自己所要建构的马克思主义美学体系。首先，开宗明义地阐明了自己对美学的研究对象与方法的理解。洪先生认为，美学作为一门关于美的科学，它的特定研究对象，就是人对世界的审美关系诸领域中所特有的美与丑的矛盾，以及与之相关和派生的一系列矛盾（例如美感和丑感之间的矛盾等等），就是对于美与丑的运动形式及其一系列互相关联和互相转化的运动形式之分析；"美学是关于美的一门独立科学"，美学实质上是美丑学；美学研究的一般方法主要有："采风"，即调查，应当成为今日及今后美学研究大不同于以往的一项特宜首先加以重视的基本研究方法，阅读和审辨、实验和测验以及适当利用文字语言学，并结合人类学、民俗学等研究方法。其次，分美、美感、美育三块回答了美学基本理论问题。最后，归结到一点，"美是符合人类社会生活向前发展的规律及相应理想的那些事物，以其相关自然性为必要条件而以其相关社会性为决定因素矛盾统一起来的、内在好本质之外部形象特征，诉诸一定人们感受上的一种客观价值（与此相反者为'丑'）"①。这是马克思主义辩证唯物主义的美学观点！至此，洪先生的美丑学理论全部奠基。

四、洪毅然美学思想的实践阶段（20 世纪 80 年代以来）

20 世纪 80 年代初，思想解放的春天业已来临，人民群众的主体性得到关怀。迷茫和兴奋的青年们对美学的热情重新燃起，洪先生时刻关注人民大众的审美需要并思忖解决途径。于 1981 年出版了《大众美学》一书（该书写成于 1979 年），实际是通俗美学，即以人民群众耳熟能详的成语或俗语作标题，旨在把深奥的美学理论通俗化，这也是马克思主义理论联系实际、密切联系群众的作风。《大众美学》甫一出版，群众纷纷抢购，一时洛阳纸贵，取得了异常轰动的社会效应。事实上，这是学术功夫的体现，一切人文学科，若不能最终接触实际，不能为大众所喜闻乐见，只能被注定关在象牙塔里。

以唯物辩证法作为方法论的马克思主义美学研究的最终目的是指导实践，这是美学应用的要义，也是马克思主义美学的显著特点。洪先生牢牢抓住这一点，一直致力于把美学研究植根于社会现实之中，主张深入人民群众生活实际中调查研究，归纳演绎美学原理，总结美学规律。洪先生认为，美是事物之一切好的内在品质之有诸内而形诸外的外部表征，即美是一种功利形态，美丑是一种社会物质实体，即社会功利关系形态。这种界定，联系了美的自然性和社会性，使美及美学研究能够真正面向生活

---

① 洪毅然著：《新美学纲要》，青海人民出版社，1982 年，第 28 页。

本身；事实上，美学理论是美学实践的总结提升，作为唯物主义美学家，洪先生的美学研究回归实践，是再自然不过的了，即从实践中来，到实践中去，要求美从全部生活中获得，又在生活实践中得以检验。洪先生坚信，美渗透在生活中，有生活就必有美的要求，既然美学研究的中心是现实生活中的美丑，那么美学研究方法就必须联系实际社会生活，只有这样的美学，才能培养和提高主体的审美素质和审美境界，也才能构建真正的美学大厦。"美的内容即生活的内容，但生活的内容要成为美的内容，必首先是好的。不过其好的生活内容本身也还不就是美。一切好的生活内容要成为美，必须体现为具体可感觉的和恰与其好的内容相适应的形象，这样的美一方面具有感性直观的性质，一方面也包含社会功利的意义。"①在洪先生看来，任何个人都不能不是一定时代、民族、阶级、社会中的个人，所以一切个人的生活实践关系，其实都是一定社会中的生活实践关系，其美感经验的记忆联想内容，必然具有一定社会功利的性质。他还认为，实用美学范畴涵盖现实生活中所有的领域，生活有多丰富，实用美学也就有多繁杂。因此，他从生活实践，从老百姓的切身体验中谈美学问题，把美学从玄学中解放出来，对于美学大众化，对技术美学和技术美术多有启发，同时对于进行美育、提高人民大众的审美能力、美化世界也具有重要的意义。洪先生也因此被同道称为"社会功利派"，其美学思想被称为"实用美学"。

80 年代中后期，马克思《1844 年经济学哲学手稿》中"自然人化"和"人的对象化"的观点被再次关注，"实践美学"逐渐取得学术优势，"美学热"再次兴起。此时的中国美学界已积淀了足够的底气，学者们多以研究成果表态。李泽厚的主体性实践美学独树一帜，颇为瞩目。洪先生自然十分关注，虽年届古稀，仍笔耕不辍，发表多篇文章参与实践美学的讨论。洪先生认为"自然的人化"和"人的本质力量对象化"是一体两面，结果是"人化的自然"，但不是主体客体化；"人化的自然"并不就是"美的自然"，要成为"美的"自然，必须符合"美的"规律。洪先生的这些观点，为实践美学——"中国的本土美学"流派的发展贡献了自己最后的智慧。

一般认为，美学的理论框架都是遵循美、审美、艺术、美育的基本顺序，只有在这样的审美历程中，只有在这样的理论模式和框架中，美学思想才能得以奠基，美学体系才能得以完整。洪先生的美学理论亦然。总起来看，洪先生终其一生都在建立马克思主义美学大厦。《新美学评论》是洪先生美学思想的憧憬和美学大厦规划，是初步框架的搭建；《美学论辩》是洪先生对自己美学大厦砖瓦用料的斟辨取舍；《新美学纲要》标志洪先生美学大厦的建成；《大众美学》是洪先生美学思想的实践，它表

---

① 洪毅然著：《美学论辩》，上海人民出版社，1958年，第56页。

明，这个大厦是为人民大众建立的。

纵观洪先生一生学术追求，诚如其自述所言："我自青年时期所习专业为绘画。习画固非兼习相关理论不可。于是，由绘画艺术理论而旁参各门艺术理论，进而升入一般艺术理论，终于涉足艺术哲学与美学。当我对于美学研究深感迫切需要、具有浓厚兴趣、并正泛舟中外古今各派著述，且已倾心马克思主义理论时，30 年代得读朱光潜先生《文艺心理学》，40 年代得读蔡仪同志《新美学》，虽于两家观点皆尽未苟同，而受影响殊多；固尝徘徊、摇摆、折中于其间。直至五六十年代美学大讨论，李泽厚同志左右开弓，我与他不少见解基本一致，可谓不谋而所见略同。然大同中仍存小异，幸小异无碍于大同。果欲别泾渭，实亦无非为其共同所属一大派中之小支流耳。同道或竞加号曰'社会功利学派'，似乎居然也算独树一帜，则不胜惶悚！"①

洪先生是国内较早接受马克思主义美学观点的学者，是学界公认的马克思主义美学家，被誉为"马克思主义美学的忠实代表"。对美学作为一门学科在中国的确立、马克思主义美学的主导地位的确立以及美学自身发展方面作出了自己的贡献。他在美学上坚持马克思主义辩证唯物主义，牢牢抓住马克思主义实践的观点，致力于马克思话语的中国语境表达；他始终能够立足于中国实际，密切联系现实的社会生活，从古今中外和同时代美学成果中批判地汲取营养，并努力体现时代精神；他力倡美育，践行美学实践，并能一以贯之，立场鲜明，不动摇，从一开始就能自觉地承担历史使命，积极追求一种体系化的思想、逻辑性的理论和严谨的科学方法并竭力形成自己的美学特点。他自由理智的学术精神，实事求是的治学态度，严谨宽容的论辩原则和心系苍生的人文关怀精神，尤其值得今天的知识分子学习！重温他的思想，既是对洪先生的缅怀，也是一种学人效法先贤，反思自己的洗礼！

本书只辑录洪先生美学研究的主要成果，依其正式出版的前述四本著作为主，第五辑选录了洪先生晚年研究实践美学的几篇文章。编录过程最大限度保持原貌，个别引文或查无出处，或无法找到原始版本，编者依现今版本作了注释。由于编者水平有限，错误和不足在所难免，敬请见谅！

《陇上学人文存·洪毅然卷》（第一辑）

作者：李　骅

---

① 穆纪光著：《中国当代美学家》，河北教育出版社，1989年，第614页。

林径一

　　林径一先生原名林廷宦，汉族，安徽省怀远县人，生于 1925 年 12 月。1946 年考入西北大学法律系。1949 年 7 月参加革命工作，在共青团甘肃省委（时称团省工委）从事学校和农村青运工作，于 1952 年加入中国共产党，历任团省委宣传部理论教育科副科长、科长。1953 年 7 月调中共甘肃省委党校从事理论教学工作，1956 年 9 月任省委党校哲学教研室副主任。1957 年 2 月赴中央党校学习。1958 年下放基层锻炼，曾在甘肃省武威县担任乡党委书记、公社书记。1959 年在反右倾斗争中曾遭受批判。1962 年平反后调甘肃师范大学（即现西北师范大学）政教系哲学教研组任主任。1973 年年底调任中共甘肃省委机关党委宣传处处长。1978 年 8 月任甘肃省委宣传部理论教育处处长。1980 年 8 月任中共甘肃省委党校副校长。

　　林径一先生是甘肃省著名的马克思主义哲学理论家、毛泽东哲学研究的资深学者。中华人民共和国成立 60 多年来，林径一先生在理论教育宣传和学术研究的生涯里，成为一个具有全国影响的陇上学人中的佼佼者，他先后兼任全国辩证唯物主义研究会第一届理事，甘肃省哲学学会会长，甘肃省社会科学学会联合会（即现甘肃省社会科学界联合会）副主席，甘肃省政治协商会议第五、第六届委员等职。林径一先生曾被甘肃省人民政府聘为甘肃省经济社会发展战略研究专家组成员、甘肃省委宣传部省职称领导小组改革办公室聘为甘肃省社会科学研究系列高级专业技术职务评审委员会委员、甘肃省人民政府发展研究中心聘为特约政策研究员、甘肃省委宣传部聘为甘肃省社会科学优秀专家及享受政府特殊津贴人员评审委员会委员等职。

林径一先生一直从事马克思主义理论教育宣传工作，孜孜不倦致力于运用马克思主义的基本原理分析和解决我国社会主义建设中的实际问题，集党的思想战线上的恪守职责、坚持原则的理论工作者与勤学慎思勇于探索的学者于一身，颇具自己与众不同的长处与贡献。他先后发表论文 50 余篇、出版著作 5 部。其中 1988 年由甘肃人民出版社出版的《干部哲学学习纲要》一书，对于总结中华人民共和国成立以来社会主义建设的历史经验，并对中国特色社会主义理论——邓小平理论的形成与发展，进行了与时俱进并具有独到见解的全面而深入的论述。该书于 1990 年获甘肃省第二届社会科学优秀成果奖（后又称"兴陇奖"）一等奖。林径一先生公开发表的学术论文中有 8 篇被收入《邓小平理论研究文库》《中国改革开放 20 年成果总览》《中国当代社科文献·改革发展文论》《中国改革开放优秀理论成果选》等十多部大型文献丛书。其中发表于《甘肃社会科学》2000 年第 6 期中的《服从和服务于政治是毛泽东的哲学思想的根本特点》一文，在当时的理论界引起了较大的反响，好评如潮，曾数次在全国各地学术论文评奖中荣获特等奖和一等奖。

由于林径一先生多年来的理论研究成果，在省内外理论界的影响与日俱增，林径一先生自 1992 年起享受国务院政府特殊津贴，并享受正厅级待遇。他的生平事迹先后被收入《中国哲学年鉴（1987）》《中国社会科学家大辞典（英文版）》《中国专家大辞典》《中国人物辞海·当代文化卷》等 50 多部重要的辞书中。1996 年离休至今，仍勤于思考、笔耕不辍，可谓是学有所成、实至名归。

大凡一个有良知学养和勤于探索的学者，他的思想的形成和发展的轨迹是可以循迹探知的。在他的心路之旅中，其中特别值得一提的是，林径一先生写于 1981 年 7 月的一篇论文——《论当前我国哲学战线上主要的斗争锋芒》，这是当年他参加由中央党校牵头在大连召开的全国党校系统第二届哲学年会上提交的论文。当时的社会背景是，1978 年在邓小平亲自倡导的关于真理标准讨论之后，在思想理论界开展了正本清源、拨乱反正的活动；解放思想，恢复党的实事求是的思想路线已成为全党全国人民的共识，"以阶级斗争为纲"的错误的政治路线被彻底否定，"以经济建设为中心"的改革开放生气勃勃地从各个领域向前推进。然而在当时，可以直白地说，理论或思想落后于现实，在今天看来是一个不言而喻的事实，思想与实践的倒挂却不为当时人们所察觉或重视。"左"的思想在理论界、学术界的禁锢却并未"松绑"，它像幽灵般地时隐时现，依然存在着一股思想暗流，有人认为"左"的路线及其指导下的实践是不对的，然而占主流地位的理论特别是哲学却不存在偏差，是不容怀疑的，这也许就是所谓社会意识独立性的一种现实反映吧。

林径一先生具有较深的马克思主义哲学及毛泽东的哲学思想的造诣，他以一个资深理论工作者的睿智与敏锐，从知与行、主观与客观、理论与实践相统一的前提，提出了"当前我国哲学战线上主要斗争锋芒"的论题，确实切中时弊，是一个名副其实的先知先觉者。

在论文的导言中，林径一先生首先尖锐地指出："为什么在我国辩证唯物主义历史唯物主义已经居于统治地位并被大多数人承认为指导思想的情况下，唯心主义的思想影响却能够几度大肆泛滥，给革命和建设造成如此巨大的损害？唯心主义思潮的泛滥与形而上学思潮的猖獗之间有些什么样的联系？这涉及社会主义社会中马克思主义的历史地位起了重大变化之后，哲学上辩证唯物主义与唯心主义思想影响之间的斗争具有哪些特点。只有认清这些特点才能卓有成效地进行有关马克思主义哲学的宣传教育，逐步清除唯心主义形而上学的思想影响，不断提高广大党员、干部和人民群众辩证唯物主义历史唯物主义的理论水平。"他一针见血地说，在社会主义的中国，"唯心主义思想影响的泛滥总是和形而上学思潮对唯物辩证法的干扰结下了不解之缘"。对照中华人民共和国成立以来"反右派""大跃进"及公社化、"文化大革命"及阶级斗争扩大化等大的失误，都是"由于偏离唯物辩证法因而由形而上学的诡辩论最终导致唯心主义的"，这就是它们共同的认识根源，"在我国的条件下，哲学领域里的两种思潮斗争的一个基本特点是：唯心主义的思想影响主要是凭借形而上学的思想方法表现出来的"。

林先生进而剖析道："形而上学的思想方法之所以往往成为扩大唯心主义思想影响的桥梁，是由于形而上学的片面性和直线性是唯心主义的认识根源。"对于社会主义社会发展规律的认识，摆在我们面前的仍然是包含着大量课题的必然王国，然而"由于思想方法上的直线性和片面性造成对社会主义社会发展规律认识上的迷误"，例如关于社会主义社会中阶级斗争的认识，并且突出表现在经济工作中长期存在的"左倾"错误，"多年来我们经济工作中的片面性绝对化比比皆是，造成极其严重的危害"。

林先生又强调指出："在我国当前的条件下，唯心主义思潮利用形而上学发展自己还有另外一个方面，那就是抓住形而上学否认或忽视主观能动作用的缺陷，在对形而上学的批判中混淆它与辩证唯物主义的界限，以假乱真。"

在论文的结尾，林径一先生在分析了形而上学存在的思想认识和社会历史根源后，他说："形而上学的思想方法在我国还具有相当深厚的社会基础，我们要扫除形而上学的思想影响，确实是一项特别艰巨而持久的战斗任务。"他进一步指出："为了在实际工作中更加有效地清除唯心主义思想影响，不断扩大辩证唯物主义的阵地，在当前明确地批判形而上学思想方法作为开展哲学上两条战线斗争的首要任务，就具有重大的现实意义。"本文的要害是不指名地批评了毛泽东晚年哲学思想的偏差，用画龙点睛之笔指明了本文的中心论点。

林先生的这篇论文自始至终处处体现了理论联系实际的鲜明特点，以党内资深理论工作者的经历或经验，积几十年的造诣与探索，厚积薄发。现今的人们可能已经不甚了解当时的背景，当时在思想理论领域，保守僵化之风尚有余威，极左时期扣帽子、打棍子的做法使人心有余悸，因此，由于这篇论文与传统的观点具有明显的区别，现在看来并无惊人之语，但撰写时仍需一定的理论勇气的。在某种意义上说，它为林径一先生其后专心研究毛泽东的哲学特点奠定了基础。这篇论文的问世已经三十多年，回顾大致相同时间改革开放的进程，回溯哲学界经历的风雨及马克思主义哲学、毛泽东哲学研究的进程，尤其是它在乍暖还寒青黄不接之时的脱颖而出，仍然是发人深省，启迪良多。

仍有必要再交代一下，林先生提交的这篇论文当时并未受到会议主持者的青睐，会后编选的论文集也未收入其中，个中的原因似乎是不言而喻的。虽然可谓是明珠暗投，但其真知灼见的光芒却是不可磨灭的。

在林径一先生一系列的著述中，特别是应该看重的，是他发表在《甘肃社会科学》2000年第6期的论文《服从和服务于政治是毛泽东的哲学思想的根本特点》，它是林先生深思熟虑的最富学术成果、最具鲜明特点的扛鼎之作，也可视为其后出版的最具代表性的专著《毛泽东的哲学思想发展简史》简明扼要的提纲式的总结。

林先生在论文一开首就开门见山地指出："纵观毛泽东的一生，无论是领导中国的民主革命，还是在探索中国社会主义建设道路中的成就和挫折，他的政治实践和他的哲学思想都是异常紧密地直接相联的。"并进而说："可以毫不夸大地说毛泽东的哲学思想为政治服务的直接程度，不仅为古往今来的一般哲学所未有，而且是马克思、恩格斯、列宁等革命导师也有所不及的。"但这还不是林先生的全部论点，他接着进一步强调："而对于毛泽东的哲学思想与政治的关系来说，还只是非十分重要的那一半，更重要的一半是毛泽东的哲学思想是直接服从于政治的。"对于毛泽东的哲学思想的根本特点作出了犀利明确的结论，这在中华人民共和国成立后几十年的毛泽东思想及其哲学研究中，确乎发前人之未见，不仅需要足够的理论勇气，而且也是林先生积几十年的经历与思考的结晶。

这篇论文从毛泽东的哲学思想发生发展的历程的角度进行了详尽细致的梳理，有力地论证了毛泽东哲学这一根本特点的来龙去脉。

论文提出，青年时期的毛泽东由一个唯心论者、二元论者转变为辩证唯物主义与历史唯物主义者，由一个民主主义者转变为共产主义者，实现这两个转变的根本动力就是他的以爱国主义思想为基础的政治思想和政治实践，毛泽东的哲学思想的发轫之处就是与他的政治思想紧密相连而又从属于政治思想的。其后毛泽东的哲学思想依然沿着这条轨道前进，仍然是在政治实践的推动下才不断得到发展的。在党的"七大"上，毛泽东思想被确认为全党的指导思想，作为毛泽东思想理论基础的毛泽东的哲学为全党所接受，它是在服从与服务于革命斗争的需要和过程中逐步形成的。

这篇论文的可贵之处，不仅在于它不是以往陈陈相因、满口溢美之词的平庸之作，它的理论重心是以分析概括中华人民共和国成立以来，毛泽东的哲学的偏差或失误。论文以翔实的论据，证明了中华人民共和国成立以来，毛泽东的哲学思想一方面取得了一定的成果，成为它的发展高峰，但另一方面却开始逐步地离开了实事求是的马克思主义的思想路线，不仅偏离了马克思主义的认识论和辩证法，而且也偏离了马克思主义关于生产力和生产关系、经济基础和上层建筑相互关系的历史唯物主义的基本原理，特别是毛泽东关于阶级斗争扩大化的理论，不仅在理论上造成了空前的混乱，而且在社会主义建设的实践中造成了不可估量的损失。这样就充分体现了毛泽东的哲学都是直接服从和服务于他当时的一系列政治观点和政治路线的，毛泽东哲学的这一根本特点较之以往各个时期都更为突出。

本文的另一个基本观点同样应该特别值得重视和肯定。林径一先生明确指出："毛泽东晚年哲学思想之所以出现某些偏差，是由于他削足适履，使自己的哲学思想一味地服从和服务于搞没有完全摆脱掉的苏联模式的社会主义，而归根结底则在于没有完全搞清楚什么是社会主义和如何建设社会主义。"论文同样大量列举了一系列中华人民共和国成立以来在我国发生的重大的理论与实践中的失误的事实，雄辩地证明了在这一时期，毛泽东的哲学思想的失足之处就在于，它违背了马克思主义关于生产力和生产关系的相互关系的原理，违背了实践是检验真理的唯一标准的马克思主义认识论的基本观点，同时也违背了我们党一贯倡导和坚持的群众观点和群众路线。林先生在上述论证的基础上，进一步指出，在没有搞清楚什么是社会主义和如何建设社会主义的前提下，突出表现在实践中的急于求成。为了解决党内认识上的分歧，毛泽东把对立统一规律简单化，片面地竭力强调矛盾的斗争性，认为共产党的哲学就是斗争哲学，把党内不同意见的分歧，夸大为你死我活的阶级斗争。还有一些诸如此类的错误，毛泽东晚年的哲学思想都是按照他的政治观点和政治需要率性而行、任意发挥的。

毛泽东的哲学思想的失误毫无疑问在哲学上导致主观主义，林先生鞭辟入里地指出："毛泽东的这种主观主义，既不同于历史上的教条主义那样一味从书本出发，也不同于历史上的经验主义那样一味从狭隘的经验出发，它虽然或多或少具有某些教条主义和经验主义的倾向，但在根本上却是以形而上学的片面性和绝对化作为其主要特征。"这一段话语确系本篇论文画龙点睛之笔，毛泽东的一系列急于求成的错误做法，诸如在开展"大跃进""人民公社化"及阶级斗争扩大化的活动中，确确实实地表现了毛泽东晚年的哲学思想中存在着某些形而上学的片面性和绝对化的。

在这篇论文的结尾，林径一先生提纲挈领地总结道："毛泽东晚年的哲学思想和他毕生的哲学思想一样，都是直接从属于他的政治思想和政治实践的。在他的政治思想和政治实践正确时，他的哲学思想也是正确的。而当他的政治思想和政治实践出现严重错误时，他的哲学思想由于要为其提供理论论证，因而也就随之出现这样那样的失误。毛泽东的哲学思想的这个根本特点，在毛泽东晚年的哲学思想中，从负面表现得特别突出、明显。"

其实，如前所述，这篇论文如果说是林先生代表性的专著的提纲的话，而那本书是 2003 年 1 月才由中央文献出版社正式出版的，它的撰写本来就是在论文之前的，为何又反而是论文先发表呢？这里还有一段小小的插曲。其实早在 1996 年北京一家颇有影响的出版社既已同意出版该书，但因某些专家认为，毛泽东晚年政治上虽然犯有错误，但其哲学思想还是正确的。据此该出版社要求林先生对原稿进行修改，他理所当然地没有接受这一意见，故此这本书的问世也就推迟了七年，直到 2003 年才另有中央文献出版社予以出版。林先生的这本专著的书名是《毛泽东的哲学思想发展简史》。略为细心的读者也许浏览这个书名时就会发现，与以往国内理论界一贯的提法——毛泽东哲学思想稍微不同的是，他在这个词组中间加了一个"的"，这肯定是有其用意的。因此林先生在书的开头就对"毛泽东哲学思想"与"毛泽东的哲学思想"这两个概念做了辨析。他说："毛泽东的哲学思想与毛泽东哲学思想是既有联系又有区别的两个概念。毛泽东的哲学思想指的是毛泽东个人的哲学思想，就其内容而言，既包括毛泽东在成为马克思主义者之前的哲学思想，又包括毛泽东在成为马克思主义者之后的哲学思想，还包括毛泽东在晚年某些偏离马克思主义哲学的错误思想，所以就全体而言，毛泽东的哲学思想和马克思列宁主义哲学不是完全同属于一个哲学思想体系的。毛泽东哲学思想指的是作为马克思主义普遍真理同中国革命和建设相结合的经验的最一般的理论概括，它和马克思列宁主义哲学同属于一个哲学思想体系，是马克思列宁主义哲学在中国的继续和发展。""毛泽东哲学思想与毛泽东的哲学思想的区别还在于毛泽东哲学思想的主要原理固然是由毛泽东加以概括和阐发的，毛泽东的科学著作是它的集中概括，但归根结底，毕竟不是毛泽东个人智慧的产物，而是中国共产党集体智慧的结晶。"毛泽东哲学思想在内容上不包括毛泽东晚年错误的哲学思想，二者大同小异，是外延上的一种交叉关系。毛泽东之后的"党中央领导集体……仍在实践中不断坚持和发展毛泽东思想。因此，从长远的观点看，毛泽东哲学思想与毛泽东的哲学思想的区别，是会越来越明显的"。

林先生关于上述两个概念的联系与区别的观点，是他长期独立思考的结果，而国内理论界在以往长期的相关研究中，忽视了两者的区别，林先生的看法是颇有见地的，对后学者的启发是显而易见的。

古人云："凡事预则立，不预则废。"一个学者研究的方向与成果是他的心路之旅求索的目标。林径一先生在这本书的"作者自序"中开门见山地说："写一部毛泽东的哲学思想发展简史是作者多年的心愿。"作为战斗在理论教育宣传战线上几十年的一名战士，他坚信，历史是一切伟大人物思想正确与否的最有权威的鉴定者，而后来者则有可能借助历史所提供的条件，对伟人的思想和业绩进行实事求是的评价，这本书就是自己多年潜心研究毛泽东的哲学思想的结晶。他认为，虽然国内外学界研究毛泽东的哲学思想的著述多得举不胜举，但关于毛泽东的哲学思想通史的专著，却尚未曾见。他自谦为"覆瓿"之作，但如能对这一空白有所填补，则会感到无比的欣慰。

林径一先生为撰写这本书给自己确定了两条指导思想。一是"按照毛泽东本人研究和论述哲学问题的方式研究和论述毛泽东的哲学思想。语言通俗易懂，形式简明扼要，搞实际的哲学"。现在通读这本书，感到他确实做到了这一条，语言平实朴素，说理深入浅出，不用那些晦涩难懂的语词，真正是一本思想深刻而又易于阅读领会的书。

林先生著书的第二条指导思想就是，他认为"毛泽东的哲学思想的最大特点是直接服从和服务于政治"，全书就是以这一特点为主要线索贯穿始终。他以时间顺序先后写起，这当然是写"通史"的惯例。他认为，毛泽东的早期哲学思想实现了两个转变，由唯心论转变为二元论，再由二元论向马克思主义转变。在转变的过程中，他的革命实践活动起到了决定性的作用，同时始终是随着他的政治思想演变而演变的，表明毛泽东的哲学思想的这一最大特点是在那时就已经生根发芽了。

林先生认为，在毛泽东的哲学思想的形成和发展过程中，他在运用马克思主义哲学的辩证法、认识论的基本原理指导中国革命实践中作出了一系列有中国特点的发展和创新，他的哲学思想是直接从属于他的政治思想和政治实践的，它的使命就是成为人民群众的革命实践活动的正确的行动指南和武器，从哲学上总结中国革命的经验并揭露、批判各种危害革命的错误思想。毛泽东的哲学思想为政治服务的直接程度，史无前例，而且比马克思、恩格斯和列宁也有过之而无不及。

平心而论，林径一先生的这部著作的重心，或者说它的最为精彩、发人深省具有重要理论价值之处是他关于中华人民共和国成立以后毛泽东的哲学思想的评述。

林径一先生首先指出，1949 年 3 月召开的党的七届二中全会是规划中华人民共和国建设蓝图的一次极其重要的会议，毛泽东在会上的报告是一篇建设中华人民共和国的纲领性文献，成为中华人民共和国成立之初曾经行使宪法作用的《中国人民政治协商会议共同纲领》的政策基础。毛泽东在报告中提出了党必须采取的正确政策，强调恢复和发展生产是党的中心任务，同时又肯定地指出，革命胜利后国内的主要矛盾就是工人阶级与资产阶级的矛盾。在这里林先生敏锐地发现："毛泽东在报告中把主要任务和主要矛盾互相脱节的思想，既不符合当时我国的实际情况，也不符合他一贯认为主要任务即主要矛盾的思想。不把经济建设这个主要任务作为当时国内的主要矛盾一事表明，毛泽东这时的哲学思想已开始部分地离开了实事求是的马克思主义思想路线。"林先生的这一观点，发前人之未见，他找到了毛泽东的哲学思想从此走向偏离唯物主义、辩证法的歧途的起点，其后它更是与马克思主义哲学的基本观点渐行渐远，逐步陷入了主观主义和形而上学的泥潭，不可自拔。林先生认为，毛泽东晚年的哲学思想的失误的主要原因在于，他在没有搞清楚"什么是社会主义"和"怎样建设社会主义"的情况下急于求成。他过分强调生产关系、上层建筑的反作用，他试图用阶级斗争来解决社会基本矛盾所造成的问题，他的阶级斗争扩大的理论逐步升级，使得他从 50 年代末至 60 年代前后把主要精力由抓经济建设转向抓阶级斗争，形成了"以阶级斗争为纲"的政治路线，发动和领导了为祸甚烈的十年"文化大革命"，导致全党的重心工作完全失位，给社会主义建设带来了难以估量的巨大损失。林先生进而指出："耐人寻味的是，毛泽东这一时期这种偏离马克思主义哲学的思想倾向，并不表现为直截了当地违背马克思主义的哲学原理，而是表现在严重的理论与实际脱节的奇特现象上。这种理论与实际的脱节，是由于毛泽东出于政治需要而对客观实际做出一厢情愿的误判所造成的。"同时还应该看到："用正确的理论来为不正确的实践辩护，甚至借辩证地看问题为名强词夺理，这在毛泽东晚年的哲学思想中是屡见不鲜的。"

林径一先生以犀利鲜明的语言表达的深刻明确的观点，是以往相关研究中罕见的，他的这部著作表明他对毛泽东的哲学思想研究踏踏实实地推进了一步，是他的理论升华的又一个闪光点。

必须指出的是，林径一先生完全不属于对毛泽东的哲学思想的"否定派"。他的这部通史式的关于毛泽东的哲学思想的研究专著，关于毛泽东的哲学思想对马克思主义哲学的继承和发展，给予了全面充分的实事求是的极高评价。即使是在评述毛泽东晚年的哲学思想的失误时，也是将其贡献与失误相提并论，并无顾此失彼的不当之处。例如他认为毛泽东的《论十大关系》和《关于正确处理人民内部矛盾的问题》中所体现的哲学思想，"不仅是毛泽东在探索中国社会主义建设道路中的最可宝贵的成果，而且也是毛泽东毕生哲学思想发展的高峰"。林先生的这本书是一部具有理论深度、历史眼光、鲜明个性和独到见解的学术专著，他并没有关闭今后进一步探讨毛泽东哲学思想及毛泽东的哲学思想的窗口，而是开启拓宽了进一步深入全面研究的门径，林径一先生关于服从和服务于政治是毛泽东的哲学思想的根本特点的阐述，是令人信服的，循此就能提纲挈领地把握毛泽东一生全部哲学思想的演变脉络和基本观点。

认真阅读林先生的这本书，有助于破解以往相关研究中的一个不可回避的历史之谜：为什么恰恰是标志毛泽东的哲学思想成熟的实践观点、群众观点和唯物主义原则，在他晚年的哲学思想中却黯然失色，成为他偏离马克思主义哲学的重要内容呢？关于这个问题的答案，以往的研究者们众说纷纭。林先生认为："种种现成的答案，都不能令人信服。把毛泽东晚年的失误包括哲学思想上的失误，归结为个人品质问题，是完全不能成立的。它不仅不符合毛泽东的实际，而且也不合乎马克思主义的基本观点。把毛泽东晚年的失误，归结为在胜利面前滋长骄傲自满情绪，虽然能够说明一些问题，但又不免失之于表面和肤浅，并不能说明毛泽东晚年何以对自己的错误如此执着。"坚持社会存在决定社会意识，这是历史唯物主义的最基本的观点和前提，把毛泽东晚年的哲学思想的失误，归结为他的思想动机或个人品质，没有坚持唯物主义的立场。正是由于中华人民共和国成立以来对于中国国情的主观主义的认识偏差，没有完全搞清楚什么是社会主义和如何建设社会主义，而急于求成的盲目实践，一味坚持哲学思想服务和服从于政治，才是毛泽东犯错误的原因所在。经过多年的潜心研究，林径一先生力排众议，得出的这个苦心孤诣的结论应当是令人信服的。

今天在建设中国特色社会主义的进程中，推动和实现马克思主义哲学的发展和创新，使之真正成为新时期时代精神的精华，是新一代哲学工作者义不容辞的职责，从林先生那里我们一定会获得很多启发和教益的。

回顾 20 世纪初俄国十月革命以来，在苏联从列宁到斯大林，最高领袖就是理论权威，其后在中国以及东欧等社会主义国家，形成了惯例，把他们当然也包括马恩在内的著作和思想奉为圭臬，在这些国度里，相关的学习、释读、研究之类的著述，都是"奉命之作"，其数量之多谓其汗牛充栋亦不为过，其内容千篇一律不许越雷池一步，即使个别人稍有个性、大同小异的不同声音，动辄斗争批斗，有的人因此身陷囹圄，甚至死于非命。然而，历史是无情的，随着时间的流逝，这些貌似庞然大物的东西都悄无声息地消失得一干二净。"沉舟侧畔千帆过，病树前头万木春"，值得庆幸的是，这不堪回首的一页总算是翻了过去。希望就在前头，一本本陇上学人文存的陆续出版，就是这时代潮流中的一朵朵引人注目的浪花。行将出版的文存中的《林径一卷》必定是这一行列中毫不逊色的颇具理论价值的佳作。

时光流逝，如白驹过隙，世事沉浮，似白云苍狗。林径一先生作为中华人民共和国成立以后第一代党的理论工作者，经历了共和国几十年的风风雨雨，在"左"风愈刮愈烈的岁月里，理论界从来就是"重灾区"。这个队伍的每个成员头上都似乎悬着达摩克利斯之剑，随时有莫须有的无妄之灾降临到自己头上，后果不堪设想。林先生在所谓的"反右倾"运动中也曾受到批判，数年后才获得"平反"。在这样的社会和时代的大背景下，林径一先生仍坚守着自己的信仰和良知，心灵深处，实事求是之心不曾动摇，勇于探索、敢于怀疑的科学精神并未泯灭。如前所述，这些都特别真切地体现于他在 20 世纪 80 年代以来著述的字里行间。岁月荏苒，林径一先生投身于理论宣传与教育工作，从一个风华正茂的青年已经步入了耄耋之年，由于目疾视力严重减退，他已不能正常阅读、写作了，但他仍然时常关心着理论界的动态和研究进展。在与林先生的交谈中，他一再嘱咐不要用溢美之词，他对自己的论著仍有一些缺憾。他对我说，重要的不是校对文字，而是把握观点精神。我虽然只能点头应承，却苦于有心无力，只有尽量履行好自身的编辑职责吧。

在林径一先生的学术生涯中，虽然不能说他是著作等身，但他也并非惜墨如金，他曾经先后正式出版发表了许多有分量、有影响的专著、教材、论文，但这次他都不同意收入本书，其用意不言而喻而又发人深省。

在编选林径一先生的这本文集的过程中，感慨良多。概括成一句话，林先生严谨谦虚的治学态度，求实创新的科学精神，大胆怀疑勤于探索的理论勇气，都值得我们后学晚辈学习效法。我们衷心祝愿林径一先生健康长寿，成为壮心不已、奖掖后进的表率。

《陇上学人文存·林径一卷》(第三辑)

作者：颜华东

喻博文

　　喻博文先生 1930 年 10 月生于陕西省富平县一个家境自足的耕读人家，自幼深受中国传统文化的滋养，学养基础扎实，造就勤学慎思的读书习惯和一丝不苟的钻研精神。初高中学习时期，目睹旧政权的腐败，又受革命进步书刊的影响，1948 年在中国两种命运前途搏击的关键时刻，年方十八岁的他毅然奔赴陕北参加革命，并于同年光荣地加入了中国共产党，起初在县区基层从事行政工作。中华人民共和国成立后，1956 年考入西北师范学院历史系学习，后因需要被学校党委调出工作。工作之余，夜以继日地研学中国古典名著和有关中国思想史的著作。经历了共和国成立以后二十多年的风风雨雨，喻先生又作出人生的第二次重要抉择，全身心地投入教学科研中去，确定了自己矢志于教书育人的人生道路。先后讲授"中国古代文学作品选""中国思想史""中国哲学史"等课程，并自编或合编相关的教材讲义多种。除在母校甘肃师大（即西北师院，现改为西北师范大学）讲课外，还应邀为西北民族学院、甘肃教育学院有关班级学生和省委党校学员讲授中国思想史、中国哲学史等课程。

　　喻博文先生先后任教员、讲师、副教授和教授，离休前任中共甘肃省委党校中国哲学教授。

　　喻博文先生是甘肃省研究中国哲学史的著名学者，在全国同仁中具有一定的知名度和影响力。

　　据喻博文先生自述，他的治学经历大约有三个阶段，早年专心研习汉代哲学，这时的代表作是《王符的哲学》一文，发表于《甘肃师范大学学报》1964 年第 1 期。王符，字节信，安定临泾（今甘肃镇原）人，东汉时期的哲学家、思想家。他终身不仕，隐居著书，其著作故名《潜夫论》。他肯定"气"是世界万物的来源，一切自然现象"莫不气之所为也"。据此以往研究王符思想者，大多认为王符的哲学思想具有唯物论倾向，或直言就属唯物主义。喻博文先生在这篇论文中，作为本省青年学者第一次系统地阐述了王符哲学思想的内容，明确地揭示了王符思想的二元论特点及朴素的辩证法思想等，与当时中国哲学史研究中认为"王符的唯物主义天道天命观"的说法具有明显的差异，言之有理，持之有故，表达了自己独到的见解。王符是甘肃省历史上为数不多的著名思想家，喻先生的研究推动了研究王符哲学思想的进展，对甘肃省乃至全国关于王符政治、经济、文化等方面思想的研究具有一定的影响，其后甘肃省学者关于王符思想的研究取得不少有价值的成果。在这一时期以至 80 年代初，喻先生又陆续发表了《西汉初期黄老与儒法的斗争》（《史学月刊》1965 年第 6 期）《王符与忧患意识》（《甘肃社会科学》1988 年第 1 期）《过去、现在、未来及其他——谈王夫之的治学精神》（《甘肃师范大学学报》1979 年第 3 期）、《哲学史定义浅议》（《甘肃师范大学学报》1980 年第 1 期）、《哲学史的批判继承纵横观》（《社会科学》1980 年第 1 期）、《两则史料辩证》（《学术月刊》1981 年第 5 期）、《人人有个圆圈在——王阳明小传》（《理论与实践》1982 年第 5 期）等论文。喻博文先生的治学重心置于中国哲学史的研究上，具有扎实的理论基础，表达了透彻明确的思路和观点，颇具学术研究的深度和价值，为其后关于宋代理学及张载思想和防部易学的深入研究，做了充分的学理准备，奠定了坚实的基础，日后他所取得的丰硕成果可以说水到渠成。

喻先生治学道路的第二阶段，诚如他自己所言，"中年研习宋代理学"。儒学作为中国传统文化的主流，在长达两千年的不同历史时期中，对于中华民族的文化发展，对于陶冶中华民族自强不息的奋斗精神，都作出了不可磨灭的巨大贡献。儒学经历了汉武帝"罢黜百家，独尊儒术"的两汉经学空前兴盛之后，再经沉浮起落，至北宋时期，因时代发展的必然和需求，儒学又实现了复兴，理学成为儒学发展新阶段的成果，其中作为宋代理学创始人之一的张载的贡献尤其功不可没。

张载（1020—1077 年），字子厚。原籍大梁（今河南开封），生于长安（今陕西西安），随父侨寓于凤翔郿县横渠镇（今陕西眉县横渠镇）。宋嘉祐二年（1057 年）张载举进士，经过十余年的仕途生涯后辞官，回到横渠镇讲学、著述，时称横渠先生，弟子多为关中人，后人称他的学派为"关学"。理学集大成者朱熹称张载与周敦颐、邵雍、程颢、程颐为"北宋五子"，"濂洛关闽"是宋代理学的四大学派。张载博览群书，刻苦地钻研了儒、道、佛的学说，经过深思熟虑，否定和批驳了道、佛的基本观点，而崇奉儒家思想："以易为宗，以中庸为体，以孔孟为法。"其中《易传》对他影响最大，在他去世的前一年（1076 年）完成了他的主要著作《正蒙》一书。《蒙》是《周易》的一个卦名，该卦的象辞中有"蒙以养正"语。蒙，即蒙昧未明；正，即纠正、端正的意思。喻先生对《正蒙》书名的解释令人信服："教育、启迪蒙昧无知的人，批评、纠正异端邪说，使之归于大中至正之道。"我认为这是对张载《正蒙》书名的最全面准确的诠释。张载著《正蒙》的目的，是以儒家学说批判佛、道思想、建立气一元论的哲学体系，从而开辟了中国古代哲学思想发展的新阶段。张载逝世后，《正蒙》一书由其门人编次、整理刻印流传，关中一带几至"家弦户诵"，影响颇大。

　　一个学者治学心路的选择，有时与他的故乡之情有着不可割舍的关联。喻博文先生作为出身于关中的学者，从小受到"关学"的熏陶似乎是不言而喻的。自宋代以后，明清两代《正蒙》的注疏之作有十多种，学界大抵公认以清代王夫之的《张子正蒙注》最为完备精当。但自 18 世纪末清朝乾隆时期以来，到民国至中华人民共和国成立二百多年中，即清王植的《正蒙初义》之后，《正蒙》似已为学界遗忘，20 世纪 90 年代才仅有喻博文先生的《正蒙注译》一书问世。喻博文先生认为，张载是宋明理学的奠基人之一，而宋明理学自宋至清统治了中国思想界长达七八百年之久，《正蒙》是张载的主要著作，全面系统地记录了他的哲学、政治、经济、伦理和文艺等方面的思想。读懂了《正蒙》，就认识了张载。反过来说，要研究张载的思想，必须从此书入手，立足此书。在这里，喻先生明白无误地告诉了我们，他立意注译评《正蒙》的动机。同时他也指出："由于时代的变迁，学术研究的发展，现在需要一部适宜于当代读者的新的注译，以供学习、研究之用，本注译评就是为适应这一新的时代要求而撰述的。"1990 年兰州大学出版社出版了该书，于是很快得到学界的关注与赞誉，纷纷给予了公正的积极的评价，其中以陕西师范大学著名学者赵吉惠先生的观点最为详尽中肯。

　　赵吉惠先生在《甘肃社会科学》1992 年第 5 期上发表了一篇专文书评，题目是"导读《正蒙》的理想之作——评喻博文新著《正蒙注译》"。赵先生首先对这本书做了基本评价，他说："喻先生积十余年之研究成果，历尽艰辛，多方搜求善本，摄取当世最新研究成果，做成《正蒙注译》，填补了一项历史文献研究的空白，为中国文化史、宋明理学、张载及其学术思想的研究开拓了新路，提供了资料方便。"赵吉惠先生总结了该书的三个突出优点或特点：

　　其一，"吸收前人诸家之长，融入作者研究成果"。赵先生首先批评了近年来古籍新注中的浮躁之风，虽时常有佳作，但望文生义而成笑柄、抄袭他人以讹传讹者也不乏其人。而喻博文先生则态度严肃，治学严谨，他广求善本异本，对前人的注疏反复钻研，对一些有歧义、疑义的难解之字句，都表述了自己独到的见解。赵先生举例说，在注释《天道篇》"不得名，非得象者也。故语道至于不能象，则名言亡矣"时，征引了《周易·系辞传》："子曰：'书不尽言，言不尽意，然则圣人之意，其不可见乎？'子曰：'圣人立象以尽意，设卦以尽情伪，系辞焉以尽其言。'"王弼《周易略例·明象》："夫象言，出意者也。言者，明象者也。尽意莫若象，尽象莫若言。言生于象，故可寻言以观象，象生于意，故可寻象以观意。意以尽象，象以言著；故言者所以明象，得象而忘言；象者所以存意，得意而忘象。……得意在忘象，得象在忘言。"《系辞》与王弼的论述为张氏所本，同时也批评了王弼的"'忘象'、'忘言'说"。旁征博引，引用了历史文献的原始出处，条分缕析，精辟地解释了它的思想内涵，不但帮助读者理解原意，还便于他们扩大视野，独立思考。《正蒙》一书，用《正蒙初义》的作者清人王植的话说是"义蕴宏深复声句聱牙"，意思是该书内容艰深难解，语句又拗口难读，他甚至认为，"《正蒙》之传未若程朱之书之盛者"，就是因为这个缘故，这当然是他的一家之言，另作别论。

再如《参两篇》是张载专门论述宇宙本源及其运行规律的内容，历代学者尤为难解。喻博文先生引用了郑文光、席泽宗所著《中国历史上的宇宙理论》一书中的观点，以地球自转注解"天左旋、右旋"，说明地球运动的内因。他还在注解"日月盈虚""地有升降""海水潮汐""日质本阴""月质本阳"等古代朴素的科学概念时，都以现代天文科学知识做了比较明确的解析。这样既符合原文本义，又能使读者在现代科学基础上对于原文达到较为深入的了解，这当然是以往旧的注本所远不企及的。

赵吉惠先生言简意赅地对《正蒙注译》一书评价为，它既是一本历史文献注释性著作，浸透着作者多年研究儒学以至中国传统文化的结晶，更是一部阐释宋代理学的经典之一《正蒙》哲学思想，富于理论价值的学术研究成果。

其二，赵吉惠先生认为，《正蒙注译》一书，是一本评注兼备，褒贬适当，导读性很强的著作，它是研究、普及、弘扬传统文化的基础性工作，这样的书籍特别受到青年读者的欢迎。赵先生把这本书与杨伯峻所著《论语译注》《孟子译注》和陈鼓应所著《老子注译及评介》《庄子今注今译》相提并论，认为它的突出优点是，注译文字简明易读，文尾的"主旨"概括性强，学理透彻，观点明确。表明作者治学态度严谨，方法得当，注译内容深入浅出，具有科学性和时代感，既吸取前人之长，又奏出时代之音，给予读者提供了研习的思路，又留有进一步探索的余地，发挥了良好的导读作用。

其三，赵吉惠先生认为，《正蒙注译》既是学术性著作，又简明易懂，具有较强的可读性。他指出，注释、翻译古书是非常困难而极有学术价值和社会价值的工作，可以说具有永恒的生命价值。在《正蒙注译》中，对注释的字、词、概念、名物、制度、历史、人物、典籍等，都持之有故，言之有理，翻译文字准确、流畅。对少数不宜直译的段落，另外又加以说明，既忠实于原文，又可供读者独立思考。赵先生进而指出，本书最为精彩之处，就是训诂文字与疏理思想协调相通，注释资料翔实，每有新见，译文忠实于原文正义，明白流畅。每篇后的总结性评析切中肯綮，既扼要概括了该篇的基本内容，又言简意赅地表达了自己的见解，指出这种观点的借鉴意义。这样本书就超出了注译的界限，同时又有作者的简评，凸现了这本书的理论与现实的价值。这是因为喻博文先生长期从事中国哲学史研究，精于训诂，学养深厚，所以著就了这本《正蒙》今注今译今评的理想佳作，对于研究、弘扬及普及中国传统文化优秀遗产作出了重要贡献。

这里需要特别指出的是，大家都知道，当代国学大师、中国哲学史研究泰斗张岱年先生特别重视对张载思想的挖掘和研究，对于张载学说中的朴素唯物主义和辩证法思想给予了高度的评价，在他的引导下，从 20 世纪 70 年代以来，我国学术界进一步重视了对张载思想的关注与研究。1990 年，喻博文先生的《正蒙注译》出版不久，张岱年先生特地致信喻先生，信中说"大著功力宏深，实为宋代哲学研究的新贡献，谨表示赞佩之意"。张岱年先生称赞喻先生"功力宏深"，而前文已引王植曾言《正蒙》"义蕴宏深"，无独有偶，两个"宏深"应当都是确语，不是巧合。张岱年先生历来治学严谨，出言谨慎，可见这里绝不是溢美之词。中华人民共和国成立之初的 50 年代，张岱年先生就出版了关于张载思想研究的专著《张载——十一世纪中国唯物主义哲学家》，并在他的另一部专著《中国唯物主义思想简史》专门设一节介绍张载的哲学思想，因此他把喻博文先生引为同道知音，应当事出有因吧。在《正蒙注译》初稿写成后，喻先生曾经去北京拜访张先生，就《正蒙》中几处疑难问题请教，张先生作了详细解释，并热情支持这部著作早日修改定稿面世。

喻博文先生的《正蒙注译》出版，得到了哲学界的好评，1991 年 8 月在全国张载哲学暨关学学术讨论会上将此书选为参考书之一，1993 年荣获甘肃省社会科学最高奖二等奖，可谓是实至名归。特别值得一提的是，在陕西眉县张子（即张载）祠堂的石碑上，并列镌刻了张载《西铭》的原文和喻博文先生的译文，由此可见，关中父老乡亲对喻先生成果的认同和褒奖。《正蒙注译》不仅在大陆境内颇有影响，而且得到了海峡对岸台湾学界的响应，该书出版十年之后，2001 年台湾中兴大学学者胡楚生先生还来信索要本书，信中说道："久钦盛誉，惜未识荆，承惠大著，衷心感激，自当仔细拜读，多受教益。"由此可见，海峡两岸学界对这本书都可谓是关注备至。

喻博文先生撰写《正蒙注译》的过程也就是他深入细致研究张载哲学思想的过程，在此深厚细密的基础上，喻先生参与了由葛荣晋教授主编的《中国实学思想史》上卷

第四章《横渠学派及其实学思想》的撰写。这自然又是一篇水到渠成的著作。所谓实学，葛荣晋先生在该书导论中说，就是从北宋开始的"实体达用之学"，在不同时期、学派、学者那里，其实学思想或偏重于"实体"，或偏重于"达用"，或二者兼而有之。张岱年先生在其《中国唯物主义思想简史》的"修订本序言"中从另一个角度表达了他对"实学"的看法。他说，"中国过去是否有一个唯物主义传统呢？……我认为，历史上每一个时代都有一两个唯物主义的代表人物，这就可以肯定确实有一个唯物主义传统了。中国过去没有唯物主义的名称，但这不是没有唯物主义传统的理由。……王廷相（明代哲学家，其哲学思想是从张载到王夫之的重要发展环节，在中国哲学史上，占有重要的地位。——编者注）曾标举'实学'二字，如说：'《正蒙》，横渠之实学也'（《慎言》）。我们可以用'实学'作为唯物主义的名称。"《中国实学思想史》以人民大学资深教授葛荣晋教授领衔，由国内一批中国哲学史专家共同撰写，它是海内外第一部系统论述中国实学的基本特点、演化过程、发展规律及其当代价值的高水平的学术专著，它填补了我国思想史研究的空白，具有重要的学术价值和社会价值。

喻博文先生在他所写的关于张载实学思想研究的那一章里，承接了《正蒙注译》的思路和成果，并进而全面深入系统论述了张载思想的实质及其意义，其中不乏发前人所未见的真知灼见。张载在中国哲学史上第一次构建了比较详细、系统、完整的气一元论的哲学体系，他的思想对宋元明清哲学发展具有重要的影响。喻先生在文章中对张载的宇宙观、修持论、政治论以及天地动植之学作了详细论述、评析。文章首先认为张载是古代气一元论的突出代表，例如认为宇宙是客观的真实的存在，上至苍茫天穹，下及大地万物，一切皆气之为存在，一切现象皆气之现象。张载并论述了古代学者提出的有关存在的主要哲学范畴，如虚与实、有与无、体与用、一与多等皆为气的不同存在形式。"气"有阴阳两端，是为万物运动变化的根源。根据此论批判了佛学"一切皆空"、老子的"有生于无"等谬说。

重视道德是儒学一贯的学术思想传统，张载自然不会例外，在他的著作中多有论述。此文中第三节是评述张载的人生观、道德论及修养途径和方法。张载认为人生的目的是"成身成性，最终成为圣人"。圣人不是天生的，"圣人可以学而至"，但必须经过长期艰苦的修养，张载称为"修持之道"。"毋四"（无意、必、固、我之凿）、虚心、得礼、诚明、尽性、穷神等范畴的分析论述，揭示了修持之道的理论体系。张载的修持之道是修养论，也是认识论，其中包括人性论和人格论，是其思想理论最具实践性的学说。虽然其中有些封建陈腐说教，但面对今天社会以"钱"为人生目的的一些人说不是没有意义的。

社会政治、经济问题也是张载论述的重点。文章对此进行了分析评论。文章认为张氏继承了"民性邦本，本固邦宁"（《尚书·王子之歌》）的思想，提出"爱民""足民"的主张，为此力主推行古代的"井田制"，达到土地的"均平"，以解决地主阶级与农民阶级严重尖锐的矛盾。"在当时以王安石和司马光等人为首的新旧两派斗争中，其政治主张显然保持了一定的独立态度，或者是中间路线。这一看法值得当今有关学术界人士参考。

文章专列"天地动植之学"一节，讨论张载的自然科学见解。张载关于对自然和人的生理现象的观察与思考，并作出论述，这在宋明理学的著作中是十分突出的，《正蒙·动物篇》论动植物的共性和差异、论人之生死、呼吸、做梦等，还有其他文章中讨论天地、恒星、日月五星的运南海转、海水的潮汐、风雨雷霆的形成等天象问题。所有这些讨论都建立在气一元论的基础之上，作出比较科学的解释。更值得一提的是张载不相信世俗的鬼神迷信，认为"鬼神，往来屈伸之义"（《神化篇》），鬼神即太虚之气的运动变化，并探讨了鬼神迷信产生的社会根源，认为这是"起于王法不正"，弱小者无力反抗强有力者的控制和压迫，"屈抑无所伸"，没有地方没有力量为自己说理申冤，或因为有疾病无力求医，在无可奈何之中，只有求助冥冥之中的神灵（《经学理窟·周礼》），鬼神迷信思想就是在这样的社会环境中产生、形成和发展起来的。应当说这一观点在今天仍然是有价值的见解。

喻博文先生在这篇关于张载实学思想的专著中，既体现了"汉学"的方法，又阐发了"宋学"的精神，它从新的视角对张载及其学派的思想作出了总结性的探讨，论证分析深刻，其中阐发了不少自己的创见。

喻博文先生自述，"晚年喜《易》，除继续理学的习究外，并研究《易》学"。《易》又名《周易》，儒家典籍六经之一，汉代人通称为《易经》。现在所谓的《周易》，包括经、传两部分，传是对经的解说，一般认为，传是战国以来陆续形成的系统阐释《易》的作品的汇集。喻博文先生对易学的研究重在易学哲学思想及其发展历史。其实，喻先生对《易》学的专注，与他对儒学、宋代理学及张载思想的研究是交织在一起的，是相互发明的。前述喻先生的《正蒙注释》出版于1990年，是他之前十余年呕心沥血的成果，即20世纪七八十年代完成的。而这一时期喻先生对理学和易学的研究是穿插融合在一起的，他于20世纪80年代起在国内权威杂志陆续发表了一系列颇有分量的论文，在易学研究中有自己独至的见解，成果斐然。其中如《评横渠〈易〉理》（《中国哲学史研究》1984年第4期），《体用一源，显微无间——程颐的易学方法论初探》（载《洛学与传统文化》论文集，求实出版社1984年版），《王弼易学的方法论思想》（《中国哲学史研究》1987年第3期），《论〈周易〉的中道思想》（《孔子研究》1989年第4期）。其中最后这篇论文系统地阐明了《周易》经、传的中道思想，时有新见，如提出《象传》中"小象"释爻辞时常言"吉""元吉""大吉"的理由说"以中正也"；"大象"释卦名、卦义中"君子以……"的句式，如"天行健，君子以自强不息"（《乾·象》），"君子以弗礼弗履"（《大壮·象》），"君子以居贤德善俗"（《渐·象》）等，所言即每卦中道思想的具体内容，而"中道"即中正之道，是儒家为政、处人、做事的最高道德标准。这一观点发前人所未见，确系独创之见解。喻先生又发表了《〈周易〉研究十年述要》（《烟台大学学报》1991年第3期），对1980至1989年十年期间国内研究《周易》的进展情况作了准确总结。自改革开放以来，在华夏大地兴起了"易学"热，一方面对弘扬传统文化发挥了积极的作用，是学术界解放思想的产物，另一方面，毋庸讳言也有一些鱼龙混杂的消极状况，应当不纳入易学研究的范围。这种评介综述性的文章，并不好写，需要作者学识渊博，深谙易学之道，又眼界开阔慧眼独具，学理分析透彻，具有举重若轻的驾驭能力，才能鞭辟入里，作出简明扼要全面准确的结论。喻先生的这篇论文包含了上述的要素，内容丰富，资料翔实，颇具参考价值，对我国易学研究发挥了积极的推动作用。

易学为儒学之宗，儒家创始人孔子晚年尤其喜读《周易》，刻苦钻研，反复披阅，以至"韦编三绝"，由此可见易学在儒学中的核心地位。易学源远流长，历时两千余年，历史上形成了不少流派，许多著名的哲学家都依据《周易》经传提供的思想资料，建立起自己的哲学体系。宋代理学以儒家孔孟思想为根本，兼收佛道哲学的思想，进而建立的新的思想体系，与儒学的源流关系不言而喻，张载著《正蒙》及《横渠易说》，《易》之经传对他影响最大。喻博文先生出入理学、易学之间，其治学的路径自然是合乎逻辑的。喻先生在研究易学古奥之理时，又以教师的传道解惑本分，撰写了《易学琐言——易学知识百题答问》，连续发表在由山东省周易研究委员会编纂的《易学通讯》1993年第二、三、四期，全文八万余字，融学术性、知识性、通俗性于一体，该文虽未公开出版，但确系一本名副其实的研究、普及易学精髓的力作。正如喻先生所言，深感有总结吸收前人的《易》学研究成果，博采广览今人对《易》学探讨的学术精华，编撰一普及通俗的读物之必要，庶几对有志于此学的新秀有所助益，也为吾国文化发展的推陈出新、继往开来尽绵薄之力。该文力求全面阐述《易》经·传、史的知识，言简意赅地介绍《易》学的渊源、内容和学习的方法等一系列问题。喻先生又说，虽思考再三，慎之再慎，求是求真，然后着笔，但因学力所限，这些所谓"见"，究竟为有所创新之见，或为一得之偏见，甚至乃为谬见，祈请读者评论指正。以上所言，体现了喻先生虚怀若谷、谦逊求实的学者本色。这是一本吸收古今研究成果，并融入己见的概论式的著作，基本形式为答问体，首尾呼应，一以贯之，形似散而实不散，可作初学者的入门读物，也为研究者提供深入探讨的线索，完全可以说，老少咸宜，雅俗共赏。

综上所述，喻博文先生从幼年启蒙开始，就在心灵深处埋下了钟情中国传统文化的种子，在他五十多年的教学和科研的生涯中，他与儒家思想结下了不解之缘，他治学的重心为儒学，尤其对易学与关学用力最勤，学有专攻，硕果累累。当前学界浮躁之风愈演愈烈，学术腐败现象层出不穷，比起一些学者著作等身，喻博文先生的学术成果不算很多，但他的著述，篇篇是独立思考、呕心沥血的实事求是的精品，其治学精神难能可贵、令人敬佩。喻博文先生以教书育人为本分，以弘扬中国优秀文化为己任，他的成就是与他的不懈探求的治学精神、实事求是的研究方法和矢志不移的哲学追求是密不可分的，不愧为我省学有所成的优秀学者，是后学者学习的楷模，他的学术生涯就张载所言"为天地立心，为生民立命，为往圣继绝学，为万世开太平"的现代学人的求索之旅。

《陇上学人文存·喻博文卷》（第二辑）
作者：颜华东

林 立

一

林立先生，湖北黄冈人，1933年出生于一个开明的乡绅家庭。父母均受过正规的教育，母亲毕业于武昌师范学校并在家乡国民小学担任语文教师。父母的教育背景形成了十分重视教育孩子的良好环境。先生六岁时，便由母亲带到所从教的国民小学读书。八岁时父亲去世，生活与教育的重担便全部由母亲一人承担。母亲对于孩子们的教育十分严格，使先生自幼便得到了严格的启蒙教育同时养成认真读书的习惯。

先生十二岁时报考县立中学并被录取，由于战乱和民生凋零，学校缺乏足够的师资，一年后转入湖北省的名校武昌实验中学读书。武昌实验中学良好的教学水平及图书资料使先生学业有明显的长进。但好景不长，仅读了一年后先生便因家庭经济困难辍学回家从事农业生产劳动。然而，先生认为，作为一个年轻人，应该投入社会，用知识武装头脑，从事对社会有益的事业。抱着这样的理想，经姐姐的介绍，先生于1951年年初离家到新华书店中南总店（武汉新华书店）工作。在新华书店工作期间，先生除积极工作、积极参加单位组织的各种活动外，一直重视政治和文化学习，不仅参加中央驻汉机关干部文化补习学校的学习，而且休息日和晚上也不放弃学习。经过四年的勤奋努力，先生不仅文化知识水平得到了极大的提高，而且对哲学尤为偏爱。1955年先生报考中国人民大学哲学系，但由组织安排转入兰州大学经济系学习，后又转入汉语言文学系学习，并于 1959 年毕业留校任教。1959—1962 年，先生经过努力被学校选派到中国人民大学哲学系哲学研究生班学习。

当时的中国人民大学不仅云集了国内哲学研究，特别是马克思主义哲学研究的一批名师，而且藏有丰富的国内外马克思主义理论研究、哲学研究的文献资料。在该校的学习为先生奠定了扎实的哲学社会科学素养和深厚的理论功底。中国人民大学"实事求是、立学为民、治学报国"的校训也成为先生一生教学及研究的原则和方向。

自 1962 年起，先生先后在兰州大学马列主义教研室、哲学系从事马克思主义哲学和自然辩证法的教学及研究工作。由于先生勤奋钻研，治学严谨，教学效果显著，成为学校的青年骨干教师。然而，好景不长，"文化大革命"一开始，先生因在反右期间有"同情右派""走白专道路"和"消极对待运动"的言行而遭到批判，并与当时被"揪斗"的所谓"地、富、反、坏、右"及"反动学术权威""走资本主义的当权派"等人一同被发配到学校农场接受"改造"。先生所钟爱的哲学研究被迫中断。但先生并未因此而沉沦，而是把"劳动改造"当作历练自己的机会，在积极劳动的同时，对理论与现实、国家命运和前途进行深入思考。这些思考的心得也融入了他后来的学术研究和教学活动中。

1978 年，党的十一届三中全会的召开，结束了以阶级斗争为纲所带来的混乱局面，开启了以经济建设为中心的改革开放新阶段，国家政治、经济、社会和科学研究开始走上正轨，先生也迎来了学术研究的春天。当年，先生便担任了甘肃省自然辩证法研究会筹备组主要负责人、兰州大学马列主义教研室自然辩证法教研组组长。1980—1988 年，先生除先后担任马列主义教研室学术委员会委员、教研室主任、哲学系主任等教学、科研和管理职务外，还担任了甘肃省科学研究会筹备组负责人、中国自然辩证法研究会理事、甘肃省自然辩证法研究会理事长、甘肃省哲学学会会长、《科学·经济·社会》杂志主编以及甘肃省政府顾问等众多学术兼职。

1986 年，先生担任兰州大学哲学系主任。经过他的不懈努力和全体教职工的支持，使哲学系各项工作很快步入正轨，不仅构建和形成了西方哲学、中国哲学和科技哲学三大专业，同时还开设了社会学专业，并使各项专业的教学与研究齐头并进，共同发展。哲学系的建立，完善和补充了兰州大学无哲学专业的空白，同时也带动了甘肃省哲学研究工作的展开。先生善于组织和管理哲学系的教学及科研工作，科学组织，精心安排，制定哲学系发展规划，使得教学及科研工作规范化、科学化，制定各项保障制度。将哲学系办得有声有色，科研成果丰硕，使哲学系成为西部高校的重点院系，多次受到上级部门的表彰。先生为兰州大学哲学社会学院的学科建设与发展付出了辛勤的劳动，打下了坚实的基础，作出了重大的贡献。

1988 年，先生担任了《科学·经济·社会》杂志主编。作为主编，先生以科学的态度，遵循办刊宗旨，以专业的理论指导，将杂志办成了融科学技术与哲学、社会科学为一体的综合性学术刊物。以研究和探索科学、经济与社会的协调发展为宗旨，以社会主义现代化建设中重大的理论问题为中心，力求在内容和形式上积极创新，为西部乃至其他边远落后地区的开发和现代化建设做贡献。为广大教师和科研人员提供了研究平台，为促进教学与科研发展作出了杰出贡献。在先生的精心指导下，该杂志成为全国中文核心期刊、全国中文社科类核心期刊、中文社会科学引文索引 CSSCI 来源期刊、《中国学术期刊》（光盘版）全文收录期刊、甘肃省优秀期刊、综合类重点核心期刊。

先生在承担大量教学任务的同时，积极参加相关学术活动，并长期为省内外党政机关干部和高校师生辅导马克思主义哲学和科技哲学。先生在哲学社会科学方面视野宽广、理论功底深厚，他逻辑严谨、深入浅出的授课，受到广大师生和干部的一致好评。由于教学、科研和社会服务工作成绩突出，先生于 1983—1991 年多次获得兰州大学教学质量优秀奖、三次获得"优秀共产党员"称号，以及甘肃省和兰州大学"教书育人"先进个人、"甘肃省高等学校优秀思想政治工作者"等荣誉称号。先生以其才智，为甘肃省、兰州大学的哲学、自然辩证法研究和学科建设及人才培养等方面作出了卓越的贡献。

二

哲学研究与发展在我国尤其在高校是很难出成果的领域，由于历史原因与国情的特殊性，使得国内哲学研究成为具有高难度的、发展缓慢的学科。而先生正是知难而上，以其严谨的科学态度，积极探索、勇于创新，为哲学的研究与发展作出了贡献。

先生作为我省哲学界的知名学者，长期从事马克思主义哲学、科学技术哲学的教学与研究。他前期主要致力于马克思主义哲学和自然辩证法方面的教学、科研工作，随着国家工作重心的转移及社会的转型与发展，他的教学、科研也向科学技术哲学方向转移，并取得了显著的成就，表现出新时期开拓创新、与时俱进的学者风范。尤其在科技哲学领域进行的全方位和开创性的探讨，在新的理论概念、方法和学科体系方面所作出的新贡献，为科学界和理论界所瞩目。他的主要学术成就反映在四个方面。

1. 为科技哲学研究提出了理论依据

1978 年，中共中央、国务院在北京隆重召开了全国科学大会。这次大会是中国共产党在粉碎"四人帮"之后，国家百废待兴的形势下召开的一次重要会议，也是中国科技发展史上一次具有里程碑意义的盛会。邓小平同志在这次大会上的讲话中明确指出"现代化的关键是科学技术现代化",重申了"科学技术是生产力"这一马克思主义基本观点。从而澄清了长期束缚科学技术发展的重大理论是非问题。全国科学大会的召开,特别是邓小平同志提出的"科学技术是生产力"这一马克思主义基本观点,极大地激发了广大知识分子对科学技术和"科学技术作为生产力"的广泛研究。在这一时代背景下,1980年先生与我省科技界王芸生、熊先树等著名学者首次提出和论证了"科学能力"的基本概念,并在《试论甘肃省的科学能力》等五篇相关论文中,依据马克思关于科学劳动是社会的"一般劳动",是一种"生产的特殊方式"的论断,提出了"社会的科学能力实质上是一种特殊的生产力,科研领域中人与人之间的关系是一种特殊的生产关系。他们在通常意义下仍然遵从生产力和生产关系的相互作用原则"这一创新观点。他们将科技队伍、仪器设备、图书情报三个要素作为科学能力的第一层次,将科技政策、科研体制和科研管理三个要素作为科学能力的第二层次,将社会、政治、心理、教育、经济、文化等因素作为科学能力的第三层次,构建了表征一个国家或地区的社会"科学能力"的物理模型和数学模型,并结合甘肃省的实际进行了深刻论证和界定,得到了原国家科委、中科院和科学界的认可和推广。

基于深厚的哲学理论功底和对科学技术发展的一般规律的持续研究,先生挖掘和阐发了现代自然科学研究的创造性方法。在与我省理论界马名驹、熊先树等著名学者合著的《现代自然科学理论的基本概念和基本关系的层次进化——关于爱因斯坦科学方法的探讨》一文中,通过对爱因斯坦科学方法进行较为全面、深入的探讨,他们认为:"现代自然科学的发展,正在出现一种不断抽象化的趋势。科学的概念和语言越来越远离人们直观的感性经验,科学的理论形态需要借助抽象的形式符号和数学工具;通过严密的逻辑演绎来精确表达,很难无歧义地翻译成简明的日常语言。这种科学理论抽象化的趋向,是现代自然科学发展的一个基本特征,是科学认识不断深化的必然结果。它给科学研究的方法也带来了一系列新的特点,出现自然科学与哲学相互渗透、逐渐结合趋势的时代根源和认识根源。正如恩格斯在一百多年前预言过的,自然科学"走进了理论的领域,而在这里经验的方法就不中用了,在这里只有理论思维才能有所帮助"。爱因斯坦作为一位具有哲学批判眼光的科学家,通过自己切身的科学实践和对科学发展历史的系统考察,从哲学的高度总结了现代自然科学的发展规律,揭示了科学理论的基本概念和基本关系进化的层次结构,创造了适应于现代科学理论发展特点、独具风格的科学方法。他们指出,爱因斯坦关于基本概念和基本关系的论述,不仅是构成科学理论体系的基本逻辑元素和创造性思维的依据,而且是科学进化的内在动力和科学选择理论的有效方法。现代自然科学理论的基本概念和基本关系的层次进化,既反映了人类科学认识不断深化的矛盾运动,也决定着理论体系的结构、功能和发展。

该文被评为 1982 年中国社会科学优秀论文。

2. 注重经济社会理论与实践问题的研究

十一届三中全会以后，随着党和国家的中心工作逐步转向改革开放和经济建设上来，经济与社会发展的理论与实践研究成为学术理论界研究的"热点问题"。在这一时代背景下，自 1979 年至 1997 年，先生充分利用自己马克思主义哲学的专业理论素养和科技哲学研究的积累，积极展开经济社会理论与实践的研究。先后独立或与我省科技界、社科界王芸生、熊先树、马名驹、赵怀让等著名学者合作，从科学认识论、科学方法论、社会主义建设的指导方针与根本任务、科学经济社会协调发展以及甘肃省经济与科技发展等方面进行了研究，并发表了《科学能力学的研究——试论甘肃省的科学能力》《甘肃省科学技术现代化展望》《社会主义建设的伟大方略》《指导科学、经济、社会协调发展的重要纲领》《社会主义社会的根本任务是发展生产力》《甘肃经济发展中经济与非经济因素的优化和协调》等具有理论创新性和重要实践借鉴价值的十余篇论文。

在先生独立发表的文章中，《社会主义建设的伟大方略》作为一篇阐释和评论性文章，对邓小平同志在全国科学大会开幕式上的讲话进行了全面深入的总结和阐释。先生认为，在现代社会中，科学技术以空前的规模和速度发展着，并广泛地渗入人类经济社会的各种领域和各个方面，它们相互影响、相互制约和相互促进，结成了有机联系的统一整体。在我国社会主义制度条件下，如何认识科学技术对于经济和整个社会的发展以及对于提高人民群众的物质和文化生活水平的巨大作用，这是摆在我们面前的新情况和新问题。邓小平同志在全国科学大会上的讲话，依据马克思主义关于科学技术的基本观点，深刻地阐明了我们党的发展科学技术的正确方针，为制定经济振兴时期的科学技术新方针奠定了理论基础，为促进我国的科学、经济、社会的协调发展、建设有中国特色的社会主义指明了方向。在先生另一篇文章《社会主义社会的根本任务是发展生产力》中，先生发挥他在科学技术哲学领域的专业优势，阐述了马克思主义关于科学技术是生产力的基本观点。他指出，马克思在《资本论》中，论述生产力系统诸要素的关系时，对科学技术是生产力进行了深刻而且具体的分析，提出了"生产力是随着科学和技术的不断进步而不断发展的"科学论断。他认为，在世界新科学技术革命的高潮中，科学技术趋向生产的比重空前增大，科技工作者的实践活动与生产技术操作的联系日益紧密，科技成果从发明到应用的周期大大缩短，科技进步已成为整个生产力发展的决定因素，依靠科学技术提高劳动生产率已成为当代的主导趋势。对于在发展科学技术中坚持生产力标准，应从三个方面考虑：第一，要坚决贯彻"依靠"和"面向"的战略方针，大力加强应用与开发研究，使更多的科技人员转向经济建设的主战场，不断提高科技成果的经济效益和社会发展效益。第二，要正确理解和处理好科技发展内部层次比例关系，基础研究、应用研究和发展研究必须协调发展。第三，应进一步解放思想，加快科技体制改革的进程，发展横向联合。第四，应加大对各类科研单位和科研人员的激励，通过宏观控制和政策引导，加速科学技术向经济建设的主战场转移。

3. 对新技术革命和自然辩证法的研究作出了贡献

对现代高新技术及产业群发展所提出的认识论和方法论问题，进行了开拓性探讨。在《新技术革命辞典》一书中，先生对现代科学技术革命中新学科、新专业名词、概念及专业术语作出了系统的阐述和界定，集中反映了20世纪40年代以来世界科学技术的新成果和新发明，兼及相关的现代经济、管理和社会未来等诸方面的内容，以辞书的形式较全面地论证了"科学技术是第一生产力"的理论，受到科技界和企业界的好评，荣获第四届甘肃省社会科学优秀成果二等奖。

在科学技术哲学学科建设和理论体系建立上，有独树一帜的系统创新。在《自然辩证法原理》《自然辩证法原理疑难》《自然辩证法基础教程》和《科学认识论》等一系列著作中，先生以马克思主义基本原理和方法论为指导，立足于现代科学技术发展规律认识新科技成果，认真吸取西方科学技术哲学的积极合理要素，建构了以人和自然的矛盾、科学实践和科学认识的矛盾为中心主线，以一整套学科的基本概念、十二对范畴和四个基本规律为基本内容，体现出逻辑和历史的统一、自然辩证法和历史辩证法的统一、实践观点和认识论的统一、科学的辩证法和自然界的客观辩证法的统一以及自然观、科学观、方法论三者的统一要求的学科理论体系，使人耳目一新；对于我国哲学研究的创新发展和科学技术哲学的深入发展产生了积极作用。其《自然辩证法原理》一书获原国家教委教材二等奖，《自然辩证法基础教程》一书被原国家教委确定为研究生学位理论课的推荐教材。

4. 对《科学·经济·社会》杂志的发展作出杰出贡献

自《科学·经济·社会》杂志创办以来，先生始终以研究和探索科学、经济与社会的协调发展为宗旨，研究边远落后地区开发问题，以社会主义现代化建设中重大的理论问题和现实问题为中心，坚持"百花齐放，百家争鸣"的方针，坚持面向现代化、面向世界、面向未来，努力为建设有中国特色社会主义、促进边远落后地区现代化建设服务，不断提高刊物的学术水平和应用价值，为促进我国经济和社会的全面协调和可持续发展作出应有的贡献。为了突出杂志集科学、经济、社会等多方面研究特色，先生凝聚磅礴力量，组织了一批博学多才的专家学者组成编委会，成员有：姚恭荣（时任甘肃省委政策研究室主任）、吴天任（时任省科协主任）、王大政（时任省科学院院长)、孙还坚（时任省科学院经济学专家）、张园（时任省科学院经济学专家）、赵怀让、贺恒信、刘树田（三人时任兰州大学科研处处长、管理系主任、新闻系主任）等。

先生身为编委会主任，定期召开编委会，研究制定杂志发展规划、确立办刊宗旨和方针，结合国家发展规划、战略方针确定研究方向，结合实际调整杂志栏目和研究课题，请专家献计献策，制定专题、设置栏目、组织专家约稿、出专刊等。每一期的稿件交由编委会专家审阅，严格把关，要求每位编委结合本专业各负其责，认真把好稿件质量关。在先生亲自主持下，杂志突出了以我国社会主义改革开放和现代化建设实践为基础，学科领域界度大、交叉渗透深广、综合性强，融科学、经济、社会为一体的特色，并始终坚持科学性与政策性相统一、理论性与应用性相统一，将杂志办成了内容丰富、观点方法新颖、信息量大、文采活跃的刊物。先生与编委会集体研究，确定了杂志栏目，辟有欠发达地区开发研究、传统文化与现代化、经济论坛、社会纵横、科学与哲学、经济与法、新闻与传播等栏目。自创刊以来，在先生的坚持下，刊物一直坚持以社会效益和精神价值为主的办刊宗旨，严把稿件质量关，努力摒除喧哗浮躁的社会风气，以踏实与严谨的作风坚守着自己的学术阵地，不断提高刊物的学术水平和应用价值，先生亲自为杂志撰稿、审稿、约稿。在编辑过程中严肃认真，对作者认真负责并对编辑部工作关怀备至、认真指导、严格要求。在先生的带领下，编委会成员和杂志编辑部上下一心、齐心协力、共同努力，将杂志办得有声有色，使其成为全省以及高校期刊中的优秀期刊，博得大家的一致好评。先生为兰州大学的教学、科研发展作出了贡献，也为高校教师提供了研究发展的平台。1991 年，《世界图书》杂志第 8 期刊载《我国社会科学常用期刊初探》一文，经由 50 余位专家严格把关，以 1990 年度中国人民大学《复印报刊资料》为统计依据，在全国 3204 种社科类期刊中选出被复印率较高的 329 种作为中文社会科学常用期刊并排出名次。其中，《科学·经济·社会》以 37.04% 的引用率排名第 73 位。1992 年，在北京地区高等院校期刊工作研究会和北京大学图书馆联合发起、主持的国内期刊评选中，该杂志即被列为软科学类、农业类、经济类和社会学类中文核心期刊。自 1994 年至 2014 年年底，连续入选"中文社会科学重要期刊检索系统"（CSSCI）来源期刊。

先生的教学及科研成果和学术水平是有目共睹的，这将在文存中加以详细论述，我们可以从中领悟到作为哲学人的独到见识，感受到其智慧与锐利的目光。先生为哲学研究开辟了新的天地，开创了兰州大学哲学研究的新风，让后来的研究学者及同行有了研究的自信和启示，使教学科研工作再上新的台阶。先生如同一名指挥家，对院里及编辑部的工作齐头并进，具有领导艺术才华，凝聚全院教职工力量，奏响团结和谐、奋斗进取、创新的乐章。

三

1996年，先生从工作岗位上退休，但仍积极参与各种教学和学术活动，不仅先后承担了兰州大学理科硕士生的"科技哲学"和博士生的"科学技术与马克思主义"等课程以及学校教学督导委员会顾问等工作，而且为省委省政府的各项重大决策提供咨询服务，继续为甘肃省和兰州大学哲学、自然辩证法研究的发展与学科建设努力工作，对杂志社工作仍旧认真负责。编辑部仍保留着先生的办公室，布置得很精致，书桌上常放着待发稿，书柜里放着获奖证书及新近出版的期刊，还有先生出版的专著等。每周先生来编辑部两到三次，关心期刊的发展及发刊情况，并及时提出建议等。

本人身为《科学·经济·社会》杂志常务主编，与先生共事多年，目睹了先生为兰大哲学社会学院以及杂志所做的贡献，尤其是先生病重期间的工作经历。2004年秋季，先生因身患重病不能常来编辑部，我就让研究生把新出的刊物送到先生家里，有时我把待发的稿件送到先生家里请先生审阅。直到2004年的某一天，在路上偶然遇到先生，那时先生已做完手术数月，身体消瘦得让我吃惊，差点认不出来，我深深地为先生的身体状况感到不安和担忧……尽管如此，先生见到我非常高兴，眼睛里闪烁着光芒，认真地对我说，他现在每周都要到榆中校区两三趟，进行教学质量评估。他那股对工作认真负责的精神令人无不为之动容……我在想是什么样的精神和力量支撑着先生，让他在病重的情况下能够承受往返路途的颠簸和身体的劳累。也许这就是兰大人的精神力量，是老一辈兰大著名学者的精神风貌。直到有一天（2005年6月），我接到了哲社院老师的电话，说先生身体状况不太好。我急忙赶到先生家里，此刻先生已经悄然离去。当时我头脑一片空白，心也仿佛被掏空，难过悲伤。伟大而卓越的先生就这样走了，可以说先生一直在为兰大的哲学研究、教学研究及杂志的发展不遗余力地做贡献，直至生命的最后一刻。

纵观先生的一生，经历了战乱、中华人民共和国成立初期的百废待兴、"文化大革命"动乱以及改革开放等不同历史阶段，正是这些不同的经历成就了先生的风范，也铸就了先生的业绩。先生是个平凡的人，这从他的成长经历中就能看出。他虽没有创造出惊天动地的业绩，但当你走近他时，你一定会觉得他的不平凡之处，他的个人魅力与价值是不容忽视的。他不仅是一位具有理论研究成就的学者，同时也是具有独特管理能力和领导才能的领军人物。其令人钦佩与敬重的品质和风范主要体现在如下方面：

一是先生一生勤奋好学，勇于探索，潜心致力于马克思主义哲学、科学技术哲学、系统管理等方面的理论研究和教学实践，论著颇多，成果丰富，具有很高的学术造诣，学术价值、理论深度及创新精神在国内外学术界产生了广泛的影响。

二是先生一生忠诚于党和人民的教育事业，长期坚持在教学第一线，不仅承担着大量的教学任务，而且治学严谨，一丝不苟。同时，先生为兰大哲学系的发展做了大量工作。先生注重哲学学科发展建设，科学地设置课程和研究方向，开设社会学研究项目。鼓励青年教师大胆创新，为教师教学和科研提供支持与帮助，主动申请研究项目，推动哲学院多出研究成果，在教学管理及科研工作中都有所创新，具有超强的管理能力和领导才能，为兰州大学哲学院的发展奠定了基础。在培养青年教师方面，先生更是倾注了大量的心血，使他们迅速成长为教学和科研骨干，为党和国家建设培养了很多优秀人才。

三是先生为人忠厚、谦和，待人热情、平易，严于律己、宽以待人。先生在兰大哲学系任系主任时，尊重系里的老人，关心教职工的生活，注重年轻人的成长。在工作中以身作则，严以律己，对工作认真负责、严格要求，是位称职的领导。在学生面前是严师，在子女面前是慈父，教育有方，家庭和睦。他是位热爱事业、热爱生活、热爱家庭，有责任心和敢于担当的优秀知识分子。所有接触过先生的人都会感觉到他既是学者，同时又是朋友，你与他没有距离感，只有温暖。与先生在一起你会被他的人格魅力所吸引、所感染，令你情不自禁地会对他肃然起敬，无限崇拜。这不是当今粉丝眼中的明星，而是值得人们尊敬的教育界和学术界的楷模。

先生生前，许多学生和亲朋好友多次建议先生总结自己一生的学术心得和成果，结集出版，但均被先生婉言拒绝。先生认为，在学术研究中，自己并未形成具有原创性的、系统的理论，仅在某些方面在前人的基础上有所思考和发现，做了一点工作，无法以著作立身，独成一派。其谦虚的为人和治学态度令人敬佩。

在兰州大学建校110周年校庆之际，我们不曾忘记为兰州大学发展作出过杰出贡献的人们，其中也包括更值得人们敬佩的原兰州大学哲学社会学院院长、知名教授、著名学者林立先生，让我们记住这位具有大师风范的前辈。

值先生去世14周年之际，以文存形式对先生的学术历程和成果进行总结，也算是对先生在天之灵的一种告慰吧。

《陇上学人文存·林立卷》(第八辑)

作者：曹陇华

韩学本

　　我们手中拿着的这本《陇上学人文存·韩学本卷》，记载了韩学本先生这位中国的马克思主义哲学工作者探索真理的艰难历程，凝结着对他安身立命的马克思主义哲学勤奋思考笃志践行的心血结晶。读者可以从收录在本卷中先生的《怀念老校长林迪生》和先生的夫人何凤仙老师《记韩学本先生》等文章中，清晰明了地体悟先生的心性品行、理想追求和生命轨迹。

　　韩学本先生 1933 年 12 月出生于陕西朝邑县，中学时加入中国共产党。1953 年考入兰州大学历史系，毕业后留校任教。1959 年考入中国人民大学哲学系副博士研究生班，专攻马克思主义哲学，学业结束后自愿回兰州大学继续任教，认认真真讲授马克思主义理论课。和千千万万个年岁相差无几的同时代人一样，韩学本从少年时期耳闻目睹了我们亲爱的祖国积弱积贫、风雨飘摇和任人宰割的凄苦惨景；恰逢青年，迎来了共和国的新生，他们心中真挚热情地涌动着青春万岁的不可遏止的潮涌；对未来的希望和美好明天的憧憬，使他们像飞鸟展开翅膀拥抱空中飘逸的气流一样，投身和接受了新时代所给予的一切，年轻人的率真和质朴也让他们坚定不移地笃信，只要真诚地贡献自己的一切，时代也会毫无保留地容纳呵护他们，如同大地默默无语地承接着落叶、飞花和流水。他们的生命之根深深地埋在共和国的土壤里；他们的生命实存与共和国的命运同呼吸共患难。正如他们的人生旅途并非总是阳光灿烂、万里无云的蔚蓝晴空，他们的思想之路随着时光的流逝，在坚毅探索的延展中时常涌现出疑惑和抉择横亘其上。面临如此的存在境遇，此时此刻，一个真正的思想者就在此地此处挺身而出，承担起思的使命来，或者说，感受了迷茫和困惑的缠绕而又能够在思想的层面上依靠思想的力量解脱而出进入澄明境界的人，就是思想者。韩学本先生本是一介书生，学生们私下称之为"韩夫子"，他将思想中显现出来的困惑和疑难的解答目光最终投向马克思主义经典著作，尤其是马克思《1844年经济学哲学手稿》。这是马克思主义哲学生命活力在中国的力量所在，同时也是像韩学本先生这样的马克思主义哲学工作者尽其天职的资格明证。收在本卷中的文章只是先生论著的一部分，它反映了韩先生治学的方向追求及其学术功底，透过这些并非通俗易懂的哲学思索与智慧表达，我们也可以心领神会先生追求真理、探索人生、关怀人类、报效祖国、情系民族、为民立言的崇高境界与坚毅性格。

一

韩学本先生在《〈1844年经济学哲学手稿〉论析》中开篇写道："法文版《资本论》第一卷的扉页上，绘着一幅古罗马万神殿的图案，似在告诉人们：《资本论》也是马克思主义的'万神殿'，她集马克思主义之大成。如果可以将《资本论》比做马克思理论成就的'最高殿堂'，那么她的伊始、雏形又起何时、何处？我们确信她就是马克思的《1844年经济学哲学手稿》，即《巴黎手稿》。"之所以如此，那是因为《手稿》通过异化劳动概要地对资本主义私有制的产生、发展和消灭做了第一次的探索，从而促使了马克思第二个伟大发现即剩余价值理论在此萌发、孕育。韩学本认为，马克思在《手稿》里批判分析"国民经济学这门关于财富的科学"，其基本上是：财富等于私有财产，私有财产是唯一的存在，规律也只能是私有财产的规律，私有财产的源泉是劳动，劳动创造一切价值。在这里弄清财产和劳动之间的关系，就可囊括全部国民经济学的内容，国民经济学正是在财富和劳动的关系上展现自己的全部理论的。《手稿》正是抓住这条主线对国民经济学进行剖析批判的。马克思强调说："正如我们通过分析从异化的、外化的劳动的概念一样，我们也可以借助这两个因素来阐述国民经济学的一切范畴，而且我们将发现其中每一个范畴，例如商业、竞争、资本、货币，不过是这两个基本因素的特定的、展现了的表现而已。"[1]紧紧抓住"劳动"（＝异化劳动）和"财富"（＝私有财产）这两个要素，就等于抓住了整个国民经济学的要素，《手稿》正是这种分析的典型。《手稿》通过对现有的市民社会的工资、利润和地租的对比研究，揭示出分配方式借以产生和存在的基础，即异化劳动及其以它为基础的私有

---

[1]《马克思恩格斯全集》第42卷，人民出版社，1979年，第153页。

制，这就为后来揭示生产关系及其内部构成迈出了可喜的一步。

在这里，韩学本先生为我们梳理了一条理解马克思政治经济学研究的一条进路，《手稿》强调建立在私有制和异化劳动基础上的分配方式，必然随着阶级斗争的激化、私有制的消灭、异化的扬弃而行将灭亡。国民经济学家们不敢，也不愿意承认资本主义生产方式（在这里是通过分配方式）的历史性和必然灭亡的规律性。马克思超越国民经济学家的藩篱，提出来资产阶级无法解决的历史任务："弄清私有制，贪欲同劳动、资本、地产三者的分离之间的本质联系，以及交换和竞争之间，人的价值和人的贬值之间、垄断和竞争等等之间这全部异化和货币制度之间的本质联系。"①这种本质联系的枢纽就是异化劳动。

异化劳动是私有制基础上异化发展的最高层级和最主要的异化形式。由于劳动发生异化，才引起和加深其他方面的异化，才使分工、交换发生性质上的变化；才使劳动产品、工资、利润（利息）、地租及其相互之间发生了新的对抗；才使劳动本身区分出"一般劳动"和作为历史范畴的特殊的异化劳动。就其作用而论，这种异化劳动理论的建立，为马克思的"资本理论""雇佣劳动理论"的孕育形成铺平了道路，这实际上是在叩击"价值理论"的大门。因此，韩学本认为，《手稿》是马克思系统研究政治经济学的第一部专著的稿本，他为了马克思以后乃至毕生政治经济学研究举行了胜利进军的奠基礼。

二

显而易见，吹响这场奠基礼号角的就是异化劳动，因为在马克思看来，异化劳动导致了私有制。韩学本先生在关于马克思《巴黎手稿》的《论析》一书的引言中，有一段精彩的文字论述马克思的异化劳动理论，我们引此如下：

异化劳动理论是渗透《手稿》字里行间的主线，《手稿》则是这一理论的诞生地，也是迄今读者所见到的马克思论述异化理论最集中的著作。虽然，人们有理由期望有朝一日能读到马克思于 1846 年 11 月完成而被出版商撕毁合同未能问世的可能是谈异化劳动理论的又一著作——两卷本《政治经济学批判》的稿本，但这毕竟是一种美好的希望而不是现实，如果未来的实践证明这一愿望已成事实，届时我们将乐意做实事求是的更正。

《手稿》的核心是消灭异化，而"异化劳动"理论又是《手稿》赖以形成、存在的骨骼和支点，因此不对异化劳动进行深入研究就掌握不了《手稿》

---

① 《马克思恩格斯全集》第 42 卷，人民出版社，1979 年，第 90 页。

的精神，也无法掌握异化劳动本身的产生、发展和扬弃的规律。

值得强调的是：《手稿》中以异化劳动理论为武器，空前地展开的对资产阶级哲学、经济政治学的探索剖析，初步显示了正在形成的马克思的辩证唯物主义和历史唯物主义的基本内容；显示了正在起步后来成为马克思毕生研究的课题——政治经济学批判的灿烂前景；显示了无论是经济学还是哲学研究都围绕着的中心，即当时马克思苦苦寻求的解决历史之谜的钥匙——共产主义的探索和论证，从而形成了马克思主义理论体系的最初蓝图。[1]

众所周知，马克思在《手稿》中描述资本主义条件下出现的异化劳动现象有四个基本规定：第一，劳动者同自己的劳动产品的异化；第二，劳动活动本身的异化、外化；第三，人的类本质和族类生活的异化；第四，人和人相异化。其中第三个规定的理解在国内外学者间产生了不同的理解，甚至导致了对马克思异化劳动理论的价值和作用评价上形成了尖锐的对立面。追其原因，在异化劳动条件下，异化劳动使人同自己的"类存在""类本质"即"类"相异化。这里所谓类存在、类生活、类本质、类等概念，都是马克思借用费尔巴哈的哲学用语来阐明自己的思想和理论的。不经概念含义上的严格分析，很容易得出马克思还没有摆脱费尔巴哈的思想巢穴羁绊的似是而非的结论。韩学本先生认为，这里有三个需要探寻区分的问题。

第一，《手稿》力图使"类"纳入社会历史的人类学范畴，应该细心地发现、区分费尔巴哈和《手稿》中"类"的概念及其应用上的差异。费尔巴哈所谓的"类"是"理性、意志、心"；是"友谊、善良和爱"。所谓"爱""心"不是精神、思维的抽象物，而是有血有肉的人的情感，感性的实实在在的存在，是人别于动物之所在。从《手稿》具体情况来看，马克思还是不完全反对费尔巴哈上述人本主义的肤浅看法，他侧重于借用它批判国民经济学；有趣的是，费尔巴哈涉及自然界、社会生活的多方面，但并没有能够触及最重要的社会经济领域，而马克思能够借助他的概念分析国民经济学及资本主义生产活动。《手稿》中关于"类"的使用主要限定在这两个方面。一方面"类"是人的共性，主要是指人类生活共同基础上的人的意识。与动物无目的因而没有能动性的本能活动相比，人表现为有目的的、自觉的活动。马克思说："一个种的全部特性、种的类特性就在于生命活动的性质，而人的类特性恰恰就是自由的自觉活动""有意识的生命活动把人同动物直接区分开来。正是这一点，人才是类存在物。或者说，正因为人是类存在物，他才是有意识的存在物，也就是说，他自己的生活对他是对象。仅仅由于这一点，他的活动才是自由的活动。"[2]另一方面，"类"是人的

①《〈1844年经济学哲学手稿〉论析》，兰州大学出版社，1988年，第6页。
②《马克思恩格斯全集》第42卷，人民出版社，1979年，第96页。

本质。马克思和费尔巴哈不同，不仅仅把类堪称能动的意识活动，而且更看成一种实践活动，"通过实践创造对象世界，即改造无机界，证明人是有意识的类存在物，也就是这样一种存在物，它把类看作自己的本质，或者说把自己看作类存在物"①。总而言之，人的类特性就是人能自觉地有目的地意识到自己和自身活动是对象性活动并将这一切视之为自己的本质所在。

第二，《手稿》中的"类"是区分人与动物的最高标志之一。这个命题的核心就在于基于人与动物的根本区别而关涉人与自然的关系。自然界同人与动物的关系的最重要的区别在于人的独有的生产活动，用马克思的经典的语言说就是："首先，劳动这种生产活动，这种生产生活本身对人说来不过是满足他的需要即维持肉体生存的需要手段。而生产生活本来就是类生活"②。这实际上离《关于费尔巴哈的提纲》第六条"费尔巴哈把宗教的本质归结于人的本质。但是，人的本质不是单个人所固有的抽象物，在其现实上它是一切社会关系的总和"的经典定义相距不远了；理解了后者就懂得前者的意义。

第三，《手稿》中关于"类"的异化问题。通过能动的"类生活"，即生产，自然界便表现为人的作品和人的现实，也就是为人所创造了的，所谓的人化自然。这种人化自然，在异化劳动条件下，随着"类"本质的异化，劳动者越是占有它而使用它，使之对象化，便是实际上对它的丧失。那么，自然的推论就是，除劳动者之外的另一个他者实际上占有了它。

<h2 style="text-align:center">三</h2>

从异化劳动概念的规定性，可以设定另外两个具有内容规定性的概念：异化的扬弃和人的本质的复归；而异化的扬弃或克服和人的本质的复归同时蕴涵人的本质的原初的理想的规定性。追问这些规定的规定方式和如此规定的理由和根据以及意义，这是哲学思维的本质需要和运作方式。

《手稿》中对人的本质的规定是一种价值选择，更确切地说，是论述价值得以实现的可能性的论述。在马克思对人的思考中，这种价值是一种目标，是一种指向；具体地讲，这种目标和指向就是共产主义。韩学本先生坚定地认为，"《手稿》的最重要成果之一，就是关于共产主义的探索，就是对共产主义所进行的经济学的、哲学的论证"。韩学本的论证思路是这样的：马克思认定共产主义必然是对私有财产的否定或扬

①《〈1844年经济学哲学手稿〉论析》，兰州大学出版社，1988年，第6页。
②《马克思恩格斯全集》第42卷，人民出版社，1979年，第96页。

弃，就是指对人的自我异化的否定或扬弃。在马克思看来，实现共产主义不仅仅是"物"的问题，而且还是"人"的问题，因为有了人的劳动异化，才有高度完善的私有财产形式即资本主义所有制的产生。从人来看，这种异化发展到一定的程度，又要发生新的转化，即对原来异化的再否定，这就是通过共产主义这个"中介"使私有财产消灭。这实际上是对人的异化物（私有制）的"再异化"，即人的自我异化的否定、扬弃、复归，也就是辩证法所说的否定之否定。另外，马克思强调共产主义的实现，私有财产的消灭，人的自我异化的复归，是统一的运动过程的不可分割的两个侧面，即物和人的两者，也就是说，共产主义运动的任务既要解决私有财产的消灭问题，又要解决异化劳动条件下人性、类特性、人的本质的全面复归，即恢复的问题，也就是说，既解决客体方面的物质性的问题，又要解决主体方面的精神性的问题。这种两方面任务解决的同步性，不可分割实在是马克思科学共产主义思想深刻的地方。学术界曾经有一种观点，其主张不应把私有财产的废除和人的异化的扬弃"混为一谈"，要从马克思主义形成过程中，从整个马克思主义中剔除异化理论，这种议论，韩学本认为不仅对《手稿》是不公正的而且更是背离唯物论和实事求是的精神。因为人，人的本质，人的本质的异化，是人的哲学中的重要内容，也是马克思主义哲学的重要内容。韩学本明确地说道，为了准确地评述《手稿》中关于人的哲学的问题，必须明确一个前提：这里所说的"人的哲学"，不是置身于哲学之外的特殊"哲学"。哲学是研究整个世界及其运动发展规律的学问或科学。马克思主义哲学也被界说为关于自然、社会和思维的最一般规律的科学，定名为辩证唯物主义和历史唯物主义。这一切并没有错。问题出在由于种种原因，一度形成谈人色变；似乎在辩证唯物主义中研究人，就成了资产阶级的人本主义；在历史唯物主义中研究人，就被指控为历史唯心论。哲学必须研究人，不研究人这个主体，不研究主客体的关系等，还有什么哲学，从科学的马克思主义哲学规定来说，哲学必须研究人和自然的关系，人和社会的关系以及人和思维的关系。人是这三方面关系中的轴心；抽掉人这个主轴就无所谓哲学。异化问题的提出就把人的存在境遇并且通过存在境遇把人的本质的规定性及其关联性问题引进到哲学运思活动的面前，为哲学研究展现了一个独特的视野，显现了一个其固有的内容材料。

人的本质规定的价值选择的目标指向，逻辑地允诺着价值规定的起点。这个起点依照目标实现的手段和方式，根据主体的道德意识和精神理想或者社会政治经济文化状况，可以是一个序列，一个层面，或者是一个点；它既可以是理想的，也可以是现实的，因为人的本质规定的实现是通过感性的实践活动来完成的和获得的。异化劳动理论作为价值理论，它在设定人的价值的前提下，用理想的人和现实的人之间的对立的方法来对资本主义私有制进行批判。马克思《手稿》中关于人的本质的论述，在一个方面体现了目的论倾向，具有理想状态的性质；他将人的本质设定为自由自觉的有目的活动，把人的自我异化的扬弃和通过人为了人而对人的本质的占有的社会定义为共产主义，这种论述在伦理学上实际上属于应然的命题，这就为真正的马克思主义者在现实生活中为他的道德伦理实践敞开了一条通向人性完美提升的道路。尽管这条道路也许是曲折的，走在路上的人由于种种原因历尽艰辛，有时还会充满磨难，甚至孤独无援，但这毕竟有一种人性的光辉像星光一样，在夜空中闪耀；见过它的人都会有一种温馨甜蜜的感觉。三十多年前，一个玫瑰花怒发的傍晚，应同学们的邀请，韩学本老师和高尔泰老师来到教室为我们解疑答难。站在身躯伟岸、面带沧桑而又激情爽利、不拘小节具有艺术家气质的高尔泰先生身边，清瘦单薄、衣衫整洁、面色白皙、言谈儒雅的韩学本先生就像古书中所描写的一个书生秀才，穿越了时空，殷切关爱地探看我们这些涉世甚浅的学门弟子——生命的波浪就像彩虹般的星空在我们的心中摇曳，活着多么美好！先生也并非永远那样文质彬彬，在一个师生聚餐会上，韩学本老师激动地说："今天师生欢聚，实在是一件喜事。但我心里很忧伤，因为有些同学来不了了。他们的父母向我谈起这些同学，我都无言以对。"先生动情了。他是一个非常善良的人，很重感情，这样心性的人一般难以承受别人的痛苦和不幸，上天有好生之德，在汶川大地震前三天，将他带离了这个他生于斯、长于斯、劳动于斯的世界，免得他看到更多的人间苦难，有书云：心地纯洁的人有福了。

作为先生不太称职的学生，今生有幸为先生立传集言，实感荣幸之至！唯祈先生的智慧之光在陇原，在华夏乃至全球更广泛地闪烁。

《陇上学人文存·韩学本卷》（第四辑）
作者：孔　敏

张学军

这本集子，是张学军教授五十多年教学和科研的结晶，反映着教授的思想追求、性格品质和满腔热血的爱国情怀。

张学军教授生于 1935 年 12 月，出生地是东北吉林省大安县的农村，父亲是一位乡村医生。在日本侵略者的铁蹄下，他自懂事以来不敢说自己是中国人。1945 年日本投降后，才敢说自己是中国人。见过解放军后，他把父母起的名字"学君"改成"学军"，以此表明心迹：学习解放军，为祖国为人民贡献一生。1955 年中学毕业，考入北京俄语学院留苏预备部，一年后公派留学苏联，在列宁格勒大学（现圣彼得堡国立大学）哲学系学习。这期间，姐姐从国内去信说："你现在到了天堂，应该好好学习，报效祖国。"他回信说："这里也不是天堂，有穷人、有小偷、有酒鬼，有许多二战造成的单身家庭……我们应该用自己的双手在祖国大地上建设天堂。"这信被他弟弟（当时在清华大学学习）看见，就在同学中说了此事，1957 年反右时险些被划成右派。1960 年张学军以优异成绩毕业回国，当时很兴奋，抱着满腔热忱想为国家干一番事业。没想到回来后都要参加反修防修学习班，批判《一个人的遭遇》《第四十一个》等苏联电影，并让每人都发表感想；还让大家参观自 1957 年以来大学生写的大字报，并表明态度。他觉得国内气氛很紧张，要小心谨慎。同年 9 月，按照"服从组织分配"的原则，他来到了甘肃师范大学（现西北师范大学）的政治教育系，从此和师范教育结下了跨世纪的终生缘分。

这时正是"困难时期",组织上号召要同人民同甘苦共患难,粮食供给量减为二十来斤,还得用柳树叶充饥。这个时期,一些同志常常问他在苏联的生活,他就如实陈述,如说苏联的食堂,主食不要钱,只买菜就行了;还说过"我们的事情搞的很'左',这都是苏联犯过的错误,为什么我们还要犯呢?""我们口头上坚持唯物主义,实际上搞的是唯心主义和形而上学","苏共二十大批判斯大林完全正确,个人崇拜会给国际共运带来麻烦";在教研室会上,他和别人争论,"'百分之九十九地学习毛著'(当时他不知道这是林彪说的),那毛泽东思想从哪里来的,不学马列著作,怎么能懂得毛泽东思想?"这些言论都被汇报给总支(这些言论,在"文革"中被当作修正主义批了10年)。1962年党内小整风,他被批判为修正主义,停止了他担任马克思主义哲学的课程,让他去准备讲授欧洲哲学史。这就使他和西欧哲学史结下了不解之缘,这也是在甘肃各高校开设最早的欧哲史课程。

在学习、研究西方哲学史的过程中,他特别注意马克思对西方哲学家和哲学学说的评价。马克思评价文艺复兴以来的思想家时说,他们是历史上的巨人,他们除了个人的优秀品质和能力外,主要是他们能够不受统治阶级的局限,超越了自己的时代;又说,人文学者,应该像狄德罗那样,将一生贡献给真理和正义。张学军教授受到启发,把马克思的话,当作研究学问、进行科研的终生目标和方向:超越阶级与执政者的局限,把一生献给真理和正义;站在历史进步和人民立场的高度,审视一切事物和问题,"不畏浮云遮望眼,只缘身在最高层"。这不仅成了他做人的座右铭,而且成了他教学和科研的指针。所以,他敢于解放思想,破除迷信,厘清旧观念,探索新思路。

他在主编《西欧哲学史稿》一书中,通过《绪言》阐述了他对西欧哲学史的总体思考。他认为,哲学史不仅是人类的文明史(马克思语)、认识史(列宁语),而且是思想解放的历史。各时代的哲学都只是人类精神文明进步过程中的一个环节、一个部分、一个阶段,没有一个哲学派别具有绝对的终极真理的特权,正所谓"江山代有才人出,各领风骚数百年"。否定绝对的终极真理,就是肯定人类思想的进步,否则就会停滞不前、死水一潭。这种思想,在20世纪80年代中期,在某些人看来,简直是大逆不道。

他在此书中还特别论述了思想解放的伟大战士布鲁诺,和18世纪法国唯物主义的战斗无神论。他们坚决地批判了宗教神学,提出了"烈焰(即暴力镇压)焚毁不了真理",教父们鼓吹神学迷信,无非是打着神学旗号,宣传他们自己的思想;上帝的旨意,不过是教父的旨意,叫人们迷信他们的权威和地位。这些论述,很难不让读者联想到,20世纪中叶的中国大搞类似的神学迷信和个人崇拜,是多么荒唐、多么愚蠢的历史大倒退。

在介绍康德《未来形而上学导论》中，张学军高度评价了康德在哲学史上的地位，论证了康德所发起的德国古典哲学革命，即重新恢复了形而上学作为亚里士多德意义上的第一哲学的含义。并在此基础上发展了自文艺复兴以来哲学强调的人类理性统治世界的传统，突出论述了理性的能动性和创造性。他吸收了唯理论和经验论的合理成分，论述了感性认识不是单纯的感官直接获得的感性经验，而是先验的直观形式呈现的表象，因而是感官用时空形式构造表象的能力，简称为表象能力。知性认识，康德用自然科学的不容置疑的基本原理，论证为规则能力。即用逻辑概念和判断的先天形式，规定感性材料的联系和规则，因此，人为自然立法。理性认识，则运用概念和范畴，超出感性经验范围，作超验的先天综合推理，去探索最终原因和最高本体。康德认为，这是人类理性的本性所决定的，它永远要追求本原，而又永远达不到。在人类认识的每一阶段，康德都突出了人的主观能动性，突出了理性统治世界的哲学传统。他认为，理性不是机械的服从自然，而是像法官一样，强制自然回答理性提出的问题。这种理性的理念，一方面能扩大知识，深入世界本身；另一方面，超验运用知性概念范畴，必然产生谬误——先验的假象，即二律背反。换句话说，理性用知性范畴去探讨超验的世界本体和最终原因，必然造成"纯理性的诡辩"，即关于本体问题的两种相反的命题，都是正确的。康德称之为理性的"辩证法"。康德对理性辩证法的探讨，对哲学史有着十分重要的理论意义。第一，它加深了人类对本体论的思考；第二，它揭露了理性的矛盾，为后来哲学探讨本体论与辩证法的统一、辩证矛盾的普遍性开辟了道路，批判了旧形而上学"非此即彼"的独断论的片面性。第三，它限定了人类知识的范围，使人类理智不至于陷入思辨空想，因此，康德提出，既要在经验范围内扩大知识，又要保留道德、宗教作为人类实践利益的理智前提及信仰基础。他在《实践理性批判》中认为，神的启示、自然秩序、个人幸福和欲望等等，只能提供行为的明智准则，而不能成为道德法则的基础和源泉。道德法则的源泉和基础是人类理性的自由意志。他把卢梭的"人民主权说"政治原则，即自我立法又自我遵守的自由意志，改造成伦理道德的基础；反对封建神学的禁欲主义，也反对近代的功利主义，把人突出为世界的主体，人凭借自己理性的自由意志，按"善良意志"（即良心）和"应当"（即道德义务）去行动。这就是康德所谓的先天的绝对的道德律令，即"绝对命令"，也是人的道德自律（意志自律）的最高原则。康德的实践理性论证了人的主体性，人以理性的自由为指导，不断追求自身的完善化，这样的道德法则，才对全人类整体普遍有效，因而，也是审核任何国家的政治和法律的标准尺度。当然，康德的道德观还有许多弊端。

黑格尔继承和发展了康德关于人的主体性和理性的能动性等观点，又克服了康德的不可知论和分割知性与理性、思维与存在、理论与实践的关系等方面的错误，发展了理性的辩证法等思想。

张学军教授在 20 世纪 80 年代初，即极"左"思潮在学术领域还占主导地位的条件下，敢于打破极"左"思潮的桎梏，在《黑格尔哲学秘密初探》和《试探黑格尔辩证法的意蕴》等文章中，对黑格尔给予很高的评价。

张学军教授认为，关于黑格尔哲学的秘密问题，是理解黑格尔哲学的关键和钥匙。但在这个问题上却众说纷纭。应该按照黑格尔本人的思想，去寻找这个秘密。黑格尔自己明确地说："照我看来……一切问题的关键在于：不仅把真实的东西或真理理解和表述为实体，而且同样理解和表述为主体。"[1]他还着重指出，"实体在本质上即是主体"，《精神现象学》通过对意识经由自我意识到精神的发展过程的描述，最终要证明，实体作为"意识的经验对象"的运动过程，即实体自我展开并"表明它自己本质上就是主体"的过程。

张学军教授对实体即主体这一思想，给予了很高评价，认为这一思想是黑格尔哲学的奥秘所在，是理解黑格尔的绝对精神及其整个体系的钥匙，实体即主体这一思想也就是绝对精神的"最高本质"（黑格尔语）。这是因为：第一，绝对精神（即真理），不是一种铸成的硬币，可随时拿来就用，而是一个过程及此过程的一切收获物的全部总和的整体。第二，人认识事物，不是把物搬入头脑中来，而仅仅是用概念来表述事物，即把事物的普遍性、本质性和规律性用概念表述出来。因此，离开概念就无法认识事物，而离开了事物概念就成为空壳。第三，理性的本能就在于把概念理解为事物的内在核心和真实本质。黑格尔说，理性的本性恰恰在于确信自身即是一自为存在，又把这种存在理解为现实呈现着的客观对象的实质。也就是说，理性能够认识，"它自身即是它的世界，它的世界即是它自身"。张学军教授认为，黑格尔在对精神形成和发展过程及其表现形态的考察中，不仅继承了十七八世纪以来伟大哲学家所达到的一些优秀成果，强调人的主体性和理性的能动性等，而且进一步试图解决被近代哲学所截然对立的主观与客观、思维与存在、概念与事物的矛盾，并在对立面的统一中找到出路，把实体与主体统一起来。不仅承认只有事物的普遍性、本质性和规律性才能进入思维，而且思维也能深入于客观事物的本质和规律，并成为本质和规律的表现方式。这就有说服力地论证了只有客观实体（即世界实质、普遍本质和规律）才是作为主体的思维的真实内容，离开实体，主体就不成其为精神；同时，思维又能主动地深入自己的真实内容（客观实在），因此，实体是主体的真正的精神性本质，主体的真正内容

---

[1] 黑格斯：《精神现象学》上卷，商务印书馆，1979年，第10页。

实际上是实体的发展及过程的全部总和。这样的思想就是绝对精神的真正内涵。

张学军教授评价黑格尔的"实体即主体"思想，指出这个命题是整个黑格尔哲学体系的灵魂和基础，在此基础上论证了一系列重大的认识论问题和哲学命题，从而使他更深刻、更卓越地发展了理论思维的一些优秀成果。这种评价，在 20 世纪 80 年代初极"左"思想在学术领域还占主导地位的条件下，是要有很大学术勇气的。实际上，1980 年在安徽召开全国西方哲学史研讨会期间，贺麟先生表明了对黑格尔的客观看法，北大一教师就站出来，指名道姓地批判贺先生吹捧黑氏唯心主义。

在对黑格尔辩证法的评价中，张学军教授更是大胆地指出，对黑氏辩证法的传统理解和认识是不公正的：说黑氏辩证法是唯心的概念辩证法，是头脚倒置的，在它现有形态下是完全不适用的。这些责难是不全面的。事实上，黑格尔总是在三个相互联系、相辅相成的意义上，论述和运用辩证法的。他既把辩证法当作认识发展的"绝对方法"，又把它看作逻辑概念矛盾发展的过程，同时他论述了辩证法是一切客观事物运动和发展的根本法则。关于这后一层意思，可以看看黑格尔的论述。黑格尔说：辩证法就其本质而言，乃是承认矛盾进展是"支配一切事物和整个有限世界的法则"[1]，"辩证法是实在世界中一切运动、一切生命、一切事业之推动的原则"，"是遍在于自然界和精神界之各特殊领域和特殊形态内的法则"[2]。听一听这些论述，就可以看出，说黑氏辩证法仅仅是唯心的概念辩证法，这和实际相差有多远了。张学军教授敢于挑战权威的观点，这不仅要有学术勇气，还要有雄厚的理论功底，这是令学者们表示敬佩的。

张学军教授不仅研究哲学史，还着力研究马克思主义哲学，探讨为什么在 20 世纪中期中国会发生"文革"这样的浩劫？为什么苏联共产党执政 70 年后会彻底崩溃？到底马克思主义理论出了什么问题？对这些问题，应该从根本理论上去探讨，因为毕竟都打着马克思主义的旗帜。他先后写了《论实践是检验真理的唯一标准》（这是 1978 年甘肃省内配合全国大讨论发表的第一篇文章）、《马克思主义的本质在于创造》、《没有现代化大生产，就没有巩固的社会主义》、《马克思和精神文明》等。

张学军教授指出，实践标准是马克思主义的基本原理，任何人、任何理论和言论，都要接受实践检验；马克思主义只有不断发展、不断创造，才有生命力，才能成为革命事业的行动指南；把马克思主义理论当作教条，当作棍子去压人去打人，只能导致神学迷信，似乎只要背诵几句语录，一切问题都会迎刃而解；一切唯心主义者都把他们的理论视为"最高真理"，加以绝对化，用来衡量一切，甚至在任何法庭上都成了辩

①黑格尔：《小逻辑》，商务印书馆，1960年，第187页。
②黑格尔：《小逻辑》，商务印书馆，1960年，第190页。

别真伪、善恶的法律准绳。这是一种蒙昧主义的愚昧。他还指出，没有现代化大生产、没有劳动生产率的极大提高，在小农生产的基础上，就不可能建立巩固的社会主义。在论述精神文明时，他提出，文明是人对自己本质的自觉和实现过程。人们在改造世界的活动中不仅改造着外部自然界，创造着人化的自然，而且改造着自己，创造着自己本身；这种活动所创造的物质财富和精神财富以及政治法律制度等，作为人类活动的形式和结果，都是"以感性的、外在的、有用的对象形式，以异化的形式摆在我们面前的、人的对象化了的本质力量"[1]。张学军教授的论述，让我们不要仅仅看到物质财富和精神财富的有形表现，更应该看人的思想觉悟的提高，使大多数人认识到自己的本质力量和自己的历史使命。

在《马克思对黑格尔历史观的批判继承和发展》《法律是统治阶级意志的表现吗?》这些文章中，张学军教授更加深刻地指出，历史目的论和权力意志论对我们理论界的影响，会造成极为严重的后果。他说，当权者把某个伟人的理论所构想的"理想社会"当作目标，并按自己对"理想社会"的理解去治理国家，这就预先把一种理性目的赋予了历史，就可以宣称自己代表社会理性，从而为他们的独裁统治制造理论根据，人民大众就成为他们实现理性目的的工具。这种思想是典型的历史目的论。马克思和恩格斯指出，历史的发展"并不是把人当作达到自己目的的工具来利用的"，某种精神或意志的实现，"历史不过是追求着自己目的的人的活动"及其对外部世界产生的各种各样的影响的总和，"是人类本身的发展过程"[2]。理论的任务，不是为历史创造一个理性的公式或目的，而是"通过一切迂回曲折的道路去探索这一过程的依次发展的阶段，并且透过一切表面的偶然性揭示这一过程的内在规律性"[3]。在我们传统的理论和政策阐释中，总是把法律看作统治阶级意志的表现。张学军教授引证大量的历史资料说明，世界著名法典从形成过程来看绝不是统治者意志的表现，乃是人类社会文明发展的表现。人民才是法的主体，法则标志着人民对自身利益、地位和权利的自觉与维护。马克思对权力意志论的法律观念，进行了深刻的批判。在批判"真正的社会主义"各式各样的代表时指出，国家作为统治阶级维护他们共同利益的形式，却采取了代表全社会的虚假形式，"由此便产生了一种错觉，好像法律是以意志为基础的，而且是以脱离现实基础的自由意志为基础"[4]，这是一种"把权利（利益）归结为纯粹意志的法律幻想"[5]。客观现实的生产方式的发展状况，决定人们的财产关系和权利关

---

①马克思：《1844年经济学哲学手稿》，人民出版社，1979年，第80—81页。

②《马克思恩格斯全集》第2卷，人民出版社，1972年，第118—119页。

③《马克思恩格斯选集》第3卷，人民出版社，1972年，第63页。

④《马克思恩格斯选集》第1卷，人民出版社，1972年，第69—70页。

⑤《马克思恩格斯选集》第1卷，人民出版社，1972年，第71页。

系，法律关系不过是和他们的生产方式相适应的社会关系的一种表现而已；人们"按照自己社会关系创造了相应的原理"和法律规范。由此可见，我们传统的法律观念，是完全违背马克思主义的，是为掌权者的权力意志制造理论根据，因而在我国的执法中权力意志起着很重要的作用，在推进"依法治国中"光荣意志时，有干扰，这就严重阻碍了法治国家的建设。张学军教授的论证具有极其重要的现实意义。

张学军教授在 1996 年退休以后，仍然坚持理论研究，他对《马克思恩格斯全集》从头至尾重新翻阅和研读，并做了大量笔记。这使他把社会主义建设中的现实问题和马克思的思想对照研究，从而对一系列重要理论问题提出了不曾被传统思想所能容纳的思想。这些思想实际上为社会主义各项改革，特别是为政治体制改革提供了一些新的思路。

关于所有制问题，张学军教授有两篇文章，即《公与私的历史反思》和《论财富的个人占有》。所有制是社会生产力发展的形式，它是随生产力发展的水平和状况的改变而改变的，社会生产力的发展不断变化，作为它的形式的所有制也需要不断调整。所有制又是社会财富积累的形式，不同的积累方式就会带来不同的社会后果。从历史上看，任何一个社会都不是只存在一种所有制，而是存在多种所有制形式，当然只有一种所有制占主导地位。几千年来，私有制和公有制孰优孰劣，一直都争论不休；马克思在《共产党宣言》和《资本论》中，要消灭的仅仅是资本主义私有制，而不是要消灭一切私有制或私人占有制，而且他还强调要允许个人占有制，并提出社会主义公有制应该是联合起来的个人所有制。这些思想和我国传统强调的公有制（即国有制），和"一大二公"、"割私有制的尾巴"等提法是不相容的。我国经济体制改革实践证明马克思的思想是正确的，我国的所有制状况也已采取多元化，以适应不同的生产力发展状况。同时，张学军教授也指出，个人占有财富是公民权利和社会地位的保障，是个人自由和尊严的基础，是充分发挥每个人的社会积极性和创造性的支柱。剥夺个人占有财富的权利，实际上就是剥夺了人的自由，剥夺了人的生存和发展权利。这样的历史教训是极其深刻的。

张学军教授对权力过分集中不受监督的权力，因而是一种绝对的权力；绝对权力从历史上来看会给人类社会造成巨大的悲剧。苏联的经验和我国"文革"阶段的教训告诉我们，这种绝对权力凌驾于社会之上，管控着社会，不仅不能解放全社会，而且使广大人民群众远离了政治权力，使少数人在权力的宝座上为所欲为，各级官吏作为阶级统治暴力机关的执行者，利用这种权力作威作福，任意扩大阶级斗争和专政的打击面，以权谋私，培植自己的势力。这样的绝对权力就产生绝对腐败。因此，对马克思的警告的忽略让我国人民付出了惨痛的代价。

　　张学军教授在论述"三个代表"重要思想与和谐社会思想时，高度赞扬了新时期党的领导人，吸收中苏党执政经验和教训，提出了"三个代表"重要思想与和谐社会思想以及全面改革开放思想等，是马克思主义思想的回归，并在吸收人类优秀思想文化成果的基础上发展了马克思主义，创立了中国特色社会主义思想体系。并在这种思想指导下，领导中国人民创造了发展和复兴的奇迹，令全世界为之瞩目。在这些问题上，张学军教授着重论述了"三个代表"重要思想与和谐社会思想的理论意义和现实的实践意义。

　　总之，张学军教授敢于深入传统上的理论禁区，探索我国政治体制改革的马克思主义理论的依据和新的改革思路，这是我们理论工作者所敬佩和称赞的，这也为青年理论工作者树立了鲜明榜样。最后，我用张学军教授的话结束此文："头上有大师的星光指引，心中有理论信念在坚守：吾爱吾师，吾更爱真理。"

《陇上学人文存·张学军卷》(第五辑)

作者：李朝东

范汉森

一

范汉森先生，江苏海门人，1937 年出生于一个小商人家庭。先生的父亲虽然文化水平不高，但因受到"长三角"地区"时新"教育观念的影响，对孩子的教育有着一些"时新"的想法。他赞成孩子的早教，在先生刚满四岁时，就被送到一所国民学校"开蒙"当一个预备生（相当于现在的学前班）；他还主张孩子应有自己的"课外阅读"，在他自己还是单身青年的时候，就从自己微薄的收入中，持续买了一大箱的古典小说，后来又在旧书刊收购中，挑选出一批中学教材，留给孩子们阅读。因此，在先生刚刚具有一点阅读能力的时候，就开始与书籍为伴，并因此养成了终身爱读书的习惯。

1953 年，先生考取了江苏省的名校南通中学高中部。南通中学较为完整的藏书对他有着特别的吸引力。他在课余，大量阅读了哲学社会科学类图书和学术刊物，广泛的阅读使他渐渐喜欢上了哲学。他决心做一个哲学工作者，运用哲学工具，来启发民智和推进社会进步。因此，在 1956 年高考中，他以第一志愿报考北京大学哲学系并被录取。在进入北大以后，又根据自己的兴趣和条件，选择西方哲学作为自己的专业方向。

当时的北大哲学系，有着众多的高水准的导师，尤其是西方哲学。不仅从国外学成回归的名师，绝大多数汇集在这里，而且北大哲学系有着充足的文献资料可供阅读。在当时，北大从"五四"时期形成的"兼容并包、学术自由"的治学传统依然存在，因而使这个立志献身哲学事业的学子感到异常的幸运。

然而，不幸紧跟着幸运而来。1958年整团期间，先生因在反右期间"同情右派"和"思想右倾"遭到批判，并因此被开除学籍。正因为这次处分，1961年毕业时被分配到大西北的甘肃兰州——西北民族学院，到了民院之后，又被人事部门分配到图书馆管理图书。对一个有志于从事哲学教学和研究的青年才俊来说，这样的安排自然是一种大不幸。

在先生遭遇的不幸当中，又有一点值得庆幸。图书馆的馆长是一位忠厚长者，他爱才惜才，利用自己手中的一点点权力，指定先生担任图书馆一个部门的负责人，并让先生担负起图书推介和咨询的任务。要做好图书推介和咨询，首先负责人自己要大量读书，于是先生利用晚上时间集中精力来读书，每天长达5到6小时，有的精读、有的泛读、有的随手翻阅。正是由于这样近乎"疯狂地"阅读，十年不到，馆藏社科图书几乎被先生翻了个遍。读书杂而多，大大拓宽了先生的眼界，优化了先生的思维，塑造了先生后来的学术格局和学术风格，可谓因祸得福，坏事变好事。

俗话说，"福无双至，祸不单行"。在阶级斗争为纲和斗争哲学盛行的年代，厄运会随时袭来。1970年，甘肃省革委会中一些极"左"分子，痴迷政治投机，打着"民族斗争说到底是阶级斗争"的旗号，说"民族问题"在中国已经不再存在，强行撤掉西北民族学院。随着学校被撤销，数名民院的工作人员被下放到民族地区。在这场大驱逐中，有"前科"的先生自然不能幸免，他被分配到甘南藏族自治州舟曲县，当了一名行政干部，他的工作就是在一些贫困乡镇"扶贫"。

在贫困乡镇"扶贫"的辛苦自不待言，同时也离先生钟爱的哲学专业越来越远。但是，先生并未因此而怨天尤人、自暴自弃，而是把"扶贫"看作历练自己、深入实际的机会。他沉下心来与农民一起"改土造田、兴修水利"，兴办小型水电工程以及改变耕作方法，就这样整整干了10年。其中有4年，因在一个民族"大队"扶贫成绩显著，在全县大会上还受到表彰。即使在下乡"扶贫"的艰苦岁月里，先生利用"山川秀丽"和"无人干扰"的特殊条件，抱着"位卑不敢忘忧国"的使命感，对国家命运和前途，进行着认真的思索，这些思索成为他后来教学活动和学术研究的一种宝贵资源。

1978年，先生蒙冤20年后终于获得平反。平反后，随即调入新成立的甘肃省社会科学院从事哲学研究工作。这时，他想到20余年的荒疏，心痛之余，以只争朝夕的精神状态自觉地为自己"补课"。他通过重读哲学经典、参加学术会议以及与同行交流等方式，以期寻找失去的"世界"和无端浪费的光阴。1982 年，先生调入中共甘肃省委党校，开始为省内高中层干部辅导马克思主义哲学和西方哲学。先生讲课视野开阔、逻辑严谨、新意迭出、见解独到、语言生动，党校学员被先生的大家风范折服。1995年，甘肃省委党校开始招收哲学专业研究生，先生担任导师组组长，他讲授的《西方哲学史》是学生们最喜爱的课程之一，他培养的研究生，有的成长为党的高级干部，有的成长为高校的教学骨干、学科带头人。这些学生每每谈及先生，无不充满感激和尊敬。由于教学和研究工作成绩显著，先生 1989 年被评选为全国优秀教师，1993 年起开始享受国务院发放的特殊津贴。先生的事迹，先后被《中国社会科学家大辞典》、《北大人》和《甘肃专家》等辞书登载。

二

哲学是时代精神的精华，它通过对时代精神的提炼和表达而影响时代，但正是时代本身为哲学提供了所提炼的材料、所表达的呼声。只有密切关注时代的状况，把握时代的脉搏，反映社会的要求，哲学才能反过来对社会发生影响，给时代留下烙印。1978 年，中共十一届三中全会的召开，揭开了中国改革开放的大幕，催生了中国改革开放的新时代。在此后的岁月中，由于摈弃了阶级斗争为纲的错误方针，聚精会神搞建设，一心一意谋发展，中国取得了异乎寻常的进步和发展，面貌为之一新。改革开放改变了国家的命运，凸显了哲学的地位和作用，也开启了范汉森先生学术研究的黄金时代。先生紧跟时代步伐，紧贴改革开放实际，以时不我待的精神状态，持续不断地进行了具有鲜明风格和维度多元的哲学思索。先生的研究领域和学术成就集中体现在以下五个方面。

第一，邓小平哲学思想，改革开放的智慧之源

邓小平是中国改革开放的总设计师，是中国社会大变革的倡导者和推动者。因此，他的思想特别是他的哲学思想，指引着改革开放全过程。或者说，改革开放过程中，处处展现出邓小平哲学智慧的无比魅力。

邓小平在哲学上，坚持马克思主义的唯物主义历史观，始终不渝地把发展生产力放在一切工作的首位。马克思、恩格斯这样说过："历史过程中的决定因素，归根到底是现实生活的生产和再生产"。对于这一点，邓小平深信不疑。"文化大革命"中，他因此被扣上"唯生产力论"的帽子。在他恢复工作之后，依然专心致志地抓生产，改善人民生活。他倡导的改革开放的中心内容，依然是发展社会生产力，把经济搞上去，使中国变为现代化的强国。

邓小平曾经说过，马克思主义的基本原则就是要发展生产力，我们在总结经验的基础上，提出整个社会主义历史阶段的中心任务是发展生产力，这才是真正的马克思主义。他还说，十一届三中全会以来，全党把工作重点转移到社会主义现代化建设上来，在坚持四项基本原则的基础上，集中力量发展生产力，这是最根本的拨乱反正。邓小平不仅这样说，还是这样做的。他在耄耋之年，依然披挂上阵，为中国经济振兴发挥自己的才智和经验。

邓小平不仅是个忠实的马克思主义者，而且是个富有现代意识的忠实的马克思主义者。他懂得，发展社会生产要靠人，要靠人的艰苦劳动；他又懂得，在现时代发展生产力，要靠科学技术，要靠技术人才。他说过："马克思讲过科学技术是生产力，这是非常正确的。现在看来，这样说可能不够，恐怕是第一生产力。"基于这种认识，他认为，中国要发展离不开科学，实现四个现代化，关键是科学技术现代化。他还从自己的工作经历中认识到人才的作用，从而主张发展生产力要靠人才，尤其要依靠那些"拔尖人才"。因而主张，要制造一种环境，使技术人才能脱颖而出。正是邓小平主张应用科学技术和人才来发展生产力，中国的生产力得以异乎寻常的速度展现出来，成为当今世界的一个奇迹。

邓小平是个革命家，他懂得革命就是解放生产力，因而为解放生产力投入民族革命和社会主义革命。在社会主义制度基本确立之后，他总结实践经验，主张运用社会改革的方式，继续解放社会生产力。他认为，改革也是一场革命。社会革命是一个阶级推翻另一个阶级的革命，改革与社会革命的不同之点在于它是依靠对现存制度中那些有缺陷、有弊病的具体制度、具体办法进行调整和充实。

邓小平在领导经济工作的长期实践中深刻感受到，我国在社会主义改造基本完成之后，照搬的苏联计划经济模式，是缺乏生机活力的。相反，在西方国家，长期实行的那种市场经济体制，却显示出了它的效能。但是，正如人们熟知的那样，西方的经济体分别是同资本主义制度相结合的，在原本形态上是不适合社会主义社会需要的。面对这种复杂的情况，邓小平主张用改革的方式解决问题。他主张，在改革中，一方面是坚持社会主义基本制度；另一方面，大胆地汲取市场经济的合理成分，再加上我们自己的创造，建立起符合社会主义的、又是充满生机和活力的市场经济体制。以后的实践表明，这样做的确能使中国的社会生产力更加有效的释放。

为了加快发展生产力，邓小平还主张实行对外开放的方针。他明确指出，任何一个民族、一个国家，都需要学习别的民族、别的国家的长处，学习人家的先进科学技术。他指出，发展中的社会主义中国，更应当大胆吸取和借鉴当今世界各国，包括资本主义发达国家的一切反映现代化社会生产规律的先进经营方式、管理方法，然后经过钻研、吸收、融化、发展，创造出更多为我们所需要的东西。因此，他主张，应当善于将国外的资金、国外的先进设备、国外的先进技术和管理吸收过来，为我所用，作为我们发展的起点，然后，在一个较高的起点上继续向前发展。

邓小平是一位特别注重实践效果的马克思主义效用论者，他主张运用实实在在的效果检验和检查规划和决策。在他看来，白猫、黑猫，只有捉住老鼠的才是好猫。正因为注重效果的检验，曾经在50年代盛行一时的"浮夸风"在新的历史条件下再也没有发生，改革开放以来我们发展的效果是实实在在的。

正是邓小平及其事业的继承者，坚持不懈地把发展生产力放在各项工作的首位，并用各种有效的办法促进生产力发展，中国的社会事业取得了前所未有的成就。通过30多年的努力，我国经济总量跃居世界第二位；90%以上的贫困人口实现脱贫；在经济高速发展的支撑下，国防现代化快速推进，中国正在迅速成为世界一流的军事强国。邓小平开创和领导的中国改革开放事业的巨大成功，显示出邓小平理论的创造性和科学性，也显示出邓小平哲学智慧的巨大感染力和非凡魅力。

面对邓小平领导中国改革开放事业的伟大实践，范先生以心悦诚服、无限佩服的心情，从20世纪80年代开始，就对邓小平哲学思想认真地关注和深入地研究，并写下了一系列的文章。文集第一编刊载的《邓小平在新时期坚持和发展了毛泽东哲学思想》、《邓小平与生产力理论》和《试论邓小平价值观的基本构架》等文章，就是先生潜心研究邓小平哲学思想的代表性作品。

第二，"对立面协调和谐"与人际关系合理化调整

邓小平在总结历史经验时这样说过："我们过去在社会主义改造完成以后仍然搞这个运动、那个运动，一次运动耽误多少事情，伤害多少人。""文化大革命"搞"大民主"，以为把群众哄起来就是民主，就能解决问题，实际一哄起来就打内战，结果搞得人心涣散，四分五裂。因此，十一届三中全会以后，一个迫切的任务就是把人心调整过来，把人心凝聚起来，把人际关系调整到"协调和谐"的状态。为了厘清"人际关系"问题，先生把目光聚焦到中国古代哲学和古希腊哲学。

1. 中外古代哲人关于"对立面协调和谐"的观念

中国古代和古希腊哲学家都是朴素的辩证法家，在他们的思想里，包括"对立面协调和谐"的观念。在中国的春秋时代，就有了"和实生物、同则不继"的说法。此后的儒家学派更是打起了"礼之用，和为贵"的旗帜，以"人和"的原则，来调整人际关系。在古代希腊，从毕达格拉斯到亚里士多德，尽管彼此间哲学观念上有分歧甚至严重对立，但也有共同之处，就是主张人际关系应当"协调和谐"。在古代中外哲学家那里，有着如下的闪光思想：

（1）"协调和谐"是在矛盾内部对立基础上形成的。"协调和谐"是矛盾对立面相互关系的一个侧面，或者说是一种关系、一种状态。希腊著名的辩证法家赫拉克利特这样认为："互相排斥的东西结合在一起，对立造成和谐"。他还说："自然追求对立的东西，是从对立的东西产生和谐"；他认为："矛盾内部对立面之间既是协调的，又是不协调的，既是和谐的，又是不和谐的"。

（2）"协调和谐"是因果关系运动而形成的。古代哲学家普遍推崇关系"适度"。中国的儒家尽管说"不偏之谓中"，实际上是在追求两极之间的一种适中或适度。他们说人的心理情绪适中方才平和，"喜怒哀乐未发谓之中，发而皆中节谓之和"。亚里士多德倡导"中道"伦理观，他所谓的"中道"正是存在于两极之间"适当的量"，是两极端之间取得恰到好处的点。古希腊唯物主义哲学家德谟克利特还把适度理解为"恰当的比例"，在他看来恰当的比例对一切事物都是好的。

（3）矛盾统一体"协调和谐"，导致统一体整体功能得以发挥和发展。中国春秋时代的史伯已经意识到这一点。他认为："和六律"可以造成悦耳动听的音乐；"和五味"可以造成脍炙人口的滋味；"杂五材、各十数"可以造成千姿百态的万事万物（《国语·郑语》）。古希腊的赫拉克利特也认为："绘画在画面上是混合着白色和黑色、黄色和红色的部分，从而造成与原物相似的形象。音乐混合不同音调的高音和低音、长音和短音，从而造成和谐曲调；书法混合元音和辅音，从而构成整个艺术。"

（4）"对立面协调和谐"是调适人际关系的指针。在原始社会末期，被后人尊称为古圣人的虞舜，就已经懂得族里人人和顺的意义。他主张通过对人际关系的合理调适，以达到"内平外成"。春秋时代，孔子把和谐等同于中庸。在他看来，一个真正有道德的人（君子），必然崇尚中庸，而不讲道德的人，反对中庸（君子中庸，小人反中庸）。后期儒家的代表孟珂更看到人际和谐具有最高的社会价值，他笃信："天时不如地利，地利不如人和"。在古希腊毕达哥拉斯也把道德与和谐等同起来。在他看来："道德是一种和谐"，所谓友谊实际就是和谐的平等。

人们不难看出，中外古人关于"对立面协调和谐"的言论，还只是一些零星的不成体系的观念。但就是这些零星的不成体系的论点却成为现代科学理论中的重要环节和闪光点。在现代的系统论中，协同和结构功能理论都离不开"协调和谐"。"协调和谐"观念正随同现代科学理论在更广泛的领域发挥着作用。

2. "对立面协调和谐"与人际关系的合理调节

古今中外，许多有社会责任心的人总是把促进社会的"协调和谐"当作推动社会发展的目标，尽可能地促进社会走向协调和谐。在当今的社会主义社会，由于消除了阶级对抗，促使社会"协调和谐"更是人们共同努力的方向，构建和谐社会也是全体人民的共同职责。因而可以说，这是社会主义社会建设中的题中应有之义。

然而，不幸的是，在阶级斗争为纲的年代里，崇尚的是斗争哲学，而真正富有辩证法智慧的"协调和谐"，被诬指为"矛盾调和论"而加以批判。轻者把它说成是"和事佬哲学"，重者把它与政治上的"投降主义"挂起钩来。在这样的背景下，越批人心越乱，越批人际关系越散，直至到了难以收拾的地步，这是一个严重的历史教训。

人们知道，社会经济关系实际上是人际关系的延伸。一方面人际关系的好坏直接影响经济事业的成败；另一方面，对立面协同共进，正引导从事经济活动的不同个人、经济体联合起来，达到了协同共进与合作双赢。正是这只无形的手，把一些互不相识的人、互不相识的经济体拉扯在一起。20 世纪后半期，开始出现的"欧盟""东盟"等方面的共同市场，"北美自由贸易区"和"亚太经合组织"等经济联合体，正是因经济领域里需要协调和谐而造成的。对立面协同共进，正在经济领域展示出它的导向作用和支配力。

既然"对立面协调和谐"的思想是调解人际关系和促进经济发展的导向和机制，范先生认为在实践中应长期做好以下几点。

（1）学习和宣传"对立面协调"的和谐理念。经过反复宣传，使人们能够真正领悟它，并在实践中自觉地贯彻它，以至成为全国人民的共识，使这一认识成为推动社会进步的精神力量。

（2）让协调和谐的社会和行动进入立法程序。人们知道，一个再高尚、再有价值的观念，如果脱离社会现实、脱离法治的保障，是很难发挥其应有作用的，甚至有可能被曲解。如果把它列入立法，使之成为一种法治原则，就能更有效地推进法治建设，成为促进社会进步的有效措施。

党的十一届三中全会以来，范先生一方面对"文化大革命"造成的社会现象进行深入反思，一方面重温古代先贤的哲学智慧。经反复思考写成了《"对立面协调和谐"与矛盾的正确调处》《西部大开发中的若干矛盾》和《矛盾对立面"协同共进"与西部大开发的合作双赢战略》等论文。2006 年 10 月 11 日，当十六届六中全会作出《中共中央关于构建社会主义和谐社会若干重大问题的决定》时，我们深深地感到，这些论文不仅为宣传"对立面和谐"理念，尽了一个有强烈责任感的学者的一分力量，而且从一个侧面印证了哲学反思时代又引领时代的不容忽视的作用。

第三，"经济哲学"与研究思路的调整

在改革开放的形势下，理论界出现了"经济热"，大有千军万马闯难关之势。先生苦于自己的经济学功底较差，加上忙于教学，深感从事经济理论的调查研究很难有所成就。经过一阵思索之后，决定发挥自己的哲学专业优势参与经济理论的研究，具体来说就是把现代西方哲学同现代市场经济理论关联起来加以研究和思考。他认真地考察了 1870 年以来现代西方经济各个学派，并把不同的经济学派与现代哲学学派挂起钩来，写出了第一篇论文《西方市场经济理论的哲学基础》，发表在一个叫《新视野》的刊物上。经人大复印资料全文转载，文章引起了人们的关注。当时在上海正筹备第一次全国经济哲学研讨会，会议筹备组发出特别邀请函，邀请先生与会参加讨论。为了参会，先生写出了第二篇论文，题为《西方市场经济的实践与价值理论的重建》。

《西方市场经济理论的哲学基础》是一篇横向研究的文章。文章具体揭示了一定时期的经济学说与同一时期流行哲学观念上的关联。例如活跃在 19 世纪的德国人戈森认为，事物的价值量要从事物供人享乐或满足的程度来衡量；活跃在 19 世纪后期的边际效用学派，把经济学看作是欢乐与痛苦的微积分学。这些经济学派后面站着的是流行在 18 到 19 世纪的功利主义和 19 世纪方兴未艾的实用主义。无论是功利主义还是实用主义，既直率又粗鄙，因而均具有一定程度的物质主义气息。再如雄踞于 20 世纪前半期的马歇尔和 20 世纪中期红极一时的凯恩斯，他们共同的特点，是把经济活动当作一个整体来考察。他们的经济整体观，是与同时代的斯宾塞等人的"社会机体理论"和贝塔朗菲的"一般系统理论"有着血肉的联系。至于 19 世纪后半期至 20 世纪前半期的"经济分析"派别和"经济研究"的数理学派，总是与经验主义新形式——"实证主义、分析哲学"紧密关联着。在 19 世纪，哲学发展具体表现为渐进主义。与此相呼应，在经济学上，普遍流行着渐进主义的"成长论"。其中包括"主动论""助动论"和"制动论"等多种形式。主动论者，包括崇尚自由竞争的以哈耶克为代表的自由主义者，也包括强调国家干预和宏观调控的凯恩斯，还包括创新论者约瑟夫·熊彼特，他们共同为市场主体强化自身力量出谋划策。所谓助动论者，包括以凡勃伦、加尔布斯为代表的制度学派和突出货币功能的货币学派，他们通过改善经济环境和制度，主张发挥货币功能，为经济发展创造出口的外部环境。还有所谓"制动论者"，以麦多斯为代表，他们看到经济盲目增长的严重后果，其中包括环境污染、粮食匮乏等种种不利于社会持续发展的严重后果，从而主张停止经济继续发展即实现经济和人口的零增长。这样说，听起来是悲观论调，实际上是呼吁人们调整自己原先的种种空想，走可持续发展的道路。总而言之，西方经济学家们，尽管立足点不同，所持观念各异，但有一点是共同的，即在经济达到一定的发展水平之后，发展速度应该是渐进的，是一种斯宾塞主张的那种"渐进主义"，在他们看来富有效能的渐进胜过盲目的突进。

先生发表的另一篇经济哲学论文《西方市场经济的实践与价值论的重建》，是一篇纵向展开的评论性文章。在这篇文章中，针对现代市场经济立足的那种特有价值观念进行了分析和评价。

先生旗帜鲜明地指出，劳动价值论的优点，在于肯定了价值创造过程中人的劳动所起的作用，也为价值计量提供了较为可靠的依据。最重要的还是马克思从这个理论出发，创造了剩余价值学说，为无产阶级革命提供了重要的理论武器。

在先生看来，劳动价值论是有缺陷的，主要表现在：

（1）在价值形成过程中，过分突出价值创造环节，相对地看低价值实现的环节。

（2）在价值创造过程中，过分强调劳动的作用，忽视机制作用；对于劳动，过分地强调了人的体力因素，相对地忽视人的智力因素。

（3）在经济评估的过程中，片面强调操作过程中的劳动因素，以致完全抹杀了价值效能或效益的因素。

关于效用价值论，它的优点在于把价值归结为效用。在这个基础上，它把价值的效用性实现当作研究的主题。效用价值论，一方面注重产品的效用性，这与消费者对产品的质量的追求相对应；另一方面，它注重以流通服务为主要内容的价值实现过程的研究。这与生产者、经营者尽可能地占有市场，从而获取更大利润目标是一致的。

效用价值论也是有缺陷的，它的缺陷在于：

（1）离开价值创造，未注意价值的实现过程的探讨，因而无法把握价值形成的深层基础。

（2）离开价值创造，单纯地依赖效能评估，缺少可靠的评估依据和标准。

19世纪末20世纪初，西方市场经济发展到了一个新的阶段——现代市场经济的阶段。在现代市场经济阶段，市场经济本身出现了许多新情况，提出了一系列新问题，其中主要有：（1）随着经济活动的深入和扩大，一切本来认为是无价值的东西成了有价值的东西，于是有了生态价值、文化价值、技术价值等等的概念。（2）随着现代科学技术的发展和应用，信息、知识、科学和技术的价值凸显出来。（3）随着经济活动的深入和扩大，服务业也成了真正的实质性产业。（4）随着市场经济的发展，"价值评估方式"也发生了巨大的变化。

基于以上情况，传统的价值理论已经显得无所适从，面临着新的突破，或者说需要有一种新的价值理论来取代传统的价值理论。

对于如何突破传统的价值理论，先生大胆地提出了三点设想。一是重新奠定价值理论的基础；二是善于把价值当作一个过程；三是创造出一套与现实需要相适应的评估方式。

虽然先生多次谦虚地说，从事经济哲学的研究本不是他的初衷。但他独特的视角、独到的见解为经济哲学起步阶段的研究，写下了不能被忽略的一笔。

第四，为"文明"下一个精准的定义

人们都知道，中国的改革开放，归根结底，是要在中国的大地上建立起一个具有高度精神文明和物质文明的现代化强国。那么人们会问：什么是"文明"呢？对文明，理论界总有着多种多样的说法。

一是进步状态说。按照这种见解，文明是与野蛮相对立的人类进步状态，或者说，文明是指物质生产和精神生产的进步和开化状态。

二是"成果说"或"财富说"。按照这类见解，所谓文明是指人类在历史过程中所创造的物质和精神成果。或者说是物质和精神的财富。

三是"清明政治说"。按照这种见解，文明是指一种国家治理有方和政治清明、国泰民安的社会局面。

以上三种见解，立论的角度是不同的。如果将三者综合起来，就能从整体上展现出文明的外观，使人们对文明的外观有一个较为完整的了解。但遗憾的是，上述见解并未揭示文明的内在本质的全部真相，因而难以使人们迅速把握文明的实质。

那么，文明究竟是什么呢？先生通过研读马克思主义经典著作，提炼出了富有创见的观点。按照马克思主义的看法，人是社会历史的主体，它既是实践的主体，也是认识的主体，人在其历史舞台上，既改造着外部的自然界，也创造出人化的自然，又改造着人自己，创造出人本身。因此，凡是称得上"文明"的一切，无一不是人的本质的体现和展示，无一不是人化了的自然或对象化的人。马克思说过，历史是在人的意识中反映出来的，因而作为产生过程也是有意识地扬弃自身的过程。马克思主义还认为，人作为历史的主体，在其创造历史的过程中，总是在不断地提高着对自身本质的自觉即对自己的历史使命的自觉，以及对自己本质力量的自觉。这种历史性的自觉，就是一定时代的精华，就是这个时代的精神文明。

在马克思主义看来，人类社会的精神文明是一个由多种成分整合起来的复合体。精神文明中，包含有知识、情感和意志等多方面的内容。它以世界观、社会政治观、伦理道德观、审美观和科学知识素养等方式表现出来，还同一定的物质条件相结合形成教育、科学、文化、体育、卫生等部门和行业，而这些都在以不同方式体现着人对自己本质的自觉。所以，文明是人对自己本质的自觉。这个结论体现着马克思主义"以人为本"的基本观点，又把所有精神文明的具体形式容纳于一身，它既是精神的，也是广泛适用的。

为了体现精神文明的巨大包容性，在第四编我们选取了先生撰写的一组论文，其中既包括政治伦理类的文章，也包括阐述科学思维方式类的文章。在这组论文中，《论责任制的道德意义》一文切中时弊，振聋发聩，见解独到，观点新颖，影响甚广。

在这篇文章中，先生重申了马克思主义关于道德根植于利益这一基本观点。恩格斯在《反杜林论》中指出："人们自觉地或不自觉地，归根到底总是从他们进行生产和交换的经济关系中，吸取自己的道德观念。"俄国著名的马克思主义理论家普列汉诺夫也明确认为："不论在什么地方，只要个人利益和公共利益分离，就会引起道德上的堕落。"马克思在《神圣家族》一书中，讲得更为尖锐，"思想一旦离开利益，就一定会让自己出丑"。

先生尖锐地指出，马克思主义道德论的这些最基本的观点，曾经被人遗忘或假装遗忘。有那么一些人，一方面唱着发扬共产主义精神的高调，另一方面却肆无忌惮地干着损害人民群众正当利益的勾当。20世纪50年代的"共产风"、70年代批"唯生产力论"就是证明。造成这种状况有多种多样的原因，其中的一个原因在于，这些人把道德意义上的"公心"和"私心"同社会意义上的"公共利益"和"私人利益"，以及经济意义上的"公有制"和"私有制"混为一谈。

先生认为，在道德意义上的"公心"实际指的是一种道德觉悟。有"公心"表示有道德觉悟，"公心"大表示道德觉悟高。"私心"表示没有道德觉悟，"私心"大，表示道德觉悟低。在社会主义社会，所谓大公无私并不是不讲个人利益，而是要旗帜鲜明地保护人民大众的正当利益，还要为争取和保护人民利益而斗争。"大公无私"，对国家工作人员来说就是"全心全意为人民服务"；对于人民大众来说，就是认识自己的利益所在，并为其实现而奋斗。离开人民的正当私人利益和现实利益，讲什么"破私立公""大公无私"，只能是在高调掩护下，侵犯人民的实际利益。人们千万不要忘记在极左思想大泛滥的年代，"大公无私""破私立公"一类的神圣字眼蜕变成了一个掩护"分配上的平均主义""物质上的禁欲主义"和对待群众的"官僚主义"的遮羞布。先生大声疾呼，这个惨痛的历史教训，要认真汲取。可以说，这篇文章是20世纪80年代解放思想浪潮激发出来的既有理论勇气又饱含哲学智慧的好文章。

第五，面对"对外开放"讲好"现代西方哲学"

邓小平倡导的"对外开放"对于广大党政干部来说，既是一个机遇，也是一个鞭策。党政干部是对外开放的主导力量，在开放过程中，有大量机会与外国人打交道，而要在打交道过程中事事顺利，必须对外国的事和外国的人有所了解，为此就需要学点现代西方哲学。为了便于干部学习，从1983年起，省级以上党校都要开设现代西方哲学，不但长达两三年的班级要学，就连三四个月的短期轮训也得安排时间，讲一讲国外哲学的概况。

先生对西方哲学不仅情有独钟，而且造诣最深。甘肃省委党校的"西方哲学"讲授任务自然落在了先生肩上。对于学校这样的安排，先生一则以喜一则以忧。喜的是在经历了一系列挫折之后，曾经渐行渐远的"西方哲学"又回到了身边；忧的是将来会不会有人再来抓辫子，因为讲西方哲学，尤其是现代西方哲学，风险太大，随时可能陷入政治的漩涡。这样的忧虑是有来由的。

据先生回忆，20世纪40年代，苏联哲学界经历了一次大整肃。这次整肃中，以反对"世界主义"为旗号，对一些著名学者无理指责。整肃的结果是西方哲学史变成了唯物主义孕育和发展的历史，唯心主义失去合理存在的理由；现代西方哲学遭遇更惨，被指责为反对马克思主义哲学而存有异心，是帝国主义乃至法西斯主义的意识形态，是进入坟墓的哲学。受其影响，20世纪50年代的北大哲学系，只讲半张面孔的哲学史，而把现代西方哲学长期排除在教学之外。许多在国外学有所成，并在国内长期从教的老专家，只能在教学之外逍遥徘徊，造成严重的人才浪费。

对于这种情况，学生们有着强烈的不满，一再呼吁，让老专家讲述现代西方哲学，以填补学习的空缺。有着兼容并包、学术自由传统的北京大学，终于回应了学生们的期待。从1959年起，用了一年的时间，邀请著名专家顾颉刚、郑昕、贺麟、金岳霖、黄子通和熊伟，系统评介不同流派的西方哲学。为了避开一些左派人士的视线，课程命名为"资产阶级哲学批判"，听讲者只限于选择西方哲学专业的学生。

先生说他有幸聆听了多位专家的讲演。在听课过程中，先生觉得现代西方哲学的不同学派各说各话，内容却十分丰富，很少有对马克思主义恶意攻击的成分，听起来很能引起人们对一些现实问题的思考。课程结束，就面临写作毕业论文。先生毕业论文写的正是一篇关于存在主义学派的评论。

听了"资产阶级哲学批判"课程之后，现代西方哲学，因名声"太臭"，而在长达20年时间里很少有人问津，直至1979年举行全国现代西方哲学研讨会，情形才有所改观。这次会议，至少有两大成就，一是动员与会人员，用自己的专业特长为改革开放效力。二是实事求是看待现代西方哲学的不同学派，不搞歪曲性的"批判"。在会议之后，现代西方哲学的研究教学开始振作起来，有了新的气象。

但是"大批判"的惯性思维，不会轻易消失的，先生的担忧不幸成了事实。在改革开放不久的1983年，国内的一些中心城市，掀起了一股批判精神污染的狂潮。闹得厉害的地方，竟然殃及整个现代西方哲学，有的城市新华书店将讲述现代西方哲学的书概不上架。这股风也开始波及兰州大学。兰州大学的领导很是冷静，为了弄清真相，举行了一次报告会，邀请先生对被视为"精神污染源"的存在主义，做一个完整讲解。先生依据自己掌握的资料明确指出：存在主义，本质上是一种悲观主义，其观念主要在失意的下层人士中流传，其产生地在咖啡厅等下层人集中的地方，并不像人们传说的那样"张牙舞爪、令人惊恐"。因为讲得有理有据，可谓"谣言止于智者"，在兰州大学避免了一次新的"大批判"。

据先生介绍，讲座举办不久，北京大学熊伟教授外出讲学路过兰州。熊伟教授是存在主义大师海德格尔的嫡传弟子，是研究存在主义哲学的大家，他在与先生的交谈中自然谈到不久前发生的批判"精神污染"一事。他告诉先生，他在北京遇到同样的情况，他也是用事实说服了人们。在这次会面中，师生之间达成了一个共识，教现代西方哲学除了学识外，还应有一点职业自信，在一定时期还应具有一点政治的担当。

1984 年以后，再无大的政治风波，先生一面教学，一面继续学习和研究西方哲学，根据自己的思考写下了一批论文，这些论文收入由他主编的《西方哲学史稿》和《当代西方哲学思潮》等书中。本书中第五编正是其中的一部分。

在上述文章中，先生鲜明地指出，近代西方哲学把认识论的探讨作为重点，因观察问题的角度不同，就有了经验主义和理性主义的区分，经验主义是"关于认识发生的哲学"，理性主义则是"关于认识深化的哲学"。在西方近代经验主义发展序列中，先生尤其推崇培根，认为培根把哲学同实验科学的研究结合起来，发扬和完善了传统的归纳方法，特别是培根对知识的社会功能做了多角度多层次的探讨，为以后的"知识价值论"的形成打下了良好的基础，是"知识价值论"的早期形态。先生还指出，胡塞尔开创的现象学避开经验主义，倡导本体论的先验主义；避开西方传统哲学习以为常的现成论，倡导知识构成论；但本质上，胡塞尔哲学是自觉地避开流行的经验的或理性的方法，属于认识论中的直觉主义。先生又指出，弗洛伊德的重大发现和杰出贡献在于：在人们的意识背后存在着一个神秘的"无意识"的"王国"。这个王国是由人们精神压抑特别是本能压抑所造成；它在事实上支配人们整个精神活动和建构。它是一种无形的力量，又是一种无所不在的力量。把这种洞见运用于精神病的治疗，就创建了一种新的心理学；把这种洞见应用到社会历史和文化领域，就形成了具有弗洛伊德个人特色的精神分析派哲学。因此，精神分析派哲学实质上就是"无意识"哲学。

三

纵观先生的学术历程，体会先生的学术风格，概览先生的学术成就，对推动当下中国哲学的创新发展有着多方面的启迪。一是面向生活立足实践是哲学创新的动力。哲学不能脱离现实，必须直面现实问题，解答时代课题。哲学必须以哲学的方式联系现实，解答时代课题。哲学研究不能仅仅成为哲学家之间的"对话"，更不能是哲学家个人的"自言自语"，哲学必须与现实"对话"，与实践"交流"。二是拓宽理论视野是哲学创新的条件。要推动中国哲学创新，就必须打破哲学与自然科学、社会科学之间的壁垒，高度重视当代自然科学、社会科学的新成果新发展，切实加强哲学与自然科学、与社会科学的联盟，在不同学科的交流与合作中，从各个学科的新发展中吸取有助于丰富和创新哲学的营养；要拆除哲学内部各学科之间的篱笆，形成哲学内部各学科之间的良性交融与互动，走宏观、辩证、综合的"大哲学"之路。三是善待传统资源是哲学创新的基础。学习和研究哲学必须阅读哲学史上的伟大著作，这是因为哲学的发展不是跨越式的而是积累性的，这些著作具有的魅力是超越历史年代的，是哲学中起界碑作用的标志性成就。因此，哲学研究中重视历史继承性是必然的，是合乎哲学发展规律的。所以，当代中国的哲学创新，要重视对哲学遗产的继承，要在继承的基础上进行创新。当然，重视传统并不意味着对以往哲学的全盘接受，而是对传统哲学问题的重新关注诠释。马克思主义哲学、中国传统哲学和西方哲学是当下中国的三大哲学资源。我们应该自觉地挖掘、整理、研究和利用好这些资源，既立足当代又继承民族优秀哲学传统，立足本国又充分吸收外国哲学优秀成果，使三种资源之间形成良性互动、优势互补。四是营造良好环境是哲学创新的关键。哲学创新是一项复杂的、艰苦的脑力劳动，需要自由探索的空气，需要营造生动活泼、求真务实的宽松环境，需要倡导民主团结的学术氛围。

文集编选过程中，我与先生有过多次长谈，难免涉及先生特殊年代的不幸经历。先生坎坷的人生经历和被耽误的黄金岁月令人痛惜，但先生在逆境中所表现出的坚韧和对哲学的痴迷令人钦佩；尤其是先生忆及逆境时所表现的豁达态度，更让人心生敬意。逆境不放弃，顺境懂珍惜，自是哲人风范。最后，我想借用王国维的言说方式表达我对先生的敬意：作为学养深厚、学术精到的先生是可敬的，作为学而不厌、诲人不倦的先生是可亲的，作为不忘初心、葆有童心的先生是可爱的。如今，先生年届耄耋，仍手不释卷，勤思不辍，思想之活跃，见解之新奇，令人感慨有之，钦佩之至。衷心祝福先生，愿先生平安康健！

《陇上学人文存·范汉森卷》（第六辑）

作者：李君才　刘银军

王步贵

一

王步贵先生的学术研究领域是中国哲学史和思想史。他是一位卓有成效的王符思想研究专家。王符，字节信（约 85—162 年），安定临泾（今甘肃镇原）人，东汉后期进步的思想家，其活动年代在黄巾起义之前。《后汉书·王符传》称他："少好学，有志操，与马融、窦章、张衡、崔瑗等友善。安定俗鄙庶孽，而符无外家，为乡人所贱。自和、安之后，世务游宦，当涂者更相荐引，而符独耿介不同于俗，以此遂不得升进。志意蕴愤，乃隐居著书三十余篇，以讥当时失得，不欲彰显其名，故号曰《潜夫论》。其指讦时短，讨谪物情，足以观见当时风政"。王步贵先生从 20 世纪 80 年代起，对王符思想的研究，发表过数十篇论文，撰写了两本专著，其学术成就得到同行中专家学者的肯定和好评。编者本人多次发现，在近十几年高校研究生有关王符思想研究的毕业论文中，王步贵先生的相关学术成果经常被引用，是必备的参考文献。

甘肃人民出版社 1987 年出版了王步贵先生的《王符思想研究》。第二年的 6 月 1 日的《光明日报》史学栏目，刊登了罗义俊先生《简介〈王符思想研究〉》的署名文章。该文认为，《王符思想研究》涉及王符的政治学说、经济思想、宇宙观、无神论思想、历史观、法治思想、伦理道德思想以及文风等内容，突破了习见所囿，拓宽了视野面，给读者以全面感。该书采用比较研究的方法，对所研究的内容放在历史中结合当时的社会现实进行考察，溯其渊源，探其影响，因此做到对儒法门户之见和古今门户之见的两大突破。这是难能可贵得之不易的精神成果，因为，正如罗义俊的文章开篇所指出的，"王步贵的《王符思想研究》，这是近世以来全面研究王符思想的第一本著论"。

当代著名哲学家张岱年先生为王步贵 1993 年由陕西人民教育出版社出版的《王符评传》所写的序中说："王步贵同志研究王符思想，功力甚深，曾著有《王符思想研究》，今又撰写《王符评传》对于王符的基本立场、王符的哲学思想、伦理思想、经济观点以及军事思想进行系统的阐述，对于有关的问题进行了深入的考察，达到了学术研究的新水平。"在《王符评传》中，王步贵将王符社会批判理论概括为四层内容：〈1〉四大命题，即"富民为本，正学为基""唯圣知圣，唯贤知贤""君子未必富贵，小人未必贫贱"和"德不称其任，其祸必酷；能不称其位，其殃必大"；〈2〉五大观点："本末之争""富足生于宽暇，贫穷起于无日""赏不隆则善不劝，罚不重则恶不惩""均苦乐，平徭役，充边境，安中国之要术也"以及"王者统世，观民设教，变风易俗，以致大平"；〈3〉两个基本点："兼听则明，偏信则暗"和"尊贤任能，信忠纳谏"；〈4〉一个正确结论："今汉土之广博，曾无一良臣，而欲久立，自古以来，未之尝有也"。从内容上看，四大命题陈述了王符社会批判理论奠基的前提和条件，五大观点是王符治道的措施以及原因分析，两个基本观点是对统治者履行其管理统治职责的基本或最低行为规范。根据上述已知条件和前提，将东汉社会朝政多蔽、风俗侈靡、边廷失守、民不聊生的哀世征兆考量进去，东汉社会行将灭亡的意蕴昭然若揭。《王符评传》刚一出版面世，《中国哲学史》杂志在当年第二期刊登黄开国先生以《王符研究的可喜收获》为主标题的书评，称"四大命题、五大观点、两个基本观点和一个正确结论这一概括在王符研究中还是第一次"。

既然已经引出同行专家的评介以资作证，而且还有王步贵先生的著作论文可寻可查，这里再对王步贵关于王符思想研究的具体内容的梳理，就显得多余。我们要做的事情，应该是通观王步贵先生关于王符思想研究的整体状况，在总体概括的基础上，探讨王步贵先生王符研究的基本思想路径，以期展开王符思想研究的更广阔或者崭新的思想空间；这是一个对像王步贵先生这样的学者学术研究的价值所在之一，也是编辑本文存卷主的主要目的所在。让我们从中国哲学史的一个基本问题——"天人之际"的简洁地探讨作为切入点。

"天人之际"，"天道"与"人道"的关联，是中国古代思想史内容至宏至大而又意义极富解释性的概念。从先秦至两汉，历代先贤借"天道"谈"人道"，由"天命"

讲"人事"，力求天道宇宙法则与人道治世规范的统一。特别是汉代袭承秦制，建立大一统的中央集权国家，"天人之际"的致思，已成为当时的思想家政治家思考有关治道根据问题的终极追向，其极致就是雄才大略的汉武帝与硕学鸿儒董仲舒的问答。汉武帝的一个问题是："三代受命，其符安在？灾异之变，何缘而起？性命之情，或大或寿，或仁或鄙，习闻其号，未烛其理"。董仲舒对此回答是："臣闻天之所大奉使之王，必有非人力所能致耳自致者，此受命之符也"。"臣谨察春秋之中，视前世已行之事，以观天人相与之际，甚可畏也。国家将有失道之败，而天乃先出灾害以谴告之；不知自省，又以怪异以警惧之；尚不知变，而伤败乃至，以此见天心之仁爱人君而欲止其乱也"（《汉书·董仲舒传》）"王符和他们相反，不承认天是支配一切的"。王步贵在《王符思想研究》第六章《王符的历史观》中写道，"他在天人关系这个带有根本性的哲学问题上，坚持了元气一元论的唯物主义观点。在王符看来，自然界中的万事万物，都是物质性的'气'的各种不同表现形式，根本不存在超自然的精神力量即神的存在"。王步贵把王符的社会历史观概括为三条规则：第一，人类决定自己的命运；第二，人类社会是发展变化的；第三，国家不是从来就有的。王符的社会批判理论，其核心思想既不是探讨皇权的合法性从何而来，也非描绘理想的完美的社会制度应该具备什么样的美丽蓝图。王符是一个具有远见卓识的政论家、社会批评家，他所关注的事物是当下社会现实所给予的真实事情，而这些真实事情对每个人都是切身触及的，尤其包括王符自己，而王符讨论的问题是如何治理现实社会，涉及的对象涵盖中央集权制封建社会的三类组成人员：皇室、官吏和庶民，与之相关联的内容包括法律规范、道德伦常、风俗习惯和民生物业。上述论域对象的总和，若要用概念的形式概括之，可以看成是意大利文艺复兴时期法学家历史学家维柯所讲的"民政世界"。维柯论述人类社会历史过程用神的时代、英雄的时代和人的时代表现其先后顺序，神的时代是神话世界，英雄的时代是史诗世界，而人的时代就是民政世界，它是人类以个体和组织的形式创造的凡人的世界。王步贵先生坚持研究王符的社会历史思想必须以王符的元气一元论的唯物主义自然观和无神论思想为前提，我们完全可以理解为，研究王符的社会批判理论，应该以"民政世界"为基石，无论是研究的理论和理论的对象皆如此；而"民政世界"这个概念，用现代的政治哲学的理论言之，就是国家，或者城邦。

这样的一个国家和城邦的存在，对理论的研究有什么意义呢？就借鉴的意义上讲，我们可以在哲学史中举出三类情况：第一，研究现实中的国家如何治理得最好，这是亚里士多德的运思路径，其基本要义之一就是选择有才能有品德的人充当社会管理层，属于精英治国论。第二，现实存在的国家在历史中除了自身存在的目的之外，它还充当手段，它还充当另外一个目的的工具，例如圣·奥古斯丁的《上帝之城》所述内容。第三，在理论上构造一个国家模型，用来论证所需论述的理论和命题，杰出的典范就是柏拉图用理想国的构造论证他的正义理论。这种理想国实际上是言辞说出来的"国家"，可以讲"有名无实"。因此，政治生活的理论与实践，就可以从实在论、工具论和修辞学的视角进行考量和运思；例如对汉朝流行的谶纬思潮的研究，在此领域，王步贵先生也有独特的建树。

二

谶纬作为一种思潮，渊源于西周以来的"天人"感应思想，其内容始终是以"敬天"为前提的。西汉鸿儒董仲舒创造了谶纬的实质性命题——天人感应学说。在"天人感应"里面包含着君权神授、符瑞和灾异，其指向有明显的社会性，一切都被披上了"天"的外衣，"天"在时时刻刻监视着人间的一切，并以"符命"或"异灾"来显示其意志，从而维护着人间的社会与政治秩序。《尚书·洪范说》曰："若乃不敬鬼神，政令违时，则水失其性，雾水曝出，百川逆溢，坏乡邑，溺人民，及淫雨伤稼穑；是为水不润下"。谶纬中的这种内容很多，其造作者正是在这种思维方式的基础上阐释经典，借助天意表达自己的思想。"法古""宗圣"和"解经"是谶纬体现出来的主要内容。"法古"是儒者的一个历史情结，也是其理论建立的一个历史依据，谶纬中反复不断地描述三皇五帝的美政，以作为其社会政治和理想道德的标本。《春秋纬》曰："皇者，煌煌也，道灿然显明；帝者，谛也。王者往也，神之所输向，人所乐归"，同时对上古圣人也显示极端的尊崇，他们不仅推崇上古圣人的丰功伟绩，而其对圣人的形象作神奇怪异的描述以显示圣人的伟大。"法古""宗圣"的必然结果就是对儒家经典的尊崇，它们以其自身内容的丰富性与包容性为儒家提供了可供解释的空间，谶纬的出发点就是"解经"，借经典的"微言大义"阐述谶纬家的学说，企图使纬书的地位与经书一样具有社会意识形态的合法性和权威性。

谶纬的兴起从其本质来说，就是儒生方士附会经书编造出"受命之符"去协助夺权而被尊显称道的。两汉之际谶纬的人格化身就是王莽本人，王莽形象为彬彬儒生，在执政之后参照《尚书》《周礼》《王制》定官制、复井田、禁奴婢，不能不说他是古往今来儒家理想的彻底践行者，但同时他大肆制造、传播谶纬符命作为他代汉的合法性，登基后就颁布《符命》四十二篇于天下。《汉书》记载元始元年（公元1年），浚井得白石，有丹书称"告安汉公莽为皇帝"，从此"符命之起，自此始矣"（《汉书·王莽传》）。谶纬成就了王莽代汉，而后企图取而代之者也如法炮制，两汉之际权力的混战是以谶纬的混战为极端表现形式，最后以"赤伏符"胜出的光武帝刘秀"宣布图谶于天下"。

谶纬的逻辑来源是天人合一。在董仲舒纬书的正名方法中，孔子以人道为本的关怀渐去渐远，而援天道证人道的思路被演绎成对阴阳五行模式和象数思维的生搬硬套。由此可见，谶纬学说从政治哲学的角度观察，其功能的有效性与否视修辞学与工具论组合的不同特性而定。从形式上考查，其中的一个变胎，其利用以言辞所虚构的世界，或者为手段，解释并实现自己特殊的目的，或者为目的，利用外在的现存条件为手段，将其虚构的目的现实化；而且还要补充一句，因其虚构性，谶纬以及由谶纬活动导致的谶纬文化就披上一层神秘面纱。对此，我们认为，王步贵先生是心知肚明的。王步贵先生在《神秘文化》引言中有一段对谶纬的精彩描述，将其特性刻画得入木三分：

谶纬从它的产生、形成、地位、作用等方面来看，都罩上了一层薄厚不等的神秘色彩。它宣扬神学，想成为宗教，但它的更多更大的兴趣，又不在彼岸，而在现实社会；不在上帝那里，而在皇帝那里；谶纬以纬解经，神化儒家经典，但内容庞杂，颇多矛盾，不仅有灾异感应，谶语符命，神仙方术，神话幻想驱鬼镇邪，而且还有天文地理，风土人情，自然知识，文字训诂，哲经文史；不仅有关于神学内容的矛盾，而且还包含着有神论和无神论的矛盾，正统经学维护伦理纲常、追求社会进步与野心分子搅乱政治、制造社会混乱的矛盾；不仅是一种眼光卑下、心灵污浊，拙劣的欺骗和愚弄，而且谶纬的象数思想又包含有宇宙和谐的天才的猜想。

用语言构造一个和谐、有序和完满的世界，莫过于数。王步贵先生在《神秘文化》的《谶纬与象数》一章中指出："谶纬对象数，情有所钟，意有所寄，优宠有加，追逐专一，似有不解之缘"，乃是因为，第一，"在客观宇宙中，物象和数，互有联系，密不可分，而且这种联系带有很大的普遍性"；第二，"物质的存在形式时间和空间（圆、长、方形等等）都可以借用数的形式反映出来，数是这种表达的重要因素，不可或缺"；最后"物质及其运动规律，总是表现为一定的数量关系"。由此为前提，王步贵先生将谶纬以象数统一一切的思想，追究到谶纬兴盛的社会心理原因。他是这样分析的："谶纬兴起于哀、平之世，也正是西汉王朝没落之时，刘邦的不肖子孙们自然是没有能力再来恢复历史上这个英雄时代了。然而，在意识形态领域里的大一统美梦并未消失。谶纬思想正是在这种背景之下，得到了统治阶级的支持，把董仲舒哲学思想中的神学意识尽量推到极端，使其恶性膨胀，从而导致了谶纬的兴起和泛滥。如果说，汉王朝在它的开创和发展时期，以文治武功拓展了疆土，结束了纷争，建立和巩固了一个版图辽阔、幅员广大、人口众多的封建中央集权的统一帝国，那么，谶纬神学则是在西汉王朝衰败之时，充分地吸取了汉帝国在它兴盛发达之时所创造的自然科学知识和社会历史文明，从神学意识角度企图给往常以精神和心理方面的安慰，使其从虚无缥缈的境界中，重温当年鼎盛时期大一统的美梦。这就是谶纬思想中的元气宇宙生成论，象数宇宙发生论的时代背景和历史根源"。言之诚哉！

谶纬不但能起到催眠致幻的宣泄功能，而且还能产生以假扮真、以虚示实进而真假难分的戏剧化效果，起到隐瞒当事人言论行为的角色变换行为，如同川剧的变脸。王步贵先生在《谶纬作为政治隐语的内涵》给出了几则有趣的例子予以说明，里面包含着极强的政治修辞行为的意蕴。"如王夫之认为，李寻是当时唯一具有远见卓识的人。这一说法不是对政治预言的'附会'的肯定，而是对其善于利用预言、巧妙达到政治目的的肯定"。赵平先生认为，王步贵的《神秘文化》探索谶纬文化的如此功能有以下特点："如果说，谶纬内容的杂多和变化，反映着政治角逐中各方势力的升沉盈伏而构成的一场闹剧的话，那么透过这闹剧的大幕可以清楚看到'演员们'的活动轨迹。不是闹剧决定'演员'如何出场、怎样演出，相反，而是'演员'自己规定自我的角色，结构'剧情'。王莽演出了一幕短剧，而刘秀则绵延了数代。"（见《哲学研究》1993年第6期）

这种政治修辞的艺术，在王步贵先生看来王符也会偶一试之，无论是被迫的还是独匠其心的自愿尝试。这里引两则王步贵论著的短论：

王符在人与神的关系上所持的观点是有趣的，也是矛盾的。他承认天地间有神，但只准他们作"天吏"，不准他们管人事，这在东汉神学目的论盛行时怎么可能呢？大概是王符害怕触犯东汉王朝的"天条"招致杀身之祸，因而只承认"天吏"以示妥协，从而躲过神学目的论的审判吧。不管怎么说，这至少也是王符无神论思想的不彻底之处。（见《王符思想研究》第十章）

……王符总是把赏善惩恶都与天命、天道、性命等联系起来，表面看来，确有唯心主义神学的味道，但深一步考察，他是借天道以明人道，是用"文昌""司命"吓唬统治者的，而实质上并非是宣扬神学目的论。因为他在提到"天道""天赏"时，是轻描淡写的，一笔带过的，只是"穿衣戴帽"而已，可谓是一种"虚美""虚荣"，毫无"恋战"之意。倒是在"赏善罚恶之神"的幌子下，真刀实枪地批判封建统治者的"乱政薄化"的颓废风气。（见《王符评传·人性论发微》）

社会批判理论与政治修辞艺术在此连通了。

三

王步贵先生是甘肃泾川人，生于1937年，现为甘肃省社会科学院研究员，中共党员。王步贵1959年毕业于西安外国语学院俄罗斯语言文学系，1959年至1962年在甘肃工业大学外语教研室工作，其间在北京外语学院研究生班进修俄语一年，且曾在甘工大外语教研室任副主任。1962 年至 1981 年，先后在平凉一中、二中、县委党校工作。1980 年参加中国社会科学院受国务院委托招收社会科学研究人员的考试，并以名列前茅的优异成绩被录取，于 1981 年分配到甘肃省社会科学院哲学研究所工作。1983 年至 1997 年调《甘肃社会科学》编辑部工作，并任编辑部主任、主编。

王步贵先生受到高等教育所学专业是外语，而他的学术领域却是中国古代哲学，学术有成就，外文有译作，文笔优美，见解深刻。从王符思想研究到谶纬文化探索，形成了社会批判和政治修辞的双重变奏，谱写一曲汉代思想史的新乐章，展开了一处哲学运思的独特空间，供后学徘徊憩息。他本人的心性朴实诚恳，表现在他所撰写的论著中，将同行们的观点论断都逐一地引述出来，注明姓甚名谁，文献出处。特别指出的是文集本卷有相当一部分文稿的录入工作是王步贵先生的夫人仇炳兰女士率女儿、女婿完成的，编者在此表示感谢。

最后，借《陇上学人文存·王步贵卷》的编辑出版，本卷编辑衷心祝愿王步贵先生健康长寿。

《陇上学人文存·王步贵卷》（第五辑）

作者：孔　敏

刘文英

一

我愿意首先将刘文英先生的论文《庄子蝴蝶梦的新解读》摆出来进行讨论作为跟踪他的哲学追求的开场白。《庄子·齐物论》云："昔者庄周梦为蝴蝶，栩栩然蝴蝶也，自喻适志与！不知周也。俄觉然，则蘧蘧然周也。不知周之梦为蝴蝶与，蝴蝶之梦为周与？周与蝴蝶，则必有分矣。此之谓物化。"刘文英先生"在前贤工作的基础上，把文字训诂、义理分析和精神分析整合起来，重新解读庄子的蝴蝶梦"。他根据庄子哲学"物化"概念相通的三种意义，即万物的自然变化、人在死亡过程中所显示的"物化"和梦中主体化为外物——"梦为蝴蝶"就是一个典型，得出了庄子蝴蝶梦新解释的最终结论："不管庄子的蝴蝶梦是真是假、是虚是实，它既有深邃的思想意蕴，又有奇妙的艺术魅力。如果从艺术形象来看，我们可以把蝴蝶梦中的蝴蝶，视为大道的一个象征性符号，而'梦为蝴蝶'则意味着庄子得道，与大道合二而一。若就思想境界而论，蝴蝶梦中的'不知周也'，亦即'至人无己'的形象化，表明庄子自认为他已达到至人的境界了。"

为什么能够合理地得出上述结论？梦象解释之所以成立的可接受根据是什么？一言以蔽之：大道存乎齐物，逍遥方显得道。刘文英先生认为，庄子齐物论的思路之内在逻辑有三个递进层次：齐周蝶、齐梦觉和齐物我。梦中庄周与蝴蝶，不可分辨，界限泯灭，"不知周之梦为蝴蝶与，蝴蝶之梦为周与?"由此类推，如果天地万物皆有蝴蝶梦，"如果人们不是从自我看外物、看自身、看万物，而是从大道看外物、看自身、看万物，那么天地万物包括主体自身在内，都不过是大道的产物和表现。如此而已，岂有他哉!"如果万物的界限都被化解，物我的分别皆为两忘，齐外物而等自我，游万象而逾无距，自我"不但同外物合二为一，而且同外物所体现的大道合二而一"。这里的核心词就是梦及梦象。刘文英先生指出："庄子并不否认人们看到的万物差别和物我差别，而是强调以道观之，物无差别，物无贵贱"。知"道"、至"道"、得"道"以及"以道观之"，存乎"物化"，在于"齐物"。但是，"齐周蝶"不能无中介地跳到"齐万物"。庄子尚无汉儒的"天人感应"和"天人相副"的概念，作为其联结万物、通达天地、物我一体的先天解释框架模型。架通庄子的"齐周蝶"和"齐万物"之间鸿沟的桥梁是他的"齐物我"的体验方法和原则，也就是自我"物化"，消除自我意识。这种自我物化的体验，刘文英先生根据庄子在《齐物论》有关南郭子綦"吾丧我"的叙述和描绘，断定为"这是道家修道的一种基本功夫。一般人不是子綦，不会理解这种功夫。但人人都会做梦，只要在梦中能够化为某种外物，就能获得自我物化的体验"。

做梦本是人的一种自然生理现象。中国古代哲人如庄子，却能将梦作为逍遥得道的体验和象征，使之成为精神世界生成和显现的载体。刘文英先生自觉而敏锐地捕捉到这一珍贵无比然而众所周知的文化信息，潜心笃志地分析疏理中外学者释梦学说，归纳总结其得失，形成自己的独到见解。梦象的建构，梦说的探索，人类关于梦体验的理论研究，成为刘文英先生打开人类精神文化殿堂神秘之门的一把钥匙。

二

刘文英先生对中国古代的哲学思想、精神观和思维特征的研究，在国内外学界享有盛誉。他的突出成就之一就是主要针对弗洛伊德释梦理论提出了一个"中国人的新梦说"。弗洛伊德认为，在人的自觉意识背后，还有一个意识所意识不到的潜意识王国；梦就是人在睡眠中的潜意识活动。刘文英先生继承了弗洛伊德关于梦是潜意识活动的观点。但是关于潜意识和梦的作用机制，刘文英先生并不同意弗洛伊德的看法，双方的不同点集中地表现在两个方面：第一，意识与潜意识在弗洛伊德学说中是二元判分绝对对立的。刘文英先生认为，这种对立冲突，并没有正确地说明意识和潜意识的不同性质，也没有正确说明两者之间的相互关系。弗洛伊德认为潜意识同自觉意识之间有一条界限，完全正确，无可非议。但是当他把这个界限看成是一条鸿沟、一座长城，认为不可逾越时，刘文英先生认为，这是弗洛伊德不对之处。他认为实际的情况是，潜意识和自觉意识之间诚然有一条界限，然而它们同时可以互相渗透、相互转化。做梦主要是潜意识的活动，然而自觉意识在此过程中并未完全丧失。中国古代所谓"神藏""神蛰"，认为"神"（自觉意识）只是"藏"或"蛰"，并不是由此化为乌有。第二，弗洛伊德认为，潜意识来自人的原欲，来自人的本能，意识的自我并不知道这些欲望和冲动，梦活动就是将自觉意识压抑的本能冲动给予自我释放，是欲望的满足。刘文英先生认为，有些梦是欲望的满足，有些梦则是忧患的临头，不能一概而论地将梦释为欲望的满足。他在儒家经典《周礼》六梦中，同时看到了喜忧并提的两种倾向，其中"正梦"，无思无虑、无喜无忧、心神恬淡、矛盾融合；欲望有所实现为喜梦；欲望圆满实现或意外满足为狂梦；还有思梦、惧梦和噩梦。刘文英先生反问道，如果梦只是欲望的满足，那么没有自杀愿望和被害心理的人梦见自己被害被杀也是自杀欲望的满足吗？恐怕不敢以欲望概之一切梦。弗洛伊德把梦归源于"本我"的原欲，很自然地把做梦的心理状态所表现的一切视为人性当中丑恶的东西，肮脏的东西，梦表现人的兽性的一面。刘文英先生认为，由于梦作为潜意识的活动，不受自我的支配，各种欲望、感情、意念实际上兼收并蓄，因此梦是一个人内心世界的全面暴露，有恶有善、有美有丑。

弗洛伊德之所以认为梦是欲望的满足，是兽性本能的表现，梦心理是肮脏的，这是因为他将潜意识与自觉意识截然对立的逻辑推论和必然结果。刘文英先生则在整理和提炼中国古代"梦说"的基础上，通过对于人类精神系统的整体把握重新考察了梦的本质和机制，立足于中国哲学的智慧精神，揭示了意识与潜意识之间相互交融的关系，从而提出了一个"负阴抱阳"、阴阳互补的"精神太极图"的模型。他借助道家阴阳太极图，因潜意识无主无志，将其视为太极图的黑色部分，意识视为太极图的白色部分，它们有主有志，两者之间你中有我，我中有你，潜意识中包含意识的白色亮点，因为它们本身就是自觉意识中的某些成分积淀到潜意识之中；意识中的黑点，表示人的自觉活动过程中，经常会出现不受自觉意识支配的潜意识动因，例如直觉、本能驱动、失察走神等因素。因此人类的精神应当是一个包括意识和潜意识在内的类似阴阳鱼太极图式的统一整体，精神活动不是本能活动的延伸，而是超越本能的、具有一定意向指向、能够认识、理解体验和涵盖外物于内的为人所特有的高级心理系统，因而构成人之为人的本质特征。精神活动的基本因素有四项：主体的意向、意向所指的对象、主体面向对象的认识和主体的情感。刘文英先生在充分尊重现代西方精神分析和实验观察的研究成果的基础上，吸取了中国文化和东方文化的合理内容，归纳出精神系统运作的四个重要机制：①阴阳连续恒动机制，包括意识的连续活动、潜意识的连续活动及二者之间的连续衔接；②阴阳有序转换机制，包括意识活动和潜意识活动相互之间的必然有序转换，以及在这一活动中所伴随和包含的"一张一弛""一消一长""一开一闭"与内外有接、无接之间的有序转换；③阴阳互渗互补机制，包括潜意识在意识中的渗透、意识在潜意识中的渗透，以及二者在资源和功能上的阴阳互补；④阴阳矛盾平衡机制，包括精神系统与外部世界之间的矛盾平衡、意识与潜意识内部诸成分和活动之间的矛盾平衡、意识与潜意识两个子系统之间的矛盾平衡。这一"精神太极图"模型全面修正了弗洛伊德将潜意识归之于本能的原则性失误，肯定了潜意识的社会属性，改变了意识与潜意识判然二分的格局，同时用"自我潜意识"更为准确地说明潜意识的主体性特征，用"群体意识"说明"超我"的现实主体。刘文英先生对意识、潜意识以及梦的研究，不仅为中国梦说史填补了一个空白，具有极高原创性，而且哲学意蕴深远广大，庄子蝴蝶梦的新解释就能见其功夫和意义。

三

1996年出版的《漫长的历史源头——原始思维与原始文化新探》一书是刘文英先生另一突出的具有原创性的学术著作。这与刘文英先生其他学术工作是密不可分的。首先，潜意识中的梦象与原始思维的形象在本质上是互通的。弗洛伊德就认为，梦象与原始象征有相当的关联，两者具有相似性和一致性。实际上，二者都是意象思维，都是具象性的思维活动，都以象征的方法显示其所代表或指称的事物及其含义。其次，刘文英先生认为，研究人类的精神活动和认识特征，必须溯源返本，从人类思维的起源的追寻过程中，找到人类思维最初的共通的本质的因素，而当回答了人类的道德规范、宗教信仰、艺术创造是如何产生，科学知识和哲学思想是如何发生的问题，才能理解和把握人类精神世界发展的路径和目标。胡塞尔曾经断言：起源就是目标。即便是人类思维形式在经历了原始思维之后的转折飞跃后，它们也是从过去的源头流域中并在已定的前进方向的基调上的转折和飞跃，也就是对原始思维的飞跃和超越。

刘文英先生以"综合集成法"为指导，运用考古学、人类学、民族学、语言学、宗教学以及脑科学、信息科学、系统科学等多学科的资料与方法，把石器工具作为原始人思维活动外化的客观成果，以其制作方式和工艺特征为依据和线索，成功地还原了原始思维过程，从而以一条独创性的研究道路，填补了人类思维发生过程研究的空白。这里我们仅涉及与哲学研究相关的两个问题：原始人的思维活动特征与哲学萌芽的母体。

原始人的思维活动，我们今天已经不可能经验性地进行实证考察。原始人从他们跨入历史舞台的第一天开始，并无语言，用意大利学者维柯的话讲，原始人是"哑口的"。这就为原始人的思维研究立下了一个"先天的"几乎是很难逾越的界尺。不过，难以逾越并非不可能逾越。解决的方法在于：人脑思维结构特性的掌握，原始人生存状况的确定和原始人的社会组织之构成。刘文英先生借助系统科学关于思维是内反馈的原理，揭示了思维发生同工具性生存方式的内在联系。原始人面临险恶不测、陌生无助的生存环境，制造（打造）一定的生存工具对他们当前和今后的生命存在有着生死攸关的命定联系，这是一条已成为人类发展史所证明的公理。原始人留下的石制工具，虽然是极少部分，现在仍然清晰可辨，这是研究原始人的思维产生和发展，可以说是唯一确定的实物证据和线索（当然，除原始人的头盖骨化石之外）。刘文英先生把石器工具作为原始人思维活动的外化和物化，以其制作方式分为"意象——动作"运作阶段、"意象——意象"运作阶段和"意象——概念"运作阶段，并把三个阶段划分为意象混沌、意象联想、意象推演、意象构建、意象符号以及简单概念的不同水平。意象思维在原始人那里起着认识自我、他人和世界以及改造自我与世界的决定性的作用；它在今日的技术化社会能够发挥多大的作用，值得我们深思和对比式的考察。

　　既然原始人的思维是意象性的，那么原始意象在同人与世界的关系上就可以分为实象、灵象和情象。刘文英先生认为，实象主要存在于有关实践生活的思维活动中，它的特征是主体大略地、又如实地反映了客体的形象，从而在一定程度上把握了客体。灵象主要存在于宗教、巫术的思维中，是主体虚构的一种非现实的形象，并赋予它以灵性。由于没有客观的原形，它不能提供真实的信息，但却可以表现主体复杂的精神状态。所以，"灵性"就是精神、意识或类似精神、意识的一种性质与力量。情象主要存在于有关各种艺术的思维活动中，是主体创造的一种具体的形象，并在其中注入了自己的感情。原始人因其意象思维，其精神文化尚未分化，在整体上还处于"混沌"状态，我们应该把原始人精神文化的整体，看作哲学萌芽的母体，而原始神话和宗教最集中地表现出哲学的萌芽。刘文英先生认为，只有在原始神话和原始宗教中，有关宇宙和人生的问题，才以最广阔的眼界而从整体上思考。"神话想象和宗教思维有一个共同的特征，它们既面对现实，又返回到事物的起源状态，甚至对未来也会做出某种猜测。"我们也可以这样讲，只有原始神话和宗教才能提出我们现在所称之的哲学问题；反过来讲，哲学思想的萌芽和源头就是创世神话——工具式的生存方式也能得到此结论。

四

我认为刘文英先生能够取得引人注目的学术成就，与他的治学态度、研究方法和哲学追求是紧密相连、融为一体的。他的职业是讲授中国哲学史的一名教师。在他主编的《中国哲学史》一书他亲笔写的《导言》开篇就讲："中国哲学是中国文化的产物，是中华民族的精神创造……几千年来，中华民族为什么能创造出灿烂辉煌、气势恢宏的东方文明？为什么在饱经忧患和屡遭挫折之后，能够不断自我更新，走向胜利，仍然自立于世界民族之林？当然是因为中华民族有一种'自强不息'的毅力与意志，有一种'厚德载物'的胸怀和气魄。然而，这种伟大的民族精神，只有通过中国哲学的提炼、集中、加工和理论化，才能从感性上升到理性，从自发变为自觉，从而成为一种强大的、经久不衰的精神力量。"这就是哲学之"道"。我们在这里看到它与宋朝哲人张载的《西铭》一样的精神："为天地立心，为生民立命，为往圣继绝学，为万世开太平。"

刘文英先生治学的方法有其独特的见解。他在日文版《中国古代的时空观念》的《自序》中写道："我认为，哲学史是哲学的历史，哲学重在思辨论理，而历史必须脉络清楚，再由源及流，从而系统地考察这种观念的产生和发展，全面地展开它所涉及的诸方面。这样不但使人们能够更深刻地总结哲学思维的历史经验和教训，而且通过历史的经验和教训真正能够提高人们现代的思维水平。"为此，他还著有《中国古代意识观念的产生和发展》《梦的迷信与梦的探索——中国古代宗教哲学和科学的一个侧面》《中国古代的言意问题》《认识的分疏与认识论的类型——中国传统哲学认识论新透视》《中国传统哲学的名象交融》《儒家文明》以及《中国传统精神哲学论纲》等著论和论文。从这些书目中我们可以窥见先生治学之风格。

刘文英先生的哲学研究能够拓展出许多新领域新天地，因为他寻求一种共通的本质性方法使之在学术研究中能够综合集成，触类旁通，又能探微显幽，别出新路。他既写出意识思维的专著，那么物质客体呢？刘文英先生在上述所引的同一篇自序中说："我还想研究中国古代的物质观念，但由于其他工作和任务的影响，只有有待将来了。"可是，我们再也见不到也许名为《中国古代的物质观念》的论著了！痛哉惜哉，先生于2005年4月27日与世长辞。刘文英先生1939年2月出生于陕西乾县一个贫苦农民的家庭，1962年毕业于中国人民大学哲学系，1962年至1992年在兰州大学工作，曾任兰州大学学术委员会副主任、兰州大学哲学系主任。1993年调入南开大学哲学系，为中国哲学专业博士生导师。先生先后兼任中国哲学史学会副会长，国际中国哲学会华北地区学术顾问等多项学术团体职务。他是天津市特等劳动模范，全国五一劳动奖章获得者；有多少学者获得过劳动奖章，我不知道；但我明白：获奖者一定非常勤奋刻苦。

《陇上学人文存·刘文英卷》(第一辑)

作者：孔　敏

穆纪光

穆纪光先生，系西安市人，1939 年元月生，1960 年 7 月毕业于西北民族学院语言文学系，1962 年 7 月毕业于中央民族学院哲学研究生班。曾任甘肃省社会科学院哲学研究所副所长、科研处处长、国情调研中心主任、中华美学学会理事、中国社会科学院国情研究中心特邀研究员、甘肃省美学研究会会长、甘肃省社科研究系列高职评委会委员等职务。2007 年至 2008 年担任甘肃省社会科学院蓝皮书首席专家，1993 年被遴选为享受国务院特殊津贴专家。

穆纪光先生是一位哲学事业不懈的追求者，国情研究热情的关心者和参与者，是一位在学术研究中卓有成效的美学家。本卷收录的《艰苦跋涉在哲学、美学及国情研究途中——穆纪光学术研究自述》一文，已经将他的学术经历、研究脉络和观点、结论讲得一清二楚，明明白白，因此一般性的概括文存所选篇目的编选前言，就显得重复多余。本文将选择一个固定角度，截取一个特定侧面，集中探讨穆纪光先生在对敦煌艺术所进行的哲学研究中而展现的生命情怀和思考境界，以便显示出穆纪光先生在哲学的视域中给予敦煌艺术中的涅槃、菩萨、飞天的体验和阐释，如何在想观的形相下得到敞开和澄明。

敦煌艺术属于佛教艺术，其主体是开凿在今甘肃省敦煌市东南 25 公里鸣沙山上的莫高窟（亦称"千佛洞"），它是世界上现存规模最大的佛教艺术宝库。从相传前秦建元二年（366 年），禅僧乐樽开凿第一个洞窟造像以来，历经北凉、北魏、西魏、北周、隋、唐、五代、宋、西夏至元，佛窟的建造始终不断，保存至今的有 492 个，现存雕像 2100 余身，壁画 45000 余平方米，分为佛经故事和单纯佛像两大类。其中涅槃经变（画）15 铺，菩萨彩塑 599 身以及 6000 余身的飞天壁画。

穆纪光认为，涅槃是敦煌艺术研究的中心范畴。莫高窟绘、塑佛涅槃的艺术作品，都是以经变的形式表现的。涅槃经变（亦称涅槃变）就是在某一窟的显著位置，选取佛涅槃时的若干场面情节用以表现佛涅槃意义的绘画和塑像。莫高窟 158 窟的塑像和壁画是描绘佛涅槃的代表作，其佛塑像身长 15.80 米，头向南，足向北，右胁卧面向东，对着入窟朝觐者。西壁上绘菩萨、弟子、天龙八部等 40 身；南壁上，绘处之泰然的诸菩萨以及悲痛欲绝的佛弟子大迦叶和扑地啼哭的阿难；北壁上，绘在俗信徒各国王子极度悲痛的场景，而且有一些信徒痛不欲生，以割耳、挖心、剖腹等自残方式殉道的描绘；东壁北侧绘金光明经变，表现佛当年在王舍城灵鹫山顶说法的场面；东壁南侧，绘天答问经变，表现佛当年在宝多罗筏国，住誓多林给孤独园中，与天答问说法的情景。整个洞窟弥漫着一种异常浓烈的艺术气氛。

涅槃是"灭度"和"圆寂"之意。《大般涅槃经》即佛祖圆寂前对弟子所作偈言云："一切诸世间，生者皆有死。寿命虽无量，要必当有尽。夫盛必有衰，合会有别离。无有法常者，一切皆迁动。流转无休息，三界皆无常。诸有无有乐，故我不贪著。欲离善思维，而证于真实。究竟断有者，今日当涅槃。我度有彼岸，已得过诸苦。是故于今日，纯受上妙乐。以是因缘故，证无戏论边。永断诸缠缚，今日入涅槃。我无老病死，寿命不可尽。我今入涅槃，犹如大火灭。纯陀汝不应，思量如来义。当观如来性，犹如须弥山。我今正涅槃，受持第一乐。诸佛法如是，不应复啼哭。"佛祖随后向悲痛忧伤的弟子们交代几句，就再也不说话了，卧于娑罗林下宝床，夜入第四禅，寂然无声。其时，绿叶素荣的娑罗双树惨然皆白，犹如白鹤，一代佛祖释迦牟尼就此涅槃，与世长辞了。

佛涅槃造像并非始于中国，佛祖传教的印度早已有之。本文先引用日本学者宫治昭在《犍陀罗涅槃图的解读》（见《敦煌研究》1996 年第四期，金申译）一文中的三段文字，以期阐释涅槃的含义，并与敦煌莫高窟 158 窟佛涅槃像在艺术造型上予以比较。其一："犍陀罗的涅槃图，如经典所云，正中醒目地表现出释迦横卧于床座入灭的姿势。这是印度最初的'释迦之死'的涅槃图。在犍陀罗以前，涅槃图以窣堵婆表现，南印度仍根深蒂固地持续着表现佛像的传统，不表现所谓的涅槃图。在印度，认为释迦的入灭与人世的死亡是不一样的，作为理想的境界只有达成涅槃而其他的观念仍起着重要作用吧；"其二，"犍陀罗表现涅槃故事的浮雕，除'涅槃'的场面外，还有关于涅槃后的'遗体的缠布'、'遗体的搬运'、'纳棺'、'荼毗'的场面，进而还有荼毗后关于舍利的'舍利入城'、'守护舍利'、'争舍利之战'、'分舍利'、'搬运舍利'、'起塔'诸场面"；其三，"萨里·巴罗尔出土的浮雕……第三种形式的图像表现大迦叶'以头面着佛足'首先将荼毗的火点燃了……犍陀罗的'荼毗'场面为燃烧着棺中伸出两足，大迦叶向它礼拜，为近年介绍的宝贵图像……恐怕只有'大迦叶的礼拜'才能看作涅槃故事的完结，故而将其插入涅槃图中"。一幅多么生动的葬礼仪式和后事处理的图景啊，不信释迦逝世的人绝不可能绘佛涅槃图。

那么，敦煌莫高窟 158 窟所塑佛涅槃像又是怎样的情形呢？穆纪光先引用了敦煌艺术专家对佛入涅槃后躯体的描述。杜永卫先生说："此窟为唐建中（780 年）之后吐蕃统治时期建造，长达 15 米的涅槃佛像横卧在须弥坛上。作者依据佛经上的描述，取材于一个睡态洒落、恬适沉静的形象，表现一代哲人的陨灭。四周以壁画为背景……有力地烘托了佛涅槃时的从容不迫、心绪坦然、似对生前的劳绩无憾和对未来的希望充满着自信。那似瞑非启的眼睛，显得多么安详，那微微含嫣的嘴唇，又是何等的欣慰，那枕手横卧的睡姿更是如此平静悠适。……圆润的肢体透过薄质的袈裟，显得体态闲适舒展"。樊锦诗先生说："面部表情的刻画细致入微，淋漓尽致地揭示了佛涅槃时的内在精神境界。抿着的嘴唇和略微上翘的嘴角秀美动人，似在平静中带着一丝发自内心的愉悦。弯弯的长眉下，半闭的秀长双眼，体现出耐人寻味的表情，透露出一种大智大勇、沉着安详、泰然而归的神态，全无濒临死亡的痛苦和恋世之感。卧佛身后充满悲哀气氛的大幅壁画，形成喧闹纷繁、动荡不安的戏剧性场面，更加烘托出释迦牟尼涅槃的超凡脱俗、圣洁高尚"。贺世哲先生说："右手支颐，右胁累足，安详横卧，面庞润泽，双目半合，嘴角微含笑意，将佛教所说的'常乐我净'的涅槃意境，表现得深刻入微"。这些与犍陀罗佛涅槃浮雕的描绘之不同何其之大，可以说两者观之的感想有天壤之别，我们在莫高窟佛涅槃塑像上见不到一点死亡的影子：佛睡着了。这就是 1230 年前中国雕塑家"为佛涅槃找到了最佳的表现形式，为佛涅槃赋予了最具创造性的、新的意义"（穆纪光语）。为什么穆纪光如此礼赞彩塑佛涅槃像和称颂它的创造者呢？

睡佛的形象对中国人并不陌生，睡佛的造像也并非莫高窟一处。然而，穆纪光认为，"佛睡着了"是敦煌艺术解决涅槃逻辑悖论的最佳艺术表现形式，这是穆纪光敦煌艺术哲学研究独具慧眼的见识，也是他的敦煌艺术哲学以涅槃为中心研究范畴的理论支撑。穆先生说："按照佛经涅槃的理论，佛的涅槃是一个逻辑悖论，如果说佛已经死了，那他就成为一个常人，就会再生，即是说：由'死'而导出'非死'（'活'）。再生就会再有烦恼，落入'六道轮回'的无止尽的重复；反过来，如果说佛没有死，他涅槃了，还活着，那他必然仍旧'有漏'，仍旧有烦恼（有肉身，必然带来烦恼），仍旧是有余涅槃。为了达到无余涅槃，就会终究死去，即是说：由'活'而导出'非活'（'死'）。一旦死去，就会再生，再有烦恼……这种死不得、活不成的窘境，这种由死而可推出非死，由活而可推出非活的逻辑悖论，是艺术很难堪而无法表达的。艺术无法诠释逻辑，艺术更无法诠释逻辑悖论。艺术要靠直觉，靠想象的跳跃式的创造；艺术必须消解、扬弃逻辑。"这是艺术的本性所在；而且艺术也能担当此职责，因为用逻辑把握事物是建立在主客观二元对立基础之上通过抽象的普遍概念而运作的。逻辑的世界是一个空洞的、无质料内容的因而也是一个封闭的世界，用维特根斯坦的话讲，就是一个没有摩擦力的真空的世界，人走在地面如同行在晶莹透亮的冰面上，就会滑倒的。逻辑对于生与死、欢乐与悲伤、期待与绝望等人生重大问题所抱的态度既置之不理又毫无办法。一言以蔽之，逻辑不是人表达自己存在的一种普遍的方式——最起码在哲学存在论的意义上是如此这般。但是，另一方面我们也必须清醒地认识到，理智地逻辑思考是人把握外界的功能与媒体的统一体，也是理智本身的一种结构和因素，在人与世界的交往关系中所引发和映现的有关生命存在的逻辑问题，包括逻辑悖论，就人的生存的意义而言是不容回避的；人必须找到一种形式扬弃它、超越它。穆先生认为，这种形式就是艺术（当然，这个"就是"不是全同关系，是从属关系）。

根据穆纪光的观点，艺术是人表达自己存在的一种普遍方式。人通过艺术对时空进行自由的切割，由此构造一个同人的现实存在相对应，但又同人的现实存在性质不同的虚拟世界。人一旦创造了自己的虚拟世界，人的一切现实的经验都会经受一种复杂的、超验的洗礼，现存世界的各种物质的和精神的关系，全呈现出新的形态，幻化出新的光彩。这是一个艺术作品给人带来的新天新地。人的真正的精神能力，就在于自己所创造的那个虚拟世界对自己的无法回避甚至是无法改造的现实世界的关照。人创造的虚拟的艺术世界，构造了人的精神活动中最精华的部分。用艺术品的形式创造一个崭新的艺术精神世界，满足了人们在现实世界不能实现的渴求和追求，弥补和超越了主客观二元对立所带来的逻辑悖论和生存困境。

基于上述认识，穆先生断定，敦煌的艺术家是深知艺术的接收功能和创造禀性。涅槃像是要给僧人和信徒乃至百姓看的，是要由礼拜者给予诠释的。超脱生死的境界是太神秘、太冷漠、太不亲切和太不好感悟了。既然佛累了，不能站起来了，那就让他躺下吧。既然佛的不生不死无法让信众诠释，那就让他睡着吧。佛虽然睡着了，但他的心还能同有求于他的信众的心连在一起。这是艺术直觉的唯一的选择和创造；而正是这一"睡"字，使佛活了，活在信众的视觉中，活在信众的心中。佛令人可观可想；涅槃也可观可想；佛的世界在敦煌艺术家的作品中涌动跳跃、挺身而出；佛的光芒照耀着鸣沙山广漠的天际、飘柔的炊烟和终生劳顿的芸芸大众，无论他在僧在俗，是男是女。

雕塑、绘画及建筑，作为艺术品，就其质地而言是一件感性的物品，一种器皿，除非遭受到外力的破坏和侵蚀，它的物的品性是不会改变的，它的形式是稳固恒定的，它的形状也是经久不变的。现实中睡着的人，能够期待他在某个时间醒来，也可以当下把他唤醒起来；而彩塑成的佛涅槃像，因其物的不变、稳固和恒定性，我们不能问佛何时醒来，否则就破坏了艺术品的物的结构。艺术作品的永恒不变性，承诺了"佛涅槃——佛睡着了"的永恒不变性。被雕塑成的（被画成的也一样）佛的物品性，就造像本身佛反身所指的雕像自己而言，佛就是灭度死亡的涅槃；就其艺术家创造成睡着的形式而且是永恒的睡着而言，佛就是圆寂完满的涅槃。涅槃既是永远辞世的告别，又是常乐我净的实相。这就超出了感性个别物的单纯的物的特性；这一要诀是一切艺术品之所以为艺术品所命名的根据，也是一切伟大的艺术品之伟大的标志。黑格尔曾经说过，拉斐尔绘制的圣母像中，圣母将还是婴儿的圣子怀抱在靠近她心房的左胸，想到怀中的婴儿是今后将被钉死在十字架上的我们伟大的救主，圣母的眼中充满了无法抑制的怜爱、同情和崇敬，就连她衣服上的天蓝色都闪烁着神圣的光彩，痛苦和喜悦交织的目光难以用任何语言来形容，黑格尔激动地说，这是我见到过的人世间最美的形象。

艺术作品因其艺术性流淌着人类精神渴求的汁液，呼喊着人类生命情怀的诉求，倾听着人类灵魂低语的言说。为了对比映照上述佛涅槃图像的解读和描述，我这里引用一位哲人对一位画家的作品所做的观感和冥想："一双农鞋。我们不用展示这种用具的实物来描述它们。任何人都熟知它们。但是因为它们在此处是直接描述的内容，所以正好为人们的视觉认识提供方便。为此一幅绘画足矣。我们选择梵·高一幅著名的油画作为例子，梵·高曾多次画过这双鞋。……我们甚至确定不出这双农鞋是在什么地方，在这双农鞋的周围，除了一个不确定的空间外，什么都没有，它们的用途与所属归于虚无，这双鞋甚至连田野或野外小径上的一丁点泥土都未沾上；而这些东西都本可以向我们暗示鞋的用途。在此，仅仅是一双农鞋，不多也不少，惟此而已，但是，从这双穿旧的农鞋里边或成年累月磨损出的黑魆魆的洞口，可以直窥到农人劳苦步履的艰辛，在这双破旧农鞋的粗陋不堪，窒息生命的沉重里，凝聚着那遗落在那阴风猖獗、广漠无垠、单调永恒的旷野田垄上的足印的坚韧和滞缓。残旧的鞋皮上，沾满了湿润而肥沃的泥土。夜幕垂临，荒野小径的孤独寂寞，在这鞋底之下悄然流逝。这双鞋呵！在战栗中激荡着大地恒寂的呼唤，显耀着成熟谷物的无言馈赠，也散发着笼罩在冬闲休耕、荒芜凄凉的田野上默默惜别之情！这双鞋呵！它浸透了农人渴求温饱、无怨无艾的惆怅和战胜困境苦难的无言无语的内心喜悦；同时，也隐含了分娩阵痛时的颤抖与死亡威胁中的恐怖。这样的器具属于大地，它在农妇的世界里得以保存"①。由在场的一双农鞋，凭借思的体验将不在场的劳作、惜别、惆怅、痛苦、威胁、希望、渴求、喜悦以及农妇、大地和世界在语言的召唤中显现出来，使遮蔽的存在得到敞开澄明。

那么涅槃遮蔽的（也就是要得到敞开和澄明的）是什么呢？

死亡是痛苦的，不可再来的永诀别撕心裂肺。莫高窟壁画上的气氛悲哀忧伤，犍陀罗浮雕中的场面凄烈庄严。带走了生老病苦和劳累烦恼的肉体消亡不能阻止信徒们痛苦欲绝的激烈行径，常乐我净的圆满寂静无法驱走弟子们哀思忧伤的不舍心情。然而"佛面部的恬适及微笑，与众生的惊恐、悲痛欲绝形成强烈的反差。这似乎在告诉人们，佛对他们的表现露出不以为然的意绪"。观洞窟西壁 19 身菩萨的绘像，穆先生说："佛'涅槃'后，诸菩萨的表现，是佛最感欣慰的"。"这里的菩萨，既不因佛'涅槃'而悲哀、而惊恐、而号哭，也不因佛'涅槃'而快慰，更不会因佛'涅槃'而兴高采烈。他（她）们都显得无动于衷，有的闭目冥想，回想曾经与佛经历的风风雨雨；有的微微侧头，似在倾听，倾听佛仍在说法发出的声音；有的有意伸着脖颈看着佛卧倒的头部，注视他是否睡得酣畅舒适；有的侧着脸，稍微抬起下颌，目视远方，似乎领会着佛的旨意，表现出要对佛的理想继续奋斗的神态；有的很自然地睁着双眼，但无所视，无所闻听，若有所思，表现出对'涅槃'与非'涅槃'不二境界的体认。这种不二法门的思维方式，大概是这里所有菩萨绘像的总体构思意境。"

佛去世了，佛圆寂了，佛睡着了；有人悲痛欲绝，佛不以为然；有人无动于衷，佛怡然微笑；既有"涅槃"与非"涅槃"不二境界的体认在心，又有死亡和涅槃一体两面的耿耿于怀。这一切，都绘制在壁画上，造型于彩塑中。穆先生坦言道："涅槃是个谜"。

涅槃到底是什么呢？穆纪光已给出了回应答案的线索：涅槃了的佛对菩萨"涅槃"与非"涅槃"体认的欣慰，即赞许。执着于"涅槃"而独立不移，绝对乎"死亡"于形而上学，就是被涅槃本身所遮蔽，没有观想体悟到涅槃与非涅槃的不二境界；进一步讲，如果涅槃就是死亡，那么涅槃对自身的遮蔽就是对死亡的遮蔽，而涅槃的敞开就是涅槃自身的敞开，就是死亡的敞开，涅槃的澄明就是死亡的澄明。在涅槃与非涅槃和死亡与非死亡不二境界的觉悟中，涅槃的澄明就是涅槃的涅槃，就是死亡的死亡，也就是生生不息。（《周易》云："生生不息谓之道"；"道"就是"存在"）：佛睡着

---

① 海德格尔：《诗·语言·思》，张月、石向骞、曹元勇译，黄河文艺出版社，1989年，第34页。

了，这就足矣了！（海德格尔语："惟此而已"）。

但是敦煌艺术家通过"想观"的体验利用绘画展观的形式，[1]由在场的"佛睡着了"将不在场的菩萨、飞天以及净土变天国景象召唤出来，使之由睡佛、菩萨、飞天和天国构成的普度众生的涅槃世界得以完全充分地敞开和澄明。佛涅槃就是佛即涅槃、涅槃即佛。我们可以观想到：

由于睡佛的在场，敦煌菩萨成了"中国人的爱神、美神"，"一身兼有儒、释、道及希腊文化的气度：有希腊美神'对偶倒列'（倒 s 形）的经典体态，有儒的端庄，有释的神韵，道的飘逸。她是中国人理想的母亲，又是中国人心目中的恋人"（穆先生语）。

礼佛的歌神乾闼婆、乐神紧那罗，由于佛国的存在，在敦煌壁画里变成了飞天。按照现实的逻辑思维讲，若要飞天，其一能飞，其二有天。但在佛祖的天国里，飞就是天，天就是飞；飞天不需要自然的天，也不必长翅膀。飞天自身就在天间。

佛睡着了，这给信仰他的人应允了无限的憧憬和期待；佛睡着了，饥渴慕义的芸芸众生仍在他的心中起舞翩跹；佛睡着了，佛国的光芒从他横卧的宝座上磅礴而出，金色的洒落在一山一水、一草一木和秋风里摇曳的阳光抚慰的小花上。

"野生的黄菊花。它秋天成片地开放在村野的深沟里，从深深的沟底沿沟坡一直往沟顶开，一到沟开满了，天就冷了，农民也将歇耕了。你把鼻子凑近她，开始只闻到呛人的苦蒿味，不久便透出一丝香，一丝忽有忽无，难以捉摸的清香。1980 年秋，我（即穆纪光）在庆阳山区调查时，深深地爱上了她，从此便以为她是花中最美的。为什么？不太说得清楚，也许是因为，她是那样忠诚地同悲壮地生活在中国北方的农民永远相伴的缘故吧。"

高楼和院墙四面围起的一片不大的芳草地里，间或开放着红红黄黄的小花，在午后阳光的抚摸中，如同一幅风景画，映入了旁边二楼的一扇明亮的玻璃窗中，洁净的书桌上摆着打开的书本和电脑，屋子的主人公穆纪光先生站在窗前，望着窗外的风景，我不禁好奇地想，穆老师在想什么呢？

《陇上学人文存·穆纪光卷》（第二辑）

作者：孔　敏

---

[1]穆纪光先生在其专著《敦煌艺术哲学》已给出了"想观"的来源和解释，此处不在冗叙，好在这两个字在汉语阅读的直觉中就能把握。

陶景侃

《陇上学人文存》的问世，实为甘肃人文社会科学界的一大幸事，近年来随着数十本入选著作的陆续出版，甘肃一批中华人民共和国成立以来在各个学科中卓著的皇皇巨著，逐步展现在读者面前。按照《文存》"总序"，总主编范鹏先生提出的入选标准："一是代表性的学者，二是代表性的成果"，在我们的心目中，兰州大学哲学社会学院教授陶景侃先生是一位理所当然的入选者。作为《陇上学人文存·陶景侃卷》的编辑，我们将尽心尽力地工作，力求将陶先生数十年来的学术成果完整、全面、准确地呈现给广大读者，使其传之后学，发扬光大。

一、作者经历

陶景侃先生，1939 年 2 月出生于江苏省无锡市。1950 年 8 月至 1956 年 7 月就读于无锡市辅仁中学（曾名为无锡市第二中学），这是一所教学条件良好、教师人才济济的学校，为他筑就了良好的学习基础和培养了积极的学习态度及方法。他是这所学校的优秀学生，各科成绩名列前茅，数理化成绩尤为突出，这也为他日后教研数理逻辑奠定了良好的基础。陶先生讲过，中学的学习生涯，成了他最美好的回忆。1956 年他以优异的成绩考入北京大学的法律系，1961 年毕业。从 1956 年至 1961 年的五年学习生涯中，攻读专业倒并不费事，他爱好广泛，课外的大量时间，主要阅读文学、历史和哲学著作。陶先生的大学生活很不平静，经历了反右派、大跃进和反右倾的政治运动，又是在"生活困难时期"毕了业。但他还算幸运，虽定"立场动摇"，倒还未受任何处分，于是能侧身其外，利用学校搞"运动"而不管教学的时段，发掘北大图书馆书多、阅览室安静的潜力，悄然默默地借书、读书。只不过由于形势不同，就从文学历史艺术，从笛卡尔、休谟哲学，转去读马克思、恩格斯的哲学，看看马克思主义究竟是怎么样的。他读《德意志意识形态》时，还没有官方的全译本，只有郭沫若译其第一部分而出版的《德意志思想体系》。接着因读苏联学者罗森塔尔《马克思"资本论"中的辩证法》，又追溯到贺麟先生翻译而在 1958 年第四次印刷的新书黑格尔《小逻辑》，直至 1961 年大学毕业之前，一直有兴趣于研究辩证法。但写了由领导分配课题的国际法方面的毕业论文，答辩毕业之后，既因生活困难岗位少，也因为政治表现的缘故，没有"国际"性的工作而分配到了甘肃省，其中似有"贬谪"的味道。但到甘肃后，再分配到兰州市人民检察院，"比分配到甘谷、静宁的两位同学好一点，（其中一位，后以郑州大学法学教授退休）"。他在检察院办了几年贪污、渎职等的"职务犯罪"类的刑事案，倒也业务为重、平平静静。不料来了个"文化大革命"，还要"砸烂公检法"，先是一锅端进了"学习班"，后来又改称为"五七干校"。实在没有任何把柄，又被再分配到以煤矿为主业的远郊区，在兰州市红古区法院工作，直至"四人帮"覆灭。适逢其时，兰州大学韩学本等先生筹备建立哲学系，陶先生走向社会，经历了十七年的风风雨雨之后，终于也走上了最适合于他的"正道"。陶景侃先生于 1978 年年底调入兰州大学哲学系任教之后，埋头苦干，潜心治学，在 1985 年 12 月任副教授，1993 年 6 月任教授，1993 年 10 月获国务院特殊津贴。从 1978 年入兰州大学，到 1999 年年底退休，2000 年上完那学年的课程，从事教育工作 21 年多。这一期间，陶先生认认真真地讲课，孜孜不倦地改进教学，准备着新教材、新课程，教学和科研都取得了丰硕的成果，在师生中留下了良好的口碑，实现了自己人生的价值及追求。

二、教育和学术的环境

陶先生的人生起伏是与国家的命运紧密联系在一起的。这里有必要回顾一下"文革"中中国教育的沉沦。1966 年"文革"伊始，就把中华人民共和国成立以来实行的高考制度加上了"资产阶级专了无产阶级的政"的罪名，予以废止。从 1966 年至 1970 年的五年间全国大学停止了招生，从 1971 年至 1976 年才开始招收"工农兵大学生"，基本不考试，由所谓的群众推荐、领导批准录取学生，六年间总共招生不足百万，学制二至三年，教学也基本以"文革"的"斗、批、改"为中心，学习内容、学生质量没有起码的保障。这是近代以来世界教育史上骇人听闻、空前绝后的大事件，给我们的祖国和人民带来了无法估量的损失。另一方面，到了 1968 年，"文革"之初兴起于中学的造反派组织"红卫兵"，业已完成其政治使命，"文革"策划者的目标基本实现了，而"复课闹革命"又绝无可能，遂于这一年的年底，在全国范围形成了所谓"知识青年上山下乡"的热潮，当时在校的初一到高三共六个年级的学生，一次性地被全部"毕业"，是为后来所称的"老三届"，绝大多数中学生到农村接受贫下中农的"再教育"。这在教育史上同时成为创造世界纪录的"奇葩"，使当时的中国中学教育遭到了毁灭性的打击。"人间正道是沧桑"，历史不堪回首的一页终于翻过去了，"文革"结束后的第二年恢复了高考制度，无疑是中国当代教育史上的一声春雷，我国的高等教育又回到了正确的轨道，他的人生道路也实现了决定性的转折。

到兰州大学后，按照陶先生的学养与兴趣，起初他想搞西洋近代哲学，在北大学习期间，他就曾认真研读从培根、笛卡尔，到休谟、黑格尔的近代英国和欧洲大陆的哲学，连同马克思、恩格斯的《德意志意识形态》等，颇有别致的理解。及至调到兰州大学哲学系时，第一届 78 级的学生已经开课，但还没有逻辑课的教师，哲学系创建人韩学本先生，希望他先任教逻辑学，陶先生从此就走上了讲授和研究逻辑学的道路。其时，大学文科的逻辑课程内容，仍然主要是以自然语言为载体的传统形式逻辑，这对于他来讲，是轻而易举的任务。第一次出去开学术会议，就是响亮的"逻辑要现代化"的口号，这个口号吸引他走上教研数理逻辑的道路，使他在教研逻辑的道路上，欲罢不能，不仅干到退休，还直至当今。

在 50 年代，中国的人文学术界中，逻辑学相对于许多其他学科而言，曾经一枝独秀，这与苏联的影响，特别和毛泽东的关注大有关系。1950 年至 1951 年期间，苏联哲学界曾展开了关于逻辑问题的讨论，当时学术上也是"一边倒"的中国，自然也是紧随其后。从 1953 年开始，中国也开展了围绕逻辑学问题的讨论，这场讨论虽经三年"困难时期"也未停歇，长达 10 年之久。为此，从 1958 年至 1962 年的《哲学研究》编辑部，出版了厚厚的三大本论文选集，收入了 130 多篇有代表性的论文，作者绝大多数都是中华人民共和国成立前后中国颇具名气的逻辑学专家。这次大讨论对于我国的逻辑学教学和研究的走向与发展道路，发挥了举足轻重的作用。为了推动逻辑讨论，三联书店于 1959—1961 年出版了一套十本《逻辑丛刊》，其宗旨是普及逻辑学知识，推动逻辑学研究的发展，丛刊选印的是"中国历来出版的比较重要的和有影响的逻辑学的译本和著作"，其中有现代中国逻辑学家金岳霖的《逻辑》，近代引进西方逻辑的首倡者严复译的《穆勒名学》，王国维的译著《辩学》，以及可视作为我国介绍欧洲逻辑学的第一人、明代学者李之藻的译本《名理探》等，十分契合出版者的选书主旨。

20世纪50年代起，我国高校文科许多系科都普遍开设了以传统逻辑为主要内容的逻辑学课程，普及了逻辑学的基础知识，培养和造就了一批逻辑学专业人才。以上所述，20世纪五六十年代之间的中国逻辑学的状况，虽然不免打上了时代背景的烙印而有其局限性，但仍可视为是逻辑学在中国的第一个"黄金时期"。随着史无前例的"文革"，逻辑学也无可避免地陷入沉寂。"文革"的阴霾消散之后，逻辑学又呈现出了复兴的迹象。然而时代的进步，不容老调重弹，科学的真谛就在于与时俱进，逻辑学在历史长河的流淌中不断丰富与发展，早在20世纪前后，由于伯特兰·罗素等学者的贡献，数理逻辑就已经建立和成熟。它应用数学方法研究亚里士多德的逻辑，并且在某些方面突破了传统逻辑的局限，使形式逻辑的发展进入现代化阶段。它不仅使传统逻辑现代化，而且在其数学化研究的推动下，深入全面地研究推理和证明的数学化理论，形成完整的数学化的理论性逻辑。按照这种数学化的理论逻辑，不仅把传统逻辑已经展开的推理证明，搞成为一致的完备的甚至是十分精致的公理体系（或无须公理而仅有推导规则的自然推理体系），它还展开了传统逻辑提及而没有展开的课题，例如模态命题、多值命题等，并把它们搞成各种各样的数学化系统。不仅如此，它还直接研究数学中的逻辑问题，形成公理集合论、证明论、模型论和递归函数论等，它们成为数学的分支，哲学和人文学界则一般就不教不学它们了。

三、数学化逻辑的研究和教学、成果和奖励

20世纪80年代前后，中国逻辑学界的主流呼声，是要实现逻辑教学的现代化，即以数理逻辑取代传统逻辑。陶景侃先生以其敏锐的洞察力，迅即接受了这一信息的积极方面，他搞逻辑，就是要从学习伯特兰·罗素那样的数理逻辑开始，并且立即付诸自己的教学与研究实践之中。于是，已经步入不惑之年的陶景侃先生，夜以继日地同时研读四五个数理逻辑大家的著作：从"啃读"王宪钧先生的《数理逻辑引论》（尚未正式出版，是其讲义）开始，同时研读金岳霖先生的《逻辑》，用以了解罗素皇皇巨著的要义。他特别爱读赖兴巴赫英文版的《符号逻辑基础》，研究其中相当通俗化的"自然推理"，并且做其中内容丰富而又很有趣的习题。他读胡世华、陆钟万先生在科学界写的教材《数理逻辑基础》上下两册，把握不同数学家的不同逻辑系统的特点，并把这些不同系统之间的相互推导，当作自己的习题来做。陶先生还读莫绍揆先生的《数理逻辑教程》，了解直觉主义派数学家的逻辑思想，并且结合王宪钧先生教科书中公理独立性的证明方法，胡世华、陆钟万教材中各种不同系统公理系统的公理组合情况，去演算和理解直觉主义逻辑中比经典系统的公理越来越弱的公理，也引导着后来去理解模态逻辑中越来越强的公理系列，当然也就加深领会了整套的"公理化方法"。公理

独立性证明，使用了多值真值表的方法，这又把陶先生引向三值和多值逻辑的研究，引向其元逻辑问题更复杂的模态逻辑、规范逻辑等所谓哲学逻辑的研究。他深刻地体会到，不仅要学理论，还要做更多更难的习题和演算，才能学透彻数学化逻辑的理论，才能教好数学化逻辑的人文界学生。功夫不负有心人，经过两年左右的苦读与钻研，数理逻辑的基本原理，他已经熟稔于心、胸有成竹了，1982 年他开始在兰州大学哲学系讲授数理逻辑课程。陶先生讲课循循善诱，深入浅出，对于当时数学基础参差不齐的学生，仍能获得良好的教学效果，很受学生们的欢迎，有同学说："真理都是朴素的"，得到大家的认同。当时在国内一流大学的文科开设数理逻辑课的并不太多。

　　陶先生当时的逻辑研究，都是与教学工作紧密地结合在一起的。自 20 世纪 80 年代起开始在省内外杂志上发表了相关研究的一系列论文，如：《符号逻辑概述》《论证直言命题的正确推理形式》《近代以来形式逻辑的改造与发展》《集合体概念及其反映对象的分析》等，组成题为《传统逻辑的数学化改造》的系列论文，阐明数理逻辑是改进传统逻辑的产物，是更精确、更博大、更有用、更有利于发展的形式逻辑，陶先生对于数理逻辑的评价与定位是十分精准的。这一成果获得甘肃省教委 1979—1989 年度社科优秀成果二等奖，是实至名归的。1985 年陶先生与甘肃省逻辑学耆宿周尚荣先生合著的《逻辑学问答》一书中，他撰写了 14 万字，其中包括"符号逻辑篇"的全文，使该书成为甘肃省第一部系统介绍现代逻辑的著作，也成为国内许多读者的现代逻辑的通俗读物，两万五千册很快就一销而空，这对于逻辑学著作而言是不多见的。

　　《逻辑学问答》一书的写作在 1983—1984 年间，陶先生敏锐地察觉到，自中华人民共和国成立以来，中国大陆大学人文学科的逻辑教学已经到了一个转折的关键时刻，必须普及数理逻辑的基础知识，如果囿于传统逻辑的领地，墨守成规，就会被时代远远地抛在后面，只有迎头赶上，才能不负大学的使命，不致误人子弟。"文革"之后，与国际学术界的交流日渐增多，随着我国逻辑学界的第二个春天的来临，同时也意识到，我国的逻辑学教学和研究的水平已经远远地落后于世界，作为一个敏感于学术演进的教师，陶先生义无反顾地在大西北土地上，担起了这副重担。所谓传统逻辑是与现代逻辑相对而言的，是指公元前 4 世纪古希腊思想家亚里士多德所首创，经过中世纪与近代的传承与发展，时至 19 世纪中叶的那种逻辑。随着逻辑学两千多年的积淀，人们逐渐开始认识到，传统逻辑存在着明显的缺陷，它不可能充分揭示思维形式的联系与转化，应当予以改造和发展，关系逻辑、命题逻辑、谓词逻辑等相继问世，突破了传统逻辑把一切推理划归为三段论的樊篱，逻辑学发生了质的嬗变。由于观念、工具和方法的更新，现代逻辑关于推理的研究进入更丰富、更深刻、更全面的认识阶段。

在《逻辑学问答》中，陶先生明确指出，学习符号逻辑基础知识（即逻辑演算知识），"能够增进知识，开阔眼界，潜移默化地提高思想认识水平……可以增强推理和证明的能力"。他进而说："逻辑演算是基础，是其他逻辑学科的导论。即使是研究与发展辩证逻辑，同样应以逻辑演算为准备知识。"陶先生特别强调："逻辑，特别是符号逻辑，已经成为基础科学，并且渗透入其他许多学科。只有学习了符号逻辑，才能真正掌握这些接受了符号逻辑的学科，就哲学和人文科学而论，研究、发展认识论、方法论、科学哲学、语言学、心理学，乃至建立完善一致的法律体系等，都需要符号逻辑基础知识。"由此可见，陶先生对现代逻辑的定位是非常全面、深刻的，眼界开阔、独具慧眼，在当时我国的逻辑学界是领风气之先的佼佼者。《逻辑学问答》后来荣获甘肃省社科最高奖的二等奖，可谓当之无愧。（编者注：数理逻辑在国外一般就称之为数学逻辑（Mathematical Logic），有少数学者则称之为符号逻辑（Symbolic Logic）。国内身处人文界的学者，对于这个学科的中文名称也有过斟酌，除了称数理逻辑之外，也曾考虑称之为理论逻辑或符号逻辑。80年代中叶，有位权威学者主张称之为符号逻辑。看来，赞赏赖兴巴赫逻辑著作的陶先生，当时也赞赏那位权威学者的意见。现在来看，"符号逻辑"这个称谓在中国人文界并没有被广泛接受，但内行人都知道它就是指数理逻辑）。

其后，陶先生积极进取的脚步并未停歇，1993年由他牵头编撰的《大学逻辑教程》出版了。这是一本积陶先生十余年逻辑学研究和教学的经验总结的教科书，是他倾注了自己心血的结晶。该书的"序"是由曾任中国逻辑学会会长、北京师范大学教授吴家国先生撰写的，他是我国逻辑学界德高望重、学养深厚的学者。吴先生对本书作出了中肯、高度的评价。吴家国先生在《大学逻辑教程》的序中指出，20世纪80年代我国逻辑学界围绕着"形式逻辑现代化"的问题，展开了热烈的有成效的大讨论，这场讨论是直接与我国高等院校文科普通逻辑教材的改革和现代化紧密联系起来的。他说，陶先生领头编著的这部教材，给他留下了深刻的印象。他认为与前几年国内出版的同类教材相比，这本书具有四个特点，"其一，能够用辩证唯物主义的观点和方法作为指导，分析逻辑学中的基本理论问题；其二，以现代逻辑为主轴构造逻辑体系，既保留了传统逻辑的精华，又介绍了现代逻辑的基础知识和演算技巧，使二者尽可能有机地联系起来，形成基本协调的整体；其三，在介绍现代逻辑的内容时，兼顾自然推理和公理化方法两个方面，而又以前者为主，把它作为沟通传统逻辑与现代逻辑联系的桥梁，便于文科学生学习和接受；其四，对逻辑理论的阐述比较准确，使用的公式、符号、图表比较规范，与此同时，注意到逻辑工具的运用，有助于培养学生的逻辑思维和论辩能力"。吴先生进而肯定地指出，这本新教材是"逻辑教学现代化和现代逻辑实用化"的可贵尝试，在普通逻辑教材改革的历程中所迈出的一个新的步伐。陶景侃先生在该书的"编著者序"中也明确地说："《大学逻辑教程》试图适应逻辑教学现代化和现代逻辑实用化的双重要求，吸取传统逻辑的精华，通过自然推理的桥梁，一方面使逻辑理论现代化，另一方面把逻辑理论引向实际应用，构造成协调的、完整的逻辑学体系。"两位先生的观点是根本一致的，这本书的出版也实实在在地达到了他编写的初衷。陶先生自信他已经把数理逻辑基础（命题演算和谓词演算）表述得很准确、很流畅了，这是他刻苦攻读中外逻辑名著的结果，充分体现和贯通了中英文权威性著作的优点。这本书吸收传统逻辑接近日常语言的优点，逐步抽象为数学化理论化的现代逻辑，完整展现了现代逻辑演算及其元逻辑，同时又以"自然推理"为桥梁，阐明了现代逻辑实用化的途径与方法，因此，这部教科书没有因为逻辑理论的抽象而使学生却步，而是调动了学生学习的主动性和积极性，在省内外高校大量采用。1997 年经陶先生进一步认真地改进与修订，该书第二版印刷发行了，这在国内林林总总的逻辑教科书中也不多见。由于一直以来逻辑学在国内被视为"冷门"学科，但这本书仍获得了甘肃省的社科最高奖的三等奖。

百尺竿头，更进一步，陶先生没有满足于已经取得的成就，"我知道，要当教授还要有所创造。所以我马不停蹄地、继续夜以继日地研读模态逻辑演算等哲学逻辑，以便模法律之态，有所创造"。1987 至 1988 年间，他在《兰州大学学报》上先后发表了《法律命题逻辑系统及其实践意义》和《法律命题逻辑的元逻辑》两篇论文，这是他研究法律模态逻辑的初步成果，标志他已经开启了研究现代法律逻辑的门径。《哲学研究》1993 年增刊（逻辑研究专刊）发表他的《行为规范逻辑 Qd 系统》，表明陶先生对于创建新的法律规范逻辑系统，已经有了初步方案。陶景侃先生选择这样一条学理探究和创新的道路，并不是偶然的，而是由他独特的经历所决定的。照他的说法，大学时他学的是法律专业，毕业后在检察院、法院办了十七年的案件，办案子做的是调查、假说、推理、证明，以及证实或证伪的工作，可以说是"逻辑实际工作者"。后来到兰州大学哲学系任教，主要是教逻辑，好像是转了行业，其实不过是转成了"逻辑教育和研究工作者"。因其生活经历和学术之路的特点，也决定了他对法律、对逻辑，进而对哲学，都有自己独特的理解和看法。

如前所述，在他撰写《大学逻辑教程》中，已经有一章为"模态逻辑"，介绍了模态逻辑演算系统和规范逻辑系统等内容。他认为，亨金 1949 年关于谓词演算完全性定理的证法，比自己从前学到的证法简单、易学，而且它对反证法的应用也很巧妙。陶先生研读模态命题演算和模态谓词演算，就是为了日后研究法律规范逻辑所做的必要的理论准备，因此把这一部分内容引入了《大学逻辑教程》，明确表达了自己的理论取向。在此基础上，陶先生的研究步步为营，扎扎实实地得以推进扩展，1991年，他的法律逻辑研究课题被列为国家社科基金项目。须知这是兰州大学建系以来获得的第二个国家社科基金项目。他谦虚地说，这是逻辑界的老先生们，对我这个人到中年而能自己啃下数理逻辑的人文学科逻辑教师的关照。平心而论，这些老前辈们确实是很有眼力的，特别是找对了人。

这里需要说明的一点是，在陶先生之前国内也出版过几本名为"法律逻辑"的书，其实这些书都是以传统逻辑为基本内容的，与数理逻辑基本不搭界，和以往其他逻辑学的教材并无二致，只不过引用了一些关于法律的实例而已。后面还要提到，陶先生研究的"辩证法逻辑"，字面上仅仅是加了个"法"字，其实与以往的"辩证逻辑"也是大有区别的。

从此，陶先生心无旁骛，专心致志地研读和吸收了国外的规范逻辑的研究成果，花了五年左右的时间写成书稿《法律规范逻辑》。该书第一次为中国读者介绍国外规范逻辑的7个不同类型的26个不同系统的规范命题和规范谓词逻辑的公理系统及其元定理的证明，并用法律的观点逐一评价其优缺点，然后再用逻辑的观点全面分析中国的各部门法律，分析立法到司法的各项工作，总结出法律工作者究竟要求逻辑解决哪些问题，弥补了中国法学在这个领域的空缺。并且创建了"狭谓词演算上再生的法律规范Qs系统"，解决的法律问题远多于国际规范逻辑的任一类型。这些成果的概要，先发表为系列论文：《规范逻辑的产生和演进》《用法律的观点评价现代规范逻辑》《法律规范的逻辑演算Qs系统》。在他退休之后的2000年6月，出版成专著《法律规范逻辑》。为了让读者比较容易读懂，他把该书撰写成教科书的样式，全面、系统、完整、通俗地把国外有关伦理和法律规范的模态逻辑研究成果介绍给中国读者，并且融入自己的法律工作经历和法学研究成果，成为可供伦理或法律界进一步深入研究的读物。他谦虚地说，"书中我自己创建的法律规范演算系统，只是尝试，反倒是附带的"。这本书从"拿来用"升级为"为应用而创建"，它在当代逻辑研究的意义是不容低估的，相信今后必将日益彰显其价值。真理都是朴素的，而发现真理的人往往是这样虚怀若谷的，陶先生就是其中的一位。

再获出版资助而出版的《法律规范逻辑》，陶先生自我调侃道："可惜我北大法律系同学多说看不懂"，"出版之前就知道，它对法律实际工作者没有多少实用价值，不会产生什么影响"。此前，该项目已鉴定结项后，他在兰州大学《科学经济社会》1998年第三期发表了《刑侦逻辑是围绕侦查假说展开的普通逻辑》一文，是想向法律界的同仁表明，自己没有忘记法律实际工作者实用的逻辑是怎么样的。他认为，关于现代法律逻辑的研究，是根据本人的特长和国家的需要而进行的，今后还要进一步通俗化，以便走出校园，成为法律工作者的逻辑工具。

陶先生是年过四十，才起步学习和研究数学化逻辑的。他学习和研究数理逻辑的成果，首先是用于教育。在兰州大学哲学系，他先单另开设了《数理逻辑》课程，经过几年的教学实践，以及传统逻辑教师数理逻辑修养的提高和青年教师的成熟，就准备实行逻辑课程的教育改革。为此，他领头把传统逻辑精华和数理逻辑基础，统一在《大学逻辑教程》之中。用这个教材，可以在哲学系开设周学时三节课的一学年课程《逻辑导论》，讲到命题演算水平上的公理化方法；后面可以接续选修的《数理逻辑》课程，借公理化方法，讲授谓词演算和模态逻辑演算。在哲学以外的文科系，则可开成含有许多数学化自然推理内容的 54 或 72 学时的《形式逻辑》或《普通逻辑》课程。在陶先生退休之前，这样实行了好几年。由于主张实行逻辑教育改革，陶先生和他的得意弟子罗广设计的《〈形式逻辑〉课程的教学改革》，获得了 1989 年兰州大学的教育成果奖（可惜罗广后来调回南方家乡，甚至没有参加编著那个《大学逻辑教程》，十分遗憾）。在这些教育成果之外，他才搞模态逻辑范围内的法律规范逻辑的探索和研究，一步一个台阶地逐级开拓了自己的学术平台。

四、反思数理逻辑和探索辩证法逻辑

当年他是响应逻辑学界关于中国的"逻辑要现代化"的口号走上了这条道路的。然而如同任何一个有建树的学者那样，他能够钻进去，又能走出来，特别是第二步，是达到更高境界的显著标志。陶景侃先生在反思自己对数理逻辑的教学和研究的历程时，深刻地认识到，相对从亚里士多德创建而经历两千年传承下来的逻辑传统而言，数理逻辑也有着明显的不足之处，他总结了三点：首先，在语言上讲，词的重要性不比句差，在逻辑中概念和命题同样重要。数理逻辑处理好了命题或句子的推演，却回避了概念或词项的推演。谓词逻辑是讨论到了词项，但它除了详细研究"所有、有些"，"必然、可能"，"必须、允许"等等不十分多的若干组概念或词项之外，对其他的所有词项，都只是囫囵吞枣地处理，没有深入分析和讨论词项或概念的内涵外延，更没有讨论其内涵外延的推演，而这恰恰是词项或概念逻辑的核心问题。同时它也没有讨论分析、抽象、比较、分类、概括、限制和综合等等的方法问题。陶先生明确指出，"如果说数理逻辑是形式逻辑的现代化，那它至多只是'句子或命题'部分的现代化，只是传统逻辑一半内容的现代化；对于'词项或概念'的那一半，它没有使之现代化"。其次，数理逻辑除了数学归纳法，再不涉及其他的归纳推理，时至当今的所谓大数据时代，这方面的逻辑又何其落后。其三，传统逻辑中的"集合概念"问题，由于中国逻辑界在 20 世纪末期，把"逻辑现代化"片面地等同于数理逻辑化，不少人

就把集合概念的"集合"等同于集合论中的"集合"。实际上集合概念的集合，包含其整体及其结构问题，而集合论的集合只有"一些"和"所有"的数量问题，不涉及"所有"的整体及其内部存在着结构的问题，所以，这两个"集合"的内涵是不同的。关于集合概念的集合与集合论的集合是不相同的问题，陶先生撰写了《集合体概念及其反映对象的分析》一文（载于甘肃《社会科学》1989年第三期），文中博引众说，用约翰·穆勒的《逻辑体系》（1905），约瑟夫的《逻辑导引》（1916），斯涤平的《逻辑新导论》（1945）等英语原著中的观点和论证，有力地对于当时的这个错误观点给予了订正。这实实在在可以称为陶先生对中国式形式逻辑教育的贡献。世界上的任何东西都不会是十全十美、一成不变的，科学更是如此。陶先生关于数理逻辑的深刻、全面的分析，是很有说服力的。他站在了时代潮流的前列，不因循守旧，又不随波逐流、盲目跟风，展现一个学者有追求有担当的风采。

中国的逻辑学界并不是铁板一块，特别是20世纪80年代以来，似乎形成了两个派别，一派是数理逻辑派，一派是辩证逻辑派，虽然并未达到互相攻讦的地步，但也暗流涌动，基本观点的对立或分歧是十分明显的。陶先生对此有自己明确的看法，他对两方的片面性局限性认识得很清楚。他认为，"数理逻辑家往往局限于逻辑的数学化视界，藐视辩证逻辑，说那是哲学，不是逻辑；他们不懂得真正称得上的辩证法逻辑，将会解决数理逻辑还没法解决的传统逻辑遗留问题。辩证逻辑学家则认为，数理逻辑只是传统形式逻辑的精确化，新贡献不大；他们不懂得数理逻辑引入了强大的数学工具，可以解决传统逻辑想象不到的新问题"。应当注意的是，陶先生所说的是"辩证法逻辑"，并不是通常人们所谓的"辩证逻辑"，一字之差，其实是大有深意的。他说，"我把黑格尔《逻辑学》那样的辩证法思想，也就是马克思从中提纲挈领出来的、与历史相一致的、'抽象上升到具体'的那种思维方法，作为主导线索的逻辑，称之为'辩证法逻辑'"。他指出，"黑格尔逻辑虽然不同于数学逻辑的系统化和整体性，但它是形式逻辑的另一些部分的成长和成熟，是另样的系统化和整体性。其'另样'有如：数理逻辑突出的是命题，讨论了命题的必然性演算；黑格尔则要突出概念，围绕概念的课题不像是数学演算，但也是一种推导，一种类似于传统形式逻辑中'概念的限制'那样的推导。当然，它又不应该只局限于'外延和内涵反变关系'的推导，需要大大的扩展。所以，黑格尔那样的逻辑，应该给遇到矛盾困惑的演绎和分析，也给遇到不确定性难题的归纳和综合，提供出统一的解法：在大范围潮流性的必然之中，既容纳数学系统内推导的必然性和确定性，也要容纳归纳和概率那样的或然性和不确定性，乃至容纳渐进的中断和突变，非线性的混沌、分岔和蝴蝶效应，集体行为和自组织，协同和主从关系，超循环中的误差和优胜劣汰，从热力学平衡的扰动、失衡，到远离平衡的自组织，及其在开放系统中重新平衡成耗散结构等等，那样地容许包含许多种不确定性的。黑格尔那样的逻辑是一种创造，但他的体系和内容并不很好，马克思就想要自己来另写"。陶先生已经像他自己说的在"奔80后"了，但还在不断地探索和前进着。他在外地，知道我们正在写这个《编选前言》，他用微信告诉我们以下的话："我以前写的东西中有'大范围潮流性的必然'一说，我现在读到了比我有权威、也比我好的说法：'打了折的决定论'（霍金：《哥德尔和物理学的终结》，载微信公众号《赛先生》2016-02-05），或者'近似决定'论（桂起权：《解读系统生物学：还原论和整体论的综合》，载《自然辩证法通讯》2015年10月），我自己还想造个新词"宏观决定论"。你们是否可以帮我在原稿的清样上改一下"。我们觉得我们现就在这样地直白，更能体现陶先生的精神境界。

这些关于辩证法逻辑的思考，源自陶先生上大学时对黑格尔和马克思的辩证法究竟怎样是"逻辑"的关注。在兰大期间虽然集中精力于数理逻辑的教学和研究，其实也一直耿耿于怀地继续思考着，退休后才又专注于这个老课题。从逻辑的角度上来说，他认为，关于与历史相一致的抽象上升到具体的方法是更全面、更确切的逻辑方法。1982年他发表了论文《浅论抽象上升到具体的逻辑方法》（载于《兰州大学学报》1982年第4期）。20年后，为了参加2002年11月在清华大学举行的"科学技术中的哲学问题"学术讨论会，他又撰写和宣读了论文《自然的演进机制和历史式的综合逻辑》，用许多科学研究的实例，阐述了与自然史相一致的抽象上升到具体的辩证法逻辑思想。他指出，抽象上升到具体的方法，"其起点'抽象'显然是分析还原的结果：简单，初级；发展到当前的'具体'情况则已经是：复杂、高级。这里说的既是思维和概念，又是事物的自身及其运动。辩证法逻辑从抽象简单初级，到复杂高级具体的发展，是要参照事物自身的历史发展的，或者如恩格斯所说，'在它的文献的反映'中的历史，作（人文社会领域课题的）参照系。历史或历史的文献反映，总是含有矛盾的，矛盾可有自始至终的发展，但历史是非线性的，会有混沌、自组织、突变之类状态出现。非线性就是比矛盾更好的线索"。通过以上有说服力的论证，他进而指出，"很简单，句和命题及其推演是逻辑，词和概念及其推演当然也是逻辑。句和命题推演的必然性系统，因其建基于不矛盾性而比较小，难以包含词和概念的推演；反之，词和概念的推演既有或然和不确定性的方面，又有必然和确定性的方面，看来倒是可以构造包含句和命题推演的宏观逻辑体系的"。他进一步分析，"逻辑方法与科学认识论曾经同甘共苦，成长、曲折、发展，但逻辑至今没有科学和认识论那么完善，为什么？原因之一恐怕在于逻辑界自身：逻辑需要的现代化，不只是命题及其演绎分析的必然推理，逻辑学界被这方面的胜利冲昏了头脑，忘了其他，还有概念，以及归纳和非演绎的、含有不确定性内容的综合性推导，也应该现代化。例如，统计和概率学科在大数据时代的进化，也应在逻辑中有所反映吧。总而言之，还是兼通数理逻辑和辩证法逻辑为好，这样才能解决传统逻辑已经涉及而没有彻底解决的各种问题，并且扩大传统逻辑和数理逻辑眼界，解决传统逻辑和数理逻辑原先没有想象到的逻辑问题。数理逻辑家和辩证法逻辑家最好能联合起来，不拘一格地继续解决传统逻辑中仍未完满解决的遗留问题，以及因时代的进步而提出的新问题，给人们提供可以用于不同认识任务的、完整的逻辑工具"。

平心而论，陶先生的见解平直无华，丝毫没有哗众取宠之意，对于我们这样多年沉浸于逻辑中人确有振聋发聩的效应，想必对众多同行也会有同感吧。陶先生不是一位墨守成规、照本宣科的"教书匠"，他是一位独具慧眼、钩玄致远的逻辑学家。20世纪30年代以来，逻辑基础理论似乎处在驻足不前的境地，应该说陶先生揭示了其症结所在，为后来人指出了一条探索前进的道路。

写到这里意犹未尽，担心的是，我们对陶先生的学术成果的述评由于水平所限，偏差是在所难免的，好在本卷出版之后，相信在同仁和读者中间一定会有公允的评价的。衷心祝愿陶先生身体健康，他的智慧之光必将成为照亮逻辑学有所发展的一盏明灯。

在本卷的编辑过程中，得到了甘肃省委党校教授高兴国先生及赵晓琴女士的大力帮助，在此表示衷心的感谢。

《陇上学人文存·陶景侃卷》(第五辑)

作者：颜华东　闫晓勇

武文军

　　1940 年 3 月，武文军先生出生于甘肃省静宁县威戎镇一个贫苦农家。少年时代饱尝生活的苦难，却刻苦学习，追求进步，矢志报国。中学时代酷爱文学，曾创办过油印文学刊物《鲜花》。1962 年考入兰州大学中文系，1968 年 9 月参加工作，曾先后在兰州市红古区农宣队、兰州五中、兰州市委宣传部、兰州市社会科学院、兰州市政协工作，先后担任教师、理论干事、兰州市委宣传部副部长、兰州市委讲师团副团长、兰州市社科院院长、兰州市社科联主席、兰州市政协副主席等职务。先生在担任行政领导职务的同时，还积极从事社会工作，承担了大量的社会兼职，组织开展了大量学术活动、理论研究和理论传播工作。他先后兼任甘肃省社会科学界联合会副主席、中国美国史研究会常务理事、甘肃伦理学会会长等职务，兼任兰州大学等多所高校客座教授，兼任甘肃省社科院等多所研究机构兼职研究员，曾在美国亚特兰大理工学院、俄罗斯莫斯科大学、日本太平洋大学、新加坡科学院、南斯拉夫贝尔格莱德大学、法国卢浮宫博物院进行学术考察和学术交流，以高超的能力、渊博的知识和勤勉敬业的精神，获得国内外同行的赞许。

　　从 1985 年创建兰州市社科院到 2007 年退休离岗，先生见证了我国改革开放和现代化建设的辉煌历史，见证了思想解放、理论创新和整个社会科学事业的蓬勃发展，也见证了新时期兰州市经济、文化，特别是哲学社会科学事业崛起的历程。在任期间，他紧紧把握时代脉搏，开展了卓有成效的社会科学研究，广泛开展学术交流，先后主办了多种期刊，为兰州市社会科学院的社科研究和理论教育工作提供了阵地和载体，也为兰州市、甘肃省乃至全国的理论界提供了学术园地。其中由先生创办的《兰州学刊》在当时是兰州市唯一一家公开发行的人文社会科学综合类学术期刊。如今，已发展成国内一流人文社科综合期刊。这是先生留给我们的宝贵的学术阵地和精神财富！

先生一生勤思好学，具有敏锐的理论思维和深厚的理论修养。他思想深刻，眼光独到，研究领域广泛，在马克思主义经济政治理论、哲学、经济学、社会学、人口学、历史与文化学等领域，都具有很高的建树，形成了丰硕的研究成果，在国内相关领域的研究中产生了较大的影响。他呕心沥血，笔耕不辍，共出版30余部专著、发表860多篇学术论文，为省市的改革开放做过1000多场辅导报告，共获得过40多项奖励。这是一个天才学者全部心血和创造力的结晶。其中，他参与撰写的著作《中国社会主义问题研究》获"五个一"工程一等奖。有18项成果获得省部级奖，主要有：《论思维方式》获全国讲师团优秀论文奖，《香港金融管理》获中国对外图书奖，《中国入关十大益》获中外产业经济文化丛书编辑部优秀奖，参与的《社会主义发展研究》获中宣部著作一等奖，《略论借鉴美国现代市场经济的成功经验》获中国美国史研究会优秀论文奖，《企业下岗职工就业的出路与对策》获中国城市社科院成果一等奖，《勤政廉政心经》获中国北方十省区优秀图书一等奖，《中国西部大开发和兰州对策研究》获中国西部大开发十一省区优秀论文奖，《甘肃城市社会治安综合治理研究》获甘肃省社会科学优秀成果二等奖，等等。还有30项成果获市级奖项。丰硕的学术成果在当代兼任行政工作的学者中堪称第一而无他人可比。

（一）先生的学术研究饱含对马克思主义的坚定信仰。青年时期，他虽然就读于兰州大学中文系，但他并不满足于文学的浪漫与缥缈，而是更青睐于政治经济学类的书籍，他曾苦读马克思的《资本论》七遍，对《资本论》《德意志意识形态》等马克思主义经典著作的内容了然于心，为他一生的学术研究打下了坚实的理论基础，也奠定了他一生学术研究的理论高度。他娴熟地运用马列主义、毛泽东思想和邓小平理论写文著书，为解放思想、深入贯彻中国特色社会主义理论大声呼号，为陇原大地的经济政治社会文化建设部署出谋划策。

先生的学术生涯以马克思主义理论研究为起点。其中，《资本论》研究是他早期从事社会科学研究工作的重要领域。改革开放初期，他以对《资本论》的系统研究为核心，对马克思主义经济理论进行了深入的研究，先后发表了《〈资本论〉中经济范畴的运动形式问题》《马克思的级差地租理论与我国当前土地面积的合理运用》《马克思的再生产理论与社会主义经济工作》等一批学术论文，并于马克思逝世100周年之际正式出版了资本论研究专著《〈资本论〉创作史话》。这是先生第一部重要著作，是他长期研究马克思主义经济理论和《资本论》的重要成果，在国内《资本论》研究领域占有一定的地位，也是甘肃省《资本论》研究方面填补空白之作。先生认为，《资本论》作为"马克思全部心血和创作力的结晶"涉及马克思的一生，《资本论》的产生不是偶然的，而是时代的产儿。《〈资本论〉创作史话》真实地记述了"马克思站在历史运动的最前哨"，"总结工人运动的经验，批判继承人类优秀文化遗产"，发现和运用唯物史观，创作《资本论》的历史过程。先生以清新流畅的文字记述了马克思"早年的求索"，及青年马克思的思想发展过程，并沿着马克思的方向，说明了《资本论》成书的整个过程，阐扬了《资本论》的立场、观点、方法和它照亮人类前进道路的伟大意义。

从 20 世纪 90 年代初开始，先生把邓小平建设有中国特色社会主义理论作为重要的研究课题。专著《中国特色的社会主义概论》追溯了中国特色社会主义理论的形成过程，全面介绍了其基本内容，深入探讨了这一理论的科学方法及在实践中的作用。随着邓小平理论体系的不断完备和现代化事业的新进展，先生的研究也随之不断深化、拓展，编写了一批邓小平理论通俗读物，一系列的研究专著相继出版。《马克思主义理论的重要贡献——〈邓小平文选〉第三卷对马克思主义的发展》是先生研究邓小平理论的代表性成果之一。他先后 6 次研读《邓小平文选》第三卷，深入分析了邓小平同志对马克思主义的继承和发展，阐释了中国特色社会主义、社会主义市场经济理论、马克思主义生产力学说、"一国两制"、和平与发展、南方谈话等邓小平建设有中国特色社会主义理论的精髓。总结了邓小平理论的科学方法、科学体系、基本观点和重大的理论与实践意义。

党的十五大第一次明确提出"邓小平理论"这一新概念，并确定这一理论是当代中国的马克思主义，是马克思主义在中国的第二次飞跃。从这一认识出发，先生用马克思主义立场观点研究邓小平理论，完成了《历史性的课题——论高举邓小平理论伟大旗帜》这部理论著作。书中深刻分析了邓小平理论的产生，阐明了邓小平理论的历史地位和高举邓小平理论伟大旗帜的重大意义，并就如何学习邓小平理论提出了可行性的指导意见。

（二）先生深深扎根于养育了自己的陇原大地，满怀虔诚的反哺之情，为甘肃省和兰州市的改革开放摇旗呐喊，建言献策，破解思想难题。他以理论研究为基础，以前瞻性、战略性研究为重点，以服务于省、市政府的科学决策为目的，坚持实事求是的科研作风，紧密联系实际，围绕省市大局，服务于地方中心工作。他的每一部专著，每一篇论文，每一项课题研究成果都以问题为导向，具有很强的针对性，并针对如何解决问题提出了具有可行性的对策建议。

1985 年 7 月，先生在《经济日报》发表论文《黄河上游经济区开发研究》。他首次提出"黄河上游经济区开发研究"这一课题，受到于光远等著名经济学家的充分肯定。课题研究中他带领课题组数十人先后赴甘、青、宁、陕、新、内蒙古等地实地开展系统调研。历时一年多，获取几百万字的资料，形成了包括 5 篇研究报告、20 余篇论文、共计 40 余万字丰富的成果。项目对"黄河上游经济区"进行了科学的界定，对区内各地区的自然状况、经济发展、社会风貌、历史沿革进行了全面的分析，提出了未来发展思路和方向，制定了经济区的发展规划和发展战略。大量的第一手资料和研究成果，对后来的省内外区域经济研究产生了较大的影响，对区内有关政府部门的决策也提供了一定帮助。

西部大开发战略是我国实现现代化整体战略的重要组成部分，是关系到中华民族复兴的伟大事业。先生全面研究西部大开发的政策、理论和实践，完成了著作《西部大开发读本》。全书力图引导公众对实施西部大开发的若干重大问题作出理性的思考和科学的判断。对西部大开发的历史背景、战略决策、西部面临的历史机遇与巨大挑战等，从历史、自然生态、综合资源、经济条件、社会发展等方面做了系统和科学的分析，指出了西部的比较优势和劣势，进而对西部大开发的战略、重点领域及开发方略、政策措施等提出了理论性、政策性及实际操作性很强的对策和建议。著作兼具理论指导性和实践应用性，既为干部群众学习西部大开发的知识提供了简明的读本，又为研究人员提出了一些可供深究的研究选题。

"西北少数民族地区引进国内资金与国际资本研究"是教育部百家人文社科重点研究基地——兰州大学西北少数民族研究中心 2001 年的研究项目。先生带领课题组工作人员历时数月先后奔赴新疆乌鲁木齐市、喀什地区、库尔勒市、巴音郭楞蒙古族自治州、生产建设兵团，宁夏银川市、固原地区，青海西宁市、海南藏族自治州，甘肃临夏回族自治州进行实地考察，还考察了广州、上海浦东、深圳、福州、温州、厦门等沿海发达地区的招商引资情况。在此基础上，对西北少数民族地区人口与环境特征、经济实力、引进国际国内资本的现状做了科学的分析和评估，设计了西北少数民族地区引进国内国际资本战略，提出了有创造性的思路，并详细分析和研究了其中的关键性问题。这项研究突破了地域的局限性，注重理论应用和理论创新，提出了许多新颖的招商引资构想，对西北少数民族地区深化改革、扩大开放，有效地利用国内资金和更多地引进国际资本，具有重要的实践意义。这项研究最终形成了 14 万字的《西北少数民族地区引进国内资金与国际资本研究咨询报告》。

党的十六大提出关于全面建设小康社会战略后，先生和课题组成员历时 8 个月，先后到甘南藏族自治州、临夏回族自治州、天祝藏族自治县、张家川回族自治县、东乡族自治县、肃南裕固族自治县等地，实地深入考察调研民族地区经济社会发展状况和小康建设水平，获得了大量反映甘肃民族地区经济、社会、文化发展的第一手资料。根据党的十六大的战略决策和甘肃省委省政府关于全面建设小康社会的基本思路，先生着重研究和系统分析了甘肃少数民族地区经济社会发展的基本特征和小康建设中的成就、问题、差距。基于此，提出了甘肃少数民族地区小康建设的基本要求、战略目标、战略步骤、建设方式和重点任务。这项研究的最终成果是专著《甘肃民族地区小康建设之路》。

针对兰州经济社会文化发展，先生设计、完成了百余项课题，涉及兰州历史文化、地理、工业、农业、商业、科技、精神文明建设、教育、企业文化、城市建设、城市居民扶贫等各个领域，从高科技园区的现代化企业，到黄土梁峁上的穷乡僻壤，先生的足迹遍布兰州的山山水水；从政府部门的决策，到商家企业的咨询，都有先生的智力服务。他用理性和智慧之笔书写了兰州的历史和发展进程。如，"兰州地区大中型国有企业向现代企业制度转轨的对策研究"是兰州市科委1994年软科学重点课题之一。在研究过程中，先生先后组织了理论骨干30余人，对兰化公司、兰炼总厂、兰钢集团、三毛集团、兰石总厂等20余家大中型企业进行认真的调查研究，共完成22个分报告和一个总体研究报告，共计有40万字。对当时兰州地区大中型企业的现状、转轨过程中存在的问题和对策，都作了全面的分析和深层研究，研究报告通过了专家评审验收，受到高度好评，为当时政府部门的决策提供了有价值的对策建议。

根据理论的发展和实践的需要，先生后来继续深化了对国有大中型企业的研究，并产生了许多新的成果，其中最重要的有两项：第一项是27万字的《国有大中型企业负债问题研究报告》。该成果对当时国有大中型企业负债问题作了全面的分析，对负债严重企业今后的经营和发展以及政府宏观管理决策提供了参考和指导，具有较高的使用价值和理论价值。第二项是《兰州国有大中型企业转型研究综合报告》。这项研究注重理论研究和调查分析的有机结合，在调研初期开展了深入的理论研究；为开阔思路，还特地赴兰外大型企业考察，获得了许多珍贵资料和经验。对兰州地区国有大中型企业的发展与转型状况、转型中的主要问题、转型的基本方略进行系统研究，提出了精辟的见解。

（三）先生曾担任中国美国史研究会常务理事，活跃在中国美国史研究会的大型学术活动中，多次为美国史研究学会大会提交高水平学术论文，极大地提高了兰州市社科事业的理论层次，也为当代中国的社会科学事业作出了自己的贡献。

1982年，中国美国史国际学术讨论会在苏州召开，先生提交了《评摩尔根的历史观》一文。路易斯·亨利·摩尔根是美国 19 世纪杰出的民族学家和历史学家。马克思和恩格斯曾经肯定他是通过自己独立的研究过程发现了唯物史观。然而，长期以来，我国理论界一些人把承认不承认阶级斗争作为判断历史人物是否历史唯物主义的主要标志，不少人因此给摩尔根戴上了"历史进化论"和"历史唯心论"的帽子。先生在论文中对摩尔根唯物史观的特点和他走上历史唯物主义道路的社会条件进行了初步分析，就摩尔根的历史观进行了重新评价，肯定摩尔根是一个历史唯物主义者。论文具有很高的学术价值，被收入中国美国史研究会编辑的《美国史论文集》第二集。该文集 1983 年 12 月由生活·读书·新知三联书店出版，新华书店发行，在国内史学界产生过较大影响。

1993 年 8 月，中国美国史研究会在山东威海举行了"美国现代化历史经验国际学术讨论会"。先生向会议提交了题为《略论借鉴美国现代市场经济的成功经验》的论文，文章以翔实的资料、深刻的观点，深入分析了美国的市场经济及其主要特征，并提出了如何根据我国国情，借鉴美国市场经济经验，对我国社会主义市场经济体制改革有很强的参考价值。论文被大会评为优秀论文收入论文集。同年 12 月，论文集《美国现代化历史经验》一书，由东方出版社出版。这本书是中国美国史研究会编写的第三部论文集，收录了这次研讨会提交的优秀论文。

（四）以史为鉴可以知兴替。先生切身经历了 20 世纪 60 年代的全国性大饥荒，深知百姓疾苦。他以百姓心为己心，以为国为民立鉴的学者担当秉笔直书那段不堪回首的历史。用先生自己的话说就是 "将实情告诉人民"。

从 2001 年起，他对发生在我国 20 世纪 60 年代的全国性大饥荒这一重要历史问题开始考证研究。在研究过程中，先生为求资料的翔实、可靠，历经三载，行程万里，先后到甘肃、宁夏、青海、内蒙古、陕西、山西、河南、安徽、四川、云南、福建、浙江、山东、广西等省区的图书馆、档案馆、地方志办、党史办及其他文献收藏单位，查阅了大量的档案、方志文献原件和国内外的研究资料，在许多单位进行了调查，访问了数百名亲历者。从大饥荒发生的国际背景、国内政治因素、领导层的指导思想，到大饥荒的内在因素、饥荒蔓延的范围、严重程度，以及对后来国民经济的影响，都进行了全面的考证、分析、研究，研究成果为两部专著《甘肃六十年代饥荒考证》《中国六十年代大饥荒考》，2001 年以《兰州文史资料选辑》第 20 辑、第 22 辑的形式编印。这项研究是武文军先生研究中国社会主义建设史的重要成果，是国内学术界第一次对大饥荒进行全面考察研究，填补了中国当代史研究的一项空白。其内容丰富、史料翔实、涉及面广，具有很强的史料性和历史意义，是一部先生亲身考究的"信史"，受到了国内学术界的好评，特别是受到中央和省委有关领导同志的关注。这两部著作的问世，有助于促进人们对当代历史的深刻反思，总结经验教训，为后世提供了可借鉴的历史资料。

（五）中华学术是中华民族最宝贵的文化财富，是中华民族精神的灵魂，具有永恒的传承力和持久的扩散力。中国学术史研究要求广度和深度并举，如果没有过人的个人学养条件，没有充足的文献史料，没有强烈的研究热忱，一般人难以企及。先生以渊博的知识基础和弘扬民族文化的创造精神，"力图再振中华学术文化传统，以我历代中华精英的学术成就和风范，活化民族精神，完善当代学术文化生态"（先生在中华史学术导论中语）。他用三年时间查阅和研究了千余部中华学术典籍，考量了百余位国学大师的重要思想理论和著作，查阅了万余篇国内外学者研究中华学术的成果，采用前人关于学术研究的文献法、考古法、辨伪法、自然科学法及交叉科学方法，纵横捭阖、贯通古今，以极大毅力完成了皇皇巨著——《中华五千年学术史纲》。这是我国学术史研究的又一部新成果，是先生一生厚积而发的心血之作、扛鼎之作。先生秉持客观、科学、礼敬的态度，不复古泥古，不简单否定，坚持古为今用、推陈出新、去其糟粕，坚持了学术批评的方法，对重要学术流派和学术大师的学术思想观点都进行了厘清比较，提出了诸多学术新见。中国社科院研究员、原《马克思主义研究》主编，著名学者孙连成在为此著作序中称道："这是一个篇幅恢宏、立意高远、富有特色的独创性很强的学术史著作。"

五千年中华学术博大而精深，浩如烟海的学术典籍难读难解。先生的《中华五千年学术史纲》在学术风范上，特别注重简明易懂，所引典籍章句，难涩之处必有解释，"问题"之处必有评论。这部大著章节整齐具细，标题简约醒目，行文练达平实，叙述条理清晰，为广大读者研读学术著作和学术史创造了便利条件，为传播弘扬中华五千年文明，振奋民族精神、提高全民族的自豪感和凝聚力，都发挥了积极作用，功不可没。著名史学家刘汉成称此书"把中国学术史研究请出了象牙塔，使更多的读者能够欣赏到中华学术光辉灿烂的成果"。

（六）先生是一位永不停歇的思考者。他在如何更好地认识宇宙世界、更好地认识人类社会和更好地认识自我人生方面，作出了自己的回答。

1995年由甘肃教育出版社出版的《天体与人生——对天体、人生、社会、思维现象的哲学思考》，是先生从认识论、方法论上研究人如何看待宏观世界、微观世界、人生价值、社会行为及思维方式的哲学著作。它不是系统研究一般的自然哲学和社会哲学问题的，不是一部教程，而是对自然、社会和思维中某些特殊现象加以研究，是若干哲学问题、社会问题和思维问题的专论集。每篇专论都针对现实的需要解决的问题。本书对马克思经济范畴进行了大胆分类，提出了"内在的""外在的"和"中间型"

范畴，并用自然、社会和经济关系中的大量例证，充分探讨了形变与质变的关系，揭示了形变引起质变现象的客观存在及其条件。在人的创造性研究中提出了许多新观点，其中有人与动物在三个层次上的区别，而创造性是最高层次的区别，从而把创造性作为文明人的本质特征加以论述，而对人的创造在生命历程中的作用、职业选样中的作用作了充分探讨，并且把人类文明的档次同各历史阶段人的创造性水平联系起来，揭示了创造性递增水平对推动人类文明的动力作用。专论微观其微部分，对基本粒子物理学新发展带来的认识论上的革命进行了充分评价，对我国长期占统治地位的那种"实体"唯物主义的机械性进行分析，正告人们重视中微子质量为零的现象及质量转化为能量的物质转换形态，不断探索未知世界之谜。这本著作阐述的许多问题，在当时国内理论界、知识界和实业界得到了认同。著作的出版，对在更广泛领域探讨各类社会实践问题和人生价值问题产生了积极影响。

在《今世与来世——人类生死观浏览》这本专著中，先生在一个极为广阔的思维空间里，以博大的视野，探讨和评价了人类社会中不同角色对生死的看法，以便引导人们在生死问题上树立科学的理念，从而把人们的生命意识和死亡境界引向最高点。他体察古今，贯通中西，博采众长，展示了各种各样的生死信仰、生死观点、生死理论和生死意识。有历史上伟大思想家的生死见解，有一代科学巨匠的生死信条，有革命元勋的生死价值观，有平凡百姓的生死信念，有不同宗教派别神学的生死观，有科学技术对生死的最新解析。先生以积极进取的态度，为生存的价值、死亡的意蕴、生命的延续谱出了一部美好的畅想曲，为人们消除生死意识的冲突，弹奏了一部协奏曲。

（七）回望先生的学术人生，勤奋的钻研和永不停息的独立思考，使他成为一位睿智的学者。虽为文人学者，却勇于探究自然科学。中学时代他就潜心研读过《自然辩证法》及许多自然科学读物，大学期间曾自学天文学读物，共研读过35本天文学著作和五百余篇天文学论文。1986年为了研究人的创造性问题，他阅读了110多位诺贝尔奖获得者的传记及其有关科学成就的介绍文献。后来在干部学习科技知识的形势下，他又认真地阅读了诸如《原子核物理学》和新材料、新能源、生物工程、系统科学方面的读物。先生秉持终身学习的态度，活到老，学到老，并学以致用。正是这种对学习的热忱和思考的专注使他总能在上至天体，下及百姓苍生的广阔领域里文思迸发。从艰涩的《资本论》到深奥的摩尔根历史观，从难懂的劳动价值论到枯燥的人口学理论，从繁复的西方贸易规则到庞杂的现代自然科学，从大饥荒历史悲剧到光辉灿烂的学术史，一生涉猎之广令人叹服。

他的一生勇于创新、攻坚克难，许多研究成果具有很强的开创性。他是省内第一个系统研究《资本论》并出版专著、在国内马克思主义研究领域产生重要影响的人，是第一个提出黄河上游经济区设想、并运用现代经济理论研究西北区域经济发展的人，是第一个把世界贸易组织理论和规则介绍给兰州干部群众的人，是第一个独立完成"中华五千年学术史"皇皇巨著的甘肃学者。在他研究的每一个领域，都有独到的见解、不菲的成绩。他博闻强记，洞若观火，陇上学人鲜见出其右者。

他的一生博览马列经典，钻研科学理论。他怀着对马克思主义的高度信仰和对社会主义的坚定信念，全身心地投入工作中；他热情地宣传马克思主义理论和中国特色社会主义理论，深入研究改革和现代化建设中的重大理论和实践问题；他以知识分子的独立之精神探究历史灾难，以高度的文化自信重解中华五千年学术。他以具有理论建树和应用价值的数百万字的理论著作，为社会留下了一份宝贵的精神财富。他将他的一生，献给了党的理论事业，献给了陇原大地的改革和发展。如今他的学术成果入选《陇上学人文存》是对先生信仰为墨、理想当砚的肯定，更是对先生毕生笔耕不止的赞誉。时光如驹，转眼先生离开我们已整整十年。可是他的追求、他的毅力、他的学识、他的品德和他留下的宝贵精神财富是永存不灭的，将永远为后人所敬仰！

《陇上学人文存·武文军卷》（第八辑）

作者：韩晓东

范　鹏

甘肃有位范老师。

提起范老师，似乎有万语千言，却又难以言表。在范老师首倡且大力推进的近百卷的《陇上学人文存》大型学术丛书中，我来为范鹏老师编辑他的文集，既感到光荣，更感忐忑不安。二十多年来，跟随范老师学习，目击他的治学历程，可谓熟悉熟知。编辑文集照例是要写一篇编选前言的，材料我已经筛选几番，认为大体可以了，但讲其学术人生，却迟迟无法下笔，也许越是熟悉的人，越难以下笔为传主画出其思想及人格的标准像，这是一个共性，更源自我内心的尊敬和对此工作的看重，生怕有丝毫的不准确和轻慢都有负于同仁的期待。

2000年，范老师刚刚四十出头，早已晋升教授，履新甘肃省委党校副校长，意气风发，在学术上宏图大展，被公认为甘肃哲学界的骨干。那年12月，范老师从自己的老师兰州大学林立教授手中接过甘肃省哲学学会会长的大旗。林立老师说：干了这么多年，哲学学会活动不够，该交给年轻人了。范老师当场表态，哲学学会未来至少一年召开一次学术研讨会。那一次换届会议，我印象最深的不仅在于他表态讲话的高屋建瓴，更在于他的谦逊与热情。学会会员汇聚全省哲学界同仁，在合影留念中，他坚持把几位老先生请到中间坐，而他和我们初涉哲学界的年轻学子半蹲在前面。就是那个小小的举动，让我心中暗自欣喜：我遇到了真正的老师！

　　在其后的十年里，他忠诚履行自己的诺言，每年至少主持召开一次大型学术研讨会，间或有别具特色的小型学术会议，从未间断。十年间，甘肃哲学人凝心聚气，参与的广泛性、学术包容性大大增加，一支有实力的哲学研究队伍逐渐壮大起来。二十多年来，目睹范老师从各个领导岗位调换，从一开始年轻英俊的娃娃脸逐渐成熟持重，前几年成为"孙管干部"，一切悄无声息。当我得知 2022 年范老师将要退休、职业生涯也即将写下一个圆满的休止符时，似乎无法相信。但又如何能不信呢？他原本漆黑的头发已经花白，尽管目光依然炯炯，但明显多了几分慈祥，偶尔在校园内看见他带着孙女开心地玩耍，已然是含饴弄孙的时段了，我只能感慨时光如梭。

　　范鹏老师祖籍山西新绛，1959 年 8 月 11 日出生于甘肃会宁，生长在甘肃临洮。他的父亲是一名 1946 年参加革命，1947 年入党的军医，在 1949 年解放战争中随第一野战军转战大西北。50 年代又参加了抗美援朝。老父亲"解放战争扛过枪，抗美援朝渡过江"一直是范老师的骄傲，以至于他常常念起，也是理解其职业生涯很重要的因素。范老师素以严格要求自己著称，是高标准的"布尔什维克"，这与他出身红色家庭不无关系。他的父亲后来转业时自愿选择了边远的大西北和艰苦的会宁县，由于积极参与 20 世纪 50 年代末 60 年代初启动建设的引洮工程，最终落户于临洮县，曾长期担任临洮县医院院长，退休后回到兰州，和范老师生活在一起，受到了很好的照顾，年逾八旬去世。范老师母亲是闻名全国的高考状元县甘肃会宁人，那里既是红军一、二、四方面军胜利大会师的革命圣地，又以崇文重教之风炽盛、民风淳朴坚韧而闻名陇上。范老师对两位老人是毕恭毕敬，每天嘘寒问暖，老太太晚年腿脚不好，常常看见范老师推着轮椅带老太太晒太阳，这一推就是六七年，后来他老父亲又患脑溢血，他们兄妹三人又推了三年轮椅。我常常听到年长的同事私下议论：范校长真是个大孝子！这个赞叹，发自内心，也是范老师最真实的人格底色，从他身上也许多少可以捕捉到他讲《论语》、谈忠孝的影子。他曾写过一篇论文，专门探讨《传统孝道与现代亲子关系》，还曾多次在《走近国学》等电视栏目和一些学校（包括他的母校兰州大学）就孝道发表过演讲，可谓知行合一。

　　范老师青少年时代正值国家多事之秋，他常说自己"生于饥饿的年代，长在动乱的时期，成熟于改革开放的大潮之中"。1976 年 3 月，中学毕业的他作为知识青年到甘肃省临洮县玉井公社白塔大队深沟沿生产队插队锻炼，这一段当农民的经历与他的朴实、厚道、百姓情怀有很大关系。1978 年他以优异成绩考入兰州大学哲学系，从此他就和兰大结下了不解的缘分，也与哲学相伴一生。刚上大学，因如饥似渴地学习，用"力"过猛，他得了神经衰弱，在校医的建议下，开始了跑步锻炼。不久这小毛病就不见了，但他的脚步却再也停不下来了，这一跑就是三十多年。他常常自豪地说，自己每天早上六点起床（他几十年如一日），锻炼身体可以向范老师学习！他是著名的运动达人，跑步、网球、游泳、乒乓球，喜好不少，但从不以竞技为目的。

　　一个丰富的心灵和智慧的大脑具有巨大的解释空间。在我看来，要理解范老师，需要理解他的多重身份。他是传道授业解惑的师者，是深孚众望、两袖清风的领导，是关注历史、理解当下、助力未来的陇上学人。守护传统文化、再铸民族精神是他的专业志向，而追求真理、服务人民则是他的人格理想。

一

　　至少从 2000 年开始，走遍陇原大地，几乎无处不晓、无人不知范老师，他是公认的陇上一代名师，"范老师"是他最引以为傲的身份，也是大家最尊敬的称呼，他半开玩笑式地给自己定位："本人成分学生，职业教师"。我曾在全国各地参加哲学界的学术研讨会，研究中国哲学的同仁都会打问他，问我认识不认识范老师，当我说自己是范老师学术助理的时候，距离一下子拉近，受到额外的照顾与垂青。

　　范老师从教之始就牢固树立了师者的职业自豪感。他喜欢讲台，有强烈的传道欲，面对学生他立马变得精神抖擞。从兰大毕业后，他被分配到定西地委党校工作，后考入中央党校攻读哲学硕士，其间被借调到中央党校马克思主义研究所工作一年，回到甘肃省委党校，他的工作一直是以教学科研为主。即使到了甘肃省社会科学院，到了甘肃省委宣传部，他都没有扔下讲台。相反，他还受邀兼任西北师范大学的硕士生导师、兰州大学的博士生导师。兼职教授并没有什么收入，但他乐此不疲，足见他对教师职业的喜爱。他很早就成了厅级干部，但包括我在内的一批知音，从来都是以范老师相称，他不但不生气，反而很高兴，他深知并珍惜"范老师"这个称呼的分量。

　　范老师有广深的知识。他治学始于马克思主义哲学，又在党校系统从业多年，既能登高望远，又能脚踏实地；既有现实的关怀，也有历史的深度；既有哲学的厚度，也有暖心的温度。他曾同时给研究生讲《论语》，又给领导干部讲邓小平理论，既给领导班子讲《马克思主义宗教观与党的宗教方针》，又给宗教界人士讲中国特色社会主义理论。巨大的学术跨度和多角度的活动平台，同一门课，同一个话题，面对不同对象，他会讲出不同的风格与境界。范老师讲课有知识的魅力，更有真理的力量，面对各种纷繁复杂的现象甚至各种乱象，他都能理清头绪，讲出道理，这使得他讲的每堂课几乎都引人入胜而又令人深思。他开阔的眼界，雄厚的文史储备，专业化的哲学训练，清晰分明的思路，善于概括总结的专业优势和个人特长，抑扬顿挫的语调，恰到好处的肢体语言，丰富多彩的人生阅历，加上他从不加修饰却自带气场的翩翩风度，使得他的课拥有大量听众。他的课有听头，有想头，有看头，有劲头。他熟知省情国情，对国家大政方针了如指掌，对马列经典如数家珍，数字张口即到，对传统文化信手拈来。所以，他的课不像老学究那么一板一眼，而是上下左右，纵横捭阖，挥洒自如。他的课上至省部级干部，下至普通老百姓都能听得懂，都爱听，甚至听了又听，只要他讲课，很多人都会慕名而来。

范老师具有生动的语言风格。许多人说范老师口才好，他讲课常常是妙语连珠，往往不拿讲稿，但整理出来就是一篇文通句顺的好文章。他常常说讲课与做学问有几重境界：一是"两只黄鹂鸣翠柳，一行白鹭上青天"式的简洁；二是"笼天地于形内，挫万物于笔端"般的博大；三是"删繁就简三秋树，领异标新二月花"式的繁简得当的境界。关于课堂语言的运用，他也有四种境界说：一种是"浅入浅出"，没有深度的知识储备，讲出的话也浅显明白，这是初入教师职业之门者的境界。第二重境界是"浅入深出"，入门不久的学人喜欢用一些不太大众化的专业词汇，有的甚至故弄玄虚地生造概念，讲一些貌似高深其实自己也不知所云的所谓"原理""定律"和"效应"。第三重境界是"深入深出"，讲者的确有学问，但讲的道理高深莫测，讲的话稀奇古怪，由于过于专业化，一般人听不懂。范老师最推崇的是第四境界，那就是"深入浅出"，用通俗易懂的语言把看似高深莫测的道理讲清楚。他是这么主张的，也是如此实践的，他的每句话都力争做到深入浅出，娓娓道来。他秉持袁枚喜欢引用的对联"非名山不留仙住，是真佛只话家常"，这也是他研究冯友兰多年的治学心得。他的讲课艺术达到了炉火纯青的地步，总是能用最浅显最常见的语言把最深刻的道理讲出来。他也对甘肃民间方言俚语熟悉有加，三千里陇原上的方言土语他说得惟妙惟肖。比如皋兰人教导我们，啥事情要做个"邦间"（差不多），意思是说做事应该有分寸。他引用别人的说法，说世界上有这样两类哲学家，一类是把简单的问题复杂化，如金岳霖；另一类是把复杂的问题简单化，如冯友兰。他的风格近乎后者。

范老师有良好的理论素养。他有高超的演讲才能，凡是他主持的学术会议，既热烈又融洽，凡是他在的场合从来不会冷场，这个才能源自深厚的理论素养和自觉的反省提升。他明确主张"打通中西马，融汇文史哲"。他的谈吐风趣幽默，语言诙谐生动又切中要害。他能敏锐抓住时代的变化，总是能讲出自己的道理来。他的语言是由专家学者的学术语言、领导干部的工作语言、宣传思想的理论语言、普通老百姓的生活语言融为一体而又自成一家的，他的学问底色还是哲学，立场为马克思主义，特色是中国文化，尤其是对冯友兰哲学的研究颇得全国同行认可，又是宏观宗教学的专家。他的马克思主义理论功底扎实，对现有政策熟悉熟知并能融会贯通，所以他的课是历史与现实的对话，是古今中外的对话，是专家与大众的对话，既有很大信息量，又有不少话外之音、言外之意，给人多方面的启迪。他的口才也在他为官和担任全国人大代表时发挥得淋漓尽致，他担任十三届全国人大甘肃代表团新闻发言人，精准发布权威信息，自如应对记者的各种问题，赢得了不少点赞。他常在课堂上讲兰州大学著名教授赵俪生的故事，老先生为了备好一堂课，会翻阅大量的资料，每堂课都重新备过，每讲完一堂大课回到家都大汗淋漓，赵先生对课堂如痴如醉的故事，被写进《赵俪生先生对我的教诲与启发》里，这也间接解释了范老师自己上课具有魅力的一个方面的原因。

范老师从大学毕业当老师起直到2022年退休，整整40年从来没有离开讲台。他有很多彻底放下教师身份的机会，但职业生涯最后仍回归老师，在退休后兰州大学再次聘任他担任博士生导师，在更高层次上"重返讲坛"。这个职业对他来说，神圣而值得敬重。许多同仁只要有了一个不大的政治舞台，就毅然决然舍弃了三尺讲台。很多官员知道为政之道寡言的重要性，他们宁愿沉默，不愿意轻易表达自己的观点。从这个意义上说，范老师真是特立独行者。范老师的学生遍天下，至少是遍陇原，在甘肃大地上他无论走到哪里都有人亲切称呼他范老师。他授课的对象既有刚入校的大学生，有专心学问的硕士博士研究生，有为了晋升为了充电的一般干部，还有权高位重的高级领导干部。他也常常受到邀请，去给省委省政府讲课，几乎全省上下都知道甘肃有个范老师。他的听众还有知识不多但向往文化的社区大爷大妈、农村基层干部甚至纯粹的农民和工厂一线工人。他到社区到基层讲演，很多时候出于义务宣讲，多次把讲课费当场捐出。他讲完课有一种如饮甘醇的过瘾感，听者如沐春风。这需要功夫，也需要修养。功夫是对自己严格要求的长时间积淀，修养则是对他人发自内心的尊敬和对自己本位的恪守与节制。

我刚踏上讲台，范老师很关心教学效果，问我讲完课后有没有很过瘾的感觉，说有了讲课的过瘾感，才会成为一名好老师。这也是他的第一个情结，即老师情结。他的《当代中国共产党人的理想人格》是甘肃省唯一的全国党校系统党性教育精品课，还被中组部推荐为干部教育培训一百门好课程之一。他长期担任甘肃省委党校哲学专业研究生导师组组长，在哲学专业低潮时很多人冲着他的名气报考"战略管理与应用哲学"专业，很多人以能成为范老师的学生而自豪。他很多闪光的课堂金句无法编入本书，如阐释以人为本，核心要义就是"把人当人、使人成人"；人要有理想，但不能理想化；他提出人类精神的三次大分工，分别是宗教从原始神话中分离出来，哲学从宗教中独立出来，科学从哲学中分别出来。他说过，讲课是整理思路的过程，最好的学习是讲课，反过来说，课堂的听众除过面对面的听课者，还有自己在听，这是理解范老师学术脉动的重要视角。

二

范老师硕士研究生毕业回到甘肃省委党校工作后，1991 年去了定西县当了一年县长助理，后任省委党校研究所副所长、现代科技教研室主任。2000 年，范老师提任副厅级干部时刚四十出头，这个年龄放在任何时期的同级别干部行列中都算是比较年轻的。他在省委党校担任过副校长，分管科研，提出党校老师必须两条腿走路，一条是每个人都应该成为政治理论专家，都应有以学术的视角，从理论上解读党的创新理论和国家宏观政策的能力；同时，作为不同专业的学人，还应当守住专业的一亩三分地，应该在自己的专业领域有所建树。他在任内实现了申报国家课题零的突破，从此后获批国家社科基金变为正常的事情，但他一直强调要着力提高国家课题的立项率、结项率和优良率。他一边给党政干部宣讲党的创新理论，一边在培养研究生上用心用力，党校的学科建制也进一步走上正轨。我作为他的助教，亲闻他一字一句和研究生重读《论语》，给马克思主义专业的博士逐句读《共产党宣言》，又和西北师大硕士生研读冯友兰的人生境界论，每次都有收获。他的点子多、思路广，常有非常奇异可怪之想，甚至设想能不能形成陇贵互补，把甘肃丰富的黄土细化"输送"到贵州去，把贵州丰沛的降雨"迎请"到甘肃来。还设想在黄河上架设半覆盖式高架桥，来解决兰州的交通拥堵问题。他力主在敦煌设立上海合作组织文化办事处，真正发挥敦煌文化高地的辐射带动作用。他很早提出一个观点，那就是中国的最大国情是中国共产党的领导，只有认识这个第一国情，才会对中国的政治、经济、社会、文化等各项事业的发展有自己正确的理解和科学的态度。这一看法具有相当的前瞻性，彰显了哲学理论的价值。

2005 年 2 月，范老师调任甘肃省社会科学院院长，其时社科院在省委党校东北一角，寡陋如我辈除对《甘肃社会科学》和几位同仁有所了解之外，几乎完全不知道这个单位是做什么的。有人说，范院长让一个存在感不太强的单位变得全省瞩目。这句话未必准确，但间接证明了他不凡的学术领导才干。省社科院虽然云集了不少功夫深醇的专家，但办公硬件和居住条件之差令他震惊。很多老专家还挤在老旧逼仄的楼房内，人心有点散，许多无望的年轻人想方设法往外调。范老师从改变职工的住宿条件抓起，实现了从人人有一把"交椅"到每人有一个"位置"，再到个个有一片"天地"的转变。为建房他亲自跑到相关部门寻求政策空间，历经难言的周折，终于办成了这件职工急难愁盼的事。职工们住上了新房，科研人员有了笔记本电脑，大家的精神面貌也为之一振。同时，作为院领导，他又主抓软件建设，利用社科院专家长于调研、了解省情的优势，创设甘肃蓝皮书，每年组织院内专家，对甘肃省的经济、文化、社会所发生的大事、取得的进展、存在的问题予以研究，并有针对性地提出政策建议。

蓝皮书现在已经成为甘肃省社科院的品牌工程,每年一期,公开出版,定期发布,为各级党政干部和研究者提供了扎实的研究资料。甘肃蓝皮书系列不仅首创了省域范围的"舆情蓝皮书",而且基本上在每年年初的 1 月 8 日向社会公开发布研究结论和对来年发展大势的预测,连续十余年新闻媒体都知道"每年新春 1 月 8 (日),甘肃社科院有言发"。在社科院的第三步,他又组织实施了独树一帜的红皮书工程,这就是全国瞩目的《陇上学人文存》百卷工程。他和同事约法三章,以严格的专业水准和学术贡献为标准,精选甘肃学人中有代表性的人物和有代表性的学术成果,为中华人民共和国成立以来甘肃省的哲学社会科学专家竖起学术丰碑。工程启动十年有余,已经快满 100 卷,构筑了陇上规制宏大、构建精致的学术大观园,此事范老师居功至伟。很多学人对此啧啧称赞,说这件事必将遗泽后世。在我看来,这是深重的文化责任感、内在的道义感使然。不久,他在省社科院党委书记和院长一肩挑,可谓"大权在握",但他却从不为己谋私,他把很多权利分解下去,具体事务性工作让副手去做,并常说"功劳归大家,责任我来扛"。院内评二级研究员,他主动让贤,还充分利用政策,使更多人能享此殊荣。职工分房,难免起争执,他自己申明退出分房队伍,通过打分制把分房的权利给了院内职工,一下子平息了很多质疑声。不少社科院的学人平时散漫惯了,无所事事,一下子有一大堆干不完的活,刚开始牢骚不少,但随着获得感的增加,职业的自豪感油然而生,到范老师离开社科院的时候,每个人都恋恋不舍。

2011 年,范老师调任甘肃省委宣传部副部长,从厅级单位一把手变为省委部门副手,自己能够做主的空间减少了,但为全省思想文化领域服务的平台却增大了。他勤勉工作,深入思考,精心谋划,使分管领域风清气正,不少媒体人都视其为挚友知音。除完成既定的分管工作外,他在副部长任上所做的这几件事令人印象深刻:一件是协助相关领导,大力倡导"华夏文明传承创新区建设",他不仅在理论上论证这个文化工程的可行性,而且提出了不少富有远见的推进措施与实施途径,这个文化工程最终在 2013 年 1 月获得了国务院的批准,让甘肃省事实上成为全国传承华夏文明的文化特区。第二件事是他协助促成"丝绸之路(敦煌)文化博览会",他深刻认识到敦煌重要的文化地位,最终让这一重要会议会址永久落户敦煌市。第三件事是他分管宣传,典型示范,推出了一大批"陇人骄子",特别是时代楷模柴生芳,改善了甘肃领导干部的形象。第四件事是他首倡"阳光甘肃,全民健心"活动,促进了甘肃的心理健康教育事业。值得一提的是他在省委宣传部仍然不忘学术,有《历代中央政府治藏方略研究》等著作出版。他站在国家宏观政策的层面,结合历史的经验与现实的政策,总结了历代中央政府治藏方略的利弊得失,总结出的几点启示被实践证明切中要害。

2014 年年底,在重新回到省委党校担任常务副校长之后,范老师提出了"大哲学、大党史、大党建”的教学理念。他认为一个好大学必须有好的哲学，以使师生筑牢人文精神，掌握思维方法；有好的数学，让所有学科有精细的风气和严密的思维工具；还要有好的体育，以“礼争”的规则，创造活跃的气氛，练就钢铁意志和好的身体。党校姓党，是天下最特殊的大学，对党校教育，他发展了过去“两条腿走路”的观点，他的说法是：党的干部必须具备“大哲学”的战略思维，“大党史”的历史意识和“大党建”的实干能力。后来在别人的建议下，把大党史更加准确地表述为“大历史”。这个主张和党中央强调学习哲学、“学习四史”和全面加强党员领导干部党性修养和能力建设的要求内在统一。他提出党校要有在党意识、省委意识，为省委省政府的重要决策提供参考，推动了决策咨询上新台阶。他抓学科建设，从党的事业发展出发，强化研究生教育，认为这是为党培养人才、锻炼党性修养、提高教学水平、夯实专业技能必不可少的环节。同时，他提高教职工的尊严感，真正回归以教学为本位的办学理念，纠正了教师长期被边缘化的偏差。他起用新人，推出了一批年轻有为的教学科研新秀，提拔他们到重要岗位。他意图把单位打造成事业田园，生活乐园，精神家园，既要奋发有为，又要心情舒畅。为此他爱才用才也荐才，曾一次性成功推荐提拔了省委党校 6 名地厅级干部，向全省输送了人才，在全国党校系统传为佳话。在人事变动中，有些人开始想歪点子，他深恶痛绝，采取措施，让真正勤勉又老实的教员看到了希望。他的民主作风有口皆碑，一方面强化纪律意识，团队精神；另一面则对那些特殊劳动者，也不做硬性要求。一时学校呈现心齐气顺、风正劲足的良好政治环境和学术生态。他积极参与推进甘肃省智库的建议发展，首倡建立“甘肃智库联盟”，搭建了影响深远的建言献策平台，为学术成果的转化、打造学术研究与现实关怀的连接点作出了独特的贡献。他主持建立的以西北师大、甘肃省社科院和甘肃省委党校为主体的“安宁智库联盟”，成为全国有一定名气的地方智库平台。

2018 年 4 月后，他调任省人大常委会，当选全国人大代表，每次会议都能提出既关注民生、助推甘肃发展，又富有创意和建设性的建议，引发代表、媒体和公众的共鸣。2019 年 3 月 7 日下午，习近平总书记参加十三届全国人大二次会议甘肃代表团审议并看望甘肃代表，范老师发言和临别时两次邀请总书记到敦煌看看。真是千人诺诺不如一士谔谔，2019 年 8 月 19 日下午 4 时，在敦煌莫高窟前，当我目睹习近平总书记视察敦煌后，我激动地给范老师打电话，询问他是不是一同到了敦煌。范老师回答很老实：我没有来敦煌，总书记视察我不知道啊。后来，他谦虚地说：我只不过是步樊锦诗院长之后尘，再一次表达了甘肃老百姓和文化人的心愿。是的，范老师几十年来表达的绝大多数观点、主张、建议，只不过是甘肃老百姓的愿望和陇上文化人的心声。

范老师乐于承认自己是“学者中的官员”，引导学者理论联系实践，认为学者的研究必须有实践价值才能更加接地气，从而避免不切实际的闭门造车；同时也乐于承认自己是"官员中的学者"，官员需要实践联系理论，他认为用学理讲政治，才能让理论深入人心，真正领会中央的大政方针。这双重身份是理解他治学理路的主要逻辑。

三

范老师治学成名很早，不到四十岁就当了教授，他发表的成果数量多，质量高，影响大。笔者粗略统计，范老师已经发表论文和各种文章超过了 200 篇，出版专著 5部，总主编、主编、参编的图书上百部。他也是省委党校最早在《人民日报》《光明日报》《中国社会科学》等权威报刊发表论文的作者，他的多篇论文曾被《新华文摘》全文转载，尤其是关于敦煌哲学的论文被当作封面论文转载后，影响广泛。

范老师学术研究范围广泛，发表成果涉及面很多，这与他广博的知识、开阔的眼界、丰富的职业经历有关。在粗略研究范老师学术研究成果的时候，发现有这样一个基本趋势：早年他着眼于哲学基本原理，从一般性问题开始，对元哲学问题感兴趣，尤其是试图对黑格尔哲学观有通透的把握，在元哲学层面上，他的"哲学本质"论、"哲学认识"论、"哲学品格"论构成了一个完整的理论序列；继而从马克思主义哲学原理的应用，进入中国哲学的研究，倾向于把传统哲学中的核心观念与现代化结合起来；很快他聚焦于中国现代哲学，尤其是冯友兰哲学研究上，发表了一系列奠定他学术地位的专著和论文。这其中的逻辑我理解应当是：早年他试图做一名哲学家，而打通"中西马"是必由之路，但由于他们这一代人普遍受对外语掌握不多不精的限制，促使他果断放弃了西方哲学的研究。他发现近世以来对哲学理解最为透彻、同时也致力于打通"中西马"且有重大成果的哲学家莫过于冯友兰先生，这促使他把研究的重点落到了冯友兰哲学上。由于工作的需要，他在党校从事理论教学研究，到社科院、宣传部后更多将关注点放在现实问题上，包括对民族宗教问题、甘肃发展战略等重大现实问题的关照，他是哲学化解读区域发展战略的典范。2011 年，范老师在学术研究中终于开辟出自己独特的研究领域，那就是敦煌哲学。同时，作为一名在传统文化富矿上长大的学者，他一直关注传统文化中传承与创新的问题，即处理继承与发展的关系问题。因而，范老师的学术成果集中在四个方面：一是对哲学基本理论和党的创新理论的精深研究；二是对中国现代哲学，尤其是对冯友兰哲学的专门研究；三是对宏观宗教理论政策和甘肃现实问题的战略研究；四是开创了敦煌哲学的基础研究。

一是基于马克思主义基本原理特别是哲学思想对党的创新理论的思考。他首先作为一名中国共产党党员，在党言党，在党忧党，围绕如何造就一名合格共产党员、称职的领导干部这一主题，展开思考。他从马恩经典中寻找理论根据，其特点是把眼光上溯到中国传统文化中，一个为根，一个是魂，结合当代最新理论，试图打通古今中外，在学术上构建起中国共产党人的人格论。他是甘肃省公认的马克思主义理论家，对国际局势、国情省情的了解，总是能够在宏观的角度予以哲学化解读。范老师是一名真正的共产党人，这不仅体现在他对马克思主义的坚定信仰上，对马克思主义哲学思维方式的灵活运用上，还体现在对马克思主义所倡导的价值理念和群众立场的高度认同与践行上，他经常引用《共产党宣言》中的一句名言："过去的一切运动都是少数人的，或者为少数人谋利益的运动。无产阶级的运动是绝大多数人的，为绝大多数人谋利益的独立的运动。"这一立场不仅是他基本的价值观念，也决定了他的工作作风、为民情怀。他明确向自己带的马克思主义基本原理专业方向的博士研究生宣示："搞我们这一行就是八个字：追求真理，服务人民。"这八个字也可以作为我这篇编选前言的标题。他治学的基本出发点是从全人类的文明视野中，把马克思主义基本原理和中国具体实践相结合，与中国传统文化相结合，力图找出共产党人与中国儒家大同理想的相通处，让中国共产党真正成为先进分子的代表。他对社会主义核心价值观也提出了自己富有个性的思考："以人为本，共享文明。"他对马克思主义精髓的概括是：一切从实际出发，处处替老百姓着想，真正让群众得到实惠，促进人的自由而全面的发展与人类共同进步。

　　二是对中国哲学，尤其是对冯友兰哲学的研究。范老师早年关注中国哲学的生发问题，他从中国哲学最底层最朴素然而又是最重要的概念出发，探讨中国人的精神密码，这些主要表现在他对"仁""礼""道"等中国哲学基本范畴和传统孝道的研究中。他由此在对比西方哲学追求真理传统的时候，把中国哲学当作"学做人"的学问。他的定义是"中国哲学是中国人对宇宙人生根本大道的认识、体悟、反思和践行"。这一认识也坚定了他对中国哲学的信心。记得我初出校门，做人做事不知深浅，得罪以权压人的同僚，被他听到，当面批评我说研究中国哲学就应该先做好人。其时我狂介有余，对表面的道德教条不以为然，当面顶撞他说我就是这样的人。他非但没有生气，还为我的坚持而似乎微颔莞尔。现在想来，我当时真有些过分。他很早写就《二十世纪中国哲学散论》，后来在治中国现代哲学中研究重点集中在冯友兰哲学上，他受冯先生影响甚大，除做人做事、思想观点的影响外，甚至冯友兰化繁就简的语言风格也影响到了范老师。这一契机是什么，我没有询问。我猜测与他在中央党校攻读硕士学位期间有三次当面拜访冯友兰先生有关，与冯友兰既关注学问，也关注现实的治学理念有关，与形而上形而下兼备的学风修养相似有关，与古今中外融通的气质相投有关，还更与范老师对中国哲学的独特理解有关，那就是中国哲学的核心要旨是教人做人，这仍然是从宇宙人生根本大道说"教人做人"的。一言以蔽之，与"尊德性而道问学、致广大而尽精微、极高明而道中庸"的人生追求有关。他常常盛赞冯友兰不仅仅让人做一名公民，还要做一名"天民"。他不止一次提起，冯友兰是主动打通中国哲学、西方哲学的哲学家，冯先生马克思主义哲学的修养功夫与运用的主动性也无疑是同代人中的佼佼者。

作为国内研究"冯学"公认的著名专家，范老师对冯友兰哲学著作下足了功夫，一方面他在攻读硕士学位期间几乎把冯友兰重要的哲学著作手抄一遍，另一方面他多次到北大"三松堂"登门拜访，当面聆听冯先生教诲。他给冯友兰写的两篇学术传记成为"冯学"研究的重要参考文献，第一篇是收入《中国现代哲学人物评传》之中的四万余字的小传，另一篇是《道通天地·冯友兰》，这两个传记奠定了他在中国哲学界特别是冯友兰研究领域稳固的学术地位。后来他在冯学各方面还有自己的发见，他说自己一个很重要的愿望是写一部《冯友兰大传》。《中国现代哲学人物评传》是"小传"，《道通天地·冯友兰》是"中传"，理所当然应该有一个"大传"。据我所知，他的设想是：以冯友兰为主要代表，让关乎 20 世纪中国哲学的大事件、哲学家和代表性著作、观点依次登场，演绎出 20 世纪中国哲学的历史活剧。但这个作为他的保留节目，仍在构思完善当中。范老师对冯友兰哲学的研究主要贡献有三：一是从世界哲学演进的大潮流中透视冯友兰新理学，认为新理学是从世界传统主流哲学中生长出来的"现代中国哲学"，冯友兰的新理学在哲学时代化方面让中国向世界迈出了不小的一步；二是从中国道学的大背景中厘清了新理学对旧理学的传承与超越；三是突破狭隘的道德评价，站在道德评价与历史评价统一而以历史评价为要的立场上，充分肯定了冯友兰在打通中西、融贯古今、汇通儒释道方面的重大贡献。他研究冯友兰的代表性论著《道通天地·冯友兰》以"文化场效应"方法的运用而备受关注，获得了全国冯友兰研究会学术二等奖；他的《一代文化托命之人——冯友兰诞辰百年祭》生动鲜活而又深刻地为冯友兰的学术使命画了一幅"大写意"；《四通八达的冯友兰》则超越了"新儒家"的门户之见，向世人展示了一个全面真实的思想家冯友兰。

三是对宗教问题的关注。范老师提出建设现代宗教文明的观点，认为只有建设现代宗教文明，才能形成宗教间的对话，避免宗教极端主义。他认为，宗教界时有不文明现象，个别时段个别派别甚至会陷入宗教野蛮，宗教文明间的对话才能让各大文明和平相处并与社会协调。由此，范老师较早倡导引导宗教和社会主义精神文明建设相适应，这是对马克思主义宗教观的有力发挥。他对宗教问题的兴趣，当然和甘肃是一个宗教大省、民族大省有关，还跟他的人生经历有关。2002 年，他任省委党校副校长期间，主动请缨，带队去甘南藏族自治州碌曲县做帮扶工作，半年多的一线实践让他对甘肃的民族宗教问题有了更深入的了解，他也与多位各层次的民族、宗教界的人士结交为好友，进一步强化了他的百姓情怀。记得当年写博客，他有一篇《我的朋友桑木周》在网上广为流传。桑木周是碌曲县西仓寺的一位老寺管会主任。多民族多宗教是甘肃省情的主要特征，这一问题对甘肃过去、现在和未来的发展影响巨大，他由关注甘肃发展的文化性原因上升到全国乃至全球的宗教文化现象。2007 年他在《世界宗教研究》刊物上发表论文《建设现代宗教文明积极引导宗教与社会主义社会相适用》，集中反映了他对宗教问题的深刻思考，并形成了《甘肃民族与宗教》《甘肃宗教》《历代中央政府治藏方略研究》等成果。

范老师同时还是甘肃精神的画像者。21 世纪初的十年，随着地域精神总结成为大势，如何准确概括提炼甘肃精神成了全省越来越关心关注的问题。2007 年，他主持并组织相关专家，对甘肃精神的表达"人一之、我十之，人十之、我百之"进行了学理论证，受到甘肃省委高度重视。其后，他主持了《陇人品格》丛书的编写出版工作，形成了系列成果。这一问题始终萦绕他的脑海，2019 年出版的《话陇点精——甘肃精神甘肃人》是甘肃精神和陇人品格的最新思考，全面刻画了甘肃人的精神面貌。他要为"朴实无华、坚韧不拔的甘肃人"找到精神脉动，重建文化自信，重找未来出路。他在该书扉页上真诚地写道："谨以此书献给朴实无华、坚韧不拔的甘肃人。"

四是开辟了敦煌哲学的研究。这是范老师最具有原创性的学术贡献，并且会随着时间的推移而显示出重大的学术价值。2005 年，范老师调任甘肃省社科院院长后，发现社科院有一批在全国有名的敦煌学研究专家。颜廷亮先生是"敦煌文学"真正进入系统的研究的首倡者和力推者之一，经过多年研究其成果和地位获得学术界的公认。穆纪光先生的《敦煌艺术哲学》开国内从艺术哲学视角研究敦煌文化之先河。基于传统文化的深厚学养和对敦煌文化的敬畏与思考，范老师敏锐地意识到敦煌学的研究需要一个更加有高度而又更具基础性的奠基工程，敦煌文化需要从哲学的高度予以解读其内在发生、变动的机理，也许还能进一步打开敦煌的文化密码。令他不解的是，敦煌学几乎涉及了人文社会科学的所有领域和自然科学，甚至工程技术的一些问题，为什么独独没有哲学呢？是否存在"敦煌哲学"？这一问题持续在他的心里盘桓。初步提出这个构想后，范老师对此方向的探索持慎之又慎的态度，他为此嘱托我等，是否可以尝试对此进行论证。我起初对此重大学术课题的意义认识不足，更重要的原因是学养不逮，对敦煌文化了解微乎其微，故没有认真对待。后来我在社科院刘春生处借到十几本有关敦煌文化的入门性著作，尝试对此问题严肃思考。范老师对"敦煌哲学"能否成立的思考严肃扎实，显示出了追求学问的严谨、耐心与细心。2010 年，我在中央党校做访问学者，遇到范老师大学同班学长、时任中纪委驻交通部纪检组组长杨利民同志，他准备退休后致力于敦煌宗教文化的研究。我转述了范老师对敦煌哲学的思考，他立即表现出浓烈的兴趣，后来他们共同发力，促成了对敦煌哲学的探索性研究。2011 年，在参加中韩联合举办的敦煌学国际学术研讨会上，范老师第一次公开提出了"敦煌哲学"的概念。2013 年，在樊锦诗、连辑、杨利民等先生的支持下，他和其他同仁共同推动，成立了"甘肃省敦煌哲学学会"，搭建平台，聚拢队伍，培养学术梯队。他和杨利民先生亲自带动参与，沉潜下来，撰写论文。范老师不是一般地倡导，而是身体力行，带头示范。他常说我们从事敦煌哲学研究的人要以甘当小学生的虔诚态度，从"看图识字"学起，老老实实读原始材料，一幅一幅去读懂壁画。他以这种态度先后重点研究了第 98 窟、第 285 窟和维摩诘经变，研究了部分社邑文书，通读了敦煌学最有奠基性和代表性的一些专著。经过艰辛探索，他概括出"大盛融通"的敦煌之道，"通而不统"的敦煌精神，提出敦煌文化是有重点无中心的多元综合创新文化等重要学术观点，探索性地迈进了敦煌哲学的门径，为我们从事敦煌哲学研究蹚开了方便法门和治学之径。

范老师有着极强的学术自尊心，一方面他把自己的思考毫不吝啬地讲给我等听，年轻学人据此而加工成研究成果，他为此高兴；另一方面，重要的讲话，署名的论文，他都是亲自执笔。2013 年，他和杨利民先生共同研究、分别撰写的两篇奠基性的敦煌哲学论文发表在《甘肃社会科学》上，并被《新华文摘》作为封面重点文章全文转载。在十余年的努力下，敦煌哲学研究已然蔚为大观，取得了众多的阶段性成果，在鼓励和质疑的多重力量中继续前行，但范老师痴心不改，砥砺而向。2019 年敦煌哲学迎来标志性的转折，习近平总书记在敦煌研究院座谈会上的讲话明确指出："研究和弘扬敦煌文化，既要深入挖掘敦煌文化和历史遗存背后蕴含的哲学思想、人文精神、价值理念、道德规范等，推动中华优秀传统文化创造性转化、创新性发展，更要揭示蕴含其中的中华民族的文化精神、文化胸怀和文化自信，为新时代坚持和发展中国特色社会主义提供精神支撑。"这其实间接说明敦煌哲学获得了肯定。其时，我在敦煌市挂职任副市长，习近平总书记的讲话使我深受鼓舞。不久，甘肃省敦煌哲学学会就召开专题座谈会，学习习近平总书记讲话，进一步坚定了敦煌哲学研究的信心。2021 年以"敦煌哲学"为主题的三项国家社科基金项目获批，标志着敦煌哲学学科建构获得了越来越广泛的认同，学术研究梯队后继有人。我本人也十分荣幸地成为首批获批国家社科基金中有关敦煌哲学课题的学人之一，义不容辞地担起了范老师放在我们肩上的这副光荣而艰巨的重担。敦煌哲学是甘肃学人对中国哲学最具原创性的贡献，也当然是范老师最重大的学术贡献，是中国哲学领域、敦煌学研究领域面向未来的重大学术主题之一：就敦煌学来讲，找到更深的学理性支撑，有利于在国际上建立学术话语体系；就中国哲学来讲，实际上是从"接着讲"开始走向"讲自己"。仅此一项，范老师将名垂学术青史。

四

　　范老师的学术贡献不仅是跨专业、跨领域的，而且在搭建学术平台、培养学术队伍中主动承担了很多额外的学术义务。他曾担任甘肃省哲学学会会长十年，为甘肃哲学界的繁荣呕心沥血，人气旺了，感兴趣的人多了，研究成果从量的积累终于有了质的飞跃。他后来创建了甘肃省敦煌哲学学会，并担任会长，汇聚了文史哲和敦煌学等众多领域的专家。他是中国哲学史学会资深理事、中国现代哲学史学会副会长，还长期担任甘肃传统文化研究会的常务副会长、名誉会长，担任甘肃省党建研究会副会长，兼任过甘肃省社会科学联合会副主席、省委决策咨询专家、甘肃省"十四五"规划专家咨询组组长等学术职务，后来在社团管理政策变化后，他主动退出其他学会，仅仅保留甘肃省敦煌哲学学会会长职务，但仍然关心其他学术团体尤其是甘肃省哲学学会的发展。

　　在学术社团建设问题上，范老师从来没有说过拒绝的话。他带头交纳会费，他所主持和组织的学术研讨会不计其数，甘肃省哲学学会近二十年的讨论主题几乎都是他建议确定的，比如"理性与信仰——哲学与宗教的对话""哲学视域下的核心价值观培育""回望马克思，走进新时代"等等，令人难忘。每次参会，大家都期待他的点评，他几句话就能说到要害，且思想深刻、语言精简、概括准确。同时，他善于提出问题，引发大家深入思考、热烈讨论，让每个人充分发表自己的观点、表达个人的思想。他从善如流，甚至最尖刻的意见都愿意倾听，从来没有因此而动怒。许多同仁似乎也摸到了他的好脾气，敢于在会上激烈争论，他总是收集大家意见，平等对待。同时，他居功却不自傲，一直保持着谦逊与谨慎，对老先生从来是毕恭毕敬，开大会总是把年长者、德高望重者放在首席，从来不以自己的行政职务压人。但他也从不迷信权威，不盲从长者，如甘肃中医学院著名古文字学家吴正中先生主张所有的词语都应回到最原始的写法与读音，如"诞辰"应为"旦辰"等，范老师应邀为其著作《汉字正识初览》写序，公然与吴先生唱对台戏，并以"吾爱吾师，吾更爱真理"为自己的观点辩护，吴先生也是十分宽容，一字不改采用了这篇并不赞成他此书观点的序言。这也许又是陇上学人切磋琢磨的一段佳话。他从不知疲倦，几乎有无限的精力，很多同仁感念他的厚道和主动作为，甚至是巨大的牺牲，还有人私下把他与当年上海的王元化先生比较，说甘肃有范老师，是我们的幸运。我深以为然。

　　范老师也在学术上保持着自知与自制，从不夸大自己的学识与贡献。他自己关于敦煌哲学的论文发表后，却在省社科评奖中没有申报。有的学生给他"打招呼"，他坚持原则，说严格按照评奖标准办事，后来果然没有评上。但他又奖掖后学，无私奉献，常把自己的观点毫无保留地送给学生。他在学术会议上非常守时，总是能在规定的时间内完整准确地表达自己的思想。他鼓励各行各业的人都发言，在学术发言上从不论资排辈，戏称"大狗要叫，小狗也要叫"。很多年轻学人在他的鼓励下从刚开始张口结舌逐渐变得伶牙俐齿、滔滔不绝。他获得了各种荣誉，是甘肃省优秀专家、国务院特殊津贴获得者。

一个人走得快必然会落下他的同行者，一个人站得高也很可能就没有一起观景的人。我曾尝试走近范老师的心境，弄清他几十年不知疲倦的原因，他的达观，他的圆融，他的自知与自制，他的君子风范。一个人所表达的，无论是教学、讲话、发言还是写作，既可能是心灵的准确外化，也可能是心灵的内在遮蔽。从来深刻的思想者都是寂寞的，我常遗憾自己目睹他，跟随他，却未必能够说出一两句温暖他的话。一个给世界以温暖的人，往往却得不到世界的温润。范老师有明显的几个情结，也许这几个情结是理解他内在追求的标志。第一个情结当然是老师情结。他曾有多种职业选择，却始终放不下老师的身份，敢于也愿意表达自己的观点，坦坦荡荡，敢说真话，一贯直道而行。第二个是兰大情结。他以兰大为荣，兰大是他的母校，也是他的精神港湾。只要有机会，范老师就会回到兰大给学子们讲课讲演，从不推辞。当然，兰大也以他为傲，他是兰大公认的杰出校友。只要兰大发展需要，他从来都是在所不惜。第三个是北大情结。他念念不忘北京大学，推崇北大人。他曾明确说这一生有两大遗憾，其中最大的遗憾是学哲学而没有进过北大哲学的"门"。这一情结一方面与他认为北大是中国哲学的最高学府有关，另外可能与冯友兰先生晚年执教于北大有关，这是我的猜测。不过这个遗憾其后总算有所弥补。1988 年，张岱年先生亲口允诺将其收为私淑弟子，我曾目睹他的办公室高挂"自强不息、厚德载物"的条幅书法，他颇为得意地说这是张岱年先生收他为私淑弟子时的"书证"（大有证书之作用）。第四个是传统文化情结。他一直致力于传统文化的创造性转化、创新性发展的事业，他把打通古今、融汇中外当作自己所处时代的重大学术使命，这在于他对当代国人精神的诊断，即罹患"文化失魂症"，他信奉"一切历史都是当代史""一切历史都是思想史"，要培根固本必须找到中华之"魂"，这一切隐藏在传统文化的绵延脉动中。同时，他把马克思主义的基本原理与传统文化相结合，以深沉的历史意识审视当下的现实问题。因此，他绝大部分授课都有传统文化的底色。他带的第一个博士生选题就是中华优秀传统文化的"创造性转化与创新性发展"研究。第五个是甘肃情结。关心甘肃，热爱甘肃，对甘肃精神予以准确提炼与画像，是他多年努力的方向。这不仅是本能的家乡情怀，他是公认的孝子，守护文化之根魂，当然会对栖身的土地有情怀，但更在于甘肃古老深厚的中国传统文化资源，他对这片土地的热爱不由自主地体现在治学中，他不是狭隘的地方主义者，而总是以理服人，分条缕析讲出甘肃文化甘肃精神甘肃人的优秀特异之处。他首倡黄河文化甘肃段应定位于"河陇文化"，在学界引起关注。第六个情结是敦煌情结。敦煌市是甘肃一个不大的城市，但敦煌属于全世界。他在力推"华夏文明传承创新区建设"工程中，深深意识到敦煌文化的世界意义，这也是促使他提出"敦煌哲学"的动力源之一。他近年多次到敦煌，反复进莫高窟，并由此爱屋及乌，为敦煌的各项事业发展出谋划策，作为全国人大代表曾多次以建议、发言、新闻发布的方式为敦煌文化大繁荣、再振兴鼓与呼。他不是把敦煌文化当作普通的地域文化，而是作为世界文明演进中一个独特的文化样板，这其实是站在人类文明的本质属性及其演进规律上思考问题的。范老师第七个也是最重要的情结是百姓情结，或者叫百姓情怀。他是最没有架子的领导，最谦逊的学者，是社区居民的知心人，是全省各地亲切的"范老师"。这当然与他是真正的共产党人有关，也与他三次下乡当过农民、当过县长助理、干过扶贫工作，时刻体验着民间冷暖有关。

　　范老师首先是一位信仰坚定、人格纯粹的共产党人，对党的大政方针总能提出自己的深刻理解和独立见解。他的平民做派、民主风格、百姓情怀都源于此。同时，他是中国传统文化熏陶出的君子，这是他内在的精神底色。君子坦荡荡，理解他的超达洒脱都不能离开君子这个维度。他对冯友兰先生的精神定位是"一代文化托命之人""四通八达的冯友兰"，反过来可以准确用在描述他自己身上，前者是人格志向，后者是能力构成。由此范老师在自身理想人格的塑造中向往并践行仁者气象，不求无过于世，但求不愧己心，对进退、毁誉都待以平常心。他是一位真正的师者，传道授业解惑，也不怕别人说"好为人师"，大有唐朝韩愈和私淑之师张岱年直道而行之风。他之所以能够在各方面取得成就，一言以蔽之是"把人当人，把事当事"。他待世界以暖，在学理上又下足了功夫，真正践行着厚德载物与自强不息的君子人格。

　　范老师的学术成果非常多，而且仍在有序释放，选择尺度难以把握。本书一方面坚持学术标准，尽量不选学术价值不明显的成果；另一方面，对范老师早年的学术成果也选了几篇，用现在的眼光看，学术观点未必成熟，但有助于读者了解他学术思想发展的历程。有关宏观宗教学的思考，虽然成果也不少，论文发表级别也很高，但由于种种原因，只列提纲，内容没有收入，在此只能忍痛割爱，感兴趣者可以直接去找原文。

　　鉴于此，本书在择取范老师学术论文和栏目设置时，集中在四个方面：第一部分是他的学术立身之本，即中国哲学的研究成果，有专论也有通论，包括他对中国传统文化创新发展的研究；第二部分是他对冯友兰哲学的研究成果，奠定了他在国内稳固的著名专家地位；第三部分是他的学术原创性贡献，敦煌哲学的研究成果；第四部分是马克思主义基本理论的路向，元哲学问题的学术探讨，重大现实理论关怀，有的虽然具有明显的时代性特征，但选取的应当是当时具有前瞻性且今天看具有恒久性价值的成果。

范老师在法定意义上已经退休，但作为真正的人文学者却越来越成熟。他真正的角色是一位思想者，所有的一切学术贡献都可以在这个角度得以解读。有人公开评价他是理论家、思想家，被他坚决拒绝，他的精力分散在很多事务上，他开辟的研究领域都值得重视，许多问题的研究还有待于继续深入展开。他青年时代用功学问，中年时期大量精力被行政事务所占用，没有时间下笨功夫，很多问题点到了，但还没有来得及充分展开、精深加工。尤其相比较其他学者，他必须在短时间内综合众多观点，圆融通达，反而使精专性受到伤害。好在一切经历皆为学问，今后他完全有可能集中精力，在自己的研究领域取得新的突破。

为了深耕敦煌哲学，范老师从敦煌学的基础抓起，深入莫高窟内，认认真真观察研究，又老老实实请教敦煌学的相关专家，写出了扎实的论文，发表在《敦煌研究》上，丝毫看不出懈怠与放松。他曾喜欢引用孔子"君子不器"的名言，也曾在我硕士毕业论文答辩会上严肃追问"朝闻道，夕死可矣"的真义。问题的向度本身表明追求的方向，作为一名真正的向道者，我更看好范老师退休后的学术创新。因此，本书的编选者，仅仅是记载目击范围内一位思想者的现有景象，相信他更好的学术成果会持续问世，我们不妨拭目以待。

此书主要由我与范老师商议选编，全部书稿都经范老师本人审阅和终校，在成书过程中，范老师的学生连振隆博士、李新潮博士认真参与书稿校对，他们的帮助与范鹏老师的指导使本书的质量有了可靠的保证，在此，作为编选者，我一并表示谢意！

"何处是归程，长亭更短亭。"范老师在《道通天地·冯友兰》书跋中所引的诗句用在这里或许十分恰当。

《陇上学人文存·范鹏卷》(第九辑)

作者：成兆文

刘天怡

刘天怡先生是我国著名的经济学、经济史学、人口学教授及翻译家。曾任中国"美国经济研究会"副总干事长，"外国经济学说研究会"副会长，甘肃人口学会会长，计划生育协会副会长，教育部学位评审组成员，九三学社甘肃省委秘书长。前不久我赴兰州大学参加了纪念刘天怡百年诞辰的系列活动①，聆听了刘先生生前同事、旧交及学生对其为人、为师、为学的高度评价。从人们对一位逝去多年的学者的真情吐露，感受到先生道德文章的影响力，感叹良多。恰好"陇上学人文存"丛书需要一篇介绍性的文章，特写出来，权作这样的一个说明。

一

刘天怡先生，四川筠连县人，1914 年 3 月出生于一个贫民家庭，五岁丧母，九岁时过继给伯父。伯父是老同盟会员，在其资助下，先生接受了良好的基础教育。1936年考入南京国立中央大学经济系，1937 年抗战爆发后，随校迁入重庆，师从著名经济学教授白瑜先生。白瑜（1898—1990）是湖南华容县人，在长沙第一师范读书时，与

①2014年5月30日，兰州大学召开座谈会、举办系列学术专题讲演，纪念刘天怡教授百年诞辰。(见有关报道:http://jjxy.lzu.edu.cn/ArticleShow.asp?ArtID=158&ArtClassID=2)

毛泽东主席同校。两人一起参加了反军阀的"护校运动"和"驱张运动"，后又合伙开办文化书社。毕业后，白瑜赴新加坡任小学教员，因创办《南洋评论》被殖民当局驱逐。1923年年底返回广州，参加黄埔军校的筹建活动，后任黄埔军校校长办公室秘书，负责整理蒋介石的讲话文稿。1926年赴苏联留学，任莫斯科中山大学学生自治会监察委员，与蔡和森往来密切，对时年16岁的蒋经国照顾有加。1927年秋回国后，因有不做官的家训，一直在大学任教。1934年赴欧美考察进修，1936年获美国德克萨斯大学经济学博士，即回国到南京中央大学任教。白瑜在教学中，善于把西方的经济理论与解决中国的现实问题联系起来，与中国古代经济思想的代表人物特别是荀子的学说联系起来，主张富国强兵、抗日救亡。他的人品学问，使刘天怡大受裨益。1941年刘天怡以优异的成绩毕业，留校任助教。之后又在白瑜的指导下，致力于财政金融研究，曾受聘于国民政府财政部金融研究委员会，任研究员。1947年春在《大公报》发表"根治目前经济危机的方策"一文，其中提出币制改革的主张。同年8月赴美留学，就读于丹佛大学经济学院。1948年获硕士学位，即入美国威斯康星大学经济系攻读博士学位。当中华人民共和国成立的消息传到大洋彼岸后，先生毅然放弃即将完成的博士学业，怀着报效国家的赤诚之心，于1950年年初回到祖国。受到时任政务院总理兼外交部长周恩来的接见，由此奠定了他一生追随中国共产党的思想和感情基础。

1950年夏，先生进入设在北京的华北人民革命大学政治研究院学习，同年冬结业，报名赴兰州大学任教。从那时到1992年去世，先生一直在大西北的这所高等学府工作。历任兰州大学经济系副教授、教授，人口理论研究所所长，校学术委员会副主任，学位评定委员会副主席。

在大西北工作生活的四十多年间，刘先生虽然受到多次政治运动的冲击，屡屡被迫中断正常的教学与学术研究活动、更改研究方向，但他始终以一个学者所特有的执着与胸怀，自强不息，独树一帜，在每一个新的研究领域，都能够作出开拓性的贡献，令同代学人赞叹不已。先生的教学活动所包含的知识极为丰富，曾先后讲授过"经济学原理""货币与银行学""外国经济史"等八门课程。他是我国"外国经济史"学科的开拓者之一，是中华人民共和国第一批在该学科取得学位授予权的经济学家，并为我国培育出首批外国经济史硕士。先生教学方法独特，以启发式、示范式为先导，主张最大限度地调动学生独立思考的能力。他虽为著名学者，但对学生如朋友。他将教书与育人有机地结合起来，视品德修养高于知识修养，常以"宁可德大于才，不可才大于德"教导学生。他本人更是这一理念的积极实践者。

二

刘天怡先生学贯中西，既有扎实的中国传统文化修养，又接受过系统的西方经济学教育与研究训练。其教学与研究领域跨度大，涵盖范围广。主要涉及以下五个领域：

第一个领域是当代西方经济学。20 世纪 40 年代末在美留学期间，刘天怡先生就打下了坚实的西方经济学学术功底，接受了当代经济学研究的系统训练。1950 年回国之后，虽面临日益严厉的思想改造，但先生未曾削弱他这方面的研究兴趣。他是中华人民共和国成立后，最早在当代西方经济学研究方面获得重要成果、在学术界具有话语权的学者。在宏观经济学方面具有深厚的知识积累，对凯恩斯经济学具有独到的研究。20 世纪 50 年代在国内经济学权威刊物发表的《凯恩斯经济思想批判》（《经济研究》1957 年第 6 期）长文，代表了新中国经济学研究在那个时代的一流水平，引起国内外同行专家的普遍关注，提升了兰州大学经济学学科在全国经济学院系的地位和影响力。

第二个领域是外国经济史。刘天怡先生是中国"外国经济史研究"的开拓者之一，早在 20 世纪 50 年代就参与了这个学科的建设。他最先提出把外国经济史作为一门独立学科体系来研究的主张，并以精辟的见地、独特的思辨方法论证了外国经济史的研究对象，阐述了他所首创的外经史体系，受到学术界的广泛关注。先生的代表作《外国经济史的研究对象和体系结构》（《兰州大学学报》1979 年第 2 期），系"文革"后首个探讨学科建设体系的论作。该文创造性地提出了一种学科体系分类方法，即历史分期和国别经济史有机地整合的方法。发表后曾引起较大的学术反响。专著《外国近代经济史》（甘肃人民出版社 1992 年版），则按照他本人提出的体系，做了有益的探索。该书尚未出版时，即以油印本形式在国内数所大学被列为教学参考资料，产生了很大的学术影响。正式出版后，即被教育部评定为全国高等院校优秀教材。

第三个领域是人口资源环境学。他是我国西北人口学研究的发起者之一，创办了兰州大学人口理论研究所及《西北人口》杂志，并出任第一任所长兼主编。其代表作《大西北的开发与移民》，以资源环境约束视野看待区域移民问题，在 1984 年北京"人口与发展"国际学术讨论会上以中英两种文字发表后，受到中外人口学家的关注和高度评价。而《谈谈美国发展经济时期的人口政策》（《经济研究》1981 年第 10 期）等文章，则是先生试图用比较方法研究人口问题的成果之一。刘先生特别注重理论联系实际，1983 年 4 月，他根据甘肃农村发展和扶贫工作的需要，专门组织老师和学生前往会宁县进行调查。经他修改审定的调查报告《会宁县人口与经济发展途径的初步研究》发表后，受到国务院"三西"（即甘肃河西、定西地区和宁夏西海固地区）建设领导小组及甘肃省委、省政府领导的高度评价，成为"有水的地方走水路，没有水的地方走旱路，水旱都不通的地方另找出路"的指导思想产生的理论源泉之一。先生在陕甘宁青诸省组织的多项人口调查，包括少数民族人口调查，对于政府决策层有关西北人口资源环境协调发展的战略与政策的形成，亦产生了重要的影响。

第四个领域是中国古代经济思想史。这多半基于其扎实的古汉语功底和在中国历史经典文献研究上的知识积淀。这个方面的著述如《孔孟经济思想批注》《韩非子经济思想资料》《管商荀韩经济思想资料选注》等，足以显示先生在这个领域的造诣。而应著名经济学家许涤新邀约为中华人民共和国第一部《政治经济学词典》所撰写的《龚自珍经济思想评价》《魏源经济思想评价》等词条，则代表了同领域研究的最高水平。

第五个领域是外国经济理论译著。50年代初，为了掌握当时国际理论界对凯恩斯研究的最新动态，刘先生翻译了不少资料。其中有美国共产党主席 W.Z.福斯特所著的《为反对凯恩斯而战斗》，此文原载美国《政事》月刊1955年8月号，译文一万多字。由美国人约瑟夫·吉尔曼所著的《凯恩斯评介》，此文原载美国《科学与社会》季刊1955年第2期，译文发表于《学习译丛》1956年第9期，全文一万七千字。还有美国人玛丽·罗丽丝所著的《经济危机被控制了吗》，此文原载美国《政事》月刊1955年6月号，译文一万六千多字。甚至在"文革"期间，刘先生刚刚从"牛棚"被放出来，除了继续写交代材料，他不能写别的东西，还抽空翻译了《近20年欧洲经济概况》一书，这本书是根据联合国欧洲经济委员会编辑出版的《20世纪50年代初到70年代初的欧洲经济》（1972年纽约版）一书摘译而来，约二十万字。1982年8月，为了解决国内人口学教材不足的问题，刘先生不顾68岁高龄，亲自担纲，组织翻译了美国人口资料《人口手册》（国际版）及人口学家威廉·彼得逊著的《人口学》一书。一年后完成，对于我国刚刚起步的人口学研究和计划生育工作，具有很大的借鉴和指导意义。

上述多个领域的学术研究成果，本书仅收录了其中一小部分。选编主要考虑了两方面的因素：一方面是先生的研究在国内具有一定开拓性，或者说首创；另一方面是代表了那一代海归拔尖学人中西兼容的学术水平。按照这两方面因素取舍所选出的成果，归入了三个系列，分别为学术论文、著作节选，以及译著精选。三个系列构成本书三个部分。

三

以改革开放30多年之后的眼光来看，收入本书的多数论著都有一个明显的特征，这便是对西方社会制度和经济思想的否定与批判。比如关于凯恩斯经济学的评价，即持批判的态度。贯穿于国内欧美近现代经济史学界的一种思想，是对资本主义制度的否定与批判，进而是对构成这种制度基础的市场经济制度的全盘否定和批判。

以今天的眼光来看，尤其是在市场经济体制得到普遍认同的大环境下来看，把市场经济体制和资本主义搅在一起，进而全盘否定，很难获得普遍认同。但必须明白，这种特征多半系刘先生那一代学人生活的时代特征，可谓一种"时代烙印"。随便翻翻当代中国社会科学研究史，便不难发现，不仅是在50—60年代左的意识形态愈演愈烈的时期，即便在改革开放最初的十多年间，市场经济、西方经济学也一直受到批判与排斥。只是到了1992年之后才发生了大的转折，市场经济不再被视作洪水猛兽，西方经济学不再被视为异端邪说。这里的一个大背景是邓小平"南方谈话"，以及之后的中共"十四大"。前者拨乱反正地为市场经济体制正了名，后者正式提出"有中国特色的社会主义市场经济"概念，并将其确定为我国经济体制改革的目标。

可以这样去看，改革开放之前，甚至直到1992年之前，中华人民共和国经济学研究者始终难以绕过的一个思想禁锢，就是对当代西方经济理论与现实不能用一个肯定的字，必须全盘否定。学术界难以摆脱的一种为文程式是，论及当代西方理论须先行批判一番，否则，再好的见解也难以发表，即便发表了也可能受到批判。刘先生的许多论著恰恰是那个时代写就的，自然难以摆脱时代的那些烙印。

然而透过这些应景应时的形式外衣，依然可以感悟到先生深厚的学术功底，严谨的治学态度，以及独特的治学方法。比如对于凯恩斯经济学原理的阐释，理解上非常到位，抓住了凯恩斯就业利息与货币通论的核心，见解独到。行文上围绕一个主线层层展开，大气磅礴，一气呵成。撇开那个时代流行的一些批判词语，依然不失为一篇思想深刻的佳作。最值得肯定，且以今天的眼光来看也不算过时的地方，要数刘先生对于凯恩斯经济学几组关键变量及其彼此联系的把握上。我们知道，凯恩斯经济学的核心思想，是认为有效需求不足是导致资本主义市场经济发生衰退的主要原因，描述有效需求不足与经济衰退因果联系机理的关键变量是所谓"三大心理规律"：分别为消费偏好、资本边际效率和流动性偏好。凯恩斯认为，正常情形下前两个变量会趋于收缩，后一个变量会趋于扩张，三个变量的合力作用导致整个社会的消费和投资需求不足，进而引出就业机会萎缩。后者又导致收入减少，需求进一步收缩，由此形成一种恶性循环的机制，导致整个经济系统陷入不能自拔的混乱之中。刘先生对于这个机制的描述，先理出两组变量，分为"自变量"和"因变量"，以这两组变量的因果联系为线索展开，这在理论上，无疑是个创新。此外，关于凯恩斯经济政策将导致的后果，尤其是无法遏制的财政规模扩张，同时也难以摆脱周期性经济危机，则极富预见性。这也得益于他多年坚持学习和自觉运用马克思主义的理论和方法。令人扼腕叹息的是，这样一篇无论在政治上还是在学术上都有极高价值的文章，在当时特定的历史环境下，仍然受到批判，由此中断了国内经济理论界对西方经济学的推介和研究。这种情形，同马寅初先生当年提出人口论的遭遇，大有相似之处。

刘先生在外国经济史学科体系建设方面，立意高远，跳出了苏联教科书的窠臼，综合了经济学和历史学两个学科的视野，将经济学和历史学方法论有机地结合在一起。其中在印度经济史研究方面，具有开拓性，填补了国内那个时代的研究空白。在英、法、德、美及日本近代经济史的论述中，也有许多精辟独到的见解。至于 80 年代后在人口学方面的研究，则秉持了学以致用的精神，顺应了改革开放初期西部地区特别是少数民族地区人口政策制定上的理论需求，使兰州大学人口理论研究所勃然而有生气，1987 年被联合国人口基金会确定为中国西部人口研究中心。也只有在这个时期，是他一生的学术追求过程里，最舒心畅意的时候。

四

作为刘先生的"入门"弟子，没有资格对先生文论评头论足，所能做的仅是将先师生前所发表的重要著述归类。借着这个机会，想要说的是我和先生的师生缘。

1980 年我考入先生师门下读研，1982 年留校任教，1992 年亲历先生逝去。前后追随天怡老师 12 年。其间先是作为学生接受其耳提面命授业两年，后为同事兼助手，接班本科教学工作，与先生共事整 10 年。不仅与刘先生结下了深厚的师生情谊，而且和师母白朝莼女士，他们的子女们都形成了宛如亲友的关系。实际上读研之前随"七七级"同学读本科期间，就曾上过先生的外国经济史课程，领略过先生的风采。这样我和刘先生的关系，是由远及近而达于亦师生、亦同事、亦亲友的境地，学术上算是先生的"嫡传"了。提及先生，想说的话很多，这里仅就先生为人为学略述一二。

十几年师生情谊，先生给我的印象可归纳如下：其为人可谓谦谦君子，其为师践行了因材施教、激励创新的现代教育理念；其道德修养多半基于修身齐家治国的传统儒家思想。学界常言，做学问须先做人。说到做人和为人，先生践行了儒家所谓君子之道，仁、智、勇兼具，以仁人之心待人。这点放在先生身上恰如其分，相信凡是认识刘先生的人都会有这样的印象。先生宽厚大度，常以手书"心底无私天地宽"自勉而勉人。有件事足以为证。他自 1958 年因发表在《经济研究》的那篇学术文章遭受批判，甚至还牵扯到中华人民共和国成立之初回国一事，也被作为值得怀疑的问题，一直纠缠不休。到"文革"结束，前后 20 年间可谓历届政治运动的老"运动员"，屡遭批判甚至侮辱，和个别同事当有不少恩怨。我们读书时就曾听别的老师提及，但从未听他本人透露过点点滴滴。对曾打过他的学生，也很宽容。论其智，确有不惑的君子美德。不跟风整人，可谓大不惑耶！先生表面看上去像柔弱书生，但内在有勇者的素养——"勇者不惧"。何以为证？中华人民共和国刚成立他就中断在美学业，毅然弃学回国。在华北人民革命大学接受短暂的革命教育之后，竟然选择了条件相对甚至绝对艰苦的大西北，挈妻携子来兰州大学。面对那样艰苦的条件毅然决然，无怨无悔，把一生献给了兰大，献给西北的教育事业。此诚可谓勇者也。

仁、智、勇之外，先生最让人敬佩的美德可谓不争。我读研和留校工作期间，去系里替先生办事，时有不顺，亦不乏刁难者，和先生说起，他往往一笑置之，摆摆手，说算了，算了！特别是到了80年代，西方经济学理论开始成为大学经济学教学内容之后，作为中华人民共和国第一代西方经济学大师，国内许多学校和学者邀请他去讲学或合作编写教材，但他却没有去争取这一方面的名誉和地位，而是按照学校的选派，转入人口学的开拓领域。孔子说，"君子不争"，这句话用在先生身上，再贴切不过了。

先生为师，把西方教育精神和儒家理念有机地结合在一起。西方理念是什么？英文权威词典对"教育"（Education）一词的解释就是很好的脚注。《朗文当代英语词典》上说，教育是这样一种过程：一个人通过指导尤其是学校的正规指导与训练，使其思想和个性特点得以开发。说明白点，教育就是开发与培养人的个性特点的过程，其要义在于开发差异化的人才。这和国人的一般说法相左，而与孔子的说法相通。国人一般的说法，可在汉语大词典上找到，那里说教育就是教书育人。崇尚所谓德智体全面发展，暗含着培养无差异产品的意向。实践中往往扼杀着人的个性特点，也有悖孔子的理念。曾子所篆《大学》录孔子语录开篇就说："大学之道，在明明德，在亲民，在止于至善。"博大学问的道理，在于彰显人的心灵深处早已存在的灵气和美德。我们每个人，只要能考上大学，心灵深处原本就有灵气和美德的，教育和老师的宗旨，当是帮助你发现你原本就有的灵气的特点，成就个性化的才能。现在回头看，刘老先生就是这种理念的践行者。当年我们读研期间，他特别注重抓基础知识和基本技能训练，在研究方向和研究选题上则鼓励我们自己去探索，且要求每个人都博学多闻。他本人在教学和学术研究之余，亦写有大量诗词佳作，书法有"雪松之体"。而今回味，这恰是在践行个性化的教育，也是在实践所谓因材施教。得益于先生这种教育，师门几人选题各异，创新精神得到激励。后来在工作中，个个学有所长，都在各自的工作岗位上，有一定的贡献。这一点，是我们今天可以告慰于先生面前的。在我看来，诸凡大师一级的知名学者，有的是生前即有名，有的是身后更有名，刘天怡先生当属后者。

《陇上学人文存·刘天怡卷》（第四辑）

作者：赵　伟

刘家声

市场取向改革的积极倡导者和推动者
——刘家声先生学术思想及学术事迹

刘家声先生长期从事经济学的教学与研究工作，是当代著名的经济学家，尤其是他对社会主义市场价格理论的研究独树一帜。他学风严谨，善于在实践中形成、发展和坚持正确的意见，崇尚"唯实"的学术理念，敢于向权威观点和传统观念挑战。刘家声先生的学术品德和学术成就在国内外学术界产生了一定的影响。

一、崇尚"唯实"，善于向实践学习的"学人"

刘家声（1936—），湖南阳人，兰州大学经济学教授、博士生导师。1958 年毕业于兰州大学经济系，留校任教后又进修于中国人民大学经济系，先后在兰州大学经济系、马克思主义科学系（现为马克思主义学院）工作，曾任兰州大学马克思主义科学系系主任，并历任兰州大学文科学术委员会副主任、兰州大学校务委员会委员、《兰州大学学报》（社会科学版）副主编。同时，曾兼任《中国经济科学年鉴》编委、中国政治经济学（社会主义部分）研究会理事、中国价格学会理事、全国农产品成本与价格研究会常务理事、甘肃政治经济学（社会主义部分）研究会会长、甘肃省价格学会副会长、西北大学经济管理学院兼职教授等职。刘先生硕果累累，出版的著作主要有《政治经济学》《社会主义市场经济理论概要》《社会主义市场价格新体制》《市场经济与价格改革》《乡镇企业经营管理》《刘家声文集》等8部，发表有全国影响的论文有《对"计划第一、价格第二"提法的商榷》《制定农产品价格必须考虑级差地租因素》等70余篇。曾获首届薛暮桥价格研究奖[①]、中国价格学会优秀价格论文奖、甘肃省社会科学优秀成果一等奖、甘肃省高等学校优秀教材一等奖等多项奖项。由于刘先生在经济学术理论上的建树突出，曾以"在理论学术上有相当权威、有代表性、有声望"的特邀代表身份，参加中共中央委托中宣部等举办的"纪念党的十一届三中全会十周年理论讨论会"。由于刘先生对高等教育和经济学研究的突出贡献，他荣获国务院颁发的政府特殊津贴。

实事求是、理论联系实际是马克思主义的灵魂。作为一个经济学家，刘先生不仅熟谙经济理论，也特别重视向实际学习，十分重视调查研究，对社会经济实际有较深了解。他认为在学校工作的人，如果脱离实际，容易患"营养不良症"，因此，必须善于向实践学习。从20世纪50年代末起，在长达几十年的时间里他深入基层工厂企业和农村社队参加实践进行调查，他的足迹几乎踏遍甘肃的每个地区。他深入省、市实际经济管理（计委、经委、农委、商贸、财政、物价、金融等）部门调查研究，参加它们召开的工作会议和调研活动，特别关注宏观、中观、微观的经济统计数据的搜集。正是建立在长期积累的资料基础上，使他在论文写作中，不仅能引经据典，更能引证大量一手调查资料。他常说："社会科学离开了社会就不成科学。"在研究工作中，他崇尚"读书不唯书、尊上不唯上、重在唯实"的理念，敢于和善于接触现实中的重大问题，敢于向权威观点和传统观念挑战。

20世纪70年代末到90年代，正是中国经济突破计划经济的束缚、逐步走向市场化的重要历史时期，为经济学家提供了广阔的舞台。中国每一项改革措施和政策出台，都与经济学家的理论探索和建言献策密不可分。刘先生身处西北边陲，依据对我国经济存在问题的深入研究以及对工矿企业和农村长期的调研分析，站在经济学研究和改革开放的理论前沿，对社会主义经济理论与实践、商品经济和市场经济体制、价格理论与市场价格机制、农产品价格、区域经济发展等问题进行了深入研究和探讨，尤其对社会主义市场价格理论的研究独树一帜。这一时期，刘先生积极参与当时重要的经济理论、经济改革方面的探讨和争论，参加了国内关于经济改革和发展重要研讨会并发表意见。他在经济体制改革方面的研究尤其是价格改革研究对当时改革开放的实践产生了一定影响。

刘先生学风严谨，朴实无华，认真求实，不断创新，善于在实践中形成、发展和

[①]此奖为我国价格学术领域最高奖。

坚持正确的观点。刘先生注重从实际出发，力求每一观点都建立在实实在在的调研基础之上。他始终把理论与实际密切联系在一起，深入进行实地调查研究，在实践中不断深化理论研究，使理论切实地促进实际工作。刘先生既是市场取向改革的坚定倡导者，又是积极推动者。他提出了推进经济体制改革的大量具体措施，受到了政府和经济界的高度重视，其中不少意见被采纳，为推进改革开放事业作出了应有的贡献。

刘先生不畏权威和体制束缚，独立思考，思想深邃、学术操守高尚，堪称后辈楷模。在马恩经典原著成为学术界的思维定势的年代，刘先生认为，经济理论必须与现实思考相结合，书本理论是前人或同时代人的思考成果，而社会一直向前进步，如何与时俱进地把握时代发展的进程和规律性，是经济学家的责任。

二、质疑"计划第一，价格第二"的经济学界第一人

计划与市场的问题是经济体制的核心问题。20世纪50年代，毛泽东同志在《读苏联〈政治经济学教科书〉的谈话》（1959—1960年）中，提出："我们是计划第一，价格第二。当然，价格问题是我们要注意的。"此后，"计划第一，价格第二"成为长期指导我国经济工作的一项重要原则。改革开放前我国实行的是以指令性计划为特征的高度集中的计划经济体制，企业"产、供、销"的经济运行，"人、物、财"的资源配置，全部由国家统一计划调节和配置，产品价格也由国家统一规定，不论盈亏必须执行。在当时中国意识形态中，"计划经济等于社会主义，市场经济等于资本主义"是金科玉律。然而，就是在这个背景下，刘先生率先突破意识形态的束缚，质疑"计划第一，价格第二"。

改革伊始的1979年年初，"刘家声就对于传统计划经济下'计划第一，价格第二'的提法和做法提出尖锐的批评"[1]。刘先生在《对"计划第一，价格第二"提法的商榷》一文中运用马克思主义价值规律理论对"计划第一，价格第二"提出质疑，认为这种提法在理论上含意不清、自相矛盾，实践上导致轻视价值规律及价格的作用，给国民经济发展带来了不良后果，助长了经济工作中的官僚主义、命令主义、瞎指挥。刘先生指出其理论根源盖出于斯大林所谓价值规律只在流通领域起"调节作用"，而在生产领域则不起"调节作用"，只有"影响作用"的论断；刘先生依据大量调研资料，强调价值规律不仅在流通领域，而且在生产领域起调节作用。

根据甘肃省1976年农产品成本的调研资料，在对定西县和陇西县的四个生产队党参和小麦的种植成本进行分析后，刘先生发现，由于对党参的计划价格规定过高，种党参比种小麦纯收益高21倍，造成党参生产的盲目发展，党参实际种植面积相当于计

①张卓元、刘学敏:《论争与发展:中国经济理论50年》,云南人民出版社,1999年,第285页。

划的 3 倍，导致当年甘肃党参积压，迫使对党参采取降低收购价格的措施。在对兰州灯泡厂实地调查后发现，生产大灯泡和小灯泡利润不同，以致造成市场急需的小灯泡供不应求，而大灯泡则库存积压。依据调查结果，刘先生认为："在我们计划工作过程中，违背这个或那个客观经济规律而失算的事，是时有发生的。"刘先生在论文中还列举了大量调研资料，论证在"计划第一，价格第二"的体制下，农产品价格不合理，严重影响了农业发展。文中列举 1977 年棉花、大麻购量只及 1959 年的 1/2，木耳、生漆收购量分别为 1956 年和 1957 年的 1/3，黑瓜子、辣椒干甚至只及历史最好水平的 1/8 和 1/10。

刘先生指出，正是由于价格与计划脱节导致工农业产品剪刀差偏大，农业长期发展缓慢，造成农业与工业两大部门不能协调发展。[①]刘先生明确提出应取消"计划第一，价格第二"的提法。

1979 年 4 月，中国社会科学院经济所和国家计委经济所等举办的全国价值规律理论讨论会在无锡召开，薛暮桥、孙冶方、刘国光等全国著名经济学家云集，会上就价值规律及价格与计划经济的关系、计划经济与市场经济能否结合等问题进行了激烈争论。刘家声向大会提交了《对"计划第一，价格第二"提法的商榷》一文，文章质疑"计划第一"，对轻视价值规律和价格作用的僵化体制，进行系统尖锐的批评，实质上矛头直指传统计划经济体制。刘先生强调，价格是市场经济运行的核心，市场经济就是按等价原则进行交换的经济。论文强调价值规律和价格的作用，就是强调市场的作用，论文不仅引用经典著作对"计划第一"进行理论批驳，还引证了大量的调查资料，有理有据，引起与会专家的普遍关注。

由于此文涉及的问题理论和实际意义重大，被中国社会科学院内刊《未定稿》（1979 年第 31 期）选用刊登，并送中央领导参阅。同年商业部《调研资料》（95 期）加按语转载。这篇论文在学术界引起了广泛的影响，著名经济学家薛暮桥先生在有关会议上对文中的观点给予肯定。著名经济学家卫兴华教授高度评价此文，认为是在我国经济学界最早从理论与实践的结合上系统地进行分析与评论并否定"计划第一，价格第二"提法的优秀论文，对突破长期在我国起指导作用但不利于生产发展的传统思想有积极作用。1998 年，这篇论文获得我国价格学术领域最高奖——首届薛暮桥价格研究奖。

[①] 刘家声《对"计划第一，价格第二"提法的商榷》。"据有关方面计算，在 1979 年提价以前，农产品的价格低于价值约为 25%~30%，工业品的价格高于价值约为 15%~20%，这就严重地影响了农业生产的发展和农业计划的完成。"

三、坚定地为价格体制市场化改革张目

价格体系的改革是整个经济体制改革成败的关键。[①]在我国市场化改革逐步深化进程中，刘家声先生对社会主义价格体制改革和社会主义市场价格体制进行了系统研究，形成了自己独特的价格理论体系。在价格改革引起社会波动和质疑时，刘先生坚定不移地主张继续深化价格体制改革，建立社会主义市场价格体制。同时，他还对我国农产品价格、粮食价格改革等提出许多建议和设想，引起了决策层的重视，部分观点得到采纳。

1.肯定社会主义存在级差地租，为农产品价格改革提供理论依据

1980年10月，刘家声先生撰写了《制定农产品价格必须考虑级差地租的因素》一文，公开质疑以著名经济学家许涤新[②]为代表的否认我国存在级差地租的观点。

计划经济时期，当时理论界和学术界主流观点认为在社会主义条件下农产品价格应取决于中等土地（或社会平均）的生产条件，而不应由劣等地的生产条件来决定，我国已不存在级差地租。以此为理论依据，在制定农产品收购价格时，"一直是以中等土地，具有中等经营管理水平的社队的平均成本为依据"，导致农业发展缓慢，农民温饱长期得不到解决。刘先生根据1977年我国耕地级差构成情况以及兰州市五区收入情况[③]指出，由于土地等级的不同和土地有限所引起的土地经营垄断的存在，因此级差地租是社会主义社会客观存在的经济范畴。

刘先生认为是否承认存在级差地租直接关系农民的收入和温饱问题。在对甘肃临夏、张掖、平凉、定西等地的调查点调查后发现，即使1979年农产品提价后，平凉和定西调查点的农民种植小麦仍亏损。刘先生一针见血地指出，在我国劣等低产耕地占相当比重（40%）的情况下，以中等土地的平均成本为定价的依据，势必造成农民"亏本种田"。由于价格低于成本，导致"生产靠贷款，生活靠救济"，"也严重地影响农民收入的提高"。刘先生认为这是关系农民温饱的迫切问题："农民终年劳动，入不敷出，身背债务，这难道不值得我们深思吗？"

1980年11月，全国农产品价格理论讨论会在镇江召开，刘家声向大会提交了上述

---

① 参见《中共中央关于经济体制改革的决定》(1984年)，决定指出:价格是最有效的调节手段,合理的价格是保证国民经济活而不乱的重要条件,价格体系的改革是整个经济体制改革成败的关键。

② 许涤新先生是我国著名经济学家,时任中国社科院经济研究所所长、中国社科院副院长等职。在其所著《论社会主义的生产、流通与分配——读〈资本论〉笔记》(人民出版社1979年版)一书中否定级差地租。

③ 刘先生对甘肃省酒泉、庆阳、临夏、定西四地的土地肥度进行比较分析,发现1979年条件较好的酒泉地区小麦平均亩产是干旱缺水的定西地区的4倍多。对1979年兰州市五区(城关区、安宁区、西固区、白银区、红古区)农民收入比较后发现,离市区越近,农民收入越高。因此,土地肥度、土地距离市场远近以及追加投资的差别都是客观存在的。那些垄断着优等土地的生产队,就能生产出更多的产品,创造更多的价值。

论文并在大会上发言，引起了很大反响，先后有包括《光明日报》在内的六家全国性报刊和出版社予以评论、转载和收辑。[①]

当时正值国家专门成立国务院价格研究中心，为价格改革做准备，这篇文章受到该中心的重视，其按劣等地经营成本为定价依据的观点，被该中心汇集的《关于农产品定价依据和成本的不同意见》摘录；同时，该中心提出的《关于改革价格体系和价格管理办法的初步设想》（1983 年 1 月）中也肯定了农产品定价应以劣等地经营成本为准。国务院原价格研究中心副总干事杨鲁先生评价该文"是我国开始改革后最早提出农产品的价格形成应以劣等地合理经营的成本为主要依据的优秀论文"，它"为我国农产品、矿产品价格改革阐述了理论依据，也为价格改革方案的设计提供了参考依据"。由于所提出观点的重要性和广泛影响，这篇论文获中国价格学会首届优秀价格论文奖（1987 年）。

1981 年，当时的国家物价总局农产品价格司负责人提出在确定和调整农产品价格时，应当按社会平均的产量、费用、劳动报酬来确定农产品的定价成本[②]，这实质上仍否定存在级差地租。刘先生撰写了《农产品价格形成应以劣等地合理经营的成本为主要依据》，提出了商榷性的意见，认为作为农产品定价依据的社会成本，应当是由耕种劣等地、具有中等经营管理水平的生产单位的成本来决定，农产品定价应以此为主要基础。此文进一步深化和补充了《制定农产品价格必须考虑级差地租的因素》一文的观点，提交 1982 年 2 月召开的中国价格学会理论讨论会，随后发表在《价格理论与实践》（中国价格学会和国家物价总局所办的刊物）1982 年第 2 期，被《经济学文摘》1982 年第 6 期转载，产生较大社会影响。[③]

2."小步前进"深化粮食价格改革

粮食价格改革是农产品价格改革的重要构成部分和基础。1979 年至 1985 年，国家大幅度地提高了粮食收购价格，粮食产量大幅提高，但也引发了对粮食生产和粮食价格的不同看法。在此背景下，刘家声先生向 1986 年中国价格学会年会提交了《我国粮食收购价格必须逐步提高》[④]一文，文中肯定了"六五"期间国家大幅度地提高农副产

① 此文随后发表在《农业经济问题》(1981年第1期)上。《光明日报》在1981年3月22日第三版头条对该文作了介绍。《经济学文摘》1981年第1期又摘要刊载。1982年在中国农业出版社出版的《农业经济论丛》2中收辑，1983年中国社会科学出版社出版的《农产品价格论文集》和1984年《甘肃省社会科学论文选》中收辑。程恩富主编的《现代政治经济学教学案例》(上海财经大学出版社2003年版)、广东工业大学编写的《马克思主义政治经济学原理》选作案例。并被部分高校列为农业经济、价格专业等的学习参考文献。

② 杨方勋:《试论我国确定与调整农产品收购价格的依据》,《价格理论与实践》1981年第3期。

③ 此文还收入新望主编:《改革30年:经济学文选》,生活·读书·新知三联书店,2008年。

④ 原题为《关于我国现行粮食收购价格水平的研究》。论文发表于《中国经济问题(1986年第5期)，中国社科院财贸经济研究所、国务院经济社会发展研究中心编辑部《成本与价格资料》(1986年第10期)摘载,《湖南物价》、《甘肃粮食工作》转载。

品收购价格的积极作用，同时，针对 1985 年粮食收购实行"倒三七"固定比例价（三成按原统购价，七成按超购加价）政策，使得粮价下降、粮食减产，提出了批评。并且，从当时粮食收购价格水平明显偏低、农业内部种粮比较收益偏低、农产品成本上升、粮食供求变动的长期趋势等五个方面，论证了我国粮食价格水平仍偏低，必须逐步提高。对所谓我国粮食出现了"低水平相对过剩""我国人均粮食已达到世界平均水平"的观点进行了批评，提出应采取"小步前进的办法"，继续逐步提高粮食价格。这篇论文对我国粮食价格改革有重要的现实意义，论文发表后，多家报刊转载，产生了较大的反响。

3.坚持市场取向的价格改革

20 世纪 80 年代中期，我国进行了一系列的价格改革，引发了物价上涨和社会波动，对此有人提出质疑。刘先生撰写了一系列文章，如《必须改革不合理的价格体系和价格管理体制》（《兰州大学学报》社会科学版 1985 年第 2 期）、《中国式社会主义价格的特征》（《兰州学刊》1983 年第 3 期）和《在价格理论和实践上必须破除不合理的旧观念》（《价格信息》1985 年第 1 期），坚定不移地主张继续深化价格体制改革。针对当时有人认为目前提高农副产品价格的步子太快、幅度太大，刘先生指出提高农副产品价格的决策是正确的，由于农副产品提价，引起连锁反应，对整个物价水平的上涨虽有影响，但绝不是物价上涨的根子。引起物价上涨的根本原因在于财政赤字、货币发行量过大。

1985 年年初，刘先生在兰州市物价系统干部大会上作了题为《在价格理论与实践上必须破除不合理的旧观念》的报告，指出为了保证经济体制改革的进行，必须破除旧观念，确立符合新体制、适应生产力发展客观要求的新观念。要"四破四立"：破除把"稳定物价"当作物价只能长期固定不变的观念，树立价格要随价值和供求的变化而变化的观念；破除"计划第一，价格第二"的观念，树立计划必须以价值规律为基础，把计划和价格统一起来的观念；破除忽视供求的观念，树立重视供求的观念；破除把"国家统一定价"单一化的观念，树立多种价格形式并存的观念。

伴随价格改革的深入，我国价格改革的目标由解决价格扭曲问题发展为造就新的价格形成机制，使价格成为调节经济的手段。"用市场定价体制代替行政定价体制"，逐步放开国家定价，并向市场价格机制靠拢。当时采取了过渡办法，放开一部分产品价格，暂时保留一部分计划价格，即双轨制。诺贝尔经济学奖得主斯蒂格利茨曾说，中国实行的双轨价格是由统制价格转向市场价格的"天才的解决办法"。但是，价格双轨制带来了经济秩序的混乱，滋生了腐败。1988 年 6 月，为打破"价格双轨制"，国家制订价格改革方案，实施"价格闯关"，引起大规模的银行挤兑和抢购风潮，当年零售物价总指数比上年上升 18.5%。[①]政府紧急停止了"价格闯关",实行全面"治理整顿"。至此,轰轰烈烈的"价格闯关"搁浅了。

在此背景下,刘先生仍坚定地支持市场化的价格改革。在 1991 年撰写的《关于价格形式分类问题的理论思考》[②]一文中,刘先生回顾了改革以来我国对价格形式分类及其称谓的变化、发展过程。1982 年国家规定的三种价格形式是"国家定价""国家规定范围内的企业定价""集市贸易价"[③];1984 年改为"国家统一定价""浮动价格""自由价格"[④]1986 年又改为"国家定价""国家指导价""市场调节价"三种价格形式[⑤]。刘先生认为从价格形成来说,不仅"市场调节价"要反映市场机制,而且"国家定价""国家指导价"都要利用市场机制;现行的价格称谓会导致误解"国家定价","国家指导价"属于计划调节一块,"市场调节价"则属市场调节一块。为反映价格的市场性这一商品经济中价格的共性,现行的"国家定价"和"国家指导价""市场调节价"的名称,应分别改称为"国定市场价""指导性市场价""自由市场价"为宜。这篇文章讨论的是价格形式分类问题,实质是在强调价格的市场属性,强调价格必须市场化。

4.社会主义市场价格理论体系形成

1992 年我国启动了新一轮价格改革,到 1993 年春,在农副产品收购总额中,90% 已经放开;在生产资料销售额中,85% 已经放开。即使西方市场经济国家,政府管理的价格也有 20% 左右。可以说商品价格已全面放开,但生产要素市场价格改革滞后,对已放开商品价格的管理仍存在许多问题,市场定价的机制还没有完全真正形成,价格改革的目标并没有完全达到。这一时期,刘先生发表了《我们如何放开价格——对"管住货币、放开价格"的几点看法》[⑥](1993 年)、《论新的价格体制下国家对价格的直接管理和间接管理》(1993 年)、《论社会主义市场价格体制》[⑦](1994 年)、《企业定价在社会主义市场经济中的地位、特征和作用》[⑧](1995 年)、《深化价格改革,促进经济增长方式的转变》[⑨]等在全国有影响的多篇论文,形成了自己独特的价格理论体系。

[①]据《中国物价年鉴》记载,1988年是我国自1950年以来物价上涨幅度最大的一年,全年零售物价总指数比上一年上升18.5%。

[②]该文收入何建章主编:《中国经济改革与发展的理论思考》,兰州大学出版社,1992年。

[③]参见1982年7月国务院发布的《物价管理暂行条例》第三条。

[④]参见《中共中央关于经济体制改革的决定》(1984年)。

[⑤]参见《关于第七个五年计划的报告》(1986年3月)。

[⑥]该文刘力为第二作者,《兰州大学学报》(社会科学版)1993年第1期,获甘肃省第四届社会科学优秀成果一等奖。

[⑦]此文是1994年递交全国高校社会主义经济理论与实践研讨会的论文,收入冯子标主编的《当今中国经济学八大理论热点》,山西人民出版社,1994年。

[⑧]发表于《价格信息与研究》1995年第5期。

[⑨]该文朱智文为第二作者,《兰州大学学报》(社会科学版)1996年第4期。

值得一提的是，在《我们如何放开价格——对"管住货币、放开价格"的几点看法》一文中，刘先生指出"放开价格"只能作为价格改革的主体模式，不能囊括价改的全部内容，属于非竞争性市场的价格仍需国家不同程度地参与，应该宜放则放，宜管则管。并提出放开价格，仅管住货币还不够，还必须综合运用多种调控手段。中国社会科学院经济研究所戴园晨先生评论："'管住货币、放开价格'是我国理论界中影响颇大的一种关于深化价格改革的思路，论文对这一思路提出独立的分析和意见，是一篇有分量的佳作。"该文获甘肃省社会科学优秀成果一等奖。

1995年刘先生出版了专著《社会主义市场价格新体制》。该书对我国已经进行的价格改革进行了理论概括，系统论述了社会主义价格新体制的内涵和形成过程，书中对建立市场价格体制的必要性、市场价格体制的基本框架、市场价格的形成及运行机制、商品和服务市场价格、生产要素市场价格、国际市场价格、对市场价格的宏观调控等进行了系统分析和研究。至此，刘先生关于社会主义市场价格理论体系初步形成。[①]

在这本专著中，刘先生勾勒了社会主义市场价格体制的基本框架，即：市场形成价格为主、价格引导企业、企业自主定价、国家宏观调控和全面价格监督。他提出和论述了市场价格机制的经济关系的规定性，市场价格机制是市场经济的核心。它之所以处于核心地位，就在于市场价格是市场经济主体和各种社会成员经济利益的集中表现和体现，价格升降涨跌直接关系各经济主体和社会成员利益的消长。所以市场机制实质是利益机制，是以利益机制作为经济发展的基本驱动力。他认为，社会主义市场经济体制的建立发展，要求我们建立新型的社会主义市场价格体制，这是对原有计划价格体制的彻底变革。市场价格体制和计划价格体制实质性的区别在于价格形成机制根本不同，即由指令性计划价格模式转变为以市场定价为主体的新的价格形成机制和运行机制，即使是国家定价，也必须反映商品价值和市场供求关系的变化。著名经济学家张卓元曾评价指出："《社会主义市场价格新体制》一书，对如何进一步建设社会主义市场价格体制提出了许多有益的建议和设想，是一本理论联系实际的学术力作。"该书获得甘肃省社会科学优秀成果一等奖。

四、市场化改革的积极倡导者和宣传员

1.坚持市场取向改革不动摇

20世纪90年代初，我国价格改革失利、经济发展速度明显下降，东欧剧变与苏联解体给人们带来了巨大的震撼和困惑。当时，不少人对改革开放开始持怀疑态度，甚至出现"姓资姓社"的诘难，有的经济学家认为1988年的通货膨胀等问题是因为市场取向这一错误的改革路线所致，经济改革必须坚持计划经济为主体，市场调节为补充。

①刘学敏:《社会主义市场价格体制的新展示——评刘家声教授的新作社会主义市场价格新体制)》,《价格理论与实践》1995年第10期。

市场经济姓"资"还是姓"社"是困扰当时经济学界乃至中国经济发展的难题。

1991年5月，中国社会科学院经济所主持在兰州召开"中国经济改革与发展理论思考"研讨会，这是党的十四大之前经济学界的一次重要的研讨会①，就当时经济体制改革的方向选择和推进方略等问题进行了充分讨论。在会上，涉及我国经济体制改革方向问题的选择，有三种不同的观点，即"计划取向改革论""计划—市场双向改革论""市场取向改革论"。与会学者就此各抒己见，展开了热烈的争鸣和讨论。刘先生自始至终参与了会议的筹办工作，是计划与市场专题小组的召集人之一，他坚定地主张市场取向改革，被推选在大会发言，他说:市场经济既不姓"资"，也不姓"社"，是姓"市"；与资本主义私有制结合就是资本主义市场经济，与社会主义公有制结合就是社会主义市场经济。刘先生明确指出，我国改革的取向只能是建立社会主义市场经济体制。与此相适应，我国也只能建立社会主义市场价格体制。关于这次会议的情况《经济学动态》②曾先发表研讨会综述，继而《经济研究》③则发表了中国经济改革与发展的理论思考研讨会《纪要》，该《纪要》后又收录入何建章主编的《中国经济改革与发展的理论思考》（兰州大学出版社1992年版）一书中。

2.为市场化改革鼓与呼

1992年年初，邓小平发表南方谈话，随后党的十四大明确提出建立社会主义市场经济体制的战略目标。中国市场化改革道路明确后，刘先生不仅撰写了一系列文章，对社会主义市场经济体制进行理论探讨，而且四处奔走，宣传市场经济。发表了《社会主义的商品经济与社会主义市场经济》《社会主义市场经济及其意义》《由计划经济为主、市场经济调节为辅到社会主义市场经济的确立》《社会主义市场经济的几个问题》等论文。1992年3月，刘先生在一次理论研讨会上指出④，"只承认商品经济，而不承认市场经济，只承认我国是有计划的商品经济，而不承认是社会主义市场经济，这是羞羞答答的商品经济论者，是半截子的商品经济论者，是不彻底的商品经济论者"。他先后为甘肃省委常委中心学习组、甘肃省教委高校理论课研讨班等单位作了多场关于市场经济的辅导和报告。根据培训干部学习社会主义市场经济理论的需要，受中共甘肃省委领导的委托，刘先生组织有关人员编写了《社会主义市场经济理论学习纲要》，由中共甘肃省委宣传部编印，供省内处级以上干部内部学习参考，在宣传普及社会主义市场经济理论中发挥了积极作用。

①此会由中国社科院经济所和甘肃省体改委、甘肃省发展研究中心、兰州大学、甘肃省社会科学院联合主办。
②罗德明:《贯彻"双百"方针，繁荣经济科学——中国经济改革与发展理论思考研讨会综述》，《经济学动态》1991年第10期，第6—9页。
③《关于我国经济体制改革与经济发展若干问题的理论思考——"中国经济改革与发展理论思考"研讨会纪要》，《经济研究》1991年第11期，第16—23页。
④发言题目为《社会主义的商品经济与社会主义的市场经济》，收入《社会主义经济理论研讨会论文集》。

在此期间，刘先生发表了《农业统一经营的概念辨析》（《兰州大学学报》社会科学版 1993 年第 4 期，人大报刊复印资料《农业经济》1993 年第 12 期转载）①、《我国社会主义初级阶段的基本经济制度》（《兰州大学学报》社会科学版 1998 第 1 期，人大报刊复印资料《社会主义经济理论与实践》转载）、《社会主义市场经济理论是毛泽东商品经济思想和陈云市场思想的继承和发展》《兰州大学学报》社会科学版 1999 年第 2 期，报刊复印资料《社会主义经济理论与实践》1999 年第 6 期转载）②等多篇论文，引起了学术界的关注。

五、默默耕耘，桃李满园

刘家声先生不仅是著名的经济学家，而且长期执教于兰州大学，把一生的心血都奉献给了西北地区高等教育事业。刘先生 1958 年大学毕业以后，先是在经济系任教，主要担任《政治经济学》（社会主义部分）的教学工作。1983 年后，主要担任全校文科硕士研究生和理科博士研究生的《马列主义经典著作选读》课程的教学工作，并招收指导硕士和博士研究生，从事社会主义经济理论与实践以及价格的教学研究工作。

20 世纪 80 年代初，他曾先后有机会调到国家轻工业部和国务院价格研究中心工作，也有机会调到甘肃省其他单位从事行政领导工作，但他热爱教育，始终坚守在兰州大学，因工作成绩优异曾获评"兰州大学先进工作者"和"兰州大学优秀教师"。

遵照党中央坚持和发展马克思主义、建设一支"富有创造精神的马克思主义理论队伍"的号召，根据西北地区马克思主义理论人才缺乏的实际，在他的积极倡导和努力下，国家教委（教育部）批准兰州大学设立马克思主义基础专业，经学校批准正式成立"马克思主义科学系"，专门培养马克思主义相关理论人才，为马克思主义学科在兰州大学的发展奠定了基础，这在西北地区居于前列。

作为一名高校教师，刘先生看到，随着我国商品经济的发展及市场化改革的深入，大多沿袭苏联政治经济学教科书内容的高校经济学教材，已完全不能适应改革开放后我国经济社会发展的需要，编写新的经济学高校教材迫在眉睫。为此，他主编了《政治经济学》（资本主义部分）和《政治经济学》（社会主义部分）（甘肃人民出版社 1986 年版），后者在体系上打破了从公有制起始的传统框架，转而从经济体制展开论述，以社会主义商品经济作为贯穿全书的主线，突出了改革开放的内容。著名经济学家周叔莲研究员当时曾评价该书"是一部反映我国社会主义建设的理论新著，有不少创新和独到见解"。在甘肃省的干部正规化理论教育中及部分高等院校马列主义理论教学中，作为基本教材使用，累计发行 40 余万册，受到北京、天津、陕西、宁夏、青海、甘肃等地专家及广大干部的好评。20 世纪 90 年代，社会主义市场经济体制确立后，刘先生主编了《社会

①该文系与钟翔飚合作。
②该文系与禹健合作。

主义市场经济理论概要》（经济管理出版社 1994 年版），被多所高校作为教材使用。

刘先生在教学岗位默默奉献近五十年，桃李满园。几十年后的今天，许多弟子已经成为行业和部门的中坚力量，尤其是在高等教育领域，学生遍及北大、北师大、浙大、兰大等高校，有些已经成为学术带头人，继续延续着刘先生热爱的经济学事业。刘先生的许多学生仍清楚地记得在刘先生家中，听先生讲授经济学理论与实践、分享刘先生的研究心得、课后再品味湖南腊味成为许多学生的美好回忆。刘先生善于在学生中营造民主的学术气氛，用"比较法"进行启发教学，他不仅介绍公认的或主流的观点，也介绍其他非主流观点，逐一评析，加以比较，与学生共同探讨，鼓励争鸣和创新，鼓励发表不同看法，以此启发学生开阔视野，独立思考，在继承前人成果的基础上勇于创新。从教学一线退下后，刘先生仍与许多学生保持密切联系，交流和探讨中国的改革与发展。前不久，刘先生在谈及当下的经济改革时，提出中国的市场化改革可归结为"一小步、三大步"。"一小步"就是改革开放之初，开始重视价值规律的作用，提出"计划经济为主、市场调节为辅"；"三大步"的第一大步是 1984 年中共十二届三中全会，通过《中共中央关于经济体制改革的若干决定》，确立了社会主义经济是有计划的商品经济；第二大步是 1992 年中共十四大，正式确立建立社会主义市场经济体制，使市场在资源配置中起基础性作用；第三大步是 2013 年中共十八届三中全会，提出要全面深化改革，经济体制改革是全面深化改革的重点，要使市场在资源配置中起决定性作用。在场学生对刘先生与时俱进的学术思想无不钦佩。

刘先生的研究领域、学术追求以及教学科研活动都与改革开放和人民生活息息相关。刘先生在研究中，注重学以致用，深入社会经济生活中获取实实在在的调研资料，把建立中国特色的市场经济体制和改善人民生活尤其是贫困地区人民生活，作为研究的出发点和目标。

刘先生的贡献不仅在于对社会主义经济学理论的探索，更在于对中国经济改革实践的影响。从刘家声先生 20 世纪 70 年代末的学术生涯出发，可以勾勒出中国经济市场化改革的方向。刘先生留给后辈的不仅是对市场化改革的贡献，更在于他那份独立思考、直言不讳的知识分子风骨。

《陇上学人文存·刘家声卷》（第三辑）

作者：何 苑

（此文经刘家声先生阅后，北京师范大学刘学敏教授、甘肃省社会科学院朱智文研究员、兰州商学院张存刚教授、甘肃省机关事务管理局王素军主任等提出了宝贵意见，在此致谢。）

周述实

  周述实先生 1945 年 1 月 30 日生于陕西省丹凤县，1969 年毕业于兰州大学数学系。大学毕业后，曾在中学和中等师范学校任教。1980 年通过全国统一考试录入甘肃省社会科学院从事经济研究工作。先后任甘肃省社会科学院经济研究所副所长、所长，甘肃省社会科学院副院长、院长，研究员。为享受政府特殊津贴专家、甘肃省优秀专家，曾任中国数量经济学会常务理事、中国区域经济学会理事、甘肃省经济学会副会长、甘肃省劳动学会副会长、兰州大学区域经济学博士生导师、甘肃农业大学区域经济学硕士生导师。

  改革开放催动了我国经济的快速发展，社会科学研究在我国经济快速健康发展过程中发挥了十分重要的理论指导作用。周述实先生作为西北地区长期关注研究区域经济发展的经济学家，将全部的精力和时间投入了西北地区，尤其是甘肃的经济发展研究中。周述实先生务实的研究态度、扎实的理论功底、前瞻的研究成果为甘肃省乃至西北地区经济发展作出了重要贡献。

  周述实先生长期从事区域经济学和数量经济研究，学术成果丰硕。主持国家哲学社会科学基金项目、国家软科学项目、甘肃省哲学社会科学基金项目、甘肃省软科学项目以及地方部门、企业委托项目 60 余项，在国家、省级出版社出版学术专著 13 部；在国家、省级以上刊物上发表学术论文 160 余篇。多次应邀参加国际性及全国性区域经济学术研讨会，提交论文及演讲文章 20 余篇，其中部分观点被相关部门和单位采纳，并产生了良好的社会效果。先后获得甘肃省科技进步奖 5 项、甘肃省社会科学政府奖 4 项。

周述实先生在经济研究领域孜孜不倦深耕的同时，还长期担任所、院领导职务。在周述实先生任职期间，甘肃省社会科学院经济研究领域，其他社会科学研究领域都人才辈出，硕果累累。同时，周述实先生在甘肃省区域经济研究学科建设、人才队伍培育等都作出了卓越的贡献。

一、西部地区区域经济研究的先行者

区域经济学是研究和揭示区域与经济相互作用规律的一门学科，至今已有近 180 年的历史。自 20 世纪 60 年代以来，西方国家、东欧和苏联掀起了区域经济学研究的热潮，我国则直到 80 年代后才开始区域经济学方面的研究工作。

20 世纪 80 年代开始的改革开放中，随着我国由计划经济逐步向商品经济、市场经济的过渡发展，地区间的发展不平衡愈发凸显。西北地区的经济虽然取得了长足的发展，但是发展速度与东部沿海地区的差距越来越大。周述实先生较早地发现和关注这个问题，在《中国西北地区经济发展差距的原因分析》（《数量经济技术经济研究》1990.12）中谈到的"西北地区（包括陕西、甘肃、青海、宁夏、新疆五省区）属于中国西部不发达地区。改革开放后的西北地区的经济虽然取得了长足的发展，但是与东部发达地区日益扩大的差距引起了人们的普遍关注"。如何加快西部地区经济发展，缩小与东部沿海发达地区的差距，不仅是国家和西部地区政府部门关注的主要问题，更是理论研究人员需要研究和解决的重大课题，区域经济发展研究显得极为迫切和重要。周述实先生自 20 世纪 80 年代初从事经济研究工作以来，敏锐地捕捉到了区域经济研究的重要性和迫切性，运用深厚的数量经济学功底开始了长达二十余年的西部地区区域经济发展研究，取得了丰硕的研究成果，在西部乃至全国区域经济发展研究领域有着重要的学术地位。

（一）西北地区经济发展有着清晰的阶段性

西北地区是我国农耕文明的发祥地之一。在 19 世纪中叶发端的中国近代化进程中，西北地区的发展历经曲折和坎坷。20 世纪 50 年代初到 70 年代末，高度集中的计划经济体制（以下简称为传统体制）推动了西北地区工业化的初兴。1978 年党的十一届三中全会开启的我国改革开放进程，推动西北地区进入经济体制转轨、产业结构变革的新阶段。

在《重建西北经济的支撑点》（兰州大学出版社，2001）一书中，周述实先生分析西北地区经济发展的轨迹，认为西北地区经济发展的历史久远，可上溯至三代。自

那时以来的三四千年的漫长历史中，周述实先生将西北地区的经济发展大体划分为三个阶段：第一个阶段是 19 世纪 60 年代以前，农耕经济由初兴到鼎盛再趋于衰落；第二个阶段是 19 世纪六七十年代到 20 世纪 40 年代末，近代化因素曲折缓慢地成长；第三个阶段是从 20 世纪 50 年代初开始步入工业化进程。但在第二个阶段中，西北地区的经济仍以传统的农耕经济为主；在第三个阶段中，以 1978 年为界，则经历了两个不同的体制。因此，研究西北地区经济发展的历史，实际上可分为三个时期，即 1949 年以前的历史时期；1950 年到 1978 年的传统体制时期；1978 年以来的改革开放时期。

历史上西北地区的发展。西北地区是中华民族的一个重要发祥地，也是中华农耕文明的源头之一。到 1949 年中华人民共和国成立时，西北地区工业总产值只有 5.12 亿元，仅占工农业总产值的 15.60%；其中青、宁、新三省区的工业总产值还不足 1 亿元；各省工业总产值占工农业总产值的比重最高的为甘肃，也仅为 18.80%。整个西北地区，还处于经济凋敝的农业社会之中。

传统体制时期西北地区的历史地位与经济发展。1952 年，我国以实施第一个五年计划为开端，步入社会主义工业化进程。"一五"时期，在国家确定的 156 项重点建设项目除军工项目以外的 120 个项目中，安排在西北地区的共有 15 项。整个"一五"期间，西北地区全部基本建设投资总额占全国的比重为 11.52%。由此奠定了西北地区作为全国能源、原材料工业基地的基础。从 20 世纪 60 年代中期开始的"三线"建设，是西北地区继"一五"之后的第二次建设高潮。在进行"三线"建设的"三五""四五"期间，国家对西北地区的基本建设投资总额，占全国基本建设投资总额的 11.65%。"三线"建设的重点，是发展能源、交通、国防军工和机械电子工业。由此进一步推动了西北地区能源、原材料工业的发展，同时确立了西北地区作为全国石油化工、有色金属、水力发电等能源、原材料基地的地位；传统体制时期，高速扩张的工业成为推动西北地区经济增长的主要动力。

传统体制时期我国在推进工业化的过程中，实际上实行的是区域均衡战略。实施这一战略的目的之一，是要改变旧中国遗留下来的严重失衡的生产力布局。区域均衡战略的集中体现，就是国家经过在财政上"统收统支"的体制，对各个地区进行大体均等的投入。基本上扭转了 50 年代初期全国经济，特别是工业偏集中于沿海的格局，这也正是传统体制的巨大功绩。但是，地区均衡发展战略也严重影响了我国经济健康发展，具体来说就是一方面严重地削弱了东部地区的自我发展能力，另一方面造成中西部地区难以形成自我发展能力而高度依赖国家的投入，从而挫伤了各个地区发展经济的积极性，形成整个国民经济发展动力的缺失。

区域非均衡战略与西北地区经济的发展。我国改革开放后区域非均衡发展战略的实施，促进了经济发展的基础条件好且有对外开放的有利条件的东部地区的快速发展，极大地释放了被传统体制均衡发展战略所抑制的经济发展潜力，从而使我国经济进入了以东部为增长中心和支撑点的高速增长新阶段。1978年到1995年，全国国内生产总值年均增长达9.89%，是传统体制时期的1.61倍；西北地区也同样如此，其国内生产总值年均增长9.23%，是传统体制时期的1.42倍。但是，西北地区是在刚刚结束了工业化初始扩张阶段之后步入改革开放进程的。在传统体制时期，西北地区未能形成持续发展的自积累能力。因此，国家投入强度的相对减弱，使西北地区难以形成像东部那样强劲的发展动力。这样，随着区域非均衡发展战略的实施，西北地区经济发展的势头与传统体制时期相比，就发生了逆转，即经济增长速度由过去高于全国和东部的平均水平，转变为低于全国和东部的平均水平。总之，改革开放以来，西北地区以高于传统体制时期的经济增长速度而快速发展，但另一方面，又与全国和东部地区的发展差距日益拉大，这就是区域非均衡发展战略条件下西北地区经济发展的一个重要特征。

周述实先生在《中国西北地区经济发展差距的原因分析》（《数量经济技术经济研究》1990.12）一文从人口增长、发展机制、产业结构等方面对导致西北地区与全国和东部发达地区经济发展差距扩大的原因进行了分析。认为这些因素的存在，也充分反映了中国西部不发达地区和东部发达地区在发展机制和产业结构成长机制等方面的差异，这些差异的弱化，意味着西北地区发展机制和产业结构成长机制的完善，也意味着西北地区经济发展差距的缩小。

（二）经济波动和产业结构低度化是阻滞西北区域经济发展的重要因素

在我国20世纪80年代的改革开放中，西北地区（包括陕、甘、青、宁、新5省区）的经济取得了长足的发展，但与此同时，与东部发达地区的差距却明显拉大。周述实先生《经济波动和产业结构低度化是阻滞西北区域经济发展的重要因素》（《甘肃社会科学》1991.3）认为，在20世纪80年代，导致西北地区与全国和东部发达地区经济发展差距扩大的原因是多方面的，形成这种态势的重要原因，一是区域经济增长过程中的波动性；二是区域产业结构的低度化。前者成为西北区域经济发展中的不稳定因素；后者则阻滞着区域产业结构的成长。这两个方面实际上是相互影响、相互联系的。西北区位现代经济的增长与国家资金输入的相关程度高，这种外部资金推动型的增长机制，使区位现代经济难以成为带动区域经济产业结构成长的依托，阻碍着非区位传统经济向区位现代经济的转化，从而导致区域经济中资源配置失调，经济效率低下。这些阻滞因素，反映了我国西部不发达地区和东部发达地区在发展机制和产业结构成长机制等方面的差异。这些差异的弱化，意味着西北区域经济发展机制和产业结构成长机制的完善，也意味着西北地区与东部发达地区经济发展差距的缩小。

（三）产业结构调整是西北区域产业政策的选择

在《重建西北经济的支撑点》（兰州大学出版社，2001）一书中，周述实先生研究西北地区经济发展的轨迹后，认为决定西北地区产业结构的因素有三：一是传统的农耕经济因素；二是传统体制因素；三是在改革开放中不断成长的市场化因素，西北地区产业结构就是在这三种因素的影响下成长的。自改革开放以来，市场化因素的影响日益增强，传统的农耕经济因素和传统体制因素的影响趋于减弱。但总的看来，西北及其各省区传统农耕经济积淀久远，传统体制影响深重，市场化因素成长滞缓，因而其产业结构表现出与这些因素相联系的特征：一是产值结构与就业结构严重偏离；二是农村工业化发展水平低；三是虚高度化。

周述实先生对西北区域产业政策进行了深入的研究，发现"六五"末期，我国西北地区正处在跨越低收入"门槛"向中等收入水平迈进的阶段，西北区域经济正孕育着产业结构新的变革和经济新的启动。在这一新的发展阶段，西北区域经济面临着区域经济病态运行机制等障碍。要想解决这个重要问题，进行产业结构调整是西北区域产业政策的首要选择。西北区域产业结构的调整，必须通过制定服从于国民经济宏观全局，符合西北区情，并能为西北各省区的经济发展提供指导意义的产业政策来予以实现。西北区域产业政策的基本内容主要包括产业结构政策、产业组织政策、产业技术政策，西北区域产业政策应着重于改善二元技术结构，形成能够推动企业技术进步，促进经济向集约化、质量型转变。通过这一产业政策的指导，西北地区将能够提高省区之间、城市之间、产业和企业之间专业化协作水平，发展联合与分工的基础上，形成既能发挥各省区优势，又能将这些优势合理组合起来，形成区域经济整体优势的产业结构体系。在这一结构体系中，第一产业将得到积极的发展，第二产业将是发展的重点，第三产业将得到长远的发展。这将是一个以有色金属、石油化工、能源、机械（包括电子）、建筑材料、轻纺、食品等工业组成主导产业群，资源配置较为合理，资源转换效率较高的产业结构体系，也是一个能使西北经济步入 21 世纪的产业结构体系。

（四）工业是西北地区经济发展优势

早在 20 世纪 90 年代，周述实先生就敏锐地判断 20 世纪末到 21 世纪初，开发、建设大西北将成为我国经济建设的战略重点。认为要迎接这一战略新时期的到来，西北地区从那时起就必须积极、稳妥地作好开发大西北的前期准备工作。正确认识并充分发挥西北地区的经济优势，把西北地区的工业发展建立在可靠的基础上，是开发建设大西北不可缺少的重要条件，应该成为研究振兴、发展西北地区经济的重要课题。

只有正确地认识西北地区的经济优势，才能制定正确的政策方针，使西北地区工业得到真正的发展。发展西北地区工业的方针应该是：发挥现实的经济优势，依靠能够得到直接利益的经济优势，积极为把潜在的经济优势变成现实的经济优势创造条件，建立与西北地区经济优势相适应的工业体系。发展西北地区工业的主要途径就是发展中小型工业企业。

二、为加快甘肃省经济发展研究作出重要理论贡献

作为甘肃本土的经济研究专家，周述实先生在从事经济研究的生涯中，一直把加快甘肃经济发展研究作为重点，研究成果也对甘肃经济发展发挥了重要的作用，得到了甘肃省委省政府的认可，被评为甘肃省优秀专家。

（一）对甘肃经济发展有充分的认识

周述实先生认为甘肃经济实际上是一种"双重封闭二元结构"《甘肃产业政策几个问题的思考》（《甘肃社会科学》1988.5）。以城市工业为主体的区位现代经济和以农业为主体的非区位传统经济，构成甘肃"双重封闭二元结构"的第一个层次。大中型企业为主的远辐射经济和地方工业的内向型经济形成甘肃"双重封闭二元结构"的第二个层次。甘肃区域经济的"双重封闭二元结构"，是我国西部不发达地区在其经济发展中的特有现象。它肇始于不发达地区经济初始扩张时期，在高度集中的旧体制下得到发展，在 20 世纪 80 年代，则成为中央导控与地方导控、计划调节与市场调节融合的障碍，使新的经济机制难以导入区域经济。

"双重封闭二元结构"使甘肃区域经济呈现为病态的运行机制。一是区位落差大，区位现代经济成为"孤岛经济"。二是区位现代经济与非区位传统经济之间，区位现代经济的大中型企业与地方小企业之间形成两个不良的循环。三是产业链缺损，使区位现代经济处于低技术水平上的超负荷运转状态。总之，甘肃产业结构尚处于低级、幼稚的水平，并未形成一个资源配置合理的产业结构体系。

周述实先生同时认为"六五"以来，甘肃产业结构的发展环境发生了新的变化，对甘肃产业结构的调整和重组，带来了新的挑战和机遇。其一，国际大循环战略将使要素倾斜更为加剧，但将推动甘肃传统产业进入第三次发展高潮。其二，甘肃资源开发难度增大，但西北地区的大规模资源开发，将巩固甘肃传统工业的地位，并对其发展产生新的启动。其三，区位断层的存在，增加了甘肃区域产业结构调整的困难，但在新体制中崛起的国家—地方集团化产业，将对区域内地方产业产生吸附效应，为建立合理的区位网络提供契机。

经过认真分析，周述实先生对甘肃产业结构调整提出了新思路，认为甘肃应以发展第二产业为重点，积极发展第一产业，相应发展第三产业，形成有可靠基础、服务

配套的资源—技术型产业群体。根据这一模式，甘肃区域经济将形成由有色金属、电力、石油化工、机械、建筑材料、轻纺、食品等工业组成的主导产业体系。通过产业结构政策、产业组织政策和产业技术政策的引导，在提高区域间产业间和企业间专业化协作水平、发展联合与分工的基础上，甘肃的资源优势能够最大限度地转化为商品优势和效益优势，形成具有甘肃特色的产业结构体系。

（二）对甘肃所有制结构改革较早地提出了对策

在《甘肃经济发展应有质量观》（《发展》1997.11）一文中，周述实先生认为在新旧世纪交替之际，甘肃与全国一样，面临着推动经济持续快速健康发展的历史性契机。对于甘肃来说，这一历史性契机集中地表现在党的十五大报告中所阐述的跨世纪时期我国经济体制改革和经济发展战略。特别是报告中对调整和完善所有制结构，加快推进国有企业改革等方面在理论上的新突破和新发展，给予所有制结构高度倾斜于国有经济，且国有企业改革至今尚未取得根本性突破的甘肃来说，廓清了思路，指明了方向。这些理论上的新突破和新发展，之所以为甘肃的改革与发展提供了新的历史性契机，乃是因为，自党的十一届三中全会以来，尽管甘肃在改革与发展方面取得了历史上所不曾有过的辉煌成就，但由于种种原因，形成了悬殊的落差。这种落差集中地表现在所有制结构的差异方面。其一，在推进甘肃所有制结构的变革中，根据本省所有制结构过于纯粹的实际，坚定地确立非国有经济的取向。其中包括，在国有经济内培育非国有经济的成长点；在传统体制外促进非国有经济的发展；促进国有经济向混合所有制乃至使其中一部分向非公有制经济转变；此外，在增长投入中，不再兴办国有独资企业。其二，甘肃应对单一地定位于国有制的所有制形式进行重塑，"努力寻找能够极大促进生产力发展的公有制实现形式"，其中包括股份制和各种股份合作制；促进劳动者联合和劳动者资本联合为主的集体经济发展。其三，甘肃在调整和完善所有制结构时，应把长期沿袭的国有经济增量扩张和机制复制，转变为提高质量，重塑机制，确立起"宁要少些，但要更精更好"的发展国有经济的质量观。其四，对于甘肃来说，这是优化国有经济战略布局，使资本以效率为取向进行重组，促进国有企业实现低成本扩张的大好时机。在这方面，应纠正资本"流动＝流失"等认识上的偏颇，"大胆利用一切反映社会化大生产规律的经营方式和组织形式"，在促进公有制实现形式多样化的进程中，使国有经济从大部分竞争性行业和中小企业中退出，以集中国有资本，并通过国有资本与民间资本和外资的多种形式的结合，培育和发展有较强竞争力和市场扩张力的企业集团，建立起一支能够在国内、国际市场上竞雄的主力军。最后，就甘肃的现实情况而言，则主要是如何解决国有经济在本省资源配置结构中占据空间过大、控制力过强的问题，这些，正是甘肃在落实党的十五大精神的过程中发挥创造性，开拓新局面的重要方面。

（三）系统深入研究甘肃非公有制经济发展

在我国市场取向的改革探索和推进市场化的进程中，非公有制经济的迅速崛起，成为我国经济发展中一支重要的推动力量。改革开放以来，甘肃非公有制经济快速发展，在甘肃经济发展中发挥着重要的作用。周述实先生十分关注甘肃非公有制经济的发展，在其主编的《转型成长中的甘肃经济问题研究》（甘肃人民出版社，2004 年）一书中，对甘肃非公有制经济发展的有利条件和抑制性因素做了深入系统的研究，探讨加快非公有制经济发展的有效途径。认为，首先，甘肃非公有制经济的发展历程与我国改革开放的进程密切相关。甘肃非公有制经济的发展轨迹，是我国市场取向改革的探索及市场化改革对非公有制经济的孕育、催化、推动作用的反映，也是甘肃逐步摆脱传统体制及其形成的思想观念的束缚，不断解放生产力的反映。其次，对甘肃非公有制经济的现状及其评价。改革开放以来，甘肃非公有制经济几乎是从零起步，从小到大；由涉足于以商业流通为主的少数几个经济部门，扩展到国民经济的大多数部门；由作为"公有制经济的必要的、有益的补充"，到成为"社会主义市场经济的重要组成部分"，经过 20 多年的发展，甘肃非公有制经济的发展规模和水平与改革开放初期相比，已不可同日而语。再次，对甘肃非公有制经济发展的障碍因素进行了分析。认为制约甘肃非公有制经济发展的因素和条件包括以下几个方面：一是"两难选择"与不良的"市场生态"的结构性障碍；二是生产要素质量差，资源配置效率低的要素资源障碍；三是低水平投资的积累能力障碍；四是资源配置的非市场因素干扰体制性障碍。最后，面对我国加入 WTO 和党和国家在世纪之交实施的西部大开发战略的历史性机遇，提出了加快发展甘肃非公有制经济的对策和措施。进一步解放思想、更新观念，排除对发展非公有制经济的思想观念束缚；新时期，促进甘肃非公有制经济发展要有新起点、新思路、新举措；针对甘肃非公有制经济的自身弱点，结合工业强省战略，选择非公有制经济发展壮大的正确方向；加大政策扶持力度，加快甘肃非公有制经济健康发展。

（四）对甘肃发展农业产业化经营的深入思考

农业产业化经营作为推动传统农业向现代农业转变的重要形式与途径，在我国受到了极为广泛的重视，甘肃也进行了积极的探索，并取得了显著的成效。在《黄土地上的绿色希望——甘肃农业产业化经营研究》（兰州大学出版社，1999 年）中，周述实先生认为尽管甘肃农业产业化的进程只是刚刚开始，处于尝试和探索阶段，但也显示出其推动全省农业和农村经济改革与发展的巨大作用，农业产业化经营是面向 21 世纪甘肃经济发展的"绿色希望工程"。同时，也应看到，甘肃农业和农村经济的商品化市场程度还比较低，在这一基础上起步的农业产业化经营因受到各种抑制性因素的障碍和制约，必然表现出幼稚、低级的特征。实际上，甘肃还处于社会主义初级阶段的低层次，特别是在农村，其经济形态还表现出浓厚的自给自足的小生产的特征。这种特征与农村经济积累不足，农民的组织化程度低，农户投资能力薄弱，农村现代经济要素，特别是资本、技术要素稀缺，农村劳动力资源文化技术素质低下等因素相联系，由此也必然形成阻碍农业产业化向深度和广度拓展的观念障碍、体制障碍、投入障碍、要素障碍及质量障碍。要排除这些障碍，就需要正确处理这些障碍所涉及或者导致产生这些障碍的一些重要关系。诸如，市场导向与政府指导之间的关系，渐进发展与跳跃发展之间的关系，农业产业化的积累机制的形成过程中劳动积累与其他积累之间的关系，在促进农业产业化一体化经营体系的成长过程中农业与其后向基础及前向延伸的关系，农业产业化组织成长中的组织类型及各类型组织之间的关系，农业产业化在培育县乡财源中的作用与财政、金融等支持条件之间的关系等等。所有这些，都对甘肃农业产业化的全面扩展和提高产生着重要的影响。

（五）较早研究加快甘肃民间投资发展

周述实先生早在2004年出版的由其主编的《转型成长中的甘肃经济问题研究》中对加快甘肃民间投资发展进行了深入全面的研究。周述实先生对甘肃民间投资现状和存在的问题进行了全面分析，认为改革开放以来，随着我国市场取向改革深化和对外开放的扩大，民间投资迅速发展，已成为我国资源配置中的重要组成部分。由于种种原因，甘肃民间投资的发展规模及水平，与全国特别是与东部地区存在着显著的差距。甘肃要推进西部大开发，加快全面建设小康社会的步伐，就必须充分动员一切社会经济资源，其中，聚集、扩大民间投资规模，提升民营经济的发展景气，就是不可或缺的重要方面。

改革开放之初，甘肃1978年到1980年的3年中，民间投资中仅有集体经济的投资，分别为403万、654万、798万元，3年合计为1855万元，仅占同期全省全社会固定资产投资的0.56%。1981年，个体经济开始进入投资领域，1994年，其他非公有制经济开始进入投资领域。在这一过程中，甘肃民间投资经历了1981—1984年的起步阶段，1985—1988年的奠基阶段，1989—1992年的调整阶段，到1992年以后，进入蓬勃发展阶段。对甘肃的民间投资现状，存在着以下特点：一是低起点、高速度、小规模；二是投资主体多元化且存在明显结构差异；三是投资来源结构多样化但投资能力弱；四是进入产业广泛但层次较低，地区分布广泛但高度集中；五是民间投资对经济增长产生了明显的拉动效应，但投资效益低。

新旧世纪之交，甘肃民间投资迎来了加快发展的新局面。党的十六大提出了到

2020 年全面建成小康社会的宏伟目标；同时，1999 年党和国家提出并实施西部大开发战略。甘肃要加快全面建设小康社会的步伐，必须下决心、求实效，壮大民间投资这一"短腿"。为此，甘肃必须坚持不懈地推进解放思想，更新观念，真正把人们的思想认识"从那些不合时宜的观念做法和体制的束缚中解放出来，从对马克思主义的错误的和教条式的理解中解放出来，从主观主义和形而上学的桎梏中解放出来"。要把"三个解放出来"转变落实为发展的新思路，改革的新突破，开放的新局面，各项工作的新举措。对于促进民间投资发展来说，这些新思路、新突破、新局面、新举措主要包括以下几个方面：一是转变政府职能，变管制型政府为指导服务型政府；二是推进体制和制度创新，为民间投资的发展营造良好发展环境；三是推进产业和区域开发的市场化，促进收入—积累的良性循环；四是必须规范投资市场秩序。

三、扶贫开发研究具有十分重要的理论和实践价值

甘肃作为西部欠发达地区，解决贫困地区的发展问题一直是甘肃的重中之重。周述实先生十分关注贫困地区的扶贫开发研究，竭力对贫困地区，尤其是老区的经济发展进行深入研究，提出有可操作价值的对策和建议。20 世纪 90 年代初，周述实先生通过深入调研庆阳地区的贫困问题，对以庆阳地区为代表的贫困老区存在的贫困问题归纳为"贫困综合症"，提出了以国土资源开发为手段的反贫困战略。庆阳地区经过长期努力，目前经济发展取得了长足的进步，发展的思路和路径，印证了周述实先生扎实的经济学研究功底和前瞻的经济研究实力（《庆阳老区反贫困战略研究》兰州大学出版社，1995 年）。

（一）创新提出庆阳老区"贫困综合症"

周述实先生将庆阳老区经济社会发展约束因素的综合效应归纳为"贫困综合症"。20 世纪 90 年代，庆阳地区农民家庭处于低收入和低消费，导致庆阳地区农民的生活贫困和生产贫困，严重制约了老区经济社会发展，形成了"贫困综合症"。主要表现在以下几个方面：一是资源、人口、环境的关系失调。从国土资源开发和整治的角度来看，资源、人口和环境的失调，给庆阳地区经济社会的发展造成了这样的恶性循环：环境封闭→资源配置效率低→资源质量劣化→人口分布结构和劳动力就业结构低度化→环境封闭……二是国土资源开发的边际报酬低与积累和消费不足。在庆阳地区，国土资源开发与社会再生产之间尚未形成良性循环，而是形成了国土资源开发的边际报酬水平低—积累、消费不足扩大再生产的推动力量乏弱—国土资源开发水平低的因果链。三是资源容量、经济容量与经济流量的比例关系失衡。开发的规模，由此形成的人均资源容量与人均经济容量、经济流量之间的较大反差，又导致了国土资源开发中的"资源开发程度低—经济容量小—经济流量小—资源开发程度低"的恶性循环。

　　认为庆阳地区国土资源开发形成的三个恶性循环，集中地反映了其生产和生活"双重贫困"的本质特征。这些特征，是前述的约束条件综合作用的结果，因此可以说是一种"贫困综合症"，这种"贫困综合症"，既表现为由低素质的人力资源及低度化的人力资源配置结构与劣化的环境之间形成的互为因果的关系，从而导致资源、人口、环境关系的失调；也表现为国土资源的粗放型开发与人口收入水平低之间互为因果的关系，从而导致社会扩大再生产能力的乏弱；还表现为国土资源赋存、国土资源开发和配置之间的转换能力弱，从而导致国土资源配置的低效率。因此，对庆阳地区来说，它所要解决的贫困问题，是由各种约束综合作用、原生性贫困与继发性贫困结合在一起、绝对贫困与相对贫困并存的"贫困综合症"。

　　（二）因地因时制宜制定老区反贫困战略

　　周述实先生认为加快庆阳地区的经济开发，打好扶贫攻坚战，必须从根治其"贫困综合症"出发，把国家和省上扶贫开发的各项政策及投入，与改善内部的环境、体制与结构结合起来，制定反贫困战略。这一战略，就是围绕脱贫致富奔小康的目标，制定阶段性的国土资源开发利用规划，明确不同时期的任务和措施，以求均衡而又充分地开发利用国土资源，形成以市场为基础的最优资源配置结构，以使老区人民通过国土资源的合理开发、有效整治和优化配置，最大限度地增进收益。首先，厘清了庆阳地区反贫困战略的内涵。20世纪80年代中期以来，庆阳地区的扶贫开发已取得了长足的进展，大部分贫困人口的温饱问题已得到初步解决。这是庆阳地区的干部、群众在国家、省上的各项扶贫开发政策及投入的支持下，在脱贫致富方面进行艰苦卓绝努力所取得的重要成就。但是，还应当看到，导致庆阳地区"贫困综合症"的各种内外约束条件仍然存在，扶贫攻坚战的任务仍十分艰巨，从老区经济社会发展所面临的内外条件及其变化来看，反贫困仍是老区开发的主题。这一主题的核心，就是立足于国土资源的有效开发和整治，促进老区脱贫和经济发展迈上新台阶的反贫困战略。庆阳地区的反贫困战略应确立为："固基础，启民智、强科技、兴产业、优结构"。其次，明确了反贫困战略的指导思想。立足于国土资源开发、整治和配置的庆阳地区反贫困战略，其指导思想是：面向市场需求，充分调动各种积极因素，发挥资源优势，合理开发资源，有效整治资源，优化配置资源，提高资源的利用效率、配置效率和转换效率，实现资源、人口与环境的协调，经济效益、社会效益与生态效益的有机统一，最大限度地提高区域经济实力和人民生活水平。再次，是确定了反贫困战略的重点。反贫困战略的"固基础、启民智、强科技、兴产业、优结构"的内涵，决定了其战略重点包括以下几个方面：一是以发展农业、交通运输和邮电通信、城镇体系为重点，强化国土资源开发、整治和配置的基础，建立反贫困的稳定机制；二是以发展科技教育为重点，开发人力资源；三是以培育地区工业化和农村工业化的主导产业为重点，对国土资源进行产业化、商品化开发。四是以协调人与环境、资源与市场的资源为重点，优化国土资源配置结构。最后，制定了实施"反贫困"战略的步骤。实施"反贫困"战略，应当在市场化进程中有序展开，其实施步骤可分为两个阶段：第一是稳定脱贫阶段。这一阶段大致是90年代初到"九五"中期，为时5~6年。这一阶段的目标是：使现有的贫困人口实现脱贫，走上温饱之路；使已经脱贫的人口达到稳定温饱；第二是发展阶段。这一阶段大致为"九五"中期到20世纪末21世纪初的5~6年。其目标是：区域经济由扶贫开发模式转变为发展模式，在基本消灭贫困、不断提高温饱水平的基础上，向小康水平迈进。

四、加强企业管理研究为企业发展服务

企业发展是推动经济增长的核心，加强企业管理，使企业健康快速发展一直是周述实先生的主要研究内容之一。具有代表意义的就是在20世纪90年代初主持完成了全国百家大中型企业之一兰州炼油化工总厂的调查。

1991年年初，由当代中国研究所牵头，与中国社会科学院工业经济研究所、科研局和中国企业管理协会共同组成百家企业调查领导小组。全国社会科学基金会也批准将百家企业调查列入"八五"重点项目。百家企业调查是中华人民共和国成立以来首次进行的大规模的企业调查工作，这次调查从不同行业、不同地区和不同类型的大中型企业中选定了100家企业，以使调查具有较充分的代表性。此次调查要求对企业的历史、现状以及内外部环境的各个方面和各种问题，都进行实事求是的描述和深入的分析。

兰州炼油化工总厂是列入第一批百家企业调查的企业，也是甘肃省唯一一家列入第一批百家企业调查的企业。周述实先生作为该书的主编，拟定了调研、写作大纲，对全书进行了统稿定稿工作，同时，还承担了部分章节的撰写工作。《全国百家大中型企业调查——兰州炼油化工总厂》（当代中国出版社，1994）对兰州炼油化工总厂的发展历程有着系统、全面深入的描述、分析，也是对我国炼油化工行业发展的系统总结，更是我国大中型国有企业发展历史的真实写照，有着极其丰富的学术和史料价值。

五、创办西部开发学术平台《开发研究》

周述实先生自从事经济研究工作以来，敏锐地认识到学术期刊对做好研究工作的积极作用，开始着手创办经济研究刊物，在甘肃省社会科学院领导和同事的大力支持下，1985年11月16日经甘肃省委宣传部批准，甘肃省社会科学院主办的《开发研究》杂志创刊。该刊物定位于旨在研究和探讨西部不发达地区开发和建设规律的理论刊物。《开发研究》是国内最早也是最集中地研究西部欠发达地区改革与开放、开发与发展的

理论问题和实践问题的经济类综合性期刊，由甘肃省社会科学院主管主办，国内外公开发行。

1994年，《开发研究》被评为甘肃省第一届社会科学类一级期刊，1997年被评为甘肃省第二届社会科学类一级期刊；多次入选北大中文核心期刊要目总览、中国人文社会科学核心期刊要览、中文社会科学引文索引期刊（CSSCI）、CSSCI扩展版、武汉大学"RCCSE中国核心学术期刊"；2007年、2009年被评为"中国北方优秀期刊"。在历年刊发的论文中有相当数量的论文荣获全国性和地方性专业学术团体以及政府部门的奖励。

周述实先生自《开发研究》创刊以来，长期担任杂志主编和编委会负责人，为《开发研究》的创办发展付出了大量的心血。

《陇上学人文存·周述实卷》(第七辑)

作者：常红军

李黑虎

　　李黑虎先生1946年2月出生于甘肃兰州一个普通职员家庭。自幼，李黑虎就有着强烈的求知欲，打入学起，一直是学校品学兼优的好学生。1964年，李黑虎先生如愿以偿地考入兰州大学政治经济学专业。进入兰州大学后，李黑虎先生以忘我的精神、如饥似渴地投入各门功课的学习中。其间，他不仅认真钻研马克思主义政治经济学的经典著作，还想方设法阅读了来自西方经济学家的专著。在此基础上，李黑虎先生展开了深层次的独立思辨。

　　1970年，李黑虎先生被分配到甘肃省临夏回族自治州的临夏县工作。一年后，被分配到马集公社任宣传干事。不久，又被调任县革委会办公室秘书。除起草县里的一些重要文件外，李黑虎先生的大部分时间是随县领导深入基层搞调查研究。这样的特殊经历，使李黑虎先生对中国社会的基本问题和基本矛盾有了更为深入的了解和认识。

　　1973年1月，李黑虎先生被直接"空降"到临夏氮肥厂主抓财务核算，之后，为加强刘家峡氮肥厂的经营管理，又奉调任该厂财供股股长。氮肥厂是化工企业，隶属重工业，麻雀虽小，五脏俱全。在这里，李黑虎先生参与了建厂、破土动工、设备安装、人员培训、经济核算、供应和销售的全过程，系统地掌握了企业管理的基本经验。六年的管理经验，也为李黑虎先生以后管理企业打下了坚实的基础。

　　1978年10月，李黑虎先生被省委宣传部从基层选调入甘肃省社会科学院经济研究所工作，并将工业经济和区域经济确立为重点研究方向。当时正值思想解放大潮汹涌澎湃之时，也正值计划经济向市场经济过渡的转型期，扎实的理论功底加上丰富的社会实践，让李黑虎先生在研究所的工作如虎添翼、游刃有余。李黑虎先生也因此迅速走上副所长、所长的领导岗位，以极大的工作热情与坚实的理论基础，积极投身于当代中国经济学的理论研究与实践工作中,带领甘肃省社会科学院经济研究所的同志，坚持经济理论研究与本省改革实践相结合，以中国西部不发达地区经济开发与发展的理论与应用问题为主的科研方向，积极发挥学科优势和人才优势，重点为本省的改革开放和现代化建设服务，逐步使经济所成为在省内外有影响、有特色、有实力的经济理论研究机构，并在全国地方社会科学研究领域，显示出一定的信誉和竞争力。

李黑虎先生在主持经济研究所工作期间，身兼行政领导和学术带头人，坚持理论与实践相结合，在经济理论问题和实践问题的研究中，取得了丰硕成果。出版专著、论文、研究报告 154 篇（本），累计 160 多万字。先后主持或参与主持多项重要研究项目，对策性研究报告多次获省部级以上领导批示和有关部门采用。其中有国家哲学社会科学"七五"规划重点课题《中国西北地区经济发展战略概论》，国家体改委委托课题《中国西部乡镇企业发展研究》，国家科委"七五"规划重点课题《西北地区 2000 年科学技术发展战略与对策》子课题《西北地区 2000 年工业科技发展战略与对策》，甘肃省科委"七五"软科学课题《甘肃 2000 年科学技术发展战略与对策》子项目《甘肃 2000 年工业科技发展战略与对策》，甘肃省科委软科学课题《甘肃能源问题研究》，甘肃省体改委委托课题《甘肃经济体制改革规划》，甘肃省计委委托课题《甘肃黄河上游地区经济开发战略研究》，甘肃省计委委托课题《甘肃省工业布局与发展规划》等。这些项目的研究成果，均达到了较高的学术水平，一些应用研究项目，在政府部门和企业的决策中，发挥了咨询作用。例如《陕甘川毗邻十二方经济区经济发展战略规划（1989—2000 年）》《白银市经济发展战略研究》《甘肃稀土公司发展战略研究》等，以及上述省计委委托的课题研究中提出的建议与对策，均被有关部门、地区、企业所采纳，并取得了效果。主持的大型实证研究报告《甘肃农村交通运输发展战略研究》，受到国家经委综合研究所的高度评价。

研究成果中获国家级奖励的 4 篇，获省、市级奖励的 12 篇。其中，担任副主编的《中国工业经济责任制概论》获 1987 年甘肃省哲学社会科学优秀成果一等奖，北方 15 省出版社社会科学优秀成果二等奖，1991 年获甘肃省委、省政府优秀图书奖；担任副主编的《中国西北地区经济发展战略概论》荣获 1994 年甘肃省哲学社会科学三等奖；《甘肃 2000 年工业科技发展战略与对策》荣获 1990 年甘肃省科技进步二等奖；《甘肃农村电话发展研究》荣获 1986—1987 年度甘肃省科学技术进步三等奖；《关于西北工业科技发展问题》荣获 1990 年甘肃省哲学社会科学优秀成果二等奖；《发展·挑战·对策》荣获 1987—1989 年度甘肃省哲学社会科学优秀成果一等奖；《西北地区产业政策的思考与选择》获中宣部、中央党校、中国社会科学院联合召开的《纪念党的十一届三中全会十周年学术讨论会》优秀论文一等奖；《刘家峡化肥厂在深化改革中完善企业机制》获经济日报、改革杂志社、中央电台、中央电视台改革十年纪念奖；《走向未来的甘肃》获 1993 年甘肃省科技进步二等奖；《甘肃稀土公司发展战略研究》荣获 1993 年甘肃省哲学社会科学优秀成果三等奖。

13 年来，李黑虎先生坚持理论联系实际，密切关注西部及甘肃省的经济发展、改革和对外开放过程中的重大实际问题。在工业经济发展、工业结构调整、国有企业改革及区域经济发展等领域，发表了一系列有独到见解的研究成果。对于深化企业改革、发展地方经济都起到了重要的推动作用。

1. 为工业经济责任制的推行提出理论依据

党的十一届三中全会以后，我国在进一步改革企业管理体制，扩大企业自主权的基础上，逐步推行经济责任制；工业经济责任制的推行是我国工业经济管理体制改革中的一次重大改革及创新，推动了工业经济的迅速发展。所谓经济责任制，首先是企业对国家实行的经济责任制，然后是建立企业内部的经济责任制。它要求企业的主管部门、企业、车间、班组和职工，都必须层层明确在经济上对国家应负的责任，建立健全企业的生产、技术、经营管理各项专责制和岗位责任制，为国家提供优质适销的产品和更多积累；它要求正确处理国家、企业和职工个人三者利益，把企业、职工的经济责任、经济效果同经济利益联系起来，认真贯彻各尽所能、按劳分配的原则，多劳多得，有奖有罚，克服"吃大锅饭"和平均主义；它要求必须进一步扩大企业经营管理自主权，使企业逐步成为相对独立的经济实体。

为了总结我国工业经济责任制实行中的经验，从中提炼有规律性的经验，更好地指导工业经济责任制的发展，李黑虎先生参与了全国哲学社会科学"六五"规划重点研究项目"中国工业经济责任制"，并担任项目研究成果《中国工业经济责任制概论》一书的副主编及撰写工作。书中回顾分析了工业经济责任制的历史演变过程，总结经验教训，指出发展前景。对一些重要的理论问题进行了大胆探索，提出了一些新的看法诸如全民所有制企业生产资料所有权与经营权可以适当分离，企业应当是一个相对独立的商品生产者，在国家法令规定的范围内和计划的指导下，从事生产经营并对企业的盈亏负有责任，既有一定权利，对国家和社会又有一定责任。按劳分配不仅包括对个人消费品的分配而且也包括国家对企业根据其提供的有效劳动的质量和数量的不同，确定其不同的工资基金、奖励基金和福利基金。这本专著对我国工业经管理体制的改革和强化企业自主经营的内部运行机制起到了积极的指导作用，不仅填补了工业经济理论体系中的一项空白，而且为工业经济责任制纵深发展提供了新的理论依据。

长期以来，由于中国的经济管理体制存在着集权过多，统得太死的缺陷，因此，企业权限太小，没有独立经营权。而独立经营权是对经济效果承担责任和发挥企业生产经营积极性的前提，没有独立经营权企业就无法真正地承担经济责任，而承担经济责任又是赋予企业独立经营权的根据，不承担经济责任的独立经营权也就失去了意义。李黑虎先生在《试论工业经济责任制》《工业经济责任制与经济体制的改革》等文章中提出，将国家与工业企业内部经济责任制二者并重，强调宏观控制与微观自主发展的有机结合。工业经济责任制是国家管理工业生产实行的一种经济核算的组织形式。其理由是，在社会主义存在商品经济的条件下，在生产资料公有制内部，国家同企业之间的关系，应建立在完成国家计划的前提下，实行独立核算、自负盈亏的基础上，企业同企业之间的关系，应按照等价交换的原则进行经济联系，企业同内部职工之间的关系，应根据民主管理、按劳分配的原则、组织产品的合理分配这三方面的关系，共同构成公有制内部的经济核算体系。经济责任制就是这种经济关系的反映。同时提出了社会主义工业经济责任制的形式多样性以及推行经济责任制的着重点：一是应以改革企业内部管理体制和分配办法为重点；二是在解决企业的权责利相结合的同时，重点要解决如何把企业已有的权责利认真落实到车间、班组和个人；三是抓好定额管理和岗位责任制；四是实行按劳分配的原则，改革奖励制度和工资制度。实行经济责任制时，必须保证企业具有独立经营权和职工民主管理的权力。在国家统一计划的指导下，让企业具有进行独立核算、自负盈亏的经营管理自主权，成为有充分活力的社会经济细胞。实行工业经济责任制，体现了社会主义经济规律的客观要求。它是国家运用经济手段和行政手段，管理企业，提高经济效果的有效途径。

2. 对西北地区经济发展及工业企业改革作出贡献

如果说推行经济责任制的目的在于解决企业与国家的分配关系问题，那么，实行经济责任制过程中普遍出现的"鞭打快牛"现象却是政府决策者们所没有预料到的，企业的生产积极性因此受到了影响。经过80年代企业改革的探索，企业通过"放权让利"，在产、供、销、人、财、物等方面有了经营自主权，企业活力有所增强。但企业改革局限于经营权，没有资产处置权，传统企业问题没有从根本上解决，企业生产积极性因此受到了影响。如何激发大中型企业活力，李黑虎先生在《试论工业改造的梯级性》《搞活西部边远地区大企业问题初探》《兰州地区大企业面临的挑战及其搞活的途径》等论文中提出，国企改革的正确方向并不是放权让利，而是观念的转变及企业制度的创新；随着我国城市经济体制改革的不断深入，西部地区大企业正面临严重的挑战。主要表现在：与沿海和经济发达地区的企业在技术和信息上的"双重差距"日益增大，后续生产能力严重不足，原有产品市场逐渐萎缩，一些传统产品被迫退出经济发达地区，企业生存的社会环境差。李黑虎先生认为，要增强西部边远地区大企业的活力，应采取以下对策：一是要协调大企业与地方的经济关系。一方面，地方要保护大企业的利益，不能利用自己手中的管理权去侵占大企业的利益；另一方面，大企业要把繁荣地方经济当作自己应尽的责任和义务，支持地方工业的发展。二是要发展地方与企业之间多元横向联合。大企业要大力扶持地方企业，地方企业要积极主动地去吸收和消化大企业的产品和技术。三是增强企业自我发展能力。在生产计划上给大企业以一定的休养生息机会，使之能够把技术改造放到与生产同等重要的地位加以考虑。四是建立以西部市场为主的多元的、全方位开放市场体系。积极参与国际市场的竞争。五是建立新型的合理的企业内部管理体制。主要是把集中制的管理变成分权型的管理，使企业内部各生产单位成为利润中心，使它们能承担对企业的经济责任，又有相应的经济权力和经济利益。这不仅对于企业自身的发展，而且对于我国西部地区的经济振兴，是十分紧迫并且具有深远意义。

针对企业改革长期存在效率低下、发展粗放的问题，李黑虎先生提出：要调整管理经济的组织结构，打破条块分割的界限，打破"大而全""小而全"的模式，组织具有地区特点的专业化协作；通过有计划有步骤的关停并转对现有企业进行改组；提倡多种经营管理方式，扩大企业自主权；实现经济增长模式从粗放型向集约型转变；强化竞争和实现产业政策从选择性、差别性政策到功能性政策的转变。

20世纪90年代初，中国的社会主义工业化进入一个新的发展阶段。如何根据全国国民经济和社会发展的第二步和第三步战略目标，充分利用国家对西部地区能源、矿产资源进行新的大规模开发的契机，充分发挥本地区资源禀赋的优势，建立具有地区特色的产业结构体系，是西北地区经济发展战略中需要认真研究的重大课题。在应用理论研究中，李黑虎先生密切结合实际，为改革开放献计献策，取得了显著成果。特别是围绕西北地区的经济发展，展开了一系列的发展战略研究并提出如下建议：

首先要重视基础设施建设，建立投资环境优化小区。基础设施的建设，应将有限的资金重点用于能源、交通、现代通信、农业灌溉等几个严重滞后的领域之中，并倾斜在几个有潜力、有前途的小区之中。这些小区或是原有生产要素密集区如省会城市、工矿城市、贸易集散地、创汇型农业基地；或是新建的工业开发区、自由贸易区。为此，中央对西北的投资应增加基础设施建设的比重；地方政府给企业的投资应逐步转向，应优先考虑基础设施建设。优惠的投资政策应在新的开发区和贸易区实行，重点在税率、利率、土地征费上进行改革。其次，工业开发小区试行董事会领导体制。董事会由省计委、财政厅、有关专业厅局和地县以及开发区的主要企业共同组成，它是工业开发区的最高领导机构，直接对省政府负责。第三，劳务输出应作为西北地区发展外向型经济的重要产业。西北过剩劳动力多数文化素质偏低，技术含量较低，本地产业容纳量有限，向东部地区输出又受到就业屏障的限制。西北地区应认清这种形势，把发展劳务输出作为新的重点产业，以初级劳务为主，重点发展服务业与建筑业诸如劳工、农工、护士、保姆等，同时，初级劳务的输出要与高级劳务的输出相结合，才能收到良好的经济效果。第四要调整西北地区的产业结构，发展轻工制造业（如服装、日用工业品等）、农副产品加工业以及军工企业为主的高档消费品产业，发展与西亚北非的互补型经贸关系等。

李黑虎先生通过对西北地区经济一系列的专门研究，提出了许多有预见性、创新性的学术观点和政策主张，为西部区域发展作出了重要贡献。

改革开放以来，我国的民主法制建设得到全面恢复与发展。为加强地方经济立法，1990年7月，李黑虎先生调任甘肃省人大常委会法制工作委员会副主任兼办公室主任，参与地方经济立法工作。其间，还曾为省委常委中心学习小组辅导过"社会主义的计划经济与市场调节"专题，为县委书记经济管理培训班主讲过"中国区域经济管理"等课程，均获得好评。

3. 踔厉风发，书写新华章

1992年，邓小平发表南方谈话后，世界再一次聚焦中国、聚焦深圳。深圳将在中国新一轮改革开放中担负起更大的历史使命。1993年李黑虎先生南下调到深圳这个"真正可以放手干事业的地方"。在之后长达十几年的时间里，先后担任过深圳市投资管理公司总经理助理兼调研部长、深圳市投资管理公司副总经理、深圳市国资办主任、深圳市投资管理公司董事局主席等职，成为深圳国企改革的重要操盘手之一。

建立和完善社会主义市场经济体制，实现公有制与市场经济的有效结合，最重要的就是要使国有企业逐步形成适应市场经济要求的管理体制和经营机制。早在20世纪80年代初，深圳市就按照小政府、大社会的原则，将一轻局、二轻局等计划经济体制下直接管理企业的政府部门统统撤销。为填补由此形成的空白，市委、市政府于1987年创造性地组建成立了全国第一家专门管理经营国有资产的机构——深圳市投资管理公司。李黑虎先生进入深圳国有资产管理部门工作时，企业布局结构不尽合理、企业产权主体多元化进展缓慢、企业法人治理结构不健全、国有资产营运监管体系和企业内部有效的激励机制不完善等深层次矛盾和问题亟待解决。令人欣慰的是，具有深厚学术功底和丰富工作经验的李黑虎先生，正确贯彻市委、市政府的改革意图，在深圳市创建国有企业管理新体制改革过程中，李黑虎先生积极参与，并发挥了重要作用。

按照市委、市政府"重点突破，整体推进，综合配套，完善框架"的总体思路，以敢为天下先的智慧与勇气，全身心地投入为深化深圳乃至中国国有企业的改革实践的浪潮中去，并为此作出了突出的贡献。国有企业改革是一个极其复杂的系统工程，科学的组织与管理是搞好这一工作重要的前提条件。为此，在深入推进国企改革的过程中，深圳市创造性地构建起三个层次的国有资产管理体系，对如何有效地解决"政资分离""政企分离"等难题进行了有益的探索。

强化企业管理和监督，建立和完善现代企业制度。一是逐步理顺出资人与企业的关系，提高国有资产营运监管水平。进一步规范组织架构和加强监督管理，明确界定国资委、资产经营管理公司与企业的事权划分，完善考核制度，规范办事程序，真正实现了政府经济管理职能与所有者职能、国有资产管理职能与经营职能、国有资产终极所有权与企业法人财产权的分开；二是进一步理顺企业内部组织结构关系，特别重视解决董事长与总经理的关系问题和监事会形同虚设的问题。

深圳市的国有资产管理体系包括三个管理层次，分别是国资委—资产管理公司—企业。20世纪90年代中后期，以颁布《深圳经济特区国有资产管理条例》、企业领导人员任免权下放和一系列监管制度的实施为标志，"三层次"管理体制实现了制度化、规范化，形成了符合现代企业制度要求、操作上与《公司法》相衔接的国有资产监管体系，在出资人层面实现了管资产与管人、管事相结合。当时，作为第二层次的资产管理公司共有三家，分别是深圳市投资管理公司、深圳市建设投资控股公司和深圳市商贸投资控股公司。资产管理公司与企业的关系不是上级与下级、领导与被领导的关系，而是国有资本出资人（即股东）与企业法人的关系。资产管理公司重点研究本系统的战略规划和把握发展方向，行使委派国有产权代表、作出重大决策和保障国有资产收益等出资人权利。

为了完善支撑"三层次"的国有资产管理新体制，深圳市配套出台了一系列新的管理制度和办法，这也为加强国有资产管理法制化建设，提高相关部门和人员的服务水平和管理水平起到了极大的作用。根据国有企业改革的实际，李黑虎先生经常与大家一起有针对性地组织开展各种形式的调查研究，并先后参与出台了多项影响深远的重要规章制度。《深圳市国有企业财务总监管理办法》为控制企业资金的有效使用和重大事项的决策起到了重要作用。《关于加强国有企业产权转让管理，防止国有资产流失的通知》，对加强政府对产权转让和产权交易的监管，增强国有企业产权交易的透明度与公正性作出明确而具体的规定。《深圳市国有资产管理委员会议事规则》，进一步明确了资产经营公司的年度经营计划、长远发展规划以及经营运作中的重大事项等必须报市国资委讨论决定，确保了政府对国有资产管理的控制权。《国有资产收益预算编制办法》，为建立经营性国有资产收益预算体系做了有益的尝试，有助于加强资产经营公司对国有资金的使用和监管。其他的管理制度还包括：《调整和完善三家资产经营公司规模和运行机制的方案》《50家市属国有大中型企业资债核查情况报告》《完善国有资产管理体制加强国有资产监管的若干意见》《关于深圳市资产评估机构改制的若干规定》《关于市级资产经营公司董事局、经营班子职能分工的暂行规定》《国有企业经营者群体持股的报告》《市属国有企业法定代表人离任审计条例》等一大批配套文件。配合有关部门，做好扶持大型企业集团的工作和企业兼并工作。通过适当调整市属国有企业利润上缴比例，为资产经营公司调整产业结构，加大对重点企业的支持力度创造有利条件。通过努力，深圳市2000年起连续三个年度国有企业总资产报酬率、净资产利润率、资本收益率、销售利润率、获利倍数均居全国第一。

推进产权主体多元化，发展混合所有制。推进产权主体多元化，发展混合所有制，是社会主义初级阶段国有企业改革和发展的必由之路，也是解决国有企业问题的根本出路和主要突破口，因而被很多人视为国有企业改革的雷区之一。

为此，李黑虎先生与大家一起配合深圳市政府有关部门围绕深圳国有企业产权主体普遍比较单一，国有股权比重普遍较大等严重问题，提出一系列产权主体多元化的改革方案。如能源集团、水务集团、燃气集团、公交集团4家大的市属国企，将部分股权通过国际招标形式公开转让给国际国内有实力有影响力的同行企业。其中能源集团市属国有持股75%，央企持股25%；燃气集团市属国有持股60%，港方持股40%；公交集团市属国有持股55%，港方主导投资者持股比例为25%至30%，其他投资者占15%至20%；水务集团市属国有持股55%，外方持股45%。产权主体的多元化，为企业真正按市场经济规律运作，建立和完善企业法人治理结构，建立健全现代企业制度，造就真正的企业家和优秀的人才等创造了极为有利的条件。

坚持"有所为，有所不为"的方针，加快国有经济布局的战略性调整和企业战略性改组的步伐。按照该进则进，能退即退，进而有为，退而有序的原则，李黑虎先生在工作实践中，按深圳市委、市政府的布局，坚持将深圳市国有经济布局的战略和国有企业的战略改组与产业结构、经济结构优化升级相结合，引导国有企业不断优化产业结构和产品结构，调整主业经营方向，集中优势资源发展重点产业。具体来说，主要是实施了"四个一批"的发展战略。一是发展壮大一批。对于国有经济需要加强的领域，如高新技术、基础设施、能源环保、交通运输、公用事业、金融业等重点产业，通过多种途径和方式，持续增加国有资本投入。同时，依托已形成规模、有拳头产品、主业突出、技术进步、管理先进、发展前景良好的企业集团，通过引进战略投资者、增加资本投入、资产重组等，迅速做大做强。二是整合提高一批。对于国有经济应当收缩战线、整合提高的领域，包括建筑施工、房地产开发、旅游业等，分门别类加以整合，有的保留，有的退出。三是放开搞活一批。参与制定了《关于彻底放活我市国有小企业的若干意见》，对于国有经济应当退出的领域，包括竞争性强的传统工业以及除国家专营以外的、贸易业等，尽可能转让给集体、外资、私营等其他企业和个人。四是关闭破产一批。对于产品无市场、浪费资源、污染严重、技术落后、资产质量低劣、长期亏损、扭亏无望、资不抵债的企业，则坚决予以关闭。协调、配合有关部门加大资本运作力度，为企业注入源源不断的生机与活力。深圳市盐田港集团有限公司，依托优良的自然、区位条件，迅速成长为一个以港口建设投资、综合物流以及港口配套服务业为主的大型企业集团。为增强企业经营活力，盐田港集团在港口码头项目中与香港李嘉诚属下的和记黄埔集团开展了长期的合作。这些年来，市政府每年不仅拥有丰厚的利润回报，盐田港还迅速发展成为全国集装箱吞吐量最大单一港区，成为中国大陆远洋集装箱班轮密度最高的单个集装箱码头，其对深圳乃至珠三角地区经济的拉动作用日益明显。

深圳国际控股是一家在百慕大群岛注册并在香港联合交易所主板上市的有限公司，主要从事提供全程物流及运输配套服务以及相关资产及项目的投资、经营及管理。2000 年 2 月，市投资管理公司成为该公司控股股东后，李黑虎先生即兼任该集团董事局主席。任内，李黑虎先生认真履行战略规划、重大事项把关、干部配备等相关职能，从资源、流程等方面入手，全面提升决策效率和管理水平，为实现企业常青之目标作出了重要贡献。

上任伊始，李黑虎先生即积极支持有关方面，利用深圳投资管理公司所拥有的独特优势，积极构建以物流信息平台支持的现代物流产业平台。加快资产重组，深化业务重整。集团通过多种融资及收购方式，收购了深圳市高速公路股份公司的控股股权，大大加强及提升了本集团的盈利能力及资产质量。2002 年，集团在进一步落实上年重组计划的基础上，开展了一系列的股权收购与项目投资于深圳市六大物流园区的西部物流等重点项目，收购了武黄高速公路公司和清连高速公路公司的控股经营权，在南京设立化工物流园区等等。集团基本完成了全新产业结构的搭建，拥有了大量物流基建设施如公路及物流园区的开发经营权，并在物流电子商务领域中有了一定的知名度。由于坚定不移地走扩大物流主业的新路子，深圳国际控股的市场表现如同芝麻开花节节高。到 2006 年李黑虎卸任时，集团以中国珠三角、长三角和环渤海地区为战略区域的平台已俱雏形，为集团今后的大力快速发展和壮大打下了坚实的基础。

来到深圳后，用李黑虎自己的话说，自己像"坐在疯狂的战车上！"一天到晚地忙个不停，做个不停。这就是深圳的节奏，这就是深圳的精魂。尽管工作繁忙，无暇顾及自己的科研，无法潜心自己的理论研究，但能为深圳的建设做些实践，做些推动，并取得些成果，他感到非常充实，非常满足。"生命不息，奋斗不止。"2006年李黑虎先生办理了退休手续。本来，退休后，是可以宅在家里，看看书，写写字，潜心搞些科研的。但没多久，他就被多家以前跟自己从没有打过交道的民营和外资公司聘为独立董事，开始在新的岗位上发挥余热。这段时间，李黑虎先生本着严谨认真、勤勉尽责、诚实独立的原则，严格按照《公司法》《上市公司治理准则》《独立董事工作制度》等规定行事，李黑虎先生的工作，也得到了各相关公司和股民的高度肯定。

"人的一生，能做好一件事，已经是相当不错的了！"回顾自己的人生，年已七旬的李黑虎先生颇是感慨万千。从曾经的兰州市到农村，到如今繁华的国际大都会，一路走来，李黑虎先生用自己的勤奋和汗水，编织着自己精彩的人生；用自己的知识和能力，实践着自己的人生理想……

《陇上学人文存·李黑虎卷》(第十辑)

作者：郝希亮

包国宪

余为包国宪先生弟子，受业于先生师门下业已近二十载。恰适《陇上学人文存》编修，先生以章典文华入列，得辑一卷。今承甘肃省社会科学院命编选先生文卷，喜幸惶惧，交叠纷至。喜在先生斯文得见于陇原集萃，文脉传铭。幸在不弃学生轻微，衔命纂著。惶惧在恐误取先生皇著琳琅，离本趣末。然纵忝列门墙，既受其命，责有攸归，恳勉为之。编选之际重读先生著作，深思其教、学，更追先生卓识高风，再叹幸甚，故简记数行为识。

包国宪先生现任兰州大学管理学院名誉院长，兰州大学萃英学者，兰州大学管理学院学术委员会主任委员，兰州大学中国政府绩效管理研究中心主任，华夏文化数据开发与管理研究中心理事长，第四届、第五届全国工商管理专业学位研究生教育指导委员会委员，《视野》杂志主编，曾任教育部学风建设委员会委员，兼任全国政府绩效管理研究会副会长，甘肃省行政管理学会副会长，甘肃省管理学会会长，北京大学公共管理研究中心、中国政治学研究中心兼职研究员，国内多所大学兼职教授，甘肃省人民政府决策咨询委员会委员及政府效能与营商环境组组长等职，先后获得"全国先进工作者"，"国家级教学名师"，教育部高等学校教学名师，"万人计划"第一批教学名师，宝钢优秀教师，甘肃省领军人才等荣誉称号。同时担任《兰州大学学报（社会科学版）》副主编，Chinese Public Administration Review、《公共管理学报》《公共行政评论》《管理评论》编委，《行政论坛》顾问委员会委员，《公共管理与政策评论》学术委员会委员，享受国务院颁发的政府特殊津贴。

1979年，包国宪先生毕业于兰州大学物理系半导体物理专业，毕业后按政策要求回庆阳县，后招干至庆阳县陇东中学任物理教师，自此与教育终生结缘。在陇东中学任教期间，先生改新教学方法，力图导思启智，甫翌年即有多名学生考入重点大学物理专业。

1984年，先生调至庆阳县委组织部和科协工作，1986年又转至西峰市人民政府从事行政工作。基层党、政两方面的工作经历不仅促使了自然科学背景的包国宪先生的学理思考向社会科学的转向，担任科委、经委主任的工作实践也奠立了先生最初的研究旨趣。

1988年，先生调入兰州大学管理科学系工作，先后担任团总支书记、副系主任。1990年至1994年师从段一士先生学习行政管理，并获经济学硕士学位。1998年，先生随学校院系调整，转至兰州大学经济管理学院工作任教，2000年至2003年师从李宗植、高新才教授，并获经济学博士学位，2002年后担任学院副院长，并获聘为教授、博士研究生导师。在此期间，先生主要从事企业管理研究，在结合自身学科基础的同时逐渐凝练出"虚拟企业管理""独立董事制度"等研究方向。

2004年，包国宪教授受命创建兰州大学管理学院，担任学院首任院长。学院有公共管理、工商管理两个领域内的相关专业，先生同时作为公共管理、工商管理两个学科的带头人申报学科学位授权点。次年学院获批工商管理、公共管理两个一级硕士学位学科授权点，由此初步确定了综合性管理学院的学科格局。2006年获批西北地区首个行政管理专业博士授权点，2010年公共管理一级学科博士点通过学校审核，次年政府绩效管理二级学科博士授权通过专家评审，2012年获批建立公共管理博士后科研流动站。学院建成后，先生的研究视野逐步回归公共管理，在此期间渐立起"政府绩效评估与管理"的研究方向。

一、生礼于有，君子富道

商虞出，财匮盈，三宝丰。丰足之道，工商是营。上者富国，下者富家。是故欲研究经济发展，必不可不研究企业经营；欲研究企业经营，必不可不研究组织制度。

现代中国企业管理制度鉴引自西方，其中独立董事制度又是公司治理结构中的重要组成。该制度在中国实践伊始，曾存在结构驳杂、同属并立的局面。具体地：美国治理结构中只有独立董事和董事会，欧洲的有监事会而没有董事会，但中国既有董事会、监事会也有独立董事，这造成公司治理职责区隔不清。2000年，先生受聘担任兰州黄河企业股份有限公司独立董事。为更好履职，先生专程参加了由中国证监会与清华大学联合举办的旨在建立科学合理的现代独立董事制度的中国上市公司独立董事培训班。尽管本次研习旨要在于促进企业治理实践,先生仍旧以学者的敏锐直觉认识到独立董事制度研究的学术价值,并受邀在《光明日报》撰文专述。这篇文章系统分析了独立董事制度的起源、条件、模式和其在中国情境下的应用路径。这对当时如何优化公司治理结构、实现科学管理、利用外部资源,特别是治理资源,规范公司治理行为,颇有借鉴意义。

随着 20 世纪信息技术革命在诸多领域的扩展,为适应瞬息相易的市场需求,企业求诸增加自身灵活性,其组织结构亦乘此呈现出脱实就虚的特征,"虚拟企业"的概念应时而生。先生在此时也关注到了这个概念,并在回溯其学理中发现在概念界定之初便莫衷一是,这成为学术研究交流的藩篱和实践应用的滞碍。在学校社会科学研究项目的资助下,先生进行了一系列虚拟企业系统的研究,开辟了兰州大学虚拟企业的研究方向,创建培养了一支专业学术团队。在理论上发展出具有一般意义的虚拟企业概念,并以此为基础拓展了虚拟企业的组织结构、分析方式、信任机制、激励机制、评价方式与稳定性研究,形成了一系列研究成果。这些成果为深入理解、应用和研究虚拟企业提供了一个基本的框架,为虚拟企业组织问题的研究找到了关键环节和切入点,提出了虚拟企业知识管理绩效评价指标体系,为更加深入广泛地展开相关问题的研究搭建了基础理论平台,也在实践上为虚拟企业的组建和运行提供了思路,对虚拟企业实施知识管理战略具有指导意义。后又将这一理论框架运用于公共治理和公共服务研究之中,从而使兰州大学公共管理学科更显交叉性特点。

二、平章绩效、昭明治道

治道之兴,为利吾国。慈幼、养老、振穷、恤贫、宽疾、安富皆保息之举,使惠而不知,以求郅治。先生经事行政学,动念于阡陌之间,意在以行济世,以政经民,增益公共。治学以来,于公共管理诸多领域,皆有思考探究。

建院之初,受甘肃省政府委托,先生主持进行"甘肃省非公有制企业评价政府绩效"项目。这是甘肃省在行政许可法生效之际,各地地方政府探索信息公开,第三方评价蔚然成风的背景之下的一次尝试,也是先生以"绩效"作为学术切口的起点。项目实施的 2004 年,正是甘肃急于通过营商环境建设提振民营经济、促进经济社会发展的关键时期。先生开创性地以"第三方"视角,带领团队对甘肃省十四个市、州政府和三十九个省直部门进行由民营企业评估政府的第三方评价。这次评价是国内首个系统性、整体性的第三方政府绩效评价,被学界称为"甘肃模式",并成为中国地方政府绩效评价的四大模式之一。2005 年,先生在《中国行政管理》期刊上撰文向学界阐述"甘肃模式"的思考,通过比较中外政府绩效评价的实践和甘肃省这次实践的总体思路、指标体系、评价方法、评价过程以及模式创新进行了介绍，对我国开展政府绩效评价的意义与功能、如何建立和完善我国政府绩效评价体系进行了理论探讨，极具启发意义。而后又撰文专门阐释了政府绩效评价结果管理、评价权属等理论问题，颇具洞见。以此为研究契机，加之对于政府绩效评估中暴露出的障碍和缺陷的思考，先生开始着眼于政府绩效基础理论的探索。

尽管政府绩效领域的研究来自实践、服务实践却不仅限于实践。同自然科学一样，基础理论的研究对应用型社会科学也至关重要。早年的政府绩效研究和实践大都限于组织内部。先生的研究正是增补政府绩效管理理论，使之更贴近中国发展实践的需要，更具备同国际公共管理研究对话的体系，并在公共管理的学术巨塔中寻找到政府绩效管理的发端与前景。

获益于交叉学科的背景优势，先生以其敏锐的理论自觉发现了绩效评价这一概念在公、私部门之间桥接的理论断点。

绩效管理与评价引介自西方，最初应用于私人部门。20世纪中叶以来，受"凯恩斯主义"的影响，西方国家政府的干预政策普遍奉行。管理权力的扩张使得"大政府"造成的积弊日显，引发严重的财政危机和公共信任危机，政府管理的"绩效"成为选民和政府的必然追求。在学界，这一追求衍伸成为更加强调政府的"顾客"服务职能和绩效产出的新公共管理运动。自20世纪70年代新公共管理运动发起以来，将私人部门管理方法外推至公共管理领域以追求公共部门更高的绩效表现蔚然成风。无论是学术研究领域还是公共行政部门皆然。绩效管理逐渐成为提高政府工作效率和改善服务质量的重要工具。然而随着研究的深入和实践结果的反馈，新公共管理运动的弊端也随之浮现。完全采用私人部门管理方法，过分注重政府的"绩效"表现事实上模糊了公共部门和私人部门的界限，忽视了公共部门的"公共性"。对新公共管理的反思成为公共管理诸多新范式建立的逻辑起点，部分"反思"甚至在几乎全部观点上与之背道。

先生反思新公共管理运动，认为传统的政府绩效管理理论就是工具理性为主的理论导向，包括方法、模型、工具、手段。这的确是由于在实践中公共部门和私人部门在一定程度上存在"混同"。政府是垄断公共权力和绝大部分公共资源的"公共性"组织，大部分时候政府的价值并非任务导向的。以任务导向的方式解决非任务导向的问题，必然造成其重结果而轻过程、重近利而轻远期、重操作而轻制度、重战术而轻战略、重目的而轻法制的弊端。不仅在西方，在中国的实践中同样也存在重控制而轻激励、重竞争而轻优化等类似问题。但这是否意味着新公共管理在实践上必然式微？反观新萌的新公共服务、新公共治理等理论，尽管理论上回避了新公共管理的缺陷却又缺乏如同新公共管理的实践可行性，难免拘泥于理论讨论之中而无法真正落地。这样的疑难促使先生在这一问题上进行了长久的学术思考，并认为政府绩效管理并非一定具备新公共管理长期为人所诟病的诸多弊病，弊端的生发之源首先在于政府绩效管理缺乏系统的理论建构，容易落入私人部门逐利管理的窠臼之中。其次在于政府绩效管理的研究和应用的碎片化。根本上在于政府绩效管理之中公共性与公共价值在理论框架和实践操作中都难以体现。

而后先生与研究合作者，美国波特兰州立大学马克·汉菲尔德政府学院道格拉斯·摩根（Douglas F.Morgan）教授在甘肃多地进行调研。中国西部是具备代表性的研究场域，发展成效的高与低、发展速度的快与慢于一地而得以尽览。不由更使学人产生对平衡效率和公平这一矛盾性问题的思考。更好地追求公共价值的实现，由此进入了先生的政府绩效管理研究视野，基于长期的理论研究和实践积累，以公共价值为基础的政府绩效治理的理论雏形渐成。这一理论的雏形首先见之于 2011 年在美国波特兰举办的"政府绩效管理与绩效领导"国际学术会议上作宣讲报告，因为其横亘价值和绩效的学术创见，论文在国际顶级 SSCI 期刊 Administration & Society 上发表，题为《超越新公共治理：基于价值的全球绩效管理、治理和领导框架》（Beyond New Public Governance：A Value Based Global Framework for Performance Management， Governance， and Leadership）。这篇文章还被收录在全球范围内关于新公共治理的最新著作之一：《新公共治理——一种以制度为中心的视角》（New Public Governance-A Regime-Centered Perspective）中。

凝结长期的理论思索，2012 年先生在《公共管理学报》发表《以公共价值为基础的政府绩效治理：源起、架构与研究问题》一文，系统阐释以公共价值为基础的政府绩效治理（PV-GPG）理论。PV-GPG 理论认为政府绩效是一种社会价值建构，在建构基础上的产出即绩效。同时，只有来源于社会、符合公共价值的政府绩效才能获得合法性基础，也只有根植于社会的政府绩效才能产生其可持续提升的需要，这是实行政府绩效管理的根本动力。而在政府绩效价值建构基础上的科学管理，才能保证政府产出最大化。PV-GPG 理论以价值管理和管理科学理论为基础，构建起了同时具备价值建构、组织管理和协同领导系统的治理模型，成为兼具理论与操作性的理论体系，这为破解当前政府绩效管理中的问题与困惑等提供了解决思路。该文也成为政府绩效治理研究领域的高引论文，获得了第七届高等学校科学研究优秀成果奖（人文社会科学）二等奖和甘肃省哲学社会科学优秀成果一等奖。尔后，先生更以高屋建瓴的前瞻视野呼吁构建基于公共价值的政府绩效管理学科体系，为政府绩效管理学科化培定根柢。

2015 年，在以往研究成果上，先生立足中国转型期的特殊国情和本土实践，广纳中外政府绩效管理学文献的经典思想和方法，充分汲取现代政府绩效管理的精髓理念，终成先生学术理论集大成之作——《政府绩效管理学——以公共价值为基础的政府绩效治理理论与方法》。这本书系统阐释了以公共价值为基础的政府绩效治理理论体系的构成、内涵以及作用机理，回应了政府绩效管理的五大基本问题：政府绩效的社会价值建构及其公共价值生成、政府绩效管理组织演化与战略路径、政府绩效治理基础与机制、政府绩效领导与可持续问题、政府绩效管理中的信息不对称问题。在以公共价值为基础的政府绩效治理框架下，先生除了将公共价值概念引入政府绩效治理之外，还提出了"绩效领导""绩效损失""绩效价值链"等概念，这也成为 PV-GPG 理论的创新所在，该书亦于 2020 年获得第八届高等学校科学研究优秀成果奖（人文社会科学）二等奖。

绩效领导的渊源在于领导学。领导者的基本理论源自工商与社会组织研究，由于理论源流不一，学界对领导的内涵、结构等研究尽管纷繁却没有同一性的认识。于国家而言，没有领导就没有生产力。领导者能够深刻影响国家发展。先生结合中国现实，认为中国特色的"领导班子"制度是社会主义中国一项重要的制度优势，如何将中国的制度优势进行理论抽象成为研究难题。通过在政府领导大量调研的基础上分析何为好的领导者、领导行为，先生认为领导有效性是关键，绩效领导的概念由此产生。将绩效领导作为我国深化干部队伍和领导班子建设的理论突破，对如何选择领导、建设领导团队颇具实践意义。而先生在后续深入研究中提出的整合性的公共领导框架，进一步深挖绩效领导的内涵、结构、影响路径，对形成我国领导干部及领导班子治理能力方面的理论优势，为发展和进一步完善党政领导能力和水平提供了有益的思路。

绩效损失作为以公共价值为基础的政府绩效治理理论构建的逻辑起点，先生于此用力颇深。研究以绩效为视角，建立"绩效损失"的概念框架并将其引入纵向的社会价值建构维度，在此基础上，结合上述对概念的分析和引入最终形成政府绩效损失的研究方法。通过对实践案例的分析，对"绩效损失"的产生原因和形成机制进行了探究与分析并进一步对 PV-GPG 理论相关论点进行了论证。

以公共价值为基础的政府绩效治理理论对中国公共管理学的发展影响深远。时任中国行政管理学会执行副会长兼秘书长、全国政府绩效管理研究会会长高小平研究员评价先生此书是将一般意义上的政府绩效管理提炼和拓展为一门学科，形成政府绩效管理学的原创性研究成果。美国国家行政科学研究院院士戴维·罗森布罗姆（David H. Rosenbloom）教授评价先生此书实现了当代公共管理两大中心主题——行政绩效和公共价值的有机协同，拓展了传统意义上集中于效率、经济和效益的绩效内涵，更加关注公共价值，将价值、领导、管理和治理整合在一起，具有范式意义和整体性视角，对公共管理理论研究作出了历史贡献。美国公共行政学会年会（ASPA）也曾连续三届举办 PV-GPG 专项论坛讨论 PV-GPG 理论的发展和实践成果。

在进行政府绩效管理和治理研究的同时，先生也格外重视政府绩效管理研究团队和平台的建设。他发起成立的兰州大学中国政府绩效管理研究中心是全国首家政府绩效研究的专业学术组织。自中心成立以来，先生带领团队成为政府绩效领域研究的重要力量，推动成立了全国政府绩效研究会和政府绩效国际学会（International Consortium of Government Performance，ICGP），编纂出版《中国政府绩效管理年鉴》，完成了首个全国县级政府绩效指数——《中国县级政府绩效指数报告》，持续在中、美、日、泰、越等国举办政府绩效管理与绩效领导国际会议，为学术界和实践界培养了大批政府绩效领域的专才。2017 年，中心入选中国智库索引（China Think Tank Index，CTTI）来源智库。2019 年兰州大学政府绩效管理学科因其特色和成就，在美国《科学（Science）》杂志兰州大学 110 周年校庆专刊中刊登特别介绍。

除了政府绩效管理和治理研究之外，先生的研究视阈也包括治理理论、公共政策、组织理论和战略管理等诸多方向。在医疗卫生、环境保护、行政改革、地方财政和国家发展领域亦有著述。先生主持国家基金项目 5 项（含国家自然科学基金重点项目"政府职能转变背景下绩效管理研究" 1 项），出版专著 6 部，发表学术论文 170 余篇，多篇论文被《新华文摘》《中国学术年鉴》《人大复印资料》等全文转载。

回顾先生研究历程，成果历历且主线清晰：以绩效视角议国家治理，以国家治理谋国家发展。无论是理论研究或是实践探索乃至于学科建设，皆不出此径。先生研究志趣，以先生借朱镕基总理之言给后学的寄语："管理科学，兴国之道"总述，合辙恰当。

三、启愤发悱，景行范世

化民成俗，其必由学。师为教本，教为善本，故谓学必有师。先生治学，不仅为拓展学问，更为以学育人。先生教学顺天致性，全应其长，硕茂其实。日常更是修身垂范，言传身教。学生心往，不令而行。

作为教师，先生以明治学，尚道重理。起始当溯至先生执教陇东中学时期，先生在日常教学之余学习各种教育理论，在学校领导的支持下和一些热心青年教师组建了教育控制论研究小组，撰写了讲义、开办了系列讲座，以此教学相长，立己达人。

作为教授，先生将教学授业摆在百业之先。坚持为学院包括本科生和研究生、博士生的全部学习阶段的学生分别开设《管理学原理》《公司战略管理》《政府绩效管理》《高级管理学》《公共管理前沿》《国民经济管理》等课程，其中《管理学原理》被评为甘肃省精品课程。我等有幸入列先生门墙成为先生的学生，对作为导师的先生更是感念万千。师门内，先生对学生可谓游志存心，既让学生以自己的研究兴趣为发端自由探索，又时时关注学生的学习近况，启智启思。先生常说，治学最重要的就是培养发现问题的能力和解决问题的思路。为培养寻找和回答问题的能力，先生总教我们"无疑须有疑，有疑却无疑"，这些教导回想推敲起来越发深刻，思之悠远。除了治学，先生也教学生如何在时代变迁的大潮中立身，极早先生便有意识教育学生思考如何做大国公民，鼓励学生使用国际语言，拓展国际视野，运用国际思维和国际行为诠释世界，成全自己，贡献社会。先生也重视对学生受挫能力和意志力的培养，尽管毕业经年，每在遇到挫折时，想起先生的乐观豁达总能引导我们积极面对。先生从教几十年间，招生不唯出身，一视同仁，培养了大批从事行政管理实践和研究的优秀人才，也培养出了中国首位政府绩效管理学博士，桃李遍及天下。

行是知之始，知是行之成。先生是兰州大学管理学院的创院院长，早在教育部出台人才培养质量意见之前，便力主提升本科教学质量、文化建设、团队建设等教育工作的理念。先生不仅从教授教学的角度思考如何导学，更站在全体学生培养的高位上思考如何更好地培养人。这里的培养，讲的不仅仅是学术培养，先生更注重学生的综合素质与能力和情怀视野。他曾说过：管理学院的学生可以什么都没有，但不能没有领导力和社会责任。因此，先生积极推动各项教学改革，成立了兰州大学管理学院管理教育研究所和领导力与社会责任发展中心，并举办了首个以培养大学生领导力与社会责任特质为目标的示范研修班，研修班利用学生的课外业余时间自主开展学习研究，通过课程学习、讲座论坛、项目研究的形式，培养大学生领导力的同时也培养学生的团队精神以及民胞物与的社会责任感。先生还提出了"课程学习—问题研究—自我管理"三位一体的本科生素质教育模式。借由院训"学习管理就是学习成功"之名，主持开展了迄今为止延续十余年针对本科生培养的"成功计划"。成功计划以"学术活动月（2016年更名为雏鹰大讲堂）、大学生课外科研创新培育项目、导师计划"为核心内容。学术活动月中，先生以各种方式遍邀名家来校为学生开展高水平学术讲座。在导师计划的支持下，许多学生在本科阶段就有机会深度参与科学研究，成为研究生导师科研团队的年轻力量。而各类科研创新培育项目更是培养了学生的开放性学术视野和研究型学习能力，在实践中开阔学生视野、提升专业素养和实践创新能力。这一计划获得2014年度甘肃省高等教育教学成果奖一等奖，更在2018年获得高等教育国家级教学成果奖二等奖。先生利用西部地区的有限资源，克服教育教学工作中的诸多困难，为社会和国家育才。即便在西部欠发达地区难以留住优秀人才，优质生源大量流失的现实困境下，先生仍然告诫院内老师不允许阻滞学生，鼓励毕业学子到国内外更好的学校深造。

兰州大学管理学院是中国唯一的综合性"985 工程"大学中的综合型管理学院，工商管理专业的培育和发展亦是先生教育教学思考中的关键一环。先生从自身现实分析，明确兰州大学 MBA 教育三点显著而独特的优势：首先是"双综合"的优势，作为中国唯一的综合性"985 工程"大学中的综合型管理学院，孵育基础奠定了 MBA 培养目标所要求的深厚历史文化根基、构建起了 MBA 综合素质所需要的兰州大学管理学科大平台。其二是根据中国特别是中国西部企业的需求、生源的知识结构和学历背景现实而采取的以系统的知识学习为主，知识学习以课堂教学为主的"两个为主"教学模式与特色。这一教学模式打造了兰州大学 MBA 毕业生扎实的知识功底和强劲的发展后劲。第三，MBA 和 MPA 项目资源共享、教学互动带来的优势。使 MBA 学生有条件在国家战略需求和宏观政策的领悟上得到熏陶，有助于培养学生战略思维能力、强化学生的宏观大局意识，在实践上也能使他们在处理企业与政府关系方面更为成熟。结合自身优势的同时，先生始终坚持把荣誉和责任教育放在 MBA 教学培养的突出地位，始终把职业精神、道德操守、社会责任教育贯穿于 MBA 教育的全过程，将兰州大学 MBA 品牌建设作为 MBA 教育的主线。

先生十余年 MBA 学科建设经验，在多次全国性、世界性会议中得以阐述，在先生担任全国工商管理专业研究生教育指导委员会委员期间，也因其对西部 MBA 教育事业作出的重要贡献，获得了委员会的高度赞扬。全国工商管理专业学位研究生教育指导委员会秘书长、清华大学副校长杨斌教授在寄来的感谢信中评价先生积极探索、勇于创新，填补了中国西部高水平工商管理教育的空白，为中国工商管理教育作出了杰出贡献。

先生的治学为人深受学生推崇喜爱，在学校组织的由全校学生投票选出的兰州大学第二届"我最喜爱的十大教师"中，先生位列其中。2018 年先生的导学团队获评兰州大学首届研究生"十佳导学团队"。在诺贝尔经济学奖获得者蒙代尔组织的"世界企业家高峰会"上，连续多年被评为"中国最受尊敬的商学院院长"。广泛的社会称誉正是先生长期以来传道、授业、解惑的成果显现。

四、启泉集练，植桐引凤

济济多士，维周之桢。非梓材无以负质，非栋梁无以承椽。掌学之道亦然。先生创院于微，其为人也穆穆，广致贤才，其谋筹也翼翼，瞻高致远。建院以来，应世事变易，楫时世洪流，行事实使命，育治世良才，追清晏愿景，已见初成。

学院成立之前，工商管理与行政管理分属各系。1998 年学校院系设置调整后，行政管理学科建设曾几近停滞。而这段时期正是国内行政学恢复后快速发展的时期，无论是从国家建设的现实需要还是公共行政理论的发展实际来看，建设专门的管理学院平台成为发展兰州大学管理学科的必由之径。2004 年兰州大学管理学院成立之后先生便带领学院进行学位授权点申报的艰苦工作，欣喜于 2006 年获得博士授权点，填补了西北地区行政管理专业和甘肃管理学门类博士授权点的空白，完成了促进学科发展的第一步。

学院发展，非战略无以致长远。尽管建院办学之路道阻且艰，先生仍在力微言轻的创院之初，便定下今后三十年发展之纲领，以此佐助学院发展行动。先生擘划要用三十年时间，把管理学院建成"高度开放、研究支持、国内一流、国际知名"的综合性管理学院。并为达成该目标，力主人才强院战略、国际化战略、学院文化促进发展三大战略。如今建院所约三十年之期业已过半，回顾学院从无到有的发展历程，更觉先生展望之深远。

人才当然是科研治学之本。立院之始，师资力量薄弱，全院在岗教师仅 36 名，在岗教授仅 4 名，有博士学位教师仅 2 名。先生身兼数职，既是行政管理的学科带头人，也是工商管理的学科带头人，用先生自己的话讲，这正是学院建立初期人才匮乏的无奈表征。先生深谙人才的重要性，奔走于国内外著名高校为学院引纳人才。先生以其鲜明的个人魅力和先进的管理模式为学院引进一大批优秀教师，学院的师资力量得以持续壮大。迄今为止，管理学院大部分专职教学科研人员都有海外访学经历，其中不乏"万人计划"青年拔尖人才、教育部新世纪优秀人才、宝钢优秀教师、甘肃省领军人才、甘肃省宣传思想文化系统"四个一批"人才等杰出人才代表，众多优秀人才也成为学院进一步发展的根底所在。

国际化战略则更加显现出先生的前瞻性眼光。改革开放以来，特别是加入世贸组织以来，中国回归国际社会，积极参与全球发展进程，全球化的观念在中国逐渐深入人心，国际化成为一时风潮。尽管身处发展落后的西北内陆，先生仍旧意识到一个国内尚岌岌无名的新生学院若非主动与国际最先进研究机构接轨，则永远没有迎头赶上的一天。先生独辟蹊径，主张学院发展应不忘国际化路线。为探索国际化路线的具体实现路径，先生带领学院班子，出访大量国家与地区，积极寻求院际合作。2005 年先生与时任兰州大学校长李发伸教授前往世界著名商学院德国莱比锡商学院洽谈合作，此行促成了院校战略合作意向书的签署。次年，先生又在机缘之下结识了来访兰州的美国波特兰州立大学汉菲尔德政府学院院长罗纳德·塔门（Ronald L.Tammen）教授。塔门教授在兰期间，先生积极与其探讨西部地区公共管理问题，并对塔门教授讲述了其对在中国西部开展公共管理研究的认识。先生认为：中国东部的公共管理问题西部皆有，而西部的公共管理问题为其所独有，例如反贫困、民族地区治理、生态问题、资源型城市转型等。这些在世纪之初便有的战略性学术眼光不仅在如今看来紧握学术发展脉搏，在当时便引起了塔门教授的强烈兴趣，并达成了合作意向。尔后，先生便受邀前往美国波特兰促成两校合作协议的签署，确定了政府绩效管理与绩效领导国际学术会议议程，并在之后促成了政府绩效国际学会（International Consortium of Government Performance，ICGP）的建立。学院发展的国际化为先生的科学研究提供了国际视野、国际合作和国际交流，更为学院在国际公共管理学科中寻找到自身定位开辟了路径。在先生带领下，管理学院领导团队努力开拓国际合作的范围与深度，先后与德国莱比锡商学院、美国波特兰州立大学马克·汉菲尔德政府学院、美国内华达大学雷诺商学院、美国密苏里州立大学商学院、日本早稻田大学公共服务研究所等建立了全面合作关系，并逐步形成与美洲、欧洲、澳洲，韩国和中国的香港、澳门以及中国台湾的许多著名大学管理学院和公共管理学院深层次合作机制。自 2005 年起至 2016 年的十年间，兰州大学管理学院与德国莱比锡商学院签署意向合作协议书开始，管理学院的国际合作步入机制性轨道。管理学院的国际化水平逐年迈上新台阶。

学院文化是学院明确自身发展方向，培育归属感和认同感的重要路径。学院建设之初，学院文化促进发展便被先生立为学院发展战略。先生生于祖国西北，独爱高原雄鹰。兰大管理学科源远流长，从建校伊始即有管理专业，发展到 21 世纪初才拥有博士授予点，历程几近百年。似雄鹰般华丽自我蜕变，方才融入时代潮流和学科伟业。先生认为管理学院文化当如鹰般进取，永志创新，并以鹰为意象在管理学院成立十周年之际为院歌《我们是西北高原的一群鹰》作词。

先生认为学院文化建设的根本目标在于创造适于发展的环境，这种环境要义就在"以人为本"，和"一切为了师生的成长和成才"。具体地：先生凝练合作、创新、进取、责任为学院文化的核心。合作在于先生通过超越常规，打破科层官僚传统，以解决发展中面临的问题，营造积极和谐的氛围，促进人的全面发展的目标建立科研、课程团队，培育师生团队精神。创新在于通过对课程体系、学科目标、组织结构、发展路径的创新促进学院快速发展。进取在于倡导积极承担社会责任，做有意义有价值的研究和实践。责任在于在学院内培育老师要对学生负责，学院要对老师负责，先生带领的领导班子要对整个学院的使命负责的"责任"环境，使学院能整合资源、持续发展。正是先生对学院各项发展战略的把握和践行，推进兰州大学管理学院得以快速发展并跻身全国前列，由此看来，先生不仅是教授学者，也是教育家和战略家。

借文存编修之际，回顾先生学术研究与志趣，感触实多。先生为人通达乐观，博约开阔；治学严谨求实，淹博贯通；育人循循善诱，诲人不倦，细思更觉景仰。

先生著作精深，学生在辑录之时难免踌躇，只得多方收集先生各类文献资料，用文献计量法确定各研究主题内诸如：该领域的第一篇文献、总结性文献、概念创新文献、方法创新文献以及具备理论和实践意义的文献的代表性成果。而后按先生治学历程发展次序，取"政府绩效评价与管理""政府绩效治理""政府绩效领导""公共治理"四章分别回顾先生在公共管理领域内多个时期的主要著述。这些成果不仅彰示所在时期先生的学术思考，也可由此管窥兰州大学政府绩效管理学研究的发展历程。本书另设有"组织管理与公司治理"一章，收录先生在工商管理领域的研究成果，呈现先生早期的管理学思考与探索。除却先生学术著作之外，还专设"管理教育"一章，收录先生自建院以来在擘画学院发展、探究教育本质、寄语后学等方面的学术论文与讲话，借以回顾了先生何以从学至教，从理学入社科，从物理到管理。冀此可以更全面地向读者展现先生的理论思考和实践阅历。但碍于篇幅所限，本书仅得以选择三十余篇，大部分作品无法选入。因此只能由后学权衡，难免纰漏，但愿可以此窥一斑而知全貌，不令误读先生文作。

《陇上学人文存·包国宪卷》（第九辑）
作者：何文盛　王学军

李含琳

李含琳先生，男，汉族，生于 1956 年 2 月，甘肃省庆阳市西峰区人[①]。1969 年 3 月，全家从城镇回乡落户，1973 年 12 月于庆阳县后官寨公社南佐九校高中毕业，1977 年考入兰州大学经济系政治经济学专业。1982 年大学毕业后，先后在兰州大学经济学院、甘肃省委党校工作，2021 年 2 月退休。工作期间，曾经先后任甘肃省委党校科研处副处长、《甘肃理论学刊》副主编、副教授；兰州大学经济学院硕士研究生导师；甘肃省委党校（甘肃行政学院）经济社会发展研究所所长、教授、校学术委员会副主任、决策咨询首席专家。

先生一生志向高远，博学笃行，勤勉求真，著述等身，学术造诣极其深厚，始终驰而不息地以极高的社会责任感和使命感投身于社科研究事业，在国内具有很高的学术影响力，已获得的国家级和省级荣誉称号主要有：全国"百千万人才工程"首批入选专家、享受国务院政府特殊津贴专家、全国宣传文化系统"四个一批"人才、中国文化名家、国家哲学社会科学规划办公室"民族问题研究"学科组专家，担任全国生产力学会理事、全国人口学会理事；甘肃省领军人才第一层次专家、甘肃省优秀专家、

[①]现在的甘肃省庆阳市西峰区在计划经济年代，是庆阳县的一个镇，叫作"西峰镇"，改革开放以后改为西峰市，从庆阳县的行政区划中独立出来，后来又改成"西峰区"。在将"西峰市"改为"西峰区"的同时，将原来的"庆阳县"改为"庆城县"。这里在文字上是按照当时的行政区划名称所做的概述。特此说明。

甘肃省宣传文化系统拔尖创新人才；还担任甘肃省委、省政府专家顾问团专家、甘肃省政府国民经济与社会发展规划专家组成员、甘肃省区域经济发展咨询组专家，甘肃省多个市州、县区的经济顾问；另外，还曾经担任省里某些社会团体的职务，比如，甘肃省宏观经济学会副会长、甘肃省人口学会副会长、甘肃省工商学会副会长等。同时，还兼任西北师范大学、兰州理工大学、西北民族大学、兰州文理学院、兰州城市学院、甘肃省社会主义学院的兼职教授。

一、学生时代的先生

青少年时期，先生目睹人生百态，饱尝生活艰辛，由此不仅磨砺了先生坚韧勇毅、务实苦干、甘于奉献的精神，更激发出他强烈的勤奋好学、担当作为、矢志报国的社会责任感和历史使命感，成为先生一生永不懈怠执着奉献于社会科学研究事业的根本原动力。

先生祖籍是庆阳市西峰区后官寨乡南佐行政村杜家咀自然村。在先生的青少年时代，正值中华人民共和国成立后经济最困难和政治形势最复杂的两大时期。"三年困难"时期，全家只有父亲在庆阳行署财政科工作，母亲作为家庭妇女没有收入，家里还有两个哥哥在上学，日子过得非常艰难。"文化大革命"时期，当别人家的孩子乘机肆意玩耍虚度光阴，荒废了学业的时候，先生却胸怀大志，一方面懂事地帮家人干些力所能及的活，尽量减轻父母负担，另一方面更是想方设法借书看书，涉猎广泛，沉醉其中。1969 年 3 月，是先生人生的重要转折点。这一年，根据国家政策，响应"我们也有两只手，不在城里吃闲饭"的口号，先生随母亲回到老家庆阳县后官寨公社南佐生产大队（现在叫作南佐行政村）杜家咀生产队（现在叫作杜家咀村民小组）插队落户。从 1969 年 3 月到 1975 年 9 月参加工作，先生都是在南佐村度过的。那个年代农村学校的教学名存实亡，政治学习和政治运动不断，学生每周还要去附近的生产队或者学校农场劳动，先生努力克服各种干扰和困难，在南佐九校完成了初中和高中的学业。他不仅学习勤奋努力，成绩一直是全班乃至是全校最好最优秀的，还热爱体育锻炼，常在校运动会上拿 100 米、200 米、跳远和手榴弹投远等比赛的前一、二名。先生组织沟通协调能力强，长期担任副班长和学习委员，干起农活来也不甘落后，常常积极参加且一学就会，样样农活都能干得很好。

先生在 1974 年 1 月高中毕业到 1975 年 9 月参加工作的一年多时间里，作为地道农民，积极参加生产队的劳动。在劳动之余，利用业余时间博览群书，学习写文章，练毛笔书法。由于他的文笔好文化好，生产大队和生产队有文书类的工作基本都会叫上他。由此，成为当地的文化名人，也为他以后参加工作打下了坚实的业务基础。

二、李先生的基本工作阅历

先生的经历精彩丰富。当行政干部，使他养成了注重把握宏观政策、注重经济社会实地调查、注重用社会科学理论解决现实问题的思维；接受高等教育和当高校教师，奠定了他深厚的理论功底、超强的逻辑思维能力、敏锐独特的研究视角和严谨治学的工作作风；党校教学科研工作，使他如鱼得水，有了更好地综合发挥其"理论、政策和决策咨询"能力的平台。先生的经历看起来顺其自然，水到渠成，但实际上一切的机缘都笃定是因为他孜孜以求的上进精神和持之以恒的不懈奋斗。

1975 年 9 月，先生参加了工作，一步从农村青年到庆阳县委办公室报道组工作，既给领导当秘书，也做记者的工作。按照现在的国家政策，每个人参加正式的工作都要讲所谓的"入口"，即参加工作的渠道。先生参加工作的过程大致是这样的：县委办了一个通讯员学习班，20 来个人，学习几天，然后就去农村、企业和单位做社会调查，写通讯、报道等。半个月过去了，先生写得比较多，质量也比较好，县委一共留下了 4 个人，他就是其中之一。按照当时的国家政策规定，先生工作的第一年，没有干部身份，属于"以工代干"，每月 30 元工资，第二年占用自然减员的名额才转干，定为 25 级行政干部，工资 38.5 元，当时把这类干部俗称为"三八五旅"干部。

说到参加工作情况，先生非常感慨。当时有这样一个工作机会能够落到他的身上，由一个农民变成干部，原因很多，但是最主要的还是个人能力。先生从小就喜欢看书写字、写文章，所以，从个人条件来说，那个时候的先生具备了三项基本的工作才能：一是个人工作和劳动勤快、工作热情高；二是文章写得好，出手比较快，文章质量高，在当时后官寨公社的时候就是全社"著名"的文人，能写小说，能写领导讲话，能写工作总结，是个多面手；三是字写得好，特别是毛笔字写得不错。从先生身上我们深刻感受到了学习和把知识转化成工作能力的重要性。

从 1975 年到 1978 年 3 月，在报道组工作期间，先生的工作内容并不限于新闻稿的写作，他还经常跟随县领导做社会调查，写报告、简报、讲话、总结等，有些相当于现在的"政府研究室"的工作。根据先生的介绍，在县上工作的时候，是先生一生当中最快乐、最轻松、最有成就感的时候，他写了大量的新闻稿、简报、总结、讲话、典型材料等。他说，那个时候的干部与现在也大不一样，工作起来没有时间概念，没有待遇概念，没有地点概念，只有任务概念，接受工作任务从来不讨价还价，心里只有一个念想，就是把工作做到极致，让组织满意，让领导放心。

1977 年国家恢复高考。先生听到这一消息后兴奋不已，毅然决定参加 77 级高考，单位也专门给放了 10 天的"假"支持他复习。他夜以继日埋头苦学，每天晚上都学习到深夜 2 点多，最终以总成绩列庆阳地区第 14 名、文科排名处前列的水平脱颖而出，如愿考上了兰州大学经济系政治经济学专业。当年参加高考的人年龄差距很大，全国有 11 届高中生报考大学，而全国大学录取率仅为 4.8%，竞争异常激烈，对于一个青年来说，能考上大学简直是做梦。大学四年间，先生每天沉浸在书的世界和思考的海洋，上课、阅读、做笔记、查阅资料等，虽然生活平淡，但内心富足。1981 年 12 月先生顺利获得政治经济学学士学位。

从兰州大学毕业后，组织分配先生到甘肃省委党校工作，那个时候还是计划分配。从 1982 年 1 月到 1988 年 7 月，先生在经济学教研室工作，讲授政治经济学原理、马克思的《资本论》、社会主义经济问题、中国改革开放专题等，教学效果非常好。1988 年 8 月先生被调整到甘肃省委党校科研室，后改成科研处，主要是编《甘肃理论学刊》和开展科研管理工作。1992 年，先生开始任《甘肃理论学刊》副主编、科研处副处长。1994 年 8 月调到兰州大学经济系工作，任副教授和硕士研究生导师。1999 年 6 月又调回省委党校，此后一直在研究所工作，1999 年任教授，2000 年任副所长，2002 年任所长。这个研究所成立于 1987 年，当时就叫研究所，没有明确的研究方向和内容，后来于 2000 年正式改名为"经济社会发展研究所"。

先生的工龄有 48 年。他实际参加工作时间是 1975 年 9 月，就是从"以工代干"开始算起。但是，档案中参加工作的时间是 1973 年 12 月。其原因是 1986 年国家落实知识青年政策，先生在农村高中毕业到参加工作这段时间，是作为"回乡知识青年"来对待的，算作工作时间，连续计算工龄。而自此到 2021 年 2 月退休，工龄达到 48 年。说到知识青年，现在很多人不了解当时的国家政策。当时中国的知识青年分成两大类：插队知识青年和回乡知识青年。如果是一个人下乡到知识青年点上去，那属于插队知识青年；如果随家到农村插队落户，那就属于回乡知识青年。对于这两种情况，国家的政策是同等对待，没有区分的。

先生一生工作的大部分时间是在党校度过的。党校是中国共产党培养领导干部的最高学府，是培养和培训党员领导干部的专门学院，对学员的要求高，对教师的要求也很高。同时，党校又是党和政府的主要"思想库""智囊团"和决策咨询平台。所以，对教学和研究人员来说，不仅要懂得基本的专业知识，理论功底要扎实，而且要时时刻刻关心国家大事，了解党中央、国务院方针政策的最新变化，还要能把这些变化和信息通过教学活动及时地传达到学员当中去。先生曾经在兰州大学经济学院工作过一段时间，比较大学与党校的教学，他认为差异很大，大学的部分老师也许一辈子只讲授一、两门专业课就行了，负担很小；而党校的老师不仅要懂得专业知识，而且要把国家的方针政策和地方政府的应对策略等都贯通起来，一起讲授给学员，每天都不能懈怠，时时刻刻都有学习和工作压力。

三、研究风格和研究领域

先生一生投身于所热爱的哲学社会科学研究事业，勤勉务实，笔耕不辍，锲而不舍。在学术研究风格方面，先生历来倡导务实创新的精神、实事求是的精神、先当学生的精神，不仅将它们贯穿于自己从事学术研究和工作的全过程，而且极其热忱而毫无保留地将自己的经验分享给青年一代，占用自己宝贵的休息时间耐心细致地为他们答疑解惑，提供教学科研方面的指导，为党培养了一批批青年教育和科研人才。

按照先生的解释，所谓"务实创新"，就是说，一个正式的和希望有所成就的学者，必须扎扎实实地学好基础理论、基本概念和基本原理，切不可投机取巧，走所谓的捷径，要老老实实地做学问。先生认为，所谓"学术研究"其实是两个方面的内容。一方面是"学"，"学"就是指各科学问、知识、常识，这也可以俗称"文化"。"学"的最重要的规定性就是专业化、系统化和现代化，任何社会科学的专业知识都需要吸收新时代的营养，充实和提升学科层次。另一方面是"术"，"术"就是指做学问的规矩、规律、要求和规则。做学问要实事求是，要谦虚谨慎，要追求原创性，要突出第一手资料，要讲师生之情、讲理论和精神传承。把这两方面结合起来，就是规范的"学术研究"，就是作为一个优秀的社会科学工作者必须具备的素质要求。

先生经常讲，他是搞经济学研究的，一辈子就学了个《资本论》。他认为，《资本论》中的知识太丰富、太深厚、逻辑性太强了。真正掌握了，学懂学活了，就可以应用自如。另外，还需要充分掌握经济学的理论来源和演变过程，把理论学派和脉络理清楚。先生本人就详细学习和研究过经济学说史、当代西方经济学流派、中国经济思想史等重要学科。同时，一个合格的社会科学工作者必须要有创新的思维和创新的能力，这就是要善于通过研究发现前人理论和政策观点的不足，创新地提出新的思想、新的观点、新的政策建议、新的战略想法。

深入研究和了解国家政策导向，随时掌握党委和政府的重大战略决策。先生经常给青年教师讲，在改革开放的新时代，作为一个能够被时代融合的社会科学工作者，必须又是政策专家，不了解国家政策、不知道当地党委政府的政策导向，做经济学学问那是不行的。为此，先生多年以来，始终把经济学理论与经济政策摆在同等重要的位置，一方面继续深入研究经济学前沿问题，另一方面时刻关注国家和地方的政策变化。并且，把两方面有机地结合起来，将政策研究、战略研究、规划研究置于创新经济学理论充实的基础上，使得提出的政策和战略主张更加充实和可靠，有相当的说服力。

经济学社会科学工作者要有充实的逻辑和心理学知识功底。先生经过长期的学术研究和政策研究实践，得出了许多值得现在的中青年学者学习和借鉴的研究技巧。先生认为，要做好社会科学研究工作，同时又要不断有高质量的成果出来，必须在几个方面努力：

1. 增强逻辑性。先生讲，在大学学习期间，他就自学了逻辑学。他认为，社会科学研究工作者最重要的研究方法就是逻辑分析方法。逻辑就是推理、推导、说理。不论是文章或者课题的题目，还是文章的结构实际上都是逻辑分析的产物。如果能够很好地运用逻辑分析方法，就可以使得题目和结构更加合情合理，通顺恰当。而先生的论著也都充分体现出严密的逻辑推理特点。先生认为，一个好的文章和课题题目最好选择一个主题、一个关键词，不要搞成两个以上，甚至三个以上。许多学者写的文章题目，为了显示自己知道得多，把题目搞成多个关键词的组合，这是特别不好的习惯。

2. 注意心理动态。研究问题、提出问题、表达问题等，都要考虑读者的心态感受。比如，在表达思想和观点的时候，最好能够直接、直观、清楚，不要含糊其词。再比如，如果你是研究政策问题，如果是要给领导干部看，就需要考虑短小精悍，不宜长篇大论，需要直接到位，领导没有那么多的时间。如果你写的问题和文章是要给学者看，就可以搞成"阳春白雪"的产品，如果是给领导看的，就不宜这样，就需要搞成普遍产品。给领导看的东西，一定要保证能够解决问题，或者对解决问题有启示和借鉴意义。

3. 关键是要掌握研究规律和表达模式。先生总结自己做学问的经验后谈道，很多学者总感觉写的文章编辑看不上，或者领导不喜欢。这中间可以有很多原因，其中一个重要原因是没有掌握好研究规律和表达模式问题。学者思考问题，写文章，做课题，最重要的是要掌握写高层次文章、做大课题的规律是什么，这就需要在一个文章、一个课题的实践过程中多思考、多修改、多精炼。一旦你写好一个高层次文章，你就掌握了写高层次文章的规律；同样道理，你做好一个高层次课题，也就掌握了做大课题的规律。所以，先生特别强调，初学者一定不要怕麻烦、怕折腾、怕导师批评，要经得起反复修改。只要掌握了规律性，以后就轻松了。

4. 自己设问与价值判断问题。先生说道，做学问、写文章、做课题，有一个重要的方法，就是自问自答。先生由于工作的关系（他长期担任《甘肃理论学刊》副主编、中共甘肃省委党校《要报》的主审），经常看别人的文章和课题，他也经常参加省社会科学优秀成果评奖、省政府中长期规划验收、地方政府规划鉴定等工作。他发现，许多学者对文章的题目不是太重视，这很不好。实际上，一个成熟的学者来选择一个好的文章题目、研究主题，必须事先对题目进行"自审""自判"，也就是对你的题目、主题和内容多问几个为什么，有价值吗，谁有兴趣读，这样反复几次，你的题目肯定会更加成熟和有吸引力。

5. 规范要领。先生经常给中青年老师讲，做学问写文章，一定要规范正式，这需要具备多方面素质：一是一定要掌握社会科学与自然科学文章不同的格式要求。不少学者写文章比较随心所欲，不按照规范要求去写。实际上，自然科学与社会科学的文章格式是完全不同的，要特别注意。二是一定要掌握学术论文与调查报告、政策咨询文章的写作的不同要求，差异性非常大，不宜按照一贯的做法都搞成一个模式。三是要特别注意研究习惯和表达规范。比如，引用别人的观点、数据、事例等，一定要清楚地表述，加上脚注或者尾注。四是要注意不同文章的关键点。比如，学术论文最重要的是要把你的新观点表述清楚，调查报告最重要的是要有案例、样本、数据、事例，政策咨询最重要的是要有解决问题的明确想法。

6. 要有新闻记者的敏锐观察眼光。先生早年做过地方记者，记者最显著的特点就是敏锐的观察力，能够发现事物和问题最有价值的东西。先生说过，一个好的文章是从一个好的题目开始的，有一个好的题目，文章就成功了一半；如果题目不好，做得再认真，也可能仍然是废品。所以，先生经常告诫他的学生和青年教研同事，做文章要把时间分成三部分，也可以叫作"三三制"，即要用 1/3 的时间推导题目的价值和研究主题，判断研究主题的社会价值、能够成为高层次成果的可能性；用另外一个 1/3 的时间查找相关资料，做社会调查，充实学术资源；用最后一个 1/3 时间，才进行写作和修改。

先生多年以来，还坚持把学术研究与培养中青年学者紧密结合，把自己所学所用的经验毫无保留地传给中青年学者。这些年以来，在先生的帮助下，许多中青年学者申报国家哲学社会科学基金项目、省哲学社会科学规划项目、学写文章和做咨询研究方面，取得了突出的成就。比如，从 2011 年到 2015 年，先生帮助兰州市委党校中青年老师申报国家哲学社会科学基金项目，连续五年获准立项 8 项国家课题，在国内创造了一个奇迹，其中，还有一名县委党校的老师也获准了一项国家课题。在甘肃省委党校范围内，也帮助 10 多位中青年教师获得国家哲学社会科学基金项目，获得 20 多项甘肃省哲学社会科学规划项目、省软科学项目。另外，这些年以来，在先生的指导和帮助下，有 5 位中青年教师获得博士学位，有 20 多位中青年教师实现了职称晋级。

四、主要研究领域

先生一生经历了中国经济思想、经济理论和经济实践发生重大变革的时代，这个时代有许多经济领域的重大问题处于激烈讨论和多方实践探索中，先生将其作为自己学术研究的广阔沃土。先生一生不仅博览群书，知识储备丰富，研究视野宽广，研究主题涉猎广泛，如政治学、历史学、社会学、政策学、人口学等众多领域，擅长于跨学科综合研究复杂问题，提出了许多经得住时间和实践检验的独特见解；而且专注于经济问题深度剖析研究，以专业理论视角和敏锐眼光独立思考，其成果或着眼理论突破、或着眼政策完善、或着眼解决现实经济社会重大实践问题，每项成果都经过深入思考、直击问题本质、论证有理有据、大胆质疑勇于创新，提出了很多真知灼见。由于先生学术理论层次高、政策把握精准、实践调研深入，因此，其研究成果的理论性、前沿性、时代性、原创性、前瞻性、实践性特点极其突出。

先生一生的主要研究领域聚焦于经济理论和经济政策方面，回应了许多重大理论和现实问题。主要有：

1. 政治经济学研究。先生早期深入研读经济学经典著作，主要是围绕《资本论》和政治经济学、产业经济学、经济学说史等，并结合它们的"中国化实践"深入思考，推出了一批极具原创性的基础理论研究成果，在国内学术界引起了很大关注。一是关于商品经济问题。包括商品经济与市场经济的关系、商品经济与计划经济的相互渗透、商品经济的基本规定性等。二是重新认识魁奈的再生产观点、资本与资产、有机构成与技术创新等。三是深入研究了计划与市场的相关性，主张计划与市场的结合要充分考虑多方面因素。先生在此方面发表了多篇论文，其中一篇还刊登在《经济研究》上。四是提出了政府调节与市场调节的综合配置理论。此外，先生还编写了《政治经济学原理》《经济学说史史话》《隐形经济问题》等著作。

2. 改革开放研究。先生的一生不仅见证了中国改革开放的伟大实践，感受了改革开放的巨大变迁，更通过深入研究改革开放相关问题，积极参与到推动我国乘风破浪的改革发展进程中。多年以来，先生围绕改革开放做了大量研究，基本观点有：一是在 20 世纪 80 年代中期就提出了市场经济与私有制改革的问题，认为将计划经济体制转化成市场经济体制，就必须在法律和政策上承认私有制经济的合法性和社会地位，给私有制经济（现在普遍叫作民营经济）比较大的生存空间；二是主张政府要大力支持民营经济主体的培育工作，认为在农村要把农户改造成经济实体，扶贫首先要扶持农村发展农民公司、农民企业，创新农村微观经济基础；三是国有企业改革必须把资产资本多元化作为主攻方向，判断国有企业改革是否到位的一个主要标志就是国有企业能够吸纳外资和私人资本，提出要区分国有资本、国有资产与国有财产概念；四是政府体制和管理模式的改革是建立社会主义市场经济体制的前提条件，要把行政命令型政府变成服务型政府；五是研究了中国经济体制改革的成本问题，认为体制改革既要考虑体制需要，也要考虑制度成本；六是经济开放必须坚持"双向开放"的原则，用对内开放促进对外开放。这些观点具有很强的理论性和前瞻性，在现在看来都有很强的现实意义，对于改革开放过程中明辨是非、廓清迷雾、明确方向，有效推动改革开放进程有重要价值。

3. 贫困与反贫困研究。先生从小就饱尝生活的困苦，立志通过自己的努力为改变地方经济社会贫困面貌出份力。因此，多年以来，他将研究中国西部农村、西北农村的贫困与反贫困问题作为实证研究的重点，在经常去农村做社会调查的基础上，在反贫困方面完成了大量成果，最突出的有：一是以新颖的视角结合制度经济学理论深层次分析根源性问题，在国内最早提出了"制度贫困"的概念，认为造成贫困的根本原因不宜只考虑资源、环境、经济和人口因素，还要充分考虑体制的作用，小农经济、一家一户、经营方式落后等是中国农村贫困形成的主要原因；二是于 1998 年完成了《贫困与反贫困经济学》研究，并正式出版，是国内最早将贫困问题系统纳入经济学研究范畴的成果；三是提出用制度创新扶贫的观点，认为贫困农村培育扶贫产业、发展特色经济和实施政策支持等，都需要充分发挥市场机制的作用，培育市场经营主体，建设农村市场体系，疏通城乡资源流动机制。

4. 资源环境研究。从 2002 年开始，先生将"人口、资源与环境经济学"研究生专业作为主要学术研究方向，一方面在甘肃省党校系统开设这个研究生专业，部署研究生课程计划，培养中青年专业教师。另一方面，围绕"人口、资源与环境经济学"进行学科研究，出版了大量本专业的教学著作和学术成果。比如，出版了《资源经济学》《人口学基础理论与政策》《环境理论与环境保护》《中国节能型经济与宏观调控》《西部地区人口发展战略与规划》《中国西部财政供养人口适度比例研究》《中西方经济发展国家核心战略比较研究》《甘肃省十大绿色生态产业发展路径探索》等。这些成果对于研究生的参考学习非常必要。同时，围绕这个专业方向，还开展了大量社会调查，承担了部分地方政府的发展规划编制工作。

5. 人口经济学研究。2000 年以来，围绕计划生育工作，先生把大量精力投入人口发展和计划生育政策的研究上，并发表了 20 多篇学术论文和社会调查报告，出版了 5 部著作，主持和完成了部分课题。2005 年，由先生任课题组组长，完成了《甘肃人口发展战略研究》重大课题，该课题成果由中国人口出版社正式出版发行，获得甘肃省科技进步奖二等奖，同时获得全国人口委科技进步二等奖。2008 年，由先生主持社会调查和研究工作，完成了《西藏人口发展战略研究》课题，该课题为西藏自治区政府委托给甘肃省政府的。为了高质量完成这个课题的调查与研究工作，先生先后三次去了西藏。该课题成果最终得到当时的国家人口委的高度评价和肯定。

6. 生态问题研究。先生很早就关注到生态问题，特别是认识到生态问题对西部、对西北地区的经济社会发展至关重要。为此，先生用业余时间自学生态学、人口学问题，并带领团队开展了大量这方面的社会调查与研究工作。主要成果有：一是关于黄土高原生态现象和生态战略研究，认为实施黄河流域生态综合治理工程，必须把"黄河"与"黄土"的"二黄"作为战略重点。二是在学术界第一个提出了"数量生态与质量生态"的命题,认为工业化和城市化中的生态现象和生态污染属于质量生态问题,而农村和农业的生态现象属于数量生态问题,治理生态重点应该放在城市和工业当中。三是在国内第一次提出了"教育移民"的问题,教育移民是高层次的移民扶贫举措。四是提出了"贫困人口集中区与生态敏感区耦合"的问题,认为在这个区域扶贫难度更大。五是提出黄河流域生态保护与建设要围绕治源(水源区)、治土(黄土高原)、治通(干流支流河道)、治型(植被)、治污(城镇和工业)等"五个重点"进行的观点。

7. 经济政策研究。先生认为,经济政策是现代经济学研究的主要内容,经济学不研究经济政策是没有现实意义的。为此,他非常关注中国特色经济政策体系的创新问题,在这方面的研究主要体现在:一是强调经济政策的宏观性,认为经济政策最重要的是管理一个国家经济全局的问题,经济政策必须服务于调控宏观经济发展的大方向、大原则和大战略;二是经济政策必须与政府管理体制创新紧密结合,认为政府功能的许多方面质量上就是政策执行问题,政府就是政策的代表,政策要体现政府管理与服务的基本宗旨;三是经济政策必须随着改革开放的进程不断进行创新、修正和完善,政策要反映时代的变化,反映民生的需要。先生的这些思想主要反映在其专著《现代宏观经济政策学》和大量关于政策研究的文章中。

8. 决策咨询研究。先生历来认为,决策咨询研究是经济学家的主要研究任务之一,一个合格的经济学家,必须在基本经济理论、经济政策、经济发展规划等方面都有建树,都有触及,不宜单科独进。特别是在中国发展进入新时代的时候,经济学家更应该关注中国现实经济发展问题的实证研究。这些年来,先生特别重视实证研究工作,在政府政策、发展战略、发展规划、决策咨询、典型调查等方面,都有大量高水平的成果,特别是在参与省政府中长期发展规划的审定、讨论、验收方面,先生几十年来一直参与其中,为甘肃省和某些地方政府提高发展规划的编制质量作出了贡献。

五、主要学术成果的社会评价

这些年来,先生在学术研究上成果丰硕。据不完全统计,这些年来先生在国内公开出版发行的刊物和报纸上共发表学术论文 500 多篇,出版专著、编著、合著等 30部,主持和完成国家哲学社会科学基金项目 4 项、中共中央宣传部"四个一批"人才资助项目 1 项、甘肃省哲学社会科学规划项目和省软科学项目 18 项,地方政府、企业的横向课题 20 多项,获得国家级、省级科研奖励 20 多项,可谓著作等身。先生还多次担任全国和甘肃省的相关评委。如全国宣传文化系统"四个一批"人才评委、国家哲学社会科学基金项目的立项和成果评委、甘肃省哲学社会科学最高奖的评委、甘肃省哲学社会科学规划项目立项评委、甘肃省国民经济与社会发展规划验收专家、甘肃省软科学项目成果评委等。

根据细致统计，在先生的学术成果中，有国家权威和核心报刊论文 66 篇（即 C 刊以上），被中国人民大学报刊复印资料全文转载的共有 44 篇。先生发表过文章的主要杂志有《经济研究》《民族研究》《中国农村经济》《中国农村观察》《中国人口科学》《中国工业经济》《农业经济问题》《中国社会科学院要报》《光明日报》《经济日报》《新华文摘》《经济学家》《学术月刊》《江汉论坛》等，这些都是当前我国高层次的学术刊物和报纸，社会影响和学术地位都比较高。

先生的研究成果不仅数量多，层次也比较高，涉及面很广，也得到了全国社会科学界，特别是经济学界的一致认可和高度评价。先生的研究成果曾获得多种奖励，主要的有：全国生产力学会优秀科研奖、全国人口科技进步奖、甘肃省"五个一工程奖"、甘肃省社会科学最高奖、甘肃省科技进步奖、全国党校优秀科研成果奖等多种奖励。先生不仅科研成果丰硕，学术影响力极高，而且经常在甘肃省委党校主体班、研究生班、社会各类培训班上授课或作学术报告，得到受众的高度评价，也多次获得省委党校"优秀共产党员""优秀教师"和"先进科研工作者"等称号。

在这些获奖的成果中，先生说，他最满意的是 1997 年承担的甘肃省哲学社会科学规划项目"甘肃省贫困与反贫困问题研究"，这个课题虽然只是个省级项目，但是，最终成果《贫困与反贫困经济学》（专著，50 多万字）由甘肃人民出版社正式出版发行。该书 1999 年获得甘肃省第六届甘肃省哲学社会科学优秀成果最高奖（兴陇奖）一等奖第一名①。此外，像《西部贫困地区财政供养人口适度比例研究》获得甘肃省哲学社会科学优秀成果最高奖二等奖，同时获得甘肃省科技进步三等奖；《甘肃省人口发展战略研究》获得甘肃省科技进步二等奖，同时获得中国国家人口委科技进步二等奖；《西部民族地区大开发的宏观环境和政策影响》获得甘肃省"五个一工程奖"。当然了，获奖的还有很多。

在先生的学术研究经历当中最为主要的一个项目是 2005 年甘肃省政府的"援藏项目"——《西藏人口发展战略研究》，这是甘肃省政府接受西藏自治区政府的一个特别委托项目。甘肃省政府和当时的甘肃省人口和计划生育委员会委托先生担任课题组组长，组织和带领一批专家去西藏调查和研究。为此，他曾经三次去西藏做社会调查、问题研究、课题汇报、课题评审等工作。在西藏工作非常艰苦，海拔很高，氧气稀薄，

①关于目前的"甘肃省哲学社会科学优秀成果最高奖"，在20世纪90年代后期的几次评奖中，甘肃省哲学社会科学评奖委员会将奖项的名称改为"甘肃省社会科学'兴陇奖'"，后来又改回到原来的名称。特此说明。

可是他连续去了三次，最后比较顺利地完成了课题的研究任务，受到当时的西藏自治区人民政府主席江把平措先生和西藏卫生厅、人口委的高度评价，也得到国家人口委领导的一致认可，最终成果获得全国人口科技进步奖。

六、代表性研究成果

这些年以来，先生的许多研究成果都引起了国内学者的关注。比如，在《经济研究》1990 年第 2 期上发表了《论计划调节与市场调节的历史演变及合理配置》一文，就是先生经济学研究成果的一个里程碑。根据调查统计，中华人民共和国成立以来，能够在《经济研究》上发表文章的非常少。这篇文章的核心意思是讲，从计划经济体制向市场经济体制的过渡不可能很快完成，需要一个过程，在这个过程中，实际上是计划手段与市场手段"共存"的阶段，既不可能都是计划手段，也不可能都是市场手段。为此，在这个阶段中的宏观调控必须"兼容"，二者共同存在并且合理搭配，协调完成国家宏观调控的任务。

在项目研究方面，先生所涉猎的研究领域和问题比较广泛，承担了大量的国家级、省级、地方政府、企业的研究项目。与此同时，还承担了中宣部理论局的委托研究任务，比如，关于理论面对面、政策面对面等方面的研究和文稿起草。总体来看，这些年来，先生所做过的主要项目有国家哲学社会科学基金项目、全国宣传文化系统"四个一批"人才资助项目、国家民委项目、甘肃省委委托项目、甘肃省政府委托项目、甘肃省哲学社会科学规划项目、甘肃省软科学项目、甘肃省援藏项目、地方政府委托项目、企业发展项目等。项目来源很多，层次也比较高，研究任务比较重。

在这些项目中，最有代表性的如：2000 年承担和主持了国家哲学社会科学规划项目《西部贫困地区经济增长与财政供养人口适度比例研究》，2009 年承担和主持了国家哲学社会科学规划项目《甘肃陇南市灾后重建与人口迁移的现状和对策研究》，2015 年承担和主持了国家哲学社会科学基金项目《西北民族地区合作构建出口清真食品产业体系对策研究》，2020 年承担和主持了国家哲学社会科学基金项目《"三区三州"拓展国民义务教育典型案例与经验研究——以甘肃省临夏回族自治州为例》。此外，由于先生主持和高质量完成了甘肃省的人口发展战略项目，由此又主持和完成了西藏人口发展战略研究的项目。2007 年，先生又承担了国家人口委的项目《中国藏区人口发展战略研究》项目，担任课题组副组长。

经过多年的学习、研究、探讨和咨询，先生的学术研究发生了深刻的转变，即由过去主要研究纯学术性的理论问题转向更多研究比较现实的政策问题。特别是自 2015 年以来，先生由于年龄原因退居"二线"之后，把更多的精力投入对政府重大规划和决策的讨论和论证方面。当然了，纯粹的经济学理论研究也做一些，并没有完全停止。

比如，近年来，先生研究了农民工返乡、工商资本投资农业、农村新型经营主体培育、农村实用人才开发等。针对产业政策与创新发展不对称的现象，先生提出了工业部门"三分法"，即装备制造业、重加工业和轻加工业。他认为装备制造业是现代生产力的发源地，是先进生产力的创造源，中国要提高自主知识产权，关键是要大力发展装备制造业，而不是重加工业和轻加工业。这个观点彻底改变了过去多年国内外关于工业部门"两分法"即重工业与轻工业的传统理论的传统认识，对决策和制定创新政策非常重要。

七、理论宣讲工作

作为我国知名的经济学家和中共中央宣传部干部局的专家，从党的十四大以来，先生几乎每次都被确定为省委宣讲团的主要成员之一，几乎参加了所有中央和国家重大理论、重要会议、重大战略和政策的宣讲活动。因此，理论和政策宣讲成为先生工作的重要组成部分和主要的创新部分。先生是全国"四个一批"人才第二批成员，2014年又成为全国"百千万人才工程"的第一批入选专家。先生通过多年的宣讲活动，总结出来如下几点工作体会：

1. 围绕宣讲大局。先生认为，理论研究和宣讲是社会科学工作者的本职工作之一，维护国家统一，维护党中央的集中统一领导，维护党中央确定的指导思想和主导理论，是所有社会科学工作者的职责。改革开放以来，随着国家体制改革进程的深入，不断产生的新思想、新观点、新思维、新战略，不仅需要得到社会上专业人员的理解和认可，更需要得到城乡公众的理解和认可，让一般老百姓大致了解党和国家的大政方针，知道如何比较科学地、准确地和辩证地理解社会热点问题。这些就是理论宣讲的起源和目的。作为甘肃省讲师团的主要成员，这些年以来，先生始终将宣讲作为一项最重要的本职工作内容，围绕国家和省上的发展重点、大局问题、难点和热点、新政策等，积极参与省委和单位安排的宣讲活动。粗略估算，平均每年都在20次以上。

2. 坚持正面宣讲。通过多年的参加理论和政策宣讲活动，先生深刻认识到，理论宣讲不是简单的讲课，一般的讲课是要求你把所要讲的课程内容按照教案讲清楚就基本可以了。但是，宣讲就比一般的讲课要复杂得多。原因主要有：一是宣讲内容的可塑性特别强，对于理论观点、政策理解、规划思路等，不同的人有不同的认识，很难统一起来，甚至是同行也很难要求一致。二是听课对象的可塑性特别强，理论宣讲经常会遇到同一个题目，多个听课对象的问题，你的授课水平需要同时满足大多数听课人的要求是很难的。三是环境和条件因素的影响。不同的听课人员、不同的家庭条件、不同的社会背景等，都会直接影响你授课的效果。所以，先生的宣讲往往比较接地气，敢于提出新思想和新观点，宣讲有理有据，敢于说真话，大家都比较感兴趣，也很愿意听。

3. 探索宣讲方法。先生认为，宣讲成员必须想方设法地探索适宜的宣讲方法，根据宣讲对象的不同特点，选择不同的宣讲方式，努力提高宣讲的效果。在这些年的实践中，先生主要采取了以下几种方法。一是根据对象选择方法。对于党委和政府的干部们，由于理论水平和政策水平普遍比较高，宣讲以有理论层次、有政策水平、有战略眼光、有研究意义为主；对于学校的学生们则以正面宣讲为主，讲横向优势，讲发展潜力和希望；对于农村农民和企业的工人们则以现实热点为主，讲政策变化和发展机遇。二是结合工作特点不断创新宣讲方式。不能只是上级有了宣讲题目和任务就讲，平时就应该创造机会多讲。比如，在干部大会上讲战略选择，在群众大会上讲政策变化，在学者大会上讲理论创新。三是不断丰富讲课的方式和方法。既可以是报告式的方法，也可以是 PPT、对谈式、互动式的方法。方法多了，宣讲效果就会更好。

4. 提高宣讲水平。先生认为，要成为一名名副其实的专家型宣讲人员，必须不断提高理论水平、政治水平和政策水平。只有水平提高了，才能高效地完成宣讲任务。更为重要的是，要宣讲好国家的方针政策，宣讲好战略和思路，一方面，不仅要提高理论水平和政策水平，另一方面，确实需要经常深入基层、农村、企业做好社会调查。换句话说，就是要"顶天立地"，既要了解上面的政策，又要知道下面的实情。为此，在这方面先生主抓了四方面工作：一是不断学习新知识和新理论，及时了解国内外的理论动态和理论动向，对自己的理论和知识进行更新和"充电"；二是不断地和及时地学习掌握中央政府、地方政府的战略、规划和政策变化；三是不断参与地方党委和政府的战略决策、规划编制工作，将自己的思想和观点直接传输到基层领导和一般干部身上；四是发现和总结基层在改革开放方面的先进经验和发展模式，及时总结成典型，用于宣讲事例。

5. 坚持实地调查。通过这些年的努力，先生已经调查遍了甘肃省的 14 个市州、86 个县（区），以及部分乡镇和行政村，跑遍了省内的主要大型企业。这些都对提高思想认识、发现问题、体验实际、把握政策、总结典型等方面提供了保证。作为国家级专家，多年以来，先生不仅认真做好宣讲工作，而且善于总结和把宣讲的东西升华成科研成果。比如，先生将通过社会调查得到的资料，再联系国家大政方针，编著了《农村政策面对面》《农村实用人才开发与管理》等。这些书籍已经作为甘肃省"农家书屋"的必选书目，目前已经发行 3 万多册。另外，结合宣讲政府战略和政策导向，还编著出版了《多极突破与区域经济增长》《抢抓"一带一路"机遇，打造"五个制高点"》《甘肃省十大绿色生态产业发展路径探索》《甘肃与兄弟省份协同发展路径探论》等。

八、决策咨询工作

按照中央关于智库建设、社会科学工作要为地方政府发展和决策服务的要求，这些年来，先生始终把决策咨询、服务发展、谋划对策等放在工作的突出位置。众所周知，中央对于党校的工作定位在过去多年都是培养党员干部。党校是党性锻炼的熔炉，是研究和宣传马克思主义、毛泽东思想、邓小平理论的主阵地，是党委和政府决策的"思想库"。2011年以来，随着中央新的党校工作条例的颁布，党校理论研究的定位开始发生了极大变化，这就是中央明确提出了"智库建设"的新要求，很显然，要把党校建设成国家重要的智库和咨政研究基地。

也正因为这些原因，最近几年来，先生把主要精力放在智库工作上，围绕智库建设从事直接的决策咨询研究。当然了，先生从事这些工作也有比较好的条件，因为他长期担任甘肃省委和省政府的经济顾问、甘肃省国民经济与社会发展规划专家组的核心成员、多个市县的政府经济顾问，因此决策咨询成果比较多，层次也比较高。由于决策咨询成果基本都是以内部文件和刊物的形式完成的，还有领导批示等，都有一定的保密要求。所以，在选编本书的附录的时候，将决策咨询成果没有在成果目录中选入。

这里只对党的十八大以来，先生在决策咨询方面的研究情况、领导批示和运用情况做个简单介绍。从2012到2021年，先生对甘肃省咨政研究的成果主要有四个方面：一是已经明确在省委、省政府的决策咨询刊物上刊登的文章，或者已经上报省上有关部门，比如省委办公厅办的主要给省委领导看的《甘肃信息——决策参考》《甘肃信息——今日上报》《送阅件》《智库专呈》《调查与研究》等；二是已经在国内公开的报刊上发表的关于甘肃区域经济发展战略决策、区域规划和空间布局的文章；三是接受省委、省政府和单位领导下达的专题研究任务，并形成上报成果；四是在各种会议上，尽量及时畅谈个人对甘肃发展的意见和建议。

多年的决策咨询研究工作使先生的智库影响力更加提升。他也经常给大家讲，做智库工作，除必须具备扎实的理论功底之外，必须高度关心民生、高度关注形势、高度关心政策。要时时刻刻对国家的方针政策进行研究和学习，掌握国家政策和战略的新变化、新动态、新问题、新导向，这是做好智库工作的起码条件，也可以说是必须具备的素质。党的十八大以来，先生的多个决策建议被省上决策采纳。比如，关于产业扶贫、产业富民、三化并进（指工业化、信息化和产业化）、向西开放、乡镇企业集中向园区搬迁、发展直销农业、建设兰州金融中心、建设兰州特大城市、建设大兰州经济圈、规划建设甘肃东西开放"门户城市"、加强地方财源建设、整治整合工业园区、整体融入"一带一路"、加快发展民族县域经济等。这些建议已经在省委和省政府的有关规划、报告、文件中多次出现，形成决策理念。

　　先生的经历和学术成就，可能是甘肃多个哲学社会科学家的一个缩影。先生是至今还奋斗在甘肃大地上的诸多哲学社会科学家的杰出代表。先生一生勤奋求学、勤奋工作，对专业的浓厚兴趣、对社科研究事业的执着热爱、对国家对社会的责任担当成为他一生不懈奋斗的不竭动力。先生工作48年，始终初心不改，一直保持着昂扬奋进永不懈怠的精神。几十年来，先生几乎没有过过一个完整的春节和节假日，他已习惯于将日常的"休息日"变成他的"加班日"，由此才取得了这样丰硕的成果和卓越的成就，也成为我们青年一代毕生学习的楷模。目前，先生已正式退休，但是，由于工作需要仍然被单位返聘，还在坚持为党工作，坚持为深化经济学研究和促进甘肃发展继续奋斗！继续做贡献！

《陇上学人文存·李含琳卷》(第十辑)

作者：邓生菊

高新才

高新才先生，陕西大荔人，1961 年出生。高先生于 1979 年考入兰州大学经济学系，1986 年取得硕士学位后在兰州大学经济系留校任教，历任兰州大学经济系系主任、经济管理学院院长、经济学院院长、兰州大学副校长、河南财经政法大学校长等职，其间还曾兼任甘肃省社会科学界联合会副主席。高新才先生是国家重点学科——区域经济学科的创建人、学术带头人，是一位对西北地区经济发展有较大影响的知名经济学家。

高新才先生为兰州大学乃至全国的区域经济学学科建设作出了重要贡献。高先生是国内区域经济学学科确立的论证人，与中国人民大学区域经济与城市管理研究所、南开大学城市与区域经济研究所共同领导创立了全国高校区域经济学学科建设年会，为国内区域经济学学科建设作出了突出的贡献。

高新才先生是国内较早开展区域经济学研究的学者。20 世纪 90 年代，伴随中国市场化改革的逐步深化，国内经济学的研究也日益活跃。基于深厚的经济学理论修养和对改革发展实践的扎实分析，从我国东西部发展差距问题的研究入手，高新才先生对市场化改革的研究逐渐聚焦到区域发展问题研究，敏锐地认识到对中国区域经济发展、区域经济关系等问题进行系统研究的必要性和迫切性。高先生带领团队开展相关研究的同时，是兰州大学国家重点学科——区域经济学的主要创建人。在高先生推动下，兰州大学经济系成为全国高等院校中首家区域经济学硕士学位授予权试点（1995年）。1995年高新才先生担任兰州大学经济系系主任，1998年，由兰州大学经济系、管理系、图书情报系等多个系所，联合组建成立了经济管理学院，年仅37岁的高新才先生担任兰州大学经济管理学院院长，兰州大学区域经济学的学科建设取得了突破性进展。1998年兰州大学获得国内首批区域经济学博士学位授权，同年兰州大学区域经济学被评定为甘肃省高等学校省级重点学科，2001年又被评定为国家重点学科。2003年兰州大学应用经济学博士后流动站获得批准。高新才先生长期在经济学教学岗位辛勤耕耘，桃李满园，曾获宝钢优秀教师奖、甘肃省园丁奖。

高新才先生是我国改革开放进程中涌现出的有全国影响的区域经济学家，先后在《中国社会科学》《新华文摘》《改革》《中国工业经济》《中国农村经济》等国内外学术期刊发表学术论文200多篇，在人民出版社、中国社科出版社、中国经济出版社等权威出版机构出版专著20余部，主持完成了40余项国家和省部级重大课题的研究，多项研究成果被中央和地方政府在决策时所采纳，获得国家及省部级以上的学术奖励20余项。

高先生研究领域广泛，在理论经济学和应用经济学方面都有较高的建树。伴随中国市场化改革的深入和东西部差距的扩大，身处大西北的高新才先生逐渐将研究的视线聚集到西部改革与发展问题，尤其在对西部区域发展、资源与生态经济、农村经济、民族经济、城镇化及贸易金融等方面都有较为系统的研究，其学术成果得到学界的普遍肯定。

高先生是国家重点学科——区域经济学科的学术带头人，教育部重大项目评审专家组委员，中国区域科学协会西部经济研究会主任委员，中国高校经济学会常务理事，北京大学、南开大学、西北工业大学、浙江理工大学等多所高校的兼职教授。2011年入选全国宣传文化系统全国文化名家暨"四个一批"人才，国家哲学社会科学领军人才（国家高层次人才特殊支持计划），是享受国务院特殊津贴的专家。高先生的应用研究，对地方改革发展产生了较大影响，受聘担任十余个省市政府的高级经济顾问，是甘肃省区域经济发展专家咨询组组长。

一、变革中的制度变迁与理论探索

改革开放构建了中国发展模式，为经济学理论的创新发展提供了源泉。20世纪80年代，中国开启了经济体制改革，学术界开始重新认识理解传统政治经济学，借鉴现代经济学理论和西方发达国家的发展经验，对当时的计划经济体制进行了全面剖析反思，对中国经济改革出现的问题进行理论分析和实践探讨，开启了中国特色社会主义政治经济学的探索研究。

　　高先生作为当时学界的新生力量，其学术生涯也由此展开。这一时期，高先生先后发表了《政治经济学社会主义部分的最基本范畴初探》（《社会科学辑刊》1985 年 1 期）、《社会主义积累率新考》（《晋阳学刊》1984 年第 3 期）、《试论储蓄对消费的引导作用》（《当代财经》，即《江西财经学院学报》1991 年第 12 期），《试论农村工业与城市工业的协调发展》（科学、经济、社会，1992 年 2 期）等系列论文。1992 年邓小平"南方谈话"和党的"十四大"的召开，进一步明确了中国经济体制改革的目标是建立社会主义市场经济体制。为了对社会主义市场经济体制作更为全面的阐述，高先生于次年出版了《中国经济体制大走势》[①]一书，对中国社会主义经济体制的框架作了学术上的设计，并从政府职能、价格、财政、金融、社会保障、工业、农业、商业、外贸、劳动工资等十个方面对中国经济体制改革的方向和目标进行了深入剖析。

　　伴随中国经济体制改革进入深水区，高先生开始运用经济学的理论和方法研究和分析改革中的关系调整、利益冲突以及制度变革。在《论我国农村经济发展中的公平与效率》（《兰州大学学报》1993 年第 2 期）一文中，针对我国农村改革后收入差距扩大的现象，用洛伦兹曲线和洛伦兹系数对当时我国农村收入分配进行了实证分析，对当时农村工业化过程中收入分配规律性的变动趋势进行了深入的探讨。

　　20 世纪 90 年代中期，"三农问题"再度凸显，高先生发表了《农村税费制度改革博弈视角的分析》（《甘肃社会科学》2004 年第 5 期），文中借助博弈论的分析方法，构建了农村税费利益主体之间的博弈模型，通过模型分析，揭示了我国农村税费问题中所涉及各方的利益关系。分析认为，农村税费问题所反映出的问题远远超过了税费问题本身，是农民的社会地位问题和农民的各种权利的保障问题，也是市场化改革过程中中央政府、地方政府和农民之间权利分解与集中的矛盾与冲突的问题。农村税费问题的实质是国家对农村的控制与管理付出的高昂的交易成本。

　　中国的改革开放实践，从借鉴发达国家、新兴发展中国家等经验，到构建具有中国特色的社会主义市场经济体制的发展道路，其间涌现了诸多来自实践层面的制度创新。高先生对改革开放进程中中国经济社会发展中的制度变迁进行了广泛而持续的研究和总结。2003 年，在对中国经济体制改革的制度变迁进行了回顾和总结一篇论文[②]中，先生认为中国经济体制变革的主线是从放权让利到权利重构与再造，从有限公正到全面公正。未来中国的改革面临着围绕权利的调整和重构，权利重构将打破现有利益格局、冲击强势利益群体的垄断，造就改革强大的社会动力支持，这是当前改革面

---

①兰州大学出版社，1993年。

②《从一般要素解放到人的解放——中国经济体制改革回顾与前瞻》，《兰州大学学报》（社会科学版）2003年第4期。

临的最艰巨任务。

高先生对我国生态治理与生态制度创新也进行了较为系统的研究。在《中国荒漠化治理的制度创新与模式创新》[①]中，对中国近半个世纪的荒漠化治理模式进行反思，分析荒漠化土地治理缓慢的症结，提出了荒漠化治理的生态经济模式，从投资、管理、激励等方面提出了荒漠化防治制度创新。在《"过牧"的制度解释及治理的制度设计》[②]中，针对黄河源区草地生态环境的恶化趋势，以黄河源区的玛曲县近三十年过牧历史为案例，对高寒牧区制度变迁中的路径依赖和锁定问题进行了新的阐释，并对可持续性的制度框架进行了设计。

生态保护是黄河流域高质量发展战略的重要内容。2020年高先生在参加"两会"时提出，应加强绿色金融制度创新，促进黄河流域高质量发展。高先生指出，"绿色金融能够实现市场负外部性的内部化，通过合理的资源配置，缓解黄河流域资源环境制约，是保护修复黄河生态环境的重要手段，也是新常态下发展绿色经济的重要途径"。目前黄河流域各省区已经开始探索利用绿色金融产品促进当地社会经济发展。比如陕西金控集团发行绿色债券；甘肃、河南、山东等省设立了绿色发展基金。但绿色金融顶层制度体系亟待进一步完善、绿色金融跨区域合作机制尚未建立、贯穿全流域的一体化绿色金融市场尚未形成。高先生认为，应推动完善包括绿色认证制度（认证机构与标准）、绿色金融激励制度（声誉激励与经济激励）和绿色金融风险防范制度（透明度规则与欺诈制裁规则）在内的绿色金融制度框架，消除当前绿色金融制度领域存在的碎片化状态。

二、区域经济和西部经济的开拓研究

高新才先生作为中国较早从事区域经济学研究的学者之一（林毅夫，2001年），多年来积极探索运用区域经济理论研究和分析中国欠发达地区经济发展的现实问题，取得了一批层次较高、对地方发展有影响力的学术成果。

区域经济问题是大多数国家尤其是大国经济发展过程中一个普遍性的经济现象。不同的地区在发展基础、自然条件、地理条件、人文资源禀赋等方面都存在客观上的差异，这些因素对区域经济发展的速度和质量都能产生巨大的影响，但从本质上看，区域经济发展差距则是市场经济极化效应在区域层面上的客观反映。当代中国区域经济问题在中国特色社会主义经济改革的背景下产生的，因而其演化与变迁也表现出了极强的中国特色。尽管区域经济的研究在我国发展历史较短，在政府与学界的关注下，

---

①发表于《中国社会科学》2000年第6期。

②《"过牧"的制度解释及治理的制度设计——对玛曲县人草畜紧张关系的制度经济学思考》，《兰州大学学报》(社会科学版)2004年第4期。

区域经济学已经发展成为我国研究分支众多、研究潜力巨大的经济学科之一。伴随着中国的改革开放实践，中国的区域经济格局发生了前所未有的历史性大变动、大调整。改革开放初期，非均衡发展战略促使沿海发达的开放城市迅速崛起，而由东向西渐次推进的改革开放空间路径，导致区域发展尤其是东西部区域差异问题逐渐显现。如何使欠发达地区走出困境，如何促进区域经济协调发展，建立统一而开放的市场等等，诸如此类的问题成为政府和学界关注的焦点。

1992 年，高先生在《试论西北地区向西开放中的政策协调》（《兰州大学学报》1992 年第 3 期）一文中指出，西北地区面对的"东西差距"和亚欧大陆桥的良机，西北五省区应联合建立西北经济综合协作区，重点对该地区经济发展进行统一规划和布局，朝着区域一体化的方向努力。文章最后提出，"我国近年来实行向东部地区倾斜政策，造成了地区间的不平等竞争，加剧了区际矛盾。""中央的这种地区倾斜政策应加以调整。"

高先生身处西部经济欠发达的甘肃，对地方经济改革和发展的调查和研究，促进他日益意识到区域发展经济问题将成为我国改革开放与经济社会发展的重大问题。2002 年年初，高先生出版了专著《区域经济与区域发展——对甘肃区域经济的实证研究》[1]，该书以甘肃为典型案例，运用区域经济学理论和研究方法，对中国欠发达区域中华人民共和国成立以来特别是改革开放以来经济发展中存在的问题，如区域经济政策缺乏连续性、区域内发展失衡、产业结构高度趋同、城镇化水平低下、贫困问题严峻、对外开放与区际合作滞后以及区域可持续发展步履艰难等等，做了较为系统的分析，这些问题也是中国欠发达区域经济发展中普遍存在的关键问题。林毅夫先生亲自为该书作序，认为"这一著作涉及到中国欠发达地区发展中普遍存在的一些关键问题，对每一相关问题的分析都鞭辟入里，深入细微，真正做到了实事求是，开拓创新"。

2000 年 10 月，国家开始实施西部大开发战略，强调要促进地区协调发展，标志着我国区域发展进入新阶段，高先生对区域经济研究也进一步扩展，从对东西部、欠发达地区发展的研究延伸到对西部大开发的政策路径、产业发展、区域协调发展、公平与效率等方面，进一步深化了对区域经济理论和实践的研究。

西部大开发启动伊始，有学者提出西部地区投资回报率低于东部，实施西部大开发战略会影响经济增长，甚至是又一次"三线"建设。对此高先生撰文[2]旗帜鲜明地提出要提出要正确认识东、中、西部之间的关系。和东部地区相比，西部地区确实在基

---

[1]《区域经济与区域发展——对甘肃区域经济的实证研究》，人民出版社，2002 年。
[2]《坚持新的发展观，重构中国区域关系新格局》，《兰州学刊》2001 年第 1 期。

础设施、技术水平、人员素质、市场化等要素处于劣势，但西部具有矿产资源和土地资源优势，而在知识经济时代下，资源对经济的基础贡献地位并没有得到根本的改变。此外，与以前"三线"建设时期不同，西部大开发的投资主体已由国家为主转向面向市场的多元投资者组合，毫无疑问，这些资本在大开发中会追求较高的回报率。西部的高新技术产业、特色产业的资本回报率有一定优势。最后还指出西部大开发应该坚持新的发展观，选择重点开发区域，形成以特色经济为基础的发展格局。

在西部大开发战略实施五年后，高先生撰写了《西部大开发："十一五"政策方向展望》①，综合了当时学界观点，对如何西部大开发政策提出了四点意见：一是政策的力度不大，适用范围过宽，优惠效应不明显，真正专门针对西部地区有差别的政策很少，且这类政策的含金量不高。二是政策可操作性差，中央出台的大政方针大多比较原则和抽象，有些是指导性意见或要求，原则性的表述过多，量化指标过少，缺乏具体的执行措施。三是政策系统性和权威性不足，开发西部的政策主要是国家部委以"通知"和"意见"的形式各自出台的分散的政策，缺乏立法形式对西部开发政策的明确和具体化。因为没有法律依据，中央和地方之间，东部和西部之间的权利和义务难以明确，利益协调机制难以建立。四是对产业发展的重视不够。文章还指出，国家应该对西部地区的产业特别是加工制造业的发展予以高度重视，并采取切实有效的扶持政策，改变东西部地区现有的垂直分工格局。为保持政策的权威性和稳定性，适应西部大开发的长期性和艰巨性，西部开发法应尽快出台。文章强调，中央对西部地区的支持力度不能减弱，西部地区经济社会发展步伐不能减慢。

为纪念改革开放 30 年，2008 年由韩俊、李晓西等国内 10 多位经济学家联合编写的《中国经济改革 30 年丛书》，高先生主编了其中的《中国经济改革 30 年：区域经济卷》。在书中阐述了中国改革开放 30 年区域开发空间新格局的变动；分析了区域经济格局变动背后的国家区域发展战略变迁与完善；对区域改革与发展路径、区域竞争力、资源型城市转型等问题进行了分析。丛书由重庆大学出版社 2008 年出版，被列入国家重点图书。

2020 年 5 月，作为十三届全国人大全国人大代表，高先生在接受记者专访时②，对于区域经济发展过程中不平衡不协调问题，高先生认为可以适度降低生态敏感区和粮食安全保障区的人口规模与密度，从优化国土空间开发保护格局、促进生产要素流动和增强优势区域承载能力等方面入手，引导人口合理流动，推动区域经济平衡发展。

①《西部论丛》2005年第6期封面文章。
②大河报·大河财立方《极刻》第471期，专访记者贾永标。

在回答如何协调郑州等大都市区内部城市之间的发展平衡时，高先生指出，"可以加强城市群交通网络体系等基础设施的建设，促进中心城市以更高效能和更大程度发挥辐射力"。特大城市应提高综合承载能力，通过加快快速交通网络建设，特别是大容量轨道交通，将人口和产业向周边疏散。

三、民族地区经济发展出路探寻

高先生在对西部地区的区域发展进行研究中发现，在西部地区内部，民族地区往往更加偏远闭塞，发展能力更为低下，是西部发展的重点和难点。为此，他以西部民族地区发展为研究对象，带领团队先后完成了教育部人文社科基金项目《西北少数民族地区的环境、文化与经济协调发展问题研究》（1998 年）、国家哲学社会科学基金重点项目《西部地区民族经济发展问题研究》（项目批准号 04AJY005），并发表了一系列相关论文。对于西部民族地区的经济社会全面发展，推动西部民族地区全面建设小康社会的进程，提出了一系列针对性强、具有可操作性的对策建议，为各级政府在制定新时期的民族地区经济发展战略、生态建设及小康建设战略政策时发挥了重要的参考借鉴作用。国家社科规划办以简报的方式对《西部地区民族经济发展问题研究》项目进行了表扬，指出"该项目成果富有理论启迪性和决策参考性"。

2006 年高先生撰文对西北民族省区城镇化战略模式进行了分析和探讨。[1]在分析了西北民族省区城镇化的现状特点与存在问题后，指出西北民族省区经济中的草原畜牧业、民族加工业、民族商贸业的产业化和现代化程度很低，与现代城市经济的产业关联度差，尤其是大量人口滞留农牧区，低素质的人口群体孕育着极高的自然增长率，农牧区人口的高增幅，抵消了城镇人口的低增幅。文章提出西北民族省区城镇化建设应选择市场主导型多元城镇化战略，首先注重发挥聚集效益和整体优势，在相对比较发达的地区，如河湟谷地、天山北麓、银川平原和兰州周围等，以现有首位城市为核心，建设区域城镇体系网络；其次农牧区则应以重点城镇建设为基础，最终实现城镇化在规模结构和空间结构上的双重目标。文中强调西北民族省区城镇化进程中政府规制与市场机制的正确定位，从户籍制度、城乡土地流转制度、社会保障制度、人口政策和设市体制等方面对创新西北民族省区城镇化规制框架进行了探讨。

针对西北民族地区经济发展差距不断拉大问题，2006 年高先生撰文[2]对西北民族地区经济发展中存在的差距进行了全面分析；通过产业经济分析，揭示了区域产业结构不合理、区域产业发展水平低是西北民族地区经济发展存在多重差距的内在原因。

①《西北民族省区城镇化战略模式选择与制度创新》，《民族研究》2002年第6期。
②《西北民族地区经济发展差距及其产业经济分析》，《民族研究》2006年第1期。

需要从区域产业经济视角入手，推进区域产业发展和区域产业结构调整优化。

在西部大开发推进中，学界和政界逐渐形成共识，必须充分发挥资源优势，大力发展特色优势产业，增强区域自我发展能力是加快西部民族经济区经济发展的重要措施。如何发展民族地区特色优势产业，在综合评述现有研究基础上，高先生认为[①]，应从特色优势产业的界定、甄别和战略导向3个方面入手，逐层展开研究。在西部民族经济区特色优势产业的识别上，要侧重于"特色"＋"优势"耦合过程中两者作用层面有所不同；在西部民族经济区特色优势产业的选择上，设计了特色优势产业选择流程图，通过定性和定量分析相结合的方法，分析解决了西部民族经济区特色优势产业的选择问题；在政策导向上，根据潜在优势向现实优势转化的路径，提出了两类基于产业选择的产业战略导向。

四、"向西开放"和"丝路经济带战略"研究

早在1992年，高先生就开始关注西北地区的向西开放问题[②]。中国加入WTO后，中国的全球化进程进一步加速。2003年，高先生撰文指出[③]，全球化和区际经济一体化加速背景下，西北地区的大开发、大发展与大开放将更为密切。西北地区应充分发挥和利用自身比较优势，促进外贸结构优化，创建外向型区域经济网络。

国家实施"向西开放"和"丝绸之路经济带"战略背景下，结合国内外战略全局和发展趋势以及西部区域经济发展阶段性特征，高先生开展了中国西北内陆区域向西开放的系列研究，获得国家文化名家暨"四个一批"人才项目资助。[④]研究认为，构建新丝绸之路经济带的战略，是国家出于深入实施西部大开发战略、促进区域经济协调发展的考虑；而实施向西开放是改善我国外部经济失衡、打造我国持续发展的和平稳定与共同发展周边环境的需要，更是解决我国区域发展不平衡的重要战略。

西北内陆区域位于亚欧大陆桥和"丝绸之路经济带"的重要通道位置，通过实施"向西开放"战略，利用区位优势，外引内联，不断拓展新的市场空间，把向西开放作为经济转型升级和发展方式调整的重要突破口，将"内陆发展"和"向西开放"结合起来，以开放激活经济发展潜力，调整经济结构和产业布局，寻求新的经济发展动力，支撑西北内陆区域持续快速发展。

高先生对中国与中亚国家贸易状况分析后认为，[⑤]在发展中国家的"比较优势陷

①《西部民族经济区特色优势产业发展问题研究》，《地域研究与开发》2010年第2期。

②《试论西北地区向西开放中的政策协调》，《兰州大学学报》1992年第3期。

③《基于比较优势理论的西北地区同周边国家经贸关系研究》，《中国流通经济》2003年第12期。

④2011年国家文化名家暨"四个一批"人才资助项目："中国西北内陆区域向西开放重大问题研究——基于构建新丝绸之路经济带的战略背景"。

⑤《中国—中亚国家贸易的"低端困境"及应对》，《甘肃社会科学》2017年第3期。

阱"和全球价值链分工"低端锁定"的制约下,双方贸易发展处于"低端困境",具体表现为贸易集中于初级产品和低技术产品,高技术产业国际竞争力较低,贸易互补产业单一,缺乏产业内和产品内分工与贸易,贸易增长动力不足。中国与中亚国家应该抓住共建丝绸之路经济带的重大历史机遇,通过深化产业合作,实现产业和贸易的共生协同升级以突破贸易"低端困境"。

经济欠发达的西北内陆区域,能否抓住"向西开放"和"丝绸之路经济带"的战略机遇期,不仅关系到西北地区能否在西部大开发的第二个十年顺利实现转型跨越发展,而且也关系到我国区域经济能否协调健康发展,关系到丝绸之路经济带战略构想能否顺利实施。因此,西北内陆区域在新时期如何实施向西开放战略,充分利用多种政策叠加效应,发展成为新时期开放前沿最具发展潜力的经济区域,是亟待深入研究的重大问题。

五、地方发展模式及政策创新研究

高先生曾说,我们这一代经济学人生逢其时,改革开放的快速推进与国家经济社会的高速发展成就了我们。作为一名经济学者,应尽可能地研究和解决经济发展过程中不断涌现的新现象新问题,密切服务于国家与地方经济社会发展的重大理论需求。中国市场化进程中,政策和理论往往落后于经济发展的实践。而经济发展的实践迫切需要政策和理论的支撑。正是基于这一理念,高先生始终将自己的学术研究与中国改革发展、地方经济发展紧密联系在一起。

对特定区域发展和政策研究,既是对区域经济研究的典型案例的剖析,更是直接推动该区域健康持续发展。高先生在长期的学术工作中,以西部欠发达省——甘肃作为研究的典型案例,结合经济学等多种学科系统研究的甘肃工业化、城镇化、生态资源等方面,发表了大量论文;直接参与省市级政府重大政策的制订、重要规划的编制,对地方经济社会发展产生了较大影响。高先生对典型区域改革发展的剖析和系统研究,不仅有助于地方政府科学决策、区域健康发展,也丰富了中国特色市场经济体制的理论和实践内容,是对欠发达地区发展理论与实践的创新探索。

早在高先生还在兰州大学求学时期,高先生参与甘肃陇南农村联产承包责任制的推进工作。1982年中共中央批转《全国农村工作会议纪要》,肯定了联产承包制是在党的领导下中国农民的创造,是马克思主义农业合作化理论在中国实践中的新发展。同年甘肃在全省全面推行农村家庭联产承包责任制,向农村基层全省派出了农村改革工作组,在甘肃省贫困地区——陇南文县碧口镇何家湾村,高先生作为农村改革工作组的一员,与当地干部共同组织实施当地的承包制,亲身经历了这一具有历史意义改革的伟大实践。在高先生的记忆中,当时农村承包制的难点在于土地、集体财产等的分配，尤其是拖拉机等难以拆分的资产。在征求当地村民意见下，他提出了由大户"现金+期限内免费服务"进行购买的方式。这一可操作的创新举措得到村民的认同，随后被省内的其他村庄借鉴。对于初涉经济社会实践的高新才而言，一方面震惊于当时村庄的贫困和闭塞，同时也认识到政策和制度在很大程度上对地区发展产生重要影响。

高先生在学术研究工作中，注重在扎实调查分析的基础上，研究和解决欠发达地区的贫困问题；注重围绕区域发展的需求有针对性开展前瞻性、针对性、储备性政策研究，为地区发展服务。长期以来，高先生作为甘肃省委省政府经济顾问、甘肃省区域经济发展专家咨询组组长，还担任过甘肃省"十一五""十二五"规划专家组组长等职，对甘肃的改革发展发挥了重要的影响和作用。他立足甘肃，带领团队走遍了甘肃全省86个县区，对甘肃民营经济发展、市场体系优化、主导产业选择与培育、区域创新体系构建、产业集聚区规划与发展、城镇化进程推进、区域竞争力与可持续发展等问题进行了大量深入的应用研究，主持完成了甘肃省"九五""十五""十一五"经济社会发展总体规划以及部分专项规划，主持完成了重点产业、重点企业的发展研究，参与了甘肃省经济发展重要文件的起草工作，在"生态立省""工业强省""兰渝铁路甘肃段走线"等方面提出过一些重要建议，被国家相关部门和省政府采纳。不仅在甘肃省级层面，在市州和县级层面，也完成了大量的经济发展的规划和研究工作。

2006年，高先生作为甘肃"十一五"规划专家组组长在接受记者采访时，对甘肃工业化进程和面临形势进行了总体分析。他指出，在"六五"以前，甘肃工业主要是计划经济时期"嵌入式"地发展，从指标看当时工业化水平比较高，但并没有真正启动全省的工业化进程。"六五"以后，随着市场经济体制的成长，甘肃传统工业优势在削弱，而市场经济力量的成长速度相对缓慢，工业化进程受到强大的挤压。"十一五"期间全省经济增长困难重重：一方面在全国转变经济增长方式的情况下，全省发展面临着两难，加速工业化不能动摇，但也不能走传统高污染、高消耗的发展路子；另一方面甘肃经济增长仍是投资拉动型，政府直接投入将大幅减弱，而省内多元投资主体培育相对滞后，这些都直接影响全省经济发展动力。为此，改变"两高一低"发展模式，坚持"工业强省"战略，加快转变经济增长方式是我省经济发展的自觉选择。

高先生在主持完成的国家发改委"十一五"规划重点招标项目——《西部大开发战略在"十一五"规划期间的重点任务和政策措施研究》中，提出的西部大开发中的"三个不能""积极扶持重点地带重点开发、加快培育西部地区经济增长极""切实调整全国产业分工布局，积极支持发展西部特色经济和优势产业""以资源生态环境承载力为基础，以产业为依托，走西部新型城市化道路""在西部地区设立对外经济自由贸易区或合作区，扩大西部对外开放力度""开发性扶贫与救济性扶贫并举""完善生态环境建设的长效机制"等观点和政策建议，部分观点被吸取采纳到国家西部大开发的相关战略规划之中。

高先生对西部欠发达地区的应用研究，不限于甘肃，对包括青海、新疆、宁夏等西北地区，及至西部省份的改革发展都进行扎实的调研和政策研究，其足迹遍及西部各省市。在主持完成的国家社科基金项目《西北贫困地区深化农村改革问题研究》《西部民族地区经济发展问题研究》等课题研究中，系统设计了农村土地永佃制、建立农村"土地信用组织"等深化农村改革的思路，提出"设施农业"、规模产业是西北地区农业可持续发展的主要方式等观点，研究摘要被以成果要报等不同形式送中央领导人和相关部门批阅并作出推广指示。《贫困地区试行农村土地永佃制度改革的建议》一文被收入《改革 30 年经济文选》（三联书店出版社 2008 年出版）。

高先生对区域发展的政策研究，产生了重要的影响和作用，不仅被省级、市县级的相关政府部门采纳，同时也获得学界的认可。高先生主持完成的国家社会科学基金——《西北贫困地区深化农村改革问题研究》，获得甘肃省第六次社会科学优秀成果一等奖（1999 年）；专著《区域经济与区域发展——对甘肃区域经济的实证研究》，获得甘肃省第八次社会科学优秀成果一等奖（2003）；研究报告《兰州区域创新体系建设与发展研究》获得甘肃省人民政府科技进步三等奖（2005）；《甘肃省"十五"国民经济和社会发展战略研究》，获得甘肃省人民政府科技进步三等奖（2005）；课题《甘肃经济、社会发展对科技的需求及科技总体战略研究》获得甘肃省人民政府科技进步二等奖（2009）。2005 年高先生入选甘肃省"555 创新人才工程"（第一层次），甘肃省宣传文化系统拔尖创新人才，2010 年 2 月入选"甘肃省领军人才"（第一层次），2011年入选全国宣传文化系统全国文化名家暨"四个一批"人才。

高先生是中国区域经济学研究的有影响学者之一，在理论研究、人才培养、政府决策、高等教育管理等方面均有重大成就。在其学术生涯中，研究所涉及的还包括生态经济、城镇化、资源经济、农村经济、金融业、人力资源等等方面，但限于篇幅，这里仅对高先生学术中有代表性的论文和观点做了介绍和收录，还有大量的论文、专著以及研究型课题和应用课题都未能纳入。高先生认为，区域经济学应该是解决问题的实践型学科，区域经济学研究的目的应该是解决社会发展中的经济问题，尤其是解决欠发达地区的发展问题。几十年来，其研究生涯正是践行了这一理念。他扎根黄土地，坚持将理论与实践相结合，在区域经济学的一些关键领域取得了理论突破和政策创新，也推动这些理论和政策服务国家、服务社会。高先生的学术生涯仍在继续，期待未来有更多更有价值的成果问世。

《陇上学人文存·高新才卷》（第十辑）

作者：何　苑

蔡文浩

　　蔡文浩老师是我硕士研究生导师。他的籍贯为浙江松阳，于 1962 年 7 月出生在甘肃兰州。由于母亲染疾不能哺乳，故尚未满月便被送往江苏省江阴市周庄镇由外婆寻找乳母辅以米汤喂养。小学四年级前，除随外婆到兰州看望父母时在托儿所、幼儿园接受短期托管教育外，主要生活在江南水乡，在当地小学一直读书到四年级。其间在外婆和乳母家接受江南水乡文化的启蒙教育，直至 1971 年 5 月才被父母接回兰州。在与老师闲聊时，他会提到他的乳父母，常说我有两对父母，一对是生我养我教育我的亲生父母，还有一对便是在幼年时哺育我疼爱我的乳父母。

　　在与老师 17 年的相处经历中，我感觉由于他接受过南北方不同地域文化的熏陶，加之经历丰富，阅历广泛，使他眼界开阔，思维活跃，对人对事比较包容，善于换位思考，能迅速看到事物的本质。他是恢复高考后的首届大学毕业生，1977 年高考后先后在两地三校求学。于 1981 年年底毕业于兰州大学数学系，随后硕士博士研究生学业均在北京完成。1988 年年底硕士研究生毕业于北京商学院（今北京工商大学），所学专业是商业企业管理。2000 年博士研究生毕业于中国人民大学商学院，专业是以商业为主的产业经济学。他在甘肃省内的两所本科高校担任过校长，担任过兰州商学院教务处副处长、经贸学院院长、科技处处长、校长助理，陇东学院校长助理，兰州财经大学副校长，天水师范学院党委副书记、校长，目前任兰州财经大学党委副书记、校长。

在不同高校工作期间，他先后分别在英国、美国、澳大利亚、新西兰、芬兰、荷兰等国参加了一个月至半年的培训和访学活动，在德国、斯里兰卡、中国香港等地的学术会议上进行过交流发言。国内外的广泛学习交流的经历，使他对开放、分工和贸易有深刻的理解。

蔡老师是甘肃省教学名师，前不久还获得了甘肃省优秀教学成果特等奖，他与我们三位同事一起合作完成的《国际经济学》线上课程，还被清华大学的学堂在线收录，在他的带领下，该课程获批甘肃省线上一流本科课程。在我校，他是老师中的"三最"，即从事教学工作的时间最长。从1982年参加工作迄今有40余年；获评教授职称最早。具有正教授职称已有21年，比他早的教授均已退休多年，而他还不到退休年龄；在现任校领导班子中资历最久。如果不计他在外校指导过的研究生，仅在兰州财经大学，近20年研究生导师生涯，蔡老师指导的研究生和MBA（工商管理硕士，后同）的学生，应该超过百名了。

蔡老师认为，他在研究生之后所从事的专业，与市场经济有天然的联系，他不仅要成为中国特色社会主义市场经济理念的宣传员，而且要充当市场经济实践的先锋队成员。为此，他积极投身于我国改革开放的伟大实践中去，为政府决策和工商企业经营管理提供理论支撑和经验归纳。自1992年以来，他先后在省内外十几家大型企业担任过经营管理顾问和独立董事，提供管理咨询服务，同时，从党的十六大起，他便参加了省委理论宣讲团，是我省最早的理论宣讲团成员；在省内，他先后担任过甘肃省人民政府行政审批制度改革工作评审咨询专家、甘肃省委省政府专家顾问团成员、甘肃省人民政府决策咨询委员、甘肃省十二五、十三五、十四五国民经济规划编制专家组成员和副组长，是甘肃省高校设置委员会委员、高校学科评议委员会委员、高校教学指导委员会委员。2017年，当选为甘肃省第十三届人民代表大会代表、天水市第十三届人民代表大会代表。

他在国内贸易经济学术研究领域有影响力，担任过中国高等院校贸易经济教学研究会副会长、中国商业经济学会常务理事兼副秘书长、中国高等教育研究会财经分会常务理事、中国国际贸易学会理事、中国市场学会理事。

蔡老师以区际贸易与区域经济发展为主要研究方向，长期从事企业管理、商业制度相关研究，承担商业经济和商业企业管理教学工作，取得了一系列丰硕的研究成果，为甘肃乃至西北地区商业经济发展作出了重大贡献。他主持国家哲学社会科学基金项目、甘肃省哲学社会科学基金重大项目和重点项目、甘肃省软科学项目、中央部委、地方政府委托项目20余项；出版学术专著5部；发表学术论文40余篇。多次应邀参加国际性及全国性学术研讨会，做大会主旨发言或提交论文及演讲文章10余篇，部分观点被相关部门和单位采纳并产生了重要的社会影响。先后获得甘肃省哲学社会科学优秀成果一等奖、二等奖和三等奖、甘肃省科技进步二等奖、商务部商务发展研究成果二等奖、甘肃省高等教育教学成果特等奖、甘肃省高校哲学社会科学一等奖等十几项省部级奖励。

蔡老师自己评价自己时说：我的学问做得泛而不精，杂而不专。从求学到教学再到从事高等教育管理工作，他的学科跨度非常大，涉及数学、管理学、经济学、教育学。由于他自幼好学，养成了终身热爱学习的习惯，加之他的数学和语言方面的基本功较好，才能在教育教学、管理实务、理论研究等方面克服学科跨度大的困难，按照个人兴趣广泛涉猎并有学术成果产出，受到学界、业界、政界的充分肯定和广泛好评。

根据蔡老师成果形成的时间和主要研究方向，我大致将它们分为三类。

一、关于企业改革与企业管理方面的研究

这一阶段的成果主要选自蔡老师 20 世纪 80—90 年代对企业问题的相关研究。早在 1989 年，老师就开始了企业管理领域的研究。在《从日、美比较管理的研究探讨我国企业对职工行为的控制》一文中，比较了当时世界上最大的两个经济体在企业管理上的异同之处，认为日、美能取得如此大的经济成就同他们科学地对人进行管理，发挥人的创造性、主动性、积极性是分不开的。但日、美的管理方式却有很大不同，美国信奉个人主义和功利主义，而日本坚守家族主义和集体主义的价值观。由两国比较，可知企业对职工的行为控制应该因地制宜，根据不同国家、不同民族文化进行，把企业当成企业职工的生活共同体、命运共同体，努力培养职工间的亲密感和职工对企业的忠诚感。虽然严格的组织制度是企业对职工行为控制的保证体系，但严格的同时还应使用科学的组织制度，通过明确责任、鼓励竞争，及时对职工成绩作出评价，赏罚分明，宽严并济。另外，要充分重视和发挥工会、职代会的作用，对职工多方面需要的重视、完善的劳动组织以及传统文化的弘扬都会对职工内化控制产生积极作用。

在《企业伦理人和企业伦理结构》一文中，老师认为道德的规范和原则不是凭个人经验任意制定的，也不是永恒不变的，而是依据社会经济关系和社会意识形态的联系而发生发展的。我国经济体制从计划经济向市场经济转变的过程中，给企业带来的不仅仅是企业制度的创新，企业经营机制的转变，企业原有的、建构在计划经济体制下的企业伦理也必将朝符合社会主义市场经济体制内在要求的方向转变。由此，老师认为可将企业视作伦理人的原因在于：第一，伦理人的概念包含了法人的概念即能承担道德责任的行为主体，必然是能承担民事法律责任的行为主体。第二，将企业视作伦理人有助于法律发挥作用。第三，能进一步规范企业的行为，我国处在计划经济向市场经济的过渡时期，市场法规不健全不完善，探讨对企业行为的伦理控制便显得尤为重要。第四，企业自觉地成为伦理人，有助于企业树立良好的企业形象。在此基础上，企业伦理结构可以分为三层次：一是发展伦理，即企业应当尽可能地寻求发展，企业不发展，损害投资者利益，是不道德的；二是管理伦理，即管理者的责任感和公平正义；三是劳动伦理，热爱劳动是最基本的企业劳动伦理，在社会主义企业中，劳动是职工人生最重要的部分，是人的生命活动。

在企业伦理行为和企业对职工行为控制等方面研究的基础上，蔡老师针对国有企业改革进行了深入研究，发表了重要观点。在1998年发表的《国有企业改革的外部环境问题》一文中，他认为企业是开放的社会经济子系统，它的每项改革在很大程度上受到外部环境的影响或制约。国有企业改革的核心问题在两个方面：一是创造适宜企业成长的、真正公平竞争的外部环境；二是在政企分开、产权明晰基础上构建科学的组织结构。国企的改革目标分为两类：一类是以利润最大化为目标，主动参与市场竞争的独立法人；另一类是除以利润最大化为目标外，还为社会资源达到最优配置创造必要的条件，承担更多的义务。拥有第一类目标的企业所需的基本外部环境条件是真正实现政企分开，取消目前普遍存在的政府代理制，建立专门独立于政府的国有资产营运管理体制，对经营性国有资产实行分级所有、分级管理，加快社会保障体系的建设，加快市场体系与法规建设。第二类目标企业需要国家赋予国企经营某种产业的特权，或具有自然垄断性行业的经营条件，给企业带来垄断地位，进而充分发挥市场机制作用，健全宏观调控体系。

1999年由中国人民大学出版的《国有企业改革》一书中，系统总结了老师对国有企业改革问题的重要见解。全书共分三部分：第一部分总结了东西方有关发达国家国有企业的基本情况，着重探讨了这些国家管理国有企业的具体做法，以及国有企业在改革中的经验得失；第二部分探讨我国企业进一步发展的趋势，包括所有制改革和发展趋势及国有企业重组、联合、兼并的趋势；第三部分在借鉴发达国家的经验和社会化生产发展的客观趋势，以及我国国有企业改革二十年经验的基础上，系统地探讨了我国企业进一步深化改革的指导思想、基本思路、重点难点，以及有关的配套改革措施等。老师认为，我国所有制结构的发展趋势在可以预见的将来，将呈现出非公有制经济进一步发展、混合所有制在所有制结构中处于主体地位的发展趋势。经济转轨过程中的国有企业重组改革，为国有企业增添了活力，也使国有企业面临许多深层次矛盾，实现国有企业的战略性重组是搞好国有企业的根本出路。我国社会化大生产中的企业兼并，呈现出市场化、法律法规明确化、政府行为规范化、金融体制完善化、企业兼并信息网络化、兼并范围国际化的发展趋势。在市场经济条件下，企业集团将进一步得到发展，母子公司体制成为企业集团的主要形式，跨地区、跨行业、跨所有制、跨国界的企业集团大量涌现，企业集团的行业分布将与发达国家分布情况趋同。

在科研反哺教学方面，蔡老师根据多年形成的经济学、管理学前沿科研成果和先进教学理念，组织兰州商学院（今兰州财经大学）经贸学院教学科研人员于 2006 年编写了《管理经济学》一书，该书的出版，填补了兰州商学院本科生和 MBA 学员《管理经济学》课程缺乏系统性教材的空白。该书系统地介绍了管理经济学的理论和方法，将微观经济学与企业管理决策的实际需要相结合，运用经济学原理，结合企业内外具体环境探讨如何进行管理决策，做到了理论性和应用性并重。全书共分十四章，主要内容包括：管理经济学概述、需求与消费者行为分析、生产理论与分析、成本理论与分析、市场结构与企业的行为模式、产品要素定价与分析、信息不对称、博弈论与企业决策、企业理论、企业的多样化经营、竞争环境与企业的竞争策略、竞争优势的保持、企业组织架构、业绩评估与激励等。微观经济学的具体原理很多，但对管理决策来说，最基础的概念是成本，最基本的分析方法是贡献分析法，该书最大的特点就是对这二者内容都作了具体分析和阐述。

二、关于流通体制改革与商业制度创新方面的研究

蔡老师在流通领域的研究，始自 1997 年进入中国人民大学商业经济专业攻读博士期间。在 21 世纪初的 10 年间，老师在该领域发表了数十篇的学术论文、会议论坛主旨报告，主持了多项省部级重大、重点课题，出版了 2 部专著。由于篇幅所限，仅对老师在这一研究领域的代表性成果进行简单介绍。

在商业制度创新领域，老师开展了一系列理论研究，代表性观点主要来自 2000 年出版的专著《商业制度创新论》，以及同年发表的《流通体制改革的关键是商业制度创新》和 2001 年发表的《论商业制度创新的目标体系》等论文。《流通体制改革的关键是商业制度创新》一文指出，市场经济的本质，在一定意义上是交换经济。建立社会主义市场经济体制打破了计划经济体制下所有僵化的陈规旧律，将我国的经济发展带入了新的历史纪元。然而，当陈规旧律被打破后，如果不及时建立新的交换制度和行政管理体制，便无法产生新的经济秩序，市场经济对资源进行配置的效率便无法体现。当前经济生活中产生的种种矛盾的现象，均源自于制度建设的滞后。为此建立和完善市场经济制度的突破口在于商业制度创新。所谓商业制度，就是商业主体在交换过程中逐渐形成的、大家共同遵守的交易习惯、行为准则和商业政策。有效率的制度必然是能促使人们在特定的环境、特定条件下以最小成本捕捉获益机会的某种社会安排，有经济效率的制度与有政治效率的制度在一定程度上是矛盾冲突的，而"帕累托最优状况"是商业制度创新的理想目标。文中同时也指出了商业制度创新的基本意义，是要通过社会交易秩序和交易过程的"帕累托改进"，降低交易费用，这种降低不是局部的，而是全社会的。通过商业制度创新，鼓励人们在进行生产性努力的同时，加大交换性努力，提高流通产业的流通力。

《论商业制度创新的目标体系》一文，结合我国商业主体多元化以及商业制度创新存在主观性的特点，老师提出了商业制度创新的三大原则：一是商业制度创新目标无内在矛盾性原则；二是商业制度创新目标的相对稳定性原则；三是商业制度创新目标的广泛认同性原则。从宏观、中观和微观三个层次分别提出商业制度创新的目标及内容。先生认为，设置商业制度创新的宏观目标，要从市场制度与商业制度的关系分析入手，降低交易成本是商业制度创新的宏观目标。流通产业内的商业制度创新目标是中观目标，商业制度创新的内容包括商业主体间交易关系创新、商品交易方式创新等。商业制度创新的微观目标是指由商行为人充当创新主体的制度创新，我国商业制度的微观创新目标内容包括产权结构与组织创新、劳动人事与分配制度创新、商业业务流程创新和企业文化创新。

2000 年出版的专著《商业制度创新论》，是由时代经济出版社（当时是中国审计出版社）出版的《现代商业创新理论丛书》的其中一本。黄国雄先生在丛书序言中指出，21 世纪是商业的世纪，21 世纪的商业是现代商业，是大商业、大市场、大流通，是传统商业与现代商业的统一，是商品与服务的统一，是数量商业与素质商业的统一。我国晚清学者郑观应曾指出："商理极深，商务极博、商心极密、商情极幻"，揭示了商业活动的特点和复杂的经济过程。老师在书中首先从理论上界定了商业制度概念的内涵和外延；其次把交易成本作为制度选择的关键参数，运用历史归纳的方法对商业制度的历史演进进行了归纳，提出自奴隶社会起，城市不仅是统治阶级的政治中心，而且是商业制度演进或创新的发源地。城市化过程总伴随着交易费用降低的过程。按照结构决定功能的逻辑，老师归纳出结论，决定交换关系的关键因素是社会结构，而不是个人动机。交换关系不局限于个人间的直接互动，而是扩展成为复杂的间接交换网络。随着社会化大生产程度的提高，间接交换网络将日趋复杂。他提出，交换本身就是一种制度。商业制度是交换的现实化、规范化和法制化；在归纳的基础上，对商业制度创新的规律进行假设，用历史、类比和逻辑方法加以论证；就我国商业领域乃至整个社会再生产过程中的采购、批发、零售的制度创新，和计算机网络时代商业制度创新的着眼点和着力点展开讨论，提出了商业制度创新的政策建议。

在此基础上，又通过 2002 年发表的《再生产与再销售采购的特征与采购制度创新》一文对再生产与再销售过程中的制度创新进行了详细阐释。再生产与再销售采购制度的创新需要把采购制度的习惯性与经营战略的变化性结合起来，使采购制度的设计与运行适应市场环境的变化。具体创新可以借鉴价值链思想和供应链理论两个理论。

首先，将价值链理论运用到采购制度创新中，确立采购制度创新的基本思想。一是采购制度设计的着眼点是要扩大利润的来源，而不是以控制采购活动为目的；二是采购制度要有助于提高企业的竞争优势，不能受思维定式的限制；三是要识别利润的来源，低成本商品有时未必能创造利润，高成本商品也未必都能带来高额利润，所以，采购制度要有利于识别成本动因。其次，按照供应链的思想设计采购制度。高效畅通的流通渠道极为重要，尤其是那些生产批量大、需要有较大市场覆盖面和较快市场响应速度的商品。因此，在供应链思想的指导下，运用以信息技术为保证的商业增值网，使企业间的产供销合作实现业务前伸和后延，是企业采购制度创新的目标模式。同时，流通企业采购制度创新要与企业经营方式相结合。不同的企业经营方式对采购制度有不同的要求，比如批发业的采购制度与零售业就存在较大差异，要具体情况具体分析。

对商业制度和企业再生产、再销售过程丰富的理论分析，为2007年发表在《财贸经济》上的《供应商选择中的动态博弈与激励机制》一文打下了坚实的理论基础。在这篇文章中，老师以博弈论为理论基础建立了供应商选择过程中的动态博弈模型及相应的激励机制，并研究了在不完全信息下如何对供应商的订单进行分配的问题。以完成时间作为约束条件，利用整数规划构建了合作伙伴的选择模型，以达到最小化制造成本的目的并进行了求解。在供应链的合作伙伴选择过程中，不同阶段存在两种不同的博弈：一种是在选择的过程中各个企业之间属于非合作博弈，这时各企业只是有初步意向而还没有加入供应链中追求满足个体理性，在作出选择之后各个企业之间属于合作博弈，这时各个企业同属于供应链目标，在供应链整体效益最大化的前提下自身利益达到最优，即个体理性条件下满足整体理性。在该博弈过程中某一局中人（供应商）可以观察到其他局中人的类型分布的先验概率，这样给定某个（些）局中人的战略时，其他局中人在任何类型下由该组合给出的类型依存战略是最优的。制造商或零售商在信息不对称的情况下可以根据模型选择出合适的供应商，并按照供应商的实际能力进行订单分配，以减少供应商选择过程中的盲目性和主观性，保证所选择供应商的可靠性来增强供应链的竞争力。

在第二个领域近十年的研究中，蔡老师更多地将研究视角转向甘肃经济社会发展问题上，努力将论文写在"陇原大地"。在2003年"西部开发"流通现代化研讨会上，老师发表了题为《甘肃全面奔小康，商业制度创新是关键》的主题发言，认为对甘肃省来说，商业制度创新对其市场体系的建立和完善的促进作用，表现在理论和实践两个方面。从理论上讲，市场体系是指从市场经济运行的客观实际出发而建立的普遍联系的市场整体。市场体系的建立，不是政府行政管理的一厢情愿，而是社会分工和商品交换的深度和广度所至。商业制度创新的出发点和根本归宿在于降低社会交易成本，使分工的益处不会因为交易成本过高而被抵消，这就为市场体系的建立提供了利益驱动力。从实践上讲，一个完整的市场体系应具有两大特征，即开放性和统一性。商业制度创新，目的就是要通过制度来保证市场体系的开放性和统一性。其作用具体表现为以下模式：一、政府提供第一推动力；二、为实现和普及农工商一体化的商业组织形式奠定基础；三、将市场建设与甘肃省的城市化和小城镇建设结合起来；四、大力发展促进市场发育并提供各种服务的商业中介组织；五、构造市场体系的系统功能，使市场体系进一步完善。

2010 年发表在《甘肃社会科学》上的《甘肃省商贸流通业发展的乘数效应分析——基于社会核算矩阵的实证研究》一文，以社会核算矩阵（SAM）理论为基础，通过合理选取有关数据，编制了甘肃省 2007 年微观 SAM。并通过分析该 SAM 的乘数效应及其分解效应，对甘肃省商贸流通业的发展进行情景模拟，最后得出商贸流通业对甘肃经济发展有较大乘数效应的结论。

三、关于甘肃省区域贸易与区域经济增长的研究

从 2010 年开始，蔡老师陆续在已有理论积累的基础上，对甘肃发展问题提出自己的见解。在 2010 年发表的《借外力强动力尽早实现赶超目标》一文中，老师对国务院出台进一步支持甘肃省经济社会发展的意见进行解读，并对如何实现甘肃未来十年目标提出了若干建议，一是解放思想、转变观念，打破原有发展路径，全面提升甘肃发展、赶超的内在动力；二是将市场化作为工业化的前提和基础，坚持市场体制下流通产业的先导性地位；三是扩大对内对外开放的路径选择。老师认为，在对区际开放和国际开放孰先孰后的路径选择问题上，甘肃省应选择先对内后对外的开放路径，这种路径一是与我国改革开放的历史轨迹相吻合，被江浙模式的成功所证明；二是与甘肃省的历史和现状相吻合，有利于市场经济的微观基础构建；三是与甘肃省制定的工业强省发展战略相吻合，有利于加快其工业化的步伐。

在甘肃乃至西部的对外开放及工业化问题上，老师结合专业提出了不少观点。在 2012 年发表的《西部地区对外开放度的比较研究》一文中指出，对外开放程度的高低是制约一个地区经济发展的重要因素。文章采用国际贸易、国际投资和对外合作比率三个指标，选取主观赋权法，对西部地区的对外贸易开放度、对外合作开放度、对外投资开放度进行比较，发现西部地区对外开放程度差异比较明显。主要表现在以下几个方面：一是西部地区对外贸易依存度与东部和全国相比有较大差距，对外缺口较小；二是引进外资规模小、地区分布不平衡，外资主要集中在重庆、四川、内蒙古、云南和陕西五省；三是经济技术合作落后，规模过小，科技创新能力不强。因此，西部地区要不断"坚持引进来和走出去相结合，积极参与国际经济技术合作和竞争，不断提高对外开放水平"，制定相应的对外开放策略。具体措施为：一是加大中央政府对西部地区对外贸易发展的政策支持力度，深化西部大开发战略；二是推进西部地区外贸体制改革，加大资源整合力度，提升对外贸易竞争力；三是逐步放宽贸易领域准入限制，以创新性思路全面带动外资进入；四是发展具有西部区域和民族特色的对外经济贸易业务，促进产品结构升级和经济发展。

除关注甘肃问题、西部问题外，老师对西北地区民族贸易问题予以了特别多的关注。他在 2011 年发表的《西北少数民族地区商业政策设计的原则和政策结构》一文中指出，西北民族地区经济社会发展滞后有较多特殊原因，需要特殊商业政策来解决发展中的特殊问题。第一，民族商业政策设计的实质是多目标规划，不能只追求一个目标的最优化，在制定政策时，需要遵守商业政策目标的无内在矛盾性、相对稳定性、广泛认同性等原则，以寻求多目标的帕累托最优；第二，民族商业政策设计过程是一系列要素重新组合的过程，任何一项商业政策设计实质是政策要素集合的排列，民族商业政策是民族、商业、政策这三个集合的笛卡尔积集；第三，依据要素间的联系，可从点、线、面、体四个维度来说明少数民族政策的结构特征，即考虑社会经济系统中的个别元素、一系列元素、某一层次元素和某个子系统产生作用的政策。

在 2014 年发表的《西北少数民族地区工业化历史进程、现状评价与发展路径》中，老师将目光聚集到中华人民共和国成立初 30 年、改革开放后 20 年以及西部大开发至今三个时期，梳理了西北民族地区工业化的历史进程。利用省市两级数据，计算人均收入、三次产业比重、劳动力就业结构比重、霍夫曼比重、人均农业机械动力、城镇化率等指标，对当前西北民族地区工业化的现状进行客观评价，指出西北民族地区工业具有以下基本特征：第一，总体发展水平低，尚处于工业初期阶段；第二，工业结构重型化突出；第三，农业技术装备水平较低，现代农业基础薄弱；第四，工业发展的市场环境不完善，城镇化和地区开放程度不够。要加快西北民族地区工业发展，需要将移植型工业和嫁接型工业两种路径相结合，一方面要加强自身积极吸引区外投资，重点吸引劳动密集型资本；另一方面要加强改造当地传统经济来实现资源转型，构建完善的市场体系，完善人才流动机制，走新型工业化发展道路。

2018 年，在由甘肃省社会科学院等单位联合主办的庆祝改革开放 40 周年研讨会上，老师作论坛主旨发言时指出，改革开放 40 年为我们积累了许许多多的经验教训，面向未来，推进甘肃改革开放和甘肃发展，有两个发力点需要继续加力推进。第一，改革与开放如影随形、相得益彰、相互支撑，两者不能隔离开。不论是过去 40 年我们取得的举世瞩目的成就，还是放眼更大的历史看，中国经济的大繁荣时期都是注重开放的时期。第二，甘肃省要站在更宏观更长远的角度，实现经济增长方式从投资驱动向效率驱动和创新驱动迈进。目前，甘肃经济增长方式中投资驱动仍占有较重比例，要在改革和开放中实现向效率驱动和创新驱动转变。

在中西部振兴发展中，人才支撑和智力支撑至关重要。中西部高校数和在校生数占全国的 2/3，承担着为国家特别是中西部地区经济社会发展培养人才的重要使命。在老师的带领下，兰州财经大学作为地处丝绸之路经济带黄金段的财经类高校，在服务地方经济社会发展过程中，发挥着人才培养、开放办学、科研服务和智库支持等重要作用。自 2019 年担任甘肃省白俄罗斯研究院院长以来，老师在甘肃省如何抢抓"一带一路"机遇，推动共建"一带一路"方面，撰写了一系列理论文章，多次出席我省高校、科研院所与"一带一路"沿线国家共同举办的学术研讨会并作主旨发言。

2019 年由老师牵头，组织兰州财经大学部分教师共同出版了专著《甘肃向西开放务实合作中东欧篇》，就甘肃省与中东欧 16 国务实合作进行了深入研究。全书包括四个部分：第一部分是中东欧 16 国国情概述；第二部分是中国与中东欧国家贸易现状，通过对双边贸易规模、商品结构、贸易结合度和比较优势的对比研究，进一步探讨了我国与中东欧国家贸易的互补性和竞争性；第三部分是甘肃与中东欧国家贸易合作的潜力，通过对甘肃省主导产业的梳理，得出了甘肃省与中东欧国家在经济发展水平、宗教信仰、资源禀赋和产业结构方面高度互补，分析了双方的贸易潜力；第四部分是甘肃省与中东欧国家合作的建议，分别从宏观、中观和微观三个层面对甘肃与中东欧国家务实合作提出了切实可行的具体建议。

2021 年 6 月 15 日，蔡老师作为甘肃省白俄罗斯研究院中方院长，受邀参加由白俄罗斯战略研究所主办的"白俄罗斯—中国：两国共同发展轨迹"线上会议，共同参会的还有中国驻白俄罗斯大使谢小用、白俄罗斯驻中国大使先科·尤里、白俄罗斯战略研究所所长马卡罗夫·奥列格、中联部当代世界研究中心副主任王立勇以及中国现代国际关系研究院、中国社会科学院、上海社会科学院、白俄罗斯驻上海、广州、重庆总领事馆等部门和机构的负责人、专家学者。老师作了题为《白俄罗斯与甘肃经贸合作回顾》的主旨演讲，回顾了过去 13 年白俄罗斯与甘肃省在经贸、文化、教育等领域的友好交流与务实合作，介绍了甘肃省白俄罗斯研究院的成立、机构和使命，及未来在课题研究、智库建设、人才培养等方面的发展前景。

2022 年 1 月 12 日，中白建交 30 周年和构建人类命运共同体国际研讨会在白俄罗斯首都明斯克举行。会议由中国驻白俄罗斯大使馆、白俄罗斯国立大学的共和国汉学孔子学院和白中友协联合组织，以线上线下结合的方式举行。白第一副总理、中白政府间合作委员会白方主席斯诺普科夫，白大校长科罗利，白中友协主席、白大共和国汉学孔子学院院长托济克，白历任驻华大使，中国驻白大使谢小用以及两国专家学者、媒体记者代表等 70 多人出席。蔡老师受邀参加会议并作了题为《加强沟通务实合作，促进甘白经济共同发展》的主旨报告，对甘肃与白俄罗斯在经贸、文旅、数字丝路等领域的深化合作、充分发挥各自比较优势、促进甘白经济共同发展进行了展望。老师表示，2022 年是中白建交 30 周年，两国在各领域的合作均已取得了丰硕成果，发展为全面战略伙伴关系。兰州财经大学将继续发挥与白俄罗斯合作交流基地校、排头兵作用，为促进甘肃与白俄罗斯深入合作作出积极贡献。

2022 年 1 月 17 日，任振鹤省长代表甘肃省政府向甘肃省第十三届人民代表大会第六次会议作《政府工作报告》时指出，预计 2021 年全省地区生产总值超过万亿，一般公共预算收入超过千亿，"两大指标"均实现历史性突破。作为甘肃省十三届人大代表、兰州财经大学校长，蔡老师在接受采访时认为，甘肃省两大经济指标实现历史性突破，预计全省地区生产总值过万亿，一般公共预算收入过千亿，这个好消息令人备受鼓舞、倍感振奋。这是我省发展史上的一个里程碑，必将极大地鼓舞全省人民的斗志。应该看到，2021 年我省取得的成绩来之不易。经济的增长是在克服疫情影响的情况下实现的，一般公共预算收入过千亿是在减税降费的背景下取得的。这充分反映了省委、省政府在贯彻落实党的十九大和十九届历次全会精神过程中的担当作为，体现了全省各级干部群众团结奋斗的精神。两大指标实现历史性突破，我省发展踏上了一个新的历史起点。如何实施好"强工业、强科技、强省会、强县域"行动，如何发挥好生态屏障、能源基地、战略通道和开放枢纽的功能？如何实现产业升级、结构优化？是一系列等着我们努力实现的目标。

随后，蔡老师在 2022 年 2 月 19 日《甘肃日报》第 6 版发表题为《用系统思维谋划甘肃"四强"行动》的理论文章，回答了上述问题。"四强"行动是按照系统思维谋划的经济社会发展行动，四个行动既有分别实施的独立性，又有彼此之间相互支撑、相互促进和相互制约的整体性。"四强"行动的独立性，是每个行动都具有各自的目标要求、实施过程和结果呈现。然而在制定具体行动方案时，把四个行动看作一个整体，使每个行动彼此之间相互支撑、促进，必能获得 1+1>2 的系统效应。他认为，四强行动的整体性，同样决定了它的边界性。国际赋予甘肃省的四大功能定位：生态屏障、能源基地、战略通道和开放枢纽，决定着四强行动的主要内容和行动的重点领域，明确了四强行动的核心目标，即更好地发挥甘肃的这四大功能。

上述三个领域的学术研究成果，本书仅收录了其中一小部分。除了由于商业经济研究的现实性较强，时过境迁后一些政策性的建议就会过时外，选编时主要考虑三个方面，一是选取在国内和西部地区具有一定特色的理论研究成果；二是选取为地方经济高质量发展提出的高水平建言献策理论文章；三是选取代表企业管理和商业经济学科前沿的学术专著。取舍后所选出的成果，按照上述概括，分为三个部分。

　　由于这次编辑工作量大且时间紧，我邀请了石志恒、侯志峰和韩作珍三位同事参与了材料搜集和分类工作。具体分工是：石志恒负责第一部分：关于企业改革和企业管理方面的研究；侯志峰负责第二部分：关于商业制度创新方面的研究；韩作珍负责第三部分：关于地方经济高质量发展的建言。最后由我在征求老师意见的基础上对全书的体例版式进行统稿。

《陇上学人文存·蔡文浩卷》（第十辑）

作者：王思文

王福生

　　王福生研究员 1962 年 11 月生于吉林省桦甸县（现桦甸市），籍贯为山东省胶州市。高考制度恢复以后，1979 年 9 月进入北京大学哲学系学习，1983 年 7 月本科毕业参加工作，先后在甘肃省委党校、甘肃省委讲师团、甘肃省经济体制改革委员会、甘肃省政府经济体制改革办公室、甘肃省发展和改革委员会、甘肃省社会科学院等单位工作。2005 年 5 月任甘肃省委党校副校长。2013 年 5 月至今，任甘肃省社会科学院院长、研究员，兼任甘肃省社会科学界联合会副主席、甘肃省敦煌哲学学会名誉会长、省政府决策咨询委员会委员。曾先后获"甘肃省科学技术进步奖二等奖""甘肃省第十五次哲学社会科学优秀成果奖二等奖""甘肃省第十六次哲学社会科学优秀成果奖一等奖"。

　　王福生研究员的著述主要由五部分组成：第一部分为改革学与经济体制改革，代表作是《大变法：中国改革的历史思考》，同时努力研究改革的诸多一般性和区域性问题。此外还有对经济改革一般问题与甘肃改革实践问题的系列文章。第二部分为《中国与丝绸之路沿线国家友好关系史丛书》及对建设丝绸之路经济带的研究著述。代表作是国际双边合作团队项目《中国—哈萨克斯坦友好关系发展史》《中国—塔吉克斯坦友好关系发展史》。第三部分为南水北调西线方案前期研究（藏水入甘），代表作是《天河——藏水入甘考察报告（上册）》《南水北调西线工程需要新思路、新方案》

《南水北调中线建设成效对规划西线的启示》。第四部分为《甘肃蓝皮书》《陇上学人文存》，主要是组织智库报告与荟萃甘肃学人文献。第五部分为思想文化问题研究，代表作是《论社会主义核心价值体系与中华优秀传统文化的对接路径》等。

一、改革的一般性和区域性问题之研究在"改革学"的构建中自行呈现

（一）构建"改革学"及"大改革观"

王福生研究员认为：虽然关于改革问题的研究，从国际到国内、从历史到现状、从理论到实践，浩瀚如海，但其研究对象、研究内容是有规律性的，对基本问题的认识是有传承性的。所以，他尝试将改革问题逻辑化、系统化，从构建"改革学"体系的角度构思框架结构，撰写一部专门综合性地研究改革问题的著作。经过多年努力，最终形成专著——《大变法：中国改革的历史思考》，2010年正式出版，进入清华大学、北京师范大学、南京大学、台湾政治大学、香港浸会大学等大学的图书馆书目，成为他的代表作。

在《大变法：中国改革的历史思考》一书中，王福生研究员从构建改革学角度，提出了基于他的"大改革观"的一些观点。一是认识到中国当代改革需要确立一种"大改革观"，把当代改革放在中国改革史和世界改革史的经纬坐标中整体反思。当代中国改革是历史上特别是近代以来改革长河的延续。二是改革可以大时间段全景式比较，如果不计当代改革开放，中国历史上只有两次社会转型式改革，商鞅变法是唯一完成的社会转型式改革，以戊戌变法为标志的晚清三大改革开始了迈向现代化的尝试，当代改革开放是近代以来未竟之社会转型的延续。三是各国改革之间相互影响，中国改革曾经并仍将受世界影响，各国在改革中存在民族性格与民族精神的差异。四是历史上的改革有外部威胁与国家民族危机、外来文化影响与新思想兴起、内部社会矛盾激化、政权生存与发展需要等四大起因与动因。五是改革的成败有政治条件、经济基础、主导力量、民心向背、战略策略、传导机制、文化传统、外部环境八大主要原因。六是改革家的个人素质影响改革命运，历史英名大多是个人悲剧所换来，中国封建盛世后再无雄才大略的明君改革家。七是改革与革命的抉择不同，代价不同，革命比社会转型式改革更为常见是历史规律。八是当代中国改革本身发生了历史性变化，需要正视国情并挣脱传统束缚，选择正确的战略策略，宏观渐进与微观激进相结合是理性选项。

基于《大变法：中国改革的历史思考》的观点和内容，王福生研究员在一些期刊公开发表了《当代中国改革的走向和未来探析》《以更伸展的历史眼光和更宽广的世界眼光透视当代中国改革》《历史的拐点只有两次——关于中国历史上的社会转型式改革》《当代中国改革的国际比较与启示》《当代中国改革需要解决的三大问题》

《论改革的起因与动因》《论改革的成败原因（上）》《论改革的成败原因（下）》等文章。

（二）思考宏观改革

对涉及全国宏观、综合性的改革问题，王福生研究员先后对一些问题进行研究并提出自己的观点。

1998年，在国家推动政府机构改革期间，撰写刊发了《行政区划体制同政府机构一样需要改革》一文。该文章阐述了进行国家行政区划体制改革的必要性和紧迫性，提出我国现行的行政区划体系从中央至地方之架构主要为：中央政府—省（自治区、直辖市）—地级市（州、地区）—县（县级市、旗）—乡镇，以5级制形成了行政体系的主体结构。一方面，现行行政架构层级之多、体系之复杂，古今中外，难寻其右。在信息时代的今天，继续维持一个比烽烟传讯的古代层次更复杂的行政区划体制，而不予改革地进入21世纪，是不可思议的。另一方面，行政区划的多级制造成了影响政令畅通、阻碍区域经济融合发展、加重财政负担等很多弊端。他提出建议：国家行政区划体制改革的方向，是将目前的5级体制改为3级体制，减少行政区划层级，撤销地级市一层建制，建立省直辖市县的体制，实行市县分等而不分级；撤销乡镇一级行政建制，改设为县级政府的办事处。

2013年，针对2006年实行地方党委常委分工负责制以来出现的新情况新问题，在问卷调查的基础上撰写发表了《2006年以来地方党委实行常委分工负责制实际运行效果研究》。该报告对地方党委常委分工负责制效果不理想的原因进行了分析，认为改革的重点出现了偏移，改革针对了过去存在的常委会作用发挥不够这一问题，但忽视了其要害是"一把手"权力缺乏制约；改革的任务出现了偏离，改革本应重点解决地方党委权力的科学配置和有效制衡，而不是简单化地精简副职；改革的做法出现了偏差，改革本应使地方与中央的领导层级体制在实际上对应，而不是形式上对应；改革的效果出现了背离，改革本应有助于调动大多数领导干部积极性，而不是减少上升通道让大家泄劲。

2018年，在纪念改革开放40周年的前夕，撰写刊发了《改革开放40年回顾与新时代改革》。文章认为，我们国家40年来成功地进行了从高度集中的计划经济体制到充满活力的市场经济体制和全方位开放，进而推动世界经济、影响世界发展的伟大历史跨越，在这一过程中，改革经历了三个阶段：20世纪80年代进行了以打破旧体制为特点的农村和城市经济改革探索；90年代进行了以建立新体制为特点的国有企业和宏观体制改革实践；进入新世纪以来，进行了以推进国家治理体系和治理能力现代化为目标的全面深化改革。体制变革反映在9个方面："大、公、纯"的传统公有制，转变为公有制为主体、多种所有制经济共同发展的所有制结构；国有企业从计划经济的生产车间和政府附属物，转变为市场经济主体；农村长期实行的"一大二公"人民公社体制，被土地承包制所代替；城乡商品流通体制从过去单一的实物调拨配给方式，转变为统一开放的市场流通体系；社会保障和住房制度由国家与单位把职工完全包下来、缺失其他群体，转变为基本建成覆盖城乡的社会保障制度；就业体制城市由过去的政府统分统配、农村由过去的户籍控制和不能流动，转变为政府指导、市场择业、劳动者和用人单位双向选择；收入分配制度由大锅饭的平均主义，转变为按劳分配为主和其他多种分配方式并存；以行政手段为主的高度集中的计划经济管理方式，转变为市场配置资源为基础、运用经济和法律等多种手段的宏观经济调控；经济发展的封闭局面，转变为不断扩大开放的对外经济体制。他认为，今后的改革需要从改革开放40年的历程中吸取成功经验：解放思想，尊重经济规律并按经济规律办事；激励干事，创造一心一意谋发展的氛围；突出重点，抓住关键领域实现突破；试点先行，鼓励基层大胆探索；配套协调，注意克服经济领域改革的内部与外部因素制约。

此外，王福生研究员撰写发表有《扩大城乡中等收入群体的改革重点及路径》《全面深化改革的几点思考》等文章。会同原甘肃省住建厅厅长杨咏中、何苑研究员共同主编了《中国住房公积金制度的改革创新实践研究》，该书按照杨咏中先生的撰写思路，对中国住房公积金制度做了一个30年跨度的阶段性回顾、研判与总结，以供今后的改革借鉴。

（三）探讨地方改革

改革开放以来，甘肃各项改革与全国同步，由于历史和地域的各种局限的原因，导致进步很大，但困难也很多。围绕改革实践当中的诸多问题，王福生研究员撰写发表了大量文章。1999年，在赴永登县、岷县实地调研的基础上，他撰写《营造改革开放宽松环境 以发展非公有制为突破口振兴县域经济》调查报告，刊登在当年的省委办公厅《送阅件》、省政府办公厅《情况通报》。其背景是，1992年邓小平同志"南方讲话"发表以后，沿海地区非公有制经济与县域经济大发展，当时甘肃确实已经出现了差距。该报告总结永登县建立非公有制经济园区、岷县将县属的小型国有企业进行民营化改制的做法与经验，有针对性地就甘肃改善营商环境、发展非公有制经济与县域经济等问题，提出了对策建议。2014年，撰写发表《甘肃国企三十五年改革回顾与展望》。该文章梳理分析甘肃国有企业改革过程，将之划分为四个大的阶段：1979年—1991年，国有企业改革起步和探索阶段；1992年—2002年，国有企业改革进入建立现代企业制度阶段；2003年—2012年，国有企业改革进入建立健全现代产权制度和国有资产监管体制改革的阶段；2013年以来，国有企业改革进入以产权多元化为核心的发展混合所有制的新阶段。

此外，王福生研究员撰写发表了《继续推进我省的思想解放和观念转变》《对非公有制企业党的建设工作"甘肃模式"的调查与思考》《推进甘肃结构性改革的思考与对策》《解开经济转型与体制转变相互制约的连环套》《激活生产要素突破制约瓶颈》《激发甘肃经济内生动力 推动构建"五个制高点"》《多措并举进一步筑牢甘肃经济基础》等一系列文章，主编出版《甘肃省"十二五"人力资源开发研究》，就甘肃改革开放诸多具体问题提出对策和建议。

二、具象创意与国际交流成为文化传承的基本样式

（一）研究地方文化资源，助推文化强省建设

2017 年 10 月，王福生研究员任总主编编辑出版《甘肃省文化资源名录》（简称《名录》）50 卷。从 2013 年 4 月起，甘肃省社会科学院在省委宣传部领导下，承担全省文化资源普查办公室职能，开展文化资源普查工作。在省直 31 个部门和各市县直接参与下，历时两年，完成普查和数据录入工作；又经过两年时间整理完善、拾遗补阙、校对编排，终于在 2017 年下半年完成全省文化资源普查成果分类编辑，将《名录》付梓出版。

《名录》汇总甘肃文化资源的精华，完成了打造华夏文明传承创新区的一项基础性工作。《名录》将文化资源分为二十大类，分别是：文物；红色文化；重要历史事件与人物；重要历史文献；民族语言文字；非物质文化遗产；自然景观文化；宗教文化；文学艺术；饮食文化；建筑文化；节庆、赛事文化；文化之乡；地名文化；文化传媒；社科研究；文化类高等教育；文化艺术机构团体；文化产业；文化人才。每类文化资源按属性又分若干子条目，每个子条目都有严格的界定。同时，将文化资源级别分为省级和市州级。推出《名录》，对于推进华夏文明传承创新区建设、甘肃文化大省建设、丝绸之路黄金段建设意义深远。《名录》不仅仅是记录甘肃文化资源种类和数量，也使甘肃文化资源的资源类别、品相级别、蕴藏情况、流布地域、传承范围和衍变情况得以准确和清晰化地公之于世。

在开展全省文化资源普查和编辑《名录》的基础上，王福生研究员牵头打造了"甘肃省文化资源云平台"，进而升级扩展为"华夏文化资源云平台"（简称"云平台"）。"云平台"作为华夏文明传承创新区建设的重要品牌，是主动顺应国家《关于实施中华优秀传统文化传承发展工程的意见》有关构建"中华文化资源公共数据平台"等要求，打造的目前国内最大的集合文化资源存储、服务和产业开发等多种功能的综合性大数据平台。中央文改办曾编发《文化体制改革和发展工作简报》向全国推广；先后被甘肃省委、省政府有关文件列为"十三五""十四五"华夏文明传承创新区建

设、中华优秀传统文化传承发展工程的重点项目；曾荣获 2017 年度全省宣传思想文化工作创新"原创奖"。"云平台"首创了文化资源分类新标准，伴随手机 APP"华夏文化云"上线、大数据功能不断提升，其实践做法、标准结构在全国具有唯一性，在"一带一路"国际文化传播中发挥着愈来愈大的作用。

2018 年 9 月，王福生研究员主编出版《甘肃省文化建设成果报告》。该报告是在甘肃省委宣传部领导下，在全省各市州及有关省直单位支持下，对甘肃省 2013 年—2018 年建设华夏文明传承创新区五年多文化领域成果资料进行整理归纳、系统分类的基础上编纂而成，是对甘肃文化建设发展成果的一次正式盘点。五年来，甘肃文化领域抢抓国家实施文化强国战略和"一带一路"倡议的机遇，始终坚持"保护祖业、繁荣事业、发展产业"三业并举，迎难而上，砥砺奋进，文化建设成果丰硕。该报告本着突出重点、反映亮点的原则，全书框架结构分为文化平台、文化工程、文化遗产、红色文化、文艺创作、文化服务、文化旅游、文化产业、文化人才、节庆赛事、文化会展、智库建设十二个部分，介绍 2013 年—2018 年甘肃文化建设领域的突出成果和主要业绩，既有历史追踪，又有现状反映；既有整体图景的勾勒，又有重点领域的聚焦；同时还以"大事记"的形式对五年来甘肃文化领域发生的大事予以梳理，进行历史记录。

（二）牵头实施国家之间智库合作编写《中国与丝绸之路沿线国家友好关系发展史丛书》

自 2016 年起，为了助力"一带一路"建设，加强与丝绸之路沿线国家人文交流和民心相通，在王福生研究员主持下，展开与丝绸之路沿线有关国家的官方智库合作，编撰《中国与丝绸之路沿线国家友好关系史丛书》。该丛书就框架结构而言，没有可资借鉴的参考，完全是在研究实践中的自主创新。立足"一带一路"宏大时代主题，展现中国与各有关国家在丝绸之路 2000 多年的友好历史，在推进"一带一路"倡议背景下的宽广未来。

王福生和陈富荣、马廷旭三位研究员与哈方共同主编的《中哈史》，框架结构是按世界史的断代方法布局，在体例上以时间为主线，串联重大历史事件、重要历史人物和历史故事。《中哈史》基本框架：古代时期内容为，先秦时期中哈之间的早期交往、张骞西使——中西文化交流的先行者，哈萨克斯坦与"祁连、敦煌"间的乌孙人，敦煌——月氏人的故乡，汉简中的康居，乌孙"天马"与武威"铜奔马"，沙井文化和骟马文化——月氏与乌孙的历史遗存，细君和解忧——西嫁乌孙的汉朝公主，常惠——汉乌交往史上一个值得铭记的人，汉代西域都护府和乌孙；中古时期内容为，西域重镇碎叶城与盛唐文化、怛逻斯城——唐帝国与大食帝国的角逐、盛唐文化与突厥文化的融合：突骑施钱币、漫漫取经路——玄奘西行途经中亚、西域胡商中粟特人的"东方梦"、突厥石人——北方草原上的独特风景、陪葬陕西昭陵的突厥王子"阿史那社尔"、突厥与大唐的"和亲"及政治交往、西辽——中亚草原上的契丹文明余晖、喀喇汗王朝与宋朝的贸易交往、从蒙古汗国钱币看13—14世纪中亚伊斯兰文化的发展、马可·波罗东游所看到的西域风情、"长春真人"丘处机西游中亚觐见成吉思汗、中国明朝与中亚丝绸之路的延续;近现代时期内容为,中国清朝与哈萨克汗国友好关系的建立、阿布赉——最早和中国清朝通使的哈萨克领袖、中国清朝政府和哈萨克汗国的政治经贸往来、哈萨克三玉兹与中国清朝政府的关系、中国清朝与哈萨克汗国的绢马贸易、中国茶事与中国哈萨克族的茶习俗、中哈文化联系表征——哈萨克语中的汉语词、冼星海——用音乐架起了中哈友谊的桥梁、率先承认迅速建交、霍尔果斯边境自由贸易区中的哈萨克人、阿拉木图激情传圣火;中哈友好新时代内容为,"上合组织"开启中哈全面合作新篇章、中哈两国的政治互信与合作、中哈两国的经济贸易合作、中哈两国的人文交流与合作、"一带一路"倡议与"光明之路"的对接合作。

王福生研究员牵头主编双边史丛书的第二部是《中国—塔吉克斯坦友好关系发展史》（简称《中塔史》）。该著作为甘肃省社科院和塔吉克斯坦总统战略研究中心合作编撰。《中塔史》框架结构是按薄古厚今的方法,重点放在分类叙述当代合作。基本框架：丝绸之路形成和发展时期中塔人民之间的关系,内容包括丝绸之路以及地区民族间贸易和文化关系的形成、中亚与中国合作的先驱——斯基泰人;中古时期中国与萨曼王朝的关系,内容包括中古时期的中国、中古时期的萨曼王朝、萨曼王朝时期呼罗珊和河中地区的经济文化、中古时期中国与萨曼王朝的友好交往;中塔两国的政治互信与合作,内容包括中塔两国合作的法律政策基础、高层互访的性质和意义、中塔战略互信合作伙伴关系的形成;中塔两国的经济贸易合作,内容包括贸易合作的动态和潜力、中国在塔吉克斯坦发展的外部援助中所占的地位、能源领域的合作、交通领域的合作、生产领域的合作、通信领域的合作、中塔两国经济合作发展前景展望;中塔两国的人文合作,内容包括中塔两国的人文合作历程、中塔人文法律合约基础的建立、中塔在科学和教育领域的合作、中塔在文化和旅游领域的合作、塔吉克斯坦的孔子学院;地区合作框架内的中塔交往,内容包括在上海合作组织框架内的合作、边界问题的解决为睦邻关系奠定基础、"一带一路"倡议下中塔双边合作;最后是综述,新时代中塔两国发展互利合作及全面战略伙伴关系的前景。

三、研究并推动西线调水采用新方案：思想引领行为的意义在于能够以言行事

在2017年7月,中印边境"洞朗"事件发生。其后王福生研究员在《人民日报》看到习近平总书记批示开展青藏高原第二次综合科学考察,随即给省政府起草报告,认为随着国际形势的变化,南水北调西线工程有了实施的可能性,为了推动产生对甘肃有利的新方案，实现"藏水入甘"，需要尽早启动前期研究。2017 年 9 月经省政府批准，启动西线工程前期研究（藏水入甘）项目。省社科院联合中铁西北科学研究院、甘肃广播电视总台等单位组成课题组，从 2018 年 6 月起，对南水北调西线主要的黄河水利委员会（简称黄委会）早期方案也即上线线路、大西线、红旗河、长江水利委员会（简称长委会）林一山方案、黄委会比选新方案的下线线路等五个参考方案及其受水区，进行了 7 次野外线路考察。考察的目的不是提出自己的线路，而是对历史上有影响、有可能性的五个主要方案进行现场比对，提出合理化建议。

王福生研究员带领课题组在实地考察的基础上，先后撰写了诸多咨政报告，得到甘肃省委、省政府高度重视。主要有：《伟大时代需要伟大工程——基于红旗河西部调水线路实地考察的思考》，被甘肃省委办公厅《甘肃信息（决策参考）》2018 年第508 期采用，并同时上报中办；《南水北调西线方案比选考察及进展情况》报告，在省委办公厅《甘肃信息（决策参考）》2020 年 428 期刊登，省上主要领导做了批示；《水利部南水北调西线工程重点督办提案座谈会上的有关情况》，在省委办公厅《甘肃信息（决策参考）》2020 年第 712 期刊登，省委主要领导作出批示；正式向省政府提交《当前黑山峡开发问题的对策建议》；《南水北调西线黄委会新方案考察比选情况及解决黑三峡争议的对策建议》，在省委办公厅《甘肃信息（决策参考）》2021 年第 454 期刊登，当日得到省委主要领导批示，其中有关黑山峡的内容被中央办公厅全文采用。

2019 年起，国家在战略层面将南水北调西线工程提上日程。西线工程从 1952 年开始讨论，1959 年起进入国家有关规划和文件。但方案一直没有最后确定，没有进入决策及实施层面。2019 年 11 月，国务院召开南水北调后续工程工作会议，提出"开展南水北调西线工程规划方案比选论证等前期工作"。2021 年 3 月，十三届全国人大四次会议通过《国民经济和社会发展第十四个五年规划和 2035 年远景目标纲要》，其中明确规定，"深化南水北调西线工程方案比选论证"，实施国家水网、雅鲁藏布江下游水电开发等重大工程。将西线工程与雅鲁藏布江下游水电开发都写入国家五年规划，在历史上是第一次。有关部门随即开始加快西线工程比选论证新方案步伐。

2018 年 2 月，王福生研究员撰写并发表《南水北调西线工程的新思路与新方案——西线调水应从怒江、帕龙江或雅鲁藏布江选点的调研》。他提出南水北调西线工程将是一项超越大禹治水的光耀世界水利史的治本工程，认为早期的西线从长江水系调水思路时过境迁，随着葛洲坝、三峡大坝等长江大型水利工程的建设，对长江下游生态已经产生重大影响。南水北调东线工程、中线工程已经都是为黄河中下游补水所建设，而中国北方尚未开发利用的辽阔土地资源，主要集中在上中游的甘肃、新疆、内蒙古大地，应该转换思维统筹考虑。今后应该站在系统性、根本上解决中国北方用水的角度，跳出局限于缓解黄河中下游地区用水的眼前之需、局部之需的调水思维，从战略上，从保障国家水安全、生态安全、粮食安全、边疆长治久安的高度，规划南水北调西线调水工程，系统性解决中国北方——甘肃、新疆、宁夏、内蒙古、陕西、山西、河南、河北、山东等省区的缺水问题，促进黄河全流域治理开发。

王福生研究员提出西线工程应该研究线路的新思路新方案，从水量有保障、尚未开发的怒江、帕龙江（帕隆藏布江）、雅鲁藏布江三条江当中作出选择。认为从怒江、帕龙江、雅鲁藏布江选点完全可行，一是通过设计沿青藏高原边缘绕行的调水线路，全程自流，将水调往缺水的中国北方。二是串联起西南诸河、长江、黄河和西北诸河，形成统一的中华大水网格局。三是水源有永久性的可持续保障。四是工程没有难以逾越的节点。五是工程惠及西南沿线省区，库区移民压力不大。六是大幅拉动经济增长。

2020 年 5 月，王福生研究员主编出版《天河——藏水入甘考察报告（上册）》，提出对西线主要方案考察后的对比评估意见：

首先，历史上的五个方案都是时代条件的产物。经实地考察对比后看到：一方面，各个方案都是当时工程技术水平和经济发展水平下所能设想的产物，都有其当时的合理性，也有其时代局限性。另一方面，西线各方案在不断探索中进步，视野从长江延伸到怒江，再到雅鲁藏布江；调水线路则从高原高线方案，调整到高原边缘的低线方案。就五个主要方案的异同而言：黄委会早期上线调水方案产生于 20 世纪 50 年代，在青藏高原取捷径，从侧坊到贾曲进黄河，线路最短，投资最少，属于高原高线方案；长委会林一山怒江方案产生于 70—80 年代，把眼光拓展到了怒江上游，也是高原高线方案；大西线产生于 90 年代，把视野放到了雅鲁藏布江中游，但还是高原高线方案；2017 年面世的红旗河方案，把视野转向了雅鲁藏布江下游印度洋暖湿气流覆盖的地方，属于环青藏高原边缘的低线方案。2020 年 4 月公开的黄委会比选新方案的下线线路，则是优化了的环青藏高原边缘的低线方案。

其次，黄委会新方案的下线是最具科学性、可行性的优化线路。黄委会提交备选的具体方案有一个共同点，都是以环青藏高原边缘的下线方案作为调水量的主体，同时下线方案都是经甘肃境内的白龙江、洮河进入黄河刘家峡水电站。西线工程之所以争论了 69 年，焦点集中在上线方案的生态环境影响、工程安全、库区移民、工程难度及工程投资效益等方面，尤其是四川方面担心的生态安全、工程安全、库区移民问题。黄委会最新的下线调水方案解决了上述关键问题：一是环青藏高原边缘都是降水量大的区域，避免了对高原生态的影响；二是四川境内主要节点都有在建的水电站，基本不产生新的库区移民，而且只要通过打隧道串联起来即可，解决了工程安全问题。三是中国隧道技术已是世界一流，现在盾构机已可打 15 米直径的隧道，在四川和甘肃主要节点均已有在建与建成的水电站的情况下，工程难度大幅降低，工程投资效益明显提高。属于西北、西南、华北共赢和多赢的方案。

第三，青藏高原腹地生态状况已不宜建设上线调水工程，需要增强建设上线的合理性、必要性。历史上对西线工程的反对意见，主要集中在从青藏高原布线的上线方案。高原腹地的现场情况表明：一是降水量小，出现荒漠化现象，生态环境已经十分脆弱，趋势不容乐观；二是高原气候寒冷，一年当中有半年的冰冻期，有效调水时间太短；三是高寒气候影响钢筋水泥耐受性，加之养护队伍生活不便，后期维护运营成本高。西线工程如果以向黄河甘肃段以下及中下游调水为目的，采纳下线方案即可解决，没有必要建设上线。建设上线，应以解决青海湟水流域、甘肃河西地区用水为主，进而解决内蒙古西部、新疆东部用水。利用上线海拔高的优点，经湟水进大通河，再充分利用已有的"引大入秦"工程，经兰州新区，在白银景泰分水到河西走廊，再延伸至内蒙古、新疆。

第四，将刘家峡打造为西线工程中心分水枢纽，化解西北省区水资源争端。西北各省区面临共同的水资源总量严重短缺的困难，建设区域内调水或水电工程，存量调整只会产生矛盾，解决不了根本问题。需要借助南水北调西线工程，用增量水资源化解矛盾。只有统筹兼顾考虑线路布局，才可以最大限度解决困难。黄委会新方案的上线和下线均需要进刘家峡水电站，如果将其打造为中心分水枢纽，有助于化解西北省区水资源争端。若设计经刘家峡进河西走廊线路，则可通过黑河向内蒙古分水，经敦煌向新疆分水；如果采用"二黄河"（从刘家峡经兰州新区、白银景泰修一条人工渠进入宁夏中卫）方案，替代黑山峡建高坝，则可解决宁夏用水需求，保障其干旱缺水区域的可持续发展，彻底化解矛盾。同时，也可以缓解黄河兰州段、白银段防洪压力，兼顾各方利益。

四、结语

细读王福生研究员的论著，我们可以清晰地感受到他在学术领域研究中对方法论掌握运用的自觉意识。首先，学术研究的先决前提条件存在于研究者对其探讨论述的主题所获得的意义之重要性的自觉领悟程度，而完全彻底地对意义的领悟体现在研究者充分意识到主题所获得的意义是在思想的结构中展现出来的。思想结构的获取既不是对个别感性材料的直接归纳，也不是依靠某些一般原则的抽象演绎，而是建立在对一个长时段的历史现象之理解的生发过程中用语言所构造出来的。结构是通过历史的分析而呈现出来的。仅仅给出一种或几个对比是不够的，它们不过起到思想方法取长补短的弥合作用。在思想结构所呈现的一个异质性的现象中，承认不同的部分是相互矛盾的因素，它们表现为断裂、偏差和位移。战略性地利用一个因素制衡另一个传统，并使它们的局部之间保持在一个困难又充满张力的平衡状态，依靠结构的功能展示出行动的通达道路和有效方式。王福生研究员构建改革学的尝试蕴含着上述方法论韵味。同时他对于历史价值的传统文化因素，既根据分类原则打造各具特色的文化类型，又采用国际交流的存在样式，如同地质学对不同地层走向的脉络分层和矿石结晶体在岩层中的辨识，从而实现优秀历史文化在当代社会的对接传承。最后，由于自然资源与生俱来的稀缺性、存在方式的不确定性和开发利用的复杂性，行为经济学认为任何涉及资源的社会活动，其政策制定和决策选择，都含有主观愿望及心理偏好。王福生研究员立足于经济学的运思方式，结合相关的学科知识，对涉及当地经济社会区域发展的国家大政方针，对其精神实质潜心研究，认真领会；其实施条件和路径，积极考察，勇于探索；对其政策走向方案选择精心比对，评判得失；对能够极大推进区域发展的举措，超前谋划，协调利益相关者，说服异议者。这样的举动，比如王福生研究员积极宣传推动的国家南水北调西线工程，充分发挥了社会科学工作者以话语践行实事活动的功能和职责。这是因为思想的意义要用它所导致的行为方式来衡量，而行为方式本身又要以它是如何引导我们的行为来衡量。因此，本书学术编辑完全可以言之有据地断言，王福生研究员是名副其实地构建改革学的尝试者、《中国与丝绸之路沿线国家友好关系史丛书》的开拓者和南水北调西线新方案的推动者。

《陇上学人文存·王福生卷》(第十辑)

作者：孔　敏

刘进军

　　担任《陇上学人文存·刘进军卷》编辑工作，我感到压力很大。刘进军先生是一位在省内外社会科学界很有影响力的人物，能否把先生的学术思想、学术成就及其形成的渊源提炼精准、总结到位？能否把先生各个阶段学术研究的代表性成果在有限的篇幅中呈现出来？我心里没底。先生做学问事必躬亲，亲力亲为，这次也不例外。处理完纷繁杂乱的行政事务后，他都要对多年的研究成果进行搜集、筛选、梳理、编辑，并反复删减、数易其稿。最后定稿时，已是深秋万籁俱寂、夜灯昏暗的凌晨时分。

　　先生是我尊敬的师长。第一次聆听先生的讲座就被他赤诚的家国情怀、渊博的理论知识、扎实的学术功底、严谨的治学精神、敏锐的思维视角所折服。我想，作为领导干部，行政事务繁忙，先生还能把学问做得如此精湛，靠的是什么？随着工作接触的增多，聆听先生讲座的机会越来越多，接受他当面指导的次数也越来越多，特别是拜读了先生不同时期的学术研究成果之后，对先生的政治站位、战略眼光、超前思维和认知能力有了更加全面的认识，我也越来越被他对事业的热爱与成就所打动。

　　先生的工作足迹是从党校到科研单位、行政学院、大学，又回到党校（行政学院），始终没有离开过学术界。1984 年 7 月，先生从四川大学经济系政治经济学专业毕业，分配到甘肃省委党校经济学教研室工作，先后担任教研室副主任和主任、经济学教研部主任、政治经济学与国民经济学专业研究生导师组组长，从讲师、副教授到教授，都是一路破格晋升。走上领导岗位后，先后任甘肃省社会科学院副院长，甘肃省社会科学界联合会副主席，挂职任中国社会科学院计算机网络信息中心副主任、科研局副局长，甘肃行政学院党委书记、常务副院长，甘肃政法大学党委书记，甘肃省委党校（甘肃行政学院）常务副校（院）长，在各个任职单位，都为其发展作出了打基础开新局的重要贡献。

先生长期致力于理论经济学、宏观经济学、区域经济学和体制改革理论与政策的研究。即便是在当领导搞管理以后，也一直没有放弃对所学专业的执着追求，潜心研究，笔耕不辍，成果丰硕。在《新华文摘》《中国社会科学》《光明日报》《经济理论与经济管理》等报刊发表文章 200 多篇，出版著作 20 多部，主持完成了 40 余项国家和省部级课题的研究，获省部级以上学术奖励 20 余项，许多成果被转化运用或被党委和政府决策采纳。先生是享受国务院政府特殊津贴专家、甘肃省"四个一批"拔尖创新人才、经济学和管理学硕士研究生导师、中共甘肃省委特邀政策研究员、省委政策智库专家、甘肃省政府决策咨询委员会委员、政府效能和营商环境组副组长。先后兼任中国市场经济研究会副会长、甘肃行政管理学会会长等多个学术团体领导职务。

先生的学术研究涵盖了改革开放以来我国经济体制改革领域的重大理论问题和实践探索，因此归纳先生的学术生涯、提炼先生的学术观点，需要对其思想理论、学术研究、科研成果产生的时代背景、社会背景和理论背景有深入的了解，这对于一个曾经从事中文专业教学、科研和管理工作 20 多年的我来说，无疑缺乏对该领域改革发展的全景式了解以及相应的知识储备和学理支撑，补不上这一课就说不清楚先生作品的学术价值和社会影响力。好在我进入党校（行政学院）系统工作也有 15 年时间了，先后师从高新才、李含琳和先生等省内外知名经济学专家，为补上这一课做了必要的努力。

先生作为我省著名经济学专家，研究方向主要是市场经济理论与经济体制改革，西部开发（区域开发）与甘肃经济发展，经济增长与宏观经济调控。他的学术研究与成果，与中国改革开放时代大潮同步，与各阶段经济改革与发展的热点、难点、焦点问题直接相关。我国在 20 世纪 80 年代进行了以打破计划经济为特点的农村和城市经济改革探索；90 年代，进行了以建立社会主义市场经济新体制为特点的国有企业改革和宏观体制改革实践；进入 21 世纪前 10 年，推进了以建立现代产权制度和围绕加入世贸组织全面扩大开放的广泛改革；党的十八大以来，进行了以"推进国家治理体系和治理能力现代化"为目标的全面深化改革。与此相应，经济学界在解放思想大潮中发挥先锋作用，提供理论支撑和实践助力。在真理标准大讨论之后，先后进行了生产力标准大讨论、社会主义商品经济理论大讨论、社会主义市场经济理论大讨论以及建立现代企业制度、现代产权制度的理论探索，建立社会主义政治经济学的理论探索，推动了各领域的改革实践。先生的相关学术研究，站在了理论与实践的前沿，体现了上述时代背景与理论背景。在近 40 年的学术生涯中，他紧扣改革开放时代脉搏，深入研究我国和甘肃现代化建设中的经济问题，提出了一些创新观点和独到见解，其中有些主张被经济决策部门和地方政府采纳，对推动经济体制改革和区域发展发挥了积极作用。

对于先生在改革开放不同阶段的学术成果及其原创性、前瞻性、未来性贡献，我只能管中窥豹，作一个大体的概述。

第一阶段 1985 年—1992 年，研究的重点是打破传统计划体制、发展社会主义商品经济、推动国有企业改革，以及构建社会主义市场经济的现代化建设的基本理论和实践问题。

这一阶段，先生在省级以上学术刊物上发表论文 45 篇，其中 4 篇被《新华文摘》转发、摘编，3 篇被中国人民大学书报复印资料全文复印。研究的内容主要涉及五个方面：一是关于社会主义商品经济的研究。主要涉及社会主义商品经济新秩序、社会主义商品经济与计划经济的统一、社会主义初级阶段的经济运行模式等问题。80 年代中期，参加工作只有 2 年时间的先生提出了发展社会主义商品经济、建立社会主义商品经济新秩序的重要观点，指出有计划商品经济不是社会主义经济的基本特征。同时，在关于国有制与商品经济兼容渗透的研究中，指出了国有制与商品经济兼容渗透的根本原因、基本前提、必要条件、运行机制和现实表现。二是关于国有制企业改革研究。涉及全民所有制企业股份制经营、社会主义企业经营机制、国有制与商品经济的社会主义关系、社会主义企业经营机制、国有商业的主渠道作用等问题，这是在商品经济发展初期，对我国国有企业改革方向性问题的探索。1985 年，先生就撰文主张实施事业单位企业化改革，为在 20 世纪 90 年代我国开始事业单位分类改革作了早期探索。三是关于社会主义现代化有关问题以及人的现代化研究。涉及社会主义现代化内涵、人的现代化是社会主义现代化不可缺少的一个方面等问题。这是先生对相关理论问题的较早探索，是对"四个现代化"认识的丰富和拓展。四是区域经济发展研究。包括深化农村经济改革、推进甘肃民族地区经济发展、甘肃经济发展战略等问题。五是关于社会主义市场经济理论的早期探索。涉及深化我国经济体制改革的战略性选择、关于社会主义市场经济取向的中国经济改革深层思考理论。1988 年，先生在《论社会主义市场经济》一文中提出了由社会主义商品经济向社会主义市场经济转变的观点，对社会主义与市场经济能否统一、计划与市场相结合的基础及我国经济体制改革的战略取向等重大问题进行了深入研究，成为我国较早明确提出"社会主义市场经济"概念的少数学者之一。在中国改革处在十字路口之时，先生发表《深化经济改革的两难选择》等文章，旗帜鲜明地主张坚持深化改革、扩大开放。1992 年，党的十四大正式提出"建立社会主义市场经济体制"之后，先生在第一时间发表了《社会主义市场经济若干实质问题探讨》，投入对构建社会主义市场经济新体制的理论探索。

在这一阶段的代表作中，先生在生产力标准大讨论之前的 1985 年发表的《试论新技术革命对劳动就业的影响》，1992 年发表的《社会主义市场经济若干实质问题探讨》，都是经得起时间检验的好文章。

《试论新技术革命对劳动就业的影响》刊登在《四川大学学报》1985 年第 2 期，这是四川大学第一篇发表在校刊上的大学生文章，被《新华文摘》1985 年第 2 期"论点摘要"栏目摘编，中国人民大学书报复印资料《劳动经济与人事管理》1985 年第 10 期全文复印。该文就如何正确认识科技进步与扩大就业的关系提出了独到见解。认为一场以微电子技术、激光技术、遗传工程、新材料和新能源开发为中心的新的技术革命正在兴起，这场标志着社会生产力高度发展和以技术知识密集型为特点的新的技术革命，将引起社会经济结构的重大变化。文章从科技进步推动劳动生产率提高是积累的最强有力杠杆、科技进步开拓新的就业领域增加就业量、物质财富迅速增长为非生产领域就业人数增加创造条件等方面，论述了技术进步是解决就业的根本途径；从新技术革命的特征及其对产业结构的影响、新技术革命对就业结构的影响和就业条件的不断提高等方面，阐释了新的技术革命对劳动就业的影响。文章提出在新的科技进步条件下，扩大劳动就业的基本对策，即建立合理的产业结构，走以多层次技术发展经济的道路，逐渐向先进的产业结构过渡；在坚持就业的基本方向的前提下积极发展非物质生产部门；从经济发展战略出发大力发展科技、教育事业，提高劳动力质量，为加速向技术知识密集型产业过渡创造条件。

《社会主义市场经济若干实质问题探讨》刊登在《甘肃理论学刊》1992 年第 6 期，中国人民大学书报复印资料《政治经济学》1993 年第 1 期全文复印。该文认为确立"社会主义市场经济"命题，建设社会主义市场经济新体制，标志着我国经济体制改革新阶段的到来，有必要进行较为系统的理论储备。文章阐释了三大问题：首先，市场经济究竟属于什么范畴？认为市场经济既不属于社会制度范畴，也不单纯是一种经济运行机制，更不是一种简单的经济调节工具和工作方法，而是一种受制度因素影响的经济体制模式，它主要反映经济体制的特征。提出市场经济必须与特定的或相应的体制框架和社会经济环境相联系，这种体制框架的内容至少包括：①产权、收益边界明确的市场主体；②发育成熟、功能齐全、反应灵敏的市场体系和市场机制，特别是要具备真实灵敏的价格形成机制；③以经济手段、指导性计划为主体的宏观间接调控体系；④有法制保障、运转健康的市场规则与市场秩序；⑤相应的市场环境 (包括经济环境、市场观念与社会文化环境)，等等。缺乏上述起码的体制框架，就不会有真正的市场经济运行。其次，社会主义与市场经济能否统一？认为我们现在面临的主要难题是：一方面，现时中国的基本国情和近代以来中国历史的发展决定了我们只能走社会主义道路，另一方面，当代中国生产力的基本性质与社会发展水平，以及国际经济发展的成功经验，决定了我们只有建立和发展市场经济才能有效地推动生产力的发展和社会的进步，这是我们通过几十年痛苦的经验教训所明确的一个真理。而且，市场经济问题无论从什么意义上讲，都是马克思主义的科学社会主义理论发展中的一个新问题，绝不可能在马克思主义经典著作中找到现成答案。文章指出，如果我们把社会主义理解为可以变化和发展的制度，从而可以改变它的存在形态，那么，我们就完全可以实现社会主义与市场经济的统一。其统一的方式和关键不是用传统体制的一般原则去改造市场经济运行规则，而是在对社会主义进行重新认识的基础上，通过对传统社会主义体制的根本性改造，建立起一种新的、适应市场经济发展需要的社会主义体制模式，由此创造公有制、按劳分配等社会主义经济制度的新的实现形式。再次，社会主义市场经济体制建设的关键何在？文章认为，社会主义市场经济体制建设是一项庞大、复杂、艰巨的系统工程，其基本框架构成是：①独立的市场主体；②完善的市场体系与市场机制；③间接式的市场调控；④规范化、法制化的市场规则与市场秩序；⑤宽松的市场环境等。其中关键在于产权制度的建设，是社会主义市场经济新体制的基础和前提。主张必须大力发展以多种形式的公有制为主导、多种所有制成分共同存在、相互竞争的新型所有制关系，在法律上明确个体、私营经济、三资企业经济的存在与发展是有中国特色社会主义经济的重要组成部分。

第二阶段 1993 年—2002 年，重点是围绕建立完善科学的社会主义市场经济新体制展开系统研究以及探索推动西部大开发。

这一阶段，先生在省级以上学术刊物上发表论文 45 篇，其中 2 篇被中国人民大学书报复印资料全文复印。研究内容涉及经济体制改革的诸多方面：一是社会主义市场经济基本理论研究。包括社会主义市场经济及其体制、社会主义市场经济中的分配与社会保障制度、社会主义市场经济研究述评、市场经济的文化力、社会主义市场经济理论学习解答、社会主义市场经济的文化精神、非公有制经济的发展是社会主义市场经济的重要组成部分、经济体制改革的理论创新与实践突破等，丰富了相关理论研究。二是国有企业改革研究。包括国家所有制的改革不容回避、我国国有企业的战略性改组、我国国有企业实施战略性改组的原因与方略探索、国有企业改革的新思路、国企改革的理论创新与政策突破、马克思所有制理论的创新与我国国有企业改革的深化、全民所有制企业股份制经营的讨论综述、深化国有资产管理体制改革等，为推进国有企业建立具有中国特色的现代企业制度提供了智力支持。三是所有制结构调整研究。包括我国现阶段所有制结构的调整与完善、我国所有制结构调整中若干问题思考、所有制结构的调整与甘肃经济的开发等，为建立与市场经济相适应的经济秩序贡献了智慧。四是经济增长方式转变研究。包括以体制创新推动经济增长方式的转变、以体制改革推动经济增长等，提出了实现经济增长方式转变的基本策略。五是西部大开发策略研究。包括依靠结构调整实现西部大开发、体制创新是西部大开发的关键、工业化城市化信息化市场化与西部开发、所有制结构的调整与甘肃经济的开发等，为推动西部大开发作出了专业贡献。

在这一阶段的代表作中，先生 1996 年发表的《把握重点·理清思路·转变观念——我国国有经济深化改革新探》、2000 年发表的《马克思所有制理论的创新与我国国有企业改革的深化》，针对国有企业改革长期面对的思想困扰与实践障碍，提出了新的思路。我国自 1978 年以后为搞活企业，对国企先后推行了下放自主权、承包制、下放 14 项经营权、利改税、"三权分立"等改革，由于长期围绕"放权让利"打转，短期效应明显。先生在经济学界较早地将国企改革聚焦在了本质上的国有经济改革问题，具有理论上的正本价值与作用。

《把握重点·理清思路·转变观念——我国国有经济深化改革新探》刊载于《经济理论与经济管理》1996 年第 1 期。文章认为，深化经济体制改革，不能回避对国有制经济的改造，体制的转轨要以所有制、产权、收入分配方式、价值观念等深层体制的变革为基础。国有经济改革的深化需要新思路，需要区分国有经济与非国有经济、竞争性行业与非竞争性行业，严格界定各自的产权关系、性质、功能和作用领域，这是按市场经济原则改革国有企业的前提。主张：一是国有企业原则上应分步骤地、主动退出不宜国有企业经营的竞争性领域；二是对于应该保留或必须保留的国有企业（主要是自然垄断性与社会公益性两类），由国家直接经营和管理，但营运方式必须改进，即必须在发展社会主义市场经济这一大环境中，与传统的计划经济管理方式区别开来；三是改革国有资产管理体制，从宏观上理顺产权关系，实现政企分开；四是将绝大多数竞争性国有企业按股份制形式改造，建立现代企业制度，以解决国有制与市场经济的矛盾。

《马克思所有制理论的创新与我国国有企业改革的深化》刊载于《甘肃理论学刊》2000 年第 6 期。文章认为，所有制问题既是马克思主义政治经济学的主体范畴，也是我国经济体制改革的基本问题。从我国国有企业改革发展的轨迹考察可以看出，所有制理论认识上的创新，决定着国有企业改革的进展，国有企业改革的深化，又取决于所有制理论的新突破。我们党在十一届三中全会以来对马克思的所有制理论有以下重大创新和发展:一是在社会主义认识上的创新。二是在基本经济制度认识上的创新。三是在混合所有制认识上的创新。四是对公有制经济主体地位认识的创新。五是在公有制实现形式认识上的创新。六是在非公有制经济地位和作用认识上的创新。

第三阶段 2003 年—2012 年,研究的重点是科学发展观与甘肃经济发展。

这一阶段先生在学术刊物上发表论文 32 篇。研究的内容主要有以下几个方面:一是科学发展观理论与实践研究。包括科学发展观与科学改革观的统一、科学发展观的体制保障、科学发展观和谐社会观与科学改革观的统一等。二是甘肃经济社会发展研究。包括推进"兰白都市经济圈"建设的思考与建议、天水市融入和对接《关中—天水经济区》的若干思考、对"十一五"期间甘肃经济改革与经济发展的若干思考和建议、转型跨越是科学发展的必由之路、坚定不移走甘肃特色的跨越式发展道路、甘肃跨越式发展需要破解的几个问题、甘肃转型跨越的战略对策、甘肃省实现社会跨越发展的难点重点及对策、甘肃跨越式发展目标界定与指标体系设计等,这些研究成果对有关决策的调整和完善发挥了重要的参谋作用。三是经济与管理研究。包括经济体制改革的理论创新与实践突破、从比较优势向竞争优势的转变、消费主导型经济增长模式、员工关系管理与酒店服务业的关系、实践中探索出的社会管理新格局等,进一步丰富了对社会主义市场经济构建的专业性探索。

这一阶段的代表作中,2005 年发表的《试论科学发展观、和谐社会观与科学改革观的统一——兼论构建科学发展观与和谐社会观的体制基础》,率先探讨了"三观"有机统一问题;2011 年发表的《甘肃省经济社会跨越式发展的指标、难点与方案选择研究》,是《国务院办公厅关于进一步支持甘肃经济社会发展的若干意见》出台后,在量化分析基础上解析甘肃发展问题并提出选择方案。两篇文章都可以作为历史存照。

《试论科学发展观、和谐社会观与科学改革观的统一——兼论构建科学发展观与和谐社会观的体制基础》刊载于《甘肃社会科学》2005 年第 6 期。该文深入研究"三观"的有机联系,探索促进三者的有机统一,特别是就构建科学发展观、和谐社会观的体制基础问题作了论证,认为没有改革观的转变,就难以建立起科学发展观与和谐社会观,体制创新和制度变革是我国经济增长和经济发展的基本源泉。文章剖析了构建科学发展观与和谐社会观面临的深层次体制性障碍:一是农民收入增长缓慢、城乡关系失调以及"三农"问题突出的症结在于传统计划经济在农村的变种——二元社会经济结构的惯性与影响以及家庭承包制的固有缺陷;二是区域经济关系的失衡在于缺乏必要的体制和机制安排与创新;三是经济增长方式转变步履维艰,可持续发展能力弱、经济整体竞争能力差、国有企业效益低、经济开放度低,均受制于传统计划经济体制的制约和深层次改革的久攻不下；四是改革尽管取得了明显成效和重大进展，但市场秩序紊乱，腐败滋生蔓延，改革动力不足，改革阻力不断加大，改革的边际收益递减，也是不容否定的事实。文章就扫除影响科学发展和社会和谐的体制性障碍，努力实现"三观"的统一提出建议：一是坚持以人为本、共同富裕的改革观，按照兼顾公平与效率的原则，实现解放和发展生产力与解放和发展人的统一，市场化和国际化、法制化的统一；二是在改革的路径选择上，由主要依靠"摸着石头过河"式的"试错法"与"体制外""迂回法"改革向强调协调配套和正面突破式改革转变；三是在经济体制改革的战略趋向上，由单纯强调市场化向兼顾深度市场化与国际化、法制化转变。

《甘肃省经济社会跨越式发展的指标、难点与方案选择研究》是 2011 年甘肃省社科规划重大招标项目，刊载于《甘肃社会科学》2012 年第 4 期。在《国务院办公厅关于进一步支持甘肃经济社会发展的若干意见》出台，对甘肃省明确提出了努力建设工业强省、文化大省和生态文明省，以新思路、新举措走出一条具有甘肃特色的跨越式发展之路的意见之后，亟须建立一套切实可行的跨越式发展的指标体系，以便引导省内各级政府更好地贯彻与实施跨越式发展战略。文章提出了甘肃省实现经济社会跨越式发展的目标及其指标体系设计，跨越式发展从 2011 年开始，止于 2050 年，时间跨度为 40 年。界定近期目标是从甘肃基本实现了总体小康的发展目标（2008 年）之后的 2010 年算起，到实现与全国同步进入全面建成小康社会的宏伟目标止；远景目标是从全面建成小康社会建成之日开始，到第三步现代化战略目标实现之时结束（与中华人民共和国成立 100 周年大致吻合）。文章还系统作了甘肃实现跨越式发展的重点、难点与参照系分析，提出了甘肃省跨越式发展的前景预测与方案选择。

第四阶段 2013 年至今，研究的重点放在了全面深化改革、甘肃改革发展、脱贫攻坚与乡村振兴的政策建议和决策咨询方面。

先生对甘肃改革发展问题的关切与研究，从"七五"时期持续至"十四五"时期，虽然始终是著述重点，但建言献策数量最大的是在这一阶段。在各类报刊发表论文或得到省部级以上领导批示 86 篇，其中核心 6 篇、人大复印 1 篇，获中央领导批示 1 篇、省部级领导批示 14 篇，采纳 6 篇；出版著作与承担课题数量最大的也是在这个阶段。研究的主要内容：一是全面深化经济体制改革研究。包括全面深化经济体制改革若干实质问题探讨、构建深化经济体制改革的动力与约束机制、深化我省经济体制改革的难点与重点、专家建言我省经济体制改革等。二是政府行政体制改革研究。包括中国政府行政体制改革的路径选择、内生态型政府的内涵及其善治方略、内生态型政府共建的困境与出路、行政决策科学化问题探析等。三是甘肃改革发展研究。包括甘肃改革发展的新判断新思路新举措、对我省经济工作的思考与建议、对我省"十三五"

规划编制工作的十条建议、以改革创新为动力打造甘肃经济发展升级版、深化我省经济体制改革的难点与重点、"十四五"时期甘肃改革发展面临的形势与战略取向、准确把握甘肃争先进位的发力点等，这方面研究的内容最多、最广、最深、最透，贡献最多，产生的决策和社会效益也最大，引起的社会关注度最高。四是脱贫攻坚与乡村振兴研究。包括民族地区激励性扶贫与农村低保制度耦合探索、补齐发展短板决胜全面小康、在扶贫创新中实现从贫穷走向富裕、发扬脱贫攻坚精神全力推进乡村振兴、发挥党校优势助力乡村振兴、明确乡村功能定位科学实施乡村振兴战略等，为探索符合甘肃省情的脱贫攻坚和乡村振兴之路做了大量工作。五是建立容错纠错机制研究。包括既要问责追责又要容错纠错、建立容错纠错机制支持鼓励党员干部改革创新干事创业的思考与建议、着力营造干部正向激励的政治生态等，对于形成干事创业的政策导向和科学合理的评价体系产生了深刻影响。六是新时代党校（行政学院）工作研究。包括围绕中心服务大局奋力开创新时代党校（行政学院）工作新局面、坚持党校姓党、培养造就高素质专业化干部队伍、加强陇原特色新型智库建设的思考与建议等，为打造特色一流高水平党校（行政学院）做出探索。

这一阶段的代表作中，先生 2016 年发表的《既要问责追责又要容错纠错》，在理论界率先就建立"容错纠错"机制问题发声；2017 年发表的《改革开放是破解西部欠发达地区发展不平衡不充分难题的根本抉择》，是在庆祝改革开放 40 周年前夕总结过去、前瞻未来，都是在特定历史时期针对特定重大问题及时提出导向性观点。

《既要问责追责又要容错纠错》发表于《光明日报》2016 年 10 月 15 日，《甘肃日报》2016 年 10 月 21 日转载。文章认为解决干部"不敢为"的问题十分迫切，一些干部不是不想为，也非不能为，而是"多干多错、少干少错、不干没错"的所谓"洗碗效应"和消极等待心态作祟，担心洗碗多难免要打破碗，难免要被责骂，还不如少洗碗、不洗碗。提出：按照中央坚持"三个区分开来"的要求，完善机制使问责和容错更具科学性和可操作性，要把规范流程作为完善问责追责和容错纠错机制的重点，明确界定和细化申请问责追究和容错纠错的条件、执行主体、具体程序及适用范围，建立申辩机制、评估机制、纠偏机制，使问责和容错更具科学性和可操作性。

《改革开放是破解西部欠发达地区发展不平衡不充分难题的根本抉择》刊载于国家发展改革委《改革内参》2017 年第 12 期，此后作为庆祝改革开放四十周年理论研讨会甘肃省唯一入选论文，代表甘肃参加由中央宣传部、中央改革办、中央党校（国家行政学院）、中央党史和文献研究院、国家发展改革委、教育部、商务部、中国社会科学院、中央军委政治工作部等部门于 2018 年 12 月 23 日至 24 日在北京举办的庆祝改革开放 40 周年理论研讨会。该文就西部欠发达地区发展不平衡不充分的问题表现及其原因作了深度分析，认为发展不平衡有 9 种主要表现：经济总量与发展的质量效益不平衡，增长动力的要素驱动与创新驱动不平衡，实体经济与虚拟经济发展不平衡，城乡发展不平衡，区域发展不平衡，收入分配不平衡，经济发展与社会建设不平衡，经济发展与自然生态环境不平衡，物质文明与精神文明不平衡。认为发展不充分有 8 种主要表现：经济总量小，人均产出低，发展质量低，结构不合理，实体经济发展不充分，创新能力发展不充分，民生领域发展不充分，市场化改革不充分。文章针对西部欠发达地区发展不平衡不充分的原因作了重点剖析，认为主要是：思想观念落后，自然条件与区位制约，国家宏观政策取向引导，经济全球化影响，经济发展的路径依赖，资源诅咒效应明显，错失夯实经济发展基础的历史机遇，提前迎来供给侧结构性改革的洗礼，经济发展的内向程度偏高。最后，提出以改革开放破解欠发达地区发展不平衡不充分难题的对策建议。

"德足以怀远，信足以一异。"先生名校出身、红色教员、理论专家、领导干部，集革命化专业化于一身，融领导才能与学者风范于一体，是一位典型的专家型领导，好领导与好专家在他身上得到生动诠释。多年来，他在多个领导岗位担任主要领导，却始终没有放弃自己钟爱的专业，一以贯之坚持经济学教学、科研和咨询工作不动摇。他赤诚的家国情怀、敏锐的思维视角、严谨的治学精神构成了鲜明的学术特质：

心怀天下、热爱家乡的家国情怀。"达则兼济天下，穷则独善其身。"纵观先生所有的研究，都是关于全国、全省改革发展的重大问题，都是经济社会发展的难点、热点、焦点。男儿志、家国情，是先生奋斗不息、贡献不止的精神源泉，也是先生立德立言立功的责任担当。先生热爱家乡，始终关心家乡发展，也是有名的孝子，当年一有房子，就把母亲接到兰州一起生活，让年轻时受过苦的母亲颐养天年。

坚韧不拔、矢志不渝的执着精神。"古之成大事者，不惟有超世之才，亦必有坚韧不拔之志。"先生近 40 年执着于对理论经济学和应用经济学的热爱，执着于对经济改革发展问题的关注，执着于笔耕不辍、钟情翰墨，从不因为任何外部因素而停止写作，正是这种咬定青山不放松的执着精神，成就了先生学术上的累累果实。

忘我工作、不计得失的奉献精神。"君子忧道不忧贫"。参加工作近 40 年，先生一直把工作放在第一位，始终如一坚持一流标准，千方百计把工作做到更好。单位多小的事情都是大事，家里多大的事情都是小事。甘肃省社科院原院长王福生经常说，进军院长对社科院改善办院条件和事业发展有许多贡献，分管基建时，建设专家公寓楼从立项、设计、招标、施工到分房，全过程没有一封告状信，公开点房分房时职工队伍像过年一样欢快。

在编辑这本《文存》的时候，也有一件遗憾事。10 多年来，先生把研究的重点放在咨政建言方面，为甘肃经济的改革发展作出了重要贡献，产生了大量成果。这些成果可以说是先生理论与实践的集大成者，限于篇幅等方面的缘故，在编辑这本《文存》的时候没有收集在内。

《陇上学人文存·刘进军卷》(第十辑)

作者：孙文鹏

何士骥

　　1984 年，吾人从乡下来到省城兰州的西北师范学院（今西北师范大学）求学，学的是历史教育专业。在学校旧文科楼的一角，有一间平时很少开门的教室，就是历史系的文物室。一个偶然的机会，得以进入，发现里面堆满了各类古物。其中有中学课本中出现的陶罐一类，造型多样、大小不一、色彩鲜亮，颇感新奇。另有一方石，据悉为长城碑，由本校一教授发现于本校校园。1994 年，吾人第二次入西北师范大学学习，方晓石名"深沟儿墩碑"，乃何士骥教授发现于校园东北角水塔山，且兰州大学赵俪生先生、西北师大陈守忠先生都曾撰文研究此碑价值。2012 年，学校百年校庆之际，将历史系文物室之收藏、敦煌学研究所之敦煌经卷、美术系之书画、地理系生物系之动植矿物标本以及校史相关资料等汇聚一体，建西北师大博物馆，成展示学校内涵之窗口。深沟儿墩碑被嵌于博物馆三层展厅的墙壁上，从此，更多的人都能清晰地看到碑的内容。2015 年，吾人搬入紧挨水塔山的校外小区。每天上下班能看见八角形的水塔，常常想起石碑，也常常想起发现此碑的何士骥先生。

一、学术界初识何士骥

　　何士骥（1898—1984），字乐夫，浙江诸暨人。毕业于北京大学，1925 年 7 月考入清华学校研究院，为该院首届学生。师从王国维、梁启超、陈寅恪、李济等学习古文字、考古学。毕业后，在北平研究院史学研究所从事考古、历史研究工作。1937 年，他应聘到西北联合大学师范学院任教。1943 年秋，国立西北师范学院迁至兰州，何士骥遂同来兰。来兰州，在甘肃学院（后改兰州大学）讲授考古学课程。1952 年，何士骥任甘肃省文物管理委员会委员兼办公室主任。1958 年，何士骥调任甘肃省博物馆副馆长，直至退休。何士骥的人生历程基本上可以分为五个阶段：浙江诸暨成长阶段，北京大学、清华学校研究院求学阶段，北平研究院从事考古调查及发掘阶段，西北联合大学及西北师范学院任教阶段，甘肃省文物管理委员会及甘肃省博物馆从事文物管理及研究阶段。

何士骥著述甚富，学识渊博。然因其成就主要集中于 20 世纪前半期及中华人民共和国成立后不久，故而学术界对何士骥生平的认识是片段性的，所知其学术成果是零碎的。《中国大百科全书·考古卷》中，在"北平研究院史学研究会"条提及何士骥，但没有列单条。目前见到的专门介绍何士骥的材料，以人物传记类词条为多，如《何乐夫与甘肃考古工作》《(西北师范大学) 校园名师》中"何士骥"条、《陕西考古会主要人物传略》中"何士骥"条、《中国近现代人物名号大辞典》中"何士骥"条、《甘肃省志·文物志》中"何士骥"条等。这些词条中，大多能做到姓名、生卒年、字号、科第、仕履、著述等一应俱全。然略有遗憾的是，不少内容或互有抵牾、或不知所据。方群《甘肃地区新石器中期以前诸远古文化的发现与研究》（1991）、陈星灿《中国史前考古学史研究》（1997）等少数论著在做学术回顾时提及何士骥，然仅涉及与主题有关部分。近来，偶有专题研究文章出现，所谈也仅为某一方面而已。

实际上，在每一个人生阶段，何士骥都勤奋敬业，且业绩突出。何士骥是中国现代考古学科重要的创始人物，为中国考古学科的发展作出了不可忽视的贡献。何士骥的学术成就，大致可分三类：考古调查及发掘、文献整理及文字学研究、史学专题研究。

二、考古调查及发掘活动

何士骥长期奋斗在考古发掘、考古教育第一线，在考古理论及考古实践方面很有成就。1927 年至 1932 年，参加北平研究院在北平的考古调查。1933 年，参加北平研究院组织的以徐炳昶带队的陕西渭河流域调查活动。1934 年至 1935 年，参加北平研究院与陕西省合组的陕西考古会在宝鸡斗鸡台的发掘。1937 年，调查发掘了长安城外鱼化寨新石器时代之遗址。1938 年，负责西北联合大学组织的张骞墓发掘。出版论著有：《北平附近各地古迹调查报告》《石刻唐兴庆大明太极三宫图考证》《陕西民政厅前院发掘报告》《南北响堂寺及其附近石刻目录》《陕西渭河沿岸各县古迹调查报告》《斗鸡台发掘报告》《长安城外鱼化寨新石器时代之遗址》《发掘张骞墓前石刻报告书》等，内容涉及石刻及石窟寺、古城址、古墓葬、古遗址等。

1943 年，何士骥来到兰州，开展远古文化遗址调查。调查范围以兰州为中心，兼及洮河流域及河西走廊。据《兰州附近古物调查》显示，截至 1947 年年底，何士骥在兰州调查发现 10 余处远古文化遗址，并开展部分发掘工作。此外，何士骥还考察了临洮县瓦家坪麻峪沟遗址，山丹县四坝滩遗址等。出版论著有：《西北考古记略》《临洮考古小记》《兰州附近古物调查》《十里店新发现之墩军碑》《兰州市区北黄河北岸白道沟坪发掘出新石器时代末期遗址及墓葬》《十里店新发现的屈肢葬与交肢葬》。其中，深沟儿墩碑成为了解明长城体系运行及边防构建重要的实物依据。可以说，截至 1949 年，对兰州地区重要远古文化遗址开展的系统调查都与他有关。

1952 年，何士骥调任甘肃省文管会办公室主任，负责全省文物调查及考古发掘的管理和指导，但自己依然从事研究工作。1957 年，何士骥在《考古学报》发表《兰州新石器时代的文化遗存》一文，介绍兰州附近的远古文化遗址比较集中的地点已经达到 26 处：在黄河北岸有十里店、徐家湾、大沙沟坪、穆柯寨、盐场堡（此地内有另一徐家坪和刘家坪）、白道沟坪、碱水沟、马家铺；在黄河南岸为西古城、土门墩、蒋家坪、彭家坪、牟家坪、西果园、青岗岔、龚家湾、颜家坪、梁家庄、兰工坪、骆驼巷、牟家湾、华林坪、满城、四墩坪、中山林、雁儿湾等。其中尤以白道沟坪、雁儿湾、西果园、华林坪为古代人类活动最繁荣的场所，故所出彩陶等物亦最为丰富。可以说，随着何士骥的来到，兰州地区的史前文化遗址开始进入系统的调查和发掘阶段。

三、文献整理及文字学研究

在清华学校研究院，何士骥的专修科目是小学，专研题目是古文字学，选题为《部曲考》，导师为梁启超。《部曲考》于 1927 年 6 月刊发在清华学校研究院季刊《国学论丛》第一卷第一号。文字学方面的成就还有《编纂金文汇编说明书》《我国文字形体的源流·叙》《研究文字学之途径与方法》《汉碑校读》《莽镜考》《整理说文之计画书》《研究中国之古外国语文与研究西北》等。其中，《部曲考》是目前可知何士骥发表的第一篇学术论作，该文引言记载："今年秋，负笈来此，梁任公师以'部曲考'命题研究。予于是根据《唐律》，参稽群籍，起战国，讫唐末，录得百数十条，综核比观，列为三章：一曰部曲之意义；二曰部曲之起源及变迁；三曰部曲之身分。虽不无遗漏，而变迁之迹，可了然矣。民国十四年云南起义纪念日书于北京清华研究院。"可知，《部曲考》是梁启超给何士骥的命题作文，也是何士骥从清华学校研究院毕业的学术论文。文章字数多达 2 万多字，引用资料 100 多条，来自有关汉至唐历史的 18 部正史及《唐律》等。文章写作用时半年，可见何士骥读书用功之勤。该文引用资料丰富，论证严密，是现代以来从史学角度最早系统研究"部曲"的专题论文。30 年后，唐长孺《魏晋南北朝时期的客和部曲》对部曲做了进一步的论证，使得学术界对部曲的认识更加清晰。早在 1933 年，夏鼐在清华研究院就读，撰写陈寅恪课程作业：《读史札记：论北魏兵士除六夷及胡化之汉人外，似亦有中原汉人在内》，文中除了以陈寅恪之说为研究出发点外，唯一引用的学人成果即《部曲考》："何士骥《部曲考》（《国学论丛》第一卷第一期）引证《魏书》中述及部曲者凡十九条。"可惜，该文迟于 2002 年才被整理出版。

《编纂金文汇编计划书》显示，何士骥曾撰《金文汇编》一书，也是命题作文。曹述敬《钱玄同先生年谱》叙述："这个时期，北平师范大学成立了研究院，钱玄同主张其中'历史科学门'应该配备干部对于钟鼎彝器铭文大规模地做一次'索引式的整理'，最好是剪贴原著成一《金文汇编》。在他的指导下，何士骥先生拟具了《编纂金文汇编计划书》，搜集了宋清两代及近时的专书六十二种。"从 1926 年至 1948 年，何士骥不断搜罗补充，最后成稿《金文汇编》，总字数为 51 万多。可惜，此书未见印行。

至于，《汉碑校读》《莽镜考》等，是何士骥应用文字学方法开展研究取得的专题学术成果。1959 年，甘肃武威磨嘴子汉墓出土一批竹木简，何士骥最早进行整理研究，且为《武威汉简》编写出版出力甚多。据西北师范学院收存档案记载，何士骥曾著有《说文解字研究》一书，"限于铸字排印等条件"未能出版，甚为遗憾。1972 年，何士骥已步入古稀之年，仍心系古文字研究。在给甘肃省博物馆的信中写道："以后发现有与文字研究有关的资料如刻画、记号、绘画、文字、器物等等，请麻烦大家多多给我帮助与指导。我是非常感盼的！"显示出对古文字学研究的执着追求。

四、史学专题研究

何士骥充分利用考古调研及考古发掘所得，开展华夏文明起源专题研究。自从 1921 年中国现代考古学诞生以来，探索中国文明的起源成为考古学的主要研究主题。1935 年，李济关于中国考古界和历史研究功能时讲到："中国考古学之重要，在于以全人类的观点来观察中国古代文化在世界中的位置。"苏秉琦也讲道：北平研究院与中央研究院为南北两大科研机构，建设之初，目标之一就是"修国史"，探究华夏文明之源。如果，再加上裴文中供职的经济部中央地质调查所，当时有三大科研机构开展与华夏文明之源有关重要科研活动。何士骥在北平研究院、西北联合大学和西北师范学院、甘肃省文管会期间，积极参与这一探索活动。如关于陕西关中开展的考古调查目的，是要"早日寻出真正新石器时代清晰之轮廓"。在兰州附近及河西走廊开展考古调查，何士骥先后发表了在《中国文化起源于西北》《西北高原是中华民族的老家》《在西北边疆上有关文化的几个问题》《今后之考古学》等论著，提出了西北乃华夏文明起源地之一的认识。在《中国文化起源于西北》一文中，何士骥对安特生之"文化西来说"予以直面批驳："但安氏文中，必谓我国西北之文化来自西方（近东），则仍不免外人轻视中国之私见。不仅不可置信，亦徒损失其为学者之风度而已。"何士骥认为，兰州史前遗址分布较广，应该是"极适宜于人类活动"的地方。

何士骥开展的考古调查，基本查明了兰州及其周边地区远古文化遗址的分布区域，确立并搭建了兰州及其周边地区考古文化的基本概念及文化序列的基本框架。何士骥关于"华夏文明起源西北"的论述，是"甘肃是华夏文明起源地之一"说的最早论证。

五、推动学科发展与顺应时代要求

何士骥于1927年进入北平研究院伊始，一直从事考古发掘及考古教育，学术交往十分广泛，有力推动了中国考古学科的发展进程。在思想上，何士骥能够顺应时代潮流，超越自我，努力追求进步。

何士骥在清华求学期间，受业于王国维、梁启超、陈寅恪、李济等名师，与王力、姜亮夫、吴金鼎等为同门，又与北京大学教授马衡等联系密切。在北平研究院期间，与钱玄同、顾颉刚等为师友。1935年，北平研究院历史组创办《史学集刊》，顾颉刚为编委会委员长，何士骥与徐炳昶、孟森、张星烺、陈垣、沈兼士、洪业等同为委员。1933年，跟随徐旭生在陕西发掘及调查，与白万玉、苏秉琦同时工作。1928年，担任西北联大（西北大学、西北师范学院）教职，与黎锦熙、许寿裳、黄文弼、丁山、王子云等来往甚密。1943年，来兰州继续任教于西北师范学院，与冯国瑞、阎文儒为同事，与顾颉刚、卫聚贤、向达、裴文中、张舜徽、夏鼐等开展学术交流。1945年，抗战胜利，西北师院部分师生返回北平复校。据乔今同回忆，何士骥"以西北历史悠久，考古工作方兴未艾，遂坚留兰州。继续在西北师院任教，并从事考古工作"。在甘肃省文管会期间，何士骥负责接待过郑振铎等领导，郑振铎对文管会的成绩非常赞赏。直到20世纪70年代退休，何士骥在考古学、教育界奋斗了50多年。可以说，何士骥是中国考古学科的重要创始人物，是西北大学及整个甘肃省考古学科、文博事业的奠基人。

何士骥虽然为旧知识分子，但能够跟随时代潮流，适应社会变革，追求进步。1950年8月，何士骥参加西北军政委员会文化部组织的接管工作组代表中央文化部接管敦煌艺术研究所。随之，敦煌艺术研究所更名为敦煌文物研究所。1951年12月21日，兰州举办天主教会"濮登博等帝国主义分子罪证展览会"，何士骥撰文：

> 我们的新道德是五爱，共同纲领明白地告诉我们，第一就是爱祖国。既然要爱祖国，就应该爱祖国的文化历史。这种文化历史从古代遗留到现在，我们可以看见的：一种是先人在书本子上写下来的记载，一种是先人用智慧和血汗所发明所创造出来的实用器物。

> 多少年来，帝国主义国家，就是通过千百像濮登博一类的所谓"传教士"，

像强盗一样的窃取了中国不可胜数的文化古物，然后再摆设在它们的博物馆里，厚颜无耻的说成是"自己的"财产。

在热爱自己的祖国，热爱祖国的历史和优越的文化遗产，因为这些都是几千年来中国人民辛勤劳动的光辉果实，也都是毛主席新民主主义论上所说的"发展民族新文化，提高民族自信心的必要条件"。

在这里，何士骥表达了对祖国及祖国文化历史的深切热爱，对帝国主义分子窃取中国文物的"强盗"行径的强烈愤慨。据甘肃文管会原秘书吴怡如回忆，何士骥在办公室墙上悬挂由其本人书写的"虚心使人进步，骄傲使人落后"条屏自勉。1956年以来，何士骥被吸纳入选中国民主同盟甘肃省第三届（1956—1958）、第四届（1958—1961）、第五届（1961—1966）委员会委员，积极参政议政，为社会主义事业全力奉献智慧。

六、深受师生赞誉

何士骥勤奋敬业的精神和善为人师的品德赢得了很高的学术赞誉。何士骥求学时期，学习踏实，成绩优异，导师王国维器重他，著名学者钱玄同也极为推崇他的治学精神，并题联相赠："惯看模糊字，专攻穿凿文""研经方磨周鼎去，访古曾盗汉碑来。"在西北联大任教期间，西北大学校长胡庶华也曾题联相赠："能吃苦方为志士，肯吃亏不是痴人。"虽说是溢美勉励之词，但实不乏事实依据。

20世纪40年代，何士骥在西北师范学院讲授文字学，治学谨严，为人随和朴实，给学生们印象极为深刻，是当时最受欢迎的教授。司绍晞《钱玄同曾为考古学家何士骥题联》回忆到：

> 当时正处抗战时期，物价飞涨，教师待遇极为困苦，他经常以菲薄的收入，去购置流散在市区的文物如陶盆、陶罐、陶豆、陶颤以及其他铜器残片。当时我们同学都很奇怪地问他，"你生活这样的困难，而满屋子都是这些东西，是否想发财去开古董铺？"他严肃地说："这些都是我们祖先留下的珍宝，应该好好地收藏，去研究它，钻研它，如果让它流散，太可惜了！假使说你们今后看到我以此去谋私利，可以敲碎我的脑袋。"

> 他热爱文物几乎达到入痴的地步。在西北师院从城固迁往兰州途中，他的一件陶器在汽车上被挤碎了，他痛苦地哭了起来，连说"这是无价之宝啊，你们能赔得起吗！？"这些轶事，在学生中都有流传。

学生乔今同回忆到：何士骥在"抗战时期，以从事考古工作、成绩卓著，曾获美国哈佛大学燕京学社考古学术研究奖一次。"虽说回忆记录难免浸入感情色彩，但也确实反映了何士骥在学生中的威望。

七、学术思想永存

吾人关注何士骥之学术成就已有 10 余年，已多方收集整理何士骥散见著作 50 余种（篇）。去岁，偶遇甘肃省社会科学院副院长马廷旭研究员，谈及对何士骥的关注，且认为《陇上学人文存》中缺少考古学类著作，希望能够纳入以补其缺。马廷旭副院长当即应曰：《陇上学人文存》组织者已经关注到何士骥之成就，惜无人整理。既然已有成稿，便可纳入。不久，甘肃省社科院赵敏老师来电告知已做好出版安排。随后，赵老师多次询问整理进度。文稿提交甘肃人民出版社后，责任编辑马元晖老师为文稿校对尽心尽力，保证了文稿的顺利付梓。

何士骥论著散见于各时代报刊，尚有部分未刊稿。见刊者因年代久远，不少漫漶不清，识别艰难。未刊者辗转流传、去向难明。虽偶有蛛丝马迹，然追索极为困难。《何士骥卷》是何士骥学术成果的首次汇集，内容不很全面，望能引起学术界之关注而助推考古学科之发展。

2022 年是西北师范大学建校 120 周年，《何士骥卷》是校史研究课题《西北师范大学考古学科资料整理与研究》之一部分。借《何士骥卷》出版之际，感谢马廷旭研究员、赵敏老师、马元晖老师付出的辛勤劳动。也以《何士骥卷》向西北师范大学双甲子华诞献礼，更期许何士骥先生的学术思想得以发扬光大。

《陇上学人文存·何士骥卷》（第九辑）

作者：刘再聪

张孟伦

　　张孟伦先生（1905—1988），出生于江西万年县石梓埠一个小工商家庭。童年时正值社会新旧交替之际，先在乡间私塾接受教育，背诵古文、诗、词，后入新式小学学习。因成绩优异，一学期后升入中学。1929 年考入武汉大学历史系，在刘掞藜、李剑农等史家的指导下，学习治学方法，阅读《资治通鉴》，并重读《尚书》《左传》《礼记》等经典，收到"温故知新"之效。大学毕业后，先后在江西萍乡中学、省立樟树中学、国立十三中学、中正大学、南昌大学任教。1950 年，响应党和国家的号召，投身建设大西北事业，从江西南昌来到地处西北、条件艰苦的兰州大学任教授。1958 年被错划为右派分子，随即被调往条件更为艰苦的张掖师专。1962 年，由时任兰州大学历史系主任的李天祐先生请回兰大从事教学工作。"文革"期间，先生遭受批斗，历经磨难。"文革"结束后，先生的生活得到妥善的安置，再度焕发出学术青春。1978年被批准为"文革"后第一批硕士研究生导师，招收中国史学史专业研究生，从此积极从事中国史学史学科建设与硕士研究生的培养工作，先后开出中国史学史等四五门研究生课程，为兰州大学中国史学史学科建设殚精竭虑。1985 年北京师范大学史学研究所举办第一届全国史学史座谈会，旨在交流学术，切磋问题，促进史学史学科的健康发展。此时先生已年届八旬，应邀赴京，与白寿彝、陈千钧、张芝联、郭圣铭等著名学者共同商讨史学史学科的教学与研究工作。座谈会上，先生提出的研究生要读经书的主张，引起与会学者的共鸣。

先生任教樟树中学时，受到校长徐廷展的器重和照顾，开始从事学术研究。在《大公报·史地周刊》《中南日报》等报刊上发表有关古代饮食方面的研究成果，撰有《汉魏饮食考》《汉魏人名考》两部专著。在抗日战争与内战时期动荡不安的岁月中，先生坚持学术研究，在中正大学校长胡先骕、系主任王易的支持下，出版了《宋代兴亡史》一书，"以明一代之成败安危存亡之理"，借古喻今，抒发书生报国情怀，还撰写了《辽金元史略》《中国上古史》《两汉政治史评》等著作。到兰州大学任教后，先生主要担任中国古代史、秦汉史、历史文选、中国史学史等课程的教学，学术研究的领域也从社会史、饮食文化史、宋史扩展到历史文献学、中国史学史等领域，出版了《中国史学史论丛》《中国史学史》（上、下）等著作，发表了一系列有关中国史学史研究方面的论文。在半个多世纪的治学生涯中，先生凭借渊博的学识，深厚的史学功底，严谨求实的治学态度，在社会文化史、宋史、中国史学史等领域，取得了令人瞩目的成就。

先生的学术研究是从探讨古代的饮食文化开始的，1937 年发表在《大公报·史地周刊》上的论文为《豆豉考略》，1940 年 2 月又在《中南日报》上连载《于定国饮酒数石不乱考》一文。《汉魏饮食考》（成书于 20 世纪 30 年代，经整理修订于 1988 年由兰州大学出版社出版）一书，则是先生研究饮食文化的代表作。此书通过仔细把疏散见于各种史籍中的有关资料，旁征博引，详细地阐述了汉魏间各种饭食、饼饵的用途、制作原料与方法，猪、牛、羊、狗、兔、鹿、鸡、鹅等各种肉类食品的产区、烹调方法、用途，各种鱼类食品的养殖、制作方法，蔬菜的种类及其功用，酱、豆豉等调味品在汉魏饮食中的地位、酿造方法，姜、椒、蒜、葱等调味品的产地、性能，酒的创制、功用、酿造技术、原料、种类，茶的起源与制作方法，栗、枣、梨、桃、李、梅、柰、桔、瓜、甘蔗等各种果品的产区、功用、质量、吃法。虽然只有 15 万余字，内容却十分丰富，涉及汉魏饮食问题的方方面面，是了解汉魏饮食文化，乃至中国古代的饮食文化不可或缺的一部参考书。

先生研究饮食文化时，注意考察与饮食有关的经济、制度、习俗，尤其是其中所记载与饮食有关的典故、逸闻轶事。如叙述饼的种类、制作时，特意讨论了"卖饼者"这一称号，说明在汉代重农轻商的政策下，商人尤其是做小买卖者地位低下，卖饼者被视为无赖、小人的代名词。故凡社会地位低下，被人看不起的人，便被骂为"卖饼家"。从而喜好《左传》，不好《公羊传》的钟繇"谓《公羊》为卖饼家"。[①]说到蔬菜

---

①张孟伦：《汉魏饮食考》，兰州大学出版社，1988年，第33页。

时，则指出汉魏时期有些人以种菜为名却别有用心。其中，刘备种菜旨在避祸；吴将陆逊在曹魏大军压境之时催人种菜，则意在示人从容闲暇以退敌兵；汉献帝时李孚种植薤不为食用，而"欲以成计。有从索者，亦不与一，茎亦不自食"。①这些人名为种菜，实则另有所图。汉魏时期以蔬菜为食者多是平民百姓，达官贵人之饮食则是美味佳肴，而以蔬菜为恶食。倘若食之，则常为人耻笑。从而甘于蔬食，就成为文人、官吏情趣高尚、清正廉明的象征。如汉明帝时临淮太守朱晖离职后，"屏居野泽，布衣蔬食，不与邑里通。乡党讥其介"②。而朱穆为官几十年，布衣蔬食，两袖清风，家无长物，公卿们请汉桓帝表彰他。汉魏时期的社会风气，在菜食方面可略见一斑。述脍鱼之美，则兼及《世说新语》所载张翰故事。张翰在洛阳，见西风起，思念故乡吴郡菰菜羹、鲈鱼脍，说："人生贵得适意，何能羁宦数千里以要名爵？"因而辞官归家。读之令人垂涎向往。酒在中国具有悠久的历史，逐渐形成了一种独特的酒文化。先生在考证酒的起源、功用、种类、酿造方法的同时，还以大量的篇幅叙述了汉魏时期与酒有关的社会生活，如酒家、酒价、禁酒、榷酒、酒令、酒量、酒徒、酒狂、使酒坐骂、名士旷达嗜酒、沉湎于酒色的社会习气以及当时人与后代人对此的箴规、寄政于酒、备酒求学、借酒劝善等，不啻是汉魏酒文化简史。其论及酒家时指出，汉代有卖酒的专市，酒家门前往往高悬着酒星旗以招揽顾客，有美人或胡姬当垆，也有豪杰之士隐身酒肆为酒保的。卓文君当垆曾传为千古美谈，汉初名将栾布穷困时曾卖佣于齐，为酒家保。赊酒之风在汉魏时颇为盛行，亦有典衣卖马以换酒者，汉晋名士则嗜酒以示旷达。这些记述，生动地展现了解魏晋时期的社会风貌。可以说，《汉魏饮食考》填补了饮食文化研究的空白，对发扬中华传统饮食文化有重要意义，对魏晋史的研究也有重要的参考价值。

《汉魏人名考》是先生任教于樟树中学时撰写的另一部研究社会文化史的专著，1988年由兰州大学出版社出版。此书在当时曾获江西省教育厅学术审议会奖金，中正大学文学院王易教授和中正大学校长、著名学者王星拱曾为其作序。此书共十三章，对人名的起因及其与字的关系、汉魏时期命名取字的缘由，尤其是对汉魏时期以古朝代名、古圣先贤之名、天干地支、禽兽鱼虫、福禄寿喜等命名取字，以及改名换字的情形和原因、兄弟长幼排行、避讳等问题，进行了细致入微的考证研究。同时，还对汉魏人名中常带有"阿"字这一特殊现象，以及汉代著名的隐者商山"四皓"的称号、姓名进行了讨论。其"第十二章 同姓名"以表格形式列举出汉朝宗室同名者及同名

①张孟伦：《汉魏饮食考》，兰州大学出版社，1988年，第88页。
②张孟伦：《汉魏饮食考》，兰州大学出版社，1988年，第91页。

者之关系，说明汉代纲常伦理、避讳制度并非如后世之严格，以致有父子、叔侄、兄弟，甚至祖孙同名者，并指出历代学者从名教观念出发认为《汉书》所记父子同名必有一误之说，是想当然的错误认识。本书涉及汉魏时期人名问题的各个方面，内容丰富充实，是姓名学的一部力作。

值得注意的是，《汉魏人名考》对汉魏人命名取字、改名背后所反映的时代风尚、政治情状，所体现的社会心理诉求，也进行了深入的分析探讨。对中国人来说，名字不仅仅是一个称呼、符号，而是具有丰富的内涵，其中寄托着命名取字者的意愿、期望，体现了其性情、信仰，包含着其对社会的认识。在某种程度上可以说命名取字是社会的一面镜子，颇能折射出人间百态。本书正是透过汉魏时期命名取字之趋势，揭示出其社会风貌、时代特点。书中指出，汉魏人喜欢以唐、虞、夏、商、周之名，古圣人尧、舜、禹之名，先贤如孔门弟子、管仲、子产、孟尝君、蔺相如等命名取字，反映了一种浓厚的慕古社会风气。而这种社会风气与汉代尊崇孔子，尤其是汉武帝罢黜百家、专尊孔子密切相关。孔子推崇古圣王贤能之人。随着孔子定于一尊，其地位与日俱增，"相应地，他崇古慕古的思想意识，也就逐渐渗透到社会的各个角落，蔚然成风。在汉魏人的命名取字中，就充分体现了这一点"①。本书还通过对人们多以福、禄、君、臣、公、卿、寿、延年、延寿、益寿、千秋、万岁等命名取字这一习俗的考察，指出汉魏时期普遍存在着一种期望吉祥万福，希冀高官厚禄、延年益寿的社会心理。嫖、嬛、开明、合欢、娥等字，含有邪淫、轻佻之意。如嫖是邪淫狎妓之意，嬛为淫嬛之意，开明、合欢有狎嬛亵渎之意，而貌美轻佻为娥。然两汉时期女子多以此取名，如汉文帝长公主名嫖，外戚梁竦的女儿名嬛，东平王之婢名合欢，王莽的侍者名开明，名娥者则更多。书中指出，这种以妖冶之字为女子命名的现象，是汉代淫泆社会风气的反映。"秦代统治天下，防民正俗，严禁淫泆，男女一律；汉则不然。'其时宫廷淫逸之习，固已毫无忌讳。《东方朔传》谓自董偃后，公主贵人，多逾礼制。盖上行下效，势所必至'。而女子命名，也都诲奸诲淫，充满了邪妖娇娆的意味。"②在这种社会风气下，女子以妖艳之字命名，习以为常。这种对汉魏时期命名取字所包含的丰富社会内容的探究，使本书脱离了单纯的人名考证，从而从日常生活层面深刻地揭示了魏晋时期社会风貌。诚如评论者所指出的："《汉魏人名考》主要是考证，但又不仅限于考证，它也注重'义理'；它论述的主题是人名，但又不仅限于人名，它还论述了其他内容。作者说：本书'说来虽是人名考，实际上却是上及政治，下涉社会，

①张孟伦:《汉魏人名考》，兰州大学出版社，1988年，第18页。
②张孟伦:《汉魏人名考》，兰州大学出版社，1988年，第68页。

包罗万象'（第二章），这不属自夸；序者说：本书'探究人名，而隐赜所及，上自政制，下至风尚，莫不囊括包举'，这并非溢美。"①从这个意义上说，《汉魏人名考》也是一部研究汉魏史的重要著作。

20 世纪初，在梁启超"史学革命"的倡导下，史学界形成了一股新史学思潮。批判"君史"，撰写"民史"，是新史学的一个重要内容。"夫所贵夫史者，贵其能叙一群人相交涉、相竞争、想团结之道，能叙一群人所以休息、同体进化之状，使后之读者，爱其群，善其群之心，油然生焉。"②与国家、社会、民众生活密切相关的制度、经济、学术、风俗、艺术、婚姻、民族、交通等文化史、社会史，受到学者的重视。先生所撰《汉魏人名考》《汉魏饮食考》，是新史学思潮影响下的产物，同时也是对这一思潮的积极回应。20 世纪六七十年代由于极"左"思潮的影响，一部丰富多彩的中国历史日益被简化为阶级斗争史。为了改变这种局面，80 年代的史学研究者积极倡导文化史的研究和社会史的复兴。1987 年《历史研究》第 1 期发表评论员文章《把历史的内容还给历史》，将复兴和加强社会史的研究作为开拓史学领域、改革史学研究的契机。此后，社会史的研究蓬勃发展，成为中国史学研究的重心之一。《汉魏人名考》《汉魏饮食考》的出版适逢其时，无疑有助于社会文化史研究的发展。

先生史学研究的另一个重要领域是宋史，研究成果主要反映在《宋代兴亡史》一书中，着重探讨了赵宋王朝建国之由及其兴衰盛亡之故。其中，有关赵宋王朝内部政治纠纷与外部民族矛盾的分析，深入独到，给人以启迪。

探讨宋代之兴亡，先生特别重视社会风俗、教育、人才培养、士人风操等因素的影响，指出重视人才、讲求气节和良好的社会风气，是宋代兴隆之根本所在。宋代对待人才，朝廷精于遴选，人主慎于接待，大臣乐于延誉，故而人才辈出，国家日盛。自太祖尊崇节义、敦励名实、褒奖韩通，范仲淹厉风节，胡瑗、孙复明正学，欧阳修等倡直言于朝，宋代社会风气为之一变。士存正气，以名节、廉耻相砥砺。国家危难之时，忠义蜂起。尤其是程门弟子，以国事为己任，忠君忧国，为反抗恶势力的领袖，抗击外族入侵的急先锋。在这种风气之下，人民亦怀抱忠义，既有誓志恢复国土的义士，亦有义愤起兵除奸之匹夫，故宋朝能危而复安。至于宋代之衰亡，先生认为，主要缘于姑息苟安、内部纷争不断，以及在处理敌对国家问题上的软弱无能。宋以文立国，其君贤者则仁慈，柔懦者则姑息苟安，优柔守文则有余，拨乱反正则不足，英达奋发之君，不可多得。其臣莫不墨守成规，不达权变，求其果毅驰骋之士，亦不易见。

①张兴杰：《汉魏史研究的重要成果——张孟伦〈汉魏人名考〉评介》，《兰州大学学报》1989年第3期。
②梁启超：《新史学》，《饮冰室合集·文集之九》，中华书局，1989年，第3页。

朝廷上下不思进取，暮气沉沉。这种因循苟且之风，表现为在内安土重迁、姑息弛刑，对外则是偷安苟幸，不图远略。北宋立都于无险可据的开封，南宋苟安于偏于一隅之杭州，高唱国之安危在德不在险的陈腐论调，苟且偷安而不愿迁都以应敌。太祖曾欲留洛阳，最终都长安，终为大臣所阻挠。南渡后张浚建议都建康（南京），以为建康可以北望中原，使人常怀愤惕，不敢暇逸，而临安（杭州）僻于一隅，内则易生安逸，外则不足号召远近。又有人倡议立都于建业（武昌）。皆不为一意求和的宋高宗所采纳。孝宗时，陈亮又建议迁都建业，孝宗欲用之，亦为大臣所沮。先生指出，都城有关一代盛衰，其自然形势实与政治人文相表里。宋若不是苟安，以洛阳为都城，则中原不至于沦陷。若都关中，则金兵南来，犹有形势可据，不像汴（开封）之一无所倚，致敌长驱直入。而南宋以临安为都城，僻处海隅，更加苟安而无恢复中原之志。宋朝不诛违命败军之将，不斩祸国殃民之奸人，甚至赏罚倒置。先生认为，不能明典正刑，无国法纪律，姑息违命败军之将，则将领难以统帅，无望将士出兵御敌。姑息像张邦昌那样的僭叛之人，无以激励天下以图恢复。保全、褒奖黄潜善、汪伯彦、秦桧、贾似道那样的奸臣，则丧失民心。

先生指出，宋人好意气用事，以疾忌排挤为能事。不仅小人陷害君子，君子之间亦相互倾轧。真宗时，王钦若、丁谓嫉恨排挤守正疾恶的宰相寇准，使之一贬再贬。宁宗时，韩侂胄引用群小，排挤贤者，斥朱子之学为伪学。理宗时，权臣史弥远的亲信陷害程朱学者魏了翁、真德秀。宋末当权的贾似道更是嫉贤妒能，必陷之而后快。所谓君子也以议论攻击为尽职，好持高论，不肯舍己从人。一遇不合，就动气相攻，攻之不已，就罢官而去，不以国事为意。王安石变法，援引面谀之人，硕德重望被罢斥。而元老重臣也不肯考察新法之恰当与否，一切指为不善。元祐年间司马光秉政，彻底罢去新法，排斥新党。不久吕夏卿执政，元祐党人被斥。徽宗时立党人碑，称之为奸党。新旧党人相互意气用事，纷争不已，直至北宋灭亡。司马光、欧阳修、吕海、范纯仁、吕大防等皆是正人君子，却因议论不合，势同水火。胡瑗与孙复争名，遂不相见。范镇攻击陈执中，以为其无学术，非宰相之器。苏轼与程颐门人相互攻击，遂成洛、蜀、朔三党。张浚与赵鼎同时为相，偶以意见不合，就反目。张浚因岳飞与己意相忤，遂不复相容。在揭露宋人热衷于内讧这种做派之后，先生沉痛地指出宋代就是在这样的内耗中日益衰亡的。"宋之名臣，往往如此，国家又几何不衰而且灭也！"①

宋朝在对外问题上，只知一味地退缩，纳币割地以求苟安。先生认为，这种以苟且偷安为上策的做法，也导致宋代之衰亡。先生指出，在处理与辽朝关系上，谨守修

①张孟伦：《宋代兴亡史》，台湾商务印书馆，1972年台二版，第100页。

德以来远人之陈说，武备松弛。大臣多以弭战息民、修好为言。太祖时议伐北汉而取幽、燕为赵普所阻，太宗欲亲征幽州，亦为大臣所阻。岐沟之战后，像曹彬那样的良将，也苟安言和了。澶渊之盟后，辽人步步逼近，宋则以增纳岁币、割地求苟安。对此，先生不禁悲愤地责问道："何宋代之苟且优柔，畏惮契丹之至于此也！"①对待西夏，则企图以爵禄予以羁縻，以恩惠予以笼络。举措失当，坐失良机，养痈遗患。至元昊时，西夏势力强大，宋疲于应付。对此，先生叹息道："何宋代君臣之一味优柔仁懦，力行姑息而无远略也！"②在对待金与蒙古的问题上，宋人亦复如此。金人第一次南下时，以割地求得苟且，朝廷上下弹冠相庆，不知防范。当金人再次南下，唯有惶恐，不知计之所出，而归罪于抗敌将领李纲，自坏长城。南渡后，高宗以秦桧用事，一意求和，迫害抗金志士，使岳飞抗金事业毁于一旦。孝宗曾锐意北伐，失败后，亦狃于苟安之习，不思进取。当蒙古南下时，当权的贾似道昧于攻战，只知享乐，割地求和以图苟延残喘。而在朝大臣则平日空谈心性，自命甚高，临危则逃遁。"辽人入寇，则增岁币；夏人讲和，则增岁币。驯至金师来犯，割地避敌；蒙古南下，称臣纳贡。故曰宋之衰亡，姑息苟幸之弊也！"③

先生寄情宋代之兴亡，绝非发思古之幽情，而是借宋人之杯酒，浇心中之块垒。中国自19世纪后期以来内忧外患，与宋代的情形颇为相似。先生探究宋代之兴亡，"以明一代之成败安危存亡之理"，旨在以史为鉴，对抗战御敌有所裨益。

赵宋一代在中国历史上的地位，近年来日益为学界所关注，内藤湖南、陈寅恪等所提出的宋代近世说，也为学者所熟知。殊不知先生亦是此说的倡导者。先生指出："昔人每言秦为中国史中之上古与中古之一大关键，愚尤以宋为近古与近代之一大关键。举凡中古之政治思想，社会伦理，风俗教化，莫不经赵宋廓而清之，矫而正之，而另示近代以规范，近代诚受其影响特深，而奉其一切为圭臬者也。"④认为赵宋一代是中国从古代转向近代之关键，要了解近代中国之思想、政治、风俗，须溯源于宋代。在先生看来，赵宋王朝虽富强声威不及秦汉隋唐，但其风俗文物之盛，道德仁义之风则超越汉唐，媲美三代。

20世纪上半叶，从事宋史研究的虽有张荫麟、邓广铭、蒙文通、陈乐素、张家驹、聂崇岐等诸多学者，但先生的《宋代兴亡史》却是有关宋代历史较早的一部系统的断代史专著，筚路蓝缕，嘉惠后学。此书在海内外颇有影响，台湾商务印书馆曾多次予

①张孟伦：《宋代兴亡史》，台湾商务印书馆，1972年台二版，第74页。
②张孟伦：《宋代兴亡史》，台湾商务印书馆，1972年台二版，第76页。
③张孟伦：《宋代兴亡史》，台湾商务印书馆，1972年台二版，第72页。
④张孟伦：《宋代兴亡史·自序》，台湾商务印书馆，1972年台二版，第2页。

以重印，20世纪90年代中华书局出版的民国丛书也将其收入其中。也正是这部著作奠定了先生在宋史研究领域的地位。

进入兰州大学后，先生将学术研究的重点转向文献学与中国史学史领域，因担心自己的研究跟不上学术发展形势，虽然撰写了不少论著，但并未公开发表。"文革"结束后，先生迎来了学术研究的又一春天。在生命的最后10年（1978—1988），整理、撰写了《中国史学史论丛》《中国史学史》（上、下）两部著作，发表了若干有关中国史学史研究论文，对孔子、李焘、马端临、顾炎武、章学诚等史家，隋代史学、宋代重修《唐书》、宋代统治阶级在撰修国史上的斗争、《汉书·地理志》、小说的史料价值等中国史学史上的重要问题，进行了深入的探讨，取得了令人瞩目的学术成就。

先生对所研究的史学问题，多有创见。即便有所偏颇，亦不失为一家之言。孔子是私人修史的开创者，其所删订的《尚书》、述作的《春秋》对中国史学产生了巨大的影响。先生所撰写的《孔子与中国古代史学》①一文，纵览中国史学发展历程，旁征博引，从体裁体例、历史思想、史学观念、撰述方法等方面，详细地阐述了孔子的史学对中国古代史学发展的深远影响，并以司马迁撰《史记》、班固修《汉书》为例，说明中国古代史学是如何师承孔子史学的，从而使孔子为中国史学祖师一说落到实处。此文是研究孔子史学的代表作。从20世纪20年代开始，章学诚的史学日益受到学者的重视，评价也愈来愈高。先生《章学诚的史学》一文，辨析了章学诚对待考据的态度、所提出的"六经皆史"观点，还着重分析了其史学为清政权巩固统治服务的实质。在章学诚史学研究日益兴盛，章学诚学术地位日隆的今天，重读此文，不啻是一副清醒剂。在《宋代统治阶级在撰修国史上的斗争》一文中，先生详细地阐述了宋太祖与太宗帝位之争、王安石变法新旧党人之争对宋代实录、起居注、时政记、国史撰修的影响，秦桧、韩侂胄、史嵩之、贾似道等权臣对史家的迫害、史书的篡改，及其对修史活动的干扰、摧残。这是将史学发展置于一定的政治环境中予以考察，揭示了政治斗争对史学的深刻影响，说明良好的社会环境对史学发展的重要性。在《关于宋代重修〈唐书〉》一文中，先生从政治和学术两个层面探讨了宋代重修《唐书》的原因，以及宋代在重修《唐书》过程中所出现的纠纷，并对宋人所夸耀的《新唐书》特点"其事增于前，其文省于旧"进行了辨析，指出这正是《新唐书》的缺点所在，其所增之事，多无根据，所省之文，则有关军国大事。其以文省事增为能事，则违背了当初重修《唐书》的宗旨。在《关于马端临〈文献通考〉人民性的问题》一文中，先生对学者提出的马端临《文献通考》具有人民性、民族正义感、敢于对现实作抗议的观点，进行

---

①所引论著，因文后附有先生《论著目录》，故不再注明出处。

商榷。首先，提出"评论一部历史著作是否有人民性，有民族正义感，就得：第一，必须把它放在一定的历史情况下，一定的环境中去考虑。第二，必须从它本身的总的倾向性，全部的主要意旨去分析。"如果研究者不从作者所处的时代、其著作撰写的背景，不从其著作总的精神实质出发，所得出的结论难以使人信服。其次，分析了马端临所处的时代及其对时代的回应、《文献通考》对史实的处理及其思想倾向，认为马端临的史学思想很难说具有人民性、民族正义感。先生指出，马端临身处国家民族危难之时，面对广大人民群众如火如荼的反抗民族压迫斗争，却躲进书斋，逃避现实。宋亡后，又以元顺民自居，称宋为宋朝，不敢称国朝或我朝，并出任元的书院山长。这与胡三省以宋遗民自居，以文天祥守节伏死自励，在《通鉴》注中抒发民族爱国情感，且不许子孙仕元，截然不同。马端临所撰《文献通考》成书于元成宗大德十一年，本应写到宋亡，使宋朝一代典章制度首尾完整。但因害怕元代统治者的猜忌而影响自己的身家性命，却止于宋宁宗嘉定五年（1212年），不敢记载宋朝亡国痛史，更不敢歌颂民族斗争的悲壮事迹。与此同时，大量宋遗民所著之书与诗文，不惧祸患，多忠愤激烈，黍离麦秀之悲，溢于言表。马端临对南宋抗金名将岳飞、韩世忠、刘琦"一遇女真，非败即遁"的评价，不合乎历史真实。在江南人民反抗民族压迫之时，马端临不歌颂岳飞等抗金英雄，以鼓舞人民的反抗斗争，反而不顾事实进行污蔑，这是他顺民心理的反映。因此，很难说马端临具有民族正义感、敢于对现实进行抗议。同时，马端临在《文献通考》中极力散布消极因素，如鼓吹遵循三年之丧的礼制、宣扬落后于时代的车战、要求在征战中讲求堂堂正正之举。在广大人民处于反侵略斗争的关键时刻，这些主张无疑是有害的。马端临在《文献通考》中否定、诋毁王安石变法，逐条指斥王安石所变之法。因此，很难说马端临史学思想具有人民性。

《中国史学史论丛》是先生研究中国史学史的论文集。《中国史学史》则是先生自20世纪60年代以来从事中国史学史研究的心血的结晶，也是一部史学史研究力作，阐述了自先秦至鸦片战争前的中国史学发生、发展、繁荣至嬗变的历程，反映了先生对中国史学史的系统认识，至今仍被研究者视为学习、研究中国史学史的一部重要参考书。在众多的中国史学史著作中，此书特色最为鲜明。[1]一、将各个历史时期史学发展概况的阐述与专题研究有机地结合起来。书中的各部分，分之则可独自成篇，合之亦为一部完整的著作。既展示了中国古代史学发展的历程，又对重要问题进行了深入阐述；既是一部中国史学史教材，又可视为中国史学史专题讨论集。二、详人所略，略

①汪受宽：《史学史园地的一朵奇葩——喜读〈中国史学史〉》，《甘肃版图书评论集》，甘肃人民出版社，1986年；朱仲玉：《读张孟伦先生著〈中国史学史〉》，《兰州大学学报》1986第3期。

人所详，不求面面俱到。如有关司马光及其《资治通鉴》的论述，着重分析了《资治通鉴》编撰成功的原因，并将宋代重修《唐书》的情形与《通鉴》的撰修进行比较，说明众人修史须有一负责任、善于领导史局的主裁，以及志同道合的专家相互配合，精诚合作，才能取得成功。而对《通鉴》及其学术价值则基本上没有进行评论。三、旁征博引，立论独到。据学者不完全统计，全书所引用的文献近七百种之多，大凡与中国史学有关的资料，莫不加以搜罗。并在丰富的资料基础上提炼出独到的认识，无论是对一代史学的评价，还是对一部史著、一个史家的认识，皆新见迭出。可以说，在已出版的众多的中国史学史论著中，此书资料最为丰富，识见也最为独特。如对裴松之、刘知几、马端临、章学诚等史学家的评价多不同于其他学者。四、注意研究政治与史学间的关系，揭示时代对史学的深刻影响。这主要表现在两个方面，一是考察政治对史书编纂的影响，尤其注重考察史书编纂的政治背景。如述及唐初撰修前代诸史的原因时，着重分析了唐代统治者在政治上的动机。而论及唐代国史的撰修时，则详细地考察了统治阶级内部的政治、思想斗争在撰修国史上的种种表现。二是关注史籍在流传过程中因各种政治因素影响所经历的曲折复杂的历程。如论及《战国策》一书时，着重阐述了其从汉代到清代因与儒家思想格格不入致被现实政治所排斥而遭遇的曲折命运。五、爱而知其丑，憎而知其善。一般的史学史著作多着眼于总结中国史学的优良传统和成就。本书总结了中国史学的成就，同时对中国史学上的缺点与不足，甚至丑恶现象进行揭露。对史家史著的评价，尽量做到"毋固""毋我"，既不虚美也不没其所长。如对于马端临及其《文献通考》，既批评了马端临在民族斗争如火如荼之时，逃避现实，闭门著述《文献通考》，以成名山之业，以及为了避免元统治者的猜忌，在书中回避宋末历史，只记载到宋宁宗嘉定五年，缺乏民族正义感。又肯定了《文献通考》是一部典章制度巨著，绝非章学诚所说的只是一部类书之学。六、重视历史上的学者对有关史学问题的认识，或对其进行论辩，或以之作为自己立论的佐证。如有关《左传》的作者，是一个长期以来争论不休的问题。该书首先梳理了中唐以前的学者如司马迁、严彭祖、班彪、桓谭、王充、班固、许慎、卢植、杜预、荀逊、孔颖达、刘知几等有关《左传》及其作者的认识，说明在中唐以前根本不存在《左传》是不是左丘明所作的问题。其次，对汉代有关《左传》的争执问题进行讨论。指出汉代在《左传》上的争论，一是述事解经（《左传》）与训诂解经（《公羊传》）之间的斗争；二是政治问题，即以哪一部春秋传为汉代服务的问题。不是《左传》作者真伪问题。再者，对中唐以来的学者如严助、陆质、郑樵等所持《左传》非左丘明所作的有关论点进行批驳。在此基础上，指出《左传》作者无疑就是左丘明。这种通过详细地剖析不同时代各家各流派学者的有关认识以阐明自己见解的方式，既便于读者了解所研究的问题的来龙去脉，也使作者的立论底蕴深厚，观点鲜明。当然，要做到这一点，需要具有深厚的史学根底。这也是本书不同于一般的中国史学史教科书，而具有学术专著性质的一个重要方面。总之，与同类著作相比，先生这部《中国史学史》风格最为独特，故而被学界称为"别具特色的专家之作"。朱仲玉先生评价道："读张孟伦先生的《中国史学史》，则令人感到这书确是跳出了大多数人在不知不觉中形成的框框，充分显示了自己独特的风格，既不与别的同一类书相似，而别的书也很难与之相似。"

先生治学深受传统史学的影响，孔子是先生最为崇敬的史学家。先生认为"无论从史家私人修史，还是从史学体例来说，我们都得尊奉孔子做中国史学的祖师"。孔子倡导的有疑则缺，无征不信，深为先生所信服。在史、论关系上，先生主张"论从史出"，重视学问的功底，强调史料在史学工作中的重要性，所撰论著总是旁征博引，探赜索隐。在《中国史学史·自序》中，先生强调："又因无征不信，无征则难于发现问题，分析问题，得出有理有据而较为可靠的结论。以故采辑史料较多。"在《中国史学史论丛·前言》中，先生指出："十个专题，有些地方所要求古史学名家的，如果有所偏颇，也都是力求'论从史出'，不是'以论带史'的。"可见"论从史学"是先生所遵循的治学宗旨。先生的史学论著，皆以资料丰富、立论精当见长。所征引的资料遍及经、史、子、集四部，对一般治史者不太留意的笔记小说、诗文、戏曲、医书、农学书籍、佛教经典等，也予以搜罗引用。如"《人名考》以《四史》为纲，博采旧闻遗逸，广览经、子、集部。搜集证据，推勘事故，虽毫末细微，不肯稍事疏忽；措辞立论，则审慎权衡，平心察其是非，精意求其义旨"。"出入乎汉魏史乘之林，旁及乎逸闻轶事之微"。①《中国史学史》"据粗略统计，张先生共征引了六百七十多种典籍。他不只是把目光集中在史部文献上，还注意探讨群经、诸子与其注疏，汲取后人有关研究成果，参考了与史有关的一百五十多种集部文献，征引了自《蔡中郎集》至《饮冰室合集》以集名书的有九十种之多。"②

先生治学重视史学根底，对研究生的培养也是如此。先生认为研究生应学点文字学、提高古籍阅读的水平、学点"经书"、加强通史的学习、掌握撰写史学论文或史学专著的方法。这些要求都是着眼于培养研究生治学的根基。先生为提高学生阅读古代文献的能力，开设了《左传》选读课，以中华书局出版的《左传选》为教材。不仅在课堂上对《左传选》中的篇章进行详尽的讲解，而且撰写了《〈左传选〉注释管见》一文，对《左传选》应注释而没有注释的、已注释而欠妥善以及注释不全的，进行增补与修正。

先生治学，讲求自得。孟子说："君子深造之以道，欲其自得之也。自得之，则

①《汉魏人名考》，王易序、王星拱序。
②吴荣政：《张孟伦先生〈中国史学史〉读后》，《甘肃社会科学》1987年第3期。

居之安；居之安，则资之深；资之深，则取之左右逢其源，故君子欲其自得之也。"①
许多史学大家都将自得作为治学最要紧的事，先生也是如此。先生所撰《中国史学史》
自序云："与时贤立论，本不敢立异；然见仁见智，终究在一些问题上，也又有所不
同。"这是《中国史学史》的撰述旨趣，也是先生治学讲求自得之学的表白。为先生所
撰之《汉魏人名考》作序的王易教授曾指出，《汉魏人名考》"探究人名，而隐赜所
及，上自政制，下至风尚，莫不囊括包举，慧眼见真，独创一家之言"。王星拱则在序
中说："发凡创例，一空倚旁，探赜索隐，成此传世之名著。使世之览者，于名字本
末先后，时势升降，礼俗醇醨之际，了然于胸次而毫无所憾，则其大有造于学术也可
知矣！"这里所说的"独创一家之言""发凡创例"，是对《汉魏人名考》在学术研究
上创造性贡献的充分肯定。对史学史上的诸多问题，先生也以丰富的史料为基础，提
出了新的认识。先生所撰《中国史学史》一书论及裴松之注《三国志》时，虽然肯定
裴松之的贡献，但不赞成运用"补缺""备异""惩妄""论辩"这四种方法注史是
裴松之的创作之说，指出在裴松之之前已经有人分别使用过这四种方法，最早综合使
用这四种方法的也不是裴松之，而是孙盛的《异同评》。述及范晔史学时，则对《后汉
书》在体例方面创立了皇后纪与逸民、列女、孝子、文苑等传这一传统观点进行了辨
析，指出这些纪、传并非范晔所首创，而是向前人学习来的。因为，晋华峤《后汉书》
有皇后纪以反映东汉多幼主继位而又母后临朝执政这一客观事实，范晔《后汉书》是
以华峤之书为蓝本的，那么首创皇后纪的应该是华峤，而非范晔。《东观汉记》为隐
居不仕的逢萌、周党、黄霸、严光等人作传，梁鸿则撰有《逸民传》。刘向、皇甫谧、
綦毋邃等撰有《列女传》，刘歆、曹植等曾撰《列女传颂》。晋肖广济、刘宋郑缉之、
王韶之等都著有《孝子传》。秦汉以前没有以文章名家的，到了汉代才开始有了词人。
随着文艺的发展，晋朝有《文苑钞》。那么，《后汉书》中的《逸民传》《列女传》
《孝子传》《文苑传》也不是范晔所创制的。所以，范晔在史书体例上没有创制之功。
在先生的史学论著中，像这样的新见，司空见惯。

辛安亭先生在《中国史学史》序言中指出："张先生学问渊博，功力深厚，阐述
前贤史学，钩稽载籍，探究精微，不但广征于史，而且博取于经，旁及子、集，鉴空
平衡，慎之又慎。故能采缀百家之菁华，创成一己之旨趣，别开生面，而'不同人共
生活'，弥足珍也。"这是对先生学术的精当概括。

《陇上学人文存·张孟伦卷》（第六辑）

作者：赵梅春

---

①杨伯峻译注：《孟子译注·离娄章句下》，中华书局，1960年，第189页。

金宝祥

　　业师金宝祥教授辞世八年了，每想起追随先生学习隋唐历史的日子，先生的音容笑貌总是浮现在眼前，历历在目，为先生作点什么的想法也越来越在心头缠绕，挥之不去。正巧甘肃省社会科学院组织编写《陇上学人文存》，以我是先生入室弟子之缘，约我编选先生文稿，而这正给了我一个表达对先生怀念与崇敬之情的机会。

一

　　金宝祥先生 1914 年 2 月出生在浙江省萧山县（今杭州萧山区）临浦镇一个殷实的家庭。先生 5 岁失怙，在母亲精心呵护下，度过了美好的童年。母亲聘请当地名士、知名历史小说家蔡东藩任其启蒙老师。蔡东藩先生当年在先生家中创作《中国历代通俗演义》，如今的"临江书舍"便是当年东藩先生创作、教书之地。在蔡先生的启蒙下，先生对古往今来的历史耳濡目染，产生了浓浓的兴趣。后来，先生考入杭州高级中学读书，又有一位姓彭的国文老师，对他后来走上历史研究之路产生了重要影响。先生在他的自传里讲到，这位彭先生"对《汉书》很有研究，讲《地理志》中山东、三晋、关中、河西、巴蜀、吴楚的地理、历史、人物、风俗、物产，使人听了，有深刻之感。我后来的喜欢历史，受他的影响，无疑是很深的，所以直到如今还常常怀念他"①。

1934 年 9 月，金宝祥先生考入北京大学史学系。名师荟萃的校园、宽松自由的环境，为先生创造了得天独厚的条件，不仅为他后来从事学术研究打下了坚实的基础，也培养了先生独立思考的治学精神。先生后来回忆说："我在大学四年，得益最深的，大概要算那几位确有自己创见的先生的讲课了。从他们的讲课中，使我念念不忘的，是他们功力深厚，治学谨严，决不人云亦云。""我初听钱宾四（即钱穆——作者注）先生讲中国通史，特别是先秦两汉之部，总觉得他把中国古史的精神，似乎都讲出来了，听了有新颖之感。""我在大学的最后一年，我开始听陈寅恪先生讲魏晋南北朝史。陈先生因眼病，闭目讲课，言语低沉，初听似觉平淡，慢慢已入佳境。"②1987 年，先生在中山大学在参加"陈寅恪国际学术讨论会"的发言中对钱、陈二先生作了中肯评介："论钱、陈风格，钱波涛汹涌，一泻千里；陈潺潺溪流，意境幽远。从表象看，前者博大，后者精深，实则殊途同归，博大中有精深，精深中有博大。"③我在追随先生学习隋唐历史的几年里，也亲耳聆听先生多次讲到钱陈二先生讲课的情景及对其学术研究的影响。先生当年曾选修冯家昇先生主讲的《沿革地理》课，写下作业《汉末至南北朝南方蛮夷的迁徙》，冯先生大加赞赏并推荐在他与顾颉刚先生所编的《禹贡》半月刊第 5 卷第 12 期发表（1936 年 8 月），初显史学才华，也增强了先生日后终生从事历史研究的信心和勇气。20 世纪 30 年代，北大史学系受以傅斯年为代表的"史料学派"的影响，进行了一系列课程改革，将大学史学教育视为学术教育，强调史料整理辨析的训练和史学研究工具的掌握，从而对现代史学的发展产生了深远影响。学者指出，"在抗战前 20 多年中，北大史学系共培养出了 28 位后来比较有影响的史学家。其中包括……1934 级的王德昭、金宝祥、杨志玖、高亚伟……上述各位史学家在 20 世纪 30 年代以后，长期活跃于大陆及港台各重要大学的讲堂上，以及一些重要的学术研究机构中，对现代中国史学的发展，有很大的贡献。因此，20 世纪 30 年代的北大史学系，堪称中国现代史学家的摇篮"。④

抗战爆发后，先生随北大南迁，在西南联大读完最后一年大学课程，1938 年 7 月在云南蒙自毕业。毕业后，先生在云南当中学教师，课余之暇，先生专注于宋史研究，

---

①金宝祥：《金宝祥自传》，参见《晋阳学刊》编辑部编：《中国现代社会科学家传略》第四辑，山西人民出版社，1983 年，第 285 页。

②金宝祥：《金宝祥自传》，参见《晋阳学刊》编辑部编：《中国现代社会科学家传略》第四辑，山西人民出版社，1983 年，第 286 页。

③魏明孔：《追随金宝祥先生学习历史》，参见田澍、李清凌、李宝通主编：《中国古代史论萃——庆贺历史学家金宝祥先生九十华诞论文集》，甘肃人民出版社，2004 年，第 520 页。

④尚小明：《抗战前北大史学系的课程变革》，《近代史研究》2006 年第 1 期。

并发表了《宋高宗南渡前后两淮及古北居民之南迁》《南宋马政考》等论文。1941年，先生应聘四川大学历史系，讲授中国通史，此间先生的学术兴趣开始转向中西交通史，并钻研佛教哲学，先生后来发表的《和印度佛教寓言有关的两件唐代风俗》（《西北师范学院学报》人文科学版，1958年第1期）就是其研究的结晶。1947年年初，先生应聘浙江金华英士大学文学院，任史学系副教授，先生在讲授中国通史的同时，开设了隋唐五代史课程，研究兴趣也随着此门课程的设置，转向唐史研究，并成为先生毕生的研究方向。

1950年在范文澜先生的推荐下，先生应邀西北师范学院任副教授，讲授中国通史和隋唐五代史，次年晋升为教授。此后，金先生在西北师范学院（现为西北师范大学）执教长达半个多世纪，先生在唐史研究方面最重要的成果也是在这一时期完成的。先生先后担任西北师范大学历史系教授，兼任中国唐史学会顾问、中国敦煌吐鲁番学会顾问、甘肃省历史学会会长等，曾任中国历史学会理事、中国唐史学会理事、《历史教学》编委、《社科纵横》编委、《甘肃师大学报》主编、甘肃省社会科学联合会顾问、西北师范学院历史系主任等职。1986年被授予全国教育系统劳动模范称号，荣获"五一劳动奖章"，并被甘肃省政府特聘为终身教授。先生扎根陇原，教泽绵延，学生遍布全国各地，为甘肃的教育事业作出了重大贡献；先生的唐史研究，自成一派，在学术界独树一帜，并以他卓越的研究成果，在中国史学界赢得了赫赫声名，为现代中国史学的发展作出了突出贡献。

二

金宝祥先生学识渊博，思想深邃，研究涉猎广泛，举凡中国古代土地所有制、古史分期、古代民族史、隋唐史、宋史、西夏史、唐代佛教史等方面均有重要研究成果，相对而言，先生在隋唐史方面的研究成果最为卓著。在隋唐史研究方面，先生代表性的研究成果有《唐史论文集》《隋史新探》《唐史探赜》《吐蕃的形成、发展及其和唐的关系》等。先生自己在《唐史论文集·自序》《金宝祥自传》《治史门径》[1]《金宝祥自述》[2]等文章中，对自己学术观点的形成、发展、变化作过简要的介绍。先生学问精深，小子愚鲁，何敢望先生项背？学生虽学力不逮，但毕竟登堂入室，问学金门，在追随先生学习隋唐史的几年里，亲耳聆听先生教诲，对先生唐史研究的几个主要论点也有一些粗浅的了解，现斗胆将先生的学术成就略作陈述。

---

[1] 文载《兰州学刊》1984年第5期。
[2]《金宝祥自述》，参见高增德、丁东编：《世纪学人自述》第5卷，北京十月文艺出版社，2000年，第104页。

金先生认为"历史是一门严肃的科学。对每个阶段的历史来说，都是很具体的，而它之所以具体，只因它包含着一个为一切所共有而又区别于其他阶段的最一般的关系。只有探索出这个最一般的关系，才能真正接触到历史的本质，并以它为起点，依次上升到历史的表象，这样，具体的东西便变成可理解的东西了"①。对每个特定历史阶段只要抽象出它最一般的关系，必然具有广泛的普遍性，有全体之感，众多的具体事物都可与它一一相等，显现出历史的内在运动规律。"②先生的这一观点，我认为是他研究历史的心得和基本方法，先生的唐史研究正是遵循这一方法开展的。

先生认为"有唐一代，在中国封建社会里，却不能自成一完整的阶段，因为它是前一阶段的末尾和后一阶段的开端的凑合"。唐代历史，以开元天宝之际为中点，可以分为两个阶段，中唐以前是一个阶段，这个阶段始于北魏中叶均田制的产生；中唐以后为一个阶段，这一阶段从"赋不系于田"的两税法产生算起，一直延续到两宋之际。早在1959年，金先生在《论唐代的土地所有制》一文中，开始提出以生产者依附关系强化为特征的世族地主所有制向以生产者依附关系减轻为特征的庶族地主所有制的转化，是唐代历史的一个基本内容。60年代以来，先生将这一观点作了进一步概括，认为自北魏中叶至两宋之际的这一历史阶段中，其最一般的关系，就是"私家佃农人身依附关系强化过渡到私家佃农人身依附关系减轻的一个阶段"③，并将其贯穿于唐史研究的各个领域。

金先生指出："对封建社会来说，历史的基础，是丧失主要生产资料的农民直接受大土地所有者的统治奴役而缺乏人身自由的依附关系……因此，生产者受大土地所有者的统治奴役而缺乏人身自由的依附关系，是封建所有制的实质。"魏晋南北朝时期，占统治地位的是世族地主所有制④。在世族地主所有制下，每个高门世族在他所占有的大片土地之内，既有爵秩、俸禄，又有特殊的身份、地胄、门阀，资业不坠，子孙世袭；不但有政治、军事的特权，而且有数以千计的宗亲、僮客、部曲、奴僮。因此，魏晋以来，高门世族"包藏隐漏，废公罔私"⑤的现象极其普遍。每个豪宗强族，不仅可以控制依附于他的宗人、部曲、僮客即所谓私家佃农，就是对于邻近不依附于他的国家编户即所谓国家佃农以及出身庶族寒门的中小地主，也可以任意侵凌荫庇，因而私家佃农的人身依附关系十分强化。由于高门世族大量荫庇户口，所以国家政权

---

①金宝祥：《唐史论文集》，甘肃人民出版社，1982年，第5页。
②金宝祥：《唐史探赜》，《西北师院学报》(社会科学版)1986年第2期。
③金宝祥：《唐史探赜》，《西北师院学报》(社会科学版)1986年第2期。
④金先生指出，世族地主所有，"概括地说，就是高门世族占有大片土地，而丧失土地的生产者只能租种世族的土地，并被紧紧束缚在土地之上这样一种生产资料所有者和非所有者之间的统治与从属的关系"(《唐史论文集》，甘肃人民出版社，1982年，第217页)。
⑤《魏书》卷110《食货志》。

不可能掌有大量的国家佃农。对于尚未受私家荫庇的国家佃农，国家政权又采取极其残酷的方式来征发兵役、徭役。"而征发的结果，徒然促进国家佃农的投奔豪强，以为隐户。每个豪宗强族实不啻是国家佃农逃亡的渊薮。所以在私家佃农依附关系条件下，带有分割性的独立力量的豪宗强族或高门世族的存在，实是国家政权对国家佃农不能进行严峻控制的主要根源。"随着高门世族势力的发展，荫庇于高门世族的宗人、部曲、僮客所受到的奴役、剥削也随之加剧，他们和高门世族的矛盾也日益激化。由这一根本矛盾以及为此根本矛盾所规定的国家佃农和国家政权的矛盾而爆发的农民起义，也连绵不绝。在长期的起义斗争中，高门世族（包括封建化的鲜卑贵族）不断遭到打击，致使荫庇于高门世族的隐户，也便不断脱离羁绊，变成自由农民。由于隐户脱离了羁绊，于是才有北魏政府的检括户口。"所谓检括户口，并非是国家以强力向高门世族搜括户口，而是国家把那些已经脱离私家羁绊的隐户，重新编入户籍，以为国家编户口的意思。当然，在检括的过程中，也包括一部分弃田逃亡的逃户在内，逃户和脱离私家羁绊的隐户，其实并无严格区别。""当隐户——包括逃户——一旦脱离私家的羁绊，而受国家的检括变为编户以后，必然受国家的严峻控制，为国家提供赋役。所以由隐户而为编户的过程，就是国家佃农受国家严峻控制而显现出人身依附关系相应强化的过程，这一过程也正是均田制产生的过程。"[1]从北魏中叶均田制出现后，经过魏末隋末的两次大起义，均田制发生了两次毁废，两次复兴，唐高祖武德四年（621年）诏"括天下户口"[2]，武德七年（624年），颁布"均田、租庸调法"[3]，均田制再次复兴。所以说均田制的实质，就是国家佃农人身依附关系的强化。

在均田制下，国家佃农的人身依附虽然依然强化，但与私家佃农相比，显然有较多的生产积极性。所以从隋初到开元年间，社会生产也呈现出一片繁荣的景象，标志着均田制的发展。而均田制的发展，又意味着国家政权可以向国家佃农攫取大量的租赋徭役，用来强化国家权力。从这个意义来讲，没有均田制，就没有隋唐中央集权国家的繁荣昌盛。

均田制时期，农户最大的负担莫过于兵徭。征农为兵的府兵——不论宿卫京师的卫士，防戍边境的边兵——衣食费用概由农家自己负担，在兵徭力役繁重的负担下，农户开始逃亡，府兵随之解体。府兵制在高宗时已开始解体，下至开元，作为国家权力的军队，已非以役征发，而以钱招募。由征兵制向募兵制转化，兵役基本消失。"征兵制是采取劳役地租形式、征发丁壮、使服兵役的一种制度；募兵制是以货币地租为佣资、招

[1] 金宝祥：《北朝隋唐均田制研究》，参见《唐史论文集》，甘肃人民出版社，1982年，第219—223页。
[2]《资治通鉴》卷189。
[3]《资治通鉴》卷190。

募丁壮、使服兵役的一种制度。兵农既分，府兵制自然正式瓦解。所以力役的部分和雇兵役的基本消失，正标志着国家佃农人身依附的减轻，标志均田制的彻底消亡。"而这一变化，正"表明历史的更新，表明世族地主所有制向庶族地主所有制的转化基本完成。世族地主所有制既经消亡，均田制便失去存在的依据，所以一经毁废，便不能再度复兴。继起的是与那作为国家所有制的均田制有区别的，以国家佃农人身依附关系减轻为特征的国家所有制。因此，世族地主所有制向庶族地主所有制转化的过程，正是均田制向另一种国家所有制转化的过程，后者以前者为前提，转化的时间，始于武曌而完成于天宝"①。

先生对于隋唐中央集权的出现与强化以及安史之乱原因的探讨，也是以私家佃农依附关系的开始减轻为一般关系进行的。先生认为，经济关系是决定隋唐中央集权的形成的根本原因，先生援引恩格斯所说："尽管其他的条件——政治的和思想的——对于经济条件有很大的影响，而经济条件归根到底终究是有决定意义的，是构成为一个鲜明线索以贯穿于全部发展进程并唯一令人能理解到这个发展进程的。"②认为自南北朝直到隋末，由于连绵不绝的农民起义而引起的私家佃农依附关系的开始减轻，是隋唐中央集权政权形成和强化的历史前提。"自南北朝末期至开天之际，私家佃农的依附关系在陆续减轻，随着私家佃农依附关系的减轻，国家佃农，在繁重的赋役压榨之下，经过不断的斗争，依附关系也在相应减轻。私家佃农依附关系由强化而减轻，正标志着世族地主所有制向庶族地主所有制的转化。国家佃农依附关系由强化而减轻，则标志着均田制的瓦解……府兵制的瓦解，因为使国家佃农从此摆脱兵役，所以也正好是国家佃农依附关系减轻的一个标志。所以依附关系从南北朝末期的开始减轻，到开天之际的陆续减轻，正表明中国历史的重要变革，在这变革中，才引起代表地主阶级利益的中央集权政权的形成和强化。"③而中央集权政权形成的标志，则是带有分割性的地方政权已经转变为统一的中央集权政权，代表国家政权的三大权力机构（尚书、中书、门下三省），已经由从前当做高门世族把持政权的三个要津转变为一个足以体现集中王权的有机的共同体，官吏的选授，已经由地方归于吏部。这些，正标志着我国封建政治领域内的重要变革。中唐以后，在依附关系减轻的这一基本条件下④，国家政

①金宝祥：《唐史探赜》，《西北师院学报》（社会科学版）1986年第2期。
②《马克思恩格斯文选》两卷集，第二卷，1955年莫斯科版，第505页。
③金宝祥：《关于隋唐中央集体政权的形成和强化问题》，见氏著《唐史论文集》，甘肃人民出版社，1982年，第157页。
④金先生认为，开元天宝之际，反映依附关系减轻的有以下几个方面：第一是开元九年宇文融的检括客户和开元十六年政府所规定的客户可以迁往边州为编户；第二是开元二十五年政府规定客户可以由招募而为边军；第三是庄园内的客户，已有较多的活动余地。开元以后，长安政权继续强化的主要标志，是各道添置了不少由中央派去的专使，分理地方的监察、民政、财赋，使地方政权得以进一步集中中央。而足以反映中唐以后依附关系的减轻的，一则为客户在政府的招引下，依然像中唐以前一样，有转为编户的可能。二则是以夏秋两征的户税为内容的两税法的实施。

权理应继续走向统一和强化，但是在特殊的条件下，却出现了地方割据的势力。出现藩镇割据的原因，是因为在依附关系减轻的条件下，由于劳动生产率的提高，长安政府对于生产者的剥削，虽然不断加强，但剥削所得，亦即长安政府财赋的收入，在府兵制瓦解之后，"既无力建立一支强大的中央禁军、也无力给养沿边和内地的节度使的军队这一特殊条件下，遂使节度使得以兵甲、财赋自擅，权时应变，独占方面，形成地方藩镇的割据局面"①。中唐以后，在特殊的条件下，虽然出现了地方割据，但是足以促使中央政权强化的基本条件也就是作为庶族地主土地所有制主要内容的生产者依附关系的减轻这一条件却未曾消失，因而国家权力之走向统一和强化也像自然规律一样，强制地运行着。即便藩镇割据政权，也由于受依附关系的减轻这一基本条件的限制，在自己的割据势力范围之内，行施集权，封建特权受到限制，并且随着商品经济的发展，劳动生产率的提高，其政治上的割据也不能持久，始终受着历史必然性的强力支配。在特殊条件下所出现的地方割据，只是历史的偶然性而已。到了五代之末，地方财赋渐归中央，一支精锐的中央禁军随之建立，特殊条件已复消失，于是一个具有全国规模、统一而强化的汴京政权，到赵匡胤登位，终于豁然出现。

金先生写于1962年的《论唐代的两税法》和1963年写的《关于隋唐中央集权政权的形成和强化问题》②，对唐代封建经济、封建政治的基本内容，作了比较详细的论述；1978年写的《北朝隋唐均田制研究》③，1980年写的《安史乱后唐代封建经济的特色》④，又对上述问题进行了进一步深入的探讨，进而在1986年发表的《唐史探赜》⑤和1988年发表的《隋史总论》⑥中做了全面的总结。在上述论著中，金先生提出了在生产者依附关系减轻前提下而引起的商品货币关系的发展，是安史之乱后唐代历史的重要特色。商品货币关系出现在春秋战国之际，作为国家所有制生产组织的农村公社开始瓦解，自由自耕农大量涌现，在商品生产的发展过程中，小农经济由于受商业资本和高利贷资本的压榨，陆续破产，而以剥削他人劳动为基础的大土地所有制也便陆续出现，封建制也随着由商品货币关系的发展而出现的商业资本对小农经济的腐蚀兼并而逐渐形成。进入封建社会后，由于为封建制根本属性的人身依附关系的形成，商品货币关系亦开始冷落，并随着人身依附关系的日益强化而日渐冷落。所以人身依附

①《关于隋唐中央集体政权的形成和强化问题》，见氏著《唐史论文集》，甘肃人民出版社，1982年，第158页。
②以上两文分别见《甘肃师范大学学报》(人文科学版)1962年第3期,《甘肃师范大学学报》(人文科学版)1963年第2期。后收入《唐史论文集》。
③《甘肃师范大学学报》(哲学社会科学版)1978年第3期。
④《甘肃师范大学学报》(哲学社会科学版)1981年第2期。
⑤《西北师院学报》(社会科学版)1986年第2期。
⑥《西北师院学报》(社会科学版)1988年第2期。

关系和商品货币关系往往成反比例发展。"当人身依附关系强化之时，商品货币关系必定显得冷落，当人身依附关系松弛之时，商品货币关系必然显得繁盛……唐代自安史之乱后——确切地说，应当是建中元年（780年）颁布两税法后——所有货币流通范围的广泛、商业资本、高利贷资本的发展，以货币地租为主要内容的两税法的颁布、钱重物轻的普遍存在、封建剥削率的增长等众多历史观象，无不反映了商品货币关系的繁盛，而商品货币关系的繁盛，实则正是人身依附关系相对减轻的一种表现形式，而两税法的颁布，恰恰最集中地反映了在生产者人身依附关系减轻前提下而引起的商品货币关系的发展。"①过去的研究者一致认为，安史之乱后，唐朝的经济发展水平倒退了，而金先生却独辟蹊径，论证出这一时期正是商品货币发展，封建经济繁荣时期。金先生强调指出，只有人身依附关系减轻了，商品货币关系才显现出繁荣，而成为封建经济的一个特色，也成为划分唐代历史前后两个不同阶段乃至我国中世纪史前后两个不同阶段的一个标志。

当然，金先生同时也指出，安史之乱后商品货币关系的发展，必须和资本主义的产生区别开来。在封建社会，由买贱卖贵、高利盘剥而积累的商业资本、高利贷资本，不可能从事于扩大再生产，而只能从事于土地的收购，和地主所有制相紧密结合。"对封建社会来说，只要产生资本主义的必要条件——以个体劳动为基础的小私有制走向解体、直接生产者已向雇佣劳动者转化——尚未具备以前，那么，商品货币关系不管如何繁盛，也只能算是封建经济的一个组成部分"②，对此我们也应当有足够的认识。

在此，我们不能不介绍金先生关于唐代"两税法"的一个与众不同的观点。学术界通常认为唐代的两税法中的两税是夏秋两季两次征收的户税加地税的总和，先生通过考证，认为两税法中的"两税仅是夏秋两次征收的户税而已，并不包括地税"。先生的研究成果独辟蹊径，与学术界普遍流行的观点不相一致，因而不为大多专家学者认同，但先生却充满了自信，认为在他的有关论文中已提出了比较有力的证据，"至于说到认同，那也不能勉强。我也看过不少反驳文章，没有一篇令我信服，以至改变自己的观点"③。

唐代的两税法作为一种赋税制度，它的内容是户税。"户税创始于高宗、武曌之

①金先生在《安史之乱后唐代封建经济的特色》中已提出上述观点，并做了具体的论述，并在《唐史探赜》(《西北师院学报》(社会科学版)，1986年第2期)中加以重申。
②《安史之乱后唐代封建经济的特色》，见《唐史论文集》，甘肃人民出版社，1982年，第251页。
③沈颂金：《历史研究与理性思维——金宝祥教授访谈录》，参见田澍主编《中国古代史论萃——庆贺历史学家金宝祥先生九十华诞论文集》，甘肃人民出版社，2004年，第529页。按：此文原刊于《文史知识》1993年第10期。以下凡引自此文者皆不再注明出处。

时，当时只是租庸调以外的一种附加税，随着土地兼并的逐渐激烈，租庸调制的逐渐瓦解，户税地位的逐渐提高，到代宗时，租的部分，改为按亩征收，庸调部分改为按户征收，田租代替了丁租，户税代替了庸调。户税的税率随之提高，征税的对象也正式扩大到广大的客户。但在两税法未曾正式颁布的大历（766—779 年）年间，租庸调制依然作为残余而保留。按丁征取丁租庸调的税额，由于农户的大量降为客户，也十分有限，只是一个残额而已。这一残额，到了建中元年（780 年）正式颁布两税法时，才和安史之乱后陆续添设的各种名目繁多的新税，一同并入户税。这一户税，就是两税法中所规定的两税。"①关于租庸调制瓦解后，户税代替庸调的最好证据，我认为莫过于陆贽《均节赋税恤百姓》第一条《论两税之弊须有厘革》所说的了。陆贽说："至于赋役旧法，乃是圣祖典章，行之百年，人以为便。兵兴之后，供亿不恒，乘急诛求，渐隳经制……扫庸调之成规，创两税之新制。"②所以两税既不是租庸调，也不是户税加田租。两税法中所规定的按"人户土客定等第钱数多少，为夏秋两税"的两税，也只能是夏秋两征的户税。田租因为夏秋两征，虽然也可泛称两税，但却不是两税法中所规定的以户税为内容的两税。两税的最大特色，在于"赋不系于田"，即将租庸调时期与土地相关的庸调，变为与土地不相联系的户税，力役系于户税，而不系于田。"两税之外，悉无他徭"③，"据地出税，天下皆同，随户杂徭，久已成例"④，正是两税的实质。由于两税法把从前各种名目繁多的苛税，并入户税，作为一个固定的税额，根据税额，再按人户土客，分别抽税。这样既不许税外别有科率，也可以使国家赋税的一部分由官僚豪富之家负担，借以减轻农户的负担，这是两税法的进步意义。由于它的税及客户，客户既要负担公赋之一的户税，正表明他们在政治上已有和主户（指农户）处于平等地位的倾向，他们对于私家的人身依附关系，已经有所减轻；另一方面，户税所征税收，以钱币为主，则体现了商品生产的发展。所以两税所反映出的依附关系的减轻和封建经济领域内商品生产的发展，正是中唐以后唐代封建经济的特色。因此，先生认为，"两税法的出现，是我国中世纪史的一件大事，是我国历史上赋税制度的一大变革。它承上启下，影响巨大，甚至明清时期的'一条鞭法'和'摊丁入亩'都可以看到两税法的痕迹"。

到了宋代，夏秋两征的田租，成为宋代两税的唯一内容。而夏秋两征的户税，已为丁赋即身丁钱所代替，虽不再称为两税，但丁徭系于丁赋，丁税丁徭主客并征，其

①《论唐代的两税法》，参见《唐史论文集》，甘肃人民出版社，1982年，第114页。
②《陆宣公集》卷22。
③《通鉴》卷233唐德宗贞元三年(787年)十二月条引赵光奇语。
④《唐会要》卷84。

渊源自然始于唐代、德以后，赋不系于田，力役系于户税，主客并征这一线索，是北宋以后人身依附相对减轻条件下，与唐代一脉相承的一个共同特色。正由于此，金先生在《唐史探赜》一文中，用了不小的篇幅探讨了五代、宋时期两税法的发展演变。而先生晚年的学术兴趣亦主要集中在唐宋两税法的演变。先生在为我们授课时，多次提到撰写一部《唐宋两税法演变》专著，是他晚年的一大心愿，先生亦为此撰写了不少篇章，遗憾的是，先生著作最终未能出版，只能等待来日了。

对于唐宋时期民族关系的研究，先生也认为必须把草原游牧军事部落联盟（或国家）组织，作为最一般的关系。这个关系，是在共同体与私有制并存条件下，氏族贵族和劳动者之间带有"上下一力，议事自下"①，以掠夺为职志的色彩的关系。而这样的组织，凡已进入军事民主制阶段的草原部族，几乎都有。早在20世纪50年代，先生在讨论西夏的建立与封建化问题时，就尝试以草原游牧军事部落联盟组织的演变来讨论西夏的建国问题与西夏的社会性质问题②。而1985年，先生发表的《吐蕃的形成、发展及其和唐的关系》中，更明确地表达了这一观点。先生以军事民主为原则的部落联盟组织为抓手，从东汉和帝时由北匈奴的西迁而引起鲜卑的西迁开始，到拓跋氏一支的西迁河西，吐蕃的形成，吐蕃与吐谷浑的关系，从而引申出吐蕃与高丽的关系，并探讨了唐蕃战争中，吐蕃的胜多败少，最后终于彻底失败的原因。先生还从中得出一个非常重要的结论，"就是吐蕃和高丽，为了谋求抵制中原王朝军事势力的扩充，从十六国到隋唐，除了遥相呼应，还在相继勾结漠北的柔然（蠕蠕）、突厥，借以形成笼罩北边的一个强大弧形，和北魏隋唐相抗衡"。"不论十六国北魏时期的柔然和隋唐时期的突厥，之所以愿为双方的媒介，归根结底，还是在于以军事部落联盟为组织的柔然、突厥，因受中原王朝军事势力的威慑，不得不东西勾结，显现出它们政治利害关系上的一致性。"③隋文帝父子、唐太宗父子讨伐高丽④、唐蕃战争，等等莫不与中原王朝为了消除这个弧形有关。

金先生对佛教也情有独钟，认为"佛教经典中蕴含着极其深粹的哲理，如果深入其内部就会发现它是一个蕴藏无穷珍宝的无底洞"。《割股疗亲与元夜燃灯——和印度佛教寓言有关的两件唐代风俗》可以说是先生研究佛教的一个代表。20世纪40年代，先生对中西交通史发生兴趣，他注意到当时学术界认为唐代的壁画、雕刻、塑像、音

①《新唐书》卷216上《吐蕃传》。
②《西夏的建国与封建化》，原载甘肃师范大学《历史教学与研究》1959年第5期，后收入白滨主编《西夏史论文集》，宁夏人民出版社，1984年。
③《吐蕃的形成、发展及其和唐的关系》，《西北史地》1985年第1、2期。
④《隋史新探·序言》，兰州大学出版社，1989年，第1—8页。

乐等，因受西域（包括印度）佛教艺术的影响，已成为一种富有民族风格的艺术。受此影响，先生开始探索唐代割股、燃灯等奇异风俗的渊源流变，阅读了大量的佛教经典及史传资料，最终确认这些风俗，自张骞西征以后，随着印度佛教寓言、佛教习俗的东渐，到了唐代，由于受中国儒教的影响，于是由割股供养变为割股疗亲，燃灯祈福变为燃灯歌舞的富有儒教新内容的新兴儒教习俗了，并于1947年写成《割股疗亲与元夜燃灯——和印度佛教寓言有关的两件唐代风俗》的论文，但是没有发表。一方面，先生当时想把有关这方面的风俗如寒食扫墓等等，一一写出来，合成一篇，一起发表，另一方面也由于先生精益求精的学术态度，直到10年后的1965年，先生又将此文进一步加工修改，于1958年发表于《西北师院学报》（人文科学版）第1期上，并在最后的结论和有关的注释当中进一步探讨了唐代佛教思想的演变以及与政治、经济的关系。然而由于50年代以后，先生研究重点的变化，没有再对佛教进行深入研究，这也成为先生晚年的一件憾事。先生晚年接受访问时曾说过：“我对佛教的一种深深的眷恋之情，至今仍想仔细研究一下隋唐时期的佛教，恐怕没有精力实现这个愿望了。”

三

金先生是一位真正的马克思主义史学家。先生认为“自从有了马克思主义，历史才真正地成为一门有规律可循的科学了。这是因为马克思主义本身就是从自然、社会抽象出来的有关自然、社会辩证规律的科学，以马克思主义为准绳，来观察历史，就可以从杂乱无章的表象中，抽象出依次发展的不同阶段”①。先生在他的自传中讲道：“我之所以不惮其烦地把我每篇论文的基本论点，一一写出来，只是表明我在学术上的那点成就，实是结合历史实际刻苦阅读马克思主义经典著作和以马克思主义为指导刻苦阅读历史文献的一个过程。”②应当说，金先生在唐史方面的研究成果，主要是在中华人民共和国成立后，他接受了马克思主义之后取得的。先生在讲到自己的治学经历时，也说到他的学术基础包括文献资料、东方哲学名著、马列经典著作黑格尔哲学名著三部分，而这三部分又是逐渐形成的。大学期间，认为“有了史料便有了一切，历史不过是文献资料的堆积”，因而埋头于文献资料的整理，所遵循的是考据之学；大学毕业后到中华人民共和国成立时，因机缘所致，阅读了大量佛典，“又为深奥莫测的东方哲学所折服”；中华人民共和国成立之后，先生开始接受马克思主义，并以马克思主义为指导潜心研究历史。当然，对于像金先生这样一批从旧制度下过来的知识分子，

①金宝祥：《马克思主义究竟怎样看待历史科学的任务》，《西北师院学报》（社会科学版）1983年第2期。
②《金宝祥自传》，《晋阳学刊》编辑部编《中国现代社会科学家传略》第4辑，山西人民出版社，1983年，第292页。

要从内心接受马克思主义，并非一朝一夕就能实现的。先生在自传中也讲道："用新史学观点来写的历史著作，新中国成立前我也看过，但看了以后，却仍然以考据之学作为我治史的惟一门径。这是因为像我这样过去受旧史学影响较深的人，一旦从考据之学向马克思主义的科学的辩证法转化，而不从观点立场来一番彻底变革，那只是梦幻而已。而这个变革，从我自己的亲身经历来看，应该说是新中国成立后，在党的诱导下，不断进行科学实践，刻苦地阅读马克思主义的经典著作，而逐步开始的!"先生非常推崇马克思在《政治经济学批判导言》中的一段非常精辟的论述："具体之所以具体，因为它是许多规定的综合，因而是多样性的统一。因此它在思维中表现为综合的过程，表现为结果，而不是表现为起点，虽然它是现实中的起点，因而也是直观和表象的起点。在第一条道路上，完整的表象蒸发为抽象的规定；在第二条道路上，抽象的规定在思维行程中导致具体的再现。"①所以先生认为过去的考据之学，对于历史事件的考证固然精审严密，有它的独到之处，但由于它不能把每一事件和其他事件相联系，找出其内在的规律，或者说不能找出为一切所共有的最一般的关系，所以尽管也有精辟的论述，毕竟是有限的，甚至是经不起思考的。马克思主义的经典著作，都是从哲学、经济学、历史的角度，对一定时期的社会演变过程，进行了不同的科学描绘和概括，对每个历史问题，都揭示出它真正的本质。正是在马克思主义指导下，先生掌握了如何从具体历史中探索出一个最一般的关系，把握住历史的本质，再由此出发，揭示具体历史发展变化的规律。这使先生的学术道路发生了根本变化，也使得先生的研究有了新的更大的成就。先生始终认为中华人民共和国成立之后他在史学研究上所取得的成就，都是在马克思主义指导下所取得的，"以马克思主义为指导潜心研究历史"，是中华人民共和国成立后数十年先生治史道路上真正的"门径"。

先生说，在初读马克思主义经典著作时，因为读不懂，也出现过痛苦和迷茫，"但我深信马克思主义是伟大的科学，读不懂，必须读懂它。我不论读任何一本经典著作，总是从头至尾读完一遍，读完后，就放在一边，再去读近人和经典著作有关的对哲学、经济学、欧洲历史的专著和论文，然后再回头去读第二遍、第三遍……便会愈读愈懂，愈读理解愈深!"②仅马克思的《资本论》先生就认真阅读了两三遍，才豁然开朗。"读懂后，自己的思维功能扩展了许多……正是读了《资本论》，我才对历史上的诸多问题提出了自己独特的看法，即使对文献资料也有了新的认识。""我的'生产者依附关系的强化'便脱胎于马克思的《资本论》。"在马克思主义指导下，先生认为

---

①马克思:《政治经济学批判导言》,《马克思恩格斯全集》第12卷,人民出版社,1962年,第75页。
②《金宝祥自传》,《晋阳学刊》编辑部编:《中国现代社会科学家传略》第4辑,山西人民出版社,1983年,第289页。

一切社会的主要矛盾都可以归结到经济因素中去，并在此基础上总结出"以直接生产者人身依附关系和商品货币关系的变化剖析古代社会发展的理论与方法"，这是先生对中国古代史研究作出的独特贡献，"得到了国内外学术界的高度评价"[①]。20世纪下半叶，一批由中华人民共和国培养的史学家，成为马克思主义史学发展的主力军，在中华人民共和国成立后培养的第一代马克思主义史学家中，金先生应该占有重要一席。

翻阅先生讲授隋唐史时我所做的听课笔记，拜读先生隋唐史研究的论著，我时时都能体会到先生以马克思主义为指导潜心研究历史所做出的创新。先生的《论历史主义和阶级观点的相互关系》《马克思主义究竟怎样看待历史科学的任务》两文，可以看作先生对马克思主义的阐发并运用于具体历史研究的重要著作。《论历史主义和阶级观点的相互关系》写于1964年[②]，1981年先生又作了新的增补。在本文中，先生提出了以下几个方面的重要观点：（1）历史主义以阶级观点为内容，阶级观点以历史主义为依据。在历史研究中，马克思主义的历史主义和阶级观点，是经常运用的两个既统一而又有区别的概念。当我们分析阶级社会的任何一个历史问题时，首先总得把它放到一定的历史范围中进行考察，而这一定的历史范围，就是一定的阶级关系。"历史的过程，是生产关系依次转换的过程，标志各个历史发展阶段的一定生产关系，因而也并非一成不变，而是在不断地运动、发展、变化。任何历史事件、历史现象，只有和一定的生产关系相联系，才能看出它的运动、发展、变化，才能看出它的发生和消失。这便是历史主义所要求我们的要以发展的观点来看待问题。但是生产关系之所以运动、发展、变化，归根结底是决定于作为生产关系核心的两个相对立的阶级之间的关系，或者是由于两个相对立的阶级之间的关系而产生的阶级斗争。因而所谓历史的过程是生产关系的发展过程，实则也就是阶级关系、阶级斗争的发展过程。当我们分析每个阶段的任何历史问题时之所以首先必须和一定的阶级关系相联系，正因为一定的阶级关系，毕竟是具有决定意义的最根本的关系，它规定着历史的必然过程。任何历史事件、历史现象，只有和一定的阶级关系相联系，才能看出它之所以运动、发展、变化，才能看出它之所以发生和消失，这便是阶级观点所要求我们的要以矛盾、斗争的观点来观察问题。所以历史主义的观察问题，其实也必然包含着阶级观点。因为一定的生产关系的发展，决定于一定的阶级关系；而阶级观点的观察问题，也必然贯串着历史主义，因为一定的阶级关系，总是一定的生产关系的核心。"所以金先生认为历史主义与阶级斗争的关系，实则是一个问题的两个方面。如果我们从各个不同阶

[①]中国社会科学院历史所、经济所等：《金宝祥教授九十华诞贺信》，《中国古代史论萃——庆贺历史学家金宝祥先生九十华诞论文集》，第515页。
[②]原载《甘肃师范大学学报》1964年第4期，1981年先生增补第三部分万余字后收入《唐史论文集》。

段的生产关系的依次演变来表明历史的发展，那么，同时就意味着这一发展是由于各个不同阶段的阶级的斗争。如果从阶级斗争的演变来表明历史的发展，那么，同时也必然意味着各个不同阶段的阶级斗争，是以不同的生产关系为依据。先生特别强调指出"各个不同阶段的生产关系的发展过程，和阶级斗争、阶级关系的发展过程，实是同一过程。只是前者以后者为内容，后者以前者为依据……它们的区别，是历史主义以阶级观点为内容，而阶级观点以历史主义为依据。它们的区别，也就是它们的统一，因为既要把历史看成是一个发展过程，而发展的过程，也正是阶级斗争的过程。"①（2）在阶级社会里，阶级关系总是社会最根本、最一般的关系，所有生产关系、政治关系、思想关系，莫不以阶级关系作为共同的核心或基础。但同时一定的阶级关系，却总是由居于首要地位的一定的所有制形式所决定。在封建社会，直接生产者受大土地所有者的统治奴役而缺乏人身自由的依附关系是其最一般的关系。 （3）由此出发，结合具体的中国历史，先生探讨了战国秦汉封建制形成时期，在私家佃农对私家地主的人身依附关系像秦汉时期尚未强化的条件下，国家政权必然形成一个中央集权政权。而对这一个问题的探索，可以说是先生贯通中国古史研究的一个补充，在先生的《关于中国封建社会土地私有制的形成问题》《北朝隋唐均田制研究》等论著中，也作过追溯性的论述。所以在此要补充的是，先生认为任何断代史都只是历史工作者的研究重点或突破口，对中国古代历史，只有进行贯通的研究，才能做到主客相通，古今相通。在 1981 年补充的第三部分中，先生继续运用历史主义与阶级观点的相互关系，说明私家佃农人身依附关系由强化而减轻是唐代历史的基本内容，亦是隋唐中央集权政权形成和强化的历史前提。金先生的这篇文章，最初写于 20 世纪 60 年代那个特殊时代，先生的学术研究不免也会烙上时代的印记，今天，当我们仍然以历史主义的观点重新审视先生的这些重要论点，我们仍然能够感受到先生思想的深邃及其对历史研究的意义。

　　马克思在《黑格尔法哲学批判》里，"在中世纪，政治制度就是私有财产制度，但这只是因为私有财产的制度就是政治制度。在中世纪，人民的生活和国家的生活是同一的。在这里，人是国家真正的原则，但这是不自由的人"②。先生认为"马克思这段话之所以发人深省，只是叫人看出劳动者创造财富，却被不劳动者剥夺以去，变成异己的力量，这就是私有制出现以后的文明史。在这段历史里，私有制是历史的核心，螺旋式地不断旋转，其实私有制却潜藏着公有制，私有制的旋转，只是为更高阶段公有制的出现，创造前提。这与探索隋史，似乎风马牛不相及，其实在探索隋史的具体

①《唐史论文集》，甘肃人民出版社，1982年，第166—176页。
②《马克思恩格斯全集》第1卷，人民出版社，1956年，第284页。

问题中，应作为灵魂去看待。不但隋史，自有文明以来的历史，莫不如此"。先生的这一观点，在《马克思主义究竟怎样看待历史科学的任务》一文中有过充分的表达，我认为这是先生以马克思主义为指导，探索人类社会发展规律的代表之作。

先生的这篇宏论，是为纪念马克思逝世一百周年而作。先生以马克思《1844年经济学——哲学手稿》中的论断："说分工和交换以私有制为基础，等于说劳动是私有财产的本质……分工和交换是私有财产的形式这一情况恰恰包含着双重证明：一方面人的生命为了本身的实现曾经需要私有财产；另一方面人的生命现在需要消灭私有财产。"[1]为指导，阐述了以下四个方面的重要思想：（1）由分工和交换引起的商品货币关系的发展，是私有制产生的基础。私有制的出现，是对公有的扬弃，作为私有制占有形态的奴隶制、封建制、资本主义所有制，尽管否定了以前的公有制，但并不是完全抛弃，私有制潜伏着公有制，随着历史的演进，它必然在更高的形式上重新再现。而推动这个社会依次嬗变的，便是历史上的社会革命。"到了资本主义末期，由于资本主义的内在规律即生产的集中而引起的生产的社会性和生产资料私人的占有性的矛盾的愈益加深，私有制又将为公有制所否定"[2]，"以私有制否定公有制，是历史的必然，起来否定的，是和氏族贵族进行血战的自由自耕农。今天以公有制来否定私有制，仍然是历史的必然，起来否定的，是准备和有产者血战到底的雇佣劳动者"。公有制否定私有制，一个更美好的社会——科学共产主义社会必将到来。当然，私有制的存在，还有它的现实意义。"私有制的出现，是历史的需要，没有它，历史就无从前进，但它的出现，又不能不承认是历史的罪恶，历史的痛苦。"（2）私有制是劳动的异化。商品货币关系的出现，产生了私有制。而私有制的出现，则将"劳动和劳动的关系变成为劳动者和剥削者的关系。劳动开始异化。""在阶级社会里，任何阶级关系和建立在其上的一切经济、政治、思想、宗教的关系，无不是劳动者的自我异化，无不是统治者用以奴役和压迫劳动者的手段。所以概括地说，劳动者和劳动的关系，实则变成劳动者和剥削者的关系。劳动者除了用以维持自己和家族生存而付出的必要劳动，所有剩余劳动都为剥削者囊括以去，劳动成了异化，成为劳动者的异己力量，劳动者正是生活在这样一个层层密布的、由他自我异化出来的一个世界里，受尽煎熬。""当商品货币关系没有出现以前，劳动者生活在自己同劳动的关系里，只感到'我的劳动是自由生命的表现'，'是生活的乐趣'，但'在私有制的前提下，它是生命的外化'。'我的劳动不是我的生命，[3]劳动者在商品货币关系

---

[1]《马克思恩格斯全集》第42卷，人民出版社，1979年，第148页。

[2]金宝祥：《马克思主义究竟怎样看待历史科学的任务》，《西北师院学报》(社会科学版)1983年第2期。以下凡引自此文者，不再注明出处。

[3]《马克思恩格斯全集》第42卷，人民出版社，1979年，第38页。

下，成为自己产品的奴隶。劳动者要想充满生命活力，生活乐趣，还复人的本质——当然是在更高基础上的本质，只有否定私有制，也就是来个第二次的否定，即否定的否定，才有可能。"正如马克思所说"共产主义是私有财产即人的自我异化的积极扬弃，因而是通过人并且为了人而对人的本质的真正占有。因此，它是人向自身、向社会的（即人的）人的复归，这种复归是完全的、自觉的而且保存了以往发展的全部财富的……它是人和自然界之间、人和人之间的矛盾的真正解决。"因为这是人的自我异化积极扬弃，表明私有制已彻底消逝了，人才回归为真人，好像原始社会的人那样，因为没有异化，所以显得有生命的活力，生活的乐趣，现在既然是在更高基础上的回归，生命的活力，生活的乐趣，也将更加无穷了。特别需要说明的是，先生结合中国历史的实际，对劳动者的异化问题进行了理论联系实际的阐述。（3）理性的萌芽和演进在人类社会发展中的作用。先生受恩格斯《劳动在从猿到人转变过程中的作用》的启发，指出人和动物的区别，便是人有理性。"所以当人初从猿群分离出来，不仅由于他能制造作用于自然的劳动工具，不仅由于他和他同类的人作为类的存在物而进行有目的、有意识的共同劳动，共同消费的原始人群，而且随着类的劳动的开始，使那由感觉、印象、概念、判断、推理而形成的思维活动，或者说理性活动，也随之开始。劳动的过程，就是理性的体现，尽管当时的理性还很幼稚甚至还处在萌芽状态，但却已作为人——原始人的属性而存在，这是毫无问题的。"随着商品货币关系的出现，劳动开始异化，私有制也随之产生，建立在私有制基础上的国家政权、法律、宗教也随之出现。"于是正确反映由劳动异化出来的现实世界的理性，也开始加以颠倒，变成异化现实世界的自我意识了""在阶级社会里，一切关系，除了劳动者和劳动的关系，都是劳动者的层层异化，劳动者（包括探索真理的脑力劳动者）生活于其中，处处受到奴役、压榨、折磨的苦难，历史科学的任务，就是要消灭异化，消灭私有制；只有消灭异化，才能得到回归，理性才能得到充分的发扬。""理性人人皆有，凡和客观实际相一致的主观认识，都可以称为理性。""以史学家司马迁为例，他的《史记》就是一部不朽之作。如果说《货殖列传》是他对私有制的出现是历史的必然而又予以否定，那么，《李斯列传》正是他通过李斯一生事迹，对以私有制为支柱的政治权力的否定。如果说，《货殖列传》的'天下熙熙，皆为利来，天下攘攘，皆为利往'，是对私有制产生后一般人的利欲熏心的最概括的描绘，那么，《李斯列传》引到李斯从荀卿受业期满欲西入秦施展他的政治权术时对荀卿说的'诟莫大于卑贱，而悲莫甚于穷困'，也很有力地刻画出热衷于仕宦的布衣白丁的共同面貌。而李斯后来也终于爬上丞相的宝座，从他由丞相到被夷灭三族，正是秦廷集团内部斗争的一个过程，而这个过程恰恰掩盖了真正在酝酿着一场尖锐的对抗性的阶级斗争，最后也终于爆发了陈胜吴广的起义，摧毁了秦王朝……司马迁对于从上古到西汉中叶的历史，基本上做到了主客观相统一。一个历史学者能做到主客观相统一，正反映出他具有光辉的理性。一个真正具有理性的人，不见得能成伟大的史学家、文学家、科学家、思想家，然而一个真正伟大的史学家、文学家、思想家、科学家，必定具有光辉的理性。"尽管"自从有了异化，理性就遭到践踏。但理性的光芒，依然照映千古！没有理性，就无科学。"（4）"历史科学的任务并非仅仅叫我们写几篇带有规律性的论文，更重要的是叫我们在揭示规律的同时，要遵循马克思的教导，结合历史实际，严格要求自己做到古今相通，主客观相统一，以消灭异化，发扬理性，追随自然科学，为争取共产主义的到来，去真正地解决几个切合实际的有关历史科学的重要问题。"

从先生的论说中，我们不仅看到了先生对马克思主义的深刻领会，和对中国古代社会历史发展规律的准确把握，而且也看到了一个马克思主义者的宽广胸怀和人生追求，先生的文章，同样照射出理性的光芒。我们不禁对先生的高尚人格充满了深深的敬意！

四

1984 年，先生在谈论治史门径的时候说道："我自大学毕业后，从事史学工作到现在，已足足四十五年了。在这四十五年里，对于如何治史，是走过不少弯路的。真正摸出一条正确的途径，还是近三十年来的事，那就是以马克思主义为准绳，潜心研究历史。要做到这一点，我的体会，是必须把阅读马克思主义经典著作和阅读历史文献，看做是治史的两个重要原则，二者互为条件，互相影响。阅读经典著作，可以加深对历史文献的理解，阅读历史文献，可以加深对经典著作的理解，丝毫不能偏废。"[1]前述先生在讲到自己的学术基础时也讲到文献资料、东方哲学名著、马列经典著作黑格尔哲学名著三部分是互为依赖，相辅相成的。"只有三部分合而为一，浑然一体，才能谈得上研究历史。"先生阅读基本史籍，不是为了备查和检索，而是仔细阅读、反复阅读，甚至烂熟于心。笔者师从先生学习期间，经常和师兄刘进宝一起在先生家中上课，满壁图书，先生如数家珍，信手拈来，在我所做的课堂笔记里，至今还保留着先生讲课时记下的隋唐史料以及先生指示的史料出处，对先生熟习史料程度，佩服至极。又如先生为了研究与印度佛教寓言有关的唐代风俗，"从史记开始，一直往下看到《宋史》，并旁涉诸子、释典、笔记小说，专事搜集与印度寓言有关的史料，用毛笔缮写，凡十五万字"[2]，因此更相信先生在史学研究上的成就，皆源自扎实的历史文献

①《治史门径》，《兰州学刊》1984年第5期。
②金宝祥：《历史研究与理性思维》，《西北师大学报》(社会科学版)1993年第1期。

功底。在掌握资料的基础上，先生强调，研究历史必须从基本历史文献（正史）入手，我们从先生的论著中可以看到，先生很少引用正史之外的历史文献，先生曾说他"不喜欢寻求一些稀奇古怪的材料，而是从常见的材料中找出别人看不到的问题，在这方面，陈寅恪老师给了我很大的影响"。当然先生也不反对博览群书，认为"除阅读正史之外，历代的笔记小说中也有许多宝贵的史料，因此广泛博览对历史研究者来说也非常重要"。所以，先生指示的治学门径，对我们青年史学工作者来说，仍然是治史的必经之路。

先生认为，研究历史要有理性思维，这是先生晚年反复强调的一个观点。20世纪80年代以来，先生开始认真研读作为马克思主义哲学来源之一的黑格尔哲学，对黑格尔《小逻辑》《精神现象学》颇有研究，并从中生发出"理性思维"的概念。1983年，先生在《马克思主义究竟怎样看待历史科学的任务》一文中，首先指出："理性是什么呢？理性就是人的最可珍贵的本质，凡对外界事物进行不断抽象，做到主观与客观相统一的思维活动或形式，就是理性。"先生认为"每个特定历史时期或每个阶段的最一般关系，又有它自己形成、发展、变化的过程，所以每个阶段又可分出小的阶段。前者对后者来说，自然又成为大的阶段。每个小阶段，在大阶段的前提下，仍然包含着一个为一切所共有、而又区别于其他小阶段的最一般关系。历史科学的任务，就是要探索依次发展阶段——包括小阶段在内的规律。探索的目的，在于使人们认识人类自原始共产主义社会进入有阶级的社会以后，最后必将进入科学共产主义社会"①。以此论点出发，先生对理性的萌芽和演进作了精彩的论述。十年后，先生又在《历史研究与理性思维》一文中，结合自己的治学经历及具体的历史事件，对理性思维进行了更成熟的表述。先生指出："理性与思维，对能思考的人来说，似乎并无大的区别，但却有所区别。思维每当探索客观事物的本质时，总是要求做到与客观本质相一致。对历史科学来讲，历史事物，如秋夜繁星，不可能一一探索，而只能凭自己思维地观察，择其重要的，找出它们相互间的最一般关系，显示出阶段性，从而有主客相通的理性认识或者说真思想。客观世界的本质，纯粹至美，而主观世界的思维，只有达到理性的境界，才能达到纯粹至美；因为理性是人的最高本质，是灵魂，只有通过理性思维，才能探索出客观世界的本质。"先生十分赞赏黑格尔所说"思维的理性，可以说是使有差别的东西的已经冲淡了的差别尖锐化，使他们转为本质的差别，转为对立。只有这样，多种多样的、尖锐化的矛盾，在相互关系中才成为活动的和活生生的，并且才能在思维的理性中获得否定性，即自己运动和生命力的内部搏动"②。他指出这段话的精

---

①《马克思主义究竟怎样看待历史科学的任务》，《西北师院学报》（社会科学版）1983年第2期。
②列宁：《哲学笔记》，第149页。

彩之处，"在于使我们了解现象世界中的众多事物，尽管有所差别，实则都已包含着一个作为某个阶段最一般的关系而流动不息，但在本质中，也会掺杂非本质的东西，起着消极的作用。而历史总是以一切进步、真实的思想围绕着规律前进，非本质的活动最后还是非存在的。作为一个史学工作者，首要的任务，就是要遵循理性思维，力求准确地去探索客观本质"。"理性与思维，都是在不断的实践中，才能得到提高……思维功能，有深浅高低之不同，但这并不重要，只要自己努力，就会有所提高。我们对历史的每个阶段，就得以理性思维对重要历史人物，重要历史事件，以及重要的政治、经济、思想的关系，进行辩证思维的考察，抽象出最一般的关系来，把一切空泛的、随意性的东西，全部去掉，历史就是在真实的、进步的思想指导下而产生的如火如荼、可歌可泣，与规律互相交融的一个个光圈"。

先生再次强调，"理性是人的最高本质，它具有正义感、是非感，因此，凡具有这样性质的人必然使自己的主观思维，能深入于客观的本质，显现出思想的光芒！"先生曾高度评价司马迁，指出《史记》之所以名垂千秋，原因就在于司马迁具有一种理性思维。在《历史研究与理性思维》一文中，先生结合安史之乱后宦官专权、藩镇割据的唐朝形势，对史书记载的刘晏为杨炎所害一事进行了辨正。认为杨炎害死刘晏纯属谣传，是"历史的错谬"。刘晏与宦官程元振相朋附，又与割据叛臣朱泚相勾结，而"杨炎所创设的两税法，其用心所在，不仅有收回宦官之财权，减轻人民的负担，按等第征税，悉无他徭，若他不被杀害，中央禁军，也未尝不可能建立起来，一旦建立，宦官藩镇，也会失去其存在的条件了"。正由于此，杨炎必然遭到宦官、藩镇集团的诬陷。因此，先生充满激情地说道："为杨炎创设的两税法，说它是具有理性思维的结晶，只因它符合历史的客观实际，有善的普遍性；作为创设者杨炎，也和历史上所有革新者一样，遭到的必然是谗害、打击、惨死。杨炎死后，为他仗义执言的，自有人在，李泌即是其中之一。熙宁新法，王安石力主免役，便是继承杨炎遗志的重要表现，但由于客观非现实性的种种阻挠、攻讦，遂使他悒悒而死，但他真实为善的意志，和杨炎一样，同样发出理性的光芒，照映千古！"①这里，我们又一次感受到一位思想型的学者的人生追求。

先生认为学问贵在成一家之言，形成自己的体系。最根本的一点，就是要"把具体的历史，变为哲学的抽象"②，要从具体的历史中看到历史的本质，做到主客观相统一。对于如何形成自己的体系，先生认为首先是要从复杂的历史表象中，抽象出依次

①以上引文皆出自先生《历史研究与理性思维》一文，文见《西北师大学报》（社会科学版）1993年第1期。
②金宝祥：《马克思主义究竟怎样看待历史科学的任务》，《西北师院学报》（社会科学版）1983年第2期。

发展的不同阶段。为什么？因为每个不同阶段都包含着一个为一切所共有的而又区别于其他阶段的最一般关系。"每个特定历史时期或每个阶段的最一般关系，又有它自己形成、发展、变化的过程，所以每个阶段又可分出小的阶段。前者对后者来说，自然又成为大的阶段。每个小阶段，在大阶段的前提下，仍然包含着一个为一切所共有、而又区别于其他小阶段的最一般关系。历史科学的任务，就是要探索依次发展阶段——包括小阶段在内的规律。"这个内在的规律，就是一种体系。所以先生说"历史的最终归宿集中到一点，所谓'一点'，就是形成一种体系，但要达到这一点却非常难。"因此，先生又特别强调学术上的创新，"我每写一篇论文，总先考虑是否有自己独到的见解，是否有自己所掌握的比较精确的史料，如果有，就写；否则，决不写。所谓的独到的见解，我的体会，无非是对某个历史问题的本质，多少有接近一致的认识。只要有这样的认识，去写文章，文章必然有具体之感，而不致蹈空。读书贵能得闲，要有新意；读经典著作，同样要得闲，要有新意。马克思主义不是教条，而是一门永远发展的科学，学习它，主要就是要学习它永远创新的精神，只有这样，才能把历史说成科学，说成活的东西！"①

先生十分关心年轻学者的成长。他教育年轻学者，做学问最忌浮躁。"做学问本来就是一桩枯燥乏味的工作。只有耐得住寂寞，习惯坐冷板凳，抛弃功名利禄等私心杂念，方能成功。"1993年，已80高龄的先生回忆道："我立志于读史，已整整五十六年了。在这五十六年中，开始那个阶段，专心研读历史文献，嗣后既读历史文献，又读马克思主义名著，可谓数十年如一日，未尝间断……寂寞、坚忍、读书、思考，便是我对自己真实的写照。"②先生以自己的亲身经历告诫年轻学者，"年轻人思维敏捷，反应迅速，这是优点，但若以此为资本，而不下苦功夫读书学习，那么将会导致'聪明反被聪明误'的结果，历史上不乏此例"。先生反对时下的学术评价体系，认为"文章要写，但切勿贪多，多必滥，而滥便保证不了质量。因此，我希望年轻的史学工作者在写一篇文章之前，一定要凝思熟虑，不要给人'似曾相识'之感，要有自己的东西，'人云亦云'不是做研究工作"。先生学术成果不多，如果按现在的评价标准，恐怕很难评上教授，但先生的学术贡献却为学界共钦仰。因此，作为后学的我辈，务必牢记先生的谆谆教诲。

先生是领我走上学术研究道路的第一人，在追随先生的日子里，先生不仅教导我们怎样做学问，而且以自己的人格魅力，影响我们怎样做人。在我撰写这篇编选前言

---

①《金宝祥自传》，《晋阳学刊》编辑部编：《中国现代社会科学家传略》第4辑，山西人民出版社，1983年，第292页。
②金宝祥：《历史研究与理性思维》，《西北师大学报》(社会科学版)1993年第1期。

时，和先生在一起的诸多细节，不时在脑海中浮现，可是为体例所限，我只能仅就先生的学术研究，作挂一漏万的叙述，以纪念先生的教诲。记得为先生送行的那天，下着小雨，先生的哲嗣金亦石师兄为我和魏明孔师兄找出先生的衣服，让我们御寒。先生的衣服我穿上有点不太合身，但我还是倍感温暖，这件衣服至今还挂在我的卧室的衣柜里，陪伴着我。我不禁想起佛教里衣钵相传来，扪心自问，我能传承先生的衣钵吗？我不敢承诺，但我正按照先生指示的方向，努力前行在探索历史本质的道路上。

《陇上学人文存·金宝祥卷》（第二辑）

作者：杨秀清

赵俪生

赵俪生先生在史学领域的贡献

赵俪生先生名甡，以字行，生于 1917 年 6 月 14 日，山东省安丘县人，中国著名史学家。赵家本为书香门第，但是至赵先生出生时，其家已破落。可能由于赵家素有重视文化的传统，也可能因为赵先生是家中唯一的男孩子，更可能是二者兼而有之，赵先生早年受到了良好的文化教育。先是在家乡读小学，接着到青岛胶济铁路中学读初中、高中，至 1934 年又以优异成绩同时考上北大和清华，后入读清华大学外语系。早在青少年时期，赵先生便显露出才华。上初三时，他热心新文艺，与另外六位同学组织了"浪花文艺社"，并在《胶济日报》上发表白话诗、散文、短篇小说和短译文。进入清华大学后，他担任过清华文学会主席，编过《清华周刊》。

其时赵先生的思想比较激进。在清华园内，他与校内中共地下党领导人颇有来往，并接受了马克思主义，加入了"左翼作家联盟"和"民族解放先锋队"。在"一二·九"学生运动中，他自始至终是积极参加者，曾执掌清华大学门旗。但是，他虽参加革命活动，却不愿加入共产党。当清华地下党负责人蒋南翔动员他加入党组织时，他以自己受不了严格的组织性和纪律性的约束为理由，婉然拒绝了邀请。他说："我愿意做一个全心全意的马克思主义的信仰者，同时是一个自由主义者。"（引自《赵俪生文集》，下皆同，不另注）卢沟桥事变后，赵先生毅然投笔从戎，奔赴山西，先是从事抗战动员工作，后又分别在山西夏县人民武装自卫队、抗战第二战区政治保卫队第三支队任连、营指导员，其间为避敌锋芒，曾到过延安，但不久即重返山西抗日前线。在这一时期，赵先生撰写了一些以抗战为题材的报告文学和小说，以"冯夷"笔名发表。参加抗战两年多以后，赵先生因病离开部队，至西安就医，病愈后先后在陕西乾州等地数所中学任教，同时与中共地下党保持密切联系，并在地下党领导下从事情报交流和物资转运工作。

大致在 1940 年前后，赵先生读了清人全祖望的《鲒琦亭集》，受此书感染，觉得史学"比兄弟学门更深邃，耐人探索"，从此由新文艺转向史学。他首先研究清初明遗民，打算像全祖望写浙江一带的遗民活动那样，勾勒出北方遗民活动的轮廓。1946 年，他撰写的第一篇史学论文《清初山陕学者交游事迹考》受到胡适先生赏识，并被推荐在《大公报》上发表。1947 年，经傅斯年先生推荐，赵先生受聘为河南大学历史系副教授。此后三年里，赵先生的工作频频变动，其间大致过程是：1948 年，解放军攻克开封，在党组织的安排下，赵先生被分配到华北大学第四部任研究员；1949 年年初，因与华北大学副校长成仿吾发生冲突被派往济南市军管会；同年 11 月，从济南市军管会调至中国科学院编译局；1950 年上半年，因与郭沫若发生冲突从编译局辞职，随后经艾思奇介绍，来到东北师范大学历史系；1950 年冬，应山东大学华岗校长之邀，回到青岛，在山东大学历史系任教授。

在山东大学期间，赵先生作为该校历史系八大名教授之一，深得华岗校长厚爱。1953 年，山东大学历史系决定在基础课之外再开设中国农民战争史专题课，把此项工作交由赵先生担任。赵先生的农民战争史研究从此正式开始。在接下来的几年里，他在这一领域辛勤耕耘，撰写、发表了十余篇农民战争史方面的论文，并出版了《中国农民战争史论文集》（与其妻高昭一先生合著）。然而令很多人预想不到的是，就在已经取得丰硕成果之时，赵先生却突然中止了此项研究。之所以如此，赵先生后来提到两方面的原因，其一是政治上的，其二是认识上的。所谓政治上的原因，具体地说也就是，当时研究农民战争史，只能讲统治者反攻倒算，不能讲统治者有妥协让步，否则就会被指责为反动。而赵先生则认为，"统治者既有反攻倒算，也有自我调整的。而自我调整的频率又显较反攻倒算为多"。在这种情况下，他的农民战争史研究显然已经没有办法继续下去，因此最后只有放弃。赵先生在山东大学进行的农民战争史研究，确立了他在该领域的地位，同时也使他追悔终生。多年之后回想往事，他说自己在这件事上非但没有"后眼"，竟然也无"前眼"。所谓没有"后眼"，是指他当时未能预见到毛泽东 1966 年会在杭州说"哪里有妥协让步？只有反攻倒算"。他说："假如我能在

13 年前以（已）感知这一信息，那么我当时就把这个教学任务婉言逊谢了。婉言逊谢也不犯错误。"所谓没有"前眼"，是指他对已经发生的现象认识不够。当时《毛泽东选集》已经普及全国，在该书第二卷《中国革命与中国共产党》中有一段话是："只有这种农民的阶级斗争，农民的起义和农民的战争，才是历史发展的真正动力。"赵先生说："假如当年我具有这样的觉悟，即认识到这个话既有其正面的指导作用，又有不一定恰如其分的估量，从而给农民战争史会带来一些消极作用的话，那么我也会将这一教学任务逊谢了的。"

1957 年，赵先生从山东大学调至兰州大学历史系。自此之后，他的处境日趋恶化。次年，他被押回山东大学，补划为右派，"撤去教授学衔，降四级，监督使用"，并被剥夺了讲课和发表作品的权利。不久，兰大文科下马，赵先生被并入西北师范学院历史系，随后被遣往西北师范学院设在河西走廊山丹县的农场接受"改造"。在那里，他经常受到体罚折磨，甚至有时三天不准吃饭，因此身体极为虚弱，几乎丢掉了性命。1961 年，兰大恢复了文科，赵先生重又回到兰大历史系。1963 年，学校给他摘掉了右派帽子。但"文革"开始后，他又被打成"牛鬼蛇神"，关进"牛棚"，每天除接受批斗外，还被强迫参加体力劳动，如拉车子，打扫厕所、挖粪、拔草等。到了 1969 年，又被送往兰大在永登县办的"五·七"干校接受劳动改造。1970 年，在政治高压下，赵先生被迫办理了退职手续。两年后经周恩来总理过问，又得以复职。总的来看，在兰州大学的前二十多年，由于政治原因，赵先生一直处于逆境，学术研究活动亦处于低谷。

十一届三中全会后，随着"右派"问题获得改正，赵先生焕发了第二次学术青春。在这一时期，他把全部身心都扑在教学和科研上，在土地制度史、思想文化史、西北地方史等领域取得很多研究成果，同时培养了很多学术人才。

1991 年，赵先生离休，但依然笔耕不辍。2007 年 11 月 27 日，赵先生病逝于兰州，享年 91 岁。据统计，赵先生一生共出版著作 10 余部，发表论文 200 余篇。2002 年，兰州大学出版社出版了六卷本的《赵俪生文集》，约 250 万字。书中汇聚了赵先生的主要成果。赵先生逝世两年后，甘肃民族出版社出版了周绪红任主编，王希隆、汪受宽任副主编的《赵俪生先生纪念文集》。文集中收有赵先生的师友、同事、弟子们写的回忆文章和史学论文百篇左右。可以说，除了赵先生和高昭一先生留下的自传性文字，该文集是了解赵先生的最好窗口。

二

赵先生治史，有三个研究重点，即农民战争史、土地制度史和思想文化史。在这些方面，他显然都作出了突出贡献。

1.农民战争史

从时间上看，农民战争史研究并非始于赵先生。在他之前，已有学者关注过历史上的"民变"，也有人写过这方面的专著。不过，农民战争史作为一门学科，无论其完全形成、日趋兴盛乃至最后发展成为一门显学，都是在中华人民共和国成立之后。而对这种局面的形成，赵先生显然起了举足轻重的推动作用。因此，人们把赵先生视为新中国农民战争史研究的拓荒者之一。

在研究农民战争史过程中，赵先生提出了四个专题：（1）农民的身份，即不同时代中农民身份间的差异；（2）起义和国家机器间的关系；（3）农民起义与民族关系间的关系；（4）宗教在起义中所起的作用。这些专题深受学界赞许，是赵先生在农民战争史研究领域作出的最大贡献。另外，赵先生在《论有关隋末农民大起义的几个问题》一文中，还首次提出了农民战争与统一战争的关系问题。所有这些，对确立中国农民战争史研究的基本框架无疑起了巨大作用。中国在以后若干年内的农民战争史研究，总的来看可以说就是在这个框架内进行的。

同其他学科相比，史学对材料的依赖度更高，因而对史学研究者而言，发现一条关键材料，有时就意味着开辟出一片新天地。赵先生称这类材料为"金刚钻式价值的材料"或"尖子材料"，而他和高昭一先生在披阅史籍中，就发现了不少这类材料。其中最典型的，是他们最早在明末丁耀亢所撰的《出劫纪略》钞本中发现了李自成军占领山东诸城时"以割富济贫之说，明示通衢"。这条材料反映了李自成建立政权后在地方上推行的社会经济政策，非常珍贵。后来治明史者，凡论及这一方面，几乎无不引用这一材料。赵先生的这些发现，对推动中国农民战争史研究的深入，其作用也不可小觑。

2.土地制度史

在这一方面，赵先生的贡献主要在于他采用马克思主义方法，从财产私有制不断深化、纯粹化，而古老的共同体和日益强化的国家权力又不断阻止这种深化、纯粹化的矛盾角度，对中国历史上的各种土地制度进行了系统考察。通过这种考察，他独树一帜，自成一家，提出了一系列令人耳目一新的观点。

按照某些历史文献记载，夏商周三代的土地制度为井田制。但中国史学界对这种制度的认识一直存在很大分歧，有人对古史上是否真正存在过这种制度表示怀疑，还有很多人把井田制说成是奴隶制下的土地国有制。针对这种情况，赵先生指出，井田制在中国古史上是客观存在的，它是指"自从人们把土地划成有一定亩积的整齐的块、并在其上筑成不可漫漶的疆界以来，一直到这种疆界完全漫漶、田土的整齐的亩积完全打乱为止的一种土地制度"。这种制度说不上是什么土地国有制，其存在也不限于奴隶制时代，不仅很早以前就有了，而且在后代还有残余。

对于马克思所说的"亚细亚生产方式"，赵先生认为，"所谓'亚细亚生产方式'问题，是指公有制在私有制社会（阶级社会）中的遗存"。并肯定这种结构在中国井田时期的历史上存在过。针对苏联学者把"亚细亚生产方式"表述为土地国有、水利灌溉、农村公社、专制主义以及地租和赋税的合一等特征，赵先生指出，这些特征不可能是平列的、平衡的，农村公社应该是其中的一个骨干特征。只要有亚细亚形式的存在，就必然有农村公社，至于其他特征，就有个有无、多少的问题了。

自从人类社会需先后经过五种生产方式的理论传入中国之后，在如何理解五种生产方式间的衔接问题上，教条主义倾向一度十分严重。很多人认为，原始社会之后只能是奴隶社会，奴隶社会之后也只能是封建社会，如此类推，直至进入社会主义。而赵先生则认为，各种生产方式间的衔接是复杂的，而非机械的，并大胆提出，"在原始社会瓦解的过程中，会不会不仅出现奴隶制（浅化的），也会出现封建制的个别因素，二者粘连在一起？"赵先生在土地制度史研究中的创见还有许多。此处实难穷举。对此有兴趣的读者，可研读赵先生的专著《中国土地制度史》和相关论文，其中特别是《中国土地制度史》的《论要》部分。赵先生对这一部分特别看重，认为自己"二十年来积累的一点'精要之言'、一点心血，都已经灌注在里面了"。

3.思想文化史

20世纪40年代赵先生进入史学领域之初，以研究明清之际的思想文化史为主，其时他研究了清初四大学派，有成果问世，并发表了论文《京剧"玉堂春"内容的分析》。20世纪80年代，赵先生的研究重点又一次转向思想文化史。从此时起，他的研究分为两步，第一步是从明中叶的王阳明思想上溯到孟子，第二步是从先秦诸子百家上溯到《周易》。通过这两步，"他对原始思维、迷信与科学、宗教哲学与美学、从孟子到王阳明对主观能动性的弘扬等一系列命题，提出自己多年来形成的独到的见解"。

赵先生研究思想史，一个显著的特点是他非常注重联系和发展。在赵先生之前，研究先秦思想史的学者大多是静态地研究某个或某几个先秦思想家，既不讲地缘社会传统，也不讲发展的各个层面。而赵先生研究先秦思想史，则特别注重鲁、齐、晋、楚这几个地区，以及当时的思想家和各种学说之间的相互影响、借鉴、渗透和融合。通过这种研究，他将这一时期的思想史分为八个层面。通过这八个层面，清晰地勾勒出了从人类处于蒙昧阶段到战国时期出现百家争鸣这一漫长历史时期思想史的发展轮廓。

对于中国古代的思想家，赵先生主张应从历史实际出发来加以把握，反对简单地给其扣上唯物主义或唯心主义的帽子。赵先生认为，对于某个具体的观点，我们可以说它是唯物的还是唯心的，但是我们很难定性某个思想家为唯物主义的，也很难定性某个思想家为唯心主义的。关于中、西文化，赵先生认为二者各有所长，也各有所短。他说："从孟子到王阳明，这自然是一种偏。偏向'呐'而未曾专门去对付'外'。这与西方恰成对照。西方生产力发展不受阻，人们向有广阔天地，所以自然科学、应用技术一日千里。可是他们对于'内'则不足。""总起来看，他们是一种偏，我们是一种偏，二者应该互补，也只能互补，在悠长历史段落中互补。说'互补'，就是说不能互相代替，不能把儒学硬搬到西方去，也不能要中国'全盘西化'。"

在赵先生的思想文化史研究成果中，与上述相类似的认识几乎随处可见。即使是那些似乎于不经意间写出的文字，也往往显露出睿智。例如他在《我看儒学》一文中写道："清末张之洞提出'中学为体，西学为用'，其实说到底，西学是用，中学何尝不是用，只有当权者的利益才是'体'"。读到这类文字，真让人有一种醍醐灌顶的感觉。可以相信，如果不是功力深厚而又经长期思考，是很难有如此深刻认识的。

三

赵先生在史学领域的贡献，除了表现在三个研究重点上之外，在其他方面亦有许多，这些贡献亦不应被忽视。

1.顾炎武研究

赵先生很崇拜清初思想家顾炎武，而且一生都致力于研究顾炎武，先后发表有关文章、著作近 20 种，在国内外产生了广泛影响，赵先生也因此成为名副其实的顾炎武研究权威。前人研究顾炎武，大都偏重于顾氏的"学"，对顾氏的"行"，特别是对他的"学""行"关系触及不多。而赵先生对顾炎武的研究则涉及各个方面，既重其"学"，更重其"行"，而且从思想到生平，几乎无所不包。

不仅研究顾炎武本人，赵先生还研究与顾炎武有关系的人。通过这些研究，赵先生不仅生动地描写出清朝初期一些学者志士怎样栖栖南北、联络声气，也使我们对明末清初北方的学术史有了更进一层的认识。

2.地方史研究

赵先生的乡邦是山东，但他在 1957 年后长期居住西北。与这些因素有关，他对山东和西北的地方史事都很关注。

就山东而言，他对当地的很多历史人物作过研究，如孔子、孟子、管子、齐桓公、蒲松龄、孔尚任、曹贞吉、曹申吉、徐夜（东痴）、王士禛（渔洋）、赵执信（秋谷）等等。这些研究虽然称不上系统，但是从思想文化史角度和从地方史角度看，显然都是很有价值的。对于西北地方史，赵先生用力更勤，有很多力作问世，如《〈穆天子传〉中一些部落的方位考实》《新疆出土佉卢文简书内容的考释和分析》《西辽史新证》等等。对晚清西北之学的兴起，赵先生亦作了系统研究，并取得不少成果。这一切，对西北地方史研究的深入起了很大推动作用。

3.记录当代史

赵先生一生，经历过不少重大历史事件，如一二·九运动、抗日战争、"反右"等等。他的师友同事中，有不少人都在历史舞台上担任过比较重要的角色。对于这些事件和人物，赵先生基于自己的耳闻目睹，留下了详略不等的记录。通过这些记录，我们既可看到当代许多著名人物鲜为人知的一面，也可增进对半个多世纪以来某些历史现象的理解。历史学从大的方面看，可以分为记录历史和解释历史两部分。赵先生的这些记录，为未来编写一部可信的当代史提供了第一手材料，应当说是非常宝贵的。

4.培养学术人才

赵先生从事高等教育大半生，培养出学生无数，堪称桃李满天下。他的弟子有很多后来都成了各自领域的领军人物。这是赵先生为学术发展作出的又一贡献。

例如，在20世纪50年代以后的农民战争史研究中，形成了学术观点十分对立的两派，一派以孙祚民先生为代表，讲"皇权主义"和"让步政策"，在很长一段时间内招来铺天盖地的批判；一派以孙达人先生为代表，讲"反攻倒算"，受到毛泽东的赞赏，然而有趣的是，他二人虽然观点对立，遭遇迥别，但却都是赵俪生先生在山东大学任教时的学生。因此有人说，那时的农民战争史，实际上就是他们师徒三人扮演主角。

再如，秦晖在1978年报考赵先生的研究生，尽管考得较好，但因视力较差，一度仍有可能被阻于研究生大门之外。而赵先生则力排众议，坚持要录取他。据说先生当时曾说，如不招秦晖，我就一个也不招了。还说，秦晖就是失明，也可以成为又一个陈寅恪。就这样，秦晖最后终于进了兰大。如今，秦晖已经成了全国知名的学者。面对这一事实，谁都不能不从心眼里对赵先生的独具慧眼深感佩服。有人说，赵先生作为一个教授，即使什么书也没出，什么文章也没发表，而且也没有带其他学生，只要带出一个秦晖，就可以当之无愧地被称为名教授了。此话虽然听起来有些绝对，但却并非毫无道理。作为一个学者，名声事业固然重要，培养传承人也同样重要。如果没有学术薪火相传，如果学者队伍的更新如"九斤老太"一代不如一代，学术是不可能有前途的。

四

赵先生的好友童书业先生曾经说过做学问要有个"老营盘"。而赵先生则多次提到，自己做学问有点像西域贾胡做买卖"至一处辄止"，又像捻军作战"倏忽驰骤"，甚至戏称之为"打一枪换一个地方"。之所以如此，一个最主要的原因，乃是在于赵先生酷爱哲学，并认为自己学术研究的最终宿营地"怕还是哲学"，搞史学研究到头来不过是一个过渡、一个跳水板。赵先生的这种治学方法，使他招致了一些人的诟病。对此赵先生既承认自己的做法"有很大的弊病"，"落不下大根基"，但同时又认为这样做也有好处，那就是"面子宽，看问题的眼光就不局限于一隅"。对于我们来说，要判明赵先生的治学方法究竟是好还是坏，似乎不应一概而论，而应根据每个人的具体情况而定。人的天赋、兴趣、追求不同，选择的方法自然也会有所不同。从前人的经验看，无论坚守"老营盘"，还是像赵先生那样"倏忽驰骤"，都有成功的先例。从社会角度看，可以说既需要专家，也需要通才。因此，在固守"老营盘"和"倏忽驰骤"二者之中，笼统地肯定或否定任何一个都是片面的。

在频频变换研究领域的同时，赵先生在学术研究中特别强调、重视理论的作用。赵先生强调、重视的理论，主要是马克思主义。早在中华人民共和国成立之初，他就在《论中国新史学的建设问题》文中提出，马克思列宁主义原则亦即辩证唯物主义和历史唯物主义原则的掌握与运用，是史学工作者面临的首要任务。他不仅这样主张，而且身体力行。读赵先生的论著，随处都可看到他用辩证唯物主义和历史唯物主义指导自己的史学研究的事例。由此我们可以认为，中国在近半个多世纪以来之所以能够形成用马克思主义思想指导史学研究的局面，赵先生与有力焉。

不过，赵先生强调、重视理论，与教条主义者"强调、重视"理论有天壤之别。他反对只知生搬硬套经典著作中某些字句段落的做法，主张在领会马克思主义精神实质、把握其精髓、掌握其方法的基础上，然后再将其用于指导史学研究。尤为难能可贵的是，无论对于何种理论，赵先生都不盲目迷信。即便对于马克思主义，赵先生在承认其具有指导作用的同时，亦能坦言其有局限，并试图通过自己的努力推动其发展、完善。

例如，赵先生的研究重点晚年转向了思想文化史。导致发生这一转变的认识上的原因，用赵先生自己的话说，是他这时在思想上产生了两方面"逆反"。其一是，他过去一直认为宇宙是有规律的，现在则觉得，"非规律性的现象恐怕也是有的吧，恐怕也不少吧"。并认为，"要承认偶然性和它的作用，要承认宇宙间有一部分是未必合乎规律的"。其二是，他过去一直深信并多次重复经济基础是"不以人们主观意志为转移"的，而此时他却感到，"经济的力量就那么大吗？人们意志的力量就那么小吗？我们不能把经济看成那么硬邦邦、死巴巴的东西，我们也不能把活泼泼的人们的意识看成是那么'无能为力'的东西"。

再如，何兆武先生在一篇文章中说，人有两方面的属性，既是社会的人，又是自然的人，所以历史学既属于社会科学，又属于人文科学。赵先生很赞同何先生的这一观点。他说："我在解放以后写的许多文章里头都有这么一句话：'自从有了马克思主义，历史学才真正成为科学。'这个话到今天我还认为不错，但是也不一定多么确凿。因为马克思主义只把人的经济属性这一方面说得很好，从这点看它是科学。但是关于人文这一方面他却说得很少，把人的能动性这一方面启发得不大，所以这不能不说是马克思主义的一些局限性吧。"

从以上两例即可看出，赵先生对马克思主义的理解，在有些方面已经与人们通常的理解有了明显区别。而且还可看出，赵先生虽然很尊崇马克思，但在他的心里，马克思只是个伟大的人，而不是神。考虑到马克思主义在中国至今仍被奉为指导思想的现实，赵先生能够说出这些振聋发聩的话，不仅需要有很高的见识，应该说也需要很大的勇气。

对于考证，赵先生持两种态度。一方面，他十分轻视无关历史大局的烦琐考证，称之为"短钉之学"，甚至很不客气地斥之为鸡零狗碎。另一方面，他对通过考证弄清某些关键历史事实，从而使人们能够更清楚、更全面地把握历史，又表示由衷的赞赏。赵先生说："史料，我不承认我不重视。考据我也不是不会做。不重视史料，我花几十年精力去追补，二十四史、十三经干吗？但我一辈子不抠搂史料，不处理某人之卒年究在本年之十二月抑在次年之正月那样的问题。琐节问题，只有当它紧密地联系着大关节目问题时，不处理好它，大关节目问题就解决不好时，那么，琐节问题就躲闪不开地需要处理一下。但乾、嘉学派教给人的是，把大关节目先撇在一边不管，从琐节开始到琐节收尾，这样的路子怎么能叫后人服膺呢？"这里，赵先生已经把自己的立场和观点说得很清楚了。

综上所述，可知赵先生在史学领域作出的贡献是十分突出的。这些贡献不禁为他赢得了著名史学家的称号，而且在未来很长一段时间里，仍将会对中国史学的发展产生重大影响。当然，任何人都有局限性，在这一方面，赵先生也不例外。例如，他在农民战争史研究中也曾多次重复农民起义是"主要动力"的说法，在评价胡适时也说过一些不合适的话，在其他方面，赵先生的某些观点也存在一些值得商榷之处。因此，我们既要充分肯定赵先生在史学领域作出的贡献，又不能将他神化。笔者觉得，作为后学，如果能在赵先生研究的基础上，把史学研究再向前推进一步，那才是对赵先生的最大尊敬，也是赵先生的在天之灵所期盼的。

《陇上学人文存·赵俪生卷》（第一辑）

作者：王玉祥

郭厚安

　　《陇上学人文存》是甘肃省重大文化建设项目，旨在全面反映中华人民共和国成立以来甘肃人文社会科学发展的学术传承和学术成就，彰显陇上学人自强不息、独立思考、追求卓越的学术风采。对我而言，编选《陇上学人文存·郭厚安卷》，不仅是为了梳理郭厚安先生的学术成果，更重要的意义在于通过追忆昔日在先生身边学习和工作的种种情景，重温先生的治学之道，谨记先生教诲，发扬先生崇高的师德师风，将先生的治学精神代代相传、发扬光大。

一

　　郭厚安（1926—1999），字长祐，四川彭山县人。生前系西北师范大学历史系教授，并任中国明史学会理事、国际中国哲学会中国大陆西北资讯中心学术顾问和甘肃省旅游协会理事等学术职务。1949 年，郭厚安先生考入四川大学师范学院教育系，后因病休学数年。1953 年复学后，因院系调整进入重庆西南师范学院学习。1956 年，郭先生考入四川大学历史系，跟随老一辈著名史学家徐中舒先生攻读明清史研究生。毕业后，分配来兰，支援大西北建设。先后在甘肃师专、甘肃教育学院及甘肃省中小学教材编写组工作。1978 年调入西北师范大学历史系从事教学科研工作，1997 年退休。

郭厚安先生长期担任古代史教研室主任，重视学科建设、本科教学、研究生教育和学术交流，强调教学与科研并重，为西北师大中国古代史学科的发展作出了积极的贡献。他与金宝祥先生、王俊杰先生、陈守忠先生、李庆善先生组成的导师组，培养了一大批青年才俊，如活跃在学术界的中国社会科学院经济研究所、民族学与人类学研究所的魏明孔研究员和王希恩研究员、浙江大学的李华瑞教授、北京大学的漆永祥教授、南京师范大学的王锷教授等专家学者，就是在他们的指导下打下了坚实的学术基础。在繁重的教学之余，郭先生能够克服一切困难，致力于学术研究，笔耕不辍，所获甚多。在四十余年的学术生涯中，他个人以及与他人合作完成的论著、地方志及教材等共有十余部，连同论文三十余篇，字数为430万左右。

在学术研究中，郭先生孜孜不倦，乐此不疲，常言若有一得，皆自勤奋中来。他治学谨严，不务高论，其言朴实无华，其论信而有征。他力求博览，而又归之于约，故能触类旁通，说理辟透。他严谨的治学态度深得同行的赞许，其学术成果有重要的学术影响。郭先生的治学领域主要体现在，明代专题史、中国儒学史和西北地方史三个方面，下面分别予以简述。

二

明史研究是郭先生用力最多的领域。早在四川大学攻读研究生时，郭先生就发表了《从元末农民起义与明初社会状况论朱元璋的历史地位》和《略谈明初的屯田》两文。在《从元末农民起义与明初社会状况论朱元璋的历史地位》一文中，他认为"评价朱元璋，当然首先得从元末农民起义谈起；朱元璋时代高度中央专制集权有着一套完整的体系，这都不是他凭空创造的，一方面是总结历代统治者的经验，继承宋代以来中央集权发展趋势的结果，另一方面是专制权力的高度集中，阶级矛盾愈加尖锐的结果；元末农民起义的胜利与朱元璋个人才干有着密切的关系，但不应该片面歌颂朱元璋个人"[1]。此文后被《历史研究》编辑部选入《明清人物论集》之中，由四川人民出版社1983年出版。在《略谈明初的屯田》一文中，他认为明初恢复农业生产、巩固封建政权的措施中，屯田是主要的一环；明初的屯田分为民屯、商屯和军屯三种，商屯实际上是民屯，也可作为军屯的一种形式；屯田对明初社会经济的恢复和发展以及政权、边防的巩固等各方面，的确发挥过较大的作用，但由于统治阶级的兼并、掠夺而衰落了。[2]

---

[1]柯建中、郭厚安：《从元末农民起义与明初社会状况论朱元璋的历史地位》，《四川大学学报——社会科学》1958年第2期。
[2]郭厚安：《略谈明初的屯田》，《历史教学》1958年第4期。

郭先生十分重视重要的历史人物对于历史发展进程所起的作用，认为元末农民起义的胜利以及明初社会经济的迅速恢复、吏治的焕然丕变和专制主义中央集权的空前强化，无不与朱元璋个人的才干有着密切关系。"靖难之役"的结局，则与朱棣和朱允炆两人的才智紧密相连；建文君臣并未实行过什么新政，而朱棣也并非一切都遵守祖制，"靖难之役"的实质是争夺皇位，削藩是其爆发的根本原因。明王朝的灭亡，除历史的必然性之外，朱由检个人也难辞其咎。他认为高度强化了的明代专制主义中央集权，其影响及于各个方面，因此，要研究明代的历史，不能离开这一特定的历史条件，否则就不能给出圆满的答案。关于明代选举制度，郭先生认为，明初的选举制度为明王朝的官僚机构补充了大量的、基本上合格的官吏；而这些官吏在任期间，又将受到严格的考核制度的甄别，奖善罚恶，从而知所劝惩，促使明初的吏治蒸蒸，百职厘举，称为极盛。当然，严刑峻法使官吏不敢肆意妄为是一个重要因素，但选举制度也无疑起着较大的作用。

1994年，郭厚安先生撰写的《弘治皇帝大传》由辽宁教育出版社出版，这是一部开拓性的史学传记。在撰述时，郭先生"不是简单地排列史料，而是加以精心的梳理和剪裁，将弘治一朝的纷繁史实组织起来；并对许多问题加以分析研究，得出了许多较为客观公正的结论，从而将弘治一朝历史的研究推进了一步"①。他认为明孝宗是一个既非圣主、又非暴君的"中间人物"，但他本质上和明朝其他皇帝一样，是极端君主专制制度的捍卫者。这一认识突破了以往论著对明孝宗两极分化的评价，具有重要学术价值。此书出版后受到学术界的一致好评，是研究明孝宗绕不开的必读著作之一，2008年由中国社会出版社再版。

郭先生重视对张居正的研究。在《论张居正的政治思想》一文中，他认为张居正的政治思想内容较为丰富；其中效法"后王"、力主变革是鲜明特点，整饬纪纲、加强集权是张居正政治思想的核心，立贤无方、唯才是用以及民为邦本、本固邦宁也是张居正政治思想的重要内容。②在以人治为主的封建社会里，没有强有力的权力的支持是无法进行改革的。权力是张居正推行改革的支柱。最后，其改革也必然随着他的权力的消失而夭折。张居正靠强权并没有也不可能根除明王朝的痼疾。单靠权力来进行改革，实行自救，其本身就有着极大的局限性，对权力的崇拜不能不引起我们的深思。③同时，郭先生与吴廷桢先生共同主编了《中国历史上的改革家》，由甘肃教育出版社于1986年出版发行。

---

①刘靖、赵中男：《一生功过，重予评说——〈弘治皇帝大传〉读后》，《西北师大学报(社会科学版)》1995年第3期。
②郭厚安：《论张居正的政治思想》，《甘肃社会科学》1985年第5期。
③郭厚安、田澍：《对张居正权力之剖析》，《甘肃社会科学》1989年第2期。

郭厚安先生重视明代宦官研究，其论文《假皇权以肆虐的奴才——论明代的宦官》在学术界有重要影响。他认为明代的宦官尽管权势熏灼，但他们只不过是假皇权以肆虐的奴才，为皇帝搏噬臣民的鹰犬而已，没有也不可能对皇权构成任何威胁。明代宦官这种既拥有很大权势，又只是皇帝的忠实奴才的特点，是极端君主专制制度所决定的。

对明代江南地区赋税沉重问题，郭厚安先生予以特别关注。他认为这是由当时的历史所决定的，一方面，明初"军国所用租赋，悉出南方郡邑"；另一方面，同时也与朱元璋出身贫民且施行"使富者得以保其富，贫者得以全其生"的总政策密切相关。江南的重赋致使江南人民经常处于饥寒交迫的困境之中，甚至破家荡产，流离失所。然而，由于中国封建经济结构的特殊性，农业和家庭手工业十分牢固地结合在一起，因而使得小农经济具有很强的韧性。统治者在"重农"的口号下，采用各种手段，使小农经济得以苟延残喘，长期维持不坠，从而使封建的生产方式、封建的统治得以长期延续。[1]

在明代思想史方面，郭厚安先生着重关注明代著名思想家的重要思想和学术专著。他认为李贽"绝不是什么'尊法反儒'的'法家'，而只是地主阶级进步的思想家"；李贽的思想是比较庞杂的，而且也每多抵牾，这是当时纷繁的社会现实生活的反映，是不足为奇的。[2]对于王守仁的心学，郭先生指出其在理论上的缺陷和错误的同时，也充分地肯定了王守仁对明朝中叶以后"异端"思想的崛起所产生的影响。但他认为明末的思想界的确存在着"异端"，但决不能离开当时的具体历史条件而任意拔高、夸大。[3]在《论明清之际对君主专制的批判》一文中，他认为明清之际对君主专制的批判思潮有其深刻的社会根源和思想根源：既是历史上以民为本、反对君主专制思想的继续和发展；又是明中叶以后逐渐萌生的"异端"思潮在政治思想方面的表现；其次是对明王朝自中叶以后日益衰朽以至灭亡的严酷现实的反思；也是地主士大夫在极端君主专制下政治地位日益低下境况中的抗争行为。这股批判思潮虽然闪耀着理性光辉，对晚清思想之骤变影响甚巨，但并不具备反对封建制度的性质，也不属于近代启蒙思想。[4]黄宗羲是明清鼎革之际的著名思想家，他的学术观点集中体现在《明夷待访录》之中。郭先生认为黄宗羲"虽然尖锐地批判了极端君主专制，但他没有否定封建制度，

---

① 郭厚安：《明代江南赋重问题析》，《西北师范学院学报》1984年第4期。
② 郭厚安：《论李贽的所谓"尊法反儒"思想——对广东某教授主观唯心主义的批判》，《甘肃师大学报（哲学社会科学版）》1979年第1期。
③ 郭厚安：《略论王守仁"心学"的历史地位》，《西北师范大学学报》1990年第1期。
④ 郭厚安：《论明清之际对君主专制的批判》，《西北师范大学学报（社会科学版）》1995年第5期。

没有否定君主，从总体来说，他的光辉的民主思想就免不了罩上一层封建的乌云。受限于时代，在这位启蒙思想家的头脑中，便不可避免地存在着一些旧制度的幽灵；同时，在他所描绘的理想社会的蓝图中，又不免存在一些虚幻的楼阁。自然，我们不应该苛求于古人，因此，必须从总体上给予充分的肯定"①。

《明实录》是研究明代历史的基础资料，但卷帙浩繁，在没有现代信息检索手段之前，翻检费时费力。为此，郭先生依据多个版本、花费数年心血从3508卷的明代各朝《实录》中筛选出重要的经济史料，分门别类，编成了《明实录经济资料选编》，由中国社会科学出版社于1989年出版发行。在结构上，全书章节编排合理，分为户口、田地、岁入总数、田制、赋役、农业、工商业、盐务、漕运、财政十大类，每大类下又分若干子目。所有史料均以年月为序，记事为纬，编排简明，便于检索。在选择史料方面，该书既考虑到使史料具有广泛性，力求使每个问题的基本情况及其发展变化都能反映出来，如屯田一项，所选史料便反映了屯田的设立和管理，屯田子粒的征收方法和标准，以及屯田由盛转衰等情况。郭先生以"梁本"《明实录》为底本，参以现存多个版本的《明实录》，对所收史料进行了精细校正。先生甘为人梯的精神于此可见一斑！

三

郭先生在儒学史研究方面，梳理了中国儒学发展的历史脉络，推动了儒学研究。他和赵吉惠等先生共同主编的《中国儒学辞典》以及《中国儒学史》两书，既填补了学术界在这方面的空白，又系统地阐述了儒学的发生、发展和演变以及儒学在漫长的中国历史中所起的巨大作用和深远影响。

1988年，郭厚安先生与赵吉惠先生主编的《中国儒学辞典》由辽宁人民出版社出版。全书88万字，收入词目2200余条，并附有"二十五史"《儒林传》12条。辞典所收词目起自先秦，迄于1986年，按人物、典籍著述、学派书院、概念词语四部分排列，具有开创之功。冯友兰为之题词，张岱年为之作序。该辞典一经出版，反响热烈。魏鉴勋、高虹认为该辞典是"一部独具特色，很有价值的工具书"②。金景芳、吕绍纲认为："读者可以当辞典用又可以当书看，可谓横看侧看均可，成峰成岭皆宜；儒学万宗，一书总揽。"③《中国儒学辞典》出版后获第三届"中国图书奖"和辽宁省"图

---

①郭厚安：《〈明夷待访录〉读后》，《西北师范学院学报》1985年第3期。
②魏鉴勋、高虹：《辩证地对待儒学——兼评〈中国儒学辞典〉》，《社会科学辑刊》1989年第4期。
③金景芳、吕绍纲：《儒学万宗，一书总揽——评〈中国儒学辞典〉》，《中国图书评论》1989年第3期。

书一等奖"。

《中国儒学史》是赵吉惠、郭厚安等先生主编的国内外第一部全面、系统论述儒学发生、发展和演变史的专著，开启了儒学发展通史研究的先河，第一次从历史的高度对儒学作了全面的审视。①该书首开为儒学发展划分阶段之先河，将其分为五个时段即"先秦为儒学形成和初步发展时期，两汉为儒学经学化的时期，魏晋南北朝至隋唐为儒学的玄学化和儒释道三教融合时期，宋明为儒学的理学化时期，清代为儒学的衰落时期"。在儒学的起源、孔子思想体系和传统儒学终结的原因等方面，该书亦多有创见。学界对此书评价颇高，如田文棠认为：《中国儒学史》"立足于时代和当前改革实践的需要，以儒学演变的历史形态为主线，以中国传统文化史为背景，对儒学思想形成发展的全过程，及其在中国传统文化中的重要地位和作用，进行了精到深入的剖析和具有新意的诠释；它既是一部专业性的学术史著作，又是一部文化史和思想史著作，具有较高的学术价值和一定的现实意义"②。该书于1991年荣获全国古籍图书一等奖。

郭厚安先生对西北史研究情有独钟，成果丰硕。郭先生在甘肃工作生活了41年，将整个人生奉献给了大西北。他深深地爱着这片热土。为了使更多的人了解甘肃、热爱甘肃，作为一名史学工作者，郭先生投入大量精力来研究甘肃史。先是与吴廷桢先生共同主编了《悠久的甘肃历史》（甘肃人民出版社1988年出版），后又与陈守忠先生、吴廷桢先生、李清凌先生共同主编了《甘肃古代史》（兰州大学出版社1989年出版）、《河西开发研究（古代卷）》（甘肃教育出版社1993年出版）、《河西开发史研究》（甘肃教育出版社1996年出版）和《西北通史（第三卷）》（兰州大学出版社2005年出版）四部著作。郭先生在西北地方史研究中自有独到之处。他既注重长时间段的考察，主编多部通史类著作，也着眼于微观史实的探究，如对明代河西走廊和"关西七卫"的开拓性研究。在《明代河西走廊与"关西七卫"》一文中，他重点阐述了明代河西走廊的重要性和为保障河西走廊与西北边疆安全而设置七个羁縻卫所，认为明代河西走廊的重要性不仅在于军事方面，而且还在于它仍然是中西陆上交通的孔道，西北贡使必经河西走廊；而"关西七卫"置废始终与明朝的国力相关，当它们相继削弱、残破以至于覆亡之后，西陲日益多事，明王朝也更难于应付了。③

①谭宝刚：《20世纪90年代中国大陆几部儒学史著作述评》，《中国史研究动态》2002年第2期。
②田文棠：《对传统儒学的现代诠释与超越——评〈中国儒学史〉〈儒学在现代中国〉》，《陕西师大学报（哲学社会科学版）》1994年第1期。
③郭厚安：《明代的河西走廊和"关西七卫"》，《悠久的甘肃历史》，甘肃人民出版社，1988年。

四

本人于 1982 年考入西北师范大学历史系，那时郭先生讲授中国古代史通史课和明清史专题课。他讲课认真，线索清晰，分析深刻，是学生喜欢的好老师。1986 年毕业时，自己有幸被免试推荐为郭先生的硕士研究生，攻读明清史。同时投入师门的还有来自青海师范大学的董倩和湘潭大学的陈育松。当时除外语和政治课集中授课之外，专业课都在老师家中讲授。郭先生带领我们三人先后拜访了金宝祥先生、王俊杰先生、李庆善先生和陈守忠先生，并要求我们选修他们的课程。明清史的课程主要由郭先生讲授，分两个学期进行，一周一次。每次上完课，我们中午都在先生家中用餐。先生一家都是四川人，做的饭当然好吃。所以，在先生家中上课，就是我们改善生活的时候。我们三人与先生家人结下了深厚的感情。

郭先生在培养研究生的过程中十分重视学术交往。在 1987 年 9 月时，他就带领我们参加在哈尔滨召开的第二届明史国际学术研讨会，其间顺道考察了北京、沈阳两地的明清遗存。在那次会议上，我们全程听取了专家们的精彩发言，其中黄仁宇先生的大会演讲给我留下了深刻的印象。作为刚入门的硕士研究生，能够参加如此高水平的学术会议，使我开阔了眼界，增长了见识。在开会和考察期间我结识了中国社会科学院近代史所的张德信先生、中央民族大学的陈梧桐先生、黑龙江大学的暴鸿昌先生，并与他们建立了深厚的友谊。同时，郭先生支持我们走访相关专家，扩大学术视野。我们先后去成都、重庆、杭州、武汉、上海、南京、西安等地考察并拜访专家。

在攻读硕士学位期间，在郭先生的指导下，我们共同完成了《对张居正权力之剖析》一文。为了突出主题，与先生多次讨论，反复修改，不断完善，对自己提高撰写学术论文的能力有很大的帮助。由于对张居正的研究与我所写的硕士学位论文《明代内阁新论》息息相关，也就决定了自己研究明史的基本格局，并与后来博士学位论文的选题一脉相承。

在学位论文答辩时，先生为我们组织了阵容强大的答辩委员会。答辩委员会主席由兰州大学赵俪生先生担任，成员有兰州大学的李蔚先生，西北师范大学的金宝祥先生、王俊杰先生和陈守忠先生。赵俪生先生的精彩点评给我留下了难忘的印象。

在 1989 年硕士毕业之时，先生给时任西北师范大学校长白光弼先生写了推荐信，建议将我留在历史系从事教学科研工作。白校长对郭先生的推荐很重视，指示人事处会同历史系进行考察。在考察之后，自己得以留校工作。可以说，在自己的人生道路上，郭先生的指导和帮助是至关重要的。

郭先生积极支持我进一步深造。在 1993 年准备报考博士研究生时，最初打算报考东北师范大学李洵先生的明清史，考试时间是 5 月份。1993 年 2 月下旬，我的同事漆永祥同志送来一份刊有中国社会科学院研究生院博士研究生招生简章的《光明日报》，其中有蔡美彪先生招收元明清史方向博士研究生的信息，考试时间是 3 月份。由于对考取东北师范大学没有绝对的把握，得知这一消息后，我决定先试着报考中国社会科学院研究生院。在报考之前，自己从未见过蔡先生，也没有与先生有过任何交往，对先生的了解主要是通过阅读《中国通史》和元代史方面的相关论著获得的。当自己把这一想法告诉郭先生时，他也积极支持，并说认识蔡先生，回忆到曾经在北京大街上偶遇蔡先生的情景。由于考完后被录取，故再未报考东北师范大学。1995 年，李洵先生去世，自己未能见上先生一面，甚为遗憾。不过，李先生鼓励报考的长信我一直在珍藏着。

在攻读博士学位期间，寒暑假回到兰州，我都要向先生汇报自己的学习情况，并向他请教问题。比如在认识正德、嘉靖之际政局演变时，相当一部分学者放大武宗暴亡后政局的不稳定性，借此来夸大所谓杨廷和的"拥立之功"。但郭先生认为，由于明朝政治体制的高度稳定性，该时期的政局十分稳当，不宜过分夸大皇位更迭时期的危局。这一观点对我影响很大，在我发表的系列论文中，始终坚持着郭先生的这一观点。1996 年从中国社科院研究生院获得博士学位之后，我回到西北师大历史系工作，郭厚安师仍耳提面命，即使在病榻上也不例外。先生宅心仁厚，对我的关怀、教导与提携，我将铭刻于心！

值得一提的是，在留校工作之初，郭先生与吴廷桢先生主持编写《河西开发研究》一书时，他把明代部分交给了我。这样，先生便将我引入河西走廊研究之中，扩大了自己的学术领域。后来在西北师大历史学科建设中，我提出教师在学术研究中要学会"两条腿走路"的理念，也是基于此而来。所谓"两条腿走路"，就是既要研究通史的问题，又要研究区域性问题。而在具体的研究中，在充分了解和深度吸纳通史和断代史研究成果的前提下，既要有对某一时段的微观研究，又要有大历史观的眼光；既要有史学的素养，又要有现实的关照；既要有中国情怀，又要有国际视野。只有相互融通，才能有所创见。

1999 年 5 月 2 日，郭先生因病去世。先生的辞世，使我失去了一位促膝交谈的良师！他的音容笑貌时常浮现在我的眼前和梦中！为了不辜负先生的栽培，自己唯有勤奋研读和笔耕不辍！人生的最大幸福，莫过于得一良师！前有郭先生，后有蔡先生，得到两位恩师的指导，对我而言，乃人生之大幸！

五

2022 年 2 月中旬，甘肃社会科学院副院长、《陇上学人文存》副主编马廷旭研究员打来电话，说要计划出版《陇上学人文存·郭厚安卷》，让我负责整理。对于马廷旭先生对郭先生学术成果的特别关注和对我的信任，在此表示真诚的谢意！

在接受任务之后，我立刻与郭先生的子女联系，征求他们的意见，并寻求他们的支持。在他们同意让我全权负责整理郭先生的成果之后，便将繁重的编辑工作交给我指导的学生来做，主要由 2021 级博士生李航负责，2021 级博士生辛婉怡，2019 级硕士生崔健健，2021 级硕士生马博、程佳丽等人参与。输入文字、校对史料和依照出版规范标注资料出处等工作，是非常辛苦的工作，他们克服一切困难，在防疫封闭时期的一个多月内完成了任务。对他们出色的表现，表示衷心的感谢！

郭厚安先生已发表的学术论文有 30 余篇，独立撰写、合著、主编、合作主编的论著有 10 余部，参与编审《中国军事百科全书》（中国古代战争史·元明清分册）。因篇幅所限，本书选取其中的 22 篇论文。在整理文稿时，我们按照原文录入，只对个别语句做了微调，如将一些论文中的"象是""那末"等词改为"像是""那么"等。同时，按照当下的注释规范，完善了所引材料的注释格式，并统一改为页下注。

仰之弥高，钻之弥坚。编辑出版《陇上学人文存·郭厚安卷》，一方面在于全面梳理郭先生的学术成果，对了解先生的学术贡献具有重要意义；另一方面在于激励后学，传承先生锲而不舍、独立思考的学术精神。今天是郭厚安先生去世 23 周年纪念日，谨以此文表达对先生的深深怀念！我相信先生的治学精神会一代代地传承下去！

《陇上学人文存·郭厚安卷》（第九辑）

作者：田　澍

李 蔚

作为李蔚先生的弟子，受命选编《陇上学人文存·李蔚卷》，是一件非常荣幸的事情。屈指算来，从 1988 年进入兰州大学历史系师从李蔚先生学习宋史，至今已有 33 年了。尽管我未能坚守在宋史研究的阵地上，传承或拓展先生的研究领域，但无论在学术研究上还是在生活态度上，都深受李蔚先生的影响。

李蔚先生出生于安徽省宿松县趾凤乡兴隆村杨柏岭。杨柏岭地处大别山深处，偏僻荒凉，地瘠民贫。为了家庭生计，李蔚先生的父亲带领全家前往宿松县凉亭镇，在镇上租了一个店铺做裁缝。父亲在经商之际，认识到学习文化的重要性，不仅将李蔚先生姐弟三人送到凉亭中心小学读书，而且告诫子女："学习也好，做事也好，做人也好，认准的目标，就要有一种执着的韧劲，绝不能见异思迁，半途而退。"李蔚先生牢记父亲的谆谆教诲，励志苦学，最终以全校第一名的成绩考入太湖中学，继而进入安庆第一中学完成高中学业。1953 年，李蔚先生考入山东大学历史系。彼时的山东大学是中国历史研究的重镇，杨向奎、童书业、黄云眉、张维华、陈同燮、郑鹤声、王仲荦、赵俪生八位著名的历史学专家共聚山东大学历史系，号称"八马同槽"，引领当时中国史学研究的潮流。山东大学良好的学习环境和研究氛围，潜移默化地影响着求知欲旺盛的李蔚先生，使他坚定地选择了从事历史研究的人生道路。在前辈教授的指导下，他一方面加强"三基"（基础知识、基本技能、基本理论）的学习，一方面坚持写札记、做摘录、制卡片，为日后从事史学研究打下了坚实基础。

1957年夏天，在赵俪生教授指导下，李蔚先生完成了题为《清乾嘉年间南巴老林地区经济研究》的毕业论文，深得学界前辈的赞赏。尔后，他积极响应国家建设大西北的号召，跟随赵俪生先生一起奔赴兰州大学历史系，在中国古代史教研室从事教学和研究工作。多年来，先后担任中国古代史教研室主任、历史系副主任、历史系党总支书记等职务，为兰州大学历史系的发展贡献了毕生的精力。

李蔚先生早年从事明清时期社会经济史研究，发表了《清乾嘉年间南巴老林地区经济研究》这篇长达45000字的宏文大作，后来便转向宋金战争、宋夏战争研究，最后将精力集中于西夏学研究。从1957年到2011年，李蔚先生发表学术论文41篇，撰写了《西夏史研究》《简明西夏史》《西夏史若干问题探索》《中国历史：西夏史》4部著作。此外，他还参加了兰州大学历史系中国古代教研室编撰的《中国古代著名战役》，赵俪生先生主编的《古代西北屯田开发史》，李学勤、徐吉军先生主编的《黄河文化史》等著作的撰写工作。由于在宋史和西夏史研究领域成果突出，1993年10月成为国务院特殊津贴获得者。

由于篇幅的限制，《陇上学人文存·李蔚卷》只选录先生的17篇重要论文，主要采取分专题介绍的方式，对先生的研究成果做一个简要的概括。

一、西夏史研究

李蔚先生是西夏史研究领域的著名专家。纵观他的研究论著，尽管涉猎领域和论题较多，但最有代表性的研究成果，当属对西夏史的研究。

众所周知，西夏是两宋时期活跃在我国西北地区、由党项人组成的少数民族地方政权。从1038年元昊登基称帝，到1227年被蒙古灭亡，西夏存在长达190年，先后与北宋、辽、南宋、金长期对峙并立。它的兴起、发展和衰亡，是我国历史不可分割的有机组成部分。由于元代史家囿于封建正统观念和民族偏见，在并列修撰《宋史》《辽史》《金史》时，唯独不给西夏单独修史，仅仅将西夏的史事附于三史末尾，致使西夏史料未能够完整地保存下来，西夏便成了古丝绸之路上消失了的神秘王国，西夏学也成了"绝学"。清乾隆、嘉庆以后，学界崇尚考据，不少学者根据宋代的官方文献和文人的笔记文集，纂修了一批关于西夏历史的书籍如《西夏纪事本末》《西夏书事》《西夏事略》等，为后世学者研究西夏史提供了一定的帮助。20世纪以来，随着汉文、西夏文历史资料整理工作和文物考古工作的不断进展，西夏学引起越来越多国内外学者的关注。

也许是命运使然。1963年，李蔚先生被安排到四川大学历史系进修元史。在著名史学家蒙思明先生的引荐下，李蔚先生有幸认识了当时四川大学历史系西夏史研究专家吴天墀先生。在吴天墀先生的指导下，李蔚先生开始步入西夏史研究的殿堂。他利用这次进修机会，广泛查阅和收集四川大学图书馆和历史系资料室的西夏史资料。返回兰州大学后，李蔚先生继续在兰州地区高校图书馆广泛收集西夏史料。功夫不负有心人。经过锲而不舍的努力，他不仅掌握了《宋史》《辽史》《金史》中有关西夏的资料，而且抄录了唐宋时期驻守西北边疆大臣的文集或奏议中的全部史料。

　　研究西夏史，除了掌握汉文献资料之外，还必须熟悉西夏文献。为了攻克西夏文字这个难关，李蔚先生专门前往北京，拜师黄振华先生学习西夏文。同时，利用西夏学专家王静如先生到兰州大学讲课的机会，向其请教西夏文字。正是凭着这种执着的精神，他逐步掌握了西夏文，能够熟练地阅读西夏文献，成为国内为数不多的能够利用西夏文献开展研究的学者。

　　1978 年，改革开放带来了学术研究的春天，也为李蔚先生从事西夏史研究提供了宽松的环境。他一边给本科生、研究生教授西夏史和辽宋夏金元史料学，一边对西夏史的一些基本问题进行研究，先后在《民族研究》《兰州大学学报》《中国民族研究》《宁夏社会科学》《宁夏大学学报》等刊物发表了 20 多篇较有分量的论文。1989 年 3月，宁夏人民出版社将他的 15 篇论文结集成《西夏史研究》正式出版，成为当时国内研究西夏史的重要著作。

　　1997 年 10 月，李蔚先生在多年教学和研究的基础上，完成《简明西夏史》一书，由人民出版社正式出版。可以说，该书的出版是李蔚先生多年来苦心探究、教研相长的结晶，由享誉较高的人民出版社予以梓行，无疑是对他研究成果的肯定。该书分为八章，共计 29 万字，在体例结构的安排、理论的分析和具体问题的考证上达到了较高水平，堪称西夏史研究领域的一部扛鼎之作。吴天墀先生对《简明西夏史》给予了高度评价，认为该书"甚有功力"。大致来说，《简明西夏史》一书具有三个特点。一是充分肯定了西夏在中国历史发展中的重要地位，指出西夏作为中国境内以党项为主的各族人民共同创建的一个地方性政权，是中国历史不可分割的重要组成部分。二是突破了此前一般断代史的体例，将《总论》作为全书大纲，从宏观层面论述了西夏历史的发展阶段、社会性质、历史特点和历史地位。第二章至第六章以时间序列为线索，详尽阐述了党项拓跋部的兴起和西夏政权的建立、巩固、繁荣和衰亡的历史演变过程，对不同时期西夏的政治、经济、军事、外交等方面情况作了细致的分析，增强人们对西夏社会发展的动态性认识。第七章和第八章静态描述了西夏的社会经济与文化成就，在内容方面是对第二至第六章内容的丰富与提升。这样三大板块互相联系、相互补充，形成了一个有机整体，全面系统地反映了西夏社会的全貌。三是考疑订谬，探源求真。李蔚先生运用文献资料和出土文物相互印证的二重证据法，对某些争论不一的问题进行重新考证，如党项实行"秃发"的时间、西夏是否实行两套官制、西夏实行分封制度的时间等等，弥补了过去学者研究的不足，恢复了历史的真实面貌。

继《西夏史研究》和《简明西夏史》两部著作之后，李蔚先生尽管已经退休，但仍然笔耕不辍，继续遨游于西夏学这个神秘的天空，并且取得了新的研究成果。2002年6月，甘肃文化出版社出版了《西夏史若干问题探索》一书，进一步展示了李蔚先生在西夏学研究方面的深厚功力。此后，李蔚先生又参加了李学勤、徐吉军主编的《黄河文化史》西夏部分的撰写工作，该书于2003年5月由江西教育出版社出版发行。

2009年6月，人民出版社组织编写出版了多卷本《中国历史》，李蔚先生尽管年事已高，但仍然愉快地接受第十卷《西夏史》的撰写工作。该书是李蔚先生对《简明西夏史》进行修订增补后形成的学术著作，不但新增了西夏地理环境、西夏统治者的文化政策、西夏文化的区域划分及其特点、西夏社会经济发展的各种制约条件、西夏遗民的流向、元朝时期党项人从政的主要功绩等内容，而且在西夏社会生活方面增加了道路和交通工具、姓氏与发式、饮食与健康等条目。该书是一部功力与学问俱佳的力作，标志着先生的"学术水平与西夏史研究水平跃上了新的境界"[①]。

以上是李蔚先生从事西夏史研究的简要历程。下面介绍李蔚先生的部分学术论文，呈现其学术观点和思想，以便了解他在西夏史研究中的学术贡献。

关于西夏立国长久的原因。元代学者在编修《金史》时指出，西夏"立国二百余年，抗衡辽、金、宋三国，佪乡无常，视三国之势强弱以为异同矣"[②]，把西夏立国长久归因于其外交政策的灵活多变。这种结论未免过于简单化。李蔚先生运用马克思主义辩证统一方法，对这一问题进行了全面而深入的考察，认为西夏立国长久主要有五个方面的原因：第一，地形险要，宜农宜牧的地理环境，以及经济基础上基本自给自足，是西夏赖以立国，并能长期生存下去的物质条件。第二，西夏统治阶级尊重知识，尊重人才，大胆选拔人才，注意培养人才，从而扩大了统治基础，加强了国家对外职能，这是西夏立国长久的又一重要原因。第三，西夏统治阶级不断在上层建筑领域内进行改革，使上层建筑适应经济基础，生产关系适应生产力的性质，是西夏长久立国的根本原因。第四，作为西夏的主体民族——党项羌，同汉族及少数民族，共同开发西北的，奋发图强的进取精神，以及境内各族的友好相处，是西夏立国长久的又一重要原因。第五，各民族政权林立，辽、金、元在不同时期互相攻伐，抵消实力，

①张秀平：新版《中国历史·西夏史》编辑后记，载于《中国历史》第十卷《西夏史》。
②《金史》卷134《西夏卷》。

尤其是西夏的邻邦宋朝，貌似强大，实则虚弱，内外交困，穷于应付，是西夏立国长久的外部原因。这番精辟透彻的分析，抓住了问题关键和要领，不仅具有重要的学术意义，而且具有重要的历史借鉴价值。

关于李继迁对宋战争的性质。学术界较为流行的看法有两种：一种认为李继迁反宋战争具有民族起义和农牧民起义的性质，另一种认为李继迁的抗宋斗争有反对民族压迫的性质，是一场正义的战争。李蔚先生运用马克思主义军事战争理论，摈弃传统的民族主义观点，以党项族社会发展阶段及战争对宋夏双方社会经济和人民生活的影响等方面加以论述，认为李继迁发动的对宋战争，纯粹是一场具有封建王朝内部统治阶级分裂割据性质的战争，并无正义可言。此说言之成理，持之以据，不失为中肯之论。

关于西夏官制问题。大多数论者都认为西夏官制除了由党项、汉族人均可担任的汉官之外，还有一套仅限于党项才能充任的"专授蕃职"，也就是说西夏存在两套官制、两个系统。李蔚先生在认真梳理若干史实的基础上，从蕃官授受、职责、使用时间，以及宋元资料缺载等方面加以考辨，认为西夏有汉官和蕃官两套官制的观点并不成立，西夏官制是一套官制、一个系统，所谓蕃官是汉族人和党项人皆可担任的官职的西夏语音译。言之凿凿，有理有据，不仅解决了西夏官制的疑难问题，而且开拓了西夏官制研究的新思路。

关于西夏文化的渊源。在《略论西夏文化同河陇文化的关系》一文中，李蔚先生驳斥了苏联学者关于西夏文化源于中亚并自成一体的观点，指出西夏文化深受汉文化、回鹘文化和吐蕃文化的影响。西夏文化是在晋唐以来河西、陇右地区的河陇文化土壤中形成的一种文化，河陇地区的文化属于中原文化体系，所以西夏文化是中华民族传统文化的有机组成部分。这种观点不仅具有理论意义，而且具有重要的现实意义。

关于西夏的历史地位。如前所述，历代封建史家囿于封建正统观念和民族偏见，大多否定西夏的历史地位，不承认西夏政权的合法性。那么，究竟如何评价西夏政权的历史地位？此前的马克思主义的历史学家在评价西夏历史地位时，虽然不同程度地肯定了西夏的历史地位，但论述并不充分。李蔚先生将西夏史放到中国历史发展的长河中考察，对西夏的历史地位给予了充分的肯定。在他看来，中国是一个统一的多民族国家，中国的历史是中华民族各族人民共同创造的历史。西夏曾经组织领导其境内以党项族为主体的各族人民，在极其艰苦的条件下，从事生产斗争和军事斗争，开展同宋朝及周边地方政权的经济文化交流，发展了社会经济和文化，为开发祖国的大西北作出了不可磨灭的贡献。具体来说，他从四个方面肯定了西夏的历史地位：一是西夏对河西地区局部统一，是唐末五代藩镇割据向元朝政治大一统转变的中间环节，它顺应了历史大趋势,具有深远的历史意义。二是西夏的建立对我国西北的经济开发作出了一定的贡献,这对改变西北地区落后的经济面貌起到了积极作用。三是西夏统一河西地区,加强了西北边疆同内地政治、经济、文化各方面的交流,这对缩小边疆地区与内地的差距意义重大。四是西夏政权成立之后大力发展文教,不仅为自己培养了大批文臣武将,而且为元代统治者储备了大量人才,对于提高西夏境内各族以及整个中华民族的文化水平作出了贡献。这是富有创见的历史观,对于人们正确认识西夏的历史地位具有指导意义。

二、宋夏、宋金间战争研究

对宋夏、宋金之间的战争进行深入研究,是李蔚先生学术研究的重要组成部分。与其他学者的研究方法不同,李蔚先生在研究宋夏之间战争、宋金之间战争的过程中,并不只是从北宋、西夏、金朝各自社会发展本身寻找答案,而是把战争置于 10 至 13 世纪中国历史的宏阔背景中,从宋夏、宋金乃至于西夏与周边少数民族关系的角度来深入剖析,从而避免了对战争研究的片面性和局限性。在这方面,李蔚先生先后发表了《试论宋金战争的几个问题》《略谈宋金战争的实质》《宋夏横山之争述论》《试论北宋仁宗年间宋夏陕西之战的几个问题》《略论北宋初期的宋夏灵州之战》《略论蒙夏战争的特点及西夏灭亡的原因》等论文。

《试论宋金战争的几个问题》针对当时学术界比较重视研究宋金战争的时代背景、战争发展的历史过程,忽略对宋金战争的性质、发展的阶段性和战争的特点的探讨这种现象,运用马克思主义基本理论,从发动战争者的阶级属性和政治制度,战争的掠夺性与反掠夺性、进步性与倒退性两个方面进行深入分析,指出在这场旷日持久的宋金战争中,宋是正义的,金是非正义的。宋金战争之所以会出现"持久战"的特点,这是由于宋金双方的许多有利因素和不利因素所决定的。金朝方面的有利因素和宋朝方面的不利因素,决定了金朝方面初期的军事胜利,而宋朝方面的有利因素和金朝方面的不利因素,决定了金朝不能最后灭亡宋朝,宋金战争只能是停停打打、时战时和的持久战。

《略谈宋金战争的实质》一文,回答了宋金战争是民族战争还是阶级斗争这一根本问题。李蔚先生借助丰富的历史资料,从宋金战争的内容、社会各阶层对待战争的态度、宋金战争的影响三个方面深入剖析,指出这场长达 210 年的战争,从本质上来说是一场以民族斗争形式出现的特殊阶级斗争。这个论述,不仅有助于人们认清宋金战争的真实面目,而且有助于理解马列主义史学家对民族斗争实质问题的论述。

《略论北宋初期的宋夏灵州之战》对于宋夏之间的首次战争进行了探讨,不仅细致地阐述了灵州之战的过程，深入分析了夏胜宋败的原因，进而指出灵州之战的后果和影响：一是这场战争是李继迁由弱变强的转折点，迫使北宋退保环庆，设防关中，军事上走向防御状态。二是这场战争导致陕西关中一带人民生活困苦，北宋沿边一些熟户转向李继迁。三是断绝了北宋与回鹘之间的联系，严重破坏了北宋"以夷制夷"策略的推行。

《试论北宋仁宗年间宋夏陕西之战的几个问题》对北宋仁宗年间宋夏之间发生的三次战争（即三川口之战、好水川之战、定川寨之战）的起因、三大战役的战术和战略部署、夏胜宋败的原因、战争的后果和影响、宋夏战争的性质等问题作了详尽而透彻的分析，使人们不仅对夏宋战争的发展过程有了动态性的认识，而且对决定战争胜负的双方的经济实力、军事力量、政治状况、外交关系等都有了全方位的了解。客观而论，李蔚先生对这个问题剖析的力度与深度，不仅深化了 10 至 13 世纪民族战争史研究，而且在一定程度上具有史学研究方法论的参考价值。

《宋夏横山之争述论》运用历史唯物主义的观点和方法，对横山的战略地位、横山之战的过程、后果与影响进行了细致考察，进而分析了这场战争的性质，认为这一时期的宋夏战争的性质明显发生了转化，已经由宋仁宗时期的自卫防御的正义战争，变为富有进攻性、掠夺性的非正义的战争。这个观点，对于我们认识宋夏战争的阶段性特点具有重要的意义。

《略论蒙夏战争的特点及西夏灭亡的原因》探讨了蒙夏之间长达 23 年的战争，认为蒙夏之间战争持续时间长，是由双方的政治、经济、军事以及主观能动性的发挥等诸多因素决定的。西夏最终为蒙古所灭，主要有四个深层次的原因：一是从历史发展的趋势看，蒙古统一兼并西夏有其历史的必然性。唐末五代以来，方镇割据局面日益缩小，统一局面日益扩大。这种统一的趋势发展至辽宋夏金时期，已经成为不可抗拒的历史洪流。二是西夏统治阶级内部矛盾的激化，为蒙古灭夏打开了爆破的缺口。三是西夏统治者采取"附蒙侵金"的战略决策，严重恶化了西夏的外交环境。四是成吉思汗在军事上采取由远及近、由表及里、先弱后强的战略战术，也是导致西夏灭亡的重要原因。这个分析，既有宏观的历史视野，也有微观的策略分析，充满了历史学者的睿智。

三、西北屯田研究

西汉以来，历代统治者为了巩固西北边疆，均采取了移民实边或开发屯田政策。宋元时期也是如此。李蔚先生从 20 世纪 80 年代开始，就开始对宋元时期的西北屯田进行深入研究，先后发表了《试论宋代西北屯田的几个问题》《试论元代西北屯田的若干问题》《略论金朝统治时期的西北屯田》《再论元代西北屯田的几个问题》《略论西夏统治时期的西北屯田》等系列论文，勾勒出这一时期西北屯田的面貌。

《试论宋代西北屯田的几个问题》对宋代西北屯田的组织管理机构、土地来源、直接生产者授田情况、剥削量、效果、特点、历史作用等问题做了详尽的论述，认为西北屯田具有官给良田，以备甲马，屯堡并置、亦兵亦农，屯田、营田名异而实同，剥削形式多种多样等特点，宋代西北屯田的效益虽然很不理想，但在足食足兵、巩固西北边防等方面发挥了重要作用。

《略论金朝统治时期的西北屯田》对金代西北屯田的原因，屯田的类型、效果和历史作用进行了详尽的论述，认为金朝统治者之所以要兴置西北屯田，是为了加强对汉族人的统治，以及足食足兵，巩固西北边防的需要。金代西北地区屯田计有猛安谋克屯田、军屯、蕃汉弓箭手屯田、民屯四种类型。金代西北屯田的历史作用是增强金朝抗击西夏、蒙古的经济实力和军事实力，拖延了金夏、金蒙战争的持续时间，延长了金朝统治者的寿命。该文的学术价值在于：一是对金朝统治时期西北屯田进行了系统研究，弥补了学术研究的空白；二是对西北地区猛安、谋克屯田进行深入探讨，深化了学术界对猛安、谋克屯田的研究。总之，研究金朝统治下的西北屯田，不仅有助于我们了解金朝土地制度的特征，而且有助于我们了解整个宋元时期土地制度的演变状况及其发展规律。

《略论西夏统治时期的西北屯田》一文，针对文献史料缺乏、学术研究不足的状况，李蔚先生广泛查阅、收集和梳理宋元时期相关资料，勾勒出西夏统治时期西北屯田的状况，认为西夏屯田始于宋真宗咸平四年八月，为军屯。至崇宗乾顺时期，进入一个新的阶段，推行了"堡屯并置"之策，同时出现了"西夏弓箭手"的屯田兵，平时生产，战时打仗。西夏的屯田和营田取得了一定的效果，突出表现在西夏统治者在农耕地区建仓储粮。

《试论元代西北屯田的若干问题》对元代西北屯田的发展阶段、土地来源、生产者、剥削量、效果、特点和历史作用等问题进行了深入探讨，认为元代西北屯田经历了创立、兴盛、衰落三阶段，其组织管理比宋朝严密，土地来源主要是荒闲田，剥削方式为定额制，生产者多达十四种。元代西北屯田扩大了西北的耕地面积，巩固了西北边防，促进了民族融合等。该文属于元代西北地区屯田研究的首创之作，弥补了此前学界研究的不足，具有重要的学术价值。时隔十年之后，李蔚先生又发表《再论元代西北屯田的几个问题》，对元代的称海屯田、西北屯田的管理机构、土地数额等问题进行了深入论述，认为元代西北屯田的组织机构和管理制度比较严密，因而元代西北屯田的效果超过宋代。该文填补了元代经济史研究中的薄弱环节，对深入开展西北地区社会经济史研究具有重要参考价值。

四、历史人物研究

对历史人物开展深入研究，有助于我们理解社会变迁对历史人物行为的影响，以及历史人物在社会发展中的作用，这也是李蔚先生学术研究的重要内容。在这方面，李蔚先生不仅发表了《吴玠吴璘抗金史迹述评》《略论曲端》《张元、吴昊事迹考评》《略论李德明》《论李继迁》《关于元昊若干问题的探讨》《蒙元时期党项人物事迹述评》等系列论文，而且发表了《略论用阶级分析的方法评价历史人物》一文，对如何运用马克思主义阶级分析方法评价历史人物进行了深入论述，对于我们分析和评价历史人物具有重要的指导意义。

《吴玠吴璘抗金史迹述评》是一篇研究南宋初期西北地区抗金将领吴玠吴璘的鸿篇巨作，该文运用丰富的历史资料，详细考证了吴玠、吴璘的身世，分析了吴玠、吴璘保卫川陕秦陇地区的战略意义，论述了吴玠、吴璘保卫川陕秦陇的主要战绩，进而运用马克思主义理论观点对吴玠、吴璘抗金战争进行了客观评价，认为吴玠吴璘抗金战争是一场反民族掠夺和民族压迫的正义斗争，保护了川陕秦陇地区人民生命和财产安全，具有极其重要的历史意义。

《略论曲端》运用辩证思维的方法，对南宋抗金名将曲端的历史事迹进行了分析，认为曲端是南宋初年不可多得的著名将领，其文学才华、治军能力、战略眼光均属于上乘，但刚愎自用、恃才傲物的性格，导致其人生结局充满悲剧色彩。《宋史·曲端传》记载过于简略，且评价失之公允，客观地说，曲端虽然有功有过，但总的来说是功大于过，这才符合历史人物的本来面目。

《张元、吴昊事迹考评》通过对《续资治通鉴长编》《西夏书事》《西夏纪》以及宋人野史、文集中的资料进行甄别，勾稽出西夏开国时期两个重要谋臣张元、吴昊的生平事迹，尤其是对他们的原名、籍贯、身世、投奔西夏的时间和原因、在西夏政权建立中扮演的角色进行了考辨，评述了他们在西夏建立时期的历史作用，分析了历史人物的行为与社会环境的关系，对于深入理解西夏国君元昊建立"蕃汉联合统治"和这一时期的宋夏关系，具有重要的启示和参考价值。

《关于元昊若干问题的探讨》对西夏政权建立的必然性、元昊对宋战争的性质、元昊时期统治集团内部斗争的性质等问题进行了论析。关于西夏政权建立的原因，李蔚先生不是从党项民族自身发展历程中寻找原因，而是把西夏政权建立放在12世纪前后中国境内民族政权林立的历史时空中加以考察，认为西夏政权建立是西北地区长期民族大冲突大融合的结果，既有累世经营的基础，又有政权建立的外部条件。关于元昊对宋战争的性质，先生否定了学术界关于这场战争是"反抗宋朝民族压迫的自卫战争，是一场正义的战争"的说法，认为元昊对宋战争的性质是非正义的掠夺成性的战争。关于元昊时期统治集团内部斗争，李蔚先生主张将这些斗争放在当时的历史背景下，联系当时政治、经济的实际，从理论上加以具体的阐释和说明，认为这些斗争本质上反映了皇权的集中与部落首领分权的矛盾、进取与保守之间的矛盾，对于维护和巩固西夏的统一有一定的进步意义。

《略论用阶级分析的方法评价历史人物》是李蔚先生将马克思主义阶级分析理论运用于分析中国历史人物的重要研究成果。该文对历史人物为什么一定要作阶级分析、怎样进行阶级分析、阶级分析有什么科学的和现实的意义三个问题进行了讨论，提出了很多精辟的见解。如李蔚先生认为在对历史人物进行阶级分析时，首先，要根据历史人物所处的具体历史条件进行具体的分析。离开了一定的具体历史条件去评价历史人物，就有可能把古人现代化，把错综复杂的历史人物简单化和绝对化，从而忽视了历史人物的多样性与复杂性。其次，不能单纯强调其阶级出身和主观动机，要着重分析这个历史人物的阶级属性及其实践活动对当时社会生产力的发展起过什么作用；最后，必须要分析和批评历史人物的时代局限性。这些论断，充满着历史唯物主义的理性光芒，对于指导我们开展历史人物分析具有重要的认识论和方法论的意义。

五、西夏文献研究

历史研究具有较强的实证性，而实证研究的基础在于广泛地收集占有史料，因此，钩沉抉微，考疑订谬，是史学研究的基本功。在这方面，李蔚先生不仅遍览宋元明清时期各种西夏史料，而且十分重视和搜集考古文物资料，运用二重证据法对某些含糊不清、争论不一的问题进行重新考证。

《〈番汉合时掌中珠〉初探》一文，对《番汉合时掌中珠》的成书背景、编写的特点和史料价值进行分析。《番汉合时掌中珠》是西夏党项人骨勒茂才编写的一部西夏文同汉文的对音字典，学界多从西夏文字结构和语法的角度对该书展开研究。李蔚先生独辟蹊径，以历史学者睿智的眼光，分析了该书的问世，是西夏全盛时期满足蕃汉百姓学习语言文字的要求、文教事业持续不断发展的结果。该书不仅对于研究西夏语言、文字有较高的参考价值，对于学习和研究西夏的政治、经济和思想也具有重要的史料价值。

《〈周春西夏书〉评介》一文，介绍了清朝中叶周春撰写的《西夏书》的具体内容，分析了《西夏书》所持的立场观点和方法，认为该书的《列传》《地理考》《官制考》《姓氏考》，对于学习和研究西夏史具有重要的参考价值。

《略论〈贞观玉镜统〉》一文，对西夏乾顺时期刊行《贞观玉镜统》的原因、《贞观玉镜统》的主要内容、特点和实用价值等问题进行了深入探讨，重点分析了西夏的军政制度和军律，认为该书是在宋夏军事斗争形势严峻情况下，由西夏国君乾顺组织官员修订和刊行的军事法典，具有简明扼要、重点突出，赏罚比较适中，具备一定的灵活性及相对的合理性等特点。不仅如此，李蔚先生还利用《贞观玉镜统》研究和考证西夏的军事，得出了西夏乾顺时期"尚文重法"并非不要武备，而是要求武备更加精益求精的结论。

《吴广成论西夏述评》一文，通过对吴广成《西夏书事》的"论赞"和"按语"进行研究，揭示了吴氏评价西夏历史事件和人物的立场观点和方法，认为吴氏评议西夏的历史事件和人物，是以儒家"三纲五常"和伦理道德作为准绳，运用"春秋凡例""春秋笔法"来臧否人物，衡量历史事件，不仅如此，吴氏还继承了封建史学家写史论史的一些优良传统和方法，包括讲"时势"和"事理"、颂扬民族气、采用比较研究方法。该书的"论赞"和"按语"尽管具有一定的时代局限性，但对于后人研究西夏史仍然具有一定的参考价值。

此外，李蔚先生还在前人研究的基础上，对《西夏书事》和《西夏纪》进行了整理和点校，纠正了200多处错误。该成果收录在车吉心、王育济主编，泰山出版社出版的《中华野史·辽夏金元卷》之中。

六、结语

总体上看，李蔚先生的研究成果主要集中在宋史、西夏史和宋夏关系史等方面，在西夏史研究方面用力尤勤，成果最多。对于作为"绝学"的西夏史来说，李蔚先生的研究可谓承上启下，继往开来，具有极其重要的学术贡献。

纵观李蔚先生的史学研究，明显具有这样三个显著特点：一是理论涵养深厚，视角新颖。李蔚先生在治学过程中始终秉持马克思主义史学理论，无论是对历史人物的描述和评价，还是对历史事件的陈述和分析，都始终运用历史唯物主义理论和辩证分析方法，所得结论客观公允，为学界普遍认可和接受。二是研究视野开阔，立论高远。如李蔚先生对西夏政权建立原因的研究，对西夏政权可以长久存在原因的研究，对西夏文化渊源的研究，对西夏历史地位的研究，都是将西夏放到中国历史发展的长河中进行考察，放到12世纪前后中国历史发展的宏大背景中加以考察，放到西北地区民族融合和交流的历史画卷中加以考察，因而得出的结论全面客观，更加符合历史发展的内在逻辑。三是坚持实证研究，研究方法规范。李蔚先生在开展历史研究过程中，不仅重视历史文献资料的收集和整理，而且重视和搜集考古文物资料，通过对史料进行考证和比较，探赜索隐，探源求真。正因为如此，李蔚先生的每篇论著，均言人所未言，论人所未论，不仅从历史的荒漠中找出事件的真相，而且闪现出历史学者智慧的光芒。

感谢《陇上学人文存》丛书总主编范鹏、王福生、陈富荣，副总主编马廷旭将李蔚先生的研究成果纳入《陇上学人文存》系列，感谢甘肃省社会科学院赵敏主任为该书出版所做的努力和辛勤付出。《陇上学人文存》的出版，是一项功在当代、惠泽千秋的文化工程，对于弘扬甘肃文化、传承甘肃文脉具有极其重要的作用。感谢甘肃人民出版社和本卷编辑李青立。本书的顺利出版，离不开他们的辛勤付出。最后，还要感谢李蔚先生本人。先生虽已 87 岁高龄，依然亲自遴选论文，并亲自校对本书的书稿。先生的学术成就和治学风范，将永远激励和鞭策着我们在学术研究的道路上不断前行。

《陇上学人文存·李蔚卷》(第九辑)
作者：姚兆余

刘光华

刘光华先生与西北史地研究

很荣幸编选《陇上学人文存·刘光华卷》。刘光华先生是我四十年前的授业老师（侯宗辉应算是再传弟子）。四十年前，我们先秦秦汉史课程就是先生教授的。今天由我们亲手编选他的文存，回顾他六十多年的学术生涯，细读其论文和著作，心中自有良多思绪，更有一份弘扬师教，传承薪火的责任。

先简单说说先生的人生阅历。

刘光华（1935—），陕西汉中西乡县人。1953 年 7 月，以十八岁的青春年华由西乡师范学校附设高中部考入兰州大学历史系。四年的学业期满，于 1957 年毕业后留校任教，至今已六十个春秋。他的个人履历十分简单，从上大学到留校，六十多年来从未离开过兰州大学。其间虽于 1958 年下放酒泉边湾农场劳动锻炼一年，1959 年兰州大学历史系又被合并到甘肃师范大学历史系，不到两年。但那只是时代变化留下的小插曲，他本人却从未离开过这块赖以耕耘的土地。说他履历简单，只是仅仅就其从学习到工作六十多年中从未离开过兰州大学这一表面现象所作的概括，其实，他的人生道路同样经历了社会和时代的激荡，经历了一个个云卷云舒的风雨岁月。

"文化大革命"后恢复职称评定，先生第一批被评为讲师，尔后是副教授、教授。

多年来，先后担任过中国古代史教研室副主任、主任、历史系副主任等。退休前一直兼任兰州大学出版社副总编辑、总编辑。1990年获甘肃省园丁奖，1992年获国务院颁发的政府特殊津贴。担任过多届甘肃省历史学会副会长。1995年被聘为甘肃省文史馆馆员，1996年退休。从此不再担任烦琐的教学工作。

先生从1957年到1996年的四十年里，教书育人，桃李满天下。退休后，他的科研工作并没有停止。相反他却集中时间，集中精力，以高昂的热情全身心投入科研工作，取得了一系列重要成果。他的所有论文，一半是在退休后发表的；他的一些重要著作，如《西北通史》第一卷、《甘肃通史》八卷、《兰州市志·建置区划志》、《甘肃建置志》等都是在退休后完成的。直到现在他仍以八十多岁高龄，笔耕不辍，时有论文发表。学术生涯已长达六十年之久。

《陇上学人文存·刘光华卷》由于篇幅的限制，只选入先生的15篇论文，其他大部分重要论著无法入选。但我们的介绍不限于这15篇文章，而想对先生的所有成果做一个比较全面、简要的概述。

一、早期的科研实践

1957年，是先生教学科研生涯的开始。当年他发表了3篇论文：《两汉是封建社会》《对"西汉初期的土地问题"的两点意见》《试论西汉初的重农抑商政策》[①]。前两篇是参加古史分期问题和土地制度问题讨论的论文。当时，古史分期问题、土地制度问题、农民战争问题、资本主义萌芽问题和汉民族形成问题等"五朵金花"是史学研究的前沿课题，几乎所有著名历史学家都以高昂的热情和深厚的学养参与其中。刘光华先生作为一名史学新人能够"躬逢其盛"，参加讨论并发表意见，已是崭露头角。六十年后的今天再读这些文章，仍然觉得教泽流布，受益深彻。比如《对"西汉初期的土地问题"的两点意见》，针对有观点认为土地问题是研究三千年中国古代社会的钥匙，秦末农民起义就是由于土地问题所致。先生则认为，秦末农民战争的原因主要是因为秦王朝严酷的政治压迫、经济剥削和老百姓无法承担的繁重徭役。当时"赭衣塞路，囹圄成市"，"田租口赋盐铁之利二十倍于古"，再加上征匈奴、修长城、平百越、戍边塞、运粮饷、建宫殿、修陵墓等等，常使数百万人挣扎在兵役徭役的苦难之中，这才是秦末农民起义的直接原因。尤为重要的是，他提出"具体问题应根据具体情况来作具体分析，不能以马列主义的一般公式教条式地套在任何一个历史事件上"。这些观点，到今天仍然是不刊之论。另外两篇也是同样，深厚的史学功底和理论秉持，是我们今天的本科毕业生难以望其项背的。诚然，1978年以后，阶级斗争是历史发展的

[①]所引论著,因文后附有《刘光华先生论著目录》,故不再注明出处。

动力以及"五种社会形态"的理论已经受到质疑，"五朵金花"的问题已不再像当年那样重要。但是作为一个22岁刚刚大学毕业的史学青年，敢于挑战权威，且达到了如此高度，不能不让后辈晚学多所仰慕。尤其重要的是，这三篇文章是先生六十年史学耕耘的起点，有其特殊的纪念意义。

二、对西北屯田的研究

1957年之后到1977年的二十年，是一个断档。断档的原因众所周知。真正拿起笔来，重操旧业，已是1978年以后的事了。

纵观先生的教学科研，主要的领域集中在先秦秦汉和西北史地这一时空范围。在专题研究方面，对西北屯田的研究用力最勤。

西北地区是丝绸之路的通道，是国家安全和边防的战略重地。从两汉开始，历朝历代都把西北屯田作为一项长期战略。对西北屯田的研究，不仅具有重要的学术价值，而且还有重要的现实意义。先生从20世纪80年代开始，在参加赵俪生先生主持的"古代西北屯田开发史"的同时，集中对两汉时期的西北屯田进行了深入研究，取得了一系列重要成果。先后发表了，《论"徙民实边"不是屯田》《关于汉代屯田的几个问题》《西汉屯田的亩产和经济作用》《西汉边郡屯田的管理系统及其有关问题》《历史上的河陇屯田》等系列文章，并出版了《汉代西北屯田研究》一书。

《论"徙民实边"不是屯田》主要针对学术界把秦汉时期的"徙民实边"笼统地包括在西北边疆的"屯田"之中，忽略了边疆屯田与郡县编民的农耕在本质上的区别。先生认为，屯田的特点一是专门的农官管理系统，二是屯田士卒的军事编制，三是对屯田戍卒生活的供给制。而实边的移民则采取的是郡县乡里的管理制度。他们不仅要承担国家的租赋，还要同内地编民一样服兵役。所不同的是，边地的移民平时从事农耕生产，战时还有保卫边疆、参与打仗的任务。汉代西北边疆的居民成分主要是移民。解决了这个问题，对我们全面认识汉代的西北社会，了解其军事的和行政的不同管理系统，认识汉代的社会结构和不同特点具有重要意义。

《关于汉代屯田的几个问题》主要论述了三个方面，一是关于如何理解文献中记载的"将屯"。有学者认为"将屯"就是"将兵屯田"，由此引发了对屯田的诸多不同认识。而先生认为"屯"是驻扎的意思，"将屯"就是带兵驻防的意思，与屯田无关。二是"边郡置农都尉"的问题。先生认为，"边郡置农都尉"管理屯田，是一般常态下的体制。而且边郡所置农都尉的数量，也绝不仅仅是《汉书》中明确记载的两个。但也不可一概而论，当年的赵充国湟中屯田和冯奉世陇西屯田，就是军事将领为解决粮食补给而直接管理的形态。三是两汉屯田的不同特点。先生认为，西汉和东汉都曾实行过屯田，但两者是有区别的。西汉的屯田主要在边疆，而东汉的屯田则发展到了内地。边疆的屯田主要解决戍边将士的粮食问题，对巩固国家的边防具有重要作用。而内地的屯田虽也是为了解决粮食问题，但由于历史背景的不同，内地的屯田则主要支持了统治者对内镇压和割据军阀的势力膨胀。

《西汉屯田的亩产和经济作用》一文根据汉简的记载，计算出当时河西屯田的亩产大概在 0.7 石左右。而每个屯田戍卒每年屯种 34 亩土地，则年收获量在 24 石左右。这样一个收获量，可以基本解决屯田戍卒一年的粮食自给，但不能解决其他的日常费用。尽管如此，对解决屯田戍卒的粮食供应，减轻国家的经济负担和长途转输都具有重要作用。这一观点的揭示，解决了以往在屯田研究中的瓶颈问题，具有重要的学术价值。它不仅使长期对屯田研究停留在一般意义上的定性研究推进到精确的定量研究，而且还对历史上的边疆屯田进行全面评估，阐述其社会效益和经济效益，描述边疆地区的军民生活，认知当时农业生产力发展水平，具有关键作用。

《西汉边郡屯田的管理系统及其有关问题》，梳理了以往研究中对此问题的九种不同看法，提出了自己的意见。先生认为，边郡的屯田管理体系和西域不同。边郡主要是中央大司农领导下的农都尉。而农都尉之下又逐级设有农令、部农长、农亭长等等。西域的屯田则是在西域都护领导下由都尉或校尉等军事将领负责实施，同边郡的体制不一样。

《历史上的河陇屯田》叙述了历代尤其是汉、唐、明各代在河陇地区屯田的不同特点，从宏观上对历朝历代的边疆屯田进行了整体评估。先生指出，屯田是历代王朝所采取的边疆政策之一。曹操评价西汉屯田说，汉武帝"以屯田定西域，此先世之良式也"。屯田的作用绝不限于军事上的寓兵于农，加强和巩固边防，而且对边疆的开发，促进畜牧经济向农耕经济的转型，推广中原先进的农耕技术，兵农结合、以农养兵，缓和长途转输给国家和内地农民带来的负担，保障中西经济文化交流的丝绸之路得以畅通都具有重要的作用。今天的新疆生产建设兵团或许就取法于在历史上西北屯田的范式。

上述系列成果，汇集在《汉代西北屯田研究》一书中。当然，书中的内容更加系统更加丰富。时间上虽然仍然集中在两汉时期，但在空间上除河西、西域和河湟屯田外，还包括朔方屯田、陇西屯田和东汉的汉阳屯田。是两汉西北屯田的全面系统的研究阐述，是这方面研究的力作。

先生对西北屯田的研究，具有很多独创性和开拓性，在近几十年来的西北史研究、边疆史地研究以及丝绸之路研究中占有重要地位。其论文和著作受到学术界广泛关注和高度评价。特别是《汉代西北屯田研究》，被认为是"对两汉在西北屯田进行了比较全面的论述，对两汉的边疆问题和对策，对两汉屯田的特点和作用等问题都提出了自己的看法，是目前研究两汉屯田比较完备的一部著作"①。

三、关于西域和丝绸之路的研究

对西域史地和丝绸之路研究，历来是西北史研究的重点，先生也十分关注这一领域。《张骞与西汉中期的"断匈奴右臂"战略》一文，主要不是研究张骞"凿空"的具体过程，而是研究张骞在两度出使西域后，针对汉朝、匈奴和西域三者的整体态势，为汉武帝制定的"断匈奴右臂"的长远战略在汉武帝及其以后的实施和影响。汉武帝及其后的昭、宣之世，经过开发河西、争夺车师、攻打楼兰、结盟乌孙等一系列战略措施，打通了横贯欧亚的交通道路，对世界历史的发展影响深远。早在四百年前的1620年，英国哲学家弗兰西斯·培根在他的《新工具》一书中就指出：印刷、火药和磁石（指南针），"这三种发明已经在世界范围内把事物的全部面貌和情况都改变了：第一种是在学术方面，第二种是在战事方面，第三种是在航行方面；并由此又引起难以数计的变化来；竟至任何帝国、任何教派、任何星辰对人类事务的力量和影响都仿佛无过于这些机械性的发现了"②。而这些改变人类面貌的创造发明，是通过张骞提出的"断匈奴右臂"的战略从而保证了中西交通道路的畅通才得以传播的。文章注重宏观考察，注重历史人物的重要活动对后世的长远影响。认为张骞在汉朝战胜匈奴斗争中的功绩是永垂不朽的。

《段会宗在西域活动的年代背景及其评价》一文，主要考证了段会宗在西域的活动年代及其影响。段会宗是西汉末年汉与西域关系史上的重要人物，他对西域的贡献可与郑吉、常惠等人相比肩。他曾两任西域都护，四次出使乌孙，最后死在任上，在西域各族人民中享有崇高威望。但对段会宗的任职时间、出使年代、具体活动、历史影响等诸多方面还有许多不清楚的地方，此文回答了这些问题。

《东汉窦氏家族与丝绸之路》也是研究丝绸之路人物的。东汉的窦氏家族，从窦融开始就一直处于十分显赫的地位。到明帝初年，窦氏一家"一公，两侯，三公主，四二千石，相与并时"。由于特殊的历史背景和社会地位，窦氏一家不管是早先割据河西还是后来受命朝廷，都对丝绸之路的畅通作出过贡献。窦融占据河西时，其地是内地与西域的联络据点。窦氏建议莎车王"贤父子兄弟相约事汉，款诚又至，宜加号位以镇安之"，以便通过其控制西域。到了明帝时期，窦融之侄窦固于永平十六年、十七年

①李祖德：《秦汉土地制度探讨》，《中国历史学年鉴》，人民出版社，1988年；周天游、孙福喜：《二十世纪的中国秦汉史研究》，《历史研究》2003年第2期；吕一燃、李国强：《近十年中国边疆史地研究》，《中国历史学年鉴》三联书店，1991年；李清凌：《1980年以来西北开发史研究》，《中国边疆史地研究》2004年第3期；杨振红、徐歆毅：《改革开放以来的秦汉史研究》，《文史哲》2010年第1期；田澍、何玉红：《西北边疆史地研究的回顾与反思》，《中国边疆史地研究》2011年第1期；黄今言：《近三十年的秦汉史研究》，《秦汉研究》第七辑，陕西人民出版社，2013年。
②培根：《新工具》，商务印书馆"汉译世界学术名著丛书"，1984年，第103页。

（73—74 年）两度出击匈奴，击败占据哈密和巴里坤的匈奴呼衍王，再置西域都护和戊己校尉，使东汉前期中断了六十年的西域交通得以畅通。永元年间（89—105 年），窦融之曾孙窦宪权倾一时，曾在永元元年到三年（89—91 年）三次出击匈奴，大破北单于，勒石燕然山；重新攻占伊吾卢（今哈密）；大战金微山（阿尔泰山），使北单于远遁。由此朝廷复置西域都护，以班超为都护，居龟兹它乾城（今新疆新和县境）。徐干为长史，屯驻疏勒。使二次中断了的西域交通得以恢复。东汉窦氏家族在公元后的一个世纪里显赫一时，权倾朝野，最后却走上覆灭的道路；但另一方面它在特定历史条件下的重要活动，却也影响了历史的发展。文章对后一方面给以充分肯定，是具体问题具体对待的实践和体现。

《横贯西北的汉代中西交通》一文主要对汉代丝绸之路的行进路线、与汉王朝有关系的西域国家、活跃在丝绸之路上的贸易商团以及通过丝绸之路贸易交流的各种货物，进行了详细叙述。历史已经遥远，人们如何认识当时的丝绸之路？历史学家根据历史材料的记载描绘出当时的情景，为人们提供真实的历史知识。此文的功用即在于此。

《也谈汉代的乌孙——〈关于汉代乌孙的几个问题〉商榷》，对乌孙西迁前的活动居地、汉与乌孙的关系、乌孙的社会性质等诸多问题提出了自己的看法，是一篇讨论性的文章。

四、对河西史地的研究

两汉时期的河西历史十分重要。汉武帝开拓河西，"设四郡，据两关"，架起了中西交通的桥梁，创造了丝绸之路的繁荣，影响了中国历史的走向，影响了人类历史的发展。因此对河西史地的研究，也是先生关注的重要领域。

《敦煌上古历史的几个问题》《敦煌建郡于汉武帝后元元年辩》两文是对敦煌历史的专门研究。前者对"敦煌"所谓"敦，大也；煌，盛也"的浅俗之见进行了驳正，指出"敦煌"一名的由来早于敦煌建郡的时间，当源自当时土著部落名称的汉译；《尚书》中"窜三苗于三危"的三危不在敦煌；《左传》中的瓜州也不是敦煌。这些见解清理了文献中长期以来对敦煌历史的误记和误读以及学术界对此问题的传统看法，对正确认知敦煌的早期历史具有重要价值。而后者则是对敦煌建郡年代的考证。由于《汉书》对河西四郡建郡年代的歧记，河西四郡的设置时间成为史学界长期争论的问题。先生的论文广征博引、详密考证，把敦煌建郡的时间定格在汉武帝后元元年（前88 年），得到了学术界的基本认同。

《论东汉敦煌在中原与西域关系中之重要地位》一文，也是一篇讨论敦煌的文章。其实早在西汉时期，敦煌就不仅仅是一个过往通道，不仅仅是一个军事战略基地。而且在行政上对西域的管理也有重要作用，比如对伊循屯田的管理，对车师屯田的管理，敦煌太守就可以直接发送公文到上述两地。但是到东汉情况就不同了，西域"三绝三通"朝廷对西域的管控能力远不及前。正因为如此，敦煌的作用就更显得重要。文中通过对中郎将、河西副校尉、西域副校尉等管理西域的官职设在敦煌的情况，论证了敦煌在东汉时期的特殊地位。

《西汉西北边塞》一文，对汉塞的修筑时间、基本走向和分布地区；汉塞防御体系及驻军系统；相关的烽火制度、天田制度、考课制度等进行了描述，是今人探究汉代西北边塞体系的基本依据。《汉武帝对河西的开发及其意义》，认为河西的开发，为经营西域提供了重要的人力和物力保障。同时迫使匈奴西迁，对欧洲的历史发生了影响。

《建郡后的汉代河西》是一篇通论两汉河西的治理及兴衰的文章。汉武帝时期，设立河西四郡，与同时对辽东和朝鲜半岛的经营相呼应，形成了对匈奴的反包围，具有重要的战略意义；两汉之际，窦融在河西采取的政治、经济、军事措施，保证了河西的繁荣稳定。但是到了东汉后期，河西却走上了衰落。从宏观层次上，对两汉时期的河西进行了长时段的叙述，给人以河西历史发展的整体脉络。

《东汉对关陇地区的统一》也是一篇涉及河西窦融的文章。新莽及东汉初年，天下纷扰，豪杰并起，大小地方势力如雨后春笋般各自为政。河西有窦融、天水有隗嚣、三水有卢芳、陇南巴蜀有公孙述。文中对上述混乱局势的叙述层次井然，脉络有致，在错综复杂的背景中，把全国统一的主线凸显了出来。尤其突出了隗嚣的毁灭和窦融的贡献，突出了地方历史的走向对全国局势的影响，阐明了关陇地区的动向对东汉初年全国统一的影响。可谓事件史研究的典范之作。

五、对汉代骊靬和罗马战俘问题的研究

对汉代骊靬城和罗马战俘问题的研究，是先生最先并长期关注的课题。1989 年 9 月 29 日《参考消息》报道，根据法新社悉尼 9 月 28 日电，一位澳大利亚教师认为，久已消失的罗马军团，结果被发现在中国戈壁滩的边缘。同年 12 月 15 日《人民日报》又做了类似的报道，说中澳苏三国史学家在今甘肃永昌发现了西汉安置罗马战俘的骊靬城。1993 年 7 月 22 日，《新华每日电讯》又做了同样内容的报道，从此之后各大媒体和地方当局大肆炒作，一时间成为中外关系史上的重大历史事件。针对这一问题，先生以一个历史学家的敏锐和卓识，率先发表了不同意见，先后发表了《西汉骊靬城与罗马战俘无关》《骊靬·大秦·洛阳》《西汉骊靬县与犁靬国无关》《骊靬是西汉安置罗马战俘城商榷》《关于西汉郅支城之战》等系列论文。运用中外历史记载，从不同的侧面，深入反复地论证了骊靬一名和大秦罗马在西汉和东汉不同历史时期的不对应；汉代骊靬县的得名源自于早先游牧此地的匈奴部落名称的音转，而且骊靬县的设置既早于公元前 36 年的陈汤伐郅支，也早于公元前 53 年安息波斯和罗马的卡莱尔战

役；汉代骊靬县为安置罗马战俘一说，最早出自英国史学家德效骞的附会并已受到学术界的质疑，并不是什么新说。总之，汉代的骊靬因罗马战俘而起是一个伪命题，不能成立。经过历史学界的不断跟进，尤其是汉简材料对骊靬的确切记载，更加证实了先生的判断和结论是不移之论。这一问题的研究回答，不仅廓清了中外历史的千年谜案，而且也体现了先生不从俗、不跟风的人格品质，以一个历史学家的使命、责任和担当，抵制了时下一些地方无中生有编史造史之恶习。

六、对先秦秦汉时期西北民族的研究

西北地区，从远古起就是一个多人种多族群共同聚居的地方，千百年来他们繁衍生息，共同为中华文明的形成和发展，作出了贡献。先生的研究也涉及这一领域。其中《先秦时期甘肃的民族》，对秦统一前先后活动于甘肃的十多个民族（其实就是族群和部落）逐一进行了梳理和考证。他们是黄帝部落、周先人、犬戎、嬴秦、翟戎、氐人、乌氏、月氏、大夏、羌人、义渠、戎人等等，是深入认识甘肃早期历史的系统知识。秦统一前甘肃究竟有哪些部落和族群？邈远无稽，一片混沌。有的是神话，有的是传说，有的是蛛丝马迹的线索，有的只是一鳞半爪的记载。想要提供一个完整的知识系统，实在是件困难的事。文中钩沉索隐、披沙沥金，把早期分布在甘肃的十多个种群和部落逐一做了清晰的交代，对研究古代的甘肃具有填补空白的价值。

《关于西汉水上游寺洼文化的族属问题》，对寺洼文化的族属进行了探索。认为其族属应该是长期活动于西汉水流域的白马氐人。这一看法的提出，把人们对寺洼文化的认识大大推进了一步，对整体认识甘肃远古文化的分布和族属有重要价值。

《西汉前期西北民族研究》主要研究的是河西、河湟和西域在秦汉之际的民族情况。文章认为，西汉前期即汉武帝出击匈奴以前，长城以南的农耕地区是汉朝的郡县区，长城以北则是匈奴控制区，其中包括河西地区的月氏和乌孙、河湟地区的羌人以及西域三十六国。在这种情况下，汉朝与匈奴和亲的同时，采取徙民实边、入粟塞下、建立牧马苑孳养马匹等一系列经济和边防措施，是一种积极的防御政策。

七、对先周文化和早期秦人的研究

甘肃是先周文化和早期秦人的发源地，对这些问题的关注，对甘肃的地方历史和早期的周秦历史都有重要意义。《有关先秦时期陇东历史的几个问题》指出，对陇东地区先秦时期的农业状况应该给予客观真实的评估，不应过于拔高和夸大。一是因为周先民迁来陇东后周围都是游牧部落的畜牧经济，周人不可能不受周围环境的影响而进行单一的农耕，至多只能是半农半牧；二是因为4000年前的西北地区出现过一个冰期时代，气温普遍下降了3℃到4℃，迫使当时的农耕生产转变为以畜牧业为主的游牧经济。那种把周先民的农业技术和分布范围过分夸大的观点，还需要史料和考古材料

的进一步证实。这样的研究充分体现了先生在历史研究中一贯坚持的实事求是的精神。

《嬴秦族及其西迁》是关于秦人早期史的论文。文章认为，秦人的族源属于东夷族，最早活动在河南范县一带（李学勤先生认为秦人最早在山东的活动范围在曲阜一带）。商末周初，其中的一部分西迁陇山以西的西犬丘和秦邑，逐步发展直到秦襄公立国。文中肯定了秦人东来说，也对秦人在甘肃东部的活动范围作了初步探索。礼县秦公大墓的发掘、甘谷毛家坪秦文化遗址的发掘以及清华简的记载，都证实了先生的上述看法。

《秦襄公述论》也是秦人早期史或者说是秦开国史的研究。秦襄公平戎救周，挽救了周王室。平王东迁，开始了历史上的春秋时代。秦襄公被封为诸侯，标志着秦国的建立。近些年来，随着礼县秦公大墓的发掘，对秦人早期历史的研究又成为热门课题，也取得了一系列成果。但先生此文发表于 20 世纪 80 年代初期，文中对秦人从大业开始的早期史、秦襄公平戎救周、护送周平王东迁、襄公对周围戎族的斗争等都有全面论述，对研究和了解秦人早期在西部的活动，具有重要价值。

八、参与地方史志的研究、编写、和指导工作

从 20 世纪 80 年代中期开始，全国进入了编修地方史志的热潮。一部部省志、市志、县志相继出版问世。至今已进入第三轮修志。从开始到现在的三十多年里，先生参加的各类志书的评议、评审和相关会议已无可计数。他跑遍了全省各地，发表了无数的指导意见，为新时期的地方志编纂贡献了自己的学识和才华。不仅如此，他还亲自承担完成了《兰州市志·建置区划志》《甘肃建置志》等大型专志。历史上的建置沿革不断变化，史书的记载或者残缺不全或者混乱歧异，文献的记载与今日的遗迹和现状又多不相符。一大堆的难题需要面对，一个个学术问题需要解决。所以两部建置志的完成，实在是费时费力的心血之作。在全省修志中，由历史学家亲自主编主笔完成的志书，并不多见。所以先生对地方志的编修可谓无私奉献，独此一家。

先生对地方史一些重要的学术问题都有自己的研究心得，有些已经整理成文发表。比如《关于兰州历史上的几个问题》指出，从大地湾一期文化到仰韶文化、齐家文化，都属于农耕文化。但是到了青铜时代，卡约文化、辛店文化和寺洼文化，又进入了畜牧为主的时代。兰州地区的情况也是这样。这不是历史的倒退，是当时自然地理和气候环境所致。要特别引起编史修志的同志们注意。另外，还就兰州地区的几个历史地名问题，作了具体探讨。如战国秦时期的兰州地区不属于陇西郡的辖地，因为秦昭王修长城西起临洮，兰州不在长城之内；秦始皇所建榆中县，只有六七年时间。秦末战乱，匈奴又攻占了原地，直到元朔二年（前 127 年），兰州的建制才逐步恢复起来，所以，一般说西汉初年兰州地区的行政隶属关系沿袭了秦代制度，这是靠不住的；汉代

的媪围在今天的景泰而不在皋兰。《汉晋金城郡允街县方位考》认为《水经注》河水条对允街县位置的叙述有误差，而谭其骧主编《中国历史地图集》第二册将汉代允街县的位置标注在庄浪河（乌亭逆水）的下游也是误标。文中根据三国及十六国时期的建置沿革实际的地貌空间推定，汉晋时期的允街县位置当在湟水下游，与允吾县隔河相望。再如《〈水经注〉与礼县历史》对《水经注》中涉及十多个北魏以前的历史地名进行了考证。总之，这方面的研究，对地方志的编纂和提高其学术价值，都具有实际的指导意义。

九、参与《西北通史》的编写和主编《甘肃通史》

《西北通史》是谷苞先生主编的五卷本大型巨著，是西北地区有史以来第一部通史性著作。刘光华先生除了协助组织以及总理编辑出版事务外；亲自承担完成其中的第一卷，先秦两汉部分。为了说明全书的整体价值，我们先从《西北通史》讲起。首先从地理上看，西北地区自古以来不仅是丝绸之路的通道，连接欧亚的桥梁，它还是多民族杂居地区，最长的陆路边疆。西北的安危治乱，直接关系到国家的兴衰存亡，因此，历朝历代都十分重视对西北的经营管理。所有这些，都需要历史文化的认知和朝野各界的共识。从学术源头上看，西北史地之学，不自今日始。早在晚清近代之时，面对着强邻环绕和边疆危机，一些有识之士如洪亮吉、徐松、祁韵士、张穆等人就开始关注西北，留下了大量西北史地方面的历史著述。抗战时期，西北史地之学再度兴起，也是经世致用之所需。自古以来辽阔的九州大地，山川地理的不同和民情风俗的差异，形成了各个地区的不同功能。东北有东北的情况，西南有西南的特殊，而西北则有西北的重要。20世纪末，东北已有三部通史，分别是金毓黻在中华人民共和国成立前编写的《东北通史》，薛虹、李树田在1991年出版的《中国东北通史》和李治亭主编的《东北通史》；西南则有方铁主编的《西南通史》。从当时国家发展的整体战略看，1999年中央正式提出了西部大开发的战略决策，西北地区在面积上占了多一半的地块。在这种情况下，编写一部以整个西北地区为叙述对象的《西北通史》，就成了时代的需要、社会各界的期盼和学界义不容辞的责任。

谷苞先生是学界耆宿。早年毕业于清华大学，长期担任学术机关的领导，并在边疆地区从事民族学社会学的田野调查和学术研究。由他牵头并担任《西北通史》的主编，德高望重，实至名归。分卷主编，各司其职，分别在谷苞先生的指导下，完成各卷的任务，也是一种最佳的合作形式。

刘光华先生承担的《西北通史》第一卷先秦两汉部分，上起蓝田猿人，下迄东汉末年，时跨数十万年。地域空间包括今陕、甘、宁、青、新及内蒙古西部，地形复杂，民族众多，社会的发展不同步，头绪纷繁。书中的有关章节纵然也有其他学人参与完成，但总体水平应该体现的是先生几十年研究西北史地所达到的高度。除了上面在专题研究中介绍的学术成果是先生完成此书的坚实基础外，还有一项特别重要的著述就是 1988 年出版的《中国古代西北历史资料辑录（一）》，上下两册。按年编排了从远古传说到东汉末年的所有有关西北的历史资料。同样可视为《西北通史》第一卷的早期工作。此书虽然是一部资料性辑录，但其所需学术功力，并不亚于一部专门性著作。其中的剪裁排比，每一项资料的年代确定，纷乱资料的整理归类，歧异错讹的考订研究，绝不亚于当年司马光编撰《资治通鉴》的过程。正是由于其中的难度很大，当初约定分段承担的其他部分，都没有了下文。此书的整理出版，不仅为先生后来承担完成《西北通史》第一卷奠定了坚实的资料基础，还方便了同人，惠及后学。

还有一个人所不知的情况，就是谷苞先生当时已年近九十，很多编务、协调和通稿、修改的工作，都由刘先生协助完成。该书出版的第二年即 2006 年，刘先生又参与筹办了"谷苞先生 90 华诞学术研讨会"并主编出版了《谷苞先生 90 华诞纪念文集》。总之，刘光华先生对《西北通史》的贡献，绝不仅仅是完成了第一卷的编写，他对总编谷苞先生的尊敬、爱戴，工作上的主动配合和无私奉献，是人所不知的。

完成了西北通史的编写任务后，先生又主编了八卷本的《甘肃通史》。前七卷出版于 2009 年，第八卷出版于 2013 年。全书四百多万字。从远古到现当代，截至 1984 年。甘肃过去有多部《通志》，差可算得上通史性的著作有慕寿祺的《甘宁青史略》，还有前此出版的《甘肃古代史》和《甘肃近代史》。但是贯通古今又各分断代，内容翔实且观点新颖的通史性著作，《甘肃通史》是第一部。先生作为主编，从人员的组织到各卷任务的划分，从大纲细目的制定到具体章节的编写，从编写原则的确定到最后的通稿修改，都付出了艰辛的劳动。《甘肃通史》的出版，被誉为甘肃省文化建设的一座丰碑，得到了省委省政府的高度赞誉，得到了社会各界尤其是学术界的充分肯定。我们以为，作为一个终生研究西北史地和甘肃地方史的历史学家，按照自己的学术观点和知识体系编写一部大型的《甘肃通史》，应该是先生多年的心愿和理想，是其学术造诣的总体呈现。从学术界来讲，先生的出任《甘肃通史》主编，实际反映的是他在陇右史坛的崇高地位。

十、结 语

总体上看，先生的研究成果比起当前一些以数量取胜的新锐学者，不能算多。但是，40 多篇论文，10 多部著作，也不能算少。况且先生的论文，篇篇有卓见甚至都解决一个重大问题。比如他对西北屯田的研究、对骊靬与罗马战俘的研究、对河西和敦煌的研究、对西域和丝绸之路的研究、对秦人早期历史的研究，都有很多真知灼见，是史学研究领域可以传承的一笔可贵财富。

先生治史从教六十年，始终紧盯在先秦秦汉和西北史地的时空范围，心无旁骛，咬定青山不放松。先生是新中国培养的马克思主义史学家。但是在具体实践中，从来都是具体问题具体分析，不讲宏大理论，不讲空话和大道理。他是那种把马克思主义活的灵魂渗透到对历史问题的分析中而不露痕迹的人。先生的研究，重材料，重史实，重考据，追求历史的客观真实。同当下一些后现代主义的史学观点完全不同，是传统史学方法的典型作风。先生的研究选题，既重政治活动、重要人物和重大事件，也关注经济生活和各民族的历史，但较少日常生活和意识形态方面的选题。先生的研究，还有一个重要特点，就是十分重视实地考察和考古出土材料的利用。他对一些历史地名的确定，就是历史文献和实地考察的结果。他对周秦文化和寺洼文化的研究，就是考古材料的充分运用。他对西北屯田和河西史地的研究，则是对历史文献、出土汉简、实地考察和考古材料等多重证据综合运用的结果。先生做学问一如其做人，不急不火，从容淡定。其文风朴实无华，从无虚饰浮夸。他既不追求时髦也不抱残守缺。是那种认准自己的方向，勤奋耕耘，从容不迫，稳步前行，只管走自己的路的人。淡泊名利，自然天成，成为甘肃史学界的领军人物，并垂范晚学。

最后，《陇上学人文存·刘光华卷》的编成，首先要感谢丛书主编范鹏、王福生先生和副主编马廷旭先生接受了我们的建议，把刘光华先生及其成果纳入《陇上学人文存》系列。其次要特别感谢刘先生本人。他虽八十多岁高龄，但精神矍铄，思路清晰，思维敏捷。书中的十五篇文章由他亲自选入，省去了别人选择时的难以把握。书稿印出后他又亲自校对，让我们心存感激。再次，感谢出版社和本卷编辑张菁，是她不惮烦难多次往返我家转送清样，耐心听取意见建议。在指定的时间里由于编选前言的重新撰写让她等待多日，心有不安。最后还要感谢帮助我们收集资料的朋友和同学们：省委党校的王旺祥、西北民大图书馆的赵兰香、兰大敦煌研究所的史志林和西北师大在读博士生孙富磊，是他们的热情态度和高效工作，才使本文所需资料得以基本齐备。

《陇上学人文存·刘光华卷》(第五辑)

作者：郝树声　侯宗辉

齐陈骏

　　齐陈骏，男，汉族，1936 年出生于浙江省天台县，1957 年毕业于复旦大学历史系，后分配至兰州大学历史系任教，1986 年晋升为教授，1992 年被评为享受国务院特殊津贴的专家。齐陈骏先生是兰州大学敦煌学学科创始人、敦煌学研究所前所长，历史文献学（含：敦煌、古文字学）专业博士生导师，《敦煌学辑刊》主编。他还曾兼任中国敦煌吐鲁番学会副秘书长，中国唐史学会理事，甘肃敦煌学学会副会长等。

　　齐陈骏先生一生耕耘、辛勤探索，无论是在科学研究，还是在学科建设等方面，均可谓硕果累累，成绩斐然：隋唐史、政治制度史的研究造诣深厚，著述颇丰；河西史的研究独树一帜，博古论今；敦煌学的研究更是成就卓著、影响深远，为推进中国敦煌学的研究作出了不可磨灭的贡献，其学术声望享誉国内外敦煌学界和隋唐史学界。

　　齐陈骏先生曾在《历史研究》《中国史研究》《敦煌学辑刊》《敦煌研究》等刊物上发表诸如《试论隋和唐初的政权》《敦煌沿革与人口》《河西历代人口简述》《唐代的科举与官僚入仕》等六十余篇学术论文；出版有《河西史研究》《西北通史》（第二卷）、《枳室史稿》《五凉史略》（合著）、《古代西北屯田开发史》（合著）、《中华人民共和国地名词典·甘肃省》（副主编）、《中国敦煌学百年文库·地理卷》（主编）等专著。著述共计 200 余万字。

一

齐陈骏先生父姓陈，母姓齐，其父因家道贫寒，入赘齐姓家中，故而先生得有"齐、陈"两姓。其母齐姓家族是当地有名的书香世家，明清两代曾出现如齐汪（曾在明英宗"土木堡之变"中殉难，名留青史）、齐巨山（清初名人、奇士，以文章气节为时人所敬重）、齐召南（清乾隆时著名的大学问家，参修过《大清一统志》，充当过《续文献通考》副总裁，官至礼部右侍郎）、齐世南（清时宁波府学教授）等著名人物。其父陈家虽家境困苦，但是先生之父却自幼喜读诗书，诗词写得更是流畅，曾集有《百丑楼诗稿》。正是这种家世渊源，耳闻目染，使得齐先生自小就喜欢读书，得以在当地最有名气的学校接受当时最为良好的教育和熏陶。这一切都为先生最终能以优异的成绩考取复旦大学打下了很好的基础。

在父亲"不为良相，当为良医"（引范仲淹语），"不求大富大贵，但求与人为善，解人痛苦"的教诲下，齐陈骏先生考大学时所选的专业除了自己喜欢的历史专业外，还填报了医学专业，最终被录取到了复旦大学历史系。是机缘巧合，还是命运使然，齐先生自己也不知其详。不过，让我们庆幸的是，自此，在学习和研究中国历史的队伍中多了一位年轻人，一位后来为西北历史文化研究作出许多学术贡献的学者和专家。齐先生的史学生涯就这样拉开了帷幕。

20世纪50年代的复旦大学名师云集。时高校院系调整，复旦大学历史系成为当时全国师资力量最强的系科之一，诸多学者、专家齐聚一堂：如甲骨学家胡厚宣先生，历史地理学家谭其骧先生，历史学家、社会活动家周谷城先生、王造时先生，经学家周予同先生，历史学家陈守实先生、杨宽先生、胡绳武先生、耿淡如先生、靳文翰先生、陈仁炳先生、张荫洞先生等均供职其间。四年里，在诸多名师"传道、授业、解惑"的引领下，齐陈骏先生真正明白了读史、学史的要求和重要意义：通晓历史发展规律，从中吸取有益的经验教训；订正历史，还历史本来面貌；增加知识，提高自己的文化修养。

虽然历经"三反""五反""社教（四清）运动""文化大革命"等时代浪潮中的风风雨雨，齐陈骏先生依然在有限的时间里努力实现着他无限的求知欲望。一有空闲就秉烛夜读，翻阅史料、查找资料、印证观点。为协助教学，齐先生还多次到敦煌考察，奔波于丝绸古道之上。正是在齐先生不懈地努力下，一篇篇颇具学术水平的文章脱颖而出，见诸于学术界的若干权威刊物中。齐先生之名渐行渐远，走出了西北，为学界人士所周知。

为了突出兰州大学历史系研究的重点和特色，齐陈骏先生更是锐眼识金，率先在兰州大学开设敦煌学专业学科，培养敦煌学人才，建立敦煌学资料室，创办《敦煌学辑刊》，为兰州大学成为国内第一个招收敦煌学方向的硕士点和博士点，为兰州大学敦煌学研究所成为教育部第一批人文社会科学重点研究基地立下了汗马功劳。多年的潜心研究和颇有影响的成果的问世，使得齐先生成为敦煌学领域研究的专家。

二

诚然，齐陈骏先生丰硕学术成就的取得同他特有的成长经历、个人的勤奋努力密不可分；但更重要的是，作为一个史学工作者，齐先生那种对时事独具慧眼的敏锐性、肩负历史厚重的责任感，使得他——这样一位身在异乡的游子，得以在研究西北地区历史文化的长河中占有自己的一片天地。

（一）倾心隋唐

齐陈骏先生对"隋唐史"一直是情有独钟的，大学时期就非常关注这段历史，从事教学科研工作后，更是将隋唐史作为自己的主攻方向。

1957 年 9 月，齐先生从十里洋场的大上海被分配到远在西北的兰州大学。由于当时的反右运动，大学毕业生都得下乡锻炼。齐先生在 1958 年年初就被下放到酒泉，在河西走廊的祁连山下进行劳动，直到 1959 年 4 月才得以返回兰州。此时，兰州大学的文科已经并入西北师范学院，西北师范学院也更名为甘肃师范大学。齐先生随即做了隋唐史专家金宝祥教授的助教，在从事中国古代史教学的同时，开始钻研隋唐史。

20 世纪五六十年代的史学界学风正浓，在马克思主义理论指导下的中国古代史分期问题、中国资本主义萌芽问题、中国封建社会农民战争问题、中国封建土地所有制形式问题、汉民族形成问题五个基本历史理论问题的争论此起彼伏，学者们众说纷纭，争辩之声高潮迭起，被誉为当时史学界的"五朵金花"。这五朵绚烂夺目的"金花"可谓中华人民共和国成立初期大陆史学界之显学，甚至被视为一个学术时代的表征。

当时，身为著名隋唐史专家金宝祥教授的助教，齐陈骏先生也积极投入了土地制度史的讨论当中，开展唐代均田制的研究。1959 年，齐先生的第一篇学术论文——《均田制是地主土地所有制的补充式——对韩国磐、贺昌群两先生看法的一些意见》，在《甘肃师范大学学报》第 2 期上见诸于世。该文针对当时学术界激烈讨论的土地所有制问题，大胆地对韩国磐、贺昌群等史学大家的"单一国有说"提出了不同看法，并指出："均田制虽然是一种国家土地所有制，但却是封建主大土地所有制的一种补充形式，是为了保护封建主所有制所采取的一种必要手段，是封建主土地所有制派生出来的一种土地制度。"这一观点的提出对于当时学术界深入认识封建土地所有制的性质是很有帮助的。

1961年，兰州大学恢复文科，齐陈骏先生从甘肃师范大学调回兰州大学，继续倾心在隋唐史研究的领域中，并辛勤耕耘着。此时，齐先生的研究视野更为开阔，从以往的土地制度史转入了政治史领域。1965年，齐先生的又一长篇论文——《试论隋和唐初的政权——与吴泽、袁英光两同志商榷》，发表于《历史研究》第1期。该文对陈寅恪、吴泽、袁英光等学界前辈提出的士族、蔗族地主的观点进行大胆的质疑与商榷，不同意以官僚出身来划分不同集团的研究方法，并且运用阶级分析方法进行了实事求是的分析。该文一经发表，立刻受到国内外学术界的关注，日本学者砺波护《隋の貌阅と唐初の食实封》（《东方学报》第37册，1966年）在前言部分用了几乎满页的篇幅，全面介绍了齐先生的观点；西方学者崔瑞德（D.CTwitchett）主编的《剑桥中国隋唐史》引用了该文的观点，并称"近来中国历史学家中发生了一次论战，从中反映了吴泽、袁英光和齐陈骏之间的分歧"。时年29岁的齐陈骏先生，年纪尚轻，却已头角峥嵘，被西方学者称作为"历史学家"，可见此文分量之重；也使得该文成为齐先生在隋唐史领域的成名作，奠定了他在隋唐史学界的地位。

十年"文革"中断了中国学术，在这场文化浩劫结束以后，齐陈骏先生再次激情地投入隋唐史的研究中。1979年，齐先生先后发表了《略论隋末瓦岗军的领袖李密——兼与孙达人同志商榷》《略述唐王朝与吐蕃的关系及张议潮领导的沙州人民起义》两篇学术论文，从农民起义的角度入手，重新开启隋唐史研究。

1980年，中国唐史学会在西安成立，齐陈骏先生出席大会，当选为理事。在此之前，他还曾前往武汉大学，追随著名唐史学家唐长孺先生进修学习。此后，齐先生在《中国史研究》《兰州大学学报》等刊物上陆续发表了《关于评价隋文帝杨坚和"开皇之治"的几个问题》《从隋代官制改革看专制主义政治的加强》《裴矩功过述评》《隋唐西北的屯田》《唐代宦官述论》《唐代的科举与官僚入仕》等一系列学术论文，使兰州大学成为国内研究隋唐史的一个"重镇"。以后，齐先生培养的研究生陆庆夫、李天石、冯培红等，也都担任了中国唐史学会的理事，活跃在隋唐史研究的领域中。

经历了20世纪六七十年代时代风潮的齐陈骏先生，时时刻刻都在反思着中国历代"官与吏"之间"剪不断、理还乱"的层层叠叠的复杂关系。改革开放后，齐先生开始着手于中国古代政治制度史的系统性研究，尤其着眼于"选举用人制度"——这一古代政治制度史研究中最重要的研究课题。进入21世纪，齐陈骏先生就此课题撰写了多篇学术论文，如《两汉选举用人制度述论》《魏晋南北朝选举用人制度述论》《隋唐时期选举用人制度述论》《宋代选举用人制度述论》等一系列论文，从不同历史时期对中国古代的选举用人制度进行系统的梳理和研究，指出各个历史时期选举用人制度发展的脉络、时代特征、优缺点，以及对当时政治、社会的影响，为史学界的中国古代政治制度史研究添砖加瓦，阐释新义（由于受篇幅所限，故将相关论文收录在齐陈骏先生的学术成果目录中，以供学界人士查阅参考）。

齐陈骏先生之所以致力于古代政治制度史研究，不仅仅是为了回顾和总结古代政治制度的利与弊，更重要的是将自己的学术研究工作的终极目标放在了服务当今社会、造福子孙后代的重任上。如何能借前车之鉴，处理好"官与吏"的关系，如何处理好"中央与地方"的关系……这都是作为一位历史学家的齐陈骏先生始终不断探索和思考的问题。

（二）目光聚焦西北

20世纪70年代末，国内史学界的学术活动逐步有所恢复，加之改革开放的春风，高校各种系都对如何办学、如何办好学充满了信心和斗志。兰州大学历史系也加入了这一时代的行列，积极探索自己的立身之道。当时，历史系明确扶持的三大研究方向是：世界史方向、中国古代史方向、中国少数民族史方向。同时，还进一步细化出汉简研究、敦煌学研究、宋元以后少数民族史研究等。齐陈骏先生就是这其中"中国古代史之魏晋隋唐史"教学和研究的主力军、敦煌学研究的主要成员，被喻为著名历史学家赵俪生先生——这位"头马"带领下的三驾马车之一。

身在西北，如何将学术资料不足与信息传递落后的不利状况转化为有利的条件？如何为系所的发展开辟一条捷径？这一直是齐陈骏先生不断思考的问题。西北，虽地处偏远，但文化积淀深厚，有新石器时代的彩陶文化，秦汉以后的长城遗址、汉晋简牍、丝路文化、石窟遗址，近代以来发现的敦煌吐鲁番遗书……这些都是研究中世纪时期西部历史文化最宝贵的资料；而且在隋唐以后，西部作为我国少数民族活动最为频繁的地区，对于民族历史和宗教的研究，更是西部史学工作者责无旁贷的使命；而古代中西交通及丝绸之路的研究、中亚历史文化的研究、俄国及苏联史的研究，都离不开西部这一片阔土，离不开丝绸之路这一重要的历史通道，如此说来，围绕西部的研究前景广阔、大有可为。

"做西北人，吃西北饭"，在齐陈骏先生和一些同志的倡导下，在系校领导的支持下，兰州大学历史系先后成立了诸多研究小组，如世界史方面的中亚研究组、俄国史研究组，中国史方面的汉简研究组、敦煌学研究组、西北少数民族研究组等。兰州大学历史系的学术研究工作宛如一棵参天大树拔地而起，而齐先生有关西北历史文化的研究成果则成为这棵大树上璀璨夺目且不可或缺的硕果。

1.结缘敦煌

齐陈骏先生一直秉承着前辈学者们所说的：做学问要肯吃苦、要有"三冷"的精神，即"坐冷板凳""啃冷馒头""吃冷猪肉"。只有这样，才能真正有所成就。1964

年，时年 28 岁的齐先生与敦煌第一次亲密接触。此后，这种缘分似乎就未曾间断过，一次、两次、三次，以致十多次，诸多机会让齐先生同敦煌结下了不解之缘。也正因如此，齐先生犀利的目光也落在了三危山旁、月牙湖畔。这份缘之深、这份缘之重，堪比者无几。

在敦煌学方面的研究，齐陈骏先生坦言：这是他"廿年磨一剑"的结果。在 20 世纪 80 年代初期，《敦煌学辑刊》第 1、2 集上即连续刊出了齐陈骏先生有关敦煌学方面的学术论文——《敦煌沿革与人口》，该文在前人研究的基础上，广泛搜集史籍与敦煌文献中的相关资料，首次对敦煌——这一丝绸之路上的历史重镇，自其建郡以来直至清代的行政、地理沿革及人口变化等作了详尽的考察，为敦煌学研究提供了重要的基础，得到了学界的广泛肯定，也成为齐先生在敦煌学研究领域的代表作。此后，齐先生在《中国史研究》《敦煌学辑刊》等刊物上陆续发表了《简述敦煌、吐鲁番文书中有关职田的资料》《敦煌、吐鲁番文书中有关法律资料简介》《有关遗产继承的几件敦煌遗书》《读伯 3813 号〈唐判集〉札记》《敦煌学与古代西部文化》等一批学术论文，尤其是致力于敦煌法制文书的探究，并把它放在整个丝绸之路法律文化的背景下进行考察，取得了较大的成绩。

齐陈骏先生与敦煌的缘分还不仅仅于此。改革开放以后，随着国内学术的复苏，各大高校开始建立敦煌学学科，兰州大学便是这其中的一枝奇葩。1979 年 1 月，在齐先生的率领下，兰州大学率先创办了敦煌学研究小组，并且邀请敦煌文物研究所段文杰、甘肃省图书馆周丕显等同志在兰州大学历史系开设敦煌学相关课程，又组织编辑学术刊物，于翌年 2 月出版了《敦煌学辑刊》第 1 集——这是中国内地第一份关于敦煌学的专业刊物。时至今日，该刊已经出版了 76 期。这份刊物凝聚和沉淀着齐先生对学术研究的景仰，对敦煌和敦煌学科的钟爱，先生的心血和期望凝练于此。如今，先生虽已退休，但是仍情系这份缘，担当这份责。

齐陈骏先生不仅开创了兰州大学的敦煌学事业，而且还积极参与组织全国性的敦煌学学术活动，为中国敦煌吐鲁番学会的成立作出了贡献。1983 年 8 月，中国敦煌吐鲁番学会成立大会暨全国敦煌学术讨论会在兰州召开，兰州大学是主要承办单位之一，齐先生当选为常务理事兼副秘书长。会后，齐先生与二十一名专家共同联名给邓小平等中央领导写信，请求国家拨款支持敦煌吐鲁番学研究事业的发展，得到了中央领导的批复与同意，使中国敦煌吐鲁番学研究获得了健康的发展。对于兰州大学而言，1984 年 1 月，历史文献学（敦煌学方向）硕士学位点获得批准，《敦煌学辑刊》也被高教部、文化部正式批准创刊，同时敦煌学研究小组升格为敦煌学研究室，齐先生担任主任，领导研究室同仁一同开创了兰州大学敦煌学研究的新局面。

在齐陈骏先生的带领和指引下，更多同齐先生一样激情投入西北历史研究的年轻人被带上了路，由此兰州大学的敦煌学研究事业宛如旭日东升、蒸蒸日上。为了培养敦煌学人才，扩大青年教师的学术视野，齐先生以高瞻远瞩的学术眼光和宽广无垠的学术胸怀，在 20 世纪 80 年代到 90 年代初，多次派遣敦煌学研究室的青年教师到国内外各著名大学和研究机构进修学习，如陆庆夫、郑炳林到北京大学、北京师范学院，郑炳林到复旦大学，杜斗成、郑炳林到杭州大学，郭锋、王冀青到英国图书馆，王冀青到日本东洋文库，还推荐楼劲到复旦大学攻读硕士学位，学成后回到研究室工作，而齐先生自己直到 1991 年才短暂出访解体前夕的苏联。通过这种具有世界性学术眼光的人才培养措施，齐先生为兰州大学的敦煌学研究培养了坚强而有力的后备人才力量，这些当时的青年教师，现如今都成为中国敦煌学研究领域的主力骨干。正如有学者所言："如今（兰州大学敦煌学）研究所集聚了一批贤能人士和科研骨干，形成了一支阵容可观的学术梯队，大家团结一致谋发展，聚精会神搞研究，真可谓人才济济，硕果累累。这一切的一切都与陈骏君的努力分不开，陈骏君功不可没，德高望重。"

2.关注河西

河西是海上丝绸之路开通之前，历代中原通往西域的必经之路，是古代中西交通的必经大道——丝绸之路的东段大道，更是中原与西域之间精神文明和物质文明交流的大动脉。河西历史何其重要，但却一直少人问津，著述更是少之又少。齐陈骏先生独具慧眼，注重长时段的历史考察，学术视野非常开阔。他将主要精力投放到河西史乃至整个西北史的研究上，而不是仅仅局限于敦煌学领域，为研究中古西北地方史，尤其是甘肃河西史作出了开创性的贡献。

改革开放以后，除创建敦煌学之外，齐陈骏先生专攻的重点主要就是河西史和五凉史。在 20 世纪 80 年代，齐先生先后发表了《古代河西的兴衰》《河西历代人口简述》《丝路考察纪略》《关于高台县骆驼城遗址的一些问题》《略述三国时期曹魏对河西的经营》《略论张轨和前凉张氏政权》《氐人吕光和他的后凉政权》《李暠与西凉政权》等多篇有分量、有价值的学术论文，为学界探究河西历史原貌，理清河西历史发展脉络，答疑解惑；为学术界洞悉河西五凉政权打开了一扇门。1989 年结集出版的《河西史研究》一书，更是为学术界呈上了一份有关河西史研究的满意答卷，该书成为继日本学者前田正名的《河西走廊历史地理学的研究》之后，中国首部关于河西走廊历史的研究著作；此前一年，齐先生还和敦煌学研究室同事陆庆夫、郭锋共同出版了《五凉史略》一书，成为中华人民共和国成立后第一部关于十六国时期五凉政权的专著，填补了相关领域的学术空白。另外，齐先生还参与撰写《中华人民共和国地名词典·甘肃省》，担任该书的副主编。

从 20 世纪 90 年代起，齐陈骏先生把学术目光进一步延伸和拓展到了整个西北地区，特别是循着古代丝绸之路的脉搏，对以甘肃、新疆等地为主的西北史进行深入研究，发表了《五凉政权与西域》《对古丝路贸易的估价》《丝路古道上的法律文化资料简介》《古丝绸之路法律文化资料述论》《汉代以来西域的社会状态与中原王朝对西域的经营方略》《从麦积山"寂陵"谈西魏时期关陇地区的文化融合》《东晋南朝时期西来高僧与浙东佛教》等学术论文，并于 2005 年出版了《西北通史》第二卷，该书是齐先生对魏晋隋唐时期西北地区的历史所作的综合性研究，代表了先生在该领域的学术水平。同年，还出版了《枳室史稿》一书，集结了齐先生在历时半个多世纪的学术研究生涯中，在汉唐史、敦煌学、河西史、丝绸之路与西北史等诸多学术领域内的丰硕成果。

三

齐陈骏教授不仅是一位著述等身的历史学家，也是一位诲人不倦的敬业之师。在齐先生四十余年的教学生涯中，先生"学道不倦，诲人不厌，发愤忘食，乐以忘忧"，曾先后为本科生、研究生开设过《魏晋隋唐史料学》《魏晋隋唐经济史》《汉唐职官制度》《中国历代选举用人制度》《历史文献学概论》《敦煌学概论》《河西史》等十几门课程，不断巩固和提升基础学科的发展水平。齐先生严谨的治学态度，良好的师德风范，一直为历届受益者所称道，经他授业的学生更是遍布大江南北，其中成绩斐然者比比皆是。

在兰州大学供职的数十年中，齐陈骏先生以其锐利的学术洞察力，不遗余力地整合资源，先后建立兰州大学敦煌学研究室（今兰州大学敦煌学研究所的前身），启动和引领敦煌学——这一新兴学科的发展和研究水平；创办中国敦煌吐鲁番学会兰州大学资料室；创办国内第一本专门刊载敦煌学研究成果的学术期刊《敦煌学辑刊》；用心培养了一批中青年学者，将他们送到国内外各著名高校和研究机构进修、学习、深造，组建和领导起一支敦煌学方面的高素质的学术研究团队。20 世纪 80 年代，正是在齐先生的不懈努力下，将兰州大学的敦煌学研究推向了一个新的高度，使之成为国内第一个招收敦煌学方向的硕士点。进入 90 年代，在齐先生和研究所同事的齐心协力下，终于使兰州大学敦煌学研究所成为国内第一个招收敦煌学方向的博士点。齐先生为兰州大学敦煌学研究所成为教育部第一批人文社会学科重点研究基地贡献巨大。

21 世纪以来，齐陈骏先生退休后虽离开了兰州大学，叶落归根，回到了故乡浙江，但依旧不忘自己的使命和责任。他在家乡一方面积极倡导"越文化"的研究，为浙江地区的历史文化发展奉上一份归来游子的心意；另一方面，又兼任浙江绍兴文理学院上虞分院的历史教学任务，为家乡的学子们继续着他终身不悔的传道授业解惑的职责。

齐陈骏先生的一生，活到老，学到老，思考到老，研究到老，立教学风气之一流、树学术研究之典范、掘敦煌学科之前沿、拓人才培养之模式。当谈及先生一生所获得的成就时，齐先生自谦地说："自来西北，几十年来，虽做了点工作，但缺憾甚多，不敢妄谈成绩，只是问心无愧而已！我做了点努力，写了点东西，但水平不高！只是作为一个时代的一份记录罢了！""问心无愧"一词，今日又能有多少人担当得起这其中沉甸甸的分量。先生之谦令人敬仰不已，实为后辈学者学习和效法之楷模！

齐陈骏先生近年来多次提出有关中国史研究领域中的诸多新想法和观点，该方面的课题罗列了二十多项，涉及中国历史发展的诸多方面。《乱世、治世与和谐社会》《外来学说对中国社会的影响》《史学研究中的辩证观点》……处处闪光着齐先生对中国历史的回顾和反思，对当今社会的关注和思考。谈古论今，数十年的学术生涯，齐陈骏先生真正做到了博古通今、以史为鉴，将毕生所学、所思，同当今中国社会的发展和进步联系起来，为当下历史前进的步伐清淤开道、建言献策。

本卷的编选工作得到了齐陈骏先生及其亲属的大力支持，以及齐先生的学生、兰州大学敦煌学研究所冯培红教授的鼎力相助，在此一并深表谢意！

《陇上学人文存·齐陈骏卷》（第二辑）

作者：买小英

初世宾

直词审实
披沙拣金
——《陇上学人文存·初世宾卷》

20 世纪是中国史学发展最显著、变革最深刻的时期。究其内里,无不由大家硕彦顺应新时代、新史观、新史料、新方法、新的学术文化氛围等等所融汇造就。甘肃是中华文明发祥地之一和中华民族的重要文化资源宝库,20 世纪中国四大考古发现中的半壁江山——简牍文书与敦煌文书即钩求于河西走廊与古居延地区,自此以后,甘肃以不断的重大考古发现而著称于世。这些宝贵的文化遗产既见证了甘肃古代辉煌的历史,也有力推动了新的学术文化繁荣发展。在甘肃文博系统奉献半个世纪的初世宾先生,既是这一伟大历程的亲历、见证者,也是这些沙海故珍的研究、发凡者。

先生原名初世民,或又作仕宾、师宾等。1937 年七七事变之秋,生于山东烟台一个诗礼商宦之家。少小遭罹战乱,然不废学业,在烟台近代废私塾、兴学堂后兴办的第一所学校——养正小学 (养正义学堂) 和山东省重点中学烟台一中 (芝罘中学) 受到良好的启蒙基础教育。1957 年考入山东大学历史系本科,修业四年,亲受陈同燮、郑鹤声、黄云眉、童书业、张维华、王仲荦、韩连琪、陈云章、孙思白诸辈名师教谕,启益良深。1961 年 7 月以优异成绩毕业，志愿赴西北，克服长期两地分居等许多特殊困难而在甘肃留居下来，先后在甘肃省考古所、甘肃省博物馆从事文物考古发掘、学术研究、展示教育和保护管理工作。

由于青年时代打下的坚实史学根基，世宾先生在他漫长的文博事业生涯中，能够遍访河陇、学游天下，系统爬梳、挖掘甘肃独特的石窟、简牍、丝绸之路等文化遗产价值，从秦汉西北史地研究入手，敏锐发现学术热点，善于稽古发微，直词审实地还原历史，揭橥其重大的历史文化价值，披沙拣金、所获至巨，并不断开辟新的学术研究领域。因之形成了三个研究重点，即考古学研究、丝绸之路学研究和简牍学研究，并在其余众多领域取得突出成就。他的著述风格，总体上更加倾向于或擅长以文化史、社会史贯通的方式，在简牍、考古资料中发现和穷举问题，尽可能详尽地复原历史，或者阐明它在重要历史事件中的重要意义。

一、考古学研究

考古学在中国是一门年轻的学科，相较于传统学术路径，它是理论实践结合更为紧密的新学问。另外，考古工作除了直接服务于历史研究，更重要的目的还在于同时要开展文物保护。1961—1985 年，世宾先生在甘肃省博物馆文物队、甘肃省文物工作队（今省考古所）工作，及任副队长职。作为甘肃考古队伍的中坚力量，在长达 25 年的考古研究生涯中，他几乎踏遍河陇大地，参与和主持了多项重大考古发掘工作，在学术研究领域取得了重要的收获。还多次组织举办全省文博专干学习班，亲自编订讲义、现身说法，为全省各地快速培训了一批急需人员，也使自身的业务能力和理论水平上升到新的层次。

继 1950 年冯国瑞和 1952 年中央文化部、西北文化部组织的两次考察后，1963 年，世宾先生参加了甘肃省文化局组织的炳灵寺石窟第三次 6 人考古调查活动，勇攀自明中叶以来数百年几乎无人登临的 169 窟，首先发现西秦造像、壁画、题记（建弘元年，420 年），使炳灵寺石窟创建上限由原先发现的北魏时期（延昌二年，513 年，曹子元造窟题记）前推百余年到十六国时期，也为全国早期石窟获得断代标准。1966 年，在"破四旧"的凶险关头，世宾先生毅然与同事一起赴京反映真相，争取国务院二次下文饬修炳灵寺挡水坝；并代表甘肃省文化局作为"炳灵寺石窟保护工程"指挥部甲方代表和文物遗迹抢救清理搬迁负责人，组织各方面文物技术力量，在水库蓄水前完成了窟前遗址发掘和塑像壁画的抢救搬迁工作，将损失降到了最低限度。

1972 年，世宾先生主持了灵台白草坡西周墓群和车马坑的发掘，获取了丰富的遗物，许多发现和分析属国内首例。特别是在甘肃考古史上首次发现车马坑并完整发掘(1974 年又成功主持平凉四十里铺战国墓车马的发掘，标志着甘肃省田野发掘水平已臻成熟）。在由他执笔撰写的《甘肃灵台白草坡西周墓》考古报告中，结合车马构造，印证了古代贵族"贰毂贰辖"的舆服制度，并判明1、2号墓的主人为西周康王时期分封的殷商贵族的潶伯、恧伯，表明西周初年政权更替过程中与殷商旧势力的合作不仅有分封武庚治殷的孤例，也证明了西周等级制中潶伯、恧伯此类的伯，是军事将领，拥握重兵特权，镇抚一方，可分封也可迁移，维护全国专制统治。之前一度认为西周国家形式粗陋，毫无行政系统可言，是不符合历史事实的。

1979年，世宾先生还带领考古队对嘉峪关黑山岩画进行了首次全面考古勘察。这次考察历时2个月，共发现153处岩画，除早期游牧民族狩猎生活画面外，还发现了历史时期的宗教题材岩画，有佛塔、佛像、佛教标志符号和藏文题记，使嘉峪关岩画的内容从史前时期延续到历史时期，使其价值内涵得到极大拓展。

雷台东汉墓因出土后定为中国旅游标志的"铜奔马"而著名，但这些珍贵文物因早年被盗和自然损坏，其实际数量和仪仗原貌已经缺损扰乱，致使一些重要问题诸如墓主人、等级制度和铜奔马的意涵等一直众说纷纭。在《雷台东汉墓的车马组合和墓主人初探》一文，他依据《后汉书·舆服志》的车马舆服制度和一些同期壁画墓车马出行图的典型实例，综合考虑了礼制、葬仪和文化心理等多方面因素，对相邻历史时期众多当地王公贵族和高官大吏进行逐一对照，认为汉末曹操的将军武威都祖厉人张绣是最有可能的人选。这一推论，充分综合了地下文物与地上史料的有效信息，在各种假说中最有说服力。雷台铜奔马问世后，最初称"马踏飞燕"，后经世宾先生改订为"奔马"。但后来，他又认为此马的步法为同侧二足一齐进退，两侧交替，驯马术称之为"对侧步"，称"奔"不甚确切。结合形象特征和随葬实况等，重新主张此马为代表墓主人生前珍爱的"狩猎之骑"。马蹄下的飞鸟应该是鹘隼类的猎禽，整个造型体现的是一个走马飞鹰的狩猎场面；而仪仗中那匹"兔头凤颈"，长肢伟躯的主骑——墓主人的坐骑应是西域大宛传来的汗血天马。为此，作者广泛征引了宋人《艾子杂说》、张衡《西京赋》、夏侯湛《猎兔赋》、曹毗《马射赋》等众多文史材料，参证嘉峪关壁画墓的相关情景画面，力证这一假说，有力地反驳了"天驷""袭乌"等说，以及"马超龙雀"等推论，更贴近真实，体现了他治学的严谨和学养的深邃广博。尽管这一"猎骑"说，至今远不如奔马和马踏飞燕等名称家喻户晓，并且社会对后者更感兴趣，但这种自我革命、自我否定、不媚时俗的求真精神确属难能可贵。

甘肃素有石窟艺术之乡美誉，石窟数量众多，类型丰富，时代悠久，艺术价值极高。按照著名考古学家宿白先生的分类，甘肃石窟主要属于中原北方地区的河西区与甘宁黄河以东区；按照社会相沿已久的中国四大石窟、六大石窟的说法，甘肃敦煌莫高窟、天水麦积山石窟、永靖炳灵寺石窟均可雄踞半壁江山。但是由于石窟寺摩崖凿穴的造型独特性以及价值内涵极为丰富，使得石窟寺考古在遵循或参照一般考古理论和规律，研究其历史脉络艺术流变的同时，还要更加注重其在特定立体空间的规划布局问题。世宾先生在长期的考古研究生涯中，因工作之便和步履之勤，得以从时间、空间两个方面，系统观察和比较佛教艺术东渐和中国化的佛教艺术反溯西被的两种奇妙历程，与甘肃、国内外学界同仁一起，在史岩、町田甲一等前辈学者相关研究的基础上，共同掀起绳墨中国石窟寺断代编年的新高潮。他本人还以中国石窟中造型、借景最为奇伟高妙的麦积山石窟为切入点突破当时主流的艺术考古方法，全面运用系统方法，独树一帜又融会贯通，写下了《石窟外貌与石窟研究之关系》和《麦积山的开创年代与相关问题》两篇长文，在宏观的甘肃石窟和具体的麦积山石窟开凿创始年代与发展演变方面作出系统的探索。

早在 1964 年撰写的《石窟外貌与石窟研究之关系》一文中，他即全面比较了窟内窟外的环境、相邻洞窟的关系、洞窟开凿留下的不同层次和痕迹，并对麦积山有关地震崖崩和灭法受损两大客观因素进行分析之后，通过造像题材、风格、样式和衣饰演变的广泛比较，对相应洞窟的开凿年代、创传过程和承袭影响一一作了新的考订。本文末以传统治学的文献考证和考古勘探入手，而是独辟蹊径，将论者化身为麦积山石窟的设计者和开凿者，首先静观麦积山的"崖面使用"，结合现有的"洞窟布局"，融入式地审视麦积山石窟应有的合理布局与科学规划，再以"时代层次"为时间轴，通过崖面崩塌、洞窟打破、侵扰改做等痕迹，结合前人对艺术风格演变的探索和结论，分组、分层、分区域、分时代，实事求是地一一讨论了麦积山石窟相关洞窟的断代和相互关系问题。先生在该文的副标题中将之谦称为"石窟寺艺术断代的一种辅助方法"，但显然这种所谓"辅助方法"要比其他通过单一、片面方法得出的结论更令读者信服。

如果说上文体现了世宾先生学术研究中的"独具匠心"，《麦积山的开创年代与相关问题》一文则展示了他"通古今之变"的史家学养。该文认为，自汉魏以降，凉州兼领西域都护、校尉，河陇地区汉戎共处，在政治、文化、民族、交通上，甘肃占据佛教文化自印度传入西域新疆区而后在中原地区广泛传播的主要路线，并中西交往中有近水楼台之便。他提出，根据甘肃石窟的形成、发展历史、特征，由西向东，可分为走廊西部的敦煌区系，走廊东部的金塔寺、天梯山区系，甘肃中部的炳灵寺区系，陇南、渭河流域的麦积山区系，陇东、泾河流域以泾川王母宫为代表的陇东区系等 5 大区系。并且言明，佛教的中国化从国土范围而言，于阗、龟兹之变化为开始，至十六国到云冈始完成。以上甘肃 5 区系属于佛教艺术中国化的第一阶段 (或别于龟兹、于阗样式等小变之大变)，各有特定的地域环境、政治背景，除陇东一系为北魏统一以后受平城、洛阳二京影响之作，其余均产生于前述十六国佛教东进之浪潮中，时代均应早于云冈，也都发现了十六国时期窟龛及相关文献记载与历代相继造凿的窟像，遗迹文物与历史资料极丰富，应该说毋庸置疑。

世宾先生进一步总结了这一时期甘肃以秦凉为中心的佛教艺术博采众长、争奇斗妍而又统一于初步中国化的过程特点，特别重视因后秦灭亡（417年），关陇战乱，佛教中心、僧伽力量等向西的一次大迁移。指出"佛教文化艺术由此而得到了更进一步传播，新的集结和重组，促使其不断统一，提高水平"。他进而认为，十六国时期佛教艺术发展终结于昙曜五窟的开凿，即云冈一期。最终亮明了"前秦、后秦、西秦等自关中—秦州—河州—凉州—平城"的传播脉络，而非习见的"云冈→麦积"论，值得引起更大关注。关于对云冈一期的认识，先生在该文前段梳理后秦、西秦、北凉石窟之间的渊源、影响等亲疏关系时，强调除了宗教、艺术的原因，还要考虑政治因素和时代风尚的总趋势；在此处，他提出北魏当时乍看有皇帝率先垂范，王公贵族竞相效仿而貌似举国崇佛的形势，其实它的高僧、工匠都是"军事拿来主义"，上层社会所崇礼的"佛法旨趣并非正轨"，常走极端，其佛教思想艺术的社会基础远没有河陇地区深厚，其急剧膨胀起来的佛教事业，灭法之前与复法之后，必然皆须仰仗凉州僧人艺匠。至此，世宾先生形成自己的结论：云冈一期是凉州为代表的佛教艺术的继续和发展，也是十六国阶段各国佛教艺术成就之集大成与结晶升华。进而说明，"反映麦积崖作为秦陇名刹禅林，在佛教与文化艺术上，是自有雄厚的基础和传统的"。

二、简牍学研究

世宾先生是国内外知名的简牍学专家。甘肃简牍研究发轫于19世纪末的外国"探险"，但由于考古工作不规范而造成先天不足，此后的半个多世纪中，虽有众多大师级学者为之倾注心血，但简牍的释读与研究始终存在大量疑点，路径和成果大多限于简文字句的释读考证，而不能形成一门系统具体的学科。1972—1982年，世宾先生先后重点参与或主持了居延遗址的多次发掘与整理研究。1990—1992年，他和同事又在敦煌汉晋悬泉置遗址发掘简牍24000余枚。在这期间，世宾先生充分利用得天独厚的简牍资料和第一手的考古发掘经验，陆续撰写了字数巨万的发掘简报和系列研究文章，把简牍学的研究推向了一个新阶段。

一是通过科学的考古发掘和系统整理，出土了2万余枚简牍，为相关学术研究又提供了一批难得的、巨量的新资料。在发掘方法和保护整理工作方面做了大量探索与开创，至今已成为规范。通过发掘简报公布后，使获得的简牍具有准确的方位、层位和编缀原状，解决了简牍断代、研究和使用上的关键问题，使广大学者的研究工作不再像以前一样因疑窦丛生而陷入假设和猜测之中，并有助于启发旧居延简牍的整理研究。

二是通过全方位的基础性研究，系统性地再现了汉晋河西边塞的历史、社会原貌。

在《居延汉代遗址的发掘和新出土的简册文物》这样分量远远超出考古发掘简报深度和广度的专文中，全面介绍了甲渠候官、甲渠塞第四燧和肩水金关这3处屯戍点历史面貌，弄清了候官、部、关三种不同军事建制和建筑的实例，及其不同的规模、布局结构和建筑方法（此问题自汉末即模糊不清，唐代时出现错误和混乱。直至近代，罗振玉、王国维都曾陷入很多研究误区）。在《汉边塞守御器备考略》中，世宾先生在前人研究认识基础上，结合考古实例，进一步系统考证了汉代塞防，特别是昭宣至建武百年间的防御制度及其设施设备，在宏观方面进一步印证了我国古代墨家军事思想理论由城防扩大至边防、塞防的发展过程，拓展、深化了我国古代军事学的研究。在具体内容方面，该文考释的器备达到107种，共分12大类，其下再按功用分组，逐一考订了相应的名称、形制、装备、功效及其使用，使读者和利用其成果作进一步研究的学者都感到一目了然。此外，在可视为其姊妹篇的《居延烽火考述》一文，考证了烽、表、烟、苣火、积薪5类烽火信号，研究了烽号的管理制度——品约和传递制度，最终推断出烽火信号在原则上一昼夜可达1600汉里，从居延到长安，理论上36小时即可到达。这两篇文章，互为补充，基本上揭示了汉代边塞军事防御体系的全貌，为后人的进一步研究提供了坚实的基础和可靠的标尺。

三是他在王国维、贺昌群、劳干、陈梦家等大师草创的基础上，广泛运用汉简材料，将考古学、文献学、文字学和社会学充分结合起来研究、揭示和订正了一批重要的史实与学术问题，构建了比较完善而有特色的、新的秦汉史社会史架构。如《汉武遗诏考》，真实还原了武帝末关于嗣君昭帝登基前后的重大政治事件；《建武三年居延都尉吏奉例略考》考证了两汉之际窦融治理河西时期对俸禄的改革，兼考证了汉代俸禄制度的演变、支付方式及级差，弥补了史书记载的简略不足；《汉简"应书"辨疑》不拘陈说，提出"应书"作为一种专门文书种类，是符合某书、贯彻落实某项政令的措施或对策，而不仅仅是泛指应答、回应某书；关于《甘露二年丞相御史律令》的两篇考述，厘清了汉武末年巫蛊之祸导致的深远政治影响及其所涉及的复杂人物关系；《居延汉简"责寇恩事"的几个问题》与《居延简中所见汉代囚律佚文考》，通过追踪解读客民寇恩与甲渠候粟君的经济纠纷诉讼，以小见大，顺藤摸瓜，深入探究了本案的相关内容与所折射的当时社会问题，系统梳理了汉代诉讼的主体、类别、方式、程序及适用律文、罪名、处罚。在《二年律令贼律整理刍议》中，在研究考释二年律令的册式、句读、阙文、编次、罪名、刑罚等内容的基础上，系统探讨了汉初律法的主旨、演变及所体现的社会治理特点，辨明了贼与盗的实质性区别及贼律为汉律之首，以及相关法律的历代嬗变。世宾先生还通过简牍特有的古民族资料，在《悬泉汉简羌人资料补述》中，比较系统地专题研究了在西北地区分布广泛的众多羌人群体及政府对羌人的治理，进一步深化了本领域相关学术认识；针对史学界长期争论的秦胡与卢水胡问题，他依据可靠的简牍实物资料，推翻了早先学术界仅依靠史料考据而形成的观点，认为秦胡即是汉化的胡人而非传统认为的汉人与外国人。

四是推动了简牍学的学科完善与发展。在简牍学的构建方面，世宾先生首先推动了国际简牍学会的成立和第一届国际汉简学术研讨会于 1990 年在兰州举行。鉴于甘肃简牍资料的丰富，研究力量的日益壮大及以世宾先生为代表的甘肃简牍考古同仁学术水准，当时的台湾学界专家主动提出简牍学会应设在兰州，台湾只设分会。简牍学自 20 世纪 20 年代以来就风起云涌，至今方兴未艾，局面蔚为大观，但直到 20 世纪末，这门学科似乎仍处于资料积累的基础阶段，形成高位徘徊，无法进一步向上突破的局面。有鉴于此，在 1999 年在台湾召开的第一届简牍学国际学术研讨会上，先生发表了《简牍研究与考古学方法之运用》，在学界明确提出在以往开展的简牍史料研究和使用的基础上，进一步关注"简牍学"及其理论、方法和学术规范问题，并根据自己的实践经验，呼吁建立起一整套从发掘、整理、分类、校释到使用的公用的系统方法。2000 年，他主编了 22 卷本的《中国简牍集成》，组织国内一流专家，对百年国内出土简牍作了全面的汇辑整理和总结。这一里程碑式的皇皇巨帙，必将润泽后世学人，并为提升简牍学的地位、推动简牍学的发展，发挥不可估量的效能。在《中国简牍集成》序言中，他以《简牍学百年的思考》作题，系统回顾了简牍学产生的背景，简牍学的学术地位及价值内涵，提出简牍时代是中华文化的重要阶段，简牍学是国学的重要分支，并严谨地勾画了简牍学的主要组成部分，即定义、属性与研究对象。同时指出简牍学的发展有赖于细致的分工和扎实的学术基础资料整理总结，以及要加强对行政社会文书档案的认识。最后，进一步总结了简牍学的方法论问题，提出新简牍学要针对遗址与墓葬两类出土环境，典籍与社会两类文书，和发现、整理、研究三个阶段，充分借助考古学、历史学、文字学、文献学的理论方法而进行综合发展。至此可以说，简牍学已经开辟了正确的道路，形成了基本的方法、理论，解决了大量问题，收获了丰硕的学术成果，取得了堪与敦煌学争奇斗妍比肩争辉的学科地位。

三、丝绸之路研究

以简牍为主的考古资料的广泛出土和现代地理科学的发展，不仅及时补充、修正了古代同时代的史料的一些粗疏和谬误，同时也使深藏在时空暗处的真实历史重现光明。对丝绸之路而言，这便使其地理空间基础——所依托的交通路线问题，有可能得到彻底的厘清与再现。世宾先生在丝绸之路研究中有 3 方面的主要贡献：一是以悬泉置出土的两枚汉代驿置道里简，结合历史地理考证，对汉代长安至河西走廊的驿置与郡县政区分布做了全面的分析定位，提出了县置次第与长安至敦煌县置路线示意图，确定了汉代丝绸之路的交通的基本轮廓和面貌，兼从居延置、小张掖、祁连置的地望入手，讨论了官道驿路主线和支线，以及有别于传统主流认识、更为合理的霍去病征河西路线；二是详细考证了"羌中道"的开通与使用过程，首先提出了羌中道是河西道的重要补充，以及羌中道对河西道的翼辅作用，证明了丝绸之路的物理基础是一个互有分工，随政治、军事形势而动态变化的，在地理分布上互相交织、主次分明的路网；三是厘正了两关定名的文化内涵，揭明了附近丝绸之路的功能和交通状况，再次申明敦煌取名的本义，还历史以真实，体现了直词审实的学者本色。

由于先生对丝绸之路文化遗产的特殊关爱与独具慧眼，在他众多的学术论著中，还有两篇与域外丝绸之路相关的小文。一是在《甘肃靖远新出东罗马盛金银盘略考》中，通过史料考证、地理勘察、工艺分析和广泛的旁征博引与类型比较，判明这件神像纹鉴金银盘工艺形制体现出拜占庭前期特征，较为精确地推测其时代在 4—5 世纪，最晚不过 6 世纪前半期，其产地大约是意大利、希腊与土耳其范围，当是经过波斯、印度的传递流入中国的，联系当时的丝路交通和中西交往，指出了该件文物出土的偶然性中所蕴含的必然性。二是从"康居王使者自言书"这份西域康居国王使者状告敦煌和酒泉太守的简牍文档中，敏锐地发现其所体现的汉代对外关系方略和法制情况，反映出汉王朝和平共处、广揖友邦的外交政策实质与当时中国国家和政府的文明程度和法治水平。进而断言，正是由于坚定地执行了这种睦邻友好、与邻为善的策略，坚持与周边和西域诸国长期搞好关系，从而极大地孤立、削弱和最终战胜了强敌匈奴。这类文章，着墨不多，但真实体现出了世宾先生的远见卓识。

也正由于世宾先生在其深厚学养中所独具的这一特质，2006 年丝绸之路跨国联合整体申遗工作启动后，他被荣聘为申遗专家组组长，具体顾问指导了申遗备选点的遴选，申报文本的编写、修改和审定工作等许多学术性与实用性很强的工作，为申遗工作第一阶段的成功作出了巨大贡献。

四、其他方面的实践和贡献

世宾先生既是历史考古学的一位学者，同时也是一位先后在重要工作岗位担任领导职务的文物工作者。先生的童年经历了伟大的抗日战争与解放战争，特殊的时代、特殊的际遇，使他很早便滋生了强烈的爱国情怀和实现民族自尊自强的思想抱负。先生酷爱历史考古，除了家庭的熏陶浸润，主要在于他意识到历史文化遗产的巨大价值及其所蕴含的民族精神。他以之作为终生的志业，终日学习攻读，身体力行，除了雅好学术，食髓知味而外，更有作为一个文人知识分子读书报国、重振国魂的秉性存焉。他在书斋之外的社会活动与职业生涯，是知行合一的重要组成部分，同样也是作出了重要贡献的。

世宾先生是国内著名的文物鉴定专家，始终坚持学用结合，学以致用，由博学而精鉴，尤其擅长陶、青铜、丝织品、漆木器、书法绘画和瓷器类文物的鉴定辨伪。在省博物馆工作期间，他征集抢救文物 3000 多件，著名的东罗马银盘、隋石观音立像等一批重要馆藏就是他力主下入藏的。他也是博物馆教育服务宗旨的忠实践行者。20 世纪八九十年代，在当时国家经费普遍还不宽裕的情况下，仍然坚持举办了 100 多次大型展览，牢牢地坚守了公益性、公共文化服务的主阵地。1994 年策划的《丝绸之路——甘肃文物精华展》在国内外享有较高声誉，还被列为联合国教科文组织"国际丝绸之路十年活动"（1991—2000）的内容之一，有效促进和推动丝绸之路甘肃段乃至全国的丝绸之路申遗相关前期准备和研究工作开展，使甘肃省博物馆的知名度与业务水平长期处于全国前列。

1984 年，世宾先生开始担任甘肃省博物馆馆长，在治学和管理之余，也十分重视甘肃文博系统的教育培训工作和学术承继。1993 年，面对本馆本系统人员专业知识欠缺的实际，他进一步筹划组织与西北师范大学合办三届文博大专班，编撰规划了考古学通论、专题与文物鉴定等主干课程 14 门。这些工作，对于甘肃这样一个经济欠发达、基层文博工作专业力量薄弱的省份格外急需和重要。这批学员中的佼佼者，长期坚持服务基层，边学边干，在岗位成才，维系了许多地区文博工作的命脉。1994 年，他进一步提高层次，协助筹办西北师大简牍学硕士研究生班，任硕导，并开设《中国简牍学通论》《古文字学导论》课程（授至 2004 年），为全省文博界及简牍学研究培育了众多高素质人才。

五、学行风范

先生尝言：古代儒家以三立之说，激励世人追求极致与不朽。在他看来，先圣开辟时代，大贤建功立业，学者著书立说，际遇不同、贡献不同、分工不同，但追求智慧、学问，其实一也。作为知识分子，既是修身立命之本，也是学人治学之圭臬信条。学问实即知识、真理，乃人类文明最精髓之所在。治学，追求学问，既要传承前人学问，又要补充修正和发扬光大，使之更有益于历史、社会发展。正因如此，学人须先敬畏知识、真理，热爱治学，方能自觉探求学问奥秘，促进学术进步。以上可谓先生对治学研究的基本认知与态度，实与古人正心、诚意、格物、致知的理念契合。由是，他推崇治学先治人，人品决定学品，人格高于学术，将之视为宇宙观、人生观的一部分和终身自我修养砥砺的一种信仰。他坚持以立德作为洁身特立的律己信条，并认为这比治学更重要。他主张学人应当有崇高的追求，治学不能等同于一般的技术、职能工作，其属于知识、学科的高级研究阶段和形态。如果动机不纯，不仅不会取得真正高水平、有生命力的学术成果，还可能混淆真理是非，阻碍文明进步。直指其亲身所历"文化大革命"中的"评法批儒",即为伪治学、假学问的典型。

先生幼时受家庭熏陶、传统文化的影响给了他正面的启蒙与启迪。青年时在大学经诸多治学名家言传身教、耳提面命,从此相信探求真知就是学人的使命。毋庸讳言,传统文化的影响也有实用、功利的一面。立德、立功、立言的终极目标是为追求"不朽",并有"学而优则仕"的直白。但自反右至"文革"期间,先生家庭个人颇遭挫折,愤懑不平之下,使他专向学术,遂将整理研究祖国历史文化遗产的工作奉为终身不易的神圣崇高的事业,并乐而忘忧。其间,他完全以"立言"标准为训,治学最为发奋和严肃认真。凡所涉猎,不论课题大小轻重,务必得其要义,务求有所突破建树,对得起学术良心,经得起时间的检验。

具体来讲,他将治学目标瞄准国际一流,在方法和成果上力求赶超前人和中国台湾、日本的顶尖水平。首先,他主张设题立意要高,选择本科目中急需释疑解惑的难题,并在思维方法上需要有所突破或提高的。其次,坚持运用唯物辩证法,文章言之有物、论之有析,证之有据(特别是注重证据的真伪、数量和时空限制,但也不以多寡取胜,不搞似是而非的无谓之论,一证千钧定论)、辨之有理(反对诡辩和伪命题之类)。其三是审慎缜密,不急于求成,力戒浮躁和追求一时轰动。他所作的题目,所有构思、材料、分析、论据、辩证和结论等,皆经多次筛选后,仅取其真、精、准者为文立说,通常要经过反复的修改,累年累代而成,并通过多角度、多方面予以驳难、答辩,直至无懈可击才肯刊发面世。其四是学无止境,不断深化认识。对于已发表的观点论断,抱不断补充修正之态度,精益求精。其五是欢迎学术批评争鸣。对己严,对人亦严,在学术殿堂中,只论问题不看情面,直言无讳,但能相善相砥,平等待人。其六是不随波逐流。在教学育人中,提携青年后学,遵循"贤者立言"之规,坚守学人清誉,远离虚浮骄奢和功利主义。

鉴于先生的学品人品,"文化大革命"后,他被推举为甘肃省博物馆馆长人选。鉴于当时他在学术上已初显成就,一度因担心管理工作影响治学研究而有所犹豫,但最后还是顾全大局,并不负众望的自信,一干就是将近 20 年。担任馆长期间,他做了大量实事。同时,依旧几十年如一日地关注自己亲自主持发掘过的重要遗址和其他重大考古发现,时刻挂念着如何"了账交差",平日手不释卷,即使是旅行出差,也是沉甸甸的书稿刀笔不离左右。学术、工作生涯中始终体现出一种责任担当与学术自觉,将研究工作视为天职,不需扬鞭自奋蹄。对于此,也有同道知己认为他因之错失了治学的最佳年华和机会,而本应取得更大的成就,2002 年,世宾先生光荣退休。离开管理工作岗位,使他回归学者本色,开启了学术生涯的第二个春天。这一时期,也成为他学术研究的厚积薄发期,特别是在简牍研究方面,落笔的力道更加沉稳。因此,学界同人热切盼望他能在颐养之余，结集一些更为系统的著述，适时总结自己的治学历程。但实际的情况是，近年来，先生出乎所料地回头重拾简牍考古资料的排比校勘，陆续地对其他人已经涉猎过的领域进行查漏补缺，夯实筑牢简牍学的总体学术根基。比如，他在《出土文献研究》中，接连撰文8篇，与张德芳、胡平生诸先生共同为悬泉简的研究开辟了新生面。

世宾先生学于齐鲁而立业在河陇，长达半个多世纪所奉献的和所倾注心血的，正是甘肃这方热土。1996年，先生推动创办了《陇右文博》专业刊物。在发刊词中，他说："甘肃位居陇右之首……甘肃古代的历史文化，实际上是中国西部历史文化的缩影。诸如中国文明的起源，中原文化的扩展与影响，中华民族各古老成员的活动、交往与融合，历代对西部的开拓、经营及重大举措，丝绸之路与中西方文化的交流等等，都带有大地域性质。"在创刊号中，他撰写了《甘肃历史文物的特点及其意义》，总结了甘肃历史文化及文物主体文明始终占据主流、多元多民族文化共存、丝绸之路影响下的对外开放交流特性以及向西部开拓的基地、桥梁和纽带4个方面的特点，抓住了核心，揭示了本质，这不仅是学术研究背景框架，也是国家治理的战略格局。世宾先生公开发表的综合性论著数量并不算太多，但皆发而中节，胜义络绎，极富创见、洞见和远见。

俗云：君子三立，人品第一，学问可其次。宝贵的是，纵观世宾先生的治学之路，可以说是他这位中华人民共和国成立以后完全由国家培养，五六十年代成长起来的学人，以传统知识分子固有的情怀，出于对事业的热爱和忠诚，遵循了正确处理好基础与专攻、广博与精深的关系，以考古资料为桥梁，辩证地运用"二重证据法"解决历史研究中的重要问题，夜以继日、披沙拣金，集腋成裘、聚沙成塔，最终惠泽学林、启迪后人，成就了他可敬的人生与学行之路。作为中华人民共和国优秀的文博工作者，他在甘肃文物考古、简牍研究和博物馆专业工作方面也有重要贡献和卓越建树，是核心力量和代表人物之一，具有相当影响力。

先生在学术上的造诣成就，受惠于前辈的铺垫、奖掖和同仁的协力、扶持，得益于时代社会的发展进步与治学环境的宽松自由，依托于他过人的智慧、理念和才识，更成就于他身上具备的社会责任、学术良知与孜孜以求、执着坚守的精神品格。先生八旬寿秩将近，我们惟以至诚至爱，借用"何止于米，相期以茶"，祝愿他生命之树常青，学术之树常青，有更多的学术成果面世，奖掖鞭策更多的后学诸生！

《陇上学人文存·初世宾卷》（第四辑）

作者：李勇锋

侯丕勋

今年是侯丕勋教授 80 岁华诞，在甘肃人民出版社李树军先生、陕西师范大学黄正林教授等的推动下，先生的研究成果被选为《陇上学人文存》。两位师兄嘱我对侯丕勋老师的文集写一篇编选前言。在西北师范大学历史系读书期间，我们曾聆听侯先生的教诲，得到侯老悉心指教，不胜荣幸。特别是侯先生是我的本科毕业论文指导老师，对学生成长的关心、学业的指导，至今历历在目，难以忘怀。数十年来，侯老不忘初心，执着于史学研究领域，笔耕不辍，对中国古代史研究尤其是古代西北史地研究作出了重要贡献。适值先生大作出版之际，学生僭越，奉上导言，谨祝先生健康长寿！

一

侯丕勋先生 1938 年 6 月出生于甘肃康乐县的农村家庭，年少时极为勤奋刻苦，1961 年以优异成绩考入甘肃师范大学（即今西北师范大学），毕业后留校担任行政工作。1978 年，侯先生放弃行政工作，到历史系任教。此后的 20 余年，他一直坚守在教学一线，耕耘于中国古代史、西北边疆史以及历史地理学研究领域，直到 2002 年荣退。其间，先生曾为本科生讲授《中国古代史》与《中国历史地理》等课程，承担了研究生《西北历史地理》《西北史地》《先秦秦汉时期地理学著作与地理学思想》以及《西北史地历史文献导读》等课程。在课堂上，侯丕勋先生对各种历史事件与人物之间的关系娓娓道来，学生们也听得如痴如醉，一节课下来，老师十分辛苦，而学生也是收获颇丰。"学生公认，他对教学工作态度认真；他的教学内容充实并具有说理性，重点突出，效果良好"①。在培养人才方面，侯丕勋先生在历史学领域诲人不倦、勤奋耕耘，已为历史学领域培养了大批优秀人才，不少学生已成学界骨干。

先生长期致力于中国古代西北史地研究，先后出版专著包括《西北史地探赜》《历代经略西北边疆研究》《汗血宝马研究》《西北边疆历史地理概论》等，参编《隋史新探》《甘肃古代史》《河西开发史》以及《西北通史》《中华人民共和国地名大辞典·甘肃省》以及《丝绸之路文化大辞典》等。多篇文章刊布在《中国边疆史地研究》《中国藏学》以及《中国典籍与文化》等重要刊物上。著名历史学家郭厚安先生曾评价侯丕勋先生《历代经略西北边疆研究》一书是一部"多有创见的学术著作"②。"高山仰止"，侯老一直是后辈学子学习的榜样和楷模。

二

先生学术研究领域广泛，涉猎先秦史、秦汉史、中西交通史以及西北历史地理等方面的研究与思考。《陇上学人文存》收集文章32篇，按照文章研究的内容与方向，共分为七个部分，即历史人物部分、西北历史地理部分、中外贸易与丝绸之路部分、中国古代朝贡贸易部分、西北民族部分、中国古代建都问题以及西北边防制度与思想等。这些文章大多数集中分析与探讨了中国古代历史人物的功过是非、丝绸之路与中外贸易以及西北地区历史地理问题。本书多篇论文彰显了作为一代历史学者对历史事件、历史地理、历史人物的反思与求真。

在本书中，由于收录文章数量极为丰富，故只能有针对性地介绍几篇文章，便于读者更好地了解本书的写作主旨与重要内容。因此，主要介绍的篇目有《〈禹贡〉雍州西界黑水问题新探》《我国形象化历史地图诸问题索隐》《"汗血宝马"诸问题考述》《丝路"鬼市""哑交易"及其成因》《藏族风俗对甘肃洮西汉族地区的影响》以及《古代边疆防御的"智防"策略及其运用》等。

《〈禹贡〉雍州西界黑水问题新探》一文分析了雍州的得名及其西界黑水的方位，对《禹贡》一书的成书年代进行了辨析。之后，通过出土文物去判定《禹贡》中雍州

---

①黄正林：《侯丕勋教授与中国古代史研究》，《社科纵横》2001年第6期，第1页。
②关于郭厚安先生对侯丕勋先生《历代经略西北边疆研究》的书评，参见郭厚安：《多有创见的学术著作——评〈历代经略西北边疆研究〉》，《中国边疆史地研究》1998年第4期。

西界黑水，最后得出结论，即今甘肃灵台县境内之达溪河是《禹贡》雍州西界黑水，而春秋时期的关中地区为《禹贡》雍州之域。现在陇山以西甘肃、青海、新疆境内以至葱岭以西诸黑水，均非《禹贡》雍州西界黑水，而今灵台县达溪河一带以北、陇山以西甘肃、青海、新疆等地，亦不属《禹贡》雍州之域。史籍中载有陇山以西至甘肃、青海、新疆等地属于《禹贡》雍州之域，实属错误。文章考证细节较多，关于"雍"得名之观点，该文也进行了归纳总结，著者认为雍之得名当属渭水支流之一的汧水因壅塞而成泽。就《禹贡》成书之年代，著者梳理了三种观点，比较认可王成组先生之《禹贡》出自孔子之手，即成书于春秋末期的观点。

《我国形象化历史地图诸问题索隐》以历史地图作为考证对象，对我国形象化历史地图诸问题进行了考述。文章主要分为三个部分，也就是形象化历史地图的名称与特征、形象化历史地图的产生与九鼎"象物"地图、形象化历史地图的久盛不衰。第一部分介绍形象化历史地图的名称与特征，第二部分则对形象化历史地图的产生九鼎"象物"地图进行论述，第三部分将形象化历史地图按照用途进行细致分类，共计七种地图，即政区图、城邑图、军事图、边域图、寺院图、山川图以及水系图。文章可圈可点之处甚多，笔墨之间彰显著者扎实的史学基本功。第一，著者提出"形象化历史地图"概念之后，对于此概念进行了界定与特征分析，凸显了著者的理论水平。第二，著者考证了形象化历史地图产生的时代，认为"中国的形象化历史地图产生于母系氏族公社末期至父系氏族公社早期"，将我国的历史地图产生年代向前推进几百年。第三，针对我国产生的诸多历史地图，著者进行了细化与分类处理，按照绘制的对象与作用，进而将之分为政区图、城邑图、军事图、边城图、寺院图、山川图以及水系图，使我们更有利于认识我国古代历史地图。

《"汗血宝马"诸问题考述》主要对汗血宝马"汗血"之谜、汗血宝马称"天马"的由来、汗血马产地的变化、汉武帝以武力索取汗血宝马的主要原因进行了研究。首先，著者将视角聚焦于汗血马的"汗血"问题，引用诗歌、正史、杂史以及丛书中的记载，认为"大宛汗血宝马及其'汗血'现象的存在是毋庸置疑的"。随后，查阅中外文献，引用东汉明帝的见闻与应劭的记载，又结合法国吕斯·布尔努瓦在《丝绸之路》中的研究，认为"大宛汗血宝马并非遍体'汗血'，而只是局部'汗血'。只不过汉唐间大宛汗血宝马之'汗'是从'前肩膊出'，而近现代则从'臀部和背部'出而已"。同时，"大宛汗血宝马的'汗血'现象，实质上是马患的一种流着呈浸湿与沫状血的皮肤病"。其次，著者考证了汗血宝马缘何称为"天马"的历史依据。根据《汉书》的记载，汗血宝马原本称为"贰师马"或"善马"。后来，"汉武帝依据儒家典籍《易》中'神马当从西北来'的符咒，先前曾把得自西北方的乌孙马叫作'天马'，而后来当获得西北方比乌孙马更好的大宛汗血宝马时，又把大宛汗血宝马称誉为'天马'，乌孙马则又改称为'西极马'"。再次，著者还针对汗血马的产地进行了一番考述。通过文献的分析，著者认为西汉时期汗血宝马主要产自大宛贰师城地区。这也就能与大宛人口中所言"贰师马、宛宝马"相吻合。西汉之后，汗血宝马主要沿着三个方向进行扩散：以西汉时期的大宛国为中心坐标，第一条是向西北方向开始扩散，进入西突厥境内；第二条则是向西南方向进行扩散，到达了吐火罗国境内；第三条就是向东扩散至新疆库车等地；第四条就是向东南方向扩散，抵达了中原地区。最后，著者还对西汉武帝索取汗血宝马的原因提出了新见解。关于汉武帝索取汗血宝马的原因，史学界已有多篇详述，著者总结为以下三种观点：第一种作为玩物或礼仪性的东西；第二种则是为了解决对匈战争中的马匹损耗问题；第三种就是为了彰显西汉王朝的文治武功。然著者从史籍文献出发，认为"汉武帝以武力索取汗血宝马的主要原因，既不是为了把汗血宝马当作玩物和用于礼仪，也不是为对匈奴战争补充所需军马，而实质上是为了巩固四夷臣服和汉王朝强大的文治武功"。

《丝路"鬼市""哑交易"及其成因》对西北历史上的鬼市、哑交易、"鬼市"与"哑交易"的成因进行研究。首先，提出"鬼市"概念，颇有夺人眼球之感。鬼市原指最先出现在拂菻（也就是大秦）通往东汉王朝的某一沙漠地带。进入唐代，鬼市交易地区为西海中，其中交易双方互不见踪迹，交易货物按价值进行交换。其次，著者谈到了哑交易。哑交易，顾名思义，也就是"哑巴交易"。在丝绸之路上，古代罗马帝国与两汉王朝之间的贸易往来，买卖双方之间的交易犹如哑巴，仅以目光议定价格，故称之为"哑交易"。再次，著者分析了丝绸之路由这两种贸易形式的成因。著者认为语言的制约与古朴民风的影响，导致这两种别具特色的贸易形式的出现。

《藏族风俗对甘肃洮西汉族地区的影响》主要论述了藏族的风俗习惯对我国甘肃洮西汉族地区产生的影响，展现了我国各民族之间交流融合。本文主要由三部分组成，即洮西的藏族遗俗、藏族遗俗盛行的原因以及"藏俗汉行"的启示。首先，著者论述了洮西地区藏族的遗俗，也就是地名、人名多带有藏族文化的特色。其次，著者剖析了藏族遗俗能够盛行的原因。这些最主要的因素在于汉藏两族之间长期的文化交流，这就使得汉族的习俗中夹杂着藏族的文化因子。再次，文章还针对"藏俗汉行"问题提出了藏族与汉族及其他民族之间存在着你中有我、我中有你的特色。

《古代边疆防御的"智防"策略及其运用》对"古代边疆防御'智防'策略考释""古代'智防'策略诸范例探索""'智防'策略在'城防'工程中的运用""'智防'策略在'人防'工程中的运用"等作了考论，重点论述了智防在防御中的重要作用。首先，著者对"智防"一词进行考释，从历史、字义等多方面解释智防，得出结论是边疆防御时使用军事谋划与丰富智慧就是智防的最重要的策略。其次，著者对历史时期的智防范例进行了探索，主要以"赵充国'坐胜之道'策略""历代'不战而屈人之兵'策略"以及"历代'天子守四夷'策略"等三个策略为主要论述对象，分析智防在边疆防御中的重要作用。再次，著者分析了智防在城池防御中的使用情况。著者以长城为例，对长城的走向、设计、烽燧、塞天田以及其他军事防御工事壕、木栅等进行了分析，突出了智防在防御设施建构中的特殊地位。最后，著者将智防的视野放置于人防建设之中，从摆边、边兵、屯田等几个方面论述了人力防御建设中的具体情形。

三

本书收集著者多篇论文，内容丰赡，也是此书的显著特色，这也使得著者能够对中国历史上各个时期的史地问题形成独到的见解与认识。这种见解与认识表现为以下三种特征：

首先，本书著述内容时间跨度很大。本书是著者将二十多年来有关中国古代史地问题的三十三篇论文辑录而成，这些论文所涉及的时间跨度很大，涵盖了先秦到明清时期的史地问题。

其次，本书所涉及的内容十分丰富。此书的内容涉及中国古代原始社会、两汉的史地问题、中西之间的贸易往来与地名变迁、中国古代封建社会开放与除弊问题以及西北民族史的问题等。

再次，本书探讨的论题以具体问题为主。著者将其视角放置于中国古代史地问题的研究上，主要探讨了史学领域诸多小问题。例如雍州西界黑水问题、西汉敦煌渥洼水问题、"悬度"的具体地理位置、丝路上的"鬼市"与"哑交易"问题以及汗血马的问题等。

考证是中国传统史学的基本功，也是史学的入门功夫。中国古代的史籍汗牛充栋、浩如烟海，史学工作者最紧要的就是对史料去伪存真与整理研究。然而，去伪存真与整理研究需要良好的史学考证功底。著者作为一名史学工作者，翻阅其著作便能深深感受到其史学考证功底，尤其以《西汉敦煌"渥洼水"今名今地考辨》最见著者个人的考证功底。

《西汉敦煌"渥洼水"今名今地考辨》乃是著者刊于2016年第2期《石河子大学学报》之文。本文共有三个部分，即敦煌南湖为西汉"渥洼水"质疑、今月牙泉是西汉敦煌"渥洼水"的佐证与诗歌对"渥洼水"与"天马"问题的描述。著者从《汉书·地理志》《元和郡县图志》等古籍中寻找"渥洼水"的地理方位，又对敦煌南湖的地理状况与自然环境进行了考述。同时，还从捕获天马的暴利长谈起，作为刑徒身份的暴利长无法从敦煌郡下辖的敦煌县到当时的龙勒县。从这三个方面对"敦煌南湖"与西汉"渥洼水"之间的关系进行了多方面质疑，从而提出今"月牙泉"乃是西汉敦煌的"渥洼水"的观点。这个观点推翻了之前学者对"渥洼水"方位的判定，且从"渥洼"的字义、月牙泉的地理位置、敦煌地区县志以及古代诗歌资料中查找到今敦煌月牙泉即西汉时期的渥洼水的文证。

纵观本卷所涉及的内容，基本贯穿于整个中国历史。翻阅本书的目录，其所涉及的问题都分布于整个中国古代史地问题之中。著者并未将视野限制于某一区域或时代，而是将自己的个人研究视野放置于整个中国历史的史地问题、中西交通问题以及中外贸易问题，这也就形成了本书颇为显著的特征。几乎每个历史时期，著者都有学术文章涉及，这也使本卷颇具通史的特色。本卷收集的论文，上至先秦时期原始社会的问题论述，下至清代政治家雍正帝的个人研究，文章所跨年代几乎囊括了整个中国历史，也说明著者个人深受中国传统史学的影响，立志以中国通史作为个人研究与著史的目标。《中西交通起源与丝绸之路的中国古名钩沉》一文则具有很强的贯通特色，文章涉及的问题既有汉代的东西，也涵盖了明代的部分。

《中西交通起源与丝绸之路的中国古名钩沉》收录于著者《历代经略西北边疆研究》一书中，此书于1997年由甘肃文化出版社出版。此文由中西交通的起源、中西交通道路的中国古史钩沉两部分构成。文章对于"中西交通起源"的问题，归纳了诸多前人的研究成果，形成三种观点，即张骞出使西域标志说、周穆王西征标志说、公元前5、6世纪说。著者根据个人的研究成果，提出了新观点。首先，是如何定义的问题，他认为"中西交通的起源是一个很复杂的问题，它涉及起源条件、起源时代、起源标志、与起源相关历史人物以及起源时代的交通路线，同时还有一个对'起源'这一提法的理解问题"。其次，根据现有考古的材料与文献记载，对上述三种观点进行考证。侯老认为"中西交通约起源于公元前6世纪，所出土丝织物与铜器等是中西交通起源的实物标志"。而张骞出使西域，"则是中西交通发展到使者、商人频繁往来和以丝绸之路贸易为主要特征的新阶段"。在文中，著者进一步钩沉考订中西交通道路的中国古名。眼光首先注视到"外国道"一词，得出"外国道"一词提出与张骞有着密切关系的结论。"所谓'外国道'实际上就是西汉通使各'外国'的交通道路之意"。此外，还借助《明史·西域传》中"天方"一词，提出"天方道"概念，认为"'天方道'是明朝通往伊斯兰圣地麦加的交通道路"。

四

纵观本书多篇文章的选题，视角与常人相异，从而对常识性的知识框架体系能够形成颠覆性的认识，这也是史家的独到之处，能在不疑处有疑。

一般来讲，大多数学者认为秦始皇筑长城是以临洮作为起始地，然而，著者却反对从常识性知识体系出发，对秦始皇万里长城的起始点提出新的质疑。《〈史记〉"因河为塞"说与秦始皇万里长城西端首起地》一文便是如此。此文刊布在 1996 年第 6 期《中国边疆史地研究》，本文属于一篇考证性文章，文章主要分为三个部分，即秦始皇万里长城西端首起地"临洮"之地望、把握"因河为塞"说是论定秦始皇万里长城西端首起今岷县境的关键、秦始皇万里长城首"起于今临洮"观点之依据不足凭信。第一部分主要对"临洮"县地望进行考证，著者认为今临洮在西汉时期才称之为"临洮"，在管辖范围上西汉时期的临洮管辖范围比秦时期的要小，但大体位置均包括岷县。第二部分则主要对"因河为塞"进行系统讨论。关于如何理解"因河为塞"的问题，著者认为蒙恬所筑万里长城主要以"河"为天然屏障，作为长城西段的主体，不易登岸处以山势险峻作为障碍，容易登岸处则沿岸筑起一段墙面。第三，著者对秦代万里长城始于临洮的观点提出质疑，著者认为临洮"杀王破"并非是秦万里长城的起始点，而且筑万里长城本为防御匈奴南下，故秦代并未在甘肃岷县境内修筑长城，更多的是以河为塞。

本书中多篇文章运用考证的史学思路与方法，对中国古代诸多史地问题进行考证求索，形成了诸多个人独到的见解。《"祁连小月氏"族源新探》一文便是典型代表。该文乃是著者发表于 2001 年第 4 期《青海民族研究》。此文主要由"认识一种带有普遍性的历史现象""解决一个具有关键性的问题"以及"辨析若干重要史料"三部分组成，主要考证了祁连小月氏的族源问题。在第一部分中，著者跳出原先的思维模式，旗帜鲜明地提出"一族多源"的思考。著者认为，"在我国古代，弱小民族一旦被强大的民族所役属，就会出现弱小民族丧失自己的族名，而以强大民族之族名为族名的现象"。这也为祁连小月氏的族源问题提供了一种新的解决思路。第二部分著者则针对祁连小月氏的族源问题，提出了"单一族源"或"一族多源"的思考。首先，著者将视野放到有虞氏与河西月氏的关系问题，著者经过先秦文献的比对，"据此可以得出最初河西月氏之祖先即'虞氏'、'禺知'、'禺氏'和'月氏'为西戎羌族的结论"。其次，著者又将河西土著居民羌与月氏进行分析比较。通过考古遗物判定文化层的年代，结合前辈学者的研究成果。著者认为"在'虞氏'羌从鄂尔多斯西迁河西地区之前，河西地区早已有另外的羌人的部落生活。从而可以说，'虞氏'羌戎和河西地区固有羌人，是河西地区以'月氏'为名的民族的最初成员"。其次，著者又将视野放置于西域东迁民族与河西月氏之间的关系。著者认为"由于当时的中原华夏人对突厥种月氏和乌孙东莱河西情况并非十分清楚，因此，'月氏'只不过是他们用'虞氏'羌之名对河西多民族居民的统称"。再次，著者还对西迁西域的大月氏的族属问题进行了探讨。最终著者得出结论，即"在河西走廊活动时期的月氏，并非单一族源民族，而实际上是由羌、突厥和乌孙三个民族成员所构成的一族多源民族"。在第三部分中，著者将针对不同史书的记载，对史料进行辨析。进而得出祁连小月氏并非与西迁西域的突厥种大月氏同源，而是与羌族同源。

本书是著者多年文章积累而成，蕴含了著者诸多心血，也展现著者对中国古代史地问题的思索与理解。针对历史时期的地理问题进行研究，表明著者始终强调的是历史与地理之间极为密切的关系，对于西北历史地理学的发展具有重大作用，以考证为主体现着著者对传统考证思路的认可。考证方法本是乾嘉学派著书立说最重要的方法立论之基，近代以来，考证思路也得到民国学者的继承，著者同样继承传统的考证路径。在传统的史地问题上，著者能够灵活运用考证的方法，对已经形成的习惯性常识提出质疑，不断闪耀着著者的学术思想火花。

《"悬度"诸问题考述》一文则最能体现其在历史研究中善于将历史与地理结合的思想。《"悬度"诸问题考述》一文刊于1994年第4期《西北师范大学学报》历史学专辑。著者将此文分为三个部分，即"悬度"及其方位与归属、"悬度"的险峻形势、与"悬度"有关的古代中罽交通。关于悬度与其地理位置，首先，著者分析了"悬度"一词的基本含义。随后著者提出"'悬度'地名传入中原的时间，极有可能在西汉武帝至成帝之间（公元前140—公元前33年）"。其次，关于"悬度"的基本地理位置，根据《汉书·西域传》的记载，著者确定"'乌秅'即今新疆皮山县西南的坎巨提；坎巨提以西百余里之中国一侧便是'悬度'"。著者还根据史书记载与僧人的游记，对悬度的地势、走向进行了概述。著者认为"'悬度'作为我国古代西域葱岭地区通往罽宾的山间道路，在其开辟时期，本是利用天然沟谷和山崖坡坂通行，而在一些危险地段的通行，确曾有过借助绳索确保安全的现象，但仍避免不了人畜伤亡事故发生。约在西汉及其以后，为化险为夷、安全通行，有人开始在'悬度'崖壁、沟谷的危险地段开凿石阶、修建栈道，从而大大便利了通行"。

五

本文主要针对侯丕勋先生中国古代史地问题论文进行了简要评价。本书具有内容丰富、考证功底深厚以及贯通特征等三大特色。笔者认为本卷蕴含很高的史学价值，这主要体现在其选题价值、考证理念以及史地思想三个方面。本卷所收文章史学价值颇高，值得青年历史学人一览。

总之，我们希望史学界能够继续推陈出新，继往开来，不断写出更多诸如侯先生这样的高质量史学著作，这样才能为我们展现出学术的价值与魅力所在。也只有这样，我们的史学才能够继续向前发展，走向史学新的顶峰与未来。

《陇上学人文存·侯丕勋卷》(第七辑)

作者：周　松

汪受宽

　　余自 1995 年辞别家乡，负笈金城，受业于汪师受宽先生门下，至今已有二十余年。今日编选恩师文存，倍感荣幸。编选之际，细读其文，深思其学，追忆其教，不免感触良多，故简言数行，弁诸首简。

　　汪受宽（1943 年出生），男，江苏省东台市人，中国民主同盟盟员。小学毕业后迁兰，就读于兰州大学附属中学。1963 年考入兰州大学历史系，1968 年毕业后到青海解放军农场接受"再教育"。1970 年先后任青海省化隆回族自治县工作组成员、扎巴中学教师，1976 年至 1978 年先后任该县文教科干事、化隆中学教师。1978 年 10 月再次考入兰州大学历史系为"回炉生"，主修考古文物学，1979 年 9 月考取兰州大学历史系中国史学史专业研究生，师从张孟伦教授，1981 年 10 月毕业留校任教，1985 年被评为讲师，1990 年被评为副教授，1995 年被评为教授，先后担任中国古代史教研室主任、中国历史文化研究所所长、史学理论与史学史研究所所长。1997 年被选为中国民主同盟第八届中央委员会委员、甘肃省政协委员。主要学术兼职有北京师范大学史学理论及史学史研究中心兼职教授、甘肃省历史学会理事、甘肃省陇文化研究会会长、甘肃省《四库全书》研究会副会长、中国历史文献研究会理事、甘肃省统战理论研究会常务理事等。2000 年被聘为甘肃省政府文史研究馆馆员，2002 年获国务院颁发的国家特殊津贴，2006 年被评为甘肃省高等学校教学名师，2008 年光荣退休，至今仍笔耕不辍，主要从事中国史学史、历史文献学、古代史、文化史及西北地方史研究。

汪先生自 1981 年毕业留校任教，即扎根兰州大学，长期坚持在教学第一线，认真从事基础课的教学工作，先后为本科生开设了中国历史文选、中国史学史、历史文献基础、历史论文写作、工具书使用、读史基础、文化史专题、中华杰出人物评介等课程，为研究生开设了中国史学史、中国历史文献学、中国史学名著选读、历史研究法、中国史学史专题等课程。在教学过程中，深入钻研教材，认真备课，努力改进教学方法，严格要求，循循善诱，不仅融通古今，而且能做到深入浅出，使学生在获得基础知识的同时，还能开启更深层次的思维，所授中国历史文选课程，虽然艰深枯燥，但因其讲课语言生动，深受学生的欢迎和校系领导的好评，2004 年被评为省级精品课程。在对本科生的教学中，针对专业突出的学生，因材施教，加强辅导，调动其学习积极性，培养其研究能力，一些本科生在其指导和帮助下，研究能力得到了极大的提高，撰写了多篇有较高水平的学术论文，先后荣获全国历史学人才培养基地史学新秀论文一、二等奖。在研究生的教学中，以人为本，首重德行培养，针对研究生教育是培养高素质教学科研人才的特点，注重提高研究生的思想素质和养成严谨踏实的学风。在教学实践中，重视课堂教育和课外教育相结合，集体指导和个别辅导并行，加强理论与基础知识的教育和科研能力的培养，不仅针对不同的学生精心设计课程，而且还引导学生关注本学科前沿的发展现状，指导历届研究生编写本专业论著索引，让研究生参与自己的科研项目，从实践中得到锻炼，使其很快能独立开展科研工作。自 1990 年至 2011 年先后指导的 30 多名硕士研究生，毕业后在各自的工作岗位上踏实勤奋，成绩斐然，可谓桃李满天下。在教学之余，勇于创新，努力参加教学改革，在历史文献专业教学改革和教材建设方面，先后发表了《中国历史文选课教学改革》《关于中国历史文选教材选文的几个问题》《培养适应信息化时代要求的历史学人才》《中国历史文选的教材和教学改革》等多篇教学研究论文，编写出版了《读史基础手册》《中国历史文选》《中国史学史简编》等多种教材，对文献学类课程的教学改革、教材建设进行了深入的探讨，其编著的《中国史学史纲要》和《中国历史文选》，被国内许多高校历史系选作本科生教材，《读史基础手册》被国内许多高校选作文献专业研究生的主要参考教材。

学高为师，身正为范。汪先生忠于人民教育事业，甘为人梯，热爱教学工作，诲人不倦，严以律己，宽以待人，严谨治学，锐意进取，以其高尚的德行和风范，言传身教，教导学生为人之道，真正做到"为人师表"，素为学生所敬仰并深受影响。他不仅专心于自己的教学与科研，还热心帮助中青年教师成长，为提高青年教师的科研能力，大力吸收青年教师参加自己的科研项目，促进了年轻人的迅速成长，其高尚之人格，广博之学识，严谨之学风，得到学界同仁和单位同事的高度好评，堪称德、才、学、识兼备的资深教授。由于其教学效果和成绩卓著，先后荣获兰州大学主干课教学优秀奖，兰州大学教学成果一、二等奖，甘肃省教学成果奖一等奖、二等奖，宝钢优秀教师奖，兰州大学教学名师，甘肃省高等学校教学名师等诸多荣誉。

教学与科研相互促进、相互提高，汪先生认为作为一名合格的教师，只有具备较强的科研能力，才能提高教学水平，培养出创造型的人才。汪先生在教学之余，勤于钻研，积极进取，多年来一直孜孜不倦地追求学术真理和科研创新，成果颇丰，主持完成了教育部基地重大项目"中国少数民族史学研究"，对中国史学史、中国少数民族史学史、谥法学、文献学、目录学等有深入的研究和独到的见解，先后出版专著16部，合著、编著11部，发表论文130余篇（详见附录），其中《谥法研究》是一部关于古代礼制文化的学术专著，填补了中国古代史研究的空白，为史学研究增添了新的手段，受到学界的高度重视，国家古籍整理出版规划小组将其评为学术精品，列入《中国传统文化研究丛书》第一辑予以资助。该书出版后，先后荣获甘肃省高校1994—1995年度社科成果一等奖、甘肃省第五届社会科学兴陇奖二等奖。所著《富强与梦想——现代化的追求与探索》荣获甘肃省第七届社会科学优秀成果三等奖；《史记新编》系《二十五史新编》丛书之一，该丛书荣获上海市哲学社会科学优秀成果（1996—1997），著作类二等奖、第十一届中国图书奖，表明其学术水平已经得到学界和社会的高度评价和认可。

汪先生长期致力于西北乃至中国西部史地文化研究，取得了丰硕成果，主持完成了国家社会科学"十五"规划重点项目"西部大开发的历史反思"、甘肃省"十一五"重点出版项目《甘肃通史·秦汉卷》等，先后出版了《古代开发西北人物志》《西北史鉴》《西北史札》《西部大开发的历史反思》《甘肃通史·秦汉卷》《骊靬梦断——古罗马军团东归伪史辨识》《陇史新探》等研究专著，所著《藏族饮茶文化》一文被译成英文，流播海外。其中《西北史鉴》是对西部古代历史反思的重要成果，荣获甘肃省高校1996—1997年度社会科学优秀成果二等奖、甘肃省第五届社会科学兴陇奖三等奖。《西部大开发的历史反思》是以重庆、四川、贵州、云南、西藏、陕西、甘肃、宁夏、青海、新疆、内蒙古、广西等西部省区历史上的开发为研究对象，在坚实的专题研究基础上，吸收学界已有成果，站在21世纪建立和谐社会和可持续发展思想的高度，在科学发展观的指导下，较为全面和深入地讨论了从远古到当代西部开发的历史，理清了相关史实，总结了中国历代西部开发和社会发展的特点、规律、经验、教训等，为新时期西部大开发战略的进一步实施，提供了有益的思考和借鉴，不失为近年来国内史学界经世史学的一部上乘之作，获甘肃省第十二届社会科学优秀成果奖二等奖。《骊轩梦断》是基于长期的研究，运用大量翔实的中外史料、严谨科学的考证评判、缜密系统的论证方法，驳斥了"古罗马军团东归说"的诸多"理由"，揭露了"古罗马军团东归说"的伪造和欺骗，指出古罗马军团东归骊轩乃是伪史，从而维护了学术的尊严，历史性地总结了 20 世纪最后一桩影响甚大的学术公案。

汪先生极其重视历史学的功用，认为历史学是一门历久长新的学科，它具有教育的价值，除能为社会提供经验借鉴，益人思智，提高民族文化素质，还具有发掘历史文化资源，促进经济发展，舒缓社会矛盾，促进其他学科发展，以及服务自身、进行文化积累等多方面的社会价值和学术价值。故作为一位学者，先生不囿于一己之书斋，家事国事天下事，事事关心，将自己的科研活动与地方建设联系起来，特别关注甘肃地方的发展，积极为甘肃地方的发展建言献策，先后主持调研并撰写了多篇有关地方教育发展的调研报告，如《对我省城市基础教育情况的调研》《抓住机遇，放开手脚，大力发展民办教育——关于我省民办教育情况的调查和发展对策》《切实重视，积极努力，采取措施，稳步推进我省企业自办中小学校的改革》《加快我省民办二级高校发展的调研报告》《贯彻国务院〈决定〉大力推进我省高等职业技术学院改革和发展的调研报告》《加强学生心理教育刻不容缓——兰州市中学生心理健康与心理教育调研报告》《切实解决农村教师工资待遇太低问题的建议》《西部大开发呼唤甘肃基础教育大发展》《我们对〈民办教育促进法〉内容的希望和建议》等，不少报告获得甘肃省委统战部的奖励，对甘肃省委和省政府的决策起到了参谋作用。汪先生积极参政议政，撰写提案或发言稿十数篇，如《充分发挥兰州中心城市的作用》《统筹城乡协调发展，以城市化解决农民收入增长缓慢的问题》《发挥政协群体优势，组织委员进行重大课题调查研究的建议》《增加我省社科规划项目经费的建议》《整治柳忠高速东岗镇出口，打开兰州东大门》《构建和谐社会，提高低保标准》《缩小八大差距，构建和谐甘肃》《加强文溯阁本〈四库全书〉的保管与研究》等，受到省上领导、有关部门和社会的高度重视，特别是所撰《对推进西部大开发战略的主要政策建议》，被中宣部全国社科规划办以《成果要报》的形式，呈送中央政治局、中央书记处、国务院等主要领导参阅。这不仅体现了汪先生具有较高的政策水平和较强的参政议政能力，也为建设甘肃、发展文化教育作出了贡献。

汪先生学识渊博，底蕴深厚，勤奋踏实，治学严谨，心胸开阔，涉猎广泛，在中国史学史、历史文献学、四库学、古代史、文化史及西北地方史等领域均有建树。然《陇上学人文存·汪受宽卷》，限于篇幅，仅选编了有关中国史学史等的 20 篇论文，其余大部分均无法选入，但窥一斑而知全豹，从这 20 篇专论亦可略见先生研究之广博和精深。先生以教师为业，精于史学，淹博贯通，巍然成家，古稀之年，仍力耕不倦，其治学之风范，闲淡之情操，高尚之品德，堪称后辈楷模。

最后，《陇上学人文存·汪受宽卷》的编成，首要感谢丛书总主编范鹏、王福生，副总主编马廷旭，把汪受宽先生及其成果列入丛书系列。其次要感谢汪先生本人，该书的选目及样稿校订，先生都亲力亲为，一一审定。最后要感谢甘肃人民出版社和本卷责任编辑李青立，正是你们的热忱高效以及细致审校，使本书减谬增色。

《陇上学人文存·汪受宽卷》（第八辑）

作者：屈直敏

李清凌

《陇上学人文存》精选中华人民共和国成立以来甘肃省人文社会科学领域成就卓著的专家学者的代表性成果，在学术界已产生重大的影响力。编选《陇上学人文存·李清凌卷》，对我而言是一次学习李清凌老师论著的过程。从"主要论著目录"的梳理、编选文章篇目的确定，再到文稿校对等，反复阅读的过程中再次领略李老师治学的精神和方法。现将李老师治学经历和主要学术成就做一回顾，作为学习的心得和体会。

李清凌，1944 年 8 月出生于甘肃省甘谷县。"文化大革命"前最后一届通过高考进入甘肃师范大学（今西北师范大学）历史系读书。因"文化大革命"的干扰，没有读完所有课程。"文化大革命"结束后，通过考试"回炉"复读，于 1978 年 11 月至 1980 年 12 月回甘肃师范大学学习。在时任系党总支书记、知名宋史和西北史地研究专家陈守忠先生组织下，成立由金宝祥先生、王俊杰先生、郭厚安先生等组成的指导小组指导其学习。两年时间，不仅学完规定课程，还系统阅读了《马克思恩格斯选集》《资本论》《宋史》《续资治通鉴长编》《建炎以来系年要录》《续资治通鉴》以及范文澜、郭沫若、翦伯赞等主编的《中国通史》等基本理论和专业书籍，打下了研究的基础。毕业后留校。1983 年 8 月至 1984 年 1 月到北京师范大学参加由白寿彝先生主讲的"史学概论讲习班"学习。1997 年 9 月至 1998 年 8 月到北京大学中文系作访问学者，一步步走上史学研究的道路。

受指导老师陈守忠先生的影响，李清凌老师的学术生涯起步于宋代历史研究。李老师第一篇学术论文《范仲淹与宋夏和议》1983年发表在《西北师院学报》增刊《历史教学与研究》，同年被《中国人民大学复印报刊资料》全文转载。①之后连续发表有关宋代营田等论文。②在治学过程中，宋史作为断代史一直是李老师关注的方向。李清凌老师的宋史研究，主要集中在宋代经济史领域，发表有关宋代弓箭手田制、学田制度、职田制度、官庄经营等论文多篇。③在宋代经济史研究中，又偏重与西北地区相关问题的讨论，包括宋代的西北民间贸易、西北土地经营、西北人口、西北经济开发等。④这些成果，既是宋代经济史研究内容的拓展，又从西北区域史的角度予以聚焦和深化。由著名宋史专家漆侠先生主编的《辽宋西夏金代通史》，⑤是全面系统总结辽宋夏金史研究成果的里程碑式著作，其中《宋朝的土地制度》一节由李清凌老师执笔。李清凌老师多年担任中国宋史研究会理事，并于2002年负责承办"中国宋史研究会第十届年会暨唐末五代宋初西北史研讨会"。会后与宋史研究会会长朱瑞熙先生、王曾瑜先生合作主编《宋史研究论文集》⑥，在宋史学界产生了重要的影响。

西北史研究是李清凌老师学术研究的重心，主要包括西北经济史、西北政治史、西北文化史三个方面。

李清凌老师在西北经济史研究领域用力尤深。1996年，李老师主编的《甘肃经济史》由兰州大学出版社出版。该著论述上起远古，下迄当代，对甘肃经济发展的演变作了详尽考察，从整体和全局的高度勾勒出甘肃经济发展的历史轨迹。值得肯定的是，论著把甘肃经济放在全国经济格局中展开讨论，联系西北乃至全国经济发展的共性，深入探讨甘肃经济发展的规律，着力突出甘肃经济特有的优势及不足。⑦在甘肃经济史探索的基础上，《西北经济史》1997年由人民出版社出版，这是李老师的学术代表作。

①《中国人民大学复印报刊资料·中国古代史》1983年第6期。
②李清凌：《关于宋代营田的几个问题》，《西北师院学报》1985第3期；《南宋秦陇军民的抗金斗争》，《西北师院学报增刊·历史教学与研究》1985年。
③李清凌：《试论北宋的弓箭手田制》，《西北师大学报》1992年第1期；《学田制度：庆历改革的一项创举》，《西北师大学报》1995年第6期；《宋代的职田制度与廉政措施》，《西北师大学报》1997年第1期；《从官庄看宋朝政府的管理活力》，《西北师大学报》1998年第3期。
④李清凌：《宋朝陇右地区的榷卖与民间贸易》，《西北师大学报》1993第1期；《宋代陇右地区的土地经营》，《西北师大学报》1994年第2期；《北宋的西北人口》，《河西学院学报》2002年第4期；《宋朝西北经济开发的动力》，《中国社会经济史研究》2005年第1期。
⑤漆侠主编：《辽宋西夏金代通史》，人民出版社，2010年。
⑥朱瑞熙、王曾瑜、李清凌主编：《宋史研究论文集》第十辑，兰州大学出版社，2004年。
⑦张兴胜：《钩深致远，服务现实——评李清凌主编〈甘肃经济史〉》，《甘肃社会科学》1997年第2期。

论著将西北经济演变划分为六个阶段，分别为远古至春秋时期西北社会经济的开端、战国秦汉时期西北社会经济的初步发展、魏晋十六国北朝时期各民族政权竞争下的西北经济、隋唐五代时期西北社会经济的繁荣和衰落、宋夏金时期各民族政权对峙下西北区域经济开发、元明清时期统一多民族政权下西北经济缓慢发展。该著出版后，得到学术界的好评，认为全方位、跨地域、跨时间地总结论述了古代西北地区的经济模式、发展水平以及与中原经济的关系。在分阶段、按照经济门类论述西北经济发展历程中，论著围绕影响西北经济发展的主要因素，如地理环境、人口迁移、多民族聚居、生产方式、政治局势变动等展开。[①]论著将西北经济史放置在整个中国经济史的大视野下展开讨论，尤其采取东西部经济发展的横向比较研究，从中提炼出有价值的学术观点。《尾论》"从东西部差距的形成看民族关系的重要性"认为，唐代中期以后，在剧烈的民族冲突下东西部经济差距形成，主要表现为农业衰落、生产关系落后、手工业技术难以提高、自然资源浪费大、管理水平低下、商品经济萎缩等。民族冲突的加剧是造成西北与内地或东西部经济差距的关键，这一认识升华了研究的主旨。

除上述两部著作，关于西北经济史，李清凌老师发表了多篇论文予以深入探讨。《西北古代农田水利开发的三个高峰》[②]认为，中国历代中央政府为解决军需供应问题，在西北实行屯田和开发水利资源，但由于不同时代统治方式差异，可用于投资的人力、物力和财力不同，遂使各时代西北水利开发呈现出高低波动的曲线，在汉、唐、明清出现三个高峰期。李老师将历史上西北经济开发分为军事动力型和经济动力型两个类型。《西北古代农田水利开发的类型投资者和基本经验》[③]认为，西北历史上许多大的经济开发都是国家投资的军事型开发，也是在民族、社会矛盾激化的背景下作为军事行动的配套措施提出和开展，因此历史上尤其是甘宁青新地区农业水利开发，大都跳不出军事动力的窠臼，也脱不开忽起忽落的实践轨迹。西北经济活动背后，存在着不同的经济开发思想。《魏晋十六国北朝西北的经济开发思想》[④]认为，魏晋十六国北朝时期，五凉等政权的政治家利用陇右、河西等地的"独安"条件，以官营屯田、官苑牧马、丝路贸易为主营，多管齐下地组织经济开发，客观上为隋朝的统一奠定了物质基础。《隋唐五代时期西北的经济开发思想》[⑤]将隋唐五代西北经济开发的战略思路总结为设屯田以益军储、养军马以壮国威、兴贸易以睦四邻的思想。这些讨论深入揭示

①张秀平、漆永祥:《评李清凌著〈西北经济史〉》,《中国史研究》1998年第4期。

②李清凌:《西北古代农田水利开发的三个高峰》,《西北师大学报》2007年第5期。

③李清凌:《西北古代农田水利开发的类型投资者和基本经验》,《西北师大学报》2006年第5期。

④李清凌:《魏晋十六国北朝西北朝的经济开发思想》,《宁夏社会科学》2006年第2期。

⑤李清凌:《隋唐五代时期西北的经济开发思想》,《西北师大学报》2005年第6期。

出经济活动背后的思想，拓宽了西北经济史研究的视域。

李清凌老师于 1985—1989 年参加金宝祥先生组织的《隋史新探》撰写和研究，这为其打下了政治史研究的坚实基础。李清凌老师撰写其中的第二章《隋朝统一的历史条件》。书稿写成后，金宝祥先生说，参与编纂的李清凌等三位老师"态度严谨，狠下功夫"，"引证史料，颇有深度"，基本掌握了治学的门径。① 在之后的政治史研究中，李清凌老师依然侧重于西北政治史的探索，并于 2009 年在人民出版社出版《中国西北政治史》。作为《西北经济史》的姊妹篇，《中国西北政治史》系统梳理从先秦至明清以来西北政治发展的轨迹，对影响西北政治演进的因素展开深入研讨。李老师尤其在西北政治演进中的地域特色，如民族政权的历史作用、"因俗而治"的政治思想、土司等地方政治制度以及地方治理诸多方面，提出许多新颖的观点。

关于西夏民族政权，李清凌老师发表《论西夏政权的历史作用和影响》，② 分析西夏政权在中国多民族国家形成中的重要意义，认为西夏立国 190 年间，在西北经济开发、行政管理和文化建树等方面，都有可贵的历史性贡献。《西夏立国长久的原因》③ 认为，西夏之能够割据一方，有宋朝国策的失误，也有辽、金等国的支持，而主要的内在原因则是党项民族俗尚武力、统帅人才杰出、军事形势优越以及农牧业生产基础良好等。

关于历代王朝治理西北的政治思想，李清凌老师既有着眼代表政治人物的微观探索，也有长时段的考察。《苏绰治理乱世的政治思想》④ 认为魏晋南北朝时期，由于社会动乱，传统儒学受到极大的冲击，在此情势下，苏绰弘扬儒学、倡导治人心、敦教化等一系列儒家思想来改良和振兴西魏政治，在当时发挥着重要的作用。《元明清管理甘青民族地区的政治思想》⑤ 认为，元明清三朝对甘青多民族地区的统治，尽管具体做法因时、因地、因民族而有所变化，形式各异，但实质上都是"因俗而治"的不同表现，这对巩固国家统一格局、凝聚各族人心、推动社会进步具有重要意义。

对西北地方政治制度的研究，李清凌老师从区域比较中分析西北的特色。《元明清时期甘青地区的土司制》⑥ 认为，与华中、华南和西南土司制的形成及特点相比，元明清甘青地区土司建置实行土流参治、土控于流、多封众建、守土与护家休戚相关等措施，既发挥了土官熟悉本地民族、语言、宗教、风俗的特长，强化了中央对民族的

① 金宝祥、李清凌、侯丕肋、刘进宝：《隋史新探》，兰州大学出版社，1989年，第1页。
② 李清凌：《论西夏政权的历史作用和影响》，《宋史研究论文集)，宁夏人民出版社，1999年。
③ 李清凌：《西夏立国氏久的原因》，《丝绸之路》2011年第8期。
④ 李清凌：《苏绰治理乱世的政治思想》，《西北师大学报》2011年第2期。
⑤ 李清凌：《元明清管理甘青民族地区的政治思想》，《史林》2006年第6期。
⑥ 李清凌：《元明清时期甘青地区的土司制》，《云南社会科学》2003年第5期。

治理，又有效地防止土官专权，因而有利于调动土司的积极性，这是古代中央政府管理民族地区的新思路、新模式。

在西北政治史研究中，李清凌老师注重从"治理"而非"统治"的视角予以考察。2008年由中国科学文化出版社出版的《元明清治理甘青少数民族地区的思想和实践》，就是其中的代表。论著使用"治理"一词，而非"统治"。与政府统治相比，治理的内涵更加丰富。统治主要以具有强制性的行政、法律手段为主，而治理则更多的是强调各种力量之间的合作。论著强调元明清在甘青少数民族地区治理中中央与地方、官方与民间的互动，包括国家权力怎样渗透到甘青地方和基层、甘青地方政府执行国家政策的实际情形、地方和民间力量对治理政策的应对等。正是从中央政府与甘青民族地区互动的视角出发，将甘青民族地区治理问题引向深入。①

西北文化史、宗教史、教育史等是李清凌老师勤于用力的领域。关于华夏文明起源、秦文化等，是西北文化史乃至中华文明史研究的重要问题，李老师连续出版两部专著予以讨论。《华夏文明的曙光》2013年由中国社会科学出版社出版。全书包括《昆仑丘与华夏文明》《伏羲氏：轩辕文化的先驱》《轩辕氏对华夏文明的贡献》等。论著以甘肃省清水县轩辕黄帝及其相关文化遗存为主要研究对象，综合运用文献记载、民间传说、考古发现等，考证轩辕黄帝的族源世系、主要事迹、子嗣后裔、历史贡献、社会影响与现代意义等，展现出以轩辕文化为核心的华夏文明早期发展演变的历程。"源头性"是甘肃历史文化资源的一个鲜明特点。从"源头性"这一点出发，李老师将轩辕部族的来源与形成、轩辕文化的前驱与奠基者、轩辕文化创建的政治背景、轩辕文化对华夏文明的贡献、轩辕文化形成的社会氛围等内容逐步推开，研究逐层深入。这是该论著在立意等方面的独特之处。

被学界称之为"钩稽辨族姓，雄浑发秦声"②的《秦亭与秦文化》，2016年由中国社会科学出版社出版。论著包括《秦嬴的族源与非子封秦》《秦人的建国立朝》《秦人的文化》等。论著以秦嬴族源、先祖和秦国、秦朝兴亡为主线，以秦文化为核心内容，全面论述了秦嬴一族从秦亭发迹，在中国历史上创建首个统一多民族国家以及对中国历史文化所作出的重大贡献。李老师对秦嬴族源的考辨尤为精细，认为族源是要寻找秦地嬴姓人的世系渊源，而不是其近宗或远祖的原住地。在综合利用考古资料、出土实物与传世文献的基础上，论著对秦文化之渊源等展开深入探究。

在宗教文化研究中，李清凌老师注重分析西北宗教的地域特色及其对地方社会的

---

① 何玉红、杨荣：《研究甘青少数民族地区治理的多维视角——李清凌〈元明清治理甘青少数民族地区的思想和实践〉评介》，《甘肃社会科学》2010年第4期。

② 漆永祥：《钩槽辨族姓，雄浑发秦声——李清凌教授〈秦亭与秦文化〉读后》，《历史教学》2018年第2期。

影响。《明代西北的佛教》①认为，汉传佛教与藏传佛教和谐发展是宋明以来西北佛教的一大特色。中央政府采取的多封众建、僧俗并用等措施，有效地实现了对藏传佛教区的管理。《藏传佛教与中国传统文化的关系》②认为，藏传佛教是在中国传统文化的哺育及历代中央政府的关注下形成和发展起来的，与中国传统文化有着内在的联系，是中国传统文化的延伸和重要组成部分。藏传佛教与中国传统文化内在、密切的关联，也是藏族、蒙古族等信仰藏传佛教民族与中华民族大家庭历史联系的见证和结果。

关于西北教育史研究，李清凌老师尤其关注教育与西北社会治理之间的关系。《元代西北教育的特点》③认为，由于统治阶级赋予学校以民众教化的功能，西北地区的官学教育重视和照顾少数民族生员，拓展了传统官学教育的领域，有益于民族地区的社会稳定和发展。《明代西北的教育》等④研究表明，儒学思想在西北各民族中的广泛传播，对于培育和加强各少数民族对中华传统文化的认同，对于在各少数民族中育成共同心理素质，从而自觉维护民族团结和国家统一，发挥着重要的作用。

关于西北文化史的整体发展脉络、内容体系、区域特点等，眼下李清凌老师已经完成40余万言的《中国西北文化史》，即将由人民出版社出版。这与《西北经济史》《中国西北政治史》共同构成西北史系列研究的"三部曲"。再加上与郭厚安先生共同主编的《西北通史》第三卷⑤，李老师在西北史研究中，取得了丰硕的成果。

李清凌老师重视教材编纂，且注重体例与内容的创新。著名教育学家李秉德先生主编的《教育科学研究方法》⑥是我国教育科学研究方法论领域的经典著作，李清凌老师执笔该教材《教育科学研究的历史法》一节，从历史学角度介绍了教育科学研究的方法。前文提到，李老师曾参加北京师范大学"史学概论讲习班"，在多年为本科生和研究生讲授"史学理论与方法"的基础上，于1993年编纂出版《史学理论与方法》。在同类教材中，《史学理论与方法》别具特色。赵吉惠先生评价称，作者提出了一个讲述"史学理论"的新思路、新框架：在历史本体论、历史认识论、历史学方法论之外，将"史学论"作为首编。与此同时，教材注重应用性，把编纂方法、叙述方法纳入"方法论"体系中加以论述。⑦

李清凌老师主编的《中国文化史》2002年由高等教育出版社出版。《中国文化史》

①李清凌：《明代西北的佛教》，《甘肃教育学院学报》2001年第2期。
②李清凌：《藏传佛教与中国传统文化的关系》，《中国藏学》2001年第3期。
③李清凌：《元代西北教育的特点》，《西北师大学报》2008年第6期。
④李清凌：《明代西北的教育》，《历史教学》(高校版)2009年第9期；《清代甘青宁民族地区的教育》，《青海民族研究》2008年第2期。
⑤郭厚安、李清凌主编：《西北通史》第3卷，兰州大学出版社，2005年。
⑥李秉地主编：《教育科学研究方法》，人民教育出版社，1987年。
⑦赵吉惠：《史学理论研究的新作——评李清凌著〈史学理论与方法〉》，《西北师大学报》1994年第4期。

将中国传统文化的内涵概括为以儒学为核心，以儒、释、道文化为主流，融合各地区、各民族、各时代主要文化形式的动态文化系统。和同类教材相比，最明显的特点是从物质、精神、制度、风俗四个方面，将中国文化发生、发展的历程分为起源阶段、形成阶段、发展阶段、冲突与融合阶段、繁荣阶段、高峰阶段、出现转机阶段、走向近代化的阶段，重点揭示各阶段重要文化现象的内涵、外延和在中华文明史上的地位。[①]李老师使用此教材主讲的"中国文化史"课程，也于2004年建设成为甘肃省精品课程。十多年来，教材在全国各高校推广使用，效果较好，2017年由高等教育出版社出版第2版。

李清凌老师编写的第三部教材《中华文明史》2011年由天津古籍出版社出版。李老师认为，"文化史研究的重点是人类各时代文化发展的面貌；而文明史关注的重点则是社会整体进步的状况"。与其他同类教材"将文明与文化理解为同一概念"不同，"本书以国家的出现作为文明时代的标志"，"重点研究文明社会出现以后中华文明的内容和发展轨迹"。教材简明而系统地介绍中华文明从史前到中华人民共和国成立前的发展脉络、各历史阶段的发展创新、内在联系等。[②]

以上所述，是李清凌老师史学研究的主要内容和成就，从中也反映出其治学的特点，主要有三个方面：

一是不囿于陈说，在扎实史料分析的基础上阐幽探微，提出创新性观点。李清凌老师的论著，建立在对传统文献史料的辨析考证之上。《华夏文明的曙光》《秦亭与秦文化》等著述中，将神话传说、传世文献和考古资料相互印证，细致考辨，从而得出可信的结论。李老师也善于利用新史料，如从元代西夏遗民文献《述善集》出发，考察生活在西夏境内的蒙古族游牧民由从军、迁徙、弃牧从农而逐渐汉化的历程。[③]对新旧史料的深入解析，成为立论的坚实基础。

提出创新性观点，是学者治学功力的体现。在此方面，李老师可谓独辟蹊径，提出新说。如学术界关于佛教传入中国的时间问题，聚讼纷纭，论者大都以佛教传到长安、洛阳等内地作为传入中国的标志，而对于佛教传入内地前，早已盛行于中国西域即今新疆一带的历史，则语焉不详。对此，《佛教传入中国应从西域算起》[④]认为，佛教从印度传入我国西域即今新疆于阗一带，是传到中国的第一站，也是佛教输入中国的标志。确认印度—中亚—西域（新疆）—长安—洛阳的佛教传入中国的次第路线及佛教传入于阗等西域国家是传入中国的标志，对中华各民族共创中华文化的研究，有重要的学术价值和现实意义。再如《宋夏金时期佛教的走势》[⑤]指出，学术界关于宋夏

①何玉红：《体系宏大蕴含新意的教科书——简评李清凌主编〈中国文化史〉》，《甘肃社会科学》2002年第3期。
②徐秀玲、丁玉莲：《李清凌等著〈中华文明史〉评介》，《图书情报论坛》2013年第5期。
③李清凌：《从〈述善集〉看河南濮阳西夏遗民的族属与汉化》，《固原师专学报》2000年第4期。
④李清凌：《佛教传入中国应从西域算起》，《史学论丛》，甘肃文化出版社，2000年。
⑤李清凌：《宋夏金时期佛教的走势》，《西北师大学报》2002年第6期。

金时期佛教走向衰落的看法，存在认识上的误区：只看到佛经译传的不足，而忽视了汉地佛教传播的特点；只重视佛教对统治集团政治活动的作用，而忽视了其对社会下层民间习俗的影响；只见中原内地，而忽视了周边少数民族佛教发展的情况。李老师认为，宋夏金时期佛教发展出现新的特点：汉地佛教宗枝归并，三教合一成时代趋势，宗教内容和形式进一步中国化，宣传通俗化、取向大众化等。佛教在宋夏金时期的发展与隋唐五代相比，不但没有衰落，反倒有许多新的发展和特点。这些新观点的提出，得益于研究视角的转换，从而在充分史料的基础上建立新说。

二是从中国通史和长时段视野下对西北区域史提出新的解释。李老师治学，所涉时段从先秦传说时代的文化溯源，到明清时代史事，均有论述。这一开阔的视野，能够突破朝代的界限，避免在西北区域史研究中就区域而谈区域，就西北而论西北。有了通观的视野，才能在研究中做到既聚焦于西北问题，又能走出西北的限制，从而对西北区域史的问题予以新的解读。如《西北区域政治史上比较优势的骤衰》①一文认为，周、秦、汉、唐前期，西北地区一直处于国家的核心地位，对于其他地区的比较优势很明显。"安史之乱"后这一局面改变，吐蕃乘势占领河陇，回鹘自北方西迁，党项由西南北上，蒙古从大漠勃兴，使西北民族关系日趋复杂，社会动荡不安，从此西北区域政治的对比优势开始衰落，区域政治边缘化，开始出现了中国西北与内地开发和发展的差距。将西北区域政治史上比较优势骤衰问题，置于通观的视野下观察其长时段的变化趋势，揭示民族关系问题在此变化中的关键性制约作用，诚为卓识。《魏晋至清朝西北史家治史重点的转变》，②将西北史家治史问题放置在魏晋至明清长时段中进行考察，认为书写当代史和割据政权史是魏晋十六国时期西北史家治史的特点，宋元以后西北史家在地方史和家族史编写方面独具特色，明清之时西北学人的修史重点转移到地方史志和家乘谱牒的编纂上。通观而能明变，在长时段的视野下，西北史的特殊之处才能显现出来。其他研究如前文提到的《西北古代农田水利开发的三个高峰》《西北古代农田水利开发的类型投资者和基本经验》等，均是从长时段的视野展开讨论，以此对西北区域的历史发展得出新的认识。

三是以历史研究为基础，将学术探索和现实关照有机结合，从既往的史事中寻求有益于当下的启示。李老师的史学研究，有着对现实的深切关注和思考。《以区域文化优势促进西部经济发展——论史学遗产在西部大开发中的作用》③认为，作为精神文化遗产的史学遗产与现实社会有着密切的联系。记录和传播开发者的足音，为后人留下我们这一时代的史学，即为史学遗产增添新的内容，乃是当代史学工作者的天职。从具体的历史问题中寻求经验和智慧启示，渗透在李老师的论著之中。如《元明清三

①李清凌：《西北区域政治史上比较优势的骤衰》，《宁夏社会科学》2009年第6期。

②李清凌：《魏晋至清朝西北史家治史重点的转变》，《赵吉惠纪念文集》，陕西人民出版社，2008年。

③李清凌：《以区域文化优势促进西部经济发展——论史学遗产在西部大开发中的作用》，《开发研究》2005年第3期。

朝治理甘青民族地区的特点、成就和经验》①指出，元明清三朝治理民族地区积累了许多宝贵的经验，摸索到了国家与民族、中央与地方、政治与宗教关系的规律，可为促进今天西北民族地区社会经济和文化发展提供有益的历史借鉴。《西北古代农田水利开发的类型投资者和基本经验》②认为，纵观西北历史，凡水利建设较好的时代，政府都实行农田灌溉用水优先的政策。时至今日，依然具有重要的史鉴价值。《藏传佛教与宋夏金时期西北的民族关系》③认为，藏传佛教在西北的传播，有利于民族共同文化心理的形成；共同文化基础上形成的共同心理，是中华民族各成员相互认同、相互团结、凝成一体的切合点。从历史中总结西北民族地区共同体意识塑造的智慧，意旨深远。

李清凌老师多年担任甘肃省历史学会会长和名誉会长，多次组织省内高校和科研机构的历史系、所与地方政府合作办会，围绕甘肃地方历史文化资源保护利用等开展学术研讨。2020年由其总纂的《甘肃省志·文化志（1986—2007年)》由甘肃文化出版社出版。这两年，李老师在《甘肃日报》专栏发表《让兰州黄河文化资源活起来》④等系列文章，探索史学大众化的新路。

我自2000年考取硕士研究生，跟随李清凌老师读书。之后留校任教，无论在生活、学习、工作等方面，李老师对我关心和指导有加，已经整整有20年的时间了。每每在学习中有点滴的心得与收获，我即向老师报告分享，生活与工作中遇到不顺心的事情，也找老师倾诉求教。老师或鼓励，或开导，或点拨，或指引，如沐春风。尤其近两年来，每过一段时间，就到李老师家中说说话，冀有收获。于我而言，身边有良师随时请益，实是人生的幸事。

李清凌老师已发表的学术论文有100余篇，独立撰写、合著、主编、合作主编的论著有10余部。因篇幅所限，本书只选用其中的18篇论文，基本能反映出李老师各时期史学研究的旨趣所在和代表性成果。本书最后一篇《陇原不息的智慧之光——金宝祥先生和他的史学研究》，是李老师对金宝祥先生学术成就和治学精神的回顾，其中回忆到他与金宝祥先生40年交往的师生情谊，令人感动，也让我们看到学术的薪火相传。《陇上学人文存·李清凌卷》出版在即，祝愿包括李老师在内的前辈和后辈学人再接再厉，在史学园地凝聚成"陇原不息的智慧之光"。

《陇上学人文存·李清凌卷》(第八辑)

作者：何玉红

①李清凌:《元明清三朝甘青民族地区的特点、成就和经验》,《甘肃联合大学学报》2007年第4期。

②李清凌:《西北古代农田水利开发的类型投资者和基本经验》,《西北师大学报》2006年第5期。

③李清凌:《藏传佛教与宋夏金时期西北的民族关系》,《西北民族学院学报》2001年第2期。

④李清凌:《让兰州黄河文化资源活起来》,《甘肃日报》2020年1月2日。

王希隆

　　2012 年，我在兰州大学历史文化学院历史学基地班学习期间，有幸选修了王希隆、杨林坤两位老师共同开设的《明清史史料学》课程。这门课程不仅夯实了我的史学基础，也帮助我确立了未来的研究方向，令我受益终身。本科毕业以后，我继续师从王希隆教授学习，在他的谆谆教导下陆续攻取民族史硕士、博士学位。自本科阶段与王老师相识，至今已近十年。十年间，他与我亦师亦友，在学习和生活上都对我关怀备至。师恩如山，永铭我心！

　　王希隆教授桃李满天下，春晖遍四方。相较于众多师门先进，尽管本人才疏学浅，能力有限，但是，王师考虑到近十年来我始终跟随在他身边学习，较为了解他的近况，因之特意嘱咐我担任《陇上学人文存·王希隆卷》学术编辑。对于王师的信任，我在不胜惶恐的同时，也感到无比荣幸。今谨遵王师嘱咐，勉为承担这项任务，编选他的代表性研究论文，并择要介绍他在 40 余年的教学科研生涯中所取得的学术成果。

　　王希隆教授 1950 年 12 月出生于兰州市。1976 年进入兰州大学历史系学习。毕业后留校并考取兰州大学历史学硕士研究生，师从杨建新教授系统学习中俄关系史及民族史。1982 年，获历史学硕士学位。1982 年至 1985 年，任兰州大学历史系助教。1985 年至 1990 年，任兰州大学历史系讲师。1990 年至 1995 年，任兰州大学历史系副教授、硕士生导师。1995 年年底晋升教授。1994 年至 1997 年，在职就读博士研究生，获民族学博士学位。1998 年任博士研究生导师。2000 年 1 月—2012 年 12 月，先后担任兰州大学历史系主任、历史文化学院院长，为兰州大学历史学、民族学的学科发展作出了重要贡献。

王希隆教授从教 40 余年，不仅长期坚持为本科生讲授《中国古代史》《中国少数民族史》《中俄关系史》《明清史专题》《中华杰出人物评介》等专业基础课和专业选修课，更是指导硕士、博士研究生共计 140 余名，为国家培养出了一批优秀人才。如今，他指导过的本科生、硕士生、博士生中，已有不少人活跃在我国历史学、民族学研究等各个领域，有的已经于学术研究方面独树一帜，在学界产生较大影响，还有不少人在行政岗位上成绩卓著，成为厅局级和省部级领导干部。

王希隆教授主要从事西北经济史、西北民族史、中俄关系史等方面的研究，已在《中国史研究》《民族研究》《世界宗教研究》《中国边疆史地研究》《光明日报〈理论版〉》《兰州大学学报》《中国藏学》《法国汉学》《西域研究》等刊物发表论文180 余篇，出版《清代西北屯田研究》《中俄关系史略（一九一七年前）》《蒙古、安多和死城哈喇浩特》等著作、译作 10 余部，主持完成国家重大文化工程子项目、国家社科基金项目、教育部重点研究基地重大项目、国家民委委托项目等课题多项，其中包括国家重大文化工程子项目《清史·少数民族人物传记》、教育部马克思主义理论研究和建设工程《中国民族史》、国家社科基金重大项目子项目《新疆通史·屯垦卷》等重大课题。尤为值得一提的是，2020 年，他又担任了"十四五"规划国家重大文化工程《（新编）中国通史·中华民族史》主编，体现了党和国家对于他学术能力与组织能力的肯定和信任。

王希隆教授现任与曾任的学术兼职主要有国家社科基金学科评审组专家、教育部历史学科教学指导委员会委员、国家民委首届决策咨询委员会新疆组专家、中国民族学学会副会长、中国民族史学会副会长、甘肃省历史学会常务副会长、甘肃省丝绸之路研究会会长、甘肃省文史馆馆员以及《中国边疆史地研究》《西域研究》《欧亚研究》《兰州大学学报》等刊物编委。另外，他还曾荣获国务院政府津贴、国家级教学名师、国家精品课程建设项目、宝钢优秀教师、甘肃省高等学校教学名师、甘肃省优秀教师、甘肃省优秀图书奖、甘肃省高校教学成果一等奖、甘肃省高等学校教学团队带头人、甘肃省社科成果一二三等奖等各类荣誉。这些学术兼职与荣誉充分反映了学界与社会对于王希隆教授科研教学水准的高度认可。

下面，我根据研究领域与年代先后，分别简要介绍王希隆教授治学 40 余年所取得的主要研究成果。

在西北经济史研究方面，王希隆教授主要致力于西北屯田研究，特别是清代西北屯田研究。1985 年他即发表《清代新疆的回屯》（《西北民族学院学报》1985 年第 1 期），随后又相继发表《关于清代伊犁回屯收获计算单位"分"的辨析》（《兰州大学学报》1986 年第 4 期）、《平准战争中的转输与屯田》（《西北民族学院学报》1986 年第 1 期）、《清代前期河西兴盛原因初探》（《甘肃社会科学》1987 年第 3 期）、《清代新疆的驻防八旗与旗屯》（《新疆社会科学》1987 年第 6 期）、《乌鲁木齐等处旗丁并未归并伊犁满营——〈清史稿·兵志〉订误》（《清史研究通讯》1988 年第 2 期）、《清代西北的犯屯》（《西北民族研究》1988 年第 2 期）、《清代西北马厂述论》（《西北民族学院学报》1991 年第 3 期）、《清代伊犁回屯研究中的几个问题》（《中国边疆史地研究》1992 年第 2 期）等文，并在此基础上完成了专著《清代西北屯田研究》（兰州大学出版社 1990 年初版，新疆人民出版社 2012 年增订版）。《清代西北屯田研究》一书立足于翔实的史料，从兵屯、旗屯、犯屯、民屯、回屯、牧场等方面，系统、深入地探讨了清代西北地区屯田的诸多问题，提出了一系列具有开创性的见解与观点。学界评论此书"与前人对这一问题的研究相比，不但在许多地方有独到的见解，而且还解决了过去史学界在不少方面长期有争论或没弄清的史实"。①

另外，王希隆教授探讨了准噶尔蒙古在天山以北发展农业的问题，发表《准噶尔统治时期天山北路农业的分布、发展和规模》（《西域研究》1992 年第 4 期）、《准噶尔统治时期天山北路农业劳动者的来源和族属》（《民族研究》1993 年第 5 期），以及新疆户屯向自耕农转化的专文《清代前期天山北路的自耕农经济》（《中国边疆史地研究》1993 年第 3 期）。此后，他又进一步完成《关于新疆屯垦史研究的几点认识》（《石河子大学学报》2011 年第 6 期）、《唐代西域屯田述略》（《贵州大学学报》2012 年第 5 期）、《魏、晋、前凉西域屯垦述论》（《西域研究》2013 年第 3 期）等文。近年来，他还参与主编《新疆通史》子项目《屯垦卷》，系统论述了两汉直至当代的新疆屯垦。

王希隆教授认为，屯田具有军事、政治、经济、文化诸多方面的意义，这在新疆尤为突出。汉朝、唐朝、元朝以至清朝经略新疆，无不以屯田为先导，为主要手段。屯田的开设，使驻军得以就地取给，自耕自食，军事与生产相结合，面临敌对势力威胁时，国与家结合为一体，成为防卫边地的坚固堡垒；屯田使得统一局面得以巩固，边地社会得以稳定与发展；屯田是以国家的力量组织劳动者，以国家的资金注入运作，于是，大型水利工程的修建，大面积可耕地的开垦，得以在短期内成功见效；屯田促

---

① 文青：《一部研究我国西北地区经济开发史的新著——〈清代西北屯田研究〉王希隆著》，《新疆社会科学》1990 年第 6 期。

进了内地汉文化在边地的传播，促进了各民族文化的相互交融与影响，使得中华文化更为丰富多彩。正因为如此，1949年解放军进入新疆，成立了新疆生产建设兵团，长期以来，新疆生产建设兵团为维护统一局面，稳定新疆的局势，以及新疆的建设与发展作出了重要贡献。至今，新疆生产建设兵团仍然是维护新疆稳定的基石，是建设新疆的有生力量。①需要特别强调的是，王希隆教授尤为重视把握生产关系及其变动的特点在屯田研究中的关键性作用。

在西北民族史研究方面，王希隆教授关于哈萨克族的成果有《乾嘉时期清政府对哈萨克族之关系与政策》（《新疆大学学报》1984年第1期）、《我国与哈萨克斯坦经济合作的发展远景及其有关问题》（《开发研究》1994年第5期），以及与汪金国博士合作完成的《哈萨克跨国民族社会文化比较研究》（民族出版社，2006年）一书。

关于维吾尔族的成果有《清前期吐鲁番维吾尔人迁居瓜州的几个问题》（《兰州大学学报》1989年第4期）、《关于额敏和卓的几个问题》（《西北民族学院学报》1997年第1期）、《论哈密达尔汉伯克额贝都拉》（《民族研究》1997年第3期）、《哈密、吐鲁番和库车的达尔汉伯克》（《中央民族大学学报》1997年第4期）、《哈密达尔汉伯克额贝都拉及其投清之影响》（《台湾政治大学民族学报》1998年第4期）、《吐鲁番察合台后裔与清朝》（《兰州大学学报》1998年第4期）、《阿克苏尔坦考》（《中央民族大学学报》1998年第6期）、《霍集斯述论》（《中南民族大学学报》2006年第3期）、《额敏和卓后裔与清代新疆》（《中国边疆史地研究》2009年第2期）、《玛哈图木·阿杂木后裔在中国的活动与文化变迁》（《世界宗教研究》2012年第2期）、《阿帕克和卓三入中原考述》（《世界宗教研究》2013年第3期）、《乾隆、嘉庆两朝对白山派和卓后裔招抚政策得失述评》（《兰州大学学报》2014年第2期）、《清顺康雍三朝对天山以南地方政权与地方势力政策述评——以叶尔羌、哈密、吐鲁番与清朝的互动关系为中心》（《西域研究》2018年第1期）、《清前期哈密、吐鲁番维吾尔人迁居河西西部述论》（《民族研究》2020年第1期）等。

关于蒙古族的成果有《哈布图哈撒尔述论》（《西北民族学院学报》2002年第1期）、《分部之前赛因诺颜贵族的活动及其与清朝关系述论——兼论清朝对北方民族的政策》（《民族研究》2007年第1期）、《赛因诺颜部贵族与清朝——兼论清朝的北方民族政策》（《法国汉学》第12辑，中华书局，2007年）、《卫拉特集赛组织论述》（《西北师范大学学报》2018年3期）等。

关于藏族的研究成果有《清代以来甘肃省文县白马藏族服饰演变探讨》（《中南民

① 王希隆：《清代西北屯田研究》，新疆人民出版社，2012年，《增订版前言》。

族大学学报》2011 年第 1 期)、《文县白马藏族传统服饰的文化功能》(《甘肃社会科学》2013 年第 2 期)、《论第巴达孜巴》(《中国藏学》2016 年第 1 期)、《棍噶扎拉参呼图克图研究中的几个问题》(《青海民族研究》2017 年第 3 期)、《灭法与护法——论康熙末年准噶尔部入藏事件》(《青海民族研究》2018 年第 1 期)等。

关于回族的研究成果有《近代回族社会进步思潮和革命斗争》(《青海社会科学》1990 年第 4 期)、《清末回族外交官杨枢》(《中国回族研究》1991 年第 1 辑)、《马仲英赴苏及其下落》(《中南民族大学学报》2003 年第 2 期)、《再论马仲英赴苏及其下落》(《中南民族大学学报》2012 年第 1 期)、《论西北回族重商文化形成的原因》(《中南民族大学学报》2008 年第 4 期)、《留东清真教育会"革命团体"说质疑》(《史学集刊》2017 年第 2 期)、《王用宾〈挽黄石安厅长〉诗笺证》(《中南民族大学学报》2017 年第 4 期)、《留东清真教育会述论》(《青海社会科学》2018 年第 2 期)等。

在长期从事民族史研究的基础上，王希隆教授主编了两卷本近 200 万字的《西北少数民族史研究》(民族出版社，2003 年；民族出版社，2020 年)，受到学界的好评。王希隆教授在民族史研究方面的造诣获得了学界的认可，国家清史编纂委员会曾委托他撰写《清史》子项目《少数民族人物传记卷》，戴逸、马大正、朱诚如等先生对于他完成的传记多有赞誉。

关于清朝在西北地区军政制度方面的研究，王希隆教授的成果主要有《清代关西五卫述论》(《兰州大学学报》1992 年第 3 期)、《青海善后事宜十三条述论》(《中国史研究》1993 年第 3 期)、《新疆哈密维吾尔族中的扎萨克旗制》(《西域研究》1997 年第 1 期)、《清代新疆分封制的失败及其原因》(《西北史地》1998 年第 1 期)、《关于清代新疆军府制的几个问题》(《西域研究》2002 年第 1 期)、《略论清前期对回疆的经营》(《兰州大学学报》2010 年第 3 期)、《清代吐鲁番的扎萨克旗制》(《西域研究》2019 年第 2 期)等。另外，王希隆教授还整理研究了相关的一些稀见文献，成果有《纪昀关于新疆的诗作笔记及其史料价值》(《中国边疆史地研究》1995 年第 2 期)、《关于〈乌鲁木齐政略〉的几个问题》(《西域研究》1996 年第 1 期)、《新疆文献四种辑注考述》(甘肃文化出版社，1995 年)等。

王希隆教授认为，西北甘青、新疆地区自古以来是丝绸之路的必经之地，这里自然环境和民族文化与内地不同，中原王朝在统一与治理这一地区的过程中，因地制宜，因俗设治，实行的军政制度有不少值得总结和可以汲取的经验。研究历史上成功的政策制度，特别是至今仍然在传承与发展之中的一些政策制度，对于今天治理西北地区尤其是新疆地区具有重要的意义。

　　中俄关系史也是王希隆教授研究的一个方面，他在这方面的成果主要有《清代以前之中俄联系初探》（《兰州大学学报》1994年第2期）、《托时、德新奉使俄国及其有关问题》（《兰州大学学报》1995年第4期）、《清代中俄文化交流述论》（《兰州大学学报》1997年第4期）、《俄罗斯汉学研究的历史与现状》（《光明日报理论版》2002年6月11日）、《第一位出使俄国觐见女皇的中国外交官托时》（《中国边疆史地研究》2010年第4期）等。20世纪80、90年代，王希隆教授曾开设《中俄关系史》选修课，并在讲义基础上完成了《中俄关系史略（一九一七年前）》（甘肃文化出版社，1995年）。这部著作涉及面较宽，著名中俄关系史学家吕一燃研究员在给该书所作的序言中指出"此书材料丰富，立论谨慎稳妥，既充分地吸收了前人的研究成果，又充分地利用了近些年来出版的中俄档案资料；既对前人提出的某些看法作了进一步的论证，同时也提出了一些经过自己深思熟虑的新见解"，认为"此书是带有开拓性的"。[①]王希隆教授认为中俄关系在中外关系中占据有重要地位，对中俄关系史的研究有助于认识当代中俄关系发展的走向与前景。

　　王希隆教授在学习期间，曾于俄文学习方面下过不少功夫。他很早就开始翻译、发表一些俄国探险家在中国西北的考察记，如《中亚考察者戈·尼·波塔宁的成就》（《西北史地》1981年第3期）、《塔尔寺（公本贤巴林）考察记》（《西北民族研究》1991年第2期）、《从西宁到库库淖尔》（《西北史地》1994年第3期）、《库库淖尔的航行》（《西北史地》1995年第2期）、《库库淖尔考察记》（《西北史地》1995年第3期）等，并在此基础上与博士生丁淑琴合作翻译了俄罗斯考察家彼·库·科兹洛夫的地理学名著《蒙古、安多和死城哈喇浩特》（兰州大学出版社，2002年简略本；兰州大学出版社，2012年完整本）。另外，他还部分翻译了苏联学者利·伊·杜曼的副博士论文《十八世纪末期清政府对新疆的土地政策》等。

　　王希隆教授自从教以来一直在兰州大学历史院工作，并曾担任兰大历史系、历史文化学院系主任、院长长达13年（2000年1月—2012年12月）。他对兰大发展史尤其是历史院的发展史有着浓厚的兴趣。多年来他注意收集为兰大，尤其是为兰大历史学科发展作出过重要贡献的杰出人物的相关资料，不断追踪探究这些人物的活动轨迹。他关于兰大首位校长蔡大愚（冰吾）的研究有《蔡大愚主张列宁学说的调查》（《党史研究》1982年第3期）、《蔡大愚其人和甘肃护法运动》（《西北史地》1984年第2期）、《蔡大愚先生传略》（《兰州大学学报》1999年第3期）、《〈国民党总部致甘肃都督赵惟熙函〉跋》（《兰州大学学报》2000年第3期）、《孙中山与蔡冰若》（《回族

①王希隆：《中俄关系史略（一九一七年前）》，甘肃文化出版社，1995年，《序》。

研究》2000 年第 4 期）、《甘肃护法运动失败后蔡大愚在成都的活动及其下落》（《兰州大学学报》2019 年第 5 期）等；关于历史系首届系主任顾颉刚先生的研究成果有《顾颉刚先生与兰州大学》（《兰州大学学报》2003 年第 6 期）、《顾颉刚先生西北考察述论》（《中国边疆史地研究》2005 年第 4 期）、《顾颉刚先生未刊书信两通释述》（《兰州大学学报》2013 年第 1 期）；关于曾代理历史系主任的李文实（得贤）先生的研究成果有《李文实先生述略》（《兰州大学学报》2015 年第 4 期）。此外，王希隆教授还主持整理了曾受聘兰大教授史学的著名学者张维（鸿汀）先生的部分文史遗稿，成果有《张维先生学术述略》（《兰州大学学报》2009 年第 3 期）、《张维先生与〈仇池国志〉》（《图书与情报》2013 年第 2 期）、《还读我书楼文存》（三联书店，2010 年）等。

虽然由于篇幅所限，这里难以对王希隆教授 40 余年治学生涯中所取得的诸多重要成果一一详加介绍。本论文集也只能于王希隆教授公开发表的 180 余篇研究论文中精选、收录 21 篇，但这些研究论文还是能够在一定程度上反映王希隆教授不同时期的治学旨趣，希望能够为读者深入了解西北屯田史、清代新疆史与蒙藏史、中俄关系史等方面的问题提供一些助益。

今天，已经年逾古稀的王希隆教授仍然笔耕不辍，继续奋斗在西北边疆民族研究的前沿阵地。他严谨求实的治学精神和锲而不舍的学术追求，无疑值得后辈研究者们学习。

《陇上学人文存·王希隆卷》（第九辑）

作者：杨代成

常书鸿

适值新时期思想解放运动方兴未艾，一些往昔高居云端的人物被纷纷请下神坛之际，却有一个人逆袭俗常，膺获神号，且迄今仍受到海内外广泛拥趸称颂，并被镌刻在他的墓碑之上而盖棺论定、光耀千秋——这就是被德高望重的赵朴初先生誉为"敦煌守护神"的常书鸿。

常书鸿，1904 年惊蛰日生于杭州西子湖畔"旗下营"一个下层官吏的满族家庭，而因着辛亥革命的到来，其原本并不优裕的家庭曾经沾濡无多的皇恩族泽也就片刻荡然无存。所以，常书鸿人生初途，就已饱尝了生活的诸多酸辛。所幸，如诗如画的西湖波光山色以及多姿多彩的民间民俗生活，却也使其幼小的心灵"充满了温情和幻想"，得天独厚地受到了美育滋养，在其家人为了谋生从事画艺的影响之下，其绘画天赋亦得以早慧生发。即长，虽有入美专学习"画画"的意愿，但碍于家境的贫苦窘迫，只能遵从家长的旨意，投考了浙江省立甲种工业学校电机科，旋即改入"总算还有一点绘画造型的意趣"的染织科①，且以优异成绩毕业留校任教。此间，在颇为繁重的教学工作和夙兴夜寐的绘画实践中，他开始醉心西洋美术，并自学法语，终于在 1927 年

---

① 常书鸿：《九十春秋·人生初途》，浙江人民出版社，1994年。

受到母校和同学好友的支持，得达欧陆，游艺巴黎，后又获得公费生的身份先后入里昂国立美术专科学校、巴黎高等美术学校师从窦古特、劳朗斯等画坛巨擘学习油画。在此期间，他不仅废寝忘食地勤奋作画，还如痴如醉地参游法国各种艺术堂馆以开阔眼界。如其所言："希腊艺术的优美，罗马艺术的朴实，埃及艺术的庄严，波斯艺术的金碧辉煌"等，都"组成一个色彩陆离的美的世界"①，使其对世界美术史有了系统而深刻的了解和认识，由此打下了扎实雄厚的西画基础和美术理论根基。在法10年间，他不仅多次举办个人画展，在这个世界艺术之都声誉日隆，有多幅画作获奖或被知名美术馆收藏，还即时结合着自己对世界艺坛的风云流向和故国艺术发展的现状思考写下了10多篇感想心得。而画作收入的日益丰饶，风姿绰约的娇妻陈芝秀的到来以及女儿沙娜的降生，身边又有着如吕斯百、王临艺、刘开渠、王子云等一班"中国留法艺术家学会"朋友的交游切磋，可以说就其个人生活而言，已经是如沐春风，得其所哉。以其家庭为中心，已俨然成为一个栖居在巴黎的极具中国风味的艺术沙龙，连徐悲鸿夫妇到巴黎举办"中国绘画展"时，亦曾前来造访请教。然而，有感于欧洲艺术的商业化趋向和风靡画坛的五花八门的、没落颓废的形式主义的泛滥，此时的常书鸿心情却日渐苦闷，陷入艺术上的彷徨时期。也许，冥冥之中自有天数，一日，他在塞纳河畔的旧书摊上，忽然发现了一部由6本小册子装订而成的《敦煌石窟图录》，当看到由伯希和拍摄的300余幅敦煌壁画和彩塑的黑白图片，其"遒劲有力的笔触，气魄宏伟的构图像西方拜占庭基督教绘画那样，人物刻画生动有力，其笔触奔放甚至比现代派、野兽派绘画还要粗野"，他不禁十分惊异，爱不释手。虽然由于当时身上所带款项不足购买，但在摊主的指引下，第二天一大早，他又去吉美博物馆，看到了伯希和从敦煌盗来的大量唐代绢画，其中一幅"是7世纪敦煌佛教信徒捐献给敦煌寺院的《父母恩重经》，时代早于文艺复兴意大利佛罗伦萨画派先驱乔托700年；早于油画的创始者文艺复兴佛拉蒙学派的大师梵爱克800年；早于长期侨居于意大利的法国学院派祖师波生1000年"。而且在"艺术表现技法上，敦煌艺术更显示出隽永先进的技术水平"②。这些发现，一时使曾非常自豪地以蒙巴那斯画家自居，言必称希腊、罗马的常书鸿的内心骤起波澜，对自己10多年来的绘画实践和艺术教养产生了剧烈的震荡，并开始深刻反省。如同象征派先驱高更一样，常书鸿决心离开巴黎，选定了自己将永久安身立命的"塔希提"——即蕴藏着数千百年前的中国民族艺术宝库的敦煌。

1936年秋，去国十年的常书鸿终于回到了祖国。然而，此时的中华大地已是风雨飘摇之时，不光东北早沦陷于日寇的铁蹄之下，即使落脚的北平，也随处可见日人的

①常书鸿：《九十春秋·留学法国》，浙江人民出版社，1994年。
②常书鸿：《九十春秋·留学法国》，浙江人民出版社，1994年。

飞扬跋扈，而大西北亦是战乱丛生。"我要尽快去敦煌"，只能是他念叨在嘴边的一句口号。迫于生计和形势，他先是在北平艺术专科学校担任了西画系教授和主任，后随着全面抗战爆发，在学校西迁途中，先后任北平艺专和杭州艺专合并的"国立艺术专科学校"的校务委员、造型艺术部主任和学校实际负责人等职。1940 年抵达重庆后，他又在国民政府教育部美术教育委员会任委员和秘书。其间，他不仅经历了颠沛流离的艰难困苦和敌机轰炸的生死威胁，而文人之间的派别纷争和国民党权贵的倾轧猜忌亦使其神寒心悴。直至 1942 年，在社会舆论的压力下，重庆政府终于被迫筹备成立"国立敦煌艺术研究所"，并采纳了时任监察院院长于右任先生的举荐，由陕甘宁青新五省监察使高一涵任筹委会主任，常书鸿任副主任。心愿得偿，苦等 6 年的常书鸿当然喜不自胜，并得到梁思成、徐悲鸿等朋友的支持和鼓励。尤其是于右任先生，他在给国民政府教育部关于成立国立敦煌艺术研究所的报告中写道："似此东方民族之文艺渊海若再不积极设法保存，世称敦煌文物恐遂湮消，非特为考古暨博物家所叹息，实是民族最大之损失。"他力陈敦煌文物及西部各民族文化保护研究之重要意义，且在常书鸿赴敦煌行前，专门宴请，就敦煌艺术的保护和研究提出了诸多建议。他还推心置腹地对常书鸿嘱咐说：那里是沙漠，与城市隔绝，生活十分艰苦，如果没有事业心的人到那里去，是干不久也干不好的。要有一个从事艺术，又爱好艺术的人到那里去才可放心。你在国外很久，走的地方很多，看到的东西也很多，你一定会对这个世界上少有的民族文化艺术宝库感兴趣而能坚持这一工作[1]。以后的事实确已说明，于右任先生颇有识人之贤，而常书鸿到敦煌之后的种种遭际，也正如于先生所预料的那样，是非常人所能经受得住的严峻考验，是凝合着家庭命运陡变甚至几要付出生命代价的血泪悲歌。所以，当我们追索这位被誉为"敦煌保护神"——有如敦煌艺术特有符号和旗手的文化先贤过往"神迹"的时候，常常又不禁嘘嘘然泪濡襟衫，方知他身上的所谓"神光"，几乎更像是一位舍身饲虎的苦行僧一样，是拼却身家性命而沥着心血云蒸霞蔚而成。因此，不管沧海桑田人间世事如何变幻，提及被联合国科教文组织列定为人类文化遗产的敦煌艺术，乃至提及古老的丝绸之路上的石窟保护和研究事业，已经往生天国的常书鸿先生确乎都是一颗永远闪亮在人们心中的熠熠星辰。

关于常书鸿在敦煌数十年经历，已然成为洇濡在丝路文化现当代史书上的一段传奇，在不少的文学作品和宣传资料中也多有形象表达和记述，这里不再赘叙。谨选取了常书鸿在其自传《九十春秋》中《艰难岁月》一章中的"夫子自道"以供参见。但不可讳言的是，这位可以说是敦煌艺术研究的真正开拓者，在对敦煌艺术以及丝路石

---

[1] 常书鸿：《九十春秋·破釜沉舟去敦煌》，浙江人民出版社，1994 年。

窟艺术研究多方面发凡起例，且终生不曾放下画笔，在绘画上亦对敦煌艺术多所吸收和发扬光大的艺术达人，令人唏嘘的是，由于人所共知的原因，留下的学术性文字成果并未形成洋洋大观。但从现已发表公知的文章来看，却依然是不可替代的精粹之作。正如樊锦诗先生所评价的那样："他以丰富的学识和艺术家的洞察力，对敦煌艺术予以总结和概述，不仅在当时具有开创的意义，代表了当时中国敦煌艺术研究的水平，而且为后来的敦煌艺术研究奠定了基础，一些观点和看法至今仍有启发性。"①于此，我们结合着常书鸿早期的一些艺术评论，对常先生的学术研究贡献进一步试为总结：

一、广阔深远的艺术视野

如前所述，常书鸿先生初入画坛，即醉心于西洋美术，在留学法国期间已经对世界美术史有了系统而深刻的了解，打下了极其扎实雄厚的美术理论根基。所以，在其最初发表的一些艺术评论中，就已是站在一个视野十分高远的理论平台而俯瞰着现实艺坛的各种风云流变及其利弊得失。他不仅对诸多艺术种类和具有代表性意义的艺术家的创作实践颇为熟知，而且各有鞭辟入里的精彩评判和高屋建瓴的总结思考。如其在《雷诺阿的胜利》一文中开篇即言："如果我们承认艺术是创作的话，那么艺术进行的动向应该是前推的，离心的，是一切破坏的原动轴，是时代改造的前驱者！"接着便指出：有如安格尔，"一生只是从事于继承达维古典形态的追求和那没有情感的希腊格调的因袭，所以无论他生前是如何高傲地想要与奔狂勇武的浪漫派前导德拉克洛瓦抗争，他终于还是生在时代里，死在时代里"。又如马奈和德加，虽然其作品色调笔触可人，但由于"多半还没有脱离传统技术"，因此，也只是逗留在"创造的中程"。但雷诺阿则是"经过半个世纪的奋斗，时时刻刻在新的艺术过渡中推进"，"是一个具备锐利的眼光和在现代女子一般充实了香、色、热、肉感的世界上最是深切地把握到核心的一个纯粹超时代的艺术家"。在《现代艺术的基线》一文中，他更是从文艺复兴之后到近代社会制度剧变的层面，揭示了西洋绘画其形式及内容发展变化的某些基本要旨。他亦不无讽刺意味地指出所谓"画架画"的应运而生，是在近代商业思想的侵袭下出现的一些弊端变异，即一些"聪明人，比真正艺术家更聪明的人，就创设了一个新的见解，以为我们可以纯化我们要表现的形态，升华我们的笔触，分解我们的色阶，造成了近代形体色线的大革命"！由此，"这种倾向产生了两种新的现象：第一是投机分子的介入，第二是绘画的商品化"。从而使所谓现代艺术的基线就是一个由艺术家、画商、收藏家、艺术批评家组成的一个"四部合奏曲"。在《绘画上的实质问题》一文中，他又颇为精辟地提出：艺术对于人类感情的使动就是"偷恣"——所谓感觉

---

①《常书鸿文集·序言》，甘肃民族出版社，2004年，第12页。

或灵魂中的快感。所以"如果一幅真正有诱惑力的画，应该使一个鉴赏者从这幅画面中得到深入于精神、心灵与感觉中的快乐，这幅画就至少要含有思想、体式与实质三个重要成分以均衡置配"。这些充满着振聋发聩的豪气的议论，虽然有过于偏颇之嫌，但其内涵的理论思辨，却是很能表现作为一个初出茅庐的青年艺术家少有的精神胆气和艺术胸怀。而如《意大利未来派中的天空画家》《真与美及其现实》《法国近代装饰艺术运动概况——1800 至 1924 年法国装饰艺术之演进》《法国沙龙简史》《近代艺术运动的认识》《有色电影的成功与画家》《现代绘画上的题材问题》等文，仅仅是从文章题目，我们就不难看出，在早期的艺术研究和探索中，其目光视界就已经达到了一个怎样的广度和高度。特别是他翻译的《苏俄画坛近况》一文，更说明在他的精神意念里，亦难能可贵地关照到十月革命之后新兴的苏俄这一社会主义文化机体。唯其如此，我们也才完全能够理解，何以在塞纳河畔与敦煌艺术的一次不期而遇，就在其内心激起了那么强烈的惊喜震荡——其最为根本的缘由，就在于他具有广阔深远的艺术视野和犀利敏锐的艺术触角，从而意识到敦煌艺术在整个人类艺术史上无以替代的价值和意义。而这一特点，可以说始终贯穿于他后来开拓和指导着的敦煌艺术研究事业发展的方方面面。

《敦煌艺术与今后中国文化建设》，这是迄今发现的常书鸿先生第一篇涉及敦煌艺术研究的文章，成文于他初到敦煌不久。同样，仅是从文章的命题，我们就可以看出，他依然是以广阔深远的艺术视野瞩目于敦煌艺术在抗战胜利后整个国家文化建设方面的意义。而在文章中，他从中外文化复兴昌盛的历史对比，以历史唯物主义的角度指出："在目前，我们正当一个空前未有的、为正义而进行的八年大战，已经达到胜利阶段的今日，我们可以断言，由于这场排山倒海的暴风雨，静止了几个世纪的中国文化，正在酝酿着一个新的趋势。这个新的趋势可能有两种力量：一是外来的，一是内发的。"而诉诸当时中国的现实，固然"今后外来学术文化的影响，我们可以毫无疑问地得到不少助力。不过，文化的内容，不能没有自发的基于民族立场的主体。我们需要它，比外来的影响更是迫切，因为，我们要用自己的血液来培养 5000 余年来绵延的祖先留给我们的文化基础"。由此，他先是扼要地阐述了中国绘画因一向被密封于"象牙之塔"的少数文人达贵的闲情逸趣之中，而缺乏必要的充足实证的状况。接着便回顾了敦煌石室发现以来，敦煌艺术渐被注意的经过，从而指出："千佛洞现存的 400余窟，包括北魏、西魏、隋、唐、五代、宋、元时代的塑像和壁画，真是一个规模最大、收罗最丰富的博物馆，一部描写最详、引证最确的活的美术史。"他首开先河地将敦煌艺术划分为印度艺术的传入时期、中国艺术的繁盛时期、衰退时期三个阶段，并分别结合着印度佛教艺术的基本特征、中国传统绘画的技艺流变、西方艺术从希腊至近代以来的发展趋向的对比论证，介绍了这三个时期的壁画和雕塑在色彩、线条、笔法、构图、题材等方面的不同特点和历史变化。之后他总结道："敦煌艺术是一部活的艺术史，一座丰富的美术馆，蕴藏着中国艺术全盛时期的无数杰作，也就是我们目前正在探索着的汉唐精神的具体表现。"在《阿旃陀和敦煌》一文中，他通过对阿旃陀石窟与敦煌石窟艺术的一些相互影响和联系的论述，归纳出在一个漫长的历史时期内，中印两国艺术在生动的追求、线描的运用、构图的组织、色彩的烘染、形象的捉摸等方面共同遵守的步骤和原则。在《敦煌壁画与野兽派绘画》一文中，他更以图示的方式，证实了20世纪30年代法国野兽派画家罗奥所创作的《对耶稣的嘲弄》，确实是从伯希和1925年刊于《敦煌目录》画册中敦煌275窟毗楞竭梨王本生故事局部画面受到影响："这说明了敦煌壁画北凉时代磅礴的气势比西欧哥特时期的艺术风味还要雄健的成就传至30年代巴黎现代派绘画中了"。[①]不仅如此，我们还惊奇地发现，这位以油画立业、对西洋画史和理论极其熟知的"海归"，对于中国传统文化及绘画的历史发展认识的理论根基，同样是造诣非凡。因此，在他的艺术意念里，一种中西文化自如浑成的理论修养更是不类常俗，往往亦是信手拈来纵横开阖地联系于敦煌艺术的认知与辨析。比如，在《敦煌历代服饰图案·序》一文中，他一方面通过对甲骨文中"蚕""桑""丝""帛"等字的出现研究，结合《易经》《诗经》《通鉴》等文献上对于养蚕缫丝的文字记载的引证，论述了"中国是最早利用蚕丝织作衣服的国家"这一主题。他通过对敦煌壁画和彩塑及丝路沿线出土文物颜料、图案、纹样的分析举样，论述了其中所包涵的印度、伊朗乃至希腊斯基泰文化与中国传统文化的相互影响，并提出："敦煌艺术，不仅反映了外来文化的影响和隋唐盛世的佛教美术，当时的社会生活，而且记录了中国历代的装饰图案、色彩运用和工艺技术。从敦煌壁画和彩塑上临摹下来的丰富多彩的图案，实际上就是中国历代服饰和织造、印染工艺的重要历史资料。"他更进一步论证道：敦煌艺术中所表现的这些丝织图案，说明提花工艺在中国的出现比法人茄卡得发明提花织机还早1000余年[②]。实际上，诸如此类的中外文化左右开合的远譬深证的例子，在他的文章中可以说是俯拾皆是。这一切，无疑都得力于常书鸿作为一个学人而兼具艺术大家特有的禀赋智慧，其所具有的深远广阔的艺术视野，并非常人能够轻易企及。而他在20世纪60年代就已翻译完成却在"文化大革命"劫难中被毁，复在80年代再译出版的法人R.格鲁塞《从希腊到中国》一书，以及他所著的《新疆石窟艺术研究》出版，同样说明他的远见卓识，旨在将敦煌艺术研究通过丝绸之路引领到一个更为深入广大的境地。

---

① 《常书鸿文集·敦煌壁画与野兽派绘画》，甘肃民族出版社，2004年。
② 《常书鸿文集》，甘肃民族出版社，2004年，第238—246页。

二、敦煌艺术审美原点的认识发覆

自 1900 年敦煌遗书被发现以后，随着斯坦因、伯希和等人劫夺的部分文书帙卷公布，即引起了海内外的强烈震动，亦因之很快形成了"敦煌学"这样一门国际性显学。然而，对于莫高窟壁画、雕塑的丰富宝藏，在很长时期内却并未引起人们的足够重视。直至 1931 年，贺昌群先生才在《东方杂志》28 卷 17 期发表了《敦煌佛教艺术之系统》一文。该文可谓是第一篇对敦煌艺术进行较为系统介绍的文章，自有其珍贵的价值所在。但亦如作者自己在文中所言："没有实际的观摩，只凭图片和文字的传达，往往容易陷于错误的。我个人对于佛教艺术既缺乏素养，佛理亦无研究，这篇文章，不过表示这个题目而已。"此后又经十几年的沉寂之后，方有一批学人相继发表了一些文章对之再行介绍。而自常书鸿团队抵达敦煌之后，对于敦煌艺术的保护和研究事业则全开新局，带动了敦煌艺术研究进入了一个前所未有的繁荣阶段。而在此中，常书鸿的一些文章的发表无疑起到了无以替代的关键作用。因为，敦煌艺术这一学术概念虽然已经产生，但从发生认识论的观点来看，其并未完全达成这一概念对人们形成认识核心的心理作用，也就是认识论大师皮亚杰所说的"心理发生只有在它的机体根源被揭露之后才能被人们接受"[1]的这一阶段。正是在这一核心点上，常书鸿通过对敦煌艺术审美原点——即敦煌艺术的形式和内容所蕴含的典型美学价值和意义的认识与发覆，从而达成了这一新兴学科的真正建立！

常书鸿对于敦煌艺术审美原点的认识和发现，似乎是从他在塞纳河畔第一次见到敦煌艺术的照片时就已开始。如前所述，这就是他惊异于"大幅大幅佛教画的构图，尤其是 5 世纪北魏早期壁画，他们遒劲有力的笔触，气魄雄伟的构图像西方拜占庭基督教绘画那样，人物刻画生动有力，其笔触的奔放甚至比现代野兽派的画还要粗野"。当然，这样的认识还只能说是他作为一个出色的画家发自艺术直觉的一种认识。而在他到达敦煌之后，这一认识就迅疾升华为一种整体性和系统性的表述了。如在《敦煌艺术与今后中国建设》一文中，他从艺术作风上将敦煌艺术划分为三个时期：一、印度艺术传入时期——象征的——北魏、西魏诸窟；二、中国艺术繁盛时期——写实的——隋、唐、五代诸窟；三、衰退时期——装饰的——宋、元诸窟。这里"象征的""写实的""装饰的"都可以说是提纲挈领地抓住了敦煌艺术认识的锁钥。不仅如此，他进一步论述，在印度艺术传入时期，"敦煌为东西交通的要道。印度佛教艺术作风自然浸入千佛洞诸窟壁画中，北魏、西魏诸窟里边带有犍陀罗作风，显然可以明白"。而"那带有优秀衣纹线条的表现，浑厚坚实形体的烘托，是兼有希腊、罗马两个特有

---

[1] ［瑞士］皮亚杰：《发生认识论原理》，商务印书馆，1987年，第58页。

素质的。从壁画的色彩方面说，其浓重丰丽之感，有波斯、印度的特性"。在中国艺术繁盛时期，则是秉承六朝余风，"从朴素、典雅的特质进而至于繁杂美丽、金碧辉煌的境地"，"用圆润细劲的笔线来代替犍陀罗消瘦、锐利的作风"，"用纯厚浓丽的色彩来代替印度的色调"。更凡举实例，从题材意识的变化上、人物形态的演运上、景物构图的描写上，说明了这一时期充分地表现着"写实精神"。但他又特别指出：这里所谓"写实"是中国传统"中得心源"的带有主观的表现，并不是 19 世纪的 Realit 所作的形似而已。在衰退时期，其"画作虽纯炼烂熟，却多含衰颓退化的成分"，"画面不过是散点模样重叠起来的装饰图案"。在《敦煌艺术特点》这篇短文中，他几乎字字珠玑，明确精准地对敦煌艺术的显著特点一一点破。在对"两魏艺术之特点"的分析中，指出："此期壁画用色多为石膏、石绿、紫红、土红、黑、白、兼及富丽、典雅、清快、明澈，形态表现着重于主题之扩大与主要动作之加强"，充分体现了张彦远所谓"水不容泛，人大于山"的风格。在"隋代艺术之特点"分析中，他指出："此时之艺术，可谓六朝与李唐间之桥梁，是由自由到规律、由象征到写实、由异国情调到民族色彩的蜕变时期的标本。"在"李唐艺术之特点"分析中，他指出："唐代绘画题材一变过去消极牺牲的连环故事画，而为大幅经变"，应是受到了净土宗兴起的影响，"把佛教之教义从极阴森消极的印度思想中拯救出来"，"正可见到唐代民族在佛的理想国中是如何的样子，从细微的幻想中而到了彻底具体的现实"；"在技巧方面，唐画铁线描的流利放达正如春蚕吐丝一般，把全幅画面富丽的色彩，如同取之教堂中镶嵌玻璃画似的，每一个颜色在细润圆滑的包含中，格外地显现出充沛的力量和它所要表现的意识，这正如中国美术史上所常提到的'吴带当风'那一类奔放活力的另一种认识"。在"五代宋元艺术之特点"分析中，他指出：五代唐、宋之间敦煌艺术"一般的作风都是秉承李唐而没有很大的变化，不过美术史上所说的'山水至荆关一变'的实例，我们确是在五代壁画的故事穿插上见到了，那是铁线描到兰叶描的一个重要转变"。在《敦煌艺术》一文中，他又在"怎样认识敦煌艺术"一节中特别提醒人们：敦煌艺术不仅仅是"宣传佛教的工具，这里更为重要的是，被压迫人民通过被迫受雇而从事宗教艺术的创作，所透露出来的是自己的愿望、自己的情感和当时社会现实中的生活形态"。他举证说：

例如被隐蔽在壁画角落所描绘的、穿插在华法经变与佛本生故事画中的劳动人民的生活情况。作者是如此亲切而胜任愉快地描绘着自己所熟悉的事物：耕作、洒扫、喂养牲口、推磨和拉纤……在西方净土变中，他们充分发挥了自己丰富的想象，用极瑰丽的色彩描写西方极乐世界，那虽然与他们的实际生活有着天地之别，却是反映了他们对幸福的要求和愿望。例如在宋国夫人出行图和一些供养人画像中，我们可以看到当时统治阶级的穷奢极侈。此外，供养人画像和非佛经故事的地位和数量随着朝代位置逐渐提高和数量增加。这一切说明了来自民间画工们用现实的生活形象来替代空泛的宗教内容，"人"在壁画中代替了"神"的地位而逐渐成为主体。

他由此而总结道："这些被奴役、被迫害的、善良的人民艺术家，把自己的苦难寄托在描写菩萨的笔墨间"，"敦煌艺术，使我们首先感动的，不是它的宗教内容，而是伟大的中华民族坚毅、朴素的优秀性格。"不仅如此，他还强调一种对敦煌艺术欣赏全新的整体审美观点，认为："实际上，敦煌艺术都是大块壁画配合了塑像、藻井、边饰及地面的花砖，与整个洞窟建筑结构不可分开地合成一个整体。差不多每一个空间都荡漾着同样的空气与同样的情调，这种全般的设计与整体的表现是身处其中的人，从视野的接触所发生出来的共鸣，是具有一种不可抗拒的感人力量的。"

常书鸿《敦煌艺术的源流与内容》一文，主要是从源流及内容两方面对敦煌艺术进行了分析探讨。其精粹之处，正如有关学者所说的那样：作者第一次提出了敦煌一直保留着汉代正宗的文化传统，是外来艺术与民族形式的交融点，是后来民族文艺的一个主要的刺激力量的观点，并分析了敦煌艺术向东流布的路线。这个观点新颖独到，对后来的研究者启发很大。第二，此文分析了汉唐文化对新疆地区的影响，有助于我们认识印度佛教艺术东传过程中"中国化"的第一个环节。第三，此文从思想内容上分析了敦煌艺术中民族传统和外来影响的"源"与"流"的关系[1]。仅就这些成就而言，无疑在当时已经是在宏观认识层面对敦煌艺术的审美原点进行了新的发掘和导引。同时，涉及在一些具体问题，有更多细致深刻的阐发表述。比如，他以表现同一主题内容的萨埵那太子舍身饲虎的254窟北魏壁画与428窟的北周壁画为例，就指出：前者"这幅画中没有时间与空间的阻隔，没有树石房屋的穿插，人与人，动作与动作密密排排地堆叠为一幅思想意识与内容、技巧天衣无缝的杰作"。而在后者却用另一种方法表现出来："为了详尽地说明一个故事，我们的艺术家知道如何掌握题旨的重心，把主体的人物配合了山林、房屋，一层又一层地夹隔着，连环而又个别地表现出来，这些穿插的山水树石，与其说是自然景物，不如说是每段故事的美妙序幕，他们是如此样子不多不少地去处理故事的主题和配景。"如此对比地引申让人们认识到这正是承继"梁武祠石刻与卷轴画的方法"，是民族传统绘画形式在印度佛教艺术中一种改良和渗透。再比如，他又指出，到北魏后期的作品，"就完全是配合了中国古代神话传说《山海经》一类幻想的：随着云彩飞驰的天体，各种神怪、龙虺、羽人、天狗之类在转动，穿插着天花、星宿，真是已经做到画面上'动'的境界了，如同长沙出土的战国

---

[1] 林家平、宁强、罗华庆：《中国敦煌学史》，北京语言学院出版社，1992年，第226页。

漆器上所描绘的动物模样，如同辽阳与通沟墓壁画中的飞人、奔马一般地都充满了运动回旋的力量。这其中，飞人、飞马有飞奔驰行的效果，就是散布在主题以外的天花与附着在人物上的飘带等等，都是造成全画运动中不可分离的力量……这正是 5 世纪时南齐谢赫在他的《古画品录》所发表的'六法论'中被列为第一的'气韵生动'的鲜明例证，也是中国美术史上主要问题的一个答案"。接着他还指出：

六朝壁画中除了故事画之外，作为洞窟壁画供养主题的贤劫菩萨千佛的配置，虽然是平铺直叙地罗列无数千佛在大块画壁上，但是用色的间隔和参差调配方面，仍然没有疏忽构图上统一变化的原则。此外，藻井边饰图案与力士、供养人的适当配置，在大部分赭红色的壁底上，显现出十分调和的整体性。

在对从初唐到晚唐洞窟壁画内容的介绍中，他亦是从整体性的宏观审美到具体而微观的绘画技法上的一些变化特点，一一列举例证，详为论述，还再一次指出："对于这些妙用无穷的线条，不能孤立地当作线的本身来看，在这个线的里面，实际上是具备着一系列含蓄着的条件。"在《新疆石窟艺术研究》一书中，他对新疆十多处石窟艺术的不同特点的介绍和分析，也是这样的言人而未言，言之而有据。同样，在常书鸿几乎所有涉及敦煌艺术或石窟艺术的文章篇题中，只要稍加留意，就可发现这样一些可以奉为圭臬的提示。这些论述简括而精准，从绘画本体的特质上，揭示了对敦煌艺术认识的美学原点，把人们对敦煌艺术的认识从一个"看热闹"的过程提升到一个"看门道"的境界。这不仅在当时殊为难得，奠定了敦煌艺术研究的认识基础，即使在今天依然不乏启示作用。更何况直至目前，这样熟知、这样专业、这样能够从审美深层和理论基础上，对敦煌艺术和丝路石窟艺术进行认识解读的大家、方家，几无来者！

三、民族文化自信的精神向度

常书鸿终其一生都不曾放下画笔，在绘画创作上亦硕果累累。因此，在他的几乎所有文章中，都鲜明地保持着一种艺术家特有的文字风范——即不拘形式格局，语言生动平易而富有情感张力。而在这种情感张力中，尤为显著的是时时充盈着一种民族文化自信的精神向度。

《巴黎中国画展与中国画前途》，这是现今可查常书鸿公开发表的第一篇文章，该文以记叙文的形式，记述了1933年他邀请业师劳朗斯参观一次在巴黎卜姆美术馆举行的中国画展的经过和感想。但其主旨，却是在通过劳朗斯这位画坛巨擘和美术馆馆长之口，以彰显中国传统绘画的魅力，内涵于中的民族文化自信的拳拳之心亦是溢于言表。例如，在他的精心引导下，当走到一幅明朝的古画图前时，他先是自己评论道："这是三只绵羊，那卷曲的毛像是硬化又不失自然，那线条的构成，曲线的布置等都非常调和，而又含着崇高伟大的气魄。"接着便适时地陈述劳氏呼应：

"啊！这几只小羊！"劳朗斯先生惊异地叫着，"你看它们一点也没有做作，一点也没矫揉，自然地把画家的风格、气魄和那伟大的生命毫无遗漏地表现在纸上。虽然是三只小羊，但是它们给我的印象，比芬奇的圣母还要崇高神圣！这样的格调，这样纯洁的画风，你看从文艺复兴之后有多少画家在追求而不能达到的境地。这真是中国的画圣"。

而当劳氏对另一幅明朝绘画的时代风格有所犹疑时，常书鸿则又通过馆长之口进行释疑：

这时候馆长似乎有点着急，他引着劳朗斯到前面一个画室中陈列的一幅乾隆皇帝上朝时的横条前，这是一幅宫廷里极其工细的写实图。"你看吧，从18世纪中国画才欧化，中国画才有西洋的风格！"馆长先生于是指这边，看那边，"其实，"他继续说着，"我以为中国画自有中国画的特色，他们的理解、他们对于自然的认识都是超过我们不少的。人说，近代的西洋画受了日本画的影响，其实，中国画的历史还在日本画三四百年之前。远东只有中国画没有日本画，自然我们受到的才是中国画的影响"。

而在"中国画前途"的问题上，他依然借劳氏之口，提出了意见："总而言之，无论中国画也好，日本画也好，西洋画也好，如果一个艺术家缺少了真实性，那就不是一个艺术家。你看，在我们前面，那几张古代中国画中，一张有一张的价值，这可以充分证明中华民族是富有艺术天才的民族。我很希望你们这些青年画家不要遗忘你们祖先对于你们艺术资源的启发，不要醉心于西洋画的无上全能！只要追求着前人的目标，没有走不通的广道！"需知，在这篇文章写成的1933年，已是他来巴黎的第七个年头，这颇能说明，即使在这个他以蒙巴那斯画家自居、言必称希腊、罗马的时期，对于民族文化的自信的星火亦不曾泯灭，仍不失时机地借他人之口以光大民族文化的光辉，这正表现了他蕴藏在心底的赤子情怀！

借助敦煌艺术，更是常书鸿在文章中时时刻刻不忘高举民族文化自信的一面旗帜。如前所述，他一方面以具有广阔深远的艺术视野将敦煌艺术置于世界艺术之林去考察、思考、辩驳，肯定着敦煌艺术在人类文化史上的无以取代的价值和意义；一方面又通过对敦煌艺术审美原点的发覆，不断信而有证地将敦煌艺术提升到一个"机体根源"的认识阶段。而在《敦煌的光彩——常书鸿与池田大作对谈录》这一具有世界影响的谈话中，除了一如既往信心满满地对敦煌艺术的辉煌成就进行宣传、解读、弘扬之外，他再一次强调："敦煌艺术是画工们创意性的杰作。在壁画中，没有完全相同的东西，即便是描写同样的经典内容的艺术作品，画家们也根据自己的创造力和想象力创作了不同的作品。拿第61窟的《五台山图》来说，既画有磨面的人、登山的人，还画有嬉戏的马儿，随处可以看到画家的独具匠心。敦煌艺术作品保存到今天还显得栩栩如生，是因为画家们是用心、用灵魂创造的。从心灵深处产生出来的创造力，是真实的，不是虚假的，真正的艺术品，即使经历千百年，仍能给人以强烈的感染力，其艺术性会经久不衰。这些作品到了今天仍有影响力，是因为这些作品有着很强的生命力。"于此，他还以强烈的口吻辨析道：

在艺术作品中，有绝对价值和相对价值之分。根据时代不同，从当时各种各样的利害关系来看，或者根据宣传效果来看，也有许多作品曾被人们当作艺术珍品。然而，真正没有价值的东西，随着时间的流逝，人们的关心也随之淡薄，这些作品渐渐被人们所遗忘。这不过是一种相对价值。但是另一方面，活着时无名的艺术家的作品，死后才被有识之士发现，经过千百年之后，被人们当作珍贵的艺术品，留传后世。这些艺术作品可以说是具备绝对价值。

在谈话中，常书鸿亦不止一次陈述了他的艺术价值观："我认为判断一件作品的关键在于它给人的感动是强还是弱，不能首先判断是'谁'以及哪个画家的名气。当然这里面有自己喜欢的画家，也有自己不喜欢的，但我想决不能以好恶为判断基础，而是需要一种带有普遍性的价值观。"他又说："当时我到法国留学，无非是想出人头地、光宗耀祖。到法国后，我的认识逐渐变化，最后发生了从为个人到为民族为国家的意识革命……在敦煌期间，受到民族意识和佛教的影响，我产生了一种使命感。"在这种朴素而直白的表述中，无疑已透露这种价值观的形成，亦正是累积于心的民族文化自信的生发！

常书鸿是富有国际声望的文化名人，时有机会外出参访，所到之处，他都以宏扬敦煌艺术为己任，宣传普及敦煌艺术的不朽魅力和中华文化的伟大成就。如在日本所作的第六回石板纪念的一篇题为《敦煌艺术》的讲演辞中，就从敦煌艺术的产生与经历、敦煌艺术的历史背景和地理环境、敦煌艺术巡礼、敦煌壁画的内容与形式、从北凉到西魏——人大于山的艺术、向金碧辉煌过渡的艺术、文质彬彬的唐代盛世、都勾当画院的艺术等 8 个方面，系统地介绍了敦煌艺术的精髓所在。其中蕴含的敦煌情结自不待言，而处处呈现出的一种对于民族文化的自信、自尊、自豪的精神亦是激情满怀。在谈及敦煌壁画中的飞天造型时，他就用了很长的篇幅论述了飞天形象在各个时期的不同特点及其历史演变，一方面肯定了飞天形象确实是典出佛教香音神的化身；一方面则追根溯源，指出其最终成为"气韵"和"形似"兼而有之的"佛教图案中最令人喜爱的形象"，就在于中国传统文化所给予的重要影响：

飞天，是浪漫主义思想方法与创作方法结合的产物，是古人最善良、最美丽的思想憧憬的进一步飞腾和升华。早在我国商周时期，我们的祖先就在生产石器、陶器的基础上，发展了玉器和铜器，他们把天地鬼神，奇禽异兽雕刻在上面。春秋战国以后，交通逐渐发达起来，文化艺术交流也广泛起来，因此，铜器上的纹饰转变为实用而轻松的主题，出现了回纹、狩猎、飞禽、山川等自然风物。由于古代人们对神仙世界的憧憬，因而把自然界的风云走兽都神仙化了。为了征服自然，他们幻想飞行，因而也就出现了有翼的神仙人物，并衬托祥云以示飞行。例如湖南长沙马王堆出土的《夔凤人物帛画》《人物御龙帛画》都描绘了神仙羽人，在流水一般的彩云中奔腾飞翔。山东武梁祠的汉代画像石中，也有飞行的有翼神仙与涡线形，波浪形的云气纹。这些秦汉前后的中国美术中的造型，对敦煌飞天的形象产生了一定的影响。

在谈及敦煌壁画中的唐代大幅经变画时，他更是认为："无论是从构图还是设色方面都不下于意大利文艺复兴时期，教堂富丽堂皇的装饰绘画和米开朗琪罗的雕刻。"由此可见，尽管常书鸿由其不凡的人生经历和丰赡的学识而形成了一种中西文化的"通感"能力，具有常人所没有的"以世界的眼光看中国，以中国的眼光看世界"的特殊禀赋，但在其精神意念的深处，对于中国民族文化的自信向度，依然是赤子之心一以贯之。而这一信念的外溢效应，正是促成"人类的敦煌"被广泛认知的决定性重要因素之一！

话到此处，不由想起，在倡导"一带一路"的今天，我们绝不应该忘记这位将毕生的心血乃至身家性命都托付给敦煌及丝路石窟艺术保护和研究事业的开拓者、建设者！记得曾有人发问："没有常书鸿敦煌会怎样？"虽然这是一个几乎难有确切答案的问题，但可以肯定的是：没有常书鸿的坚守，"莫高窟人"这样一支文化团队不可能如今天一样欣欣向荣，敦煌莫高窟不可能如今天看到的模样留存下来！没有常书鸿的学术智慧艺术眼光，敦煌艺术的保护和研究事业一定会迟滞延耽，敦煌艺术这颗丝路明珠，一定难以璀璨如今日！"如果真的再一次托生为人，我将还是'常书鸿'"，这是常书鸿先生的遗愿，"敦煌守护神"的神光和星云，将永远照耀护佑着敦煌的日日夜夜！

最后需要说明的是，本卷能够完成编选，首先要感谢常莎娜先生的托付与信任。但由于自身学力的不足和所事学科的隔膜，对于常书鸿先生的学术成就确是或有陈述总结不足的缺憾。特别是常书鸿先生亦是一位享誉世界的画家，在他的学术成就中，亦包含着诸多画学思想的精识、精义。而他对敦煌艺术又有着十分丰富的认识体验，在他与敦煌艺术数十年如一日的守护中完成的绘画作品中，他是怎样将敦煌艺术的素养融洽于其中，这也是一个需要有关方家开展的课题。另外，据闻先生还有很多的未刊稿，笔者就曾在20世纪70年代末，看到过他给有关方面写的一份关于建立"敦煌石窟艺术学院"的报告，力陈建立人才培养对于敦煌艺术及丝路沿线石窟艺术保护与研究事业的重要意义。值此之际，很希望这些未刊稿件能够早日得到整理刊布，以使先生的学术成就得到更加完整的呈现。再者就是《从希腊到中国》一书，附录之图版，几占全书多半，碍于篇幅所限，只好舍弃，谨望读者原谅。

《陇上学人文存·常书鸿卷》(第七辑)

作者：杜　琪

段文杰

能有机缘编选《陇上学人文存·段文杰卷》，于我们是一桩幸事。这不仅是由此而对段文杰先生这样一位年已望百的敦煌学耆宿的学术成就有了全面、深入的了解，在治学思想上多所借鉴，获益甚丰，愈让我们高山仰止和心灵得到滋溉的是，在他的一系列文章中，常常体现着对于一种事业执着的坚守探求精神和勇于开拓创新的远见卓识，并以此而引领着这一事业走向更为广阔光明的前程。他的学术成就，正如有学人礼赞的那样："和莫高窟的敦煌学艺术的里程碑式成就密不可分"，"他的生命最强音和敦煌交织在一起。"[①]

段文杰先生是继常书鸿先生之后，献身于敦煌事业的第二代"莫高窟人"的杰出代表。他 1946 年即到敦煌，在此后的 30 多年间，主要从事敦煌壁画的修复和临摹工作。其正式对敦煌石窟艺术进行理论性分析研究开始于 20 世纪 70 年代末期。也就是说，这个时候的段先生已经是岁过花甲的老人了。然而，让人不能不感佩的是，正是源于这种数十年如一日手感心会的厚积薄发和"莫高窟人"民族精魂所具有的生命张力，他成竹在胸，发扬蹈厉，在不长的时间内写出了一批极有真知灼见的论文，从而

[①] 姜伯勤：《世纪性的丰碑》，《敦煌研究》2007·特刊。

不但填补了敦煌学研究中的多项空白，亦为"莫高窟人"这一学术团队的建设和我国的敦煌学发展作出了重要贡献。其丰硕的学术成果，在如下几个方面尤显突出。

一、开创了对敦煌石窟艺术较为全面的系统研究

敦煌石窟的最大特点之一，就是其在时代上的连续性，即从北朝十六国之前秦始，经北凉、北魏、西魏、北周、隋、唐、五代直至宋、元，历时千年，延续修凿，从而在石窟艺术的表现上形成了各具特色的时代风格。段文杰先生正是高屋建瓴地从宏观上把握了敦煌石窟艺术这一显著特征，既以其扎根敦煌的亲历经验，不计繁难地对数百个洞窟的壁画、彩塑从时段上细分缕析，排比论证，又对丝路文化、河西文化、敦煌文化、佛教文化以及与之相关的社会人文历史状况作了深入研究，翔实地分析了各个时期敦煌石窟艺术的发展、演变的内在规律，写出了诸如《早期的莫高窟艺术》《唐代前期的莫高窟艺术》《唐代后期的莫高窟艺术》《晚期的莫高窟艺术》《敦煌彩塑艺术》等一组论文，其后，又对隋代、初唐时期的敦煌石窟艺术再作专章论述，发表了《融合中西成一家——莫高窟隋代壁画研究》《创新以代雄——敦煌石窟初唐壁画概观》等文。在《榆林窟的壁画艺术》一文中，还对人们了解甚少的榆林窟艺术彰显要略。这些论文，有别于那种一般性的内容介绍和赏读文章，而是抽丝剥茧地把敦煌艺术放在一定的历史、宗教、文化背景中予以分析考察，并结合壁画、彩塑的艺术技法、时代风格乃至当时画家的创作方式等问题，对敦煌石窟艺术在不同时期的特征进行概括总结，从美术史的角度颇为清晰地勾画出敦煌石窟艺术的历史发展脉络，相对完整地整合出一部敦煌石窟艺术发展史。自敦煌遗书发现及敦煌石窟重光于世而形成敦煌学这样一门世界性的显学以来，直至20世纪80年代，与敦煌学其他学科的发展比较，对于敦煌石窟艺术的研究，可以说一直处于相对落寞的状态。尽管也有文章时有所出，但大多是一些流于泛泛赞美的介绍性文字。能够真正从敦煌石窟艺术的历史特性揭示其渊源主脉，而且对其进行通史性的系统研究，可以说当推段文杰先生为第一人。这些论文无疑是为人们全面认识敦煌石窟艺术提供了一把钥匙，并将敦煌石窟艺术研究推向了一个新的历史时期。

又如在《敦煌早期壁画的风格特点和艺术成就》《敦煌早期壁画的时代风格探讨》等文章中，段文杰先生通过对早期敦煌壁画一系列作品的比较分析，凡举实例在在证明，尽管敦煌壁画的主体内容是以宣传佛教思想为目的，其题材主要来源于传自域外的佛经，画面上充满了教义哲理旨趣和异国情调，但作为具象的视觉艺术，经由生活于社会现实中的画师以"身所盘桓，目所绸缪"的素材处理及想象创造，就不免与时代和民族文化的流势相辅相成。因此，他认为，敦煌艺术应该是外来佛教艺术的种子在中国绘画艺术土壤里开出的花朵，是在敦煌这个丝绸之路上的特定地区具有的浓厚汉晋文化和多民族文化基础之上吸收了外来艺术影响而产生的富有区域文化个性，又折射着多重文化风格的、体系完整的佛教艺术，从而构成了其强烈的艺术生命力和丰富的历史文化内涵。所以，以往在对敦煌艺术的认识上或持"东来说"，或持"西来说"的观点都有失偏颇。这样的结论，抑或在今天已为人们广泛认知，然惟其如此，就更是应该感谢段文杰先生当日的睿智和辛劳之功了。在《敦煌壁画中的传神艺术》一文中，段文杰先生又以一个画家所具有的敏锐艺术感受力和对中国传统画学具有深厚学养的研究者的眼光，一方面对不同时代的壁画整体营构和物象表现的特征作了深刻的理论归纳，一方面又从壁画人物的面部表情、形态神韵以及细微变化中所体现出的我国传统绘画的"六法"精神，其中的优秀作品不仅以线描、敷彩等表现手法，通过"以形写神""形神兼备"，达到了中国传统绘画"气韵生动"的最高境界；而且突破了外来佛教造像构图的许多清规戒律，大胆地以"伎女""宫娃""胡商""梵僧""将军"等现实人物为蓝本，加以概括、提炼，塑造出了富有社会生活气息的宗教人物形象。而时代审美习惯的不同，亦在其作品中留下了十分鲜明的印迹，如在人物绘画上西魏时期"秀骨清像"的造型及"仙灵飞腾，云气缥缈"的动意，唐代"丰肌腻体""素面如玉"的健康仪态等，都与当时的社会审美意识不无关系。在《形象的历史——敦煌壁画的历史价值》一文中，段文杰先生又充分论证了敦煌壁画的历史现实价值。他指出，敦煌壁画虽然在主体上属于宗教艺术范畴，但包容其中成千累万的供养人画像、高官达贵出行图以及佛教经变故事、说法图中的生活景象、社会风俗场面等等，却都在一定程度上与现实生活有着密切的联系，其涉及的范围十分广阔。既直接地、间接地反映了中世纪时期这一地区的民族、阶级关系的某些踪迹，也折光出当时的工农业生产、战事纷争、宗教思想、中西交往、官僚制度、衣冠服饰的演变、音乐舞蹈的流行、民众的实际生活乃至民风、民俗、建筑、科技、美术等各方面的某些状况。因此，从这一角度认识敦煌石窟艺术，其不啻又是一座珍贵的历史形象资料宝库。在此以前，对于敦煌壁画的历史价值虽也为大家公认，但像段文杰先生这样具体而微的全面探讨，却为泠然希音。

另外，段文杰先生的有关论文，还对敦煌石窟艺术中的一些重要专题始有探掘。如早在 20 世纪 50 年代，当了解到一些外国学者对中国服饰颇有研究而国内学界却鲜有涉及时，他即决心发挥长期在敦煌从事壁画临摹和研究的优势，通过自己的探索，弥补这一缺憾。为此，他通读了二十四史《舆服志》，摘录卡片两千余张，结合着唐代壁画的复原临摹，查阅相关文献资料百余种，不仅复原了第 130 窟《都督夫人礼佛图》这样一幅在敦煌壁画中具有代表意义的作品，同时，也初步清理出了中国古代服饰发展演变的基本轮廓。因而，虽是事过多年，他还是很快地整理撰写出《敦煌壁画中的衣冠服饰》《莫高窟唐代艺术中的服饰》二文，使蕴藏于敦煌壁画中一千多年的服饰资料首次得到系统发掘。20 世纪末至今，敦煌服饰研究成为中国服饰史研究的热点，越来越多的专家学者投入这一领域，段文杰先生这两篇文章可以说是为此开辟了道路。而在《道教题材是如何进入到佛教石窟的——莫高窟 249 窟窟顶壁画内容探讨》一文中，段文杰先生又通过对魏晋南北朝时期道家玄学思想的社会流行、东王公和西王母形象的来源和演变的分析，指出道教和佛教题材相结合而出现于敦煌壁画中不是一种偶然现象，而是外来佛教在其传播过程中依附于当时中土社会思潮和民族审美心理的演化结果，也是中国早期佛教艺术中国化的特殊形式。在《玄奘取经图》一文中，段文杰先生又对敦煌东千佛洞及榆林窟发现的几幅玄奘取经图进行了考释研究，他从《大唐三藏法师取经记》《大唐三藏取经诗话》以及有宋以来的诗文中有关唐僧取经故事中的孙行者形象的记述与敦煌石窟中玄奘取经图中的相关形象进行了对比，从而清理出孙悟空这一文学形象在我国本土文化中的逐步演变线索，推翻了一度在学界被视为定论的孙悟空形象是来源于印度史诗《罗摩衍那》中神猴哈曼奴形象的成说。

总而言之，段文杰先生对敦煌石窟艺术的研究，已经基本上构建起敦煌石窟艺术发展史的宏观体系，并多方面地拓展出敦煌石窟艺术研究向纵深发展的路径，使敦煌石窟艺术在学术研究层面得到了前所未有的发扬光大，厥功至伟！

二、开始了敦煌壁画临摹经验的科学总结

段文杰先生毕业于抗日战争时期的国立艺术专科学校，曾师从吕凤子、潘天寿、李可染等画界名家学习中国绘画。几年的刻苦学习和慧心悟觉，他已经在美术创作上打下了良好基础，一次看到张大千在重庆举行的敦煌画展，人物画的姿妍多彩，巨幅经变画的宏伟场面和新颖境界及其蓄含于中的巨大创造力和想象力空间，都使他在绘画思想上产生了强烈震动。所以，他学业甫成，即历尽艰难，从天府之国四川千里奔赴西北，"下决心去敦煌向古人学习"，"探索人物画的新路子"。[①]亦因此，我们看到作为画家的段文杰先生，在此后几十年中，不仅在临摹敦煌壁画的事业上成绩斐然，先后有数百幅敦煌壁画的精湛临本出自其手，并复原绘制了敦煌壁画中《都督夫人礼佛图》《各国王子举哀图》等本已残损的历史佳作；在绘画创作上也是颇有收获，相继创作了《敦煌老农》《蒙古族牧民》《睡觉的民工》及《莫高窟远眺》《莫高窟下寺风景》《大泉河畔》等颇具敦煌艺术风格遗韵的一批画作。而更难能可贵的是，在其长期的壁画临摹工作实践中，他还逐渐对敦煌壁画临摹的方法和技巧开始进行理论总结。早在 1956 年，他就在《文物参考资料》发表了《谈临摹敦煌壁画的一点体会》

①段文杰：《敦煌石窟艺术研究·序》，甘肃人民出版社，2007年。

一文。他首先将壁画临摹归纳为三个方面：一是客观临摹，一是旧色完整临摹，一是复原临摹，并分别对这三种临摹法则作了简要说明，指出客观临摹"就是按照壁间现存残破变色情况，完全如实地写生下来"，应该是始终坚持的基本方法。旧色完整临摹，即在依照壁画组织结构、人物形象、色彩变化等情况进行客观临摹的前提下，对残破模糊的地方加以修复，令其完整清楚，但必须具有充分的科学依据。而复原临摹，"就是要恢复原作未变色时清晰完整、色彩绚烂的本来面貌"，更必须以研究工作为基础，一则要"参考未变色或变色程度不严重的作品，特别是要对重层壁画中剥出的色彩鲜亮的作品来分析、比较，找出各种颜色变化的规律"；一则还要"有赖于科学化验，考察各种不同质量的色彩变化程度"，"参阅历史文献和有关图片，考证衣冠制度、发髻妆饰和风俗习惯"，必须做到"物必有证"。此外，他还依据自身经验，对临摹工作中应注意的一些问题作了详细的论述，如线描问题、色彩问题、传神问题等。在后来发表的《谈敦煌壁画中的白描画稿》一文中，他又专门针对壁画临摹中线描画稿的重要性予以申述。指出"有了准确的线描稿，就为后来在宣纸和高丽纸上拷贝、上色和渲染直至完成奠定了良好的基础"，因此，"要掌握好千年壁画中几种线描的典型样式，同时必须关注它在各个时期各个画家的不同风格中的线描变化"。他根据敦煌壁画印证了古代画史上所说的铁线描、兰叶描、折芦描等线描技法的基本法则，更以自己的心得体会谆谆叮嘱：在临摹中一定要灵活掌握线描的时代特征及作者在创作时的具体运用情况，把握好线描的规律和要领："要做到握笔紧，落笔稳，有压力，速度快，这样描出的线才能气脉相联，流畅有力。对接力线、合拢线、旋转线这样一些特殊技巧，必须反复练习，把握准确，一气呵成"。他还进一步提醒人们："中国的线描出自书法，中国的绘画和书法都是感情的产物，线中的抑扬顿挫，轻重疾徐，就是感情的波动和节奏"，因而，描线时运笔"就是运气，运力，运气，运力就是运情"。而在《临摹是一门学问》一文中，他回顾了自张大千、王子云等人开始临摹敦煌壁画以来，在壁画临摹实践中的方法演变过程，对自1950年以来"莫高窟人"摸索形成的一套既保护文物又比较科学的临摹规程作了较为全面的叙述论证。同时他还明确申言："要临摹出高度真实地复原敦煌壁画原作精神的临本，绝不是一般人所谓比着葫芦画瓢的技术操作，而是一门值得深入探讨的学问"，进而从临摹的目的与临摹方法的关系、临摹工作中必须遵从的一些流程步骤、临摹工作者理应具备的一些基础技法等方面，对临摹作为一种学问进行了探究。

在这些文章中，段文杰先生不仅毫无保留地将自己多年临摹敦煌壁画的经验积累几近和盘托出，充分显示了一种广阔的学术胸怀，而且筚路蓝缕予以总结凝练，将之提升到理论层面意欲发扬光大，使人们对以往不太熟知的临摹工作涉及的诸多学问有了认识了解，耳目为之一新。应该说，他这些凝聚着汗水心血的经验之谈，尽管抑或在理论上还有不甚完备的地方，但他始为发凡起例，开导先河，不仅仅是在实际工作中指导着壁画临摹这一工作一直沿着一条健康正确的道路前行，亦将一种前人不曾留意的而积聚着"莫高窟"人聪明才智和辛劳汗水的学科——"临摹学"——的影迹轮廓已经呈现出来。而这一学科的真正建立，当有望后生进一步努力拓展，使之成为敦煌研究院的特色学科。

三、开拓了学术团队及学科建设的发展道路

如前所述，段文杰先生正式开始对敦煌石窟艺术进行学术研究时已是 60 余岁的老人了，他正是以"老骥伏枥，志在千里"的精神，在其人生迈入老境之时，在学术研究上却爆发出了强烈的生命辉光，在许多方面都取得了无以替代的成就。更为弥足珍贵的是，1982 年他还接替常书鸿先生，出任敦煌文物研究所所长，并提出扩编建立敦煌研究院的设想；1984 年敦煌研究院正式成立，他担任院长一职直至 1998 年。在此 16 年之间，他经营管理着的"莫高窟人"这一学术团队亦是在诸多方面取得了巨大成绩。在 2007 年"段文杰先生从事敦煌文物和艺术保护研究 60 年纪念座谈会暨授予段文杰先生敦煌文物和艺术保护研究终身成就奖大会"上，国家文物局童明康副局长称他"是一位具有创新意识和远见卓识的领导者"，"使敦煌研究院的各项工作居于全国文物保护界前列"①。他的继任者樊锦诗先生在题为《慕法情深，忘身为道》的讲话中，曾从几个方面凡举实例，对他在此期间的领导业绩述陈赞扬：（一）狠抓研究工作，敦煌学学术研究结出累累硕果；（二）高度重视科技工作，石窟保护进入了科学保护阶段；（三）创办《敦煌》期刊，推动了世界性敦煌学研究的发展；（四）大力培养人才，为敦煌研究院的发展积蓄力量；（五）创办敦煌石窟保护基金会，推动了石窟保护研究事业。实事求是地说，这些褒扬之辞虽然都已评价至高，但并非饰华夸张，甚至对段文杰先生在这一领导岗位上的巨大贡献还有未曾提及的缺隙。如他在我国第一次举行敦煌学术讨论会及中国敦煌吐鲁番学会成立活动中起到的特殊作用，他对甘肃省歌舞团创作出蜚声世界的历史舞剧《丝路花雨》过程中的积极贡献等等。因此，在 21 世纪领导管理已经被认为是一门科学的今天，我们检视段文杰先生文章之时，亦特别注意到了他作为一个学术团队和学科带头人与此相关的一些篇题。

在《五十年来我国敦煌石窟艺术研究之概况》一文中，段文杰先生对从 20 世纪 40 年代初期至 80 年代初期的我国敦煌石窟艺术研究的整体状况作了全面的总结回顾，在肯定已有成绩之时，他更敏锐地提示出了当时亟需注重的一些问题。指出：

①童明康：《在段文杰先生从事敦煌文物和艺术保护研究终身成就奖颁奖大会上的讲话》。

（一）敦煌石窟艺术研究中，洞窟时代和壁画内容这两个根本问题，还没有完全解决，早期洞窟时代还有不同看法；洞窟内容，粗线条的基本解决了，具体细节则许多地方不清。这两个问题不解决，综合研究、深层研究就有可能致误。

（二）石窟艺术史的研究（包括敦煌石窟与中原和西域关系在内），佛教艺术理论研究，特别是佛教艺术的复原研究，都刚开始，这还是一项艰巨的任务。

（三）学习民族艺术遗产，推陈出新的研究已经蓬勃发展，而且声势浩大。这是好事，但需要有理论，有计划地进行引导，否则收不到预期的效果。

（四）敦煌石窟研究过去走了一段弯路，但成果慢出的原因多种多样，很重要的一条是敦煌艺术的复杂性，它涉及佛教、历史、美术史、艺术理论、美学等学科，因此研究的难度比较大，只有合作比较容易解决问题。

（五）敦煌石窟艺术研究，不能孤立地进行，需要大量资料进行比较。但石窟艺术资料非常缺乏，国内出版的很少，国外的不易获得，要搞研究，首先得解决资料问题。

这些中肯的提示，不但对当时其领导的学术团队的工作有着实际的指导意义，对全国的敦煌学研究乃至以敦煌为背景推陈出新进行的文学艺术创作的发展，亦有着不小的促进或警示作用。如以文学艺术的创作为例，其时建立"敦煌艺术流派"的舆论确已是"声势浩大"，但何以后来声销迹灭，正是段文杰先生提出的"需要有理论、有计划地进行引导"的提示没有得到足够的重视；反之，敦煌研究院在石窟艺术研究上硕果累累，人才辈出，却正是得益于在段文杰先生的领导下对相关问题的克服和排解。在《敦煌研究所四十年》一文中，他将敦煌研究所成立以来的发展历史分为三个阶段，即：中华人民共和国成立前的 7 年为初创期，中华人民共和国成立后至"文化大革命"的 17 年为成长期，党的十一届三中全会以后为发展期。显然，他对研究所的经历烂熟于心，对各个时期所取得的成绩如数家珍，让我们看到了一个学术团队随着国家形势的变化由艰难创办、寂寞生存而终于充满勃勃生机，开始走向国内学坛巅峰和世界学坛视野的发展道路。而作为团队的掌门人，他又从九个方面具体而细微地提出今后工作的努力方向。尤其让人感动的是，在这篇不足万字的文章中，其中提及的人名竟有100 余位，对先后到研究所工作过或兼职过的人员及其业绩均一一铭志，还对几位亡逝者表示了沉痛的悼念之情，其忠厚的人品道德跃然纸上。在《敦煌研究院的方针和任务》一文中，他为敦煌研究所终于蝉变为世界上最大的敦煌学研究机构而欢欣鼓舞，将其工作和任务概括为六个字："保护、研究、发扬"。在谈及各个所、室的职能及课题的规划之后，特别提出石窟保护学科的发展问题，指出："石窟保护研究，虽然不属于敦煌文物本身的学术领域，但它比其他学科的研究更为重要迫切"；"这些年略有尝试，也取得了一些成绩，但因为人力不足，设备简陋，至今仍处于落后状态"，因此，"我们决心培养人才，购置现代化的设备，学习外国经验，与我国的专家们合作，研究文物的各种病害和文物存在的自然环境，并进行治理，确保敦煌文物安全"。而在今天，我们看到敦煌研究院除了在敦煌学研究的各个方面蒸蒸日上，齐头并进，人才济济，成果累累，已发展为鼎足国际学坛的敦煌学研究重镇，文物保护学科更是一枝独秀，在故宫、在布达拉、在东南亚热带雨林中的古寺庙刹，都活跃着敦煌文物保护专家的身影。从而"开创了敦煌研究院走向全国，走向世界的新途径"①。吁嚱哉！敦煌研究院之有段文杰，有如北大之有蔡元培，若何？

段文杰先生发表的论文和其他文章有百万余字，多数已经结集出版。这次我们从中选取了17篇，或与以往编辑标准不同，意在更为典型、全面地概括反映他颇为丰硕的学术成果和思想建树。需要强调的是，段文杰先生不仅是一个严肃认真、富有开拓创新意识的学者，一个高瞻远瞩、德高望重的学术机构领导管理者，还是一个画家，一个在壁画临摹领域迄今仍难以有人企及比肩的佼佼者。古人所谓立德、立功、立言之"三立"人生境界，段文杰先生当之！中华学界，大家老成纷纷凋谢，呼唤大师之声，不绝于耳。孰知透过黄沙大漠的渺渺雾尘，在莫高窟的佛龛甬道，还有一位无论是在学术成就上，还是在学养识见、人生品格上，都洋溢着大师风范的耄耋老人在拈花微笑，秉笔烛游。那是虽然已经久卧病榻的段文杰先生的"敦煌之梦"②，是他的精魂所在。他伟岸的身躯，犹如崛起于大漠深处的一株参天胡杨，播撒着生命青绿、学术荫凉，颂唱着"敦者，大也；煌者，盛也"的风音。有先生在，存先生文，此又岂仅仅是敦煌之幸，亦是陇之幸，国之幸矣！

谨以此卷文集捧于莫高窟大佛殿前，为段文杰先生的健康长寿祈福祝祷。

《陇上学人文存·段文杰卷》(第一辑)

作者：杜 琪 赵声良

①咸辉：《在段文杰先生从事敦煌文物和艺术保护研究终身成就奖颁奖大会上的讲话》。
②《敦煌之梦》为段文杰先生之回忆录，由江苏凤凰出版集团2007年出版。

史苇湘

一

　　非常高兴地接受《陇上学人文存·史苇湘卷》的编辑任务。史先生是敦煌研究院的资深研究员，从事敦煌壁画临摹和敦煌石窟艺术、敦煌历史研究五十多年，所作出的突出贡献和奠基作用，在敦煌学史上树起了一座丰碑，永远彪炳史册！

　　史苇湘先生 1924 年出生于四川，1948 年于四川省立艺术专科学校毕业后到敦煌，先后从事洞窟内容调查、壁画临摹、资料整理、史地考察、理论研究等工作，1980 年开始正式发表学术论文。1994 年敦煌研究院在建院五十周年之际，原计划为包括史先生在内的一批专家出版论文集，后由于种种原因未能出版，而且史先生送交的几篇论文在有关单位的相互移交交接过程中丢失，给后来的编辑工作造成一定困难。1998 年年初，出版过大量敦煌学术著作的甘肃教育出版社的负责同志，到史先生家中拜访先生，希望能为先生出版专著；史先生同意了此事，并定书名为《敦煌历史与莫高窟艺术研究》，由出版社列入 1998 年的出版计划。先生为此夜以继日地工作，但由于学术专著体例上的要求与论文集不同，有许多内容需要补充，已经发表过的论文有一部分也需要作调整，工作量相当大，以至于书稿未能按期交付。1999 年 5 月先生因中风病倒，到 2000 年 1 月 26 日先生辞世的 8 个月时间里，书稿的编纂工作不得不停了下来。2000 年 4、5 月间，笔者受史先生家人及甘肃教育出版社之托，按照先生生前的意愿，从能够找到的史先生已经发表和尚未发表的 60 多篇论文（部分是手稿）中，选取 36 篇，60 余万字，整理编辑成《敦煌历史与莫高窟艺术研究》一书，作为敦煌研究院《敦煌研究文集》系列的重要著作、甘肃教育出版社策划的《敦煌研究丛刊》的首选专著，于 2002 年相继出版。本文存即是从《敦煌历史与莫高窟艺术研究》选取部分章节，同时另外搜集到史先生的部分手稿编辑而成。

史先生的研究内容十分广泛。涉及历史、艺术和宗教三大领域的方方面面。如人文、地理、石窟考古、中外交通、雕塑、绘画、文献、社会经济、政治制度、民俗民情、文化教育等，与他钟爱一世并毕生为之奋斗的敦煌石窟的博大精深一样，是一本读不完的书。

整理资料、临摹壁画、博览群书，慎思明辨，史先生一生就是在这样的勤奋中度过。他整理的敦煌石窟资料，为后来的研究奠下了坚实的基础；史先生成功地创立并运用敦煌本土文化论、石窟皆史论等完整的敦煌历史与艺术研究的理论体系，并始终站在国际学术的前沿阵地，在长期从事壁画临摹、熟知敦煌艺术内容的基础上，得心应手地运用各学科的方法手段研究敦煌石窟佛教艺术。史先生的研究成果在今后一个较长的时期内将在敦煌学术领域内有重要的指导作用。

史苇湘先生一生主要的研究成果和学术建树，大体说来可分为如下几个方面：

一、国际学术的前沿阵地——艺术社会学。史先生是最早运用艺术社会学的理论和方法研究敦煌石窟艺术的专家，反映了先生在学术研究上的先见之明。史先生在好几篇文章中都反复强调这一问题。敦煌石窟虽然也出自佛教艺术，但它同时又是具有家庙性质的社会化（世俗化）活动场所；窟内塑像、壁画的内容虽然也出自佛教经典，但反映更多的是社会和窟主的需要；窟主、施主们要求工匠们按自己的审美观来塑他们心目中的神，而工匠们也则是将自己对佛教的理解、窟施主的要求和自己对社会的认识等方面糅合到一起来，最终创作出现存于石窟里的佛、弟子、菩萨、天王、力士、夜叉等等。因此，研究敦煌佛教石窟艺术，主要的不是从佛教的教派、教义方面去认识，而是要从历史与社会的大背景下去认识，这样才能真正理解和认识敦煌石窟的内涵。

二、敦煌历史文化（包括佛教文化）的正本清源——敦煌本土文化论。受陈寅恪先生的启发，在陈先生河西文化的基础上提出敦煌本土文化论：以汉文化为基础，吸收和融合各种外来文化所形成的敦煌特色的本土文化。汉晋时期敦煌的封建经济文化的迅猛发展与兴旺发达，佛教进入中原之前在敦煌所进行的适应性自我改造，都成为敦煌本土文化的特有现象。1988年，在广州中山大学举办的纪念陈寅恪先生的学术讨论会上，史先生就这一问题做了详细的说明。

史先生有句名言：一方水土养一方人，一方人造一方神，一方人造一方净土。这是先生对艺术社会学的理论的创造性运用和发展——艺术社会学与本土文化论的有机结合。收入本文集的《地方因素是研究佛教艺术的起点和基础》，就是专门论述这一问题的，文中举出榆林窟第25窟壁画的例子，对这一问题作了深入浅出的阐述。特别强调了佛教艺术的地方因素，指出这个问题从东晋、南朝时候开始，中国大江南北出现的佛教造像就已经展现出这一历史现象。敦煌因地接西域，出现的稍晚一些，但最晚也是在北魏后期。至于隋唐以后的中国各地的佛教造像和其他佛教艺术品，就是其所在地区的历史与社会的产物。

三、史先生一直将敦煌石窟看作中古时代千年历史形象的博物馆，在章学诚"六经皆史"的启发下创立石窟皆史论。史先生常说：敦煌石窟里装着中国古代一千年间的历史；石窟艺术只是作为历史上反映各个时期的现实社会的一种形式。所以，史先生一直将敦煌石窟当作历史来读，用历史的记载来说明石窟，用石窟的形象去证明历史。如莫高窟第445窟的曲辕犁图像的发现，莫高窟北周和隋代的《福田经变》的发现与研究，莫高窟第321窟的《宝雨经变》的研究等等，都是以史论窟、以窟证史方面的典型范例。本书中的许多篇章，都是从历史的角度研究文化艺术、佛教信仰、中西交通、政治制度、经济形态等社会问题。史先生创造性地将唐代敦煌石窟艺术分为初、盛、中（吐蕃）、晚四期，并根据敦煌地方的历史特点和敦煌石窟的内容、风格等划分出四个时期的年代界限。

应该说，成就史先生敦煌研究业绩的基础，首先是他从事了多年的壁画临摹工作。而先生临摹壁画，不是一般意义上的照猫画虎，不是纯粹的技法上的摹写，而是用"心"去体会、去认识敦煌壁画，这就是真正意义上的临摹即研究。通过壁画认识历史，认识古代社会，认识古代文化，认识民族精神。同时，史先生较早地注意到敦煌遗书中的文学作品与敦煌石窟艺术的关系，将遗书文献资料与石窟图像数据进行互证研究。

正如先生自己常用苏东坡的话"功夫在诗外"来形容敦煌石窟艺术的研究那样："功夫在窟外。"研究敦煌石窟的功夫不仅在于自己对石窟的了解和掌握，更重要的还在于自己对石窟的感情和对石窟以外的事物的了解。先生十分注意听取圈外专家甚至是普通观众提出的一些意见、建议和想法；先生认为，往往这些非专业人士提出的一些问题，如社会学、文化人类学、哲学等方面；普通观众关心的问题，如为什么会这样，又为什么会那样，等等，正是我们需要深入研究的问题；正所谓"旁观者清，当局者迷""不识庐山真面目，只缘身在此山中"。当然，外人只是提出问题，而要真正解决这样那样的问题，还得靠我们这些从事专业研究的人去下功夫探讨。史先生很早就注意到这一方面，他不断地根据社会的需要和研究事业的发展，不断地拓宽自己的研究领域。所以他的研究一直处于领先地位，他的文章普遍受到推崇。

在敦煌石窟中，有一个被学术界和佛教界广泛关注的问题，就是中唐（吐蕃占领敦煌）以后，洞窟中的经变画的种类突然增多，一窟之中出现十多种或二十多种经变画，从佛教本身来说，无论如何都是不能解释的，因为这些经变画所依据的佛经和代表的经义，代表着佛教的各宗各派，一般说来，这些宗派是无法融进一窟的。史苇湘先生很早就认为这是一种现实社会需要的反映，他早在20世纪80年代初就指出，中唐时期，"……社会矛盾空前尖锐。在此情况下，佛教要解答现实生活中的问题，要掩盖社会中的疮痍，只用一两种经义、一两种经变就不够了。经变画是经典的图解，佛教需要用更多的经典变相来为现存的社会制度辩护，需要用更多的虚幻的来世景观来缓解人民眼前的痛苦。因此产生这种艺术现象的原因，正在于当时沙州社会存在着空前深重的苦难，决不能简单地看做是佛教内部的变化"。这个回答无疑是正确的，这就是从历史和社会的大背景下去认识这一问题。这是一条总的原则，无论历史怎样发展，无论石窟内容如何变化，也无论我们现在的人和后来的人如何去认识去研究，都不会脱离开这一原则。史先生虽然讲的是吐蕃时期的情况，但后来的张、曹归义军时代的石窟壁画内容，同样证明了这一论断。

史先生在从事敦煌佛教艺术的内容、形式和历史背景考察的同时，从艺术哲学的高度对敦煌石窟艺术进行了深入研究，而且是在理论研究不被看好的时代里艰难地从事这一工作。改革开放以来，学术研究空前高涨。但由于国内历次运动，理论界曾一度出现了混乱现象。在学术研究领域内，理论问题差不多成为人们比较忌讳的话题。史先生不仅独具慧眼，而且是顶着来自各方面的压力，从容不迫地进行敦煌石窟艺术基础理论研究，为敦煌石窟艺术以及整个敦煌研究事业的发展作出了突出贡献。

史先生最早认识到敦煌艺术作为精神财富的价值，在他的许多文章中都多次提到这一点。这不仅仅是对敦煌石窟艺术而言，即使是对整个的文物和文化遗产而言，都有重大的现实意义和深远的历史意义。先生还就利用敦煌艺术进行爱国主义教育以及发挥更广泛的作用方面，提出过科学合理且具有前瞻性的建议。

史先生在敦煌历史和敦煌艺术的研究方面的成果，不仅为后来者奠定了坚实的基础，而且更重要的是这些成果在敦煌历史与艺术研究理论上的指导意义。毫不夸张地说，眼下许多敦煌历史和艺术方面的研究成果，都是在史先生成果的基础上，或在史先生研究理论的启迪下做出的。先生在许多方面都留给后来者以更广阔的研究空间。

　　无论是基础知识还是基础理论，史先生在敦煌研究领域里都是原创性的研究；很多问题，无论是基础知识还是理论、方法，都是在史先生的大作中首次提出；在许多领域内，特别是敦煌艺术理论范围内，史先生都是开拓性的研究。比如说，关于敦煌石窟艺术与敦煌历史文献、佛教文献的结合研究，在史先生之前，也只有向达先生做过一些，另有姜亮夫先生也涉及过，但他们并没有将文献资料与石窟资料有机地结合到一起；即使到今天，将两者很好地进行结合研究的学者也是寥若晨星。最早真正将这两者有机地结合起来进行研究，将石窟的图像、形象与文献的描述、记载以及当时敦煌的社会历史背景相结合，进行深刻地分析研究，史先生也是开拓者。

<h2 style="text-align:center">二</h2>

　　这次选编，是在《敦煌历史与莫高窟艺术研究》出版十年之后，听取了广大读者特别是众多敦煌学界的专家和学者、众多敦煌研究的初学者的意见，作为每一位敦煌研究者的案头必备书、基础工具书的要求，做以分类选编。

　　前面提到，《敦煌历史与莫高窟艺术研究》是史苇湘先生自己拟定的书名，编辑时先生已经仙逝，只当就按照历史和艺术两大类来编辑。实际上，作为敦煌石窟艺术研究，我们前面也已经说到，史先生的研究涉及各个方面，包括许多重大的艺术理论问题，所以在这次本文存编辑中，以基础理论和方法为主，侧重于基础研究类、奠基类的力作，我们将史先生的论文分为六大类：敦煌历史与莫高窟艺术史、敦煌本土文化与敦煌佛教艺术、敦煌艺术社会学与敦煌艺术哲学、敦煌断代艺术研究、敦煌艺术专题与个案、敦煌艺术的研究与开发。诚如先生生前一直所强调的那样，他一直做的是基础工作；所取得的研究成果，都是基础性的研究工作，无论是理论还是方法手段，无论是宏观还是微观，无论是现象还是本质，无论是艺术表现还是社会背景，史苇湘先生用一生的心血为后来的敦煌研究者奠定了雄厚的研究基础，他的著述都是敦煌研究的奠基之作。只是由于篇幅所限，本文集忍痛舍弃断代艺术研究一编，其他各篇也只选取了部分内容。

　　第一编是敦煌历史与敦煌石窟艺术史，这是敦煌研究的基础的基础。原本想将花了史先生一生心血的、作为敦煌研究的基础性资料《敦煌历史大事年表》编入，但考虑到体例，以《敦煌史略》代之。《关于敦煌莫高窟内容总录》是一部敦煌石窟艺术通史，也被编入。另外《丝绸之路上的敦煌与莫高窟》是先生早年的力作，是敦煌历史与艺术的浓缩，这次也因篇幅所限没有收入。所以这一部分只收入两篇论文，但也是分量极重的论文。

　　第二编是敦煌本土文化与敦煌佛教艺术，收入了《敦煌佛教艺术的基础》《敦煌佛教艺术产生的历史依据》《世族与石窟》《论敦煌佛教艺术的世俗性》四篇论文，其中《敦煌佛教艺术的基础》是新收入先生文集的论文。这些论文从各个角度以汉晋文化为基础、充分吸收外来文化并融合为敦煌本土文化，作为敦煌佛教艺术的基础文化，形成史先生"本土文化论"的理论体系的方法。

第三编是敦煌艺术社会学与敦煌艺术哲学，收入《产生敦煌艺术审美的社会因素》《再论产生敦煌艺术审美的社会因素》《敦煌佛教艺术的想象力》《信仰与审美》《形象思维与法性》五篇论文，这些论文是史先生立足于艺术科学的前沿阵地，并将基础理论与新型理论相结合的明证。

第四编是敦煌艺术专题与个案，收入《珍贵的敦煌彩塑》《丰富的敦煌图案》《敦煌壁画中的乐舞图像》《敦煌石窟故事壁画在中国美术史上的价值》《从敦煌壁画〈微妙比丘尼变〉看历史上的中印文化交流》《莫高窟中的福田经变》《莫高窟中的宝雨经变》《刘萨诃与敦煌莫高窟》八篇文章。在研究工作中，经常有新的发现是一件很愉快也很兴奋的事，但没有一定的研究基础，是很难在研究中有新发现的。史先生正是由于基础扎实，学识渊博，所以在石窟壁画中不断有新内容的发现，如"微妙比丘尼变社""福田经变""宝雨经变"等，就是先生在研究中首先发现的内容。在研究这些新发现时，由小而大，由浅入深，既有具体的内容和情节的准确介绍，又有历史与社会背景的精辟分析。

第五编是研究与开发，收入《地方因素是研究佛教艺术的起点和基础》《临摹是研究敦煌艺术的重要方法》《敦煌佛教艺术审美与敦煌文学的关系》《关于开发敦煌艺术的意见》四篇论文，其中最后一篇是新收入的论文。

虽然我们做了以上分类，但史先生在研究中，特别是一些理论性的论文，在理论和方法方面，如本土文化论、石窟皆史论、艺术社会学、艺术哲学甚至人类学等方面都相互交叉，相互印证。如先生晚年力作《临摹是研究敦煌艺术的重要方法》，不仅仅是讲临摹工作本身，实际上是敦煌石窟艺术研究的理论方法的总结。

需要说明的是，史先生论著的大部分章节，都发表于 20 世纪 80 年代，写作时间更早一些；而当时的研究条件是十分有限的，首先是资料的匮乏，特别是连敦煌遗书的资料都很难看到；再就是基本上没有什么研究经费，没有办法出去考察。大概没有人会相信：研究了一辈子敦煌石窟艺术的史苇湘先生，连新疆都没有到过，没有看到过吐鲁番和龟兹石窟！另外，先生一直是个人孤军奋斗，从来只有他为别人提供资料，而没有任何人能为他提供任何一条资料。所以，文章中可能有些数字和号码上的错误，包括一些现在看来略显简略的注释文字，都丝毫不影响先生在敦煌研究方面的成就。

三

史先生又是一位艺术家、绘画和临摹是成就他事业的基础之一。但很少有人知道，史先生还是位诗人，虽然他留下来的作品不多，也很少在文学刊物上发表。但我们从他的诗中还是可以领略到他的人格魅力。借文存编辑之际，我们从先生的伴侣、老一代敦煌艺术家欧阳琳先生抄录的史先生的诗作中选取如下几首，以飨学界：

望星空——1974年9月秋夜

静观群星似无声，宇宙何尝瞬息宁？鼓噪喧腾从未已，变化运转焚自身。

有生有灭由自在，无始无终互依存。离群索居何可美，不赏陨落一孤星。

归途（过张掖）

南山北山咫尺间，铁路丝路两千年。夕曛照我西归路，蹟上花草色斑斓。

忆师友

大漠风沙四十秋，昔日艺徒今白头。投荒只缘寻瑰宝，戍边非为觅封侯。

千堵丹青思遽去，万里乡国甘梦游。惊喜师友人健在，关月系魂向渝州。

题敦煌飞天诗三首

1.敦煌飞天藏鸣沙，腾翔四壁窟为家。花雨管弦漫空舞，和平之声传天涯。

2.宝相天葩遍人间，霞冠去处任加环。难忘鸣沙环护处，稀世之珍是飞天。

3.天雨天葩动地香，临空翩翩意悠扬。莫高窟下千身现，万里沙碛梦难忘。

题敦煌飞天1988年6月

一衣带水御长风，敦煌飞天赴法隆。沙碛驼影丝绸道，友好心灵自古通。

题水月观音

周昉初创，水月妙相。远涉流沙，敦煌宝藏。

题观自在菩萨

坐优波罗，垂伽红莲。雍容自在，妙相庄严。

杨柳袅袅，瓶水湛湛。大士遗影，丝路留传。

无题

天海何青青，孤灯海上明。下有一痴子，尽悉数繁星。

人死灯亦灭，化为天上星。至今默认里，犹见天际明。

这里，我将史先生为日本著名敦煌学家池田温先生赠诗一事略作说明：

1980年9月，日本组成了敦煌学家代表团来敦煌访问，代表团成员中就有日本著名的敦煌学家池田温先生。池田先生于1979年出版了轰动国际敦煌学界的鼎力之作《中国古代籍帐研究》，其中所用资料十之八九为敦煌藏经洞出土文献，整理和研究耗费了池田先生二十多年的心血，也体现出作者对中华民族传统文化的热爱和执着。基于此，史苇湘先生在陪同代表团参观莫高窟时，有感于池田先生的恭敬和专注，欣然挥毫，写下了流传甚广的赠诗：

残篇断简理遗书，隋唐盛业眼底浮。

徘徊窟中意无限，籍帐男女呼欲出。

《中国古代籍帐研究》后来被翻译成汉文在国内出版。池田温先生在汉文版序言中，还专门提到史先生的赠诗。这首诗作，成为中日两国敦煌学界的一段佳话。

四

史苇湘先生是我认识的第一位敦煌人，我们有过二十多年的交往，我曾多次聆听他老人家的教诲。当年，还是在为他编校《敦煌历史与莫高窟艺术研究》的过程中，产生过一些感受和认识，这里我想重复三点：

第一，如何能够成为一个真正的敦煌学者？史苇湘先生用自己一生的实践为我们作出了榜样。五十多年来，史苇湘先生以对敦煌文化的深厚情感和强烈的历史使命感，从事壁画临摹和石窟艺术研究，而且是在看不到资料的情况下将敦煌文献与敦煌石窟结合起来深入研究，一步一个台阶，一步一个层面，各方面都取得了辉煌成就；同时先生是在艰苦的生活环境和沉重的研究工作中，磨炼自己的毅力和意志，不断加深对敦煌的感情和对事业的献身精神，不断进行自我完善。举一个例子：多年来，有许多人，一直对史先生的研究理论、方法和成果持不理解和怀疑态度，甚至不时出现一些冷嘲热讽的现象；史先生很清楚这一点，但他对自己的研究更有信心，只是他一直没有强加自己的意愿给其他人，而坚持做自己认准了的事，不管别人说什么，让他们慢慢地去理解，表现出了他作为一代宗师的宽怀大度。今天，我们才陆续慢慢认识到史先生当年就反复强调的许多学术上的理论和方法问题。先生的研究一直处于领先地位，他自信，他严于律己；但他更是宽以待人，他深知人们总有一天能理解他。现在，他老人家的愿望不是正在一步一步地实现吗？

第二，作为一名学者，一位民族文化的使者，他的生命并不属于自己个人，而是属于国家、民族和整个社会。我常常想起王国维先生，这位举世公认的国学大师，也是敦煌学的开创者之一；他在正值盛年和他的学术事业的巅峰时期，却自沉于昆明湖。人们对王先生自杀的原因作过多种多样的分析，但无论如何，他都不应该这样离开这个世界。总的讲，王先生是受到时代的局限，没有能够认识自己的生命不仅仅是属于个人，而是属于整个国家和民族，自己身上所承担和肩负着的是一种历史使命，没有认识到自己作为中华民族文化使者的价值。这一点，作为新的历史时代成长起来的学者史苇湘先生认识到了，这是时代赋予他的灵感，是中华民族文化的积淀在一个学者身上的集中体现。史先生的处境和工作环境、研究条件是无法和王先生比的，但他坚持了下来；史先生受到的不公正待遇是王先生无法想象的，但他顽强地活了下来。史先生知道，自己的命运自己把握，但生命并不属于自己，而是属于全社会，属于全人类；这个社会需要他，历史需要他，敦煌需要他，民族需要他。他在晚年，在强烈历史使命感的驱使下，还有一种强烈的紧迫感；他多次对人讲：我要抓紧时间再干几年。这就是一个新时代的学者，一个民族文化的使者的心声！

第三，细心的读者可以发现，史苇湘先生还有好多东西没有给我们留下！与其他大师级的学者相比，史先生问世的成果并不是太多；而且到今天，没有一本像样的学术著作出版。这不是史先生本人的过错，而是我们这个社会、这个时代的悲剧。我们这个时代造就了像史苇湘先生这样的一代宗师，也造就了一批不学无术投机钻营的所谓学者和管理人员，他们不知道什么是历史使命，什么是社会责任，他们只知道一心为自己捞取名利权威等各方面的好处，甚至不惜窃取史先生的一些成果。同时，我们也缺少能理解史先生思想理论方法的学者，让史先生自己一直在艰苦的条件下孤身奋战，而且还不断受到不公正的待遇。史先生的许多重大发现，如北周石窟、唐代曲辕犁等，都没写出专门的文章；还有如历史地理、佛教史迹画等，文章让别人做了；有很多人都是在史先生的启发、帮助下成为专家的。史先生的成就不亚于任何一位大师级的学者。他活着的时候，很少有人能够理解他，更不用说达到他的精神和学术境界了。他的许多东西没能给我们留下，使我们的研究要走很多弯路，需要很多人花很多时间和财力。在这个世界上，很多事情是无法假设的；但是我想，如果史先生能有一个研究室，能有几名助手，那么他就会有更多的东西给我们留下，我们就会少走许多弯路，少花很多工夫，敦煌的研究工作的进展也会更快一些。

在这次编辑过程中，得到史苇湘先生的夫人、老一辈的敦煌艺术家欧阳琳先生，史先生的长女史敦宇、女婿金长明等先生的帮助，同时也得到敦煌研究院资料中心以及李国、沙武田、杨富学等同志的支持和协助，在此衷心地致以敬意和谢意！

《陇上学人文存·史苇湘卷》（第二辑）

作者：马　德

郑汝中

一

郑汝中老师 1932 年出生于北京，1944 年到延安参加革命，中华人民共和国成立后在北京中央机关从事机要秘书工作，1956 年响应党向科学进军的号召，来到安徽，先后在安徽艺术学院和安徽师范大学从事音乐艺术教学工作。1986 年又从安徽来到地处西北大漠戈壁深处的敦煌研究院，从事敦煌壁画音乐舞蹈图像的研究和敦煌壁画乐器仿制，以及作为资深的中国书法家协会会员，从事敦煌书法的研究。1987 年加入中国共产党，1994 年离休。一生充满传奇色彩。

2004 年，郑老师 72 岁，他在总结自己大半生经历的时候深情地写道：

今逢甲申猴年，是我的本命年。六十年前的甲申，我还是个 12 岁的孩子，在日本统治下的北平，经人带领投奔了解放区，徒步走到延安。从此，我这条命就交给了国家，天真地卷进了革命的洪流，犹如一叶小舟转向沧海，任凭风云变幻，随波逐流，漂泊了六十个春秋。六十年峥嵘岁月，我目击了封建社会的解体，日本投降，国民党旧中国的垮台，解放区的天，延安战时共产主义的供给制时期。在一种朦胧的理想主义的熏陶下进入了社会主义，我的童年充满阳光。进入青年时代，命途却不幸多舛。

中华人民共和国成立之后，社会动荡……政治运动接踵，我也未能幸免。直到80年代拨乱反正，社会平稳，我才算出局。总之是经历了风雨见了世面。转瞬六十年，我已年逾古稀。离休之后，远避尘嚣，终得一片净土。

二

郑老师到甘肃工作比较晚，从1986年调入敦煌研究院至1994年离休，实际上正式的工作时间只有8年左右。但这8年，郑老师像是一个长跑运动员一样跑完了一般人需要十多年或二十多年的里程。他来甘肃之前并无敦煌方面的基础，一切都是从头学起。由于兴趣和使命感的驱使，他不辞劳苦，跑洞窟，爬楼梯；接着是睡地下室，下车间，十分努力敬业；也正是由于身处山中，田野考察也好，资料整理也好，很快进入了研究状态，一切做起来得心应手；加上他为人正直诚实，生活朴实，敦煌研究院老先生们如史苇湘、贺世哲、施萍婷、李其琼等对他的工作都称赞不已，也乐于帮助他，使得他在短时间内获得成效；他在社会上也有很好的口碑，得到各方面的关注。这也是他能短时期内取得如此重大成就的原因之一。

从1986年调入敦煌研究院到莫高窟，开始石窟壁画乐舞调查，速度之快，在科研领域也属罕见。一年后1987年国际学术讨论会上发表论文《敦煌壁画乐器研究》一举轰动学术界！特别是日本泰斗级学者藤枝晃先生赞赏有加。1990年"敦煌乐器仿制研究"经甘肃省科委立项后即行仿制，1991年完成第一批，由文化部组织大型专业技术鉴定会，吕骥、阴法鲁二位为主任，20位专家的鉴定签名，最后形成鉴定书，明确是中华人民共和国成立后最全面的一次乐器改革，定位于中国民族乐器复兴之起步。后荣获文化部科技进步二等奖。由于兴趣和勤奋，他争分夺秒，潜心研究洞窟壁画乐舞，写出许多重要的论文，后续集成专著，一直以来都是音乐舞蹈院校有关乐舞方面的最权威的教材。

郑老师对自己的敦煌壁画乐舞研究进行过如下总结：

我的研究是以音乐考古学为坐标，以图像音乐学的学科观点来研究敦煌壁画中的音乐图像。用调查、统计、分类、比较、分析的方法，来诠释其中的史学价值和文化内涵，重点放在图像研究方面。

郑老师对自己的敦煌壁画乐舞研究做过如下总结：

全部研究（论文）有两个重点话题，即："乐伎"和"乐器"的研究。

乐伎，是指在壁画中音乐的表演者（舞蹈都称为舞伎）。这些乐伎各有名目，各司职守，在洞窟不同角落，表演乐器。总的来说都是对佛的奉献和礼赞。但她们的等级、地位不同，出现的场合也迥异，笔者经过考证与归纳，进行分类，列表说明。其中可分两大类："伎乐天"与"伎乐人"，两类中各又分出不同的十余种名目的乐伎。

敦煌壁画乐器，是学术界极为瞩目的一项研究，它之所以受人关注，首要是其历史意义，它经历了北凉—北魏—西魏—北周—隋—唐（初、盛、中、晚）—五代—宋—西夏—元十个朝代。可以说，在世界上还找不出第二个遗址，能有如此连续近千年绘制乐器图形的地方。再就是它本身确是丰富多彩，品种多样，充分体现了我国古代社会音乐的繁荣兴盛。

壁画乐舞，毕竟是古代的美术作品，因此，不能当作实物来考查，它只是间接地反映历史的真实，因此，笔者比较重视这些壁画的产生和创作过程、创作的思维方法，也必须和绘画的技巧、构图形式的发展联系起来思考。这些乐舞壁画，具有原始思维的认识过程，有强烈的世代承传的集体创作意识，因此它的创作绘制，是一种程式化的表现方法，具有中国独特的审美意识和独特的表现效果。

郑老师还特别强调：

佛教在中国文化中，曾占有很大的比重。可以说在传入中国两千年的过程中，相当成功，它深入社会生活的各个领域，帝王和百姓都虔诚笃信，形成特定文化。而敦煌壁画中的音乐舞蹈图像，也就是这种特定文化的产物。其实，佛教的发展，促进了中国文化艺术的发展，而文化艺术的发展，也促进了佛教的传播。因此，不能低估佛教文化的积极作用。

郑老师离休后居住北京。2002 年，应国家图书馆敦煌资料中心的邀请，为该中心举办的敦煌与丝路文化讲座做了"敦煌石窟音乐研究"的演讲，深入浅出地全面、系统地介绍了敦煌音乐，包括乐伎、乐器、乐谱等各方面的遗存和近人的研究情况，并提出许多新的研究设想。这篇讲座稿可以看成郑老师敦煌音乐研究的总结，此文收在本文集的"音乐文物研究"栏目中。

在研究方法和研究意义方面，郑老师的见解也是十分独到：

其实，"敦煌音乐"一词，并不十分确切，我们今日所言之"敦煌音乐"并非敦煌地区之音乐，而指古代的音乐，它包括壁画和藏经洞出土文献两个方面的研究，据此，应称之为"敦煌音乐史料研究"较为妥当。但是，专家们已成口语，约定俗成，亦毋庸为之正名。

中国音乐博大精深，虽然它遗存丰厚，历史悠久，流传广泛，但非常遗憾，今天的学者欲知古代真实的音乐状况，犹如隔雾看花，十分茫然。甚至，至今尚无一本可以依据的、系统的、清楚的音乐史著作。尽管古代文献有大量的音乐历史记述，甚至在正史廿四史中，都设有各朝代的"音乐志""乐志""乐记""律志"等专栏，但却是一些难以断定虚实的传说、典故，或以人物为中心的趣闻、轶事。如果把这些材料集中在一起，充其量，也只能算是一堆与音乐有关的史料。而且内容驳杂，含糊不清，世代相袭，道听途说。因此，从严格的意义上讲，不能算是音乐史。历史上也有过志士仁人修过乐史，只不过是缀接成集材料之汇编而已。主要的不足之处，其弊病是：从文献到文献，缺乏科学的调查与研究，缺乏系统的、综合的论证和分析；还有一个主要的症结，就是它只关注了帝王将相、上层社会的音乐历史，而缺乏民间的、民族的、下层社会的音乐调查，更没有过图像的搜集。

21 世纪末，音乐史学发生了重大的变革。随着音乐考古学、音乐形态学、图像音乐学的出现，以及有关人文科学、人类社会科学与自然科学技术的进展，音乐史学队伍也日益扩大，在观念上、研究方法上，有了许多新的突破和进步，开始了重新考虑改善音乐著史的设想。虽然起步较晚，现在仍属学科之骥尾，但它是进入了一个新的里程。

离开工作岗位之后的二十多年，郑老师一直在不断地研究和改进敦煌壁画仿制乐器，有大量的创新和改革设计，重做过一百多件并有部分申请过专利（方响、定音鼓、花边阮、箜篌），具有重大发明性质。郑老师将敦煌壁画仿制乐器定位于恢复、传承、创新和发展中国民族乐器。就鼓类乐器讲，中国鼓类很多，用途甚广。但今天在世界鼓行，没有作为乐器的中国鼓的一席之地——中国没有定音鼓！而敦煌壁画中鼓类乐器即反映中国古代就有定音鼓的！如壁画中的雷公鼓，是否可以通过仿制复原成为中国传统的定音鼓。这本身就是一项有重大意义的突破性的研究成果和发明创造。郑老师研制开发的方响，复原了已经失传的唐代打击乐器；依据壁画仿制的花边阮、葫芦琴等，在作为弹拨乐器使用的同时，改造成为拉弦乐器后，就成了西洋大型拉弦乐器（如大提琴）；而壁画中的箜篌，本身就是西洋竖琴相类。因此，专家们肯定地说，这是一项全面的民族乐器的改革实践！

三

郑老师又是资深的中国书法家协会会员。他兴趣广泛，不仅自己的书法造诣很高，而且对中国书法有深入的研究和了解。到敦煌以后，在从事壁画乐舞研究的同时，在敦煌莫高窟又开拓了敦煌书法的研究领域，曾撰写许多敦煌书法论文，出版敦煌书法图录，实际上成为继香港饶宗颐先生之后的敦煌书法系统研究的大家之一。郑老师主持编辑出版了《敦煌书法库》《敦煌书法精粹》和《敦煌行草书法选粹》，将自己对敦煌写本书法本身的价值、意义、风格、特色等重要问题的精辟见解公之于世，对敦煌写本书法的研究和宣传起到了极大的推动作用。与此同时，郑老师在朋友和学生们的帮助下，先后自费出版了三册个人书法选集。谈到自己的书法，郑老师更是充满感情：

进入晚年，唯对书法兴趣未减，如痴如醉。余之作书，非借径沽名，居奇射利，纯属个人游戏，消遣而已；没有社会义务，因之不须张扬，毋庸褒贬，微不足道也。

汉字书法是个什么玩意儿？这是个颇为有趣的问题，至今未见哪位高贤能说清楚。古人书论甚夥，以愚之见，全是一些比喻附和形容；或喻为山崩雷电，或喻为禽兽龙蛇之形态，虽极富浪漫和想象，但未道出书法意义和真谛。近现代出现"书法美学"，所述多为源流、历史人物评价及感人书论的诠释，对于书法的性质，作用于人的科学特征，还是不甚了了。看来，书法之妙，是不可言喻的。

余本庸才，亦不可能说透彻，但是觉得说来也简单：书法，它只不过是一种符号，本身并没有独立意义，但它依附在文学和绘画这两个方面，就变成了一种独立的高雅艺术，一种中国文化。此外，书法和音乐有相同之妙，只能心领神会，凭借个人的悟性和感觉，联想和附会，见仁见智，形成不同的审美效果，捉摸不定的意识形态。

余长期耽于书法，乐趣即在笔墨之间，瞬间的变化，出奇制胜的效果。较好的作品多为偶成，多出于漫不经心，信手拈来。包括题款，都是临时的发挥。漫附数言，忽加赘语，或篇末补遗，与正文相映成趣。因之，我的创作原则就是即兴和率意，仅此而已！

余崇尚理想，恪守道德，希望国家强盛，百姓安宁富裕。让每个人都活得有尊严，平等，自由，是为大愿也！

四

二十年前的 1996 年，业师姜伯勤先生应邀为还是一堆手稿的《敦煌壁画乐舞研究》（出版于 2002 年）作了序，对郑老师的研究做了高度的概括总结和实事求是的评价。这是姜先生一生之中所写的唯一的一篇序言，先生曾多次提及为什么只写这篇序文的原因：一方面是因为郑先生的工作的意义和价值；另一方面也对郑老师的功底和水平，工作态度、吃苦精神等非常敬佩。在这里，我毫无任何悬念地将姜师这篇序文全文移录如下：

《敦煌壁画乐舞研究》一书，集结了郑汝中先生在敦煌十余年辛勤工作的丰硕成果。当本书出版之际，我回想起在 1987 年敦煌石窟研究国际讨论会上初识汝中先生的情景。那天，我拿着一幅有琵琶图像的粟特壁画图片，向郑先生请教。汝中先生谆谆教诲，至为恳切，至今仍令人不胜怀想。

也是在那次会上，我们恭听了郑先生《敦煌壁画乐器研究》的讲演。汝中先生绘制了一幅《敦煌壁画琵琶形态图》，绘出了琳琅满目的 50 种敦煌壁画所见的琵琶图式。讲演指出："这 50 种图形，基本可以概括一千余年的中国琵琶流传的形态，若再与今日基本定形的琵琶对照，可以看出这件乐器在我国发展的脉络。"日本著名敦煌学家藤枝晃先生听了这一讲演，当即赞赏说："只有真正在莫高窟做研究的人，才能写出这样的文章。"

藤枝先生的法眼十分犀利，他道出了汝中先生近十年工作的一个非常重要的特色：他的全部工作都来自莫高窟石窟现场。和一般从文献到文献的研究不同，也和一般走马观花的工作迥异。他一头在洞子里扎下来，一扎就是十几年。汝中先生在本书中采取的朴质而卓有成效的方法是值得称道的，这个方法的特色是：

1. 穷尽敦煌壁画乐舞图像的第一手资料。在以往前人对"壁画乐舞"图像调查的基础上，反复穷搜，如 50 种琵琶图像，则是在调查 492 个洞窟中有乐舞洞窟 240 个、绘有乐器 4000 余件、乐伎 3000 余身、不同类型乐队 500 余组、乐器 44 种的总的情况之后，逐个遴选出来的。

2. 十分重视分类方法。这是一个极有成效而又常被人忽视的方法。段文杰先生近年在《段文杰敦煌论文集》中，反复运用分类方法进行研究。宿白先生 1962 年在敦煌所做讲演《敦煌七讲》中，也反复强调石窟研究中的各种分类方法。收入本书的《敦煌壁画乐器分类考略》，是极见功力的大作。

3. 在全面分类的基础上，进一步做特异性个案的分析，作出发明或证伪。一方面，发千古未发之覆，如对"花边阮"的发现和研究就是一个颇有新意的发现；另一方面，从乐理、乐器制作机理、文献等视角，对壁画乐器图形进行去伪存真的考辨。如指出画家想象出的一根弦的弯琴，不能将弦按及品柱，因而不可能用于演奏。

4. 作者严谨地界定了"壁画乐舞""壁画乐舞图式""壁画乐伎""壁画乐器""壁画经变乐队"这些特定概念的界限，始终把握住作者分析的对象是壁画图式或壁画乐舞图像。一方面，进行了类似图像志要求的分类研究，如《敦煌壁画舞伎研究》，将壁画舞伎分类为"装饰性的舞蹈造型"和"写实性舞蹈造型"；另一方面，也指出画工制作这些图式、图像时，"必然有一定的杜撰和虚构"。作者说："经过仔细核对，一些文献、诗篇，都与壁画不十分吻合，因此实事求是地说，查无实据。"由此，作者与对历史文献及现代舞蹈术语用于解读壁画乐舞图像的生搬硬套现象，划清了界线。作者不同意把宗教曼陀罗图像解释为舞蹈，也不同意把佛之"手印"解读作舞姿，从而显示出作者严肃、严谨的治学态度，由此，得出了许多更加接近真实的结论。

5. 本书不是为研究乐舞图像而研究壁画乐舞图像，而是作出了图像的文化诠释。如对礼佛舞伎造型的研究，论及其所表现我国舞蹈史上的"身韵"；又如指出壁画模拟的缩小了的宫廷乐队的图像，乃以隋唐燕乐的"坐部伎"为主要模拟根据。更进一步把乐器图式的研究工作引向古乐器的复原仿制工作。

近世以来，研究隋唐燕乐的凌廷堪、邱琼荪诸氏，精于律吕；研究敦煌乐的饶宗颐先生，本人即是一位古琴家。娴于律吕及古器乐，是攀登中国音乐史研究高峰的重要前提。郑汝中先生多年从事琵琶教育，桃李芳菲。娴熟古乐，这也成为郑先生近年来致力于敦煌乐器复原仿制研究工作的一个重要出发点。

汝中先生的仿制乐器工作，是基于十余年研究工作所得的一个重要的学理上的实践。作者指出："中国乐器的发展历史是枣核形的兴衰过程"，敦煌壁画所见乐器，是其发展中最兴旺的时期。"宋元之后逐渐衰落，以致有些乐器泯灭无存了，现今民族乐队所用的乐器，品种远不如敦煌古时丰富多彩。"由此，雄辩地论证了仿制敦煌古乐器的必要性和紧迫性。而收入本书的《敦煌壁画乐器仿制研究》，可以说是作者近年来心血的结晶。

郑汝中先生是一位性情中人。他的"率性由真"的个性，表现在他的"自由率意"的书法作品中。郑先生曾出版《雪墨书法选集》，他的作为"心画"的书法作品及风格，曾得到我的前辈肖弟先生的激赏。汝中先生在《敦煌书法管窥》一文中写道，"每览敦煌写卷，笔者有骤然惊绝之感"。认为敦煌书法的特点，"表现在自然，质朴，自由率意，不矫饰做作，不故弄玄虚"，"富于创造"，"泼辣大胆，不受什么法度的约束"。这些，也正是汝中先生所追求的美学理想，是汝中先生的夫子自道。

当本书出版之际，殷切希望本书作者在台建群先生及诸同道的支持下，把本书中已经开拓的工作坚持下去，祈望今后取得更大的成果。

五

乐舞研究也好、乐器仿制也好，书法研究也好，郑老师一个突出的特点，就是他自己本身为这几方面的内行专家，置身于山中识得山之真面目者，以此山识彼山，以今山识古山，由己及他，由表及里。

乐舞是艺术，书法在郑老师手里也是艺术。郑老师的演奏在青年时期就已闻名国内，培养了大量卓有成就的学生；郑老师的书法挥洒自如，出神入化；在郑老师身上，时时都展示着一股艺术家的气质和神韵，这种气韵在敦煌发挥到了极致。敦煌石窟的艺术氛围使得郑老师如虎添翼，不仅找到归宿，而且绽放出更大的能量！敦煌壁画乐舞研究和乐器仿制占领国际学术前沿，对于在敦煌壁画艺术中最具魅力，展现最高艺术境界的飞天壁画，也有深刻的领悟和独到的见解。《敦煌飞天艺术》一文高屋建瓴，在以往众多艺术大家之后进一步展示了其艺术魅力的理想境界。

郑汝中老师粗通水墨。1987年到敦煌的第二年，曾绘过一幅《少女吹絮图》并题诗曰："小小姑娘吹蒲公，随风飘逸入太空。轻轻飞上虚幻界，远离人间喧嚣声。"是他对艺术生活的追求。寥寥数笔，一种崇高的境界跃然纸上。

一个人在这个世界上度过一生，都要受到这个社会对他的检验，一般分为三个层次：敬业精神、社会责任心和历史使命感。对于一般人来讲，有一定的敬业精神就已经很好了，能做好自己分内的工作，完成各项任务，作出自己应有的贡献，提供一定的社会价值，应该就很圆满了。社会责任心者则进一步以服务于全社会为己任，把自己的每一份工作都与其对整个社会的贡献联系在一起，为全社会尽更大的义务。而历史使命感则是人生的最高起点，即视天下为己任，把自己的一举一动都与全人类共进步共发展绑在一起，也为了这个目标而无私奉献自己的才能与智慧。这就需要每一个人根据自己的实际情况，在人类社会进步与繁荣、创造与发展的历史长河中找到自己的位置。郑汝中老师少年时就参加革命，先后从事过行政和管理等工作。但到了青年时期便放弃了优越的工作和生活条件，甘愿做一名教师，为国家和社会培养了许多杰出的人才。近花甲之年时又毅然远赴大漠戈壁，潜心研究中国民族乐器与乐舞并作出重大贡献。一步一个台阶，一步一个层面，在不断的奉献与创造过程中，发挥着巨大的作用，无愧于历史赋予的神圣使命！尽管到后来在事业的发展中受到限制，但郑老师还是用自己的努力，从小八路、老革命到教育家、艺术家，谱写出最完美的人生颂歌！

二十多年前，笔者在研究敦煌石窟营造史的过程中，同时研究敦煌石窟的营造者敦煌古代工匠——那些为我们留下取之不尽、用之不竭的文化艺术财富的历代创造者们。敦煌工匠的历史告诉我们：敦煌是一种精神，是中华民族的先民们留给我们的包容、奉献和创造精神！这种精神与敦煌艺术一样是世界人类最宝贵的财富。身处戈壁深山中默默奉献的一代又一代的敦煌人，都用自己的人生努力传承着这种精神。我为自己有郑老师这样的众多老前辈级的同事们而感到光荣、骄傲和自豪！从研究石窟营造和敦煌工匠开始，到多年前编辑史苇湘先生的文集，再到今天编辑郑汝中老师的文集，我都是在这种精神的感召下，含着激动的泪水，用颤抖的双手，为了列祖列宗，为了子孙后代，为了敦煌赋予我们的神圣的历史使命，责无旁贷，义不容辞！

《陇上学人文存·郑汝中卷》（第五辑）

作者：马　德

李正宇

李正宇先生，1934 年出生于河南省正阳县，1958 年毕业于武汉大学中文系。1982 年调入敦煌文物研究所，历任敦煌研究院助理研究员、副研究员、研究员；文献研究室副主任、文献研究所副所长、所长；兼任西北师范大学敦煌学研究所教授、硕士研究生导师，兰州大学敦煌学研究所教授，中国敦煌吐鲁番学会顾问，中国硬笔书法协会学术顾问，甘肃敦煌学会顾问，甘肃省人民政府文史研究馆馆员。1993 年起享受国务院特殊津贴。

李正宇先生致力于敦煌学研究近 40 年，成果丰硕，著作等身，迄今发表敦煌历史、地理、佛教、文学、语言、文字、书法、乐舞、教育、考古、文献等方面论文、札记、评论、序跋等 270 多篇，300 多万字；已出版专著《敦煌历史地理导论》《古本敦煌乡土志八种笺证》《敦煌史地新论》《敦煌遗书硬笔书法研究》《中国唐宋硬笔书法》《敦煌古代硬笔书法》《古本敦煌乡土志八种笺证（增订本）》《敦煌学导论》等 8 种，另有《敦煌文海披沙》《敦煌佚史拾遗》《敦煌地理丛考》《归义军史丛考》《敦煌世俗佛教研究》《敦煌名胜古迹导论》《敦煌琐语》《书法史论丛》《墨絮集》等著作将陆续出版。共获得省级以上学术奖 10 余项，其中有关硬笔书法的研究论著获得中国硬笔书法协会全国硬笔书法理论研究特等奖、终身学术成就奖。应邀出席国内外学术会议及考察、讲学活动 40 余次，连续 5 年应北京大学中文系邀请，为该系文献专业本科生及博、硕士生开设敦煌文献专题讲座；3 次应邀赴台湾为台湾大学、中国文化大学、成功大学、中正大学、逢甲大学等大学的历史系、所和中文系、所讲学、研究，还曾赴俄罗斯等处进行学术交流、考察。

总体来说，李正宇先生在敦煌学研究的诸多领域均勤于钻研，善于探索，敏于著述，成果丰硕，影响广泛，特别是在下述几个方面的成就尤为卓著。

一、敦煌历史人文地理研究

李正宇先生在敦煌历史地理研究领域用力最多、贡献卓著，发表敦煌历史人文地理研究论文 60 多篇，为《敦煌学大辞典》撰写敦煌地理词条 266 条，并撰著《敦煌史地新论》《敦煌历史地理导论》及《古本敦煌乡土志八种笺证》等关于敦煌历史人文地理研究的专著。这些成果，使他在敦煌历史人文地理研究方面享有盛誉。在此方面其主要贡献是：

1. 揭示西汉敦煌古代郡、县、乡、里的形成过程及特殊模式。内地郡、县、乡、里的形成，一般都经过数十百年甚至上千年的渐进过程。大致是从农耕时代开始，一部分人在某处定居下来，开垦耕种，经过世代经营，垦区逐渐扩大，形成稳定的居民关系，疆界逐渐固定的区域，后乃形成大小侯国及公卿大夫封域内的层级统治单位。战国至秦代推行中央集权制，进一步在旧有的诸侯国封域内层级统治单位的基础上改建为郡、县、乡、里。而西汉敦煌地区郡、县、乡、里的形成，同内地郡、县、乡、里形成的模式有很大的不同。

汉武帝元狩二年（前 121 年）秋，匈奴浑邪王将其众四万并河西之地降汉。汉朝在河西广大地区初置酒泉郡，汉朝军队和平进驻河西及敦煌一带，分点戍守，始置敦煌县，后乃分置敦煌郡。而戍守部队衣粮军械始皆仰给于内地，《史记·平准书》所谓"中国缮道馈粮，远者三千里，近者千余里，皆仰给大农"。由于运输路途遥远，消耗颇大，国家负担沉重，内地民众亦不堪供输之劳，于是乃令边界都尉、候官各在其防区有水草处进行小型垦种，以补军食。继而发遣罪犯，分发各都尉、候官屯田垦种，扩大垦点。由此，戍守部队便有了戍守和屯田两重任务，各军防区同时也成为军管屯垦区。接着，又陆续从内地迁来移民（先是"罪徒"，后乃迁来"贱民"及"关东下贫"），于是各候官屯区人员增加，耕地扩大，并由单一的军屯，发展成军屯之外兼有民屯的格局。

随着屯垦事业的发展，有关屯垦的政务增多，如农田、水利、赋役、商贸、借贷、纠纷、斗殴、盗窃、争讼等民政事务日繁，军防机构（都尉、候官）则不堪其累，建县以理民事成为必要。乃就各军屯及民屯片区进行改制，建立起县级政权，以理民政、赋役、农田、水利及商贸、争讼等事。敦煌县就是在中部都尉步广候官屯区基础上改制而成；龙勒县则是在玉门都尉渥洼水屯区基础上改制而成；效谷县是在鱼泽障屯区的基础上改制而成；广至县是在宜禾都尉宜禾候官垦区基础上改制而成；渊泉县是在宜禾都尉广汉候官屯区基础上改制而成；冥安县是在宜禾都尉某候官垦区基础上改制而成。县以下的乡、里，则是就各候官垦区中分散的小片垦区改制而成。

由此可知，敦煌郡的建立乃是自下而上逐渐推进，即先有酒泉郡西部的敦煌、龙勒二县及县以下的乡、里，而后才建敦煌郡。这就意味着，敦煌地区的开发，并不是从建立敦煌郡开始的，而是在元狩二年（前121年）建酒泉郡，汉军进驻敦煌地区，敦煌尚未建郡之前就已经开始了。近人论述敦煌地区开发史，往往只从敦煌郡的建立说起，这显然是不对的。敦煌地区开发史，距今已2136年，从此开始，敦煌地区才结束了传说时期，进入了有可靠编年的文明时代。

敦煌郡、县、乡、里形成的特殊模式，与内地不同，却显示出边疆地区郡、县、乡、里形成的一般规律。而边疆地区历史研究都尚未解悟此一特殊规律。李正宇先生对此一规律的揭示，是对中国边疆历史研究的一大贡献。

2. 对敦煌河流、渠系进行了系统的系列性研究，基本上厘清了敦煌古代灌渠的地理分布及灌溉系统（干、支体系），并在此基础上基本勾勒出唐宋时期敦煌诸乡位置、境域及四邻关系，其所撰《唐宋时代敦煌县河渠泉泽简志》《唐宋时代沙州寿昌县河渠泉泽简志》《甘肃瓜州县古瓜州城汉唐渠系网络遗存》被学术界誉为有关唐宋敦煌水利设施方面"带有总结性的成果"，受到国内外池田温、史念海等著名学者的肯定和采纳。

3. 对敦煌郡境山川、古城、道路、烽燧、驿道、驿站及名胜古迹如沙州城、古塞城、敦煌土河、大方盘城、龙勒城、广至城、昆仑障、新玉门关、西同海、渥洼水、石门山、石门涧、石门烽、白山烽、山阙涧、山阙烽、姚阅山、姚阅烽、龙勒山、龙勒水、东泉驿、其头驿、无穷驿、悬泉驿、悬泉山、悬泉水、空谷驿、黄谷驿、鱼泉驿、新井驿、广显驿、乌山驿、双泉驿、第五驿、冷泉驿、胡桐驿、赤崖驿、莫贺延碛道、稍竿道、瓜沙道等一系列敦煌古代地理单元进行了大规模的探察，进行证古通今的考订和比定，打通古今隔膜。

4. 《论敦煌古塞城》首创对敦煌古塞城、敦煌郡四出烽警系统的研究，揭示敦煌古塞城为包围敦煌城区绿洲、村落农田的大城。经踏查寻踪，得知其周长约100公里，纠正了以往将古塞城视同东西一线边塞长城的误解。古代地名多见"塞亭""横塞""安塞""榆塞""函谷塞""桃林塞""鼍塞""西塞""南塞""勾注塞""符离塞""商阪塞""葫芦塞""木兰塞"，甚至唐代北庭亦有"古塞"，表明古代塞城之设所在多有。但关于塞城的设置规模及其功用的研究一向缺失。李正宇先生这一方面的研究，为古代军防设施研究开拓了新的观察视野和研究角度。

二、敦煌历史研究

敦煌历史研究是李正宇先生十分关注的方面，撰著颇丰，尤其着力于敦煌佚史及疑点的探索考辨，凭借其深厚的历史文献学功底和敏捷的史实分析能力，爬梳史料，辨析疑难，往往能识人所未见，解人所未明，力图弥补敦煌历史链条中若干残缺环节，推进敦煌历史研究。

《沙州贞元四年陷蕃考》质疑以往学者关于沙州沦陷暨吐蕃统治敦煌起始年月为唐德宗贞元二年之说，提出并论证当为贞元四年的新说。唐代史料记载张议潮率众起义逐蕃归唐有大中四年、五年两说，宋代司马光《资治通鉴》记其事独取大中五年说。《张议潮起义发生在大中二年三—四月间》根据敦煌藏经洞出土本地文献论证张议潮起义年月为大中二年三—四月间。《关于金山国和敦煌国建国的几个问题》指出著名学者王重民先生将金山国建国之年系于唐末天祐二年（905年）二月的错误，提出应为天祐三年五至十一月的新说，并首次提出在为期六年的金山天子国之后还存在一个为期不满四年的敦煌诸侯国的新观点。《曹仁贵名实论——曹氏归义军创始及归奉后梁史探》论证曹议金摆脱甘州回鹘控制、重振归义军自主政权的曲折过程。《悄然湮没的王国——沙州回鹘国》认为北宋景祐三年（1036年）曹氏归义军败后至治平三年（1066年）30年间，敦煌曾存在过一个沙州回鹘国，这就使西夏统治敦煌的时间后推了30年，也为敦煌学界关于敦煌石窟断代研究提供了新的历史依据。

此外，李先生所撰《归义军乐营及其职事》《归义军乐营的结构与配置》二文，揭开归义军乐营研究的新课题，并为敦煌曲子词及我国唐五代音乐舞蹈史研究打开新的视窗。

三、敦煌文献研究

李正宇先生十分着力于敦煌遗书中多种代表性文献的整理及其价值的阐发，揭示了敦煌遗书在我国文化史上多方面的价值及其填空补缺的作用。这方面的主要成果有：

1. 《敦煌学郎题记辑注》将散见零出的敦煌学郎题记加以辑录，汇编成帙，校点注释，将附着于敦煌多类写卷中的敦煌学郎只言片语，汇辑为专题系列性文献，成为敦煌历史系列的一宗特殊史料，为唐宋时期敦煌学校、学科、教材及学郎作业、学郎生活、学郎情志研究、古代教育史研究、敦煌社邑文书研究、敦煌契券研究、敦煌人物传记研究以及文书断代定年研究等多个领域提供参证，在敦煌学研究中发挥重要作用。

2. 《敦煌俗讲僧保宣及其〈通难致语〉》发现并论证 P.3165 敦煌俗讲僧保宣所撰《通难致语》对敦煌讲经文拓展研究的价值意义，揭示现存的敦煌《讲经文》绝大多数是法师讲唱的底本而不包括讲经现场都讲的《设难》提问及法师的答疑解难，为敦煌《讲经文》研究打开了新的视野。这一发现，表明现存的《讲经文》还只是寺院"俗讲"活动中讲经法师的"片面之词"，不足以反映讲经现场之互动及波折跌宕。

3. 《叫卖市声之祖——敦煌遗书两首店铺叫卖口号》发现并论述 P.3644《店铺叫卖口号二首》，揭示其文学史、商业史、广告史上填补空白的价值意义，并为宋代曲艺《叫声》（又名《十叫子》）找到了上源，乃知《叫声》曲艺并不始自北宋孔三传，将其历史前推到唐五代时期。

4. 《敦煌古代标点符号及其价值意义》系统地论证了敦煌遗书中保存的 20 余种古代标点符号的用法及其价值，将我国标点符号系列出现及配套使用的历史提前了千余年。

5. 《论〈敦煌曲子〉》论证"敦煌曲子"是由歌词、曲谱和舞蹈融为一体的综合性文艺品种，它既与中原曲子相通，又具有敦煌本地的歌词、音乐和舞蹈特色，这就为探索中国古代词乐舞融合艺术的源流演变提供了新的例证。

6. 《试论敦煌所藏〈禅师卫士遇逢因缘〉——兼谈诸宫调的起源》揭示并论证 S.5996 及 S.3017《禅师卫士遇逢因缘》之原始诸宫调的性质意义，将我国诸宫调诞生的历史提前了 300 年。

四、敦煌佛教研究

敦煌世俗佛教研究是李正宇先生特别关注的领域。他在全面占有资料并系统考察唐宋时期敦煌地区独特的佛教信仰状况的基础上，撰写了《唐宋时期的敦煌佛教》《唐宋时期敦煌佛经性质功能的变化》《晚唐至宋敦煌僧尼听食"净肉"》《晚唐至宋敦煌僧尼普听饮酒》《晚唐至宋敦煌僧人娶妻生子》《晚唐至宋敦煌僧人从政从军》《再论唐宋时期的敦煌佛教》等一系列论文。这些论文通过对大量敦煌资料的爬梳整理、分析研究，揭示并论证了吐蕃统治及晚唐、五代、北宋时期 250 年间的敦煌佛教为"入世合俗"的"世俗佛教"。

敦煌世俗佛教尽管仍将"厌世弃俗""超世绝俗""离世脱俗"之类高调挂在口头，实际上却饱含世俗情怀，面向世俗生活，钟情世俗理想，靠拢社会，贴近人生，注重今世，兼修来生，而与正统佛教大相径庭。在持戒问题上，它选择并尊奉佛经中那些与"世俗意愿""世俗生活"可以融通的教戒，奉持一种与正统佛教大小乘戒律颇不相同的戒行，例如诸宗皆奉，不专一宗；真经伪经，一体同尊；僧尼多住俗家，少数住寺；以及僧尼饮酒食肉、置产蓄奴、雇佣受雇、放债借贷、与人作保、同俗人结拜、忠君孝亲、怀宗念祖，甚至从政从军、娶妻生子……如此等等，充分体现出敦煌佛教的世俗化性质。

李正宇先生对敦煌佛教的认识与论述，与中外佛学家大不相同而自成一家，揭示了由于独特的历史和地理背景，敦煌佛教形成了与中原佛教既有相同，又有所不同的独特面貌。其立论皆以大量的敦煌原始历史文献为依据，不作空言，故能越来越多地得到佛学研究者的认同，为敦煌佛教研究和我国古代佛教史研究别开生面。

五、敦煌硬笔书法与中国书法史研究

李正宇先生以敏锐的学术眼光注意到唐宋敦煌写卷中保留的大量古代硬笔书法作品，撰写了《敦煌古代硬笔书法》《硬笔书法是中国书法的母体》等论文和《中国唐宋硬笔书法——敦煌古代硬笔书法写卷》《敦煌遗书硬笔书法研究》等著作，揭示并论证敦煌遗书硬笔书法在我国硬笔书法史上填空补缺的价值意义，又从敦煌古代硬笔书法史研究进一步扩展到古代书法史研究。

李正宇先生的研究揭示了甲骨文、大篆（包括籀文）、古隶等先秦古文字具有手写体（文字之本体）及美术加工体之别；论证甲骨文、大篆（包括籀文）、古隶、秦篆、秦隶之手写本体文字皆属硬笔书法。指出我国书法史是从硬笔书法开始，并盛行于商周秦时代，成为商、周、秦书坛霸主和主流。西汉以来，毛笔书法迅速兴起，上升为书坛霸主和主流，而硬笔书法则屈居下位，降为弱势。然而硬笔书法并未从此断绝，仍然一直绵延传承。从西汉以来，我国书法史则沿着毛笔书法与硬笔书法两条线索继续发展，形成毛笔书法与硬笔书法两大体系，直到今天。从而刷新了我国旧的书法史观，创立了我国书法史的新体系，对中国书法史研究作出了重大贡献，被赞誉为"革新与重建中国书法史观的力作"。中国硬笔书法协会先后授予李正宇先生硬笔书法理论研究特等奖和终身学术成就奖。

六、李正宇先生研究方法的启示

在近 40 年长期致力于敦煌学研究的历程中，李正宇先生之所以能够在诸多领域均取得大量显著的成就，除了孜孜矻矻、勤奋不辍的吃苦精神，焚膏继晷、持之以恒的坚韧毅力，另外一个重要方面就是他特别注重在研究方法上不断探索、实践，形成了自己一系列富有特色、行之有效的研究方法。李正宇先生的研究方法，归纳起来，主要有下述几个方面：

1. 挖掘新资料，发现新问题，富于开拓创新精神。旧轨不足限者，另辟蹊径；陈言不足守者，自揭新义。如李正宇先生揭示了甲骨文、金文、古隶等上古文字具有"书写本体"及"加工制作体"两种不同字体之别,从而破除上古文字悉属毛笔书法之陈说,提出了上古书体悉属硬笔书法的新创见,被书法史研究学术界誉为中国书法史研究的一大创获。

2. 广搜博采,穷尽资料,掘发新意,独出机杼。例如李正宇先生在研究敦煌佛教史方面,在大量占有相关文献资料并深入思考的基础上,突破了以往有关"民间佛教""庶民佛教"等仅仅从佛教信徒社会阶层身份出发提出的概念,而是从精神内涵的深度提出了"敦煌世俗佛教"的新命题,并进行了多角度多层面的深入系统的分析论证,为敦煌佛教史并进而对中国古代佛教史研究别开生面、独树新帜。

3. 既注重历史文献的爬梳剔抉,又注重实地踏勘的考察印证。这突出地反映在李正宇先生关于敦煌历史地理的研究中,他将书面材料与实地所见及考察所得互为印证,然后作出判断。如他关于敦煌古塞城研究,关于玄奘瓜伊行程研究等都是显著的例证。李正宇先生此方面的累累研究成果,为敦煌地名文化的研究奠定了基础,成为《敦煌地名志》《敦煌市地名文化》中敦煌古代地名的主要来源和依据。

4. 持续研究,发现失误,即自我否定,自我纠谬,体现出求真求实的学术理念。如他先推断拔河帝山为今之瓜州县十工山(见《敦煌历史地理导论》,台北新文丰出版有限股份公司,140页),后续研究发现其误,又撰《瓜州常乐县拔河帝山考》加以改正。关于拔河帝山的研究,李正宇先生为独家,既无所依傍,是非亦不见他人言说,而李正宇先生在后续研究中发现错误,遂立即改正,不使贻误来者。这种对学术高度认真负责的精神堪称楷模,值得后辈学者学习效仿。

总之,李正宇先生积近四十年的心血致力于敦煌学研究,在诸多研究领域均取得显著成就,为推进我国敦煌学发展、改变"敦煌在中国,敦煌学研究在国外"的被动局面作出了突出贡献。1990年,季羡林先生在为荣新江先生著《归义军史研究》所写的序言中谈到陈寅恪先生所说"敦煌学伤心史",并指出"最近十几年以来……情况逐渐有了改变。老一辈的学者壮心不已,成绩斐然。中年学者,不甘落后,各就自己的研究领域,刻苦钻研,锲而不舍,开后学之先路,做中流之砥柱;俯不怍于后,仰不愧于前。如郭再贻、姜伯勤、项楚、李正宇、陈国灿、张广达等等教授,皆是也"。早在20世纪90年代初,李正宇先生的研究成就即得到中国敦煌吐鲁番学会会长季羡林先生的高度肯定。此后三十年来,李正宇先生不断推出大量富有创新意义的研究成果,成为我国敦煌学界具有重要代表性的学者之一,其一系列学术论著也成为我国敦煌学界具有代表性的研究成果。

《陇上学人文存·李正宇卷》(第八辑)

作者:张光堂

樊锦诗

2013 年是樊锦诗先生从事敦煌石窟研究五十周年的日子，《陇上学人文丛·樊锦诗卷》在这样的时候出版，有着重要的纪念意义。以樊锦诗先生为代表的一批学者，坚守敦煌，为敦煌石窟的保护和研究作出了卓越的贡献。他们的研究以扎实的功力和严谨的学风著称，樊锦诗先生的学术论著数量不多，却以解决石窟考古的重大问题，解决文化遗产保护与管理的难题为特色，对我们今天学术研究具有启发意义。

樊锦诗，女，祖籍浙江杭州，1938 年出生于北京，成长于上海。1963 年毕业于北京大学历史系考古专业，同年 9 月到敦煌文物研究所工作，开始了对敦煌石窟研究的生涯。1977 年任敦煌文物研究所副所长，1984 年，敦煌文物研究所扩建为敦煌研究院，任副院长。1998 年任敦煌研究院院长。并先后在兰州大学、东华大学、浙江大学等高校担任兼职教授和博士生导师。2007 年被聘为中央文史研究馆馆员，历任第八、九、十、十一、十二届全国政协委员。

樊锦诗先生把毕生的精力都贡献给敦煌石窟保护和研究事业，并在石窟考古研究、文化遗产的管理和保护研究方面作出了重大的贡献。她的很多研究成果都具有开创性，为今后的石窟考古研究提供了借鉴，为文化遗产管理和保护工作积累了重要的经验。

一、石窟考古研究

20世纪60年代，中国的石窟考古研究刚刚起步。以往的考古学重在史前时代的考古，而对夏商周以后的考古，也主要针对遗址、墓葬的发掘调查。对于佛教石窟，尤其像敦煌石窟这样延续千年的壁画和彩塑，怎样运用考古学的方法进行分析研究，从而探索其年代发展等问题，是一个全新的课题。当时，北京大学考古学家宿白先生敏锐地看到了石窟考古的重要性，对樊锦诗等年轻学者寄予了厚望。在宿白先生的指导和众多学者的参与下，敦煌文物研究所（敦煌研究院的前身）拟定了一个长远的考古计划，就是要在对敦煌石窟充分调查研究的基础上，写出全面的考古报告，当时预计将出版100册考古报告，可以涵盖敦煌的所有洞窟。可惜由于"文革"的动乱，学术研究无法正常进行，致使撰写考古报告的计划一直未能实现。直到20世纪90年代，在樊锦诗的主持下，考古报告的工作才重新提上日程。

从保护和研究的需要出发，作为考古报告就必须全面、完整、客观地取得并保存敦煌石窟遗址和遗物资料，就是要对敦煌石窟所包涵的每个洞窟从其建筑结构、彩塑和壁画的特征和内容，包括彩塑和壁画使用的制作材料和颜料，以及它们有无重建、重塑、重画，有无残毁坍塌、修缮等等资料和信息，都要全面、系统地调查、获取、整理、研究、编写，并出版考古报告。规模宏大的敦煌石窟数百个洞窟编写出版考古报告，无疑是一项浩繁、艰巨、长期的工程。樊锦诗经过多年的探索和实践，为使敦煌石窟考古报告具有系统性、科学性，同时，要为这项长期的"工程"能有序地可持续地进行下去，她从"洞窟开凿的早晚和它的排列顺序有极密切的关系"这一认识出发，依据多年来对崖面遗迹的考察和断代分期研究成果，经过反复思考和推敲，确定以洞窟开凿时代的早晚作为脉络，兼顾洞窟排列布局形成的现状为制订敦煌石窟考古报告规划的原则，编制了多卷本《敦煌石窟全集》考古报告分卷规划，也就是将敦煌石窟数百个洞窟科学合理地编排出多卷本考古报告。各分卷的洞窟组合，各分卷洞窟编排的序列，各分卷考古报告的撰写编辑体例等等的统筹规划。确定了全部敦煌石窟共编写100册考古报告的规划，对每一册所包含的洞窟内容都作了规定，尤其是对一些与重要洞窟相邻而又无法独立成册的洞窟，把它们与相邻的重点洞窟进行相应的合并，这样就避免了遗漏那些非重点洞窟。这一举措纠正了以往考古报告计划的粗疏之处，具有前瞻性。

通过十余年的不懈努力，《敦煌石窟全集》第一卷《莫高窟第266~275窟考古报告》于2012年正式出版。这卷考古报告，通过多学科结合，以文字、测绘图和摄影图版等多种方法，完整、科学、系统地记录了莫高窟第266~275窟共11个编号洞窟的全部遗迹。

这是敦煌石窟的第一本考古报告，主要内容是对洞窟内容作详尽而客观的记录，但其意义不仅仅在于记录，而且还在敦煌石窟的考古研究上具有多方面的突破：首先，通过敦煌早期三窟的主题内容——坐禅修行与弥勒信仰之密切关系，确认这种单纯的弥勒信仰源自犍陀罗传来的佛像体系，而与以云冈石窟为代表的典型的北魏石窟图像不尽一致，敦煌所体现的相对要早一些。其次，通过比对，早期三窟窟形、龛形、塑像、壁画内容、故事画构图、凹凸画法，以及一些细部特征，明显受到西域的影响，与龟兹石窟关系密切，并为敦煌北朝二期石窟所继承，给予敦煌以东的河西北魏石窟以强烈的影响；另一方面，报告强调本卷石窟中出现的阙形方龛和阙形建筑形象，仅见于敦煌莫高窟（早期，并延续至二期，以及邻近的文殊山早期个别洞窟），以东的中原和其他各地石窟均无此龛形，与云冈石窟的屋形龛大异其趣，就此揭示了与早期三窟同时或更早的敦煌、瓜州墓地频繁出现双阙建筑，敦煌及河西走廊许多砖雕墓照墙上也雕有双阙形象，进而说明本卷第 275 窟的阙形方龛体现的其实是敦煌及河西走廊的本地因素，与大同云冈石窟并无直接关联。第三，过去认为第 275 窟原建、重建、重绘有五个时代，经过深入调查研究，报告确认原建、重建、重绘至多有北凉、隋、五代三个时代，没有宋代和西夏。其四，本卷洞窟中一向较少受人关注的第 266 窟，现有的塑像、壁画在隋代一次完成，因而被定为隋窟。但是考察发现其洞形制与早期第 272 窟十分相似，穹窿形的窟顶具有早期的特点，窟内的图像布局亦与早期第 272 窟相当一致，早期开窟隋代补绘的可能性是一个值得考虑的问题。其五，通过对壁画的仔细观察，揭示了北凉、隋至曹氏归义军五代时期从起稿、敷色、晕染、线描的全过程及其特点，比过去的敦煌艺术研究更加细致，阐述更加明确。此外，发现了一些过去所没有观察到的迹象，例如，注意到早期壁画绘制的起稿、晕染应是在泥壁湿润的情况下完成，属于湿壁画的绘制方法。待泥壁干燥后敷罩白粉，于其上细笔勾勒，描绘细部。因年代久远，含胶的白粉层几乎悉数脱落，早期壁画面目全非，只留下绘制开始阶段变为黑色的粗线勾染和土红色的起稿，可能是湿壁画法的遗迹。如果此说可以成立，可依此纠正美术史上认为中国古代没有湿壁画的观点。

《莫高窟第 266~275 窟考古报告》的特色还在于，刊出了包括测绘图版、摄影图版和数码全景摄影拼图。采用了三维激光扫描测量技术和计算机软件绘图的方法。通过三维激光扫描测量仪，又集成使用全站仪、全球定位仪、水准仪等多种测绘技术，如利用三维激光扫描仪的高精度坐标点，利用点云影像校正下的纹理图像绘制矢量线图，在石窟文物测绘图上以水平和垂直的方格线作控制示意，各窟以平立面关系图校正夹角误差，利用 GPS 技术取得测图基点的大地坐标数值，为完成绘图提供了准确的测量数据。绘图则采用 Microstation（微工作站）Cyclone（赛孔）、AutoCAD 等计算机辅助软件，使绘图人员在电脑中准确地完成了本卷考古报告全部测绘图。第一卷考古报告采用先进的测量技术和绘图方法，完成石窟测绘图，是石窟考古测绘的重大突破，在我国考古学界处于领先地位。也为我国考古学界测绘技术提供了示范。考古报告还采用了敦煌莫高窟近景摄影立面图、塑像等值线图、壁画数码全景摄影拼图，碳14年代测定、无损多光谱分析、介入性的剖面分析与X射线分析技术对壁画和塑像制作材料和颜料做了科学分析，试图采用更多不同学科的技术与方法，进一步提升考古报告的科技含量。

考古报告的意义在于通过文字和图片的形式详尽记录考古遗址、遗迹，假设原址由于某种因素而不存在，通过考古报告是可以再现和复原出遗址、遗迹，而这一点向来仅仅是一种考古学的理想。《莫高窟第266~275窟考古报告》的出版，使我们相信，通过这一份考古报告的文字记录和其中的线描与照片，完整复原这些洞窟是完全可以实现的。

《敦煌石窟全集》第一卷《莫高窟第266~275窟考古报告》是十余年艰苦调查研究的结晶，有的学术见解，可能在更早的时期就已经在酝酿。这一考古报告从资料的详尽程度和结论的令人信服程度，以及研究方法的可借鉴程度都是极高的。《敦煌石窟全集》第一卷考古报告出版后，得到了国内外学者的高度评价，认为敦煌石窟考古进入一个新的阶段。著名国学大师香港大学教授饶宗颐先生称此报告"既真且确，精致绝伦，敦煌学又进一境，佩服之至"。从敦煌石窟考古报告撰写的历程，也表明了真正的学术研究决不是靠"大跃进"的办法，快速"打造"能够成功的。如果没有反复的调查和持续不断的努力，没有深思熟虑，而在短期内为应付某种需要而拼凑出来的东西是不可能解决学术问题的。

对敦煌石窟进行考古分期排年，也是石窟考古的重要方面:用考古学的方法对每一个洞窟包括其中的壁画、彩塑进行调查研究，从而确定其年代关系，也是敦煌石窟考古学最基本的内容，同样也是十分艰巨的任务。20世纪60年代初，在工作条件、生活环境极其艰苦的条件下，樊锦诗与敦煌研究所的马世长、关友惠、刘玉权进行分工合作，开始运用考古类型学等方法进行分期排年的研究。通过几年的努力，已经取得了一定的成果。可是，随之而来的"文化大革命"，使刚刚起步的学术研究半途而废。在无数次"批斗""运动"中，十年的光阴就过去了。直到改革开放的到来，樊锦诗与同仁们振奋精神，重新整理过去调查的资料，争分夺秒地研究。发表了《敦煌莫高窟北朝石窟的分期》《莫高窟隋代石窟分期》及《莫高窟唐代前期洞窟分期》等论文，代表了以樊锦诗为首的研究小组在石窟考古研究方面的重要成果，也代表了中国石窟考古研究的重大成就。

考古分期的研究决定着对敦煌石窟年代系统的基本认识。1908年法国人伯希和对敦煌石窟作了一些基本的调查，并作了在当时来说是十分详细的笔记，其中也体现着作者对敦煌石窟年代的一些看法。可惜伯希和的笔记直到20世纪80、90年代才陆续出版。中文翻译则最早出版于1996年。1941年—1943年，张大千到敦煌作了较长时期的壁画临摹工作，同时对洞窟也作了详细的记录。但张大千的笔记也迟至20世纪90

年代才出版。与张大千同时期在敦煌作临摹和调查工作的谢稚柳对石窟的记录辑成《敦煌艺术叙录》，于 1955 年出版。因此，在樊锦诗等学者进行石窟考古分期工作的时代，可以参考的仅有《敦煌艺术叙录》以及 60 年代以前部分学者为数极少的论文。但前人对于敦煌石窟时代的认识，大多依靠艺术风格特点的分析，可以说是粗线条的分析，而且还带有很大的主观性。如对莫高窟早期洞窟的时代，张大千把很多定为北魏、西魏（谢稚柳《敦煌艺术叙录》中对洞窟的时代定位大体依据张大千的看法），却对早于北魏的北凉以及北朝晚期的北周较少认识。敦煌艺术研究所成立之初，工作人员也多沿用张氏编号和张氏对时代的划分。随着研究人员对早期洞窟的深入探讨，发现早期洞窟存在北凉、北魏、西魏、北周四个阶段。这一点在史苇湘先生主持编纂的《敦煌莫高窟内容总录》中也体现出来。但是如果不经过科学的论证，对洞窟时代的判断可能仅仅限于推测。樊锦诗的研究小组对早期 30 多个洞窟进行长期的调查分析，采用考古类型学与风格分析相结合的办法，以部分有明确纪年的洞窟为标尺，通过对沿窟型制、彩塑的特征、壁画的主题和表现形式，包括图案流行的特征等等方面的分析，对现存早期洞窟的时代作了科学的定位，在《敦煌莫高窟北朝洞窟的分期》中，不仅确认了每一个洞窟的时代，也使我们找到了敦煌石窟早期的发展演变的历史。在此基础上，樊锦诗等学者继续对隋唐时期 300 多个洞窟进行深入调查，通过考古分期排年的研究，完成了《莫高窟隋代石窟的分期》《敦煌莫高窟唐前期洞窟分期》《吐蕃占领时期莫高窟洞窟的分期研究》。虽然在对北朝石窟分期研究时积累了一定的经验，形成了一些时代排年的方法，但面对隋唐时代的洞窟，仍然有许多新问题要解决。早期石窟时代特征相对较明显，随着时代的更替，往往会有新风格产生。而在隋唐时期，风格的变化往往与朝代更替无关，不同的风格却会交叉出现。如隋朝在短短三十多年时间就营建洞窟 100 余座，其窟型、彩塑与壁画内容丰富，形式多样，风格纷呈，使类型分析工作难度极大。樊锦诗等先生不仅对洞窟内容作了详尽的调查与分析，还深入调查了相关的佛教与历史文献，从宗教及历史背景方面探讨一个时代的文化特征，从而能够较为准确地把握佛教石窟中出现的新样式新风格，并通过这些样式类型的特征，来分析其年代问题，使隋唐时期数百座洞窟的营建年代系列呈现在我们面前。通过樊锦诗等先生长期艰苦的研究，我们对敦煌北朝到唐代的石窟的年代序列有了清晰的认识。

严谨的考古分期排年，不仅得出了科学的结论，为敦煌石窟的时代判断提供了依据，而且在方法上形成了石窟分期的研究体系，如对洞窟形制的比较分析，对彩塑样式的分析，以及壁画的内容分布、表现形式的细微变化等等方面的类型学分析，综合多方面的类型与样式分析的结果，并深入挖掘宗教与历史文化的深层背景，把石窟的类型、样式变迁与当时的历史大背景相结合，从而得出令人信服的结论。樊锦诗等学者的考古分期研究，为中国石窟考古研究提供了重要的参考，为其他各地的石窟分期研究者所借鉴。

除了在考古报告的撰写和石窟分期排年两方面取得了重大的成就外，樊锦诗先生还在壁画内容的考释方面作了深入研究。如对早期洞窟中部分本生因缘故事作了考证，都是前人未能定名，而经过她的调查，从佛经中找出了相应的经典内容。对莫高窟第290窟的佛教故事画的考释，不仅调查了所依据的佛经，而且根据壁画对经典的选择，结合当时的历史背景，揭示了北周时代在敦煌流行的佛教思想。此外，通过对唐代壁画的调查，梳理了玄奘译经与敦煌壁画之关系。对莫高窟第61窟佛传故事的研究，虽然前人已做过相关的考证，但樊锦诗发现了敦煌文献P.3317号内容与第61窟壁画榜题的关系，并对其内容作了详尽的比勘，从而确定P.3317号文书为第61窟佛传故事构图之文字稿。发前人所未发，可称得上是敦煌文献与敦煌壁画相结合研究的典范，体现了樊锦诗先生的深厚学养和敏锐的洞察力。《从莫高窟历史遗迹探讨莫高窟崖体的稳定性》一文则是把考古学与相关的自然科学结合起来，综合解决石窟的历史和考古问题，反映了作者独特的思路。

二、文化遗产的保护与管理

作为敦煌研究院院长，樊锦诗先生无法全身心投入考古学研究中去，因为敦煌研究院的石窟保护、学术研究、旅游开放，以及统筹院内各部门工作的管理等等方面都需要她操心。面对莫高窟这一世界文化遗产，樊锦诗先生有一种强烈的历史责任感。她认为，对敦煌石窟的具体问题作学术研究，过一些年进行也可以，或者交给下一代研究也行，但是莫高窟如果不保护好，就会酿成不可挽回的后果，石窟保护是头等大事。

文化遗产是一个相当复杂的存在，它体量大，占地广，历史悠久，构成也复杂，除了建筑、彩塑和壁画的本体外，还与周边的自然环境相关，牵涉人文与生态等方面的问题。中国虽然有不少文物单位列入世界文化遗产的清单，但国内目前对如何保护和管理文化遗产却还缺乏研究，没有先例可循。长期以来，樊锦诗始终执着地思考着对敦煌莫高窟这一人类文化遗产的保护问题，探索着应采取什么样的标准和模式来进行保护、开放等。

敦煌石窟的保护走过了近七十年的历程，最初的工作比较原始，靠修造围墙、木门以防止人为破坏等等，20世纪60年代进行了大规模的崖体保护工程，以花岗岩挡墙，对崖面作了抢救性的保护工程。20世纪80年代以后，敦煌研究院的工作人员开始与国内外的学术机构合作，通过先进理念和现代科学技术对壁画的病害进行修复治理工作。如今，敦煌石窟的保护工作已成为科学保护。樊锦诗先生并不是保护科学技术的专家，但是她能够从文化遗产保护理念、法规、原则、石窟保护的发展方向等方面提出很多指导性的意见，并形成了新形势下的文化遗产保护科学理论，这些理论对于我国仍处于发展阶段的文化遗产保护工作具有重要的借鉴作用。

《为了敦煌的久远长存》一文在回顾了敦煌石窟保护研究的历程后，对未来的保护工作提出设想，其中"多学科综合性的保护""主动的预防性保护"以及积极开展国际合作的路子，积极应对旅游开放等等观点，都是基于对敦煌石窟的长期保护管理中总结出的重要经验。

樊锦诗在长期的领导工作中，深深地认识到科学管理的重要性。她发表的《敦煌莫高窟的保护与管理》《依靠法制与科技，做好敦煌石窟的保护管理工作》《〈敦煌莫高窟保护与管理总体规划〉的制定与收获》等论文是她对如何科学地保护、管理敦煌石窟理性思考的成果。多年来，她带领全院职工，经过艰苦探索和不懈努力，把敦煌文化遗产的科学保护、管理推向了法制化、规范化的轨道。她发起并组织起草的《甘肃省敦煌莫高窟保护条例》已由甘肃省人大常委会第 31 次会议通过，并于 2003 年 3 月 1 日起施行。这是中国一部制订较早较好的世界文化遗产保护专项法规。她主持制定的《莫高窟保护与管理总体规划（2006—2025 年)》，将敦煌石窟文物的保护与管理、敦煌学研究、旅游开放、基础设施建设、人才队伍建设等重要工作都置于有计划、有步骤的科学规划之中。她还主持制定并实施了一系列的规章制度，如洞窟开放参观制度、工作人员使用洞窟制度、院级科研课题制度、人才培养制度等等，做到各项工作有章可循。敦煌研究院的工作，曾被国家领导人誉为"我国有效保护、合理利用和精心管理的典范"。

1997 年，国家文物局与美国盖蒂研究所、澳大利亚遗产委员会合作集中了文物保护方面的专家，共同研究并制定了《中国文物古迹保护准则》，这是首次按国际标准，结合中国的国情，以科学的理念进行文物古迹保护的法律性文件。樊锦诗先生作为文物专家参与了《中国文物古迹保护准则》制定工作，也是把"准则"积极地应用于敦煌石窟保护工作的领导者和实践者。《敦煌莫高窟保护与管理总体规划（2006—2025 年)》就是全面体现"准则"精神，并结合敦煌石窟的具体情况而编制的一份保护与管理规划。它与普通的工作规划不同在于以敦煌石窟的保护管理为中心，以科学的发展观，对敦煌石窟这一文化遗产的保护和利用作了规范，并制定了循序渐进、切实可行的规划方案。樊锦诗率领敦煌研究院的工作人员制定总体规划的过程中，不仅对敦煌石窟的"遗产构成"进行了深入调查分析，对价值和保存现状等方面进行了评估，并提出相应的对策体系，提出了短期、中期和长期的保护发展规划。同时对文化遗产的保护与管理的理念进行了多方思考，得出了深入的认识。这些体现在樊锦诗《〈敦煌莫高窟保护与管理总体规划〉的制定与收获》《〈中国文物古迹保护准则〉在莫高窟项目中的应用——以〈敦煌莫高窟保护总体规划〉和〈莫高窟第85窟保护研究〉为例》等文章中。这些文章是在大量的管理工作实践基础上形成的，凝结着樊锦诗为首的专家们对敦煌石窟保护管理的长期实践和科学的思考。它不仅对敦煌石窟这样的大文化遗址保护管理工作具有指导意义而且对全国各地遗址的保护与管理具有积极的影响。

基于我国与西方发达国家在文物保护上存在的差距，从20世纪80年代中期我国实行改革开放以来，樊锦诗积极谋求敦煌石窟保护管理工作的国际合作，她为选择合作伙伴提出合作项目付出了大量心血。她先后发表了《敦煌莫高窟的保护与国际合作概要》《开展国际合作，科技保护敦煌》《敦煌石窟的国际合作》《面向未来，国际合作保护迈上新台阶》《共同呵护人类遗产——敦煌莫高窟保护的国际合作模式》等文章。在她主持下，敦煌研究院先后与日本的东京国立文化财研究所、大阪大学，美国盖蒂保护研究所、梅隆基金会、西北大学，澳大利亚遗产委员会，英国伦敦大学等机构开展了一系列合作项目，如莫高窟壁画病害及治理、莫高窟环境监测与评价、莫高窟风沙治理、莫高窟壁画颜色褪化的分析监测、敦煌壁画的计算机存贮与再现、莫高窟游客承载量研究等项目的合作研究取得了一批成果。其中与美国盖蒂保护研究所经过8年合作完成的"莫高窟第85窟壁画保护"项目，不仅解决了第85窟的酥碱、空鼓病害壁画保护修复的技术难题，而且建立了壁画保护修复的科学程序和科学工作方法，获得2004年度国家文物局文物保护科学和技术创新二等奖。多年的国际合作保护，使敦煌研究院的保护和管理人员吸取了国际上关于文化遗产保护和管理的先进理念和经验；引进了国外先进的仪器设备，建起了一流的保护实验室；学到了国外先进的保护科学技术和工艺；培养了一批高素质的青年业务骨干。国际合作保护使敦煌研究院的保护研究逐步与国际接轨，达到一个新的高度，成为我国文化遗产保护国际合作的成功典型。

今天，文化遗产的保护与管理中面临的一个重要问题，就是旅游开发与保护的矛盾。作为人类文化遗产，通过旅游开放等方式来传播其文化价值，产生其社会功能，使人们享受到古代文化艺术的成果，从中获得知识或艺术灵感等等。但是过量的游客，会破坏文化遗产原有的环境，从而不同程度地对文化遗产本体造成损坏。莫高窟的旅游开放就是一个典型的案例。樊锦诗先后发表了《敦煌莫高窟开放的对策》《敦煌莫高窟文物开放与游客管理之间的矛盾及其对策》《加强旅游管理，让莫高窟为人类做出更大贡献》《敦煌莫高窟旅游开放的效益、挑战与对策》《敦煌莫高窟保护管理现状、面临的挑战及其对策》等一系列文章，对保护与开放的问题进行探讨。面对社会上出现保护和开放的种种矛盾，在文章中反复强调"在保护好的前提下开放，在开放中加强保护"，坚持可持续保护和可持续利用，保护和开放协调发展。她还多次向大家说我们是搞负责任的旅游开放，就是既要为敦煌石窟保护负责，也要为游客参观负责，而不是要向钱看。

为处理好保护和开放的关系，敦煌研究院在樊锦诗的领导下，制定了洞窟轮换开放制度，制定开放洞窟标准，改进游客服务设施；开展游客承载量研究，在开放洞窟建立微环境和游客流量的实时监测和无线传输系统，为开放洞窟加强保护和改进开放管理提供科学数据；旅游旺季实行游客参观预约、预报措施和错峰参观措施，增加调节和合理编排游客参观路线；向游客免费发放莫高窟参观导览，免费开放陈列中心、藏经洞陈列馆、敦煌研究院院史陈列馆；强化讲解员队伍培训，不断提高讲解员的讲解水平和服务质量，赢得了国内外游客的好评。

世界文化遗产的保护和管理，并不是一个理论问题，而是一项实践的工作。樊锦诗先生在对莫高窟长期的保护管理实践中，提出了很多富有前瞻性的珍贵的看法，形成了一系列文化遗产保护管理的论文，立足于莫高窟保护管理的实践，形成了严格依据相关的法律法规进行遗产保护管理的思路，以预防保护为主，强调保护工作的长远规划和可持续性，引进国际合作机制，以及先进科技成果的运用等等思路，为我国当前尚不完备的文化遗产保护理论提供了重要参考。

本书收入樊锦诗先生有关考古学和文化遗产管理方面的论文18篇，基本上反映了樊锦诗先生在敦煌石窟考古和文化遗产保护管理方面的成果和思想。如前所述，樊锦诗先生既是一个学者，又是一个实践者、管理者。在长期调查研究的基础上撰写出详尽而深入的考古报告，以及对敦煌石窟的时代分期，反映了她在考古学方面的深厚素养和扎实的功底。而在文化遗产保护管理理论方面，由于她长期领导敦煌石窟的保护和研究工作，她的视野开阔，富有前瞻性，能从世界人类遗产的高度来看待莫高窟的保护与管理。因而她的论文富有针对性，对于解决文化遗产的保护与管理工作，具有重要的参考意义。

本书收入论文，均在文末注明最初发表情况，插图所用敦煌石窟照片均由敦煌研究院数字中心提供，洞窟测绘图及线描图大都采用最初发表图，部分线描图由敦煌研究院编辑部马玉华重描。

《陇上学人文存·樊锦诗卷》（第三辑）

作者：赵声良

颜廷亮

一

　　追寻颜廷亮先生的文学、文化理论探索之路，他对敦煌文学的研究是毋庸置疑的切入点。敦煌文学是敦煌学领域里最早开展研究的学科之一。20 世纪 20 年代到 80 年代第一流的中国文学史家，几乎没有人不涉足敦煌文学。他们推出了一大批敦煌文学的奠基经典之作，影响极为深远。但是，由于这批学者主要是就随时得到的材料进行移录校勘和整理，在理论的探讨和宏观把握方面显得不足。颜廷亮先生是改革开放以后才涉足敦煌文学研究的，这个时候，敦煌文学的积累已相当丰厚，敦煌遗书的精华部分已经公布（通过图版或缩微照片），这为他从更高的层面研究敦煌文学提供了客观条件。由于颜先生对中国文学从古代到近代都有较为深入的研究，尤其是对鸦片战争以后的文学嬗变做过深入探讨，近代学术大师受西学的影响而从学理和历史变迁方面研究文学的治学方法对他影响至深，所以他研究敦煌文学就更多地侧重于理论和宏观的探讨，而这正是百年敦煌文学研究的薄弱之处。

　　作为新时期敦煌文学研究界一位具有代表性的重要学者，颜先生在敦煌文学方面的最主要的治学特点是先关注共时性研究，后又转入历时性研究。注重从宏观层面对敦煌文学进行全面、系统的理论探讨，是颜先生敦煌文学研究的重点工作。引领颜先生敦煌文学研究之路的第一篇论文是《关于敦煌遗书中的甘肃文学作品》，该文探讨"敦煌遗书中甘肃文学在整个敦煌文学中的地位"问题，实际上已经提出"敦煌文学"并不限于俗文学方面，而是还有雅文学作品在内，这一观点使人们开始意识到"敦煌文学"并不等同于"敦煌俗文学"。

在周绍良先生指导下，颜先生主编的《敦煌文学》一书，侧重于资料的挖掘和梳理。明确提出敦煌遗书中存在的大量非俗文学作品应当包括在敦煌文学的内容和范围之中，从而大大拓宽了敦煌文学的内容和范围，使人们对"敦煌文学"的理解产生了一次大的飞跃；在我国敦煌文学研究史上第一次全面、系统地对敦煌遗书中的文学作品依照文体进行了钩稽清理。该书的《总说》，以叙述方式对"敦煌文学"这一概念的形成过程、人们对"敦煌文学"内涵的理解的发展过程、对敦煌文学的内容和范围认识的发展过程以及分类等问题作了必要的说明，从三个角度分析了敦煌文学所应包括的方面，并将敦煌文学作品按照文体分为27个大类和5个附类。

在《敦煌文学》的基础上，颜先生主编的《敦煌文学概论》一书，则侧重于从理论上对敦煌文学进行分析评述，是国内第一部，同时也是世界上第一部全面、系统、深入地对敦煌文学进行总体理论把握的专著，该书论述更加完善，可以说是对敦煌文学研究80多年来的历史的总结，在敦煌学界有很大影响。全书就敦煌文学产生和存在的历史社会文化背景、思想内容和艺术风貌、作者队伍构成、历史贡献以及一系列重要的具体问题进行了深入探讨，提出了具有开创性的看法。颜先生为该书撰写的《导言》，提纲挈领地探讨了什么是敦煌文学以及敦煌文学研究的对象、意义、历史和现状等问题。

《敦煌文学》和《敦煌文学概论》这两部"姊妹"著作出版后，受到季羡林、启功、关德栋、刘铭恕、孟列夫（俄罗斯）、戴仁（法国）等国内外著名敦煌学家以及中国社会科学院文学研究所、北京大学中文系、北京师范大学中文系、兰州大学中文系等所、系中国古代文学教学和研究界众多专家学者的好评，他们认为这两部书的出版"标志着敦煌文学研究已进入全面而又系统的新阶段"，季羡林先生还为《敦煌文学概论》题词——"金针度人，后学津梁"。直到今天，这两部书仍然是敦煌文学研究者和爱好者不可或缺的必读书目，影响深远。

《敦煌文学概论》出版后，颜先生又在《与世纪同龄的敦煌文学研究》一文中概述了我国敦煌文学研究的四个阶段，总结了百年敦煌文学研究的基本成就，并中肯地指出研究中存在的不足之处，最后从"队伍问题"和"学风问题"两个方面对如何进一步深入发展敦煌文学研究进行了探讨。与此同时，颜先生开始对敦煌文学的历史过程进行思考，并撰写了敦煌文学研究历史上第一篇对敦煌文学进行历时性研究的专文《关于敦煌文学发展的历史进程》，主要对敦煌文学发展的千年历史过程进行了全面、系统、深入的考察。进入 21 世纪之后，颜先生把主要精力放到敦煌文学历时性研究上，承担了国家社会科学基金项目"敦煌文学的历时性研究"，其最终成果《敦煌文学千年史》已通过鉴定。可以认为，该项目的完成，标志着敦煌文学既有共时性研究，又有历时性研究的新阶段的到来。

颜先生的专著《敦煌西汉金山国文学考述》，首次把敦煌西汉金山国文学置于敦煌文学千年发展历程的长河中，系统、全面地对金山国文学进行了详细的论证。颜先生自行纠正了先前所持对吐蕃统治时期敦煌文学不够恰当的看法，在属于敦煌文学历时性研究的《关于吐蕃占领时期敦煌文学的新思考》一文中，提出吐蕃统治时期敦煌地区的文学是敦煌文学在政治变局中的生命延续，并为已经正式形成数百年之久的敦煌文学增添了新的文学体式和新的思想内容。《敦煌文学研究的当务之急》指出了今后敦煌文学研究面临的三个当务之急，对今后敦煌文学研究的发展具有一定的指导意义。

除了对敦煌文学进行系统的理论层面的探讨之外，致力于对敦煌文学中一些具体作家作品的梳理考辨是颜先生从事敦煌文学研究的第二个治学特点。论文《张球：著述系年与生平管窥》对敦煌文学作家张球的生平进行了考察，特别是对其生年、卒年问题提出了新的看法，同时对张球的著述进行了钩稽编年；论文《关于〈晏子赋〉写本的抄写年代问题》《敦煌〈韩朋赋〉写本的抄写年代》《关于〈贰师泉赋〉的作者及写本年代问题》《关于〈燕子赋〉（甲）的写本年代问题》，对相关作品的写本年代或作者进行了翔实全面的分析推定。颜先生与赵以武合辑的《秦妇吟）研究汇录》汇辑了数十年来有关《秦妇吟》的研究成果，对进一步研究《秦妇吟》具有重要的参考价值。

在敦煌文学方面，颜先生撰写、发表了数十篇论文，撰写了数部专著，主编或参编、合著了十余部专著、论集、作品选集、资料集，作品多次获奖。此外，颜先生还广泛联络、组织国内众多从事敦煌文学研究的专家学者，进行了一系列开拓性的学术活动和研究工作，为推动我国敦煌文学研究的发展作出了重要贡献。

1982 年 3 月，颜先生主办了《关陇文学论丛》，其第二辑"敦煌文学研究专集"是改革开放以后我国出版的第一本敦煌文学专集，选取了我国老一辈和新一代敦煌学专家撰写的二十余篇文章，引领甘肃以至全国的敦煌文学研究稳步向前。颜先生还筹办主持了于 1982 年 7 月 24 日至 8 月 5 日在兰州、敦煌两地召开的，国内外首次全国"敦煌文学研究座谈会"，这次研讨会是一次高规格的学术研讨会，代表了当时国内研究敦煌文学的最高水平。颜先生组织甘肃省社会科学院文学研究室将会议论文编《敦煌学论集》，由甘肃人民出版社于 1985 年出版。他主编的国内外唯一的敦煌语言文学研究刊物——创刊于 1982 年 9 月的《敦煌文学研究通讯》（后更名为《敦煌语言文学研究通讯》），既反映了"敦煌文学研究座谈会"的成果，又扩大影响、加强了学人之间的交流，从第 2 期开始，《敦煌文学研究通讯》成为学界了解敦煌文学研究的窗口，起到了重要的资讯、联络作用。

　　1982 年至 1984 年，颜先生参加了成立中国敦煌吐鲁番学会语言文学分会（即中国敦煌吐鲁番学会语言文学研究会）的筹备工作，并在 1984 年 10 月 16 日至 24 日的成立大会上被推选为理事兼副秘书长。1991 年，颜先生受有关方面委托，一手筹办成立了甘肃敦煌学学会，先后担任副会长、常务副会长等职，主持了该会的多次学术讨论会及年会。一直到 2008 年，颜先生还筹办主持了由甘肃敦煌学学会承办，由甘肃省社会科学院与敦煌研究院、中国敦煌石窟保护研究基金会、中国敦煌吐鲁番学会语言文学研究会、四川大学中国俗文化研究所、浙江省敦煌学会、甘肃敦煌学学会合办的"敦煌语言文学研究的历史、现状和未来——纪念周绍良先生仙逝三周年学术研讨会"，他主编的《转型期的敦煌语言文学——纪念周绍良先生仙逝三周年学术讨论会论文集》由甘肃人民出版社于 2010 年 1 月出版。

二

　　20 世纪初，因为敦煌藏经洞五万多卷遗书的发现而形成了被陈寅恪先生称为"世界学术之新潮流"的敦煌学。由于遗书散见于世界各地，学者只能就其所得进行零星的研究。20 世纪 40 年代以后，石窟艺术及考古史地的研究也融入了敦煌学的范围。敦煌学蔚为大观，而研究仍呈现出零散的特点。这种情况直到 20 世纪 80 年代并没有多大改变。在对敦煌文学进行宏观把握和理论探讨的基础之上，从文化学角度宏观地把握敦煌学的内涵和精髓，这是颜廷亮先生数十年来从事敦煌学研究的又一大亮点和特点。文化学讲系统之各个因素间千丝万缕的联系。正是从这一高度出发，颜先生提出敦煌文化学，并为建构敦煌文化学进行了不懈的努力。他认为，敦煌文化研究在整个敦煌学研究中不仅可以成为一个分支学科，而且应当成为一个重要的分支学科。敦煌文化研究既应当以整个敦煌学研究中相关分支学科的研究成果作为自己的基础，又应当从文化的角度对整个敦煌文化进行总体的分析研究，以弄清敦煌文化从形成到消失的全过程，弄清敦煌文化的本质、特点及其多方面的表现，弄清敦煌文化在古代中国以及世界文化史上的地位和贡献，弄清作为历史上的一种文化现象的敦煌文化所包含的正反两个方面的经验，从而为当代中国社会主义文化建设服务。

　　颜先生从文化的角度对整个敦煌文化进行了总体的分析研究，在《敦煌学研究的一个重要分支学科——敦煌文化研究漫议》一文中论证了在敦煌学研究中尽快确立敦煌文化研究这一综合性分支学科的必要性。在《敦煌文化的灵魂论纲》中提出敦煌文化的灵魂是蕴藏于其中的浓烈的乡土之情、炽烈的中原情结以及二者的交融为一；只有把握了敦煌文化的灵魂，才能称得上真正了解了敦煌文化的本质，才能称得上真正认识了敦煌文化。

颜先生对敦煌文化进行全景式的扫描和表里纵横的剖析，高屋建瓴，史论结合，较好地展示了敦煌文化的结构体系和精神风貌的专著《敦煌文化》，是国家社科基金课题"敦煌文化通论"的最终成果，也是他在敦煌学领域独自撰写并出版的第一部专著，已作为季羡林先生主编的大型丛书《东方文化集成》中华卷之一出版。书中对"敦煌文化"的界定，对其特点和灵魂的概括最新颖也最切合实际。该书的《导论》通过大规模、有系统地剖析、梳理，清晰地揭示出"敦煌文化"的概念并探讨了研究敦煌文化的意义、简要地介绍了敦煌文化研究史。之后，颜先生在《季羡林先生对敦煌文化研究的一大理论贡献——从敦煌文化的历史定位问题谈起》一文中着重论述了季羡林先生关于世界四大文化体系及其汇流地区所在问题的论断对敦煌文化研究的理论价值，他认为季老的论断对于回答敦煌文化在古代世界文化格局中的地位问题具有特别重要的意义。

三

对中国近代文学的深入探讨是颜先生文学、文化理论探索之路的另一个重要分支。作为新时期中国近代文学研究的代表性人物之一，颜先生为推进中国近代文学的学科建设和学术历程作出了重要贡献。他是新时期最早开展近代文学研究的重要学者之一，出席了1982年举行的在近代文学研究史上具有里程碑意义的首届中国近代文学学术讨论会，参与筹备了1988年成立的中国近代文学学会，长期担任中国近代文学学会常务理事及小说分会顾问，在中国近代文学研究这一中国文学史研究的薄弱领域里拓荒攻坚，成绩斐然。

早在20世纪80年代初，全国近代文学研究尚处于拨乱反正时期，颜先生就在中国近代文学研究界率先提出了两个追踪历史、紧跟时代的学术命题，即"晚清革命派小说理论"和"中国小说理论近代化"，并在《晚清小说理论研究中的一个问题》《晚清革命派和我国小说理论的近代化》《梁启超和我国小说理论的近代化》《我国小说理论近代化的初步酝酿——关于早期改良主义者的小说理论》《维新变法运动和我国小说理论近代化的正式开端》等一系列论文中对这两个命题加以全面、深入的考察和论述，从理论批评的嬗变中，揭示诸家小说理论的特点及其丰富内涵。国内学术界称赞他的有关"晚清革命派小说理论"和"中国小说理论近代化"的一系列研究成果，"填补了晚清小说理论研究中的一个空白点"。

在上述论文的基础上，颜先生撰成了专著《晚清小说理论》，系统考察和全面论述了"晚清革命派小说理论"和"中国小说理论近代化"两大命题。该书作为颜先生近代小说理论研究的深化和总结，体现了冷静的思考，饱含着深刻丰富的学术内涵。全书分上、中、下三篇，沿着我国小说理论近代化的历程追踪历史，逐一剖析"早期改良主义者群体——资产阶级改良派群体——资产阶级革命派群体"的小说理论。既有对整个小说理论群体的综合考察，又有对个体小说理论的个案分析，将二者有机地结合起来寻求我国小说理论近代化的发展变化轨迹。

四

在从事中国近代文学研究的过程中，颜先生不仅长于开拓性、创新性的宏观审视，而且善于对研究资料的广泛搜集、条分缕析、深入思考，注重微观考辨的精确性，在具体作家、具体问题的研究上得出了许多精审的结论。其中最具有代表性的是对晚清革命派重要小说家黄世仲生平和作品的考辨。他首次辨清了黄世仲生平的一些重要问题，钩稽出了黄世仲现知中长篇小说作品 20 余部中的近三分之一，在黄世仲研究中居于领先地位。

《黄世仲作品诸问题小辨》辨析了黄氏有关作品的几个问题；补充了黄世仲的几部中长篇小说作品——《镜中影》《广东世家传》《新汉建国志》《宦海冤魂》《朝鲜血》《十日建国志》；指出《洪秀全演义》仍然是黄世仲创作和发表最早的小说；考察了小说《黄粱梦》的刊行情况。《黄世仲和一九〇六年的"反郑风潮"》指出《少年报》是"反郑（郑观应）风潮"参与者们的一个重要阵地，黄世仲是"反郑风潮"参与者们中的一个重要旗手，"应当冷静地、公正地、实事求是地分析当年的事态发展"。《黄世仲研究及其对中国近代小说史研究的启示》是一个大题目，主要包括两方面的内容：黄世仲研究的历史与现状和黄世仲研究对中国近代小说史研究的启示。

《在社会思想政治剧烈变动的年代里——黄世仲十年南洋生活行踪考》对黄世仲在 19 和 20 世纪之交的十年南洋生活行踪进行考析。黄世仲在此期间完成了从拥护维新改良到信奉民主革命的重大思想转变，研究这十年间黄世仲的生活行踪，无疑是黄世仲研究中的重要课题之一。《黄世仲生平及小说年表简编》是以《黄世仲作品系年》和《黄世仲作品系年补遗》为基础增删编订而成的，其中不仅著录了诸如《朝鲜血》《宦海冤魂》《十日建国志》等多种前人未曾提及的黄世仲小说，以及许多从来无人提及的黄世仲的政论、杂著，还著录了黄世仲生平的若干以前研究者尚不知悉的重要事项。

颜先生于不久前完成的数十万言的《黄世仲评传》一书，是其数十年黄世仲研究的一个总结，也将于近期出版。颜先生的黄世仲研究获得中国近代文学研究界的广泛赞誉，其成果也曾多次获奖。

五

颜廷亮先生是陕西华县人，1938年出生。1956年至1960年在兰州大学中文系学习，毕业后留校任教，又赴北京大学中文系师从杨晦先生进修文学理论。1961年返回后，从事文学理论课程教学工作。1970年调中共甘肃省委宣传部工作，1980年调甘肃省社会科学院从事文学研究，先后任副研究员、研究员，文学研究所副所长、所长兼敦煌文学研究室主任以及省文联委员、省社科联委员、中国近代文学学会常务理事、中国敦煌吐鲁番学会理事兼该会语言文学研究会副会长兼秘书长、甘肃敦煌学学会常务副会长、香港纪念黄世仲基金会荣誉顾问、甘肃唐代文学学会副会长等社会职务。

颜先生的学术研究涉及敦煌文学与敦煌文化、中国文学史、甘肃古代文学以及文艺理论等广泛的领域。颜先生自己曾说，如同龚自珍所说的，他是只开风气不为师。因此，他勤于研究、笔耕不辍，力求做带有开创性的工作。1976年以来在国家和省级出版社以及台北出版了其所撰著、主编的《敦煌文学》《〈秦妇吟〉研究汇录》《敦煌文学概论》《敦煌文学概说》《晚清小说理论》《云谣集研究汇录》《敦煌文化》（《东方文化集成》中华卷之一）、《敦煌西汉金山国文学考述》《黄世仲与近代中国文学》《重印黄世仲小说六种》等专著、论集、资料集20余部，在国内外报刊发表论文200余篇。其中有许多都具有学术上的开拓意义，受到国内外学术界的好评，并多次获得国家图书奖、甘肃省社会科学最高奖一、二、三等奖和韩国慕山学术奖。由于颜先生在学术研究中刻苦努力、学风严谨、多有创见、成绩突出，从1993年起享受国务院颁发的政府特殊津贴。2001年9月退休后，他继续从事研究工作，完成了国家社科基金后期资助项目《黄世仲革命生涯和小说生涯考论》、国家社科基金课题《敦煌文学千年史》等的撰写。

颜先生在学术研究中既重视微观和实证研究，又重视宏观和理论研究，最主要的成就在理论层次的思辨、探讨方面。限于篇幅，本书主要选取他研究成果中的重中之重。颜廷亮先生在文艺理论，特别是在甘肃古代文学研究方面，也有不少值得重视的研究成果。他先后策划并主持编写了《历代咏陇诗选》《甘肃古代作家》《甘肃历代诗词选注》《甘肃历代文学概览》等著作，还撰写了《五凉时期的甘肃文学》《隋唐五代的甘肃文学》等有关甘肃古代文学的论文，推动了甘肃古代文学研究的深入发展。受篇幅限制，本书没有收录颜先生这方面的研究成果，但保留了目录，供有兴趣者查阅。由于编者的水平有限，在本书的编选过程中，错误和不足在所难免，敬请见谅！

《陇上学人文存·颜廷亮卷》(第一辑)

作者：巨　虹

李并成

　　李并成先生以学术为志业，教书育人、笔耕不辍，做学问既是李先生的毕生追求，又是他矢志不渝的人生目标。"高山仰止，景行行止"，李并成先生的德业文章、学术人生，是我们这些后辈学子的榜样，也是我们"虽不能至，然心向往之"的奋斗目标。得以有机会编选《陇上学人文存·李并成卷》，深入学习先生的论著，我深感荣幸，但又唯恐自己才疏学浅，不能将先生的学术成就与治学精神梳理清楚、得以发扬。从"论著目录"的搜集整理、入选文章篇目的几次筛选到最终确定，再到文稿的核对与校对，一次次反复阅读的过程，让我得以一次次走近、重温李并成先生的治学之路，回顾李先生的治学经历与主要学术成就，深深感动于李先生的治学精神，在反复的学习和感动过程中，逐渐形成这篇对李并成先生宝贵治学精神、学术成就与学术人生的梳理与总结。

　　李并成，男，汉族，祖籍山西省浑源县，1953年6月11日出生于山西省太原市。现为西北师范大学历史文化学院研究员、博士生导师。1958年5月，李先生随父母支边，由北京市西城区迁居甘肃省敦煌县。1972年1月参加工作，在敦煌县肃州中学执教。1976年任该校革委会委员，主管全校教务工作。1977年考入西北师范大学地理系，1982年1月毕业，获理学学士学位。毕业后留在西北师范大学敦煌学研究所从事科研工作至今（后因校内机构调整，敦煌学研究所挂靠历史文化学院）。其间，于1985

年 8 月至 1988 年 7 月考入北京大学历史地理专业，跟随著名历史地理学家侯仁之院士攻读研究生，获理学硕士学位。1992 年晋升副研究员，1993 年聘为硕士研究生导师，1996 年晋升研究员，2002 年聘为博士研究生导师。1991 年 4 月担任西北师范大学敦煌学研究所副所长（主持工作），1997 年 9 月任该所所长至今。

1993 年 1 月至 2013 年 1 月，李并成先生担任政协甘肃省第七、八、九、十届委员；2003 年 1 月至 2013 年 1 月，担任政协甘肃省第九、十届常委；2006 年 3 月至 2018 年 6 月，任甘肃省政府参事；1995 年 10 月担任甘肃省人民政府文史研究馆研究员，2020 年 9 月被聘为该馆馆员。李先生的主要学术兼职有中国长城学会常务理事、中华伏羲文化研究会常务理事、中国敦煌吐鲁番学会理事、中国地理学会历史地理专业委员会委员、甘肃省敦煌学学会副会长、甘肃省历史学会副会长、甘肃省皇甫谧文化研究会副会长、甘肃省四库全书研究会副会长、西北师范大学党外知识分子联谊会会长（现为名誉会长）等。

在长期治学过程中，李并成先生在勤于查考历史文献等资料的基础上，善于思考，勇于探索，重视野外考察，将"博学"与"专精"结合起来，逐渐形成了自己实事求是、开拓创新、关心社会、融通古今的治学风格。

一、敦煌文献研究

李并成先生在敦煌学方面的研究，以敦煌历史地理为主体，兼及敦煌文献，对历史材料的搜集、梳理力求一网打尽，考证、分析透辟准确。略举几例。《唐代敦煌绿洲水系考——对〈沙州都督府图经〉等写卷的研究》[1]主要利用敦煌石室所出《沙州都督府图经》（P.2005）、《沙州地志》（P.5034）等写卷以及唐代敦煌受田户籍、地亩文书、典租契约等材料，对唐代敦煌绿洲的水系状况进行探讨，统计出大小干支渠道90 余条，指出它们有机地构成完整的灌溉网系，滋育绿洲土地，与近 20 处泉湖陂泽一起组成统一的绿洲水系。进而，李先生以《沙州都督府图经》为例，对唐代图经的历史演变、编纂体例、内容特点、历史功用等进行了剖析。在该文基础上，《敦煌本唐代图经再考》[2]一文则通过有关题记、格式、内容判断出敦煌文书中的所有 8 件图经作品，一一解读，进而深入探讨图经的兴起及演变历程，最终提炼出敦煌本唐代图经的几大特色：内容翔实，体例严整；地方特色突出；注重实用价值；宗教、风俗等方面的资料丰富。

李并成先生在治学中尤为注重对相关文献的搜集、整理与研读。敦煌地理书卷体大精深，是我国古代地理学一笔极为珍贵的遗产。李先生在《敦煌遗书中地理书卷的学术价值》[3]一文中梳理了当时已公布的敦煌地理书卷，根据内容将其划分为古地志写

①李并成:《唐代敦煌绿洲水系考——对〈沙州都督府图经〉等写卷的研究》,《中国史研究》1986年第1期。
②李并成:《敦煌本唐代图经再考》,《中国地方志》2016年第12期。
③李并成:《敦煌遗书中地理书卷的学术价值》,《地理研究》1992年第3期。

卷、古行记写卷、地理杂文书等三大类七小类，并分十个方面揭示了其学术价值：历史政治、军事地理研究方面，历史经济地理研究方面，历史民俗地理研究方面，历史交通地理研究方面，古地考证及城市历史地理研究方面，古代灌溉制度及农田水利研究方面，历史自然地理及环境变迁研究方面，历史地名研究方面，历史宗教地理研究方面，古方志学研究方面。文章高屋建瓴，取经用弘，具有开创价值。

《西凉敦煌户籍残卷（S.0113）若干问题新探》[①]一文是李先生研读敦煌文书中的户籍原件所得出的新论。文章总结出该文书在登录格式上的特点及其意义，通过该文书了解到西凉政权在行政建制上采用的也是郡县乡里制，与中原地区相同，进而深度解读西宕乡高昌里的得名及其所蕴含的历史信息，认为"高昌里"的得名应与高昌（今新疆吐鲁番一带）有关。此外，通过细研"赵羽坞"兼及魏晋时期河西的坞壁，力求进一步观照、深入研究我国古代的户籍制度和东晋十六国时期的政治经济状况。

《敦煌文献中蕴涵的生态哲学思想探析》[②]一文是李先生在敦煌学方面的一次大胆尝试和创新，分析提出敦煌文书中蕴含的生态哲学思想主要包括："敬畏自然""天人合一"的自然观；遵循自然节律保护环境的生态哲学思想；保持生态平衡，维系林草植被永续利用的生态哲学理念和实践；"合敬同爱"，保护水源，讲求公共卫生。

《汉晋简牍所见西北水利官员》[③]，通过敦煌、居延、金关、楼兰等地出土简牍中的相关材料分析两汉魏晋时期西北水利官员的设置及运作状况，指出"唯灌溉是赖""加强水资源管理"和"注重渠道日常维护"是有效管护、使用河湖水资源的良好传统和宝贵经验。

在敦煌历史文化方面，李先生关注历史现实，热情地探讨当时当地民众的社会生活与精神风貌，并从既往史料、史事中寻找有益于当下的启示。比如，《敦煌资料中所见讲究卫生爱护环境的习俗》[④]一文就以敦煌文书及壁画资料中的有关历史记载为依托，系统考证、分析材料，梳理出了其中所反映的当时人们讲究卫生、爱护环境的习俗。主要有：爱护水源、注重水质，营造良好的居住环境，勤洗衣着、梳头刷牙，沐浴健身，修建厕所、禁止随地便溺，禁止随意食用野味和生肉等六大方面。

二、丝绸路上古城遗址调查研究

李并成先生自 20 世纪 80 年代初步入历史地理学领域，40 年来主要在我国干旱地区的河西走廊、内蒙古西部、新疆南部部分地区做了相关野外考查和研究工作，涉足100 多万平方千米，并在 20 多年来指导了百余名历史地理学、敦煌学的硕士、博士研究生，由此对于如何考察和研究古代城址总结出了一些宝贵经验和做法：第一，对于

---

① 李并成：《西凉敦煌户籍残卷(S.0113)若干问题新探》，《敦煌学》(台)第255辑，2004年。

② 李并成：《敦煌文献中蕴涵的生态哲学思想探析》，《甘肃社会科学》2014年第4期。

③ 李并成、高彦：《汉晋简牍所见西北水利官员》，《中国社会科学报》2017年8月14日第5版。

④ 李并成：《敦煌资料中所见讲究卫生爱护环境的习俗》，(中国历史地理论丛)2020年第2期。

古代城址的考察考证，当然首先需要"考博"所有相关文献史料，不敢有所遗漏。然后对这些史料作一番仔细的分辨，还需要对这一片区域范围内所有的古城址、遗址进行深入细致的反复考察和比较研究。第二，仔细考察古城遗址的基本状况，包括查其筑城形制（例如城垣平面形状、墙体长宽高度、夯层厚薄，有无瓮城、角墩、马面、马道、弩台、羊马墙、护城壕等设置），破损、后代补修及现存状况以及该城与周边一带其他城址、遗址、烽燧等的关系。尤其是城址规模的大小、遗物的种类数量和时代特征，更是不容忽视的要素。这些要素是判释城址等第、级别、性质、始建和废弃年代，复原城址历史面貌不可或缺的重要标志。第三，仔细考察城址周围一带的地理环境（如地形地貌、河流水源、植被等状况），如果是州县一级城址，其周围一般应有可供从事农业生产的自然条件，应有较充足的水源，应位于重要的交通线路上；如果是军事性质一类城址，其地形特点、是否便于防守等条件就显得尤为重要；如果是驿站一类遗址，就需要首先考察其交通条件，是否位处交通线路上。此外，还应特别注意古今地理环境的变化。第四，还应考察城址，特别是较大的州县一级城址周边一带是否有与城址同时代的墓葬、墓群分布，是否有其他较小城堡的拱卫。李先生曾调研得出，城邑作为人口的聚集地，其周围必然会分布有同时代的墓葬，一般情况下墓葬不会距死者生前居址太远。李先生总结、提炼出的古城遗址考察的经验，为后人提供了弥足珍贵的可资借鉴之处。

李并成先生的《河西走廊历史地理》①一书考证了河西走廊的地理位置和自然资源、匈奴统治河西的诸王及其辖地、汉代河西四郡及其所辖30余县城址、两汉河西军防建置及其遗址等问题，并总结得出城址的选定不是偶然的，而是在一定历史条件下由特定的空间关系（自然的、经济的、政治军事的等）所规定的；两汉河西走廊各类城址的分布格局，不但反映了自然条件对于置郡设县和绿洲开发的制约作用，是汉代河西绿洲土地开发范围的标志，亦是汉室将本区作为"以通西域，隔绝南羌、匈奴"之基地来从事经营的政治战略在地理布局上的体现。

李并成先生于1987年9月、1991年3月等多次在黑河下游内蒙古额济纳旗一带作过实地考察，结合《史记》《汉书》《元和郡县图志》等相关史籍和一批汉简资料，在《汉居延县城新考》②一文中，李先生分析提出居延古绿洲的腹地，西夏至元代黑城遗址的东略偏南14公里处的一座俗称绿城的古代城址当为汉代的居延县城。K710、K688二城是军事用途城堡，二城规模较小，远非县城可比。

对地理文书进行考校，对古城关塞进行实地调查，这是从事历史地理学研究不可或缺的两个坚实基础。李先生为之用力颇多，每一个结论都来自实实在在的史籍考证

---

① 李并成：《河西走廊历史地理》，甘肃人民出版社，1995年。
② 李并成：《汉居延县城新考》，《考古》1998年第5期。

和实地考察调研。例如，学术界公认的古阳关遗址，位于今甘肃省敦煌市西南70千米处的南湖乡西部，俗称"古董滩"。从1983年到1999年，李先生先后六次赴敦煌市南湖乡进行实地考察，他发现除了之前的古董滩之外，在南湖一地还存在着另一片面积更大、遗物更多的"古董滩"，也就是南湖破城与山水沟之间的古绿洲。在《瓜沙二州间一块消失了的绿洲》①一文中，李并成先生指出在今天瓜沙二州绿洲间还有一块早已消失了的汉唐古绿洲，就是唐代苦水（今芦草沟）下游绿洲。在《归义军新城镇考》②一文中，李先生指出在今安西县（瓜州县）东布隆吉乡政府8千米处，另有一座古城遗址，即旱湖脑古城，应该为归义军时期的新城镇城。在《汉敦煌郡宜禾都尉府与曹魏敦煌郡宜禾县城考辨》③一文中，李并成先生则提出汉宜禾都尉城与曹魏宜禾县城虽名称相同，但二者并不在一地，而是各有治所。在《汉敦煌郡冥安县城再考》④一文中，李先生认为遗存于锁阳城东北4.5千米、古冥泽中部南岸、古冥水干流所经的南岔大坑中的一座残破的古城址应是汉敦煌郡冥安县城。在《汉唐冥水（籍端水）冥泽及其变迁考》⑤一文中，李并成先生则详尽考察了汉唐时期的籍端水、冥水的流路，探讨古冥泽的起源、流路、流域范围以及冥泽消失的原因等问题。

在《唐玉门关究竟在哪里》⑥一文中，李先生考出唐玉门关应位于今甘肃省安西县（瓜州县）双塔堡一带。在《东汉中期至宋初新旧玉门关并用考》⑦一文中，李先生提出自东汉明帝永平十七年至五代宋初，玉门关从敦煌西北故址东迁后，新旧关址并用不替。李先生就此问题又撰成《新玉门关位置再考》⑧一文，考得这一玉门关位于瓠𰳏河（疏勒河）岸边，关址设在汉长城昆仑塞上，为伊吾路的起点，其位置恰在双塔堡附近。这里正处于当时东西、南北交通的枢纽之地，东通酒泉，西抵敦煌，南连瓜州（锁阳城），西北与伊州（今哈密）相邻。《玉门关历史变迁考》⑨一文，则系统梳理、考证得出：汉代最早的玉门关址石关峡，在五代宋初又重新设关，玉门关从隋唐时的关址——今瓜州双塔堡东迁400里许，又返回到最早的关址石关峡。

李先生的论文《唐代瓜沙二州间驿站考》⑩，以敦煌遗书P.2005《沙州都督府图经》为材料依托，结合实地考察所见，并参照该地区航空影像等资料，深入、细致、逐一探讨唐代瓜沙二州间诸驿的位址及其驿路变迁状况。认为唐代位处丝绸之路交通

①李并成：《瓜沙二州间一块消失了的绿洲》，《敦煌研究》1994年第3期。

②李并成：《归义军新城镇考》，《北京图书馆馆刊》1997年第4朋。

③李并成：《汉敦煌郡宜禾都尉府与曹魏敦煌郡宜禾县城考辨》，《敦煌学辑刊》1996年第2期。

④李并成：《汉敦煌郡冥安县城再考》，《敦煌研究》1997年第2期。

⑤李并成：《汉唐冥水（籍端水）冥泽及其变迁考》，《敦煌研究》2001年第2期。

⑥李并成：《唐玉门关究竟在哪里》，《西北师大学报》（社会科学版）2001年第4期，第20—25页。

⑦李并成：《东汉中期至宋初新旧玉门关并用考》，《西北师大学报》2003年第4期。

⑧李并成：《新玉门关位置再考》，《敦煌研究》2008年第4期。

⑨李并成：《玉门关历史变迁考》，《石河子大学学报》（哲学社会科学版）2015年第3期。

⑩李并成：《唐代瓜沙二州间驿站考》，《历史地理》第13辑，上海人民出版社，1996年。

大动脉的瓜沙地区的驿站建设备受重视且甚有成效，每条驿道乃至每所驿站的开置废弃，均须经由州刺史奏请皇廷，然后奉敕施行。驿路的选线、开辟、变迁既受地理条件（主要是水资源）的制约，又受当时政治军事形势的影响。

在《唐代会州故址及其相关问题考——兼谈对于古代城址考察研究的些许体会》[①]一文中，李先生进一步探讨唐代会州治所及其相关的一些城址，提出唐代会州治所为今甘肃省白银市平川区柳州古城，陡城堡应为明代一处军事驻所，缠州古城为西汉鹑阴县、东汉鹯阴县故址。尤为可贵的是，结合唐会州城址等考证的实例，总结出了前文已经介绍的如何考察和研究古代城址的一些宝贵经验和做法。

李并成先生的论文《魏晋时期寄理敦煌郡北界之伊吾县城考》[②]，提出安西（今瓜州）敦煌交界处的芦草沟古绿洲北部残存的一座古城址，就是魏晋时期于敦煌郡北界寄理的伊吾县城。对一地行政建置沿革进行研究是历史地理研究的重要组成部分。李先生的《北朝时期瓜州建置及其所属郡县考》[③]一文就对北魏、西魏、后周时期瓜州的建置进行了考述。

《〈魏书·食货志〉"河西"地望考辨》[④]，通过《魏书·食货志》等材料考证"河西"地望，认为其中的"河西"指今黄河"几"字形湾内北部的鄂尔多斯高原及其周边一带，而非河西走廊。《历史上祁连山区森林的破坏与变迁考》[⑤]一文考索有关文献资料，对历史时期祁连山区林草资源的破坏状况予以探讨，为今天本区林草植被的保护和河西绿洲的可持续发展提供了切实的历史借鉴。

三、丝绸之路与河西历史上农业开发研究

河西走廊位处东亚与中亚的结合部，自古以来就是我国东中部腹地通往西北边地乃至西方各国的天然走廊和必经孔道。李先生认为，从世界历史上来看，河西为古老的华夏文明与两河流域文明、古印度文明、地中海文明等的汇流之区；从中国历史上看，河西走廊又是我国率先对外开放的地区，堪称我国走向世界的第一条通道。李先生心系祖国、热爱家乡，把对丝绸之路与河西走廊历史上农牧业的开发研究作为自己学术研究生涯中的一大重要方向。

李先生通过实地考察，结合相关文献进行考证，在《古丝绸路上一批丰厚的历史遗珍——河西走廊遗存的古城遗址及其历史价值论略》[⑥]一文中，考得河西地区仅汉唐

---

①李并成：《唐代会州故址及其相关问题考——兼谈对于古代城址考察研究的些许体会》，《中国历史地理论丛》2016年第3期。

②李并成：《魏晋时期寄理敦煌郡北界之伊吾县城考》，《敦煌研究》2003年第3期。

③李并成：《北朝时期瓜州建置及其所属郡县考》，《敦煌学辑刊》1995年第2期。

④李并成：《〈魏书·食货志〉"河西"地望考辨》，《西北师大学报》（社会科学版）1993年第4期。

⑤李并成：《历史上祁连山区森林的破坏与变迁考》，《中国历史地理论丛》2000年第1期。

⑥李并成：《古丝绸路上一批丰厚的历史遗珍——河西走廊遗存的古城遗址及其历史价值论略》，《丝绸之路·图像与历史》论文集，东华大学出版社，2011年。

时期的城址就有 120 余座，宋元以迄明清的城寨堡邑、关铺驿递等不下 200 余座。在充满深情地盘点、梳理了这批种类多样、规模不等、形态各异、功能有别的丰厚历史遗珍之后，李先生提出这批古城遗址是古丝绸之路上留存的一笔丰厚的历史遗珍，是我国古代文明具有权威性的、真实可见的历史标本，是古今沧桑变迁的历史见证。

《"山结""水结""路结"——对于兰州在丝绸路上重要地位的新认识》①，重点关注兰州黄河上游炳灵寺石窟题记等资料，结合多年实地考察所得，观照横贯欧亚大陆丝绸之路的整个走向和路网布局，论证提出丝绸之路上有最重要的两大枢纽，深度剖析、透视了兰州作为中国内陆几何中心，在丝绸之路上作为"山结""水结""路结"的重要地位，这是迄今为止对兰州在地理、历史、文化方面的重要地位总结得最为透彻、精准的评价。

关于丝绸之路的贡献和作用，李先生一直深度关注。《丝绸之路：东西方文明交流融汇的创新之路——以敦煌文化的创新为中心》②，观照敦煌文化所呈现出的东西方文化融合创新的亮丽底色与崭新格局，探究敦煌文化中突出体现的佛教"中国化"的创新成就，具体分析极富创新性的敦煌壁画中的"飞天"艺术形象和融汇中西菁华的全新艺术形象——敦煌歌舞艺术，提出丝绸之路的重要作用和贡献在于这条道路不仅仅是"通道"，还是东西方文化交流、整合、融汇及其创生衍化和发展嬗变的加工场、孵化器和大舞台，是文化创新的高地。李先生不只是关注丝绸之路的辉煌过往，在《重视"敦煌外交" 服务"一带一路"》③中还论证了敦煌文化的国际性和"敦煌外交"的重大意义，为今后如何释放"敦煌外交"潜能，服务共建"一带一路"积极建言献策。

关于历史上河西走廊的开发及农业、手工业等产业的发展，李先生不断思考，持续研究。《唐代前期河西走廊的农业开发》④关注河西走廊当时的水利建设，梳理军屯、民屯、非屯田性质的民田垦辟以及寺院的土地开拓等唐前期河西大规模农业开发的主要经营方式，通过材料中的有关数字展示出河西粮食生产及对国家的粮食贡献，认为唐代前期河西走廊的农业开发经一个多世纪的迅速发展，至盛唐开元、天宝之世达到极盛，以至成了国家倚重的富庶的农业基地之一，其发展的规模和水平前所未有。《西夏时期河西走廊的开发》⑤通过分析行政军事建置的设立、移徙人口以增加人力资源、兴修水利、垦辟耕地和使用先进生产工具等举措，总结出西夏农业开发的成效，

①李并成：《"山结""水结""路结"——对于兰州在丝绸路上重要地位的新认识》，《历史地理》第24辑，上海人民出版社2010年。

②李并成：《丝绸之路：东西方文明交流融汇的创新之路——以敦煌文化的创新为中心》，《石河子大学学报》（哲学社会科学版）2020年第4期。

③李并成：《重视"敦煌外交"服务"一带一路"》，《丝绸之路》2017年第4期。

④李并成：《唐代前期河西走廊的农业开发》，《中国农史》1990年第1期。

⑤李并成：《西夏时期河西走廊的开发》，《中国经济史研究》2001年第4期。

系统探讨西夏王朝对河西的开发经营状况。认为在西夏近两个世纪的统治下，河西地区结束了中唐以来战乱纷争的局面，获得了较为安定的社会发展环境，河西农牧业开发因而取得诸多成效，生产结构大体上为牧农并重，使其成为西夏政权与宋、辽、金相抗衡的后方基地。

《河西地区历史上粮食亩产量的研究》[1]通过对历史时期相关材料的仔细梳理，考出河西走廊在不同历史时期粮食亩产量的具体数据，分析指出河西自西汉中期开发以来迄至清代，粮食作物亩产量呈缓慢增长趋势。《古代河西走廊桑蚕丝织业考》[2]考察河西所出考古资料和以敦煌文书为主的文献记载，提出自两汉迄宋初，河西走廊的桑蚕丝织业一直"沿而无衰"。汉代河西走廊的蚕丝业已经发轫并获初步发展，魏晋北朝时期堪称河西走廊蚕丝生产长足进步的时期，晚唐五代宋初河西走廊动乱频仍，政局不稳，其蚕丝业的兴盛，主要集中于汉族归义军政权统治下的瓜沙二州之地（今敦煌、瓜州一带），宋仁宗以后，河西走廊各地渐次被西夏占领，自此再未见到有关河西蚕丝业的记载，该业当趋衰落以至绝迹。

四、沙漠历史地理研究

李并成先生师从沙漠历史地理研究这一全新科学领域的开拓者——中国科学院资深院士、北京大学教授侯仁之先生学习历史地理学。侯仁之先生在历史地理学理论、城市历史地理学和沙漠历史地理学三个领域作出杰出贡献，是中国现代历史地理学的主要奠基人之一。侯仁之先生的研究不仅揭示了历史时期人类活动对沙漠地区自然环境的影响过程及其演变规律，而且也为今天西北等地的防沙治沙以及生产发展和经济建设提供了重要的科学依据和历史借鉴。

沙漠历史地理的研究是李并成先生学术研究的重心之一，尤其是河西走廊历史时期的沙漠化研究是李先生一直关注并持续调研、思考、论证的问题，相关研究拓宽了沙漠历史地理学研究的视域。

在《河西走廊汉唐古绿洲沙漠化的调查研究》[3]一文中，李并成先生提出河西汉唐古绿洲沙漠化过程的主要原因在于人为方面，与当时的政治军事形势、农牧业开始状况、水源利用情形以及人们对自然环境的认识程度等密切相关。其中，汉代后期沙漠化的主要原因在于：汉代为河西走廊历史上第一次大规模农业开发时期，武帝时开拓河西，置设郡县，大规模移徙兵民屯田实边，使河西社会经济获得迅速发展，一跃崛为我国西北的富庶之地。由于绿洲腹地大量开垦，河流水源被大量纳入人工农田垦区之中，遂导致河流下游尾闾的一些地段水源短缺，加之这里正处于风沙侵蚀的最前沿，人工开发破坏固沙植被，流沙活动加剧，遂使尾闾的这些地段首先出现沙漠化过程，

---

①李并成：《河西西地区历史上粮食亩产量的研究》，《西北师大学报》(社会科学版)1992年第2期。
②李并成：《古代河西走廊桑蚕丝织业考》，《敦煌学辑刊》1997年第2期。
③李并成：《河西走廊汉唐古绿洲沙漠化的调查研究》，《地理学报》53卷2期，科学出版社，1998年。

以致逐渐向荒漠演替。唐代安史之乱以后古绿洲沙漠化，则主要与当时政治军事形势的剧烈动荡及由此而造成的社会生产的巨大破坏、农业的急剧衰退相关联。在人为因素之外，李先生认为导致河西古绿洲沙漠化的原因还不能忽视自然因素（主要是气候变迁）的作用："河西古绿洲发生在汉代后期和唐代后期的两次沙漠化过程，恰好与我国气候上的温暖期，也即西北内陆地区的干旱期相对应，则冰川退缩、河流来水减少的相对干旱的环境无疑会对沙漠化的发生具有一定推动作用。"

李并成先生《河西走廊历史时期沙漠化研究》①一书，从人类活动与自然环境的关系出发，对于我国河西走廊（含阿拉善高原）历史时期形成的沙漠化区域做了全面细致的考察，发现并深入研究了河西地区历史时期古绿洲形成的沙漠化区域。这些区域主要有：民勤西沙窝、张掖"黑水国"、古居延绿洲、马营河摆浪河下游、金塔东沙窝、玉门比家滩、昌马河洪积冲积扇西缘、芦草沟下游、古阳关绿洲等，其沙漠化总面积4600多平方千米。复原了古绿洲自然生态景观和人文景观概貌；探讨了该地区数千年来在人类开发活动的作用和影响下绿洲生态环境的演变，剖析了其植被的破坏与演变、河湖水系的变迁等，着重研究了河西沙漠化发生发展的历史过程，揭示了沙漠化过程的形成机制和原因（含自然原因）；同时针对现实问题，追溯了今日绿洲生态环境问题的历史根源，从而为今天西部大开发中河西绿洲的经济建设、生态环境建设和可持续发展，提供了重要的历史借鉴，对于其他干旱、半干旱地区的开发建设亦有有益的参考价值。书中还对于相关的学科理论问题亦作了一系列新的探讨。

《人口因素在沙漠化历史过程中作用的考察——以甘肃省民勤县为例》②，专就人口因素在历史上沙漠化中的作用予以考察，论证提出绿洲生态系统的人口容量有一定限度，干旱内陆流域生态条件脆弱，所容纳人口的数量，必须为其生态环境的容量（主要是水资源）所容许，必须与绿洲水资源的数量、质量及其开发利用的程度相协调。人口压力乃是导致绿洲沙漠化最基本的人为因素，人口增长往往是造成干旱内陆流域绿洲地区土地沙漠化和其他环境退化问题的直接驱动力和第一性压力。

《今天的绿洲较古代绿洲大大缩小了吗？——对于历史时期绿洲沙漠化过程的一些新认识》③，论证指出沙漠化过程并不一定意味着流域绿洲总面积的缩小，而在很大程度上则表现为一种绿洲的转移，其实质是一种因人类不合理的开发经营活动引发的，由于绿洲水资源的移动和重新分布而导致的绿洲的转移过程，转移的基本方向之一是由下游向中上游的迁移，并非绿洲的不断缩小或消失。伴随着这种迁移，造成原有绿洲的荒废和新的绿洲的出现。

---

①李并成:《河西走廊历史时期沙漠化研究》,科学出版社,2003年。
②李并成:《人口因素在沙漠化历史过程中作用的考察——以甘肃省民勤县为例》,《人文地理》2005年第5期。
③李并成:《今天的绿洲较古代绿洲大大缩小了吗?——对于历史时期绿洲沙漠化过程的一些新认识》,《资源科学》23卷2期,科学出版社,2001年。

《猪野泽及其历史变迁考》①对于《尚书·禹贡》所记"原隰底绩，至于猪野"、发源于河西走廊东端祁连山北麓的石羊河的古终端湖泊猪野泽的具体位置、湖泊面积以及历史变迁，运用卫星图像解译、水量均衡匡算、沉积物分析和历史文献考证相结合的方法作了探讨，不仅科学地得出了不同历史时期猪野泽的范围大小及其变迁状况，而且所采用的研究方法具有首创性。

李并成先生对沙漠地理的研究持之以恒，不断以实践和深入思考推动理论的创新和发展。《沙漠历史地理学的几个理论问题——以我国河西走廊历史上的沙漠化研究为例》②总结出干旱地区的沙漠化主要发生在内陆河下游，沙漠化过程的途径主要有就地起沙、风蚀绿洲、流沙入侵、洪积物掩埋绿洲四种，以前两者最为重要；只要大的气候环流形势和流域的总水量无大变化，则其绿洲总面积就不至于发生大的改观；沙漠化土地在一定条件下是可以逆转的。但逆转的难易程度却因干旱地区与半干旱地区的不同而有着显著差异，有些地区的逆转殆无可能。《沙漠历史地理研究中若干理论问题再议》③总结出经过多年的深入调查与思考之后得出的关于历史时期沙漠化土地的重要地表特征等问题：第一，由于历史上的沙漠化过程距今时间较长，其沙漠化土地形成和古绿洲废弃以后，沙漠化作用仍在继续，因而其沙漠化发展的程度较深。第二，在地理分布上，历史时期的沙漠化土地大多位处河流下游，特别是范围较大的成片沙漠化区域更是如此。第三，历史时期的沙漠化土地，往往散落许多过去人类活动遗留下来的陶器碎片、砖瓦碎块、铜器铁器残片、石磨残片等古物，并可见到古钱币、料珠、装饰件、建筑物残件和器形较完整的一些物品、某些艺术品等。

李先生主要从事敦煌学、历史地理学以及西北历史文化的研究和教学。授业问难，教学相长，在教学与研究实践中不断提升自己的理论水平和教学能力。李先生先后独立承担完成国家教委第二批青年专项科研基金资助项目"河西走廊历史地理"（1990）、国家教委"九五"规划重点项目"古代河西绿洲的土地开发及其沙漠化研究"（1996）、国家社科基金项目"河西绿洲历史时期的开发与沙漠化研究"（2000）、教育部人文社科项目"历史上塔里木盆地南缘绿洲的土地开发与沙漠化研究"（2005）、全省宣传文化系统高层次人才资助项目"有关丝绸之路研究中若干学理问题的研究"（2019）等；主持完成甘肃省哲学社科规划项目"古代西北干旱地区的开发及其经验教训的反思"（2005）、国家自然科学基金项目"西北地区古代民众生态环境意识研究——以敦煌吐鲁番资料等为中心的探讨"（2014）、西北师范大学科技创新工程项目"西北开发与可持续发展研究"（2000）、西北师大重大教学项目"敦煌学"视频精品

---

① 李并成：《猪野泽及其历史变迁考》，《地理学报》1993年第1期。

② 李并成：《沙漠历史地理学的几个理论问题——以我国河西走廊历史上的沙漠化研究为例》，《地理科学》1999年第3期。

③ 李并成、侯文昌：《沙漠历史地理研究中若干理论问题再议》，《天津师范大学学报》(社会科学版)2013年第1期。

开放课程建设与共享（2013）、西北师范大学研究生精品课程建设项目"敦煌学概论"（2018）等。作为主要研究人员参与完成国家自然科学基金重点项目"河西地区环境变迁与人地关系研究"、国家重点基础研究发展规划项目"中国北方沙漠化过程及其防治研究"、国家重点项目"国家历史地图集·沙漠图组"编撰、国家重点项目"中国历史自然地理"等。同时与日本综合地球环境学研究所等合作从事黑河流域生态环境的变迁研究。

李并成先生先后承担本科生"敦煌学导论""敦煌学概论""敦煌文学""科技概论""历史地理"等课程，硕士研究生"敦煌学专题研究""历史地理专题研究""归义军史研究""敦煌文书精读""自然历史地理""历史时期环境变迁""丝绸之路考古"等课程，博士研究生"历史地理学的理论与实践""敦煌历史文献研究""西北史地专题""历史文献概论"等课程。培养出历史文献学（敦煌学）、历史地理学、专门史（西北史）、文物与博物馆学硕士100名，博士21名。2006年，李先生主持的"敦煌学"课程被评为国家级精品课程。

李并成先生为西北师范大学历史文献学（敦煌学）硕士学位点、历史地理学硕士学位点、专门史（西北史）博士学位点、历史文献学（敦煌学）博士学位点、历史学博士后科研流动站、人文地理学博士学位点的主要创建者和学术带头人之一。李先生曾荣获甘肃省社会科学优秀成果奖6次，甘肃省优秀教学成果一等奖1次，甘肃省高校社科优秀成果奖8次、科技进步奖1次；1996年，享受国务院颁发的政府特殊津贴；1998年，入选"国家百千万人才工程"一、二层次人选；同年入选"甘肃省跨世纪学术技术带头人333科技人才工程第一、二层次人选"，2005年11月，被评为"甘肃省宣传文化系统拔尖创新人才"；2008年，获得"甘肃省教学名师"称号；2010年4月，被国务院授予"全国先进工作者"荣誉称号；2010年2月，入选"甘肃省领军人才第一层次人选"；2011年11月，被中共中央统一战线工作部、国家人力资源和社会保障部、八个民主党派中央委员会、中华全国工商业联合会评为"十一五"期间各民主党派工商联无党派人士为全面建设小康社会做贡献先进个人；2013年11月，被评为甘肃省宣传文化系统"四个一批"人才。

李并成先生不是一个坐守书斋的学究，而是一位具有关心社会、参与现实的强烈意识，把学术探索与现实观照紧密结合，具有高度社会责任感的、充满活力的历史学家。在担任省政协委员、常委、省政府参事、省文史馆馆员期间，李并成先生倾情履职，努力作为，听民意，察民情，通过视察、调研、撰写提案和社情民意等方式，提出了高质量的有前瞻性、时效性和可操作性的意见、建议，认真履行了政协委员参政议政和监督的职能。李先生紧紧围绕党和政府的中心工作，深入社会调研，积极建言献策，为促进全省经济社会发展，加快建设幸福美好新甘肃，开创富民兴陇新局面作出贡献。曾在省政协大会上提出提案200件，其中个人单独提案160多件，被《甘肃日报》等媒体誉为"提案大户"。同时在全委会和常委会上提交大会发言 37 次。提出参事调研报告、参事建议和馆员建议 47 件，其中本人单独提出 36 件，省上领导亲自批办 22 件。荣获甘肃省政协优秀提案奖 3 次、反映社情民意好信息奖 1 次；省政府参事优秀调研成果奖 9 次（其中一等奖 2 次、二等奖 4 次）。

李并成先生对母校怀有深厚的感情。1998 年，他提出西北师范大学是 1902 年建立的我国第一所高师院校，西北师范大学与北京师范大学同枝连根，建校时间应是 1902 年。学校采纳了他的建议，改变了以前以 1939 年学校迁至兰州为建校之日的做法。西北师范大学原来采用的校训是"勤学、求实、敬业、创新"，李并成先生觉得这虽然是一则较好的校训，然而尚有不尽如人意之处。一是校训中所言的四个方面似乎偏重于对于学习和工作态度的强调，未能很好地反映出学校培养目标和办学理念上的特色，且"勤学"和"敬业"二词对于一所学校来说，其含义基本相同，二者有重复之嫌。二是难以体现出西北师范大学作为一所百年老校应有的深厚底蕴和文化传承。三是用词流于一般化，缺少特色。因而建议采用我国著名语言文字学家、教育家、西北师范大学老校长黎锦熙先生于 20 世纪 40 年代为西北师范学院毕业生题词"知术欲圆，行旨须直；大漠孤烟，长河落日"中的前两句作为校训。前两句应源于《文子·微明》："凡人之道，心欲小，志欲大，智欲圆，行欲方。""知术欲圆"，意思是作学问应孜孜不倦，灵动圆润，没有尽头；"行旨须直"，是说作为一个知识分子要行事方正，不可邪曲。这两句话突显了"知"与"行"、"术"与"旨"的辩证关系，体现了西北师范大学的育人目标，具有历史厚度和传统底蕴，富有大西北的地域特点，用词儒雅考究，特色鲜明，对仗工稳，意韵隽永，富有美感。随后经西北师范大学"两代会"的讨论和表决，高票通过了这则新的校训。由此可见李并成先生的眼界、胸怀之一斑。近年李先生又提出西北师范大学的初心和使命是"延续民族文化根脉，传承师范教育薪火"，提出我们应秉承和弘扬"西进精神"，这些提法均得到广大师生认同，亦可见李并成先生对于母校的殷殷之情。

听李并成先生做学术报告，对广大师生来说是很好的学习机会，也是一种享受。李先生近年来开设了"丝路文化探秘"系列专题报告，广受欢迎。例如题为《敦煌文化：丝绸之路文化最杰出的代表》的学术报告，提出每一个民族都需要学习和汲取其他民族文化的优点和营养来推动自身的发展。悠久的中华文化在其漫长的发展过程中，从来就没有脱离过与其他民族文化的交流。从三个方面分析敦煌文化是丝绸之路文化最杰出的代表：一是敦煌不仅是丝绸之路上中西文化传播交流枢纽重镇，而且还是中西方文化交融整合、孵化衍生的创新高地。对于中原王朝来说，敦煌是具有重要战略意义的前进基地和西域门户；对于东西方经济文化交流来说，敦煌又是"华戎所交"的国际都会。二是敦煌文化呈现出"你中有我、我中有你、各美其美、美美与共"的融合发展底色与格局。无论是敦煌歌舞艺术、饮食文化、服饰文化、体育文化，还是敦煌赛袄习俗、婚丧习俗、科技及医疗养生文化等等，皆是丝绸之路上留存的一笔笔丰厚的历史遗珍和具有权威性的历史标本。三是敦煌文化最突出的特征——开放性、多元性、浑融性、创新性。

又如，李先生题为《关于西北历史地理研究中若干重大问题的讨论》的学术报告，从西北开发史的定位问题、历史时期人类活动与自然灾害的关系问题、西北地区河流水量变化问题、西北地区沙漠化及绿洲变迁等问题入手，对学术界在西北历史地理研究中存在的若干误区和不足进行深入探讨。毫无疑问，只有经历多年的"深耕细作"，才能做到这样的深入浅出，举重若轻。

我自 2016 年考取博士研究生，跟随李并成先生读书，时间虽然不长，深受感动，感慨良多！李并成先生是一位有情怀、善坚持的学者！李并成先生的学问功底扎实，坚守老一辈学者"文史不分家"的优良传统，为人虚怀若谷，对学生态度温和且要求严格，是我们的学习榜样，引领、鞭策我们在学术研究的道路上奋力前行。

李先生勤于治学，笔耕不辍，独著、合著专著 20 余部，主要有《河西走廊历史地理》《丝绸之路文化大辞典》《瓜沙史地研究》《敦煌学大辞典》《大漠中的历史丰碑》《敦煌学百年文库·地理卷》《河西走廊历史时期沙漠化研究》《敦煌学教程》《中国历史自然地理》《西北出土文献中的民众生态环境意识研究》等。李先生在《求是》《中国史研究》《地理学报》《地理研究》《地理科学》《资源科学》《人文地理》《敦煌研究》《敦煌学辑刊》《敦煌学》《敦煌吐鲁番研究》《历史地理》《中国历史地理论丛》《中国经济史研究》《中国社会经济史研究》《中国农史》《中国边疆史地研究》《中国科技史料》《中国地方志》《考古》《文物与考古》《旅游学刊》《古籍整理研究学刊》《北京图书馆馆刊》《甘肃社会科学》《西域研究》《地理学与国土研究》《丝绸之路研究集刊》《地理教学》《历史教学》《光明日报》《人民政协报》等以及日本 Project Report on an Oasis-region 等刊物上发表学术论文 370 余篇。其中一些论文被《新华文摘》"中国人民大学复印报刊资料"《中国社会科学文摘》等重要文摘报刊全文转载或论点摘编。

李并成先生学术功底深厚，学术思维敏捷，学术成果丰富，限于篇幅，本书只选用其中的 21 篇论文，基本能反映出李先生各个时期学术研究的旨趣所在和代表性研究成果。《陇上学人文存·李并成卷》出版在即，而李先生的学术研究还在继续，高质量成果不断呈现，李先生的治学精神，是鼓励后辈学人披荆斩棘、砥砺前行的动力！

《陇上学人文存·李并成卷》（第九辑）

作者：巨 虹

马　德

　　马德先生，1955 年 11 月出生于甘肃省会宁县，1978 年兰州大学历史系毕业后到敦煌文物研究所（现敦煌研究院），先后在敦煌石窟考古研究所、《敦煌研究》编辑部和敦煌文献研究所从事研究工作，历任敦煌研究院助理研究员、副研究员、研究员。1992—1995 年间在中山大学师从著名历史学家姜伯勤先生学习，获历史学博士学位；1998 年起担任敦煌研究院学术委员会委员、《敦煌研究》杂志编委、敦煌文献研究所副所长、所长；兼任教育部人文社科重点研究基地兰州大学敦煌学研究所副所长、博士研究生导师，西北师范大学历史文化学院教授、硕士研究生导师；曾任日本国立东京艺术大学美术学部客员研究员、英国伦敦大学东方与非洲研究学院博士后研究员、香港中文大学人间佛教研究中心客座研究员等。1998 年入选甘肃省"333 科技人才工程"省级学术技术带头人。2015 年 12 月退休，接受敦煌研究院返聘担任研究员，继续从事研究工作。受聘首都师范大学历史学院特聘教授，陕西师范大学人文社会科学高等研究院特聘研究员，河西学院祁连学者特聘教授，兰州交通大学艺术学院、西北师范大学敦煌学院兼职教授等；兼任中国中外关系史学会理事，中国敦煌吐鲁番学会理事，甘肃省敦煌哲学学会副会长，甘肃省人民政府文史研究馆馆员等。

　　马德先生致力于敦煌学研究 40 余年，成果丰硕，著述等身，其研究领域涉及敦煌历史地理、敦煌石窟、敦煌文献、敦煌石窟与敦煌文献的结合、敦煌佛教文化、敦煌吐蕃文化研究以及历史文化遗产与社会发展关系等诸多领域，基本都属于原创性研究；并提倡在研究中运用多学科方法手段综合运用和多类文献相互印证的"五重证据法"，形成了独特的人文科学研究理论方法体系，成为我国敦煌学界具有重要代表性的学者之一，其系列学术论著也成为我国敦煌学界具有代表性的研究成果。迄今，出版专著《敦煌莫高窟史研究》《敦煌古代工匠研究》《中古敦煌佛教社会化论略》等10余部，在国内外学术书刊发表论文160余篇；主持完成国家社会科学基金西部项目2项、教育部人文社科重点基地重大项目1项、院级科研项目3项，参与完成国家及省部级重大科研项目5项；主持完成国家出版基金项目3项（其中2项为系列丛书）。研究成果多次获国家、省部级奖励。

一、情感与精神

马德先生出生于甘肃省会宁县，父母亲都是普通的农民。从小文理科都学得非常好，因为数学成绩格外突出，曾经一度以为自己将来会从事理科方面的工作。童年时期，先生很爱看历史类书籍，特别是历史故事，尤其是林汉达所著的《中古历史故事集》对先生的影响很深。时至求学若渴的年纪，因特殊的历史时期，先生回乡当了农民，历时四年多。在这期间，先生依然没有放弃对知识的渴求，始终坚持看书学习。那时候，理科类的书籍很难找到，于是农忙之余，先生便阅读了很多历史类和文学类的书籍，这为以后的学习和研究打下了坚实的基础。之后，先生被推荐到兰州大学历史系进行学习。经历了四年的农村劳动，能够进入大学读书深造，这让先生更加充满了对知识的渴望，继续对知识不断汲取。不同于其他的文科生，先生有着非常扎实的理科基础，正因为这样，在学术研究的过程中可以规避文科生的思维模式，让自己的学习和研究更加的充实和全面。先生说："学历史有一点理科基础很好，能够增强逻辑思维能力，对自己做研究有好处，这让我在研究过程中更加严谨。"

先生从1978年到达敦煌，就与这里结下了不解之缘，对这片土地有着发自内心的深厚情感。"1978年10月11日早晨，在我省西部边陲的交通枢纽柳园镇，我拨通了莫高窟敦煌文物研究所的电话，接电话的人正是我国老一辈艺术家和敦煌学家常书鸿所长。按照常老的指点，我到设在柳园镇的西藏物资局综合公司的仓库里，找到在那里检点和整理文物的史苇湘、霍熙亮二位先生。在他们的安排下，我搭乘所里拉汽油的解放卡车，当晚就到达了向往已久的莫高窟，见到了长期在敦煌工作的前辈专家学者，从此之后，我就深深扎根在了这块土地上。""到了敦煌就开始了我的研究工作，可以说研究的过程是很艰辛的，甚至很多研究成果在探索的过程中要推翻重来，但是研究的乐趣也在于此，研究为了求真，在求真的过程中开阔了视野，提升了认识，这种满足感是任何快乐所不能代替的。"先生说，"对于做敦煌研究来说，能在敦煌研究所工作无疑是梦寐以求的。但是那个年代做研究的人手非常缺乏，一个人要身兼数职，经常是一边在发掘窟前遗址，一边还要被同事叫去操作油印机、刻蜡版等'技术'活。我一直不觉得自己有多忙，有多苦，这似乎与骨子里的工匠精神有关。"

1982 年，先生负责敦煌文物研究所编辑部工作，编辑了《敦煌研究》试刊第二期，编辑出版《敦煌译丛》，并主持了该刊的创刊工作。1985 年，先生从《敦煌研究》编辑部调入敦煌遗书研究所，被分配专门从事敦煌遗书中石窟史料的搜集、整理和研究。在这里，不仅接触到了记载敦煌古代工匠的文献，被这些古代的工匠们感染。同时也曾亲眼看见，六十多岁的李其琼、欧阳琳两位先生同年轻人一起，不分昼夜地趴在洞窟内冰冷的地面上赶制壁画摹本；六十多岁的孙儒僩先生在二十几米高的加固危崖的脚手架上指导施工；施萍婷先生几十年如一日，在缩微胶卷上一字一句地阅读几万卷敦煌文书，并重新编写目录。先生当年还曾跟随年近八旬的霍熙亮先生攀登甘肃安西东千佛洞的悬崖峭壁，霍先生的敏捷和矫健，让他这个从小在山里跑惯的年轻人都叹为观止。在这些前辈学者的身上，先生看到创造敦煌艺术的古代匠师的身影。所以，先生一直强调自己在敦煌研究上的努力得益于敦煌研究院老一辈专家、学者的言传身教，和导师姜伯勤先生的精心指导，同时与自己身处得天独厚的学术环境，长期致力于敦煌历史文化的研究工作是分不开的。

先生对敦煌的这份执着和炽热的情感，始终伴随和交织着先生不懈坚持与传承发扬的实事求是、精益求精的工匠精神。正是因为这份情感，让先生对"工匠精神"有着更深层次的感悟和解读。他认为："敦煌历史上，因为有了莫高窟，让敦煌全社会各个阶层的人们在精神上有了一种信仰和追求，在生活中有了一份担当和责任，莫高窟的营造和维护在敦煌成为一份社会责任，一种历史担当；同时也给敦煌社会带来稳定和繁荣。敦煌社会力量营造莫高窟及相关文献记载的历史文化价值，如社会背景、文化发展、经济实力、科技进步、综合国力等，就是这种信仰和责任的辉煌成就！敦煌历史上的工匠们，在莫高窟的创建和发展中，留给我们代表和象征人类古代文明的文化艺术，在不断地维护和修缮中又很好地保护了这一文化。""两千多年间一代又一代的敦煌的开拓者、建设者，是一代又一代的敦煌文化艺术的创造者！尽管他们绝大多数并没有把姓名留给我们，他们是那样的平凡，那样的默默无闻，但他们留给我们的财富和精神，却是千秋永存。所以值得我们寻找他们，研究他们，宣传他们。"与此同时，"还有许多值得我们引以为骄傲和自豪的同辈同事，他们像古代的工匠那样，像老一辈敦煌工作者那样，踏踏实实、一丝不苟地从事着各类'匠人'的工作，默默无闻地为敦煌事业奉献着自己的一切。敦煌的工匠精神就是民族精神，不光是奉献精神，还有包容精神和创造精神。"我们从这些字里行间深切地感受到，先生对已经逝去的创造敦煌历史文化的列祖列宗的讴歌、对为敦煌事业终生奋斗的前辈和同仁的讴歌、对传承和发扬敦煌工匠的民族精神的后来者们的倾情讴歌！

二、学术研究成就

（一）敦煌历史地理研究

马德先生通过对敦煌历史地理文献的深入研究，先后发表了《关于 P.2942 写卷的几个问题》《敦煌廿咏》《沙州陷蕃年代再探》《吐蕃占领敦煌前后沙州史事系年》《张淮兴敦煌史事探幽》《尚书曹仁贵史事沟沉》《敦煌的世族与莫高窟》《莫高窟前史新探》等论文 20 余篇，将自己同敦煌的历史人物和历史事件一同置身于敦煌圣境，在千年流沙中探寻历史的踪迹、还原史实原貌，为学界在敦煌历史地理相关研究领域提供了重要的观点和依据。

1.对沙州陷蕃年代和归义军时期有争议的人物发表新见解。例如，关于沙州（敦煌）陷蕃的年代。吴廷燮最早在《唐方镇年表补正》中根据颜真卿《唐故太尉广平文贞公神道碑侧记》所载提出的大历十二年（777 年）。马德先生通过对唐蕃河西战争历史形势的分析，依据两《唐书》《资治通鉴》《册府元龟》，以及敦煌博物馆藏《大唐都督杨公记德碑》、莫高窟《大唐陇西李府君修功德碑记》等记载，对沙州河西、伊西两镇节度使、沙州都督杨休明，以及沙州刺史、观察使周鼎的事迹做了深入的分析考证，进一步得出关于沙州（敦煌）于大历十二年（777 年）陷蕃的结论。再如，关于张淮兴史事的考证，认为张淮兴可能就是《乾宁碑》上的张淮□；关于曹仁贵的考评，认为曹氏归义军早期尚书曹仁贵可能是曹议金与其夫人天公主李氏所生之子，在议金去世后与其他李氏所生诸子死于非命。

2.将所有的敦煌文献视作历史记载来分析研究。例如，《敦煌廿咏》的研究，即通过诗歌的描写来求证历史人物和事件，指出《敦煌廿咏》的二十首诗的整个风格、情调是一致的，属于同一作者同一时期之内的作品。作者是开元、天宝之际成长起来的盛唐诗人，非敦煌本地学士，而是外地文人，他来到敦煌已有二十四年左右的时间，与其他许多有建树的盛唐诗人一样，也是怀着为国家、为民族建功立业的雄心和抱负从中原而来。2005 年开始，先生对莫高窟宕泉河流域的汉晋历史文化遗迹进行了集中考察和研究，认定敦煌为汉传大乘佛教的发祥地和中国社会化佛教的奠基地。多年间，发表相关论文十余篇，其中代表作《莫高窟前史新探——宕泉河流域汉晋遗迹的历史意义》一文，确认 P.t.993 所绘风景实为莫高窟以南宕泉河谷中城城湾遗址的一部分，与印度王舍城灵鹫山释迦说法处在地形上有些相近，与建于公元 2 世纪的犍陀罗塔夫提拜山岳寺院的地形环境和建筑格局完全一致；竺法护和他的弟子们最早应该就是在城城湾翻译佛经；且城城湾现存的两座小窟龛，有可能是永和九年昙猷法师所建用于修习禅定的石窟，《莫高窟记》所谓"晋司空索靖题壁号仙严寺。自兹以后，镌造不绝"可能就是从昙猷凿窟算起的。因此，莫高窟城城湾的敦煌晋代仙岩寺曾经因为有竺法护而成为最早的大乘译场，又因为有昙猷而成为最早的禅修基地。这些论断，为探索中国大乘佛教的起源，探寻敦煌石窟的创建渊源等实现了突破性的进展。

（二）敦煌石窟和敦煌文献的结合研究

1.国内敦煌学界最早全面梳理莫高窟营建史的专家学者

莫高窟营建史一直是先生多年的主攻研究项目。通过参加窟前考古发掘，深入全面地考察石窟和阅读大量敦煌文书，先生将敦煌石窟史料本身、敦煌文书中石窟史资料和相关历史文献进行结合研究，发表了 40 多篇论文，撰写出版了集其大成的博士论文《敦煌莫高窟史研究》。该书在综合国内外前辈学者、专家等丰富研究成果的基础上，充分利用史籍、敦煌文书、莫高窟供养人题记、窟前考古发掘、敦煌及相关地区的佛教和历史遗迹等大量资料，系统地叙述了莫高窟创建、营造、发展的历史过程，重点考证了其中部分洞窟营造的具体年代。同时，就莫高窟营造的各个时代的社会历史背景，各个时期的统治者、贵族阶层和僧侣集团对莫高窟及其营造活动的利用，广大劳动者阶层对莫高窟的贡献，各个时代各个阶层和洞窟营造者们之间的相互关系，莫高窟在敦煌历史上的社会作用等方面，进行了分析和探讨。在佛教石窟建筑的起源、莫高窟"崖面使用"研究方法的应用、曹氏归义军时期主要洞窟个案研究、莫高窟佛事活动的社会性等问题上提出了新的看法。

正如贺世哲先生在《敦煌莫高窟史研究·序》中所言：该书"涉及问题很广，不过主要功绩还在于对莫高窟的 492 个洞窟的编年史探讨。这是敦煌学研究领域中的一项基础课题，国内外前贤已经以不同的方法，从不同的角度进行了大量探索。综其要者，主要有二：一是美术史家从艺术风格的演变，探索编年，史苇湘先生的《关于敦煌莫高窟内容总录》，堪称这方面的集大成之作。二是考古学家运用标型学的方法，进行排年，樊锦诗、马世长、关友惠三位先生合写的《敦煌莫高窟北朝洞窟的分期》，樊锦诗、关友惠、刘玉权三位先生合写的《莫高窟隋代石窟的分期》，是这方面的代表作。马德同志在前人研究成果的基础上，又辟蹊径，将洞窟崖面排列顺序与窟内供养人题记、藏经洞出土遗书相结合，综合研究，断代排年。尤其是马德同志积年累月，夜以继日，犹如大海捞针，从数万卷敦煌文书中，搜集了大量开窟造像发愿文，对一批洞窟的营建年代及施主，进行了认真考证，作出了突破性贡献"。

2.注重敦煌石窟和敦煌文献的结合研究，特别是在藏经洞文献和石窟的结合研究上贡献十分突出。

在研究工作中，马德先生不仅注重基础、规范与创新的结合，而且将历史文献与历史文物相结合，综合应用各学科的研究方法和手段，已经初步探索出自成体系的新的人文科学途径，形成了独特的敦煌研究方法体系。研究成果被国内外学术界所重视。特别是先生对敦煌工匠资料的整理与研究在学界更是独树一帜。1997 年，由甘肃人民出版社出版的《敦煌工匠史料》，就是敦煌石窟与敦煌文献结合研究，艺术史、经济史、科技史等学科手段综合运用研究的成果，同时从新的层面上认识敦煌文物的精神价值，为敦煌的爱国主义和历史主义教育提供了主题内容。

2002 年，由台湾新文丰出版公司出版的《敦煌石窟营造史导论》，成为海峡两岸和港澳学者十数年间通力合作推出的"敦煌学导论丛书"的压轴之作。2006 年，《敦煌古代工匠研究》被批准为国家社科基金项目（西部项目）。先生不断从文献中搜集和整理出有关敦煌石窟古代环境建设与保护方面的珍贵史料，并为此做了进一步深入细致的研究。在原来《敦煌工匠史料》等已有研究成果的基础上，补充了大量敦煌工匠文献和图像的新资料和中外艺术史论、经济史、科学技术发展史等方面的相关资料，确保资料的准确性和完整性。2018 年，《敦煌古代工匠研究》作为国家出版基金项目由文物出版社出版，引起了国内外敦煌学界的广泛关注，获得了一致好评，学术影响深远。

（三）敦煌吐蕃文化研究和敦煌藏文文献的编目出版

马德先生十分关注敦煌吐蕃文化的研究和敦煌藏文文献的编目整理。他深刻地认识到："敦煌地区保存的大量吐蕃时期的历史遗迹遗物和吐蕃古藏文文献资料，在全面性、完整性和系统性等方面都是国内外独一无二的。这些文献详细而完整地记录了吐蕃治理下的敦煌和陇右地区的政治、经济、军事、文化、民族关系。同时，敦煌在吐蕃占领和治理时期留下了大量的汉文文献，也记载了吐蕃治理敦煌时期的历史社会面貌，可以与藏文文献相对照和印证。国内外学者利用敦煌藏经洞出土的藏、汉文文献，进行了百余年深入细致的研究，内容涉及吐蕃文与吐蕃文献、吐蕃敦煌石窟、吐蕃治理敦煌时期的经济、政治、历史、宗教、文化、民俗风情、民族关系等各个领域，使得吐蕃历史文化的面貌更清晰地展示于世人。"

先生凭借着深厚的历史文献学功底、敏锐的史实分析能力，结合数十年学习敦煌藏文的经验和感悟，先后发表《敦煌文书所记南诏与吐蕃的关系》《特蕃考》《西藏发现的〈喇蚌经〉为敦煌写经》《论敦煌在吐蕃历史发展中的地位》《吐蕃治理对敦煌石窟艺术的影响》等论文数篇,合作出版《敦煌藏文吐蕃史文献译注》等著作。基于对敦煌藏文文献重要性的不可忽视,先生主持和带领研究团队,通过对敦煌藏文文献的全面调查和爬梳整理,结合对敦煌吐蕃石窟的考察,策划"敦煌吐蕃文化研究"项目,主持完成教育部人文社会科学重点研究基地 2006 年度重大项目"甘肃藏敦煌藏文文献整理研究",主持编纂和出版了 144 万字的《甘肃藏敦煌藏文文献叙录》(汉藏双语);同时在研究中提出了"敦煌历史上曾一度作为吐蕃的文化中心"的论断,并得到学界的普遍认可。先生还应邀承担国家民委项目《中国少数民族古籍提要》敦煌藏文文献部分的整理,担任国家宗教局《藏传佛教爱国主义教程》副主编,参与教程的编写、审订等。由先生主持编纂的《甘肃藏敦煌藏文文献》(30 册),2011 年被列入国家古籍出版十年(2011—2020)规划,2016 年开始作为上海古籍出版社申请到的敦煌类图书的第一个国家出版基金项目(第 294 号)、国内第一部全彩印的大型敦煌文献图录出版。

先生始终将敦煌文化作为精神财富来认识其价值意义。2019 年 8 月,习近平总书记视察甘肃(敦煌)的重要讲话发表后,先生以其深厚的学术积淀、广博的学术视野,从敦煌吐蕃历史文化与中华民族共同体意识、民族凝聚力的关系与背景等角度入手,集中研究并发表了《民族精神》《论敦煌历史文化的包容精神》等相关学术论文数篇,成为全国哲学社会科学研究领域、国内敦煌学研究领域积极响应习近平总书记对于"研究和弘扬敦煌文化""推动敦煌文化研究服务共建'一带一路'"重要论述而持续发声的敦煌学研究专家之一。

(四)俄藏敦煌文献的整理研究和敦煌文献数据库的建设

马德先生始终将敦煌遗书的调查、整理工作作为历史文献研究人员和敦煌文献研究所负责人的一项基础性工作,数十年持续追踪调查、整理国内外十余家公私所藏敦煌遗书,并编写目录;考订俄藏敦煌写经残片的内容,组织、整理甘肃各地藏敦煌藏文文献目录等。在俄藏敦煌文献整理、研究,以及敦煌文献数据库的建设上贡献卓著。

2019 年,《俄藏敦煌文献叙录》作为"十三五"国家重点出版物出版规划项目出版。诚如先生在《俄藏敦煌文献叙录·序》中所言:"经过十多年的不懈努力,《俄藏敦煌文献叙录》(以下简称《叙录》)即将付梓,这是继《敦煌遗书总目索引新编》《甘肃藏敦煌藏文文献叙录》之后,由敦煌研究院文献研究所诸位同仁通力合作,并举荐一位同事作主编。《俄藏敦煌文献叙录》主要成果体现在以下几个方面:第一,完整的俄藏敦煌文献目录,可直观反映文献检索的基本体例。包括:编号、名称、现状、题记、本文、说明、定名依据等项。第二,展示已有的相关研究成果。如部分经卷的缀合等。第三,俄藏独有佛经的揭示。此类佛经不见于敦煌文献其他收藏地,约有 130

号，极大地丰富了敦煌佛教文献的种类。第四，俄藏敦煌文献与其他收藏地敦煌文献的缀合。敦煌文献大都源出藏经洞，但被人为分割，同一经卷分存多地的情况不少，本《叙录》可将部分散藏于各地的同卷文献实现形式上的合璧。第五，对此前未能定名或定名不准的残片通过新资料、新方法的比对得以准确定名。此类情况有 200 多号。第六，配合国家社科基金重大项目《敦煌遗书数据库建设》（12&ZD141），为其提供详细、准确的元数据信息。"本《叙录》对俄藏品的整理与编辑、研究，被学界认为是敦煌文献基础研究史上重要的成就之一。

作为国家社会科学基金重大招标项目《敦煌遗书数据库建设》的首席专家，自 2012 年始，先生率领研究团队收集、整理来自中国国家图书馆、英国国家图书馆、法国国家图书馆、俄罗斯艾尔米塔什博物馆等，以及包括敦煌研究院在内的甘肃省内所藏敦煌遗书全部基本信息和部分录文，先后完成了"敦煌汉文遗书数据"和"敦煌藏文遗书数据"的录入。截至 2021 年，该项目完成了敦煌藏经洞开启以来，全球各地 7 万余条有关敦煌遗书研究文献的搜集和整理，以及甘肃境内 17 家收藏机构（单位、个人）藏敦煌遗书研究文献著录；还完成内地十余家收藏机构敦煌藏经洞汉、藏文遗书数字图片采编，搜集整理甘肃境内藏 8 万余幅敦煌汉、藏文遗书数字图片。这是第一次在中国国内研发敦煌汉、藏文全文数字化检索平台，是用数字化的形式实现敦煌藏经洞文物的回归，将为全世界研究者和敦煌文化爱好者提供全面、系统、可靠、翔实的共享资料；更是一项集文物回归、保护和研究，造福于子孙的事业。

（五）敦煌佛教社会史研究和新研究领域的拓展

马德先生始终将敦煌石窟佛教和敦煌佛教文献置于中国历史的大背景下进行深入研究，先后就石窟上的佛教活动和其他各项活动、敦煌僧团的社会活动、敦煌写经题记的社会意义、敦煌社会的佛教活动、敦煌的社会化佛教等问题，以及对敦煌写经残片的整理，佛教文献的重新分类和整理研究，出版专著《中古敦煌佛教社会化论略》，提出敦煌的社会化佛教的新概念，探讨佛教在历史上的作用、意义及其对当今社会的借鉴。2012 年，《敦煌佛教社会史研究》被批准为国家社科基金项目（西部项目）。同年，在考察中发现云南大理地区的阿叱力教作为敦煌古代社会化佛教的"活标本"及其传承关系，据此深入研究并发表了《敦煌行城与剑川太子会及其历史传承关系初探》《阿叱力教散议》等，为进一步认识敦煌佛教的性质和价值意义开拓了新的研究层面。

先生勤于钻研、善于探索，不仅在历史学、考古学等领域用功甚勤，而且触类旁通、研究视野延伸到更为广泛的领域。曾主持《敦煌版画研究》项目，将敦煌版画作为与敦煌壁画、敦煌彩塑等相并列的独立的印刷术种类，从艺术史、科学技术史和手工业经济史等各个领域进行深入研究；出版专著《敦煌石窟全集·交通画卷》，提出敦煌交通文化的研究方向和体系；发表相关论文十余篇，特别是在《试论开拓敦煌石窟的新领域》一文中提出开展"敦煌预防医学研究""敦煌艺术人类学""敦煌石窟艺术设计学""敦煌佛教创新研究""敦煌社会生活画研究""中国佛教艺术源流"等重要研究课题，为开拓敦煌学研究的新领域不断贡献着自己的智慧。

（六）历史文化遗产与民族精神研究及社会发展关系研究

作为历史学家，研究历史不仅仅是为了叙述和解释历史，更重要的是要为改造历史和发展历史提供借鉴。马德先生以敦煌为切入点，深入研究文化遗产与社会发展的关系，探讨敦煌文物的价值意义和历史作用，提出了文化遗产作为精神财富的永久价值，不仅说明过去，而且对现在和未来社会发展进步更有意义，在人类社会的进步发展中永远发挥着巨大作用的重要观点。

在《敦煌古代工匠研究》一书中，先生指出："最重要的，也是需要永远继承发扬的，是敦煌历代工匠们的奉献和创造精神。了解敦煌的历史文化，最重要的就是要了解创造敦煌历史文化的先辈。敦煌工匠们在人类社会的创造与发展过程中，不断体现出博大的胸怀和强大的吸收融化能力，绽放着聪明和智慧；他们在创造光辉灿烂的敦煌历史文化的同时，也把自己的精神一起留给了我们。敦煌事业培养和造就了敦煌精神，同敦煌宝库一样是属于中华民族的宝贵财富。保护、研究和宣传敦煌文化、敦煌精神，是历史赋予我们的神圣使命。""敦煌工匠是敦煌历史的创造者，也是敦煌历史的缩影。敦煌历代工匠的研究体现了历史多元化的特点，包含着丰富的人文内容，涉及诸多学科领域，展示了社会生活的方方面面。因此，研究敦煌文化，不能单纯地就事论事，而是要全面、深入地从各个方面进行考察和探讨，真正把事情研究深、研究透，搞清楚它的本来面目，这就需要我们有各方面的基础知识，运用学科交叉的方法和手段，进行综合研究。""敦煌古代的工匠们留给我们取之不尽、用之不竭的精神财富和物质财富；敦煌既是艺术的宫殿，又是学术的海洋。但这一切，都有赖于敦煌中古时期的历代工匠们给予我们的奉献和创造。无论从哪个领域、哪个角度，无论用哪种手段、哪种方法，都可以对他们各方面的情况进行研究。""敦煌是我们中华民族的老祖宗留给子孙后代的文化财富，但敦煌首先是一种精神，是两千年间几十代人前仆后继、锲而不舍的创造与奉献精神，和海纳百川的包容精神，这也应该是每一位敦煌工作者所具有的精神。"

在敦煌历史文化研究之外，先生还先后发表了《中华文字始祖与白水民间信仰》《渭河：历史的浩歌》等文章，集中探讨渭河与华夏文明起源、中华民族强盛的自然环境利用与历史发展过程，为深入中华民族文明起源与社会发展的历史地理研究打开了新的视窗。

（七）关于研究方法手段的探索创新

研究方法方面的突破，是先生通过多年敦煌石窟与敦煌文献、敦煌史地相结合，以历史学方法为主的包括艺术学、考古学、宗教学、社会学、人类学等多学科方法手段综合运用的基础上，探索、总结出来的历史学的传世文献、地面遗存、出土文献、考古资料和社会调查的"五重证据法"，为专门史学的跨学科研究开辟了新的途径。

关于敦煌历史文化背景的研究。先生通过对敦煌历史文化，包括艺术在内的文化现象和内容的研究，总结了作为人类古代文明中心象征的敦煌文化，其背景本土元素、外来影响的交流融合、社会发展阶段的时代特征（制度制约），从而总结出发展变化的规律。

具体到敦煌佛教文化的特色，先生认为：首先是国际化，外来意识形态能够顺利在中华大地上传播和发展，体现出汉文化根基深厚的敦煌大地的包容情怀，和处于东西方经济文化交流通道上的汉晋民众的宽阔胸襟；其次是民族化和本土化，从开始的接受到慢慢地吸收和整合，让本来的外来文化的佛教石窟一步步地成为自己的文化，而且体现出浓郁的本地特色。再次是宗教的目的——社会化；不仅是向全社会的普及与传播，最重要的是在社会的稳定和发展中发挥作用；不仅是与社会发展相适应，重要的是要有一定的开拓创新，需要有长远的战略眼光，在掌握历史发展的总趋势的前提下，要敢为天下先，服务于中国社会。这就是敦煌佛教文化作为社会化的历史价值和意义，以及给今后的社会进步和发展提供的历史借鉴。

三、责任与使命

习近平总书记强调："一切有理想、有抱负的哲学社会科学工作者都应该立时代之潮头、通古今之变化、发思想之先声，积极为党和人民述学立论、建言献策，担负起历史赋予的光荣使命。"正是在古代敦煌浩瀚历史文化的熏陶下，在敦煌研究院老一辈专家学者的感召和影响下，马德先生始终担当和践行着一位哲学社会科学工作者的历史使命和社会责任。

先生常说："作为史学工作者，历史使命就是人生的起点，一定是超越一般的敬业精神、普通的社会责任心的三观；具体到研究工作中，就是把所有的事情当事业来做。"在一篇纪念前辈学者的文章中，先生曾写道："在这个世界上……无论任何事情也就只有生意和事业两种做法：当生意做，就是一切都为了名为了利；当然在不损害他人和社会的前提下，为名利而奔波并不一定都就是坏事；做好了，生意也可以变成事业；而一开始就以事业为重的人，就不会计较个人名利，只是默默无闻地埋头苦干。"先生始终认为，"敦煌是一项事业，是一项崇高而伟大的事业。敦煌事业的进步是历史赋予我们的神圣使命，搞好敦煌的研究和宣传是我们义不容辞的社会责任。"
"我们完全可以向敦煌事业的前辈学者那样，继承中华民族的光荣传统和优秀精神，为完成我们这一代人所担负的历史的神圣使命而贡献毕生的心血和精力。"有了这样的境界和要求，任何工作也就丝毫不能懈怠，所有的学术研究都是原创性和开拓性的，所有的工作都是有作用、价值和意义的。

同时，只要对研究和宣传敦煌有利的事情，先生都不遗余力地发挥着自己的作用。如参与编写《敦煌遗书行草书法》，参与兰州碑林敦煌写经部分的策划与实施等。2015年开始，开展敦煌草书写本文献的整理研究工作，这是一项敦煌遗书出土 120 年以来除日本学者做过一点工作之外，包括中国学者在内的敦煌学术界基本没有动过的工作，难度极大，目前已经初见成效。

先生十分崇尚和认可敦煌研究院老一辈专家学者的成就贡献。对老一辈专家学者的学术成就进行了系统的总结和弘扬。如编辑已故史苇湘先生论著《敦煌历史与莫高窟艺术研究》《陇上学人文存·史苇湘卷》等，抢救性地将先辈学者的杰出成果予以整理和公之于世。他曾说："敦煌工匠的民族精神，在我们敦煌研究院的前辈们身上被集中体现了出来。40 年来，我目睹了前辈们为敦煌事业默默无闻地奉献了自己的毕生精力的奋斗历程，是他们让老祖宗留下的敦煌精神得到继承与发扬，并且让这种精神的境界得到升华。"当然，先生对前辈专家的工作也不是没有任何歧义地全盘歌颂。随着研究条件的不断改善和研究手段的进步，前人的研究难免会有一些失误，对这一点一定要做到心中有数；同时，对一些大师、泰斗级的专家的一些欠妥之处，也要尽可能地去挽回不必要的损失和影响。

先生非常重视敦煌的普及、宣传和敦煌文化的应用性研究工作。先后在国内外各地讲学，为各国留学生、研修生授课，主持编辑出版《敦煌石窟知识辞典》。同时，十分重视敦煌研究人才的培养。除了自己作为导师直接培养的博士、硕士研究生 20 余名（包括在读）外，主持和参与多所大专院校的历届博士、硕士研究生学位论文的评审和答辩；同时特别注重本单位、本部门年轻一代的学术研究的基础训练和专业进步，带出了一批勤奋、踏实的研究人员。注重学术交流活动，不断接受新事物，拓展敦煌研究新视野。除参加各种相关的学术会议外，在甘肃各地举办与敦煌历史文化相关的学术会议，创办兰州地区"敦煌读书班"开展学术交流活动等。

青年时代，先生总结出做人的两大基本准则：一不上当，二不害人。不上当，就得需要基本的辨别是非的能力，认清什么事能做、什么事不能做，而不管是谁说的——而不管是谁让做的；不害人，就是为人善良诚实，不能有任何的不仁不义。当然这只是先生对自己个人的要求。参加工作以后，先生通过不断的学习和工作实践，深刻地领悟到为人治学、做道德文章的中华文人意识。先生曾说："我时时刻刻都在认真地审视自己、准确地把握自己，担负起我们应该担负的历史使命，上对列祖列宗，下对子孙后代，在人类社会创造与发展的历史长河中寻找自己的位置、尽到自己的责任和义务。"先生始终坚持：做事先做人，做事的过程就是不断完善人生的过程。

马德先生曾经在纪念敦煌研究院前辈专家史苇湘先生的文章中写道："史先生之所以在敦煌事业方面取得了无人能及的丰功伟绩，是作为中国共产党人的老敦煌知识分子，他把神圣的历史使命与共产党人的远大理想结合在了一起！"史先生1984年入党，马德先生1975年入党，作为同样身份的敦煌学人，马德先生对史苇湘先生研究的评价，也正是自己所不懈追求的做人的境界。

《陇上学人文存·马德卷》(第九辑)

作者：买小英

郑炳林

郑炳林先生是我的授业恩师。第一次目睹先生风采，是在榆中校区先生为兰州大学历史文化学院做的一场学术讲座上，对于这样的学术大人物的到来，自然是座无虚席，甚至有人席地而坐。先生对材料非常熟悉，信手拈来，挥洒自如。讲台下的听众鸦雀无声，沉浸在先生构造的历史情境中。2005 年，我忝列先生门下攻读硕士学位，之后又跟随先生攻读博士学位，毕业后承蒙先生不弃留校任教至今。十几年间，我有幸随侍先生左右，亲承先生教诲，但资质愚钝，未得先生之一鳞半爪。先生著述丰富，堪称一流，虽已至花甲之年，仍笔耕不辍，启发后学。

一、教学工作：鹤发银丝映日月，丹心热血沃新花

先生自 1981 年留校以来，一直为西部的教育默默耕耘，直到现在仍然站在教学第一线，每年坚持面向本科生、研究生开课。长期主讲的课程有"中国历史地理""敦煌文献专题研究""西北历史地理""敦煌学前沿概论""唐五代西北区域史研究"。先生上课每每旁征博引，趣味横生，开设的课程深受学生喜爱。在教学过程中，编写了《敦煌石窟艺术概论》《敦煌石窟雕塑艺术概论》《敦煌石窟壁画艺术概论》等教材。主讲的"敦煌学前沿研究概述"被评为 2012 年甘肃省省级精品课程、2016 年甘肃

省省级精品资源共享课，牵头组建的"敦煌学教学团队"获得2014年"甘肃省高等学校教学团队"荣誉称号。在长期的教学工作中，先生不断完善兰州大学历史文化学院课程、教学、教材体系，为敦煌文化在本科生群体中的普及起到积极作用，为中国历史，特别是魏晋南北朝历史、隋唐历史和宋元历史等方面的研究，培养了青年人才和后备力量。

截至目前，先生已经培养出博士研究生近80人，其中近30人晋升教授，40余人晋升副教授。他们在全国范围内的中国历史研究领域崭露头角，展示出兰州大学学子的精神风貌，学术水准得到学界的一致认可。截至目前所指导的博士研究生有1人获全国百篇优秀博士论文奖，2人获全国百篇优秀博士学位论文提名奖，4人获得甘肃省优秀博士学位论文奖，1人入选教育部长江学者奖励计划青年项目，1人入选国家百千万人才工程，获得"有突出贡献中青年专家"荣誉称号。

因教学成绩突出，先生1997年享受国务院政府特殊津贴，1998年获宝钢优秀教师奖，2001年被授予甘肃省优秀专家称号，2005年被授予兰州大学师德标兵，2005年被授予甘肃省文化宣传系列创新拔尖人才，2006年被评为甘肃省优秀教师，获园丁奖，2006年获兰州大学优秀博士论文指导教师，2007年获全国百篇优秀博士学位论文指导教师，2008年、2010年获全国百篇优秀博士学位论文提名论文指导教师，2011年获全国教育系统职业道德建设标兵称号，2012年被评为教育部长江学者奖励计划特聘教授，2013年入选甘肃省宣传文化系统四个一批人才，2014年荣获兰州大学隆基教学名师、甘肃省高等学校教学名师奖，2015年入选甘肃省教学名师和甘肃省领军人才。

二、学术研究：择一事，终一生

先生深耕教育和培养人才的同时，潜心学术，主要从事敦煌学、西北史地等方面的研究，作出了令国内外学术界瞩目的成绩。先后在国内外重要学术刊物上发表论文200余篇，出版专著20余部，主编丛书10余种（详见附录）。主持完成国家冷门绝学团队项目、国家社科基金项目、教育部社科基金项目和重大攻关项目、教育部人文社会科学重点重大项目、全国高校古籍整理委员会项目、科技部科技支撑文化项目，国家文物局重大委托项目以及国务院港澳办、国务院台办办公室项目，教育部港澳台办公室项目等20余项。

先生在敦煌文献整理与研究方面成绩斐然，对敦煌解梦文书、敦煌地理文献、敦煌碑铭赞的整理研究尤为精深。

解梦文书的整理与研究。敦煌写本解梦文书是晚唐五代敦煌地区的卜师文士为占梦需要，对各种传入敦煌地区的解梦书进行改编、修订并吸收敦煌当地民俗民风等而成的一种新的解梦书，这类文书在宗教学、民俗学、思想史的研究方面，具有重要的学术价值。先生通过爬梳校订各国藏敦煌文书，于 1995 年出版《敦煌本梦书》。此书被学界认为是"梦书类文书研究的集大成者"（中国社会科学院黄正建研究员语），"为了解梦书的价值，利用梦书进一步认识唐宋时期敦煌地区的社会生活、民俗、宗教、思想等等方面提供了方便，且对相关领域研究也大有裨益"（北京大学史睿副研究员语）。之后，先生又不断吸收最新公布的英藏、法藏、俄藏敦煌文献中的梦书写本，对旧作进行修订、增补，在《敦煌本梦书》的基础上又出版了《敦煌本解梦书校录研究》。对于敦煌解梦文书，先生鲜明地提出了"行为决定论""多解与归一法"观点，精准地概括了古代敦煌解梦的行为特点和占卜方法。

敦煌地理文书的校注。敦煌地理文书是敦煌遗书中最珍贵的部分之一。自罗振玉以来陆续有一部分文书和影印件、石印本、铅印本及校注本发表。但从数量来看，不足总文书量的三分之一，且其中讹误较多。先生依据俄、法、英等国藏敦煌文书，对敦煌地理文书进行了全面整理，明其异同，正其乖误，形成了《敦煌地理文书汇辑校注》，共收 41 卷文书，内容涉及"沙州、伊州、西州地区残地志""敦煌地理杂文书""全国性地志""往西域行记""往五台山行记""姓氏地理遗书"六大类。敦煌地理文书中的多数既不被古代书目所著录，也不为他人征引，《敦煌地理文书汇辑校注》无疑为学者的利用提供了方便，对促进我国古代历史地理和古代方志学的研究具有重要意义。目前先生已经着手《敦煌地理文书汇集校注》修订工作，计划在原来 30 万字的基础上拓展成上下两册 80 万字，并对部分地理文书的年代定名进行重新的研究，特别是对敦煌写本《西方记》等写本进行的研究，弥补了学术界研究的不足。

敦煌碑铭赞的整理。敦煌碑铭赞是敦煌修功德记、墓志铭、邈真赞等人物传记文献的简称。先生从 1989 年开始辑录碑文和抄本，历时三年撰成《敦煌碑铭赞辑释》，就当时所能见到的敦煌文书中关于碑文、墓志铭、邈真赞等人物传记资料都收录齐全。该书被认为是碑铭赞研究的扛鼎之作，饶宗颐先生赞许"有类《元史本证》"。2019 年，先生在原书基础上又出版《敦煌碑铭赞辑释（增订本）》，经过这次增补修订，所收文书增至 211 篇，文字 130 万有余，内容宏富，考证翔实精当。

此外，先生还组织敦煌学界专家开展敦煌吐蕃文献的整理和研究，完成《敦煌吐蕃文献选辑》10 卷，目前已出版文化、文学、社会经济、占卜文献等五卷。

先生当年做文书整理时，各国藏敦煌文书还没有高清图版公布，从事敦煌学研究的基本资料，一是缩微胶卷，二是黄永武先生编的《敦煌宝藏》。两者尺寸大小有限，图像模糊，释读不易。在如此有限的条件下，先生一个卷子一个卷子地查看，一个字一个字地释读，孜孜矻矻，锲而不舍。《敦煌本解梦书校录研究》《敦煌地理文书汇辑校注》《敦煌碑铭赞辑释》等一部部巨著就是在这种条件下诞生的。先生心无杂念、潜心学术的治学态度和精益求精、追求完美的治学精神，让我们动容。

先生治学的另外一个重点就是敦煌学和西北史地。先生常常语重心长地说，我们处于西部地区，挖掘西部地区的历史与文化，研究丰富多彩的敦煌文化，才是我们的立身之本。

纵观先生的研究内容，大致可以概括为五个方面：一是敦煌区域经济研究。先生论证了晚唐五代敦煌地区已经开始种植棉花的史实，考察了畜牧业经济的发展史以及畜牧管理制度和草场管理制度；研究了敦煌手工业分工情况及手工业行会组织；分析了敦煌地区人口、民族分布；探讨了民族贸易往来；研究了商业贸易中的一般等价物等诸问题。部分研究成果被人大复印资料转载，观点被从事敦煌学研究、中国西北区域史研究的专家所引用。二是敦煌区域历史地理研究。先生解决了归义军政权管辖范围的演变和实行的行政区划制度，这一研究对敦煌学和中国西北区域史的研究具有推动作用。考证了金鞍山、都河等山、河名的来历及它们在当地政治和经济中的影响；探讨了敦煌地区村落名称命名的方式，研究的观点对了解晚唐五代敦煌地区的村落分布与居民结构具有重要的意义。三是敦煌和归义军历史研究。这些成果主要收集在《敦煌归义军专题研究》《敦煌归义军专题研究续编》《敦煌归义军史专题研究三编》《敦煌归义军专题研究四编》等论著中，清晰地、多角度地勾勒出了敦煌和归义军的相关史实。四是对敦煌历史的宏观叙述。2016 年，先生承担了教育部人文社会科学重点研究基地重大项目"敦煌通史"七卷本，将汉代以来的敦煌历史分为两汉卷、魏晋十六国北朝卷、隋及唐前期卷、吐蕃卷、张氏归义军卷、曹氏归义军卷、西夏元明清卷等，这项工程将弥补敦煌历史研究的空白。

三、基地建设：孜孜矻矻，殚精竭虑

近 40 年来，先生坚守在大西北土地上，将教育部人文社会科学重点研究基地兰州大学敦煌学研究所发展成为国际敦煌学学术研究、人才培养、学术交流、图书资料中心。

"道籍人弘，法依人住"。兰州大学敦煌学研究所的发展，归根到底还是依赖于人才队伍的建设。先生在研究所发展初期，就确定了敦煌学研究所发展的方向为石窟艺术和历史文献两大块，先生通过选留优秀博士毕业生、引进国内外人才、兼聘校外专家等多种渠道，吸引了一大批相关研究人员聚集到兰州大学敦煌学研究所从事科研教学工作，并取得了辉煌的成绩。近年来，在审视兰州大学的地理位置和兰大敦煌所发展态势后，先生又敏锐地提出兰州大学敦煌学要想有新的突破，必须拓展敦煌学研究

领域，"东进"要进入中原找到敦煌文化的根源，"西出"要进入新疆乃至中亚，利用胡语文献探索中外文化交流史。在"东进西出"发展战略下，先生大力引进蒙古文、突厥文、回鹘文、梵文、藏文文献方面的专家，同时引进了6位专门从事石窟研究、12位专门从事西北地区历史和文献研究的教师。目前兰州大学敦煌学研究所教师队伍中拥有长江学者特聘教授、长江学者讲座教授、长江学者青年教授、全国百篇优秀博士学位论文指导教师、甘肃省优秀博士学位论文指导教师、甘肃省教学名师、甘肃省优秀专家、全国教育系统职业道德建设标兵、甘肃省领军人才等高层次人才。在先生的带领下，兰州大学敦煌学研究团队已经成为一支研究方向明晰、年龄结构合理、学术素养较高的学术队伍。

"它山之石，可以攻玉"。为了能够使兰州大学敦煌学研究所站在学术前沿，拥有学术研究的话语权，先生通过举办学术会议、学术访问、申请国际项目、聘请国内外专家讲学等不同渠道广泛地开展学术交流。先后将10余名学生送到美国哈佛大学、弗吉尼亚大学、宾夕法尼亚大学，以及日本九州大学、神户大学、名古屋大学等国际知名大学深造。并与耶鲁大学、早稻田大学、神户大学等国外名校签订了学术交流合作项目，互派教师交流访学。

"寺有佛像,有僧徒,而无经典,寂寥精舍,不闻法音,三宝缺一,我愿未满"。先生常常戏称："资料建设就是修'庙'的过程，有了'庙'，'和尚'才愿意来，来了有研究基础也才不会离开，学科发展才能稳定。"先生自担任敦煌学研究所负责人以来，一直留心于研究所资料中心的建设。在资料中心建设初期，也就是20世纪90年代，因资金有限，再加上地处西北信息和交通闭塞，图书配置非常不易，先生常常利用去外地或国外开会机会购置图书，为了节约运费，常常将书直接背回，满足研究所老师和学生的科研需求。对于一些难得的国外资料，先生四处化缘，通过复印的方式给所里配齐。经过多年的努力，敦煌学研究所现共有藏书12万余册，其中中文图书11万余册，外文图书1万2千余册。有关国内外的敦煌学书籍基本囊括其中，为敦煌学专业培养一流的人才、出产标志性成果提供了必要的研究条件。目前基地资料中心已经成为国内知名的敦煌学信息资料中心。

为集中展示兰州大学敦煌学研究所的科研成果，激励学生的研究热情，鞭策后辈学子奋力前行，先生主编出版了"敦煌学研究文库""敦煌学博士文库""归义军史专题研究""敦煌与丝绸之路石窟艺术文库""敦煌与丝绸之路研究丛书""丝绸之路石窟研究文库""敦煌往事丛书"等敦煌学系列丛书。这些丛书所收多数为博士学位论文，学生毕业后经过多年修改汇聚出版，从石窟艺术、历史文化、宗教信仰、民族交融等方面体现了兰州大学敦煌学研究所的教育成果。

"敦煌在中国，敦煌学在世界"。因敦煌藏经洞所出文书和文物被劫掠至他国，因此敦煌学一开始就是一门国际显学。在日本、法国涌现了一批重要的学者和显著的成果，在敦煌学研究领域占有重要的地位，但是国内则很难见到他们的研究成果，再加上语言隔阂，使得学界利用不便。先生为了改善国内学界研究的状况，组织翻译出版了"法国汉学研究丛书""国际敦煌学研究文库（日本卷）"，还将我国港澳台学者的论文集结，出版了100卷本"港台敦煌学文库"，成果惠及学界，善莫大焉。

"有志者，事竟成"。兰州大学敦煌学研究所在先生的带领下，由小至大，由弱至强。1984年，获得历史文献学（含敦煌学、古文字学）硕士学位授予权，1998年获得历史文献学（敦煌学）博士学位授予权，1999年与敦煌研究院实行联合共建敦煌学研究所，并首批入选教育部人文社会科学重点研究基地，2003年建成历史学（敦煌学）博士后科研流动站，2003年成立了兰州大学"985工程"敦煌学哲学社会科学创新基地。2007年被批准为历史文献学（敦煌学）国家重点（培育）学科。2010年获批历史一级学科博士点，2011年调整为中国史一级学科博士点，并自主设置敦煌学二级学科博士点，2019年建成兰州大学敦煌与西域文明研究院。经过几十年的发展，兰州大学敦煌学研究所占领了学术制高点，掌握了学术研究话语权，其中每一步的发展无不浸润着先生的心血和精力。

"老骥伏枥，志在千里"。2009年，习近平同志视察兰州大学敦煌学研究所时，就曾鼓励先生要把敦煌学做大、做强，为国争光。多年来，在先生的带领下，兰州大学敦煌学研究所已经成为学术界的标杆。2019年8月，习近平总书记到甘肃考察调研，在敦煌研究院同有关专家学者和文化单位代表座谈，先生在座谈会上发言表示，研究者要加强敦煌文献的挖掘，并吸引更多的学者加入敦煌学研究队伍，扭转"敦煌在中国，敦煌学在国外"的被动局面，使中国成为敦煌学研究的中心。

先生现在已经"功成名就"，但每天依然勤奋著述，沉浸在他心爱的学术净地中，"世乃浮云何足问，莫若书室读书时"，先生之谓也。

《陇上学人文存·郑炳林卷》（第九辑）

作者：赵青山

郑　文

　　甘肃省社会科学院要编一部《陇上学人文存》的丛书，他们把编选郑文先生学术著作的任务交给了我。我是先生首次招收研究生时的学生之一，又愚长一些年岁，且又一直在先生几乎终其一生的教书育人之地西北师范大学工作，此任务自是义不容辞。于是把先生恩赠于我的著作全部找出，再次拜读。先生于 2006 年仙逝，至今已五个年头，拜读之余，先生之音容笑貌及在陋室中伏案写作之情景，又在脑海中浮现。想墓石已旧，而聆教如昨，不禁怃然。

　　先生字天叔，1910 年生于四川省资中县。在家乡读私塾、小学、中学。1938 年考入国立中央大学师范学院国文系，不久中央大学由南京迁重庆。时黄焯（耀先）先生讲基本国文，伍叔傥先生讲历代文选，罗根泽（雨亭）先生讲中国文学史及《左传》、《汉书》、诸子，孙世扬（鹰若）先生讲文字学，徐英（澄宇）先生讲历代诗选，邵祖平（潭秋）先生讲词选，孙为霆（雨廷）先生讲曲选，顾颉刚先生讲古史，丁山先生讲古文字。先生云：得其教益最多、亦最为怀念者一为顾颉刚先生，二为罗根泽先生，三为孙世扬先生，四为伍叔傥先生。其余朱东润、孙为霆、乔曾劬（大壮）、徐英等先生，先生言亦受益匪浅。先生自谓："余之学术渊源，一为章、黄学派之孙、伍二师，一为《古史辨》学派之顾、罗二师，至朱公、沈公，亦受影响。而在危迫之际，则受庇于孙公雨廷，并得闻大江南北故老之遗说而得启发。"（《金城续稿·自传》。本文引先生之言皆出此。）由此可知先生之学术渊源，并体现在先生的终生治学之中。

1942 年，先生于中央大学毕业并留校任助教，时王达津、蒋礼鸿与先生皆为国文系助教。1947 年，先生离开中央大学应聘于江苏学院。1949 年，江苏学院解散，先生至徐州第二中学任教。1950 年，由吴玉章老介绍，先生入北京华北大学学习，旋合并于华北人民革命大学政治研究院，同组有沈从文先生与孙道升先生。1951 年，奉派往兰州西北师范学院中文系执教，主讲中国古代文学。遂毕先生一生在西北师范大学工作。

先生为人正直，心口如一，遇事便发，拙于奉上，不谙韬晦之道，在历次政治运动中自然难免厄运。1956 年因提出党政分开的意见，被划为右派分子，1965 年又在社会主义教育运动中被整，"文革"中遭批判，不待言也。直至 1979 年始恢复名誉与工资级别并允许发表文章，次年升为正教授并开始招收研究生，而年已七十矣。

先生一生以著述为生涯，学术著作以及诗赋作品，浩然难计。1945 年，在重庆《妇女共鸣》杂志发表《从汉字中考见之古代妇女地位》，在《文史杂志》发表《〈文选·李陵答苏武书〉甄伪》，是为先生发表文章之始。其后在《国民公报》发表《陪都赋》、在《中央日报》副刊发表《释"兮"》等，遂一发不可收拾。惜因迁徙无定，中华人民共和国成立前之著作大多散失。中华人民共和国成立后，1958 年人民出版社出版先生所著《王充哲学初探》，1962 年，人民文学出版社出版先生所校点《六一诗话》《白石诗说》，1986 年上海古籍出版社出版所著《汉诗选笺》。退休之后，先生更是笔耕不辍，陆续出版有《楚辞我见》《汉诗研究》《建安诗论》《李杜论集》《杜诗檠诂》《论衡析诂》《扬雄文集笺注》等十余种。这些著作皆深见先生学术功力。无论质疑旧说、树立新见，还是钩稽考订、分析解说，都举证翔实，切中事理，客观公正，见解独到。

先生于《楚辞》见解颇深，此与先生自幼研习骈文、窃好屈宋作品有关，遂写有有关《楚辞》的论文多篇，《离骚檠诂》曾发表于中华书局《文史》第二十八辑。后将这些论文合编为《楚辞我见》。其后又将自编的用于教学的《楚辞讲义》名为《楚辞浅说》，收入《金城丛稿》一书。先生研究《楚辞》，所论大要有三：一、辨明屈原思想，既非儒法，亦异道墨，更非纵横，实为自家美政之思想。二、明章句。无论王逸的《楚辞章句》还是后人各种注说，皆有可议之处，故作《〈九章章句〉异议》和《离骚檠诂》二十三条。三、考辨事实、辨明作者，如驳《〈九歌〉作于汉代诸证》《驳〈大招〉为屈原自招说》，并力辨屈原未曾放于汉北，都举证确凿，批驳得力，自是不移之论。

先生对汉诗的研究甚有功力，于汉诗研究成果卓然，蜚声中外。有《汉诗选笺》与《汉诗研究》两书，实际上是对全部所存汉代诗歌的系统审定和全新定位。其中

《论枚乘诗》发表于 1979 年《中华文史论丛》，《汉郊祀歌浅论》发表于《文史》第二十一辑。以往之评论汉诗者，偏于民间歌谣，而置朝廷乐章于不顾。先生爬罗剔抉、披沙简金，将汉诗中的优秀作品选出加以笺注，是为《汉诗选笺》。《汉诗研究》则是系统而全面地研究汉代诗歌的学术著作，其中无论是对汉诗词采、义蕴、表现手法的具体考察，还是对伪托枚乘、李陵、班婕妤所作之辨析，还是对《汉郊祀歌》《古诗十九首》之论述，皆新见迭出，不让时贤。

先生亦蜀人，故对扬雄情有独衷。先生自言：为学子时，曾从孙鹰若、伍叔傥两师受《文选》，于扬雄之文已留意焉。然因扬雄集的许多古本得之不易，故至晚年才撰成《扬雄文集笺注》。是书为集校集注集解性质，先引各家之注，再申以己见，釐正旧注之误，去伪存真，颇有新见。所引各家之注，较著者便有颜师古《汉书》注、李善《文选》注、唐五臣《文选》注、章樵《古文苑》注、韩熙祚《古文苑校勘记》、何焯《义门读书记》、胡克家《文选考异》、于光华《评注昭明文选》、张云璈《选学胶言》、梁章钜《文选旁证》、王先谦《汉书补注》、吴恂《汉书注商》、高步瀛《文选李注义疏》、黄侃《文选平点》、陈直《汉书新证》等。各家之注散见于各书，先生将其集中于一处，故于研究扬雄作品者功莫大焉。先生认为：子云思深力盛，其《太玄》《法言》于哲学、社会科学攸关甚大，其《方言》之作亦显训诂之位，非仅以能文为贵者。又总论扬雄生平及作品，作为本书的前言。是文先曾发表于《文史》第二十四辑。又有《扬雄思想研究》，为详细研究扬雄生平与思想的著作，收入《金城丛稿》一书。

先生先曾作《王充哲学初探》，确定王充哲学为机械唯物论的观点。又有感于对王充《论衡》的研究有所偏执，又作《论衡析诂》，对书中每篇详加分析论述，以明王充思想之本意，体现王充哲学之成就。为了贯通全书，又综合各篇观点，依本体论、形神论、认识论、宿命论、政治论、文学论、教育论，而成《王充哲学研究》（为由《王充哲学初探》修改扩充而成），为全书之代序。1979 年中华书局出版北京大学历史系集体所著《论衡注释》，是书与稍前流行的评法批儒运动有关，故空妄者多。先生此著实事求是，力求还王充这一中国古代著名思想家的哲学思想之本来面目。

建安诗歌亦为先生研究重点之一。先生论建安诗歌，不特着眼于"风骨"，而且着眼于建安诗歌的整体风格。先生认为：以曹丕为首的邺下诗风，思想意识开放，艺术表演手法创新，实已开齐梁之风，故影响后世甚巨，非仅"风格"一脉也。

先生于唐诗研究，于李、杜两家用力尤勤。共有论文论李白十四篇（十二篇收入《李杜论集》，二篇收入《金城续稿》）、杜甫七篇（五篇收入《李杜论集》，一篇收入《金城丛稿》，一篇收入《金城续稿》）。于杜甫，又专有《杜诗檠诂》一书。于李白，所论虽多系个别问题，如论李白诗中的伪作、李白天宝后期江夏零陵的行踪、李白归蜀、三人长安、流放夜郎等问题，对于研究李白来说，却是甚有启迪意义。至于杜甫诗，先生说："余治杜诗五十余年，理解渐深，发现遂伙。"遂著《杜诗檠诂》，几乎对杜甫的每首作品都做了仔细研读，钩稽考订，分析论证，计五百余条、近四十万字。分为训诂、时事、地理三纲，用意则在别真伪、辨题目、分段落、论沿袭、谈句法、议寄托、明旨意等。先生综合文史，论事说理，充分周到，说服力强，故此书实为研究杜甫者案头必备之书。

先生有感于晚唐温李并称，众多学者特垂青于李商隐，以成热门，温庭筠则寂寞焉。清代曾益等作《温飞卿诗集笺注》，然于温诗多所未及，且有讹误，于是有意做温庭筠全集的校注工作。此项研究虽始于20世纪50年代，然收拾定稿时先生已行年九十矣，体弱多病，目力不济，无法完成温庭筠全集之校注，遂简而为之《〈温飞卿诗集笺注〉补》。是书补正旧注之疏漏处，并考订温庭筠生平经历，总论温诗成就，还温庭筠诗歌创作之应有地位。故此书须与《温飞卿诗集笺注》合看。

后又将未编入专集之平生著述编为《金城丛稿》《金城续稿》二书。曰"金城"者，以居兰州最久，兰州又名金城之故。《金城丛稿》包括国风韵式、楚辞浅说、扬雄思想研究、论文和札记、诗歌五部分。《金城续稿》则包括自传、诗歌、论著、笔记、鉴赏、荟萃及附录七部分。除所创作的诗歌外，馀为小专著、小论文、读书笔记等。虽有些零碎，然亦不乏真知灼见，不时有思想的火花。先生一生以读书著文为最大乐趣，读书有得，则以笔录，故能积腋成裘。

先生选注的中国古代文学作品则有《历代爱国文选注释》《魏晋南北朝文选注释》，后者与女弟子单芳合编。此项工作可以说是为传播中国古代文学所做的普及工作。

先生所作的文章，有相当一部分是论辩之文。或曰先生好辩。的确，先生阅读古代作品，一个文字、词语、地名、年代等，绝不轻易放过，必全面考查推敲而后酌定。又综合文史，广征博引，评判取舍，故能言之成理，令人心服口服。真理不辩岂能明哉？如果不论不辩，人云亦云，学问则何由谈起？这正是先生的治学特点，也正是先生的长处。先生自述治学态度与方法曾云："首在创新，欲事创新，则须当仁不让，而有根有据，又为不让之本。至于措施，则在从实出发，理解本旨，故文字、声韵之学尚焉。"由上述已足见先生治学特点与性情胸襟。先生弟子赵维江在《国学耆宿一代良师——谈郑文先生治学育人之道》一文中将先生治学特色概括为：注重小学基础，夯实学术根柢；注重创作能力，提高鉴赏水平；注重文献考证，务必求实求真；注重文史哲兼通，拓展学术视野；注重吸纳新知，增强创新活力（《金城续稿》附录）。维江已将先生治学特点总结得十分全面而且周到，故于此不赘述。

　　先生诗也写得很好，《言志》说："不久将过八九秋，寒门家世自营谋。承师指导识门径，凭己钻研入室周。廿载光阴曾枉掷，一心学术仍虔修。无如双目疲劳甚，所志未终尚待酬。"《金城续稿》以诗代序中说："太上忘情我未忘，匹夫有责在兴亡。眈眈虎视欲先发，逐逐狼嗥肆更狂。多载艰辛勤学问，一生刻苦报家邦。诗歌自传明宗旨，论著见知研究方。"这些正是先生一生孜孜于学术研究的写照。

　　先生将自己的一生献给了教书育人和中国古代文学的研究事业，淡泊名利，操持自守。微薄薪金，除购书与自费出版外，所馀无几。陋室粗茶，恬然自安。客人或弟子入门，唯谈学问，滔滔不绝。其性情真率如此。吾虽入先生之门，然较之先生之勤奋刻苦远矣，以此深感惶愧。先生遗言：死后将家中全部藏书无偿捐赠学校图书馆。先生逝世之后，周师母即与西北师范大学图书馆办理了捐赠手续。先生与师母之胸怀开阔、磊落无私，于此亦足见矣。先生之著述过六百万字。此次选编先生之文，就我的学术水平及能力来说，也颇有一些难度，如何从浩瀚的文字中选出最能代表先生平生学术功力的著作，自非易事。是书所选十八篇，是否达到了上述目的，实亦未敢自信，挂一漏万当在所难免。忆及当年于先生面前聆教，每每言及学术问题，我想这些问题当是先生所深思熟虑的，故所编之文多属于此。

　　先生早期出版的《楚辞我见》《汉诗研究》《建安诗论》《李杜论集》诸书，当时负责将文字输入电脑和排版的是某单位的打字社，文字及标点符号错误颇多，先生视力不好不能亲自校对，出版社的责任编辑也无暇多顾，故印成书后依然如此，先生云："错落之多，大出意外，悔而无及，惟向读者致歉。"（《金城丛稿·楚辞浅说》附跋）此次选编，借重新将文字输入电脑的机会，遂将以前排印与校对环节所造成的错误尽量改正过来，也算对先前的遗憾做一点弥补工作。文章中的引文我也大多重新核对了原文，对排印中所造成的错误也予以改正。至于先生行文，自不敢妄动，固是一仍其旧。尽管如此，因先生原稿已不可觅，我想其中的错字仍然在所难免，望读者谅解。

　　书前先生影照，则为先生之女郑宇新女士所提供。

《陇上学人文存·郑文卷》（第二辑）

作者：弟子尹占华谨序

匡　扶

一

匡扶先生，著名学者、教授、作家、诗人；曾用名匡昨非，号匡庐，别号不可登庐；1911年农历正月初四出生于辽宁省盖县，卒于1996年3月；生前为西北师范大学中文系教授，甘肃省文史馆馆员，中华诗词学会、甘肃省民间文艺家协会等著名社团之顾问。先生早年国文科毕业后，在东北任语文教师和文学编辑，始从事民俗文学及古典诗词的研究、写作。1947年任辽东文法学院中文系教授兼系主任；1949年进入华北大学政治研究所学习；1950年毕业之后，辗转西北几所大学任教，历任西北艺术学院、兰州大学、甘肃教育学院、西北师范大学副教授、教授。先生毕生相伴三尺讲台，万卷诗书，其研究与著述，主要涉及三个领域：古典文学、民间文学、诗词创作。先生青年时代处于国家战乱不休，人生动荡流离漂泊的年代，而先生天性亲近诗书翰墨，自己亦极为勤奋勉力求学，从此走上笔耕之途，延续了近六十年的学术生涯，以1956年前后为界，大致可以分为两个阶段。

20世纪前半期，青年时期的匡扶先生，以语文教学、文学编辑等工作为生，很早就开始古典文学、诗词、民俗文学等方面的研究、探讨与写作，出版《匡庐随笔》《东游吟草》和《匡昨非近体诗》等著作。

20世纪后半期，先生执教于西北高等学府，教授古典文学，长期教授本科与研究生的文学理论、民间文学概论中国文学史、中国历代文学作品选、中国诗学、唐宋诗研究、杜甫苏轼研究、清诗研究、古典小说戏曲研究、《红楼梦》专题、诗词格律与写作、诗词题跋等文学系的专业课与专题课。同期，先生先后出版《民间文学概论》《古诗词选读》《两宋诗词选》《唐宋诗论文集》《匡庐文聚》《匡扶诗存》等著作，主编《甘肃历代诗文词曲鉴赏辞典》。

匡扶先生一生极为平易近人，是学界公认的温和谦逊的长者，可是，在学术观点的求实上却决不丝毫迁就。先生一生也从不迷信权威，在学术讨论与研究中，勇于提出自己的看法，尤其是对历史上评价不公允的作家，先生历来以敢于讲真话，讲实话，作出实事求是的开拓性研究与论述，以至于以翻案而著称；对历史上本应该给予重视却被漠然置之的作家，先生既敢于也能够从学术上提出有力的论据，并写出号召性的论述文章，在学术界开风气、匡昨非、扶真义[①]。

二

在民间文学和民俗文化研究领域，匡扶先生是重要的开拓者之一，民间文学也是匡扶先生学术兴趣与研究重点之所在。先生与老一辈民俗学家们一起，为中国民俗学研究的开拓、奠基与发展，筚路蓝缕。在国内，民间文学研究一直处于被冷落和忽视的状态，无论在古代，还是新文化运动以来，学者最多在古代神话研究之中，间或有所提及。[②]在国外，民俗学的研究，西欧早在19世纪就已开始了，而国内民俗学研究的开展，是从1918年刘半农等人发起征集歌谣运动开始的，比西方起步晚了几十年。匡扶先生的民俗文化研究也正是在这一运动的影响下开始的。当时，尽管经过五四运动的洗礼，知识分子提倡文学大众化，但是，正统的文人未将民间文学视为为学的正宗，不登大雅之堂，对民间文学或民俗文化的学习与研究更是无从谈起。在这种形势下，匡扶先生与老一辈民俗学者摒弃偏见，尝试开拓、奠基与开展了我国民间文学与民俗学的研究。

匡扶先生早在1944年，艺文书房出版著作《匡庐随笔》时，就已开始民俗学和民俗文化的研究了。《匡庐随笔》是一本有关民俗研究的论文和散记合集，由十五篇文

①有关匡扶先生的生平传记，参照了张兵、杨萼、匡文立等人的文章，分别是张兵：《薪传未负平生志——匡扶教授的学术生涯》，《兰州学刊》1990年第1期；杨萼：《从学徒到教授》，《传记文学》1991年第2期；匡文立：《诗家的性情，学者的精深》（未刊稿）等。

②当然，这已是20世纪的状况了。在20世纪80年代以来，经历了以钟敬文等老一辈率领的几代学者的努力与经营，状况早已改变，民俗学的发展，单就在各地高校遍地开花的学科体制来看，早已成为当代中国的显学了。——作者注

章组成。在这些文章中，匡扶先生运用其扎实的文史知识根底，对我国民间传统的节令、习俗等进行了翔实的考证和叙说，根据文学记载、历史故事与民间传说，对一些节令、习俗的来源和形式，相互论证。这些早期民俗学研究文章既具学术性，又有趣味性，且文笔清新明快、自然流畅，可读性很强。当时，匡扶先生年仅三十二岁，正学得满腹经纶，在这独具的文史研究的天地里初试身手，《匡庐随笔》便一鸣惊人。

对于民俗文化与民间文学的研究，匡扶先生花费了不少心血，一生也从未间断过。新中国成立以来，满腔热情的匡扶先生辗转于西北几所大学任教，积极承担《民间文学》课的授课任务，在 20 世纪 50 年代，国内尚无民间文学方面的较为完整而系统的论著、研究专著和教材的情况下，匡扶先生边教学边搜集资料，运用所学到的新理论，在 1957 年率先撰写出版了我国第一部《民间文学概论》。这是中国第一部研究民间文学的专著，作为一本民间文学初创期的早期论著，填补空白，发凡起例，具有拓荒、开创与首创民间文学理论构架的学术史意义。《民间文学概论》首先创建了中国体系的民间文学理论，《民间文学概论》出版以来广泛获得学界的好评，即被一些大专院校作为民间文学课的教材和主要参考书，直到今天，书中的观点仍然被文学史家一再引用。[①]

生活在 20 世纪的中国学人，颠沛与压抑的时代决定了他们的命运和人生轨迹和形态。匡扶先生也不例外，青年时期身处战争年代，经历了在东北的颠沛流离，在新中国又在"文革"之中，匡扶先生又被迫经历了长达二十余年的沉寂期。无论作为学者还是诗家，在人生最成熟也最能有所贡献的生命时段，先生的光阴是在压抑的时代，是在沉默的岁月中被无情地流逝了。20 世纪 80 年代改革开放以来，经历了"文革"的匡扶先生重拾早已淡出人生的学术兴趣，重归民间文学和民俗文化研究者的队伍，又发表了《略论民间文学》《再论民间文学》等一系列极有价值的论文，对于民间文学的界说、特征、来源、分类等问题又进行了详细的论证，提出了自己独到的见解。同时，先生面对学术界众说纷纭而又无人做深入认真探索的问题，独自作出深入研讨，提出自己的看法，论述自己的学术观点，作出自己的结论。是时年已古稀的匡扶先生，于 1982 年发表《秧歌小考》一文，引经据典，论证秧歌的发生与发展过程，指出秧歌和秧歌剧这种现代样式，是 1940 年以后，才登上全国文艺舞台的；[②]1984 年发表《略论孟姜女故事的产生和发展》一文，从《左传》和《礼记》中考定故事的源头、母体，论证故事的变化阶段和三次发展的情况，文章以丰富、确凿的论据，科学严密的行文

①匡扶：《民间文学概论》，甘肃人民出版社，1957年。
②匡扶：《秧歌小考》，《陇苗》1982年第1期。

逻辑和新颖的观点，在研究孟姜女故事的众多论文中占有重要的地位，也显示了一位老民间文学研究工作者精深的功力和不凡的见识。①匡扶先生这类借文史以研讨民间文学的文章很多，此次编辑文集时，选入了先生的《谈〈秋胡戏妻〉中的梅英形象》《贯云石散曲略论》《大鼓书词创作上的诸问题》《谈唱词创作上的三个问题》《鲁迅与民间文学——谨为纪念鲁迅诞辰一百周年而作》《略论民间文学》《再论民间文学》《秧歌小考》《略论孟姜女故事的产生和发展》等论文，藉此可以展现匡扶先生民间文学和民俗学研究的学术研究之理路与风貌！

1989年印行的《匡庐文聚》，是匡扶先生20世纪50年代到80年代所发表在全国各报刊的论文精选，这本集子的第三编所选论文，可以说是匡扶先生一生研究民间文学的心得与精华。匡扶先生这一时期的学术研究，正如先生自己在《匡庐文聚》后记所言，给读者一种"杂、俗、异"的感觉。先生的学术研究涉及古今中外，在不同时期有不同的兴奋点与着力处，既有俗文学范畴的系统研究，也有对少数民族文学的研究。②少数民族文学研究，新中国成立以来一度显出繁荣的局面，可是，对少数民族的文化、文学艺术的研究，历来就不是深入的和系统的。匡扶先生也早已看出这种情形，同时，也早已对此做出了力所能及的救偏去弊与补救工作。1987年匡扶先生撰写《贯云石散曲略论》一文，发表于《光明日报·文学遗产》上。蒙古族散曲作家贯云石，被学术界所忽视，匡扶先生在是文中慷慨激昂地写道，对贯云石和对少数民族作家作品这样不公平的待遇，确已到了必须加以重视的时候了。论文中匡扶先生对贯云石作品的思想性、艺术性进行全面的论证，呼吁学界进一步对贯云石和对少数民族作家作品做出深入细致的系统与全面研究与探索。③

匡扶先生对民间文学与民俗文化的研究，从其漫长的近六十年的学术历程来看，先生的学术精神与风格，始终如一的是考据严谨，灵感闪动之处，其底蕴不仅是学者的素养，还有诗人的情怀与性灵，观点别出机杼，多有独到之创见。先生在学术研究上所取得的成就，也因此而深获学界好评，先生的学术研究不仅有敢于创新勇于探索的精神，同时也具有慎重、求实的严谨态度；在学术争鸣上，反对保守，也从不迷信权威，是学界公认的勇于担当、敢于坚持自己观点的学者；先生晚年一再强调，做学问，必须博与专结合，资料与理论统一，既要具备广博的基础知识，又要掌握精深的专业知识，要善于搜集丰富的资料，从资料上升到理论，用理论方法去分析、综合资

---

①匡扶：《略论孟姜女故事的产生和发展》，《民间文学论坛》1984年第2期。

②张兵：《薪传未负平生志——匡扶教授的学术生涯》，《兰州学刊》1990年第1期。

③匡扶：《贯云石散曲略论》，《光明日报·文学遗产)，1987年2月10日。

料。匡扶先生的学术研究也践行了自己一生的为学理念和信条，先生所主张的正是他自己所做的，这也是匡扶先生的治学的精神！这种精神也在其中国古典文学，特别是唐宋诗词的研究中，体现得更为充分和自在。①

三

匡扶先生一生的学术成就，最引人注目的当是对中国古典文学，特别是唐宋诗词的研究。20世纪50年代，中华人民共和国成立之初，时代风尚，像匡扶先生这些从中华人民共和国成立前的中国走来的文人雅士与教授学者，常常被冠以"旧式"字样，先生青年立志与用力，所钟情与迷恋的诗词随笔，因多涉"厚古薄今"乃至"封建文化"之嫌，于是，先生断然作别青年时代业已形成并已成绩斐然的"平生志"，暂别诗赋，转入另一"平生志"的学术研究。这或许是受时代的影响，是学者适应时代与顺应社会历史变迁的自我转型，亦或许是匡扶先生站在新时代的十字路上所寻找到的新的突破口。20世纪50年代以后，执教于西北高校的匡扶先生，在中文系开讲中国古代文学课，先生也因此把自己的研究方向明确确定为中国古代文学，这一时期他个人的学术兴趣开始逐渐集中到了唐宋文学。自此之后，先生沉潜唐宋，精研中古诗词。

匡扶先生在20世纪五六十年代以来的研究工作，与教学工作同步，由于有青年时代，问学于东北国学大家金毓黻等先生，打下的广博的国学根底，当转而致力于古典文学研究时驾轻就熟。教学之余，匡扶先生笔耕不辍，很快便成绩斐然，硕果累累，接连发表重要论文，享誉学界。自1953年调任兰州大学后，匡扶先生先后发表《鲁迅在文学上的成就》《纪念伟大的爱国诗人屈原》《〈红楼梦〉的思想性和艺术性》《略论苏轼及其诗》等重要论文；50年代先生又完成了《两宋诗词选》的编纂并交付发排。从先生这时期发表的作品看出，50年代匡扶先生对文艺理论、对"新知"的求索与热情，也跃然纸上，先生对理论的敏感和驾驭能力，也领先于同时代从事古典文学教学的同仁。在古典文学研究方面，在编辑先生的学术成果时，选编了《对〈李白与杜甫〉的几点疑义》《关于杜诗中"剑器"的异释》《宋诗的评价及其特色浅谈》、《词"别是一家"与词人之词——略论李清照的词及其〈词论〉》《唐诗浅议》《王梵志诗社会内容浅析》《王梵志诗与宋诗的散文化、议论化》《也说王翰的〈凉州词〉》《杜甫政治思想的形成和发展》《杜甫〈秦州杂诗〉命题和主题思想质疑》《彩笔今犹干气象——试论杜甫夔州诗作的社会政治内容》《关于"中堂舞神仙，烟雾蒙玉质"的异释》《唐宋绝句中的哲理性》《两宋诗词三题》《苏轼的政治思想及其对待人民的态

①张兵：《薪传未负平生志——国扶教授的学术生涯》，载《兰州学刊》1990年第1期。

度》《苏轼诗简论》《山谷诗思想内容新探》《从山谷诗的艺术特点谈到"江西诗派"》等等一系列论文。从这时期的论文看出，匡扶先生 50 年代以来将研究的重心转到了古典文学领域后，沉潜唐宋，涵泳精研。[1]

先生对于唐宋诗词的研究，既善于从宏观上总体的把握，也长于对一些历史文艺现象、问题的深入研究，更擅长于对具体作家作品、对具体问题具体现象的细致而独到的微观讨论。如《唐诗浅议》等论文，从宏观角度研究唐宋诗词，从唐诗繁盛的原因、唐诗的分期及演变、唐代诗人创作上的共同思想特点等方面，全面论述唐代诗歌，勾勒唐诗的总貌；《唐宋绝句中的哲理性》则把唐宋诗中的"绝句"独立出来，系统全面地分析其中所蕴含的哲理，等等。

在中国古典文学研究中，匡扶先生不仅偏爱诗词、偏爱唐宋，先生甚至可能更偏爱宋诗。在学界历来有一种论调，认为唐诗是中国诗歌发展的高峰，唐以后的诗作无法望其项背。可是匡扶先生坚持认为这种论调是站不住脚的。先生梳理中国诗歌发展的线索，从先秦诗赋一路下来，至五四新诗，特别是对唐宋诗词进行深入而又细致的研究后，认为应充分肯定唐诗在中国古代诗歌上的地位，但是也要认识到并充分肯定宋诗的历史价值和诗学价值，宋诗也是中国诗歌发展的重要阶段，宋诗是唐诗的发展，不是诗史的停滞或落后。宋诗具有不同于唐诗的独特的时代精神和艺术风貌，形成了异于唐诗的独特的艺术世界。对于宋诗这一宏富的文化遗产应作出公允的评价。有宋三百一十九年，产生了大量的诗人诗篇，出现了众多的诗歌流派，对宋以后的中国诗史产生了广泛而深远的影响。匡扶先生认为，两宋的优秀诗人，不可能不受唐诗的启发与影响，也必然要被他们所处新时代的现实生活所吸引与影响，他们时代的现实生活诸如人民疾苦、政治腐败和外族侵扰等等，也必然影响到宋诗人，也必然在宋诗中有所反映。用匡扶先生的话说，就是中国诗歌中现实主义、爱国主义的优良传统，在宋诗中同样呈现着无比的光辉。大家知道，诚然宋诗从宋朝起即褒贬毁誉不一，当代学界也曾高调地贬低过宋诗，而后来又重视对宋诗的研究，这不能不说与匡扶先生等老一辈中古文学研究者所做的努力有关。[2]宋诗的特色不仅反映在它的思想内容、精神

---

①匡文立：《诗家的性情，学者的精深》（未刊稿）等；张兵：《薪传未负平生志——匡扶教授的学术生涯》，《兰州学刊》1990年第1期。

②20世纪中晚期，对宋诗的研究又开始重视起来，并且出现了蓬勃的景象，这不能不说与匡扶、缪钺、钱锺书、王水照、陈祥耀、傅璇琮、刘乃昌等先生所做的努力有关。宋诗从宋朝起即褒贬各半，毁誉不一。在匡扶先生等人提出重新研究和评价宋诗以前，围绕毛泽东给陈毅的信，学术界曾一度较大幅度地贬低宋诗，在为宋诗提高地位的过程中，匡扶先生于1982年与1983年出版的两部著作《古诗词选读》和《两宋诗词选》也功不可没，特别是《两宋诗词选》是匡扶先生为普及宋代诗词提高宋诗地位而有意为之的普及性工作。——张兵：《薪传未负平生志——匡扶教授的学术生涯》，《兰州学刊》1990年第1期。

气质上，也反映在它的艺术手法和语言特色上。对于宋诗的艺术特色，匡扶先生总结出其不同于唐诗的特点，就是宋诗艺术手法的散文化、议论化和语言的通俗化等特色。先生认为宋诗中语言通俗化的特点，是社会生活和语言发展的结果，更是宋诗人吸取、提炼民间口语、丰富和翻新自己的语言的结果，因此而形成宋诗清新流畅、朴实自然的美学风格，对于宋诗语言的通俗化，匡扶先生尤其予以强调，认为宋诗人的这种自觉的精神和艺术追求值得人们学习。①

20世纪80年代，新时期的中国"百废待兴""万象复苏"，匡扶先生也已年届古稀，这个岁数，按照惯常的人生规划与法则，意味着满目夕阳，回家颐养天年了。可是，在那个特定的历史时期，在当时的中国学界和高等院校，却成就了一段特定的社会风景，以体制为保障，给一代白发学人，提供了真正意义上老骥伏枥、老有所为的旷古机缘。身处高等学府的大批老教授退休暂时无期，事业上却天地开阔。这一阶段，匡扶先生寄身有近百年历史的高等学府，心境乐观，"不知老之将至"，登堂授业，挑灯著文，繁忙而充实愉悦。正如先生以诗抒怀，"好倾心力报明时"。这个时期匡扶先生先后撰写论文，针对郭沫若先生在《李白与杜甫》里贬低杜甫，曲解杜甫的作品，在学术界引起的非议，进行了勇敢的论辩，并作出了令人信服的论断。②

自古李杜并重。众所皆知，1962年郭沫若在杜甫诞生一千二百五十周年纪念会的开幕致词时说，李白和杜甫是中国文学史上的双子星座，永远并列着发出不灭的光辉。这是对李白和杜甫在中国文学史上的地位的确切评价。可是在十年之后，郭沫若《李白与杜甫》一书，从门阀观念、功名欲望、地主生活、宗教信仰、嗜酒终身等方面对李白与杜甫进行比较后，重新做了评价，认为李白优于杜甫，开始抑杜扬李，甚至把杜甫说得几乎一无是处。在20世纪七八十年代的政治与文化环境中，《李白与杜甫》兼具了意识形态的教化功能，并且发行量巨大，郭沫若对李、杜的不公允评价，当时在学术界引起了广泛的非议。"老杜"从来是匡扶先生的至爱，估计心中早已激荡着不平之情，于是也慨然命笔，率先对郭沫若先生这位顶级的"大家"发出质疑，为杜甫力辩。1980年3月匡扶先生在《文史哲》刊出《对〈李白与杜甫〉的几点疑义》一文，之后，又撰写了《杜甫政治思想的形成和发展》等一系列论文，从诗句的注释到诗意的理解等方面，从杜甫的政治思想、对待统治者的态度、对人民的态度、杜甫的生活作风以及诗歌的现实主义精神等方面，对杜甫进行深入的研究之后，做了肯定性

---

①匡扶在《宋诗的评价及其特色浅谈》《两宋诗词三题》等文中详细地讨论了宋诗的特点。曲阜师大刘乃昌教授在《文史知识》1982年第9期上发表文章，总结对宋诗评价问题时，多次引用先生的文章，对于匡扶先生的观点很是赞同。——张兵：《薪传未负平生志——匡扶教授的学术生涯》，《兰州学刊》1990年第1期。
②匡文立：《诗家的性情，学者的精深》（未刊稿）等。

的重新评价，也从多方面对郭沫若的观点加以剖辨，先生认为《李白与杜甫》的一些论点"令人难以索解"，"缺乏说服力，站不住脚"，又全面引入"阶级立场"作为评价体系，旗帜鲜明地扬李抑杜，持论充满了"大批判"式欲加之罪的强横霸道。杜李二人都对中国诗歌的发展作出了各自不同而又无可替代的伟大贡献，对于杜甫与李白，任何扬此抑彼都是不可取的，也是不公平的。在 20 世纪 80 年代能公开质疑，本身就是勇气和见识。此后，匡扶先生在古典文学研究，特别是对唐宋诗词的研究与论述一发而不可收，先后撰写发表了《苏轼的政治思想及其对人民的态度》《从山谷诗的艺术特点谈到"江西诗派"》《唐宋绝句中的哲理性》《宋诗的评价及其特色浅谈》等论文，接踵见诸《文史哲》《光明日报·文学遗产》《西北师大学报》《满族研究》等多家学术报刊。①

在古典文学研究领域，匡扶先生对宋诗的研究独具慧眼，在学术史上至今有它独特的价值。先生生前反复强调，要给宋诗予以公正的评价，要充分认识宋诗的历史与艺术价值。而要充分认识与借鉴宋诗的艺术价值，就必须对两宋的具体诗人及其作品进行深入的研究，因此，先生著文从宏观上整体上把握宋诗的同时，对宋诗的代表性人物苏轼、黄庭坚等进行了深入研究。早在 20 世纪 50 年代，匡扶先生就展开对苏轼的政治思想及其诗歌特点的研究，1956 年先生撰写了《略论苏轼及其诗》一文，1957 年又撰写了《苏轼的政治思想及其对待人民的态度》一文。历来对苏轼的评价不一而同，随着历史的变动与政治变革，以及文艺运动、美学思想的发展变化而变化。中华人民共和国成立以来，对苏轼诗的评价与对王安石变法的评价被紧密地联系起来；苏轼有相当数量的诗反映了王安石的变法问题，于是又将这部分所谓"政治诗"视为苏轼诗的基本思想内容。认为苏轼是新法的反对者，对王安石变法的评价也就成为评价苏轼的尺度了。20 世纪 70 年代末，受政治气氛的影响和左右，又认为苏轼在政治上的保守态度，在一定程度上限制了他在文艺上的成就。针对这些问题，匡扶先生撰写了一系列文章，通过对大量史料记载的分析和对苏轼作品的仔细考察，详尽地分析并论述了苏轼的思想及其诗歌创作。②在《略论苏轼及其诗》一文中，匡扶先生阐明了他对苏轼及其诗歌创作的基本看法。苏轼是中国文学史上杰出的代表人物之一，苏轼积极用世，其作品反映现实生活与人民疾苦、忧国忧民，犹如杜甫，可是没有杜甫的畏愁凄楚；豪放不羁、漠视礼法犹如李白，而没有李白那样沉酣酒色，遗世独立的浪漫。苏轼虽身处政治风险之中，却能控制自己，保持平常，表现出适应生活安于生活的淡

---

① 匡扶：《对李白与杜甫的几点疑义》，《文史哲》1980年第3期；《杜甫政治思想的形成和发展》，《甘肃师大学报》1981年第4期。

② 张兵：《薪传未负平生志——匡扶教授的学术生涯》，《兰州学刊》1990年第1期。

定与定力。匡扶先生《苏轼的政治思想及其对待人民的态度》一文认为，苏轼早期的政治思想，从士族地主阶级的立场和利益出发，评价范仲淹的庆历新政运动，有其积极的除旧布新的理想和愿望，至于苏轼在变法与反变法的政治斗争中的功与过，应以历史的观点和一分为二的分析方法来看待、分析与评价。综观北宋变法与反变法的这场政治斗争，苏轼虽反对新法却能采取实事求是的态度，苏轼在王安石变法前后，或是在元祐更变等时期，所持的基本态度都是坚持自己的改革理想和主张。虽然，苏轼在政治思想上显露出明显的阶级、时代的局限，属于封建士大夫行列中的历史人物，其对待人民的态度，带有中国历史上封建士大夫和上层社会的诸如恩赐观点等历史的局限性，但是，苏轼忧国忧民，与人民群众在思想感情上密切联系，使其不失为是一位北宋时期的政治革新者与改革家。[①]匡扶先生晚年强调说，苏轼的政治思想是既统一又复杂的政治思想体系，以儒家思想为主导，而又杂以释、法、道的思想，这一复杂的思想体系支配了他一生的政治活动，也指导了他一生的文化艺术创作。苏轼诗歌所反映的社会矛盾，是北宋时期的客观存在，具有深刻的现实意义；而苏轼诗作的主流是那些具有青春浪漫、热情奔放气息，体现了诗人时刻想要冲破现实的压抑、远走高飞的愤激和超逸的襟抱的作品；苏轼在诗歌创作上不是墨守成规的诗人，诗人富有天才的创造性，扩大了五、七言诗的题材和境界，发展了诗的语言，也灵活了诗格律的运用，在各方面都达到极高的意境，给后学开辟了广阔的道路。[②]

　　20世纪中后期，在中国学术界，不仅仅是对杜甫苏轼这些诗学大家的评价有失公允，而在论述整个传统文学艺术时，往往在观念、方法与学术范式上都有所失范。回顾那段历史时发现，纵使在那个以失范为平常的年代，非常难能可贵的是，已有学者开始了拨乱反正的工作，像匡扶先生这样一些一生秉持"匡昨非，扶真义"之理念的真学人，仍坚守着学术的良心，为了守持历史的真实和尊重艺术之规律，展开他们力所能及的学术工作，其中之一就是对黄庭坚及其诗派的研究与再评价。黄庭坚被尊为宋代"江西诗派"的宗师，但黄庭坚与"江西诗派"的理论和创作，历来是一个有较大争议的论题。有学者认为，从北宋后期逐渐形成的"江西诗派"，以黄庭坚为代表，标举的"点铁成金"和"夺胎换骨"的诗论主张，创作上模拟与雕章琢句，回避政治，漠视诗歌的社会作用。这些纯艺术论者的作品虽然摆脱了"西昆体"的形式主义，可是又走上了新的形式主义道路。黄庭坚及其"江西诗派"诗人的创作，在艺术上毫无成就，也毫无现实性，他们在中国古代文学史上的地位名不符实，其盛名纯属虚誉。20世纪七八十年代，匡扶先生连续发表了《山谷诗思想内容新探》和《从山谷诗的艺

①匡扶：《苏轼的政治思想及其对待人民的态度》，《甘肃师大学报》1979年第4期。
②张兵：《薪传未负平生志——匡扶教授的学术生涯》，《兰州学刊》1990年第1期。

术特点谈到"江西诗派"》等论文，①对黄庭坚的诗歌从思想到艺术进行全面的研究与评价，替黄庭坚及其"江西诗派"进行辩护。匡扶先生认为，黄庭坚的诗基本可以归之于现实主义行列之中，其诗作具有现实性，其诗作中所表现的思想内容，以仁政爱民思想为主。黄庭坚的政治思想也是以儒家思想为其核心。匡扶先生的这些研究特别难能可贵之处是，他不总是迎合时代，从意识形态与思想内容、政治倾向来论诗论人，他能够从作品的艺术规律来讨论与评价诗人诗作。先生从黄庭坚诗歌的艺术成就着眼，指出黄庭坚以七言律诗为最佳，风格独具，"江西诗派"虽因受"西昆"余波的冲击，其创作往往流于粗拙、生涩，甚至寡情乏味，但是，黄庭坚的诗新奇雄健，风骨耸峭，尽扫嘲风月弄花草的华丽积习。匡扶先生晚年在回顾自己的学术道路时说，毫无顾忌地为苏、黄辩护，并非为了争做苏、黄的功臣，而是为了还古典文学，还苏、黄以本来的历史面目。1984 年，修水黄庭坚纪念馆开馆，匡扶先生曾题赠一绝，诗云："诗到苏、黄意更真，夺胎换骨见精神。分唐界宋何多事？来作江西社里人！"②

匡扶先生一生敢于突破，不断开拓学术研究的新领域，勇于探索新问题。初唐白话诗人王梵志，对唐宋诗产生过较大的影响。而初唐诗人王梵志却一向为学术界所漠视，也许是由于资料的不全以及其他方面的一些原因，学术界长期以来冷落了这位诗人。在新近出版的《剑桥中国文学史》中，美国著名学者宇文所安先生写道："我们都知道，敦煌对唐代诗歌研究来说有极大的价值，它为我们提供了很多佚诗，也提供了对唐代手抄本文化的直接感知。如果敦煌大大扩展了我们对唐诗的理解，从反方向提问也很有用:也就是说，如果我们所拥有的唐诗全部来自敦煌，情况又会如何？如果是那样的话，高适就会成为最重要的唐代诗人，其次便是王梵志；李白会有一些诗流传下来，杜甫则将完全不存在。至于晚唐，我们看到的会是张祜的某些诗，而不是李商隐。此外，边塞主题将主宰我们对唐诗的理解。③宇文所安氏的论述彰显了很多的论题，但是我们在这里单就宇氏所列举的唐诗人来看，就能够看出诗人王梵志在有唐一朝的重要历史地位。以宇氏所代表的主流观点来看，对王梵志在中国古代文学中地位的认识与评价，似乎迟到了近半个世纪，可是，早在半个世纪前就有学者呼吁与论述唐诗人王梵志，这仍旧是著名学者匡扶先生。

匡扶先生在 20 世纪 80 年代初就撰文，专门研究王梵志，先生撰写的《王梵志诗社会内容浅析》④和《王梵志与宋诗的散文化、议论化》⑤等论文，详细分析、评介了

①匡扶:《从山谷诗的艺术特点谈到江西诗派》,《文史哲》1981年第5期。
②张兵:《薪传未负平生志——匡扶教授的学术生涯》,《兰州学刊》1990年 第1期。
③宇文所安:《剑桥中国文学史》,三联书店,2013年。
④匡扶:《王梵志诗社会内容浅析》,《西北师院学报》1983年第4期。
⑤匡扶:《王梵志与宋诗的散文化、议论化》,《敦煌学研究》《西北师院学报》。

王诗的社会内容和艺术特色，以及对唐、宋诗的影响。匡扶先生的研究在王梵志研究中起了带头作用。匡扶先生的这些研究与论述，给王梵志及其诗作在中国诗史上应有的地位，作出了中肯的评论。[①]

作为古典文学的研究者，在20世纪后半期，匡扶先生撰写、编辑并出版了《古诗词选读》《两宋诗词选》《唐宋诗论文集》等著作，主编《甘肃历代诗文词曲鉴赏辞典》。匡扶先生对古典文学与唐宋诗词的研究，以及在教学、研究之外的这些文学普及之作，也深获学界与同道的好评。先生编纂的《古诗词选读》（上下两册），在20世纪80年代初由甘肃人民出版社印行，这是一部以普及古典诗词知识，以提高对古典诗学的认识，以提升大众的文学鉴赏能力为宗旨的书籍，从先秦到近代的海量诗词作品中精选而得，所选诗词，皆附有先生对作者的简要介绍，对作品的注释、说明与分析、串讲生动，出版后广受欢迎，多次再版，发行近五十万册；先生用心费时而又被搁置了整整二十六年的《两宋诗词选》，在1983年由新疆人民出版社付梓，是先生竭力发掘宋诗独特的文学与历史价值，为长期受学界贬抑的宋诗争取公正评价之力作。[②]

四

匡扶先生是学者，又是诗人；既是古典文学的研究者，也是古典文学的创作实践者。20世纪前期，先生就开始了古典诗词的研究、写作，并于中华人民共和国成立前出版了《匡庐随笔》《东游吟草》《匡昨非近体诗》等诗作；20世纪后半期，先生在教学科研之外，余事作诗，积数十年之岁月，先生的旧体诗已极为精妙，结集并出版了《匡庐文聚》与《匡扶诗存》等作品集。先生的诗作曾被选入《江河集》《丝绸之路诗词选集》《五四以来诗词选》《中国当代诗词选》等诗词选集。匡扶先生一生诗作，在千首以上，除抗战、"文革"期间两度有所遗失以外，自结集存诗五六百首，大都在报纸杂志上发表过。

青年时代，匡扶先生就是一位才华横溢的诗人和作家。1947年，在沈阳印行第一本诗集《匡昨非近体诗》，是先生青年时期的古体诗作选集。书是由先生的师尊、东北国学名家金毓黻先生点选、题书名并写评语，扉页还有金毓黻先生题诗，诗曰：

未必先生胜后生，新诗读罢已心倾。

力能扛鼎疑无重，语可生波喜不平。

惜我疏于当世计，期君博得百年名。

---

①匡扶：《唐宋诗论文集》，西北师范大学印刷出品，1986年9月。
②杨萼：《从学徒到教授》，《传记文学》1991年第2期；匡文立：《诗家的性情，学者的精深》（未刊稿）等。

何当转绿回黄后，坐雨听花倍有情。

可见金毓黻老对青年诗人的推许和厚望。自此以后，匡扶先生先后又出版了《东游吟草》《风雷颂》等旧体诗集。

1936年，青年诗人匡扶的《被酒》发表，此诗以幽沉抑郁的格调和雅丽精工的语言，抒写了旧中国一代知识分子的苦闷和彷徨。一时黄河南北，和者数以百计，其中有三十人的六十首和诗见于报端。《被酒》诗其一云：

轻丝流管夜沉沉，旧梦低徊土满襟。

梅老尚存当日媚，春明难慰少年心。

断杯席上犹分酌，得句灯前莫浪吟。

我亦十年迟作赋，边关风雪竟于今

其二云：

已拌病酒春无奈，生悔情缘人世多。

塞上雪飞迷晓日，江南莺语挂新萝。

漫嗟二十聊如尔，敢道百年更若何？

似此宵深欣有月，要君痛饮为君歌。

1986年，先生加入中国共产党，喜赋《入党抒怀》七绝六首，以诗颂党。诗在《甘肃日报》发表以后，又被《民主协商报》等刊物转载，一时和者亦众。诗中有言：

竟成老木又逢春，久沐阳和愧识津。

逢人但说桑榆好，彩笔今犹绘晚晴。

足见先生其时的欣喜之情和百倍信心。匡扶先生作为诗人，其创作历程漫长，可以说贯穿了他的一生。青年时代的匡扶先生以"诗家"为自我期许，也重点致力，青春情怀，诗人性灵，挥洒成章；其偏好格律精谨、意韵凝练的"近体诗"裁制。读先生的文字，常常会被其中佳句深深触动和感染。"拂水依然来旧燕，买春正欲掷黄金"，敦厚儒雅，夫子自况，也见春光灿烂和年少狂狷之豪气；"铁马金戈空有梦，断云孤塔足通禅"，家国之痛隐现，奈何书生无用，也见青年诗人叩问精神之超越和灵魂之归依；"为问寒阶明月色，多情此夕照君无"，月色撩人，两地相思，脉脉情深；"梅老尚存当日媚，春明难慰少年心"，"易水风虚发，函关气自来"，"开落年年同此恨，去留处处等无归"，"远山似黛谁能画？往事如烟岂可收"等等，闲愁妩媚，心事浩茫，伤时感事，沉郁惘然！①

匡扶先生晚年诗词又迎来了一高峰期。1993年出版《匡扶诗存》，选诗作数百首，

---

① 杨萼：《从学徒到教授》，《传记文学》1991年第2期；匡文立：《诗家的性情，学者的精深》（未刊稿）等。

生动真实地记述了诗人的又一侧面，反映了先生几十年刻苦追求、不断前进的艰苦历程；展示了老一辈知识分子向往真理、忧国忧民的高尚情操和美好理想；表达了对党的热爱，对社会主义建设事业的积极投入，对国家民族命运的深切关注和对劳动人民的真挚感情。先生晚年诗词其神采虽似不若往昔，可是仍佳句不断。如 20 世纪 60 年代，先生拾起失落已久的诗兴，和毛泽东诗词，吟成《喜读毛主席诗词十首，敬赋八绝句》，"一峰特峙环球小，浪下云横意态奇"，"世界已殊神女惊，裁山伏虎意纵横"，化用原诗经典措辞，丝丝入扣，意象瑰丽，气势雄浑；而吟咏杜甫的"冻骨不堪销浊世，秋风何意转欢颜"；吟咏李白的"斯人憔悴以诗传，月近峨嵋不可攀"；悲悼老友程千帆先生的"沧海月圆更月缺，高楼花放又花残"；书赠其学生的"衰迟谁忆少年名，雪压长河忽再逢。历历图书原世累，堂堂岁月总心惊……"情真意切，境界旷远，心智笔力皆遒劲依然，老而不衰。其《一九八六年教师节喜赋》七律诗云："神州风物近如何？旷代江山景气多！几见人才推世运，颇闻闾巷起弦歌。薪传敢负平生志，烛照终迎旭日和。垂老匡衡犹健饭，相期共奋鲁阳戈。"此诗首联起句突兀，出手非凡，气象恢宏，笔力遒健，诗人喜悦畅朗之情如地火奔突，一发而不可遏止。颔联浑成、平稳。颈、尾两联对仗工稳，韵律和谐，用典准确，情感激越，人民老教育工作者的赤子之心和盘托出！①

学界对匡扶先生格律诗的评价，认为先生之诗，遒劲浑成，富于理趣，善于托物以明理，寄象而言志；雅正常戒呆板，自由更备规范，融事理于意象之中，寓美感于律吕之外。②著名学者、史学家、诗人金毓黻先生早在半个多世纪以前，就已认为匡扶先生的古诗，饶有唐音，其诗作以七律最擅胜场，七绝亦佳。的确，先生一生于七言律绝用力最勤，功力亦深。匡扶先生的诗作，俊逸潇洒，清新蕴藉，见锤炼之功，无斧凿之痕，是真性情真才情的充沛流溢；先生晚年诗词在艺术手法上，更是跌宕多姿，开合自如，情景一体，豪放与委婉相错，显得曲折多致，意蕴深长。③

匡扶先生早年也创作有大量随笔作品，那时亦常见诸报端。20 世纪前期"九一八"之后的东三省，文字环境严苛、恐怖，言路逼仄，先生二十出头，风华正茂，而写作生涯偏偏起始于此，夹缝求生的青春诗人，风致被动地倾向文人逸兴雅致的一路。从《布衣诗人黄仲则》《柳耆卿与秦淮妓》《放翁的消夏诗》《明代的诗僧》，到《孟兰盆会考》《七夕的爱恋谱》《中秋的故事》《稿费考》，再到《河豚之毒》《谈猴》

---

①匡文立：《诗家的性情，学者的精深》(未刊稿)等。

②匡扶：诗集《匡昃非近体诗》。

③张兵：《薪传未负平生志——匡扶教授的学术生涯》，《兰州学刊》1990年第1期；杨蓉：《从学徒到教授》，《传记文学》1991年第2期；匡文立：《诗家的性情，学者的精深》(未刊稿)等。

《蟹话》，直到《头发的命运》《戒指》《象棋》《从烧羊说起》等等，从这些少时之作与话题来看，先生早年的随笔写作，大体不出"古代诗人"和"民俗民间风情"两个领域，亦从中隐然透露出先生平生志趣之所在，也暗示出了先生后来事业的方向。[①]

先生的随笔谈陆游、谈陶潜、谈"文人与酒"，说古论今，意兴遄飞，纵横开阖；谈荔枝、葡萄酒、秋千、秋海棠、梧桐之诗话，资料翔实，考据独到，趣味丛生；谈四时节令，考源梳理，通透畅达。至今读来，仍觉知识性趣味性兼美，开卷有益。几十年以后历史文化散文、随笔风靡一时，而匡扶先生其实是先行者之一，可惜不逢其时，不得其地，在那躁动的时代，古典情怀，文人雅致，谈诗论文，却沦落为社会边缘以至被逐出，"风多响易沉"，乃是自古文士必然之宿命！诗人而兼学者的双重气质，给匡扶先生的学术研究也带来了诸多特色。作诗陶冶了先生的审美感受能力，由此亦深知其中甘苦，自能理解历史上诗人心理，故先生的诗文鉴赏与研究性文章总能体察入微，也善于长于道出个中三昧。[②]

五

匡扶先生人生的另一大成就，就是匡氏一家"文以传家"了，其"文"有二意，不仅仅是文学艺术与学术文化的传承与发展，还有就是正如儒家孔圣所说的文质彬彬之"文"了。匡扶先生早年教育两位女公子成为国内外著名的文学家，著述等身，至今仍驰骋于文坛；而由先生及其夫人杨萼教授夫妻手把手培养成长的长孙匡钊博士，青年学者，才华横溢，著译佳作不断，实乃家学之传承与文风之振兴。先生仙游已近二十年，是可以告慰先生的！

匡扶先生不仅是严谨的学者，敢于仗义执言的文坛勇士，也是"恋家"的丈夫和父亲，更是循循善诱的教育家寓教于乐，将对儿女的关爱和教育化作日常的言与行。先生的这种言行也以他诗家的个性与方式表现出来，用文学家匡文立老师的话说，先生常将其人生的苍茫羁旅与身不由己，深沉父爱与为人为学的理念，化为调侃的文字、咏抒为久违的情致、万千的郁结和无限的惆怅。写给女儿文留、文立的《河西旅途忆文留文立》诗曰：

> 腋底娇憨抚二立，贪吃懒睡大留强。
>
> 屈指河西三十日，晨鸡夜火费思量。

异地而处的女儿将"诗作"寄给先生后，先生以诗"回信"女儿，《寄示文立天

---

①杨萼：《从学徒到教授》，《传记文学》1991年第2期；匡文立：《诗家的性情，学者的精深》（未刊稿）等。

②匡文立：《诗家的性情，学者的精深》（未刊稿）等。

水》诗：

> 离怀又系早春天，一度开封一辗然。
>
> 跌宕图书今老矣，酒龙诗虎忭当年。

> 秦州月色照平沙，入世襟期客即家。
>
> 杜老游踪应不泯，好攀南郭问春华。

对女儿"诗书传家"的勉励与期待，对自己似水流年的感喟，浑然一体。①

从一位颇有成就的民俗文化与民间文学的研究工作者，到卓有建树的古典文学研究专家、学者而兼诗人，这就是匡扶先生一个甲子的教学科研的人生轨迹。也由于先生在学术上所取得的成就，匡扶先生被列入《中国俗文学家词典》《中国词学家词典》《中国现代社会科学人物传略》等辞书。匡扶先生一生为人方正、谦虚，待人热诚，凡向他求教过的人，没有不得到满意答复的；先生古稀之年，虽然批准离休，但仍精神矍铄，积极热情参与社会工作，担当老年大学的文学课，仍然手不释卷孜孜以求。天现晚晴，人发余热，"逢人但说桑榆好，彩笔今犹绘晚晴"。先生离休后，又获得多次国家级和省级的奖励，先后获甘肃省老龄委员会"老有所为精英奖"、中国民间文艺家协会"从事民间文艺工作三十年、为我国民间文艺事业的繁荣发展做出贡献荣誉奖"、甘肃省作家协会"发展甘肃文学事业做出了积极努力和突出贡献奖"，等等。②

在完成这部文集的编辑且即将出版之际，作为这部文集的编选者，我要记录下自己的感受和感言，同时，这篇编选者前言的写作也即将完成之际，我要写下这些感谢的话！

首先，我要感谢范鹏先生和马廷旭先生，作为大型"陇上学人文丛"学术文库的策划与总编辑，没有他们主持其事，没有他们的慧眼识珠，这部文集的出版是无从谈起的，是他们本着赓续学术文化、弘扬优秀学术文化的理念，将匡扶先生的作品列为2014年年度的出版规划。他们的热情支持与具体、细致的指导与关心，是这部文集之所以能够面世的根本因素。马廷旭先生在这部文集的编选过程中，对编选工作具体细心而又内行的指导，使这部文集的编选过程可以按部就班地完成，起到了事半功倍的决定性的作用。所以在这部著作将出版之际，首先应该感谢的是范鹏和马廷旭两位先生！

---

① 匡文立：《诗家的性情，学者的精深》（未刊稿）等。

② 杨萼：《从学徒到教授》，《传记文学》1991年第2期；张兵《薪传未负平生志——匡扶教授的学术生涯》，《兰州学刊》1990年第1期。

　　其次，在这里我应该记录下并感谢匡钊博士和匡文留、匡文立两位老师，他们作为匡扶先生的后人，作为女儿和孙子，对这件事情的支持和态度，使我更加感慨匡氏家风和学风的那种大度和超然，他们的那种包容精神与坦然于世的态度，值得敬佩！特别是匡钊博士，在提供匡扶先生著作的资料、配合编辑的过程中，那种内行而又亲和自然的协助、帮助与配合让人感到极其欣慰，特别是他对待祖父学术成就任学者品评论述的那种超然态度，让人感觉到他不仅仅继承了他祖父的那种文风，更继承了他们匡氏一家那种超然那种包容那种高贵的精神气质！特别是那种超然大度的气度，让人敬佩！让人感觉到这位青年学者的那种家学渊源的不凡气度。还有匡文留、匡文立两位老师，她们提供的匡扶先生的生活、为人、为学的点滴记录，展示老先生那种精神世界、那种诗人气度的细节，让人非常感动、感激和钦佩。特别是文立先生，文采斐然的思念文章，倾注了一个女儿对父亲无限的爱和无限的思念，让人对两位匡老师她们对待父亲学术成就、对父亲的怀念、对一个学者的敬佩、对一种高贵学风和精神气质的继承，让人心生无限感慨与崇敬！

　　当然，应该感谢的人，还有作为匡扶先生入室弟子的张兵教授、伏俊琏教授和匡扶先生的好友同事同行的赵逵夫先生、郝苏民先生等，这些学者不论作为先生的弟子或作为先生的同行，在品评谈论这位老学者老诗人的学术成就和创作贡献时，那种关心那种到位的评价与那种支持，让我们深切地感受到几代陇上学人、陇原学术群体的深厚友情与关切之情，使我们这些后辈学人油然而生出那种感激那种认同那种力量。不仅在这寒冷的陇原大地上让人感到了一股一股的温暖，也让人感觉到陇原学者陇上学人对学术的真诚，对前辈学者的敬佩，对他们优良的学术的一种继承与传承的缅怀，也让我们感到陇上学人那种学术积淀的深厚，那种传承与创新未来的希望，这些都应该在这里大书特书。特别是张兵教授关于匡扶先生学术成就与诗文创作的论文，是笔者能够完成编者前言这篇论文的主要的参考资料。没有匡钊先生、张兵先生、匡文立先生的这些具体的已经作出的学术的探究和论述，也就没有这篇论文的完成。所以，应该在这里再次感谢匡钊先生、张兵先生、匡文立先生他们对前辈学者匡扶先生作出的早期研究和论述，也正是有了他们这种深入的学术研究与论述，使这篇文章才能完成，使这篇文章才能展现出今天这个样子。要说这篇编者前言还有可观之处，其所有的都应该归于上述这些先生。大家都应知道的情况是，一部好书的出世，优秀与辛苦的出版编辑的作用与贡献是任何人无法替代的，每次看到清样上红笔灿然的专业校对，不得不对他们油然而生敬意，这部文集的出版编辑高文波老师再次展现了他优秀、资深而又功力浑厚与极端负责的精神与作风，将对他的感谢放在文章之末，总有一份歉意，但是，我们对他的敬意与感谢并不减少一分。当然所有的不足都是因为编选者水平的限制，以及因时间仓促等方面的粗糙工作造成的。希望能够得到前辈学者、各位老师和所有关心匡扶先生和这部文集的朋友的批评指正！

《陇上学人文存·匡扶卷》（第三辑）

作者：张 堡

彭 铎

彭铎[①] （1913—1985），字畏乾，湖南省湘潭市人。原西北师范学院（今西北师大）中文系教授，语言文字学家，诗人，为西北师大中文系汉语言文字学学科及硕士学位点的奠基人之一。彭先生出生在书香世家，母亲知书达礼且工于诗词，颇善吟咏。受家庭环境影响，彭先生在少年之时即对古典诗词产生了浓厚的兴趣。1927年考入南京中央大学实验学校（该校中学部即后来的东南大学附中），1934年考入中央大学文学院中国文学系，求学期间得名师黄侃、王瀣、吴梅、汪东、汪辟疆诸先生指点，颇得诸名师治学精要，就学期间学业成绩优异。1938年大学毕业，适逢抗战，不得已颠沛流离于蜀中各地，先后任自流井蜀光中学、北碚升学补习班等学校教员。后又任教于重庆中央大学、湖南蓝田国立师范学院，任中文系讲师、副教授。1952年起任教于西北师范学院中文系，历任助教、讲师、副教授、教授。曾先后任西北师范学院中文系系主任、古籍整理研究所所长，并兼任中国语言学会理事、甘肃省语言学会第一届会长、中国历史文献学会第二届副会长、中国训诂学研究会第一届常务理事兼学术委员会委员等。

彭铎教授是我国著名的语言文字学家和古文献研究专家，其主要著作有《潜夫论

---

①关于彭铎先生生平及学行，甄继祥、陈亚川、何来、黄英、赵逵夫诸位先生都有专文述及，其中尤以陈亚川、赵逵夫二位先生所述为详。本文对彭铎先生学术成就的综述，是在全面清理了先生论文及著作的基础上提出的，同时也参考前述诸贤的文章，特此说明。

笺校正》（中华书局 1979 年版，收入中华书局编《新编诸子集成》）、《群书序跋举要》（山东教育出版社 1985 年版）、《唐诗三百首词典》（陕西人民出版社 1986 年版）、《文言文校读》（赵逵夫整理，甘肃人民出版社 2007 年版）等。彭先生还在《中国语文》等学术刊物发表古汉语语法、音韵学及语言教学等方面的学术论文 50 多篇。他还精于古典诗词创作，所作旧体诗、词、赋作被收入国内多种诗词集中。彭先生治学强调以文献为基础，谨守由文字、音韵、训诂入手而通义理、辞章的传统，认为"小学为诸学根本"。归纳起来，其学术成就主要集中在文字音韵训诂之学、校雠之学、语法词汇学、词典学和文献学等多个方面，以下试分述之：

一、精于文字、音韵、训诂之学。彭先生治小学，主张考释文字不能死守"因形求义"或"因声求义"之法，主张每求一义，必兼赅形、声、义三者。这种治学路子，一遵黄侃条理；具体的运用如在《陶渊明诗注补遗》中，对《命子》一诗疑难词语的训释，即体现上述治学理念。诗中有"邈焉虞宾"一句，"焉"字历来无确解。彭先生释曰：

李本"焉"作"爲"，吴本作"爲"。按吴本是，作"爲"者误字（焉、为形近多讹。这里的"焉"误作"爲"，好比《国语·楚语上》"胡美之爲"、《楚语下》"何宝之爲"今本"爲"误作"焉"一样）。焉，状语尾。本集《九日间居》："缅焉起深情"，"缅焉"即"邈焉"，是其例。"焉"犹"然"，如《游斜川》："缅然睇曾丘"、《咏贫士》第五首："邈然不可干"、《影答形》："邈然兹道绝"，不必多举。

彭先生结合古书"焉"、"为"二词混误的例子，先确定诗中当作"焉"，然后又通过古音学原理释"焉"为然。所释恰切允当，遂使难词焕然冰释。又如《商君书·更法》云："兵甲器备，各便其用。"或注曰："器备与器具同意。"彭先生以为非是，训释云：

铎按《淮南子·氾论训》："故圣人法与时变，礼与俗化。衣服器械，各便其用。"即用此文，则"备"谓衣服。服、备二字，古读如匍匐之匐（说见段氏《六书音韵表》），故字亦相通。《战国策·赵策》："今骑射之服。"《史记·赵世家》"服"作"备"，是"备"即"服"也。若谓"器备"为一词，亦不得谓之器具，而只与"器用"相当。备字《说文》作，从用，从苟省。《淮南子·修务训》注："备犹用也。"故或谓之器备，或谓之器用，或谓之备用，《荀子·王制》："辟田野，实仓廪，便备用"是也。岂器具之谓乎？

释"器备"一词，即从字音入手，考其字形，再结合古书实例，得出令人信服的结论。此类例子在其《〈吕氏春秋〉拾补》《〈诗品注〉补》《〈商君书〉札记》等训诂类文章中举不胜举。总之，在训诂学研究方面，彭先生是在充分吸收《说文》《尔雅》

《广雅》《方言》等书训释成果的同时，广征六朝至唐代词义变化的例证，来训释词义的。

在音韵学研究方面，彭先生曾撰写《清代古音学研究的殿后人黄侃》一文，系统总结黄季刚在古音韵研究方面的成就及治学方法。说"黄氏研究古汉语语音，是结合考古、审音，结合古韵、今韵、等韵来进行的"。实则他自己在研究古汉语音韵时，也是古音、今音、等韵并重的。这方面他虽无专论，但在校勘文献、训释古籍词语等方面切实地运用上述治学方法，也取得了很大的成绩。

二、精于校雠之学，提出文言文"校读法"理论。彭铎教授在古籍校勘方面取得了非凡的成绩。他年轻时曾遍读清代校勘学专家如卢文弨、顾广圻等大家之书，对高邮王氏父子尤其多措意，学得他们的一整套校勘考订古籍的方法。他认为，研究小学，为的是应用，即应用到读书、考订、古籍整理力面。因此他综合运用文字、语音、训诂、校勘之学以整理古书，其功力和成就见所著《潜夫论笺校正》。此书1979年由中华书局出版后，国内外学术界均多好评。著名史学家王仲荦、唐长孺、张舜徽，以及美国汉学家A.Behuke都说彭铎先生校正的《潜夫论笺》是20世纪80年代中国古籍整理方面卓有成就的著作之一。该书后收入中华书局出版的《新编诸子集成》中，至今已重印多次。

《潜夫论》为东汉进步思想家王符所著，是一部重要古籍。全书共有十卷三十六篇，反映了王符的进步哲学思想和社会政治思想。此书"行世本讹夺错简，棼如散丝。……诸书每有征引，准别滋多。唐、宋以来，久无善本，求是去非，盖其难也。"（清王绍兰《潜夫论笺序》）清代学者汪继培据元大德新刊本，校以《汉魏丛书》程荣、何镗二本，并为之笺。汪氏《潜夫论笺》，笺释约三千五百条，解决了一大批疑难问题，但疏漏和失误之处仍有不少。彭铎据《湖海楼丛书》汪继培笺注本，加以标点、分段；并取北京图书馆所藏黄丕烈士礼居旧藏明刻本、冯舒校影宋写本（即《四部丛刊》所用述古堂本）、明刻《两京遗编》本及诸类书旧注所引覆校之，附注于汪笺之后，以供进一步研究的参考。

彭铎校正《潜夫论笺》增释补正共计千有余条，涉及多方面的内容而以增注、纠误、精校为主。除作校勘、整理工作之外，并在文字训诂方面做了补充阐述的工作。文字的脱讹衍倒，多所是正，不烦举例。训诂方面，长于综合应用各种训释方法，并以丰富的文献材料证成其说。例如他在该书《叙录》的"治势一定"一语下按云："本篇作'治势一成'，'成'亦'定'也。《易·系辞上传》：'乾坤定矣'，虞翻注：'定，谓成列。'《吕氏春秋·仲冬纪》：'以待阴阳之所定'，高诱注：'定犹成也。'《周礼·小司徒》：'使各登其乡之众寡六畜车辇'，郑注：'登，成也；成犹定也。'

《周语》下：'听无声，成也'，《晋语》二：'谋既成矣'，四：'民上成君'，《吴语》：'吴、晋争长未成'，韦昭注并云：'成，定也。'此二字古音同部，故互训也。"《校正》一书在校勘方面做了大量有益的工作。特别运用理校法创获颇多。如原书有"虑必生心"一语，汪笺引王宗炎说，谓"必"疑"戒"之误，彭铎则说"必"字不误，而"虑"字当是"虏"之误。其按曰："'虑'当作'虏'，二字形音俱近，故讹。本篇云：'诚不可久荒，以开敌心。'又云：'西羌、北虏，必生窥欲。'是其明证也。"再如论定"谁将督察"之"察"为"存"（见原书470页注六），谓"释耨耕而程相群于学"之"程"、"群"疑当互易（见原书329页注三），皆其例也。

对于校勘，彭铎尤长于校形误字，尝辑录考校传世古籍中的形误字方面的大量材料，欲纠古籍传写之误，只可惜"十年动乱"中遭遇浩劫，卡片资料荡然无存。

彭铎总结自己的校雠实践，总结出"古籍校读法"理论。认为校读之效，往往不须训释。如读《战国策·楚策》，则取《韩非子·内储说》《说苑》等书校读之，章比字较，帮助理解。例如《赵策二》："选子莫若父，论臣莫若君。"选、论互文，论即抡字，择也。《晋语七》载祁奚举午云："择臣莫若君，择子莫若父。"这本是古语，诸书引者，用字不同，比较读之，则"论"之为"择"，义极明白。《晋语八》："君抡贤人之后"，韦昭注："抡，择也。"《吕氏春秋·当染》："故古之善为君者，劳于论人"，高诱注："抡，犹择也。""论"是借字，其正字为"抡"，"抡"为"择"，故亦训"择"。

古籍校读也可以作为一种读书之法，是校勘学方法在古代汉语学习中的具体应用。所谓校勘，乃是罗列各种本子，比勘文字异同，正其讹误，以复古书之旧。所谓校读，则是推寻本书句例，或参校群书相关相类篇章，通过对互文、异文等材料的对比分析，以求得一书的正确理解。彭铎在《古籍校读法》一文和《古籍校读与语法学习》（1979年）等文中，不仅介绍了这种方法，而且把它应用到语法研究的各个方面，以实例说明：不论成分省略，还是讲语序颠倒、词类活用、句子格式，乃至文章繁简、修辞工拙，等等，都不妨通过参校材料，对比地去分析问题。

三、汉语语法研究。彭铎教授在汉语法研究方面也有许多创获，并形成了自己独特的研究思路。首先是采用比较研究法。彭先生既精于中国语言文字之学，又通晓英文，这很有利于从比较的方面对汉语语法进行探索。他研究汉语语法，能在全面学习掌握英语语法的基础上，再研读《经传释词》《马氏文通》等语法书，从比较中彰显汉语的特点，找出汉语语法的某些规律。

其次，彭铎教授主张研究汉语语法要善于继承和总结前代学者的注疏中包含的关于古汉语语法的观点和方法，要注重从训诂史的角度总结前人在经典词义训释方面的规律。彭先生在汉语语法研究方面的一些重要成果，都是从研究传世的古籍旧注入手，从中寻找出各种古汉语的语法规律。例如，古汉语中的"意动"之说，虽经陈承泽提出来，实则前代学者的旧注中对此早有认识。《晋语二》："人孰仁我!"韦昭注："人谁以我为仁。"《史记·司马相·如传难蜀父老》："故乃关沬若"，集解："以沬若水为关。"《后汉书·陈元传》："臣闻师臣者帝，宾臣者霸。"章怀注："言以臣为师，以臣为宾也。"《孟子·告子下》："予不屑之教诲也者"，朱子《集注》："屑，洁也。不以其人为洁而拒绝之。"如此等等，只因前人未立名目，故不为学者所注意罢了。他自己努力实践此法，仅在古汉语语法现象研究方面，就有许多收获。他从归纳旧注入手，归纳辑录，有《旧注说意动》《旧注说使动》《旧注说成分省略》《旧注说语序颠倒》《旧注说名词作状语》等，此类研究成果甚多，多能发前人所未发。

四、专科词典编纂与词典学研究。彭先生在词典学研究及词典编纂方面也有丰硕的成果。他曾编撰《唐诗三百首词典》（陕西人民出版社1986年版）、《汉语成语词典》（合著，上海教育出版社1978年版）。《唐诗三百首词典》是一部文学专科词典，该词典囊括《唐诗三百首》中所有的词及少量词组，编排依笔画为序，笔画、部首次序依《康熙字典》；每个词条及每个义项都标注出现次数，词条每一义项下一般举一例放下，释义与旧注互参。该词典释义精到，解决了一些似是而非的释义问题，即对研究唐代汉语词汇有一定的启发意义，同时对初学唐诗者而言，也是一部十分实用的工具书。该词典还可以作为索引，比如记得诗句记不得作者和诗题，可以通过查阅诗句中的任何一词找到作者和诗题。该词典释义，对于一词凡见于《唐诗三百首》中的各种意义，如词汇意义，语法意义，习见义，特殊义，都收入。既能总结前人的说解，又能探索、确定各种特殊意义，发前人所未发。比如"坐"字下列了三个义项，其中第三个义项"甚，深"，是以前的释义中所没有的。"闻风坐相悦""坐愁红颜老"，都用此义。释义方面的这种有益的发掘，不仅补充了词义，而且纠正了旧说之误，又如杜牧《泊秦淮》"商女不知亡国恨"一句中的"商女"，前人转相释为"歌妓"之类，彭铎以"商船上的妇女"释之。在语法意义的训释中，该词典注意总结各方面的研究成果。如"之"字下列了七个义项，其中第六个义项为"结构助词，化句子为子句"。其说虽早见于有关的语法著作中，但以前的词书多未收录。彭铎在书中注意采取了这方面的说解。凡此都可以帮助读者准确理解词义，从而更好地分析、欣赏、了解作品的思想内容和艺术技巧。

五、古典文献学研究。彭先生治学与教学都很重视文献学，曾编撰《群书序跋举要》一书。此书既是一部文献学入门参考书，也可作为文献学辅助读本。鉴于中华人民共和国成立以来，高校中文系很少开设文献学或读书指导方面的课程，学生读书往往门径茫然，不得其法。彭铎教授曾建议恢复这类课程，得到大家的赞成。于是他编著此书，以应所需。书中共选录各类书籍序跋五十篇，大致可分经传、诸子、文学、小学、金石、其他六类，以小学即语言文字类为重点。所收入的材料内容庞杂，涉及面极广，许多东西原是白文，没有注释。彭铎十分耐心地一一作了考证、校勘、注解，不少地方参证精审，有裨学人。如李清照《金石录后序》末尾署云："绍兴二年玄黓岁壮月甲寅，易安室题。"彭铎注曰："绍兴二年（1132）壬子。《尔雅·释天》：'太岁在壬日玄黓，'按二年当作四年，易安五十一，虚数为五十二，与上'过蘧瑗知非之两岁'合。"以下据引《容斋四笔》《瑞桂堂暇录》、宋十卷残本《金石录》等所署为证，并引《尔雅》和《日知录》注明"壮月"为八月，昔时有误改为"牡丹"者，非也。又"易安室"注者谓是斋室名，彭注犹言"妻易安"，纠正了历来的错误。

彭铎教授不仅在治学方面严谨求实，成果卓著，而且在古汉语教学及人才培养方面也积极探索，成效显著。在他任中文系系主任期间，常常组织汉语教研室及全系教师进行教材内容、教学方法等方面的研讨会，适时针对学生学习实际调整课程体系和教材教法。在此基础上，他撰写的《语言学课程整改笔谈》等教学研究论文，对学界产生了广泛的影响，也促进了西北师大中文系的人才培养工作。彭先生根据师范院校人才培养的总体目标，强调中文系教学应当加强文献学、语言学的学习，合理安排文学课、文学理论课与语言、文献课的比例，使学生既具备扎实的语言文字与文献功底，又具有较高的中外文学、文艺理论方面的理论素养。为此，他总结中文系长期以来形成的师范类人才培养传统，提出本科生应具备"四个一"，即一口普通话、一肚子学问、一笔好字、一幅好仪表。这四个"一"，涵盖了中文系学生的基本知识、从师技能和综合素养，至今仍不过时。近几年间，我在各种场合遇到许多位曾亲炙彭先生风雅的中文系校友，谈起彭先生的治学与教学，言语总是充满了对这位名师的感激与钦佩！2008 年夏天，清华大学谢志熙教授来校讲学，谈到他在西北师大中文系读书期间的学习生活时，曾深情地说起彭铎先生在课堂上讲授文献学及古汉语的情形。谢教授坦言，彭铎先生的文献学课对其后来的治学产生了积极的影响。2013 年 5 月，我在台湾辅仁大学举办的学术会议上遇到彭先生的研究生、著名学者朱庆之教授，谈论中也提到彭先生学行对后学的深刻影响。西北师大中国语言文学学科经历了一百多年的发展，有着深厚的学术积淀和人文底蕴，形成了严谨扎实的学风。彭铎教授的学术思想，是西北师大中文学科学术传统的重要组成部分和典型代表，应当大力弘扬。彭先生的论文、著作出版较早，限于当时条件，印数也不多，如今在坊间已很难索得。"陇上学人文存"编委会决定编选出版"彭铎卷"，可使彭先生的学术和著述传播更广，也使更多后学从中受益，这不能不说是一件大喜事！我虽为西北师大中文学科之一分子，但不专门从事汉语史研究，加之时间紧，对彭先生的论文著述未及全面搜求，因此对彭先生学术成就和学术思想的归纳概括肯定不够全面、准确，舛谬之处，尚乞学界师友不吝指正。

《陇上学人文存·彭铎卷》（第三辑）

作者：韩高年

刘让言

一

刘让言先生，字纳夫，笔名罗冰，河南济源人，1914 年 10 月 1 日生。1939 年考入西北联合大学外国语言文学系。同年，西北联合大学改组为西北大学，他便成了西北大学的学生。1943 年毕业，获学士学位，因成绩优秀，留校任教。1946 年因他支持学生运动，被校方解聘，他便离开西安，来到兰州，在西北师范学院外语系任讲师。从1948 年起，历任兰州大学外语系讲师、陕西师专（今陕西师范大学前身）英语科副教授、兰州大学中文系副教授。1959 年，兰州大学中文系大部分师生并入新建的兰州艺术学院，他任该学院文学系副教授和系主任。1961 年，他随系返回兰州大学，历任中文系教授、副系主任、系主任和硕士研究生导师。1986 年退休，2006 年 1 月 27 日病逝，享年 92 岁。

刘先生任教 40 余年，先后担任"普通英语""英语语法与修辞""英文作文""英国散文""英国诗歌""欧洲文学史""中国现代文学史""文学概论""文艺理论专题研究""西方古代文艺理论"等课程，这在大学教授中还是少有的。他一生任教，热爱教育事业，勤勤恳恳，教书育人，为国家培养了一批又一批优秀人才，桃李满天下，功不可没。

除了教学之外，他还先后兼任校内外多种职务。1949 年兰州刚解放时，即任兰州大学接管委员会委员。后历任甘肃省政协和兰州市政协筹备委员会委员、甘肃省文联筹备领导小组主任委员、《甘肃文学》首任主编。"文化大革命"前，被选为兰州市和城关区人民代表。为中国作家协会会员。又任中国文艺理论研究会理事、中国作家协会甘肃分会副主席、甘肃省写作学会会长、甘肃省美学研究会名誉会长等。

二

刘先生在他 1979 年 12 月写的《我的教学和科研情况》里说："我这一生，不知因为什么缘故，和文艺工作结下了不解之缘。"这里说的"文艺工作"，应该包括文学创作、文学翻译和文学研究三个方面。

他受鲁迅影响，从事文学创作主要在三四十年代。发表的短篇小说有《恍惚》《骚动》《炮火中的一群》《那一场屠刑》《一夜的游击》《花船婆》《墙上的疮疤》《日记片断》《大巴山的囚徒》《野蒺藜》《瘸小根的故事》《张银花离婚》等。发表的诗歌和散文诗有《想飞》《无题》《想》《水上劳动者》《山·声音·路》《忆》《这里没有冬天的》《冬夜》《把他们赶出联合国去》等。1937 年，还发表过剧本《在前线》。

他翻译外国文学始于 1942 年。他翻译过印度诗人泰戈尔的诗、美国诗人惠特曼的诗和英国诗人拜伦的诗剧《曼弗雷德》。《曼弗雷德》1949 年出版后，一版再版。他还翻译了包括 80 余首诗的《拜伦抒情诗选》，可惜未能出版。此外，还翻译了波兰小说《鲍狄笳》《史鲁尔——从鲁巴图来的》《薄暮》等。希腊荷马史诗之一《伊里亚德》，他译了约 4000 行，未能完成。在文艺理论和美学方面，他翻译了芬克尔斯坦的《论艺术中的现实主义》（未出版）、韦勒克的《20 世纪西方文学批评》和韦勒克的《波德莱尔的美学思想》。

刘先生用力最勤、成绩最显著的是文学研究。这里所说"文学研究"，指文学科学，内容包括文学理论、文学史和文学批评。三者既有区别，又有联系。在上述三方面，刘先生兼而有之，而重点又在文学理论方面。他之所以三者兼顾，这与他担任的课程有关。本来，大学中文系的教师，讲课各有分工，有的讲文学理论，有的讲中国古代文学史，有的讲中国现代文学史，有的讲欧洲文学，有的讲俄罗斯苏联文学，等等。即使讲中国古代文学史，也往往是按朝代分段任课。但是，刘先生既讲欧洲文学史，又讲中国现代文学史。晚年还著《屈原楚辞注》，与人合著《中国古典诗歌选注》这又属于中国古代文学了。至于文学理论，不管叫"文学原理"还是叫"文学概论"，更是他多年担任的主课，还不止一次编写过教材。所以，他写的文学评论文章，涉及中外古今。在文学上，刘先生知识面宽广，学养有素，是学生敬重的教授，是在学术界颇有造诣和影响的学者。

三

刘先生研究文学理论是从 20 世纪 50 年代初开始的，当时他从兰州大学外语系调中文系讲授"文学概论"课。中华人民共和国成立后，他发表的第一篇有关文学理论的文章是《古典文学研究中作家的世界观与创作方法问题》，刊发在《兰州大学学报》1957 年创刊号上。此文曾引起日本学术界关注，京都大学学部在《中国文学》上作了介绍和评论。

关于作家的世界观与创作的关系问题，一直是苏联文学理论中关注的重要问题之一。斯大林称苏联作家是"人类灵魂的工程师"，这就是要求作家"以社会主义精神从思想上改造和教育劳动人民"。为此，作家就必须"用社会主义精神来不倦地提高自己并增强自己的思想武装"①。在作家的世界观与创作方法的关系上，当时在苏联居于主流地位的观点是"统一论"，即认为世界观制约、支配创作方法，优秀的现实主义的作品，是在先进的世界观指导下创作出来的。但是也有人不同意这样的观点。匈牙利的卢卡契就说，"艺术家在错误的世界观的基础上仍能创造出千古不朽的艺术珍品"。里夫西兹也说"反动的思想没有妨碍托尔斯泰成为一个天才的艺术家"。在 1956 年至 1958 年苏联批判修正主义时，这种观点就成了批判的对象。当时中国的文学理论是深受苏联影响的，在这个问题上的主流观点与苏联一致。

不过，中国学术界对作家的世界观与创作方法关系的看法也有分歧。例如 1953 年第 3 期《山东大学学报》发表的陆侃如的《论古典作家的宇宙观和创作方法的矛盾》，就认为作家的宇宙观和创作方法是矛盾的。持这种观点的也还有其他人。在 1954 年至 1956 年的批判俞平伯《红楼梦》研究的运动中，特别是在批判胡风的运动中，对作家的世界观与创作方法矛盾的观点进行了猛烈的批判。胡风曾说过："真实的现实主义方法，能够补足作家的生活经验上的不足和世界观上的缺陷。"当 1955 年胡风被定为"反革命集团"首领之后，这类话就成了他否定作家的世界观对创作的制约作用、反对社会主义现实主义作家具有共产主义世界观的"罪证"。

当然，刘先生的这篇文章与当时批判胡风的运动有关，但他同时是把作家的世界观与创作方法的关系作为一个学术问题来探讨的。在作家的世界观与创作方法关系问题上的意见分歧，与人们对"世界观"的理解不同有关。如有人说的世界观仅指作家的"政治观点"和"阶级同情"，刘先生则不同意这种理解。他所说的世界观是广义的，

---

① 日丹诺夫：《在第一次苏联作家代表大会上的讲演》，《苏联文学艺术问题》，人民文学出版社，1953 年。

指作家对于周围世界，对于自然现象和社会现象的一切观点的总和，甚至连作家对于现实生活的忠实态度、"善于观察世界"等，一并包括在内。他认为作家的世界观与创作方法是统一的，矛盾不在世界观与创作方法之间，而在世界观本身。

人们在作家的世界观与创作方法关系问题上的意见分歧，根源于对恩格斯评论巴尔扎克和列宁评论列夫·托尔斯泰的不同解读。所以刘先生分析了巴尔扎克和列夫·托尔斯泰的世界观与创作方法的关系，阐明了恩格斯和列宁对两位作家的评论不能证明作家的世界观与创作方法是矛盾的。

刘先生在这篇两万多字的长文里，从不同角度对作家的世界观与创作方法的关系作了细致的分析和论证，有理有据。这篇文章在当时的同类文章中，是颇有分量的一篇。

刘先生还有一篇颇有分量的文章，即《论文学艺术的社会本质——文学艺术与基础和上层建筑的关系》。此文发表于《兰州大学学报（社会科学版）》1981 年第 2 期，节选入上海文艺出版社 1983 年出版的《文学理论争鸣辑要》和重庆出版社 1991 年出版的《新时期文艺论争辑要》。这也是一篇参加讨论的文章。讨论的问题是文学艺术是不是属于上层建筑的社会意识形态。

本来，中华人民共和国成立后我们一直坚持这样的观点：文学艺术是一种社会意识形态，属于经济基础的上层建筑。它的来源是马克思主义经典作家的有关著作。改革开放以后，学术研究有了一个宽松的环境，人们敢于发表不同的意见了。在这样的形势下，朱光潜先生提出，文学是意识形态，但不属于上层建筑。这个观点见于他发表于 1979 年第 1 期《华中师院学报》的《上层建筑和意识形态之间关系的质疑》一文，也见于他的《西方美学史》1979 年 6 月第 2 版的《序论》。这个观点苏联个别学者在 1951 年至 1952 年已提出过，朱先生与之不谋而合。

朱先生的观点当即遭到吴元迈等学者的反驳。刘先生的文章就是在这样的情况下发表的，只不过他是针对"文学艺术非上层建筑论"而全面论证文学艺术的上层建筑性质，不仅仅是反驳朱先生文章里的具体论点。

在文学艺术是否属于上层建筑问题上的意见分歧，源于论争者对马克思主义经典作家有关论述的不同解读。朱先生从马克思、恩格斯和列宁的三段话里解读出上层建筑与意识形态平行，而不是意识形态属于上层建筑。而刘先生则引用更多马克思主义经典作家的言论来证明他们都肯定意识形态属于上层建筑，其中包括文学艺术，举证有力。

关于文学艺术与上层建筑的关系问题，苏联在 1951 年至 1952 年也讨论过，绝大多数人认为，文学艺术"是上层建筑的现象"，也有少数人持相反的观点。同时，还有人认为进步的优秀的文艺作品不属于经济基础的上层建筑;还有人因斯大林在《马克思主义和语言学问题》里列入上层建筑的是艺术"观点",因而否认艺术属于上层建筑。刘先生对这些观点都进行了反驳,言之成理。

值得称道的是刘先生的文章在肯定文学艺术的上层建筑性质的同时,也批评了庸俗社会学观点,还论证了意识形态的相对独立性,肯定文学艺术中还有非上层建筑因素。这是实事求是的作法。

2000年9月我拜访刘先生时,他说上述两文都实为半篇。前文没有谈创作方法的相对独立性;后文虽然提到文学的非上层建筑因素,而没有展开论述。他曾打算就这些问题另写文章。关于文学的非上层建筑因素问题,他已准备了材料,但还没有写,后因身体原因,愿望未能实现,也是一件憾事。

刘先生十分重视文艺的特征,所以他参加了1978年开始的又一次形象思维问题的讨论。

形象思维是俄国19世纪批评家别林斯基提出来的,后经普列汉诺夫、高尔基等作家、理论家继承和发展,就成了苏联马克思主义文艺理论的一个组成部分。20世纪30年代传入我国。中华人民共和国成立以后,也为我们接受,大学"文学概论"课都讲形象思维。50年代后半期,学术界还讨论过一次形象思维问题。

1966年5月,郑季翘在中国共产党机关刊物《红旗》杂志发表了《文艺领域里必须坚持马克思主义的认识论——对"形象思维"论的批判》。这是一篇空前激烈的声讨形象思维论的檄文,它将"反马克思主义""修正主义""反毛主席文艺思想"等一大堆帽子硬压在形象思维论的头上,把学术问题完全政治化了。这样,形象思维论者被迫闭嘴,正如朱光潜先生在《形象思维:从认识角度和实践角度来看》里所说,郑季翘的文章发表后,接着"四人帮"就对知识界进行法西斯专政,"笔者对此就不再有说话的权利了,但是心里并没有被说服。"①

1977年12月31日《人民日报》和1978年第1期《诗刊》发表毛泽东1965年写的《给陈毅同志谈诗的一封信》,其中肯定了形象思维。一石击起千层浪,形象思维论者"憋了十几年的一肚子闷气霎时通畅"②,于是全国展开了对形象思维问题的讨论,而且空前热烈。刘先生也在1978年2月13日《甘肃日报》发表了《形象思维是文艺创作的客观规律》一文,为参加讨论最早者之一。在这次讨论中,郑季翘的观点就成了众矢之的。刘先生的文章在批评郑季翘的观点时,对形象思维问题作了自己的阐释。他认为文艺是把人和社会生活的各方面作为一个整体来表现的,它又是通过自身特有

---

① 《美学拾穗集》,百花文艺出版社,1980年,第128页。
② 《美学拾穗集》,百花文艺出版社,1980年,第128页。

的内容来影响人，从而间接影响社会的，这就决定了它认识现实的方式是形象思维。形象思维要把具体、感性的材料经过分析、比较，把其中最鲜明生动、最能表现事物本质特征的部分加以集中概括，创造出富有个性特征并能反映事物本质的艺术形象。这种思维与逻辑思维各有特点，但不是完全对立的，它们遵循着共同的认识规律，可以在实践基础上统一起来。由于毛泽东在信中谈到在形象思维中"比兴两法是不能不用的"，刘先生谈了自己的理解：比兴"把作家创作过程中的思维活动和具体事物的形象联系在一起，这里已隐现着创作中形象思维的特点"。"比兴"不脱离具体事物的形象，故与形象思维相联系，但它仅是文学创作的两种表现手法，而不能与形象思维画等号，所以刘先生的论断是恰当的。

形象思维作为学术问题，有意见分歧是正常现象。郑季翘对形象思维论上纲上线的批判不属于学术讨论，应当杜绝。刘先生和广大参与讨论者，是既反击郑季翘，又本着学术讨论的精神探讨形象思维问题。从绝大多数人的意见看，都肯定形象思维。自然，分歧意见也仍然存在。20 世纪 80 年代以后，形象思维问题的讨论趋于消歇。笔者认为，这个问题并未完满解决，至于它将来的命运如何，尚难预料。

四

刘让言先生对鲁迅文艺思想的研究，也是他研究文艺理论的一个组成部分。刘先生是鲁迅的崇拜者，三种版本的《鲁迅全集》他全部珍藏。在兰州解放不足两个月的时候，他就为纪念鲁迅逝世 13 周年，发表了《纪念鲁迅，学习鲁迅》一文。他崇奉鲁迅的文艺思想，所以他的文学论著常引用鲁迅的有关论述。他发表过三篇评述鲁迅文艺思想的文章，即《鲁迅谈创作》《鲁迅论文艺批评》《鲁迅是怎样论述文艺与政治的关系的》。

鲁迅作为中国现代文学史上首先要讲的伟大作家，他的文艺思想也常为研究者所关注。在当代研究文艺理论的学者中，很多人都写过论述鲁迅文艺思想的文章，刘先生就是其中的一个。鲁迅有关文学艺术问题的见解，散见于他的杂文、演讲、序跋、书评、信函等各类著作中，并无系统，要由研究者构建系统。由于研究者主观条件的差异，各人构建的系统就不完全相同。

刘先生发表的第一篇研究鲁迅文艺思想的文章，是 1962 年的《鲁迅谈创作》，讲的是鲁迅的创作理论。这是不少人谈过的问题，而各有特点。刘先生重视作家的立场和世界观与创作的关系，所以他先谈鲁迅这方面的意见，并论证了鲁迅在不同的思想发展阶段对作家的不同要求。此外，鲁迅还要求作家深入生活，丰富生活经验，掌握熟练的艺术技巧等，并谈到对青年作家的指导问题。这与另一位研究者从要作家懂得文学的特点、如何写人物、如何运用语言等方面进行概括就是不同的，且不说对某些具体问题理解上的差异。

《鲁迅论文艺批评》是刘先生为纪念鲁迅100周年诞辰而写的。此文从鲁迅回答文艺为什么必须有批评开始，对鲁迅在文艺批评的主要任务、文艺批评的观点、方法、态度等各方面的意见进行了梳理和评介。其中有两点，对我来说，印象较深。这两点都是鲁迅对批评的批评。一点是对胡梦华批评《蕙的风》的批评。汪静之的诗集《蕙的风》里有一句"一步一回头，瞟我意中人"，胡先生就判定它和《金瓶梅》一样的罪。鲁迅说"这是锻炼周纳的"，也即是罗织罪名。在《张竹坡批评第一奇书金瓶梅》前所列人物分类表中，有"意中人"一类，指心里爱慕的异性，如潘金莲的"意中人"是武二郎，西门庆的"意中人"是何千户娘子蓝氏等三人。胡先生因这三个字相同，就将两本不同的书拉扯在一起，一样看待。"看见一个'瞟'字，便即穿凿到别的事情上去"。对此，鲁迅"非常不以为然"，进行了尖刻的批评。刘先生以这样典型的例子证明鲁迅反对文学批评中的穿凿附会，是很有说服力的。

另一点是讲鲁迅反对摘句式的批评。鲁迅认为，"最能引读者入于迷途的，是'摘句'。它往往是衣裳上撕下来的一块绣花，经摘取者一吹嘘或附会，说是怎样超然物外，与尘世无干，读者没有见过全体，便也被他弄得迷离惝恍"。如论客以"采菊东篱下，悠然见南山"评定陶潜，说他"浑身是静穆"。其实他还有"金刚怒目"式的诗。文中引鲁迅《"题未定"草》里的话，说明评论作品要顾及全篇，顾及作者全人，以及他所处的社会状态，使人一目了然。本来，《"题未定"草》还有对朱光潜先生当时推崇的"诗的极境"——"静穆"的深刻分析和批判，但这是更深入的美学问题，文中从略了。

1979年至1981年，文艺界展开了一次文艺与政治关系的热烈讨论。《鲁迅是怎样论述文艺与政治的关系的》的写作，就和这次讨论有关。中华人民共和国成立以后，我们奉行的是文艺为政治服务的口号。改革开放以后，有人提出了异议，于是各派互相争鸣。1980年1月16日，邓小平在《目前的形势和任务》的讲话里宣布，"不继续提文艺从属于政治这样的口号"。同年7月26日，《人民日报》社论《文艺为人民服务、为社会主义服务》又宣布，"党中央提出，我们的文艺工作总的口号应当是:文艺为人民服务、为社会主义服务"。"文艺为政治服务"的口号不再使用。此后，讨论继续进行。刘先生认为，鲁迅关于这个问题的论述，对我们今天深入理解和认识这个问题仍有积极意义，因而写了这篇文章。

刘先生把鲁迅的主张概括为文艺为革命的政治服务。他用鲁迅一生的文艺活动证明了这个论断。鲁迅前期的"遵命文学"和文艺必须是'为人生'，而且要改良这人生"的主张，就体现了这种服务意识。鲁迅后期倡导无产阶级文学，说"无产文学，是无产阶级解放斗争的一翼"。所以刘先生说，鲁迅认为文学"是为一定阶级的政治利益服务的"。鲁迅的这种主张是在与否定文学的阶级性、鼓吹文学脱离革命政治的人进行斗争中特别强调的，即使有矫枉过正之处，也不影响它主导的正确的一面。刘先生还指出，鲁迅在主张文艺为革命的政治服务的同时，也反对只讲政治不讲艺术规律的错误倾向，并对这方面作了较充分的论证。总之，刘先生对鲁迅在文艺与政治关系问题上的主张是肯定的。当然，刘先生的意见是一家之言，在这个问题上仍然可以讨论。

五

近年在谈及从 1949 年到 2009 年 60 年间中国文学理论的分期时，"学界有一个普遍接受的说法，这就是'三十年河东，三十年河西'"。所谓"三十年河东"，指从 1949 年到 1978 年中国的"文学理论以苏联影响为主体"；所谓"三十年河西"，指从 1979 年到 2009 年中国的文学理论"欧美影响逐渐取代了俄苏影响"。①

刘先生讲的文学理论当属于"河东"范畴。在文学理论上刘先生受苏联影响，前文已经涉及，这里说明一下产生这种影响的原因。中华人民共和国成立以后，全面学习苏联。在文艺理论方面，大量翻译苏联文艺理论著作，请苏联专家来华讲学。苏联季摩菲耶夫教授的《文学原理》，就是在 1953 年翻译出版的。1954 年春至 1955 年夏，季摩菲耶夫的学生毕达可夫应邀在北京大学中文系为研究生讲授"文艺学引论"课，全国一些大学派教师去听课，刘先生就是其中之一。讲稿翻译后由高等教育出版社于 1958 年出版。1956 年至 1957 年，苏联的柯尔尊在北京师范大学为俄罗斯苏联文学研究生和进修教师讲授"文艺学概论"课，讲稿翻译后由高等教育出版社于 1959 年出版。此外，1958 年人民文学出版社还出版了谢皮洛娃的《文艺学概论》，朝花美术出版社还出版了涅陀希文的《艺术概论》。刘先生受苏联文艺理论的影响有必然性。难怪他于 50 年代为《文学概论》写的《形象、性格与典型》一章留有苏联影响的烙印。特别是其中谈典型的部分，受苏联《共产党人》杂志专论《关于文学艺术中的典型问题》②影响更为明显。

刘先生信奉的是马克思主义文艺理论，在苏联居主流地位的以马克思主义为旗帜的文艺理论自然为他所接受。不过，马克思主义文艺理论是以马克思、恩格斯、列宁等的有关著作为依据的，他自然总是从这些著作中去领会。而在中国，毛泽东文艺思想是中国化的马克思主义文艺理论。《在延安文艺座谈会上的讲话》等，就是马克思

①高建平主编：《当代中国文艺理论研究》，中国社会科学出版社，2011年，第28页。
②此文发表于《共产党人》1955年第18期，中译文载《文艺报》，1956年第3号；另一种译文收入《文艺理论译丛》第2辑。

主义文艺理论的经典文献。所以刘先生所编《文学概论》讲义的有些章节，就是对毛泽东文艺思想的阐释。如《文艺和生活的关系》《文艺遗产的批判继承》《文艺的普及与提高问题》《革命现实主义和革命浪漫主义相结合的创作方法》等都是。1962 年他发表的《现实生活是文学艺术的源泉》，副标题就是"《在延安文艺座谈会上的讲话》学习笔记"。这个《讲话》的根本精神是正确的，也是刘先生所坚持的。但是《讲话》也有不当之处，而过去用"句句是真理"的态度对待《讲话》，刘先生只能照搬照用，这就不能不影响到他讲的有些理论的学术品格。

改革开放以后，思想解放，刘先生才敢于发表《文艺理论也需要发展》的文章。他认为，"没有万古不变的文艺理论"。文艺理论是文学艺术实践的科学总结。"现实生活的变化，影响文学艺术的变化，也影响和要求文艺理论的变化，因此，文艺理论应当随着时代的发展和文学艺术的发展而变化、而发展"。如果去掉当今一些学者赋予"三十年河东，三十年河西"的新内容，这一条昭示事物随时代推移而变化的古谚对文艺理论来说，依然是历久不废的。

刘先生信奉马克思主义文艺理论，不会全盘接受现代西方各家非马克思主义的文艺理论，即使在"西风"劲吹的今天。不过，在态度上他是有所变化的。过去被中国学术界排斥、批判的一些现代西方文艺理论流派，改革开放以后受到一些人的欢迎，或被接受，至少是不被拒之于门外了。于是西方各家各派的文艺理论纷纷涌入中国，掀起了翻译、介绍现代西方文艺和美学论著的热潮。1984 年，韦勒克与沃伦合著的《文学理论》中译本由三联书店出版，反响强烈。这时，刘先生停顿多年的翻译工作也重新启动，他翻译了韦勒克为弗希曼主编的《20 世纪世界文学百科全书》写的《文学批评》词条，以《20 世纪西方文学批评》为书名，由花城出版社出版，他还翻译了韦勒克著《现代文学批评史:1750—1950》中的《波德莱尔的美学思想》，在 1989 年第 4 期《天山》发表。《20 世纪西方文学批评》在陈众议主编的《当代中国外国文学研究(1949—2009)》里有介绍。此书可看作 20 世纪西方文学批评简史。它先评介三个具有国际性的文学批评流派，即马克思主义文学批评、心理分析文学批评和神话文学批评，然后评介了西方各国的文学批评。由于原文只写到 20 世纪 50 年代，刘先生又翻译了作者为 1975 年版《20 世纪世界文学百科全书》第 4 卷（增刊）写的《近年来文学批评的发展》一文，附于书后，以补其阙。刘先生为此书写了一篇《译后记》，简要介绍了韦勒克的生平和著作。韦勒克被文学界划归"新批评"派，但是刘先生认为，他不属于这个学派。他说:"他的文学理论观点，虽然从某些方面来看，似乎和新批评派有着联系，例如，他也强调文学研究的核心是单独的艺术作品;但从总体来看，他的文学理论与新批评派却是不同的，他的文学理论概念的视野，比新批评派要开放广阔得多，有他自己完整的文学理论体系。"从这里可以看出，他对这位我们 60 年代的批判对象全新的态度。他说韦勒克"是西方广为承认的最杰出的知识渊博、著作宏富的文学理论家和比较文学批评实践家之一"，这是对作者的真诚的赞许。他说作者"能将纷纭杂沓的 20 世纪文学批评的众多学说和流派，以几个主要流派为主线，融贯在一篇几万字的文章里，言简意赅，浑然一体，充分显示出作者卓越的概括能力和识别分析能力"。这里既称誉作者，又称誉其著作。他并不全部赞成作者的文学观点，但充分肯定了这部著作对我们研究 20 世纪西方文学理论的参考价值，这种欢迎态度是正确的。

六

刘先生对作家作品的评论，外国、中国、古代、现代都有，被评论作品的体裁，包括诗歌、小说和戏剧。

评论外国作家作品而发表的论文有三篇，即《拜伦与〈曼弗雷德〉》《拉伯雷——伟大的人文主义者》《一篇充满幽愤和革命激情的诗—谈普希金的〈致大海〉》。

《拜伦与〈曼弗雷德〉》是刘先生为他所译《曼弗雷德》撰写的前言，发表于 1949 年。《曼弗雷德》是英国著名浪漫主义诗人拜伦（1788—1824）创作的一出诗剧，很为刘先生所赏识。他认为，它的创作与歌德的《浮士德》有关，但更深刻的原因在于"骄傲、暴躁、热情、富于反抗精神与对受压迫者富于同情心的拜伦"，与那个被贵族恶势力所统治的英国社会的尖锐冲突，文中对此作了具体分析。作品的主人公曼弗雷德，性格与拜伦相仿，当他幻想破灭以后，陷入了更深的痛苦，他挣扎在痛苦里，而终于带着痛苦死去。这里流露出悲观主义色彩。但刘先生认为这部作品的主题是"与痛苦拼死搏斗"，因而"是积极的，奋斗的；并非是消极的，悲观的"。这篇前言完成于 1948 年元旦，在当时有这样的论断，表现了作者思想的激进。

《致大海》是俄罗斯伟大诗人普希金（1799—1837）写的一首抒情诗。这首诗是作者于 1824 年即将离开黑海沿岸的敖德萨时写成的。刘先生从它产生的背景的分析入手，探索它蕴含的丰富的思想感情。文中按节细致剖析了流贯在诗中思想感情的脉络，认为它抒发了作者"对自由的渴望和梦想。梦想破灭后的痛苦，以及为自由而战的决心"。最后的结论是："这首诗的主要思想是对自由的热爱和赞颂。"这是恰当的。

刘先生有一部约编写于 20 世纪 50 年代的名为《外国文学讲稿》的手稿，封面标明是"西方文学（古代中古部分）"。共五讲，从"荷马的叙事诗"开始，到"文艺复兴时代的人文主义作家"为止。本书所选的《波伽丘和他的〈十日谈〉》《弗朗索瓦·拉伯雷简论》，均见其最后一讲。《弗朗索·瓦拉伯雷简论》是从《讲稿》中分离出来的一篇论文，经过压缩修改，以《拉伯雷——伟大的人文主义者》为题在报刊发表。

这部《讲稿》，在写法上以作家作品论为主，其中有对作家生平和创作道路的介绍，有对作品内容的概述和剖析，有对作品思想意义的评论。《讲稿》对波伽丘和他的《十日谈》，对拉伯雷和他的《巨人传》，都给以高度评价。波伽丘是文艺复兴发源地意大利14世纪的伟大作家。从刘先生对他一生经历的评述，使我们看到了他成长为伟大人文主义者的历程。他的代表作《十日谈》，无情地暴露教会和僧侣黑暗淫污的生活，批判中世纪的禁欲主义和封建社会的尊卑观念，赞美人类的自然要求和人类平等的思想，是一部张扬人文主义的杰作。拉伯雷是法国16世纪上半叶的伟大作家。他的《巨人传》是法国文艺复兴时期的伟大巨著。刘先生考察了拉伯雷的一生事迹和作品，称赞"他是封建和教会僧侣反动派的敌人，是科学真理的热烈追求者，是自由和正义的坚强战士，是一个真正的伟大的人文主义者"。他称《巨人传》为讽刺小说，讽刺的对象就是封建制度和僧侣。小说深刻揭露了当时封建君主统治下的法国社会形形色色的丑恶现实，并大胆地表现了作者对人类未来生活的理想与愿望，至今仍有其积极意义。刘先生对作品的分析是中肯的，不足之处在于仅限于对作品社会意义分析。

刘让言先生对中国古代文学也有相当深入的研究。晚年，他编注了《屈原楚辞注》，又与人合著了《中国古典诗歌选注》先秦至隋代部分。

屈原是中国文学史上第一个出现的伟大诗人，在中国文学史上影响深远。历代对他的研究经久不衰，研究者代不乏人，刘先生即其中之一。他的《屈原楚辞注》原文和注主要依据《四部丛刊》影印的明代翻印宋本洪兴祖的《楚辞补注》，同时参考了中华书局影印的宋端平本朱熹的《楚辞集注》、清王夫之的《楚辞通释》、清蒋骥的《山带阁注楚》、清戴震的《屈原赋注》等众多注本。他编注此书的"目的是想给一般读者提供一个阅读屈原作品的完整的通俗读本"所以"注解力求通俗详尽"，书中没有烦琐考证，也不旁征博引，非常适合一般读者阅读。

书前有一篇《前言》，《兰州大学学报》发表时题作《诗人屈原及其作品》。这是一篇研究屈原及其作品的学术论文，介绍了屈原坎坷的一生和在楚地民歌基础上创造新诗体楚辞的功绩，分析了他作品的思想内容和艺术特色。屈原是政治家，又是诗人，他的诗与政治联系密切。他的作品突出表现了通过贤明君主施行开明政治、举贤授能、严明法令、富国安民的政治理想。他对贵族集团统治下的楚国政治的昏乱、腐朽进行了无情的揭露和鞭挞。他表达了对祖国的热爱和对人民苦难的同情。《前言》对屈原作品思想内容的分析，主要集中在这些方面。这主要是由作品本身提供的内容决定的，而不是刘先生奉行"政治标准第一"的批评原则的结果。同时，《前言》很重视对作品的艺术分析。《屈原楚辞注》完成于改革开放初期，当时文学研究的理念、对象、方法等，都开始重新定位。过去研究作品多偏重于思想性，现在开始纠正这种偏向。

所以，在《前言》里用不少于分析作品思想内容的篇幅来谈作品的艺术特色，对作品在形象的塑造、神话素材的运用上，在想象的丰富、语言灵活多变和地方特色浓厚等方面，都作了具体的分析，这对于读者理解屈原的作品是很有帮助的。

《中国古典诗歌选注》（一）由刘先生和他的两位同事共同完成。注释有分工，最后由刘先生"统一润色修改，进行定稿"。其《前言》也是三人共同的研究成果。本册选先秦至隋代的诗歌，其《前言》相当于先秦至隋代的诗歌简史。在对这段诗歌发展史轮廓的勾勒中，做到了重点突出，主次分明。《诗经》与《楚辞》不仅在先秦诗歌发展史上，就是在中国整个诗歌发展史上也是两座高峰，所以放在主要地位，加以重点评述。对后来以"建安风骨"受到历代称许的建安诗歌，对为中国诗歌发展作出独特贡献的陶渊明的诗歌等，都作了重点介绍。民歌也是被突出的重点，并给以高度评价。对其中的名篇更是称赞有加，如对代表了两汉乐府民歌最高成就的《焦仲卿妻》，对代表了北朝民歌最高成就的《木兰诗》，就是如此。当然，这个《前言》是从一本诗歌选集来谈诗歌发展史，不能以专门的诗歌发展史来要求。

刘先生评论现代文学作品的文章有《〈嗦哨的季风〉序》和《关于〈金碧霞〉》。前者评论甘肃诗人夏羊的诗集《嗦哨的季风》，后者评论香玉豫剧改进社的新编豫剧《金碧霞》。刘先生热情肯定夏羊的诗歌，赞誉他诗歌严肃的现实主义精神，浓厚的乡土气息，朴素、清新、自然的艺术风格，充满了对作者的关爱之情。对于《金碧霞》指出了它的缺点，同时提出了修改意见，表现了他对戏曲改革的关注和支持。

综观刘先生的文艺评论，均用社会学的研究和批评方法。在现代西方形形色色的文艺研究方法、批评方法涌入中国的今天，这种传统方法受到挑战和被诟病就是很平常的事了。但是，毕竟社会是文艺的土壤，作为创作主体的作家是社会的成员，何况很多文艺作品写的就是社会上的事，从社会学的角度研究、评价作家作品仍不失为有效的方法之一。当然，这种方法也有其缺陷，但这是可以弥补的。西方现代各家各派的研究和批评方法，也各有短长，并非一律完美无缺。各家各派可以互相学习和借鉴。有些方法也可以共存共荣，只要有益于文艺研究和批评。

《陇上学人文存·刘让言卷》（第三辑）
作者：王尚寿

李鼎文

　　今年，是李鼎文先生九十五华诞。征得先生的同意，我编好了他的论文集《陇上学人文存·李鼎文卷》，作为敬献给先生的礼物，并祝这位旅居南半球的陇上学人走向期颐之年。

　　1998年11月，先生为拙著《人物志研究》写完序不久，即赴新西兰定居。次年《人物志研究》出版，我在《序》的后面题写了这样几句话："鼎文先生，凉州世家，族望通明。茂苑仪型，门风清邵。少承家学，谨慎劬敏。名儒敦诲，常闻长者徽音；故老披宣，颇记先贤逸事。弱冠负笈金城，始承名师。洒笔成文，耽思述古。"那么，这篇前言就从先生的家世写起吧。

　　李鼎文先生的祖父李铭汉（1809—1891），字云章，受业于著名学者张澍（1776—1847），是甘肃有名的学者，虽以布衣终其身，但因德行高尚，学问渊博，孚重望于乡邦。学问以经世致用为宗，经史辞章之外，旁及天文、算法、舆地、兵农，凡有关国计民生者，靡不详究。辑有《续通鉴纪事本末》一百一十卷（前八十九卷为李铭汉编辑，后二十一卷为铭汉之子于锴编辑），《尔雅声类》四卷，《说文谐声表》（未成），以及读书笔记《宿问录》，诗集《日知斋诗稿》等。其《续通鉴纪事本末》一书，是史学名著。1936年，著名学者、北京大学历史系教授孟森在天津《大公报》上发表《续通鉴纪事本末书后》一文，呼吁重印此书，云："不得李氏之书，使家喻户晓，于据撰通史之资料，不无缺憾。"著名学者汪辟疆也说："余于清末，既获读李氏《续通鉴纪事本末》，见其条分件系，伦类贯通，深致叹服。"（《记与马生騄程谈李云章父子学术》）《续通鉴纪事本末》一书，光绪三十二年（1906）由李于锴在山东刊刻问世，印数极少，流传不广。1957年，在著名历史学家金毓黻、范文澜先生的力促下，北京古籍出版社又据原版印行一次，始为学界所渐知。2005年，甘肃人民出版社出版了此书的点校本。

李鼎文先生的父亲李于锴（1863—1923），字叔坚，李铭汉的次子，光绪八年（1882）举人，二十一年乙未（1895）进士，选翰林院庶吉士。二十四年戊（1898）散馆，任山东蓬莱知县其后代理武城、泰安知县，调山东大学堂监督，为山东大学的创办人之一，旋升沂州府知府。辛亥革命后返里。民国二年（1913）被任命为甘肃警察厅长，坚辞不就。三年（1914），聘为清史馆协修，亦未就。著书立说，终于家。李于锴生在晚清内忧外患之际，少承家学，忧国忧民，"致力于志士、循吏、学人三种境界，均有突出业绩"（《甘肃历史名人画传·清末民初文学家李于锴》）。作为学者，李于锴除续成《续通鉴纪事本末》外，尚有《古历亭笔记》一卷，《读汉书笔记》一卷，皆为文史考证之作。其文学创作，诗文兼长，尤长于文，有《味檗斋文集》一卷，《写经楼诗草》一卷。1984年，李鼎文先生把《味檗斋文集》增补了《甘肃举人呈请政府废除马关条约文》《古历亭笔记》《读汉书笔记》《写经楼诗草》合为一集，经过精心整理，定名《李于锴遗稿辑存》，列入《陇右文献丛书》出版。《遗稿》收录了37篇各体文章和125首诗。清末古文大家王树楠在《味檗斋遗稿序》中说："平生不苟为无益之文，故今所存者，仅十数篇，然于昔贤之所谓义理、词章、考据三者无一不备，而杼轴在心，动与古会。其文品盖在同里张介侯之上，西方学者莫能或之逮也。"

李于锴有两个儿子，长子鼎超，次子即鼎文先生。李鼎超（1894—1931），字酝班，10岁随父至山东蓬莱开始读书，13岁至沂州（今临沂）系统地学习"中学"（经、史、子、集）和"西学"（英文、算学、物理、化学、博物诸科）。民国二年，20岁的李鼎超随父返回故里，潜心研究国学。自谓"义理之学，经济之学，辞章之学，考据之学，四者并进"（《自得斋日记》民国十年九月十六日）。民国十八年（1929）春，至兰州，任甘肃省通志局分纂。其后又在兰州中山大学讲授文字学。民国二十年（1931）春，以无党派人士被选为国民会议代表，赴南京参加了国民会议后，病逝于上海医院。李鼎超曾拟集注《新唐书》，没有完成。民国十年（1921），受父亲的委托，编纂《武威县志》。他博览群书，辛勤搜寻，已完成者，有《人物志》《艺文志》《金石志》《方言志》。

《方言志》为鼎超先生的得意之作，从草创到脱稿历时十年，后改名《陇右方言》。他说："治国学必习小学，小学之最切用者在方言"，"樵夫牧竖之口，往往有三代雅辞存焉"。章太炎先生在《新方言序》中写道:"读吾书者,虽身在陇亩与夫市井贩夫,当知今之殊言不违姬汉。既升于皇之赫戏,按以临瞻旧国,其恻怆可知也。"二位先生研究方言,是为了证明姬汉的传统犹在,中华民族的优秀传统不会消灭,学术精神是如此相同。《陇右方言》即着力在甘肃(侧重河西)方言中考索保存至今的古代词语和古音,沿波讨源,运用古今声韵转变的规律,博采《尔雅》《方言》《说文》及经传典籍加以证明。其体例则依章太炎《新方言》,分"释词""释言""释亲属""释形体""释器""释宫""释天""释地""释动物""释植物"十卷,共1214条。其中考证精当、发前人所未发者,随手可举。如形容花儿"红丢丢",太阳"红丢丢","丢丢"之本字,即《诗·桃夭》"灼灼其华"之"灼灼","灼"古音读如"丢"。又如我们之"们",古无此字,实即"辈"字之声转,"辈""伟"古音同在灰部,唐宋时有"儿郎伟"之语,宋楼钥《跋姜氏上梁文稿》云:"所谓'儿郎伟'者,犹言'儿郎懑'。"又云:"'懑'本音'闷',俗音'门',犹言'辈'也。"著名语言学家黎锦熙对此书大加赞赏,曾力促出版之事。语言学家,美国南加州大学铁鸿业教授评价此书"对研究小学、字源,提供参考资料,价值尤为卓越"。1988年《陇右方言》由李鼎文先生整理后由兰州大学出版社出版。

李鼎超从二十七岁起(1920年12月12日),开始写《自得斋日记》直到逝世前六天(1931年5月19日)止,凡十余册,中多论学论政之文。自谓:"其中亦多见道之谈,英辞眇议,亦时时有。虽未足上拟大雅,而侧诸今学者之林,亦未有惭色"(《自得斋日记》民国十八年九月十九日)。又谓:"予于文壮《史》《汉》,于小学喜二王(念孙、引之),于义理好《庄子》,于近人之文乐王(闿运)章(炳麟)。"(《自得斋日记》民国十一年正月初一日)可见《日记》有很高的学术价值,可惜在"文革"中全部遗失。

著名学者汪辟疆先生曾撰有《记与马生骡程谈李云章父子学术》,对李氏三世的学术做过总结。他认为,西北远处边隅,与中原阻绝,俗本淳朴,而布衣韦带之士,皆崇尚气节,耿介自守,恒能自奋于义所应为。如果是利泽桑梓,功效边陲,益于国家之事,皆能挺身以赴,在所不惜。这是李氏之学中体现得最值得我们称道的气节。汪先生总结说:"云章父子之学,其取师也甚正,其信道也弥坚,其为之也必果,而皆并见于立身立事之实。故不托之空言,而惟实事求是;不泥于小节,而惟大德不逾。"这里,汪先生指出了李氏之学的三个特点,三种境界。

其一,取师纯正。他说:"夫学必有师,师法正则学术正,学术正则人心正。""云章虽先后受教于尹世阿、张澍,亦尝从事于声音训诂雠校之学,然平生论学,实主顾亭林'经学即理学'之言。""叔坚一禀其趋庭之训,而又兼师四明全氏。……昆山、四明之学，皆博采于濂、洛、关、闽及余姚，而参证于经术，以植其本；浏览于治乱兴亡典章制度，而酌其得失，以观其通；旁涉于声音、训诂、舆地、兵农、天算，而详扶其奥微，以尽其变。故李氏父子之学，咸奉二先生为依归，坐而言，起而行，规模气象，俨然为康、雍间名儒，无晚近破碎支离之习。"

其二，学求致用。汪先生说："试迹李氏父子平生之学，以濂、洛、关、闽为体，以训诂、辞章为用，而并皆湛深于史。故其言皆菽米布帛之言，其事皆伦常日用之事，平实而近人，坚卓而自信，有其内者必见于外，所谓有用之学，其为之也必果也。"刘尔炘《武威李叔坚传》云："读书万卷，群指目为经师，而行谊或不免荡逾于闲检者，失之肆；繁称博引，下笔千言，而授政不达，枘凿龃龉者，失之迂；以声音训诂为毕生大业，征文考典，动辄数十百纸，而无关于身心家国者，失之琐。"叔坚先生高尚的节操，成功的政绩，一生关心国事民瘼的精神，正是他学以致用的集中体现。

其三，对"天下之达道"的笃信和挚守。所谓"达道"，就是中华民族仁人志士几千年孜孜追求的至情至理，"其大旨以诚信为本，以勤俭为用，以孝弟为教，以仁恕为施。治己治人，莫不本此"。《孟子·滕文公下》云："居天下之广居，立天下之正位，行天下之大道。得志与民由之，不得志独行其道。富贵不能淫，贫贱不能移，威武不能屈，此之谓大丈夫。"这种气节和精神，正是李云章父子身体力行而终生追求的，是贯穿他们学术研究的主题。所以，汪辟疆先生绅绎李氏之学，感慨系之："李氏三世之学行，实有足以振末俗而惩学弊者，询足以质诸百世而不惑者也。"

民国时期甘肃著名学者刘尔炘曾撰有《武威李叔坚传》，其中写道："学术者，我之精神命脉也。学术亡，则我之貌存，我之魂死，何异沦中华为异域，化四万万人为异物哉？此余之所以仰天长号，而不独为叔坚悲者也！"即以叔坚子鼎超而言，其参加国民会议，洞见当时政界之真相，极度失望，抑郁成疾，而不得不死。我记起了陈寅恪先生撰写的《清华大学王观堂先生纪念碑铭》中的话："士之读书治学，盖将以脱心志于俗谛之桎梏，真理因得以发扬。思想而不自由，毋宁死耳。斯古今仁圣所同殉之精义，夫岂庸鄙之敢望！先生以一死见其独立自由之意志，非所论于一人之恩怨，一姓之兴亡。"他在《王静安先生遗书序》中也说："寅恪以谓古今中外志士仁人，往往憔悴忧伤，继之以死。其所伤之事，所死之故，不止局于一时间一地域而已，盖别有超越时间地域之理性存焉。而此超越时间地域之理性，必非其同时间地域之众人所以共喻。""我觉得借用陈先生的话来评价李鼎超先生，庶几近之。"

李鼎文教授，字献甫，1919年5月16日生于甘肃省武威县。他5岁丧父，13岁丧兄，与生母相依为命。他没有上过小学，13岁以前，由长兄鼎超言传身教。民国二十六年（1937）和二十九年（1940），先后由武威师范简师科、兰州师范中师科毕业。

民国三十一年（1942），考入西北师范学院国文科，受教于黎锦熙、李嘉言、叶鼎彝、何士骥、王汝弼、刘文炳、冯国瑞诸位名师，学业大进。尤其是黎锦熙、李嘉言先生，对他格外器重。1949 年，在西北师范学院国文系四年级插班，次年毕业，任教于武威师范。1956 年调甘肃师专（校址在天水）任教。1957 年，甘肃师专合并到西北师院，李先生随即到西北师院任教，任中文系副教授、教授，1987 年退休。

李先生读书广博，举凡经史子集四部的基本典籍，靡不广为涉猎。几十年来，先生以教书为要务，主要精力集中在备课、编写讲义方面。讲授"中国古代文学"，先生编写了《中国文学史》（先秦到宋，80 千字）、《中国古代文学作品选注》（先秦到宋，150 千字），1957 年油印《中国古代文学作品选》（宋元明清，90 千字），1973 年铅印。讲授"杜诗研究"，先生编写了《杜甫诗选注》（126 千字），1981 年油印。讲授"敦煌文学"，先生编写了《敦煌文学作品选注》（50 千字），1982 年铅印。先生还参加编写了中学语文教学参考书，撰有初中、高中语文课本中文言文讲析 31 篇（136 千字），收入《中学语文讲析》一书，1979 年甘肃人民出版社出版。先生编写的讲义字数并不多，但都是在自己深入体会的基础上总结出来的，皆深思明辨之作，有着丰富的学术含量。

先生编写讲义，非常认真，比如对某一作家的评价，必先认真阅读他的全部作品，然后仔细阅读历代学者对他的评价。不佞信前人说法，也不随意怀疑前人的说法。古代作家的每一次行踪，每一件行事，其作品的每一个词语，每一个典故，必详考而明辨，求水落而石出。现在一些人编写讲稿、著书立说，大都用剪贴的方法，附会凿空之谈太多。一提笔动辄数十万言，不数年而著作等身。讲起某一作家来，洋洋洒洒，口若悬河，滔滔不绝，然而一旦涉其人具体作品，则暗哑若禁锢，顾左右而言他，期期不知所云。与先生相比，诚不可同日而语矣。

先生在教学之余从事学术研究。1986 年，甘肃人民出版社出版了他的《甘肃文史丛稿》，收集了先生多年撰写的有关甘肃地方文史的文章 42 篇。最早的写于 20 世纪 60 年代，大部分为 1980 年以后应省内一些杂志之邀所写。文集考证了 36 位甘肃籍或旅居甘肃的历史人物的生平、创作及有关史实，刊布了一些鲜为人知的史料，订正了当今一些诗文选本的错误。通过这本书和他主编的《甘肃古代作家》（甘肃人民出版社 1984 年出版），我们可以对甘肃古代的主要作家有一个大概的了解。比如，清代著名学者张澍的生年讹误已久，冯国瑞《张介侯先生年谱》、姜亮夫《历代人物年里碑传综表》都定于"乾隆庚子（1780），李先生根据有关地方志史料，并走访了张澍六世孙张随纯，确定张氏生于乾隆四十一年（1776），新版《辞海》即按他的考证予以改正。再如《评介甘肃举人〈请废马关条约呈文〉及其他》一文，公布了一些鲜为人知的史实，具有重要的史料价值。《请废马关条约呈文》的起草者和领衔者正是李先生的父亲李于锴，他当时是甘肃在北京的应试举人。这是康有为领导的"公车上书"运动的重要内容。甘肃参加的有76人。呈文准备送到都察院时，《马关条约》已批准，事情已无可挽回，就把写好的呈文保存了下来。李先生将手稿和缮写好的呈文于1963年捐献给甘肃省博物馆。这篇文章以确凿的史料无可辩驳地论证了近代中国知识分子第一次反帝反封建运动中，甘肃的热血青年冲锋陷阵的情境。总之，《甘肃文史丛稿》一书，或论一人一事，或议一诗一文，皆能明其脉络，扶隐发微，明训诂，证史实，不蔓不枝，精简明练。一位饱经风霜的知识分子对历史事件的是非正义之心，对故乡人文历史的衷心热爱之情，读其书者自能明之。李先生把这些文章看作竹头木屑，然而伐蜀装船，积雪厅事，真可以顶大用。

1983年，按照中央关于整理古籍的指示，西北师范学院建立了古籍整理研究所。受所长彭铎教授、副所长路志霄教授的委托，李先生在整理陇右古籍方面做了很多工作。先后整理出版了《续敦煌实录》《李于锴遗稿辑存》《陇右方言》《陇右方言发微》（与钮国平合作）《笠云山房诗文集》（与吴绍烈、路志霄、海呈瑞合作）等。

敦煌为中原与西域交通的要道，自汉武帝后元元年(前88)分酒泉而置敦煌郡以来，人文渐盛，名家辈出。两汉三国，六朝递嬗，五凉三秦，建国西夏，诸世族之贤者，或仕中朝，或佐霸主，叱咤风云，舞文弄墨，领风骚于一时。其间西凉人刘昞辑诸史所载，成《敦煌实录》二十卷（《魏书·刘昞传》作二十卷，《隋志》作十卷），刘知几《史通·杂说下》说："夫十室九邑，必有忠信。欲求不朽，弘之在人。何者？交阯远居南裔，越裳之俗也；敦煌僻处西域，昆戎之乡也。求诸人物，自古阙载。盖由地居下国，路绝上京，史官注记，所不能及也。既而士燮著录，刘昞载书，则磊落英才，粲然盈瞩者矣。向使两贤不出，二郡无记，彼边隅之君子，何以取闻于后世乎？"是书已佚，清章宗源《隋书经籍志考证》据诸书辑得十四条，稍后的武威人张澍《续敦煌实录》卷首即刘昞《敦煌实录》的辑本，其中三条章本未辑，章本中三条亦为张本所未辑。《续敦煌实录》五卷是张氏从大量文献中采集的敦煌籍人物的传记，共收录从东汉到五代一百二十人之多。王重民先生《阅张介侯先生遗稿记》说："介侯是书，征引博洽，言敦煌人物者，宜莫先于是矣。"它是当前成为国际显学的"敦煌学"的滥觞。张氏在所辑人物传记后面，多加按语，或征引与传主有关的材料，或提出自己的见解，纠谬误，证史实，很有学术价值。李鼎文先生整理此书，首先对张氏所征引的屠本《十六国春秋》逐条找出所依据的原书，并移录下来。北魏崔鸿所撰《十六国春秋》一百卷，北宋以后散佚。明人屠乔孙、项琳之据《晋书》《资治通鉴》《太平御览》等书中有关十六国的史事，补缀为《十六国春秋》一百卷。屠氏等对所征引之文，不著出处，他们自己也不居编辑之名，仍题崔鸿之名，所以后人目为"伪书"。张澍对屠本过分相信，采录了七十条之多。李鼎文先生逐条著明其出处，一则表明屠氏原书是有所本的，二则给读者提供较早的资料。第二，订正了张澍按语的错误。张氏读书，既多且熟，征引文献，往往凭记忆，不翻检原书，因此按语中人名、地名、时间、地点等常有张冠李戴者，李先生一一为之订正。刘昫、张澍之于敦煌前贤，李鼎文先生之于刘氏、张氏，可谓知音诤友矣。

《李于锴遗稿辑存》《陇右方言》分别为李鼎文先生的父亲李于锴和长兄李鼎超的遗著，前文已有述说，此不赘。

《陇右方言发微》是李鼎文先生的老师李恭的遗著。李恭（1901—1970），字行之，早年就读于北平中国大学国文系，后又南游苏州，受业于国学大师章太炎先生，为甘肃唯一的太炎弟子。他说："三陇为华夏民族发地，不窋故城，文王灵台，至今使人凭吊。东瀛人斥为'汉唐遗音'者，其在是乎？"故"每循览载籍，遇有一名一义与陇语有关者，辄随笔疏记"（《陇右方言发微自序》），历十七年之久，而成是作。全书分《释言》《释训》二卷，共 567 条。《释言》所释都是单字，《释训》所释为两字或两字以上的词语。另有较为浅近不需释证者 154 条，以《附编》次于篇末。该书体例规模章太炎《新方言》，皆从声韵、文字入手，征引文献资料，追本穷源以求本字，多精当之论。李鼎文先生整理《陇右方言》和《陇右方言发微》，对原著所引资料一一核对原文，统一体例，付出了艰苦的劳动。

《笠云山房诗文集》为晚清甘肃著名学者兼文学家王权（1822—1905）的诗文集，收录诗五卷，文十二卷。李鼎文先生有《读王权〈笠云山房诗文集〉》，对其文学价值和学术价值论之甚详。此书系抄本，错误校多。先由吴绍烈、路志霄、海呈瑞三位先生点校，李鼎文先生最后又复核一遍，改正了诸多错误。

李鼎文先生的第二本文集是《梦槐庵丛稿》，共收入 85 篇文章。大致可分两类，一类是古代文学的研究论文，另一类是甘肃地方文史的研究论文。李鼎文先生的学术论文，带有中国传统的学术笔记性质，涉及经学、小学、史学、地理、姓氏、典籍、词章等诸多领域。有的是相关经学、小学、诗文、石刻的考释和评定，有的是有关陇右地方的轶闻掌故的考释，有的是为师友弟子后学的著作所写的序言和评论，讨论的大都是很具体的问题。其考索源流，申述新解，匡正讹误，探微烛幽，言之有据，文字简约。对待考证，不主观臆造，不饰词矫说，充分尊重已有的研究成果：前人正确的意见，必称引弘扬之；前人不正确或不完满的意见，必明辨补充之。引证必标出处，雷同一定删汰。我略举数例说明。

收入《丛稿》的第一篇论文《〈胡笳十八拍〉是蔡文姬作的吗？》就颇有学术史意

义。《胡笳十八拍》是一篇近 1300 字的骚体长诗，原载于宋郭茂倩《乐府诗集》卷五十九及朱熹《楚辞后语》卷三，两本文字小有出入。对于这首诗的作者，一说是蔡文姬，一说为后人（唐人）拟作，历代争论不休，莫衷一是。一千多年以来，肯定《胡笳十八拍》为蔡文姬所作者，有唐李颀、刘长卿，宋王安石、郭茂倩、朱熹、王应麟，明杨维桢、梅鼎祚，清沈用济、惠栋等；认为《胡笳十八拍》是后人拟作者，最早见于北宋朱长文的《琴史》，尔后明王世贞、胡应麟，及清人沈德潜等都怀疑此诗非蔡琰所作。近代治文学史者如胡适、郑振铎、罗根泽等，也均视其为伪作。胡适的《白话文学史》便说："世传的《胡笳十八拍》，大概是很晚出的伪作，事实是根据《悲愤诗》，文字很像唐人的作品。"罗根泽则更断言：《胡笳十八拍》的乐调作于唐著名音乐家董庭兰，歌辞作于唐诗人刘商（见《胡笳十八拍作于刘商考》）。中华人民共和国成立后，特别是 50 年代末期，郭沫若先生曾连续撰写了七篇专论《胡笳十八拍》的文章，力主恢复蔡文姬的著作权，在不少专家学者中引起强烈反响。由此，学术界遂展开了一场围绕此诗作者和年代问题的空前热烈的学术大讨论。郭老《谈蔡文姬的〈胡笳十八拍〉》说："这是用整个的灵魂吐诉出来的绝叫，没有那种亲身经历的人，是写不出那样的文字来的。我是坚决相信那一定是蔡文姬的。"为了证明此说，郭老甚至采取"增字解经"的办法，引录唐代刘商《胡笳曲序》"后董生以琴写胡笳十八拍，今之胡笳是也"，认为这里的"后董生"应该是"后嫁董生"。之后，高亨、萧涤非、胡念贻等学者先后著文，从不同角度肯定补充郭老的观点。面对学界泰斗的如椽巨笔，李先生唯真理是求，撰写了《〈胡笳十八拍〉是蔡文姬作的吗？》（《光明日报·文学遗产》1959 年 6 月 14 日），认为《胡笳十八拍》的作者应是唐人董庭兰，其理由是：第一，从本诗看，诗的作者对南匈奴和东汉王朝的关系不十分清楚，而文化造诣很高的蔡文姬不会对她生活时代的情况如此模糊。第二，诗的作者对南匈奴风俗习惯的描写不真实。第三，诗的作者对蔡文姬在南匈奴中的生活所知不多，只是对史书的简单罗列。第四，诗的作者袭用了东汉以后诗文中的词句。第五，诗的作者运用了唐人习用的词语。与此同时或稍后，一些著名学者，如刘大杰（《关于蔡文姬的〈胡笳十八拍〉》）、胡国瑞（《关于蔡琰〈胡笳十八拍〉的真伪问题》）、逯钦立（《关于〈胡笳十八拍〉》）、王达津（《〈胡笳十八拍〉非蔡琰所作补证》）、刘盼遂（《谈〈胡笳十八拍〉非蔡文姬所作》）都撰写文章否定蔡文姬作《胡笳十八拍》。

　　《梦槐庵丛稿》中有许多短文是对一些词语、典故的诠释，这些看起来是小问题，实则最能反映作者的学养。比如陶渊明《归园田居》诗中有"虚室"一词（"户庭无尘杂，虚室有余闲"，"白日掩荆扉，虚室绝尘想"），王瑶注的《陶渊明集》和余冠英选注的《汉魏六朝诗选》中都没有解释，一些人解释成"空房子"。李鼎文先生认为，陶诗中的"虚室"是从《庄子》来的。《人间世》云:"瞻彼阕者,虚室生白,吉祥止止。""唯道集虚,虚者,心斋也。"陆德明《经典释文》引司马彪云:"室比喻心,心能空虚,则纯白独生也。陶渊明《戊申岁六月中遇火》诗:"形迹凭化往,灵府长独闲。"这里的"灵府"也是指心,《庄子·德充符》:"不可入于灵府。"成玄英疏:"灵府者精神之宅,所谓心也。"渊明思想颇受庄子影响,他的诗文中运用《庄子》中的术语不少,如果以为陶诗语言通俗自然而滑眼读过,那是很容易犯错误的。再如林则徐充军伊犁途中路过凉州,曾写有《答陈子茂德培》诗二首,其中诗句云:"送我凉州浃日程,自驱薄笨短辕轻。高谈痛饮同西笑,切愤沉吟似北征。"一些注本解释"薄笨"说:"浅薄愚笨之身,作者自谦之辞。"解释"北征"说:"西汉末年,王莽的'新朝'被推翻以后,中原地区连年战争,班彪避居河西,作《北征赋》,抒发望治不得的郁闷心情。"这样的解释是不正确的。李先生指出,薄笨,即薄笨车,是古代一种制作粗简而行驰不快的车子。殷芸《小说》引《膺家传》:"郭林宗来游京师,当还乡里,送车千许乘,李膺亦在焉。众人皆诣大槐客舍而别,唯膺与林宗共载,乘薄笨车,上大槐坂,观者数千人,引领望之,渺若松、乔之在霄汉。"而"北征"则用杜甫的《北征》诗意境,诗云:"东胡反未已,臣甫愤所切。"英国侵略者从海上侵犯我国,岂不是"东胡"!东胡尚未赶走,而林则徐却被革职充军,不得为国杀敌,这使他不能不愤切了。这样的解释,不但正确地揭示了诗的用事,而且使诗意豁然开朗,所谓一词确诂而境界全出。这样精彩的短文不胜枚举。

收入《梦槐庵丛稿》中的,还有先生近十多年来撰写的有关考证故乡文史的文章。这些文章,写得既亲切朴实,又材料翔实,如数家珍;既倾注着对家乡的热爱,又不虚美,不隐恶,实事求是。比如,我国著名的佛经翻译家的鸠摩罗什(344—413)于东晋太元十年(385)随吕光到凉州,在凉州住了十七年。有人说,他在凉州的这段时间里,不但讲经,而且译经。这一说法,流传很广,地方志、电视片都这样说。先生经过对有关历史记载的认真考证,认为"罗什在凉州的十七年时间内,既没有讲经,更没有译经"。隆安五年冬(401),罗什到长安,后秦姚兴待以国师之礼,大量的讲经、译经从此开始(《武威历史考辨三题》)。再比如,著名学者张澍在《凉州府志备考》中有西夏"建国都,初在兴州,后移凉州"的说法,当今承袭此说者不少。为了澄清事实,李鼎文先生根据《金史》《元史》的相关记载及清人吴广成《西夏书事》、钱大昕《十驾斋养新录》的研究,认为在武威建过都的,只有前凉、后凉、南凉、北凉和唐初李轨的大凉,并没有西夏。"夏神宗只是逃到凉州避难,事后即回,并无建都凉州之说"(《武威非西夏国都辨》)。当今一些从事地方文史研究的人,为家乡争名人,有时不惜捕风捉影,甚至杜撰史实。先生唯真理是求,值得我们钦佩。

《丛稿》还收录了先生的两组诗:《前秦梁舒墓表出土有感》和《忆雷台》。"文集"不是"论文集","文集"的范围很广,程千帆先生编辑的《汪辟疆文集》,就收录有诗、文、笔记、书集、日记等。李鼎文先生作的诗不多,保存下来的更少。2002年,西北师大百年校庆,我们编辑《世纪足音——西北师大教师诗词选》一书(敦煌文艺出版社)当时只收集到先生的21首诗。这两组诗都是有关武威出土文物的。1975年3月,在武威城西7.5公里处出土了前秦《梁舒墓表》,史料价值很高,是研究姑臧城地理位置的重要文献(《文物》1981年第2期)。而雷台不仅是先生青少年时期经常游玩的地方,而且其下的东汉墓中出土了举世闻名的铜奔马(俗称"马踏飞燕")。先生以此二篇殿底,其对故乡历史文化的挚爱,对亲朋好友的思恋,是不言而自明矣。《梦槐庵丛稿》在"曾是儿时游息地,白头西望忆华年"的袅袅余音中结束,留给读者的是无限遐思。

多年来,李鼎文先生还应邀审查了不少有关武威的历史资料,如《武威县地名资料汇编》《武威市志》《武威历史人物》,改正了书中不少错误,还校点了《乾隆武威县志》,写出了详细的校勘记,为家乡历史文化的研究和弘扬作出了贡献。

"梦槐庵"是李鼎文先生的书斋号。在武威李氏宅院中,有一棵高大的古槐,它是李氏三代学人学术精神的象征,李于锴的书斋即名"古槐堂"。李于锴的《写经楼诗草》中,有一首七言古诗《古槐》,就是歌咏这棵槐树的:"古槐森郁百尺长,影压凉云千丈绿。当阶巨石颇不平,抱檐古瓦断犹续。皴皮溜雨半蛇蜕,圆叶入春尚蜷局。何人手植张骏时,劳我欲补《前凉录》。炎蒸夏五此下榻,玄荫眈眈落枕幞。廊深时有翠雨堕,天外不知红日旭。枯根轮困蟠泥虬,高枝匼匝摩天鹄。槐安一梦事有无,桃笙展向空庭曲。黄花八月看萧瑟,秋风十载忽怅触。长安驿车转瞬忙,寄语男儿勿刺促。"古槐饱经风霜的形象,傲岸而又宽容的性格,正是主人人格与精神的写照。诗篇用语古拙老辣,仄韵声促,诗情一波三折,盘屈跳荡,可谓风神超迈。"横空盘硬语,妥帖力排戛",此诗足以当此语。先生孩提时代,曾在古槐下读书玩耍。岁月悠悠,逝者如斯,先生已近期颐,那棵大槐树,也在改造四旧的时代化为乌有。树犹如此!先生有《思乡》诗写道:"故园西望意茫然,花木图书散似烟。也识人生如寄耳,最难斩断是尘缘。"现在,先生寄居异国,迢迢万里,"应有归心归不得,夕阳红处是家乡"(李鼎文《咏金銮》),此情此景,何可胜道也哉!

先生诲人不倦,对学生或晚辈的请教,非常认真,即使一时不能回答圆满,也要查寻相关资料,给予满意的答复。1992年,我校注敦煌赋时,其中一些典故查不到,就请教先生,先生总是不厌其烦地为我查寻。比如,伯希和所劫敦煌2712号和2488号写卷抄有乡贡进士张侠撰的《贰师泉赋》,其中写道:"皑皑大碛,穹隆岩岩。前无指梅之麓，后无濡缕之沾。三军告渴，涸困胡髯。枯山赤坂，火薄生炎。我贰师兮精诚感天，拔佩刀兮叱咤而前。想耿恭之拜井，思夫人之濯绵。刺崖面而霹雳，随刀势而流泉。""耿恭拜井用《后汉书·耿恭传》耿恭祈祷拜井而"水泉奔出"的事，比较清楚，至于"夫人濯绵"则不敢确定，请教先生的次日，先生即为我送来了抄好的一段话：《礼记·祭义》："岁既单矣，世妇卒蚕，奉茧以示于君，遂献茧于夫人。夫人曰:此所以为君服与! 遂副、祎而受之，因少牢以礼之。古之献茧者，其率用此与？及良日，夫人缫，三盆手，遂布于三宫夫人、世妇之吉者，使缫，遂朱绿之，玄黄之，以为黼黻文章。服既成，君服以祀先王先公，敬之至也。"赋的作者借这个典故是写贰师将军刺崖时心情之虔诚，所谓敬之至也。先生的点拨，使我一下子豁然开朗。

李鼎文先生审定后学的学术著作，总是一字一句，一个标点符号也不放过。据我所知，张帆、宋书麟的《阴铿诗校注》、梁新民编著的《武威历史人物》、漆子扬、王锷校点的《守雅堂稿辑存》，都是经他细心审阅修改后出版的。先生不轻易给他人的书作序，《梦槐庵丛稿》中收录的十余篇学术著作的序文，都是认真阅读了原作之后总结出来的，评价的文字不长，而总能抓住特点，言中肯綮，表现了老一辈学者提携后学的高尚的学术责任、学术道德和严谨的治学精神。他对学生说得最多的话就是要多读书，打好基础。1982年1月9日，我大学毕业，请先生在毕业纪念册上题词，他用蝇头小楷认真抄录了一段毛主席语录："不论是知识分子，还是青年学生，都应该努力学习。除了学习专业之外，在思想上要有所进步，政治上也要有所进步。"12年后先生为我书写了大字条幅："盛年不重来，一日难再晨。及时当勉励，岁月不待人。俊琏同志属，李鼎文。"现在这幅墨宝端端正正挂在我的书房，那遒劲有力的笔锋，饱含着老师的期望和鞭策，看到它，就增加我学习的勇气。

李鼎文先生情系桑梓，故乡的一山一水、一草一木，常让先生魂牵梦绕。从1956年到2003年，先生分数次将家藏19704册书籍和186件文物分别捐献给甘肃省图书馆、甘肃省博物馆、河西学院等单位。书籍内有不少明、清善本。稿本内如林则徐题记的陈世熔《求志居诗稿》，张澎手批的《潘挹奎文稿》章炳麟手校、丁以此手抄的李铭汉《尔雅声类》稿等，都很名贵。文物内如唐弘化公主墓中的木俑、木兽"大明宝钞"，明人文彭所刻的"槐阴满庭"印章，张澍所书条幅，也都有重要价值。

本书的64篇文章，都是从《甘肃文史丛稿》和《梦槐庵丛稿》中选录的。为尊重作者的写作风格，保持原文的风貌，尽量不作改动。1998年年底，李鼎文先生移居新西兰，至今已经15年了。今晚又是一个中秋之夜，"万山不隔中秋月，一雁能传寄远书"（苏轼《和黄龙清老》）。翘首南天，遥祝健康!

伏俊琏

2013年8月19日

正当我校对本书清样时，得到李鼎文先生于 2014 年 4 月 18 日 18 时 32 分去世的消息。我的眼光停留在先生的诗句上："应有归心归不得，夕阳红处是家乡。"泪水使我的视线模糊！先生永远留在了遥远的南半球，留在了新西兰奥克兰肥沃的土地上。是啊，人生到处谁非客，得意江湖便为家。先生祖上几代，读书劳作，到先生少年时，有几万卷书，数千件珍贵文物，数十间房产，还有庭院中的古槐。几十年过去了，这些东西已荡然无存，先生把祖上家产不得已而"捐送"完毕，然后踏上了南行之路。往事如烟，人生如梦。沉吟片刻，我立即把此消息转告同学及先生的好友，马上给先生的哲嗣发了唁电挽联：追忆三十年前，亲聆屈赋杜诗，更炙陇学敦煌曲，自愧樗材能登大雅；招魂万里外，云压凉州奥克兰，何堪友嗟亲人泪，群留美德永惠学林。又代表同学送一挽联：文章览胜，陇学探微，天下学人能有几；贤哲云亡，师门寂寞，凉州故曲不堪听。或借用前人成句，或临时拼凑而成，平仄不合，我也顾不得了。修辞立其诚而已！

《陇上学人文存·李鼎文卷》(第三辑)

作者：伏俊琏

陈 涌

　　陈涌，原名杨思仲，我国当代著名的马克思主义文艺理论家、文学评论家和鲁迅研究专家。在中华人民共和国成立后的不同历史时期，陈涌始终坚持以马克思主义文艺理论和毛泽东文艺思想从事文艺理论、文学评论和鲁迅及中国现当代文学研究，为中国化的马克思主义文艺理论建设和中国特色的社会主义文艺发展作出了杰出贡献。

　　1919 年 8 月，陈涌出生于广东省南海县城一个破落的小资产阶级家庭，童年就经历了生活的艰辛。中学读书期间，受到具有革命思想的国文教师的熏陶和启蒙，开始阅读以鲁迅为代表的中国现代作家作品，从中感受了人与人之间缺乏关爱的"冷漠"，体会了"贫苦人的苦难"。抗日战争全面爆发后，在民族救亡潮流的推动下，陈涌怀抱革命理想于 1938 年秋天来到延安，先进入中国抗日军政大学接受培训，后转入鲁迅艺术学院文学系学习，毕业后任《解放日报》记者和文艺副刊编辑，从此与文学结下了不解情缘。新中国成立后，陈涌先在《人民文学》《文艺报》等报刊任编辑，后调入中国社会科学院文学研究所任研究员，从事文艺理论、文学评论和中国现当代文学研究，成为中华人民共和国成立后第一代运用马克思主义文艺理论研究鲁迅的著名学者。在 1957 年的整风运动中，陈涌被错划为"右派"下放到甘肃，任教于兰州艺术学院。兰州艺术学院撤销后，陈涌于 1962 年 3 月调入甘肃师范大学（现更名为西北师范大学）中文系任教授，在甘肃从事中国现当代文学教学和文艺理论、鲁迅研究工作达 20年之久。新时期开始后，陈涌于 1978 年 7 月调回北京，先后任中共中央政策研究室文艺组组长、《文艺理论与批评》主编。曾当选中国文联第四届委员会委员、中国作家协会第三届和第四届理事会理事，担任中国社会主义文艺学会会长等职务。

一、"政治""人""美"兼容的文艺理论

作为马克思主义文艺理论中国化的最杰出成果，尽管毛泽东的《在延安文艺座谈会上的讲话》是在1942年5月的延安文艺界整风运动期间发表的，但是其对中国文艺理论和中国文学发展道路的全面影响则是从1949年7月开始的。第一届中华全国文学艺术工作者代表大会的召开不但确立了毛泽东文艺思想在中国文艺发展中的权威地位，而且也确定了中国文艺运动的基本方向。如同周扬的报告所说："《在延安文艺座谈会上的讲话》规定了新中国的文艺的方向，解放区文艺工作者自觉地坚决地实践了这个方向，并以自己的全部经验证明了这个方向的完全正确，深信除此之外再没有第二个方向了，如果有，那就是错误的方向。"①中华人民共和国成立后，随着中国作家协会以及其他省级相关机构的相继成立，在解放区得到局部实践的毛泽东文艺思想终于走向了全中国，成为所有文艺工作者遵循的基本准则，中国当代文艺完全是在毛泽东的《在延安文艺座谈会上的讲话》的规范下向前发展的。

正是在这种大一统的政治文化语境下，产生了中华人民共和国成立后的第一代马克思主义文艺理论家，陈涌就是其中杰出的代表。以陈涌为代表的第一代马克思主义文艺理论家大多经历了延安的文艺界整风运动，他们能够熟练运用马克思主义的唯物辩证法理论，从文艺的特殊意识形态本质出发，强调政治对文艺的规范意义，注重文艺的宣传教育功能。他们能够从文艺与政治和文艺与生活的关系、文艺的真实性和倾向性等问题入手，对马克思主义文艺理论和毛泽东文艺思想进行合理的阐释，由此形成自己关于文艺基本问题的看法。然而，由于"十七年"时期政治对文艺的强烈制约作用，决定了大多数文艺理论家未能从文艺的特殊性出发理解文艺创作及其发展潮流，过分夸大了经济基础的决定作用，忽视了文艺的相对独立性，最终导致了人们关于文艺问题认识上普遍的庸俗社会学倾向。

作为中华人民共和国成立后的第一代马克思主义文艺理论家，陈涌虽然服膺于马克思主义文艺理论和毛泽东文艺思想，但是他并未囿于指导中国当代文艺发展潮流的理论本身的限制，没有把马克思主义文艺理论和毛泽东文艺思想教条化，而是从中国现当代作家的创作实践出发，将文艺创作活动放在作家所处的社会历史文化环境中，以文艺作品自身的特点为中心理解马克思主义文艺理论和毛泽东文艺思想问题，发现

---

①周扬：《新的人民的文艺》，《周扬文集》（第1卷），人民文学出版社，1984年，第513页。

文艺创作与政治经济和社会生活之间的复杂关联。面对中华人民共和国成立后蓬勃发展的中国当代文艺理论批评和研究工作，陈涌直言不讳地指出：

> 在我们的理论批评工作中，还存在着庸俗社会学的倾向。是否庸俗社会学便比唯心论好一些呢？可能有人会有这种想法。但实际上，庸俗社会学和唯心论同样都是违反真正的科学，违反马克思主义，危害文学艺术事业的发展的。

> 庸俗社会学的一个显著特征，就是否认文学艺术的特殊的性质和任务，否认文学艺术有它自己不同于其他意识形态的特殊的规律，而用一般社会的公式生吞活剥地代替对于文艺的具体生动的实践的研究。（《关于文学艺术特征的一些问题》）

毫无疑问，文艺研究中的庸俗社会学倾向和文艺创作上的概念化倾向，都是根源于文艺工作者对马克思主义文艺和毛泽东文艺思想的教条化认识。所谓的"一般社会的公式"，就是当时流行的"科学的认识是由具体到抽象，文艺的认识是由具体到抽象再回到具体"的看法，这是违背文艺研究和文艺创作的基本规律的。因此，陈涌从事文艺理论研究的一个首要任务就是反对文艺理论批评工作中"存在着庸俗社会学的倾向"。从根本上来说，马克思主义文艺理论和毛泽东文艺思想也是一种文艺社会学理论，注重经济基础、阶级关系等外在的社会性因素对文艺创作及其发展潮流的决定性影响。然而，这并不是说文艺就没有自己的独立性，文艺就应该依附于经济基础及其特定的阶级关系的限制。但是，令人遗憾的是，当时的文艺理论工作者却正是从经济基础决定上层建筑的一般原理理解文艺及其本质特征的，忽略了以文艺为代表的上层建筑的反作用及其独立性。在具体的文艺理论研究中，无论是马克思主义文艺理论还是毛泽东文艺思想，其实都是带有根本性的基本原理，带有方法论的意义，文艺理论研究者完全可以从文艺创作的实际出发，探索文艺作品的艺术个性，从而得出符合文艺作品特点的艺术结论，不应当教条地理解马克思主义文艺理论和毛泽东文艺思想。

那么，如何消除文艺理论研究中的庸俗社会学倾向呢？在陈涌看来，应当从文艺的核心因素——"人"入手："艺术家需要通过人，从人的思想感情上、道德上，——总之是从精神上的变化来表现现实生活的这个变化。"在把毛泽东的《在延安文艺座谈会上的讲话》奉为圭臬的时代里，陈涌关于文艺本质及其属性的思考不能不说是深刻而独到的。事实上，无论人们如何强调文艺的政治意识形态属性，也无论人们如何注重文艺的宣传教育功能，最后必然会落实到"人"上。因为，不管社会和时代如何变更，文艺是由作家创作的，"人"是文艺活动的出发点，也是文艺活动的归宿，文艺始终要为"人"服务。文艺即使为政治服务，也必须通过"人"去实现。也因此，陈涌认为：

文学艺术不但应该具有感性的特点，而且还应该有能够唤起人们的美感的特点；文学艺术的形象不但应该真实地反映生活，而且应该真实地反映出人们对于美的需要，反映出人们的美的理想。（《关于文学艺术特征的一些问题》）

在现实生活中，人既有具体的物质需求，也有抽象的精神需要，文艺创作就是为了满足精神需求而进行的。与其他精神需求不同的是，文艺创作活动是以追求"美"为目标的，要能够"反映出人们对于美的需要，反映出人们的美的理想"。在文艺政治化的时代里，由于政治的影响力大大强于美学的影响力，尽管"美"是文艺活动的根本所在，但是人们常常更关注文艺活动中的政治因素，有意无意忽略了文艺的美学因素，最终导致文艺创作的概念化。

可以说，陈涌在对"近代和现代的民主和社会主义的文学艺术的重要传统"进行思考的过程中，以自己对于文艺作品的体察，发现了文艺创作和文艺发展潮流的特殊性，其文艺理论的独特性就在于，他既没有完全从政治的立场去看待文艺的本质问题，也没有纯粹从美学的角度去理解文艺的艺术特征，而是运用马克思主义的"美学的""历史的"和"社会的"相结合的方法，将文艺创作看作是以"人"为中心的审美的历史活动。所以，陈涌说：

艺术的政治思想内容，艺术作品里所表现的作者的阶级倾向，也往往和艺术的特点分不开的。正因为文学艺术的对象主要是人，是人的生活和精神，因而关心人的问题，不但从政治上而且从道德上，从审美的观点上去认识、评价人和人的问题，已经成了文学艺术，特别是近代和现代的民主和社会主义的文学艺术的重要传统。（《文艺与政治关系的几个问题》）

"政治""人""美"是陈涌文艺理论的三个支点，这既是他对古今中外的文艺创作和文艺潮流发展规律的总结，也是他对马克思主义文艺理论和毛泽东文艺思想的基本认识。在中华人民共和国成立以来的文艺发展中，强调文艺的政治性是时代的必然要求，"政治"是每一位文艺理论家必须面对的一个带有"根本性"的问题。然而，在陈涌看来，文艺创作的"政治"又不是孤立存在的，是水和乳的交融，而不是水和油的分离。文艺和"政治"结合的道路有两条。第一条是"人"，就是说文艺的对象"主要是人，是人的生活和精神"。"十七年"时期文艺的种种缺陷和不足就是将"政治"看作是一条独立的"红线"抽离出来去要求"人"，"人"变成了没有精神和思想的抽象"政治"载体。第二条是"美"，就是说"美"是文艺的根本特点，失去了"美"文艺自然就失去了存在的价值。因此"美"是文艺活动的中心，但是对"美"的追求并不排斥文艺对政治的关注，也不拒绝文艺表现出应有的倾向性。其实，在任何时代里，文艺与政治都会存在着一定的关联，对于政治占据中心地位的"十七年"时期的文艺活动来说就更是如此。然而，陈涌却认为，文艺创作的核心问题不只是"从政治上"去关注人的问题，而且更应是"从道德上，从审美的观点上去认识人、评价人和人的问题。"可以说，陈涌看到了人的社会属性的多样性，指出了人与政治、道德、审美等不同意识形态之间的复杂关系。由此，陈涌也就自然看到了文艺创作不应该只是简单地服从"政治"，而是要揭示人的道德规范、审美追求，等等。也正是在这一点上，显示了陈涌文艺思想的独特性。

二、"与时俱进中注重艺术精神"的批评品格

陈涌的文艺批评活动虽然是从解放区文艺运动时期开始的，但是，其独具个性的文艺批评品格则是在中华人民共和国成立后的中国当代文艺批评实践过程中形成的。在长达六十年的文艺批评过程中，陈涌的批评活动既认同文艺发展潮流的时代性规范，又坚守文艺作品独特的艺术内涵，形成了"与时俱进中注重艺术精神"的文艺批评品格。

王国维说："凡一代有一代之文学。"文艺的发展总是与时代保持着密切的联系，时代性是文艺发展的基本特点，不同时代的文艺总是力图反映出独特的时代精神。文艺批评作为对文艺创作和文艺潮流的理论把握，也自然会显示出时代性的倾向。在不同的时代里，陈涌总是从文艺与时代的密切关系出发，选择那些最能体现时代气息的文艺作品作为研究对象，这样就既能展现文艺创作的时代风貌，也能显示陈涌文艺批评的时代性追求。在"十七年"时期的文艺批评中，最能显示陈涌的文艺批评个性的，是他对解放区作家的研究，丁玲、周立波、刘白羽、孔厥等作家成为他的研究重点。面对新生的共和国，陈涌选择评价解放区作家既来源于他的解放区现实生活和文艺活动实践，也根源于他对中华人民共和国文艺发展的某种期望。也就是说，当毛泽东的《在延安文艺座谈会上的讲话》成为中国共产党领导下的中华人民共和国文艺政策的理论核心时，由解放区过渡到中华人民共和国的作家的文艺创作也自然是最能体现中华人民共和国的时代气象的。在谈到《太阳照在桑干河上》和《暴风骤雨》时，陈涌说：

《太阳照在桑干河上》最使我们不能忘记的，正是作者注意到了农村阶级斗争的复杂性，注意到了农村复杂的阶级关系。（丁玲的《太阳照在桑干河上》）

《暴风骤雨》比较完整地表现了农民土地斗争的整个过程，也相当真实地表现了农村各个阶级的面貌和心理，和它们之间的斗争。（《暴风骤雨》）

《太阳照在桑干河上》和《暴风骤雨》完成于解放区土改运动期间，出版后获得了文学界的普遍赞誉。中华人民共和国成立后，随着土改运动在全国范围内的全面展开，《太阳照在桑干河上》和《暴风骤雨》对土改运动过程中复杂的阶级关系的总体描写无

疑对当时的文艺创作起到了示范作用。陈涌重新评价《太阳照在桑干河上》和《暴风骤雨》不仅是对社会变革潮流的呼应，而且也是对中华人民共和国成立后正在盛行土改题材文艺创作的提醒，指出现实生活中的阶级矛盾冲突远比文艺作品中的描写要复杂得多，作家的责任不仅是要正确把握现实生活中的阶级关系，而且也要在文艺创作中正确处理阶级关系，而不是将阶级关系简单化和概念化。

新时期开始后，随着思想解放潮流的推动，在文艺界开展的"为文艺正名"运动的引导下，曾经一度成为文艺创作"禁区"的人性、人道主义重新得到了人们的关注，最后形成了人性、人道主义大讨论，胡乔木、朱光潜、王若水、陈恭敏等学者陆续发表了不同的见解，重新确立了"文学是人学"的文艺观念。陈涌也积极参与了这场大讨论，提出了自己关于人性、人道主义的看法：

> 在生活中从来不存在抽象、超社会、超阶级的人性、人道主义，这种抽象、超社会、超阶级的人性、人道主义，也不可能在艺术上得到真实的反映。过去的作家、艺术家，如果他是一个真正伟大的作家、艺术家，即使他抱有这类抽象人性、人道主义的思想，他也不可能不忠实于生活，不可能不实际上真实地反映现实的人与人的关系。（《人性、人道主义和我们》）

人性、人道主义讨论打破了"文革"以来以政治为中心设置的限制文艺发展的种种障碍，为文艺回归其本质属性起到了决定性的作用。但是，人性、人道主义讨论也导致了文艺创作表现"抽象、超社会、超阶级的人性、人道主义"的倾向，使我国文艺发展从"文革"时期的反人性、反人道主义的极端走向了新时期开始后的"抽象、超社会、超阶级的人性、人道主义"的另一个极端，这都是违背文艺的本质属性的。陈涌以敏锐的艺术洞察力，结合新时期以来人性、人道主义文艺创作潮流，在肯定文艺表现人性、人道主义的合理性的同时，指出了人性、人道主义的历史和阶级的内涵。正如后来他在谈到《古船》的成就时所说："现实的人道主义，应该是和革命的阶级斗争的要求一致的。正是革命的阶级斗争，使千千万万过着非人生活的被压迫者从剥削制度下解放出来，站立起来，成为一个真正的人。应该认为这是最人道的，是真正的现实的人道主义。"（《我所看到的〈古船〉》）在陈涌看来，人性、人道主义是特定历史阶段的产物，是与文艺创作的现实主义潮流紧密联系在一起的。在阶级社会里，人性、人道主义当然是和阶级性直接关联的，但是，"社会主义文学艺术决不反对在文学艺术上表现符合真实生活的人性，或者说生活中真实存在的人性"。事实上，人性、人道主义毫无疑问是文艺创作的基本内容，但是，人的社会属性决定了文艺创作中的人性、人道主义的并不是单一的，绝不是单纯的"爱""性"等与人的本能相关的东西，陈涌恰恰是从人的社会属性入手，指出了文艺创作中的人性、人道主义的复杂性。

20 世纪 90 年代以后，随着我国市场经济体制的确立，文艺创作的社会环境发生了很大变化，文艺活动的商业化导致了大量低俗化作品的产生。面对文艺发展中出现的新问题，陈涌适时调整文艺批评的视角，将文艺与经济的关系作为开展文艺批评活动的中心，从马克思主义关于市场经济与文化艺术的基本理论入手，指出了我国发展社会主义市场经济过程中文艺创作庸俗化的实质：

> 艺术创造，包括艺术的表演在内，本来是艺术家对世界的掌握，对艺术家本人来说，是他的才能和个性的一种显现，但现在我们那些把财富看作是艺术的目的，那些把自己的出场价越炒越玄的艺术家，早已不是他在掌握世界，不是他用自己的艺术创造来显示人的精神创造的高尚和尊严，而是他为财富所掌握，成为财富的奴仆。他关心的已经不是艺术，不是它的社会效益，不是他的才能个性的充分显示，而是怎样能够取悦观众，怎样能够使自己的收入增加，再增加。（《市场经济与文化艺术》）

我国社会主义市场经济的发展一方面推动了文艺创作活动的繁荣，另一方面也导致了一些作家因过度追逐商业利益而使文艺发展呈现出庸俗化的倾向。在市场经济条件下，文艺活动在一定程度上也可以表现出商业化特点，文艺作品也具有商品属性。然而，当文艺家完全放弃了文艺创作活动的精神属性，变成以获取物质财富为唯一目的时，其创作的文艺作品也毫无疑问只是一种文字垃圾。所以，陈涌一方面毫不留情地指出了一些作家创造精神的缺失，另一方面也着力挖掘具有深厚历史内涵作品的精神内涵。在谈到《白鹿原》的独特性时，陈涌说："主要着眼于中国这样一个历史时期社会复杂的矛盾冲突，而且很能够做到'如实描写，并无讳饰'的文学作品，《白鹿原》即使不是第一部，也是其中突出的一部。""《白鹿原》的现实主义力量之强大，在很大的程度上就在于他对封建的伦理道德，封建的纲常名教的揭露比许多别的作家都更深刻，对封建伦理道德、封建纲常名教给人民造成的苦痛，对它麻痹、腐蚀、瓦解人民的革命意识，以致成了人民觉醒的严重阻力等等，他在这些方面比许多别的作家表现出更强烈更激动人心的义愤和憎恨，他的批判的声音比许多别的作家，更深沉，更激烈。"（《关于陈忠实的创作》）陈忠实的《白鹿原》出版后，相关的研究成果不计其数，陈涌从马克思主义的历史—美学理论入手，指出了《白鹿原》包含的现实主义震撼力之所在，显示了文艺的社会批评的恒久生命力。

时代的发展造就了陈涌文艺批评的时代性特征，但是陈涌并没有被动地适应社会的变动带给自己文艺批评的时代印迹，而是主动探求不同时代的文艺作品所具有的艺术共性，增强自己的文艺批评的普遍适用性。在"十七年"时期的文艺批评中，针对文艺创作中过于简单化的人物形象塑造，陈涌认为《太阳照在桑干河上》获得成功的一个重要方面是写出了人物的复杂的精神世界，丁玲不但"把她心爱的、对她充满同情的人物，也放在最残酷最尖锐的斗争环境中加以考验"，而且"在表现封建地主阶级的时候，也注重严肃的客观的描写，作者并没有也不能隐蔽自己对敌人的憎恨，但现实主义却要求她把这种憎恨的感情，和严肃、精确的描写结合起来"，没有"用轻率的嘲弄来代替严肃的现实主义的描写"（丁玲的《太阳照在桑干河上》），这符合马克思主义文艺理论的典型创造的基本要求。在新时期以来的文艺创作普遍追求现代主义的倾向中，陈涌从"越是民族的，便越可能是世界的"立场出发，强调了文艺创作的民族性的重要性。陈涌没有将新时期以来产生的大量现代主义文艺作品作为批评对象，而是选择了人们几乎忘却的梁斌的《红旗谱》等作品，指出无论高雅艺术还是通俗文艺，民族性是文艺创作的最根本的艺术精神之一。梁斌的创作"在很大程度上打破了所谓高雅文学和通俗文学的界限"，他能够熟练"运用想象，运用比喻，运用象征的手法"的群众语言，"真实地表现出我们民族特征，民族性格，民族气质"，而这正是新时期以来的现代主义文艺创作所缺少的。（《梁斌创作的民族特征》）20 世纪 90 年代中期以来，我国的文艺批评在抛弃了单一的艺术—审美视角后，转向了政治经济、社会文化的多元视角，文艺创作的社会性和政治性等因素得到了文艺批评的重视。其实，在陈涌看来，文艺批评始终摆脱不了对文艺和政治关系的思考，只是在很长一段时间里，"不少人心目中的文艺为政治服务，就等于文艺为这样那样具体政治任务甚至是具体工作服务，以致文艺创作常常被推进狭隘的胡同，作家艺术家失去了作为创作主体的主体性。"（《有关中国化的马克思主义文艺理论的一些问题》）不能不说，这是陈涌在六十余年的文艺批评活动中，对文艺创作和文艺发展的艺术精神的独特把握。

三、"追求社会深度和广度"的鲁迅研究

在探索马克思主义文艺理论中国化的同时，陈涌将自己的学术重点放在了中国现当代文学研究，尤其是鲁迅研究上。在陈涌看来，马克思主义文艺理论只有与中国的文艺创作和批评实践结合起来，才能发挥应有的指导作用。因此，陈涌的鲁迅研究是马克思主义文艺理论中国化的具体实践。

陈涌的鲁迅研究虽然起步于解放区文艺运动时期，但是成熟于中华人民共和国成立后"十七年"时期，在经过"文革"十年的中断后于新时期开始后重新走向了辉煌，成为"马克思主义务实派鲁迅研究中的一个重要代表人物"。由于鲁迅"在具有了中外文化的广泛知识之后，便把自己的目光转向了自己的实际人生，转向了对中国人精神发展的思考，他并不空谈理论，而把解剖社会现实及其思想表现作为自己的主要任

务"。陈涌的鲁迅研究吸收了以瞿秋白、冯雪峰为代表的中国马克思主义务实派的文艺思想和社会思想上的实践性特点，将"毛泽东思想和鲁迅文化活动的价值"紧密联系起来，"在政治上接受了毛泽东思想之后更加深刻地体验到了鲁迅思想及其创作的价值的。"①也就是说，陈涌能够自觉地运用马克思主义文艺理论研究鲁迅思想及其创作，形成了自己独特的研究品格。

作为中华人民共和国成立后最重要的鲁迅研究专家，陈涌研究的独特性首先是对鲁迅思想复杂性的揭示。鲁迅的思想是鲁迅研究的重要组成部分，也是理解鲁迅小说内涵的钥匙。然而，中华人民共和国成立后"十七年"时期的鲁迅研究并没有对鲁迅思想给以充分的重视，而已有的研究成果大多以瞿秋白的《〈鲁迅杂感选集〉序言》为依据，强调鲁迅思想"从进化论到阶级论、从民主主义到共产主义、从唯心主义到唯物主义"的变化和发展。陈涌没有囿于已有成果的局限，在论述鲁迅不同阶段思想差异性的同时，指出了其思想的内在统一。在陈涌看来，鲁迅早期的思想中既有唯物主义和辩证法的精神内核，也有"主观唯心论、唯意志论"的外部影响。在鲁迅的思想世界中，这两个方面是相互矛盾和冲突的，外化为"用革命的方法推翻中国的封建统治"的社会实践时就形成了鲁迅的"'改造国民性'，改造人的精神"的思想。对于鲁迅的个人主义的思想追求，陈涌并没有完全否定，而是肯定了这种追求的时代意义："鲁迅的'任个人而排众数'，也反映了'五四'前中国首先觉悟的革命知识分子坚持真理的决心和毅力。"（《鲁迅早期的世界观和社会政治观点》）

鲁迅思想的复杂性贯穿于鲁迅整个的生命历程，而不仅仅只是表现在鲁迅的思想发生转折的某些关键阶段。然而，一般的研究者却只是从政治层面对鲁迅的思想进行了简单的划分，以为鲁迅的思想"从进化论到阶级论、从民主主义到共产主义、从唯心主义到唯物主义"的转变是具体而明晰的。针对鲁迅思想研究中的这种过于简单化的判断，陈涌在新时期开始后发表的《关于鲁迅思想发展问题》集中论述了他对鲁迅思想发展的看法。在陈涌看来：

> 认为对于一个作家和思想家，重要的只是从政治上加以确定，认为对于早期的鲁迅，只需要确定他是一个革命民主主义的思想家便够了，这只能说是片面看法。而且，历史的辩证法还在于，不但有许多唯心主义思想家，在一定的历史条件下，在政治上可能是进步的革命的，而且唯心主义思想家的唯心主义思想，也可能在一定的条件下发生一定程度的积极作用。（《关于鲁迅思想发展问题》）

---

① 王富仁:《中国鲁迅研究的历史与现状》,福建教育出版社,2006年,第106页。

　　陈涌提出这样的评价原则和标准，一方面是出于鲁迅思想发展的实际状况，另一方面是新时期思想解放潮流带来的宽松的政治环境。以此为基点，陈涌认为："一、鲁迅从达尔文的生物进化论，接受了生物进化的唯物主义观点和发展进化的观点，这无疑是鲁迅从进化论里接受的最积极的成分；二、生存竞争和自然选择的学说，对早期的鲁迅也有过影响，例如在《热风》里的一些早期杂文，表现得比较明显，但它和社会达尔文主义并不相干，如同过去的许多爱国的思想家一样，鲁迅也是曾经企图用这种生存竞争和自然选择的思想来促使国人的猛省；三、鲁迅也是把他所理解和接受的进化论用来观察社会生活的一些根本问题的，这就成了他的以进化论为基础的历史观。"毫无疑问，进化论是鲁迅早期思想的核心，如果否定了进化论也就否定了早期的鲁迅。虽然鲁迅后来变成了信仰共产主义者，但是不能因此就不承认鲁迅早期的进化论思想。对鲁迅进化论思想及其积极意义的肯定，恰好证明了陈涌的鲁迅思想研究的价值所在，他不是从政治立场只对鲁迅进行简单的肯定，而是指出了鲁迅思想复杂性形成的政治经济和历史文化的特定背景。

　　鲁迅的小说一直是鲁迅研究的重点，也是研究成果最为丰硕的领域，陈涌的鲁迅研究的独特性还在于对鲁迅小说的现实主义内涵的揭示。在"十七年"时期的鲁迅小说研究中，陈涌一方面强调鲁迅小说所表现的时代特征："作为一个伟大的革命民主主义和现实主义的作家，鲁迅从一开始便和他那个时代有着深刻的联系，并且在他的作品里深刻地反映了他那个时代。"这样的见解与其他鲁迅研究者并没有什么两样。然而，陈涌在此基础上前进了一步，认为鲁迅和他"以前以及同时代的作家不同的地方，首先就在于他的民主主义和现实主义的思想是深深地培植在中国广大的被压迫人民的土壤上面的，他的反封建的力量是从广大的被压迫人民那里取得的，他是真正从'下面'、从被压迫人民的角度来提出反封建的问题的"（《论鲁迅小说的现实主义》）。在"十七年"的特定历史环境中，陈涌很自然地运用了马克思主义理论中国化的最大成果，也就是毛泽东对中国社会各阶级分析的理论作为自己研究鲁迅小说现实主义内涵的基本框架，提出了中国的被压迫阶级反对封建专制制度的必然性。同时，陈涌也明确指出，鲁迅看到了被压迫者尤其是农民"对于周围的冷漠和不关心"，"当他们还不觉悟、冷漠，还在封建主义影响下的时候，他们便实际上成为中国封建主义的强有力的支柱"（《论鲁迅小说的现实主义》）。这不能不说，陈涌对鲁迅小说的现实主义内涵的挖掘是深刻的。

　　新时期开始后，陈涌仍然将研究的重点放在鲁迅小说的现实主义内涵的探索上。《鲁迅与"五四"文学运动的现实主义问题》论述了以鲁迅为代表的"五四"新文学作家所开创的现实主义传统："在鲁迅看来，文艺应该忠实于现实生活，应该真实地反映现实生活，应该按照现实生活的本来面貌反映现实生活，应该真实地反映现实生活的矛盾斗争。"陈涌认为，鲁迅小说的现实主义就在于他一生都贯彻了"敢于如实描写，并无讳饰"的思想，通过"人的精神世界去反映周围的客观世界"，实践了自己提出的文学主张。（《文艺与生活》）在一系列有关鲁迅小说研究的论文中，陈涌都会自觉地通过分析鲁迅小说的人物形象来展现鲁迅小说的现实主义独特性。《阿 Q 与文学的典型问题》不仅分析了阿 Q 的性格上的"主观盲目性和精神胜利法"，而且揭示了阿 Q 精神产生的中国半殖民地和半封建的社会土壤：

作为一个突出的广泛传播的典型现象，阿 Q 精神是在近代中国，半封建半殖民地的中国的典型环境下产生的。它并不是哪一个阶级的物质利益的直接反映，也不是哪一个阶级的阶级性的一个方面的直接的反映。它着重表现的是一定的私有阶级的人在遭受打击以至覆灭的命运时的一种精神现象或者性格特点。这种叫作精神胜利法的精神现象或者性格特点，是在民族压迫阶级压迫下用来粉饰、掩盖自己的失败，自己的悲惨命运的。（《阿 Q 与文学的典型问题》）

作为一个具有世界性影响的艺术典型，人们对阿 Q 形象内涵的理解一直是存在争议的。虽然是同样的一个艺术形象，但是研究者分析人物形象的角度不同，也自然会得出不同的结论。陈涌对阿 Q 形象的独特认识就在于，他不是"停留在对人物作出阶级的政治的鉴定上"，而是"把阶级的政治的分析和典型特点的分析结合起来"，既指出了阿 Q 典型的阶级性及其产生的典型环境，也揭示了阿 Q 典型所承载的审美意义和人性价值，与恩格斯提出的"典型环境中的典型性格"的理论是相符的。

无论是对鲁迅思想的复杂性的揭示，还是对鲁迅小说的现实主义内涵分析，陈涌都是从真正的文艺社会学的立场上进行的。陈涌一直在思考着文艺评论和文学研究中的文艺社会学的价值，不管是非常政治化的"十七年"时期，还是新时期开始后的思想解放时期，陈涌拒绝庸俗社会学的文艺评判，反对对文艺创作进行"政治标签"式的判断："对文学的问题，不但要考虑到意识形态的一般规律，也要考虑文学艺术本身的特殊规律。否认对作家进行阶级分析，否认作家世界观对创作的指导作用，是一种唯心主义观点；但如果不考虑到作家的主观的思想、主观愿望、意图，并不等于他的创作的实际意义，如果认为每一个作家，他的世界观都在他的作品当中照样得到实现，认为有什么样的世界观就有什么样的创作，简单地依据他的世界观的性质来衡量作家，简单地贴上政治标签，简单地做出政治判断，这也是错误的。文学艺术比其他意识形态通常更需要，也更有可能面对周围客观的感性世界，即使是个唯心主义的作家，他对生活愈敏感，经验愈丰富，便愈有可能克服他的主观独断，在客观上，在他的作品中显示出生活的真实。"（《关于中国现代文学》）面对新世纪到来后的全球化新语境，当我们重新回头检视陈涌一直探索的文艺社会学理论及其研究成果时，我们才会发现陈涌追求的真正价值所在。

最后，还需交代一下本书的编选情况。

《陇上学人文存·陈涌卷》的编选工作开始于 2013 年夏天，最初是由赵逵夫先生提出建议的。为了使所选文章尽量符合作者的创作意图，呈现作者的整体理论风貌和学术个性，我通过电话与陈涌先生进行了多次交流。虽然电话是最为快捷的沟通方式，但是陈先生浓重的广东方言却不得不使我们改为书信交流。当《陇上学人文存·陈涌卷》的编选工作接近尾声时，陈涌先生给我的来信居然有六次之多。对于一位耄耋老人来说，这实在不是一件容易的事。为此，我的内心常怀愧疚之意。

《陇上学人文存·陈涌卷》共分四辑。其中，第一辑为文艺理论与批评，第二辑为鲁迅创作和思想研究，第三辑为中现当代作家作品研究，第四辑为回忆与访谈。每一辑的文章按时间先后顺序排列，比较全面地反映了陈涌先生的思想观点和学术历程。虽然在一些细节问题上有分歧，但是总体上陈涌先生是满意的。诚如陈涌先生所说："我们的思想是一致的。"然而，让人感到非常遗憾的是，当我完成"编选前言"的写作时，却得知陈涌先生因病住院并一直处于昏迷之中。但愿名医圣手能够使陈涌先生恢复意识，看到《陇上学人文存·陈涌卷》的出版。

赵逵夫先生一直关心着《陇上学人文存·陈涌卷》的编选工作。在编选工作陆续开展的一年时间里，每次碰到赵逵夫先生，他都会问起《陇上学人文存·陈涌卷》的编选进度，并将他熟知的情况及时告诉我。赵逵夫先生对《陇上学人文存·陈涌卷》的关注既是对前辈学者学术成就的张扬和肯定，也是对后进学人的鞭策和鼓励。没有赵逵夫先生热情而无私的帮助，《陇上学人文存·陈涌卷》的编选就不会如此顺利。

《陇上学人文存·陈涌卷》（第四辑）

作者：郭国昌

唐 祈

唐祈（1920—1990），我国现代著名诗人、诗歌评论家，辞书编纂家，"九叶派"成员之一。原名唐克蕃，笔名唐那、唐吉诃等。1920 年出生于江苏苏州。1938 年，从江西逃难到父亲工作的兰州。并于当年考入甘肃学院文史系。不久，转考入西北联大历史系。1942 年大学毕业后到兰州工专任教，由于从事进步戏剧运动受到国民党当局的抓捕。在中共地下党的帮助下，唐祈于 1944 年离开兰州到重庆、上海等地继续从事诗歌写作活动和民主运动，并于此时奠定了后来作为"九叶派"诗人的基石。

中华人民共和国成立后，唐祈进入中国作家协会工作，先任《人民文学》小说散文组组长，后任《诗刊》编辑。在 1957 的整风运动中，唐祈被错划为"右派"下放到江西，后任赣南地区作协副主席。改革开放后，主动要求到西部工作。1979 年调任甘肃师范大学（现西北师范大学）学报副主编、兼任中文系教授，后任西北民族学院汉语系主任、教授。1990 年病逝于兰州，系中国作家协会会员、中国当代文学研究会理事。

西部诗学：民族、地域和文化的交融

唐祈是一位诗人，也是一位诗歌理论的建构者。他的诗歌理论建构主要集中在对西部诗学的思考上。而这一切又是建立在他的西部生活的现实基础上。1938 年，在苏州生活了 17 年的唐祈由于战乱跟随家人逃离江南来到遥远的大西北。在西北联大求学期间，唐祈多次往返于甘肃、青海一带的游牧民族地区。与蒙古族、藏族、回族等兄弟民族的交往以及陌生的地域、文化给予的惊喜与新鲜，使年轻的诗人唐祈受到激发，写下了大量记录北方少数民族命运际遇和风土人情的诗篇，如《蒙海》《游牧人》《拉伯底》《仓央嘉措的死亡》。这些诗歌以细腻、敏感的笔触记录了辽阔粗犷的西北风情和痛苦无奈的牧民生活，展现出诗人对于当时西部地区独特生命状态和生命体验的心灵认同，真实呈现了一位南方诗人对于北方生活的体验。对于大西北风土人情的深情赞美使唐祈的诗歌独具单纯柔和、清丽新鲜的牧歌意绪。作为一位南方诗人，这种带有陌生和新鲜感的旁观者视角，既细腻敏感，又含蓄深沉，赋予了诗歌一定的张力。唐祈试图通过生活的表象揣摩西北人民的心理，思考西域文化形态对于生命的象征意义，这种抒情主体的投入使诗歌既具有南方诗歌的灵气与含蓄，同时又包含北方文化的深远与开阔，诗人追求自由的艺术主题也在大西北自然的开阔与内在的粗犷中得到恰如其分的提炼和升华。

唐祈对西北有着独特的情感，在《〈唐祈诗选〉跋》中他写道：

> 西北高原，那是个赋予人以想象力的地方。草原上珍珠般滚动的马群、羊群，褐色的戈壁风暴，金光刺眼的大沙漠，沙漠深处金碧辉煌的庙宇，尤其是在草原的帐幕中，我从来没有度过那样美好的夜晚，也从来没有歌唱和笑得那样欢畅过。从蒙古族、藏族妇女的歌声中，我感到一种粗犷的充满青春的力量，正是这种青春力量，强化了我年轻时的欢乐和哀愁，赋予了我为追猎自己的理想从不知退却的胆量，使我在相隔若干年以后，仍然要在西北十四行诗里抒唱它们。

1979 年，怀着"永不会消逝"的记忆和对西北游牧民族的深厚情感，唐祈再次回到西北高原，他一边在高校教授现代文学和新诗课程，一边将自己对历史、对人生的思考熔铸于西部独特的民族、地域和文化中，陆续创作发表了多首"西北十四行"诗。这些诗作依然书写戈壁、沙漠、驼队、猎手和草原姑娘，但早期诗歌中注重抒情、色彩清丽的牧歌式情调已悄然发生变化，更多地被诗人在历史岁月中沉淀的人生经验和对生命的沉思所取代。历经沧桑重回诗坛的唐祈选择了用十四行体诠释自己求索的人生和对西部土地深沉的爱恋，这些体现出更多对历史、对人生、对生命承担和宽容力量的诗歌与他的"早年西北牧歌"共同为中国现代诗史留下了具有浓郁西域色彩的珍贵印记。

诗歌创作之余，重新回到大西北的唐祈开始关注中国西部诗歌理论的建设问题。他先后发表了《西部诗歌：拱起的山脊》和《关于中国西部诗歌》两篇学术性文章讨论西部地域文学的建设。唐祈首先对"西部诗歌"进行了概念界定，他说所谓西部诗歌，这里系专指近年来西北地区诗人的诗作，当然，这一概念的外延，理应包括古往今来一切涉及大西北地区的诗歌，诸如古代所谓边塞诗，或当代诗人有关西北题材的写作。唐祈认为发展社会主义文学中的地域文学，是实现社会主义文艺繁荣局面的重要方面，它是中央开展西部大开发过程中产生的新型的地域性文学，必将以其独特的内容和地区风格特色，出现在社会主义文艺的百花丛中。在详细梳理中国现代新诗发展的历程后，唐祈指出中华人民共和国成立前西部诗歌几乎是一片空白，中华人民共和国成立后抒唱大西北的诗人取得了一定的实绩。他认为中国的西北除贫瘠落后外还有一个更为崭新的存在，那就是一种更具现代精神的雄伟生活交响，正迅速改变着西北各族人民的生活风貌，塑造着一代开拓者和建设者的个性，更赋予诗人们以倔强灵魂的独特感受去谱写西北开拓之歌。由此，他总结了西部诗歌的三个鲜明的风格特征，一是为大西北社会主义现代化建设的伟大事业放歌，不仅真实反映了大西北所发生的历史性变化，更鲜明地体现了诗人们对生活的审美评价；二是诗人的自我与整个民族的命运与开拓事业紧紧联系在一起，以抒情为主体与客观世界的直接融合而激动读者的心灵；三是广阔的历史纵深感和明确的社会使命感紧密结合。作为人的精神现象的浓缩，西部诗歌同时是一部打开西北人心灵的历史，这种对于西部诗歌创作中民族、地域和文化交融现象的认同展现了诗人重构西部诗学的宏大理想。

批评理想：美是生命的艺术呈现

唐祈是一位诗人，也是一位文学批评家。唐祈的批评实践是建立在他的诗歌创作实践上的。唐祈的写作态度是十分严肃的，他始终认为，美是生命的艺术呈现，并在创作中不断实践。在《〈唐祈诗选〉跋》中，唐祈表达了自己对诗歌的深厚情感。他说：

> 即使这样，我仍然感到：只有诗才给予了我的生命，和永不衰竭的青春的力量和信念。这对我一直是很重要的。它有助于我写诗的延续性和维持旺盛的生命力，使我有可能保持着一种青年人对世界的新奇感和观察力，去感受外界的事物，探索人们心灵的奥秘。同时用自己的内心倾听世上的一切，去发现人的意识中不同层次的精神世界……所有这些都迫使我要永远用自己的生命去写诗。

唐祈曾坦言，在早年诗作中自己比较注重抒情、色彩和情调，沉浸于无拘无束的生活里，用画家的眼睛观看草原风景，体味一种淡雅柔和的美，寻找清丽新鲜的牧歌风格，即使是令人悲伤的歌。那时的写作唐祈很少修改草稿，甚至随写随丢。随着阅历的增加和对诗歌理论研究的深入，唐祈开始试图从自己内在的精神出发，去把握具体的生活事件，并且把它们更深的意义表现出来。唐祈不再像早年那样注重抒情，他逐步认识到了人生现实的复杂和深邃，开始寻找各种新的视角，使用不同的路径来写，常常把象征和现实糅合在一起，打破时空限制，注重诗歌的艺术逻辑和艺术时空，运用思想知觉化，通过感觉来表现内心经验。这个时期，唐祈开始修改草稿，直到找到更好的表达方式，才把诗句最终确定下来。尽管创作的速度因此慢了下来，但唐祈认为这样的写作尝试使自己原来积累的审美规范得到了突破。

1947年，唐祈到达上海，参与了《中国新诗》的编辑工作，他更加自觉地关注中国新诗的发展、走向，并常常做一些探索。唐祈认为，中国的新诗必须要提高诗歌的审美价值，扩大诗的审美疆域，必须像五四以来新诗的传统那样向多元化发展。与其他"九叶派"诗人一样，唐祈受到西方现代诗歌的影响，开始了知性写作，并成为20世纪40年代中国诗坛知性写作的一位出色代表。其代表作《时间与旗》《严肃的时辰》《最末的时辰》《时间的焦虑》都反映出"时间"成为诗人诗情的引发触媒。这一时期的唐祈显然受到艾略特的深刻影响，他打破了单纯的时序交替的时间观念，把对中国社会现状的长期观察、判断和思考诉诸特定的意象，在诗歌中留不尽之意于言外，激发了读者的自由想象，显示出其诗歌丰富的内涵。

1958年，唐祈被发配到北大荒。他没有因此放下诗笔，而是以殉难者的眼光写下了《黎明》《土地》《坟场》《短笛——一位青年画家的"检讨书"》《永不消逝的歌》等诗，这些写于1958年至1960年间的诗作最终被命名为《北大荒短笛》，并出版问世。《北大荒短笛》的创作，继承了古代诗人咏志抒情的传统，在特殊年代和北大荒的独特背景下，大胆、真诚的吟唱真实地抒写了诗人的心灵世界，成为诗人"苦难的编年史"，具有一定的"诗史"的品格。唐祈20世纪80年代的诗歌创造了民族的、地域的诗歌画卷，体现出对兄弟民族由衷的大爱和有意识地拓展民族诗歌文化空间的努力。唐祈用十四行体写作西北牧歌，糅合了十四行体的严谨曲折和西北少数民族特有的气质和旋律，给读者以时代的、民族的审美享受，为运用借鉴外国形式抒发民族情感树立了典范。

蒋登科在《唐祈：开始于迷惑的升华》一文中指出，唐祈虽不是一位大诗人，但却是一位有特色的诗人，他的诗歌在处理中外诗歌艺术经验方面是与众不同的，是"九叶派"既有中心又呈现多元化流派特色的组成部分。[①]的确如此，唐祈的诗歌使用西方现代主义的观念和手法，所表达的现实认识、人伦理想却是中国现代的，他的诗歌很好地做到了贯通中西。唐祈是用生命写诗的诗人，是在痛苦中不断浇灌希望的诗人，他一生通过诗歌追求美是生命的艺术呈现，他的诗歌从思想内容到艺术特色都有诗人独到的认识和追求。同是"九叶派"诗人的郑敏非常欣赏唐祈的诗歌和他的人格精神。她说："真正的诗永远是艺术的转化"，"唐祈的诗是耐人寻味的，他是一位跟着历史的脚步长跑而来的诗人。"[②]我想这样的评价是恰当而准确的。

①蒋登科：《九叶诗人论稿》，西南师范大学出版社，2006年，第162—172页。
②郑敏：《跟着历史的脚步长跑而来·郑敏文集》(中)，北京师范大学出版社，2012年，第530—536页。

现代诗史：诗歌与时代的互动

在从事诗歌创作和文学批评的同时，唐祈也对中国现代文学的发展规律进行了较为充分的思考。对于中国现代诗歌发展的历程，唐祈从自己的创作经历出发进行了深刻反思。他说：

> 新诗的诞生和成长，始终和 20 世纪变动巨大的中国革命历程息息相关，它的发展绝不是一个孤立的纯艺术现象。在这个短暂而又丰富的历史行程中，新诗不但担当了革命变革的先导，形象地反映出时代社会的风貌和声音，同时它的艺术本身也在不断的变革中探索前进。这种探索一直到今天仍然在曲折迂回地进行着。一部中国现代新诗史，就是许多杰出的具有时代感和使命感的诗人群，以不同的艺术风格和艺术方法，形成各种思想潮流和艺术流派，用他们的理论和作品，在中国新诗发展的里程碑上留下光辉的记录。（《论中国新诗的发展及其传统》）

在随后的一系列论文，如《40 年代诗歌纵谈》《新诗的希望》中，唐祈都明确地表明了自己的中国现代诗史是诗歌与时代互动的立场。

唐祈认为，中国现代新诗和过去的诗歌有着迥然不同的地方：首先，新诗使用的作为表现工具的还在发展中的白话口语——新的语言，必然会产生新的技巧；其次，新诗表现的是新时代的社会现实生活，时代要求诗人从本质上写出特定时代的精神与人的心灵世界。唐祈同时强调，新诗是现代中国从西方"拿来"的产物。他认为如果不从西方借鉴，并且引进西方的诗歌形式作为新诗变革的催化剂，要从旧诗演变为新诗几乎是不可能的。作出这样的判断，唐祈基于以下几点原因：①五四新诗运动时期，胡适等人承接古典诗词美学传统的同时又向西方意象派借鉴，从西方文艺复兴时期的文学得到启示，以语言为突破口，打破了古体诗封闭的语言系统，建立了新诗；②20世纪 20 年代的郭沫若和创造社诗人群，为了反封建的需要，很快借鉴、吸收了英美浪漫主义诗学，建立起高昂激越、宣泄个人激情的诗学，不仅使郭沫若的浪漫主义诗歌成为一座高峰，惠特曼热情奔放、粗犷自由的创作风格也被介绍入中国并产生很大影响；③20 世纪 30 年代的中国诗坛吸收了法国象征主义诗歌，形成了自己的象征诗派；④20 世纪 40 年代冯至《十四行集》的出现，无论从内容到形式都体现出 20 世纪 40 年代中国新诗和世界渗透的信息，它流动着古典诗人杜甫现实主义诗歌的深沉与睿智，又融合了德国诗人歌德的哲理，和现代主义诗人里尔克的深邃和深沉。

当然，唐祈也看到了新诗从西方"拿来"过程中存在的一系列问题与不足，他指出：

中国现代诗，短短的30年，却走过了西方二三百年古典主义、浪漫主义、象征主义的诗歌历程，建立了自己的各种流派，出现了不少卓越的诗人，但各个流派都发展得不充分，即使是流派中的杰出诗人本身，也并没有达到饱和度。（《诗的回忆与断想》）

我们看到，郭沫若的诗集《女神》以惠特曼式豪放雄浑的自由体，歌唱了诗人对宇宙人生的理想，喊出了五四时期反帝反封建的时代精神，真正体现了浪漫主义诗歌的特征。但他一味陶醉于真情的自然流露，以致感情泛滥，情绪难以控制，字句缺少锤炼，有的诗作则流于空泛的召唤和抽象的说教，缺少艺术形象的感人力量。这种弊病不能归咎于浪漫主义，这恰恰是浪漫派诗歌艺术所要极力排斥的东西，而这种弊病在中国新诗中却一直影响到以后的蒋光慈、蒲风等不少诗人。直到1926年以后，以闻一多、徐志摩为代表的格律诗的浪漫主义出现于诗坛，浪漫诗派的内容与形式问题才又引起普遍的重视和深入的讨论。唐祈还指出，由于浪漫主义界限的难以界定，诗人创作中观点的不断演变以及当时我国半封建半殖民地的社会现实，使中国的浪漫主义自从移植过来以后就和西方原生态不同，它通过幻想和想象有力地批判和揭露现实时，往往和现实主义非常接近，例如郭沫若、朱自清、冰心。而浪漫诗人一旦闭起眼睛陷于冥思，追踪朦胧隐晦的意境，创造社的穆木天、冯乃超、王独清，与其说是浪漫主义山上的歌者，不如说他们是真正徘徊在象征主义森林中的诗人，他们的作品更倾向于象征派。

关于新诗的继承和革新，唐祈认为新诗应当继承过去，中国两千年来现实主义诗歌的渊源、根深叶茂的民族性的优良传统以及古典诗歌高超卓越的艺术技巧都应得到诗人们的足够重视。同时，中国的现代新诗在经过各种纷繁复杂的思潮和流派在诗坛竞赛后，共同建设和发展了新诗的艺术，并且成为新诗自己的传统，这种传统也应该代代相继，并不断推陈出新。对于如何革新，唐祈认为，两个概念的明确是其前提，即新诗不能隶属于政治，也不能等同于政治，因为新诗有自己的艺术规律；同时，不能用行政方法领导诗歌创作，而应当以文学方式领导文学工作。唐祈认为中国的新诗要发展，要变化，要向前进，不仅要在古典、民歌的基础上探索，还必须对外国的有益的经验采取"拿来"主义，使新诗在古典、民歌、外国诗三个方面吸收养分，得以丰富，有所创新。唐祈指出，中国现代诗史诗歌与时代的互动特征启示我们，诗人们应重视时代赋予的使命，重视诗歌的艺术性，自觉担负起时代社会的责任，将个人的命运与人民群众的命运相结合，牢牢把握住时代的脉搏。在艺术方面，诗人们绝不能取消诗人的个性与个人的感受，并且必须从感受出发，渗透到人生包括个人与群众多方面的生活中去。

　　最后，还须交代一下本书的编选情况。《陇上学人文丛·唐祈卷》的编选工作开始于 2016 年，是由我向甘肃省社会科学院马廷旭院长提出编选建议的。在完成了《陇上学人文丛·陈涌卷》的编选工作后，我觉得唐祈是一位对甘肃新时期文学发展和现当代文学研究产生重要影响的学者，其学术成果需要进行整理。但是，到目前为止，人们对唐祈的关注仍是停留于作为"九叶派"诗人的认识上，这与唐祈学术资料的缺失有关。

　　《陇上学人文丛·唐祈卷》的编辑就为唐祈学术成就的研究准备了基本条件。《陇上学人文丛·唐祈卷》收集了唐祈创作的除诗歌之外的全部学术论文和散文作品，按属性共分四辑。其中，第一辑为文艺理论与批评，第二辑为中国现代诗人及作品评析，第三辑为作家关于创作生活的自序类回忆性散文，第四辑为其他类。

　　另外，还需要提及的是，由于身体原因，编选前言是我与我的博士研究生李晓梅共同完成的；硕士生常蓉、刘玉瑄、袁茂林、杨晓君、严婧靓、汪可欣、陈颖、宋丹、闫银花、王晓芳等人参加文字输入与校对工作。

《陇上学人文存·唐祈卷》(第六辑)

作者：郭国昌　李晓梅

霍旭东

2016 年 1 月，《陇上学人文存·霍旭东卷》的编选正式启动。经过一年多的努力，编选工作基本完成，现就霍先生的学术经历、学术成就以及本次编选情况谈谈个人的认识和体会。

一

霍旭东，男，汉族，1933 年 6 月生，江苏丰县人。1952 年考入山东大学中文系，后留校攻读中国文学史专业研究生，师从我国著名文史专家高亨教授学习先秦两汉文学。1958 年研究生毕业后，响应祖国号召，自愿报名支援大西北经济文化建设，由国家高等教育部分配甘肃工作，先后在甘肃师范专科学校、甘肃教育学院、西北师范学院任教，讲授《中国古代文学》与《文选及习作》等课程，历任中国古代文学教研室副主任、主任等职务，依次晋升为助教、讲师和副教授。"文革"初期受到冲击，后又任甘肃省中小学教材编写组副组长、甘肃师范大学泾川疏散点革命领导小组组长，并为平凉地区培训中小学教师。1981 年年初，为了贯彻执行中共中央关于古籍整理工作的指示，由母校山东大学师友推荐，协助殷孟伦教授筹建《柳宗元集》校注组，组织安排编写人员，收集编排文献资料，起草和修订编写体例和工作计划。1985 年夏，正式调入山东大学，后任该校古籍整理研究所副所长，兼任山东省古籍整理规划领导小组办公室副主任、山东省古典文学学会理事，1991 年晋升为教授。其间，被聘为山东大学中国古代文学和中国古典文献学两专业硕士生导师、《山东大学学报》（哲社版）编委、《柳宗元集校注》副主编。1992 年年初，霍先生再次回到西北师范大学，任古籍整理研究所教授、硕士生导师。1995 年退休后，仍致力于中国古代文学及中国古典文献学的研究工作。

自 1958 年参加工作以来，霍先生把自己毕生的精力奉献给了祖国的高等教育事业。他从教四五十年，先后讲授过《文选及习作》《大学语文》《先秦两汉文学》《魏晋南北朝文学》《隋唐五代文学》《先秦两汉要籍导读》《先秦诸子》《先秦两汉史传文学》《诗经与楚辞》《汉魏六朝辞赋》《柳宗元研究》《中国古典文献学》《中国古代文化常识》《古籍整理实践》《文史工具书要籍导读及使用》等十几门课程，招收和培养了七届硕士研究生，其中很多研究生后来成为山东大学、西北师大等高校的教授和博士生导师。退休后，受本校及其他学校的邀请，霍先生继续为研究生、本科生、专科生以及函授生、自考生等不同层次的学生授课，直至 2011 年重病住院，他才告别了自己坚守了半个世纪的神圣讲坛。五十多年来，霍先生在高等院校传道授业，辛勤耕耘，桃李遍天下。他讲授的课程，受到历届学生的普遍欢迎，霍先生也因此先后多次被甘肃师范专科学校、甘肃师范大学和山东大学等学校评为优秀教师或先进个人。

在教学科研工作之余，霍先生还先后担任过中国唐代文学学会、中国历史文献研究会会员，中国柳宗元研究会理事、顾问，甘肃省监察厅特邀监察员，甘肃省人民政府文史研究馆馆员，甘肃《四库全书》研究会常务理事，甘肃古籍保护专家委员会委员等学术性职务，在众多学术领域发挥专业特长，服务地方文化建设。

在半个多世纪的学术生涯中，霍先生一直从事中国古代文学和中国古典文献学的教学与研究工作，在中国古代文学和古籍整理研究等领域，取得了较高的学术成就。他博览勤耕，修书立说，迄今为止，各种撰述已逾三百余万言。先后撰写、主编、参编和校注了《战国策选译》《历代辞赋鉴赏辞典》《历代辞赋评注》（宋金元卷）《先秦汉魏六朝诗鉴赏辞典》《权德舆诗文集》《古诗海》《柳宗元大辞典》《二十六史精粹今译》等各类专著十余部，在《山东大学学报》《古籍研究》《古籍整理研究学刊》等刊物发表各类学术论文八十余篇、诗文鉴赏六十余篇。由他主编并参与撰写的《历代辞赋鉴赏辞典》（安徽文艺出版社 1992 年 8 月初版，商务印书馆国际有限公司 2011 年 8 月修订重印）曾是 20 世纪 90 年代最系统、最完备的一部辞赋选注本，被评为华东六省一市优秀文艺图书一等奖、第七届全国"金钥匙"图书优胜奖、甘肃省高校社科优秀成果二等奖。霍先生长期在条件艰苦、资源有限的甘肃默默耕耘，为甘肃的教育事业奉献了自己的青春年华。他的相关情况，《高校古籍整理研究学者名录》

《陇上社科人物》等都有介绍。《社科纵横》1994年第6期刊发了李润强撰写的《霍旭东教授与中国古代文学研究》一文，专门介绍了霍先生的学术经历及学术成就，不仅使先生的事迹广为传播，而且也使先生得到了社会各界的普遍认同和赞誉。

二

作为20世纪50年代山东大学的优秀毕业生，霍先生师出名门，学业基础深厚，其学术成就也是多方面的。本次选编的三十篇论文，比较全面地体现了霍先生的治学思路和研究方法。其中有关于春秋战国社会变革及史料研究的论文共五篇，关于柳宗元诗文系年及学术研究的论文共六篇，关于古籍整理学学科建设及研究方法的论文共三篇，关于陇右典籍及敦煌藏经洞的论文共两篇，关于两宋赋及金元赋的文献述评共两篇，关于文艺创作中的"灵感"及文艺鉴赏中的能动作用的论文共两篇，关于诗、赋、文、小说的鉴赏文章共六篇，关于高亨、殷孟伦、李蒸的回忆述评及山东大学堂的筹建历史等论文共4篇。这些论文并非一时一地之作，比较全面地反映了霍先生的学术历程及学术成就，为我们深入了解和学习霍先生的学术思想和治学方法提供了坚实的基础。在编选过程中，我们根据所选论文的内容，将所有论文大致划分为五大类：一是关于先秦史传散文的研究；二是关于柳宗元及其诗文的研究；三是关于中国古典文献学的相关论述；四是关于文学创作及文学鉴赏的相关论述；五是关于治学方法及学术传承的回忆述评。

就本次选编的论文来看，霍先生学术兴趣广泛，在中国古代文学、中国古典文献学、陇右地方文学文献以及文学理论等学术领域都有所建树。但总体来看，其长期关注的重点在柳宗元、《战国策》和古籍整理等方面。

霍先生关于柳宗元的研究，始自20世纪80年代，当时山东大学殷孟伦教授负责《柳宗元集》彙校集注集评的整理工作，霍先生协助此事，负责人员安排、资料收集、编写体例、制订计划等工作。殷先生去世后，霍先生曾担任此项整理工作的副主编，负责具体工作。此后因调离山东大学以及疾病困扰等原因，此项工作遂致搁浅。后经先生协调，该课题经高校古委会批准立项，由西北师范大学尹占华教授负责完成，最终成果《柳宗元集校注》于2013年10月由中华书局出版，收入"中国古典文学基本丛书"。该书出版后产生较大的学术影响，霍先生昔日的宏愿终于成为现实。尽管如此，在霍先生负责《柳宗元集校注》的工作期间，对柳宗元的诗文用力甚勤，成果也相当丰硕，重要著述就有《柳文系年订正》《柳文系年补正》《柳文系年拾零》《柳宗元柳州诗文谱》等。关于柳宗元的生平、仕历和写作，《旧唐书》《新唐书》皆有"传"文记载和论述，但均语焉不详。在柳氏诗文的历代注释中，虽间有言及，但也是片鳞只爪。宋人文安礼曾作《柳先生年谱》，考查世系，叙录生平，编系诗文，大有开创之功。惜其过于简括，诗文系年也漏误甚多。20 世纪 50 年代，施子愉先生在前人相关研究的基础上，广泛辑录，详加考核，撰著《柳宗元年谱》一书（湖北人民出版社 1958 年版），是当时较好的一部柳氏年谱，经常被相关学者参考、引用。但其中的诗文系年，仍有不少疏略和讹误。因为参加《柳宗元集》的校注工作，霍先生在文安礼、施子愉的基础上，在柳宗元诗文系年方面做了大量的补充订正工作，先后撰写六十余条学术札记，分别发表于《古籍研究》（1986 年第 2 期、1987 年第 1 期）、《山东大学学报》（1988 年第 3 期）及《广西民族学院学报》（1990 年第 4 期）等刊物。霍先生从作品的实际出发，用大量原始文献材料对许多或莫衷一是，或前人考察漏误，或无法系年的诗文作品进行了精审的考辨和论述，纠正了前人研究的舛误，大大推动了柳宗元诗文研究的深度和广度，得到了同行专家的好评。其中的很多考订，因为精严详审，可成定谳。本次选录的二十五条，题名《柳宗元诗文系年订补》，对《贞符并序》《驳复仇议》《唐故特进赠开府仪同三司扬州大都督南府君睢阳庙碑并序》《唐故给事中皇太子侍读陆文通先生墓表》等作品的作时详加考证，补充纠正了文安礼《柳先生年谱》、施子愉《柳宗元年谱》的漏误，具有重要的参考价值。

据史书记载，柳宗元于元和十年（815 年）至元和十四年（819 年）任柳州刺史，其间诗文创作丰硕，《柳宗元柳州诗文谱》一文，在施子愉《柳宗元年谱》的基础上，以柳宗元诗文所反映的史实为线索，先列当年所发生的重大事件，次及柳氏及其亲友行踪，后缀以当年所写诗文，系统梳理了柳宗元任柳州刺史期间的主要行迹及作品作时，为深入研究柳宗元在这一时期的特殊心态及文学成就奠定了基础。

《送元十八山人南游序》是柳宗元写的一篇赠序文，虽然是一篇仅仅三百多字的短文，但是关于此文作时以及被送的"元十八山人"到底是谁等问题，长期以来众说纷纭，莫衷一是。在《〈送元十八山人南游序〉考辨》一文中，霍先生以宋人韩醇的一段提示性的"题解"为线索，对此文的文本内容及作时展开详细考辨。论文首先考查了韩醇所说、韩愈所批评的《送元生序》是否就是《送元十八山人南游序》；然后考查了韩愈在《赠元十八协律》一诗中所提及的"赠子篇"，是否就是这篇《送元十八山人南游序》；最后又进一步考查了白居易《游大林寺序》中提到的"元集虚"是否即他诗中提到的"元十八"，这位"元十八"是否就是柳宗元送行的那位"元十八山人"，是否就是韩愈贬潮州旅途中遇见的那位"元十八协律"等一系列问题。文章经过详细考辨，认为柳宗元送的"元十八山人"，并不是韩愈遇见的"元十八协律"；白居易送的那位"元十八"，才是韩愈遇见的，而白居易所说的"元集虚"，并不是"元十八"。由于古人常以郡望、行第相称，后人没有从时间、史实上深入考查，所以把他们几个人弄混了，以致在相关问题上众说纷纭，难有定论。霍先生的考辨，廓清了千年迷雾，还原了历史真相，功莫大焉。

《道州文宣王庙碑》一文的写作年代，同样也是一个一千多年来没有解决的疑难问题。从宋人的校勘、注释，到今人的研究、系年，一直是仁者见仁、智者见智，莫衷一是。中华书局 1979 年出版的新校点本《柳宗元集》关于此文的校勘，也出现了明显的失误。20 世纪 80 年代以来，尹协理、雷运福以及霍先生本人都先后撰文探讨过这一问题，然而最终解决这一难题的，还是霍先生的《再谈〈道州文宣王庙碑〉的写作年代》一文（原刊于《零陵学院学报》2003 年第 6 期）。文章在详细考辨《道州文宣王庙碑》及《道州毁鼻亭神记》两文的文本内容的基础上，结合唐人于春秋上丁吉日祭孔的礼俗制度，钩稽吕温、刘禹锡以及柳宗元本人的诗文中与薛伯高任道州刺史相关的历史信息，推断"薛伯高为道州刺史的时间，最早不过元和六年，最晚不过元和末年"，在此基础上，认为"薛伯高元和七年刺道州，明年即元和八年二月丁亥（二月初三）祭旧庙，元和九年八月丁未（闰八月初三）祭新庙，于柳'碑'记述、于唐时释奠祭孔例用仲春、仲秋上丁吉日都相符合。可见，《道州文宣王庙碑》作于元和九年，而《道州毁鼻亭神记》则作于元和七年是没有大问题的"。文章对导致这一学术疑案的原因也作了深入探讨，认为柳宗元《道州毁鼻亭神记》《道州文宣王庙碑》的原文有误，再加上宋人韩醇注释的误导以及后人错误的校勘，致使这一问题长期以来一直难以彻底解决，成为柳宗元研究史上的千年疑案。"功夫不负有心人。"霍先生的有心与执着，使这一学术疑案最终得到了圆满的解决。

除了精严详审的文史考辨外，霍先生关于柳宗元的研究，还涉及宏观的思想倾向方面的研究，《柳宗元与儒学》一文，针对"文革"期间柳宗元被认定为"有唐三百多年间最大的法家思想家"的论调，结合柳宗元的家世背景、理想抱负以及诗文作品，对柳宗元的思想体系尤其是其与儒学的关系重新反思和考量，认为"柳宗元既是儒家儒学的尊崇者、信奉者，又是儒家儒学的革新者、改造者"，"柳宗元是一位儒家学派的思想家和文学家，说柳宗元是什么'法家思想家'云云，简直就是无视柳宗元自己文章客观存在的闭目臆说！"这些观点，显然是在全面考察和冷静反思之后得出的结论，当然也是更接近历史真实的结论。

作为唐宋八大家之一，柳宗元的文章备受历代学人推崇，韩愈即称赞柳氏之文"雄深雅健似司马子长"。《谈〈段太尉逸事状〉的写作》一文，对柳宗元的名作《段太尉逸事状》的写作过程、史家笔法、剪裁叙事以及严谨雄健的文章风格作了全面精当的分析论述，为如何深入解读和赏析柳文提供了范式。

按照原定的研究计划，霍先生曾着手撰写《柳宗元诗文系年考释》一书，以期对柳氏诗文作一次总结性的梳理和考辨，后因整理校点《权德舆文集》、参与编撰《柳宗元大词典》等工作，此书在初稿基本完成的情况下长期搁置，最终因为疾病困扰未能完成，遗憾至今。

三

　　霍先生关于《战国策》的研究，始自 20 世纪 70 年代。根据先生自己的回忆，早在 60 年代，高亨先生即要求霍先生抽出两三年时间集中研读《左传》《国语》《战国策》等先秦历史著作，以便为当时因政治运动影响而比较仓促的研究生阶段的学习补课。在 1973 年 8 月 21 日的来信中，又一次敦促霍先生整理《左传》或《战国策》，并且要求先搞译注，再综合研究。但是因为当时的政治形势的影响，这一研究计划也搁浅近十年，直到 80 年代后，霍先生才着手作《战国策》的选译、选注和研究。除撰写了《战国策选译》等专著外，还发表了《〈战国策〉的成书及对其史料的再整理》《宋元时期整理〈战国策〉的巨大成就——兼对鲍彪整理〈战国策〉再评价》《〈战国策〉和它的思想艺术》等一系列重要论文。自《战国策》成书以来，无论是对它的辑录、编撰、整理，还是对它的校注、考辨、研究，都经历了一个比较复杂的过程，几乎每个时代，都有对它的再整理。《〈战国策〉的成书及对其史料的再整理》一文，对两汉魏晋时期刘向、延笃、高诱、乐资、孔衍等人对《战国策》的整理、注释及改编情况进行了系统梳理和客观评价，认为尽管这一时期的整理研究尚属草创阶段，但为该书在后世的流传以及宋元明清时期的深层次的研究奠定了基础。《宋元时期整理〈战国策〉的巨大成就——兼对鲍彪整理〈战国策〉再评价》一文，对宋元时期曾巩、孙朴、姚宏、鲍彪等人整理校注《战国策》的情况及各自的成就贡献进行了详细的梳理和评述，尤其对颇受后人非议的南宋鲍彪重编新注本的贡献和成就给予了高度评价，认为"《战国策》经过鲍彪的再整理，使原来比较杂乱的历史资料变得有条理性，使原来国别体的杂史中兼有了编年体的新特点。特别是他把校勘、考辨、编年、注释、重编和评论熔为一炉，就使历史文献学研究与战国历史研究结合了起来。大量的新注，丰富了《战国策》的史料内容；考辨史实，编排史序，增强了《战国策》的系统性；参考群书、遍作新注，使原来的艰涩难通之处化为平易。因此，在《战国策》整理史上，鲍彪是一次新的开拓和突破，其贡献是卓著的"。以上两文互为照应，对汉魏六朝、宋元时期两个阶段《战国策》的整理情况进行系统评述，对鲍彪等人整理《战国策》的学术成就予以客观公允的评价，从而为读者深入了解《战国策》的成书情况、版本源流等问题奠定了基础。由于《战国策》的成书经历了一个比较复杂的过程，其中的史料重复错乱较多，所以长期以来，关于此书的史学价值和艺术成就，学界重视不够。有鉴于此，霍先生的《〈战国策〉和它的思想艺术》一文，结合战国时期特定的历史背景，对《战国策》的原始材料及作者的身份作了比较翔实的探讨，认为"与其说《战国策》是一部史书，毋宁说它是一部具有文学性质的历史故事集"。在此基础上，对《战国策》的思想价值和艺术成就作出了比较公允的评价，不仅合理解释了历代优秀作家学习、继承《战国策》写作技巧和文章风格的主要原因，而且肯定了《战国策》在中国文学史发展上的地位，从大文学观的角度对《战国策》提出了新的评价。值得注意的是，霍先生对《战国策》的研究，并非孤立的个案研究，其中贯穿着他对春秋战国时代社会变革的深层思考。本次选录的《由姜齐到田齐——谈齐国的社会变革》《〈春秋〉〈左传〉记事的迄止年代》两文，就是他在这方面潜心研究的优秀成果。文章运用历史唯物主义的理论和方法，以齐国的社会变革为例，深入论析了春秋战国时期，我国历史上由奴隶制向封建制的转变，并对《春秋》《左传》记事的迄止年代提出了自己的看法，这些都为客观深入地探讨《战国策》的成书背景及史学价值奠定了坚实的基础。

古籍整理学和古籍整理与研究的方法，也是霍先生极为重视的学术领域之一。我国自古以来就有重视古籍整理研究的优良传统。中华人民共和国成立以来，党和政府也非常重视古籍整理研究工作，1958 年成立了国务院古籍整理规划小组，负责统筹安排古籍整理出版工作，并且组织史学界专家校点"二十四史"。"文革"结束后，中共中央不仅下达了《关于整理我国古籍的指示》，而且于 1983 年 9 月成立了全国高等院校古籍整理研究工作委员会，具体筹划、安排古籍整理研究工作。各省市也纷纷成立了相应的组织机构，各高等院校也相继调配科研力量，成立了一批古籍整理研究所（室），短短几年的时间，古籍整理研究界已呈现出一片欣欣向荣的局面。但是，由于种种原因，关于古籍整理的学术价值以及学科建设等问题，当时仍然存在很多认识方面的误区，古籍整理研究事实上成了"好汉子不愿干，赖汉子干不了"的行业。霍先生的《中国古籍整理学学科建设刍议》《再谈中国古籍整理学科的建立和发展》等文章，就是针对以上现实问题的研究成果。霍先生认为，古籍整理学是中国古典文献学的分支学科，是文献学理论与方法的具体实践。"古籍整理学应该是一门内容丰富、体系完整、结构庞大、能够相对独立的学科"，应该根据实践现状和发展的需要，分别研究和建立古籍目录学、古籍版本学、古籍校读学、古籍注释学、古籍今译学、古籍编选学、古籍辑录学、古籍考辨学、古籍检索学、古籍印行学等分支学科。只有把古籍整理学的学科基础和它的分支学科研究建立起来，古籍整理学才能具有相对独立而完整丰富的学科体系。这两篇文章系统地探讨了古籍整理这门学科的性质、内容、范畴、体系和方法，具体提出了建设的设想和措施，并明确地指出了新时期建设和发展古籍整理学的必要性和迫切性，得到国内同行的称誉和赞同，产生了深远的影响。此后二十多年古籍整理学发展的实际情况表明，霍先生当时的建议和设想，具有一定的前瞻性和可行性，随着刘琳、吴洪泽著《古籍整理学》（四川大学出版社 2003 年 7 月第 1 版），许逸民著《古籍整理释例》（中华书局 2011 年 10 月第 1 版）等相关论著的问世，古籍整理学的理论体系和学科建设更趋科学完善，霍先生当年的设想也逐渐变成了现实。古籍整理学是一门实践性很强的学科，必须有具体的方法作支撑，才有可能发展完善。在《干支纪时与古籍整理研究》一文中，霍先生从古代的干支纪时入手，提出了利用干支纪时的原理、特点、方法和规律进行古籍整理的一种途径和方法，他结合自己参加《柳宗元集》校注的实践经验，具体说明了利用干支纪时的原理和方法进行古籍整理研究的有效可行，对于今天的古籍整理工作仍然具有非常重要的指导意义。

除了上述几个领域的研究成果外，霍先生在陇右地方文学文献、两宋金元赋的文献稽考等领域也有比较重要的学术成果问世。《丰富多彩的陇右典籍》《敦煌藏经洞的发现与被盗的前前后后》两文，与陇右地方文学文献有密切关联。前者扼要介绍了历史上一些重要的陇右典籍及其作者，主要包括王符《潜夫论》、皇甫谧《针灸甲乙经》、李益《李益诗集》、权德舆《权载之文集》、李翱《李文公文集》、李梦阳《空同集》、胡缵宗《鸟鼠山人集》、赵时春《赵浚谷集》、邢澍《守雅堂集》、张澍《姓氏五书》《凉州府志备考》及《养素堂诗文集》《二酉堂丛书》等，不仅展示了陇右文化的深厚积淀和丰富多彩，而且阐明了整理研究这些文化遗产的现实意义。后者详细梳理了敦煌藏经洞的发现和被盗的历史过程，从另一个方面展示了陇右文化的悠久历史和卓越成就。《两宋赋的发展与成就》《金元赋的发展与成就》两篇文章，通过对两宋、金元时期赋的发展衍变和重要赋家、赋作的文献梳理与全面评述，以不可辩驳的事实证明，这一时期的赋作从体式、内容到艺术表现，都有它独特的精神和风貌，充分展示了两宋金元赋在中国辞赋发展史上的价值和地位，也有力地证明了前人所谓"唐后无赋"的观点是错误的。这些论文不仅始终贯穿着中国古典文献学的理论与方法，而且也体现出霍先生深厚的文献功底和严谨的治学精神。

四

值得注意的是，青年时期的霍先生还爱好民间文艺和文艺写作，早在大学阶段，就先后用苏丰、梯青、艾灵、丁理等笔名，在《新山大》《大众日报》《青岛文艺》《文艺月报》《兴安岭》等报纸杂志发表通讯、杂文、诗歌、小说、文艺随笔、文艺评论等五十余篇，工作以后，虽然将主要精力转移到中国古代文学的教学与研究方面，但在工作之余仍然间或从事文艺写作。正因为这样，霍先生对文艺创作中的"灵感"以及文艺鉴赏中的能动作用，也有自己深入的思考和见解。《也谈灵感》与《"看"中的再创造——文艺鉴赏中的能动作用》就是这方面研究的产物。文章结合中外历史上很多优秀作家的创作实际和自己的阅读鉴赏实际，科学理性地论证了"灵感"的产生与"看"中的再创造，这些论述，即使在数十年后的今天，仍然具有一定的参考价值和借鉴意义。

长期以来，霍先生坚守在教学第一线，注重教学与科研相促进。先生讲课条理清晰，重点突出，深入浅出，生动活泼，妙趣横生，深受学生欢迎。本次选录的《说〈邶风·匏有苦叶〉》《〈小雅·斯干〉的主旨与内容》《〈登徒子好色赋〉的结构与成就》《穿越时空，吊古伤今——读〈吊古战场文〉》《谈〈柳毅传〉的写作艺术》《引人入胜，发人深思——读〈胭脂〉》等六篇文章，就是霍先生结合自己的教学实际，写成的经典作品鉴赏之作。这些文章涉及诗、赋、小说等不同文体，学术性和通俗性的结合比较恰当合理，堪称先生自己倡导的"'看'中的再创造"的典范之作，今天仍有重要的参考价值。

学术的发展，离不开薪火相传。霍先生之所以能够在上述很多学科领域取得丰硕的成果，高亨、殷孟伦等先生的谆谆教导功不可没。《回忆高亨先生对我的指导》一文，满怀深情地回忆了20世纪50年代至80年代师从高亨先生问学的始末，详细介绍了高亨先生既继承清代朴学的优良传统，又接受新民主主义革命以来新理论、新方法的治学特色，高先生提出的"一经通、百经备"以及关于"博"与"约"的关系的见解，可谓其几十年治学经验的精到总结。《殷孟伦教授与古代汉语研究》一文，详细梳理和回顾了殷孟伦先生的求学及治学经历，对殷孟伦先生的治学方法，也作了介绍和总结。虽然时过境迁，学术的发展也日新月异，但两位先生严谨的治学态度和科学的治学方法，永远是后人学习继承的宝贵遗产。本次选录的《教育家李燕》和《谈山东大学堂的筹建和成立》两文，同样展示了特定历史时期学术传承的不易及意义。如果没有前贤的坚守和努力，就不会有今天的继续与辉煌，这无疑也是以上两篇文章的意义所在。

总体来看，在数十年的学术生涯中，霍先生不仅学术视野开阔，治学领域宽泛，而且也形成了自己的治学特色。首先，他注重从古典文献学入手研究中国古代文学，强调在准确、详尽而系统地占有材料的基础上，得出一定的观点和结论，反对空泛地议论和推论。如前人论赋，一般只止于汉魏六朝，明代复古派文学家、前七子之首李梦阳高唱"文必秦汉"（《明史·李梦阳传》），推崇楚辞和汉赋，并提出了"唐无赋"（《空同集》卷四十八《潜虬山人记》）的观点。到了清代，程廷祚又进一步提出了"唐以后无赋"（《青溪集》卷三《骚赋论·中》）的论调。于是，后来的一些文学评论家对唐宋以来的赋家、赋作往往采取轻视的态度。霍先生在详细考察两宋金元时期重要赋家、赋作的基础上，系统勾勒了这一时期赋的发展衍变，总结了其独特的精神和风貌，从而有力地证明了古人所谓"唐后无赋"的观点是不符合事实的空泛之说。其他如对柳宗元诗文的考辨系年、对《战国策》的成书情况及整理情况的考察等，都是在全面钩稽相关文献的基础上，重新反思和考量所研究的问题，得出比较客观公允的结论。正因为这样，他的很多论文，文献基础深厚，有理有据，观点有很强的说服力。其次，霍先生治学，善于打破文、史、哲的学科界限，体现出融会贯通的理念和特色，他对很多具体问题的研究，全面深入，圆通无碍。如对柳宗元诗文的系年考证，在综合考辨作品文本、史籍记载的基础上，结合古代干支纪时的原理以及唐代的礼俗风习等，层层深入，析理入微，解决了前人研究中存在的很多疏漏，大大推动了学术的发展。再次，霍先生的学术思想及治学方法，也带有鲜明的时代特征。受20世纪时代风尚及主流意识形态的影响，霍先生的不少论著有明显的阶级斗争或儒法斗争的痕迹与遗留，如《由姜齐到田齐——谈齐国的社会变革》《柳宗元与儒学》等论文，都带有明显的时代印记，当然这是20世纪很多学者普遍具有的共性，是时代风气影响的必然结果。

"桃李不言，下自成蹊"。自1958年支援大西北建设以来，霍先生把自己最美好的青春年华奉献给了大西北，其间虽一度调回母校山东大学，但在1992年又回到西北师范大学，在甘肃这块贫瘠的土地上默默耕耘，为甘肃的文化建设贡献了自己的毕生精力。先生渊博的学问，滋养了一代又一代陇上学子的成长；先生豁达的笑容，留存于一个又一个青年学子的心底。先生的精神，将和他的文章一起永存。

需要补充说明的是，本次整理编选霍旭东先生的论文，得到了赵逵夫先生的大力支持。赵先生在百忙之中多次指导编选，提出了很多宝贵的建议。霍先生也以耄耋高龄尽力配合我们收集文稿，筛选篇目，为编选工作的顺利进行提供了有力的支持。硕士研究生马彦峰、任明、卢亚斐、邢馨元、王娟、杨连德、王萍等同学也为文稿的校录付出了大量的时间和精力。在此谨向两位先生和各位同学致以诚挚的谢意。

《陇上学人文存·霍旭东卷》(第六辑)

作者：丁宏武

吴小美

　　随着键盘的敲击声，吴小美教授的文集书稿即将编就。作为她的学生，我在学术和生活上均受到吴先生的恩惠，细读先生的文字，我深切地感受到，她的学术就是她的生命、她的人生。她用她独特的学术诠释了她不一样的人生旅程。这不是外在于生命之外的学术，她的学术生涯映照出她生活的全部。这是一部个人的学术史，它记录的是一个中国知识分子的生活史和心灵史，寂寞、孤独、痛苦、抗争，都在这里。先生独特的学术个性、情怀，均源出于她独特的气质、眼光。她的学术是书斋里的活动，但是，通过各个时期学术关注点的变化，我们可以聆听到我们民族国家时代变革的脚步声。总之，这是有"我"的学术，是有"我们"的学术。

　　多年后，我依然记得当初阅读英国艺术史家贡布里希的《理想与偶像》一书时，对书中提及的"学术工业"感到新奇甚至是惊讶。可是，今天人文学者却都已身处这一"工业"之中，不得不感叹全球资本扩展对人类生活的影响之巨。时代车轮滚滚向前，渺小之个体是无力、无奈的，可是面对这一巨变所带来的种种"进步"，我们有理由对其间人文学术传统式微表现出一丝伤感，我们希望包括现当代文学在内的人文学术能够在前行的路上永不失其激动人心的"属人"品格。正是在这个意义上，包括吴小美先生在内的老一代现代文学研究者的学术风尚值得认真反思、总结，以使由他们所构建起来的精神传统得以延续，避免"学术工业"时代人文学术精神贫血症的发生。

　　2007年，吴先生在为弟子所出的书写的序中说："我们与学术对象之间的关系绝不是'我'与'它'的关系，而是'我'与'你'的关系，是一种超越现实时空的另一种'交往'。"这可视为吴先生一生学术研究的自况，即她总是把人生与学术打成一片，在她那里，学术并不是外在于人生之外的事业，而其本身就是自我与学术的对话、人生体验的抒发，就是人生本身！其富有魅力的学术个性正是这种人生践履的精神外化！

1954年，吴小美先生毕业于北京大学中文系，以"全优"毕业生的荣誉称号被分配到兰州大学中文系任教。正是在遥远的西部，吴先生开启了她的人生新起点，其学术原点也在那里发生、建构。50年代，青年时代的吴先生曾为诸多莫须有的罪名而困惑，但是倔强的个性使她并没有沉浸在苦闷中，在紧接下来的"大跃进"和"三面红旗"时期，白天她和其他老师一起大写红色诗歌，晚上则时常通宵达旦地写论文。当时选择了《青春之歌》《红旗谱》《创业史》等一批红色小说作为研究对象，可喜的是，三篇文章都获发表，有两篇居然登上了《光明日报》！这令她成为兰大青年教师中的"异类"，江隆基校长的嘉许更令她成为"众矢之的"，灾难接踵而至，游街、批斗尝遍，"漏网右派""修正主义黑苗子""江隆基的孝子贤孙"，各种名目的帽子戴在这个三十出头的女子头上。这一痛苦的人生经历成为吴先生一生的人生财富，成为她独特学术之路的所由生发点。

60年代前期，吴小美先生就已陆续写成了17万字的鲁迅研究专集《虚室集》（青海人民出版社1986年），"文革"却使这部书稿连同有关的讲稿、资料、卡片、书籍被洗劫一空。据先生自述，这一遭遇为她积累了丰富的精神资源，甚至对其一生的研究内容、方法、思路都有深刻影响。"文革"结束后，吴先生环顾"虚室"，只能是如鱼饮水，冷暖自知。此时，《庄子·人间世》中孔子的一句话萦绕于心头："虚室生白，吉祥止止"。"室"既是四壁萧条的"室"，但何尝不可包容一个能生光发亮的宁静空明（"虚"）的心境（"室"）呢？吉祥善福可以被人劫去，不也可以由自己夺回吗？由此，她将第一部最珍爱的鲁迅研究专集定名为"虚室集"。当然，这重整旗鼓的决心和信心，离不开授业师王瑶先生的教诲和鼓励，她说："人生多坎坷，要尽快忘掉过去，面对现在和未来。"此书即由王瑶先生作序，并得到高度认可："用鲁迅精神研究鲁迅"，"从一个特定的角度映照出像作者这样的中国知识分子的坚韧和追求。这里既充满了心酸，更表现了一种刚毅不屈的力量，它所显示的正是鲁迅精神的光芒。"吴先生选择了当时鲁迅研究领域中比较薄弱、分歧意见较多的两个中心课题，一是杂文，二是《野草》，以新的研究方法，提出新的分析角度。例如把鲁迅杂文概括为"一部旧中国的特别的'人史'"；明确提出"对奴性和奴才传统的批判"是鲁迅杂文改造国民性思想的"一个重要方向"；又以专章论述了鲁迅前期杂文对封建专制主义和蒙昧主义的批判，并联系"现代专制主义和蒙昧主义"之复活去重温鲁迅这部分杂文，并开掘它们"至今十分新鲜"、催人猛醒、发人深思之处。这里有着一代学人经历"文革"后的历史反思，是当代与历史的精神对话，相关篇章在《光明日报》摘要刊登。

　　1980年，吴先生开始了对浓缩了鲁迅人生哲学的《野草》的全面诠释，其长文《论〈野草〉》曾作为全国优秀论文入选《鲁迅诞辰一百周年研究论文集》，得到业内人士的一致好评。认为，这部展示作者心灵历程及人生哲学而又曲折地体现时代社会矛盾的作品，不应离开其中的形象特征本身以庸俗社会学的观点方法"考证"某形象某事物的指代；对其中的一些抒情散文，更应从形象和文本出发，调动研究者的全心灵去融解、捕捉和联想。吴先生的《野草》研究与北京大学的孙玉石教授的《〈野草〉探源》是新时期伊始《野草》研究的重要收获。她从比较文学角度进一步开掘其深层意蕴的系列论文《〈野草〉与〈爱之路〉——鲁迅与屠格涅夫散文诗的比较研究》①《"北京的苦闷"与"巴黎的忧郁"——鲁迅与波特莱尔散文诗的比较研究》②《人的期待与探寻梦的失落与执着——鲁迅与夏目漱石散文诗的比较研究》③在《文学评论》发表。其中鲁迅与波特莱尔散文诗比较研究一篇被英译发表在美国某学术杂志，该文采用再现生活与表现自我之统一这一切入点，将《野草》中种种彷徨、犹疑、赤诚、焦灼的心灵色彩归纳为"北京的苦闷"，与波特莱尔的"巴黎的忧郁"对照比较，并在艺术观照中划清了浪子的忧郁和战士的苦闷的界限，突出了鲁迅的苦闷中内含的进取和干预的精神。这种比较研究，十分注意被比较的双方在同样独立的地位上各自伟大的创造。

　　《鲁迅与东西方文化》（兰州大学出版社，1999年）一书，倾注了吴先生艰苦跋涉的汗水与心血。在《虚室集》基础上，她对鲁迅研究路向进行了认真的思考，希望赋予"鲁迅世界"一些新的价值形态和个性面貌，在《开创鲁迅世界诠释与研究的新局面》④一文中，吴先生提到：对鲁迅作为20世纪中国的重要文化现象的认识，不能仅仅从阶级对立、政治对立、文化对立单层面去理解，必须从传统到现代、从西方到东方的联结纽带意义上去认识。这一超越单一意识形态的认识视野和框架，突破了已有的研究范式，真正"属人"的学术带来了研究对象无尽的阐释空间，鲁迅不只存在于一个封闭的历史狭笼，而是存在于当下。

　　该著作选定鲁迅与东西方文化、鲁迅的生死观、小说和散文诗的深入开掘、个性气质和乡恋情结四个方面进行研究。对鲁迅与东西方文化关系的基本特征，不仅表现

---

①《虚室集》，青海人民出版社，1986年，第82页。

②《文学评论》1986年第5期。

③《文学评论》1991年第6期。

④《鲁迅研究月刊》1994年第3期。

在其与现代中国政治解放的紧密联系上，更重要的还表现在其政治意识向文化意识的自觉转换上。强调20世纪中国文化进化的一般特征和学界对此认识的一般方法论特征应该是我们的出发点，而鲁迅接受融化传播两潮的特征是多层面的，文化人格是鲁迅基本的人格属性。这项研究的原创性在于从更深的层次上开掘了鲁迅对救国道路的整体性思考与局部性思考的奋力，即在文化资源意识、文化开发意识、文化融合意识、民族深层文化心理结构意识上对中国社会的整体性把握和认识，反映着鲁迅与东西方文化关系的独特内容与格局，还具体透析了鲁迅与东西方文化广泛联系的斑斓景观。对鲁迅的生死观，吴先生首先观照的是其社会时代内涵，亦即其浓重的时代悲剧色彩，并以"血的代价"来概括，认为鲁迅是在对个体生死的形而上体验和对残酷现实的热切干预的相互关联中，在由死观生、由生观死的全方位审视中，其独特鲜活的人格显示出强烈的时代色彩。其次，鲁迅生死观的个性色彩是反抗死亡，将自我的生死和民族的拯救、人类的未来联系起来，显示出"盗火者"的牺牲与拯救的情怀。最后，对鲁迅晚年生死观的迟暮与辉煌，以及其中智慧性的恬淡、达观、平静，以及他实实在在地面对死亡的阴郁和颓唐，生的艰辛和死的超脱的交织，更为强烈的复仇情绪的充溢，很能证明死亡在鲁迅这里不是终结，而是新生。该系列论文，是在开掘着古今中外众多真正的思想家文学家生死观的共同规律。

吴先生在招收现当代文学专业研究生的同时，又开辟了文化传播研究方向，以传播学视角，写出《从"未庄——鲁镇文化"看中国传统文化的隔绝性和承传性》[①]等论文；鲁迅散文诗研究方面，以美术切入写出《〈野草〉"可怖性"特征的探讨》[②]，提出《野草》中因绝望和阴郁所产生的"可怖性"激情，不应只从消极的一面去诠释。文中将米开朗琪罗的雕塑《摩西》与《野草》中的《复仇》等篇章在精神特征上的近似进行比较研究，从中生发出《野草》中对死亡的夸张的"可怖性"，为鲁迅研究打开了新的扇面。从研究中国文人灵魂底色为出发点，吴先生从审美和文化两个层面研究鲁迅"乡恋"的两极，写下《论鲁迅的乡恋情结》[③]，目标在于关注众多研究者乐道的鲁迅刚毅冷峻的"另一面"情怀，也是对传统原型的万般复杂的情感的全新诠释。《鲁迅个性气质论》[④]则细析了鲁迅抑郁的个性气质，对其创作中的抒情音响、"自叙传"式的"我"的形象的塑造、乃至于《野草》式的创作倾向，在怎样地对他审美地把握生活和再现生活时产生的重大影响，以及这影响的痛苦性、延续性、长期性等均

---

①《甘肃社会科学》1994年第5期。
②《鲁迅研究月刊》2001年第9期。
③《文学评论》1994年第3期。
④《中国现代文学研究丛刊》1985年第2期。

进行了考察。此外，《鲁迅与东西方文化》一书中对鲁迅写变态心理的审美情绪机制的研究等，吴先生也都尽力做到超越前人、超越自己。在专注于鲁迅研究的同时，吴先生还在《中国现代文学研究丛刊》等杂志发表过有关柔石、胡也频研究的创新性论文。

关注人、思考人，进而关注社会，思考社会，是吴先生一生的志趣所在，这一志趣主要经由现代作家研究尤其是鲁迅研究和老舍研究来实现。除鲁迅之外，老舍是吴先生所着力关注的另一研究范畴，并自觉地与研究范畴展开心灵对话，而不仅只是将之视为外在于自我之外的客观对象。吴先生曾长期担任中国老舍研究会会长，其老舍研究情结的形成与持续，无疑是和这位作家自身的悲剧情结以及他的悲剧遭遇，乃至悲剧"大结局"紧相联系的。老舍研究会的许多人都曾记得在一次学术会议上，吴先生做大会学术演讲时说到动情处哽咽的声音与含泪的目光。吴先生与老舍研究结缘于20世纪70年代末《文学评论》的一次约稿，她撰写了《一部优秀的现实主义杰作——评〈四世同堂〉》①，发表后反响巨大，系首篇评论该巨制的长篇论文，后成为电视连续剧《四世同堂》剧组的重要"参考"。在对"老舍世界"的亲近过程中，老舍的人生悲剧深深触动着吴先生的人生感喟，因而，它做的是有情怀的学术，可是，这并不影响她学术研究的学理性。吴先生说，受惠于王瑶先生，她一直恪守着一个原则即研究什么都从其"研究史"起步，这也是在老舍研究领域，她一直站在学术前沿的原因。他前后写过《开创"老舍世界"诠释与研究的新局面——新时期老舍研究的回顾与展望》②《拓展与沉寂：近十年老舍研究的再研究》③两篇论文。1986年初夏，受香港中国文化促进中心之邀，吴先生与国内其他四位老舍研究者共赴香港研讨老舍并做讲座，吴先生的题目是"论老舍的双向文明批评"④，侧重阐发老舍的现代文明及传统文明批判，该文发表于《中国现代文学研究丛刊》。回来后，吴先生与弟子魏韶华着手合写他们的第一部老舍研究专著《老舍的小说世界与东西方文化》。上编综合阐发老舍的文化思想，从文化冲突、人格理想、宗教精神、文学接受、忧患意识五个方面着力，认为老舍所思所写的是中华民族从现代走向中新的主体建构问题。老舍既在现代意识层次上对传统文明加以重新审视，又站在传统文明中符合理性及人性的一面对现代文明进行批评。对老舍忧患意识的探索，为其以后研究其生死观和个性气质做了准备。下编是小说研究，包括对老舍前期小说的综合研究，和对《二马》《猫城记》《离婚》

---

①《文学评论》1981年第6期。
②《中国现代文学研究丛刊》1995年第2期。
③《中国现代文学研究丛刊》2003年第3期。
④《中国现代文学研究丛刊》1987年第3期。

《骆驼祥子》《四世同堂》以及中短篇小说的研究等。其中，对《离婚》中市民社会灰色人物的灰色悲剧，对《骆驼祥子》中惊人的道德眼光和心理深度，对《四世同堂》作为被征服者的文化自省及其"怒愤傲烈"的心灵音乐等的开掘，是费了心力的。这部分后来由译文出版社译成英文出版了。该书出版不久后就销售一空，并获得教育部首届人文社会科学优秀成果二等奖（一等奖专为大型丛书设）。当吴先生亲赴北京人民大会堂领奖时，内心的喜悦是不待言说的。

进入新世纪以后，吴先生先后获批教育部博士点基金项目"老舍与中国革命"和国家社会科学基金项目"老舍与中国新文化建设"。接下来的研究主要围绕两个课题展开。

吴先生长期思考中国现代作家（还包括鲁迅论及的最后以自杀方式结束生命的苏联作家）与革命的关系问题，但进行这项研究是需要理论家的勇气和艺术家的良心的。是鲁迅的一个思想观点给了她启发，鲁迅针对 20 世纪 20 年代后苏联几位诗人作家的自杀，极其精辟地将之定位为"碰死在自己所讴歌的理想上"；30 年代，鲁迅提出"政治与艺术的歧途"问题。吴学生认为，老舍是鲁迅踏实的接棒人。鲁迅对下层劳苦民众既哀其不幸又怒其不争，对他们的遭际和心灵疾苦是"感同身受"的；而老舍则是从这层民众中走出来的，他与他们是"血肉相连"的。他们毕生都参与到建构中国革命的实践中，但又无例外地被中国革命所建构，其值得尊敬处就在于对中国社会、中国革命的"智者的焦虑"和"勇者的承担"。老舍和其他一些现代作家之所以遭遇到了那么多悲剧，中国革命和这些作家双方面都有责任，值得认真总结。老舍"义无反顾"地做着一些事，随之而来的可能是幻灭感；殚精竭虑地追赶革命，倾尽全力地放弃"自我"，但最终来不及抵御便被击倒，把"工具"视为自己本应承担的角色，却"碰死在自己讴歌的理想"上。这些问题，吴先生思之甚久，写成《老舍与中国革命论纲》[1]发表于《文学评论》，并被《新华文摘》转载，扩展成书后由民族出版社出版。

围绕国家课题《老舍与中国新文化建设》（民族出版社，2006 年），经三年努力，以"优秀"的成绩结项并出版同名著作。吴先生比较满意这项成果，因为它是充满文化关切而又富有生命激情的"对话"。在这里，老舍不只是一个纯客观的"知识对象"，研究者在这里接住了老舍掷向今天的文化课题，并寻求当代的应答。全书以《跨越东西方文化的"作家老舍"论纲》[2]作为首篇，很有"代前言"的意思。将老舍和鲁迅维系起来的是重塑民族新文化的理想和激情：鲁迅寄情于"民族的脊梁"，老舍播下了

---

[1]《文学评论》2004年第2期。
[2]《老舍与中国新文化建设》，民族出版社，2006年，第1页。

"精神的庄稼"。他们在和世界对话，代表了中国现代作家屹立于这一"对话"的前沿。研究从盲点和难点切入，立足于追求原创性。比如，研究老舍文化思想的成果已多，但从《大地龙蛇》入手，在精读基础上，领悟到老舍文化思想的要领，即要通过神圣的全民抗战检讨中国文化以求再生于传统，对传统进行创造性转化的重要思想竟内藏于这部剧作中；对"人性探索小说""文化寓意小说"等命题的选择也是全新的；对"老舍与乌托邦关系"的研究，关联到老舍生命终结的心态和方式，它修补了单一的文化视角，增添了"文化哲学"的介入。为纪念老舍先生逝世四十周年，吴先生特意撰写了《老舍的生死观》①发表于《文学评论》，后亦收入本书。她认为，老舍留给后代的精神财富中最富文化哲学意蕴的，莫过于对生存与死亡的价值观了，她侧重从文化心理和气节分析入手，提出其生存观的核心是"两个十字架"：破坏与创造。对老舍的死亡观，吴先生重点研究其复杂性和个性色彩。从与东西方哲人死亡观的对比出发，围绕老舍社会使命感的自觉生成凝聚，提炼出"死的自觉"和"以死相拼"是老舍死亡观的精粹，而老舍的死亡实践，除了长久地引发人的悲悼外，我们今天更应该关注其精神现象学意义。这项成果始终在力戒"经院气"，力求阐明历史在今天的意义。吴先生认为，在政治、经济都已旧貌换新颜了的今天，文化变革实在是任重道远的。今天判断一种文化的优劣，最终依据只能是它是否有助于国力强盛，是否能使大众获得做人的尊严，中国现代文化建设问题归根结蒂是"人"的问题。

作为中国现代文学史家，吴先生一直注意于中国古典文学和外国文学，持续进行着中外文学的比较研究，在方法论上，她却从不拘于"比较文学"视野，而重在寻觅古今中外作家、艺术家、文化人之间共同的精神纽带即血缘关系。

一是现代作家与古代作家的比较研究。吴先生在研究鲁迅时很注意与中国士人传统的关系，涉及的古代作家不少，但逐渐集中到屈原身上，一种精神血缘的承传慢慢清晰起来，写成《是复归与认同，还是告别与超越——对鲁迅与屈原关系的思考》②。论文从"流放意识"切入，研究鲁迅与屈原二人被"流放"的人生境遇和行为方式之不同，但他们的灵魂深处的流放意识都有丰富的内涵，和中国的士人传统一脉相承。通过屈原《渔父》和鲁迅《过客》的比较，烛照出两位大师的先哲精神和血缘关系，发现不论从创作意图、原型主题、气质特征、叙述模式，都有不少相似之处。"渔父"与"过客"，可以认为是两位大师分别在艺术世界中为自己选择的身份，屈原的幽影"楚狂"在鲁迅"过客"身上的悄然再现，鲁迅从"血缘纽带"择取了"放言无惮"的狂态（还有嵇康般的"忤世之狂"、章太炎般的先哲精神），构成自己笔下"狂人"世

①《文学评论》2006年第4期。
②《兰州大学学报》2001年第5期。

界深刻的历史内涵和美学境界。先觉者、文人的杰出者都会面临抉择一个怎样的人生终点站的问题，屈原的自戕和鲁迅的复仇，不仅表明了两位大师的历史差距，也体现了他们对国家命运、个人命运的不同态度。不论鲁迅多么景仰屈原，但他不可能回归到屈原的"人生旅途"，而是告别与超越。这样研究鲁迅，比空洞地争论鲁迅"反传统"的是非曲直，更可望有新的收获。二是中国作家和外国作家的比较研究。如前述，吴先生曾从影响研究和平行研究角度写过一批鲁迅研究论文，鲁迅十分钟爱东欧被压迫弱小国家民族的作家，研究者亦有涉及，但一个几乎没有被人提及的前南斯拉夫作家伊凡·参卡尔（1876—1918）进入了吴先生的视野，读了其代表作长篇小说《老管家耶尔奈》后，她极受震撼！伊凡·参卡尔所处的时代极黑暗，家国灾难深重，遭通缉（或拘禁）的个人经历，都与鲁迅相似。他出版的选集达20卷，跻身南斯拉夫和欧洲文坛巨匠行列。《老管家耶尔奈》的主人公耶尔奈在地主席塔尔家苦干了四十年，把一望无际的田野逐一整治好，庄园里没有一块巴掌大的土地没有留下他的汗迹，但却在他老了以后被旧地主的儿子无情地放逐。他孤独地踏上了寻求"公道"和"法律"的道路，途遇学者、镇长、妇女、法官、神父、庸众，甚至孩童，没有得到任何理解和同情，而是备受嘲弄、呵斥甚至毒打和监禁，愤懑难言的耶尔奈终于发出了"上帝到底公道不公道"的"天问"，并在一个夜幕降临时刻放火焚烧了他亲手建造的庄园，自己给自己讨回公道，虽然结局是被如鲁迅所言的"无主名无意识杀人团"的刽子手们（庸众）扔进他亲自点燃的大火中烧焦！吴先生在震撼中找到两位大师级作家小说中一个共同的"结"，即善与恶，孤独的改革者与无主名无意识杀人团的对峙这一根本问题，映照出两位大师的精神血缘纽带，这种血缘关系来自苦难的激活，使他们钟情于悲剧性的小人物；这"小"，是被生活挤压得"小"了，他们的精神状态并不"小"，即使悲惨地活着，也以自身的庄严肃穆向"看客"实行无言的宣战。吴先生说：换一种思维方式，用比较的方法，去认识古今中外的优秀作家，帮助我从长期以来仅仅停留在如黑格尔早就提示过的，"比较"如果仅仅指出这是一匹骆驼，这是一根枪的思路上走了出来，获益匪浅。他认为，优秀作家精神血缘关系中的重要勾连，还在于他们作品中那隐藏极深、蕴蓄丰厚的激情，那撼人心脾的艺术力量。品位越高的作家，他们掌握生活的动向，认识生活的复杂性，认识他人和认识自我的复杂性是一致的。那条精神纽带使他们的作品成为自身或自身一个方面的"精神自传"。论文《忧愤深广庄严肃穆——鲁迅与伊凡·参卡尔的比较研究》[1]发表于《中国比较文学研究》。三是中国现代作家与中国当代作家的比较研究。在教学和科研中，吴先生还经常注意现代与

---

[1]《文学评论》1998年第3期。

当代文学创作中的"相似"和"循环"，同时关注当代文学的"刷新"。在老舍研究中，早就特别注意去寻找跨越现当代的"精神血缘纽带"，比如《半开的樊笼——从老舍的〈离婚〉到谌容的〈懒得离婚〉》[①]，后来因为阅读了王海鸰的长篇小说《中国式离婚》（后有热播的同名电视连续剧），感到意犹未尽，写就一篇《一份现代中国的文化启示录——从〈离婚〉、〈懒得离婚〉、〈中国式离婚〉说开去》[②]，发表于《中国现代文学研究丛刊》。谈到老舍对当代创作的影响，学人往往锁定在京味京派小说和剧作层面。从美学追求和艺术风格看，这并没错；但如果放开眼光和视阈去探寻，可以发现一些从表面上看，与老舍及其作品似乎没有直接承传关系的作家作品，却在惊人地接近的视点上共同关注着我们民族的生存状态和文化心理。她主要从中国现代文化启示录的角度，去探寻他们之间的"纽带"，找到了三点链接加以诠释，即使我们在阅读中不去刻意抽取"影响"的痕迹，也可以找到后来者对前辈艺术感受和生活体味的顺化与认同。以上比较研究，都是基于他们理想追求所产生的共同的内在精神特征和心灵节拍，以之作为昭示生命个体和我们民族前行的灯火。

如今，吴先生生活在北京，八十二岁高龄的她仍然辛勤耕耘在她的学术领地里。在她的"小书房"里有着"大世界"的风云激荡！她用生命的激情、艺术的才情营造了属于自己的学术空间，在那个空间里，她过着有乐趣、有尊严的生活！她用"思"的光芒照亮了自我人生的幽暗、照亮了世界的良知良能！读书写作已经成为她的一种生活方式。刊于《中国现代文学研究丛刊》2012年第11期的《悲剧美：老舍精神与艺术之魂》，是吴先生积多年老舍研究心得的创新之作，文中对老舍其人其文的高屋建瓴的概括，融汇了吴先生一生的人生感悟与社会思考，是一篇具有撼人心魄力量的学术论文！是"有我"的学术的标杆之作！论文获该刊年度优秀论文奖。在吴先生的学术生涯中，始终回荡着的正是这种视学术为生命、视学术为一种本己的生命形式的激情，这正是吴先生学术个性和学术风格之显现，也正是其学术感动人心的力量所在。在这里，学术研究的学理性与学人的人生体验、社会文化思考完美地结合在一起。这一学术路向值得置身"学术工业"而不自知的"学术生产者"倾听、思索：在一个越来越技术化的时代，我们应该如何面对我们所赖以安身立命的人文学术事业？

《陇上学人文存·吴小美卷》（第四辑）

作者：魏韶华　刘志远

---

① 《中国现代文学研究丛刊》1991年第5期。
② 《中国现代文学研究丛刊》2005年第4期。

李焰平

命运对人们有时像太阳，它照耀着你；有时像乌云，它又笼罩着你；有时并不公正，欺世盗名者安享荣华富贵；有时还不道义，德才兼备者却多灾多难。因此，千百年来，命运之神困扰着每一个人，一直伴随着每一个人的一生。

当你打开《陇上学人文存·李焰平卷》的时候，可以看见他半个世纪以来探求真理，几经磨难的苦难历程及坎坷传奇的不幸命运，以及生命不息，奋发不止的治学精神，字字句句都刻上了他与共和国同命运的历史印记，读者也许会从中发现命运之神是怎样困扰着他的人生，是多么令人震惊。

一

李焰平，1934 年 2 月出生于湖南洞口县，高中肄业，1949 年 8 月参军，时年 15 岁。16 岁参加中国新民主主义青年团，入湖南省军区军政干校学习。18 岁任中国人民解放军第三速中教员，在《群众日报》发表通讯《军民都是一家人》。19 岁保送西北师范学院进修，21 岁转业到甘肃省委党校任教。党的"八大"闭幕那天加入中国共产党，当年晋级提职，为副科行政 19 级，是年 22 岁。

1957 年 5 月，李焰平先生在《陇花》月刊发表一首《刹那间我钉在路旁》的小诗，7 月在《延河》月刊发了一篇《社会主义社会也有阴暗面》的文章，诗文都遭到批判，定性为"反党反社会主义的大毒草"。12 月定为右派。1958 年 4 月，遭送河西敦煌棉花农场劳动改造。直到西北局兰州会议发出"抢救"令之后，1961 年 11 月回到党校。一米八的个头，体重下降到 45 公斤。1962 年"摘帽"，1963 年分配到兰州市第二十中学任语文教师。

1966 年"文化大革命"爆发，他被关进了"牛棚"，历时 960 天，饱尝了人间牢狱之苦。

1978 年 9 月 17 日，中共中央向全国转发了 55 号文件，李焰平先生"文革"中的冤案彻底平反。1979 年 9 月 3 日 9 点 30 分，他走出监狱的大门，终于涉过生命炼狱中最冰冷最阴森的三千四百二十二个日日夜夜。平反后，先后任兰州市第二十中学教导主任、副校长，1983 年 6 月，调回省委党校组建文史教研室，为第一任主任，历时十二年，直至 1995 年 11 月离休。在党校任教期间，从事汉语言文学教学和研究，主攻写作原理和马克思主义文艺思想，教学和科研成果显著。1986—1987 年被评为优秀共产党员，离休后，2013—2014 年度评为优秀共产党员：1986—1987、1989—1991 年两次被评为优秀教师。1992 年，因"在教学、科研工作中做出显著成绩"，被评为建校四十周年优秀教师。其科研成果有：《现代汉语简明教程》《写作规律与论文写作》（合著）《写作规律论》《定格的记忆》《李焰平集》（"中共甘肃省委党校学者文库"）；参编中央党校主持的《全国党校系统〈干部写作〉教学大纲》；主编大型工具书《干部文史百科辞典》《马克思主义文艺思想研究》《中华文化与民族精神》《甘肃窟塔寺庙》等。在全国报刊发表学术论文、文学评论 40 余篇。

二

经历生命沧桑与劫难的李焰平先生，在他研究探索的专业领域，孜孜不倦，求真求新，发表了不少论著，不但有所发现，且有一些创意，在国内外学术界产生一定的反响。其主要论著简要介绍如下。

《写作规律论》从多个视角阐述写作原理及其规律的一部理论专著。全书从写作的外部规律到内部规律，围绕写作是信息传递的基础学科，写作是发展思维的最佳途径，写作是综合能力的集中展现的新思路、新观点，展开纵横交错的论述。从本质论、本体论两个层面，对生活观察与写作情感，个性气质与写作风格，思维活动与写作规律，精读博览与写作视野，文章构成与写作内容、写作形式，作了全面深入的论述。出版后，为西北师大知行学院中文系 2001—2003 年度写作课选用教材。

李焰平先生在这部论著中着重提出：写作是一门古老的学科，也是一门新兴的学科，是文科的一门重要的基础课；写作是人们用语言来传递信息，交流思想感情的重要手段。通过写作，信息的传播和储存就超越了时间的限制，思想感情的交流更为广泛和方便，进而激发和加强人类认识世界和改造世界的能力。写作是一种严谨有序的思维活动。它从社会实践中产生，又始终同人脑的活动联系在一起，思维活动贯彻于写作过程的始终。思维的过程同时是文章储材立意、构思谋篇的过程，是使语言表达思想的过程。写作前的发想运思阶段，是从观察、捕捉开始，经过联想思索，到运思布局，修改定稿，整个过程是一个有序的思维活动行程。叙述、描写、抒情、说明、议论等，都是思维的一种表达形式。叙述要求以"清"为目的；描写要求以"活"为目的；抒情要求以"明"为目的；议论要求以"理"为目的。所以说，文章写作的成品即是思维活动的成果。从文章写作过程与思维、信息的相互联结性，先生在论著中精当地表述为一个严谨的信息系统："写作过程可划分为写作准备、写作构思、写作实施、写作完成四个环节，每个环节中的具体内容，从社会实践、立意谋篇到表达、修改定稿，几乎每个环节中几种思维（抽象思维、形象思维、灵感思维、创造性思维）都程度不等地同时进行着，通过社会实践，作者观察生活，认识体验生活，收集材料，就是接受信息；作者立意谋篇，提炼素材，就是加工信息；作者动笔写作到文章完成，就是处理信息；修改定稿，就是反馈信息。所以，文章的写作过程，既是思维活动行程的过程，又是一个信息系统完整地输入、加工和反馈的运动过程。

此外，论著中对形象思维与抽象思维在文学作品与论说论类文章中的运用也作了精细的比较：

文学作品：

1. 写作目的：为了表现人，达到"以情动人"，有时辅之"以理"——作者思想感情渗透在作品里，寓教育于文学欣赏之中。

2. 写作准备：社会实践，要研究"一切人"，一切生动的生活形式和斗争形式——作品来自于客观现实，又真实地反映客观现实。

3. 主题思想的表现：通过环境、人物、事件的综合描述，使主题思想从全部作品中自然流露出来。

4. 表达方式：主要使用叙述、描写和抒情、辅之以说明和议论。

5. 语言表达：形象性、生动性、色彩性、音响性、台词性。

6. 写作过程的思维活动以形象思维为主，以抽象思维为辅，二者交错并用，有时美感思维起着不可忽视的作用。

论说类文章：

1. 写作目的：为了说明观点达到"以理服人"，有时辅之"以情"，——作者思想感情直接表现在论点之中，直接教育人们。

2. 写作准备：社会实践，要研究这一事物或那一道理的本身——文章来自客观现实，又具体反映客观现实。

3. 主题思想的表现：通过论点、论据的论证，作者十分明确地表明自己的观点，即文章的中心思想。

4. 表达方式：主要使用议论、说明和叙述，辅之以其他方式。

5. 语言特点：准确性、鲜明性、逻辑性、生动性。

6. 写作全过程的思维活动以抽象思维为主，以形象思维为辅，有时也运用美感思维。

从以上比较说明，作家、理论家在组合艺术形象或推导理论判断时，其组合形式和推导形式，以"神"制"形"，以"形"凝"神"，自"形""神"升华概念，以"形""神"和概念的杂糅递增中构成形象原则和理论系统。如果从信息角度来考察，"形"是信息的外延现象，即形象的外貌、表象，"神"是信息的内涵本质，即形象的情理、特质。人们借助文章追踪思维的过程，揭示思维的方式，古今中文的文章都是如此。足见，写作是一种众多相关能力的综合能力。写作能力就是运用文字交流信息，表达思想感情，反映客观规律的一种立体能力。它是兼具观察生活，捕捉信息，以不同的思维形式（包括形象思维，逻辑思维、灵感思维）对材料分析综合、提炼加工，并以相应方式予以文字表达多方面能力的综合能力。因此，写作能力不是孤立的，而是众多相关能力的表现，其基础是认识能力和思维能力。

1990年，由甘肃省委党校和上海市委党校发起，全国28所省、市、自治区党校文史教研室负责同志组成编委会并撰稿，由李焰平先生和上海市委党校文史教研室主任宋国栋教授共同主编的《干部文史百科辞典》，得到学术界享有崇高声望的老前辈专家和28所党校领导的大力支持。全国人大常委会原副委员长，著名文史专家周谷城先生为辞书题写书名：全国政协原副主席，著名数学家苏步青先生，原中共中央党校副校长陈维仁先生为辞书题词。苏步青先生的题词："学好文史知识，才能当称职干部"，陈维仁先生的题词："努力求知，尊重历史，提高文化素养，处于任何时代都是必要的，当干部的尤应如此。"辞书精装，共113万字，1992年4月，浙江教育出版社出版，发行11000余册。得到全国党校学员的好评，北京、上海、兰州等地报刊发表评介文章。甘肃省社会科学院研究员岱宗先生著文：《有益的工具，无声的助手》，文中评述："该辞书为干部学习文史知识提高文化修养，提供了一种十分有益的工具。""带有开创性，填补了文史合一的大型工具书的空白。"被列入全国第四届北京图书博览会参展书目，获华东地区1993年优秀图书三等奖。该辞书对各级各类干部，在知识性、实用性、借鉴性等方面有一定的针对性。辞书分为"语言文学"和"中外历史"两编。"语言文学编"又分为相互联系的四个板块。以"思维能力与语言表达"为板块，组合成语言学、现代汉语、修辞、逻辑、古代汉语、基础写作、应用写作、文章体裁八个专目；以"文学知识与文学鉴赏"为板块，组合成中国古代作家与作品、中国现当代作家与作品、新时期文学十年，外国作家与作品、文学人物剪辑五个专目：以"文以明道与政治素质"为板块，组合成明鉴得失，掌故、轶事，名人名言录三个专目；以"文艺规律与文艺政策"为板块，组合成文艺理论及其论著简介、文艺美学、文学社团、文艺流派、文艺运动、文艺政策六个专目。"中外历史编"也按历史顺序分为中外贯通的七个板块。以"历史总览"为板块，组合成历史与历史科学、历史简索与要况，社会形态与政权形式三个专目；以"文明古国与古代中华"为板块，组合成人类始初、古国沧桑、重大事件、战争战略等十一个专目；以"人类文明与华夏文化"为板块，组合成古迹名城、宗教源流、民族民俗、中外交往等七个专目；以"列强并起与近代中国"为板块，组合成西方巨变、殖民争夺、列强侵华、不平等条约等九个专目；以"国际共运与中国革命"为板块，组合成马克思主义的产生与发展、中国共产党的创立等八个专目；以"当代世界与中华振兴"为板块，组合成国际政治与经济、现代科学与技术等六个专目；以"中国历史人物"为板块，组合成外国上古中古人物、中国古代名君、名臣、名将等二十个专目。此外，附录"古籍和工具书"，设有文化古籍要介、工具书举要、工具书检法三个专目。

辞书的总体构架和辞条的整体组合，从形式到内容，不落窠臼，有一定新意。其特点，一是将文史合编，融为一体；古今中外，纵横捭阖，左右勾连，文史照应。从纵向比较中看横向，从横向比较中更深层地阐述纵向，纵横交错，相辅相成。或是以纵的线索为主，阐述其源流，发展、消长与承启等逻辑联系，或是以横的线索为主，阐述其制约、因果、关联与影响等逻辑联系，并在交错中，注意到上述两方面内容的双重关系。通过纵横比较，古今比较，中外比较、条块组合、廓清语言文学和中外历史的脉络和画面，构成一个多元的整体。二是突出辞书的针对性、实用性和借鉴性，但又注意知识的相对完整。三是便于读者从总体上把握文与史、板块与专目、专目与条目之间的内在联系，全辞书综合性辞条较多，而且，一般冠于专目条之首。

1991年，与吕发成先生合作撰写的《写作规律与论文写作》，1992年6月，中央党校出版社出版，发行11000册，出版后，1992年11期《新华文摘》"新书架"栏介绍推荐，用于全国省、市党校学员撰写毕业论文指导、参考。

1993年6月，由成都科技大学出版社出版，李焰平先生主编的《马克思主义文艺思想研究》，是北京市委党校、四川省委党校、湖南省委党校、江西省委党校、上海交通大学、兰州大学等九所省市党校和高校的文艺理论工作者参编的合作成果。得到文化部、《文艺报》等部门领导和专家的支持、关心。原中宣部副部长、文化部长贺敬之先生为该书题写书名，中国当代文学研究会原副会长、中国社会科学院研究员张炯先生为该书作序。序中评述："李焰平同志主编的《马克思主义文艺思想研究》正属将马克思主义文艺思想史与文艺学结合起来的一部著作。它既以相当篇幅系统地介绍从马克思、恩格斯、列宁、毛泽东直到邓小平的文艺思想，又以相当篇幅深入地论述了文艺的本质与特征，文艺的发展规律，文艺与社会生活、与人民、与时代、与政治的关系，还对文艺与党的领导、文艺与批评以及如何坚持和发展马克思主义文艺思想等也作了必要的论述。这种史论结合的框架，可以说成为这本书独具的特色。"

1996 年为甘肃引大入秦工程撰写的报告文学《丝绸之路上的"都江堰"》获新华社《经济参考报社》1997 年 6 月全国新闻·文学征文一等奖，入选报告文学集《敲响新世纪的鼓点》的首篇。1991 年 1 月，中国作家协会主办"九十年代文艺状况与世纪发展研讨会"；1999 年 4 月，文化部中国艺术研究院主办"共和国社会主义文学艺术五十周年研讨会"，李焰平先生应邀代表，其交流论文《什么是中国特色社会主义文化》荣获作家协会《文艺报》社一等奖；《邓小平〈祝辞〉是当代马克思主义文艺思想伟大文献》荣获中国艺术研究院一等奖。1999 年 3 月 8 日，《领导干部要有文史素养》，在《光明日报》理论版发表。两报转载，入选《中华新论·全国优秀科技理论研究成果信息库》。

李焰平先生本是一位诗人，他当年发表的那首小诗《刹那间我钉在路旁》，如今读来，意味无穷：

　　在那林荫道旁的坡坡上，
　　在那淙淙流水的小溪旁，
　　一曲清脆的歌在林中回荡，
　　歌声呀，那么嘹亮，那么悠扬！

　　猛然停住，窥视着前方，
　　啊！——前方，
　　飞翔着一位姑娘，
　　比牡丹仙子还要漂亮！

　　身材不高不矮，不瘦不胖，
　　眼睛像秋水一样，笑容胜过春天的太阳，
　　一对蝴蝶儿落在乌黑的花瓣梢上。
　　开头一句诗难写，

开头一句歌难唱，

陌生的姑娘呀！

要我和你搭腔就像开头一句诗一样！

我悄悄地看，默默地想：

是不是本地姑娘？

啊！——姑娘，你是不是我理想的姑娘？

我的思绪越抽越长……

转眼间，姑娘摇身走向小巷，

发辫儿往身后一甩，

蝴蝶儿在飘荡，

歌声在巷中回荡……

刹那间，我钉在路旁，

盯着他那摇摆的腰杆，

只好叹一口气，

无力地开步走自己的路。

他为这首诗付出了代价，从此诗人的梦也被敲破了。世事真是难料！他晚年创作的自传体小说《定格的记忆》，我很是喜欢。因为它忠实地记录了一个做着梦的青年如何被打成右派、反革命，遭受牢狱之灾。作者描写牢狱的摧残，都是如实的记叙，每个细节都是真实的，但读起来，却让人心魂频惊。

李焰平先生爱好创作，对当代文学也颇为关注，撰写了一系列评论文章。李焰平先生治学之余，还积极投身学术活动，是一位颇富经验的学术活动举办者。系中国国际文艺家协会博学会员，全国文学语言研究会常务理事，甘肃省语言文字学会副会长，第四届甘肃省社会科学最高奖评奖语言文字类成果评委，甘肃省党校系统教师专业技术职务高职评审委员会评委、文史学科组组长，全国党校系统首届、二届（共两届）语文年会领导小组成员。多次参加全国性的学术会议。其业绩已录入英文版《中国社会科学家辞典》、国家人事部专家服务中心组织编写的《中国专家大辞典》等多部辞典。

1985 年，全国党校首届语文年会在甘肃省委党校召开，1992 年，《干部文史百科辞典》在全国党校发行，这些都得益于他的努力。

三

信仰超越死亡，岁月沉淀从容。李焰平先生的人生境界是豁达成熟的。15 岁参军，18 岁任中学教员。19 岁上大学，21 岁入党，22 岁晋升科级干部，23 岁打成右派，33 岁蒙冤入狱，43 岁才彻底平反，先后晋升副教授、教授，62 岁离休后受聘于西北师大知行学院任教，直至 70 岁高龄离开讲台。真所谓"离而不休春常在，粉墨台前情归来"。在他的人生中，不要求自己的人生完美无缺。他说，不完美也是一种完美。要看得惯残破，看得惯经受得住苦难，享受"难"中之"苦"，是心灵深处的溪流，弯弯地流向人生的旅途，渐渐洗刷灵魂里的污垢，去接近生命的真谛。正如他在《定格的记忆·自序》中写到的：

> 我从一次又一次残酷和苦难里获得了坚卓的顽强，迎得了动力和挑战，阿·托尔斯泰在《苦难的历程》扉页上写道："在清水里洗三次，在碱水里煮三次，在雪水里浴三次，我们就纯洁得不能再纯洁了。"从这个意义上说，我也把所有的苦难当作"朋友"和"老师"。巴尔扎克说："苦难是人生的老师"。是的，我的老师就是"苦难"。雨果说得好："苦难经常是后娘，有时是慈母，苦难能孕育灵魂和精神力量；灾难是傲骨的奶娘，祸患是豪杰的好乳汁"。人生历程上苦难、灾难、祸患、冤案，既是后娘折磨你，又是慈母哺育你，也是老师锻炼你。残酷和苦难都能折射出人生的真善美。在我经受千辛万苦的磨难之后，如果忘却了磨难，不保持纯洁和自律，即使在清水里洗了三次，在碱水里煮了三次，在雪水里浴了三次，也不会永葆纯净。因为地球是圆的，每天都是一个新起点；因为人是终生成长的，永远在成长中。记得古希腊的帕尔索斯山上有块巨大的碑石，碑石上的七个文字历几千年风雨，字迹虽已模糊，但内含的深意仍振聋发聩：你要认识你自己！可是，尼采说，每一个人距自己是最远的。人类最不了解的是自己。这个哲理永远铭刻在我的心头。

李焰平先生从"反右派斗争"延续到"文化大革命"结束的 22 年里，从未有过无忧无虑，从未有过快乐和欢笑，从未体验过青春的潇洒和浪漫，年复一年地与厄运抗衡搏斗，每遭一次摧折，依然傲视苦难，浩劫和摧折不可能将万事万物毁灭殆尽。摧毁之后，它也会把生命雕塑得更加壮丽，那些斑驳的树桩，并不是森林的墓碑，从青枝绿叶的记忆开始，葱郁挺拔的在灰烬中还能复活成长。正是这种坚韧顽强的生命意志和自强不息的文化精神作为生存支柱，尽管春日酿成秋冬雨，依然无怨无憾。因为他是从"反右"的引蛇出洞里出来的，是从"文革"炼狱中走过来的，从"阴谋"和炼狱中获得令人羡慕的人生。

《陇上学人文存·李焰平卷》(第七辑)

作者：杨光祖

孙克恒

　　孙克恒（1934—1988），山东烟台人。从小喜爱文学，早年接触古典文学、现代文学和苏联文学，深受鲁迅、巴金、老舍、徐志摩等人的影响，在胶东公学和烟台一中读书时，即为《青年报》《山东青年》写稿。1953年考入北京大学中文系，在校学习期间，参加"北大诗社"，1956年作为"北大诗社"的代表在中国作家协会的扩大理事会闭幕晚会上受到周恩来总理的接见。1957年从北京大学毕业，自愿要求到最艰苦的地方工作，分配至兰州大学中文系任教，1958年调兰州艺术学院，1962年到甘肃师范大学（今西北师范大学），历任讲师、副教授、教授。曾为中文系中国现当代文学教研室主任、西北师范大学中国西部文学研究所所长、中国作家协会会员、甘肃作家协会理事、中国现代文学学会和中国当代文学学会甘肃分会会员。孙克恒先生50年代开始从事诗歌研究与评论，著有《谈诗和诗歌创作》（甘肃人民出版社1978）、《现代诗话》（青海人民出版社1981）、《中国当代西部新诗选》（甘肃人民出版社1986），发表诗歌、论文70多篇，是中国当代有影响的现代诗歌评论家，是中国西部文学颇有声望的理论倡导者和实践推动者。

一

　　孙克恒的新诗研究始于20世纪50年代，早期的评论不免受到社会主义文学观念和政治化社会历史批评方法的影响，这是个人的局限，也是时代使然。新时期以来，他的思想更为敏锐，理论视野更为开阔，基本摆脱了政治化社会历史批评的窠臼，更多地从历史和美学的立场进行评论和研究。1980年他发表《雨巷诗人——戴望舒》一文，对戴望舒诗歌的情感基调和艺术成就给予了积极的评价，率先肯定了戴望舒诗歌的历史价值，认为"从三十年代的诗坛，到四十年代如《诗创造》《中国新诗》的许多诗人们，甚至从近两年涌现的一些青年的诗作中，都可以觉察到以戴望舒为代表的现代派诗风的影响，甚至说预期潜在的影响"。80年代是现代文学研究的"拨乱反正"时期，对戴望舒的"重评"开风气之先，显示了他的学术勇气以及不断开拓的精神追求。1987年他发表了长篇论文《主体感应的变异：〈现代〉及其诗人群》，分别论析了以《现代》为阵地的诗人群体戴望舒、李金发、艾青、林庚、金克木、陈江帆、李心若、玲君等，从现代诗歌史的角度，高度评价了现代诗派的价值和意义。他认为现代诗派注重内心体验与个性的自我袒露，感应变动的现实，传达了现代的都市景观及其文化心态，也向读者提出了改变传统的鉴赏心理、接受习惯的问题。同时，他也强调不能把新诗中的现代倾向看作对现实的诗和浪漫的诗的反动，"实际上它正是牢固地扎根于我们发展着的社会生活及其文化之中的一种更为执拗、更为深刻的诗歌美学的继续和延伸"。对现代诗派现代因素的挖掘和阐释，对诗人主体意识的重视，都表明孙克恒摆脱了政治化社会批评的模式，形成了富于个性和注重审美的批评方法。

孙克恒的新诗研究涉及了现当代重要的诗人和诗歌现象，从冰心、周作人、鲁迅、朱自清、郭沫若、殷夫、戴望舒、冯雪峰到李季、闻捷、贺敬之、郭小川、唐祈、昌耀，从白话诗运动、小诗、叙事诗、现代诗派到天安门诗抄等等，可谓构成了一部中国现代诗歌史。在研究重要的诗人和诗歌现象的同时，孙克恒对一些学术界容易忽视或鲜为人知的诗人及诗歌现象也给予很大的关注，注意发掘它们的文学价值和历史意义。朱自清在《中国新文学大系·诗集》中，曾选进沈玄庐的一首长诗《十五娘》，并认为它是新文学中的第一首叙事诗。作为一首开创性的诗作，在现代诗歌史上却少有论及，1979年出版的《新诗选》也没有选进这首诗作。孙克恒的《初期白话诗二题》一文，通过文本解读，认为它不仅扩大了五四时期白话新诗的题材范围，提出了在半殖民地半封建社会劳动人民的价值问题，而且也为叙事诗的创作提供了一条很好的经验，作为现代白话诗歌运动中的第一首叙事诗具有重要的艺术价值。关于冯雪峰研究，研究者关注较多的是湖畔诗社时期的诗歌创作与文学理论，40年代的狱中诗篇少有论及。孙克恒的《〈灵山歌〉：一个不屈的灵魂的自白》一文，结合创作的背景，系统地论述了《灵山歌》的思想内涵和艺术特征，并和前期的诗歌作了比较。认为《灵山歌》是一个坚强的革命者思想情操的真实再现，也是一座不屈的心灵的丰碑，在我国新诗发展的光辉历程中具有重要的地位。此外，他也曾撰文论析了抗战时期晋察冀根据地年仅 24 岁牺牲的青年诗人李辉唯一的诗集《十月的歌》。这些研究弥补了现代诗歌研究中的不足，体现了独到的文学史眼光。

在对具体诗人和诗歌现象的评论中，孙克恒善于从中外诗歌传统，尤其是中国古典诗歌的传统出发，探究新诗与古典诗词的复杂关系，体现了一种开放的诗歌观念和独特的文学史意识。不论从构思或语言形式看，词曲的影响甚为明显，是五四初期不少白话诗作的普遍特点。朱自清在谈到沈玄庐叙事诗《十五娘》的缺点时，认为它"词曲调太多"。孙克恒却认为，从具体作品看，词曲调对《十五娘》却也起到了积极的效果。因此，他不是从传统和现代的二元对立机械地看待新诗中的传统因素，更注意从具体的审美效果看待传统因素的积极效果。在论及戴望舒的诗歌成就时，也肯定了戴望舒诗歌中的传统因素："他能在自由诗派、格律诗派基础上，独树一帜，自创一格，白话诗创作到他手中，已经成熟到敢于回过头去，大胆继承中国古典诗词的诗风，使其不落痕迹，又保有它活泼的神韵，同时更融会以现代诗艺变化的潮流，用以丰富现代白话写诗的表现手段。"关于小诗的兴起，在论及外来因素的同时，他也强调传统的渊源不容忽视。对新诗中传统因素的辩证分析显示了独特的审美意识与历史意识，对当下新诗创作也有很大的启示意义。

古远清在《中国当代诗论五十家》中评论道："甘肃的孙克恒，是西北地区诗论家的一位代表。"作为当代颇具盛名的诗歌评论家，孙克恒的诗歌研究既能以诗人之心深入文本，体现了批评主体的阅读感受和审美体验，又能从作家和社会历史的角度做到"知人论世"；既能从中外诗歌传统展开分析论说，又具有更为宏阔的理论视野，立论行文显示出高超的理论水准，形成了独特的批评风格。

二

20 世纪 80 年代初，朦胧诗的崛起引发了很大的争议，围绕着当代诗歌和新诗传统的关系，诗与时代、生活的关系以及如何吸收借鉴外国诗歌的表现方法等问题，学术界展开了广泛的讨论。1983 年《当代文艺思潮》发表了徐敬亚的《崛起的诗群》，更是将关于朦胧诗的讨论引向高潮，孙克恒也于同年第 3 期《当代文艺思潮》发表《新诗的传统与当代诗歌——兼评〈崛起的诗群〉》一文，随后，他又撰写了系列论文，积极参与了相关的论争。和章明、臧克家、程代熙等人的政治化批评不同，孙克恒立足中国新诗发展的历史传统，勾连古今，放眼中西，以宽容的态度，从学理的角度，探究了中国当代新诗发展的道路问题。

在朦胧诗的争论中，如何看待当代诗歌和新诗传统的关系是一个首要的问题。徐敬亚认为中国现代艺术的萌芽，可以追溯到 21 世纪二三十年代，新月派和现代派的诗人在主导思想上是脱离现实的，诗的情调仅仅再现了空幻的自恋和哀怨，在诗的感受和表现手段上基本没有冲破平铺直叙的总框子。以后的外族入侵、国内动乱，终于使中国现代诗歌产生的一点点可能性遭到了泯灭。由于对现代主义的推崇，他对中国现代诗歌的现实主义传统提出了质疑，尤其对五六十年代的革命现实主义传统提出尖锐的批评，认为所有的诗人都沉溺在"古典+民歌"的小生产歌吟的汪洋大海之中。徐敬亚对新诗传统的见解有许多偏颇之处。针对徐敬亚的论述，孙克恒梳理中国新诗的发展历史，肯定了中国新诗发展中的现实主义和浪漫主义的传统，认为现代中国社会产生了一大批诗人，他们有极高的中外文化修养，有极其诚实而敏感的精神世界，又异常忠实于对艺术的孜孜探求，创作上具有明显的不同风格和个性的烙印。在他看来，把50年代诗歌归结为"中间铺陈""结尾升华"的传统诗歌套式，其实也是不公平的。关于当代诗歌与新诗传统的关系，徐敬亚强调诗歌的"现代倾向"就是反传统，认为"一种艺术倾向的兴起，总是以否定传统的面目出现，总是表现反对原有旧秩序的强侵入"。孙克恒在肯定新诗变革的历史合理性的同时，强调新诗传统是现代诗情的宽厚肌体："这种发展同样也只能在自身传统基础上更勇猛地跨越，以超过前人的新突破、新贡献而丰富民族艺术宝库，正像不能割断历史一样，对于发展中的自身传统，也是没有多少主观选择性的。"实际上，从现代诗歌发展的历史看，朦胧诗的出现并不是什么新鲜的事物，现代艺术手法的借鉴和使用完全是三四十年代现代主义诗歌的历史回声。五四以来的新诗传统是当代新诗赖以发展的基础，朦胧诗的崛起，其实是新诗美学原则变革的结果，正如孙绍振所言，崛起的青年对我们传统的美学观念表现出一种不驯服的姿态，他们不屑于做时代精神的传声筒，也不屑于表现自我情感世界以外的丰功伟绩，他们甚至回避去写那些我们习惯了的人物的经历、英勇的斗争和忘我的劳动场景。个人在社会中被赋予了更高的地位，自我表现成为青年一代极力推崇的美学原则。徐敬亚声称"具有现代特点的自我"成为许多诗人的主题宗旨。把自我表现作为新诗创作美学原则，固然是当代新诗发展的必然结果，也有其历史和美学的合理性。但是，完全抛弃现实主义，否定当代新诗和生活、时代的关系，也有矫枉过正的地方。针对新诗争论中个人和社会、个人和时代的冲突，孙克恒指出，我们应该着眼于生活和心灵的辩证法，在两者的结合中，去探求通向现代的路。真正的文艺作品，总是体现着民族文化艺术与民族艺术思维的创造性，在其整个的创作构思中，社会生活、意识、心理、气质、风尚等都会有机地渗入甚至左右作家诗人对生活的审美思考。所以，他对那些沉溺于自我狭小的情绪的诗风表达了自己的担忧，认为这类诗走的是一条越来越狭窄、程式化的道路，是新诗发展的"死胡同"。如果我们看看近年来新诗中的某些现象，就会发现孙克恒的批评和担忧是非常有道理的。

如何吸收、借鉴西方现代诗歌的表现方法也是朦胧诗讨论中的突出问题。1980 年章明在他的著名论文《令人气闷的"朦胧"》中，批评了新诗对西方现代派表现手法的借鉴，责难青年诗人有意无意地把诗写得十分晦涩、怪僻，形成了一种令人气闷的"朦胧"倾向。徐敬亚作为崛起的青年诗人理论方面的代言人，在质疑新诗的现实主义创作方法的同时，声称新诗已经形成了一套独特的表现手法，促使新诗在结构、语言、节奏、音韵等方面发生了一系列的变革，新诗未来的发展方向，是五四新诗的传统加现代表现手法，并注重与外国现代诗歌的交流。因此，关于如何吸收、借鉴西方现代派诗歌的表现方法，形成了两种互相对立的观点。孙克恒肯定了新诗吸收、借鉴现代主义的必要性，指出现代主义本身也是一个复杂和矛盾的流派，不应该忽视传统的现实主义和浪漫主义，更不应盲目崇洋，妄自菲薄。他认为，新诗的创作与前进，无疑应该认真钻研、吸收、融化和发展古今中外艺术上一切的好东西，只有这样，我们的民族诗歌才能在全人类文化成果的广博基础上丰满、提高。孙克恒既没有囿于传统的观念和立场，也没有简单地认同西方的现代主义，跳脱了传统和现代二元对立的思维框架，从理性和超越的立场表达了新诗发展中全面综合的必要和可能。

在关于朦胧诗的讨论中，孙克恒秉持了理性的精神，以开阔的视野，超越的立场，对传承与创新、个人与社会、传统与现代等问题做了深入而独特的思考。对当代新诗的发展道路做了展望："当代新诗的发展，既要立足于自身的诗歌传统，又能与世界外部诗的趋势相呼应；既具有实现四化的现代史诗宏伟气魄，又要充满社会主义新时期的当代诗情。"

三

孙克恒不仅致力于现代诗歌的研究和评论，也是中国西部文学非常重要的理论倡导者和实践推动者。20 世纪 80 年代，在西部大开发的背景下，西部文学的发展如火如荼，孙克恒在西部文学研究方面也投入了很大的精力，成为 80 年代西部文学，尤其是西部诗歌方面卓有成就的评论家之一。一方面，他关注西部诗歌创作，评论作家作品，编辑出版诗歌选集，奖掖后辈，扶持文学新人，有力地推动了当代西部诗歌的发展；另一方面，积极参与学术活动，对西部文学的相关理论问题作了深入探索。

从 50 年代开始，孙克恒就对闻捷、李季等富有西部特色的作品给予很大的关注，先后发表了《试论李季的诗歌创作》《讴歌生活的美与诗意——闻捷诗论》等长篇论文。新时期以来，他又分别撰写了高平、唐祈、昌耀等西部诗人的诗歌评论，对新疆的雷霆、洋雨、东虹、杨眉和李瑜等诗人也做了专门评论。1982 年《飞天》杂志开设《塞声》栏目，致力于西部诗歌的建设和探索，同年共刊出 8 期，发表了甘肃本省五十几位诗人的一百余首诗作。1983年孙克恒发表了《生活的多样化与诗的特色——一九八二年〈塞声〉漫评》的评论文章，对这些诗人及其作品进行系统的评论，涉及唐祈、林染、李云鹏、唐光玉、姚学礼、何来、人邻、阳飏、匡文留、崔桓等诸多诗人。评论以文本细读为基础，主要论析了西部诗歌的地域特征和时代特征，对作家的个性风格及艺术技巧等问题也进行了精彩的论述。

在广泛涉猎、深入研究的基础上，从1984年开始，孙克恒先生开始着手编选《中国当代西部新诗选》，1986年由甘肃人民出版社正式出版，该书共收录69位诗人的诗作，是当代西部新诗的第一部诗歌选集。由他执笔，和唐祈、高平合作撰写了诗歌选集的序言《西部诗歌：拱起的山脊》，序言以宏阔的视野论述了西部诗歌产生的背景、特点以及在当代文学发展中的意义，是当代西部新诗评论方面代表性的论文。孙克恒认为，西部诗歌作为当代诗坛极具特色的诗歌现象应被纳入中国新诗发展的传统及社会生活的关系中予以定位。西部诗歌反映了变革中时代的侧影，体现了时代的某些特质及其典型情绪，其精髓是在新的历史时期为社会主义理想所鼓舞的积极开拓与热情献身精神。他也注意到了西部诗歌自身的传统与发展，认为现今的诗歌是继承了五六十年代诗作具有开创意义的西部题材传统，尤其是在闻捷的边疆风情诗和李季的石油工业诗传统基础上进一步的发展与提高。其特点之一是在锐意变革的现实中为开创社会主义现代化的伟大事业放歌，不仅真实反映了大西北这一角土地所发生的历史性改观，而且更鲜明地体现了诗人对生活的审美评价，同五六十年代的诗作相比，诗人们更多地把思想感情诉诸心理情绪的折射而造成暗示性的意境。西部诗歌的另一特点则是把自我和整个民族的命运与开拓的事业紧紧联结在一起，表现了艰苦生活磨炼下人们所特有的豪爽、粗犷、深沉的性格，诗中屹立着一代具有紧迫的事业心及硬汉气质的感人形象，诗作中间都有一个个性鲜明的自我或集体群像。孙克恒认为广阔的历史纵深感和明确的社会使命感的结合则是西部诗歌的又一特点，这种历史感的抒发在于超越时间、空间而永远闪烁的生活的光点，明确意识到自己就是历史的主人。

西部文学的范围、特征以及西部精神是西部文学的基本理论问题。文学的"西部"到底包括哪些省区范围，许多论者似乎意见并不一致。孙克恒从历史、地理、社会经济，以及文化结构及其相互影响等诸方面因素综合考察，认为文学的西部应该包括内蒙古西部、西藏以及现有西北五省在内的较大范围。关于西部文学的主要特征，他认为地域性是西部文学的一大特色，这不仅与其社会的地域的文化传统、文化特性有着血缘上的直接沟通，而且也与其自然的经济的地理现实的特性紧密联系在一起；流派或创作群体性也是西部文学的主要特征，它是不同地区诸多作家作品所呈现的多样风格筑成的文学群体，体现了一种崭新的文化意识。在西部文学的讨论中，什么是西部精神，有许多不同的观点，诸如西部精神即开拓精神，或觉醒意识、忧患意识，等等。孙克恒指出："西部文学中的西部精神，只能是与我们现实生活的前进步伐相一致的时代精神，它具体可感地渗透于文学中的西部生活现实的每一个细胞，每一处毛孔，更借其在人物心灵的投影与折射，清晰地反映出来。"他强调，西部文学的建设，除了认识自身传统文学的价值之外，更重要的是要善于捕捉当今时代给予的有利契机。在新的社会主义文学的总体中，寻找到自己的位置，淬炼出自己的声音，在历史的交叉处，寻找到属于自己内在的艺术审美特性。

四

作为颇具盛名的诗歌评论家，孙克恒对诗歌的本质特征、艺术构思、表现方式及诗体形式等理论问题也有独到的思考。1978 年和 1981 年，他分别出版《谈诗和诗歌创作》《现代诗话》，其中收入了大量的"现代诗话"，这些"现代诗话"从具体创作现象入手，论析了中国新诗发展中的诸多理论问题，体现了一个诗评家深厚的理论素养。

"文革"时期，文艺上的教条主义和清规戒律总是要求作家诗人按照一定的模式去猎取生活、塑造人物、裁剪情感，这恰恰窒息了诗歌的思想和想象，从根本上堵塞了诗通向人们心灵的道路。孙克恒在反思革命文学观念的同时，提出了"诗是通向人们心灵的道路"的命题，他认为，诗人必须成为一个正直的人、高尚的人，在内心中永远树立真理的标杆，为了它不惜英勇献身。这样诗人的诗作，才有胆识敞开心灵的门窗，用语言把人们的心灵照亮，才会形成诗的个性和独特风格。对诗人主体性的强调体现了他的理论勇气和独特的诗歌情怀。对诗歌心灵因素的强调，并不意味着他仅仅把诗看作纯粹的感觉和幻想的结果。在回顾中国新诗发展的历史中，他辨析了小诗衰落的主要原因在于主观感兴日趋狭窄，以致排斥真正的生活和真情，最终不可避免地陷入矫饰的"习套作风"。在孙克恒看来，抒情诗固然离不开一个人的主观方面，可是抒情的对象，却应该是生活现实或者说是现实中的真实，必须反映最普遍的事物，最广阔的领域，世间没有什么事物，没有什么概念，不可以纳入诗情的想象和艺术构思之中。诗歌创作中的主观性和客观性一直是诗歌理论界争论不休的问题，孙克恒主张在表现内在心灵的时候，也要求诗人必须把普遍的事物纳入诗情之中，"普遍的事物必须化为主体的血肉般的所有物，浸透到他的感觉中去，不是跟他的某一个方面，而是跟他的整个存在结合起来"。他的思考体现了一种融合的倾向，这对诗歌的发展而言，也是一种最为正确的道路选择。此外，就读者而言，他也强调主观体验的重要性，认为诗歌鉴赏是心灵和情感的沟通，是美学的陶冶和提高，是意志的磨炼。

诗歌的艺术构思和表现方式是诗歌创作中的重要问题。孙克恒在对大量诗歌创作现象具体分析的基础上，总结了诗歌创作中艺术构思和表现方式的普遍规律和基本方法，给诗歌创作和鉴赏以很大的启示。首先，他认为，完美的诗作诞生于完美的艺术构思。艺术构思过程是诗人对生活的认识和理解逐渐深化的过程；是作者对情感的处理和诗意的创造，由迷糊到明朗，由散漫到集中，由抽象到一般，由一般到典型的艺术创造过程；也包含着对作品在诗的语言表达上的最后一次的润色、锤炼和加工。其次，他指出，诗歌创作离不开想象和联想，合理而丰富的想象和联想，构成任何诗歌形象间的一种更为直接、更为密切的情感上的联系，从而更为突出地表现诗人的思想感情；会使诗的意境由此及彼地向纵深扩展，使诗的主题思想提高并深化；即使在叙事诗歌中，合理的想象和联想也可用来揭示人物在特定环境下的复杂内心活动，有助于人物性格的刻画和塑造。那么，如何展开想象和联想呢？孙克恒强调必须从现实生活出发，做到自然合理，有充分而真实的心理依据，在避实行虚、虚从实出的基础上，大胆幻想，勇敢创造，这样才能真正收到奇特的艺术效果。最后，孙克恒认为，形象化的艺术创造是一首好诗所应具有的必要手段。他总结梳理了使语言形象化的重要手段：必须对诗的思想以及所要反映的事物有深刻的认识和挖掘，并由此激发出能与此种思想和事物对象产生内在联系的联想形象，再把这一切融汇于凝练的诗歌语言之中；从生活中提炼比兴形象的选用；适当的动词和形容词，以及夸张或拟人化手法的运用等。除了对艺术构思、联想和想象以及语言形象化等诗歌表现方式问题的探讨，孙克恒还论及了诗歌创作中比喻、细节、侧面描写、风格、叙事诗和意境等诸多诗歌表现技巧和美学问题。

孙克恒对新诗理论的研究也体现在诗体形式方面。他认为，形式是利器和重要的手段，对形式的完美追求，也是对生活本来面目的追求，对艺术上的完整与和谐的追求。五四时期，胡适"作诗如作文"的主张使得新诗摆脱了传统格律的束缚，实现了诗体的大解放，但是，初期白话诗也存在过分自由的倾向，新月派的闻一多和徐志摩等人倡导的新格律诗运动，对新诗的形式起到了规范的作用。五六十年代，也曾就民歌体和建立现代格律诗问题，展开过激烈的讨论。在新诗的历程中，无疑形成两种基本的诗歌体式，即新格律诗和自由体。对于这两种诗体形式，孙克恒更加倾心于新格律诗，非常赞同鲁迅"新诗先要有节调，押大致相近的韵，给大家容易记，又顺口，唱得出来"的看法，强调诗歌应该具有音乐美，盛赞贺敬之的《放歌集》节奏急促、顿荡，读起来朗朗上口。除了从音节的角度探讨诗歌的节奏之外，他还从生活和情感的立场，对节奏作了独特的阐发，认为"诗的节奏，归根结底，是生活节奏的艺术反映，不过这种反映，在诗歌作品里，主要是通过作品抒情和叙事节奏的有机交织，并借助于情感、思想、画面、人物、语言格律及诗体结构等多方面的融汇、概括、提炼而得以外在表现"。"生活节奏"的论述体现了他对新诗美学特征的独到发现。在现代诗歌创作实践中，并没有能够据此建立一种为大家所共同遵循的诗体形式。他相信经过一定时期的努力，也许新诗能够找到合乎诗歌艺术规律的完美诗体形式。

最后，交代一下本书的编选情况。《陇上学人文存·孙克恒卷》的编选工作始于2015 年冬天，当时我正在北京师范大学访学，赵逵夫先生来电提出了编选的建议，随后我着手资料的收集和整理。文存收录的论文包括四个部分，其中，第一部分为现代诗歌研究；第二部分为当代诗歌研究和评论；第三部分为西部诗歌及文学评论；第四部分为诗歌理论研究，比较全面地反映了孙克恒先生的学术历程和成就。在编选工作陆续展开的一年时间里，赵逵夫先生一直非常关心文存的编选工作，每次见面都会询及编选的情况，并将他手头查阅的孙克恒先生的论文全部复印，提供给我。在编选的过程中，对于一些自己比较疑惑的问题，他也给予耐心的指导和解释，并审阅了全部书稿。在此，非常感谢赵逵夫先生的关心、鞭策和热情无私的帮助。

《陇上学人文存·孙克恒卷》(第六辑)

作者：孙　强

郗慧民

　　所谓"花儿"百年学术史，是指自 1925 年"北大"《歌谣周刊》发表袁复礼的文章《话儿》及其搜集的三十首"花儿"开始，直至当下的"花儿"研究历史。在 1949 年以前，从事"花儿"研究的著作唯有一部，即张亚雄先生编撰的《花儿集》，该著被誉为"花儿"研究第一书。"十七年"时期，由研究者个体完成的"花儿"著作编撰只有寥寥几部，分别是唐剑虹的"花儿"编撰处女作《西北回族民歌选》（1950 年），紫辰整理的《青海民歌》（1951 年），唐剑虹、周健编撰的《甘肃民歌选（第一辑）》（1953 年），朱仲禄编撰的《花儿选》（1954 年），唐剑虹、周健编撰的《甘肃民歌选（花儿）》（1956 年），郗慧民编撰的《花儿》（1963 年），雪犁编的《好不过毛泽东时代》（1966 年），汪玉良编的《幸福的大道共产党开》（1966 年）。

　　在这段历史时期的"花儿"研究者中，地方学者集中发力。在这其中却有一位来自非"花儿"文化区的"他者"异军突起引人注目，相较于同期其他研究者，只有他直至 21 世纪初期，在"花儿"百年学术史余后的数个历史阶段每一阶段都有问鼎"花儿"研究金字塔尖的代表作问世。他便是郗慧民先生。可以说从《花儿》开始，郗慧民先生在"花儿"学科史上的学术地位已然奠定：佼佼拔萃、无可撼动——起步早、起点高，成果经典、育人成栋。

一、生平简介

先生郗慧民原名郗惠民，祖籍陕西省华阴县南洛村，1934 年 11 月 13 日出生于西安市，2007 年 1 月 22 日病逝于兰州市。

南洛村的郗姓家族历史悠久。由先生上溯五代，即他的天祖父经营中药材发了家，其十子分居十处，分别为大宅、二宅以至十宅。二宅由庄基高低之别又分为高二宅和低二宅，先生一支即为高二宅后代。又因先生父亲自幼过继给八宅，故先生又属八宅之后。先生的父亲名之云，是京师大学堂师范馆 1923 年 6 月第十一届毕业生（1923 年 7 月该校改组为国立北平师范大学——编者注），毕业后曾先后在陕西省的教育界、军政界任职，1944 年去世。先生的父亲曾编辑、撰写过人文历史方面的著作和论文，比如有 1933 年 12 月的《陕西推行体育之过去情形与将来计划》，1936 年的《临潼名胜古迹考》。先生的母亲叫赵雅亭，是先生父亲的续弦。郗先生的原生家庭有良好的教育传统和革命传统，家里的孩子除了参军就是读书，不论男女都接受过良好教育。除了两位早逝的姐姐，兄妹中有抗战前参加革命的副部级老革命，有 1948 年即毕业于军医学校大学部的、享受国务院"特贴"的儿科专家，有中学和大学教师，有厂矿企业的工程师和管理者。就郗先生个人而言，他是家中男孩里最小的一位，虽然在 10 岁前失去了父亲，但仍接受了系统的现代教育。1949 年 6 月，他在西安市百花村小学完成了小学学业，这时距他父亲去世已经过去了 5 个年头。郗先生的父亲生前出任过国民政府的县长，这个身份在一段历史时期内曾给郗先生带来很大影响。1949 年至 1953 年，先生在西北大学附中浐灞中学完成了中学学习，其中初中和高中的学制各两年。1953 年 7 月，先生进入西北大学中文系学习，在那里度过了四年大学时光。1957 年大学毕业后，因工作分配来到兰州。

1957 年，郗先生进入甘肃人民出版社工作，同年 12 月任甘肃人民出版社文艺编辑。1958 年"八一"建军节与陈泽翠（1935.11—2010.7）结为伉俪。陈先生出身于浙江吴兴陈氏望族，祖父陈其大（元章），父亲陈祖与（号财夫，又名陈宝骅）。陈先生幼时在上海生活，1943 年元月举家迁往重庆，抗战胜利后返回上海。1950 年元月在抗美援朝运动中加入中国人民解放军，经上海市保送到解放军武汉电讯工程专科学校（后改名为解放军第四通信学校）学习无线电工程，1951 年 11 月毕业。1953 年元月退伍，分配到北京市中央气象局工作。1957 年 12 月支援大西北，调至甘肃人民出版社担任校对和编辑工作。1962 年 11 月郗先生与陈先生唯一的孩子郗萌出生。

1968 年年底，郗先生夫妻二人被下放至甘肃省武都地区武都县"五七"干校劳动。刚满 6 岁的郗萌被独自一人留在兰州，当时他刚上小学二年级，在兰州市城关区东岗西路第二小学上学。1972 年，郗先生夫妻二人调任甘肃省武都县汉王公社文艺宣传队指导老师。1973 年，郗先生调回兰州，在《甘肃文艺》月刊编辑部（后改名《飞天》杂志社）任理论编辑，陈先生则继续留在汉王公社。此时的郗萌已经 11 岁，独自一人在兰州生活了 5 年，升入兰州第十四中学读初一了。又过了一年，郗萌初中毕业（当时初中学制两年），于 1974 年年底来到武都县汉王公社沧源大队插队，直到 1977 年又回到兰州市第十八中学上学。陈先生则在汉王公社待到了 1978 年，在这一年郗先生夫妻二人调至西北民族学院汉语系任教。此时，分别了十年的一家三口才再次团聚。

自此以后，郗先生的工作和生活逐渐回归正常，科研工作再次启航，进入研究成果采撷丰产期，也培养、带动了一批青年科研人才进入"花儿"研究的行列。在西北民族学院开始教学工作的郗先生，主要讲授《文学理论》《歌谣学》《花儿学》和《写作学》等课程；陈先生主要从事马列文论与美学的教学科研工作。其中郗先生在 1978 年至 1982 年任西北民族学院学报编辑部副主任，是西北民族学院学报创始人之一；其后又担任西北民族学院教授、硕士生导师；自 1992 年起享受国务院批准的政府特殊津贴。郗先生还曾担任过一些社会职务，包括：甘肃省民间文艺家协会常务理事、甘肃省花儿研究协会副会长等。

二、学术成就

早在大学学习期间，郗先生就博学强记，尤其在文艺学方面打下了坚实的理论基础；在甘肃人民出版社长期从事编辑工作的经历又使他的文艺鉴别能力和文字功力得到了很好的锻炼。这些都为他从事"花儿学""歌谣学"的研究工作奠定了良好的基础，也影响到他学术成果的完成方式——编撰与著述并重。

就学术著作而言，郗慧民先生的代表性成果有编撰性著作《花儿》《西北花儿》《中国歌谣集成·甘肃卷》，和著述性著作《西北花儿学》《西北民族歌谣学》。就学术论文而言，先生的代表性成果主要分为三类，一是"花儿"研究论文，二是歌谣研究论文，三是教学实践研究论文。此外在个人学术生涯早期，先生发表过文艺学研究论文，还为连环画《李贡》写过文学脚本。

20 世纪 50 年代中期，郗先生在大学就读期间与同学们合办校内刊物《长风报》，并担任主编。自那时起，郗先生在文艺创作、编辑方面的才华已渐渐显露，及至大学毕业被分配到甘肃人民出版社。担任专业编辑后郗先生如鱼得水，开始文学评论的研究和写作。其后，根据工作需要，步入"花儿"辑录、研究的行列。从一个不知"花儿"为何物的异乡人，直至成长为一名具有里程碑意义的著名的"花儿学"专家。

郗慧民先生自大学毕业进入甘肃人民出版社工作后，首先就接受了担任由季成家等编选的《青海山歌》一书责任编辑的工作。接着"接受了编辑一本能代表'花儿'基本面貌的'花儿'选本的任务"（曲子贞，1988），从此走上了"花儿"研究的道路。1963年9月，甘肃人民出版社出版了由郗慧民先生编选的《花儿》。全书收录"花儿"例词700余首，在编排体例上采用先一分为二，再一分为三的结构设置。即将所选"花儿"区分为临夏"花儿"和洮岷"花儿"两大类，每一类又以时间、内容为序区分为解放前前部分、解放后后部分、情歌三辑（第六辑为莲花山情歌对唱），全书共六辑。《花儿》不但成为郗先生从事"花儿"研究的学术起点，更以其突出的时代价值、学术价值奠定了郗先生在"花儿"百年学术史中的第二阶段——"十七年"时期的学术领先地位。

《花儿》出版后获得有关领导的高度赞扬，在学界也获得好评。当时分管中央意识形态工作的胡乔木同志对这本书高度赞扬，他在1964年向负责民间文学工作的贾芝同志建议将《花儿》重版，"选入你们的丛书"。他对贾芝同志说：

> 甘肃人民出版社出版的《花儿》编得还好，我很感兴趣。作品选得还好。如莲花山庙会有情歌对唱。这些情歌表现的感情相当真诚……这本书引起我很大兴趣……我不知道何其芳同志看到这些花儿没有，他要看到了我想一定很高兴。何其芳同志所说的三个字的尾，两个字的尾，有固定的规格。这些民歌里就是这样。第二、第四句里是两个字结尾，从这本书里选的民歌看，这种民歌是很特别的。我发现了这种情况很高兴。中国民歌、《诗经》是四言，现在怎么一下变成七言的？是不是中国没有其他体裁？从花儿里可以看到诗歌形式的某些变化。①

贺川（此为化名，即当时在《民间文学》编辑部工作的吴超——编者注）在《文学评论》1964年第3期撰文，向广大读者推介这本书。他说：

> 我们介绍这本书，不仅因为在我国的民歌中，"花儿"有独特的思想艺术成就，同时也因为这个集子编得比较好，有它自己的特色。编者广泛地搜集了甘肃地区的新旧"花儿"的材料，经过较严格的选择与适当的编排，才汇集成书。因此，摆在读者面前的，可以说是一本比较能够代表甘肃"花儿"基本面貌的集子。我们从这本书中可以听到这些地区的劳动人民在旧社会里的苦痛的呼声和愤怒的抗议，以及他们向往美好生活与追求自由、追求真挚的爱情的歌唱；我们更可以看到解放了的广大群众对党和毛主席的满腔热情的赞颂，看到他们在建国以来各个时期的革命激情的表达。这不是一本很厚的书，但它从不少重要方面，表现了人民群众在新旧社会的截然不同的遭遇，表现了他们的生

①魏泉鸣著：《中国"花儿"学史纲》，甘肃人民出版社，2005年，第140—141页。

活和斗争，更表现了他们崭新的精神面貌，并且大多表现得十分鲜明、生动，很有诗意，给读者留下了深刻的印象。

可以说《花儿》成就了郗先生，但同时它也使郗先生本就多舛的命运变得举步维艰。由于众所周知的原因，在那个时代，《花儿》不但重版如泥牛入海再无音讯，而且仅出版数月就被停止发行，更成为给它的编者罪加一等、罗织罪名的力证。直到1984年，郗先生以《花儿》为基础，选编了一本《西北花儿》，作为内部资料铅字印刷，才使《花儿》时隔二十余年重见天日。新版的《西北花儿》与老版的《花儿》相比有几个变化，一是选编数量加大，由初版的700余首扩充至916首，新增作品主要来自于文献搜集和友人提供；二是选编体例做了微调，将第六辑由原来的《莲花山情歌对唱》更改为《洮岷风情》；三是选编内容做了删减、增补的改动。

自1978年以来，郗先生在"花儿"研究的方法上有了突破，从以往的文献法转变为文献与田野调查相结合的研究方法。新的研究方法的采用，使得郗先生在"花儿"采集、研究方面如虎添翼。加之重获新生的个人际遇、欣欣向荣的社会氛围、奋发向上的工作环境、温馨和谐的家庭生活等诸多积极因素的影响，郗先生在20世纪80年代进入"花儿"研究高产期。相继发表了论文《"花儿"的格律和民间文学工作的科学性》（1980年），《临夏"花儿"艺术性的考察研究》（1982年），《关于"花儿"的类型》（1984年），《关于对西北民歌"花儿"的认识》（1986年），《"花儿"的内容与文学观念——两种类型"花儿"对比研究之一》（1987年），《"花儿"的衬词》（1987年），《多系统文化融合的结晶"花儿"渊源探寻》（1988年），《感情浓烈撼人心肺的心灵之歌——河州型爱情"花儿"的内容及其特点》（1989年）。并且于1989年出版了《西北花儿学》。它首次以专著的形式提出"花儿学"这一学科称谓，是第一部富有开拓性、建设性的"花儿学"专著，对于"花儿学"的学科发展意义非凡。这部30多万字的著作全面、系统地论述"花儿"，建构了相对完整的花儿研究理论体系，引导读者建立"花儿"认识的系统化和科学化，成为一定历史时期内人们从事"花儿"学习、研究的教科书式读物。它以资料的丰富、分析的细致和论证的科学赢得了学术界的一致好评，奠定了郗先生在"花儿"研究史上的学术地位。曲子贞先生从学科建设的角度对《西北花儿学》一书大加肯定。他说："过去我曾有过一些想法，花儿流行的地区这么多（甘、宁、青、新），历史又这么久远，回族、东乡族、保安族、撒拉族还有部分汉族、藏族对它又是那么热爱，内容那么多彩，曲调又是那么丰富……为什么不能专门创建一门学科，来用科学的态度研究它。我的想法提出后响应的人不少，成果也有，郗慧民同志的《西北花儿学》就是个突出的例子。"[1]花儿学术史

---

[1] 曲子贞：《风雨世纪行 曲子贞文集》，中国文联出版公司，1995年，第496页。

研究专家魏泉鸣先生认为《西北花儿学》是"至今还处于重要地位的一部有影响颇受评论家青睐的划时代意义的力作，是作者花儿学理论研究的代表作"①。西北民族大学的傲东白力格老师借鉴《西北花儿学》中讲到的"花儿"构思方式，提出了青海蒙古族民间歌谣的兴体构思方式，并指出"以前在很长的时间里，不少著述对歌谣的社会意义阐释较多，而对歌谣本身的艺术构思方式做专门研究却很少。郗慧民先生在他的《西北花儿学》一书中富有创造性的独特研究。开拓了这个新领域"②。一些工具书也对《西北花儿学》高度肯定。据《甘肃省志·社会科学志（古代至 1990 卷）》记载："匡扶、王沂暖高度评价该书是关于花儿研究的'富有开拓性、建设性的力作''前所未有的研究成果'。"③《西北花儿学》以其突出的学术贡献，获得了 1989 年中国民间文艺家协会甘肃分会授予的"'十年'民间文学作品一等奖"，1990 年甘肃省教育厅授予的"甘肃省高等学校 1979—1989 年度哲学社会科学优秀成果一等奖"，1990 年中国当代文学研究会授予的"新时期当代文学研究成果奖"，1993 年甘肃省人民政府授予的"甘肃省第三次哲学社会科学优秀成果二等奖"，2001 年中国文联授予的"中国民间文艺'山花奖'首届学术著作奖二等奖"。

进入 20 世纪 90 年代以来，郗慧民先生的研究视野进一步拓展，由"花儿"研究向歌谣研究过渡。产生的论文成果有《"花儿"的搜集整理和民间文学工作的科学性》（1992 年），《甘肃草原歌谣》（1994 年），《甘肃歌谣概观》（1994 年），《从歌谣观念到歌谣的定义》（1995 年），《"花儿"研究与"花儿学"》（2002 年），《"花儿"物质民俗的文化内涵》（2005 年）等等。

20 世纪 80—90 年代，郗先生参与了"三套集成"中甘肃歌谣的调查搜集与选编，是《中国歌谣集成·甘肃卷》的主编。他与黄金钰、郭郁烈及全省歌谣工作者齐心协力，出色地完成了甘肃歌谣省级卷本的编撰。该著 2000 年由中国 ISBN 中心出版发行。其后，郗先生又出版了个人学术专著《西北民族歌谣学》（民族出版社，2001年）。

三、教书育人

郗先生在"花儿"学、歌谣学研究方面成就卓著，而且他也是将"花儿"研究推上"花儿学"的扛鼎者之一，是"花儿学"学科建设历程中的里程碑式人物。他在高校首次面向大学生开设"花儿学"课程，后来又升格为研究生的专业课程，郗先生自

---

① 魏泉鸣：《中国"花儿"学史纲》，甘肃人民出版社，2005年，第279页。
② 傲东白力格：《谈谈青海蒙古族歌谣的兴体构思及其特点》，《青海民族研究》1998年第1期。
③ 甘肃省地方史志编纂委员会编纂：《甘肃省志·社会科学志（古代至1990卷）》，第334页。

20世纪70年代末走上大学的讲台后，直至2007年元月去世前，在近40年的人生岁月里一直从事着教书育人的工作。实际上直到生命末尾，他还在指导关门弟子完成硕士学位论文。他去世半年后，这位关门弟子顺利通过毕业答辩，拿到了硕士学位。可以说，郗先生在教学和人才培养方面真正做到了鞠躬尽瘁，死而后已。

郗先生在教学上，强调学科知识的体系性，重视理论联系实际，长于从文学现象的具体分析中引出结论，寓理论思考能力的教育于传授知识之中。这种教学思想和方法深受学生们的欢迎。20世纪80年代，他在进行高校《文学概论》课程的授课过程中结合文学的学科发展形势积极尝试教材改革，着力提高教学内容的科学性、系统性和实践性，打破常规提出诸多新观点。其一，关于文学与政治的关系问题，当时国内文学界的固有认知是"文学从属于政治并为政治服务"，郗先生则提出文学与政治之间是相互影响的关系。其二，再提文学的主观性问题，打破过去《文学概论》教材突出文学的客观性忽视文学的主观性这一弊端，提出文学具有客观与主观双重属性，二者缺一不可。其三，结合教学实践改革《文学概论》的固有教材体系，提出新的"理论框架"。其四，提高课程实践性，指导学生将文学理论与文学实践紧密结合，以理论说明实践，以实践印证理论。

郗先生在去世前曾长期担任西北民族大学的硕士研究生导师，对民间文学、民俗学专业的研究生倾尽心血培养指导。他在从事研究生教育的工作中，所奉行的教学思想是以研究生的研究能力培养作为工作核心。对于什么是研究生的研究能力，先生进行了界定；对于研究生如何提高个人研究能力，先生进行了设计；对于如何在教学环节中培养研究生的研究能力，先生进行了创新。

> 我院中国民间文学硕士研究生是以培养西北少数民族文学、民俗学方面的研究人员为专业方向的。这个专业方向蕴含着下面一些具体内容：从研究对象的范围说，它是西北的、少数民族的、民间的文学和民俗，其中包括四方面的因素；从培养目的来说，是培养在以上四个因素对象范围的具有研究能力的人才，其核心内容是培养研究生的研究能力。
>
> ——郗慧民

郗先生认为：研究生的研究能力即对事物规律的探求和发现能力。那么研究生如何提高研究能力呢？先生认为首先要处理好行与知的关系，即实践与理论的关系。要面对研究对象本身，对它进行调查研究，在分析、综合、归纳、概括的基础上完成对对象的规律性认识。其次要建立科学的研究工作程序：先不断地积累研究对象的资料，再在此基础上开展研究，从而在科学的程序中锻炼和提高研究能力。为了提高研究生的研究能力，郗先生采用了双向教学的授课模式。双向教学也可称之为交谈式教学，即在有问有答的教学活动中探讨获取具体研究能力的途径和过程。

明确以上教学思想后，先生在具体的教学活动中加以实践和探索。比如在给民俗学（含中国民间文学）专业的研究生讲授《歌谣学》这门课程时，先生秉承以上教学思想，帮助研究生建立和提高个人的研究能力。首先，先生带领研究生自主设计《歌谣学》的理论框架，包括该学科的主要内容以及各内容之间的理论关系。在此过程中辅助研究生们建立对于"歌谣学"的知识体系和思维能力。其次，由导师梳理、建构《歌谣学》的理论体系，并带领研究生们分析其各自所设计理论体系的成绩和不足，以此弥补他们对于"歌谣学"内容范围的认识盲点，提高他们的理论思维能力。通过如上教学实践，先生既向研究生们传播了"歌谣学"的学科知识，也教会他们如何宏观认识事物。在进行《歌谣学》每个章节的具体教学过程中，先生在带领研究生们探讨每个理论问题时，都包含着相应的能力教育。比如在《第一章　什么是歌谣》的教学中，蕴含着定义的方法和下定义的能力培养；在《第二章　歌谣的分类》的教学中，蕴含着归纳能力的培养。如此种种，不一而足。

四、写在后面的话

郗慧民先生是我的老师。先生生前曾于民俗学（含民间文学）专业硕士研究生课堂上给我们班讲授过《花儿学》课程。他对"花儿"研究及相关教学科研工作的忠贞追求令我终生难忘，那种知识分子的赤子之心令我钦佩之至。其时先生因脚部旧疾等病患的影响出行不便，每次上课同学们轮流到先生家将他用轮椅推到教室。天气晴暖时，先生也曾与我们在旧文科楼前的丁香林里上课。先生虽身体羸弱，但讲起课来神采飞扬，满头白发一身布衣难掩他英才满腹灼灼其华。天上白云悠悠，地上绿草茵茵，同学们围绕在先生身边听他传道解惑，微醺的清风把众人之晏晏言笑传播开来。这般惬意的"花儿"授业图印在了我的心上。

后来，我亦步入"花儿"研究、甘肃歌谣研究的行列。与郗先生相同的是，我们都是作为"他者"，在第二故乡甘肃从事了地方特色文化研究的工作，在学习和探索"花儿"、歌谣的旅途中甘之如饴。此次《陇上学人文存·郗慧民卷》能由我为先生做文存选编，我感受到了学术传承的鼓励与鞭策，幸甚至哉！在编辑中我时时感受先生之风骨与学养，又深知文存诸卷珠玉在前，故不敢丝毫懈怠；然则自身生性驽钝，虽穷尽所能以尽事，亦难免错漏。还望先生理解、读者原谅。

在此卷文存选编过程中，我多次向先生独子郗萌请教，得到细致答复，并获其图片、资料协助，深表谢意！暑往寒来，须臾又是一年，先生诞辰在即，谨以此前言对先生表达最诚挚的敬意和最深刻的缅怀！

《陇上学人文存·郗慧民卷》(第九辑)

作者：戚晓萍

王尚寿

　　王尚寿（1934—2018），笔名尚文，1934年出生于甘肃文县。少时家贫，学业曾几度中断。1949年考入文县初级中学，1952年进入武都中学就读。1955年考入兰州大学中文系。1959年毕业分配到甘肃师范大学（今西北师范大学）任教，历任讲师、副教授、教授。曾为《丝绸之路》杂志常务副主编、甘肃作家协会会员、阴平文化研究会顾问。发表论文40余篇，主编出版了《丝绸之路文化大辞典》（红旗出版社，1995年）、《丝绸之路诗选注》（甘肃文化出版社，2010年）等著作；作为主要撰稿人参与编著的《简明文学知识辞典》（甘肃人民出版社，1985年）和《中国历代美学和文学评论研究资料索引》（敦煌文艺出版社，2001年）分别荣获1988年少数民族地区文艺读物优秀图书二等奖、甘肃省第二届精神文明建设"五个一工程"奖。王尚寿先生是甘肃当代有影响力的文学理论家和批评家，也是中国西部文学与丝绸之路文化研究的积极倡导者和实践者。

　　王尚寿先生的学术研究涉及文艺理论研究、美学研究和丝绸之路文化研究几大范畴，其中文艺理论研究成为其学术研究的"重镇"，也是先生用工最勤、出力最多的部分。

――

　　王先生的文艺理论研究始于20世纪70年代末，成熟于八九十年代。这一阶段他的研究主要集中于三个方面：一是文艺理论研究，尤其以对文学审美特质及艺术创作思维特征的研究为代表；二是文学批评，其中既包含古典诗学批评，也包含对当代批评家的批评研究；第三是文学评论，主要是西部文学评论和研究。这些研究从总体上来看，与当时文艺发展的整体态势保持一致，同时又具有鲜明的个人特征：一是他的研究始终保持对文艺重大问题、热点话题的关注；二是在普遍研究的基础上，又突出本土文学研究；三是这些研究均体现出对文艺政治维度的反思和对文艺工具论的批判，以及恢复和确立文艺的审美特性的努力。

20世纪七八十年代正是中国社会的历史转型时期，这一时期文艺界在总结、反思过去的历史经验方面都取得了一系列前所未有的进步。这些进步突出表现为文艺理论努力挣脱政治工具主义的枷锁，逐步从机械反映论走向能动的、审美的反映论，并进一步通过对于艺术反映论、艺术生产论的思考与探索，恢复了文艺的审美特性。王先生在这一阶段连续写出多篇文章，试图为文学的审美特质作出辩护。

完成于1978年的《为形象思维一辩》是王先生在新旧历史转折时期写的一篇重要的理论文章。形象思维是文学艺术领域里思想观念的一种主要运动方式，关于形象思维问题的争论，是我国当代文艺论争中的一个重要事件。中华人民共和国成立后曾经出现过两次关于"形象思维"的大讨论。第一次出现在20世纪50年代后期到60年代初期，第二次出现在20世纪70年代末期到80年代初期。王尚寿先生所写的《为形象思维一辩》是针对《文艺领域里必须坚持马克思主义的认识论——对形象思维的批判》一文而作的，文章以商榷的方式对该文当中存在的错误意识和激进观点提出自己不同的看法，试图对理论界长期存在的文艺工具论和机械反映论等观点进行驳斥。

1966年，《红旗》杂志第5期上发表了署名郑季翘的文章《文艺领域里必须坚持马克思主义的认识论——对形象思维的批判》。在文章中，郑季翘提出形象思维是一个反马克思主义的认识论体系，是现代修正主义文艺思潮的一个认识论基础，"每当某些文艺工作者拒绝党的领导，向党进攻的时候，他们就搬出形象思维论来，宣称：党不应该'干涉'文艺创作，因为党委是运用逻辑思维的，而他们这些特殊人物却是用形象来思维的"。同时文章认为形象思维是不存在的，要思维，要发现事物本质，就必须用抽象思维的方法。据此，作者对形象思维观点逐一进行了批判。针对该文提出的观点，王尚寿先生从形象思维的特征、形象思维是否违反认识论以及概念转化形象的问题三个方面对郑文一一进行驳斥。

王先生认为形象思维不仅是一种客观存在的思维活动，而且有其特点，这种特点体现为形象思维的过程总伴随着具体的感性形象。"毛主席说：诗要用形象思维，不能如散文那样直说，所以比、兴两法是不能不用的。'比''兴'离开具体的感性形象，也就不其为'比''兴'了。"中外古今许多作家的创作经验都证明，形象思维是不能抛弃具体的感性形象的，形象思维的过程总伴随着具体的感性形象。"作家对自己孕育人物的情景的描述，正说明了形象思维的上述基本特征。"①

对于郑文提出的形象思维"不用抽象、不要概念、不依逻辑"的观点，王先生认为作家在构思作品的过程中固然会使用一些概念，但不能用概念代替形象，更不能把形象当作概念的演绎。"在文艺创作中，不能完全排斥抽象，但主要不是抽象。如果主要是抽象，就必须抛弃具体材料和感性形象，剩下的主要是概念，这样做实际上是在消灭艺术"。在创作中无疑要遵循逻辑思维，但对于形象思维来说，它只适用于一定的范围，不能同逻辑思维一样强求一律。辩证逻辑的规律是对立统一。因此，从这一点来说，形象思维不仅不违反辩证逻辑，而且可以使它得到形象的表现。"文艺创作遵循的是生活逻辑，而辩证逻辑正是生活逻辑在人的主观意识中的反映。"②

郑季翘认为形象思维"是一个反马克思主义的认识论体系"，理由是他认为形象思维论"是一种直觉主义因而也是神秘主义的体系"。王先生以别林斯基和高尔基的形象思维论做说明，指出别林斯基的形象思维论虽然有种种错误和矛盾，但他在理解"直感性和不自觉性"这一对关系上，认为"这两个词绝不是同一个东西，甚至也不是同义语"。而高尔基一贯主张文艺创作要把感性和理性统一起来。他反对把"直觉"与"无意识"混为一谈，强调"把作家所缺少的那些环节放到经验里去，以便写出一个非常完美的形象——这就叫作直觉。然而不能把这个叫作无意识的东西。这虽然还没有包括到意识里去，但在经验里是已经有了的"③。因此，高尔基的形象思维论既不是"直觉主义"的体系，也不是反马克思主义的认识论体系。而就认识和实践的关系来说，王先生指出，认识来源于实践，又能动地反作用于实践；从认识的过程说，它要从感性认识能动地发展到理性认识。"某种思维方式，如果违背这些原则而又自成体系，才能叫作反马克思主义的认识论体系，而形象思维论并不违背这些原则"，因此所谓的"反马克思主义"也就无从谈起。

在概念转化形象的问题上，郑季翘提出了一个"先有主题思想"的创作论，并据此给作家创作的思维过程制定了一个公式："表象（事物的直接映象）——概念（思想）——表象（新创造的形象），也就是个别（众多的）——一般——典型。"按照这一公式作家在创作中要先把现实生活抽象成概念，然后再把概念转化为形象。郑季翘认为只有制定出这样的公式，才能用马克思主义认识论说明并指导文艺创作；只有按

①王尚寿：《为形象思维一辩》，《甘肃师范大学学报》1978年第3期。
②王尚寿：《为形象思维一辩》，《甘肃师范大学学报》1978年第3期。
③《高尔基文学论文选》，人民文学出版社，1958年，第403—404页。

照这个公式进行创作，才是符合马克思主义认识论的。针对郑季翘的上述观点，王先生指出，认识是一个由物质到精神，由精神到物质的多次反复的过程，客观事物反映到人们的头脑里，形成一定的思想，这就是从物质到精神。人们又用这种思想指导社会实践，它就会变成改造社会、改造世界的物质力量。也就是说，通过人们的社会实践活动，可以把精神变成物质。但是，"郑季翘说的从概念到形象的转化，并不是从精神到物质的过程。因为文艺作品里的形象，是社会生活的反映，是一种精神现象。因此郑文所说的从概念到形象的转化，指的是作品的构思过程，还谈不到对读者或观众的影响，因此也就不能说是把精神转化成了物质"。因此，要克服公式化、概念化，就要用马克思主义的立场、观点和方法观察社会生活，对待文艺创作；要深入生活，获得雄厚的生活积累；在马克思主义指导下从生活出发，而不是从概念出发。"我们不主张'排斥抽象、弃绝概念，回到动物状态去'，也不主张把文艺变成某种概念的图解。"①

形象思维的概念最早来源于别林斯基"诗是寓于形象的思维"这一命题。后人对别林斯基这一黑格尔式的命题进行了改造，形成了艺术活动是形象思维的理论。20 世纪五六十年代展开的形象思维的讨论，核心是如何认识文学艺术的本质特征。认识论始终是形象思维讨论无法超越的一个理论框架。从这一理论框架出发，文学艺术被认为是对于社会生活形象的认识。而 20 世纪七八十年代以来出现的形象思维的讨论，依然是围绕文学的本质特征展开的，在这一讨论中王尚寿先生立足于形象思维的特征，肯定形象思维过程中的主体因素、情感因素，强调文学艺术的主体性和情感本质，由此拓宽了形象思维的认识论维度。

20 世纪七八十年代之交，理论界对文学创作过程中的灵感问题又重新展开了讨论。这些讨论大多集中于"什么是灵感""灵感是怎样产生的""灵感的特点"以及"灵感在文艺创作中的作用"等问题上，而对灵感与意识、灵感与理智的关系问题则少有论述，为了弄清这个既带有普遍意义又确实存在着的实际问题，王尚寿先生于 1980 年撰写了《灵感·意识·理智》一文，以希望对灵感问题作出更科学、更深入的解释和研究。

作为人类社会中精神活动产物之一的灵感，是人们在社会实践和艺术活动中所产生的一种精神现象。这种精神现象，自从人类出现了意识和思维以后便开始产生了。早在公元前 5 世纪，古希腊的唯心主义哲学家德谟克利特和柏拉图对灵感就提出过他们的看法。柏拉图认为：诗人的灵感，是诗神的附着，是诗人"失去理智而陷入迷狂"

---

① 王尚寿：《为形象思维一辩》，《甘肃师范大学学报》1978年第3期。

凭借"神力"的"驱遣"而进行的"创造"。之后，奥地利的精神病理学家弗洛伊德，把这种灵感说又做了进一步的发挥。他认为艺术创作是被压制了的个人欲望如生存、享受、性要求等的一种特殊形式的宣泄，而灵感产生的基础则是所谓"潜意识"或"无意识"。1977年，《英国美学杂志》主编 H. 奥斯本发表了《论灵感》一文，在这篇文章中奥斯本继承了弗洛伊德的观点，提出了在艺术家的无意识精神状态中去发现艺术灵感源泉的理论。

奥斯本认为灵感的源泉在于无意识的精神状态，因而文学的审美特质来自无意识；他又认为，创作不必遵循一定的规律，艺术家也不能用语言说明自己作品的特征，艺术作品都不可缺少审美特质。而审美特质不能通过有意识的和仔细考虑过的计划去获得，这样，直觉因素就成为不可缺少的了；而直觉因素并不包含有意识地和深思熟虑地运用逻辑推理，在这种意义上说它是无意识的。[①]对这种认为灵感和意识没有关系，甚至因灵感包含无意识的因素而把文艺创作看成无意识的观点，王尚寿先生提出了不同意见。

王先生从文学的审美特质入手，指出文学的审美特质主要是意识活动的结果，它不会自动显示出来，它是创作实践的产物。艺术作品的审美特质，由各种因素构成，表现在许多方面，而且在各种艺术中的表现也不尽相同。"这种特质不完全是深思熟虑地运用逻辑推理的结果，但却是在意识作用下形成的；它不完全是按仔细考虑过的计划而获得的，却是自觉学习和实践的结果。"与此同时，文学创作必须遵循自己的规律，也要学习那些可以传授的技巧，"由此来看创作就并非无意识的而是一种自觉的活动了"。尽管创作过程中有无意识的因素，但从根本上说，它是有意识的。"人和动物不同，动物只以个体的经验和有限的本能遗传为基础来反映现实，而人除此之外，还以社会的经验为基础来反映现实——人对现实的反映，总要通过语言。当人们借助语言中的词来反映现实的时候，关于客观事物的直接印象就成为有意识的了"，有意识的反映不是人反映现实的唯一形式，但却是人类反映现实的高级的和主要的形式。"中国诗歌发展的历史和诗论中的'言志'说，也证明创作不是无意识的"。[②]

柏拉图的"灵感说"不仅把灵感看作受"神力驱遣"而进行的"创造"，而且认为在神让诗人代言时，就要夺去他们的平常理智，使他们的心理受一种迷狂支配。柏拉图所说的"迷狂"，其实就是一种非理性支配下的创作状态，"这种观点，是西方反理性的文艺理论的滥觞，也正因为这样，有些立意要否定灵感的人，总把排斥理智作为一条理由"。对此王尚寿先生以普希金和车尔尼雪夫斯基的创作为例，指出他们的创作

---

①H. 奥斯本:《论灵感》，转引自《国外社会科学》1979年第2期。
②王尚寿:《灵感·理智·意识》，《甘肃师范大学学报》1990年第3期。

既有"倏忽的意兴",也有"冷静的头脑的记录";既注重灵感,也注重思考,这说明灵感和理智是能够统一的。此外与灵感密切相关的情绪、情感与理智之间也存在着一种辩证关系。"情绪、情感与理智有矛盾的一面,但也有统一的一面,它们同处于一个过程之中,互相依存,互相渗透,互相影响,并在一定的条件下互相转化,因而它们是矛盾统一的关系。"尽管有时在激情状态下人会有不同程度的缺乏理智的表现,但不能由此得出这样的结论:灵感以至整个创作过程是丧失理智的。"因为创作过程一般都不像激情那样短暂,因而不会一直处于激情控制之下。作家、艺术家如果在激情状态下创作出好作品来,那么这种激情状态就不会是完全丧失理智的。"

"灵感问题"一度是我国理论研究中的一个禁区。粉碎"四人帮"之后,学界对灵感问题进行了新的讨论,旨在给灵感恢复名誉。随着灵感问题的深入探讨,它在认识论研究中所具有的重要意义,也越来越充分显示出来。而王尚寿先生对于灵感与理智、情感、意识关系的考察则是从艺术思维的特殊性这一角度展开的。他的文章充分肯定了艺术创作思维的特殊性,强调艺术创作中"感性与理性""偶然性与必然性"的辩证统一关系,这是文学本质认识上的一种突破。正确地从理论上分析、揭示出艺术家创作过程中的思维特点,不仅具有理论的意义,更重要的是能够使在文艺实践第一线的人们摆脱某些不合实际的创作戒律的束缚,从而进一步推动文艺创作的繁荣和发展。

1987年,王尚寿先生为自己编著的《中国历代美学和文论资料索引》一书撰写了一篇《前言》,1996年,《前言》摘要发表在了《西北师范大学学报》第6期上,题目为《80年来的中国历代美学和文论研究述论》。2001年,《中国历代美学和文论资料索引》一书由敦煌文艺出版社出版,王先生对《前言》又做了修改。可以说,《前言》是王先生在中国古代文论研究方面花时间最长写就的一篇文章。《前言》共计27000余字,对1910—1986年间学术界在中国历代美学、文论研究上所取得的研究成果、研究现状、研究特点,成就与不足做了全面而细致入微的梳理与分析。文章史料翔实,引证、例证丰富,是一篇体现出研究者扎实的文论功底与研究功底的理论文章。

在《前言》中,王尚寿先生以中华人民共和国成立为分界,将自1910年以来的历代美学、文论研究一分为二,对不同阶段的研究作出动态的考察,确认其特点,肯定其成就,同时更不忘指出其存在的缺点与不足。王先生认为,1910—1949年这40年是历代美学文论研究的第一个阶段。先生以大量数据、例证和考证说明这一阶段相关研究的具体态势,指出这一阶段的研究虽取得了一定的进展,但仍有很多不足:"这一阶段的研究对历代文艺理论系统进行了初步梳理,对一些文论作家的美学观点、文艺学说、文论范畴等,进行了有意义的考释和论证,无论在理论或方法上,都有许多有价值的东西。不过由于时代局限，由于当时思想观念、思维方式、研究方法等方面的缺陷，研究又有一些不足之处。如有的研究者主要是罗列有关资料，把文章变成了资料的堆积……有的文章主要是以古证古的还原性考释，而不是站在更高理论水平上对一般原理的阐发，理论性不足。"①

在文章中，王先生将中华人民共和国成立之后至1986年的37年视为研究的第二个阶段，这一阶段的研究曾一度因政治原因而中断，"文革"结束后，才迎来了真正的研究高潮。从1976年到1986年，"仅短短10年间，就出版论著110余种，发表论文约4700多篇，占新中国成立后发表论文的85%以上"。王先生总结了这一阶段研究的两个特点：一是"研究领域迅猛扩大"，它表现为对文论家的研究和介绍数量猛增，新的学术增长点的出现；二是"薄弱方面得到了加强"，它体现为除诗论以外的其他文论如小说论、戏曲论及乐论、画论、书论的研究逐渐得到重视，研究数量逐渐增加，成果也日趋多元。但同时又指出这一阶段研究的不足也很明显，突出体现为：其一，"微观研究较多，宏观研究较少"；其二，"对少数名家研究较多，对众多非名家研究较少"；三是"重视纯理论研究，忽视联系创作和鉴赏实际"；四是"资料的搜集整理工作仍然滞后"，并对这些问题提出了自己的见解。

中国历代文论研究一向是学术界研究的重点，成果卓著。但这些研究多以微观为主，更鲜有对这些研究去做整体性评述的。《中国历代美学和文论资料索引》是一部工具书，王先生编著此书的目的，是为了方便文论研究者查找资料，更好地服务于科研、教学工作。在编书的过程中，他收集了不少相关材料，并对这些材料做了充分的消化、梳理和总结归纳，得出了一些极有价值的见解。在《前言》中，他将历代以来的中国文论研究视作一个整体性的历史存在，立足于宏观来把握其特色、构成及发展的规律，在联系和比较中鉴别其合理和不合理因素，并用文艺实践加以检验，以显示其价值和分量，同时又在具体分析的基础上，将带有规律性和原理性的东西加以综合概括，形成了一种新的理论成果，这对推进历代文论研究无疑是大有裨益的。

在从事文艺理论研究的同时，王先生也致力于文艺批评，1988年发表于《西北师院学报》第4期上的批评文章《谈不可解——读〈诗家直说〉一得》，是王先生诗学批评的代表性文章。

《诗家直说》又名《四溟诗话》，是明代诗人谢榛的诗论著作。在论著中，谢榛提出了："诗有可解、不可解、不必解"的"三解"之说。"三解"说描述了诗歌语体的弹性特征，涉及诗语读解的复杂问题。针对谢榛的"三解"说，后世论者众说纷纭，

---

① 王尚寿：《中国历代美学和文论资料索引·前言》，敦煌文艺出版社，2001年。

各有见解。何文焕《历代诗话考索》明确反对"不可解"的说法，认为诗歌"断无不可解之理"。吴雷发《识诗菅蒯》指出，有悖常情的诗句，"皆宜细参，不得强解"。也有论者认为，诗应在"可解"和"不可解"之间。从批评论的角度看，谢榛的"三解"说打破了诗歌读解中平面接受、机械对应的观念，具有重要的理论突破意义。

在阅读《诗家直说》的过程中，王尚寿先生对"三解"形成了自己的理解。首先，他认为"可解""不可解"是具有相对性的，这种相对性体现为：其一，有些作品对一部分读者是"可解"的，对另一部分读者则是"不可解"的；其二，有些作品原来是"不可解"的，后来却成为"可解"的了，也许还有相反的情形；其三，"可解"与"不可解"还有内容和程度上的差异：内容上的差异，指各个读者"可解"与"不可解"之点不尽相同，程度上的差异，指各个读者酌"可解"与"不可解"并非全在一个水平上。

其次，他认为文学作品"不可解"的原因是复杂多样的，可从作品和读者两方面来探讨。从作品本身看，若作品意蕴模糊，迷离恍惚，就会使人感到"不可解"。"作家创作，并不都是有了明确的思想，意念之后再寻求表现的。有时，作家有了一点朦胧的感触，即漫然成篇，其中到底寄寓着什么意旨，连他自己也很难说得清楚。对要表现的东西在自己头脑里还没有确定性时写成的作品，要别人易解是很难办到的。有些作品蕴含复杂纷繁，也使人很难理出头绪。"[1]但另一方面，还有读者方面的原因。文学作品只有与读者发生联系，即成为读者的阅读对象，才会产生"可解"与"不可解"的问题。作品要使人"可解"，它自身必须具有可解性、可接受性，然而，读者也不能不具备一定的条件，即相当的知识基础和接受能力。因此，要使"不可解"变得"可解"，"一方面对创作要引导，使其不失民族特色，为中国广大读者喜见乐闻；另一方面，读者也要适应。要适应，就不能不调整我们的文学观念、知识结构、思维方式和欣赏习惯"[2]。

王先生认为谢榛所说的"不可解"还有别种意义，即它是针对穿凿而言的，包含着"不可这样解"的意思。与形式相比，王先生提出内容上的穿凿是谢榛着力要反对的。穿凿主要表现为在无寄托的作品里找寄托，比如把山水诗与政治联系起来，从中"挖掘"政治寓意。"有些人解诗，往往不考虑被解对象的实际和它的承受能力，而把儒家的文学观念落实到具体作品里，'以为物物皆有所托'。这种解诗方法把文学的价值取向单一化、政治化了，至少是一种片面性。同时，这种解诗方法牵强附会、主观武断，与文学批评的科学性大相径庭。它不利于我们对文学作品的正确认识，有害于

①王尚寿：《谈不可解——读〈诗家直说〉一得》，《西北师院学报》1988年第4期。
②王尚寿：《谈不可解——读〈诗家直说〉一得》，《西北师院学报》1988年第4期。

我们的文学鉴赏，因而必须警惕它的重现。"①

　　王先生还认为谢榛"不可解、不必解"之说也是对朦胧美的肯定，这种朦胧美即"含糊"。朦胧美是具有朦胧性的审美对象引起的审美主体的一种感受，缺乏明晰性。同时，对具有朦胧性的诗歌，应从总体上去感受、领悟，一般不宜做"开膛破肚"的解剖。正因为这样，有些诗是"不可解"也"不必解"的。

　　从古至今，诗可解还是不可解？中外诸家众说纷纭。谢榛说"诗有可解、不可解、不必解，若水月镜花、勿泥其迹也"。但同时谢榛又说过："黄山谷曰：'彼喜穿凿者，弃其旨大，取其发兴于所遇林泉、人物、草木、鱼虫，以为物物皆有所托，如世间商度隐语，则子美之诗委地矣。'予所耀'可解、不可解、不必解'与此意同。"②从上述表述中，我们可以看出谢榛并不一概反对诗可解，他反对的是一种错误的解诗观念和方法。这种方法放弃了对诗歌本意的把握，从"物物皆有所托"的先隐观念出发，穿凿附会，对一些琐碎的物象，一一强求索解，把诗当成"隐语"猜测，不当成整体的艺术品来把握理解，使诗失去了诗歌本身的价值。王尚寿先生对诗歌"不可解"的理解抓住了谢榛诗歌批评论的核心，从艺术鉴赏的角度解释了"不可解"现象出现的原因，这与当时绝大多数研究者的观点非常一致，特殊之处体现于在强调鉴赏过程客观、理性的同时，又强调了一般读者的知识和阅读能力培养在诗歌解读中的重要性，这种从文学接受的角度去研究"不可解"的原因在当时还是较为少见的，给人以耳目一新的感觉，显示出他在这一问题上的真知灼见。

　　1991年，由西北师范大学中国西部文学研究所编写的《西部风情与多民族色彩——甘肃文学四十年》一书由红旗出版社正式出版。该书由季成家任主编，王尚寿先生作为本书的副主编之一，不仅承担了该书部分章节的编写工作，还承担了部分内容的修改任务，为图书的出版付出了大量的心血。该书出版后在当时的甘肃文学界引起极大关注，学者称它的出现"为原本倾斜的文学史研究增加了些许平衡，使得厚古薄今的局面在地区性文学史研究中有了某种程度的改观。这不能不说是'零'的突破——既是甘肃'零'的突破，在全国、在撰写地区性当代文学史这一点上，也属首创"③。

　　王先生为本书撰写的内容涉及"小说""文艺理论""美学"等多个领域，从研究对象看既包括中华人民共和国成立以来甘肃出现的重要小说家、作品、文艺思潮、

---

① 王尚寿：《谈不可解——读〈诗家直说〉一得》，《西北师院学报》1988年第4期。
② 谢榛：《四溟诗话》，《历代诗话续编》，中华书局，1983年，第1137、1143页。
③ 陈德宏：《论从史出 史论统一——评〈西部风情与多民族色彩——甘肃文学四十年〉》，《西北师范大学学报》1992年第1期。

文学现象，也包含近 40 年来甘肃文艺理论界涌现出的知名学者、重要学术观点及主张，研究成果包含文学评论、文学批评、述评等多种形态。这些研究不仅对读者了解甘肃文学的历史、把握其特点、总结其成就与局限都有重要的意义，也对甘肃文学自身发展起到了推动作用。

中华人民共和国成立以来，甘肃文学得到了长足的发展，尤其是新时期以来，文学创作的数量与质量都有重大的变化。这些变化对甘肃文学研究和批评亦提出了新的要求，需要研究视角和批评范式的反思与调整。转变视角和范式，以适合甘肃文学创作实践的批评话语解读甘肃文学作品，是甘肃文学对甘肃文艺理论家、批评家提出的新的要求。《甘肃文艺四十年》一书，突破了一般文学史单一时间维度的桎梏，以文学为本位、以文学地域研究为重心，把文学的地域性作为一种新的观照视角，更注重文学空间维度的拓展，从更广阔的视野论述甘肃文学的发生、发展轨迹，立体化地展示了甘肃文学的基本风貌。该书既重视关于文学实践的探讨，又注重用文学理论来评析甘肃文学，做到了理论与实践互动，为甘肃文学研究提供了生动的研究样本。王先生对这部书的重视也体现出一个甘肃本土理论家的文学自觉和对家乡文学的关注与厚爱。

二

美学研究在王先生的学术研究中比重虽较小，但分量颇重，被视为最有代表性的研究成果即出自这一领域。值得注意的是，王先生的美学研究主要是围绕洪毅然先生的美学思想展开的。

洪毅然原名洪徵厚，是 20 世纪中国著名美学家、艺术理论家和画家。1931 年考入国立杭州艺专（现为中国美术学院）西画系，1937 年艺专毕业，先后任教于西南美专分校、成都南虹工艺学校、四川省立艺术专科学校、西北师范学院、兰州艺术学院等。兼任中华全国美学学会理事、中国美术家协会会员、甘肃省美术家协会副主席、甘肃省美学学会会长、中央美院艺术研究所校外研究员等。从 20 世纪 30 年代开始探索了艺术领域的诸多问题，著有《新美学评论》《美学论辩》《新美学纲要》《大众美学》《艺术教育学引论》等著作，这些著作及理论为 20 世纪中国美学、美术的现代理论建构和学术发展作出了重要的贡献，并对以后中国的美学家、艺术家们进一步研究相关问题产生了直接影响。

王先生与洪先生相识于 20 世纪 50 年代末期，因工作结缘（洪先生是王先生的授课指导教师），由此二人开始交往，这种师生情谊一直持续到洪先生病逝。20 世纪 80 年代起，随着二人交往日深，王先生将洪先生的艺术创作和美学理论、美学思想纳入自己的研究范畴，并形成多篇研究成果。

　　王先生对洪先生的研究主要从三个方面展开，一是对其美学思想和主要观点、论著进行介绍和述评，这主要以《西部风情与多民族色彩——甘肃文学四十年》中的相关内容及《洪毅然（小传）》《新美学纲要（述评）》等文章为代表；二是从交往经历入手，回顾其美学思想的形成与演进，主要以《洪毅然，生命有限精神永存》《洪毅然逸事》《忆洪毅然》等文章为主；三是对其美学思想的特点进行总结，并对其主要美学观点进行辨析，以《洪毅然美学思想的特点》一文为代表。这篇文章是王先生研究洪毅然美学思想的第一篇文章，也被视为他学术研究的代表作，论文完成于1989年洪先生去世之前，得到了洪先生本人的认可。

　　王先生认为洪毅然的美学观是由论美、论美感和论美育三部分构成的。"就三个部分来讲，论美，主要探讨美的本质、美的构成、美的种类、美的产生和发展等问题；论美感，主要探讨美感的性质、美感的产生与发展、美感的基本心理过程、美感的种类等问题；论美育，主要讲美育的意义、内容、基本手段和实施等问题。这就是洪毅然美学的大致框架。"①

　　王先生指出，洪先生曾多次著文阐述三个问题：美是什么？美在哪里？美从何来？在洪先生看来，"美是客观世界中作为审美对象的事物诉诸人的感觉上的形象特征本身所具有的一种客观价值。它是事物好本质的外在表征，是内容与形式的辩证统一"②。美与真、善既相互区别，又相互联系，所以，他不承认有严格意义上的"形式美"。对"美在哪里"的问题，洪先生给出的回答是"美在物，不在心，在客观，不在主观，也不在主客观的统一。美在物却又不是物的自然属性，而是以事物的自然性为基础，以物的社会性为决定因素的自然性与社会性的矛盾统一"。至于"美从何来"，王先生指出，洪先生认为事物的审美特性起源于"自然的人化"和"人的本质力量对象化"的过程，而且随之不断发展、深化、丰富，提高其程度并开拓其审美观所涉及的范围。

　　至于美感问题，王先生在论文中谈到，洪先生认为"美感是对客观事物形象之美的直观感受"。美感以感觉为基础，却不限于一般的感觉。美感是美的反映，因而并非美感产生美，而是美引起美感。美感与快感不同，快感是感官的一种偏于生理性质的快适与舒服，只涉及对象的形式；美感是精神性质的喜乐爱悦，是对于事物从形式到内容的直观感受。

　　王先生还特意强调了美育在洪毅然美学体系当中的重要性。王先生认为洪先生作为一名美学家，其美学思想带有鲜明的"社会功利性"，是典型的"实践美学"代表，因此坚持"美学从实践中来，又回到实践中去"的观点，大力提倡美育。对于美育，

①王尚寿：《洪毅然美学思想的特点》，《西北师范大学学报》1991年第1期。
②方克立等主编：《二十世纪中国哲学 第二卷：人物志》上册，华夏出版社，1994年，第556页。

洪先生有系统性的思考，认为美育的任务是培养人们的审美能力，端正人们的审美观点。其目的是促进人们的审美实践。"在洪先生看来，实施美育的基本手段是艺术；实施美育的场所主要是学校、社会和家庭。为了进行美育，他主张普及美学，因而提倡大众美学。在美育与大众美学方面他做出了巨大努力，影响较大，推动国内出版了一些这方面的读物，由于他在大众美学上的建树，被誉为大众美学的开拓者。"[①]

　　对洪毅然美学思想特点的研究和总结概括，是王先生美学研究的另外一个重心。在《洪毅然美学思想的特点》一文中，王先生将洪毅然美学思想的特点概括为三个方面：一是坚持"美学研究的对象是美"的观点；二是坚持马克思主义辩证唯物论的美学观，反对唯心主义美学、形而上学唯物主义美学和形式主义美学；三是提倡美育，积极主张美学的普及。

　　关于美学的研究对象，学界历来说法不一。有"艺术研究说""审美关系说""审美心理说""哲学说"等多种提法，洪毅然对上述提法均不以为然，提出了"美学的研究对象是美"的观点。对此王先生回顾了洪毅然美学观的形成过程，指出，早在1949年出版的《新美学评论》里洪先生就提出了美学研究的"第一是美的本质——即何谓美？第二是美的构成——即怎样才美？第三是美的效用——即美与人生之关系，诸问题"。到20世纪50年代中期，他又发表《论美学的研究对象》，对此进行专门论述，提出了美学既要研究自然界与艺术中一切客观现实事物本身的美——即美的存在诸规律，又要研究作为那种美的存在反映于人类头脑中的一切审美意识——即美感经验和美的观念的形成及发展诸规律的观点。"具体说来，就是美的性质，美感的性质，美的社会内容与自然条件，美感的心理及生理基础，美与美感的类别，美的功用，审美标准，形象思维的特殊规律……""这样，就使'美学是关于美的科学'这个本来显得空泛的定义，有了较为具体的内容。"[②]

　　不仅如此，王先生还指出洪毅然在其美学思想构建中对那些将美学与"艺术学""哲学"等混为一谈的观点作出了批判，指出了美学与艺术学是各自有其特定研究对象和特定研究范围的两门互相区别的独立科，"两者既不能互相混淆，也不能互相代替"。"美学并不仅仅从哲学角度研究对象，在它的全部研究内容里，有些部分已超出了哲学范围以外。"对于洪毅然认为美学最终会发展成为一门真正独立的科学的判断，王先生是认同的。他认为洪毅然对美学研究对象的认定和由此而形成的美学体系体现出密切联系人民生活的特征，"是为了让美学走出书斋"，这种精神"是值得称

①方克立等主编：《二十世纪中国哲学 第二卷：人物志》上册，华夏出版社，1994年，第557页。
②王尚寿：《洪毅然美学思想的特点》，《西北师范大学学报》1991年第1期。

道的"。①

坚持马克思主义辩证唯物论，是洪毅然美学思想的另一个特点。王先生认为，从20世纪50年代开始，洪先生就提出了唯心主义美学和唯物主义美学的区别。"凡肯定美存在于客观事物本身，不受主观意识所左右，却又可以被感知者，为美学中的唯物主义路线；凡主张美不是客观事物所具有，而是主观意识之'外化'，而又不可知者，是美学中的唯心主义路线。"

对于洪毅然的辩证唯物主义美学观，王先生是这样总结其特点的："他（洪毅然）认为，美存在于事物本身，不是由人的审美意识外射而赋予审美对象的，不为人的主观意识所左右，美也不单纯是物的自然属性，而是自然性与社会性的矛盾统一体。美产生于'自然的人化'。当'自在之物'演变、发展成为人类的生存环境、生活资料、生产对象，成了'为人之物'时，就打上了人的烙印，成了'人化的自然'。这时，它就成了以自然性为基础、以社会性为决定因素的自然性与社会性的矛盾统一体。它处于一定的社会关系之中，依据它在人的社会实践中所起或可能起的作用，便呈现出美或不美的形象，诉诸人的感官，就使人感受到它一定的审美价值。这种审美价值是客观的，不是人的主观评价，不以人的意志为转移。美的存在决定美感和美的观念，因为美感和美的观念是对美的存在的反映。同时，美感和美的观念也不全是被动的，它也反作用于美的存在。"②

对于洪先生的唯物论美学观，王先生认为其并非就是彻底的马克思主义的辩证唯物论美学观，因为马克思主义美学观尚在探讨中，并未形成绝对一致的观点。但洪毅然在美学研究上坚持运用马克思主义辩证唯物论是有足够自觉性的，"解放以来，自觉运用马克思主义研究美学的人的确不只洪毅然一个，但他的坚持有一贯性，而且有异于他人之处。把这看作他的特点，是有道理的"。

在研究洪毅然的过程中，王先生特别强调了提倡美育是洪毅然美学思想的重要特点，对于这个特点，他反复提到。在王先生看来，美育是洪毅然美学思想体系的一个重要组成部分，这体现在一方面洪先生投入大量精力专门著文探讨美育、推广美育，"在成书于七十年代而出版于1982年的《新美学纲要》里，美育是全书三章中的一章，他还在多种刊物上发表文章，对美育进行了多方面的论述和鼓吹"。"1980年，他与朱光潜、伍蠡甫等联名致函党中央，建议将美育列入国家教育方针。他还担任全国美育研究会顾问，《美育》和《美育天地》两杂志顾问，《美育知识》丛书编委等职。他为《美育知识》丛书的编写出力不少，其中《艺术教育学引论》一书，就是他辛勤劳

①王尚寿:《洪毅然美学思想的特点》,《西北师范大学学报》1991年第1期。
②王尚寿:《洪毅然美学思想的特点》,《西北师范大学学报》1991年第1期。

动的果实。"另一方面洪先生还积极推进美学的普及，《大众美学》就是这一想法的产物。"《大众美学》1981年出版以后，由于社会的需求，印刷三次。同时，不少读者希望作者继续写下去。"《大众美学》的成功，充分说明了"一切人文学科，若不能最终接触实际，不能为大众所喜闻乐见，只能被注定关在象牙塔里。"[1]

对于洪先生的美育观，王先生认为他把美育和审美实践联系起来的思想是完全正确的。"因为美育的目的不在于传播美学知识或在它自身，而在于有助于人们的审美实践。它对人们的审美实践是必不可少的。"而审美实践，不管是物质方面的还是精神方面的，不管是创造方面的还是欣赏方面的，都需要美学理论的指导，而这些都要以美育为中介。"从洪毅然的观点看，美育是从美学知识到审美实践的桥梁，这在一定意义上是对的。"[2]

此外，王先生对洪毅然的文艺观也做了研究。他指出，在文艺观上洪毅然坚持的是马克思主义的反映论，认为文艺是人对世界的审美关系的集中体现，是以典型形象对现实的审美反映。为此，文艺创作要运用形象思维。形象思维有自己的特点，但不排斥逻辑思维。文艺应为政治服务，但不能忽视它的特点。文艺有独特的功能和作用，能使人产生美感共鸣，使人的思想感情潜移默化。"这些观点，从大处看不算新鲜，但在具体论证中又能看到独到见解的闪光。"[3]

洪毅然作为当代中国的马克思主义美学的代表人物，其美学思想形成于现代，成熟于当代。其美学观的系统表达，最早见于1949年出版的《新美学评论》。在该书中，洪毅然初步阐述了美学是"规范与说明兼而有之的学问"。中华人民共和国成立后，经过了中国美学的第一次大辩论，他的美学观有所修正、深化和发展。1958年出版的《美学论辩》的11篇讨论文章，合起来就成了他"新美学"理论体系的雏形。而1982年的《新美学纲要》是他对自己美学思想的总结，更是他的"新美学"理论的全面要点与简明提法。

在艺术学方面，他坚持马克思主义反映论，认为艺术是以典型形象对现实的审美反映。同时艺术韵审美意义与认识意义是统一的，艺术必须为人生。艺术应该形、神、意俱全。他认为中国艺术只宜在继承发扬民族优良传统的基础上适当借鉴、吸收外来的有益成分而创新，不应盲目追逐西方现代派。

在艺术教育学方面，他长期呼吁必须建立科学的艺术教育学，以指导艺术教育实践；对艺术教育与美育的关系，艺术教育的实施、艺术教育的原则等，他都提出了自

---

①李骅：《心系苍生建大厦 卓然成家耀学界》，《甘肃社会科学》2013年第4期。
②王尚寿：《洪毅然美学思想的特点》，《西北师范大学学报》1991年第1期。
③王尚寿：《美学研究》，见《西部风情与多民族色彩——甘肃文艺四十年》，红旗出版社，1991年，第483页。

己的看法。探究洪毅然美学理论，对梳理我国 20 世纪美学的发展历史及现当代文化艺术历程都有着重要的意义。

王尚寿先生对洪毅然美学思想的内在建构、学理内涵、价值特点以及发展嬗变的轨迹的研究和探讨，既是对于洪毅然个人学术思想的一次系统梳理，也是从一个特定方面对于 20 世纪中国美学学术史的追问。他的研究一方面可以使我们客观评述洪毅然先生在 20 世纪美学史上的学术功绩，也可以使我们合理定位此位美学家研究的局限性，"将洪毅然美学研究的成果拉入现当代语境中考察其美学思想与现当代文化的关系。我们就可以在这个无数学者研究递进的学术链条中理出一个有意义的线索。"[①]

三

丝绸之路文化研究是王尚寿先生学术研究的另一重要领域。从时间上来看，王先生的丝路文化研究起步于 20 世纪 90 年代。1992 年《丝绸之路》杂志正式创刊，王先生积极参与刊物的各项工作，1997 年担任了该刊物的常务副主编一职，主持刊物的日常工作。因工作关系，他不仅多次撰写有关丝路沿岸的历史文化、风物古迹的文章，而且还编著了《丝绸之路文化大辞典》（红旗出版社，1995 年）、《丝绸之路诗选注》（甘肃文化出版社，2010 年）两部著作，对丝路文化做了系统而全面的介绍与梳理。

王先生的丝路研究包括评论、综述、著作等多种形式，内容涉及历史、地理、宗教、文学等各个方面，这些研究从总体上呈现出以下几个特点：

一是以宏观视角展示丝路文化的丰富性与多样性。丝绸之路是一条具有强大的文化传播力的"黄金路"，曾经创造过中华文明经济、文化的辉煌与繁荣。分布在这条文化之路上的高山、大河、沙漠、戈壁，还有各种文物和古迹，至今散发着诱人的魅力。无论从历史发展还是现实的作用看，丝绸之路不仅仅是一条经济和商贸之路，也是人类文明史上具有巨大创新价值的文化典范。

丝绸之路作为人类物质与精神的重要载体，其突出的价值即在于文化资源的多样性和丰富性。它不仅在艺术方面积累和保留了门类齐全的大量经典艺术珍品，而且创造了异彩纷呈的文艺作品类型。丝绸之路作为巨大的文化遗存，已成为当代文化的资源宝库。

就丝绸之路研究现状来看，对这条长期担负东西方经济贸易、外交往来和文化交流重任的世界交通大动脉的重要性，早已在国际学术界取得共识，但对这条集经济、

---

① 刘军平：《洪毅然大众美学理论对中国现当代文化的暗示》，见《文艺美学研究》第 5 辑，山东大学出版社，2011 年，第 235 页。

文化诸多因素于一身的文明通道的研究，涉及历史、地理、语言、文化、经济、民族、民俗、宗教、艺术诸多学科，以前的研究著作虽取得了很大成就，却不够完整和系统。正是在这一背景下，由王先生与季成家先生任主编，80 余名学者共同参与的《丝绸之路文化大辞典》的出版就具有了别样的意义。"它是迄今为止丝绸之路研究著作中部头最大、观点最新、内容最丰富的学术成果"，"在一定意义上可以称作一部关于丝绸之路的百科全书"。①

作为一部全面反映丝绸之路历史文化概貌的大型工具书，《丝绸之路文化大辞典》浓缩了自汉至明代丝绸之路的各个方面，收录词条 12500 条，总计 273 万余字。其内容分为正编与附录两部分。正编又分为丝绸之路、历史地理、政权建置、军政人物、民族、民俗、科技与教育、宗教、文学、乐舞百戏与体育、美术、建筑、遗址和墓葬、城址、文献、文物 16 类，各大类又分若干小类，反映了丝绸之路各个侧面、各个历史阶段的历史文化面貌；附录设置了新兴城市、博物馆和考古所、图书馆、旅游景点、现代民俗、名土特产、风味食品七大类，目的在于对当代丝路文化设施、文化发展、文化现象做相应的反映。

以往的丝绸之路研究，基本局限于"西北地理""西域史""东西方交通史"等专门史的研究范畴，往往难以反映出丝绸之路文化的多元性与复杂性，而该辞书则突破了以往研究的局限，吸收了各专门史研究的成果，反映了丝绸之路各个历史阶段的文化风貌，虽然不是一部综合地论述丝绸之路的整体性的著作，但它无疑为这份工作提供了全面的、翔实的、有价值的资料，打下了良好的基础。丝路学研究专家、著名学者杨建新就赞扬《大辞典》的编撰是一项巨大的文化系统工程，它的出版"无疑是丝绸之路研究中一个非常重要的里程碑"。作为一部观点新颖、内容丰富的著作，辞书既有学术性又有知识性，既有科学性又有实用性，是一部集学术性、知识性、资料性、实用性于一体的大型历史文化工具书，它的出现对全面反映丝路文化的多元性，推进今后的丝路文化研究具有重要的意义。

二是鲜明的本土色彩和浓郁的西部风情。丝绸之路贯穿西北全境，其主干线仅在甘肃境内东西绵延就长达一千六百公里，约占其全程总长度的五分之一，因而丝绸之路文化既是甘肃又是西部历史文化资源宝库中最具光彩和魅力的文化成分。丝绸之路西部段历史文化遗存十分丰富，沿途洒满了璀璨的文化教育珍宝，不仅有高山草原、大漠戈壁，更有雄浑的黄土高坡。文化遗址繁星般遍布全境，各种出土文物、艺术品内涵丰富，为中外文化的交流提供了极为丰富的资料。

---

① 古跃:《求全　求精　创新——评〈丝绸之路文化大辞典〉》,《丝绸之路》1996 年第 2 期。

甘肃作为丝绸之路的黄金地段，其重要的城镇均分布在丝绸之路上，境内的众多名胜古迹也是丝绸之路的重要遗迹。从 1992 年到 1996 年，王先生在《丝绸之路》杂志上先后发表数篇文章，介绍西部尤其是甘肃境内丝绸之路沿线的各种历史文化现象、名胜古迹。无论是富有佛教寓意的莲花山、天井峡，还是盛产石榴的安息，无论是驰名中外的莫高窟，还是张掖大佛寺、麦积山石窟，都在王先生笔下成诗。他从这些景点的历史背景谈起，追溯其历史演变，探寻其文化源流，为西部文化增添了富有诗情画意的一笔。2010 年出版的《丝绸之路诗选注》将西北五省区（陕、甘、宁、青、新）境内的自然景观、文物古迹、历史名胜做了专论，详细地说明和介绍了西部五省共计 151 处景点，这些介绍呈现了西部历史文化、地理文化、民间文化、民族文化的独特、丰厚和灿烂。

三是丝路文学与文学丝路的诗意呈现。丝绸之路既是一条经济之路，也是一条文化之路。从古至今，历代文人骚客写下了无数以丝绸之路为题材的文学作品，尤以诗歌最为瞩目。丝绸之路独特的自然景观，诸如雪山草地、黄土沟壑、长河落日、大漠孤烟，成为历代文学反映的对象，也成为历代作家借以抒情的形象，更成为西部文学独特的意象；而丝绸之路独特的人文景观如风景名胜、文物古迹、历史人物、宗教文化、民族风情等也在各个时代的文艺作品中多有表现；独特的地域文化特点和艺术个性结合在一起，成为丝路文化中最富有特色的部分。

出于对丝路文化的兴趣和喜爱，1996 年王尚寿先生即着手"丝绸之路旅游景点诗歌"的收集和选注工作，之后这一工作因故中断。2002 年开始，王先生全力以赴投入该书的编撰工作中；2007 年，王先生及其女儿王向晖共同完成《丝绸之路诗选注》的写作，该书于 2010 年由甘肃文化出版社正式出版。

该书出版后获得业界的广泛好评。著名文学评论家陈涌称本书为"系统工程"。西北师范大学教授侯丕勋认为，此书"是真正的学术著作，很有价值"。洛阳师范学院教授许可权认为，此书是一项巨大的工程，收集资料丰富，填补了丝绸之路旅游诗选的空白，具有很高的旅游价值和学术价值。[1]2012 年，该书获第九届甘肃省优秀图书奖二等奖。

《丝绸之路诗选注》收录并介绍了陕、甘、宁、青、新 5 省区丝绸之路沿线的华山、秦陵兵马俑坑、华清池、大雁塔、崆峒山、麦积山、莫高窟、沙湖、塔尔寺、青海湖、天山天池、喀纳斯湖等 151 个旅游景点（区）。同时对每个景点选收古今作者描写它的古体诗或近体诗若干首，并加以注释。全书选收唐代至今 487 位作者的诗作

<hr/>

① 王尚寿：《就〈丝绸之路诗选注〉答读者问》，《甘肃文史》2016 年第 1 期。

1340余首，是描写丝绸之路旅游景点诗作的第一部选集。王先生将此书定位为"普及读物"，强调它的通俗易懂，认为它应为丝绸之路旅游景点及旅游诗的研究提供可靠而丰富的资料。但同时也不否认该书具有一定学术性，"对旅游景点的介绍，对诗作的注释等，也要有一定的学术价值"[①]。

《丝绸之路诗选注》是迄今为止有关丝绸之路中国段（涉及陕、甘、宁、青、新五省区）古今诗作的最为完善的选本，该书不仅介绍了大量的景点，而且以景带文，将丝绸之路沿途的一个个自然景观转换成文学景观呈现在读者面前。这些文学景观不仅展示了丝绸之路瑰丽神奇的自然之美，表达了人们对各种异地风光的认知、感受和想象，以及不同文化背景的人们在文化交流中的观念、情感和心态，同时也构成了文学丝路的地理版图，具有重要的文学价值和文化价值。

四

作为老一辈学人，王尚寿先生的学术研究呈现出几大特色，一为"杂"，二为"细"，三为"勤"，四为"通"。"杂"为先生自己所言，具体来看，其研究横跨"文学""美学""文化"三大领域，所列成果包括"评论""批评""述评""专论""专著"多种类型，内容涉及从古至今，从特殊到普遍，从重要到一般的多种文学命题、话题，其研究兴趣广泛，不可谓不杂。"细"指的是先生的学术研究讲究资料收集，注重考据、考证，强调案头工作，从问题的发生史入手，抽丝剥茧，一点点梳理出问题实质，最后给出结论和答案，讲究学术研究的规范、严谨。"勤"指的是先生在研究过程中勤读书，勤研究，勤思考，勤写作，勤修改。古人有云：'勤能补拙。'先生的每一部著作、每一篇文章都是他天天跑图书馆、资料室，早去晚归，翻看摘录大量文献资料而完成，迄今为止仍有相当资料在其个人收藏中，先生在有生之年仍不遗余力独自整理这些宝贵文献，直至去世，其"勤"可见。"通"是指先生在学术研究中除对一些具体问题展开研究外，更有相当一部分研究是跨越时间和空间不同维度作整体性关照和宏观描述的。他的《中国历代美学和文论资料索引》《丝绸之路文化大辞典》《丝绸之路诗选注》等著作均跨越几千年历史，涵盖不同地域，对其间重要的文学历史文化现象进行全面把握，一气贯通。上述特点既是先生治学的特点亦是优点，它反映出老一辈学人在治学方面踏实、严谨、认真、好学的态度，值得后辈学子学习。

在与先生的初次会面中，先生表达了自己治学方面的一些遗憾。他告诉我，他的

---

①王尚寿：《就〈丝绸之路诗选注〉答读者问》，《甘肃文史》2016年第1期。

研究有很多是出于单位学术和科研需要"遵命"而为的，为完成这些组织分配的任务，他投入了大量的精力和时间，也因此无暇顾及自己感兴趣的一些问题。先生说的问题是实情，故而省社科院马廷旭副院长在评价先生的学术生涯时，说他这一生是"为他人做嫁衣"。但在我看来，先生的遗憾恰恰是老一辈学人不计较个人得失、淡泊名利、爱岗敬业的体现，这也正是是陇上学人所推崇的一种精神品格。

与王先生匆匆一面之缘，尚未来得及细谈，先生便猝然而逝。但先生提供的成果清单和资料为我扫清了编书过程中的最大障碍。而先生的女儿王向晖女士和女婿岳天明先生在后续的编写过程中提供了大量的资料文献，并给予宝贵的意见和建议，这对成书起了重要的作用，在此一并致谢！因本人能力有限，本书编写尚有很多不足，还请批评指正。

《陇上学人文存·王尚寿卷》(第七辑)
作者：杨小兰

林家英

林家英先生，1935 年出生，福建省惠安人，自幼与诗结缘，三四岁时即从父学诗，熟记多首诗歌名篇，并能用闽南方言诵读、吟唱。1952 年，林先生考入复旦大学中文系读书，有幸听到刘大杰、朱东润等名师的讲课。1956 年毕业后，她毅然选择了条件艰苦的大西北，赴兰州大学执教，历任助教、讲师、副教授、教授、古代文学教研室主任、中国古代文学专业硕士生导师。曾任甘肃省政协第六、七、八届委员、常委兼科教文卫体委员会副主任、中华诗词学会常务理事、甘肃省唐代文学学会会长、甘肃诗词学会副会长等职，现任甘肃省文史馆馆员、中华诗词学会荣誉理事。从 1956 年至今，林先生在兰州大学任教已 61 年，主要从事中国古典诗词的教学与研究，已出版学术著作《中国古典诗歌选注》（四册，合著）、《甘肃古代作家》（合著，副主编）、《诗海拾贝集》、《诗海拾贝续集》、《唐诗精华》、《诗词鉴赏举要》（合著，第一作者）、《中华第一女性》（合著，主编）、《诗词散论》等，诗词集《雪泥鸿迹小集》、《雪泥鸿迹续集》，诗文集《追光存稿》等。林先生的诗词创作、鉴赏与研究都形成了自己的特点，取得了较大成就，产生了广泛影响。

一、情真意切，自然隽朗——林家英先生的诗词创作

南朝刘勰在其《文心雕龙·知音》中曾说"操千曲而后晓声，观千剑而后识器"，现代美学家朱光潜先生也说过："不通一艺莫谈艺，实践实感是真凭"（《怎样学美

学》)。对于中国古典诗词鉴赏与研究来说，要想妙解诗心，成为古人的隔代知音，自己写一些诗词就非常有必要。著名学者程千帆先生在指导研究生时，就曾要求学生"作作诗"，"自己能动手，体会他人的创作也可以加深，分析时自然能讲出内行话来"（《桑榆忆往》）。林家英先生从教以后，为了培养对诗词艺术真切、敏锐的感受能力，体会诗家三昧，开始了诗词创作。截至 2010 年 11 月，林先生已创作古诗词 1145 首，先后结集出版了诗集《雪泥鸿迹小集》《雪泥鸿迹续集》与诗文集《追光存稿》。

林先生的诗词内容丰富，主要包括写景纪行、抒发感情、反映现实、咏史怀古、应酬交游等，记载了其人生历程之外，更多地描绘了祖国的壮丽山河，反映了改革开放三十多年来社会的发展。

写景纪行是古典诗词中常见的题材，且有大量名篇名作传世。林先生前往祖国各地探亲、交流、游览之时，步履所至，有所感即形诸笔端，留下了大量歌咏祖国大好河山的诗词。翻阅诗集，可以看到林先生的写景纪行诗既有洛阳、厦门、西安、成都等现代都市，青城山、雁荡山、瘦西湖、青海湖、九寨沟等自然山水，同时又有成都杜甫草堂、巩县杜甫故里陵园、岳阳楼、海口五公祠等人文景观。在这些写景纪行诗中，歌咏甘肃的诗词尤为值得注意。林先生虽然生长南国，但长期在兰州大学任教，对兰州的山川风物多有歌咏，如《兰州黄河铁桥》《菩萨蛮·金城关旧址》等。同时，林先生足迹踏遍陇原大地，留下了不少诗篇，多角度、多方位地展现了甘肃独特的自然风貌、人文景观，如"漱石飞湍万树森，珠帘倒挂碧峰岑"（《宕昌县大河坝纪游十首》其三）、"落日祁连明积雪，驼铃瀚海响征程"（《嘉峪关抒情》）、"梨枣葡萄香四溢，耤河两岸立高楼"（《天水山川市井掠影》）、"千年谜底谁猜透？美在朦胧想象中"（《武都万象洞印象》）等。林先生诗中既有秀丽优美的陇南山水，又有苍凉辽阔的河西风光；既有独特的民风民俗，又有现代化都市的新貌。

中国古典诗词有着悠久的抒情传统，林先生的诗词同样善于抒写各类感情，较多的有亲情、乡情、师生情等。亲情诗既有对远方亲人挚诚的思念，又有久别重逢的欣喜；既有对长辈养育之恩的感念，又有对逝世亲人的哀伤与怀念；既有对长辈的祝福，又有对晚辈殷勤的希望。林先生大学毕业后即赴祖国西北的兰州任教，故乡惠安则远在千里之外的东南沿海，思乡之情常萦绕在心中，形诸文字就产生了《夏日乡思》《乡思寄闽中亲朋》等思乡的诗篇。在描写师生情的诗词中，常出现的是对恩师的感念与祝福，如"蚕身灯影连朝暮，德业双馨重育人"（《感师恩》）、"丽影鸿书抚远客，万千珍重百年春"（《暮春喜得蒋孔阳、濮之珍师惠寄合影》）等。写给学生的诗中，则处处流露出关切与期许，如"骏马风中驰骋去，会当千里奋飞蹄"（《中秋日寄京华世英、桥生》）、"更惜良时期奋发，天高海阔任翱翔"（《岁暮赠安华涛、唐启翠赴海南访学》）等。

从《诗经》"饥者歌其食，劳者歌其事"、汉乐府"感于哀乐，缘事而发"到中唐白居易"文章合为时而著，歌诗合为事而作"，中国诗歌一直有着悠久的现实主义传统。林先生在从事教师工作的同时，还参加了一些社会活动，她曾任甘肃省政协常委兼科教文卫体委员会副主任，积极参加政协的调研，建言献策之外，创作了大量反映现实的作品。香港、澳门回归，神舟七号航天飞船成功发射，举办亚运会、奥运会等国家大事，引大入秦工程、榆中北山集雨工程、白银电缆厂等陇原大地的发展在其诗词中都有反映，林先生真诚地为祖国的发展感到欣喜，并祝愿祖国继续繁荣昌盛。

林先生咏史怀古诗所咏对象可以分为两类：一是古代杰出人物，如屈原、苏武、杜甫等，一是近现代伟人，如毛泽东、周恩来、鲁迅等。其中有些诗是参观考察人文景观时发怀古之幽思，如《卧龙冈赞孔明》《周祖陵怀古三首》《湖湘访古二首》等，另外一些诗则是在与人物有密切联系的时间有所感而写，如《端午节缅怀屈原二首》《缅怀杜甫流寓陇右 1250 周年二首》《周恩来总理诞辰百年》等。林先生咏史怀古诗注意彰显所咏人物爱国爱民的感情，如《端午节缅怀屈原二首》歌咏屈原的爱国精神"百代忠魂萦故国""唤起忠贤报国来"；《咏郑和壮举二首》歌咏郑和下西洋使"华夏文明传四方"；《缅怀周恩来总理四首》歌咏了周恩来总理忧国忧民、日理万机、两袖清风、虚怀若谷、尊重知识、尊重人才。

应酬交游是古典诗词中另外一类常见题材，真实反映了古人的生活，林先生同样有大量的应酬交游诗词。概而言之，其应酬交游诗词大致可以分为三部分：一是与友人的诗词唱和，如《初夏夜和杨老植霖同志赠诗，步原韵》《春日和陆开华同志赠诗》《奉和卞志良同志七律抒怀》等。二是与政协会议、学术会议等各类会议有关，如《七绝六首分赠甘肃省政协六届六委员》《奉和霍松林先生喜赋杜甫研究会成立二首》《赴邵武参加全国严羽学术讨论会三首》等。三是记载与友人的迎来送往，这一类数量最多。或是收到友人书籍、诗文有感，如《谷融师寄赠〈当代大学者对话录·钱谷融卷〉有感而赋七律》《读程千帆先生惠赠〈沈祖棻诗词集〉，感佩不已，赋七绝三首》《戊辰暮春读裴老慎之先生病中赠诗一时感奋作小诗二首》等；或是收到友人信件、贺卡有感，如《壬申年夏日读施南池教授自沪上来信知其富春江之游遥有此寄》《岁暮得黄大燊先生新年贺卡，谨以小诗回赠》《读中俊寄赠贺卡并附信》等；或是祝贺友人寿诞，如《贺刘让言、王秉钧教授八十华诞暨从教五十周年庆典》《贺霍松林先生九十华诞》《贺骆老石华先生九十华诞》等；或是友人寄送物品有感，如《谢杨永芳女士惠赠玲珑手枕》《暮春喜得蒋孔阳、濮之珍师惠寄合影》《复旦同窗邓明以学姐病中自沪上寄赠羊毛衫》等；或是酬谢友人情谊，如《欣悉拙吟〈雪泥鸿迹小集〉有望付梓赠李果同志》《新春寄酒泉刘智宏同志》《西和县杜山农女》等；或是恭贺友人获得成绩，如《欣悉晓萍同志获亚洲杯妇女书画大赛二等奖作小诗二首以示祝贺》《贺秦理斌书家获世界铜奖艺术家称号》等。可以说，在林先生的生活里，诗词代替书信，成了与友人沟通交流最主要的媒介。在现代社会，随着信息化的发展，短信、微信、邮件已逐步代替了以前的纸质信件，写信的人变得越来越少，更不要说像古人一样用诗词来赠答。在这层意义上说，林先生至今依然用诗词来应酬交游，为我们保留了一份难得的诗意。值得指出的是，林先生非常关心兰大中文系的学生，学生活动她都会积极支持，如中文系学生成立青衿诗社时她写诗祝贺，举办"《半月报》史展览"时她题诗鼓励等。

此外，林先生还有咏物、题画、哀悼、送别等其他题材的诗，均是有感而发，言之有物。

林先生古体诗、律诗、绝句、词各种体裁均有大量创作，其中最擅长的是七言绝句。关于各体裁诗歌的风格，南开大学教授、著名中国古代文论学家王达津先生在为《雪泥鸿迹小集》作序时曾指出林先生："素长七绝，篇章最富。意境合江南塞北之美，神韵得昌龄摩诘之心。七律则有塞外风尘之气，豪壮居多；古诗则尚叙事述情之真，自然其体。小词清逸，不取《花间》；各体虽殊，均有妙诣"，其评甚为精当。但不管哪一种体裁，林先生的诗词都有其共同的特点，即情真、自然与豪旷。林先生论诗主张"真"，如《论诗二首》其一所言"感动沉吟贵一真"，她的作品很好地体现了这一点，无论面对什么人，描写什么内容，都能做到情真意切，毫无矫揉造作。林先生论诗崇尚自然，《论诗二首》其二认为"觅句推敲诚可学，芙蓉清水更当行"，她所作诗词从来不用僻字难字，不用艰涩的典故，令人读起来明白如话，朗朗上口。同时，林先生诗词并无古代女性作家作品中常见的悲伤消沉，字里行间流露出的多是豪迈自信、乐观旷达。

林先生的诗词大多发表于《中华诗词》《诗刊》《甘肃文艺》《天山》等各大刊物、报纸，并先后有作品入选《中国当代诗词选》《当代中华诗词选》《寰球诗词八百家选萃》《中华风韵·中国当代诗词家辞典》等多种诗词选。此外，林先生的七律《咏曹雪芹》由兰州碑林刻碑，《"九九归一"洮砚颂》用于甘肃省人民政府赠香港特区政府成立的礼品证书，随洮砚留存香港。这一切都说明，林先生的诗词创作产生了积极影响。

二、灵犀一点，妙解诗心——林家英先生的诗词鉴赏

20世纪80年代，改革开放伊始，求知的热潮席卷大江南北，社会上迫切需要能够

带领普通读者读懂古代经典文本、领略经典魅力的书籍。上海古籍出版社组织古代文学研究学者于 1983 年编写出版了《唐诗鉴赏辞典》，第一版重印 35 次，印数达 240万，产生了巨大的影响，并引领了文学鉴赏热。此后，各大出版社相继出版各类鉴赏辞典。林家英先生是这股文学鉴赏热潮的积极参与者。鉴赏文章看起来容易写，但要写好很难。如果只是先简单介绍作家生平，再按照诗意串讲一番，则了无新意。在那股鉴赏热潮中，既有别出机杼、鞭辟入里的分析，同时也不乏粗制滥造、平淡寡味的鉴赏。长于诗词创作的林先生，往往能以善感之诗心，通过文本直达诗人心灵，灵犀一点，妙解诗心。概而言之，林先生鉴赏文章的特点主要包括四方面：

第一，能够直探作者之深心。林先生赏析诗词并非仅停留在字句大意的解释，而是结合诗人人生经历、所处社会环境及写作时具体场景，透过文本直探诗人内心。如赏析魏晋之际阮籍的《咏怀·夜中不能寐》："夜中不能寐，起坐弹鸣琴。薄帷鉴明月，清风吹我襟。孤鸿号外野，翔鸟鸣北林。徘徊将何见？忧思独伤心。"这首诗是《咏怀》八十二首的第一首，为整组诗之纲，如果仅停留在对字句表层进行解读，当然也没有错，但是对于诗人为何夜中难寐、徘徊伤心不做一番探究的话，对诗意的了解就难免肤浅。对于阮籍诗歌，刘勰《文心雕龙·明诗》认为"阮旨遥深"，钟嵘《诗品》认为"厥旨渊放，归趣难求"，后代诗评家一致认为其诗忧思独深，委折深隐。到了现代，刘大杰《中国文学发展史》指出阮籍的忧思伤心是"忧思宇宙间一切的幻灭，他伤心人事社会的离乱，他不满政治的黑暗，而又无力改变。他羡慕仙界的美丽而又同时感其虚无，他痛恨现实世界的恶劣而又无法逃避"，指出了阮籍的无奈。游国恩主编《中国文学史》认为这首诗"表现了生活在黑暗现实里的诗人内心苦闷，末两句更充分表现出他那看不见任何希望和出路的忧思。'独坐空堂上'一首则典型地表现了诗人孤独索寞的感情"，指出了阮籍的绝望和孤独索寞。林先生则结合曹魏时期政治斗争的严酷形势以及阮籍的人生经历，认为他对"现实黑暗政治非常厌恶而又无力抗争，他从少年时代起就积极练武准备报效国家，但又不愿与司马氏集团合作；他纵酒沉醉蹉跎岁月，而又未能忘却实现自己的抱负……这些矛盾痛苦的感情都郁结在心灵深处，时时煎熬着他，使他长夜难眠"，在前人的基础上指出了阮籍内心的矛盾痛苦。阮籍不像嵇康一样与司马氏直接决裂，也不像山涛、王戎一样合作，而是时时处在一种矛盾中，这样的心态更为复杂，也更为真实，为读者理解《咏怀》诗提供了另外一种角度。

第二，能够分析作品艺术上的精微独特之处。唐代诗人杜甫曾说"文章千古事，得失寸心知"。阐释诗文艺术上的精微之处比解读思想内容更加需要功力，而这也正是林先生所长。林先生在赏析诗词的时候，能够结合自己的创作经验，具体分析作品运用的结构章法、修辞手法与遣词用字，不但告诉读者有多好，更重要的是告诉读者为什么好。结构章法如在赏析杜甫《丽人行》时指出运用了"先叙事后点破题意的结构艺术";修辞手法如赏析元代王实甫《西厢记·长亭送别》时指出先后运用了衬托、双关、夸张等手法;遣词用字如分析曹植《情诗》"游鱼潜渌水,翔鸟薄天飞"两句,指出"'潜'字状游鱼安然不惊之神态,'薄'字状鸟儿高飞、自由快意的神采,可谓画龙点睛之笔。且'潜'字属平声闭口韵,声音轻细,正切合表现出游鱼安然的神态;'薄'字属入声韵,声音短促,更添翔鸟'飞飞摩苍天'的气势,状难写之境如在目前,充分显示出诗人敏锐的观察力及其精湛的艺术表现力,堪称'诗眼'"。不但从字意上分析其妙用,还能与其读音结合。中国古典诗词除了诗意美之外,还有其声韵美,林先生从小擅长吟诵古典诗词,所以在赏析诗词时,常常能发现古人斟音酌句的精微之处。

第三,能够联系前后相类似之作品。好的鉴赏不能就诗论诗,而应充分联系前后相类似的作品,让读者了解本诗的渊承流变,并在比较中凸显本诗的特点。林先生的鉴赏不但能联系同一诗人的其他作品,更重要的是能联想到不同时期其他作者的类似作品。所联系的相类似的作品主要包括四种:题材相同,如赏析唐人贺知章《杨柳枝》之时,引用《诗经·小雅·采薇》、《古诗十九首·青青河畔草》、无名氏《读曲歌》、隋代薛道衡《昔昔盐》等前代咏柳名句;诗人襟怀相似,如赏析唐人杨炯《从军行》"宁为百夫长,胜作一书生"时,引用了王维《送赵都督赴代州》中的"岂学书生辈,窗间老一经"、高适《塞下曲》中的"万里不惜死,一朝得成功。画图麒麟阁,入朝明光宫。大笑向文士,一经何足穷"、岑参《送李副使赴碛西官军》中的"功名只向马上取,真是英雄一丈夫",指出杨炯《从军行》实有开风气之功;艺术构思相似,如赏析南北朝庾信《重别周尚书》"阳关万里道,不见一人归。唯有河边雁,秋来南向飞"时,指出与隋代薛道衡《人日思归》"人归落雁后"句立意相似;遣词用字相似,如赏析唐人王昌龄《闺怨》诗"忽见陌头杨柳色"时,引用了岑参《白雪歌送武判官归京》中的"忽如一夜春风来,千树万树梨花开"、杜甫《闻官军收河南河北》中的"剑外忽传收蓟北,初闻涕泪满衣裳"、白居易《长恨歌》中的"忽闻海上有仙山,山在虚无缥缈间"、《琵琶行》中的"忽闻水上琵琶声,主人忘归客不发"等用"忽"字的诗句,并分析了"忽"字的妙用。

第四,以小见大,能够将作家作品放在整个诗歌史发展的大背景下对其进行分析评价。具体来说,大致又可以分三种情况:一是由鉴赏具体作品出发梳理某一类型作品的发展脉络,如赏析宋代苏轼《江城子·乙卯正月二十日夜记梦》时,指出前代悼亡名篇还有西晋潘岳《悼亡诗》、唐代元稹《遣悲怀》,梳理了悼亡诗发展的脉络。二是由具体作品出发分析该诗人的风格特点。如赏析唐代高适《送李侍御赴安西》诗时,分析了其边塞诗的特点，并与岑参进行了比较。三是注意分析具体作品、作家在诗歌发展中的地位与影响。如在赏析晋末宋初谢灵运《石壁精舍还湖中作》诗，将其放在整个诗歌史发展的大背景下进行分析评价，指出谢灵运致力于山水诗的创作，对当时诗坛及后世诗歌创作都产生了较大影响。"南朝宋初诗歌能够基本上脱离老、庄玄理的束缚而走向写景状物的新的艺术道路，首先应该归功于谢灵运。盛唐田园山水诗派，则是对陶渊明、谢灵运田园山水诗的继承和发展。唐代伟大诗人李白、杜甫、白居易对谢灵运的创作都表示过由衷的仰慕"。赏析南朝诗人阴铿《江津送刘光禄不及》诗时，将其置入"永明体"发展的背景下分析，认为这首诗"显示出声律、对仗等技巧的成熟，在景物描写、章法结构上具有五言律诗的风神韵致，与汉魏古诗质朴浑然、一气呵成的气势迥异，见出六朝诗歌由古体向新体进而向近体演进的趋势"。

总之，林先生在赏析诗词时既能入乎其内，很好地解读文本本身，简洁明了地道出其精妙之处，又能出乎其外，将作品与诗人其他创作相结合，并置于整个文学发展的潮流中去分析评价。

林先生的诗词鉴赏获得了学术界广泛认可与高度评价，曾先后与萧涤非、程千帆、霍松林等前辈学者一起，为《先秦汉魏晋六朝诗鉴赏辞典》《唐诗鉴赏辞典》《唐五代词鉴赏辞典》《宋词鉴赏辞典》等三十余种鉴赏辞典撰写了一百三十余篇文章。林先生于1990、1991两年将这些鉴赏文章结集为《诗海拾贝集》《诗海拾贝续集》，由甘肃人民出版社出版，四川大学教授、著名文史研究专家缪钺先生，华东师范大学教授、著名文艺理论专家钱谷融先生分别作序。林先生的诗词鉴赏正是缪先生《诗海拾贝集序》中所认为的能够"探索作者之深心，阐释艺术之高境，比量类似之篇什，追寻演变之轨迹，因小见大，由显推隐，读者将能获得举一反三、启示感受之效益"的文章。钱谷融先生在《诗海拾贝续集序》中则说林先生的"诗词赏析之作，其体会之深，析理之精，使我十分叹赏。读家英同志的文章，令人感到特别亲切。仿佛她就站在你的面前，娓娓而谈地把她对古人诗词的爱好，把她从阅读中所得来的欢喜和忧伤，坦诚地向你和盘托出，使你不能不为她的真挚的态度和充满激情的语言所深深地吸引。赏析文章能写得这样生动，这样富有魅力，实在是很不容易的"。

三、潜心诗海，阐幽抉微——林家英先生的诗词研究

林先生并未止步于诗词鉴赏，而是在鉴赏的基础上，对古典诗词进行了多方面研究。考察林先生的学术研究，其特点主要表现在四个方面。

首先，研究以鉴赏为基础。张伯伟《陶渊明的文学史地位新论》曾指出中国文学研究现在存在两大问题，其中之一是文学本体的缺失，"以文献学代替文学，将艺术

作品当作历史化石，或者用'科学的'方法，比如统计、定量分析、图解等，追求文学研究的'实证性'和'技术化'"。中国古典诗词一直有抒情言志的传统，所有的作品都包含着诗人的情感，当将其看成冷冰冰的史料去进行科学分析的时候，诗词的生命或许已被掩盖。与之不同，林先生所有的研究都是建立在对诗词文本解读的基础上。如《浅论杜甫〈凤凰台〉》一文，针对杜诗研究界将杜甫《凤凰台》与《茅屋为秋风所破歌》并举，认为这两首都是"较突出的现实主义作品"，而林先生从两诗文本出发，认为《凤凰台》诗中"诗人杜甫的兴趣、感情却全部集中到由台名而生发出来的对瑞鸟凤凰的联想，和对国运中兴的祝愿上来，而没有致力于具体、细致地描摹山水"，"是杜甫诗歌遗产中一篇不可多得的浪漫主义杰作"。因为结论是建立在文本解读之上，所以真实可信。论文立论既不凭空想象，也不墨守前人，而建立在对诗词文本细致的分析上，这正是林先生学术研究的特点之一。

其次，研究与创作相结合。从唐代杜甫《论诗六绝句》开始，到金代元好问《论诗三十首》、清代赵翼《论诗五首》，论诗诗成了中国古代文学发展中较有特色的一种批评形式。林先生继承并发展了古人这种形式，先后创作了《先唐诗论十二首》《唐宋诗人论三十七首》与《诗圣杜甫颂三十四首》三组诗，对古代诗人进行吟咏评析。其特点主要表现在三个方面：（一）这三组诗共八十三首，吟咏了先秦诗经、屈原，魏曹植，晋左思、谢道韫、陶渊明，南朝谢灵运、谢朓、阴铿，唐代陈子昂、王维、李白、杜甫、岑参、元结、李益、李贺、韩愈、柳宗元、白居易、杜牧、李商隐，南唐李煜，宋代范仲淹、柳永、苏轼、李清照、陆游、辛弃疾、杨万里、姜夔、严羽，对中国古典诗词从先秦到宋代的发展演变做了梳理，从中可以看出一种用诗写成的诗史的脉络。（二）在论述时每首诗根据具体诗人不同成就，侧重点也有所不同。如咏陈子昂突出其力倡复古改变诗风与《登幽州台歌》，咏范仲淹突出其《岳阳楼记》与"先天下之忧而忧，后天下之乐而乐"的人格魅力，咏杨万里突出其活法为师的"诚斋体"，都极其精要地指出所咏诗人的特点或代表性篇目、轶事。（三）在涵盖先秦到宋代之间重要诗人的基础上，又能对重要诗人进行重点品评。《先唐诗论十二首》中用了三首诗咏屈原，两首诗咏谢灵运；《唐宋诗人论三十七首》用了七首诗咏李白，三首诗咏白居易、苏轼、陆游，两首诗咏李煜、李清照、辛弃疾；《诗圣杜甫颂三十四首》更是用三十四首诗对杜甫的人生经历、诗歌风格等进行了酣畅论述。

第三，研究与实地考察结合。这主要体现在林先生关于杜诗的一系列研究中。1983 年至 1989 年间，林先生曾三次赴天水—礼县—西和—成县—徽县，考察了杜甫的行踪遗迹，并撰写了《评迹辨踪学杜诗——杜甫由秦州赴同谷纪行诗实地考察散记》《陇右山水多感发——杜甫陇右纪行诗散论》《艰难困苦锻诗魂——〈杜甫与徽县〉读后》《瑶湾访古说杜诗》《山川肖形神，纪行蕴人文——杜甫在陇右的行吟》等系列论文。通过实地考察，林先生辨析了杜诗研究中一些前人代代相沿之误。如《评迹辨踪学杜诗——杜甫由秦州赴同谷纪行诗实地考察散记》一文，明人王嗣奭《杜臆》、清人仇兆鳌《杜诗详注》引《一统志》，认为赤谷在巩昌府西南七里，杨伦《杜诗镜铨》引《一统志》则认为赤谷在巩昌府西南七十里，林先生通过实地考察认为七十里不准确，赤谷在今天水市西南七里处、赤峪河流经的暖和湾一带，山呈赤色。关于泥功山的地理位置，有关史籍、方志和杜诗注本大体上有甘肃徽县境内青泥岭和成县境内两种说法，林先生通过实地考察后，认为泥功山不可能是青泥岭，因为《泥功山》在由秦州赴同谷的纪行诗中，而徽县青泥岭是由陇入蜀的最后一道峻岭，如果是青泥岭的话则于大方向舛误，而成县西北三十里处的牛心山有较大可能是杜诗中的泥功山。林先生与实地考察结合后对杜诗进行的一系列研究，为解决历来存在的疑难问题提供了新的材料，推动了杜诗研究的深入。在此基础上，林先生完成了电视专题片文本《杜甫在秦州》《杜甫在陇南》，由兰大电教中心摄制成图文兼见的专题片，先后于 1989 年 3 月 24 日、1991 年 8 月 14 日由甘肃省电视台播出，并获得了学界同仁一致的赞誉与好评。

第四，主流与本土并重。林先生的学术研究于唐宋诗词用力尤勤，对李白、杜甫、陆游、辛弃疾等古代文学史中的主流作家关注较多。在此之外，林先生对甘肃作家或甘肃题材的诗词同样给予了较多关注。早在 1982 年 2 月，林先生即作为副主编与人合著《甘肃古代作家》一书，该书选取了 26 个甘肃古代作家进行介绍，并亲自撰写了《阴铿》《李益》《权德舆》等章节。之后，又发表论文《论阴铿诗歌与新体诗的演进》《论中唐诗人李益及其诗歌》《论权德舆的为人、为文、为诗》（合著，第一作者），对三位甘肃诗人进行探讨。即使是研究主流的作家，林先生也较多关注其与甘肃相关的方面，如研究杜甫主要致力于在甘肃的创作，《丝绸之路与盛唐边塞诗》一文阐发了盛唐边塞诗与丝绸之路的关系。林先生不但关注古代甘肃作家，而且对当代甘肃的古体诗词创作进行了较系统的研究。林先生先后撰文对杨植霖、于忠正、孙一峰等当代诗人的古体诗词进行探讨，并发表《甘肃当代诗词述评》（合著，第一作者）一文，考察了甘肃省从 1949 年 10 月中华人民共和国成立至 1999 年 4 月古体诗词的发展情况。虽然时代不同，但古体诗词这种文体在当代依然有很多诗人在创作，并且出现了很多不同于古代的特点，林先生是当代甘肃诗词界重要的诗人，同时又对其进行了系统研究，对当代甘肃古体诗词创作起到了一定的推动作用。尽管林先生的学术研究主要集中在古体诗词，但对当代的诗歌创作同样有较多关注，如《长诗〈古堡〉读后》《长歌短啸行吟——评姚文仓诗歌创作》，分别对诗人高平、姚文仓的诗集进行了评析。

林先生的学术研究获得了学界的认可与好评。《开遍江南品最高——读秋瑾诗词》一文被人大复印资料《中国古代、近代文学研究》全文转载。著名诗词研究专家叶嘉莹先生在观看电视专题片《杜甫在秦州》《杜甫在陇南》后作诗称赞道："曾吟子美秦成作，南陇山川有梦思，此日陇南来眼底，今诗人说古人诗。"张忠纲《杜集叙录》专门介绍了林先生关于杜甫陇右诗的研究，李文衡主编《甘肃当代文艺五十年》专门介绍了林先生的古典文学研究。林先生还入选强宗恕主编《陇上社科人物》，任孚先、武鹰《中外文学家评论辞典》等。

在坚持创作与研究的同时，林先生始终不忘提携后进，曾先后为张国元《相思依旧》、邓伯言《南窗诗词存稿》、高人雄《山水诗论稿》、刘洁《唐诗审美十论》、兰大附中高中学生凯雷诗集《灰鹁鸪的歌声》等书作序。八十岁寿辰之时，林先生曾撰《桃李情》三首，其一为"一从缘结萃英门，似水流年弥觉亲。杨柳楼台桃李梦，唐音宋韵品真醇"。林先生所教授之本科生、研究生及其他弟子多人，其中大多已卓有成就，如《读者》杂志社总编富康年、副总编侯润章，《羊城晚报》副刊部主任陈桥生，中国戏曲学院教授李世英，西北民族大学教授高人雄，教育部"长江学者奖励计划"青年学者、浙江大学古籍所教授冯国栋，咸阳师范学院教授李世忠等。《桃李情》其二写道："沃土根深枝叶繁，芳华桃李绽斑斓。人文素养滋风采，青胜于蓝信必然。""青胜于蓝信必然"代表了林先生对学生的殷切期盼。任教兰州大学六十余年，林先生始终与唐宋诗词相伴，写诗、教诗、研诗，潜心诗海，妙解诗心。

《陇上学人文存·林家英卷》（第六辑）
作者：杨许波　庆振轩

张鸿勋

张鸿勋先生，1935 年 2 月生，河南荥阳人。1940 年，避日寇战乱，随家迁往西安，读完小学和中学。1955 年考入兰州大学中文系，1959 年 7 月毕业后分配到天水师范专科学校（现天水师范学院）任教，担任讲师、副教授和教授，直到 2005 年退休。张先生在天水工作半个多世纪，他的全部精力和心血，都贡献给了甘肃的教育事业。

张鸿勋先生虽然工作在学术文化信息相对偏僻的三线城市，用唐代史学家刘知几《史通》中评价十六国时期敦煌人刘昞的话说，就是"地居下国，路绝上京"，但半个多世纪以来，张先生以他敏锐的学术眼光，勤奋执着地进行学术研究，取得了突出的成就。

早在大学二三年级的时候，张先生就对唐宋以来的俗文学产生了浓厚的兴趣，尤其是对宋元话本小说情有独钟，曾集中精力搜集相关材料，准备编撰一部"宋元话本小说叙录"。"拟将现存的几部话本和拟话本集，如《清平山堂话本》《京本通俗小说》《三言》《二拍》等，逐篇考索诸家之著录、版本之异同、编写之时代、体制之特点、故事之衍变、于后世小说戏曲之影响等等。"①后来因为看到了孙楷第的《小说旁证》和谭正璧的《三言二拍资料》等，这一工作就放了下来。张先生的这一愿望虽未实现，但他的功夫却未白费。1958 年，大学三年级的时候，张先生就在《文学遗产

---

① 张鸿勋：《在探索的路上》，《文史知识》1988 年第 12 期。

增刊》第6辑上发表了《试论〈金瓶梅〉的作者、时代、取材》的论文。一个本科未毕业的学生能在国家最高的学术刊物上发表论文，公然讨论中国第一大"淫书"《金瓶梅》，我们除敬佩他"初生牛犊不怕虎"的勇气外，还佩服他讨论问题的切入点——《金瓶梅》的作者、时代、取材——这是古代文学研究的最基础问题。46年后，许建平教授在《〈金瓶梅〉作者研究八十年》一文中说："1958年，张鸿勋一方面接受吴晗等人的观点，否定王世贞创作《金瓶梅》，一方面又在王世贞之外寻找作者。他以《新刻金瓶梅词话》卷首的欣欣子《序》作为推测作者的依据，从序文中得到两个信息：'首先，《金瓶梅》的作者是笑笑生，而不是王世贞'；'其次，作者是兰陵人，兰陵即今天的山东峄县，就是说作者是山东人'。于是他的结论是：'可以肯定地说，《金瓶梅》的作者不是王世贞，而是笑笑生，他是山东峄县人。'并进一步推测说：'很可能是一个中下层的知识分子，并且是一个很爱好民间文艺的人。'张鸿勋的结论虽简单，却将作者的研究由'嘉靖大名士'引向了'兰陵笑笑生'。追问'兰陵笑笑生'为何人，自此成为一段时间内研究作者的学人们努力的方向。"[①]这是时过境迁之后的公允之论。

　　参加工作后的张先生，课外仍未放弃他的通俗文学研究，只是已从宋元话本小说转向了敦煌俗讲变文。遗憾的是十年浩劫的破坏，张先生的研究不得不停顿下来。改革开放以后，学术研究逐渐复苏。张先生便厚积薄发，脱颖而出，推出了一批高质量的敦煌文学的研究成果。第一篇是发表于《文学遗产》1982年第2期的《敦煌讲唱文学的体制及类型初探》。在敦煌文学研究之初，由于多种原因，敦煌遗书中几乎所有讲唱作品都被笼统地称作"变文"，而且在很长的一段时间内几成定论。这种不加区分不同作品的体裁和名目而笼统地将其称为"变文"的做法，既不符合我国渊远流长的讲唱文学历史，更不能概括敦煌讲唱作品丰富多彩的艺术形式，不免有把复杂问题简单化和以偏概全之嫌。向达、周绍良和程毅中等先生曾先后倡议对敦煌讲唱作品做具体的分类。张先生这篇文章主张在充分尊重原有篇名的前提下对敦煌讲唱作品进行重新分类，并提出"四项原则"，即充分尊重抄卷原有的标名，作为研究这个问题的基础；分析各种讲唱作品形态发展的特点，以及这些形态间的内在联系；从唐人诗文杂记钩稽可作印证的有关史料；参考现代专家学者的研究成果。最后将《敦煌变文集》中保存原有标名的39种作品，根据其不同的源流、体制、内容和表演等因素，分为词文、故事赋、话本、变文、因缘和讲经文（附押座文）五类，并详细考证了各类作品的体制、内容、表演仪式等问题。本文的基本观点，是张先生敦煌讲唱文学研究的基石，

---

① 许建平：《〈金瓶梅〉作者研究八十年》，《河北学刊》2004年第1期。

在敦煌文学研究史上，具有重要学术意义，因而产生了较大的学术反响。郑阿财教授在《二十世纪敦煌学的回顾与展望——中国大陆篇》一文中对该文作了这样的评价：

> 对敦煌变文的概念进行探索，产生重大影响的则推张鸿勋《敦煌讲唱文学的体制及类型初探》，针对《敦煌变文集》所收作品的称名与分类进行检讨，提出新的主张，依据作品从体制、渊源、流变、题材、语言、风格、演出等方面加以分析，而分为词文、故事赋、话本、变文、讲经文等五类，及押座文附录。此说一出，咸以为新说而蔚然成风，影响至巨，大有取代以变文称呼敦煌讲唱文学之势。①

台湾前辈学者潘重规在其《敦煌变文集新书·后记》中却不同意张先生提出的四项原则和体制分类，他说：

> 变文是一时代文体的通俗名称，它的实质便是故事；讲经文、因缘、缘起、词文、诗、赋、传、记等等不过是它的外衣。譬如一位某甲，穿着中装、西装、和服乃至于运动衫、游泳衣等等的写真照片，我们不能以服装的不同，而断定这不是某甲的写真照片。变文所以有种种异称，正因为它说故事时用种种不同文体的外衣来表达的缘故。张鸿勋诸人不深切了解这种情况，只执著抄卷原有的标名，作为文体分类的标准，便会窒碍不通。"②

项楚先生虽"认为用·变文，统称这类通俗文学作品是可取的，也是必要的"，但仍对张鸿勋等先生的变文分类做法给予了肯定：

> 随着研究者对被称为'变文'的这些通俗说唱作品的研究进一步深入，人们逐渐发现这些作品其实是彼此并不相同的，有的是纯韵文，有的是纯散文，有的却是韵散合用，这其间又有许多细致的差别。总之，他们的体制是多种多样的。因此，研究者又把它们区分为各种不同的类型。其中有代表性的意见，如张鸿勋先生将它们区分为词文、故事赋、话本、变文、讲经文等五类，以及押座文附类。周绍良先生则区分为变文、讲经文、因缘（缘起）、词文、诗话、话本、赋等七类，以及押座文、解座文附类。各家分类虽然不同，但都标志着对这类俗文学作品的认识更加深入细致，也可以说进入了新的研究阶段。……目前我国大陆的许多学者已经接受了这种看法。③

这些由张先生论文引发出的学术讨论，各抒己见，各有其理。事过多年后张先生反思这一讨论时说："80年代初，变文研究一开始就从称名分类问题开始，应该说是对前六十年研究成果重新审视后，为将其研究推进一步，意图找出新途径而作的新思

---

①郑阿财：《二十世纪敦煌学的回顾与展望——中国大陆篇》，《汉学研究通讯》第9卷第2期（总第74期），2000年5月。
②潘重规：《敦煌变文集新书》，台湾中国文化大学中文研究所印行，1984年，第1317页。
③项楚：《敦煌变文选注》(增订本)，中华书局，2006年，第2-3页。

考。这些新思考并非十全十美，可以也应当在日后的学术讨论或研究实践中进一步探讨和检验。但其勇于探索、敢于立论，不满足于以往的定势，而要在各自的探索中寻找更加接近实际的做法，是应该肯定的。"①古今中外学术研究的历史告诉我们，研究中不同见解之间的碰撞，往往是促进学术发展进步的动力之一。在这一讨论中，张先生同样显示了他做学问求真务实的探索精神。

综观张先生的敦煌说唱文学研究，有一个基本出发点，即认为保存在敦煌遗书内那批说唱故事类作品，并非为供人案头阅读赏析的奇文，在当年它应是活跃于城镇闹市、寺院斋会、宅第歌场供艺人口讲指划演唱的底本，那么对它的研究就不能局限于书面文本一隅，作为伎艺表演，就不能不考察它的演出场所和演出时间，演唱艺人与听众群体，演唱程式与韵式乐型等等其他因素，这样才能突破单纯的书面文本研究，进入生动活泼、多彩多姿的伎艺园地。张先生《敦煌讲唱伎艺搬演考略》（《敦煌学辑刊》，1983 年第 3 期）一文就是具体阐述上述观点的力作。此文以《敦煌变文集》所收各类作品为依据，又钩索典籍，爬罗史料，对敦煌讲唱伎艺演出的时间、地点、演唱者、听众、演唱底本、演唱程式等做了全面的论述。文章说："考察了唐五代各类讲唱搬演的一些情况后，我们可以得到这样的认识：源远流长的讲唱伎艺，发展到了唐五代，走出了专为宫廷、官绅服务的狭小圈子，更加普及化和平民化了；艺人的组成扩大了范围，更职业化了；改变了过去单一的口传方式，有了说唱底本，趋向固定化了；演出有了一定仪程，出现了规范化。这都表明，讲唱艺术此时有了飞跃的质变，已走向成熟，一个新的讲唱艺术大发展时期将开始了。"正如刘瑞明教授所指出的，这篇文章研究的内容和方法"在敦煌学研究中是独一无二的"②。我在一篇短文中曾提出："敦煌文学最典型的特点是：以口耳相传为其主要传播方式，以集体移时创作为其创作的特征，以仪式讲诵为其主要生存形态。"仪式是文化的贮存器，是文化（文学）产生的模式，也是文化（文学）存在的模式。从文学角度看，仪式的一次展演过程就是一个"文学事件"③。把文学放到它产生生存的动态之中，这就使死的案头文学活了起来。有学者指出："进入 20 世纪 90 年代以后，学者们开始树立'活形态'的史诗观……试图探讨口头诗歌的内部运作机制，以传统、体裁和文本为依据，进入口头诗学的新视野，由史诗的历史、社会和文化的外部研究，转向史诗样式的内部结构研究。"④在这方面，张先生的研究是在起步较早的行列之中的。

---

①张鸿勋：《回顾与思考：敦煌变文研究二题——兼答潘重规先生》，《敦煌研究》2000年第2期。

②刘瑞明：《至诚的学术感情，独到的研究业绩——评敦煌学专家张鸿勋教授的〈敦煌俗文学研究〉一书》，《天水师范学院学报》2005年第4期。

③伏俊琏：《敦煌文学：雅俗文化交织中的仪式呈现》，《中国社会科学报》2010年4月30日。

④尹虎彬：《古代经典与口头传统·引言》，中国社会科学出版社，2002年，第3页。

20 世纪 90 年代，张先生在新文丰出版公司出版了专著《敦煌话本词文俗赋导论》（1993 年 2 月）。此著篇幅虽不大，却较为详细地界定了这几类俗文学的名称、性质、形成、演变、文本情况、思想内容、艺术成就、文学价值等，这应是首开敦煌讲唱文学外体研究的一部著作。接着又出版了《敦煌讲唱文学概论》（新文丰出版公司 1993 年 10 月）。此书共分七章，分别论述了"唐五代的敦煌社会和文化""敦煌说唱文学的类型与渊源""敦煌说唱文学的体制""敦煌说唱伎艺的搬演""敦煌说唱文学的艺术成就""敦煌说唱文学在中国文学史上的地位和影响"等问题，其中对敦煌说唱文学的体制和演出情况考述尤为精细。书中对变文渊源的讨论，主要抓住"变"字的来源及其含义这两个关键问题展开论述。首先系统全面地整理了前人对于这两个问题的观点和看法，其中对"变文"的来源一说，概括起来不外乎"外来说"和"本土说"，对"变"字的含义的观点也主要有"音译说"和"意译说"。对此张先生认为源自"外来佛教说"或"本土变歌说"等观点都有偏颇。他主张要在考虑中外文化交流的大范畴的背景和前提下并结合传播学和接受学的相关知识来讨论这一问题，他分析说："任何一种文艺的兴起，首先要以自身原有的发展因素为基础，其次才直接或者间接地受到其他文艺的影响，最后创造出大众易于接受的新文艺，变文的形成，自然不会例外。""变文毕竟是按着我国人民的心理素质和审美习好，以中国民族形式的诗文为载体的文学。它是在我国原有的叙事诗、讲故事传统形式基础上，吸收佛教讲经形式而嬗变产生的有民族特色的一种新型说唱文学形式。"也就是说，它是外来文化与本土文化从冲突到依附，再到适应而融合的结果。这一"中外综合说"，就俗讲变文产生的源头来说，应当是一种最符合历史事实的观点。

张鸿勋先生对敦煌俗文学的总体研究是建立在对具体作品吃透的基础之上的。他的《敦煌讲唱文学作品选注》（甘肃人民出版社 1987 年），以王重民等编校的《敦煌变文集》为底本，选出有代表性的 25 篇作品进行校勘和注解。此书的校注，审慎而稳妥，以综合前人时贤之说为主，不轻易提出新说，以文从字顺为原则，朴实中显示着学术质量。值得一提的是，该书在每篇作品后专立"备考"一节，对该篇的抄卷情况、历史背景、故事流变、编著时代等问题分别加以阐述。此书是正式出版的第一部敦煌讲唱文学作品选注本，具有第一个"敢吃螃蟹"的意义。其"备考"一节学术含量丰富，在文学作品选注本的体例设置方面是一个创举。可惜，学术界似乎并没有注意到。

吕薇芬、张燕谨主编的"20 世纪中国文学研究丛书"《隋唐五代文学》一书中，撰稿者对张鸿勋先生的敦煌讲唱文学进行了比较详尽的评述，认为："80 年代以后，学界对敦煌说唱文学及其体制、搬演仪式再次进行了深入的探讨，其中张鸿勋取得的成就尤为显著。"①张鸿勋先生对 20 世纪最后 20 年敦煌文学的研究具有推动之功，而且也用自己的研究实践"建立了一整套敦煌讲唱文学的理论体系"。②

20 多年后，张鸿勋先生反思自己的敦煌讲唱文学研究，感慨万端，这样写道：

20 多年前的研究，虽早已远远落后于时贤新的研究，但它们既是变文研究过程中出现过的东西，今天再看，就我自己而言，至少有两点是无愧于心的。其一，在变文溯源上，我既不完全同意外来佛教影响说，也不完全同意本土"变歌"说，而是本着陈寅恪先生"在吾国……其真能于思想史上自成系统，有所创获者，必须一方面吸收输入外来之学说，一方面不忘本来民族之地位，此二种相反而适相成之态度，乃两千年吾民族与他民族思想接触史之所昭示者也"（《冯友兰中国哲学史下册审查报告》，上海古籍出版社 1980 年 10 月版《金明馆丛稿二编》，第 252 页）之教，认为文的渊源应是外来文化与本土文化融合后的结果。也就是说，先秦两汉早已活跃之瞽史矇师口传叙事歌谣、寓言故事等活动是它的民族基础，魏晋以来的佛经的传译、教化讲经，斋会上的转读、唱导，是它的外来"催生"，遂逐渐演化为俗讲变文。荣幸得很，我的观点也得到一些学人的关注。天津北方曲艺学校倪钟之《曲艺文选》说到曲艺发展史上的变文时指出："他（引案：指拙著）在这里却找到了事物发展的本质规律，即把我国传统文学的影响作为'内因'，把佛教讲经的影响作为'外因'，按照最普通的常识，'外因通过内因起作用'，那么……变文应该是继承我国古代某些说唱因素，到唐代受到寺院俗讲的刺激，才使它应运而生，这是比较全面的看法。"③倪君之言，未敢以必，而"嘤其鸣矣，求其友声"，当以友声视之吧。说到这里，我要顺便讲一下：因为我认为变文的形成，首先应有本民族特色的文学形式、思维模式、审美情趣等为基础，尔后又与佛教文学的撞击、选择、消化与融合，最终才出现这种雅俗共赏的一种新文学作品，故而我选编变文或论述变文时，总是按词文、俗赋、话本、变文、讲经文的顺序安排，以示其发生、发展和转变的全过程。其二，我探讨变文的基本观点和方法，是把它只看作当时活跃于寺院、广场、斋会中演出的文本而已。文本是"死的"，其得传播，自非赖文士书斋阅读，案头欣赏，而是经由或僧或俗无名者初创，艺场上口讲指画的演唱，大众聚观的耳闻目睹等共同参与，方"活"起来。所以变文研究，不能只谈文本，不及其他。否则就将当时人们喜闻乐见生动活泼的伎艺表演，化为学院式的"死"文献研究。……我这种研究变文的方法，实受现代曲艺学的启示，圈内人尚未有察觉者，倒是被圈外人倪钟之先生看出，故其主编《中国曲艺通史》（人民文学

---

① 吕薇芬、张燕瑾主编：《隋唐五代文学》，北京出版社，2001 年，第 1275-1295 页。
② 张锡厚：《敦煌文学研究的历史回眸》，《敦煌研究》2000 年第 2 期。
③ 倪钟之：《曲艺文选》，百花文艺出版社，1996 年，第 453 页。

出版社 2005 年 11 月）时，竭力向姜昆（时任中国艺术研究院曲艺研究所所长）推荐我撰写唐五代部分，遂得以六七万字的篇幅收入其中，也多少实现了我想修订《敦煌讲唱文学概论》的心愿。"①

这是一个学者深思熟虑之后的肺腑之言。虽然我的一些观点和先生略有不同，比如，关于词文和俗赋的关系。我认为，从源头上讲，词文源于先秦时期的"成相体"，汉代学者把"成相"作为"杂赋"（包括俗赋）的附类（见《汉书·艺文志》）。杂赋（俗赋）是后世民间讲唱文学的共同源头。杂赋中以唱为主的一支由词文继承了下来，而以诵为主的一支，则由俗赋继承了下来②，但张鸿勋先生关于敦煌讲唱文学的研究是对敦煌学和中国文学史的重要贡献，这一点是毋庸置疑的。

在敦煌俗文学作品的个案研究方面，张先生取得的成绩同样令学界瞩目。除了对具体作品的时代、作者、题材本事的研究和考证外还努力探讨每篇作品的思想倾向、人物形象的塑造、语言风格、表演特点等问题，并尝试从跨文化视野的角度，用比较文学的方法对作品进行研究，取得了丰硕的成绩。

《敦煌道教话本〈叶净能诗〉考辨》《敦煌话本〈叶净能诗〉再探》这两篇文章，首先详细考证了叶净能其人其事，列举与《叶净能诗》的题材相关的其他故事，认为编者把明崇俨、叶法善、罗公远等方术道士的传说事迹集中在叶净能名下，使之成为一个"箭垛式人物"。然后深入讨论了《叶净能诗》与诗话体小说之间的渊源关系，指出其文尾 38 句四言韵语与《大唐三藏取经诗话》的结尾形式极其相似，所以大胆推测："《叶净能诗》的发现，有可能对寻找诗话体小说的来源，找到一把钥匙。"文章还对《叶净能诗》的编写年代和地域特征进行了细致的考察，注意到话本中将唐玄宗神游观灯地点由凉州改为剑南，并以此为切入点进行研究，认为本篇当写于安史之乱后的西蜀，因为当时凉州已是残破荒凉而剑南相对繁华，所以在编写话本时考虑到这个因素，便将观灯地点改成剑南。最后专门讨论了《叶净能诗》与唐代道教信仰的相关问题，并肯定了《叶净能诗》为敦煌遗书中现存的唯一道教话本的文献价值。

《捉季布传文》是敦煌遗书中极富文学色彩的篇章，本篇根据《汉书·季布传》编写而成，写的虽非铁马金戈的争战厮杀，却也是楚汉大动乱中一幕风趣的小喜剧。故事波澜起伏，跌宕有致；人物刻画性格鲜明，无论思想内容还是艺术成就，都可算是敦煌说唱文学中有代表性的一篇优秀之作。张鸿勋先生在《智勇英雄的赞歌——敦煌词文〈捉季布传文〉简论》一文中，第一部分就考证了这篇词文的作者和创作年代，根

①张鸿勋2013年11月22日给笔者的信。
②伏俊琏:《敦煌俗赋的类型与体制特征》,《南京大学学报》2007年第4期;收入拙著《敦煌文学文献丛稿》,中华书局2011年增订本。

据词文叙事通俗易懂以及捏合《史记·游侠列传》中郭解、朱家为"朱解"一名等推测，本篇词文的作者应该是下层文士或者粗通文墨的说唱艺人。然后通过详细考证词文中出现的"院长"一词基本确定了其编成的年代，即上限不早于盛唐、下限不晚于五代后晋时期。文章还讨论了《捉季布传文》的发现在中国文学史上的重要意义。本篇词文共 640 句，总计 4474 字（不计异文），320 韵，且通押真欣部韵，演述楚将季布骂阵的故事，比历来认为是我国第一长篇叙事诗《古诗为焦仲卿妻作》还要长，应该说它才是我国唐代以前最长的叙事诗。并以此纠正了长期以来流行的"自唐以后汉族文学中无长篇叙事诗"的错误说法。文章第二部分和第三部分对《捉季布传文》在人物塑造、故事结构和叙述形式等方面突出的艺术成就的论述，更显示了作者深厚的理论修养和敏锐的艺术悟性。

《敦煌俗赋〈茶酒论〉与"争奇型"故事研究》中对《茶酒论》的研究可谓独辟蹊径，结合民间故事传说和相关文献记载，全面梳理了从古至今这类"争奇型"故事的发展轨迹和历史流变，把《茶酒论》放在这类故事整体的发展系统和脉络中去考察它的价值和意义，凸显了《茶酒论》在"争奇型"故事的整体发展过程中所起的承前启后的作用，同时又让读者认识了更多同类型的故事作品。在之后发表的《植根与变异：日本〈酒茶论〉与敦煌〈茶酒论〉的比较研究》一文中，张先生又以《茶酒论》与日本室町时期（1336—1573 年）的《酒茶论》在故事类型、情节结构、叙事手法、语言特色等方面的进行比较，进一步探讨日本汉文学对我国文学的吸收与创新。

《〈孔子项托相问书〉故事传承研究》一文结合敦煌本《孔子项托相问书》、吐鲁番出土写本"唐写本孔子与子羽对语杂抄"等宝贵资料，系统梳理了先秦至现代两千多年的历史长河中孔子与项托故事在文献载籍与民间流传有关故事中的传承情况，通过翔实的文献资料的分析与比堪，探讨了《孔子项托相问书》内容来源与流传现状。

《敦煌本〈启颜录〉的发现及其文献价值》一文对敦煌本《启颜录》这部笑话集从文献角度进行了深入的研究，对诸多问题进行了有意义的探讨。比如，他从中外民间文学传闻的演化规律推断，此书的编者，不可能是传统文献著录的隋朝人侯白。史载侯白"好为俳谐杂说"，又"捷才，性滑稽，尤辩俊"，于是当时许多笑话、趣闻轶事都附会到他的名下，这就是《启颜录》题侯白撰，却又不见于《隋书》志传、"直陈侯白"及"有唐世事"的原因。这真是通人之论。汉代刘向《别录》在《晏子》（即《晏子春秋》）后著明"名婴，溢平仲，相齐景公。孔子称善与人交，有《列传》"，既说明此书与晏婴关系密切，但又非晏子自著。张先生对《启颜录》编者的说明，与此同类。而讨论"敦煌本《启颜录》与文学研究"的论题，尤多新见，如从《启颜录》看儒家讲经"论议"到优人的"论难"，把庄严的经学变为生动诙谐的文艺；从敦煌本

《启颜录》中看宋人"说诨话""说诨经"的影子，这对探讨宋代"说话"人家数问题，是很有意义的。

《敦煌学视野下的明代俗赋——以〈绣谷春容〉〈国色天香〉为中心》一文以明代通俗类书《绣谷春容》《国色天香》中的俗赋为对象，考察明代此类作品的内容、艺术与文学意义，探讨敦煌俗赋被封闭之后，其传统的继承情况，及其在文学史上的价值。《神圣与世俗：〈舜子变〉的民间叙事学解读》通过舜从神话传说到变文说唱转变过程的详细考察，分析舜子故事民间叙事的创造与特点，以及他是如何从圣王明君被转化为大孝的世俗人物，并讨论了敦煌变文与民间口承故事的关系。

张先生对敦煌文学作品的研究方法也值得我们借鉴。我这里主要想强调他对故事源流研究理论的娴熟运用。故事源流的研究理论，是中国学术"求真"方法的精髓，所谓"辨章学术，考镜源流"。从先秦时候《诗序》的求"本事"，到汉代郑玄的《诗谱》，顺流而下，涉及史和事者，无不如此。当然真正意义上的故事源流的研究，是现代学术所开创的。顾颉刚先生在 20 世纪 20 年代关于孟姜女研究的成果，可以说标志着现代故事学研究新范式的建立。顾先生对记载于各种古籍和流传于当时口头的有关孟姜女的材料进行归类分析，对这个故事的产生、传播及变异状况进行系统的考证，目的是对孟姜女故事的起源、情节的变化、流传的地域，及其与历史文化尤其是与民众心理的关系，作出尽可能科学的阐释。如果我们对张鸿勋先生研究敦煌故事类文学的论著进行总结，可以归纳这么几条操作方法：第一，把每一个故事的种种记载和传说，依先后出现的次序排列起来；第二，研究这个故事在每一个时代呈现的面目；第三，研究这个故事的渐渐演进，由简单变为复杂，由局部而渐渐扩大的种种演变过程；第四，尽可能地解释每一次演变的原因。可见，张先生试图由这样一个"演变法则"来认识故事的源头、发展及变形。尤其是进入新世纪后，张先生更是以跨地区、跨民族、跨国家的学术视野与某些敦煌文学作品进行联系，揭示文学与文化的相互交流和人类文学的某些共性，以更好地说明，敦煌文学不仅是中国的，也是世界的。

《敦煌遗书中的中印、中日文学因缘——读敦煌遗书札记》一文就是从敦煌遗书中的两则小故事中发现唐代中印、中日文学之间相互影响相互交流的因缘。其中考察《包公案·判奸夫窃盗银两》的故事就是移植印度"大药善巧断案"故事并使之中国化的结果，正是中印两国人民通过宗教的传播和吸收，进行文学交流的很好的例证。然后又接着讨论了日本民间喜剧《附子》的情节与敦煌本《启颜录》中所记"弟子巧惩谎言骗人的师父"故事情节相似，发现它们除了"角色、身份、藏物、扯条幅等方面不同外"，其主要情节和故事环节都很相似。这都是此前无人道及的中印、中日两国文化交流的产物。

《从印度到中国——丝绸路上的睒子故事与艺术》通过对我国传统"二十四孝"中睒子"鹿乳奉亲"故事从印度传入我国过程的考察，探讨古代中、印文化交流中怎样以我为主，在本民族原有文化的基础上，积极吸收外来文化中的有益成分，创造出自己新的文化。《汉译〈百喻经〉与印度古代民间故事》通过汉译《百喻经》与印度古代民间故事集《故事海》相同故事不同叙事的比较，探讨佛教是如何利用民间故事为其宗教宣传服务的；传入中土后，又影响了我国哪些笑话故事。《〈天地阴阳交欢大乐赋〉与日本平安时代汉文学》一文以敦煌本《天地阴阳交欢大乐赋》与日本平安时代（794—1192 年）汉文学家大江朝纲《男女婚姻赋》的比较，探讨中古时期敦煌文学与日本汉文学的交流与互动关系。《跨文化视野中的唐代〈却要〉故事新探》在考察晚唐皇甫枚传奇集《三水小牍·却要》故事的基础上，探讨其与印度、阿拉伯同型故事的关系，以期寻找中、印、阿拉伯之间的文学因缘。《读〈一千零一夜〉札记》从阿拉伯民间故事巨著《一千零一夜》中找出与古代印度、中国同类型故事七则，比较其异同，以期寻找出它们之间的互动交流关系。《变形：扑朔迷离 亦幻亦奇——唐传奇〈板桥三娘子〉与中阿文化交流》通过对唐人传奇集《板桥三娘子》的分析，探讨其故事情节与隋唐时期雄踞西亚、中亚的大食波斯文化的交流关系。

张先生尝试从跨文化的视野，运用民间文学和比较文学的方法，突破时间和空间上的限制，考察敦煌文学作品，这种新的研究方法不仅拓宽了敦煌文学研究的范畴，也会赋予敦煌文学作品新的意义。

海外学者对敦煌文学的研究，也是近年来张先生关注的焦点。他的《从它山攻玉看俗讲变文研究的新拓展》一文就是重点讨论日本学者对敦煌变文的研究。20 世纪初，敦煌俗讲变文发现以来，日本学者曾予以极大的关注与研究，发表过许多有价值的论著，特别是对俗讲变文与日本"说话"文学关系的研究尤为突出。遗憾的是，这些有助于了解中日文化交流情况的成果，并未引起我国有关学者的注意。事实上，日本学者在敦煌文学的诸多方面都是开风气之先的。比如，狩野直喜早在 1916 年就发表了《支那俗文学史研究の材料》①（上下）一文，通过唐太宗入冥故事、伍子胥故事等探寻元、明、清时代盛行的俗文学形式的起源，将其追溯至唐五代时期。这比王国维《敦煌发见唐朝之通俗诗及通俗小说》②早了五年之久。而王国维 1911 年赴日，在留日期间与狩野直喜有较多接触，从狩野氏那里获得过一些敦煌写本资料，其撰写的文章肯定也受到狩野氏的影响。又比如，"变文"这一名称，一般都认为最早是郑振铎 1929 年发表的《敦煌的俗文学》中提出的。事实上，1927 年，日本学者青木正儿《关

①狩野直喜：《支那俗文学史研究の材料》(上、下)，分别刊在《艺文》第7卷第1号、第3号，1916年。
②王国维：《敦煌发见唐朝之通俗诗及通俗小说》，《东方杂志》第17卷第8号，1920年。

于敦煌遗书〈目连缘起〉〈大目乾连冥间救母变文〉及〈降魔变押座文〉》和仓石武四郎《介绍〈目连缘起〉之后》[1]两篇文章中就使用了"变文"的称谓。甚至"敦煌学"这一名称,学者也考定并非由陈寅恪在《敦煌劫余录序》中最早提出,而由日本学者在此前已经使用"[2]。张先生能够关注域外的敦煌学研究,其学术胸怀和眼光是值得敬佩的。我指导中国古代文学专业的博士研究生已经13年了,但在掌握国外同行的研究方面,我们存在先天的不足和后天的懒惰。一篇成功的中国古代文史专业的博士论文,除了内容的创新外,其参考文献应具备"中文文献""西文文献"和"日文文献"三部分,我们很难做得到,这也是国内大部分国学研究者和博士研究生的不足。张先生以耄耋之年把自己的科研领域开拓到域外,这对我们是一个很大的启发和鞭策。

这本文集是在张鸿勋先生《敦煌俗文学研究》和《跨文化视野下的敦煌俗文学》两本论文集中选出来的,选目都经过张先生的确认。我的研究生做了大量的文字录入、校对等工作,这里一并向他们表示感谢。今年是张先生八十华诞,就以这本选集作为先生的杖朝之礼吧!

《陇上学人文存·张鸿勋卷》(第四辑)
作者:伏俊琏

---

[1] 两篇文章都发表于《支那学》第4卷第3号,1927年。
[2] 日本学者池田温在《日本人与敦煌学》一文中指出:"1925年8月,石滨纯太郎(1888—1968)在大阪怀德堂夏期演讲时,已经几次使用敦煌学一词了(石滨纯太郎《东洋学漫谈》,创元社,1943年7月,56、74页)。可以说,敦煌学一词在20年代就已部分使用了。"(池田温著、陈汉玉译:《敦煌学与日本人》,《国际汉学》第一辑,商务印书馆,1995年,第205页)方广昌《日本对敦煌佛教文献之研究(1909-1954)》一文中说:"1925年8月,石滨纯太郎在大阪怀德堂举行夏期讲演时,首次提出'敦煌学'这个名词,标志着早在20年代中期日本学术界已经对敦煌学这门学科产生了理论的自觉。"(《敦煌学佛教论丛》,香港中国佛教文化出版有限公司,1998年,第359—360页)王冀青《论"敦煌学"一词的词源》做了进一步的论证(《敦煌学辑刊》2000年第2期,第110—132页)。

支克坚

  前言一般写于最后，对一部选集而言尤其如此，而对一个他人选集的编选者来说，则必须如此，否则，无论说什么，皆难免先入为主之嫌——编一部书虽然也需要"布局"，到底不同于博弈，占先只怕讨不到便宜，只够讨嫌：人家千言万语白纸黑字俱在，你叉手叉脚地挡在这里做什么呢？这么说来，编选者这点儿照（体）例而来的"话语权"未免可疑，也许大可不必，因为一部真正值得持存的书必定是自己会开口说话的，用不着别人越俎代庖。那么先吆喝几声，权作广告？这是只有明星名人之流才能做而且能作出效果的事情，而且其效未必果然在学术之存续传承。如此这般，我确实很想含糊而淡出，悄悄破例隐遁，卸掉这桩不讨好的差事；但所谓编选，毕竟意味着我在这部书上动了手脚，虽然并不因此就有了代著者立言或对之评头论足的特权，却有从实交代因由的责任，何况既有体例在先，复有敬业而眼神锐利的责编鞭策于后，似乎不容许谦虚掉这么几页文字，所以磨蹭到最后，还得上前而言。说什么呢？想来想去，一个编选者应该或必须交代的大约只有两件事：为什么编这个选集？为什么如此编选？剩下的就是作者与读者的事了——学术对话所需的聚精会神的程度不亚于乃至有甚于谈情说爱，知趣者最好别横加干涉。

  先说第一件事：为什么编这个选集？因为他是支克坚，因为他的杰出的学术成就，因为其文可存。当然，我得赶紧声明，这不是我的私见。著名文学史料学专家、中国现代文学研究家陈子善先生曾如此评价："支克坚先生自二十世纪八十年代以来，在中国现代文学研究界有着重要影响，他是西北中国现代文学研究的泰斗。"盖棺定论，我不能说众口一词，但确实尚未见有何异议。说实话，在因编这部选集而通读支先生的著作之前，即使见此评价，我也不敢妄加是非；编完之后，此时此刻，我依然有藐予小子何敢赞一词的战战兢兢，不过却能够认同陈子善先生之论，并为做这件事的价值和意义而心安理得了。我唯一感觉不安的是，这部选集是否真正完整体现了支先生的学术成就，乃至体现了支克坚之为支克坚——一个杰出的中国现代文学史家、中国现代文学思想史家？这是事后我想要也应该反思并说明的第二个"为什么"。

一、结构

选事之难，历来为中外古今的选家所长慨短吁，以至于"选"而成"学"（不是或不仅仅是指因梁昭明太子的《文选》而兴的"选学"）。文多比不得钱多，金钱这种性质均匀的东西真要花好尚且作难，文之有贤愚不肖，其复杂不亚于人，选精撷华更是不易，难怪其中有学问可做。即使同一作者的作品选，不同的人以不同的见识、尺度选出来，也可能面貌迥异甚至大相径庭。当然，这是说选家难免有人性必有的一偏之见，也正因为如此，选事的理想或最高境界是无偏见的"呈现"，也即孔夫子所说的"述而不作"——那些"现代的，太现代的"人会以为这是没有所谓的创造性，这自然是既没见过猪跑更没吃过猪肉者的想当然；真正动手选起来，恐怕比自顾自作文还为难，因为除了自以为的"应该"还得顾及被选者的"本来"——获得并且呈现出这样的真实本来就是天底下最难之事。因此说到这个选集，我只能说，我竭力呈现支先生学术思想的真实本有，虽不能至而心向往之。

支先生三十年（1979—2008）的学术著述生涯，留下了三部专著（《冯雪峰论》《胡风论》与《周扬论》）、一部论文集（《中国现代文艺思潮论》）和晚年一批未结集的论文。本卷从中选出二十余万字，分为五辑，每一辑中的文章以发表时间先后为序，力图兼顾其历时性的学术思想发展过程与共时性的学术思想结构，从而坐标式纵横交错地呈现出其学术思想的全貌。本卷的目录可以大体看作支先生学术思想的一幅草图（参照书后所附按发表年代顺序排列的著述年表会更清晰）：如果说从前三辑四论可以看到其思想以个案研究的方式历时性地次序推进，以及贯穿其中的主线（鲁迅精神），那么第四、五辑呈现的则是其思想结构（包括其视野与方法论）的剖面图。

我们的中国现代文学研究界通常将支先生的三部个案研究专著称为"三论"，从支先生著述的整体看，还应该加上一个"鲁迅论"，虽然此论并未形成专著出版，但其数量、质量和系统性都足以构成一部专论，所以本卷列为首辑。而这个"首"有几方面的含义：首先，支先生的鲁迅论，从他1979年发表第一篇论文《关于阿Q的"革命"

问题》直到晚年，可以说是贯彻始终，是他的中国现代文学研究的开端和主线；其次，虽然支先生的鲁迅论可以视为他的中国现代文学史论的个案研究之一，但与其他三论不同的是，鲁迅论还是他全部学术思想的根基和灵魂，换言之，支先生的整个学术思想，从立场、方向、精神到具体方法，都是源于、基于鲁迅的，这在他的几乎所有文字里都显而易见。因此，本卷始于鲁迅论亦终于鲁迅论，既是由于支先生著作的发表时间有此巧合，更因为这个所谓巧合所体现的是支先生学术思想的内在脉络。

1992年，支先生出版了《冯雪峰论》与《简明鲁迅词典》（主编）；1999年，支先生将"1979年以后写的研究中国现代文学的全部文章，共计二十五篇"结集为《中国现代文艺思潮论》出版（这期间发表的文章还有三篇并未入集，不知是漏收还是出于其他考虑），翌年《胡风论》出版。至此，支先生的中国现代文学研究，更具体说是以鲁迅精神为导向和基础、以中国革命文学（思想）为主论域的中国现代文学史论，已经基本形成了一个比较完整的、独特的学术思想体系。这个体系现在从鲁迅而展开为冯雪峰论与胡风论两个个案研究，以其"异端"性质而凸现出革命文学内部的也是内在的矛盾与张力，由此摊开并深究中国现代文学的根本问题。因此，本卷将"胡风冯雪峰论"合为一辑。本来，我打算冯、胡各为一辑，因为支先生也各有专论，但由于篇幅限制，只好合并，幸运的是这一合正好合乎支先生自己的理路和思想结构——他把冯、胡视为鲁迅一脉，是革命文学内部继承鲁迅思想的一个"流派"。需要说明的是，此辑若按我为本卷设计的"体例"，当题为"冯雪峰胡风论"，但我稍稍放纵了一下自己的"美感"，没有改正现在这个出自汉语节奏本能顺口念出来的标题。革命文学内部的另一个时为"正统"的"流派"，自然是以周扬为代表，故"周扬论"单作一辑。如此，前三辑形似"丫"字，呈现出中国革命文学一干二枝的历史面相，同时这也是支先生关于中国革命文学的思想结构的"图式"——二者的高度契合，说明支先生的研究和思考真正深入了中国革命文学历史内在的血脉肌理，入乎其里出乎其外，把握并呈现出了其历史的真实。

这个历史真实与思想结构若合符节的"丫字图式"，同时也是支先生整个中国现代文学（思想）史论体系的"图式"，回头看他的全部著述，这样一个结构应该说是很清晰的。也就是说，支先生视野里的中国现代文学（及其思想）历史，同样是一干二枝；因此，他的中国革命文学研究，始终是在其与中国自由主义文学相对待而形成的矛盾张力中展开和深入的，虽然他关于中国自由主义文学的研究尚未及充分展开，但这仅仅是说尚未完全文本化，而这个张力结构的广度与深度，在他发表的著述中可以说是已经被显示出来了，如果我们读书得间，读其文字"之间"，或者说不仅读其所见，而且读其所以见与如何见的话。本卷辑四所欲呈现的即是这一中国现代文学（思想）史与支先生关于它的思想的双重叠合的张力结构，在我看来，这是支先生所把握到的中国现代文学（思想）发展的动力结构，也是他的学术研究得以展开、推进并且深入的思想动力结构——我好像在不厌其烦地强调这一点，因为这是我所理解的支先生学术思想的关键所在，这也是此辑有《当前的文艺思潮与现代文学研究》一文在的原因：他这种犹如拉开弓弦一般的思想方式，也体现在他的问题意识的当代性，我是说，支先生之能够入乎史内又出乎史外，端在其思想中还有这样一个孕育或指向未来的"现在"与"历史"的张力，我们在"周扬论"之末所见那支飞向未来"人类的文学"之箭，是在这样一张弓弦上射出的。我以为这是支先生作为一个史家的史识或思想性之所在，而不是一个仅仅爬剔故纸堆而不得出的学究，也不是一个无视历史性的源流向度而只在眼下目前的时代风潮中随波逐流的学界浮瓶。

如果说前四辑呈现的是支先生视域的深广度及其所见，那么辑五则试图展现其所以见与如何见。支先生的自述文字不多，此辑收入了他全部著作的后记，心事浩茫连广宇，这些难得吐露的学术背后的若干"本事"与心境，虽则含蓄蕴藉，或有助于对支先生学术研究及其语境的真实理解。此辑以及全书以支先生和他的一位学生的对话作结，既因为这是支先生晚年的反思性总结，也由于对话形式的这个"对"实在是他思想特征的极恰切的展现，颇有《易经》终了那种既济未济的气象神韵，对而话之，余音不尽，曲终奏雅，手挥目送，不亦宜乎！

如此说来，我似乎是将支先生的全部著述及其所体现出来的思想进程和结构"听"成一首乐曲了。就支先生学术思想体系的本来而言，我想这样的理解未尝不可：以鲁迅（"立人"）精神为主旋律的这首中国现代文学"乐曲"，前述大小两个所谓"丫字"结构，正不妨视为其展开部，人乎其内，我们看到其间的"斗争"；出乎其外，这"斗争"又何尝不是同一历史乐章内的"和声"或"协奏"？这历史的交响也正是支先生作为一个史家所"听见"并欲呈现的吧——于是他的学术思想本身，无论从历时还是共时的角度看，展现为一个富有韵律感的严谨结构，几乎可以说是"理所当然"的事情，换言之，他尽到了一个史家的本分，没有戴着什么时髦的眼镜而歪曲历史的真实及其"规律"，更确切地说，他所做的正是尽其所能摘除各式遮蔽性的"眼镜"。或许还可以说，这种本分，这种最起码的史德恰恰是极难以达至的高境界的史识，"泰斗"云云，良有以也！与其仰其高明，毋宁见其诚实和建立在诚与实基础上的不盲从任何"权威"及一时风气的学术勇气。

言到此处，我得再次承认，这部选集是否能让读者全面、真实地读出支先生学术思想的原本结构和韵律，我没有把握。也许我可以说这是因为"戴着镣铐跳舞"所致：限定的篇幅使我不得不大加删削——当然，这是推诿之辞了；另一个现成的借口是水平有限云云，既是借口，不说也罢，倒不如实在交代一下无论水平怎样都已用在编选之中的"原则"：一是不增不减，凡已选入的文章，除尽量改正明显的印刷错误之外，悉依原样，包括其注释；选自专著的文字亦然（唯"周扬论"二文题目为编者所加），其中多有"如前所述（引）"之类，由于支先生习惯于再述（引）一次，并不影响连贯的阅读理解，所以我一概保留，这也是出于为愿意更深入地研读其著作的读者留下其"路标"或指引功能的考虑。二是这一"路标原则"也被用于全书的编选，篇幅有限而欲"全面真实"，不得已，我只能指望选入的文字能够交叉指引而"互文相足"，比如"鲁迅论"里，我没有选支先生发表的第一篇论文也是鲁迅研究之名文的《关于阿Q的"革命"问题》，而选入《〈阿Q正传〉与新文学的现实主义问题》一文，因为后者在更为深入的同时也"涉及"或"包含"了前者的论题或论域，可以由此而"指引"至彼；每辑之中如此，各辑之间亦当作如是观。

二、观点

一个编选者该说的话似乎已经说完了。那么为什么还不打住呢？也许我多少有些"形式主义"倾向，觉得既然没能免了这叠床架屋的活计，好歹是篇文章，这篇前言的前言之后，撂一节文字在这里，形单影只得不够平衡，所以总有些意犹未尽之感。这也许可以称之为"形式导引"。我想这在学术研究和写作中是常有的事，如果我们将学术和思想也视为一种艺术的话；也就是说，和艺术家一样，在一个成熟的学者的思维里，美感与形式感也起着重要的作用，无论他是否自觉。这样的形式感是一个学者的思想是否敏锐的标志，因为正是它在很大程度上决定着思想的广度和深度，或者说，是它引领着思想的拓展并向纵深掘进；我甚至以为，它是所谓学术良知的基本成分。我之所以提出这种"形式导引"现象，自然不是要在此专门谈什么"思想艺术"或"学术美学"之类话题，而是想借此谈一点对支先生著作的颇具私人或主观性质的"看法"——"客观"的编选状况交代完毕，我想不妨稍稍"主观"或自由一些，谈谈我是怎么看支先生的"看"和"看见"的，说到底，前文所言之凿凿者；不过是我所见的支先生之所见而已，而他站在哪里如何见其所见？

"观点"云者，此之谓也。

我们通常所谓的"观点"，多半说的是某个人看见了什么，好比照相，大多只关心照片，也就是被拍摄到的东西，而实际上，拍摄者站在何处、取什么角度、用什么相机或镜头才是更关键的事情。那么不妨望文生义一回：一个人的观点，即其所立而观及所以观之点。找到这个"点"，任何人皆可同样见其所见，因而能够"同情地理解"，否则对其所说倒背如流也未必真正理解。因此，我不想在这里编写支先生著作的"内容概要",除了对"观点"的这种理解以及本卷末的对话中有支先生对自己学术思想的反思总结之外,还有两个次要一些的原因:比较主观的原因是我不喜欢此类"内容概要",因为它的"方便"往往导致思想的懒惰与浮泛,其弊远甚于其利——己所不欲,勿施于人;比较客观的原因是,阅读支先生的作品,我一直有"滞重"之感,或者说,他的著作属于那种不宜快读的文字,我想这与他文章的风格有关,虽然新见迭出灵气贯通,但其总体风格密实凝重,晚年文字尤其如此——这种风格的文字其实是一种吁请,或干脆说是一种拒绝:拒绝"概要"与印象式的泛读。也许这只是我个人的感觉,写在这里,权供参考。回头来看支先生的"观点"。

前文将支先生的著作即思想结构与他所见的中国现代文学史描述为一个"丫字图式",如果倒过来写,即是一个"人"字。支先生的"观点",若要一字以蔽之,就是这个——人!自然,这里的文字游戏不过是个巧合,但在我看来,这个"人",确切说是"立人",即是支先生学术思想的立足点,是他之所以见与如何见的立场之所在,也就是他《从新的思想高度研究中国现代文学史》一文所说的"新的思想高度"。那么这里有了一个问题:"人"或"立人",正是"五四"以来中国现代新文学的出发点和理想的归宿,支先生立足于此而观中国现代文学的历史,又何新之有、高在哪里?

且让我长话短说。我在前文谈到,支先生的鲁迅论是他全部学术思想的根基和灵魂,他的学术思想的立场、方向、精神到具体方法,都是源于、基于鲁迅的。这里指的即是"立人"的鲁迅精神。虽然鲁迅被称为中国革命文学的"旗手",而支先生却在揭示鲁迅与自由主义文学思想的根本分野的同时,一再指出鲁迅思想中的自由主义"色彩"或"味道",或者说与自由主义相通的成分,这是意味深长的。或可如此表述:在支先生看来,由于中国现代历史实质上主要是一部充满血与火的政治革命的历史,从"立人"出发的中国现代文学逐渐演变为政治角逐的战场,文化的和文学的论争实际上蜕变为政治意识形态的较量,即使是从未放弃独立思考的鲁迅,有时也不免陷入其中。这种情形,如支先生所反复阐明的,有其历史的必然性在,因此而同样必然且悲剧性的事实是,"人"也在这样严酷的政治斗争中被遮蔽乃至失落了:如果说在革命文学内部,由于"人"的政治工具化,酿成了胡风、冯雪峰被视为"异端"而"革出教门"的悲剧;那么在自由主义文学中,"人"则被抽象化了,而且这种抽象化并非如他们自己标榜的与政治无关或超越了政治,恰恰是在与革命文学的政治性对峙中形成的。这是历史性的人与文学的悲剧。我想支先生文字的凝重风格,当源于他从这历史中体验到的悲剧感,也正是这悲剧感使他在这一页历史终于翻过去之后,竭力超越"当年论争的水平"而回归到以"立人"为宗旨的鲁迅精神,即中国现代新文学的真精神,文学的真精神,此其所以为"新的思想高度"也。

　　支先生的这种回归性超越或超越性回归，不仅仅是对中国现代文学史上的"论争的水平"而言，还应该置于他的研究和写作正在其中的当代文学与学术环境中看。还是长话短说。"文革"结束，"文学为政治服务"作为历史的一页翻过去了，万象更新，中国现代文学史也被各种各样的新眼目重新度量，其中之一"新"是对中国自由主义文学的重新评价。恢复其在现代文学史上应有的价值和地位，乃是理所当然之事；但是历史要真正翻开新页并不容易，对自由主义文学的价值重估中，出现了一股"跷跷板"式的潮流，即进行简单化的颠倒，似乎不贬倒革命文学便无以彰显自由主义文学的价值，与之相呼应的是理论上对文学的社会学研究的贬抑。支先生在与他的学生的对话中所说的没有超出"当年论争的水平"，正是对此类现象而发。应该说，他的批评是公正的，从思想方式看，这种"跷跷板"式的思维，不仅因其实质上仍沦于重复那种政治意识形态式思维而没有多少学术价值，而且如此简单的颠倒使得历史的悲剧蜕变为喜剧。对照而言，支先生继承鲁迅精神，坚持在文学是人学的基础上维护文学的历史学和社会学维度，乃是真正站在了具体而非抽象的人的立场上看文学及其历史，人与文学和历史因此还原为具有丰富内容的活生生的过程，而不是抽象观念非此即彼的颠来倒去；唯有把握到或接通了活的真实历史的现在，而不是又一头栽入历史论争中去"站队"——充分消化了历史经验与教训的现在才能有希望生长出未来，此其所以为"新的思想高度"也。

　　然而与其仰其高明，毋宁见其诚实和建立在诚与实基础上的不盲从任何"权威"及一时风气的学术勇气——我想将这句话于此再说一回，也许并非多余。从学术的角度看，"新的思想高度"云云，实在只是尊重历史、尊重事实、尊重真理的平实度。我说形式感是一个学者的思想是否敏锐的标志、是学术良知的基本成分，无非指此而言。支先生是作为一个史家在新的历史时期研究或反思中国现代文学，即使仅仅基于一个学者的立场，无论对革命文学还是对整个中国现代文学，他也不可能不对之有一个"格式塔"式的综观，所谓"丫字图式"，说明他的研究和思想中确有这种充分的"形式感"；而那种"跷跷板"式的或站队式的意识形态性思维所缺乏的也是这种"形式感"，如果不用伦理学语言说其缺乏学术良知的话。事实上，支先生是最早敏锐地注意到中国自由主义文学思潮及其在当代的回潮并予以重视、研究与回应的学者，我以为这正是"形式导引"所致：他对革命文学的深入研究，必然将其目光引向与之相对待的自由主义文学；同样，我以为也是这种"形式感"将他在完成《冯雪峰论》与《胡风论》之后引向《周扬论》的研究和写作——唯其如此，他才能以充满张力的思想方式超越"论争的水平"而达至"新的思想高度"，从而认知并呈现出历史的真实。他的学术思想在历时性进展方面所体现的韵律感，其共时性的思想及著作所体现的结构美感，洵非偶然。

此外，我想稍微提一下支先生著作的语汇问题。我隐约听到一种说法，嫌支先生的语汇陈旧，言下之意是其思想也因此过时了。这种逻辑自然是不成立的，我想是某种"泛读者"的皮相之见。按这等逻辑，时尚杂志堪为学术楷模了。究实而论，学术只在乎与真理的远近，是否"回到事情本身"，何关乎词语之新旧！上面所说为支先生所批评的玩"跷跷板"者，大约是自以为与时俱进了，可是进到哪里去了呢？一头栽入那种非此即彼你死我活的陈腐不堪的思维方式里去了。也许正因为这类思维方式"难看"，我才更愿意"艺术地"看支先生的著作及其思想方式而凸出学术、思想中的"形式感"这回事。我刚才一不小心用了个颇时髦的现象学词语，所谓"回到事情本身"，这又怎样？难道我因此可以自诩比支先生有更好的"还原"功夫、更新的思想了？虽说历史学的还原与现象学的还原不是一回事，但二者是可相通的，我是说支先生其实颇具现象学精神，这与词语无关，我们大可不必死在句下。

三、因缘

按常理，这部选集轮不到我来编选，支先生教书育人数十年，可谓桃李满天下，自然有更合适的人来把这件事做得更好，而居然被我抢了来做，想起来真不免有找个人来讨论一番历史的偶然与必然这种哲学问题的冲动。我与支先生既无师生之谊，也从来没有私人往来；他曾是我的顶头上司，仅此而已。仅此而已？细想想又未必然。当初"文存"工程启动，我几乎是不假思索地说，这一卷我来编。近水楼台，本卷就这样"走后门"落到了我手里。木已成舟，只好说是缘分吧。

孟子那里传下来的老话：读其书，不知其人，可乎？这话的意思显然是不可。但是这会儿我也拿自己没办法了，书编罢，抓耳挠腮写了一通读后感，表示读其书了，却无论如何不敢说知其人，若碰上亚圣之流，怕难免怀疑我读明白了没有。明白也好，不明白也好，都在这里了。至于其人，我趁此机会说说我所经历的有关支先生的几件事情，若对读其书不无小补，当然最好，没什么助益呢，只当是我自己对先生的一番感念，一如讨要编此书时的心境。恐怕以后再不可能有机会来写这些事情了。

我一直记得那天上午的情景，因为那可以说是我人生中的一个关键时刻。是上班时分，我背着包刚进单位大门，正往自己住的办公楼走，一辆轿车也进了院门，突然在我身边停下，车门开处，支先生探出身来，我一时间愣住了，不知道该说什么好，他好像很好奇似的将我上下打瞄一番，然后说，你回来啦。我才一点头，他迅速关上了车门。车当然比人快，我站在那里看着他下车进楼，心里开始七上八下。我是在家里过完年又耗了大半个月后，被父亲赶回单位的，因为我离开单位已经半年多了，虽然曾请过探亲假，明显大大的超限，大约都赚够被开除的本钱了，没承想一进门就被头儿逮个正着。之后的一段时间，我几乎是每天都准备着被传唤，甚至写小说似的不断构思着自己被发落的故事。可是——这是我唯一没敢构思的情形，可见想象力之贫乏——没有故事。这么过了半个月样子，我简直快要觉得自己从来没离开过单位了，于是乎继续读书，确切说是真正开始认真读书，直到现在——

这么一件事有什么微言大义？在某种"存在论"意义上说，从那以后我确实再没有离开过自己的所在。这是人生的偶然抑或必然？谁知道呢！那是 20 世纪 90 年代初，支先生刚执掌我所在的单位不久。当时中国知识界正处在一个大分化时期，每个人都站在自己的十字路口。我记得自己请了探亲假，北上南下，东张西望，在北京待了一阵，又到深圳晃了几个月，依然彷徨无措，然后背着沿途买的一些书回家读书，然后被父亲赶回单位。如果支先生这位新官当时给我来一把火，我不知道自己现在会在哪里做什么。记录这样一件事，并非欣赏犯规。说实话，我不知道当时支先生为何那么处理或不处理，也许因为那是个对中国知识人来说非常特殊的时期？我想是的，作为一个对中国现代文学和文化有深入研究的严谨史家，他更能够宽厚理解某些历史性的现实状况。无论如何，这个"偶然"决定了我的命运。此刻，我坐在自己的书房里，怀着对支先生的感念写下这些文字。是的，感念！因为我不后悔如此在此。

此后的一个夏天（我不记得确切时间了，可物理时间有多大意义吗?）我记得是午后，我刚起床，支先生突然来找我。一见面他就说：我知道你迟睡迟起，所以特意这个时候来找你。他这么说，弄得我很不好意思，只有傻笑以对。我记得他说话的语速很快，没等我开口说话，他接着说要我写一篇文章，参加"五个一"的评选，题目自己定。现在想来好笑，他居然要我写，我居然答应了，而我到现在还不知道是哪五个一。他说完马上就走了。于是我自不量力地制作了一篇万余字的长文，大谈要建立信仰之类，一种书生气十足的调子。写好送他审阅，他居然一字未改发在他当时主持的一家刊物上。那样的文章肯定得不了那类奖，他是心知肚明的吧，之所以发出来，我想多半是出于鼓励，或许信仰云云也让他放心了：此人至少不至于再跑出去胡乱转悠了。

拉杂写来，这前言也该结束了。据说海德格尔在讲授亚里士多德时谈及其生平，只有三句话：他出生，他思想，他去世。这种将整个人的一生化约为思想的思想与我们中国文化浑然相异，对我们中国文化和中国人来说，人、思想与生活是三位一体、相互交织、相互证成的，理在事中，更在人里。故记先生事两则，聊表因缘和忆念。还有些事，就记在心里吧。还应该记下支先生的生平：先生祖籍浙江嵊县，1935 年 12

月生于上海，2009年3月5日10时30分在成都寓所逝世，享年74岁。其间历任西北师范大学教授、甘肃省文联党组副书记和副主席、甘肃省社会科学院院长等职务。本卷原有先生的生平年表，我刚被告知体例无此项，因谨记于此。

《陇上学人文存·支克坚卷》(第一辑)

作者：刘春生

胡大浚

　　胡大浚先生是甘肃省中国古代文学界的著名学者，也是一位传道授业、无私奉献的高校教师，四十多年来一直在平凡岗位上孜孜矻矻，辛勤耕耘，培育了一批又一批学生，遍布陇原大地，有不少已成为国内高校和科研院所的中坚力量。

　　胡大浚先生，1937年生，广东潮州人，1955年从南海之滨来到兰州，就读于西北师范学院中文系，1959年毕业并留校任教，此后一直从事中国古代文学的教学和研究工作，直到退休，将自己的青春年华全部奉献给了祖国的西北地区。先生曾先后担任西北师范大学中文系主任、西北师范大学古籍整理研究所所长，兼任中国唐代文学学会理事、全国高校古籍整理研究工作委员会委员、甘肃省唐代文学学会会长等职，为西北地区的人才培养和科研事业作出了积极贡献。

　　先生治学严谨，著述丰赡，研究范围也较广泛，以唐代文学、文献为主要研究方向，旁及先秦、汉魏六朝文学，古代经、史、哲学，敦煌学及西北地域文化等领域，出版不少重要的论集、文集、古籍整理校注等成果，并发表了一批相关论文。如《先秦寓言选》（合著，人民文学出版社1983年版）、《中国古代哲学寓言故事选》（合著，甘肃人民出版社1984年版）、《唐代边塞诗研究论文选粹》（甘肃教育出版社1988年版）、《唐代边塞诗选注》（甘肃教育出版社1990年版）、《王符潜夫论译注》（合著，甘肃人民出版社1991年版）、《敦煌边塞诗歌校注》（合著，甘肃人民出版社1999年版）、《梁肃文集》（甘肃人民出版社2000年版）、《贯休歌诗系年笺注》（全三册）（中华书局 2011 年版）、《齐己诗歌系年笺注》（中华书局 2017 年版），参与整理校点《续通鉴纪事本末》（甘肃人民出版社 2005 年版），主编国家辞书规划《十三经辞典》中的《仪礼卷》（陕西人民出版社 2010 年版）、《甘肃古迹名胜辞典》（甘肃教育出版社 1992 年版）、《陇右文化丛谈》（甘肃教育出版社 1988 年版）、《陇文化丛书》（甘肃教育出版社 1999 年版）、《西北行记丛萃》一、二辑（甘肃人民出版社 2002、2003 年版）以及教材《杜甫诗歌研读》（甘肃人民出版社 2011 年版）、《中国古典诗歌选注》（甘肃人民出版社 2002 年版）等，由此也可大略窥见先生的治学范围。下面主要从三个方面，拟对胡大浚先生的研究成果、治学方法及特征作简要介绍。囿于学识，其中定有许多不当之处，尚望博雅君子鉴矣。

一

在中国古代文学研究领域，胡大浚先生主要集中于唐代作家作品的整理研究和唐诗的评选赏鉴，尤其在诗歌研究方面，先后发表了不少具有重要学术价值的论文，成绩斐然。对唐代重要作家如王昌龄、王之涣、王维、高适、岑参、杜甫、李益、李商隐、贯休、齐己、寒山等，都有较为深入的探讨，而对西北籍或与陇右地域相关的唐代作家作品，如杜甫、岑参、梁肃、李益、牛僧孺、权德舆、李翱等，先生尤为关注，用力甚多，往往结合作家生平、行踪、仕宦、西北交通地理及历代文献史料等进行辨析，勘正当前研究中存在的失误。如《〈唐诗选〉地名辨正》就社科院文学研究所《唐诗选》中"古地今释"存在的问题，先后分列湖北有二荆门、交河非安西都护府治所、汉鄯善国不在今新疆鄯善县地、天山南北各有一个"疏勒"、汉唐二轮台、前后二车师、五原与九原等条目，详加分析考证，并一一指出其中存在的失误。《岑参西征诗本事质疑》则是对闻一多关于岑参的两首著名西征诗的创作背景"天宝十三载冬破播仙之作"提出质疑。由于此说在学界影响很大，一些有影响的学者、注本或论文，多沿袭闻氏之说。先生就地理位置、诗中所写地点和气候景色等"三不合"提出疑问，对其中所存在的矛盾扞格难通之处，广征相关历史文献，进行细致辨析，提出了新的见解。《王昌龄西出碎叶辨》就学界仅据诗中所写的西北边塞地名来判定其行踪，认为王昌龄曾远涉中亚碎叶（今吉尔吉斯托克马克）等问题提出论难。先生根据唐代西域的军政建置，初盛唐时代西域地区战守形势及西北自然人文环境等，说明王昌龄西游碎叶说的不可信，又从边塞诗歌的创作艺术传统及唐人边塞诗中时有罗列边塞地名的创作特点，指出仅依照诗中提及的地名论定诗人行踪的研究方法之不足取。其所论析实已超出王昌龄生平游历等具体问题，而涵盖了古代诗人创作研究以至纷纭复杂的边塞历史地理诸研究领域，具有更广泛的方法论意义。

先生《关于王之涣两首绝句的解说》《说"不斩楼兰终不还"》两篇文章，对千载传唱、脍炙人口的几首盛唐绝句，从校释异文、分析古今理解之歧异入手，阐释古代诗歌艺术鉴赏、诗意解读的方法和原则，揭示艺术真实与生活真实的血肉联系，古典诗歌的"思想性"与其历史生活背景的不可分割性，强调诗歌艺术形象及其境界的整体协调，对某些断章取义，破坏诗歌艺术完整性，以古就今、主观臆说的解诗方法提出了批评。它们与《唐代边塞诗二首诗境浅说》等文，结合具体诗歌，就人们在解读或研究过程中存在的失误进行辨析，往往能以小见大，言简意明而情蕴亦深。这体现出先生对唐代诗歌的娴熟程度及敏锐独到的眼光。

李商隐有三首《圣女祠》诗，历来对其本事、创作旨意众说纷纭。先生《千古香魂何处觅》一文，从诗人生平经历考释其行道路线，结合历代方志文献资料及民间传说故事，进行了精审考证，作出新的通达解释。《"诗中有画"说王维》则就人们熟知的王维诗歌乃"有画之诗"的特点，进行多方面的阐释和相对深刻的解读。文中征引王维诸多"如画之诗"，从不同角度引导读者领略王维诗歌的风神情韵，体悟诗人运用语言、绘画、音乐等艺术间相通的种种艺术手段，通过特定意象的建构，创造出情景交融的意境的魅力。指出，诗歌与绘画作为两种不同形态的艺术品，在艺术表现手段上各有其优长与不足，有同更有异，故"以画喻诗，有其未尽、难尽、不可尽的不足和局限"。我们可在借鉴前人所谓"诗中有画"言说的基础上，深入剖析王维诗歌高超的艺术手法及成就，揭示其诗歌语言艺术"诗情画意"的丰富内涵与特质，但绝不能生搬硬套。

诗圣杜甫是唐代诗歌史上的一面鲜明旗帜，也是先生毕生崇仰的先哲。先生数十年来反复钻研杜诗，精勤不已，有许多研究成果，也颇多精彩论析，对这位中国最伟大诗人的坎坷一生，表现出深切的同情，先后发表有《杜诗何以称"诗史"》《殉道者的精神》《贫贱忧戚，玉汝于成》《杜甫的"和谐社会"理想》《落日余晖的伤感和美丽》《杜甫的陇右诗与陇右地域文化》《杜甫、盛唐诗风与文学史规律》《反对好古遗近，提倡学习六朝》等一系列论文，对诗人诗歌作品及其所取得的杰出成就、颠沛流离的身世、高洁的人生理想等方面进行了多角度、多层次的深入探究。其中《杜诗何以称"诗史"》在全面分析历代对于杜甫诗史的评价的基础上，认为杜诗同封建社会演进的历史轨迹相吻合，其喜怒忧乐、其得失成就，无不折射着时代精神的光焰，和应着广大民众的心声，这才是"诗史"的本质，也是"诗史"最生动具体的显现。《殉道者的精神》则主要剖析杜甫为理想而献身的伟大情怀。指出杜甫一生尽管受到释、道思想的影响，但他始终是一位孔孟儒学的坚定信奉者，杜甫的"执着""愚拙"，正是他高出于世俗时流之处，正是他理想的至诚之所在，也是他思想精神的闪光点。诗人为了理想社会的实现而无怨无悔地奋斗了一生，为他心目中至为崇高的"大道之行"而殉身。杜诗以更为合理、完美的社会蓝图激起了人们的追求，唤醒了人们改造不完美的、污浊的现实的勇气，点燃了人们心中真善美的火焰，其意义、价值与影响，是绝不能以现实可能作评判的。杜甫的精神与人格，光照千古！《贫贱忧戚，玉汝于成》是先生为纪念杜甫流寓陇右1250周年而作，精要论述了杜甫流寓陇右对其诗歌艺术的影响。认为杜诗乃是中华民族精神、中国文化传统在古典诗歌领域里的完美体现。流寓陇右，既是杜甫个人生涯中最艰难的时期，更是对诗人有标志意义的时期。以陇右为界可以将杜诗分为前后期，而后期诗作数量大，内容丰富，反映生活面广，眼界更加开阔，思想更为深沉，艺术更加成熟，诗体形式无所不包，诸多方面都有独特的创造，整体说来其成就超过前期。这与诗人生活思想的转折互为表里，坎坷人生给了诗人更为博大深远的关于社会人生的文化省思，最终成就了作为"诗圣""诗史"在诗歌艺术上"集大成"的成就。指出，全面考察杜甫一生的创作道路，要从诗歌的内容与形式、风格特征与艺术创造作总体的把握。艰难玉成了伟大诗人，杜甫流寓陇右，也为陇右地域文化写下了光辉灿烂的一页。《落日余晖的伤感和美丽》集中论述杜甫两湖诗的特征，指出"伤感"和"悲怆"是两湖诗情感的基本特色。与前期诗相比较，明显可以见出：诗人清醒于自己处在"穷途末路"，却艰难前行而毫不气馁，生命之火已日益消熄，而理想之光愈见辉煌。《杜甫、盛唐诗风与文学史规律》批驳将杜甫由盛唐别出而置于中唐大历之首的观点，指出杜甫正是站在盛唐诗国的高峰上，以盛世伟人吸纳百川的胸襟气魄，熔裁前代诗歌遗产而求新求变，开辟了后代诗歌发展的道路，从而成为后代诗人的不祧之祖。

读着这些纵横驰骋、精彩纷呈的论述，仿佛深切感受到先生在生命深处与诗人的情感相激荡共鸣，奔放飞扬的才思在长久的沉潜回旋中瞬间得到全部倾泻，从而产生震撼人心的强大感染力量，由此不得不佩服先生的深厚的学养和卓越见识。先生的唐诗研究，表现出扎实的古文献功底，十分熟悉历代研究状况和当前学界动态，往往将研究对象置于当时的社会、历史、政治、军事、民族、交通地理、山川气候的背景中进行探讨，又很注重亲身踏访、实地考察，为了弄清西北历史地理的诸多疑问，甘、青、新的不少地方留下先生的足迹。对此，前辈学者程千帆教授曾致信于先生予以肯定，说："治唐诗而兼通西北舆地专门之学，所戈获者常出他人之外。"

胡大浚先生先后撰写了《梁肃年谱》和《禅月大师贯休年谱稿》《释齐己年谱稿》，前者对既有的《梁肃年谱》作了订补，贯休、齐己二稿则是自具规模的拓荒之作，均极有助于厘清这些作家的生平与创作道路，加深对其思想艺术的了解和把握。先生曾说："我的那些文章，从学术上讲，于后人或有点用处的，可能还在这几部年谱。"这可见出先生倾心于学术研究基础工作的情怀，也是先生对后来学人指谬救弊的殷切期待。

二

边塞诗是唐代诗国苑囿里的奇葩异卉，在我国古代文学史上闪耀着夺目光彩，唐代边塞诗也是胡大浚先生治学的又一重要领域。如果说先生的唐诗研究侧重于对诗人生平行迹的考察和诗歌作品的深入解读和阐释，其中有不少是对人们在诗歌赏鉴及研究中存在的失误进行纠谬辨正，那么，先生对于唐代边塞诗歌的研究，则较多地表现为对诗歌思想内容和艺术形式在文学发展过程中的整体评价和总结，带有更多的理论色彩。先生多年潜心于边塞诗歌研究，为此付出了大量心力。为全面了解边塞诗的发展历史，先生翻检了全部先唐诗集，并统计出其中反映战争及边塞问题的180多首诗歌，把它同《全唐诗》及其《外编》中辑录出的近两千首唐代边塞诗歌进行比较，由此来具体考察边塞诗发展历史及其源流变化。还选取唐代边塞诗中300多首代表性作品进行了详尽的注释和解析，编为《唐代边塞诗选注》一书，提交1984年在兰州召开的中国唐代文学学会第二届年会。这是我国学术史上第一次以边塞诗为研讨中心的盛会，《唐代边塞诗选》成为国内第一部专题性的唐代边塞诗集，具有填补空白的重要意义，代表着当时唐代边塞诗研究的最新成果。该书历经修订，于1990年正式出版。其中所选作品，既兼顾主题、内容、风格的多样性，又兼顾不同时期作家的代表性。注释方面，分析诗作背景，考订边塞地理，串释诗意，揭示诗境，皆能画龙点睛，深中肯綮。对于唐代创作边塞诗的代表作家，如岑参、高适、王昌龄、王之涣、李益、贯休等诗人及其作品，先生还有专文进行了深入探讨。正是由于先生从事唐代诗歌研究首先着眼于弄清基本史实，再对作品进行分析和论证，加之注重实地考察取证，这样得出的结论自然就较为确实可靠，因此，先生对唐代边塞诗歌的研究成果，往往成为学界引证的依据。

边塞诗在唐诗分类研究中被作为一个独特的门类备受关注，同时也是唐诗中光彩夺目的一部分，生动反映着唐代社会不同发展阶段的政治军事、精神面貌、社会心理与人们普遍的情感趋向和发展变化。而盛唐边塞诗作为时代精神面貌的代表，唐代诗歌高峰上最鲜明的标志，在思想艺术上均取得了最为杰出的成就，在我国古代诗歌史上产生了深远的影响。先生的唐代边塞诗歌研究范围非常广泛，既有对边塞诗歌的创作历史源流的总体考察和理论探索，还有更多的从代表性的诗人、作品到边塞诗歌在初唐、盛唐、中晚唐时期的不同表现和特征，以及边塞诗研究的阶段性，迄今所取得的成就和存在的不足，等等，都有所探讨，形成了比较系统的研究体系。如《边塞诗之涵义与唐代边塞诗的繁荣》就我国学界边塞诗研究面临的两大问题进行分析与探讨：一是边塞诗涵义之确定性与不确定性；二是唐代边塞诗的光辉成就是历史的延续性与不可重复性的体现。认为边塞诗有一个"史"的规定性：边塞诗产生于隋季唐初，极盛于开元、天宝年间，流响于唐之中晚叶。而习惯上人们并不把先唐时期涉及民族矛盾、边疆战争、塞外风物之类的诗篇看作边塞诗，对唐以后自宋及清写这类内容的作品，一般也不作为边塞诗看待。因此，边塞诗可以说是中国文学史上产生于特定历史条件下的文学现象。但先唐时期和唐代以后的不少诗篇，无论内容、形式、格调，与唐代边塞诗十分接近。可见"边塞诗"只是从史的发展的宏观角度所建立的一种认识。在讨论边塞诗的具体内容时，先生强调指出：唐代边疆战争牵动了全社会，涉及问题很多，反映民族斗争的诗并不一定是边塞诗，边塞诗也未必一定写在边塞，其中又有许多不确定的因素。"边塞诗"之称，本来只是研究者就文学史上一种特殊的文学现象，从一个侧面，取一个角度，进行认识的结果。由于它从内容到形式的丰富复杂，创作动机的各自不同，有写实的，有虚拟的，有直叙战争的，有纯粹抒怀的，有写景的，有咏物的，有咏史的，也有饯别的，赠答的，以及呈献奉和之作。边塞诗与其他性质的诗歌，多有交叉，含义自有相对性，不确定性。然而，研究边塞诗，就是把它作为一个独立的系统来认识。在此基础上，进一步指出，为了全面认识唐代边塞诗，认为举凡从军出塞，保土卫边，民族交往，塞上风情，或抒报国壮志，或发反战呼声，或借咏史以寄意，或记当代之事件，上自军事、政治、经济、文化，下及朋友之情、夫妇之爱、生离之痛、死别之悲，只要与边塞生活相关的，统统都可以归入边塞诗之列。其中既有描写战争生活的豪壮"军歌"，又有大量不直接写战事的抒情诗，咏物诗，山水诗，朋友赠答、夫妇情爱之类的作品，既有表现强烈爱国思想的强音，又有低沉抑郁的对战争灾难的痛苦倾诉，对王朝黩武的义正词严的批判，既有壮阔瑰丽的边地风光的图画，也有深沉细腻、或欢愉或悲怨的心弦的弹奏，既有写成于塞上烽火血泊之际的，也不乏产生于内地花前月下的作品。其中分析唐代边塞诗兴盛的原因，认为唐代边塞诗的兴盛是历史上空前强大的唐帝国文治武功极盛与古典诗歌高度繁荣成熟这样的历史条件相结合的产物。唐代边塞诗在中国文学史上"一枝独秀"的地位，具有不可代替的永久魅力。唐代边塞诗的光辉成就，也是建立在对前代艺术传统、艺术经验的继承发扬之基础上，是一种历史延续性的生动体现。因此，考察唐前诗歌发展的历史，可以看出唐代边塞诗正是古典诗歌中早已存在的描写战争的诗歌传统在新的历史条件下的发扬。而从文学自身的发展流变对唐代边塞诗的繁荣作出恰切的说明，是唐代边塞诗研究工作中应该重视的另一方面。

《初唐边塞诗内容、风格之特征》总结了初唐边塞诗歌的发展概况。按文学史通常四唐之划分，先生统计出不同时期边塞诗创作的概况：初唐作品 200 多首，盛唐约 600 首，中唐之作有 500 多首，晚唐作品更有 600 多首。初唐百年作为诗风改革、变六朝柔弱绮靡为风骨劲健的"唐风"的时代，认为其主要标志在于贞观君臣对建立大唐帝国伟业的讴歌以及在强大帝国哺育下广大中下层文人追求封建理想政治、建功立业匡时济世精神的抒发。通过分析初唐边塞诗歌的具体表现和艺术特征，指出其对边塞战争多侧面的思考，对边塞生活多角度的表现，以及对征人内心世界多层次的揭示等方面，存在不足。而综观初唐诗歌，诚如闻一多指出：运用并改造既有形式，描写新的内容，表现新的精神的真正唐音，标志其变革的重要方面，正是关于"塞漠"的歌唱，它给诗坛带来崭新的面貌，蓬勃的生气，在题材、主题、风格、体制诸方面，开了一代新风。初唐边塞诗担负的是继承传统，探索新路，开拓新境的历史任务，随着它的发展成熟，终于迎来了盛唐边塞诗歌的高潮。

《边塞诗研究七十年》意在梳理始于 19 世纪 20 年代迄于今的边塞诗研究曲折进展的历程，尤其是 50 到 80 年代研究方法、学术思想迭受干扰的严重教训，以及改革开放后研究日趋繁荣成熟的成功经验，从一个侧面管窥了近一个世纪古代文学研究史，自可为未来研究提供参考。

在边塞诗歌研究中，先生对唐代杰出的边塞诗人岑参情有独钟，多所推崇。说：岑参的边塞诗，无疑是其中最能激动人心，最富有时代气息的交响乐章之一。正是它最为生动典型地展现了盛唐知识分子追逐边塞军功的生活道路，为我们创造了当代边塞军旅生活的一个悲壮而丰实的宇宙，洋溢着以知识分子为代表的一代新人的能动创造力量，展现出一种积极进取的时代精神面貌。在众多诗人中，岑参所作边塞诗从数量和质量的总体上看，是首屈一指的。岑参不但是我国文学史上最早大量创作表现边塞军旅生活诗篇的杰出诗人之一，更是第一位用诗歌大量描写河西、西域古西北边塞生活的各方面，把保卫国家与追求功名的英雄主义，与大西北特异的风光，少数民族地区迥异于中原的民风习俗综合地表现于诗歌之中的卓有成就的诗人。由于岑参等人的大量创作边塞诗，不但在盛唐诗苑上形成了一个独具特色的流派，而且使得描写边塞生活成为有唐一代诗歌的重要内容。从开拓诗歌艺术的领域，使得诗歌更加广阔深入地反映现实生活的美，创造艺术美的新境界方面说来，岑参有其不可磨灭的功绩。盛唐边塞诗所反映的杀敌卫国，追求功名和思家怀人这三大主题，在岑诗中，则得到了最为充分而清晰的反映，而且都有极成功的代表作。对于岑参诗歌的精彩论述，除见于先生对唐代诗歌的相关论析外，集中于《充实善信，悲壮奇丽》《岑参"西征"诗本事质疑》《再论岑参"西征"诗本事》等重要论文，其中既有对研究中存在疑问失误的辨析匡正，也有对具体作品内容的解读探讨，还有对岑参诗歌艺术风格的宏观综论。其中《充实善信，悲壮奇丽》对岑参边塞诗艺术风格进行了深入的探讨。首先指出，在盛唐著名诗人中，岑参是具有鲜明创作个性的一位，既有悲壮这一个突出的风格特点，同时还有十分重要的秀与丽的一面。以边塞诗而言，壮丽的一面是主要的。岑参诗的高度成就，正在于开辟了一个崭新的艺术天地。认为岑参诗歌首先是一种道德之美、精神之美，当它与边塞特异生活现象、自然景色的真切而多方面的描绘相结合，把这种内在的崇高的理性力量融注于磅礴浩瀚、奇特惊人的外在感性形象之中，达到情与景的统一，便创造出了那种既悲壮奇峭而又伟丽多姿的艺术天地，显示其独特的风格。

先生曾多年致力于晚唐诗僧贯休及其诗作的研究，论析也很深刻。其中《贯休的边塞诗作与晚唐边塞诗》主要考察贯休边塞诗歌及晚唐边塞诗歌的特征。诗人曾亲自实地考察过唐代边塞战争历时最为长久、战争最为激烈，也是全唐边塞诗歌反复咏唱的广大地区，了解其自然人文风貌，领会将士守边的情怀，品味边战留下的苦涩之果，反思历史留下的得失是非，写出了30多首边塞诗作，构成他诗歌中最有成就的部分之一。先生先从大处着眼，紧紧抓住时代特征和诗人创作的艺术表现，层层深入分析贯休的边塞诗作。指出，盛唐与中晚唐边塞诗格调之异，主要是时代历史环境的不同。盛唐是国威远扬、边战不息、举国上下追逐功业的时代；中唐盛极而衰，外族入侵，金瓯半缺，举国痛愤；晚唐虽边烽不举，而内乱蜂起，民不聊生，国将不国，一派末世景象。盛唐诗多为大悲大愤之讴歌，颇具英雄主义特质，充满浪漫激情；中唐诗多为收复失地、重振河山的期盼，沉重的心境中不失热切的憧憬，边塞悲歌中骨鲠犹存；晚唐诗让人感受到的却是习习阴风，凄厉刺骨，诗人关切国运边情的热心，被紧紧包裹在没落无望的时代环境里，无力释放其光彩。然仅此仍不足以说明问题，论其世还应知其人，并将诗人晚唐之作与盛唐进行比较。认为其最大的差别，首先是熔铸诗中情感烈度有异，其次则着眼点有别。盛唐的诗歌，多是与浴血将士感同身受的胜利者的狂欢或失败时的痛愤，自身功业的热烈追逐或理想破灭的放言悲歌，心潮澎湃时的血泪喷发；晚唐诗则多为"局外人"对战争之果的理智的反思，从某种历史图景的再现中透视其是非得失的评判，如一般论者所言，反映的生活面或有所扩大，揭露的尖锐、深度有所增强，然而情感的烈度自有天渊之别。而这"强烈的激情"恰恰是诗歌灵魂之所在。明确的创作意图，宏观的艺术结构，分而不散，联而互补，使贯休的边塞诗总体上显现出规模宏大，内容丰厚，含蕴深沉的特色。这些，不惟在晚唐是突出的，就是在全唐边塞诗中也少有其匹。同时，贯休的边塞诗，语言雄奇峻拔，苍凉遒劲，富有表现力。他所创造的边塞生活意象，从一个侧面开拓了唐代边塞诗的意境，丰富了古典诗歌语言的库藏。如此多方面地深入阐释贯休边塞诗歌，内容丰实厚重，肯定了贯休边塞诗歌在晚唐边塞诗中的重要地位。

三

胡大浚先生在西北生活迄今已 60 余年，在这片广袤辽阔而又干燥贫瘠的土地上度过大半生时间的他，踏遍陇山陇水，走过大西北的许多地方，不仅对西北的社会、历史、地理、民情、风俗、物产、古迹、文化颇为熟悉，饱含深情，也很关注西北的社会经济文化的发展。这也体现在先生的治学上。先生注重对陇右作家文集的整理研究，陇上历史文化的考察检讨，为此倾注大量心力，推出了一批成果，为甘肃地方文化的建设，作出了突出贡献。

先生 1988 年年底转任西北师大古籍所所长后，确立"立足陇右，面向全国，以陇右地方文献的整理与地域文化研究为重点，办出特色"的科研方向，制定研究发展规划，组建学术队伍。在 12 年间，主持整理出版"陇右文献丛书""敦煌文献丛书""古籍所文史研究专刊"以及"传统蒙学助读系列"等总计 30 多种，以其丰硕的成果，西北师大古籍所被教育部全国高等院校古籍整理研究工作委员会确定为直属所，成为省级重点学科，国务院学位委员会确定为硕士学位授权点。

从 1989 年开始，先生广泛联系全省各地县文化、文物主管部门，方志办，开展调查研究，着手编写《甘肃古迹名胜辞典》，并于 1992 年正式出版。此书"收录全省古迹名胜近 1200 条，包括古遗址、古墓葬，古建筑，古石窟、石刻、碑石，古代重要军政事件发生地、纪念地，博物馆及馆藏重要文物，名山胜水、重要旅游胜地、著名自然景观，革命历史纪念地，以及其他以景观或特产而足以称为一方名胜者，凡列为国家、省级文物保护单位及其重点保护文物，地县级文物保护单位及其重点保护文物中有价值有特色者"，成为改革开放以后第一部向外界全面介绍甘肃历史文化的简明工具书，向人们展现了有光辉灿烂历史文化的甘肃，"又一次成为祖国同西亚及欧洲连接的通道，古老的丝绸之路将以新的丰姿重现于世"。呼吁："了解甘肃光辉的过去，正是为了立足现代，开创繁荣昌盛的未来。"（《甘肃古迹名胜辞典·序言》）这种美好的期盼现在正成为历史发展的必然。

为适应西部开发的历史发展趋势，大力向国内外推介甘肃灿烂的古代文化，先生在 1994 年和 1997 年先后两次组撰了陇右古代文化专辑，刊发于全国高校古籍整理研究工作委会刊物《中国典籍与文化》，产生了广泛影响。正如先生在《陇右文化丛谈》序中所说："落后的甘肃要崛起，西部崛起的步伐系联着全民族振兴的命运。这是中央关于经济建设重点西移的决策所昭示的真理，也是若干代甘肃人共同的心声。而经济的参天大树则深植于文化的根基。面对这样的历史任务，作为生活、工作在甘肃的古代文史工作者，我们深感，在中华文化的母体内，加强对地方历史文化的研究，从传统的土壤里发掘过去、现实与未来的纽带以架设通向现代化的精神文化之桥，是自己理应担负的职责。""寻觅历史遗踪与建设未来生活同样是人类的终极追求。鉴史以知兴替，从传统中汲取面向未来的力量，是人类文明生生不息之道。对于关注人类文明进程的现代人说来，这似乎是一个永远道不完、饶有兴味的话题。"这应是先生关注、倾心于陇右文化研究的挚情表白。

先生主编的"陇文化丛书"是一套具有开创意义的地域文化丛书，也是他致力于陇右文化研究的又一重要成果。从确定撰写内容，组织队伍，与甘肃教育出版社密切合作，历经 3 年，始告蒇事。丛书精心设计了 10 个专题，系统介绍了陇文化中颇具代表性的历史内容，包括有《旷古逸史》（陇右神话和与古史传说）、《洪荒燧影》（甘肃彩陶的文化意蕴）、《竹木春秋》（甘肃秦汉简牍）、《西塞雄风》（陇右长城文化）、《瀚海驼铃》（丝绸之路的人物往来与文化交流）、《梵宫艺苑》（甘肃石窟寺）、《说苑奇葩》（晋唐陇右小说）、《劫尘遗珠》（敦煌遗书）、《凤鸣陇山》（甘肃民族文化）10 种，集中展现了陇文化的独特风貌。在丛书序言中，先生鲜明提出，陇右是"一个独具特色的地域文化区，在中华民族文化苑围中，以其独特的自然人文条件涵育出了色彩瑰异的地域文化之花"，提纲挈领地阐述了陇右文化独具的精神内涵和特质，以及其形成的内在原因，指出这一个个"极具特色的文化群落，构成中国文化史的重要篇章"。丛书的出版，得到文化、出版界和社会舆论的一致好评，出版次年便获得中国图书奖。

"陇文化丛书"刚出版，先生又开始着手"西北行记丛萃"的选编与整理，历 4 年时间，先后两辑 20 册包含 37 种著作的《西北行记丛萃》由甘肃人民出版社推向社会。先生认为："西北行记，指中国历史上各个时代的人物自内地到西北地区出使、考察、旅游或任职时所留下的纪行文字。其记载涉及不同时期西北地区的经济、政治、文化、军事、民俗、天文地理、山川产物等等内容，多侧面地反映了西北地区的自然、社会风貌，是深入了解西北社会历史文化的极为珍贵的史料。由于它是私家之作，所记皆个人足履目击所得，更具真实性；由于它亦史亦文的性质，融史学的内核于作者之文心，记事考证与写景抒怀并举，即兴秉笔，形式自由，文字往往活泼生动，更具可读性。它实在是介于史学、文学之间的很有活力的一种文体形式。"指出："对历代西行记的研究，向为学界所重视。20 世纪初，随着'西北学'的兴起，西北历史地理研究更吸引了诸多专家学者，王国维、冯承钧、向达、张星烺等等，都是成果卓著者。然而前人的研究大多集中在元、明以前之作，多限于历史地理学的范畴。清以下的大量作品至今研究者较少，民国时期的诸多作品，除一些专业人员外更是鲜有人知，往往被尘封在图书馆里。其实，这方面的研究不仅仅是历史地理学科的学问，而广泛涉及历史学、地理学、文化学、人类学、民族学、民俗学等学科，故应把它作为西北社会历史文化总体研究的一个重要组成部分来对待。"（《古籍整理出版情况简报》2004 年第 1 期）有评论称："从这套丛书中，我们可以感受到近现代西北地区人民鲜活的生存状态，体会到西北地区厚重的历史文化底蕴，认识西北地区经济文化的落后和开发西北的历史必然性。从某种意义上说，这套丛书就是一部有血有肉、生动翔实的近现代西北历史读本，为读者打开了一扇解读西北过去的窗户，为西部大开发提供了历史借鉴。"（《光明日报》2004 年 4 月 29 日）由此可以见出先生选择课题的学术眼光与现实考虑。

1998 年 5 月在北京召开的《海峡两岸古籍整理与传统文化研究学术讨论会》上，先生曾作《从传统寻找面向未来的力量——关于陇右文献整理研究的思考》的发言，阐述对身处经济文化的落后地区，古籍整理研究如何为地区振兴作出现实贡献的思考，认为"古籍整理、传统文化研究诚然与中国现代化建设事业息息相关。因为从根本上说来，经济、科技的发展需以文化为根基；而中国当代新文化的成长离不开民族传统文化的乳汁。作为传统文化主要载体的古籍整理研究因而成了现代化建设事业中不可或缺的部分。古籍整理对现实的作用，不但在于它为当代社会发展提供历史的参照，更在于传统文化作为社会人的素质的主要决定力量之一对社会之健康成长所产生的深远影响。然而由于这种作用主要体现为高高飘浮于社会物质生活之上的思想精神道德伦理的积极力量对于社会、人群的影响，具有非即时性、难于具量的特点……我们的工作若不能适应发展地方经济文化的需要，与之步伐相协调则难逃备受冷落的厄运。因此，落后地区的古籍整理研究必须首先考虑为地区振兴作相应的贡献"。又说："古籍整理研究诚然是一项高层次的文化基本建设，必须力戒急功近利、实用主义对待古代典籍与文化，避免既往在古代文史研究中庸俗社会学的教训；但关注现实问题，从现实的需要选择、确定项目，开展整理研究，使我们的工作尽量贴近社会生活，从而充满活力，也是古籍整理研究工作者应予重视的问题。从另一方面说，面对社会转型期民族新文化建设的任务，正确处理古籍整理研究中普及与提高的关系，也是一个不可忽视的重要问题。"从先生对陇文化的关切及其推出的诸多成果，我们可以看出他推进地方古籍整理研究事业的良苦用心。

先生在主持西北师大古籍所工作期间，规划并实施的一些重大项目。1989 年开始编写的国家辞书规划项目《十三经辞典》，是弘扬传统文化继往开来的一项宏伟工程。项目主持单位陕西师大，国内十余所高校协作，西北师大古籍所独立承担《周礼》《仪礼》两部辞典的编纂，先生担任《仪礼卷》主编和全书副主编。历经二十余年的艰辛努力，两百多万字的《仪礼辞典》于2010年年初正式出版，而先生撰写近四万字的《仪礼概述》，作为该书弁言，成为读者研读《仪礼》及辞典的入门向导。《十三经辞典》（计15册）于2012年12月全部出齐。《中国青年报》2017年2月9日以"百余位学者28年'磨一剑'，编纂3000万字《十三经辞典》"为题报道了辞典编纂的历程，称："全国十几所院校专家学者组成的《十三经辞典》编纂委员会，这一编就是几十年，没有寒暑假、没有休息日，一字一字地抠，一词一词地磨……这是一场逾百学者共同践行承诺的'马拉松'。"又说："《十三经辞典》的价值，不仅体现在学术研究方面的实用性，还在传播中华传统文化、普及儒家经典方面作出了突出贡献，同时为断代或系统的汉语史、词汇史、语法史提供可靠、完备的原始资料，为大型语文辞书的编纂提供了翔实的素材。"又如110卷的《续通鉴纪事本末》是甘肃省清末著名学者李铭汉、李于锴纂辑的史学名著，以其刻本存世既鲜，且多毁散，难广其传，是以被列入西北师大古籍所地方文献整理规划中的重大项目。2000年高校古委会批准该项为重点资助项目，开始实施。该项目在新所长张兴武教授的主持下于2005年完成。其间，先生除亲自参与校点小组的工作外，始终关注协调校点工作的规划、实施直至安排出版等事务。该书最终在甘肃人民出版社以10卷本规模出版，被出版社称为"建社以来出版的规模最大的一部繁体字竖排本古籍，它的问世，对于树立我社形象、培育出版特色、积累长销品种，培养编辑队伍，都有积极作用"。台湾一位著名学者称誉该书的出版是"嘉惠学林、泽被后世的功德之举"。

胡大浚先生在四十多年的教学生涯中，以传道授业解惑为己任，循循善诱，诲人不倦，深受学生欢迎。为人爽朗乐观，年登八十，犹笔耕不辍，以七十五高龄由中华书局出版百万字《贯休歌诗系年笺注》，八旬之寿继出《齐己诗歌系年笺注》洋洋大著，可见其治学之勤！先生治学可以说是倾情于西北，尽锐于边塞，而大成于僧诗。先生虽然一直僻处西北，但能以学为师，博综诸家，会通古今，自创门路，从而取得了世所公认的学术成就。

《陇上学人文存·胡大浚卷》（第六辑）

作者：王志鹏

赵逵夫

赵逵夫，男，汉族，1942年生，甘肃西和人。研究生学历，西北师范大学文史学院教授、博士生导师，国家重点培育学科"西北师范大学中国古代文学"学科带头人，"中国古代文学"省级精品课程负责人，西北师范大学古籍研究所名誉所长，甘肃省先秦文学与文化研究中心主任；甘肃省文联副主席、省学位委员会副主任；《文学遗产》编委、中国人民大学《中国古代近代文学研究》学术委员会委员；甘肃省中华文化促进会副主任，中国屈原学会名誉会长、中国诗经学会副会长、中国辞赋学会顾问；北京大学《儒藏精华编》编纂委员会委员。曾先后担任甘肃省第八、九、十届人大常委会委员。

赵逵夫教授是我国当代著名的文史研究专家，在中国古代文学、文化与古典文献学方面有很深的造诣，尤其在先秦文学与文化、诗赋研究上造诣深厚、影响巨大；其楚辞学研究更是成就卓著。同时，他还在西北地方文学与文化的研究、学科建设等方面作出了突出的贡献，是海内外有重要影响的著名学者。

赵逵夫教授先后在《中国社会科学》《文学评论》《文艺研究》《文史》《中华文史论丛》《文献》《中国文化》等刊物上发表学术论文300余篇；出版《屈原与他的时代》《古典文献论丛》《屈骚探幽》《中国文学编年史·周秦卷》（主编兼主要作者）等专著；主编《诗赋研究丛书》（已出版20种），担任大型丛书《诗经研究集成》和全国性学会的《诗经研究丛刊》、《中国楚辞学》（丛刊）的编委；为袁行霈主编

《中国文学作品选注》（先秦卷）主编兼主要作者。主持完成国家社科项目《先秦文学编年史》（商务印书馆 2010 年版），该成果在 2005 年 1 月国家社科规划办组织的评审中被评为优秀项目（为甘肃省首个被评为优秀的国家社科基金项目），2006 年被收入《国家社科基金文库》。主持完成《先秦文论全编要诠》（人民文学出版社 2010 年），完成《全先秦文》项目，被列入《"十一五"国家古籍整理重点图书出版规划》；总主编《历代赋评注》（包括先秦卷、汉代卷、魏晋卷、南北朝卷、唐五代卷、宋元卷、明清卷七部，共 420 万字，2010 年由巴蜀书社出版）。

赵逵夫先生取得如此辉煌的学术成就，和他独特的成长环境、个人的勤奋努力密不可分。

赵先生出生于一个传统文化氛围十分浓厚的家庭，家中藏书多，父亲淹博文史，擅诗能文。良好的家庭氛围使赵先生从小养成了喜好读书的习惯，并且对文学创作与文史研究产生了浓厚的兴趣。中学阶段，已经读了大量的古今小说和人民文学出版社所编《文学小丛书》中的中外文学名著，中华书局编《史记故事选译》《左传故事选择》等"古典文学普及读物"多种，是当地有名的文章好手，曾在老师的指导下创办《海涛》诗刊，任主编，创作了大量的新、旧体诗歌和散文。在高中阶段，他就读了《诗经选》《唐诗三百首》《李白诗选》《屈原赋校注》《古文观止》等书，也特别留意报纸杂志上古典文学研究方面的文章。

上大学期间，他的兴趣逐渐转到古代文学方面，围绕所学科目，他阅读了《楚辞补注》《诗集传》《楚辞集注》《史记选》，选读了《汉魏六朝百三名家集》《全汉三国晋南北朝诗》中一些重要作家的文集与诗作，以及其他文史类书籍，并尝试研究《楚辞》方面的问题，撰写的相关论文受到老师的好评。"文革"开始后很多人忙于抓"牛鬼蛇神"、怀疑一切、搞大批判、闹派性的时候，他避开人眼读了一些书。这为他以后从事学术研究打下了坚实的基础。

1967 年甘肃师大中文系毕业后赵先生到武都一中任教。在"文革"的形势下，他认真地读了《鲁迅全集》，研读了《毛主席诗词》《鲁迅旧诗》，读了一些当时不在批判范围之内的民间的东西，如《敦煌变文集》及中国戏剧史方面的著作，撰写了关于《公莫舞》研究的论文初稿。后来趁着"评法批儒"的运动，读了先秦诸子中包括《庄子集释》在内的不少书。看到唐晓文的《柳下跖痛骂孔老》等，撰《中国奴隶制向封建制转变过程中人民革命的英雄——对有关跖起义几个问题的探讨》一文，考证跖与孔子不同时，而与墨子大体生活在同一时代。在工具书极度缺乏，教材完全脱离学生实际的情况下编了《易错易混字》《古汉语的虚词和句式》，油印发给全校学生，所撰《关于汉字教学的笔画问题》"文革"结束后刊于《甘肃师大学报》1978 年第 1 期。

"文革"中曾整理、翻译《天问》，为《天问正读》初稿。所写《〈史记〉的讽刺艺术及其对〈儒林外史〉的影响》，后刊于《社会科学》1981 年第 4 期。《庄子·逍遥游》中说："风之积也不厚，则其负大舟也无力。""文革"十年的学术积累和思想砥砺，为他在之后解决一个个学术难题奠定了基础。

"文革"结束后不久，1979 年，赵逵夫先生考上甘肃师范大学（即今西北师大）研究生，师从郭晋稀先生攻读先秦两汉文学。郭先生是著名学者杨树达弟子，在传统的文字、音韵、训诂之学以及古代文学史、古代文论等研究领域有极高建树。赵先生得遇名师，如鱼得水，读书面更宽广，钻研问题更深入，使他登堂入室，进入学术研究的前沿领域。当时的高校中，充满了积极向上的学习风气，很多大学生对来之不易的读书机会十分珍惜，因此他们对知识的渴求感染着每一个人。赵逵夫先生也不例外，在攻读硕士期间，他特别珍惜时间，除吃饭睡觉外，几乎把所有的时间都用在读书上了。三年里，从未看过电影、逛过街。把课余时间全部用在研读专业书籍上，在楚辞学典籍方面用力尤多。正因为如此，在读书期间，他就发表了楚辞研究的论文《屈子赤角箅考》（《江汉考古》1982.1）、《〈天问义释八则〉商榷》（《求索》1982.2）等，引起了学术界的关注。

赵先生幼年时常听父亲讲述古先贤的励志好学故事，其中乡先贤、汉末文人赵壹的刚直不阿和上禄长和海上求书宽赦党锢文人的事迹给他留下的印象最为深刻。为古代知识分子胸怀天下的人文情怀所打动，他在研究学问的同时，总是留意社会人生，十分关注国内外古典文学研究的动态。学位论文《屈原生平考辨》就是针对日本一些学者提出的新的"屈原否定论"而作的。这个选题的最初用意就为维护伟大爱国诗人屈原在中国历史和世界文学史上的地位，为了弘扬中华民族的爱国主义传统。多年以来他的很多研究都贯穿这一思路，体现高度的人文关怀。

归纳其来，赵先生的学术成就主要集中在以下领域：

一、楚辞学研究。赵先生为楚辞学研究名家，以令人信服地考订屈原的家世、生平问题而饮誉学界。著名楚辞学史专家周建忠教授以"旧学根柢，新学气派"八字评价赵先生的楚辞研究，基本体现了赵先生楚辞研究方面的特点。1983 年，其学位论文中的第二部分《屈氏先世与句亶王熊伯庸——兼论三闾大夫的职掌》在大连召开的"屈原学术研讨会"上交流，受到学者们的高度评价。楚辞学泰斗汤炳正教授评其"以熊渠长子伯庸为即《离骚》之'伯庸'，发前人所未发，确为精辟之论。这个新的突破，为屈赋研究立了一功"。著名学者张震泽先生评其为"近中少见的文章"。该文收入大会论文集，后正式刊于《文史》第二十五辑（中华书局 1985 年）。1983 年发表的《〈楚辞〉中提到的几个人物与班固、刘勰对屈原的批评》被人大复印资料《中国古代近代文学研究》等多家刊物转载，《中国文学研究年鉴》加以介绍。此后，发表的关于屈原与楚辞的研究论文有 60 余篇。其中学位论文之第一部分《〈战国策·张仪相秦谓昭雎章〉发微》（刊《古籍整理与研究》总第 6 期，中华书局 1991 年）尤为重要，该文以严密的论证，考定《楚策一》中所收同屈原生平相关的史料，指出其中"有人曰"以下大段文字为屈原写给淖滑（史籍中或作"昭滑"）的一封信。这是东汉王逸以来第一次发现有关屈原的史料和佚文，从而印证了《史记》关于屈原的记载，充实了屈原生平的内容，也驳斥了国内外一些学者所谓屈原事迹不见于先秦文献，因而否定屈原其人在历史上的存在的论调。以确凿的证据确定了屈原在历史上的存在，解决了两千多年来的疑惑，驳斥了一些日本学者的"屈原否定论"，维护了我国伟大爱国诗人屈原在中国和世界文学史上的地位。日本老一辈汉学家、国际著名楚辞学家竹治贞夫教授评其"发微阐幽，开显千古之秘"。不少论文在国内和日本、韩国、东南亚国家学术刊物转载，褚斌杰、谭家健《先秦文学史》、金开诚等《屈原集校注》、杨义《楚辞诗学》等著述均引述其研究成果。

1996 年人民文学出版社出版了《屈原与他的时代》，该书收入赵先生关于屈原生平及当时楚国政治、军事、外交、文化等研究的论文 23 篇（2002 年 10 月增订再版，收文 25 篇），弄清了屈原生平中的重大问题，展现了屈原活动的背景和成长生活的环境。教育部社科司编《人文社会科学研究现状与发展趋势》一书中章培恒先生撰写的《中国文学》部分在回顾"九五"期间的成就时特别论及此书，说："经过从汉代以来的长期研究，古籍中关于屈原的史料搜罗殆尽，而作者通过细心的爬梳，仍能有所发现，因而显得难能可贵，也是学术领域的研究作风越来越深入、细致的体现。"教育部社科司编《普通高校人文社会科学重点研究基地"十五"科研规划汇编》中《中国古代文学研究"十五"规划》一文列举了"九五"期间的重要研究著作十余种，也列举了此书，并说："赵逵夫的《屈原与他的时代》则以深入的发掘、细致的辨析，弄清了屈原生平中一些模糊或有争议的问题，并对屈原前后楚国文学作家的情况作了深入的考察。"

1998 年甘肃人民出版社出版的另一部专著《屈骚探幽》（2003 年由巴蜀书社再版）。该书分三编，上编《〈离骚〉的创作与艺术》，是从文艺学、美学、阐释学的角度对《离骚》进行多方位、多角度的研究，解决疑难，探究奥秘，揭示出两千多年来学者未能发现的艺术的光辉。头两篇原刊于 1992 年《中国社会科学》和《文学评论》，一篇论《离骚》的构思与龙马形象的意义，一篇论抒情主人公形象，俱言他人所未言。中编《〈离骚〉的继承与创造问题》，主要探讨屈原何以能登上世界文学的高峰，旨在揭示其创作的奥秘。下编《〈离骚〉正读》对《离骚》原文加以评点、新注，并对一些词语加以辩证。该书也引起学术界重视，中华书局《书品》等刊物有评介。

赵逵夫关于《九歌》《天问》等也有一些极其富有创见的论文，如 20 世纪 80 年代刊在《北京社会科学》《北方论丛》上关于《湘君》《湘夫人》《山鬼》等的论文等。上海辞书出版社曾约请为《先秦诗鉴赏辞典》之领衔撰稿人（此书袖珍本同）。北京大学、南京大学、中山大学联合主编的《高等语文》特约撰写《〈离骚〉与骚体传统》部分。中华书局约其撰写《惊才风逸，壮彩云高》，作为《中华活叶文选》之一出版。

二、先秦文学研究与基础文本的整理。赵逵夫先生在先秦文学基础文本的研究和整理方面也取得了令人瞩目的成就，从整体上深化促进了该领域的研究。关于上古神话、《周易》《诗经》、先秦散文等方面，他均有精深的研究，发表了丰富的研究成果，共计发表论文 80 余篇。这些论文多就先秦文学研究的前沿问题展开论证，或解决疑难问题，或开拓新的研究方向，引发了学界的持续关注。如《论先秦寓言的成就》详细论证了先秦寓言的形成、发展及相关理论问题，指出不仅先秦时寓言已成为独立的文体，而且战国末年已经有寓言专集。《诗的采集与〈诗经〉的成书》从文献材料和民俗材料两个路径出发探讨了《诗经》的成书过程，认为采集诗的工作是由双重身份的民间艺人完成的；春秋以前也有献诗的制度，但不全是为了"观风俗，知薄厚"，更多的是为了满足统治者娱乐的需要；春秋中期以前的陈诗讽谏制度，在《诗经》成书之后演变为赋诗言志的习俗；《诗》的第一次结集是前 7 世纪中叶，由召穆公的子孙辑成了《周南》《召南》《邶风》《鄘风》《卫风》和《小雅》的部分；在鲁成公末年至鲁襄公前期，由郑国的贵族，主要是公孙舍之（子展）编定，孔子只是对编次和个别文字作了订正工作。而《叔孙豹的辞令、诗学活动与美学精神——兼论春秋时代行人在先秦文学发展中的作用》则从行人活动与文学创作、评论入手，揭示出先秦文学研究的一个新视角，也推出来一位应该在古代文学史上占有重要地位的爱国作家与具有深刻思想的评论家。在此基础上，2003 年 7 月由中华书局出版了《古典文献论丛》。近年来，他又针对先秦文学研究中的薄弱环节，适时启动了几个先秦文学文本研究方面的大工程，旨在对先秦文学的研究提供一个比较真实可靠的基本文献。

赵逵夫教授主持完成的国家社科基金项目成果《先秦文学编年史》共 135 万字，第一次对我国先秦时代从夏初至秦末的所有文学作品，包括各种韵文和有一定文学性的散文作品进行了全面清理，确定其真伪，并对时代及作者等进行了考订，对汉代以来特别是清代以来的相关研究成果进行了系统总结和分析；第一次对研究先秦文学、作家、文学活动的成果进行了认真梳理和比较，在通盘研究的情况下对一些有分歧的问题筛选出最佳答案。本项研究有相当一部分工作是用来考订作品的真伪、时代、作者，对前人之说既有辩驳，也有吸收，对于澄清事实，加强学术交流、推动学术传播具有重要意义。另外，该研究对历代出土的金文等文献，特别是近几十年出土的甲、金、简帛等先秦文献中与文学相关、相近的材料进行了详细考释，将它们按时代的顺序，同传世文献一起加以系年，显示它们在整个先秦文献中的相对位置和相互关系；同时充分展示了各个时代文学各种体式的发展演变过程及其同其他艺术形式发展的关系，展示了先秦时代一些重大的政治、军事活动同文学发展的关系，可以使研究者从不同的角度去观察、分析和认识先秦文学的成就。这项创新性很强、难度很大的研究工作，填补了我国文学史研究领域中没有先秦文学编年史的空白。该成果得到了全国哲学社会科学规划办公室的充分肯定和高度评价，被收入代表国家社科研究最高水平的"国家社科基金文库"。

赵逵夫先生认为，古典文学研究的基础是文献，学术创新的根本则在于学者的学识，当然也与时代风气密切相关。也就是说，一些重大学术难题的突破性进展，需要长时间的学术积累和恰当的时代氛围。清中叶以来，疑古思潮盛行，在疑古的眼光审视之下，先秦文学研究的基本典籍中几乎没有没问题的。新时期以来，随着考古事业的迅猛进展，一批批甲、金、简帛"破土"而出，冲击着人们对先秦典籍的传统认识。学术界对以往视为伪书的先秦典籍有了新的认识，这给先秦文学研究的进展和突破提供了前所未有的机遇。赵逵夫先生十分关注考古、历史学界的学术动向，在经过多年的先秦文学的研究实践后，针对先秦文学研究中的薄弱环节，充分吸收了先秦史、考古学等方面的成果，适时地启动并完成了"全先秦诗""全先秦文""先秦文论全编要诠"三个重要课题，使他的先秦文学研究又向前迈进了一大步。

"全先秦诗"在逯钦立先生《先秦汉魏晋南北朝诗·先秦卷》的基础上，穷尽性地搜罗先秦传世文献、出土文献中的先秦诗歌，打破先秦诗歌现有格局，将《诗经》《楚辞》、逸诗一并依照时间先后，考订年代、校理文本，汇为一编，使一编在手，即可明确先秦诗的全貌，知此前四千来年中诗歌发展演变之轨迹。

"先秦文论全编要诠"旨在系统考释梳理先秦文学批评和文学思想文献，包括传世文献与出土文献。因其具有建设性意义，被列为"十一五"国家古籍整理重点图书出版规划出版。

"全先秦文"本为西北师大科技创新工程项目，数年来已做了大量工作。后来中华书局有关负责同志主动与他联系，扩展为《全先秦汉魏晋南北朝文》，作为清代严可均《全上古三代秦汉三国六朝文》的新编，约请国内一些重点院校在这方面有很深学养的专家学者分段承担，共同完成。全书篇幅将在原书（共 646 卷）二倍以上。该项目也被国家古籍整理出版规划领导小组列入"十一五"重点规划项目。

这些课题的设计，主要是从先秦文学、文化研究的整体着眼，而其成果又都带有总结性、集成性的特点。2000 年 6 月，著名古典文学专家、中国社科院研究员曹道衡先生来兰州讲学，高度评价赵逵夫先生的先秦文学研究，称"先秦文学研究的中心在西北师范大学"。2003 年在兰州召开的首届"文学遗产论坛"大会上，中国社科院文学研究所所长杨义先生也说："西北师范大学是先秦文学研究的重镇"。国学大师任继愈先生生前也特别称赞赵逵夫的先秦文学研究，亲笔为赵先生书斋书写"滋兰斋"匾额。2008 年夏，赵先生应台湾"中研院"文哲所之邀赴台北讲学，作了关于《诗经》研究的学术报告，在台湾学者中产生了很好的反响。

三、西北地方文献及民俗文化研究。赵逵夫教授还十分关注甘肃地方文化研究，自觉地将研究工作与地方文化建设实际结合起来，实现学术与现实的对话和良性互动。通过多年的研究、考察，他指出：甘肃省境内除敦煌莫高窟外，最具代表性的文化资源均集中在先秦时期。从河西走廊史前时期的黑山岩画，石器时代的大地湾遗址（秦安）、马家窑彩陶文化（广河）、齐家文化，到青铜时代的辛店、寺洼文化遗址（临洮），再到夏商时代的陇东地区先周文化遗址，还有天水礼县大堡子山秦先公先王墓葬群及出土青铜器……甘肃省境内可以说是一个先秦文化的活态博物馆。同时，甘肃各地还有可与上述考古发现相印证的先秦时期的神话传说和风俗习惯，如天水陇南的伏羲传说，形天神话与陇南的氐先民文化，"牛郎织女"传说与西和、礼县、天水、张川一带乞巧风俗和陇东的农耕文化、牛文化，陇东地区的公刘传说，以及与此相关的民俗活动等。

早在 20 世纪 80 年代，赵先生就立足甘肃拥有大量敦煌文书和相关研究资料的优势，对敦煌语言文学，尤其是敦煌俗赋、变文进行了整理和研究，在《中国文化》等重要刊物上发表了《我国唐代的一个俳优戏脚本——敦煌石窟发现《茶酒论》考述》（《中国文化》总第 2 期，1990 年秋由三联书店、台湾风云时代出版社、香港中华书局同时出版）、《李陵变文校补拾遗》（《甘肃社会科学》1991 年第 2 期）、《〈敦煌变文集〉第一卷六篇补校》（《兰州大学学报》1992 年第 2 期）、《〈伍子胥变文〉校补拾遗》（《唐代文学研究》第 4 辑）等重要论文。

甘肃号称汉简之乡，赵先生在简帛研究方面，也有覃思精研的成果问世。《孙膑兵法校补》（《文史》第 39 辑、《简牍学研究》，甘肃人民出版社 2002 年）、《〈银雀山汉墓竹简〉原列〈孙膑兵法·下编〉十五篇校补》（《文史》第 44 辑，《简牍研究》（Ⅱ），甘肃人民出版社 1998 年）、《从敦煌佚书与汉简看口传在古代文学传播中的作用》（《古籍整理研究学刊》2004 年第 2 期）等系列论文显示了赵先生在简帛研究方面的功力与利用简帛文献解决古典文学研究问题的独到眼光。

赵逵夫教授结合文献材料和甘肃境内的考古发现、远古遗迹的考察成果，对伏羲文化、陇南上古氐人与形天神话，周秦文化交融与"牛郎织女"传说的形成等课题进行了深入的研究，取得了丰硕的成果，并为地方文化旅游资源开发作出了突出贡献。

赵先生所发表的《八进位制孑遗与八卦的起源及演变》（《伏羲文化》，中国社会出版社 1994 年；韩国《东方汉文学》第十二辑，东方汉文学会 1996 年）等论文受到学术界的广泛好评。他的"西部氐氏族源流研究"于 1990 年获准国家社科基金立项，发表的《形天神话钩沉与研究》（《民间文学论坛》1988 年第 5、6 期）、《形天神话源于仇池山考释——兼论奇股国、氐族地望及武都地名的由来》（《河北师大学报》2002 年第 4 期）等系列论文综合运用历史学、文献学、民族学、民俗学、历史地理学的研究方法，对氐族渊源进行了细致的研究，揭示出了完全被湮没的历史事实，展示了中华民族早期形成中的一些文化现象。另外一组关于甘肃陇南西和礼县一带盛行的"七夕"风俗文化研究的论文发表后，直接促成西和县被全国民协命名为"中国乞巧文化之乡"并使西和县乞巧民俗被列入"国家非物质文化遗产名录"。

在先周文化与陇东文化研究方面，他的《先周历史与牛郎织女传说（《人文杂志》2009 年第 1 期）、《陇东、陕西的牛文化、乞巧风俗与"牛女"传说》（《文化遗产》创刊号 2007 年）等文章，揭示了周民族在陇东地区的活动轨迹及对陇东文化的影响。文章发表后，不仅引起了学术界的关注，就连当地政府也请他去讲学，庆阳市也召开了首届"农耕文化节"。

四、宋前戏剧研究。赵逵夫先生从小喜爱戏剧，尤其喜好西北盛行的秦腔，可以背诵一些剧本。童年时曾与同一巷道里的同学、朋友自制木偶组织演出。这对他的古典文学研究产生了深刻的影响。上大学期间，李健吾先生来校讲学，受其启发，读完了莫里哀的全部剧作。由于这些原因，他在以上几个研究领域之外，还特别关注古代戏剧的研究。早在 1967 年大学毕业在武都一中学任教期间，他就开始了对戏剧史的关注，他认真研读古代民间作品，撰写了关于《公莫舞》研究的论文初稿。之后虽忙于其他课题的研究，但对古代戏剧的研究状况、有关的考古发现等始终十分关注。他一贯提倡严谨的治学态度，为文杜绝空疏无物，非有见解不发，不解决学术问题不发。在有的领域如《周易》《诗经》《老子》《红楼梦》等方面，虽只有几篇甚至一篇论文，但却能发前人所未发。他在戏剧史研究，尤其是宋前戏剧史研究方面的系列论文发表后，引起了学术界持续的关注。特别是《我国最早的歌舞剧〈公莫舞〉演出脚本研究》（《中华文史论丛》1989 年第 3 期）等论文，在逯钦立、杨公骥二先生研究的基础上，在《公莫舞》歌辞校理和角色标识方面取得了突破性进展。其《三场歌舞剧〈公莫舞〉与汉武帝时代的社会现实》《西北师大学报》1992 年第 5 期）与对《茶酒论》的考述、《我国古代第一个以农业生产为题材的大型舞蹈——汉代〈灵星舞〉考述》（《西北师大学报》1998年第3期）、《汾阴扇鼓傩戏的形成时代与文化蕴蓄》（中华戏曲学会，山西师大戏曲文物研究所主办《中华戏曲》第十三辑）、《参军戏〈攀道〉研究》（《中华戏曲》第十六辑）、《北宋傩戏〈坐后土〉研究》（《中华戏曲》第二十辑）、《〈公莫舞〉——西汉歌舞剧雏形考释》（《歌剧艺术研究》2000年第2期）等文章，也都对相关问题的研究有推进或有深入，在古代戏剧史研究界产生了很好的反响。

《人民日报》、《光明日报》、香港《大公报》等媒体称赞赵先生是"多次破解古典文学研究之谜的人"，学界同仁则称其为古典文学研究领域里的"多面手"。荀子曾说："无冥冥之志者，无昭昭之明，无惛惛之事者，无赫赫之功"（《劝学》），在巨大成就的背后，是数倍于常人的时间和精力的投入。只要了解赵先生生活习惯的人都知道，在他的作息时间表中没有双休日，没有节假日，没有假期，除了吃饭休息外，他几乎把所有的时间都用在了搞研究上。

赵逵夫教授的研究成果曾获甘肃省社会科学优秀成果奖一等奖3项、二等奖2项，教育部第二届、第四届人文社会科学研究成果奖，甘肃省高校哲学社会科学优秀成果奖一等奖8项，中国屈原学会"屈原研究十年"优秀成果一等奖。曾先后被评为甘肃省优秀专家，国家有突出贡献的中青年专家，享受国务院发放的政府特殊津贴。2000年被评为全国先进工作者。

他不仅在学术研究上成绩突出，还是一位卓越的导师学术带头人，经过多年的不懈努力，1992年，西北师大古代文学学科被评为省级重点学科，1993年在全西北地区的硕士点评估中，被评为"优"。1996年创建了西北师大古代文学博士点，也是国内第一个以楚辞研究和先秦文学为主要方向的古代文学博士点。2003年，又同其他同志一起创建了西北师大古典文献学博士点、专门史博士点和中国语言文学博士后流动站。依托学位点，他组织带动和培养出一支富有潜力的学术队伍。至今他培养出先秦两汉文学、汉魏六朝文学、先秦至南北朝韵文、敦煌文学等研究方向和古典文献学专业博士生34名，已有十余人为教授，6人为博导，多人成为高校或科研单位学术带头人或学术骨干。

由于赵逵夫在教学、科研和学科建设方面取得的成绩，1991年、1997年两次被评为甘肃省优秀教师，获省委、省政府颁发的园丁奖；1992年获得国务院特殊津贴；1993年获曾宪梓教育基金会教师奖二等奖；1994年被评为甘肃省优秀专家，1996年被评为国家有突出贡献的中青年专家，1997年被评为省级优秀教师标兵，2000年被评为全国先进工作者。1983年被推选为"中国屈原学会"筹委会委员，1985年中国屈原学会成立被推选为常务理事，1998年被选为学会副会长，2009年被选为名誉会长；2004年被选为中国诗经学副会长、学术委员会委员。1998年起担任国家社会科学基金评审委员会学科组成员；2001年被聘为《光明日报·文学遗产》专栏特邀编委，2002年1月被中国人民大学报刊资料中心聘为《中国古代近代文学研究》学术委员会委员，2002年12月被中国社科院文学所聘为《文学遗产》杂志编委，2006年被评为国家级教学名师。

如今，赵先生仍然坚持在学术研究和教学第一线。智者乐水，仁者乐山，先生的道德文章，高于山，长于水。经历了传统文化的"长途旅行"，在缜密严谨的学术研究中，赵先生涵养出淡定从容的人生境界。相信今后先生还会不断有更厚重、更富创造力的成果问世。

《陇上学人文存·赵逵夫卷》（第一辑）

作者：韩高年

张崇琛

　　张崇琛先生是我的大学老师。我们于 80 年代入学，仍记得先生当年给我们讲授《中国古代文学史》时的样子，一口山东腔，广征博引，析理深透，以典证史，新义自达，古今进出，自如往返。先生讲课抑扬顿挫，字字珠玑，妙趣横生，带领我们时而深思时而莞尔，印象深刻，音形宛然，觉真正良师大学者也。毕业工作多年，虽同在一城，与先生的联系不太经常，对先生的学问常常久仰，对先生的著述却不及细细学习，只知先生虽然已退休多年，依然对学术孜孜矻矻，著述丰厚，影响广布，同业后生争求文华。由甘肃省社会科学院主编的《陇上学人文存》，以"传先贤学术命脉，为后人立学术标杆"为使命，精选全省人文社会科学领域成就卓著的专家学者的代表性著作，每人辑为一卷。今承命编选先生文卷，我幸然与惶然杂并，一直在遍读和编选中忐忑，生恐因我之鄙陋，误取先生学术宝鉴。不过在学习过程中，对先生的了解却较过去更加深入全面，对先生的尊崇也因此更加滔滔若海，汩汩不断了，常自叹幸有师如先生等。

　　张崇琛，男，1943 年生，山东诸城人。兰州大学文学院教授。曾任兰州大学古代文学研究所所长，校学术委员会委员；兼任中国屈原学会名誉会长及甘肃省古代文学学会荣誉会长，甘肃省文史研究馆馆员。国内外知名的中国古代文学及古代文化研究专家。曾获宝钢教育基金优秀教师奖，享受国务院颁发的政府特殊津贴。

　　张崇琛先生出生于诸城县内的一个小乡村，父母都是农民，家境贫寒，从六七岁开始就随父母一起在田间劳动，上小学时也常利用早晚的时间拾草、放牛。但由于受家族文化氛围的影响，崇琛先生自幼便养成了读书的习惯，稍长即尝试进行写作，上初中时已在《诸城日报》《昌潍大众》等报刊上发表通讯、散文、诗歌、小小说等十余篇。1962 年先生毕业于诸城第一中学，并以全县第一名的成绩考入华东师范大学中文系。大学期间，曾受教于许杰、钱谷融、徐震堮、赵善诒等名师。1968 年毕业分配至兰州，在一家大型国有建筑企业工作了十年，1978 年调入兰州大学。

1979 年 9 月，先生参加了教育部委托杭州大学举办的"楚辞研究班"，遂有幸跟随国学大师姜亮夫先生学习。姜先生是 20 世纪 20 年代清华大学国学研究院的研究生，导师为王国维先生；毕业后又拜章太炎先生为师，成为太炎先生的及门弟子。姜先生的学问博大精深，在音韵学、古史学、楚辞学、敦煌学及文献学等方面都有着极深的造诣。先生跟随姜先生学习，真如久旱之遇甘霖，点点滴滴都舍不得放过。先生至今还常说，楚辞班学习期间，除上课外，单是每天傍晚陪姜先生散步的一小时内，听姜先生讲过的治学门径，就有"胜读十年书"之感。1980 年 7 月楚辞班结束，张先生提交的结业论文《一个值得重视的〈楚辞〉注本——读刘梦鹏〈屈子章句〉》很得姜先生嘉许。此文稍后发表于《文献》杂志（第 12 辑），经压缩后又作为《中国大百科全书·先秦文学卷》的一个词条。姜先生后来在指导博士生写读书报告时，便常以这篇文章作为范文。姜先生 1980 年 6 月 30 日在给张崇琛先生所做的结业鉴定中这样写道：

张崇琛同志是个博涉群书的中年教师。这是一个最主要的读书方法。专门只搞一、二门，自然容易为功，但成就必然有限。由博返约，然后能切实掌握所要掌握的东西，这即是近年来所盛传的综合研究方法的基本要素。他读书也非常细心老实，他最近所写的一篇读刘梦鹏《屈子章句》的读书报告，看来所以能深切了解刘书的长处，同他博涉与细心两事分不开。是我们队伍中后起之秀。

张崇琛先生后来在治学和指导研究生时所倡导的"大文化视野下的中国古代文学研究"，就是受了王静安先生的"二重证据法"和姜亮夫先生"综合研究法"的启迪而提出来的，并服膺终生。

所谓"大文化视野下的中国古代文学研究"，就是要把中国古代文学作品（尤其是先秦文学作品）作为中国古代文化的重要载体，从大文化的视角，包括社会科学和自然科学的视角，去进行全面的审视和研究。这样做既可以充分发掘古代文学作品的丰厚文化内涵，同时，研究角度的变换，也可以使古代文学研究中的一些难题迎刃而解。如张先生对楚辞之"兰"的研究便是一个典型的例证（详见下文）。与此同时，在研究方法上，张先生还主张博读与精研的结合，思辨与考据的结合，以及文、史、哲的融通，并力求通过"聚合效应"以不断获得新的研究成果。目前，张先生已公开出版的学术专著有 16 部，公开发表的学术论文 150 余篇，并为《中国大百科全书》等辞书撰写词条 20 余篇，为《人民日报》（海外版）主编过"蒲松龄研究"及"酒文化研究"专版。其研究领域主要集中在楚辞学、诸葛亮及其家族、蒲松龄及《聊斋志异》、中国古代文化以及地域文化等方面，并分别取得了重要的研究成果。

一、楚辞研究

张先生为国内外知名的楚辞研究专家。他对楚辞的研究，已突破了单纯文学的界限，而分别从哲学、政治、美学、教育学、文学、历史、地理、民俗、方言乃至植物学等角度，对蕴含于《楚辞》之中的丰富文化内涵进行了多方面的发掘与探讨，尤以对楚骚美学、昆仑文化与楚辞的关系、《楚辞》中的齐鲁方言、楚骚咏"兰"的辨析与文化意蕴揭示等方面的研究，最具开创性的意义。

张崇琛先生于 1986 年发表的《屈原美学思想试析》一文①，提出内美与外美的和谐统一是屈原美学思想的核心，并由此出发，具体论证了屈原作品中自然美与人格美、情感美与理性美、优美与壮美的和谐统一，又以融合儒、道为楚骚美学的主要特征，从而"回答了楚骚美学能否独成体系这一理论问题"，"为奠定楚骚美学的理论基础作出了贡献"②。张崇琛先生的《昆仑文化与楚辞》一文③，不但考证了昆仑之地望，并进而论述了昆仑文化的实际存在，同时还"肯定地认为楚辞创作受到高阳氏发祥地的昆仑文化影响"，其具体表现是：昆仑文化之情结、神人杂糅之习俗、时空跨越之思维、尊坤崇女之意识。这一研究被学术界认为是"较详细地讨论了楚辞中的文化血脉和楚辞产生的文化渊源"④。张崇琛先生的《楚辞齐鲁方音证诂》一文⑤，首次考证出《楚辞》中有齐鲁方言的存在（如"朕""猖披""蹀躞"等），并揭示出形成这一现象的原因，指出战国时"楚人而学齐语似成风气"。赵俪生先生在为《兰州大学学报》评审此文时称赞道："这是一篇值得共赏的奇文，不仅考证精密，而且妙趣横生。"至于张崇琛先生对楚辞之"兰"的研究，更得到了楚辞学界的高度评价，其论文《楚骚

①《兰州大学学报》1986年第3期，人大复印资料《中国古代近代文学研究》1986年第9期全文转载，并收入中国屈原学会编《楚辞研究》一书，齐鲁书社1988年出版。
②参见寿勤泽：《近年来楚辞研究概述》，《文史知识》1988年第12期；张来芳：《离骚探赜》附录《楚辞学工程构想》，江西人民出版社，1997年，第186页；李文衡主编：《甘肃当代文艺五十年·古典文学研究》，甘肃文化出版社，1999年，第538页。
③《兰州大学学报》2003年第1期，同时收入中国屈原学会编：《中国楚辞学》第二辑，学苑出版社，2003年。
④李敏：《2003年楚辞研究综述》，《中国楚辞学》第七辑，学苑出版社，2005年。
⑤《兰州大学学报》1990年第1期，人大复印资料《语言文字学》1990年第4期全文转载。

咏"兰"探微》也被多种书刊征引①。张先生将楚辞所咏之"兰"（共 42 处）归纳为五种，即佩兰、泽兰、木兰、马兰与兰花，又用现代植物学的分类方法及拉丁文之学名固定之，并深入探讨了楚骚咏兰的文化意蕴。其结论是："楚骚咏兰乃是一种特殊的文化现象，并非仅是比兴。兰为南楚所习见，是健身之良药，更是楚人的植物图腾以及王族的象征，兰内外兼美的品格及相关的多重文化蕴涵，使得它成为楚骚抒情的载体。"②这不仅为楚辞学的研究开启了新的思路，也为生态学的研究提供了重要的借鉴③。至于张先生对"山鬼"原型（即野人）的剖析④，对《招魂》"些"字源于秦陇方言的探讨⑤，对楚人卜俗的全面梳理⑥，对《离骚》中屈原神游西北地理位置的考证⑦，以及对《天问》中所见之殷先王事迹的钩稽⑧，也皆能发前人所未发，显示了先生在楚辞研究方面的实绩。

由于张崇琛先生在楚辞研究方面所取得的突出成就，所以其专著《楚辞文化探微》一出版即引起了学术界及媒体的高度关注⑨。新华社为此书作了专题报道，称此书"是一本能反映当代楚辞研究最新成果的学术专著"⑩。《人民日报》海外版第 8 版以整版的篇幅进行介绍⑪，国内版也发表了《楚辞的综合研究》一文予以高度评价⑫。著名文艺理论家蔡钟翔教授称此书"拓宽了古典文学研究的视野，也为中国古代文化史的研究开通了新思路"，"书中创获甚多"，"显示了作者深厚的国学功底和广博的知识积累"⑬。著名古代文学研究专家夏传才教授也在给张先生的信中说："从文化学、社会学角度探讨诗骚，当代论著颇多，而立足于传统研究的深厚土壤，吸取新方法、新观念，为阁下论著之特色，愚意当以此为正途。"此书已获甘肃省社会科学最高奖（二等

①本文第一部分刊于《兰州大学学报》1993年第2期，题为《楚辞之"兰"辨析》；第二、三部分刊于《甘肃广播电视大学学报》第13卷第2期，题为《楚骚咏兰之文化意蕴及其流变》；全文(包括附图)载于香港《屈原研究国际研讨会论文集》，2000年5月光盘版。《人民日报》海外版1992年12月17日曾以《读骚辨兰》为题，对第一部分摘要刊登。
②李敏：《2003年楚辞研究综述》，《中国楚辞学》第七辑，学苑出版社，2005年。
③刘不朽：《古三峡植物文化解读》，《中国三峡建设》2000年第4期。
④张崇琛：《"山鬼"考》，《宁波大学学报》1998年第4期。
⑤张崇琛、杨世理：《〈招魂〉"些"字探源》，《职大学报》2005年第1期。《文学遗产》2005年第1期《楚辞国际学术研究会述评》简要介绍。
⑥张崇琛：《楚人卜俗考》，《兰州大学学报》1991年第2期；《高等学校文科学报文摘》(上海)1991年第5期详细转载。
⑦张崇琛：《屈原神游西北的地理位置问题》，《西北史地》1993年第4期，《人民日报》海外版1994年7月7日"楚辞文化专版"详细转载。
⑧张崇琛：《〈天问〉中所见之殷先王事迹》，部分刊于《兰州大学学报》1992年第1期，全文刊于《殷都学刊》1994年第2期。
⑨新华出版社1993年初版；增订版名《楚辞文化研究》，中国社会科学出版社，2020年。
⑩《新华每日电讯》1994年4月22日。
⑪《人民日报》海外版1994年7月7日第8版。
⑫楚澜：《楚辞的综合研究》，《人民日报》1994年8月12日。
⑬见蔡钟翔先生对该书的评审意见。

奖）及全国十年屈原研究成果卓著奖。张崇琛先生也先后被选为中国屈原学会副会长及名誉会长。

二、诸葛亮研究

张崇琛先生的诸葛亮研究主要集中在两个方面：一是诸葛亮的人生及家族，二是诸葛亮的人格。其研究成果多汇聚于他的两部专著《诸葛亮世家》及《诸葛亮之人生与人格》之中①。《诸葛亮世家》是第一本系统研究诸葛氏家族的著作。该书根据大量的历史资料，并经精心的考证，不但将一个近真的诸葛亮形象呈现在读者面前，而且还对诸葛氏家族的脉络作了认真考订，并勾画出这个将相名门一系列成员的事迹。而将诸葛亮及其家族的产生置于琅邪文化独特的地域文化氛围中进行研究，更是该书的一大特征。张先生还首次令人信服地阐明了诸葛亮家族文化的四大特征，即以儒为主、兼融各家的学术思想，澹泊宁静的人生境界，积极入世的从政传统，刚直不阿的崇高气节。这不但是对诸葛亮家族的创新性研究，同时也为家族文化、地域文化乃至中国传统文化的研究提供了新的视角，开拓了新的领域。此书出版后，新华社即向国内外作了报道②，中央人民广播电台等媒体也相继进行了介绍③。《新民晚报》称此书"将近真的孔明呈现在观众面前"，"系统展现了诸葛氏家族的人物形象"④。《甘肃日报》也发表著名文艺理论家刘俐俐教授的评论文章，称"《诸葛亮世家》可视为人物传记，也可视为历史和历史人物研究专著，还可视为对某种特定文化的描述性和概括性研究的著作。它的严密性让我们信服，它的可读性让我们亲近，它的广博性让我们赞叹和欣悦，它在探索方面的意义几乎与它本身内容的价值相媲美"⑤。1997年10月，张崇琛先生被聘担任新华社摄制的大型电视文献片《一代之星诸葛亮》（16集）的学术顾问；2007年10月，作为特邀嘉宾，又参与了甘肃电视台的电视专题片《甘肃·三国》（10集）的制作，并作学术解说。

张崇琛先生对诸葛亮的人格是十分推崇的，并写过十余篇文章专门论析诸葛亮的人格⑥。他同意宋人罗大经的看法，即诸葛亮之为人，"自三代而后，可谓绝无仅有矣"⑦。不仅如此，他还进一步将诸葛亮人格的特点上升为一种文化现象，即"诸葛亮

---

①《诸葛亮世家》，吉林人民出版社，1997年；《诸葛亮之人生与人格》，甘肃人民出版社，2018年。
②新华社北京1997年8月22日电。
③中央人民广播电台"社会大观"节目1997年7月29日播出。
④《新民晚报》1997年8月23日第7版。
⑤刘俐俐：《人物：文化、家族、历史的凝聚——读张崇琛的〈诸葛亮世家〉》，《甘肃日报》1998年2月22日第4版。
⑥此不详列，可参见《诸葛亮之人生与人格》下编《诸葛亮论》所收论文。
⑦罗大经：《鹤林玉露》乙编卷五，中华书局，1983年。

文化"，并具体论证了诸葛亮文化的内涵：一是高尚的人格。张崇琛先生认为在诸葛亮身上体现出了中国人几乎所有的美德，如忠贞、智慧、清正、廉洁、勤奋、俭朴、澹泊、谨慎等，而"忠"与"智"则是诸葛亮人格最突出的特点。更为难得的是，诸葛亮还能将"忠"与"智"两者完美地结合起来①。二是超常的智慧。张崇琛先生认为，诸葛亮之"智"，即使剔除了被小说家所夸张的部分，也还是超常的。诸葛亮被民间称为"智星"，不是没有道理的。张先生还具体考察了诸葛亮智慧的来源，指出有四个方面的因素，即"观其大略"的读书方法，综合性的思维方式，澹泊宁静的精神境界，以及深思谨慎的处世态度。这给智慧学的研究也提供了一个凡例②。三是廉政之楷模。张崇琛先生认为，诸葛亮的廉政思想与实践，已为中国历代的官员树立了一个光辉的榜样。诸葛亮自身澹泊名利，甚至能为工作中的失误自行问责；诸葛亮对部下赏罚分明，对子女严格要求，其嗣子诸葛乔即在首次北伐中殒命陇原；诸葛亮对财产完全透明，他在晚年给后主刘禅的一封上表，实可视为他对自己家产的一次正式申报。由于张先生对诸葛亮廉政思想与实践的精辟论断和极具说服力的论述，所以他的论文《诸葛亮的廉政思想与实践》2009年曾获诸葛亮廉政思想研究全国征文一等奖（一等奖只设一名）③。四是家教之典范。诸葛亮所留下的《诫子书》与《诫外甥书》，前者强调修身和为学都要静的道理，后者谈年轻人立志的重要性，都堪为中华家教的宝典，一直影响着后代的人们。张崇琛先生还精心地考证出《诫外甥书》是诸葛亮写给其二姐与庞山民的儿子庞涣的，《又诫子书》是写给其嗣子诸葛乔的，而后者又成为对中国酒文化要义最经典的阐释④。

此外，张崇琛先生对诸葛氏之祖籍在诸县的考定⑤，对诸葛氏之先祖诸葛丰事迹的勾稽⑥。对《梁父吟》性质与"武乡侯"地望的界定⑦，对诸葛亮与《周易》关系的揭示⑧，对诸葛亮不纳"魏延之计"真相的发明⑨，对诸葛亮在甘肃足迹的追寻等⑩，也都

①张崇琛：《天水的三国古战场文化》，《天水师范学院学报》2018年第4期。

②张崇琛：《诸葛亮的超常智慧及其当代价值》，《诸葛亮之人生与人格》下编《诸葛亮论》，甘肃人民出版社，2018年，第332—344页。

③该文后被收入《诸葛亮廉政思想考论》一书，中国文化艺术出版社，2009年，第1—15页。

④张崇琛：《诸葛亮的〈又诫子书〉是写给谁的》，原载《档案》杂志1998年第2期；《中国档案报·档案大观》2001年6月29日全文转载。又载《国文天地》(台北)第十四卷第十二期。

⑤张崇琛：《雨霖葛塚汉臣魂——寻访诸葛亮故里》，《人民日报》海外版1992年3月27日；《诸葛氏之祖籍在诸县》，《寻根》1996年第3期。

⑥张崇琛：《诸葛丰生平事迹考》，《羲皇故里论孔明》，甘肃文化出版社，1997年，第21—28页。

⑦张崇琛：《说"梁父吟"与"武乡侯"》，《诸葛亮研究三编》，山东文艺出版社，1988年，第230—236页。

⑧张崇琛：《诸葛亮与〈周易〉》，《社科纵横》1995年第2期。

⑨张崇琛：《诸葛亮为何不纳魏延之计》，《成都大学学报》2003年第2期。

⑩张崇琛：《诸葛亮在甘肃的足迹》，《档案》1997年第3期。张崇琛：《诸葛亮与甘肃的不解之缘》，《甘肃日报·历史文化》2014年4月8日第5版。

取得了具有创新意义的成果，从而为诸葛亮的深入研究作出了贡献。中央纪委监察部网站早在 2015 年 6 月 3 日，即将张崇琛对诸葛亮"静"的释读文章摘要发至新浪微博和腾讯微博①。《光明日报》也以《陇原：诸葛亮的战场》为题发表文章②，详细介绍了张崇琛先生关于诸葛亮与甘肃"不解之缘"的论述。

三、《聊斋志异》研究

张崇琛先生自幼即喜欢听《聊斋》故事。大学最后两年适值"文革"，他手持一本《聊斋》，到学校的生物园内，在树荫与花丛间读之，"并用那些善良女性的爱意，抚慰着自己寂寞的心灵"③。1983 年 5—6 月间，他随《聊斋》研究大家赵俪生、袁世硕等先生赴山东考察乡邦文献，其间不但读到了若干与蒲松龄相关的珍贵文献，同时还亲赴五莲山等区域考察了一些《聊斋》故事的发生地，从而进一步激发了张崇琛先生对《聊斋》研究的兴趣，并陆续写出了一批《聊斋》研究的论文。

张先生的《聊斋》研究，主要集中在三个方面：

一是有关《聊斋》作者蒲松龄生平事迹的考证。如张先生对蒲松龄与诸城遗民集团关系的考证，便是一个重大的发现。其论文《蒲松龄与诸城遗民集团》④，不但详细钩稽出蒲松龄与诸城遗民集团成员的各种交往，包括蒲松龄的诸城之行，还具体考察了诸城遗民集团对蒲松龄创作的影响，并指出《聊斋》中的九篇诸城故事即与此有关。此外，张先生还通过追踪蒲松龄的"秘书"生涯以解读其早年理想⑤，通过《画像题辞》以揭示蒲松龄的晚年心态⑥，通过蒲松龄与孙景夏、李之藻、张贞等人的交游以考察蒲氏某些作品（包括诗词）的写作背景⑦，皆新义迭出，可补蒲松龄研究之不足。

二是有关《聊斋》本事的考索。张先生认为《聊斋志异》也是一部百科全书式的著作，其中既有小说篇章，也有纪实作品，更保存有大量的文化史料。所以他对《聊斋》中所讲的故事，只要能查出其人并能考其本事的，都尽力予以追索。如他对金和

---

① 见中央纪委监察部网站《张崇琛：诸葛亮所说的"静"是一种精神境界》，新浪、腾讯微博2015年6月3日发布。
② 宋喜群、杨甜：《陇原：诸葛亮的战场》，《光明日报》2015年6月4日。
③ 张崇琛：《聊斋丛考·前言》，商务印书馆，2017年。
④ 《蒲松龄研究》1989年第2期。
⑤ 张崇琛：《漫向风尘试壮游——蒲松龄的秘书生涯》，《秘书之友》1985年第1期。
⑥ 张崇琛：《清初知识分子心态的绝妙写照——蒲松龄〈画像题志〉发微》，《固原师专学报》1993年第2期，人大复印资料《中国古代近代文学研究》1993年第8期全文转载。《人民日报》（海外版）1992年9月24日"蒲松龄专版"摘要刊登。
⑦ 分见张崇琛：《蒲松龄与孙景夏》，《齐鲁学刊》1993年第3期，人大复印资料《中国古代近代文学研究》1993年第10期全文转载。张崇琛：《蒲松龄与李澹庵》，《蒲松龄研究》2017年第3期；《蒲松龄〈李澹庵图卷后跋〉笺论》，《兰州大学学报》1992年第4期。张崇琛：《〈聊斋志异〉中的张贡士与李象先其人》，《国际聊斋论文集》，北京师范学院出版社，1992年。

尚及五莲山僧事迹的考证①，对"姊妹易嫁"故事本来面目的还原②，对"镜听"源流的梳理③，对李象先、丘志充、丁前溪等《聊斋》人物的钩稽等④，都有助于加深人们对《聊斋》有关篇章的理解。张先生还首次发现《聊斋》中有七篇甘肃故事，并对其来源及故事的传播途径一一作了考察⑤。凡此，不但于《聊斋》本身的研究极有帮助，而且有些还可补史书记载之不足，具有重要的史学及民俗学价值。

三是对《聊斋》一书多种文化蕴涵的揭示与发微。张先生除深入发掘《金和尚》篇对研究清初寺院经济及山左民俗所具有的重要史料价值⑥，仔细考察《聊斋》甘肃故事中所具有的西北地方文化色彩及生态学的意义⑦，还特别关注《聊斋》中"狐狸精"形象所隐含的中西交通文化背景。他从《聊斋》中"狐狸精"自报家门的"籍贯陕西"以及"女狐狸精好、男狐狸精坏"的现象入手，经深入考察，发现汉、唐的"胡姬"形象已被融入了《聊斋志异》的"狐女"形象之中。而这一现象的形成，又与中西交通的大文化背景是分不开的⑧。此外，张先生还将《聊斋》中的新闻篇章一一摘出，分类归纳，并认为这些篇章是新闻与文学交融的杰作⑨；又将《聊斋》中的爱情故事篇章按照由表及里的顺序，深入透析其情趣、美趣及理趣共存的多重文化蕴涵⑩；而对《聊斋》中的《恒娘》篇，先生则以犀利的眼光指出，这是蒲松龄取《周易·恒》卦以为之，是蒲氏援《易》理而入《聊斋》的一种尝试⑪。这些研究都可以说是见解独到，并为《聊斋》学拓宽了视野，也开了新的生面。

张先生的《聊斋》学研究很早即受到了国内外学术界的高度关注。日本早稻田大学著名教授伊滕漱平称张先生对王渔洋及《聊斋》的研究"被公认为见地不庸"（见其《王渔洋与山左诗人》一文）。美国著名"聊斋学"研究专家白亚仁教授也在给张先

---

① 张崇琛：《〈聊斋志异·金和尚〉本事考》，《兰州大学学报》1984年第3期；《人民日报》（海外版）1992年9月24日"蒲松龄专版"摘要刊登。

② 张崇琛：《〈聊斋志异·姊妹易嫁〉本事考证》，《齐鲁学刊》1986年第1期；《人民日报》（海外版）1992年9月24日"蒲松龄专版"摘要刊登。

③ 张崇琛：《"镜听"考源》，《民俗研究》1993年第3期。

④ 分见张崇琛：《〈聊斋志异〉中的张贡士与李象先其人》，《国际聊斋论文集》，北京师范学院出版社，1992年；《〈聊斋志异·遵化署狐〉与丘志充其人》，《蒲松龄研究》2000年第3、4合期；《〈聊斋志异·丁前溪〉中的丁前溪其人》，《蒲松龄研究》2017年第4期。

⑤ 《〈聊斋志异〉中的甘肃故事》，《聊斋学研究论集》，中国文联出版社，2001年；又载《社科纵横》2001年第5期。

⑥ 张崇琛：《〈聊斋志异·金和尚〉的史学及民俗学价值》，《蒲松龄研究》2009年第3期。

⑦ 同⑤。

⑧ 张崇琛：《中西交通视野下的〈聊斋〉"狐狸精"形象》，《蒲松龄研究》2008年第3期。

⑨ 张崇琛：《新闻与文学交融的杰作——〈聊斋志异〉中的新闻篇章》，《蒲松龄研究》2009年第1期。

⑩ 张崇琛：《情趣·美趣·理趣——〈聊斋〉爱情篇章的多重文化蕴涵》，《蒲松龄研究》2016年第3期。

⑪ 张崇琛：《〈聊斋志异·恒娘〉与〈周易·恒〉卦》，《蒲松龄研究》2014年第1期。

生的信中说："我一直很钦佩您的严谨的治学态度，从您的著作中得到了很多启发。"《人民日报》（海外版）"蒲松龄专版"一次即选登先生论文三篇（1992 年 9 月 24 日）。人大复印资料也多次全文转载先生的《聊斋》研究论文。先生还被《蒲松龄研究》杂志列为当代著名"聊斋学"研究专家，并辟专栏进行介绍（1997 年第 3 期）。2014 年又被该杂志聘为学术顾问。先生除多次为大学生开设"蒲松龄研究"课外，还应甘肃电视台之邀，在"说聊斋"节目中为广大受众讲说《聊斋》（1991 年 4 月 12 日）。其专著《聊斋丛考》出版后①，更获得了学术界的好评，《蒲松龄研究》杂志专门刊登了该书的《前言》（2018 年第 2 期），并予以介绍。

四、中国古代文化研究

张崇琛先生对中国古代文化的研究主要侧重在以下三个方面：

一是对中国古代文化来源与特点的总体认知，以及对中国古代文化与国学研究方法的简要论述。张先生认为中国古代文化的来源是多元一体的，并分别从考古发现、古史传说以及古代文献所记载的信史等三个方面来加以证明②。而"天人合一，以人为本"；"诸家兼容，以儒为主"；"多神并敬，无神为常"；"德能通观，以德为重"；"述作共倡，述为号召"则是其基本的特征③。至其研究方法，张先生认为既要充分利用现有的书面文献及出土的新材料，以力求对古代文化的相关内容给以准确的解读；同时也要联系实际，将这种研究与传承中华优秀传统文化及提升国人的道德水准相结合。如张先生对改革开放中如何继承中华优秀传统文化的论述④，就是基于这方面的考虑。

二是对远古文化的追寻。如对伏羲、女娲、黄帝、仓颉、蚩尤及舜文化的探源即是。张先生认为中国的和谐文化可以追溯到远古时期，而伏羲文化便是中国原始的和谐文化，并运用古代文献以及大地湾考古资料以证明之⑤。而伏羲文化的和谐特征与女娲神话"补天""造人"的文化蕴涵⑥，又对我们创建和谐社会和发扬中华民族的创造精神，具有重要的启示意义。张先生还对传世的《仓颉书》28 字进行了精心的考释⑦，认为它是黄帝战胜末代炎帝及蚩尤的纪功之辞。香港《文汇报》以《兰大教授揭〈仓

---

① 张崇琛：《聊斋丛考》，商务印书馆，2017 年。
② 张崇琛：《中国古代文化史》第一章第一节，甘肃人民出版社，2010 年，第 1—10 页。
③ 同上，第 11—19 页。
④ 张崇琛：《改革开放与优秀传统文化的继承》，《天水师范学院学报》2018 年第 6 期。
⑤ 张崇琛：《伏羲文化是中国原始的和谐文化》，《天水师范学院学报》2011 年第 3 期。
⑥ 张崇琛：《女娲神话的文化蕴涵》，《甘肃高师学报》2008 年第 1 期。
⑦ 张崇琛：《黄帝战胜末代炎帝及蚩尤的纪功之辞——〈仓颉书〉试释》，《甘肃社会科学》2012 年第 3 期。

颉书〉千年谜》为题公布这一研究成果后[1]，国内外多家报刊纷纷转载。张先生又从《孟子》中钩稽出舜文化的基本内涵和文化精神，从而弥补了司马迁《五帝本纪》记载之不足[2]。至于东夷族的领袖蚩尤，历来被视为恶魔，而张先生则认为蚩尤当与炎、黄并列"中华三祖"[3]。

三是对中国传统文化要义的解读与辩正。张先生除对《周易》的文化精神如整体性思维，变化发展思想，相反相成意识，和谐观念以及自强不息、厚德载物的民族精神等方面作了深入探讨和系统总结外[4]；还对先秦文化的一些重要思想范畴如天人合一、无为而治、中庸之道、慎独意识、老学的当代价值及孔子的教学方法等，也重新进行解读，并对其中一些似是而非的观念作了辨正。如论"天人合一"思想对环保意识及生态平衡理念所具有的重要意义[5]；谓"中庸之道"是一种动态的平衡和双向调节的和谐之道[6]；释儒家的"慎独"意识是从外在表现、理性自觉及精神境界三个方面来养成完美的人格，并指出其对廉政建设的重要意义[7]；从尊重客观规律、关注生态平衡、提升领导艺术、优化经营策略四个方面来论证老子思想的当代价值[8]；从处理教与学、"有教无类"与因材施教、学与思、温故与知新、讲授与答疑、言传与身教六个方面的关系来探析孔子的教学方法等[9]，其见解之精辟，论证之严密，都令人叹服。张先生还特别关注中国人的道德修养，认为道德是中华传统文化的核心，并对传统道德（如孝悌、仁义、诚信、礼让等）的形成、演变及当代价值作了系统的梳理与阐发[10]。

文化的传承离不开文化知识的普及。为此，张先生著有《中国古代文化史》一书[11]，并主编了大型家教著作《中华家教宝库》[12]，以帮助人们全面认识中国传统文化。《中国古代文化史》采用了以史为经，以文化元素为纬的纵横交织的写法，系统介绍了中国古代文化的十七个重要组成部分，既有理论深度，又有很强的可读性，是一本兼具

---

[1] 王岳、吴明蔚：《兰大教授揭〈仓颉书〉千年谜》，香港《文汇报》2011年8月5日。
[2] 张崇琛：《〈孟子〉中所见之舜文化精神》，《国文天地》（台北）第三十卷第十期（2015年3月1日）。
[3] 张崇琛：《蚩尤当与炎、黄并列"中华三祖"》，《鹤园随笔》，敦煌文艺出版社，2019年，第231—235页。
[4] 张崇琛：《〈周易〉的文化精神及其当代价值》，《天水师范学院学报》2010年第1期；又载《先秦文学与文化》第一辑，上海远东出版社，2011年。
[5] 张崇琛：《古代文化要义辨正》，《鹤园随笔》，敦煌文艺出版社，2019年，第163—166页。
[6] 张崇琛：《中庸之道及其当代价值》，《天水师范学院学报》2008年第6期。
[7] 张崇琛：《谈谈儒家的"慎独"精神》，《天水师范学院学报》2014年第1期。
[8] 张崇琛：《老子思想的当代价值》，《天水师范学院学报》2013年第3期。
[9] 张崇琛：《谈谈孔子的教学方法》，《甘肃高师学报》2003年第6期；又载《孔子圣迹图》，敦煌文艺出版社，2004年。
[10] 张崇琛：《谈谈中国人的传统美德》，《职大学报》2016年第4期。
[11] 此书原名《简明中国古代文化史》，甘肃人民出版社，1994年；增订版改名《中国古代文化史》，2005年初版、2010年再版。
[12] 该书1993年由吉林人民出版社初版，2005年再版。

学术性与知识性的著作。《人民日报》（海外版）以《古老而深邃的文化》为题，摘要转载了该书的首章（1994 年 12 月 18 日）。该书已被多所高校用作教材，并多次再版。《中华家教宝库》则以其所收资料的完备（自先秦以迄现代）及对中华家教内容、特征、方法探讨的深入和精微，被美国著名汉学家、夏威夷大学终身教授罗锦堂先生誉为"空前未有之家教巨著"，"是一部难得的雅俗共赏的佳作"（见罗锦堂为该书所做的序言）。该书的《前言》在《教育史研究》（1994 年第 1 期）发表后，又有《基础教育》（2004 年第 12 期）、《山东教育》（2005 年第 1 期）等多家刊物重刊或转载。张先生研究中国古代文化的专著《古代文化论丛》也将于年内由商务印书馆出版。

五、地域文化

礼失而求诸野。地域文化蕴含着丰富的中国传统文化信息。而兼得齐鲁文化之长的琅邪文化[①]，无疑又是很值得重视的一种。张崇琛先生很早即致力于琅邪文化的研究。自他在 1994 年全国第八届诸葛亮研讨会上首次提出"琅邪文化"的概念以来[②]，又陆续发表了《论琅邪文化》等十余篇论文[③]，进一步将"琅邪文化"界定为"介于齐鲁文化之间而又兼得齐鲁文化之长"的一种文化。张先生还首次阐明了琅邪文化的"三大特征"，即民风的古朴、敦厚、求实然又不乏进取精神，学术界思想的兼容性及学风的经世致用，思想的深邃与行动的深谋远虑。而琅邪文化的代表人物便是诸葛亮与王羲之。张先生的这一研究已得到了学术界的高度认可。在他提出琅邪文化的概念后，1996 年，山东省历史学会即成立了琅邪文化研究分会。张先生担任学术顾问并亲自指导青岛市有关部门编写的四卷本《琅邪文化史略》，也被列为山东省重大理论与实践课题研究项目。该书于 2010 年由山东人民出版社出版后，已获山东省社科特等奖。而张先生的《论琅邪文化》一文作为"导言"，即被冠于全书的卷首。

与琅邪文化不同的是，宋文化一直遭到人们的偏见，并导致了今日社会对河南人的歧视。张先生对此一直感到不平。他从对先秦寓言中"宋人"现象的解析入手，并联系周灭商的历史背景，从文化上解开了形成这一谜团的原因，并指出只有消灭了文化上的地域偏见，社会才能真正达到人际关系的和谐[④]。另外，对天水的古战场文化，历来很少有人系统研究，张先生则从地域文化及诸葛亮文化的角度对此进行梳理和论

---

①这里所使用的"琅邪"是一个历史地理的概念，在古代文献中这一地名一般都写作"琅邪"，本书仍沿用之。
②论文《汉代琅邪地区的学术氛围与诸葛亮思想的形成》，刊《中国典籍与文化》1995年第1期。
③《论琅邪文化》，《兰州大学学报》2004年第3期。其余论文参见《诸葛亮之人生与人格》，甘肃人民出版社，2018年。
④张崇琛：《"宋人"现象与中国传统文化中的地域偏见》，《科学·经济·社会》2008年第3期。

述，并为开发和弘扬这一文化提出了一些具体建议①。至于他从地域文化的角度以探讨某些作家思想的形成及作品的产生，如密州文化对苏轼的影响及诸城人士对孔尚任创作《桃花扇》的帮助等，更填补了这方面研究的空白②。而对作为地域文化重要载体的方言与方俗，张先生也进行了研究，他对琅邪文化核心地区的诸城方言及以桐城张氏为代表的"六尺巷"故事的考察，即是这方面的有益尝试③。

张先生说他的一生治学颇杂。其实，是他学术视野广阔，精研致远的结果。除了上述几方面外，他在《诗经》与《周易》研究、汉赋研究、苏轼研究、李清照研究、清代文学研究以及乡土文学研究等领域，也都取得了不少重要成果，当有机会，再细细一一介绍。

张先生在教学方面更是早著声称，不但我们早亲受滋润裨益，曾有师弟妹们也津津乐道，先生讲课深受学生欢迎，都说听张先生的课是一种精神享受，所以张先生的每堂课几乎都是人满为患，往往下午的课中午便要去占座位，而去晚了就只能站在教室后面听讲。更有同学直言，"张先生上课总是把自己多年来发现的前人未有著述或可以挖得很深的课题讲给我们，希望我们有所研究。他是唯一一个让我们即使是在下课的路上也会互相讨论课上内容的老师，比如极其枯燥难懂的《易经》。他总是让我们感觉到自己的渺小，就像《庄子·秋水》里的河伯见到了汪洋大海时叹息的那样：吾长见笑于大方之家"④。因此，先生不但多次获得各级社会科学及教学方面的优秀成果奖，他主讲的《中国古代文学史》被评为省级精品课，而他自己也被授予"师德标兵"及"教学名师"等多种荣誉称号。

目前，张先生虽已从工作岗位上退休，他的不少学生也都成为有关领域的学术骨干和栋梁之材；但先生仍然笔耕不辍，著述勤奋，继续驰骋在他所喜爱的古代文学及古代文化领域，并不断贡献着新的研究成果。"苍龙日暮还行雨，老树春深更着花。"其先生之谓也！

《陇上学人文存·张崇琛卷》(第八辑)

作者：王俊莲

①张崇琛：《天水的三国古战场文化》，《天水师范学院学报》2018年第4期。

②前者见张崇琛：《密州的文化氛围与苏轼知密州时期思想与创作的转变》，《齐鲁学刊》1999年第1期；后者见张崇琛：《张石民与张瑶星及孔尚任的交往》，《中国古代小说戏剧研究丛刊》第四辑，甘肃教育出版社，2006年。

③前者见张崇琛：《谈谈方言的文化价值》，《职大学报》2013年第3期；后者见张崇琛：《"六尺巷"故事的由来与演变》，《寻根》2016年第6期。

④十年砍柴等：《漫话阿师》，《文苑》2003年9月10日。

赵荫棠

一

赵荫棠先生，又名仝光、憩之，笔名老铁等，生于 1893 年，河南巩县（今巩义市）北山口人。汉语音韵学家、小说家。

赵先生 1924 年至 1926 年在北京大学国学研究所读研究生，师从钱玄同学习汉语声韵学。

1926 年至 1930 年在河南大学、天津中日学院、孔德中学及女子师范学院任教。这一时期主要从事国外心理学著作和文艺学著作的翻译及研究，翻译出版美国桑格夫人的儿童心理学著作《示儿编》（上海北新书局 1929 年出版）;翻译国外有关文学理论的论文多篇，刊登于各种报纸杂志，并结集为《风格与表现》（北京华严书店 1929 年出版）。

1931 年至 1932 年在北京师范大学任研究员。1933 年至 1937 年，在孔德中学、中法大学、女子师范大学、民国大学、北京师范大学研究院、北京大学等处任教。这一时期，主要从事明清音韵学史的研究，发表相关学术论文数十篇，出版专著《中原音韵研究》（商务印书馆 1936 年出版，1956 年重印）。

1937 年至 1939 年任教于辅仁大学；1939 年至 1945 年，任北京大学文学院教授，也曾兼任北京师范大学讲师，并于 1944 至 1945 年参加伪华北作家协会，任古典部主任。除了继续从事音韵学研究外，主要从事小说、散文的创作。出版专著《等韵源流》（1941 年北京大学出版；1957 年商务印书馆重版；2011 年 9 月商务印书馆据 1957 年版重新排印）、短篇小说集《父与子》（新民印书店 1944 年）及长篇小说《影》（伪华北作家协会 1945 年）。

1945 年到晋察冀边区教育处，曾在张家口农专、民众教育馆等处工作。1948 年至 1949 年 8 月，在中共中央宣传部教育研究室任研究员兼材料组组长。

中华人民共和国成立初期，先后任北京师范大学附中教员、河北师范学院教授等。1953 年举家赴兰州，任西北师范学院（今西北师范大学）中文系教授，直至 1970 年去世。从一些材料看，赵先生 20 世纪 50 年代初主要从事近代汉语中元曲及明清白话小说语言的研究，是否发表相关论文笔者尚不清楚，但其学术见解于《中原音韵研究》重版自序可见一斑。在西北师范学院期间，主要从事《诗经》研究，就笔者目力所及，有学术论文十余篇。

笔者没有见过赵先生，更没有听过他的课。20 世纪 90 年代受《甘肃社科人物》编委会的委托撰写赵先生的小传，才在甘肃省档案馆查阅过他的档案，大致了解了他的生平简历。2013 年 4 月又受甘肃省社科院科研处的委托，编辑《陇上学人文存·赵荫棠卷》。然而接受任务之后，却遇到重重困难：首先，赵先生的文章多发表在报纸上，尤其是关于音韵学的文章，大多载于 20 世纪二三十年代的一些小报上，查找非常困难；复印、拍照来的稿子又多漫漶不清，难以辨认。其次，赵先生谈到的一些等韵学著作，一时无法找到原件，其文章漫漶之处或引文疑有阙误处也不能一一核对。再次，也是最关键的一点，笔者学识浅薄，对赵先生文章内容不能深透理解。因此，整理工作肯定有不少失误，敬请方家批评指正。所收文章，皆依原发表稿输入，个别地方的文字有不清或疑惑之处，若《中原音韵研究》与《等韵源流》有相同内容者，则参以订正。

在整理过程中，王耀东和洪帅两位同仁帮助搜集材料，几位研究生帮助输入文字，都付出了很多辛苦，在此深表感谢！

二

赵先生从 20 世纪 20 年代在北京大学攻读研究生时开始研究汉语音韵学，受到著名音韵学家钱玄同的直接指导，并与罗常培、白涤洲、魏建功等音韵学家有密切交往。他对明清两代等韵学论著作了深入挖掘和探讨，其最重要的成果就是《中原音韵研究》和《等韵源流》这两部蜚声海内外的专著。

《中原音韵研究》分上下两卷，上卷六章，下卷三章。上卷主要阐述《中原音韵》一系韵书的源流派别，说明《中原音韵》的价值；下卷专门研究《中原音韵》的音系，论述其声母、韵母及等呼，并为其声韵一一拟音。该书材料丰富，论析透彻，有很高的学术价值。他的导师钱玄同评价说："综观全书，精彩极多。对于《中原音韵》一系韵书的源流派别之叙述，本编尚为第一部也。"①

《等韵源流》是赵先生经过十多年的考证和研究写成的，1941年北京大学初版后，作者又作了一些修改补充，于1956年由商务印书馆重版。全书三十余万言，材料丰富，结构宏伟。从反切起源谈起，直到近代文字改革的启蒙运动，阐述了中国等韵学家的等韵理论及其贡献，并暗示中国文字走拼音文字的途径与归宿。全书分为四编：第一编《等韵之酝酿》，从中外史料探求中阐明古代汉语中的"合音"现象不能与反切相提并论，反切的发明是受了梵文拼音原理的启发，从而说明韵图出现的条件。第二编《等韵之成立》，以宋元以来几部重要的等韵图为依据，考证等韵产生的时间和地点，并据以推测当时语音的变化。第三编《等韵之改革》，将明清之等韵分为南北两大派。他搜罗分析了大量材料，从中揭示出南派对研究音理的贡献及北派记录普通话的功绩。第四编《等韵之批评与研究》，叙述了有清以来一些著名古音学家对等韵的肯定与否定；总结了抗战前夕国内等韵学家的研究成果。这部著作是20世纪80年代以前我国等韵学界最权威的著作。

《中原音韵研究》和《等韵源流》出版以后，都产生了巨大影响，它们在音韵学界是家喻户晓的，这里不再赘述。下面就本书所收录论文的写作情况和大致内容作简要陈述。

赵先生是位多产的音韵学家，就笔者目前的搜集结果看，自1930年12月发表《菉斐轩〈词韵〉时代考》起，至1943年《〈大藏字母九音等韵〉跋》之见刊，共有音韵学论文近三十篇，其内容大致可以分为两类。

一类是对《中原音韵》类韵书的研究，主要有《菉斐轩〈词韵〉时代考》（上、下）（1930）、《菉斐轩〈词林要韵〉的作者》（1931）、《〈中州音韵〉源流考》（1931）、《〈中原音韵〉与〈中州音韵〉》（1931）、《关于〈韵略易通〉》（1931）、《〈中州音韵〉各版本的关系与发生的次序》（1932）、《始得〈琼林雅韵〉校读记》（1932）、《〈中原音韵〉的ㄐㄑㄒ》（1932）等。除最后一篇，其他都是关于《中原音韵》一系韵书的研究。作者通过仔细梳理、发现《中州音韵》是元人卓从之在周德清《中原音韵》基础上的继述，《词林韵释》出自明成化年间学人陈铎之手，《琼林雅韵》为朱权所作，是《中原音韵》之后第一次南化的韵书。从而肯定了周德清的贡献及《中原音韵》的价值，也为《中原音韵研究》上卷的完成做了充分准备。

---

① 《中原音韵研究》，商务印书馆，1956年重印第1版，第4页。

　　在这一研究过程中，赵先生可以说是筚路蓝缕，历尽艰辛。他查阅书目方志，走访书肆寺院，做了许多实地的调查工作。他在《〈中州音韵〉源流考》一文的开头说：

　　这又是一个谜。这个谜是吴梅在北大教戏曲时留下的。他为着学生作曲的需要，曾印出一本《中州音韵》来，现在北大的出版部还出售着。这本书上只题着重校者西吴张汉，没有题作者的姓名。吴曾告钱玄同先生说过：这部书是从《啸余谱》中摘印出来的，作者是元朝卓从之。关于《中州音韵》者，只有这么些。至于吴从哪里知道这是卓从之作的呢？那可就不得而知了。我又问过一位先生，他说《中州音韵》是范善臻作的。于是乎一本书竟有两位主人。这也就够热闹了，不料又跑出来一个！今年春日，我从旧书铺购得《等韵易简》，是道光十七年张恩成作的，它的凡例有一条说：

　　　平声分阴阳，元周德清《中原音韵》每韵分类标明，李书云《音韵须知》、王骏《中州音韵》悉遵之。

　　骇人不骇人，一本书竟有三个主人。不要害怕，竟然有人给我取消一个。戈顺卿的《词林正韵发凡》说：

　　　实则宋时已有《中州韵》之书，载《啸余谱》中，不著撰人姓氏，而凡例谓为宋太祖时所编，毛驰黄亦遵其说，是高安已有所本。明范善臻又撰《中州全韵》，国初李书云有《音韵须知》，王骏有《音韵辑要》，此又本高安而广之者。

　　他这几句话虽然给我取消一个王骏，却又给我加上一个宋太祖时的无姓名的主人，固然还是三个；但卓从之的著作权在暗中却被取消了。去了一层浅的云雾，加上一阵狂风，真教我的眼睛里充满了尘沙，不知东西南北的方向。

　　面对这重重迷雾，他如痴如醉地搜寻着，分析着，发现着，也快乐着。

　　《〈中原音韵〉的ㄐㄑㄒ》一文，反映了赵先生一个重要的学术观点：《中原音韵》中的见晓系声母已分化出ㄐ [tɕ] ㄑ [tɕ'] ㄒ [ɕ] 三个声母了，而"照系的ㄐㄑㄒ，恐怕在元明时代已经灭亡了"。他从清代戏曲家有尖团之说上推，到明代万历年间叶秉敬的《韵表》及乔中和的《元韵谱》直至元代吴草庐，他们对声母的分析都有洪细之别，由吴草庐而接及《中原音韵》。赵先生认为《中原音韵》中的ㄐㄑㄒ，其发音部位"大概比北平ㄐㄑㄒ靠后一点；若给它们一个近似的假定，可以标为 tɕ-l, tɕ'-l, ɕ-l"。此说比较谨慎客观。

　　另一类论文是对等韵著作尤其是明清等韵著作的研究。主要有《〈康熙字典·字母切韵要法〉考证》（1931）、《清初审音家赵绍箕及其贡献》（1932）、《〈谐声韵学〉跋》（1932）、《〈重订司马温公等韵图经〉述》（1932）、《〈字学元元〉述评》（1932）、《李氏〈音鉴〉的周围》（1932）、《读叶秉敬〈韵表〉札记》（1933)、《〈切韵指掌图〉撰述年代考》（1934)、《〈音声纪元〉述要》（1937)、《明清等韵之存浊系统》（1936–1937连载)、《明清等韵之北音系统》（1937)、《〈守温韵学残卷〉后记》(1940)、《〈大藏字母九音等韵〉跋》（1943）等。其中与等韵之创立有关的，有《〈守温韵学残卷〉后记》《〈切韵指掌图〉撰述年代考》等；大多与等韵改革有关，《明清等韵之存浊系统》和《明清等韵之北音系统》两篇系统论述了明清南北两系等韵著作，其他个别研究则与此二篇详略互补；《〈音声纪元〉述要》一文与《明清等韵之存浊系统》中相关论述内容基本相同，故未收录。赵先生云：

> 在《中原音韵》与《洪武正韵》之后，等韵亦形成两大派：受《中原音韵》影响者，其声母多则二十一，少则十九，盖删去全浊者也。受《洪武正韵》影响者，其声母无论为三十二，为二十七，要皆保存三十六字母之全浊而删去自认为重复者。这两派都是时代产物，对于当时的语音状况，及声韵学上之发音原理，实在有不少的贡献。

这两篇文章论述每一家等韵著作，都是通过外析，归纳出其声韵调系统，比较前后相承各家之异同，肯定其贡献，指出其不足，比较明晰地展现了明清两代等韵学家的研究成果，揭示了现代汉语北京话声韵调形成的过程。下面先就两篇文章的声母研究情况作简要分析。

《明清等韵之存浊系统》论述了明人章黼《韵学集成》、王应电《声韵会通》，直至清人劳乃宣《等韵一得》等十七家之说。根据文中所论，我们梳理存浊系统的声母如下表：

序号	作者（籍贯）	书名	声母数	说明
1	章黼（嘉定）	韵学集成	36	一遵《韵会》，与三十六字母合。
2	王应电（昆山）	声韵会通	28	合并泥娘、日禅、匣喻、彻穿、知照、非敷、奉微、从床，故为二十八母。
3	无名氏（会稽陶承学得于吴中，属其同邑毛曾删定）	字学集要	27	删去群、疑、透、床、禅、知、彻、娘、邪、非、微、匣十二母；又增入勤、逸叹三母，故为二十七母。其中匣喻互通；泥疑、日禅、非微合并。
4	濮阳涞（广德）	韵学大成	30	合并澄床、彻穿昌、知照、疑喻、非敷，故为三十母。
5	袁子让（郴州）	字学元元	36	欲保持三十六字母之旧。于韵有倾向二等之意。
6	叶秉敬（衢州）	字孛、韵表	30	归并知照、非敷、泥娘、穿彻、澄床、疑喻，故为三十母。于韵主张二等之说

续表

序号	作者（籍贯）	书名	声母数	说明
7	作者不明 李嘉绍 （上元）	韵法直图 韵法横图	32 36	削去知、彻、澄、娘。 二图变等为呼。
8	陈荩谟 （嘉兴）	元音统韵 通释	36	继承横、直二图之法。
9	释宗常 （昆明）	切韵正音 经纬图	36	命四呼为开、发、收、闭。
10	吴继仕 （徽郡）	音声纪元	36	以声律气数附会音韵。
11	熊仕伯 （南昌）	等切元声	42	增加近、兑、步、自、乍五母以补阳，五、乃、母、武、吕、耳六母以补阴；删掉五个重复声母定、并、邪、床、禅。
12	潘耒 （吴江）	类音	50	声母不以有音无字而废其音，故有 50 之多。于韵确立开、齐、合、撮四呼之名。
13	汪烜（新安）	诗韵析	32	韵本《直图》。
14	是奎（晋陵）	太古元音	28	于三十六字母削去匣、知、彻、澄、娘、日、奉、微母，与王应电《声韵会通》相同。
15	李元（京山）	音切谱	36	继承《四声等子》《切韵指掌图》《切韵指南》等。
16	马攀龙（南阳）	韵法传真 五美图	32	依《韵法直图》。
17	劳乃宣（桐乡）	等韵一得	58	将音节析为母、韵、四声三大纲；将声母分为戛、透、轹、捺四类。58 母中有音无字者22个。

各家所定声母，少者二十七，最多者达五十八，其共同点是都有全浊声母。赵先生认为，十七家之所以存声母之全浊，一是受《洪武正韵》及《四声等子》《韵会举要》《玉篇·切字要法》等的影响，二是受作者方音之影响。实际主要是作者方音之影响。如上表所示，各家籍贯基本都在南方。各家作书，也都多多少少参考了方音中的具体读法，如叶秉敬《韵表》凡例五《辩喻母》云：

三十字母，括尽天下之韵，犹平上去入括尽天下之声；中间唯一"喻"字微有偏枯，盖江南之音，有不尽如"喻"字者。试以"业"字言之，江北多与

"葉"字同呼，而江南或与"葉"分途，自呼为"业"。又以"牛"字言之，江北多与"尤"字同呼，而江南或与"尤"分涂，自呼为"牛"。今总之以"喻"母，则江北之人信而江南之人疑矣。又以"外"字言之，《正韵》收入"泰"韵，五快切，江南北俱同此音，而时闻中州或呼作"伪"字。然江北之"伪"半吐，江南之"伪"半收，微有异焉。故愚改"喻"母为"御"母。以"喻"字偏而向于一，"御"字虚而兼呼两。此道精微，盖纸笔之所不能载；惟面面相对，口口相传，始尽其妙。

叶秉敬的三十声母，将中古三十六字母中的"喻疑"二母归并了，他削疑存喻。但因方言的差异，在"业"与"葉"、"牛"与"尤"等字上纠葛不清。"葉""尤"中古属喻母，"业""牛"属疑母，南方方言二母一般分立；北方方言则多混同为零声母，但个别字有例外，即如"尤"与"牛"，现代汉语普通话中仍有区别。但叶氏分辨南北口语发音之不同，还是相当精细的。

又如劳乃宣论"戛""透""轹""捺"，其实就是描写具体的发音方法：

音之生由于气，喉音出于喉，无所附丽，自发声至收声，始终如一，直而不曲，纯而不杂，故独为一音，无"戛""透""轹""捺"之别。鼻、舌、齿、唇诸音，皆与气相遇而成。气之遇于鼻、舌、齿、唇也，作戛击之势而得音者，谓之"戛"类；作透出之势而得音者，谓之"透"类；作轹过之势而得音者，谓之"轹"类；作按捺之势而得音者，谓之"捺"类。戛稍重，透最重，轹稍轻，捺最轻。尝仿管子听五音之说以状之曰："戛"音如剑戟相撞，"透"音如弹丸穿壁，"轹"音如轻车曳柴行于道，"捺"音如蜻蜓点水，一即而仍离，此统拟四类之状也。又试以各母俱读入声而各假物以分拟之，则尤明显。鼻音发于腭间，腭之形平，故其音如杖之平末者遇物而成："戛"音嘎，如杖筑地；"透"音喀，如杖穿壁；"轹"音哈，如杖曳于地；"捺"音迎阿入声，如杖略挂于柔物。舌之形圆，故其音如弹丸之圆者遇物而成："戛"音答，如弹掷地；"透"音塔，如弹洞壁；"轹"音拉，如弹辊于地；"捺"音纳，如弹略挂于柔物。齿音气达于齿，其形锐，故其音如矛之锐末者遇物而成："戛"音查入声，如矛卓地；"透"音叉入声，如矛刺壁；"轹"音沙入声，如矛画于地；"捺"音髻，如矛略点于柔物。唇之形扁，故其音如掌之扁者遇物而成："戛"音巴入声，如掌击地；"透"音葩入声，如掌破壁；"轹"音夫阿入声，如掌摩于物；"捺"音嘛入声，如掌略按于柔物。试想之，四类之别，可会意也。

他对"戛""透""轹""捺"四类音的描写，虽然用比喻的方法，但已充分显示出对其性质的明晰认识，与现代语音学对塞音、塞擦音、擦音及送气、不送气等辅音的发音特点的描写已相当接近。由此也可以看出明清等韵家对音理认识的不断深入和描写方法的逐步科学化。

《明清等韵之北音系统》论述了自兰茂《韵略易通》至华长忠《韵籁》等二十家著作中的声韵调系统。赵先生说：

> 所谓化浊入清者，就是把旧日三十六字母之最浊位，如群、定、并、床、从、匣等母，俱化入清位。这个系统，就是现在国音的前身；溯其本源，当以《中原音韵》为最早。但《中原音韵》只作北音的实际记载；对于音理，未免疏略。韵字每圈作为一音，固然暗含北音声数，毕竟没有把声母明揭出来，所以不能把它列入等韵范围。正统中，兰氏廷秀作《韵略易通》，韵数虽依《中原》之大凡，而首创二十声母，实为化浊入清的等韵系统之先导。此后，作家蜂出，增以图表，详于说明，大有后来居上之势；然于化浊入清之概，实发轫于兰氏耳。本篇首述兰氏，次及各家；按年排列，所以明演变之迹；标明地域，可以识方音之异。其有违乎时代和地域者，稍加以客观的评判。方以智云：

> 音有定，字无定，随人填入耳。各土各时有宜，贵知其故，依然从之……

"知其故"，谈何容易！我们现在心想达到这个目的，我以为第一要务，是算前人的旧账，本篇依是旨而叙述各家之内容，更依是旨而作声母总表和韵母总表。先之以分析，次之以总合；此派得失之故，庶可一目了然，宛如指掌矣。

正是这个宗旨指导下，赵先生做了细致分析，得出明清等韵北音系统的声母总合表。兹据其所述列声母简表如下：

序号	作者（籍贯）	书名	声母数	说明
1	兰茂（嵩明）	韵略易通	20	于三十六字母合并非敷奉、泞并、晓匣、泥娘、疑影喻、溪群、心邪、清从、彻穿澄床、透定、审禅；知照合一。
2	李登（上元）	书文音义便考私编	21	比《韵略易通》多一"疑"母。
3	徐孝（金台）	重订司马温公等韵图经	22	与李登比，无"疑"母而多一"心"母，为吴楚之音。又"敷"、"微"二母不立形，则实为十九母。
4	乔中和（内邱）	元韵谱	21	比《韵略易通》多一"疑"母，故为二十一母。
5	萧云从（芜湖）	韵通	20	与《韵略易通》同。
6	方以智（桐城）	切韵声原	20	与《韵略易通》比，多"疑"母而少"影"母。"

续表

序号	作者 (籍贯)	书名	声母数	说明
7	桑绍良 (零陵)	青郊杂著	20	与《韵略易通》同。
8	樊腾凤 (尧山)	五方元音	20	与《韵略易通》比，元"微"母，影母分"云"、"蛙"两类。
9	赵绍箕 (易水)	拙菴韵语	22	与《韵略易通》比，多"㋊""㋫"二母。
10	马自援 (米脂)	等音	21	与《韵略易通》比，多"疑"母。
11	林本裕 (辽左)	声位	24	与《韵略易通》比，少"影"母，多"疑""瑟咤""诃婆""曷罗多"四母。
12	阿摩利谛 (不详)	三教经书文字根本	21	与《韵略易通》比，多"疑"母。
13	都四德 (长白)	黄钟通韵	22	其"勒""日"二母各分为二。
14	龙为霖 (巴郡)	本韵一得	24	与《韵略易通》比，多"疑"母及其他三个声位。
15	李汝珍 (大兴)	音鉴	19	与《韵略易通》比，少"微"母。因李氏声韵俱外开齐合撮四呼，故其声母作三十三个。据赵先生表则十九而已。
16	许桂林 (海州)	说音	23	与《韵略易通》比，少"微"、"疑"二母，见、溪、晓、日、影四母各分为二，故为二十三母。
17	徐鉴 (大兴)	音泭	19	与《韵略易通》比，少"微"母。
18	周赟 (宁国)	山门新语	19	与《韵略易通》比，少"微"母。
19	胡垣 (浦口)	古今中外音韵通例	22	与《韵略易通》比，"影"母分为"文""恩""颖"三类，故为二十二母。
20	华长忠 (天津)	韵籁	22	与《韵略易通》比，少"微"母，多丩ㄑㄒ三母。因其声母亦分开齐撮，故有五十名称。

赵先生论以上二十家云：

> 他们的声母俱是消除最浊，多至二十四，少至十九。缺疑母者十三，存者
> 仅七。废微母者仅六，存微母者竟至十四。国音上ㄐㄑㄏㄒ四母之成立，我以
> 为远在元朝。故所以湮没不彰者，乃在于著者音理未精之故。所以在这二十种
> 书中，

> 惟有华长忠《韵籁》表示最清晰。

多至二十四母的只有林本裕的《声位》和龙为霖的《本韵一得》。《声位》所多之母为
"瑟咤""诃婆""曷罗多"三个：

> 瑟吃、诃婆、曷罗多三母，系神袭梵音。林氏自云：

> 瑟咤、诃婆、曷罗多三母梵音也。中国虽无其字，未尝无其音，独是不曾
> 留意，遂不觉耳。

去此三母，实际也只二十一母。《本韵一得》之二十四母，见文中所附，此不复制。
赵先生评论道：

> 著者依据《元音统韵》而删去其浊母，其意其法均有可取。兹又对照《华
> 严》与《经世》，增出北音所无之数母，可以说是大谬。○（灌松切）与○二
> 母，俱为旧母及《经世》所缺，是非难以辨明；而○（巫峰切）一母既与旧日
> 微母及《经世》武文相对，而与《华严》之娑颇有何关系？○（如宗切）一
> 母，为旧母所无者，然《华严》之室左与《经世》之拆茶果相类乎？最可异
> 者，则为⑱母；既云与旧图疑母及《经世》五吾母相同，而又持何理由与《华
> 严》之娑迦相对乎？此皆本林氏之《声位》而加厉者也。然除却此不合理之数
> 母，余者合于北音。

可知龙氏也是依佛经而增，并非中土所有。华长忠《韵籁》的声母本有五十名称，赵
先生分析归纳如下表：

ㄅ	ㄆ	ㄇ	ㄈ	ㄉ	ㄊ	ㄋ	ㄌ	ㄍ	ㄎ	ㄏ	ㄐ	ㄑ	ㄒ	ㄓ	ㄔ	ㄕ	ㄖ	ㄗ	ㄘ	ㄙ	○
伯 20	迫 21	莫 22	弗 23	德 6	特 7	诺 8	勒 9	各 1	客 2	赫 3	角 27	阙 28	雪 29	浙 42	彻 43	涉 44	日 14	责 39	测 40	瑟 41	额 渥 4 38
必 24	僻 25	觅 26		狄 10	惕 11	愿 12	力 13	国 35	廓 36	或 37	节 31	妾 32	絜 33	卓 48	绰 49	说 50	弱 19	作 45	错 46	素 47	（额）叶 34
				独 15	秃 16	讷 18	鹿 17														月 30

表中计零声母共二十二个，刚好与现代汉语普通话的声母 b p m f d t n l g k h j q x zh
ch sh r z c s y w 相同。《韵籁》的成书时间据序文当在光绪十五年（1889 年），作者又是天

津人，其声母系统与现代汉语普通话相同，当无疑议。因为赵先生主张国音之ㄐㄑㄒ早在元代就有了，所以将没有明确列出此数母者归因于表述问题。

从上面的简单分析可以看出，北方汉语的声母清代已基本定型，主要差别在"疑""微"二母的有无上。二十家中，无疑母者十有三家，而废微母的只有六家。可见当时北方话中疑、微二母的演变进程不同，但就华长忠的二十二母而论，清代末年，北京话的声母与现代汉语普通话声母已完全相同了。华长忠于ㄐㄑㄒ三母所举例字有"角阙雪"与"节妾絜"，而ㄗㄘㄙ三母的例字是"责测瑟"和"作错素"，可知ㄗㄘㄙ的细音也已变为ㄐㄑㄒ了。而国语注音字母的ㄗㄘ二音显示，"节"与"七"仍读 [ts] 与 [ts ']，盖注音字母之制定参考了南方音（可能主要是南京音），或者是制定者只考虑到其古代读音，忽略了现代的读法。从字母的记音功能讲，不能不说是个小小的缺憾。

据赵先生的研究，南北两派对韵母的研究，和声母研究的情形相似，概括地说，北派主要着眼于演变，南派则着眼于音理的分析。

据北派的论述，北音韵母的变化，最显著的表现在两个方面： [-m] 尾转为 [-n] 尾；入声韵的消失。赵先生说：

> 韵母，多则四十四，少则十二。有三十六之多者，因分四呼而致；少至十二者，亦有牵强。而最可注意者，则是《韵略易通》保有闭口韵，余除《韵通》与《切韵声原》外，均并入-n。《韵通》遵《字汇直图》，《切韵声原》的著者明知其故而仍事保守，恐系为着因袭的关系。然这两部书的产生地，俱是今日之安徽，自然没有较前之《元韵谱》及《重订司马温公等韵图》与较后之《五方元音》彻底。《等韵图经》之"止"摄，《元韵谱》之"卜"括，《五方元音》之"地"韵，包括颇为复杂；推其故，俱是认识不清之所致。

> 入声消灭，《中原音韵》已开其端，而在此二十种书中敢明白附和之者，只有《等韵图经》及《三教经书文字根本》两种。从此点看来，旧日偶象之大破，是何等的困难。

破偶象固然不易，然诸家对于入声消灭的游移不定，恐怕不仅仅是因袭的缘故，当时的北方方音中当有一定的入声存在，而且就作者籍贯而言，也不都是纯北方人。盖赵先生为开创之功，外南北两派只是初具规模。后来李新魁先生将这些韵图分为表现明清口语标准音、表现方音和具有综合音系性质三类，就更能说明问题。

南音系统各方言的韵母一直不同程度地保留着 [-m] 尾与入声，自不待说。赵先生所定南派对韵的分析，大致脉络是由宋元四等归为二等，由二等而变为四呼。其最重要的贡献在于对语音的精细描写，如叶秉敬对发音时舌位变化、气流走向的描述，几近于现代语音学的分类和描写了，他把韵分为开口音、合口音、向内音、向外音、居中音五类，大致是两个层面：合口音"呼毕而闭唇"，即现代所谓闭口韵；开口音"掀唇而见齿"，即除合口音以外的音——这两类属于第一个层面。第二个层面有向外、向内、居中三样。向外音"浅舌而近齿"，故合口音都是向外音，因为 [-m] 与 [-p] 实际是唇音，从发音起始点至终结点气流向外。又：

> "真""轸""震""质"，"文""吻""问""物"，"元""阮""愿""月"，此三项韵，截然向外而毫不粘带于内。

这三类韵都是收尾于 [-n] 的阳声韵或收尾于 [-t] 的入声韵，从发音起始点至终结点气流也向外。向内音"深舌而近喉"：

> "庚""梗""敬""陌"，"青""迥""径""锡"，"蒸""拯""證""职"，此三项韵，截然向内而毫不粘带于外。

这三类韵的主要元音都是前元音或中元音，从发音起点到终点，气流向内；居中音"不向内不向外统在中间"：

> 如"东""董""送""屋"，"冬""肿""宋""沃"，"江""讲""绛""觉"，"阳""养""漾""药"，不可说向外，不可说向内；即如"支""纸""寘"，"微""尾""未"，俱似近外，而无向内者与之对，故统名曰居中可也。

赵先生认为：

> 案内外之分，其说甚当；居中之韵，未免失之庞杂，将"支""纸""寘"与"微""尾""未"，列之于中韵，尤为失算。因为"支""微"韵中无论其元音为 [i] 为 [ei] 为 [ʅ] 为 [ɿ]，均有向前之倾向；决不能谓之居中，更不能与元音 [ɑ] 与 [o] 等并列。

仔细体会叶氏的描述，他其实已意识到支微等发音时向外的特点，因为没有向内者与之对应，故统于居中。至于东冬江阳类，大概是因为其主要元音 [o] 与 [ɑ] 皆为后元音，收尾又是 [-ŋ] 与 [-k]，气流没有向前向后的大变化，故名曰居中。叶氏将这一类音与庚青蒸等分开，审音还是相当精细的。他讲字母时说：

> 此道精微，盖纸笔之所不能载；惟面面相对，口口相传，始尽其妙。

盖韵亦如此，古人面面相对时的感悟，今人需要细心体会，方能尽其妙处。

其他各家如潘耒、劳乃宣等亦多精彩处；也有略显瑕疵者，赵先生都有点拨，此不复述。

关于声调，北音变化有三：平分阴阳、入声消失、全浊上声变去声。北派各家亦有不同程度的揭示。南音存全浊，有入声韵，故声调亦仍中古平上去入之旧，赵先生论述不多。

总而言之，赵先生于南北两派之等韵学，已梳理出其基本框架，具体细节问题，还有待于深入研究。正如《明清等韵之存浊系统》一文末尾所说："读者得此，总多少可以得些暗示。若能进一步而读原书，必能知明清南派等韵之现象。"后来之研究者正是朝着这个方向，做了不少的工作。随着研究的进一步深入，必能彻底弄清这一时期语音演变及其研究之实际。因文集篇幅所限，本书未能收录《明清等韵之存浊系统》一文，读者可参《等韵源流》中的相关内容。

三

本书收录了赵先生 1955 年 8 月为《中原音韵研究》写的重版自序。之所以收录该篇，是因为其中阐述了关于近代汉语词汇研究的一些重要见解。概括起来大致有两点：第一，词的语音转化与衍生问题；第二，并列式合成词的构成问题。

他认为"单音节词的声韵变移性极大"，因此，要探求近代汉语与现代汉语中一些词的渊源关系，就必须从语音入手。比如今天"端饭""端茶"之端，在元曲中一律用"掇"，《红楼梦》中一律用"端"。二字皆为中古端母合口一等山摄字，掇末韵，端桓韵，有对转的条件。有些词原有本字，由于音变，现代方言中有此词而无记录之字，如用拂子拂去灰尘，方言中或曰"chuo"，或"chu"或曰"che"。赵先生发现元曲中用"绰"表示，他认为是"扫"的音变形式。这个词今陇东方言中普遍存在，表示轻轻地扫掉灰尘或垃圾，应当是"扫"的同义词。是否为"扫"的音变，还需进一步研究。关于双音节词的语音转化问题，赵先生认为"容易惹人注意"，这正是双音节词的优越性。如方言中常说的"kɣ-ing"一词，他通过对元曲中用例的分析，认为是"疑影"的音变形式；有些口语中的"戛古"一词是"尴尬"的音变，等等。

关于多音节词的语音衍生问题，赵先生重点谈了重叠形式，他认为重叠词有意义的重叠和语音的重叠两类。

在意义的重叠中，也有衬音的成分，主要形式是单音节重叠而成双音节，两个不同双音节重叠形式可以组合，再发生变化，如"歪"和"斜"是同义词，分别重叠后组成"歪歪斜斜"，可以变为"不歪不斜"，意义与前者相反；但"端端正正"可以变为"不端不正"，意思可与前者相同。如《水浒》二十四回："不端不正却好打在那人头上。""歪歪斜斜"与"端端正正"及其变化形式的结构相同，意义变化却不相同，这是很有趣的语言现象。这类词还有其他的变化形式，如"颠颠刺刺—颠不刺—颠刺刺—颠不刺刺""黑黑溜溜—黑不溜—黑溜溜—黑不溜溜"等，其意义都是相同的。再进一步，就是把"末一字变为与第一字声母相同的音"，如"颠不刺答"，颠答双声。

此类词在元曲中十分常见，也是现代汉语口语中十分活跃的构词形式，很有必要进一步研究。

多音节词音的重叠，也由单音节重叠再发生语音分化，其结果是形成一个有显著语音特点的四字格。赵先生所举元明作品中的例子如下：

　　七留七林　　七留七力　　必律不剌　　必丢不搭

　　出留出律　　必留不剌　　希留合剌　　乞量曲律

　　直留直剌　　滴里搭拉　　血胡淋剌

赵先生认为"这完全是根据双声的原则的，即是第一音与第三音同为一个声母，第二音与第四音同为一个声母"。其变式是"第一二字同声母，第三四字同声母"，它们的原始形式都应当是两个单音节词或其重叠式的组合，如"七七林林"等。他还有一个重要发现，就是"现在口语中最流行的'糊里糊涂'的形式"，"在元明之间的戏曲小说中，还没有见到"，而《儿女英雄传》中有用例，可能出现较晚。

双声叠韵的构词原则在上古汉语中就大量存在，这种方法一直被继承下来，活跃在近代汉语以至现代汉语中。只是由于语音的历史演变，一般人不太注意它们的历史联系与区别。但作为汉语研究的学者，这个问题是必须要关注的，对其中一些现象的形成原因还需要进行深入的探索工作。

汉语明显双音化的第一个阶段就是并列式双音复合词的大量出现，其时间大致在战国至秦汉间。这一时期的文献中有大量的两个同义词或近义词连用的现象。稍前的文献，比如《诗经》中，除了叠音词外，有不少古人所说的"联绵字"，亦即所谓"上下同义"的连语，其两个音节常常有双声或叠韵的关系。据笔者考察，这类词大多是汉语早期的并列式双音节复合词。这类词中，具有双声叠韵关系的两个音节往往是同源词，无双声叠韵关系的两个音节则常常是同义词。[1]由于它们结合得很早，在上古早期的书面语中已经常连用，所以其凝结过程和词源意义不容易分析。故今人很容易把它们看作双音节的单纯词。比如"犹豫"这个词，两音节具有双声关系，一般都看作联绵词。但在先秦文献中，两个音节有分开用的，而且意义相同。《老子》十五章："豫兮若冬涉川，犹兮若畏四邻。"魏源《老子本义》曰："戒而后动曰豫，其所欲行，迫而后动，不得已也。疑而不行曰犹，其所不欲，迟而难之，如有所畏也。"[2]又如"绸缪"，两个音节叠韵，意义也相同。《说文》："绸，缪也。"《楚辞·九歌·湘君》："薜荔柏兮蕙绸。"王逸："绸，缠束也。"《庄子·庚桑楚》："内韄（缚也）者不可缪

---

①至于外来音译词，本非中土所有，当区别论之。

②《老子本义》（《诸子集成》本），上海书店，1986年第11页。

而捉。"崔撰注："缪，绸缪也。"合用例如《诗经·唐风·绸缪》："绸缪束刍，三星在隅。"毛传："绸缪，犹缠绵也。"孔颖达疏："言薪在田野之中，必缠绵束之，乃得成为家用，以兴女在父母之家，必以礼娶之，乃得成为室家。薪刍待人事而束，犹室家待礼而成也。"①"缠绵"是"绸缪"的音转形式，原词两音节叠韵，音转后仍叠韵。但现代已有相当一部分人将它们看作双音节的单纯词了。非双声叠韵者如"浩荡"，《楚辞·离骚》："怨灵修之浩荡兮，终不察夫民心。"王逸注："浩犹浩浩，荡犹荡荡，无思虑貌也。""言己所以怨恨于怀王者，以其用心浩荡，骄敖放恣，无有思虑……"②浩的本义指水势广阔，荡与汤音义通，有大水奔涌之义。二词皆可重叠单用，《尚书·尧典》："汤汤洪水方割，荡荡怀山襄陵，浩浩滔天。"由水势大引申指人行为放纵。又如"滂沱"，一般都认为是联绵字，其实二字都表示水流之貌，可以单用。《汉书·宣帝纪》："醴泉滂流，枯槁荣茂。"《周易·离卦》六五爻辞："出涕沱若。"

　　由上面的例析我们可以推断，汉语很早就有并列式双音复合词了，而且这种造词法伴随汉语演变之始终。从汉代开始，由于古书注解工作的全面兴起，这种造词法有了新的发展，这就是赵先生所说的，将经生注解中雅俗互训或以今训古的两个同义词组合起来，形成一个并列式的双音节复合词。他举例说：

　　　　譬如《尔雅》这个书名，以前有许多解释，但我以为不过是表明雅俗互训的方法，这种方法就是把"尔"（方言或今语）与"雅"（雅言或古语）对照起来，可以使人明白其意义。这种办法起初很可能是自发的产生在口头语言之中，经生家把它自觉的利用起来就更发生教育的影响。我们把经传与字书打开来看，就可以发现不少的这种情形。例如，《诗经·芣苢》篇"薄言掇之"的"掇"，毛传云："拾也。"这"掇"与"拾"后来就结合为"拾掇"。"薄言采之"的"采"毛传云："取也。"这"采"与"取"后来就结合为"采取"。他如"遵，循也""将，养也""包，裹也""据，依也"等等，后来"遵循""将养""包裹"与"依据"都成了有固定性质的双音节词。设若我们再查一下字书，则见有"希，望也""托，推也"。这"希望"与"推托"也成了有固定性质的双音节词。

这种方法也被中古和近代汉语继承下来。由于新词的产生和语音的演变，有些词的意义现在看起来比较隐晦，需要作深入探讨的工作。请看赵先生对"尚兀"的分析：

　　　　尚兀自　　尚兀自倦怠。（《水浒》第一回）
　　　　尚兀自　　我尚兀自拣择穿。（《虎头牌》）

①《十三经注疏》，中华书局，1980年，第364页。
②《楚辞补注》，中华书局，1983年，第14页。

尚　　自　　心头尚自跳一个不住。（《今古奇观》二十八回）

犹兀自　　犹兀自说兵机。（《百花亭》）

尚　　兀　　尚兀是他的亲兄弟。（《合同文字》）

尚　　然　　我尚然杀坏了你。（《虎头牌》）

我记得别处还有"尚还"的例子，一时检查不着。大概"兀"或"兀自"都是当时的方言，本有"尚且"与"还在"的意思，恐怕别人不明白，所以用一个雅言"尚"或"犹"冠于其上。这个复合词虽然盛行一时，但终于被"尚且"与"还在"战胜了，现在的通语里已听不见"尚兀自"与"犹兀自"一类的词了。

"兀"和"兀自"可能与少数民族语言有关，也可能是一般的方言俗语，在元曲中十分活跃。但随着历史的发展，被淘汰了，而汉语固有的"犹""尚"被延续下来。而揭示近代汉语的这个用词及构词特点，对研究汉语史以至现代汉语方言俗语都是很有启发意义的。

四

赵先生自 1953 年举家西迁兰州，在西北师范学院工作以后，主要研究《诗经》。天水师范学院张平辙教授写过一篇题为《从"六安所献六器"铭文谈到〈诗经〉中的"周道""周行"——纪念赵荫棠憩之先生》的文章，其中说：

一九六〇年我在西北师范学院中文系做资料员、助教，工作之余从赵荫棠憩之先生学习音韵之学。其时先生正聚精会神、每日伏案，以他那娟好秀丽而略带行书意味的小楷整理清誊他的百余万言巨著《诗经研究》稿；而我则正集中精力读殷墟甲骨卜辞和商周青铜器铭文。我每次到他那里，一提及音韵学，他就劝说我举其大纲、略通其意已足够矣，不必求之过细过密，将话题引开，而大谈其《诗经》。他喜欢以诗证史，我爱好以史证诗。一老一少，忘情物外（当时彼此生活都极端困难），有时竟不知夜之已深而东方之既曙矣。因此我从先生那里在音韵方面所得甚少，而于《诗经》反而获益匪浅。一九六一年，出于奖掖提携后进，先生邀我一同开设"诗经研究讲座"。一时听者踊跃，可谓盛况空前。可惜好景不长，甫及一年我就下放中学，离开兰州，而讨论大致也就烟消云散了。从此不通音问，未再见面。①

从张平辙教授的文章可以得知，赵先生研究《诗经》收获颇丰，竟有百万言的巨著！可

---

① 《西北师大学报》（社会科学版），1987年第3期，第79页。

惜我现在无从知道它在哪里，是否见存。张平辙先生已去世多年，我曾托友人打听他的家人，看能否在他的遗稿中找些蛛丝马迹，至今无结果。目前，在我和学生们的努力及师友的帮助下，搜集到了赵先生有关《诗经》研究的论文共九篇：《舆人之歌——〈魏风·伐檀〉》（1956）、《漫谈〈诗经·伐檀〉的教学》（1956）、《〈秦风·蒹葭〉与〈黄鸟〉的对比》（1956）、《关于〈周颂·噫嘻〉篇的解释》（1956）、《春秋时代奴隶阶级最基层的"舆人"》（1956）、《奴隶社会的最后诗篇〈豳风·七月〉》（1957）、《释〈诗经〉中的"私"与"私人"》（1957）、《〈周颂·臣工篇〉发微》（1957）、《〈邶风·新台〉简释》（1963）。另外，其早年发表的《啸歌之兴替与音理的解释》一文，也涉及《诗经》内容。据《〈周颂·臣工篇〉发微》所述，还有两篇论文：《春秋时代之铁与农具》《从周初到春秋末年属于身份的词汇考》——据西北师大甄继祥先生回忆，20 世纪 60 年代初，赵先生曾作过一次关于《诗经》中的金属词汇研究的学术报告，内容大概和第一篇文章有关，可惜找不着了，甄先生当年的笔记也已遗失——所以，目前我们能收集到的也就这十来篇了，其中《舆人之歌——〈魏风·伐檀〉》《漫谈〈诗经·伐檀〉的教学》《〈秦风·蒹葭〉与〈黄鸟〉的对比》《〈邶风·新台〉简释》几篇是当年听过赵先生课的学生在八九十年代根据手抄原稿及课堂笔记整理发表的，关于《伐檀》的两篇内容大同小异，本书只收录了《舆人之歌——〈魏风·伐檀〉》。

赵先生的《诗经》研究有一个显著的特点，就是能综合运用传统文字音韵训诂及文章学的知识，通观全书乃至整个时代的语言特点，从探求词义特点及具体诗歌的表达方式入手，挖掘诗歌所蕴含的深意，尤其是对诗歌意象的揭示，能发前人所未发。他对《诗经》"重章叠句"的表达方式有独特认识，这在《伐檀》和《蒹葭》的分析中都有充分体现。他这样分析《伐檀》的篇章结构：

> 首章的"伐檀"，揭示出来第一段工作开始，"素飧"则表示第一段工作完结；第二章的"伐辐"揭示出来第二段工作开始，"素食"则表示第二段工作完结；第三章"伐轮"，揭示出来第三段工作开始，"素飧"则表示第三段工作完结。这样组织成《伐檀》的三部曲。这三部曲，各有各的场面。第一部曲的地点是在距河较远的干上，时间是在早晨；第二部曲的地点是在离山岗已远距河较近的一条线的地带；第三部曲的地点是河边滽形的地带。

这个结论是通过分析不同词义的特点得出的。他认为毛传释"河之干"的"干"为"厓"不确，"干"与"厓"有关而非"厓"，"干"与"涧"相近，指"较山低下而成广平形状"的地方，即《韩诗》所谓"地下而黄（广）曰干"。为了证明这个，他"曾亲赴兰州城外数十里之阿干镇目验其地势，方知涧系夹山流出之水。两涧流至山头所夹之平地即是干。其地较山为低下，有相当之面积"①，就本诗而言，"河之干"指"由中条山流出之涧水所形成之平地而与黄河相接的地方。是处上依山林，下临黄河。所以将檀木伐下之后置于此地"。正是抓住这个特点，他认为本诗"第一章的词汇，若檀、若干、若涟、若廛、若貆，所给我们的形象，都是面积式的，而且在上下文之中都是密切联系着的"；同理，"第二章的词汇，若辐、若侧、若亿、若特，所给我们的形象，差不多都是线条式的，而且在上下文之中也是密切联系着的；第三章的词汇，若轮、若漘、若沦、若囷、若鹑，所给我们的形象，差不多都是圆状的，而且上下文之间的密切联系，使人一望而知。"若把各章相同位置上的词加以横向的比较，则给人完全不同的意象。全诗十八个韵字，"横分为三章，纵分为六组，上下词义有关联，左右词义有差别也有联系，诗篇三章的变化，都在这十八个韵字上面"，而绝不是一唱三叹式的"重章叠句"：

> 各章的建筑材料，在本质上既然有这么大的差异，你还能闭着眼睛硬说首章意已完备，其余都只是为着音乐上的一唱三叹，并无别的意义么？

在对《蒹葭》篇的分析中，通过色彩词意义特点的比较，揭示出诗歌意象中的时间推移。对"蒹葭苍苍""凄凄""采采"，赵先生采用了河北师院李松筠先生讲义上的观点："苍苍，和下两章的凄凄、采采，都是茂盛的样子。不过，苍苍是深青色，有迷离不清的意义，正是写黎明时的景色。所以接着说'白露为霜'凄凄，又有寒凉的意义，正是天刚明的景色。所以接着说'白露未晞'，晞是让太阳晒干。采采，颜色鲜明的意义，正是写朝日东升的景色。所以接着说：'白露未已。'"针对这个进行了具体的分析之后，赵先生总结说：

> 苍苍与凄凄、与采采是有分别的。我们所以要特别区分它们，是为着要讲出在诗人的眼中随着时间的变化，真实地反映出客观景物的特色。你要明白"苍苍"，你就更明白"白露为霜"；你要明白"凄凄"，你就更明白"白露未晞"；你要明白"采采"，你就更明白"白露未已"。
>
> "为霜"是黎明的景色；"未晞"是太阳快出的景色；"未已"是太阳已出的景色。

同时以此法分析"在水一方""之湄""之涘"。认为"一方"即一旁，没有限制，不过是一大片水；"湄"则是指水与陆地之间，草占了一条线的面积，是天刚明时看到的景象；"涘"是比水略高的陆地的边，这是天大明时能看到的景色。所以：

---

① 兰州大学张文轩教授认为，《伐檀》诗之"干"当是"涧"字之借，"干""涧"古音同，可通用；兰州方言称石沟曰涧，涧中有时有水，有时无水。

"一方"是与黎明时的光线相配合的；"湄"是与刚明时的光线相配合的；"涘"是与大明时的光线相配合的。

由于时间从黎明到天刚亮到大亮，所以主人公的视线所及也越来越清晰，视觉由"水中央"到"水中坻"再到"水中沚"。《尔雅》云："小洲曰渚，小渚曰沚，小沚曰坻。"故"坻"比"沚"小，光线暗时看不清，觉得小的陆地，等天大亮时看清楚了，觉得比以前大了。这些都是时间的推移、光线的由暗到明所造成的主人公视觉效果的变化。经过这样从时间到空间、从色彩到感觉的纵横交错的分析，全诗的意象丰满地、灵动地展现在读者面前。赵先生说：

> 我们把各章的词汇横比以后，就明白了，在此章与彼章中占同等位置的各个词是有差别性的。正因为如此，它们在每章之中与上下文都有密切的联系，各成一个单元。这三个单元各表现出一个片刻时间内的特殊景色。以前读书，不知道在词汇上细加分别（怕与我犯同样毛病的也不少），所以，就把"所谓伊人"的"伊人"看成：为了躲避追逐，到处乱跑，使诗人觉得"瞻之在前，忽焉在后"。直到现在，我们才明白那个"伊人"是老老实实的、稳稳重重的老住在一个地方没有动。全诗所以给我们极闪烁之致，而且使我们感到五光十色者，原是诗人随着时间的变化而写出的她的动态。全诗给我们的动态，不是"伊人"动，而是追寻者在那里动。

正因如此，不论"伊人"是什么身份，全诗要表达的主题是爱情还是"刺襄公"，诗的意境都是非常具体生动的，可以给读者诗人全部的体验和感悟，还有感动，更重要的是揭示出了诗歌各章的层次性和灵动性，显现示了《诗经》用词的精巧和章法的严密，这和对《伐檀》的分析有异曲同工之妙。

赵先生研究《诗经》，还常常从诗歌产生的时代背景入手，分析与之相关的社会生产及礼乐制度，史诗互证，从而对《诗经》作出合乎史实、合乎情理的解释。比如他为了讲清《秦风·黄鸟》所含深义，专门研究春秋时代的"舆人"地位及舆司马之职；分析《周颂·臣工》篇时探求"保介"之职责；讲解《豳风·七月》，则专节研究该诗中反映出的奴隶社会的授衣、授食、室处、农具管理及授舆制度，等等，对史的研究，无疑有助于揭示诗歌本义，对准确解释一些词语也有重要作用。比如由处室制度的探索，知农忙时节，奴隶们在田野有临时住所，妇人小孩同往；"馌"的词义当"仅限于在野地'吃饭'及在野地'所吃之饭'。"故所谓"同我妇子，馌彼南亩"，是"同我们的妇人小孩，在南亩一起吃饭"之义。他还通过分析进一步认为："在集体生产的时候，农民的饭食，绝不是从邑送到野地的，恐怕在野地就有造饭的场所。"这对研究《七月》诗及其相关问题都很有参考价值。

五

赵先生对文艺理论和儿童心理学亦有研究，翻译出版过《风格与表现》《桑格夫人示儿编》两部著作；发表过收篇关于诗歌创作与翻译思想的文章；还从事过文学创作，有短篇小说集《父与子》（1944年北京新民印书馆），长篇小说《影》（1945年伪华北作家协会出版），近年来一些关于抗战时期沦陷区文学创作的论著中有所评述，就不再附赘了。限于文集字数要求，这些方面的论著本书均未收录。

《陇上学人文存·赵荫棠卷》（第四辑）
作者：周玉秀

李 恭

　　以"传先贤学术命脉，为后人立'治学标杆'"为大任的《陇上学人文存》，已进入第五辑的编纂阶段。鄙人非常荣幸，承《陇上学人文存》编委会之命，整理和编辑《李恭卷》。这出自两个原因：一是李恭先生是甘肃方言学的巨擘，我作为一位方言学的后学晚辈，对他有无上的尊崇和较深的了解。二是李恭先生是省立武都师范的创始人、首任校长，后又是省立兰州师范的校长，这与我的经历又有了关联，我曾经在陇南的成县师范上过学，这个学校与武都师范有联系；而现在工作的兰州城市学院与兰州师范又有着较深的渊源。李恭先生的专著《陇右方言发微》是我爱不释卷的大作；近年来常搜集、辑录他本人的文章及报章上对他的介绍和评述，对他做人、治学、为政诸方面钦佩之至。因此，编他的文选，实在是一次宝贵的学习机会，我自当勉力为之。

　　先回顾一下李恭先生的生平。李恭，字行之，甘谷县磐安镇尉家沟人。生于清光绪二十六年十一月十五日（1901年1月5日），卒于1970年8月2日，享年70岁。少年时勤学自勉，聪明过人。年甫9岁，仰慕临县武山之蓼阳学校盛名，遂随舅父赴蓼阳学校求学。1918年秋，因学业优异，与汪廷栋等一起经地方保送，投考江苏省立第三师范（今无锡师范）学习。1923年夏毕业返陇，先后在武山蓼阳小学、甘谷中学、武山中学、兰州师范任教7年。1929年秋，考入北平中国大学国学系，师从系主任吴承仕先生，倾心于文字训诂音韵之学，精研《尔雅》《说文》《方言》《释名》《广韵》诸书，受到吴承仕教授和范文澜教授的称赞。获得博士学位。回陇后继任兰州师范教师，兼任甘肃省第八区督学，对庆阳、平凉一带的教育作实地考察，撰有《灵台十日考察记》，1935 年秋到苏州，入章氏国学讲习会，侍学一年。太炎先生去世后返回甘肃，精心执掌教坛，滋育桃李。先后在兰州师范、甘肃学院任教。1940 年奉命创办武都师范，及规模初具，于 1942 年夏调任兰州师范学校校长。国立西北师范学院迁至兰州，应国文系主任黎锦熙邀请，兼任国文系教授，讲授声韵学、训诂学。1947 年，创办甘肃第一份儿童读物《儿童报》，兼任社长。解放后仍为兰州师范校长。1952 年改任兰州二中副校长兼教务主任。1953 年由政务院任命为甘肃省人民政府文化教育委员会委员，其后又调任兰州市教育局副局长，兼任政协兰州市委员、常委，中国民盟甘肃支部委员。"文化大革命"中被冠以"资产阶级反动教育权威"的罪名而受到迫害，又患高血压等病症，无法得到医治。1970 年 8 月 2 日，在红古"五七干校"劳动中发病而离世。

李恭先生做人、治学、育人、行政诸方面都堪称楷模，近乎完美。综观李先生一生中最令人起敬的事迹，我认为可以从如下五个方面概述之。

一、太炎门前立雪，勤勉恳挚无双

章太炎（1869—1936），是清末民初思想家，民族、民主主义革命者，史学家，小学大师，朴学大师，国学大师。研究范围涉及小学、历史、哲学、政治、佛学、医学等等，著述甚丰。梁启超在《清代学术概论》（1922）中称章太炎为清学正统派的"殿军"。黄侃、钱玄同、吴承仕、鲁迅等都是章太炎的知名弟子。能成为太炎先生的学生，是莘莘学子梦寐以求的理想，李恭自不例外。但业界素知，太炎先生选择弟子的从严程度是近乎苛刻的。李恭这个愿望之所以实现，一因他是吴承仕先生的高足（吴承仕是太炎先生的高足，曾被太炎先生戏封为"北王"），有近水楼台之利好；二因李恭先生拜师之至诚达到了金石为开的程度。1934 年秋，章太炎创办苏州国学讲习会，李恭得此消息，便于 1935 年春末致书太炎先生，伸投身章门之愿望。不久，太炎先生即回信云：

李君足下：壬申春于北京讲演时，尚未识足下之名，而足下固已知我矣。陇南道左，久未通书，今日乍得手示，如再遇故人也。此次国学讲习会应于阴历八九月间开办，以讲堂刻尚未成，故须待至深秋也。足下欲于暑假来苏，暑假中却非讲习时期；如欲乘此空隙，执经问难，亦无不可。《简章》一通随函附上，即希察入。此向兴居多祉。章炳麟顿首，五月十七日。

李恭即于当年秋到了苏州，入章氏国学讲习会，从太炎学，登堂入室，含英咀华，如鱼得水。他是甘肃趋侍章氏讲座、执经问难的第一人。求学期间，为章氏整理《尚书拾遗七篇》，凡重要文稿的核对、清缮等，均勤参与。他对太炎先生尊崇备至，淳朴忠尽；太炎先生对其为学做人也是奖掖有加，使他深蒙垂青，成为最得意的弟子之一。任启圣先生在《章太炎先生晚年在苏州讲学始末》一文中说："回忆前尘，犹有余恋，而流光易逝，两鬓生霜，同门师友，凋零殉尽；即最亲爱的甘肃李恭、河南曹君依仁，亦皆鸿飞冥冥。"①在"最亲爱的"两位弟子中，李恭名列第一，足以说明李恭在同学中的地位之高。

李恭在多种著述中，均对章先生的"耳提面命"多有提及，据笔者统计前后共出现 54 次，其中单称"章先生"21 次，"余杭章先生"29 次，直接称"章师"4 次。如在《陇右方言发微》之"阿家"词条中说：

余杭章先生曰："人自称与最亲昵之相称，亦以发声之词言之。自称曰'阿阳'，我父曰'阿父'，我兄曰'阿兄'，'阿'即'丂'字【《说文》："丂，气欲舒出，勹上碍于一也。""乞，反丂也。"】。读若'呵'。"

……（余杭章先生曰："'公'，古音多借'翁'为之，则音亦如'翁'。"）唐代宗谓郭子仪曰："不痴不聋，不作家翁。""家翁"即"姑公"也。范晔临刑，其妻骂之曰："君不为百岁阿家。"……恭按：章师"阿为亲昵相称之词"，得之)

在《陇右方言发微》之"牡"字条中说：

陇右人谓剡木相入曰"套卯"，"卯"正应作"牡"（"牡""卯"双声，是犹"姆"之音"茂"也【见《诗·南山·释文》】。渭水流域俗读"牡丹"曰"卯丹"）。盖若禽兽牝牡然也。余杭章先生面授。

感人至深的是，1936 年 4 月太炎先生患病期间，李恭夜梦先生病殁，即于 25 日写了《挽太炎师联》云："恢张汉业，弘绍绝学，万里薪传接陇坂；部次史篇，治定疑经，两槛梦奠殡尼邱。"并题记："笔不能达，意存未尽，姑有录之，以志哀伤。"（录自李恭手稿）6 月 14 日章氏病逝，李恭心摧欲裂，亲为先生敛衾、招魂、楔齿，躬亲含殓，与孝子无异。是岁孟冬，将殡于名圣湖畔（后因故延迟）。治葬处来函征文，李恭遂献三十八韵之《奉安余杭章先生献辞》，辞曰：

道丧言庞，各于其党。命世哲人，吾师余杭。民族主义，毕生提倡。以儒兼侠。气度浑刚。华胄渝浃，咸怀忠良。严夷夏防，余事文章。群言幼眇，经义阐场。著述璩玮，连犿无伤。学风倪薄，反滋疑谤。知之者希，俗论佁张。信道诚笃，蕲春之黄（季刚先生），赏奇析疑，文运开昌。声音训诂，相得益彰。啁噍息喙，凤鸣高冈。歙县

---

① 任启圣：《章太炎先生晚年在苏州讲学始末》，《追忆章太炎》，生活·读书·新知三联书店，2009 年。

之吴（检斋先生），其言炜煌。敷陈师说，有伦有方。虞夏商周，典籍未亡。疏通证明，辨析毫芒。精研三礼，名物周详。郑氏之学，得以重光。其他老友，早有法尚。术业专攻，主讲上庠。或绍叔重，或缵子长；或拟李杜，或宗老庄。薪尽火传，源远流长。我生西徼，幸厕门墙。讨治旧文，一载鳣堂。古文篆籀，略识偏旁。群经诸子，示我周行。重言十七，庄生主张。夫我行之，庶免荒唐。吁嗟呼！芴漠无形，变化无常。生与死与，何须思量。宏绍师说，互相提将。儒分为八，异端中伤。一致百虑，恣纵不傥。精诚团结，嘉言孔彰。极目云天，边城凤霜。南向献辞，傃一瓣香。

太炎先生离世后，李恭对师母汤国梨一直很孝顺，情谊很深。从 1936 年起至 1959 年，每年都要为师母接助生活费。仅此一事，即能证明李恭的高尚情操和品质。1959 年，汤氏致李恭信中说："足下持正义，谊笃于师门 ……梨环诵来书数过，为之潸然。承惠多金，受之不安，而感慨尤深。"1962 年汤氏再致信李恭："来信及章先生校《尔雅声类》致足下书札均收。搜求不易，虽篇纸只字，亦视为至宝；多蒙关怀，铭感之至。"从太炎求学一年，感恩一世，这可谓惊天地，泣鬼神！李恭之义，孰能过之？

二、"未尝一日废书"，博学享誉海内

李恭先生治学严谨，博览群书，多方得到师友称誉。已故无锡师范的教务长钱基博（后任光华大学文学院院长）说："恭为人木讷寡言，笑顾劬学甚独暖就，予为文章疆直自遂，不屑屑于故蓄姿态以取姿态，予叹陇上土厚水深，恭之得天者厚，宜夫词章之大璞不雕也。"已故福建师大黄寿祺教授赞李先生"未尝一日废书，不从事学术研究。""行之好治文字训诂音韵之学，精研《尔雅》《说文》《方言》《释名》《切韵》《广韵》诸书，大为系主任吴检斋（承仕）教授和范文澜教授所称誉。"[1]一生著述丰富，于文学、史学、文献学无不涉猎，尤勤力于语言文字之学，其对于文字、音韵、训诂之学的研究尤为世人称赏。

就其文学而言，业内学人称"行之志行学术，向为人望。平时不以能文称而长于文，其所撰制，虽专攻者亦难企及。诗不多作，而凝重质直，类其为人"[2]。俗言文史不分家，李恭著作之一《文史别记》亦文亦史，兼及现实，取用宽宏，广征博引，不袭旧说，不阿时好，学问和思想令人折服。这里仅举一例可证：

《周礼·保氏》：养国子以道，教之六艺。六艺者，礼、乐、射、御、书数也。礼乐，德育也；射御，体育也；书数，智育也。汉武帝初即位，征天下举方正贤良文学

---

① 黄寿祺：《陇右方言发微》序。
② 路志霄、王干一：《陇右近代诗抄》，兰州大学出版社，1988年。

材力之士，待以不次之位（见《汉书·东方朔传》）。方正贤良，有德者也，有文学材力，智育体育兼修者也。

就单从历史角度而言，李恭之《太平天国在甘肃》《甘肃省县沿革》等，即能展示其丰厚的史学学养。

就其语言文字学而言，早在跟章太炎先生侍学前后就撰写了《小学探源》一稿，曾得章氏赞赏，惜乎未曾出版，连手稿也没于"文革"之乱。在这一领域的著述较多，除代表作《陇右方言发微》外，还有专著《斯文异诂》、论文《中国大辞典第一个"巴"的义释补充》（见1933年4月1日之《世界日报》）、《释"梦"》（见1936年《学生杂志》16卷8号）等，均展示了李恭在小学方面的精神研究。论文《目录学之应用》《方言丛书编纂办法》等篇什，则表现出李恭对著述方法的深入探究及丰富的编纂经验。

在教育学领域也不乏有影响之作，如论文《"力行"的孔子》《教育上之"勤力"说》《教育上之"苦行"论》（以上均见《杂著》），《怎样养成价值鉴别力》[①]、《兰州教育惨案与开发西北》[②]、《我国古代之家教育》[③]等。

李恭先生勤于研究著述，无论身在北平、苏杭，还是武都、兰州，始终笔耕不辍。除上述所列著述外，其他各类作品尚夥，但未及刊布，在"文革"之祸中散佚殆尽。

李恭先生的学术成就响播陇上，也誉驰全国。早在中国大学国学系就读时，就得到吴承仕教授和范文澜教授的赞赏。著名学者梁漱溟先生于1933年曾专门书写了"千休千处得，一念一生持"的条幅赠给他。著名学者顾颉刚于1938年8月去新疆路经兰州时为他写了《赠甘谷李行之》的赠别诗，其诗曰：

雪里有梨花，梨花白似雪。果成香雪海，入眼光皎洁。薄酒难御寒，围炉不知热。阳和变初寒，造化何狡黠。我有素心人，寒暄俱不说。丹道穷三田，文辞研七发。伏案不窥园，看花亦不屑。可惜出玉关，骊歌行且别。赠别无多言，珍重松柏节。

诗中"丹道穷三田，文辞研七发。伏案不窥园，看花亦不屑"之句，是对李恭先生学问渊博和为学专致的称道；末句"珍重松柏节"则是对其高尚品行的褒扬。

三、穷究方言学理，铸就学术丰碑

《陇右方言发微》是李恭先生用力最勤的代表作。正如他自己所说"予属意于《陇右方言》之作，十七年于兹。每循览载籍，遇有一名一义与陇语有关者，辄随笔疏

---

①《学生杂志》1936年16卷10号。
②《独立评论》1939年1月15日。
③《朔报》1945年7月6日。

记。"①按照老师章太炎《新方言》的体例和方法，考索甘肃方言中保留至今的古代词语和古音，运用古今声韵转变规律，博引群书予以佐证。全书分《释言》《释词》二卷，另有《附编》一卷。《释言》部分所收之字均为单字，《释词》所释为两字或两字以上的词语，这两部分为该书核心内容，共收方言词语 567 条。《附编》收方言词语 154 条。共计 721 条，释文 11 万余字。该书后经李鼎文、钮国平两先生整理，1988年 1 月被列为《陇右文献丛书》中的一种由兰州大学出版社出版。

《陇右方言发微》全书体例谨严，整齐划一。一般先列被释词，次引征古代字书、文献或先贤的解说，再以陇右方言证明，并从音理上予以推断。这里略举几例：

馏 《说文》："馏，饭气蒸也。"据孙、郭《尔雅注》及《诗释文》所引字书，"再蒸为馏"。今陇右谓再蒸饼饵（恐冷食伤胃，置饼饵于盛饭之锅上再蒸之）曰"馏"。

吊诡 《庄子·齐物论》："是其言也，其名为吊诡。"今陇右谓人之突梯滑稽者曰"捣鬼"，实即"吊诡"之音转也。（"吊""捣"一声之转，"诡""鬼"，音读相同）

狠 《说文》："狠，啮也。从齿，艮声。"段玉裁曰："人之啮曰龈，豕之啮曰狠，音同而字异也。"又云："疑古只作狠，龈者，后初分别之字也。"按：陇右至今谓龈啮骨上肉曰"啃骨头"，啮树皮曰"啃树皮"，正应在犬豕曰"狠"，在人曰"龈"矣。又谓胁制人曰"狠人"，或曰"顾狠人"，乃"狠"之引申义及用借音字者也。

也有先交代方言说法，再引征古代字书、文献之解说的，如：

敠 陇南武山、甘谷一带，有谓挝人头部曰"绰"者，如云"绰一掴"是也。"绰"正应作"敠"。《说文》："敠，击头也。"口卓切。

声训的广泛应用，是《陇右方言发微》的一大特点。作为章氏的私淑弟子，李恭可称谙熟章氏学术路径。他说"凡物之形性相似者，其命名即相似，故屡易其物而不变其名也。"例如："凡与'巴'，声相近之字，皆有不坚致及糟烂之意"，就是通过声训的方式在探究方言词语的语源。如"耙"指把土块弄碎的农具，有致使土地变得不坚松软之义；"笆"，是指用竹片或树的枝条编织成的器物，竹片或枝条之间有空隙，隐含疏松之义；"粑"是指粮食蒸熟后捣碎做成的饼状食品，也有不坚致及糟烂的语源义。

为汉语方言考求本字，自前清乾嘉时代起就逐渐蔚成风气。章炳麟的《新方言》可称考本字的集大成者。李恭继承老师衣钵，也非常注重陇右方言本字的考求，并成为《陇右方言发微》的一个学术亮点。如"䢢"字条：

䢢 《说文》："䢢，乖也。从二臣相违，读若斑。"皋兰、永登一带、多读"䢢"

---

① 李恭：《陇右方言发微》自序。

若"杠"（"诳""杠"叠韵）。二人乘违，语言龃龉，谓之"抬損"。"抬"乃借音字，"杠"之本字为"弡"。山、陕商人谓货物背时而枉价出售，曰"黄了"，"黄"正应作"弡"。弡是个会意字，由两个左右方向相反的臣字组成。关于"臣"字，于省吾先生说："臣字本象纵目形，纵目人乃少数民族的一种，典籍也称之为竖目。"古文字以横目为目，纵目为臣。"臣"字的造字本义是指被俘虏的奴隶，奴隶伏地而视，故有纵目之状。两目相背其实也就是两个奴隶相背，也就引申出了违背的意义。《说文》："弡，乖也。从二臣相违，读若诳。"《集韵》亦云："弡：背也。"汉字中如"北"甲骨文状两人相背而行之貌，段玉裁《说文解字注》在北字条下云："乖者，戾也。""北者，古之背字。"可见北有违背之义。由此可推知，弡也有违背之义，故而也就可以引申为二人乘违，语言龃龉之义。而杠是从木的字，本义是较粗的棍子，和语言龃龉无涉，故而可以推知"抬杠"本应写作"抬弡"。

这一解说令人深信不疑，可称不刊之论。

四、引领教育先声，培育陇上英才

作为一个教师和校长，李恭一直对甘肃教育事业深思远虑，识见超前。早在1923年任教于武山寥阳小学期间，开展平民教育，倡办夜校，因采用《平民千字课本》，当地地方势力对夜校进行破坏，他致信《中国青年报》，请示"要不要反击？该怎么办？"恽代英复信阐述意见，并将来信与复信刊载于1924年9月20日发行的第45期《中国青年报》上，引起社会舆论关注。任兰州师范校长时，面对广大儿童缺乏课外读物的现实，感到不利于开发儿童智力，于是在1947年创办了甘肃第一份儿童刊物——《儿童报》，他兼任社长，社址设于兰师附小。不久改名为《西北儿童》，刊名为于右任题写。为了倡导汉字改革，刊头每字后面都注上注音字母。该报用形象、浅显、生动的语言，传播了语文、算术、科学常识等基础知识。该报刊出近30期，是最宝贵的甘肃教育史料[1]。他在解放前撰写的《兰州师范校歌》，词曰："看！看！看！文化谁增光？干！干！干！观察实验，担道义，要一副铁肩。盼后进，迈越前贤，远看苦干，休自嗟叹，蔚起人文，光华灿烂。细度量，酌古准今，开物成务莫等闲。闾里模范，社会中坚，百年树人代绵延。"铿锵激昂，号召力强，催发学子向上，既要做铁肩担道义的社会栋梁，又要做参酌古今的学术人才，而且还是"闾里模范"，是全面发展的人才。这首歌曾长期为师生所高唱，既激励教师教书育人、激励学子刻苦求学，又作为标杆引领师生作社会的主人，有着巨大的精神力量。

---

[1]亦农：《陇上名师——李恭与〈西北儿童报〉》，《兰州晚报》1986年6月1日。

李恭是甘肃省教育界知名度极高的博士教育家。他对自己所痴爱的教育事业勤恳谨慎，长期经营擘画，颇多建树。尤其在学校行政管理和汉语教学方面，积累了丰富经验，素负盛名，为省内教育界学人所钦敬。他很重视改进教学方法，提高教学质量，倡导语文教学把"三关"：一是备课关，通读教材，熟悉课文，弄清难点；二是讲课关，掌握学生实际水平，灵活运用教学环节，但不拘泥环节，以学生彻底明白为目的；三是作文关，实行两次批改法，虽教师累些而学生的写作水平提高很快。他造就人才，激励后进，敦品励学之严，受到党的信任和群众的赞扬[1]。

五、情系国运民生，品望长留人间

李恭虽然是一介书生，但国难民生常系心头。在《半生漫游，功业未就，旅情有感》诗中抒发感受云："吾生自叹如浮鸥，遂惜韶华万里游。匹马驰驱鸡塞远，扁舟荡漾钱塘秋。二陵风雨披裘避，三陇云山放眼收。迟暮光阴容易度，中原未靖不胜忧。"其"中原未靖不胜忧"之句，就反映了对日寇入侵的愤懑和对国人罹难的忧戚。1939 年元旦，李恭在兰州师范与刘养锋老师撰写了一副三十字对联云："救国图存，须我辈硬干、苦干、实干、快干；为学致用，愿诸生藏焉、修焉、息焉、游焉。"一下提振了师生的昂扬斗志，激发了学生为救国而学习的刻苦精神。他还要求、鼓励他的学生写诗撰文要以反映民生为主旨，而不要以吟诵风月为务。如曾对其门生王干一《旅岷吟》诗题字曰："诗人篇什，反映人群。吟风弄月，非所望君。"不少诗作和题词，都抒写了其忧国忧民之情谊。

李恭素有为民请命的胆识，这在致胡适的《兰州教育惨案与开发西北》（1939）一文就可一展无余："适之先生：在一个月前，兰州教育界不是发生惨案吗？经过之情形，平津各报都有很详细的登载，以先生留心时事，关怀教育早当浏览及之。我猜想先生定能抽些空，本着独立不依的精神，把这件事评论一下，为边省教育有个新设计，为兰州被难的同仁有所慰籍。……先生是全国教育界很有名望的，为把全国教育通盘筹算计，为与教育界互通声气计，都不该恝然置之，视若惘闻。……自'九一八'以讫淞沪战后，政府诸公为什么不亟谋'收复东北'而转个弯儿来大倡'开发西北'？既是要决心'开发西北'，将开垦荒地或开采矿产以发展实业乎？抑开导文盲，启发文乎？总该慎密计划，拟定政策，'为事择人'委派专家到西北开发，万不该随随便便'为人谋事'私遣利欲熏心者，开发西北金窖，大发其财也。""贵刊风行海内，所评论的问题，都很能引起一般人的注意。甚愿先生嗣后主编贵刊时，对于西北问题多加

---

[1]《兰州教育志》编委会：《兰州教育人物辑录》（兰州教育资料汇编之一），1985年。

论列，俾西北教育渐有振兴的希望；开发西北者，免得堕入魔道。幸甚幸甚!"这些言论，发人深省，充分反映了李恭对甘肃教育界人士权益的维护和对国民政府不当决策的批评。

李恭一生，艰苦朴素，廉洁奉公，品望极高。视学陇东，办学陇南，往返兰州，每多步行。创办武都师范学校时，生活非常简朴，布衣蔬食，旧鞋破袜，拒绝烟酒。教师使用的洗脸盆、喝水的茶杯，都是本地土瓷制品，洗脸手巾是一方土布。他谆谆告诫师生："我们学校刚办起来，又值抗战时期，物力维艰，一切都来之不易，该将就的就将就，该节省的就节省，艰苦的环境能培养出坚韧不拔的毅力和吃苦耐劳的精神。"师生们深受教益，都以苦为乐，以俭为荣。每星期六或课余时间，带领教员和学生抬石块、背黄土作义务劳动，给学校节约了相当数目的修建费。1942年起担任兰州师范校长，个人信件都是翻用旧信套，自备笔墨纸张。

基于上述事迹，李恭先生誉满陇上，甚至被学生视为"圣人"，宜矣!

《陇上学人文存·李恭卷》(第五辑)

作者：莫　超

尤炳圻

　　尤炳圻（1911—1984），字平白，笔名尤其等，1911 年 10 月 25 日出生于江苏省无锡市。1934 年尤炳圻先生从清华大学西语系毕业，留学日本东京帝国大学研究院攻读英国及日本文学专业，1937 年夏获文学硕士学位后回国，先后在北平师范大学、北京大学等学校任教并从事译著活动。1945 年移居上海，在上海实验戏剧专科学校和河海大学等学校任教。1949 年上海解放后回到北京，在华北大学政治研究所学习。1950 年 9 月分配到位于兰州的西北师范学院中文系任教，并继续从事研究和译著活动。尤炳圻先生于 1974 年 8 月退休，1984 年 10 月病逝于兰州。尤炳圻先生博古通今，学贯中西，通晓日语和英语等语言，谙熟日本语言和文学。尤炳圻先生视野开阔，交游广泛，成为其学术生涯的重要因素。国学大师季羡林与他同级毕业，法国文学研究专家李健吾是其姐夫。鲁迅先生与之交往密切，频有书信往来。此外顾颉刚、俞平伯、周作人等学界名宿都与其有着程度不同的交往。尤炳圻先生一生在翻译、研究与教学上兢兢业业，成就显著，为我国日本语言文学的翻译和研究及其教学工作作出了突出的贡献。

　　1930 年到 1931 年，尤炳圻先生就读于北平师范大学国文系时，北平文化学社出版了其专著《黄公度先生年谱》和《〈人境庐诗草〉校注》。前者记载了清末诗人黄遵宪（字公度）的生平事迹，重点介绍了诗人的政治活动，以彰显诗人的爱国思想，并肯定了其诗作在思想艺术上所取得的成就，以及诗人提出的"我手写吾口"的诗论主张。《黄公度先生年谱》是尤炳圻先生历时六个月校勘的结果，其中勘误五十六处。年谱基本上反映出黄遵宪的生平概况，其一生可分为四个阶段：即读书应试阶段（1863—1876）；出使阶段（1877—1894）；参加变法阶段（1895—1898）；乡居阶段（1899—1905）。突出了作者作为近代"诗界革命三杰"之一的革新者反对拟古、勇于革新、反映现实、表现自我的文学主张，也肯定了作者反对列强侵华、维护国家统一和民族团结的爱国主义精神，体现出作者作为近代中国著名的第一代外交家的实绩，其外交理念深刻反映了中国融入世界历史发展的最初转型，其外交实践深入体现了近代中国外交转型初期的艰辛历程。

《人境庐诗草》是黄遵宪晚年的诗集，共计十一卷，收入古今诗作 641 首。尤炳圻先生在校注中指出了黄遵宪在诗作中反对帝国主义侵略、瓜分中国的阴谋，暴露晚清王朝封建统治集团的腐朽没落，以及改良政治的投机主义思想倾向。更主要的是肯定了黄公度诗歌创作方面的诸多革新思想："诗之外有事，诗之中有人""复古人比兴之体与取《离骚》乐府之神理相互发明"、包罗万象的社会题材、提倡"方言俗语"、"流俗语"的语言观。经过尤炳圻先生的校注，《人境庐诗草》的主要内容陆外世界的奇闻异景，世界各地的名胜古迹，异国他乡的风俗民情，海外华侨的生活遭遇，地理知识和海外常识的介绍均历历在目。这两部专著的问世在当时的学界引起广泛关注，产生了较大影响，为后人研究文人骚客的生平事迹和诗歌主张提供了可资借鉴的宝贵资料。在《人境庐诗草》后附有《日本杂事诗十首》，也由尤炳圻先生作了校注。作者当时尚未步入弱冠之年，其才华横溢可见一斑。

1934 年尤炳圻先生赴日本留学，在日本东京帝国大学研究英国文学和日本文学。在留学期间，尤炳圻先生仍笔耕不辍。其主要译作有：一、英国作家格莱亨的童话《杨柳风》，译著于 1936 年 1 月由上海的开明书店出版。叶圣陶先生曾经在《世界少年文学丛刊》中刊文高度赞扬了尤炳圻先生的译文："这是专给少年看，或是心里还有少年精神活着的人们看的书。这是生命、目光、流水的书，尘土飞扬的路边和冬天的炉边的书。经尤炳圻先生用地道的国语译出，忠实流畅。书前有周作人先生作的序，丰子恺先生精心为该书作插图十余幅，是难得的少年读物。"二、翻译日本作家内山完造的著作《活中国的姿态》，又译为《一个日本人的中国观》。原著 1935 年 11 月由日本东京学艺书院出版，译著于 1936 年 8 月由上海开明书店出版。（后又数次出版，最近的译本有：敦煌文艺出版社，兰州：1995 年 12 月版；新星出版社，北京：2015 年 7 月版。）鲁迅先生一生写过许多序，而给外国人的译作写序却只有一次，这就是内山完造所著的《一个日本人的中国观》。序中确认内山完造具备了研究中国的资格："著者是二十年以上，生活于中国，到各处去旅行，接触了各阶级的人们的，所以来写这样的漫文，我以为实在是适当的人物。事实胜于雄辩，这些漫文，不是的确放着一种异彩吗?"由此可见,鲁迅先生对作者身份的肯定和对著作的重视。三、翻译长篇小说《梦十夜》,原著创作于 1908 年,作者为日本著名作家夏目漱石。译文于 1936 年发表在北京《华北日报·文艺副刊》上。

1937 年 7 月,尤炳圻先生回国,先后在北平师范大学日本文学系、北京大学日本文学系任教,讲授日本文学史、日本诗歌与戏剧、日本小说、日本文语文法等课程。在授课之余继续从事译著活动,1942 年,他曾任《艺文杂志》及天津《庸报》副刊《艺文旬刊》的编辑。这一时期的主要译著有:一、翻译日本作家夏目漱石的长篇小说《我是猫》署名胡雪、由其合译,由其即为尤炳圻。《我是猫》是日本近现代现实主义文学发展的里程碑式作品,译文早在 1942 年 12 月至 1943 年 12 月连载于天津的《庸报》, 1958 年由人民文学出版社出版发行。在王向远先生所著的《二十世纪中国的日本翻译文学史》中曾这样评价其译文:"尤炳圻翻译《我是猫》,早在 1943—1944 年间就有了准备,并被列入了由周作人任社长的艺文社编辑、'新民印书馆'拟出版的一套丛书中,并在当时做出了广告。解放后和胡雪两人合译,分工情况不详。总体上看,译文的水平较高,以流畅简洁、轻快洒脱的现代汉语,很好地传达出了原文的风格和神韵。译文相当尊重原文,而又不给人以生硬之感。标志着五十年代日本文学翻译所能达到的水准。"盛赞之下反映了译者的日本文学研究和翻译水平所达到的高度。二、撰写《日本语文法》著作,于 1941 年 5 月由北京新民印书馆出版。这是一部系统研究日本文言语法的著作。全书共分为八章,作者在序论中特别指出日本语之特色,可分音韵及语法两点言之。三、编著日本文学史。尤炳圻先生有关日本文学史讲座的讲稿连载于《艺文杂志》,《艺文杂志》是周作人、尤炳圻等人编辑的月刊(1943 年 7 月至 1945 年 5 月),是华北沦陷区后期重要的文学刊物,以发表随笔为主,兼刊小说、诗歌、评论、古代文学研究和少量剧作,打着反对宗派与不参与文学运动的旗号,罗致了一些老作家,并为文艺青年特辟了"青年艺文坛"专栏。尤炳圻先生曾撰写《艺文社与艺文杂志社》一文说道:"艺文社不是文学团体,它的事业不是主办文学运动。艺文社其实即是艺文杂志,所做的事只是编辑艺文杂志而已。"尤炳圻先生编著的《日本文学史》是国内较早也较为系统地向读者介绍日本文学的专著。四、翻译、编选日本诗歌。尤炳圻先生翻译的诗歌散见于《宇宙风》、《艺文杂志》、《中和月刊》、天津《庸报·文艺副刊》、北京近代科学图书馆馆刊、《中国留日同学会季刊》、《日本研究〈北平〉》等刊物。翻译作品部分有:《一场春梦》(永井荷风)、《鸟居:附图》(岸田日出刀)、《文艺:莺姬(一)》、《五场剧》(谷崎润一郎)、《文艺:莺姬(二)》、《懒惰之说》(谷崎润一郎)、《夏目漱石的现实》(唐木顺三)、《一场春梦》(永井荷风)。选辑《日本诗歌选》,1943 年北京大学出版社出版。选辑收入了日本文学中著名诗作。

这一时期尤炳圻先生在小说、诗歌作品的翻译，日本文言语法的研究，文学史编著等方面的成就，体现了他对日本语言文学研究的较高水平。

1945 年以后，尤炳圻先生先后在上海市戏剧学校、苏州河海大学任教，讲授英语及英国文学等课程。

1950 年 9 月，尤炳圻先生结束在华北大学的学习被分配到兰州西北师范学院中文系任教，先后讲授过中国古典文学、中国文学专题研究以及外国文学等课程，并继续从事日本文学的翻译，此时期的主要译著有：一、翻译日本作家藏原惟人的著作《日本民主主义文化运动》，译著于 1950 年 10 月由天津知识书店出版，书名由郑振铎先生题词。藏原惟人是日本著名文艺理论家，在日本共产党内担任过中央委员会文化部长。此书总结了日本新民主主义文化运动的历史经验，指出了文化运动的发展方向，特别对文学运动提出了新的要求。作者提倡革命文艺团体大联合，建立革命文艺的统一组织，在创作方法上提出了"无产阶级现实主义"的主张。在中华人民共和国成立初期，译著对我国新文化的建设具有积极的借鉴意义。在序言中尤炳圻先生特别提到一个观点："我们必须全面的看，划明界限，分清敌友。日本的统治阶级是我们的敌人，而日本的人民确是我们的朋友。"反映出译者的爱国主义思想和鲜明的阶级立场。二、翻译日本作家岛崎藤村所著的长篇小说《破戒》。岛崎藤村是日本现代著名作家，《破戒》是其代表作。小说塑造了一个热心教育事业的青年教师形象，描写他与社会的矛盾并借此揭露各种社会邪恶势力。作品中对于日本明治社会的封建性的揭发与批判是相当深刻的。通过译文我国人民群众知晓了明治时代的中心问题——"贱民"问题，表明了译者对身处封建罪恶势力统治下的日本人民的深切关怀。该作品当时一版再版，1955 年由平明出版社出版，1958 年由人民文学出版社出版。三、翻译日本作家木下尚江所著长篇小说《火柱》，译著于 1981 年由上海译文出版社出版。木下尚江为日本现代进步作家，他坚决反对帝国主义侵略中国，1937 年卢沟桥事变后对日本侵华暴行极为愤怒而破口大骂，受到日本当局的迫害。这部小说创作于 1904 年日俄战争前夕，塑造了一个在反动势力重压下进行顽强斗争的社会主义者的形象，表达了作者的反战思想和渴望社会变革的愿望。尤炳圻先生首次向中国读者译介了这部日本文学作品。

从 20 世纪 30 年代以来，尤炳圻先生不仅从事日本语言文学的译著，他的研究也涉及中国古代文学和现当代文学及民俗学等领域，体现了开阔的学术视野。1930 年 5 月 19 日他在《骆驼草》上发表一篇文章名为《论八股文》，文中观点与学界传统认识不同，首先从汉字的形体构建入手，认为八股文不但是集合古今骈散的精华，凡是从汉字的特别性质演出的一切微妙的游艺也都包括在内，所以我们说它是中国文学的结晶。然后，分析八股里的音乐的分子。最后，认为八股文是中国人的奴隶性——非等候上头的吩咐不能有所行的具体体现。发表在《妇女杂志》1930年第十六卷第二号的《是否再有这样的一日》表达了作者的反思精神。1936年发表并收录在《日本管窥》中的《严肃与滑稽》一文，谈到了自己的文学观，认为"文学是一种生活，它应该忠实地描写自然，描写人生。而且应该成为织制人生的因素或纤维。纯文学和俗文学，不可偏废，而一颗空灵明净不执着的宽容一切之心，则为双方的作者所共应有的修养"。1937年发表在《宇宙风》上的《倭寇与汉奸》一文中，作者提出这样观点："倭寇促进元之衰亡，同样又成为明朝衰亡的原因之一。"并认为中国也便是从这时开始注意研究日本，而日本之轻视中国，或者也已萌于此时。而日本作为岛国寡民，倭寇侵华少之又少，而其中大多数不过是汉奸伪装而成，从中反映出国民性改造的问题，与鲁迅先生在此问题上的观点十分相近。同年发表在《宇宙风》上的另一篇文章《从一个服装展览会说到中日之不同》，作者从一次参观服装展览会的活动，感慨为何中华民族的古代服饰和衣冠没有人在做系统研究，没有专著出版（这一点有待商榷，沈从文先生已经做过相关方面的系统研究，但尤炳圻先生在此体现的问题意识是有价值的），强调文物保存和研究有利于维护民族团结，增强凝聚力。1938年发表在《宇宙风》上的文章《罚港》讲述了一个乘船事件，船只无故在二十一号到威海卫，停了三个钟头。二十二号，依旧停在烟台。二十三号，船开了，开到大沽炮台附近，泊了。二十五号才开动。作者借此事件展示了国民政府统治时期对民权的漠视，对民主的轻蔑，对民间疾苦的不闻不问，表达了作者对现实的明显批判态度。1944年发表在《艺文杂志》上的《杭州度岁记》一文，怀念自己往昔的一段岁月。1945年发表在《艺文杂志》上的《怀念一个友人》一文，缅怀一个名叫毓棠的故友，体现了作者对友情的重视。1955年7月尤炳圻先生在《语文学习》上发表名为《分马》的评论文章，通过对原作（《暴风骤雨》的部分）中主要人物形象郭全海、烈属赵大嫂等人物形象描写和刻画的分析，突出了他们身上淳朴、真诚、勤劳的一面在社会主义社会中的发扬光大，展现新人物在党的教育和培养下，在实践斗争中逐渐成长的过程。分马、换马中的矛盾意味着集体利益和个体利益间的矛盾，意味着无产阶级大公无私的先进思想和农民的私有的落后思想之间的矛盾。党的英明领导使得人民群众知道何去何从，作何选择，从而肯定了党的领导是中国社会历史发展的必然选择。1957年4月由甘肃省文联主编的《陇花》杂志刊登尤炳圻先生名为《冯梦龙和"三言"》的文章，文中指出"三言"中冯梦龙作品的考定迄无进展乃至今后也难以进展的原因所在，并探讨了话本小说研究中出现混乱现象的主要原因。他认为"三言"既为冯梦龙的代表作，应肯定冯梦龙也无愧是拟话本小说的代表作家，是保存宋元话本的功臣，理应在文学史、小说史上占有重要地位。

尤炳圻先生还有不少译文、论文和散文刊载在各种报刊上，由于年代久远等原因现已难以寻找，甚为可惜。现在呈现在人们面前的尤炳圻先生的译著大多为其新中国成立前的成果，由于历史和个人的原因，尤炳圻先生在中华人民共和国成立后的学术成果不是太多，这既令人感到遗憾也是应该可以理解的。

《陇上学人文存·尤炳圻卷》共分四辑。第一辑是研究日本古代和近代文学的讲话文稿；第二辑是各种译作序言；第三辑是撰写的各类文章；第四辑是《黄公度先生年谱》和《〈人境庐诗草〉校注》以及附录在《〈人境庐诗草〉校注》后的《日本杂事诗十首》附记。每辑基本按照发表时间的先后顺序排列，比较全面地反映了尤炳圻先生的思想观点和学术历程。虽然在一些细节上可能存在疏漏，但从整体上来看，应该是基本符合实际的。

西北师范大学文学院赵逵夫先生始终关注《陇上学人文存·尤炳圻卷》的编选工作，为编选工作提供了积极的指导和资料支持。在编选过程中，我的研究生赵星辰同学在资料的搜集、整理和文稿的编撰、校对等方面做了大量的协助工作，其他几位研究生也参与了文稿的校对，在此一并表示感谢。最后需要说明的是，本前言的撰写参考了已故的王培青先生撰写并发表在《鲁迅研究月刊》（1996 年第 7 期）上的《尤炳圻生平及其著译》一文。

《陇上学人文存·尤炳圻卷》(第五辑)

作者：李晓卫

郭晋稀

一

郭晋稀先生是蜚声海内外的《文心雕龙》专家，在中国古代文论、古代文学及音韵、文字研究方面都取得引人瞩目的成就。他严谨的学风、扎实的国学基础及学术上追求不断创新的精神在省内外学术界留下了深刻的印象。

郭晋稀，字君重，1916 年 10 月 22 日生于湖南湘潭株洲镇（今株洲市）袁家湾一个书香之家。先生自幼好学，1936 年毕业于湖南省立第一师范，回湘潭后在新群学校任教。两年后考入国立师范学院（在长沙）中文系，抗战爆发后学校迁至湘西安化县之蓝田镇（其地今属涟源市）。因读书扎实、好学深思，受到骆鸿凯（字绍宾）、钱基博（字子泉）、钟泰（字钟山）等先生的器重。后因先生耿直，与学校管理人员发生冲突，立意转学，钟泰先生特请彭一湖专函去给国立湖南大学校长说项。1940 年 9 月转学到国立湖南大学以后，钟、钱二位先生也是长短书信不断，或论学问、或谈做人，虽是师生，而情同父子和挚友。如钱子泉先生给先生信中说："贤论《易》以阴阳、动静、消息、世变，而不在象数图书，最是通人之论。""顷阅湖大期刊，说《庄》数则，极见心思。""所寄校《庄》数十则，当为不易。"（按："不易"指不可移易，确为定论）。郭先生由国立师范学院转入国立湖南大学不久，骆鸿凯先生由湖南大学移砚国立师范学院，钱基博先生在给郭先生的一封信中说："骆先生来院一谈，道及贤学问精进，为诸师所重。闻之欢喜。"骆先生也仍然关心他的学业。他给郭先生的一封信中说："顷奉手札，并大著《邪母古读考》，均悉，甚佩！喻、邪、定三母相通，乃凯研求语根积十余年所悟者，惟以囿以方音，疑邪、从两母古读亦通，是以牵制未能写定。今得足下是篇，以为邪与从无预，论自不刊。"

在湖南大学（当时迁至湘西辰溪）在读期间又得杨树达（字遇夫）、曾运乾（字星笠）、马宗霍（名承塑，以字行）等先生的赏识。诸位先生当国家危亡之时随校迁徙，颠沛流离，然而克服种种苦难维持教学工作、谆谆教诲学生的精神，对先生产生了很大的影响。以后先生每提及当时的老师，总是说："教我治学，教我做人。"十分感激。尤其在湖南大学期间，得杨树达、曾运乾先生耳提面命，对他一生做学问在学风和研究方法方面打下了一个很好的基础。当时中文系总共不到二十人，学生在老师那里，比今日的研究生接触导师的机会还要多。先生每次去拜见杨先生，杨先生总命其坐书案旁，然后出示自己的研究文稿，告以有关问题前修之未密及自己的解决思路。曾先生也常常叫他至自己住处讲论治学之法，探讨一些具体问题。先生也常直陈自己对某些问题的看法。杨树达先生《积微居小学述林》卷三《说裔》篇：

> 湘潭郭晋稀学于湖南大学，从余治文字之业。于余说颇能有所领悟。一日走告余曰……

下引其语数百字。然后杨先生说："善哉，君之说字也！"并就先生之说加以增订，而得"裔"字的确解。文末曰："余以事赴邵阳桃花坪，路过芷江榆树湾候车，客馆无事，因记余与晋稀所讨论者如此。"又附文字一小段：

> 晋稀又尝说"耑"字。谓许说"止"在"舟"上，"舟"非舟船之"舟"。《说文》"履"下谓："舟"象履形，"耑"字谓"止"在"履"上耳。古人入室则脱履，"止"在履上，故为前也。此说以许说纠许，亦深具妙悟，因附记之。

由此可以看出其师生间讨论学问的情形及相互情感。曾运乾先生对先生耳提面命，悉心指导，以后郭先生相当长时间中从事于音韵学的研究，同曾运乾先生关系很大。他在曾先生的指导下，于1942年春完成了七万多字的《等韵驳议》（原题"等韵发微"，杨树达先生改为今名）。7月先生毕业，任教于湖南第七师范。此年底曾先生在家毁于大火，家人函电交驰之下，在所不顾，而两次驰书给郭先生，招其回湖南大学任教。但因当抗战最艰苦的阶段，交通阻隔，邮政不畅，郭先生未收到此信。由此可见曾运乾先生实视君重先生为托命之人。1945年1月曾先生去世。在此期间郭先生任国立师范学院附中教员，1944年3月任国立师范学院（当时迁至溆浦，是屈原被放江南之野后南行最南端之地）助教，1945年经杨树达先生推荐，到贵州平越（今福泉县）国立桂林师范学院任教。先生在国立师范学院，曾先生也常有书信，关心其学业。曾先生在一封署为四月六日的信中说："月末在校情形如何，所读何书，有何新发现，乞于日内写信告我为盼。"另一封信中是接到郭先生提出希望假期到曾先生家读书的要求，虽然家中困难不小，也欣然答应。其他几位先生也一样，常予以具体指导，生活上也如同父子一样。

1942年先生在湖南大学毕业时，当抗战之际，国家艰难，人民没有一个安定的生活，常受到日本飞机的轰炸骚扰，学校时时搬迁。有的教师即自愿组织从事抗战宣传工作，其从事教育者，将教学生看作传播中国文化命脉、鼓舞爱国思想的历史使命，亦甚为艰苦。马宗霍、骆绍宾先生几封信中除讨论学术，为先生的工作事提建议外，还委托他人以先容，表现出极大的关心。

中华人民共和国成立后，经徐特立同志介绍，到北京，入华北革命大学政治部研究班学习，1950年冬学习期满，1951年春到西北师范学院（今西北师范大学）任教。以后学校校名几经变更，但先生再未离开这个学校，直至1998年7月29日去世。先任副教授，后任教授之职，先后担任中国古代文学教研室主任、古籍整理研究所所长。在社会兼职中，曾任中国《文心雕龙》学会理事、中国《诗经》学会顾问等。郭先生在高校任教五十多年，兢兢业业，教学深得学生欢迎。当时西北师范学院在全国招生，很多学生来自外省，南至广东、广西、福建，有些同学生活上不习惯，他都给予关心、帮助，所以不少同学毕业数十年后，仍同他有联系，对他抱有感激之情。1959年他加入了中国共产党。此后虽然一个一个的政治运动耽误了他不少精力，但还是抽时间读了大量的书，进行了几个课题的研究，如《杜诗系年》《文心雕龙》研究。他作《徐文长年谱》，翻阅各种文献，抄录的卡片有十来斤重。同时，在历次政治运动中，他一方面抱着相信党、相信群众的态度，一方面坚持实事求是，既不随大流地无端伤害他人，也不会为了表现自己而说过头话。"文革"中他受到冲击，但能坦然对待。被关在牛棚的时间他除了劳动、接受批判，就读《毛泽东选集》。"文革"后期"四人帮"倒行逆施的行为越来越明显，"评法批儒"中校工宣队要他到各处去讲"法家人物"武则天，他婉言推辞。他认为作为一个共产党员不随口乱说，作为一个学者也不能人云亦云。先生性情耿直，而处人随和，与同事相处融洽。他初到西北师院时讲授音韵文字训诂，这是他在中年以前最为用力之处。1952年介绍湘潭的彭铎（字戺乾）先生来西北师院。彭先生是教古代汉语的，当时学生教师人数都较少，首先要考虑各种课程都有专人讲授，故郭先生主动改教古代文学前半段。后来又因为元明清一段没有人上，他改教元明清文学。

先生从1959年开始留研究生，后来教育部规定有变化，所留学生改为"留校"。

1961 年又开始招研究生。他也常常指导青年教师的读书、教学、科研活动。几十年中郭晋稀先生培养了大量人才，也为西北师大中国古代文学的学科建设作出了杰出的贡献。

二

郭晋稀先生知识面很宽，又因其深厚的根底，所以在学术上有多方面的建树。他在学术界影响最大的是《文心雕龙》研究。1961 年在《高校六十条》颁布之后，全国开始了高校教材建设，中宣部负责人指示要重视对中国传统理论的研究，并明确提出对《文心雕龙》要进行研究，以继承、发扬其理论精华。于是郭先生开始翻译《文心雕龙》，在《红旗手》（不久又恢复旧名《甘肃文艺》）上连载。1963 年 8 月，他的《文心雕龙译注十八篇》由甘肃人民出版社出版。这本书一年后被香港建文书局翻印，传播至港台学术界和日本、韩国等国际汉学界。这本书同刘永济先生的《文心雕龙校释》，陆侃如、牟世金先生的《文心雕龙选译》是 1949 年之后《文心雕龙》最早的新注本。这本书每篇前对全文有概括而精当的评论，注释准确而简要，译文流畅，又具有古文的典雅与节奏感，顺着译文读，就像是他在论述，而对照原文，又都扣得很紧。尤其反映了先生对《文心雕龙》结构的看法（见该书《养气》、《序志》二篇题解、注释及相关篇的题解），首次对《文心雕龙》的篇次作了调整。日本学者户田浩晓的《文心雕龙》一书（昭和四十七年东京明德出版社出版）列中国内地学者的著作三种，范文澜的《文心雕龙注》、杨明照的《文心雕龙校注》之外，即郭先生的《文心雕龙译注十八篇》。户田浩晓在昭和五十一年（1976 年）撰写的《文心雕龙小史》认为，关于《文心雕龙》，"现代中国语的译本有特色者当推郭晋稀氏的《文心雕龙译注十八篇》和李景滢氏的《文心雕龙新解》"。日本九州大学文学部教授林田慎之助的《文心雕龙文学原理论的若干问题》一文，肯定了郭先生关于刘勰世界观是唯心主义的观点（见《日本中国学会报》1967 年第 19 号）。意大利汉学家珊德拉教授曾对郭先生说，她研究《文心雕龙》就是从这本书入门的。

"文革"结束后，郭先生又发表了《〈文心雕龙〉的卷数与篇次》（《甘肃师大学报》1979 年第 1 期）、《试谈刘勰论创作思维的特点》（1982 年中国《文心雕龙》学会成立大会交流论文）、《从刘勰的世界观看他的美学观、经学观和文学观》（《文学遗产》1985 年第 1 期）等。对在《文心雕龙译注十八篇·前言》和题解、注释中的一些观点作进一步论述，并同日本学者安东谅就一些问题展开讨论（《关于〈文心雕龙〉下篇篇次——和安东谅君商讨》，《中华文史论丛》1986 年第 3 期）。郭先生认为《文心雕龙》全书的结构与《序志》所说完全一致，每篇的内容结构，也在《序志》中已点明。全书原分上、下两篇，即上、下两大部分，每部分有文二十五篇。《序志》中说：

> 盖《文心》之作也，本乎道，师乎圣，体乎经，酌乎纬，变乎骚，文之枢
> 纽，亦云极矣。若乃论文叙笔，则囿别区分，原始以表末，释名以章义，选文
> 以定篇，敷理以举统，上篇以上，纲领明矣。

按照郭先生研究所得，上篇依次与《序志》所说相对应：

《原道》："本乎道"；

《徵圣》："师乎圣"；

《宗经》："体乎经"；

《正纬》："酌乎纬"；

《辨骚》："变乎骚"。以上五篇为文之枢纽，故云"文之枢纽，亦云尽矣"。

《明诗》《乐府》《诠赋》《颂赞》《祝盟》《铭箴》《诔碑》八篇为"论文"；

《杂文》《谐隐》两篇间乎文笔；

《史传》《诸子》《论说》《诏策》《檄移》《封禅》、《章表》《奏启》《议对》《书记》十篇为"叙笔"。以上二十篇论文叙笔，囿别分明。

这二十篇各篇如何论文、叙笔，也有一定体例，这便是"原始以表时，释名以章义，选文以定篇，敷理以举统"。郭先生举例分析，皆合若符契。

下篇二十五篇同样结构严谨，有其章法。《序志》接着上面所引论上篇一段文字云：

> 至于剖情析采，笼圈条贯，摛《神》《性》，图《风》《势》，苞《会》
> 《通》，阅《声》《字》，崇替于《时序》，褒贬于《才略》，怊怅于《知音》，耿
> 介于《程器》，长怀《序志》，以驭群篇，下篇以下，毛目显矣。

郭先生认为下篇二十五篇应与《序志》完全一致，因而作了五点校正：

（一）将现行各本都列在《指瑕》后的《养气》《附会》移于《风骨》之后，《变通》之前。（二）校《序志》中"图《风》《势》"的"势"为"气"，因为在《风骨》篇中是以"风"气"并论，故《风骨》之后应为《养气》而不应是《定势》。又《序志》中言"苞《会》《通》"，则《附会》应在《变通》之前。（三）移原列在《夸饰》后的《事类》于《通变》之后。《事类》是"据事类义"，属于文骨。《风骨》兼论"风""骨"。以下两两相配，《通变》主风，《事类》主骨，故《事类》当在《通变》之后。（四）移原列在《夸饰》《事类》之后、《隐秀》之前的《练字》于《声律》之后，因《序志》中明言"阅《声》《字》"，《声律》《练字》不当分在两处。（五）移原列在《时序》与《才略》之间的《物色》于《夸饰》之后，《隐秀》之前，因为《物色》属于析采的范围，不当在《时序》与《才略》之间。

经郭先生的校理，则下篇二十五篇同样次序井然：

《神思》《体性》："摘《神》《性》"；

《风骨》《养气》："图《风》《气》"；

《附会》《变通》："苞《会》《通》"。加上《事类》《定势》，以上共八篇，属于剖情。

《情采》《熔裁》，郭先生以为"情"与"熔"属于情，"采"与"裁"属于采。两篇情、采兼论，故置于两部分之间。

以下《声律》《练字》《章句》《丽辞》《比兴》《夸饰》《物色》《隐秀》《指瑕》《总术》共十篇属于"析采"。

结尾五篇：

《时序》："崇替于《时序》"；

《才略》："褒贬于《才略》"；

《知音》："怊怅于《知音》"；

《程器》："耿介于《程器》"；

《序志》："长怀《序志》，以驭群篇"。

经郭先生这样一整理，才真正显示出《文心雕龙》这部书是一部构思缜密、结构谨严的理论巨制，其《序志》也真正体现着"以驭群篇"的作用。

历来研究《文心雕龙》者不少，都未能发现《序志》在概括全书构思上这样的作用，所以一般标点《文心雕龙·序志》，也都将"摘神性，图风势（"势"应作"气"），苞会通，阅声字"中的"神性""风势（气）""会通""声字"当作一个词或词组看，未看出是分别指书中的两个篇目。

郭先生在《文心雕龙》篇次的研究引起海内外学者的关注。据牟世金先生《台湾文心雕龙研究鸟瞰》一书（山东大学出版社 1985 年）说："台湾出版的多种《文心雕龙》论著，都列范文澜、杨明照、刘永济、陆侃如、牟世金、郭晋稀的著作为'重要参考书'。"并特别指出，台湾学者李曰刚的《文心雕龙斠诠》关于其篇次的看法，取了郭先生的见解。李曰刚先生为台湾师范大学教授，早年毕业于南京中央大学，曾授业于黄侃。李氏此书被学者称作"博大精深之巨著"，王更生《文心雕龙导读》一书中评论此书说："他这部巨著实具有黄札、范注、刘释、杨校的优点。"这里只提到黄侃的《文心雕龙札记》、范文澜的《文心雕龙注》、刘永济的《文心雕龙注释》、杨明照的《文心雕龙校注拾遗》，而没有提到郭先生的《文心雕龙译注十八篇》，但牟世金在他那本书中将李书与郭书的篇目对照列出，证明基本上采用了郭书的次序，只是个别地方不同，并将改动之处扩大到了上篇。牟世金说：

至郭晋稀《文心雕龙译注十八篇》，始对《文心雕龙》的下篇有所调整。李书即主要据郭说改篇而又有新的增益。查郭书只改下篇（一九八二年出版《文心雕龙注》也是如此），李著则扩大到上篇之《杂文》《谐隐》二篇。

牟世金书中在将两书篇次作了对照后又说：

> 李曰刚的改篇，有的是根据郭晋稀的理由，有的与郭改不同，又提出许多自己的理由。

对此，牟氏在引述了《导读》中的一段话后说：

> 这说明作者的治学精神是极为严谨的，却不幸而将和唐写本的篇次一样的上篇也作了个别更易。这是否为智者一失，窃有疑焉。

郭先生是调整了看来确有窜乱的部分，而后代传本与唐写本一致的，没有更改，说明了郭先生在处理这个问题上的谨慎态度。李曰刚书中未提到郭先生的《文心雕龙译注十八篇》，可能因为这只是一个选注本、选译本，甘肃人民出版社在外面也影响不大，而且这是郭先生的第一本书，他的名字在港台还比较陌生。但李曰刚《文心雕龙斠诠》在 1982 年正式出版之前，李曰刚的学生、台湾师范大学王更生博士于 1979 年初版、1983 年增订再版的《文心雕龙研究》一书对《文心雕龙译注十八篇》有较详细的介绍，行文中也几次提到或引述《文心雕龙译注十八篇》，但也没有提到该书在篇次上的创获，似乎也不是无意的。

在李曰刚教授的《文心雕龙斠诠》出版的这一年 3 月，作为全面总结了郭先生《文心雕龙》研究成果的《文心雕龙注译》，也由甘肃人民出版社出版了。此书 1980 年在出版征订中，有二万多册，但出版社未能及时出版，到第二版征订时，只有一万来册，因而第一次只印了 11961 册，1984 年重印，到 27760 册。以后再未印过。后郭先生又应岳麓书社的约稿，修改为《白话文心雕龙》，1997 年第一次 6000 册，后又列该社《国学基本丛书》，2004 年第一次印了 5000 册，两书都有重印。书出之后，在香港《文汇报》和内地报刊上都有评论，指出其特色与贡献。北京大学张少康、汪春泓等先生合著《文心雕龙研究史》和周振甫先生主编的《文心雕龙辞典》对郭先生的《文心雕龙译注十八篇》和《文心雕龙注译》也都有所评介。

郭先生在《文心雕龙》研究方面的其他一些论文，在刘勰的世界观、美学观、经学观和文学观及刘勰的创作思维特点等方面提出了一些具有创新性的看法，这里就不一一介绍了。

郭先生认为自己在古代文论研究上意义最大的是在严羽《沧浪诗话》研究方面。先生对这部书的《诗辨》部分进行深入探讨，写成《诗辨新探》。此书出版不久，从事唐宋词与诗学研究的中国社科院文学研究所郑永晓先生发表了《系统地把握严羽诗论的精神实质——读郭晋稀先生〈诗辨新探〉》一文，对该书作了全面评价。文章有四部分，其第一部分末尾说：

> 笔者早年阅读《沧浪诗话》，虽时有所得，而面对众多治学名家的阐释，茫然无所适从。今读郭晋稀先生的《诗辨新探》（以下简称《新探》）则有拨云见日之感。著者覃思精虑，对《沧浪诗话》总纲与精义所在的《诗辨》作了系统、透彻的考察，对"别材"、"别趣"、"兴趣"、"妙悟"诸说的阐述与分析，可以说深得严羽论诗之旨，也最能体现《沧浪诗话》论诗体系的严谨性。此书体例之严谨、论证之精密、观点之新颖，在近几年古代文论研究著作中尚不多见，它基本廓清了数百年来围绕严羽《沧浪诗话》引发的一系列学术争议。

以下三部分各论述了本书的三个特色。第二部分论本书的最大特点是"力辟众说，自出机杼"。文章归纳明代以来至当代古代文论研究大家的看法，并加以比较，认为均未能揭出严羽诗论的真谛。从而指出：

> 针对围绕"别材说"的一系列争议，《新探》从考察严羽之前及其同时讨论"以书为诗材"的大量事实出发，判定"材"为诗中之材而非诗人之才。进而指出，严羽所谓"诗有别材，非关书也"是批判苏、黄"资书以为诗"的，"非多读书，无以极其至"是批判晚唐诗派"捐书以为诗"的。"别材说"的提出，是诗材问题讨论的总结与提高，是从诗材的个性来探讨"什么叫诗"。与此相类似，严羽"别趣说"是针对苏、黄作诗尚理而言的，是从诗趣的个性说明"什么叫诗"。

然后对《诗辨新探》在"兴趣说"与"妙悟说"的令人信服的论述，也同样与此前各家之说加以比较，指出其在学术上之创新与贡献。

郑永晓先生文章的第三部分论证《诗辨新探》的第二个特色："论证精密，分析透彻"，第四部分论述《诗辨新探》的第三个特色："高瞻远瞩，从诗史的高度，将《诗辨》置于中国诗论发展的历史长河中予以辩证地考核。"都就《诗辨新探》从版本、校勘入手，从分析各家短长利弊入手，从中国诗歌创作历史与诗论发展史的大背景入手等方面加以分析论述，认为"该书证据确凿，令人信服，基本廓清了有关'诗材'问题的种种误解"。

郑永晓先生的论文在第四部分后半还提到郭先生的另外两篇论文：《从中国诗论的发展看严羽"别材、别趣说"的涵义及其贡献》和《严羽论诗与李清照论词》，认为前一文系统考察了"别材、别趣说"与"言志""言情""风骨"诸说的关系，使读者理解严羽的诗论之渊源。"李清照认为词不同诗，故曰'别是一家'，严羽认为诗不同于文，故曰'诗有别材'、'诗有别趣'。""著者进而从时间上论证了严羽诗论借鉴《词论》的可能性。"最后说：

> 这种追本溯源，通过深入比较得出的结论显然颇具说服力。著者首次揭示了严羽论诗与李清照论词的关系，也显示出其独到的眼光和深入辨析事物本质的能力。

关于郭先生在诗论研究方面的贡献，郑永晓先生的这篇文章已谈得很全面，不需我再多说。

在文学理论方面，郭先生还有几篇论文，另外还有《中国文学批评史》讲义，就不缕述了。

<h2 style="text-align:center">三</h2>

郭先生在中国古代文学方面，从《诗经》到清代文学，都有论著。早年在先秦典籍研究方面的论文，即为老一辈学者所称许。先秦典籍研究方面在学术界影响最大的是《诗经》研究。

郭先生 1957 年发表《诗·鹊巢今说》等有关《诗经》论文三篇，1959 年所发表的《试论现实主义问题》也对《诗经》的创作方法与评价提出了独到的看法。在当时学术界一片声音将作为民歌的《国风》看作《诗经》中的精华，而将《雅》《颂》看作为统治阶级歌功颂德或统治阶级内部斗争中失败者抒发哀伤之情而加以贬低的情况下，论文说：

> 《诗三百篇》中变"雅"的部分，即中原板荡后的讽刺诗，它的成就不在《国风》之下。它写出了幽厉以后社会的动荡和民生的疾苦，是面对现实作家的好榜样。它"正确地、不加修饰地"描绘了现实生活，它面对着广阔的社会现实，不再是以男女恋情为中心而是以时代政治为中心，思想感情比《国风》复杂了，所以它是现实主义必须继承的优秀传统。

文中加引号的"正确地、不加修饰地"是摘引高尔基在论及现实主义方法时所用定语。郭先生此文引及古今中外学者之语，而主要针对涅多希文的《艺术概论》、蔡仪的《论现实主义问题》和茅盾的《夜读偶记》展开讨论，由之可以看出他在文艺理论方面的深厚修养和对马克思主义文艺理论的深入理解，对马列经典著作的熟稔。论文在对从先秦到唐代的一些代表作家、代表作品进行分析以后作出结论：

> 中国现实主义的发展分为三个阶段：唐后期是现实主义的形成期，明末清初是现实主义的发展时期，晚清到五四是批判现实主义时期。企图把中国文学史分为现实主义与反现实主义的公式来贯穿全部文学史，是庸俗化了的；企图

缩小现实主义的含义，硬套艾里斯别克的公式，认为现实主义起源资本主义萌
芽的明后期，也是削足适履的。

在苏联文艺理论一统天下的 20 世纪 50 年代末期，能这样明确果断地提出自己的看法，可以看出郭先生在学术上不盲从，不随大流的独立精神和作为一个正直学者不畏强权的胆略。

20 世纪 60 年代，郭先生曾给研究生和青年教师讲《诗经》《楚辞》，70 年代末又为研究生讲《诗经》，重新整理讲义，油印五大册。1981 年他发表了《风诗蠡测》一文，引起学术界的极大关注。天津教育出版社的《学术研究指南丛书》中，天津社科院赵沛霖先生的《诗经研究反思》一书（1989 年出版），全书近 40 万字，对从先秦至 20 世纪 80 年代《诗经》研究进行总结性评述，其第三部分为论著提要，专著部分古代列了《毛诗故训传》等八种，现代部分列闻一多《诗经通义》等四种，论文部分从 1905 年至 1989 年的一千多篇论文中选出四十二篇写了提要加以介绍，郭先生《风诗蠡测》为第 27 篇。摘录原文如下：

本文包括十则札记，前九则多为训诂、音韵、解释章句，惟第十则不同，专门研究《国风》篇次和某些诗篇的相互关系问题，现摘要如下：《国风》中本有很多组诗，由于入选，有所删节，几经改动，后人认为各自成篇，之间并无有机联系。实际上还有组诗保存下来。《陈风》中的《衡门》、《东门之池》、《东门之杨》原为一组诗，是写王室已衰，姬姓诸侯微弱，所以当时娶妻都愿娶齐姜宋子，附婚大族，而诗中的男主人公却甘于衰败之族，热爱姬姓之子。三篇组织绵密，一气呵成。此外《宛丘》、《东门之枌》也可能属于这一组诗之内。《郑风》中有很多组诗，《山有扶苏》、《狡童》、《褰裳》、《溱洧》通过狡童或狂童串组织起来，连成一气，构成一组诗。《箨兮》与《丰》是一组诗。《东门之墠》与《出其东门》是一组诗，前者是女子所唱，怨恨男子漠然寡情；后者是男子所答，说明已有妻室。落花有意，流水无情，二诗共咏一事。

这一组论文的前五篇分别是刘师培、王国维、廖平、顾颉刚、胡适之作。这四十二篇论文大体上反映 80 年间《诗经》研究的重要创获。由此即已可以看出郭先生在《诗经》研究方面的贡献，也可以看出他的《诗经》研究达到怎样的水平，及在学术界的地位。

其后郭先生陆续发表了《风诗蠡测续篇》《风诗蠡测末篇》《雅诗蠡测（小雅）》《雅诗蠡测（大雅）》《颂诗蠡测》等。1993 年，郭先生的《诗经蠡测》作为西北师大《诗赋研究丛书》的第一种由甘肃人民出版社出版。2006 年由巴蜀书社再版，受到学

界的极大关注。关于郭先生在《诗经》研究中其他方面的创获,先生的研究生、河南大学白本松教授为《诗经蠡测》修订本写的序和我写的跋中都有论述,读者可以参看。

先秦诸子与诗赋研究方面,关于楚辞、《庄子》,郭先生也都发表有论文;关于杜甫的《秦州杂诗》二十首,1961年和1962年先后发表过两篇论文;明清戏剧方面,关于关汉卿、高则诚的《琵琶记》、洪昇的《长生殿》发表过论文;新时期他发表《白居易论》和《韩愈诗论》。这些论文的共同点是具有创见、不随大流,而且论证严密,反映出作者深厚的学术根底。如《白居易论》和《韩愈诗论》,其学术视野之开阔,引据之广博,分析之细致透彻,论证之严密有力,令人不能不信服;同时使人开启灵窍,也胜过读一些方法论之类的书。

如《白居易论》,读此文可知以前有些研究白居易、研究唐代文学和古代文论的论著,在评论白居易的诗作、评论盛唐至中唐文学的发展及白居易的文学思想方面,并未弄清白居易创作的整体情况及他在《与元九书》等文论著作中所说一些话的实质,也未能在宏观上弄清从盛唐至中唐诗歌发展的实际;无论是褒白还是贬白,有些话并未能切中肯綮。白居易在《与元九书》中提出:"感人心者,莫先乎情,莫始乎言,莫切乎声,莫深乎义。诗者,根情、苗言、华声、实义。"这是很卓越的见解,是合于诗歌创作的理论。但他的创作并未切实地从这个方面十分着力。他在《与元九书》中评唐兴以来诗歌创作,说:

> 唐兴二百年,其间诗人不可胜数。所可举者,陈子昂有《感遇诗》二十首,鲍鲂《感兴诗》十五篇。又诗之豪者,世称李、杜。李之作,才矣奇矣,人不迨矣;索其风雅比兴,十无一焉。杜诗最多,可传者千余首。至于贯穿古今,觇缕格律,尽工尽善,又过于李焉。然撮其《新安》、《石壕》、《潼关吏》、《芦子关》、《花门》之章,"朱门酒肉臭,路有冻死骨"之句,亦不过三四十。杜尚如此,况不逮杜者乎?

评中唐以前诗歌,只从"义"也即他所谓"时与事"的方面说,情、言、声(情感、文辞、声律)方面的标准全不见了,以此而打下去了李白,然后又以自己所特长的"讽喻诗"一类作品的多少来评杜甫,将杜甫也贬下去了。所以他说:"始知文章合为时而著,歌诗合为事而作。"郭先生揭示出这一点,得出结论:

> 他既接櫫以情为根的四端,是兼顾了政治与艺术,所以终不愧为历史上的伟大诗人;但是他又偏重实义,强调时事,实质上提出了以政治取代艺术的标准,这就使他的讽喻诗有的事义有余而感染力不足。这也就是白居易力图超越杜甫而终不能不屈居其后的主要根由。

郭先生这篇论文中还揭示出白居易的一些讽喻诗模仿杜甫某些诗作的事实，揭示出白居易的讽喻诗只是元和三年后八年间作品，尤其集中在任拾遗之职的三年，在其三千余首诗作中，占不到百分之一的比例。郭先生说：

> 这便说明了他的创作实践前后不同的主要症结所在，并不完全由于穷与达、进与退，而是由于做不同的官，任不同的职。他作讽喻诗，主要是为了拾遗补缺，尽言责，做好谏官……这样为了拾遗的职责以诗歌当谏章，虽然也苦心孤诣写出了一些好篇章，但究竟不是与人民共苦难的心声……自然感情厚薄不同、浅深各异。

这是何等敏锐的眼光！对一个历史人物作正确的评价，一方面要看其言行的社会效果，一方面要看其动机。明白了后一点，才可能在前一点的认识上更确切一点。只摘引一词半句加以发挥引申，如瞎子摸象，难得其真。

白居易给元稹写信谈对诗歌创作的认识，实则二人的创作倾向、诗学思想十分接近。白居易《与元九书》中说："杜诗最多，可传者千余首。至于贯穿古今，觇缕格律，尽工尽善，又过于李焉。"元稹《唐故工部员外郎杜君墓志铭并序》云：

> 是时山东人李白，亦以奇文取称，时人谓之李杜。……至若铺陈终始，排比声韵，大或千言，次犹数百，辞气豪迈，而风调清深，属对律切，而脱弃凡近，则李尚不能历其藩翰，况堂奥乎！

郭先生由这两段文字，注意到两人都以体裁兼备、属对律切方面说明李不如杜，都着眼于排律。这里也隐含着另一个评价标准或曰评价角度。按照这个评价标准，其实不仅杜超过李，而且白超过杜。杜甫之五言排律只《秋日夔府咏怀》一首，白居易之作四倍于杜甫；七言排律，杜甫更无法与白居易相比。

论文中还从韩愈和元好问对元、白的评价中揭示出前代卓越诗人是如何看待这段未被学人所观察到的事实的。因为韩愈、元好问都是用诗来表达他们对这个问题的看法的，比较含蓄，有时也用指东道西的手法，后来学者未从唐代诗歌发展的总体来看问题，因而也未能识破其机关。经郭先生点破，则洞若观火。

但论文不是贬低了白居易在唐诗上的贡献和在中国诗歌史上的地位。他对白居易的特殊贡献作了恰如其分的评价。他说，传奇文学山现于初盛唐，而兴盛于中唐时代，"同时的作家是把传奇故事作散文；白居易却用传奇故事入诗歌。这是个创举，是种创造"。他说：

> 对比杜甫的创作来看，《长恨歌》、《琵琶行》是新时期的新发展，是杜诗中所没有的。《长恨歌》、《琵琶行》在当时即争相传诵，到后代还改为戏曲，这不是偶然的，它代表了一个历史时期的成就。

这不是一般地作讲义式的评说，而是站在整个中国诗歌发展的历史来观察的。事实上论文中还涉及中国诗歌在宋代及以后的发展状况，其所论断也不是只熟悉唐代文学的人所能做到的。论文中在论及对白居易的评价问题时，也提到当时在学界有很高地位的学者，予以商讨。可以说，他对一些问题的思考是相当深刻的。

郭先生还有一篇《韩愈诗论》，同样是高瞻远瞩，从整个中国古代诗歌发展的历史来看韩愈的诗学理论、创作方法与其创新方面的得失和贡献。文中说："古今评价韩文，也未能像刘勰那样站在整部文学史的高度，把韩愈摆在整部文学史中作为其中的一员来研究，最多只是割取八代到唐一段文学史，把他摆在其中来评价，认为他文起八代之衰。"论文的第一部分关于一般人都笼统称说的"文起八代之衰"，首先提出了自己的看法：

> 八代以来，只是那些追求形式、内容空乏、萎靡无力的作品，才是八代文章之衰。把韩愈对比这些作品来看，说他"文起八代之衰"，才是合理的。如果以韩文来否定八代佳品，那不过是站在散体立场反对骈体，站在儒家立场反对非儒家思想，其文学史观又在刘勰之下了。

对韩愈文与诗在思想与体式种类方面的评价，也是上窥先秦，下瞰宋元，非仅就韩诗中所见而发挥之。文中说：

> 韩文由于思想内容远绍孔孟，故局限于儒学，其形式又力求上追秦汉，所以其成就不能如诸子之越世高谈，自开户牖。韩诗的内容，虽然与散文相同，而其形式多为五七言，未尝力追周诗。他对于李杜也不是亦步亦趋，则是有取有舍，那就是沈德潜所说的："欲以学问才力跨越李杜之上。"

论韩愈诗文的局限与对韩诗创作的评价，较一些洋洋数十万言的著作为明确切当。以下五部分通过对韩愈诗作、诗论的分析，提出"养气说是韩愈创作的根本理论，是指导变的思想武器"，"务去陈言是韩诗创作的基本手段，首先是改变惯用的语言"，"以新代陈，以异代常"。同时指出"韩诗多用险韵，颠倒文辞以求和叶，于是改变了前人韵脚稳重、铸辞熟练的习惯，别出途径，遂成独造"；"'务去陈言'又是韩诗的审美观，是要改变旧的审美观"；"推拓雕琢手段，扩大诗歌时空，则是韩诗的独有成就。"论文得出结论：

> 从诗歌发展史上看，不能不说他是继李杜之后的又一块丰碑。这块丰碑实质上标志着结束了唐诗所独霸的地位，开创了欧苏王黄的宋代诗坛。

最后将韩愈与白居易加以比较：

> 白居易主张坦易，务言人之所共欲言，既不过是撷取杜甫之一偏，固不能攀杜甫之峰而越之。韩愈之主张雄奇伟异，只想说人之所不及说，也不过发展

了杜甫之一偏，又何尝驾杜甫之巅而上之。当然，白氏坦易虽成一家，但还是
唐诗范围内的一种风格；韩公则能于唐风之外，开创宋体。从文学发展史上来
看，韩之影响却比白大。

实事求是、恰如其分地将所研究人物置于其适当的历史地位上，既没有很多学者研究
谁就拔高谁的通病，也非只是折中于前人之说，在前人议论中寻找立足点，或牵强附
会、猎奇求异，而是一立足于韩愈诗文本身，二着眼于整个中国诗歌发展的历史，用
历史唯物主义观点，以开阔的视野、恢弘的气度加以分析，充分体现了郭先生对韩愈
作品，有关文献以及唐诗和整个古代文学史的熟悉程度。

以上举例性地介绍了郭先生的两篇论文，已完全可以看出郭先生在古代文学研究
上的成就。可以说，郭晋稀先生在中国古代文学研究上的成果是一流的。尽管他地处
西北一隅，历史会证明他是卓越的古代文学研究学者。

四

郭先生从青年时代至老年孜孜不倦、用力甚勤者是传统的小学，即音韵文字之学，
这同他在中国古代文学、古代文论和马克思主义文艺理论方面的修养共同形成了他学
术研究的坚实基础。

郭先生上大学期间即得曾运乾先生和杨树达先生在音韵、文字学方面的指点，钻
研甚深。1942 年春他在曾先生指导下写成《等韵驳议》一书，共十章七万余言，对等
韵学中一些理论进行商讨。此书 1984 年 4 月据手稿胶印数百册，用以在中国声韵学会
上交流，又当中国唐代文学会第二届年会在兰州召开，也分发与会学者。20 世纪 40 年
代在《国立湖南大学期刊》上曾刊《读〈切韵指掌图〉》一文，扼要地谈了他的看法。
《切韵指掌图》是按照《切韵》的反切体系制作的韵图，钱玄同、高本汉等学者都将它
看作最古最可靠的韵图。而实际上图未能谨守《广韵》体例、正确展现其分韵列部，
在合 206 韵于二十图时，出现了几种杂乱现象。等韵学中一些"门法"，本为弥补韵图
的不够严密而设，结果如"音和""类隔""窠切""交互""振救""偏狭""互
用""内外""正音凭切"等等门法，反而造成对韵书的失实和自身的庞杂。郭先生
对历来音韵学家十分遵从的等韵理论提出非议，这虽然是在音韵学大家的指导下所完
成，也可以看出当时所钻研的深度与学术气魄。20 世纪 40 年代在高校任教，郭先生就
是教音韵文字。1945 年在桂林师范学院时油印有《音韵学讲义》，在蓝田的国立师范学
院又有油印的《文字学讲义》，初到西北师范学院又编有《中国语言文字学概论》。

郭先生所作《邪母古读考》刊于他在 1945 年印的《音韵学讲义》中，在当时即得
几位博学大家的称赏。该文重刊于《甘肃师大学报》1964 年第 2 期。关于先秦时音韵

的研究，其韵部方面因为有《诗经》《楚辞》和一些歌谣、韵语以为依据，在《切韵》的基础上，参之以汉魏六朝时押韵的实际，总结其规律而加以分部，虽然看法上也会有分歧，但毕竟比较容易确定。唯声母的归类，主要依据反切上字用系联法加以分析，和根据谐声字的谐声音符来推断其读音上的关系。因为用反切反映的汉字读音既有迟早之别，也难免有方音造成的歧义；形声字的形成也并不是在同一时间中，其中既有正例，也有变例，情况复杂，难以划一成类。另外，在没有齐备工具书的情况下，研究者对具体字例的归纳分析也未必作到穷尽性，各举其所见，所以难度大，分歧亦大。《广韵》中的邪母字在先秦时应归何声纽，学者们的看法不一，有的学者所论大体是，但不够准确，论证也不充分，故不被公认。郭先生通过自己的研究指出："谐声字的音符有正例也有变例。凡谐声字与其音符韵纽全同或者只是小异的，是正例。"变例则或只存叠韵关系，或只存双声关系。另外，谐声字又有从变例发展为正例的。如"茸"从"耳"声，但只存双声关系，此为变例，但"揻""鞲"都从"茸"声，声韵全同，转为正例了。这实际上是原始音符和再生音符的区别。如果不分正例、变例，都从基本谐声字音符来分析而定其声、定其韵，就难免会出错。由此，郭先生得出结论：钱大昕以为邪母字绝大多数应该归定母是对的，但以为少数应该归群母却是错的。于是他以数百条证据，归类加以分析，纠正其误，澄清了误解，补充了证据，使邪母，归定之说得以坚实成立。音韵学不似一般理论，可以随意发挥，其每一立论，都是在大量例证基础上归纳而产生。郭先生能在这个问题上有所推进从而推倒误说，就反映了他在这方面的功力。郭先生的"邪母归定说"同钱大昕的"古无轻唇音"、章太炎的"娘日二纽归泥说"、曾运乾先生的《喻母古读考》都是古声研究方面的重要创获。

郭先生的《〈说文解字〉谐声声母考证与质疑》对《邪母古读考》研究中方法方面的问题作独立论述，反映了他在汉字造字规律与形音关系方面的深刻认识。论文分两部分。第一部分将谐声字的声母分为原始声母与再生声母，如上文所举例中，"耳"为原始声母，"茸"为再生声母。再生声母有离开原始声母自成韵系的，有离开原始声母自成声系的。每类都举了大量例证。然后得出结论：

> 谐声之字，与所从得声的声母，无不同音。其间有僅取双声或叠韵者，必为再生声母。以此例推求，可以考证古韵分部，亦可以考证古声分组，更可以考证今传许书之疏略。

在方法上的发现，其于学术，意义更大。论文的第二部分由此而指出许慎《说文解字》在说解字的形、音及造字方式上的六种错误。《说文解字》产生近两千年来深研之者代不乏人，有的学者以毕生精力研究它，有关论著汗牛充栋，然而能科学地分析并指出其解说上的错误的，毕竟不多。

郭先生的《最早分出非敷奉微四纽与制定三十六字母时代的考证》《从〈广韵〉韵母推考陆法言〈切韵〉韵目与古韵分部之关系》《古声变考》等都是较专的论文，不再详述。

郭先生在音韵学方面除整理了曾运乾先生的《音韵学讲义》由中华书局出版外，还完成了近50万字的《声类疏证》，1993年由上海古籍出版社出版。

关于古声韵的研究，韵部的研究从清代顾炎武至戴震、段玉裁，已至极为细密的程度。如郭先生所说："关于古声的考证，前人未曾着手，至钱大昕为创始。声转的研究是钱大昕和戴震共同开拓的道路。"戴震有《声类表》九卷，郭先生以为此即戴氏《〈转语〉二十章序》所说《转语》。戴氏此书中"声""转"皆就反切上字言之，已涉及古音声母及声转问题。同时之钱大昕《声类》是看到音韵学上的"对转"不能说明所有的通转现象，论通转者也多有附会难合之处，所以着力于声转研究。全书四卷，前部分大体仿《尔雅》之例（卷一、卷二），分"释诂""释言"等十一类。后部分据读音、字形等方面现象分为"读之异者""文之异者""方言""名号之异"等十二类（卷二末至卷四）。然只列出相关之字及来源，并无说解，也无义例说明及序跋之类。古声韵之学精者本少，而声转的探讨又才由钱氏开始着力加以探讨，故如和氏未凿之璧，连其弟子汪恩在钱氏身后刊刻此书所写跋语中，也只说"采缀极富，而出见以正前人之讹误者，仅十之一二"。"时止辑以备川，故其说散见于所著《廿二史考异》《金石跋尾》《养新录》诸书"。并未看出此书之开创意义，而只从音韵的方面以资料汇编之类视之。王力先生在20世纪40年代出版之《汉语音韵学》一书第五章一条注文中也说，钱大昕此书"但只搜集材料，颇像类书，里头没有音韵理论"。而对钱氏转语和双声假借之说采取不认同的态度。王力先生1992年出版的《清代古音学》一书仍持此观点。其两书中都举的例子，后一书中就原书中第1101条说道："他说《诗·小雅·小旻》'谋夫孔多，是用不集'，'集'字和'犹、咎、道'为韵，是由'集'训为'就'，就读'就'音；他不知道韩诗正作'就'，用不着'声随义转'。"由此而否定钱大昕在其他书中提到的"声随义转"之说。古代语言的发展变化，有韵变而声不变者，有声变而韵不变者，也有声、韵皆变者，当然，更多的是同一系统之字音依规律而整体变化，音值变而类、部不变，后人视之如同没有变化。王氏举个别字例本不能说明问题，而其所举"集、就"二字之例，也并不能否定钱氏声转之说。郭先生《声类疏证》一书在此条下于钱大昕所举例证之外，又补充数条，说明并非字本作"就"而误为"集"，文献中以"集""就"相转甚多，而两字韵部相距甚远，只能是声转之故。全书共1711条，其中一条之疏证文字有数千字者。非精于声韵又富于学，不能至此。郭先生在该书《前言》中说：

> 我认为钱氏之所以是学者中的巨人，就在于他不再走前人已经开辟的道路，对古韵的分部，苴补弥缝；而在于他筚路蓝缕，专研声学，独拓蹊径。他是自开户牖，虽然写下了历史丰碑，但他先是以转音之说代替韵转，而后以声转来董理训诂的。

钱大昕于古声韵学方面的开拓性贡献是不待言的。但如果没有郭先生的疏证工作，这部书的价值还将被淹没。无论在古音还是训诂学方面，都会遇到一些窒碍难通之处，无法解决。而且，郭先生在疏证中也补出原书无视韵转的偏失，增强了该书的科学性，此书获国家教委社会科学研究优秀成果二等奖。

五

郭晋稀先生从青年时得杨遇夫、曾星笠等大师的耳提面命，受其熏染，一生治学严谨，对自己要求很高。虽然他也应刊物和报纸之约写一点小文章，但在研究上一直注重学术创新，并坚持实事求是的精神，不猎奇求异，也不跟风，不会根据社会风气的变化而改变观点、投人之所好。可以说他在研究工作中，一点不马虎。

郭晋稀先生还有大量论著未能正式出版，如《先秦文学讲义》《先秦诸子思想史》《元明文学讲义》《清代文学讲义》《晚清文学讲义》《诗经讲义》《庄子要极》《杜诗系年》等。那些讲义他觉得在今天看来新意不多，不愿意出。还有些是虽然花了很大精力，但还想作进一步加工，如《杜诗系年》《诗经讲义》《等韵驳议》等。1992年我在系上负责以后提出将《等韵驳议》出版，他说还要再作次修改，补充些材料。我请他修改补充，他说有些书兰州不好找。我问湖南师大是否找这些书方便些？他说"是"。于是我建议他去湖南，一方面趁便回家，再会会老朋友，另一方面住湖南师大，修改此书。当时他觉得身体欠安，未能去，所以此书一直未能作最后的补充加工。还有《新编说文通训定声》，从20世纪70年代末就在做，我每次去他都在桌前，铺着八开大的竖行稿纸，忙碌翻阅资料，进行编纂。80年代初八开白纸似已有一尺来高，我问几时可以完成，先生说："还早着呢，完成一小部分。"我曾建议请其他人协助完成，他说："还得自己来，别人没法搞。"此稿至其去世也未及一半。他从60年代作《徐文长年谱》，抄录的卡片有几十斤重，但写成初稿，由于有的书未见到，改稿只完成了一部分。我觉得，他的一些著作虽然未能定稿出版，但他留下来的这种严谨的治学态度，这种追求创新而又实事求是、不欺人又不自欺的精神，更为宝贵，我认为这是他留给我们的更宝贵的遗产。

《陇上学人文存·郭晋稀卷》(第二辑)

作者：赵逵夫

张文熊

　　甘肃省社会科学院主持编写的大型学术文献丛书《陇上学人文存》，拟编选《张文熊卷》，将编选张文熊先生学术成果和撰写编选前言的工作委托于我。这项工作意义重大，对我来说真是一个严峻的考验。

　　张文熊先生是我的恩师，在学业、学术研究方面，给我的帮助和影响最大。我追随先生三十多年，可以算是对先生的日常生活和教学科研都比较了解的学生。我在1993年写过介绍先生的文章，当时先生看后表示认可。文学院老院长赵逵夫教授非常关心《陇上学人文存》的编选工作，支持我承担此项任务，并在编选内容安排方面提出很好的建议。是这些条件和因素，让我接受并开始做起了这项非常重要的工作。

　　先生一生潜心研究汉语中的逻辑问题，并取得了在学界有巨大影响的学术成就。但是，由于逻辑科学在中国还不是很普及，故而即便是先生周围的同事，对先生的了解也未必很多。为了让更多的人比较好地理解先生的学术思想，特别是认识先生学术研究成果的价值，我想做好编选工作，并写好这篇编选前言应该是我义不容辞的责任。果真能达到此目的，我会感到欣慰和无比荣幸的。

　　张文熊先生，字公望，北京市房山区人，原籍亦曾隶属河北省良乡县，因此先生也常说自己是河北人。出生在1919年4月15日。记得先生与同庚的李鼎文先生曾开玩笑，戏言两人分属不同时代，说自己属于旧民主主义时代，李先生是新民主主义时期。李先生诞辰在五四运动之后故耳。两位老先生嘿嘿笑声至今耳畔犹存。先生1944

年毕业于北京师范大学中文系，同年 8 月起继续在北师大研究院国学部学习两年，受业于著名训诂学家陆宗达先生。在新中国成立前后的几年时间里，先生曾执教于北京市汇文中学。1951 年，应聘来到西北师院中文系从事教学和科研工作，历任讲师、副教授、教授，主讲过现代汉语、逻辑学、古文选读、古代汉语、训诂学、语言学理论等课程，在教学研究的田地里，呕心沥血滋兰树蕙，为陇原大地教育事业的发展贡献了毕生的精力。

先生在学界的影响主要是在自然语言逻辑学研究方面。自 1979 年至 1987 年，先生被选为中国逻辑学会第一、第二届理事，此后直至 2010 年离世，一直担任中国逻辑学会顾问之职。先生还出任过中国逻辑与语言研究会副会长，并担任学会的学术委员会副主任。甘肃省的逻辑学会是先生组织创建的，曾任数届会长，退休后长期任名誉会长。

先生学业之根源应该是中国传统语言学的训诂学。先生为什么能在逻辑学领域获得殊荣呢？起自训诂，止于逻辑，其实也没有什么不合情理的地方。如果结合先生的实际情况，梳理先生学术思想发展之脉络，甚至还可以得出其根源与其结果存在必然之联系的结论。

先生在北京汇文中学执教期间，与一位居住汇文学校，既给北大、北师大上课，也兼任汇文中学语文课的先生私交甚好，这位先生就是后来中国著名的美学家、郑州大学教授李戏鱼先生。李先生比先生年长十七岁，学问方面是先生的良师益友。李戏鱼先生又曾给著名哲学家冯友兰先生做过助手（宗璞在散文集《铁箫人语》的一篇《心的嘱托》中称李先生是"父亲（即冯友兰）在清华任教时的老助手"），与"冯先生办公桌对坐九年"（见 2014 年 07 月 04 日河南省《大河报》载李趁有《戏鱼先生琐记》）。因为有李戏鱼先生的关系，张先生与冯友兰先生也有过很多直接接触，（据先生的女儿张寿嫃师姐说，小时候她同先生去过冯先生家多次，对冯先生大碗吃面的印象极深，她至今还与冯先生的女儿宗璞有联系）学术研究上面受冯先生的影响不难想见。我听先生讲过，冯友兰先生和李戏鱼先生都说他有条件研究中国古代哲学和中国古代逻辑史。如果先生真的依冯先生和李先生去做，专心中国古代哲学和中国古代逻辑史的研究，著述一定会比今日更丰。先生一生在哲学——语言学——逻辑学三个领域耕耘，天资不可谓不聪颖，用力不可谓不勤苦，可从三个极高的理论视角之下形成一个像样的学术成果，其难度非同小可。张先生的夫人褚师母就告诉过我，没见过比先生做文章更难的事了。由师母的话中可以想象得出，先生做文章投入的精力有多么大，态度又是怎样的一丝不苟。学术研究的范围越宽越深，精力付出也必然随之成倍增加，这是一般的规律。早年的环境，奠定了先生学术发展的基础。

先生一部分重要的学术成果是在中国古代哲学和中国古代逻辑史的研究范畴之中的。例如《儒家学说要指》《道家学说要指》《论孔子的正名学说》《再论孔子正名学说》《先秦时期"忠孝"之"忠"的名与实》和《吊诡——悖论?》等篇论文，就都是名副其实的中国古代哲学和中国古代逻辑史研究的优秀成果。不过阅读全篇又不难发现，先生对于中国古代哲学和中国古代逻辑史的研究，都是以训诂学的方式入手研究，着眼于古代文献词语的使用、概念的变化，依确凿之证据，通过严谨考证，得出不容辩驳之结论的。这些文章，都有谨言而慎行的特点，对所讨论的问题，无一不畅所欲言，且显精微细腻之风格。反复研读，心存疑惑必焕然而冰释。下面我把先生文章中的关键内容提出来一些，并试做适当的解读，以证明我上述所言之非妄。

《儒家学说要指》是先生早在20世纪40年代发表的论文。先生把儒家学说的主要之点概括为八个字："仁义为体，礼乐为用。""仁"即"爱人之心"，"是一切道德的基础"。"'义'就是事之宜。办事办得合宜，办得适当便算是'义'。'义'是给'仁'帮忙的，是把'爱人之心'，加以合理地节制，使爱有'分别'，有'差等'。""'礼'者'理'也。"强调"一切个别具体的德目，如：忠、孝、悌等等，全是本于仁义的精神，而用礼的形式表现出来的"。先生最后讲到"乐"，认为"不管是音乐，是舞蹈，还是诗歌，总而言之，全是艺术。艺术可以激发人的感情，使人的感情更充实、更丰富。可以使礼的形式，不至于变为空洞，也就是不至于流为虚伪"。先生特别称赞"乐"的积极作用，并指出"汉以后的儒者，多半偏重礼而轻看乐，实在不能不说是一种严重的错误。而儒教在中国所以发生许多毛病，这也不能不说是一个重要的原因"。细读全文，儒家思想为何源远流长而经久不衰，又为什么一直有后来人的诟病甚至无情鞭挞，似乎从中就可以得到不小的启发。儒家思想体系的出现反映着中国逻辑思想的建立，先生对儒家学说的阐释，也表现出先生对中国古代哲学和中国古代逻辑史的独到见解。

《道家学说要指》也是先生早在40年代发表的论文，把道家学说也分为体和用两个方面进行解释。先生说道家"是以道德、自然为体，无为、无名为用"。指出"道"和"德"都属于"自然"。就具体内容来说，"宇宙人生一切变化的总原理我们称之为道，也就是所谓自然之道。这种自然之道，反映在各个事物之中，就叫做'德'"。而"自然"的概念则在于它具有"自己如此"和"不可改变"的两个性质。先生称它们是道家"思想的本体，也就是宇宙人生的根本原理，是一种纯粹的理论"。先生说所谓"用"就是把这种纯粹的理论"想法子应用到实际的生活之中"。作为实际生活中的"无为"，简单说来，就是不违"自然"，"不强物以不能"；还要"各守本位，好好做自己应该做的事情，对于自己本分以外的事情不要多管"，即"不求分外"；一切都要顺其自然，做到"不动感情"。先生指出所谓"无名""并不是说'没有名'，也不是说'不要名'，而是让人不要注重于名，而要去注重于实"。"一切事物的本身，本来只有实而无所谓'名'，'名'是我们人为了方便起见给它附加上去的。我们做事应当注重事物本来，而不要注重我们给它附加上去的那个名，这是道家无名学说的真谛，同时这也是我们做事时所不可忽略的一个原则。"

道家思想代表着中国最早的具有一定系统性的哲学思想。先生对道家哲学基本概念的疏解，清楚地显示出了道家学说的思想顺序，对我们正确理解中国古代哲学有很大帮助。先生告诉我，这篇文章当时被人翻译成英文，不久在《中华月报》（海外版）刊登了出来。遗憾的是我至今还没有找到。我在20世纪90年代写介绍先生的文章时，上面两篇文章也没有找到，这次多亏先生的学生杨同军和袁金春的努力，在北京把先生的文章影印了回来，使我得以更好地理解先生学术思想的前后关系。

《论孔子的正名学说》是一篇理论水平极高的学术论文，先生娴熟地运用训诂学方法，旁征博引，力排众议，几乎可以没有悬念地认为，先生的文章为孔子"正名"这一千古莫衷一是的难题，写出了确定无疑的正确答案。

先生对中国逻辑思想的发展富有研究，首先指出用"名实之说"解释孔子"正名"是错误的。先生说："名实问题的提出，必待逻辑学认识论的思想有了一定的发展之后，而逻辑学认识论的思想，只有在百家争鸣的局面形成之后才有可能产生。百家争鸣的局面是在战国时期才出现的，孔子时代还不可能提出这个问题。"

把"正名"当作孔子"君君，臣臣，父父，子子"所谓"正名分"的政治主张的讲法，是历来最通行的。对此先生展开了鞭辟入里的分析，并以确凿之证据予以否定。首先，先生指出"正名"出自孔子论述正名的必要性的语句，即"名不正则言不顺"当中，先生从材料来源的根本上判定"'正名'必然是'言'这一方面的问题"，"而'名分'所正的则不是'言'的问题"。接着提出"按照字义的一般演变规律来讲，从'名'这个字的本义是不可能引申出'名分'这个意义来的"。先生又从概念发生的规律方面阐明根据："正名分"这一术语的出现，必须先有"名分"的语言形式，而"名分"这个概念，是由"名"和"分"两个概念结合而成的，可是孔子时代还没有"分"这个概念，"名分"的概念根本就无从谈起。先生为证明自己的断言，遍查《论语》《孟子》和《荀子》三部儒家经典，以及杂家而主儒的著作《吕氏春秋》，得出结论：《论语》《孟子》中根本没有"名分"之"名"的概念。《荀子》确有"名分"之"分"的概念，但是，在《荀子》书中，"分"是和"礼"紧紧地联系在一起的。《荀子》有《正名》篇，其中所言"正名"之"名"，是"名实"之"名"。"《荀子》书中的'分'和'礼'相联，'名'和'实'相联，两条线泾渭分明，绝不相混。"荀子从来"没有把'名'和'分'两个概念联系起来讲。"综合起来说，先秦儒家思想体系里面根本就没有"正名分"的内容。先生指出"正名分"的说法产生较晚，大概应该在战国晚期。先生说："提到'正名'而又有'名''分'连言为'名分'的例子的，大概以《吕氏春秋·审分》篇为最早。"《吕氏春秋》有两个"审名分"的用例，都是"正名审分"的略称，根据《吕氏春秋·审分》篇的思想主旨，可以理解讲的是"人主必审分然后治可以至"的法家思想，显然与孔子所谈的"名不正则言不顺"之"正名"思想没有联系。随后，先生把《论语·子路》篇中孔子同子路谈"为政"的对话做了透彻的讲解，辅以郑玄以"字"训"正名"之"名"，最后肯定地说："'正名'，便是正确地用词和正确地解释词。"还进一步说明："正确地解释，就是解释出来合乎道德的原理；正确地用词，便是用词合乎道德的要求。当然，这样的词，只能是和道德有关系的词，特别是表示比较重要的道德概念的那些词。"

先生文章的第三部分"从孔子的正名实践来看他的正名思想"，列举了大量的实例说明孔子正名的具体表现，全面准确地展现了完整的孔子正名的实际情况。

先生最后总结说："孔子的正名学说，从思想发展的历史上看，还处于幼稚的阶段，比起后世的名实说的——正名说，如荀子；名分说的——正名说，如董仲舒；要幼稚得多。这后世的两说，都是明白地、肯定地提出一个简单的命题，有意识地用这么一个简单的命题来说明一切有关的现象。但是，这只能是在抽象思维高度发展之后才有可能出现的。抽象思维的高度发展，又只能出现在百家争鸣之后，不可能在此以前就出现。孔子的时代，百家争鸣的局面尚未出现，因此，用名实说或名分说来解释孔子的正名，那肯定是把孔子的思想'后代化'了，如果不是'现代化'的话。"

胡适先生1917年在美国用英文写过一篇博士论文——《先秦名学史》，1983年被翻译成中文，由学林出版社出版。胡适先生文中指出自己的文章"主要部分是以孔子的逻辑开始的"（《先秦名学史》第11页），认为先秦的系统逻辑思想开始于孔子。胡适先生对孔子的讨论也是从孔子的"正名"思想开始的，并强调指出"孔子学说问题""就是正名，不正名，则'事不成'，而且'民无所措手足'。这就是我们在研究孔子的逻辑时所必须牢牢记住的。"（同上，第29—30页）

先生研究孔子正名的文章发表在1979年，肯定没有读过胡适先生的文章。在"正名"问题的讨论上，特别是在说明先秦逻辑思想的发展方面，先生的论述不能不说是更为具体、更加充分、更无可辩驳，因而也更具特别重要的学术价值。先生自己在文中也充满学术自信地说："'正名'二字，只能这样解释，此外无任何解释可说得通。"

《再论孔子正名学说》是对孔子"正名"学说的源与流两个方面所做的进一步考查研究。先生指出，有人说孔子"正名"出自《国语·晋语》"举善援能，官方定物；

正名育类。……公食贡，大夫食邑……"一段话中的"正名育类"。先生分析"正名育类"是把全国上下人的等级分别给以一个类名，涉及的是经济收益的分配问题，所谓"正名育类""不但跟孔子的'正名'学说迥乎不同，而且跟后世所谓的'正名分'也绝不是一回事。"先生根据孔子正名的实际做法，推定其源当始自史官记事之"史法"和做谥之"谥法"。先生认为，孔子正名学说吸取了古代史官"于其言，无所苟"的精神，还说孔子"重视字义解释的思想和解释字义的方法，除'谥法'外再也找不出其他来源"。先生用《孟子》《荀子》中的实例，进一步证明其中存在着对孔子正名思想的继承和发展的关系。先生还指出"汉儒所谓的'春秋正名'说，虽然打着孔子的旗号，实际上是与孔子不相干的"。并通过比较董仲舒在《春秋繁露》中所正过的名，说明与孔子正名之迥异的原因。最后先生又讲解了早期儒家的"正名"，转入了后世的"训诂"的道理，从学术思想继承发展的关系方面，进一步证实了孔子的正名就是正确地解释词义和正确用词的基本观点。

《先秦时期"忠孝"之"忠"的名与实》是先生计划撰写研究中国古代哲学系列论文中的一篇，先生认为研究中国古代哲学的一个重要内容，就是要把一些重要的哲学伦理概念原原本本地讲清楚，而这一项工作还没有人系统做过，他希望通过自己的努力，引起学界的注意。

先生遍查现存古籍，确认春秋和春秋以前没有"忠"字出现。先生说，较早出现的"忠"字，《逸周书·谥法》"危身奉上，险不辞难曰忠"句中的"忠"字，《论语》全书里的十八个"忠"字，《孟子》全书中里的八个"忠"字，表达的都是近似于现代说的"忠于职守""对人忠诚"的意思，先生称这是"忠"字的本来意义，定为"忠1"。《荀子》全书有"忠"字七十多个，其中一半以上，表现出"臣事君之道"的"孝忠"之忠的含义。先生认为这个意义是从"忠1"发展出来的新的意义，并把它定为"忠2"。先生在对春秋战国时代社会背景透彻分析的基础上，揭示了先秦"忠"字意义发展的内在逻辑，合理地解释了战国时代以及后世普遍存在的"愚忠"思想的深刻历史原因。最为重要的是，先生通过对"忠"字这一哲学伦理概念源流的深入挖掘，澄清了长期以来人们对孔子、孟子儒家所谓"孝忠"思想的误解，指出"对君臣关系的看法"，早期儒家"都属于改革派，或曰进步派。""从进步的程度看，孟子是顶峰……"充分肯定了儒家思想推进社会发展的积极作用。

先生这篇文章，思路清晰，事例具体，讲述充分，可谓不刊之论。然不无遗憾，先生没有继续写作此类哲学论著，不知将来谁人可嗣之？

《吊诡——悖论？》又是先生破解千古难题的文字。先生文中引出的《庄子·齐物论》中的两段话，是人们都很熟悉的，而且，大多数人从中领会到的差不多都是庄子讲的人世如梦，人与物齐的思想内容。但是，先生所注意的却是庄子说的"予谓女梦亦梦也。是其言也，其名为吊诡。万世之后，而一遇大圣知其解者，是旦暮遇之也"。先生思考的是庄子留给后世偌大之悬念所来何由？先生首先分析了"予谓女梦亦梦也"，认为这不过是"简单表明那段话自相矛盾"，等于梦中说梦，仅仅不可信而已，并不存在难解的问题。接着先生指出理解庄子话的个中之意，需要胸有庄子书的全局，那就是庄子实际上从来都不承认自己是梦中之人，因为他一向都以"智者、觉者"自居。这就有了庄子对自己所说"女梦"的肯定，得出庄子的话是可信的结论。至此，庄子自己也不能理解自己了，故而有求解于"万世之后"极难一遇之"大圣"的悬念。先生说："这难解之处并不在话的具体内容，更不在字面形式。这难解之处，我看，唯一的可能就是在思维形式上。""一句话或一段话，如果它的真蕴涵着它的假，它的假又蕴涵着它的真，那么，它到底是真是假，当然无法作出简单明白的断定。庄子称之为'极怪'，说它无法理解，应该就是指的这一点说的。""用现代逻辑的术语来说，这就是'悖论'。"先生最后对庄子给后世留下的"谶语"作出极高的评价："我们的庄老先生，便是在两千多年以前已经注意到'悖论'这个现象，并且给它命了名——'吊诡'。这在中国逻辑史上似乎是值得写上一笔的。"

在西方哲学、逻辑学和科学发展史上，都有过讨论悖论的话题。合理解释悖论形成的原因，对正确思维形式的形成有极大的促进作用。先生对庄子悖论的认定，在中国古代逻辑史研究领域，显然具有探赜索隐，钩深致远的意义。

前面我介绍了先生在中国古代哲学和中国古代逻辑史研究方面所作出的突出成绩。下面我要解说的是先生在中国自然语言逻辑研究方面的重大贡献。

先生在中国自然语言逻辑研究方面有重大的贡献，这应该是很公允的评价。著名语言学家、在研究方向上同先生最一致的自然语言逻辑研究学者、浙江大学教授王维贤先生，在《回忆与怀念》（《中国语言逻辑专业委员会成立二十周年纪念文集》，由《探索与争鸣》杂志 1999 年专刊刊载。）文章中有下面一段话："在 1979 年'全国逻辑讨论会'通县会议上"，"记得周礼全先生会前把张文熊先生提交大会的论文《怎样分析复句中各分句间的关系》给我看，认为这篇文章写得好，应该把这样的同志团结在一起搞自然语言逻辑的研究"。大概就是在那个时候，先生被中国逻辑学界最顶层的专家们发现了。在全国逻辑学会议第一届学术年会上，先生被选为西北地区仅有的一位学会理事，之后不久，在中国逻辑与语言研究会里面，王维贤先生任会长和学术委员会主任，先生担任了副会长和学术委员会副主任。十年动乱时期结束之后，先生学术研究的主要精力集中到对自然语言逻辑的研究方向上来，在这一领域，包括"文革"前发表的两篇文章，先生先后写出了十几篇非常有价值的学术论文，对中国自然语言逻辑的学术研究活动，起到了极大的指导和推进作用。先生的重要学术成果有：《怎样理解复合句中分句与分句的关系》《几种表示条件判断的复句》《怎样分析复句中各分句间的关系》《句子的逻辑分析需要用些数理逻辑的方法》《汉语条件句式探源》《兼语句的逻辑分析》《现代汉语能愿动词句的逻辑分析（上）》《关于"是"字的词性问题》《"不 A"未必等于 Ā》《也谈集合概念》《谈"附性法"》《有关形式逻辑系统的几个问题》《关于周延问题》等学术论文。

先生为什么要研究逻辑学？这个我说不太准确，我想这跟先生早年热衷研究中国古代哲学有关，逻辑学历来都被看作是哲学的一部分。也可能还有冯友兰先生的影响，冯先生也曾专门用力研究过逻辑学。先生为什么会研究自然语言逻辑学？对于这个问题我觉得可以这样解释：先生在逻辑学方面深有造诣，自然对语言所反映思维形式就会有准确的理解和认识；先生在中国传统语言学，特别是训诂学方面，更是具有深厚的底蕴，自然对汉语的理解和分析能力也会达到相当高的水平；再加上先生素有探索自然语言表现之真谛的兴趣和为科学研究献身的精神；这些因素共同影响着先生学术研究发展的方向，也是这些原因最终促使先生走到自然语言逻辑学这样一个边缘性科学的研究道路上来。从外部环境上看，从 20 世纪中叶起，国际、国内自然语言逻辑研究蓬勃兴起，浓重的学术研究氛围也给了先生极大的精神鼓舞。中国自然语言逻辑研究的倡导者和奠基者、中国逻辑学会会长周礼全先生（周先生还是著名哲学家、逻辑学家金岳霖先生的直接传人），在逻辑学科发展方向问题上与先生有着许多共识，对先生的研究工作也给过不小的支持。综而观之，先生研究自然语言逻辑学，并取得骄人成绩绝非偶然。下面我还是结合先生代表性的文章，谈谈我的理解和认识，尽最大努力，把先生在自然语言逻辑研究领域所取得的研究成果具体地展现给大家。

《怎样理解复合句中分句与分句的关系》，这是先生最早发表的语言学与逻辑学结合研究的学术论文。文章对汉语复句中分句与分句之间的关系提出了正确的理解思路和分析方法，对于语法和逻辑、语法和心理等重大理论问题的解决有十分重要的意义。先生指出，复句中分句与分句的关系，就其根本性质来讲可以分为"事物关系""逻辑关系"和"心理关系"三类。先生说，前两类关系具有客观性质，后一种关系具有主观性质。在文章中先生结合例句细致地讲解了这些关系概念的确切含义，并说明了这些关系在复句中各自所处的地位。这篇文章的内容兼涉多个学科领域，高屋建瓴，说理透彻，在一定程度上显示了语言哲学之风格，有开中国自然语言逻辑研究之先河的功绩。这篇文章发表在 1957 年，虽然在一定程度上显示了先生自然语言逻辑研究的才能，但是，毕竟还是在先生开展此项研究工作时间尚短的时日，难免有不能尽如人意之处。譬如内容显得还不够丰富，一些重要的观点表达得也不很明确。

《怎样分析复句中各分句间的关系》（为说明方便起见，以下简称《分析》）是在《怎样理解复合句中分句与分句的关系》（以下简称《理解》）基础上撰写而成的一篇篇幅特别长的学术论文。《分析》在《理解》发表二十三年后呈现到读者面前，洋洋洒洒三万余言，将先生自然语言逻辑研究的思想更加充分地展现了出来。经过对比，我发现从《理解》到《分析》有以下几个方面的重要变化：（一）《理解》先讲事物关系，次讲逻辑关系；《分析》则先讲逻辑关系，次讲事理关系。细心阅读全文不难发现，这不是一个简单的颠倒内容次序的问题，这里实际上反映了先生对复句中存在的逻辑关系的重要地位的重新认识。在《分析》中先生明确指出"语言是传达思想的。一个语言形式必定反映一个思维形式"。"各个思维形式之间的关系，这就是逻辑关系。"先生说他所讲的逻辑关系是"狭义的逻辑关系"，与许多语法书上说的"广义的逻辑关系"不同。很清楚，先生强调的是要对语言中存在的人类共同理解的思维形式给予正确的把握。大家都知道，逻辑是思维的文法，逻辑是思维的准绳，理解自然语言，不从逻辑入手，那就等于没有遵循文法，就等于离开了准绳。显而易见，《分析》把逻辑关系提到理解各分句间的意义关系的第一的位置，是完全合理的，同时也是完全必要的。先生对逻辑关系的范围也给出了明确的界定，即："各分句间的逻辑关系，或者是复合命题中各个支命题间的关系，或者是论式中的前提与结论的关系。除此以外，再没有什么别的逻辑关系。"显然，《分析》表现出的对复句中存在的逻辑关系的认识更加深刻，对逻辑关系概念的解释也更加清晰透彻。（二）在对逻辑关系具体表现的分析方面，《理解》只简单解说了条件句一种句式中的逻辑关系，《分析》则不仅详细讲解了条件句式中的逻辑关系，而且还详细讲解了选择句式和推论句式中的逻辑关系。讨论逻辑关系的内容得到了极大的充实，字数也从《理解》的不足两千字增加到了接近一万三千字，总量占到了全篇的五分之二。（三）对心理关系的讲解，《理解》显得比较概括，说心理关系是"以说话者主观的心理因素为主所构成的分句与分句之间的关系"。而在《分析》中表述得则细致具体，文中说："语言所表达的思想内容，不仅仅是对于客观事物或现象的客观的表述，还常常（不是永远）包含着说话者对于这些客观事物或现象的感情或态度。这种感情或态度是说话者主观方面的东西，也常常（不是永远）表现在各个分句间的关系上面。这种关系，我们称之为心理关系。"《分析》讲述心理关系的内容与讲述逻辑关系的内容，篇幅大致相当，也占到全篇总量的五分之二左右。《理解》里面没有展开讨论的假设句式中的虚拟语气问题，《理解》中根本没有提到的抉择句或取舍句句式中的对选择支的取舍问题，在《分析》中都从心理关系角度做了非常细致而充分的解说，对复句中存在的复杂的各种关系意义的纠缠情况，也给予了全面深入的辨析。

还有一点值得特别指出，《理解》和《分析》所讲的心理关系，与现代语言学，尤其是最新的认知语言学领域所讲的"语言的主观性"内容非常接近。但先生50年代就针对如何理解复句中分句间的关系展开了相应的分析研究，而且到了80年代所做工作更加全面系统，从这一点上来看，完全有理由说，先生对语言的主观性问题的理解和认识，是具有一定的先进性的，在国内，先生是最早解释语言的主观性的专家学者之一。

王维贤先生总结中国逻辑与语言研究会十年科学研究的工作报告，把《怎样分析复句中各分句间的关系》看作是中国逻辑与语言研究会学术成果中最具代表性的研究成果。（王维贤《回顾与展望》，见1989年11月1日《中国逻辑与语言研究会通讯》第44期。）

著名语言学家邵敬敏先生《汉语语法学史稿》（修订本商务印书馆2006年版）一书，在叙述"汉语语法边缘学科的研究"章节之下，专门列出"语法和逻辑的结合研究"的题目，从汉语语法学角度，充分肯定了自然语言逻辑研究所取得的成绩。书中写到"比较有影响的论文有：张文熊《怎样分析复句中各分句间的关系》（《逻辑与语言研究》第一辑中国社会科学出版社1980年12月第一版）、孙煜《浅谈汉语的逻辑否定》（同上）、陈宗明《自然语言逻辑研究刍议》（《逻辑与语言研究》第二辑中国社会科学出版社1982年3月第一版）、张文熊《句子的逻辑分析需要用些数理逻辑的方法》（同上）、葛本仪《句法结构与逻辑》（《山东大学文科论文集刊》1980年第2期）等"。共列举比较有影响的论文五篇，先生独占两篇，《怎样分析复句中各分句间的关系》被排在了第一的位置。

《怎样分析复句中各分句间的关系》能达到较高的学术水平，能得到学界的认可，这是非常不容易的，它是先生三十年教学与科研工作心血的结晶。在这里我还想指出，先生科研工作上的一个特点，那就是对所关注的问题，从来都是集中精力深入研究，不断扩大战果，打歼灭战，力争彻底解决问题。先生形象地告诉我说，他要做的就是"沧海一粟"。意思就是在学术研究方面不求多，只求有点滴真正的贡献。抚今追昔，静心思忖，我认为先生确实一直都是这样去做的。在先生的文章中可以看到很多类似"我看只能有一种解释""我们可以蛮有把握地说"一类的话语，这些似乎显得很绝对的说法，都不是随便说出来的。下面我通过介绍先生论文中的具体做法，显现先生科研工作的上述特点。

《几种表示条件判断的复句》是一篇专门针对汉语条件句式展开语言与逻辑问题研究的论文。现代汉语典型的条件句式有三个，它们是："如果——就"式、"只要——就"式和"只有——才能"式。先生首先对"如果——就"式和"只要——就"

式的区别进行了分析，指出"这两个格式，都是表示'充足条件'的，也就是说，从逻辑方面看，它们是相同的"。但在语言表达方面不同，它们的区别是"'如果——就'的假设语气强些，'只要——就'的假设语气弱些。"对这两个句式适用场合的问题，先生给予了恰当的解释，他说："在 p（指条件句的偏句。——编选者）是真假未定的情况下，事实的本身就合乎条件判断的需要，因此，无论用个假设语气强的格式或假设语气弱的格式，都感觉很自然。在 p 显然是假的情况下，要表示一种真的条件关系，如果不强调这是一种假设，就会使人感到生硬，因此就非要用一个假设语气强的句式不可。"先生在《毛泽东选集》第四卷中查找到属于"如果——就"式的句子一共有一百四十几例，发现其中十一例，偏句说的内容属于显然为虚假的情况。《毛泽东选集》第四卷中"只要——就"式句子有四十一例，却没有一例偏句内容为虚假的情况。用事实证明了自己论断的正确。在文章中先生还对学界有人把"只有——才能"式认作"只有——才"式，把这类表达必要条件的句式，说成表达"唯一的条件"的做法予以纠正。先生剖析了之所以会对"只有——才能"式产生理解错误的根源，准确点明"主要原因是：第一，'才'字在句子里常常起关联作用，在意义上又很容易和'只有'联系起来；'能'字是很少起关联作用的，在这里，它的作用也不是单纯的关联，而是通过它的词汇意义来起作用的，恰好句子里已经有了一个'才'，因而很容易被人忽略过去。第二，在研究这个格式的意义时，忽略了单句和复句之间的界限。"后面的分析，更是有理有据，细致入微，达到了拨云见日、正本清源的目的。

这篇文章发表的时间是 1964 年，核心性内容是对 1957 年《怎样理解复句中各分句间的关系》的补充，同时也为先生后来在汉语复句研究方面取得令人瞩目的成绩奠定了扎实的基础。

《汉语条件句式探源》是一篇训诂学的文章，所训的是条件句式上句关联虚词产生的年代，同时证明条件句式最早使用的时期。探求条件句式语源，这与先生长期专心于对汉语复句开展学术研究一致，但这篇论文所起到的作用，或者说，所具有的价值，已经明显超出训诂学的范围。先生先是严密论证并确定条件句式的假设连词源于《尚书·无逸》"若时（是）"中动词"若"的虚化，并辅以《荀子·性恶》"顺是"一语的佐证，确定了汉语条件句式开始出现于春秋中期或早期，广泛通行于春秋战国之际；之后又解释了使用汉语条件句式的社会原因。先生说："到了春秋时代……说理的语言也就逐渐发展起来。正是由于这种内政外交的需要，学术思想也就逐渐发达起来，以至形成学术上百家争鸣的局面。学术上的争论，通常需要比政治争论更加精密的理论，因而也就更加需要明白确定的语言形式来表达，专用的'条件句式'便是这样的语言形式之一。"文章在一定程度上解释了中国逻辑思维形成的过程，充实了中国古代逻辑史的内容。

《句子的逻辑分析需要用些数理逻辑的方法》是著名语言学家邵敬敏先生《汉语语法学史稿》中提到的语法和逻辑结合研究的"比较有影响的论文"。需要注意的是，先生在文章中开始运用数理逻辑分析自然语言。先生认为："对自然语言进行逻辑分析，光用传统逻辑方法是远远不够的，非用一些数理逻辑的方法不可。""走出自然语言之外，正是为了深入理解自然语言。'出'是为了更好地'入'，这又是辩证法规律的运用。"先生在文章中用具体的例子说明了传统逻辑的局限性；也用数理逻辑工具对汉语中的复句、单句分别作了示范性的分析；特别是对复句的不同句式作了变换推导，证明了句式与句式之间存在着逻辑上的等值关系。先生所倡导的研究方法，在自然语言逻辑和汉语语法学领域都产生了极大的影响。

先生不仅倡导运用数理逻辑方法开展自然语言逻辑研究，而且，自己就像是一员攻坚克难的战将，手持科学研究方法的利剑，首先展开了对汉语单句意义结构难题的进攻。后来先生发表了既具有探索性又具有创新性的两篇论文《兼语句的逻辑分析》和《现代汉语能愿动词句的逻辑分析（上）》，研究方法卓尔不群，见解令人耳目一新。1993年我写的《张文熊教授与中国自然语言逻辑研究》（《社科纵横》1993年第4期）上面有对这两篇文章的简单评议，也有学界的反馈信息，（当时有先生的信件依据，今天看不到了。——编选者）都是先生确认后的文字，为避免重复分析介绍，现抄录如下：

"近年，张先生对汉语逻辑问题的研究又有新的突破。他的注意力从复句转向单句，开始深入研究更为复杂、更具理论意义的汉语单句中的逻辑问题。1989年，张先生在《学报》（第2期）发表了《兼语句的逻辑分析》，文章运用'可能世界'的理论，成功地解释了兼语句的深层语义结构的含义。1990年，张先生在《学报》（第3期）又发表了论文《现代汉语能愿动词句的逻辑分析（上）》，文章又把一度被人们笼统地看作一类模态词的现代汉语能愿动词一分为二，指出它们有的与模态词'可能'有蕴涵关系，有的有预设关系。分析有理有据，结论令人信服。张先生对汉语单句中逻辑问题的精辟阐述，再一次显示出他对自然语言进行逻辑分析的卓越才能。著名语言学家张斌教授、王维贤教授，著名自然语言逻辑学家陈宗明教授都曾致函张先生，对他新的学术成果做出了高度评价，并对张先生所研究的问题表示出极大兴趣。"

二十多年前在杂志上介绍先生学术成果的文字，有篇幅字数的限制，今天看来有点过于简单了，下面还得补充几句。上述两篇论文，都充分运用了数理逻辑的方法，也都接受了生成语言学表现深层结构的方法，对语言分析方面充分显示了理论科学、技术先进的特点。如果不使用数理逻辑的方法，汉语兼语句和能愿动词句的语义结构，就都很难得到准确的描写和刻画。数理逻辑没有现成的与自然语言句式对应的形式，数理逻辑只为正确分析和理解自然语言语句提供细致描写和刻画的工具。先生在对汉语兼语句的研究方面，充分注意到了黎锦熙先生和王力先生所做分析的优点和不足，参考了生成语法学家使用树形图表现兼语句深层结构的处理方法，采用了可能世界的理论，并用数理逻辑方法创造性地刻画了汉语兼语句的语义结构形式，对汉语兼语句语义结构作出了最新、最准确的解释。在对汉语能愿动词句的研究方面，先生首先从语源学的角度探明汉语能愿动词的不同来源，对它们在现代汉语中使用的准确含义进行了辨析，确定了它们在汉语句法中所占的位置和所起的作用，在对汉语能愿动词充分理解和把握的基础上，最后把分析结果分别用生成语法的树形图和数理逻辑公式表示了出来，使笼统的汉语能愿动词合情合理地一分为二，把学界对汉语能愿动词句的语义结构的认识，大大地向前推进了一步。

在我的介绍里面，先生的重要学术成果大致被分成了两个部分，前一部分偏重于中国古代哲学和中国古代逻辑史，后一部分主要在自然语言逻辑学，但无论前后哪一个部分，都明显表现着一个共同特征，那就是先生对汉语中间的逻辑问题坚持不懈的思考和探索。一种语言中的逻辑，反映着使用这种语言的民族，或者说是全体人民思维形式的形成和发展，也表现着他们思想活动的显著特征。这样的研究已经被提了出来，但从事此类研究工作的人还很少。也许可以用一个不十分恰当的说法来解释，即曲高和寡。在西北师大中文系，80年代先生就被赞誉为杂家，我以为先生的学问的确博采百家而融为一体，可是如果依先生一生贡献的实际，先生当为现代意义下的一家，即汉语逻辑学家。在这一朝阳性质的学科当中，先生是最有影响力、最具代表性的专家之一。

先生一生著述并不多，尤其是没有一本自己的专著，想来似乎这也是一个不小的遗憾。记得是在90年代，甘肃人民出版社曾有出版中国自然语言逻辑专著的打算，编辑刘延寿找到中国社会科学院逻辑研究室，希望他们编写。①结果逻辑研究室的专家们告诉刘编辑"舍近求远"了，因为能写自然语言逻辑学专著的人在兰州。先生告诉过我，自然语言逻辑学还在建立的过程中，还不到能写专著的阶段。先生的文章，如《有关形式逻辑系统的几个问题》《也谈集合概念》《"不A"未必等于"Ā"》《关于周延问题》《谈"附性法"》等，都谈到了传统逻辑系统不严密，对自然语言的表现不充分、不全面的问题，同时对相应的一些问题，作出了深入的语言逻辑分析。先生认为，传统逻辑所讲的一些内容，"应该归入语言逻辑的范围"。先生指出，"要两条腿

---

①甘肃人民出版社在出版逻辑学著作方面，当时在全国同行业中处于领先地位。

走路"，既要懂得逻辑学，也要懂得语言学，只有这样才能正确解释思维的逻辑形式。今天，我们全面、完整阅读先生的论文，真的不能不为先生不同凡响的语言逻辑分析能力所折服。先生要求我们"要两条腿走路"，他自己就是这么做的，是经验之谈，弥足珍贵。我们多么希望中国自然语言逻辑研究领域能够有更多的人，像先生那样实实在在地两条腿走路，给自然语言中的思维形式作出更多的准确的解释，为自然语言逻辑学科的发展奠定扎实的基础，最终形成真正为学界崇尚的，能够很好地服务于人类社会的自然语言逻辑学"专著"。了解这一背景，也就不难理解先生为什么不写专著的原因了。宁缺毋滥，这正是先生性格的真实表现。

先生的论文，除了专门研讨语言逻辑的长篇之外，还有一些写得非常有功力的语词分析方面的短篇，例如《释"劝"》《释"寡人"、"不穀"》就是其中的代表。这两篇文章都具挑战性质，都是对古代语词的理解作出与通常不同的解释。

《释"劝"》是解释《荀子·劝学》中的"劝"。《劝学》是千古名篇，一般都把"劝"解释为"鼓励"。先生由后代《颜氏家训》"勉学"用例，回探《荀子·劝学》中的"勉学"；再从《荀子·富国》"劝""勉"连文，到《荀子·乐论》"劝"字单用，上及《左传》所用"劝"字，得出"劝学"之"劝"为"勤奋、努力"意义的解释。先生谙熟子书行文之传统，又兼顾家训撰写之惯例，思路谨严，例证确凿，结论自然让人不能不信服。

《释"寡人、不穀"》所解释的是侯王自称谦辞的准确含义。根据"贵以贱为本，高以下为基。是以侯王自谓孤寡不穀，此其以贱为本耶？"（《老子》）人们历来都把"寡人、不穀"解释为"寡德之人、不善"。先生联系汉民族传统文化，尖锐地指出："把'寡'字解释为'寡德'，贬义太重了。这个讲法肯定站不住。"先生对"寡人""不穀"在《左传》中的使用场合，社会背景做了讨论分析，对汉语谦称的表达形式也做出了必要的说明，在此基础上，对似乎是不可动摇的"寡人"即"寡德之人"的传统解释，予以坚决的破除。先生从《老子》书中得到启迪，他说："《老子》第八十章，有'小国寡民'一句，可见当时'寡民'这样的话是可以说的。如果把'寡人''寡君'解释为'寡民之人''寡民之君'，至少是文从字顺的。'寡民'与'小国'意义接近，民少国焉能大？诸侯自称为'人'，这是谦称，再加一个'寡'自然谦而又谦了。"至于对"不穀"的解释，先生是这样说的："'不穀'的变化与'寡人'的变化大概也是同步的。可是，'不穀'的使用频率本来就不如'寡人'高，等到延伸用于对下，就显然不如'寡人'那么妥当。因为'寡民之君'与'小国之君'基本同义，意思跟咱们现在所说的'小头头'有些近似。用这样的谦称对待臣民，有缩短彼此间距离的作用，有显示亲切的效果。可是'不穀'的直接意义是贫穷，显然不适合用于对直接的下属自称。一个诸侯如果对其下属自称自己贫穷，这无异于表示需要增税或减薪，那岂不是把自己放在臣民的对立面了吗？所以，'寡人'一词一直沿用下来，唐以后还用为皇帝的自称，'不穀'一词则在春秋战国以后便已消失，想来似乎也并非偶然。"先生的解说非常圆满，如没有先生的尊重规律、不迷信古人的挑战，也许几千年来根深蒂固的误解，还不会被拆穿。

西北师大著名古典文学教授郑文先生写过一首诗《赠公望》①，著名古代汉语教授叶萌先生也给先生写有一首诗，都对先生的学问、为人处世有较高的评价，我抄录于下，想对了解先生有帮助：

> 四十余年得友君，年虽耄耋谊尤殷。
> 学通中西精玄义，语贯今古运郢斤。
> 烈火精金同锻炼，严霜傲菊独芳芬。
> 知人知命张夫子，晚节更彰秀士群。

郑文　于1992年5月

公望先生八十大寿，素拙于吟咏，又不善书，不堪为先生补壁，聊以此致贺，兼博一哂。

> 佳辰同"五·四"，乐素得宽余。
> 心鄙争为事，手披稀见书。
> 欣逢乱有豸 *，岂恨食无鱼。
> 外物高情在，逍遥澹静居。

注 *：《左宣十七传》，范武子曰："郤子其或者欲已乱于齐乎。不然，余惧其益之也。余将老，使郤子逞其志，庶有豸乎？"借其意用为假对。

后学叶萌顿首99年4月19日

对先生的学术研究、学术思想，我介绍得肯定还不够透彻，这个编选前言，只能为读者更好地了解、研究先生的学术思想，起个引领的作用。当然，如果其中有说得不对的地方，我虚心接受批评，并期待方家不吝赐教。

先生学术成果按照三个方面编排，次序显示如目录。每一方面，文章排序依据发表时间先后安排。

学长师姐李孝英副教授阅读了本编选前言和所选文章，并提出了一些建设性意见。

《陇上学人文存·张文熊卷》(第五辑)
作者：李敬国

---

①郑先生诗及下面叶先生诗,均系张文熊先生珍藏的二位先生手迹。

吴福熙

一

　　吴福熙先生 1921 年 12 月 24 日出生于江苏省镇江市。先生幼年上过私塾，背诵了大量古诗文，打下了坚实的国学基础。1952 至 1956 年就读于天津师范学院，受业于裴学海、张清常等名师；1956 至 1958 年在山东大学研究生班学习，师从殷孟伦、殷焕先等著名教授。毕业后响应国家支援大西北的号召，奔赴兰州，先后执教于甘肃师专、甘肃教育学院，1970 年随院校调整来到甘肃师范大学（前国立西北师范学院，1958 年划归甘肃省领导，改称甘肃师范大学。1981 年恢复原名，1988 年更名为西北师范大学）中文系工作。1978 年以后任副教授、教授，汉语教研室主任，汉语史专业硕士研究生导师。兼任中国语言学会理事、甘肃省语言学会副理事长等学术职务。2002 年 10 月 30 日与世长辞，享年 81 岁。先生四十多年孜孜耕耘，为甘肃教育事业和学术研究贡献了毕生精力，在甘肃教育界、学术界享有崇高威望，许多同仁后辈深受先生影响，对先生十分崇敬。先生去世后，兰州大学张文轩教授撰赠挽联"时雨幸沾门墙外，文光永照鹑首间"，表达了甘肃同仁的共同心声。

　　先生长期从事汉语教学工作。除讲授古代汉语、语言学概论等基础课外，还为研究生、教师进修班开设音韵学、词汇学、训诂学、古代文化常识讲座等课程；同时，遵北京师范大学陆宗达教授建议，为宁夏大学汉语史专业硕士研究生讲授音韵学。先生的课讲得精炼透达，深入浅出，深受学生好评；先生非常注意因材施教，从严要求，重视培养学生的基本功。几十年间培养了不少从事汉语教学、研究的优秀人才。

先生一生严于律己，生活俭朴，衣冠整洁，常穿一身中山装，一派中国传统知识分子的风范。除了看书写作及讲课，很少参与其他休闲娱乐活动。在学生学习上要求十分严格，但生活上关爱有加，重要的节日或开学、放假之季，总是和夫人王老师邀请大家到家里，做最好的饭菜招待。每次聚会，大家都有回家的温暖。光阴飞逝，世事沧桑，先生仙逝已近二十年。回忆过去快乐的岁月，不禁怆然零涕！

先生治学严谨，博学善思，在汉语言文字学、古典文献学等方面有很高造诣，著述丰赡。重要著作有《文言语词工具书介绍》（甘肃人民出版社 1978 年）、《古代汉语》（甘肃人民出版社 1980 年初版）、《敦煌残卷古文尚书校注》（甘肃人民出版社 1992 年）；与程希岚先生联合主编《古代汉语》（吉林人民出版社 1984 年）、主持编写《汉语成语词典》（上海教育出版社 1978 年初版，1982 年出版修订本、合订本、缩编本及中华书局香港分局租印本，1987 年第 3 版，2001 年新世纪版；2002 年中央党校出版社新世纪版）；主持注释辛安亭编选的《文言文读本》（甘肃人民出版社 1984 年）、审订杨爱民编著的《文言虚词类释》（甘肃教育出版社 1991 年）。发表《关于语音和字音的转变》《反切浅谈》《古典格律诗的格律构成》《试论古汉语的以动用法和"以 a 为 b"式》《先秦文献注释中常被忽略的一个问题——姓和氏》等学术论文。

先生的学术研究能沟通古今，观照当代，涉及古代汉语、现代汉语、语言学和古代文化各个方面，布世论著都以独特的视角和科学的方法、明晰的结构和简洁的语言，将问题的本质陈述出来，阐释最关键的部分，使读者易于理解，并快速掌握实践运用的技巧。根据内容，这些论著大致可分为古代汉语研究、现代汉语研究和古文献研究三大部分。下面就与本集选文相关的几部重要著作和部分学术论文分别作简要介绍。

二

先生古代汉语研究的成果主要体现在《古代汉语》教材和几篇相关论文之中。其《古代汉语》，"借鉴现代汉语的内容体系，将全书分作语音、词汇、语法三大部分，正好弥补了一般分古代汉语为文字、音韵、训诂三大块的缺陷，便于初学者运用现代汉语知识去学习古代汉语。在具体问题的阐述上，该书也不乏创见。如作者认为过去的'意动用法'的提法欠妥，不能与所有例句吻合，故新创'以动用法'说。此说得到学术界的基本赞同。特别值得称道的是该书的语音编。这部分以先声母、次声调、后韵母，先中古音、后上古音，先基本知识、后实际运用（反切、文字通假）为基本思路，在内容的先后安排上独具匠心，用不长的篇幅把古代语言知识讲得简明扼要、通俗实用。已故训诂学大师陆宗达先生对此颇为赞赏，曾特意提出让吴教授为宁夏大学研究生讲授音韵学。《古代汉语》在 1980 年出版后，即引起学界重视，复旦大学、华东师大等院校曾一度将其作为古汉语课的主要教学参考书使用"①。

这部《古代汉语》语音、词汇、语法三大块的基本内容除了具有系统性，还有其独特的学术思考和观点。

语音方面：关于上古汉语声韵系统，声母方面采用各家研究成果，韵部方面遵用黄季刚先生二十八部说；中古汉语声韵系统主要介绍《广韵》音系，声母亦遵用黄季刚四十一纽之说。这些都体现了先生对有关古代汉语语音研究既有成果的评价和选择。而今天看来，四十一纽说是比较科学的，它与曾运乾先生的五十一纽说都是结合《广韵》声系的综合性实际而得出的结论，随着研究的深入，这些结论一定会得到证实。

词汇方面：在构架词汇系统结构的基础上，简明揭示了古汉语词汇的主要特点，如单纯词中单音节词之双声、叠韵的同义词、反义词、同词义反现象，多音词之联绵词与分音、合音词的关系，就是区别于众多《古代汉语》教材而独具特色的。试看：

> 联绵词中，有些可以合为一个音节。如"扶摇"的合音为"飚"（《尔雅·释天》："扶摇谓之飚"），"不律"的合音为"笔"（《尔雅·释器》："不律谓之笔"），"丁宁的合音"为"钲"（《左传·宣公四年》："著于丁宁。"杜预注："丁宁，钲也"），"芫蔚"的合音为"萑"（《诗经·王风·中谷有蓷》的"蓷"，《经典释文》注为："吐雷反。韩《诗》云：芫蔚也"），"活东"的合音为"鸿"（用闻一多与郭沫若说），"终葵"的合音为"椎"（《方言》："椎，齐谓之'终葵'"），"不肯"之合音为"佣"（《广韵》："佣，不肯也"），"不知"的合音为"粸"（《方言》："粸，不知也"）等。根据这一原则，后来有些单音词也可以扩而为双音节的联绵词，如"毂"成为"轱辘"，"巷"成为"胡同"，"壶"成为"葫芦"，"孔"成为"窟窿"，"角"成为"角落"等。②

重叠词中四音节的对称重叠；双音合成词中两个语素可以颠倒。这些词汇特点的呈现，对科学认识上古汉语构词法及语音变化具有重要的学术价值，它启发我们更加深刻地思考汉语的单音节性及构词与语音变化的互动关系。时至今日，这个问题仍然是汉语史研究的重要课题。

语法方面：在现代汉语语法之词法–句法的大框架下，重点讲了古汉语各类词的特点、词类的活用及文言文的特殊句式，其中论述名词、动词、形容词、副词等实词词

①韩惠言：《吴福熙教授与古汉语语言学教学和研究》，《社科纵横》1992年第6期。
②吴福熙：《古代汉语》，甘肃人民出版社，1980年，第104—105页。

形的变化及介词、连词、助词等虚词的用法，最具特色。实词词形的变化主要是词头词尾的产生而致单音词复音化，古汉语的名词和动词都有一定数量的词头，其产生是一个动态发展的过程，如名词词头"有""阿""老"的兴替，动词词头"曰""爰""言"等的产生与蜕变，词尾"止""思"等的出现和消失，都是汉语语法史要研究的重要问题。形容词和副词的词尾，不仅是构词成分，更是语义单位，在增强汉语书面语表达效果方面起了重要作用，书中都有丰富的例证和精彩的描述。

关于"词类活用"，先生提出了"以动用法"的概念，并发表专文论述。先生认为，"以动用法的主要特征是，这种用法的动词都带有'以……为……'的意思"，这种句式"能表达两种意思，一种是主语认为宾语是（事实不一定是那样）什么样的性质、状态、程度或什么样的人物，另一种是主语按照自己的意志把宾语所代表的事物作为别的什么来使用"①。我们看下面两例：

1. 是以人之于让也，轻辞古之天子，难去今之县令者，薄厚之实异也。（《韩非子·五蠹》）

2. 夫以畏垒之细民，而窃窃然欲俎（zǔ）豆予于贤人之间。（《庄子·庚桑楚》）

上两例分别代表"以动用法"的两种情况，例1即传统所谓"意动用法"，这类动词大多原为形容词或名词，是主语主观认为宾语是什么或怎么样；例2则表示主语按自己的意志处置宾语，其内涵显然不同。"轻辞古之天子"即"把辞去古时的天子之位看得很容易"，"难去今之县令"就是"把放弃现在的县令看得很难"；而"俎豆予于贤人之间"则是"把我作为俎豆放在贤人中间"。所以，"以动用法"的内涵表述，比"意动用法"的表述要全面，它"包括了'意动用法'的所有格式而其范围又大于'意动用法'，它同'使动用法'有严格的区别。因此，'以动用法'这个名称容量较大，使用它并无不可"②。

先生讲古代汉语的句法特点，强调了"无主句""复杂谓语""复说、插说和应答语"及"句中成分的省略"等，对指导学生的古文阅读有很高的实用价值。

今天重读先生的《古代汉语》，能生发出许多值得深入思考和探究的问题，很能说明这部四十年前发行量超过10万册的教材的价值。

三

《文言语词工具书介绍》从我国种类繁多、编排方法和解释对象复杂的工具书中，

---

①吴福熙：《古代汉语》，甘肃人民出版社，1980年，第267—268页。
②吴福熙：《试论古汉语的"以动用法"和"以a为b"式》，《甘肃教育学院学报》1990年第1期。

拣择出学习阅读文言文、研究古代汉语最常用最重要的十八种，结合其编排体例和内容两方面的特点，归纳为三大类：依词义或字形编排的词书，包括《尔雅》《说文解字》《方言》《释名》；韵书和依韵编排的词书，包括《广韵》及《佩文韵府》《说文通训定声》《经籍籑诂》《辞通》《联绵词典》；讲虚词的词书，包括《助字辨略》《经传释词》《经词衍释》《词诠》《古书虚字集释》《文言虚字》《文言虚词》及《诗词曲语辞汇释》。这十八种语文学科的词书涉及汉语要素的语音、词汇、语法及文体、训诂和汉字结构等各个方面。在介绍每部书的过程中，又连类而及，附带讲了与之相关的传本、注本等，实际介绍的词书及注本有七十多种，内容是十分丰富的。先生对每部书的编排体例、收字收词情况、解说内容及后人注解研究成果，作了全面的介绍和分析评价。介绍内容深入浅出，易于读者快速掌握这些工具书的基本内容、主要用途和使用方法；关于这些词书的成就与不足及其对后世的影响的分析评价，则不仅有利于读者对其内容择善而从，更能启发后学深入思考有关问题，进行科学研究。

比如论述《说文解字》的传本、注本和对后世的影响，涉及的相关词书就有十六种：徐铉校定本《说文解字》，徐锴《说文解字系传》，段玉裁《说文解字注》，桂馥《说文解字义证》，王筠《说文释例》《说文句读》《说文补证》《句读补证》《说文系传校录》，丁福保《说文解字诂林》《说文解字诂林补遗》以及吕忱《字林》，顾野王《玉篇》，梅膺祚《字汇》，张玉书、陈廷敬等《康熙字典》，欧阳溥存《中华大字典》。在确立《说文》"保存了一批古代文字，并且说明了那些字的构造原理""给我们记载下很多古代文化知识""开创了部首编排法"三大贡献的同时，梳理清楚了《说文解字》的整理注释及按部首编排字典发展演变的基本情况，是对《说文》学和字典史考镜源流的工作，体现了重要的学术价值。

又如《〈方言〉介绍》一章，在探讨《方言》的作者、成书过程，介绍其编排方法和主要内容之后，就其功用和对后世的影响作了全面论述，指出它保存了大量活在当时人民群众口头中的方言词语，不但是我们阅读古籍、研究现代方言的重要参考，还可以帮助我们了解当时社会的一些情况。它还有一个重要的影响，就是推动了后世的方言调查和研究工作，所以"续补《方言》的人和书都很多，其中有的是零星记录一些方言的资料，例如唐代颜师古的《匡谬正俗》，宋代王应麟的《困学纪闻》，明代陶宗仪的《辍耕录》、杨慎的《丹铅总录》、胡应麟的《庄狱委谈》、郎瑛的《七修类稿》，清代赵翼的《陔余丛考》等；此外专书续补的也不少，例如杭世骏的《续方言》、程际盛的《续方言补》、徐乃昌的《续方言又补》、程先甲的《广续方言》、张慎仪的《续方言新校补》等，都是从唐宋以前的文献中采辑的，还有如李实的《蜀语》、胡文英的《吴下方言考》、孙锦标的《南通方言疏证》、毛奇龄的《越语肯綮录》等等，都是专门记载某一地区的方言的"，而"章太炎的《新方言》是运用古今音转的定律来说明现代的活语言，他创立了六个条例来解说二十类词语"。在充分肯定这些文献重要资料价值的同时，先生也简明评价其中存在的不足。目前，我国学术界的方言研究可算是一个热点，上述文献已引起不少学人的重视，而先生的述论是开先河的。其他各书的介绍也大都如此，不再一一赘述。

以上所述充分说明，《文言语词工具书介绍》不仅是一部具有很高实用价值的工具书手册，更是一部对研究古代词书字典具有开先河意义的学术专著，在今天，它仍然具有广泛的社会实用性和很高的专业学术性。

先生对古代词书字典有如此深厚的学养，因而在词书编写的实践中发挥了巨大的作用，主持、参与编写了多部字典词书，其中最有影响的就是《汉语成语词典》（以下简称《词典》）。由于其体例形制的限制，本书不能选录《词典》的内容，但作为先生主持完成的重要成果，有必要在这里介绍一下。

《词典》由上海教育出版社 1978 年初版后，享誉海内外，长销不衰。后来又陆续出版了续编、修订本、合订本、缩编本、中华书局香港分局租印本等多种版本。截至 1981 年，估计总印数为 1200 多万册（据 1982 年修订本前言），到 2001 年，累计印数 3000 万册以上（据上海教育出版社 2001 年 11 月新世纪版《说明》）。2002 年中共中央党校出版社新世纪版《后记》中说："本书是由张纯鉴同志发起并组织人力编写的。参加初稿的执笔人有匡扶、彭铎、吴福熙、杨凤清、张纯鉴、赵中立、甄继祥等同志（按姓氏音序排列），由彭铎、吴福熙、张纯鉴修改，吴福熙统一体例并加工润色。彭铎还审阅了 1982 年的修订稿。续编由吴福熙、张纯鉴、甄继祥执笔，吴福熙统一定稿。1982 年的修订本和这次的增订本，增删修改均由吴福熙主持其事。2000 年的修订任务由吴福熙、张纯鉴、甄继祥三人承担。"这部词典是集体劳动和智慧的结晶，但作为统稿定稿人和编写主持人，从体例统一、例证审核到文字加工润色，先生付出了心血，贡献了才智。记得 1990 年的冬天，先生搬过一次家，我发现先生手写的卡片，单是有关《词典》的就有五大纸箱，按音序排列，卡片有的已发黄变黑，有的半新不旧，有的则完全崭新。卡片上的字迹工整清晰，遒劲有力，或是对一条成语的解释，或是对原来解释的修改，或是记录某条成语的最早出处。我看着这么多的卡片，情不自禁地对先生说："这可是您的宝贝啊！"先生笑了笑，说："有些问题还需探究。"至 2001 年《词典》新世纪版面世之时，先生又倾注了十年的心血。

《词典》一出版即在学界产生了重大影响，蔡尚思《中国文化史要论（人物·图书）》增订本《工具书与语言文字学史上的代表人物和主要图书》一节中所列成语词典只甘肃师大中文系《汉语成语汇释》一家。中国社会科学院语言研究所研究员王克仲说："这部词典是迄今为止在同类词典中的一部较好的工具书。它的出版是受欢迎的。""通观全书，可以看出，这部词典并不是一个简单的摘录汇编。编纂者在吸收前人研究成果的基础上，对成语的释义、溯源、流变考证、同义定型、近义辨析等方面做了不少的研究工作。"①正因如此，它的面世，引起了学术界对词典编纂问题的深入研究和讨论，促进了我国辞书研究和编纂工作的迅猛发展。

《词典》能简明准确地解释成语中的疑难词语，串讲成语的基本意义或比喻意义；尽可能地指出成语的最早出处；不仅解释成语的原义，还能注意其含义和用法的演变；对成语中容易误读、误写和误释的字，能加以辨正；对字形变异或意义相同相近的成语，用"也作"或互见加以贯通。所以，对语文工作者尤其是从事语言文字普及的工作者和各个层次的学生，具有很高的实用价值。我们举几个例子，可以充分说明这点。例如：

【保残守缺】bǎo cán shǒu quē 保：守住不放。守住陈旧、残破的东西，不肯放弃。形容泥古守旧。《汉书·楚元王传附〈刘歆传〉》："信口说而背传记，是末师而非往古……犹欲保残守缺，挟恐见破之私意，而无从善服义之公心。"现多作"抱残守缺"。②

【抱残守缺】bào cán shǒu quē 抱：坚持不放。守住陈旧、残破的东西，不肯放弃。原来比喻泥古守旧。清·江藩《汉学师承记·顾炎武》："二君以瑰异之质，负经世之才……岂若抱残守缺之俗儒，寻章摘句之世士也哉！"现多比喻思想保守，不肯接受新事物。也作"抱残守阙"。清·龚自珍《乙丙之际箸议第六》："及其衰也，在朝者自昧其祖宗之遗法，而在庠序者犹得据所肄习以为言，抱残守阙，纂一家之言，犹足以保一邦，善一国。"参"保残守缺"（本页）。③

两条成语意义基本相同，但也有字形差异和意义方面的演化，《词典》都有简洁清晰的训释和说明，两条互参，读者就可以清楚地了解它们的原始义、后起义及用字方面的差异，从而准确理解古籍，并能正确运用这两个成语。又如：

【同舟共济】tóng zhōu gòng jì 济：渡水。大家坐一条船过河。比喻在困难的环境中，同心协力，战胜困难。《孙子·九地》："夫吴人与越人相恶也，当其同舟而济，遇风，其相救也如左右手。"《后汉书·朱晖传·朱穆》："夫将相大臣，均体元首，共舆而驰，同舟而济，舆倾舟覆，患实共之。"《三国志·魏书·毌丘俭传》注引文钦与郭淮书："夫当仁不让，况救君之难，度道远艰，故不果期要耳。然同舟共济，安危势同；祸痛已连，非言饰所解，自公侯所明也。"参"风雨同舟"（204页）。④

①王克仲：《〈汉语成语词典〉读后记》，《中国语文》1979年第3期，第232页。
②《汉语成语词典》（新世纪版），中共中央党校出版社，2002年，第26页。
③《汉语成语词典》（新世纪版），中共中央党校出版社，2002年，第26页。
④《汉语成语词典》（新世纪版），中共中央党校出版社，2002年，第673页。

【风雨同舟】fēng yǔ tóng zhōu 在狂风暴雨中同乘在一条船上，与风雨搏斗。比喻共同经历患难。语本《孙子·九地》"夫吴人与越人相恶也，当其同舟而济，遇风，其相救也如左右手"。[1]

"同舟共济"和"风雨同舟"在实际使用中意思是完全一样的，但词形不同，《词典》以互参处理，是非常恰当的。又古籍常用"同舟而济"，今作"同舟共济"，《词典》的解释反映出了这条成语的演化过程。

《词典》初版之后，一直随着修订工作不断成长完善，举一个"安贫乐道"在几个版本中释义的例子，就能说明这一点。《词典》上海教育出版社1978年6月第1版第5页曰：

【安贫乐道】ān pín lè dào 这是古代剥削阶级提出的一种骗人的话，意思是要人们安于穷苦生活，愉快地接受他们的那套说教。《后汉书·韦彪传》："安贫乐道，恬于进趣，三辅诸儒莫不仰慕之。"鲁迅《花边文学·安贫乐道法》："劝人安贫乐道是古今治国平天下的大经络，开过的方子也很多，但都没有十全大补的功效。"

《词典》上海教育出版社1982年7月第2版第5页曰：

【安贫乐道】ān pín lè dào 安贫：安于贫困。乐道：以守道为乐。处于贫困境地，仍以守道为乐。这是儒家所提倡的立身处世的态度。《后汉书·韦彪传》："安贫乐道，恬于进趣，三辅诸儒莫不仰慕之。"

上海教育出版社1986年12月第1版增订本，中华书局香港分局1986年2月初版及上海教育出版社1987年9月第3版皆与1982年修订本同。上海教育出版社2001年11月新世纪版中该条成语的解释是：

【安贫乐道】ān pín lè dào 安贫：安于贫困。乐道：以守道为乐。处于贫困境地，仍以守道为乐。这是儒家所提倡的立身处世的态度。《后汉书·韦彪传》："安贫乐道，恬于进趣，三辅诸儒莫不仰慕之。"也作"乐道安贫"、"安贫守道"。《晋书·儒林传论》："史臣曰：……宣子之乐道安贫，弘风阐教：斯并通儒之高尚者也。"宋·苏轼《荐布衣陈师道状》："臣等伏见徐州布衣陈师道，文词高古，安贫守道。"

1978年初版中的释义，显然带有"文革"时期的政治色彩，将它作为贬义词处理，但明确标出了该成语的出处；后来的修订版、增订版都对释义作了修改，去掉了"文革"激进语言的时代烙印，回归到了词的本义；新世纪版不但遵循本义解释，而且揭

---

①《汉语成语词典》(新世纪版)，中共中央党校出版社，2002年，第204—205页。

示了其形式的流变情况，并举出了恰当的例证。其成长成熟的过程正是编著者几十年呕心沥血的见证，也正因如此，它至今仍是最为读者熟知、最受读者欢迎的成语词典。

四

先生的《敦煌残卷古文尚书校注》一书于1992年12月由甘肃人民出版社出版，它是西北师范大学古籍整理研究所与敦煌研究院敦煌遗书研究所合编的《敦煌文献丛书》中的第一部著作，对散见于敦煌遗书中的古文《尚书》残卷作了全面整理和研究。全书包括录文、校注和论述三个部分。录文部分将敦煌遗书中载有《尚书》的23个卷子全部过录，除书写款式有技术性调整外，字形、文句均依残卷原形摹写；校注部分将残卷与今本《尚书》对比校勘，并参以阮元校刻《十三经注疏》中的《尚书校勘记》等材料，逐一注明残卷中的脱文、衍文、异文、古字等，并尽量申明残卷与今本的是非得失；论述部分综论残卷古文《尚书》的概况及其价值。

先生在整理过程中发现，在载有《尚书》经传的23个卷子中，有些实际是原来相连、同属一卷，后来断裂为二卷、三卷乃至四卷的，经拼接而成连贯的原文。对比书写的行款与字体，断定除了伯3670号与伯2516号相连之外，还有伯3752号与伯5557号二卷相连；伯3605号、伯3615号与伯3469号三卷相连；伯4033号、伯3628号、伯4874号与伯5543号四卷相连。这是先生整理《敦煌残卷古文尚书》的重要贡献，不论对写本还是对传世本《尚书》的研究，都有十分重大的意义。该书为研究古文《尚书》提供了丰富的有价值的材料，并能明真伪，辨是非，确定今本与写本的优劣得失。比如今本《盘庚上》之"汝曷弗告朕而胥动以浮言？恐沉于众"，传曰："曷，何也。责其不请告上而相恐，欲以浮言不徙，恐汝沉溺于众，有祸害。"①葛本、闽本、明监本"请"作"情"，毛本"情"字上面又有"以"字，敦煌写本伯2643号卷子正作"不以情告"，与毛本同。先生指出："今本作'不请告'，错误显然，而'不以情告'则语法妥帖，两者相较，是非自见。"②此类例子于该书校注部分及论述部分都有很多。书中还精辟地阐述了敦煌残卷古文《尚书》的价值：（一）补经传之缺失——在经文方面，总的情况是写本与今本大同小异，而这些小异之处，大多是写本正确。（二）正经传之误差——写本与今本的差异主要在传文方面，其情形同样是今本的差误较多而写本较少。（三）明《释文》之原貌——今天我们看到的《经典释文》，是北宋开宝年间修改过的，因而非其原貌。敦煌写本中有各经的《释文》共十余种，其中

---

①《十三经注疏》，中华书局，1980年，第169页。
②吴福熙：《敦煌残卷古文尚书校注》，甘肃人民出版社，1992年，第221页。

《古文尚书释文》仅伯 3315 号一卷，此卷为《尚书释文》的《尧典》《舜典》部分。《尧典释文》约有一半，《舜典释文》完整，这可使我们窥《古文尚书释文》原貌之一斑及宋代删改的具体情况。先生据《舜典释文》今本与写本的差异，证明陆德明《舜典释文》悉据王肃注本，只是因宋人删改太多，以致今本失陆书之原貌。（四）助版本之品评。由于写本非一人一时之所抄，因而可作为品评各种版本的标准。这些论述对我们研究写本《尚书》乃至整个敦煌写本都有很大启发。比如对读《尧典》《舜典》的今本与写本《释文》，发现变化非常之大，今本被删改的主要是两方面的内容：一是凡云"×古×字"的一律删除了，二是多数释义的内容被删除，只保留了音注。有关古字的解释被删，肯定是因为经文正文被改为通用字了；有些字的释义被删，大概是宋人看到经文的唐宋人注释已足够翔实，《释文》的解释显得多余，故直接删除了。如今本《尧典》"於，鲧哉！"今本《经典释文》注："於，音乌。鲧，故本反。马云：禹父也。"①写本《尧典释文》则云："曰於，音乌，叹美。鲧，古鮌字，故本反。崇伯之名。马云：颛顼之子，禹父也。"②今本删去了"鮌，古鲧字"与"崇伯之名""颛顼之子"三条注语。今本经文作"鲧"字，当然没有必要出古字"鮌"的注释了。再看注疏，伪孔传曰："鲧，崇伯之名。"孔颖达疏曰："《周语》云：'有崇伯鲧。'即鲧是崇君，伯爵，故云'鲧，崇伯之名'。"③注和疏都已注明鲧是崇伯之名，所以若附《释文》时再出此注，就多余了。由此也可以看出，宋人可能是先将《释文》改定之后，才附在各经相应位置上的。再看写本《尧典释文》与今本两处不同：

帝曰："畴咨若予采。"

今本《释文》："若予，音馀；又羊汝反。"④

写本《释文》："若予，羊汝反，我也。一音馀也。"⑤

岳曰："否德忝帝位。"

今本《释文》："方久反，不也；又音鄙。"⑥

写本《释文》："否德，音鄙，又方久反。不也。"⑦

"音馀"与"羊汝反"是平声与上声的不同，声母韵母皆同。今本选择平声为正音，写本则以上声为正音。"予"的本义是"给予"，《说文》："予，推予也。"《唐韵》"余吕切"，上声字。"予"作第一人称代词，应当是通"余"，汉代今文经一般

①黄焯：《经典释文汇校》，中华书局，2006年，第72页。
②吴福熙：《敦煌残卷古文尚书校注》，甘肃人民出版社，1992年，第59页。
③《十三经注疏》，中华书局，1980年，第122页。
④黄焯：《经典释文汇校》，中华书局，2006年，第72页。
⑤吴福熙：《敦煌残卷古文尚书校注》，甘肃人民出版社，1992年，第59页。
⑥黄焯：《经典释文汇校》，中华书局，2006年，第72页。
⑦吴福熙：《敦煌残卷古文尚书校注》，甘肃人民出版社，1992年，第60页。

用"予"，而古文经一般用"余"。今本《尚书》用"予"不用"余"，钱宗武说：

> 宋代洪适著《隶释》和《隶续》。《隶释》卷十四载汉石经残字，《商书·盘庚》："今予其敷腹肾肠。""予"作"我"。《隶续》载魏三体石经《周书·大诰》"予维小子"句，"予"作"余"。可知汉魏以前的古本《尚书》"予"或作"我"或作"余"。有可能西晋"永嘉之乱"后，梅赜献的本子"余"皆改定为"予"。①

这个问题还需要深入研究。而今本和写本对声调的不同选择，也可能是古今声调差异的反映。"否"字，今本《释文》"方久反"在前，而写本"音鄙"在前，也反映了"否"字古今音变及宋人对《经典释文》的篡改情况。否、鄙二字上古皆帮母之部字。"否"之"方久切"，在《广韵》为非母有韵；"鄙"《广韵》"方美切"，非母旨韵；《集韵》"补美切"，则为帮母旨韵。反切上字由"方"改为"补"，表明声母轻重唇音已分化；有韵与旨韵之别则说明上古之部字演变分化的情形，《经典释文》原本和今本都保留了"否"的不同方言变体，而对正音的确定标准不同。我们因此可窥宋人改音原因之端倪，这对汉语语音史的研究是十分有价值的。黄焯的《经典释文汇校》校语中全面吸收了写本《释文》的材料，但书出版于2006年，比先生著作晚十四年。因此，先生揭示写本《释文》对研究《经典释文》原貌的作用，是具有非常敏锐的学术眼光的。

五

先生发表的学术论文主要有《关于语音和字音的转变》《反切浅说》《古典格律诗的格律构成》《先秦文献注释中常被忽略的一个问题——姓和氏》《试论古汉语的以动用法和"以 a 为 b"式》等，其中都体现了独特的学术观点和研究方法。关于"以动用法"，上文已论及，这里就其他几篇作简要陈述。

《关于语音和字音的转变》，是对黄绮《语音和字音》一文的补充，主要讨论现代汉语语流音变的特点和原因。论文指出在声母不变的情况下，韵母的变化，其鼻音韵尾脱落或增加，即古人所谓"阴阳对转"是常见的；而以 u、ü 为韵头或以 ü、o、e 为单韵母的字，语流音变有其特点："在一般情况下，韵母ㄨ只有和ㄍ、ㄎ、ㄏ三个声母相拼的时候不常发生音变。（"还"字是个例外，它的变化和其他以ㄨ为介母的字的变化完全相同。）此外其他声母和ㄨ相拼，特别是以ㄨ为介母的字，很容易发生变化。如ㄨ是字音的介母，在语音中往往去掉；如ㄨ是字音的单韵母，在语音中往往变成ㄡ②。"

---

①《今文尚书语言研究》，岳麓书社，1996年第1版。

②编选者按：吴先生文章发表时我国还用注音字母，ㄨ即汉语拼音字母之u，ㄩ即ü，ㄍ、ㄎ、ㄏ即 g、k、h，ㄡ即ou，ㄠ即ao，ㄢ即an。

其音理是"ㄨ是圆唇的后高元音，在它和声母拼音时——尤其是在它作介母用的时候——唇舌位置的变化较大；同时汉字的特点是一个字一个音节，在每个字单独念的时候，还可以把每个音素都念出来，但在讲话时是整句地或成词组地说，读音就有趋简的要求，那么发音时唇舌位置变化较大的元音ㄨ便常常被省略掉了。"至于ü，由于它是和i相配的圆唇元音，"发音时舌头的高低前后都和丨相同，而唇形则和丨相反（丨是平唇，ㄩ是圆唇）；ㄩ介音字的语音发生变化，ㄩ变成丨，介音去掉圆唇成分。"先生通过分析方言中众多语流音变的例子后，得出结论：

> 凡是一个字的韵母在语音中发生变化，大都是将字音中圆唇的、较高的元音变为平唇或自然唇的、较低的元音。

论文指出，口语方音中存在的声母异读现象，大多是古今音的不同，方言中往往遗存古音；而普通话零声母的字，方言中常常有增加辅音声母（主要是加鼻辅音声母）的变化。

可以看出，先生揭示汉语口语语流音变的规律，能够沟通古今，解释力很强，对我们进一步认识介音在古今音变中所起的作用有很大启发意义。

对现代大多数人来说，反切注音法已经是比较陌生的东西，理解掌握起来有一定困难。先生《反切浅说》一文，在介绍反切的基本概念、交代汉语音节的特点、说明这种方法是适应汉语语音特点而创造的基础上，"以北京语音为标准，以拼音方案为表音的符号来谈反切注音的方法"，所以简洁明了，易于理解掌握，为现代人学习这一汉字注音法提供了极大的方便，充分体现了科学论文的实用价值。

近体诗的格律构成，对现在的中文专业学生来说，也不容易掌握。先生《古典格律诗的格律构成》却将它讲得深入浅出。文章将格律诗中的一个语音停顿称为一个音段，两种句子中的单音节音段都只有一个，则五言诗句分三音段，七言诗句分四音段。在此前提下，分别从句的构成和篇的构成两个方面，推出五言和七言律诗的格律构成。

句子的构成就是音段的组合。五言诗句有两种："双——双——单"和"双——单——双"；七言诗句就是在五言句的前面增加一个双音节音段，即成"双——双——双——单"和"双——双——单——双"。在此基础上，先生提炼出格律诗句平仄的构成规律是："双音节音段与双音节音段相连其平仄必须相异，如第一音段是'平平'，第二音段就必须是'仄仄'，这就是平仄相间。"单音节音段出现在末一音段时，"它的平仄必须与上一音段相异，这样，五言句'双——双——单'格式的平仄就有两种情况，即"平平仄仄平"与"仄仄平平仄"；单音节音段出现在倒数第二音段的位置时，它的平仄必须与上一音段相同，这样，"双——单——双"格式的平仄也有两种情况，即"平平平仄仄"和"仄仄仄平平"。七言诗句就是在五言句的前面加上一个与相邻音段平仄相反的双音节音段，即"仄仄平平仄仄平""平平仄仄平平仄"和"仄仄平平平仄仄""平平仄仄仄平平"。

格律诗篇的构成，就是"对"和"粘"的规律。根据先生的论述，关于"对"，可以概括为：如果首句不入韵，对句直接平仄相对即可；如果首句入韵，则变化主要在后两个音段，它们单双相反，而平仄相同。关于"粘"，也可以概括为："粘"是上联对句与下联出句之间音段的组合规律，其前一（五言）、二（七言）音段平仄相同，后两个音段单双相反，平仄相对。

许多《古代汉语》教材或专门讲诗词格律的著作，都要费很多篇幅来讲的问题，先生作了最精准的概括，是一个关乎古代文学和古代汉语巧讲巧学的绝好例证。学生掌握了这个方法，便可以简驭繁，举一反三，迅速了解格律诗的韵律特点，顺利从事鉴赏和创作活动，这正是先生这篇文章的独特价值所在。

姓和氏是我国古代史和文化史中的重要问题，我国周代尤其是春秋及其以前，男子称氏，女子称姓，是非常严格的。但后世文献中常常将两者混同。先生《先秦文献注释中常被忽略的一个问题——姓和氏》这篇论文在梳理自《世本》《白虎通》《潜夫论·志氏姓》《通志·氏族略》直至清代学者顾炎武、钱大昕相关论述的基础上，重点分析了历代文献中误释误用姓氏的实例。在具体分析实例的过程中，先生有不少有价值的发现，如根据清人张澍所辑《世本》中关于姓氏的几条材料，先生对《世本》为战国时人所作的真实性提出质疑。又如王符《潜夫论·志氏姓》曰："黄帝之子二十五人，班为十二：姬、酉、祁、己、滕、葳、任、拘、釐、姞、儇、衣氏也。当春秋，晋有祁奚，举子荐雠，以忠直著。"先生有一段精彩的评析：

> 举祁奚为例来证明古有祁姓是错认家门了。根据我们现在的认识，既然当时以祁奚名于世，当然祁就不是他家的姓而是他家的氏。根据《通志·氏族略》的说法，祁奚是晋献公的四世孙，那当然就姓姬了。下面把《氏族略》的原文摘录一段："祁氏，姬姓，晋献公四世孙。奚为晋大夫，食邑于祁，遂以为氏。其地即今太原祁县是也。犹有祁奚墓。或云：'隰叔之后，与士氏同族。'又祁亦姓也。"（见《氏族略第三·以邑为氏·晋邑》）

> 可是郑樵的这段文字也有问题，他让两种说法并存，不加评断，反映了郑樵虽然在讲氏族，其实对有些事情尚未搞清。前面说祁奚的祁是氏，后面说"祁亦姓也"，这都合乎历史实际。但又引"或云"则完全不对。隰叔之后的士氏，是指晋国士蒍、士会之族。根据古史，隰叔是陶唐（即尧）之后，应该姓祁。士氏因采邑的变更，先后食采于随、范，所以士会后来有时称随会，有时称范会。《左传》成公、襄公年间晋国的栾黡之妻、栾盈之母栾祁，就是范宣

子士匀之女。当时女子称姓，祁是她娘家的姓当毫无疑问。怎么能把姓姬的祁奚和姓祁的士氏看作同族呢？

辨正"祁奚"之"祁"为氏而"祁"姓为陶唐（即尧）之后，二者不可混淆。没有深厚的学养，是很难发现并分析清楚这类问题的。

六

这次编选文集，除了几篇重要论文，还选了《古代汉语》几编中独具特色的一些章节、《文言语词工具书介绍》及《敦煌残卷古文尚书校注》中的"敦煌残卷古文尚书概况及其价值"一文，以期能较全面地展现先生的学术成就。工作过程中，兰州大学张文轩教授、兰州城市学院莫超教授，马建东、韩惠言两位师兄及乔秋颖师妹出谋划策，搜集资料，订补缺失，给予大力帮助；同时受到先生长女吴霞的鼎力支持；研究生宋晓晔、王瑾、张骁承担文字录入之劳，在此一并表示真诚感谢！

《陇上学人文存·吴福熙卷》（第八辑）

作者：周玉秀

黄伯荣

黄伯荣，当代著名的语言学家，1922 年生，广东阳江县人，笔名苗木、莫木。1944 年在广东省立两阳中学毕业后，考入广东省文理学院中文系。1949 年王力、岑麒祥在中山大学创办了语言学系，黄先生转入该系学习，师承王力、岑麒祥、王光焘、杨树达、高承祚等人。1949 年 9 月毕业后考上该校中国语言文学研究所语言学研究生，1951 年毕业留在中山大学任教，1954 年，到北京大学中文系任教，1958 年支援大西北到兰州大学中文系，曾任兰州大学中文系教授、语言教研室主任，兰州大学校、系学术委员会委员，硕士研究生导师，1959 年甘肃院系调整，到甘肃师范大学中文系工作两年，又回到兰大。1987 年支援新建的青岛大学中文系，在青岛大学中文系任教直至退休，是青岛大学中文系奠基人。曾任中国语言协会理事（共四届）、中国修辞学会顾问、语文现代化学会顾问、全国高师现代汉语研究会顾问。获国务院特殊津贴，英国剑桥"国际名人传记中心（IBC）"授予他"1995 年度国际名人"荣誉称号，并收入《国际名人传记辞典（第 23 卷）》。2010 年被聘为中山大学中文系特聘教授。

黄伯荣教授在现代汉语和汉语方言研究方面取得了令人瞩目的成就，尤其是在现代汉语教材建设上影响巨大，作出了突出的贡献，黄先生的学术思想贯穿于该教材的字里行间，影响了一代代学子，是海内外有重要影响的语言学家。

黄伯荣先生在现代汉语语音、文字、语法、方言等方面有很深的造诣，以语法为主攻方向。先后出版了《祖国的文字》（1954 年），《北京语音学习》（1956 年），

《陈述句、疑问句、祈使句、感叹句》（1957 年），《广州人怎样学习普通话》（1957年），《汉字常识》（1959 年），《几种念法的字》（1961 年），《趣味的中文字》（1961 年），《句子的分析与辨认》（1963 年）等专著。主编《汉语方言字汇》（合写）（1962 年），《汉语方言词汇》（1963 年），《语法修辞》（1978 年），《语法修辞基础》（1981 年），《现代汉语》（1979 年上下册），《汉语方言语法类编》（1991年），《汉语方方调查查手册》（2001）等著作十七部。主编"汉语知识从书"23 分册，论文 50 多篇。为表彰他在教学和科研方面的突出贡献，教育部、甘肃省、山东省、青岛大学分别授予他社科优秀成果一等奖 5 项，二等奖 2 项，三等奖 3 项。黄先生为之贡献 30 年的兰州大学校史馆"大师云集"专栏共列出百年来全校大师 15 名，黄先生是其中之一。兰州大学对黄先生的业绩作了计算机录存，这是对黄先生在兰大30 年如一日的默默奉献的高度肯定。作为语言学界大师级的人物，黄先生影响深远，他先后辗转多所大学，对每所大学现代汉语的构建作出了巨大的贡献，他不仅是甘肃的骄傲，也是中国语言学界的"全才大师"，为我国语言学科的发展，为兰州成为全国语言学科的重镇留下了不可磨灭的历史印迹。

黄先生取得了如此卓越的学术成就，与他成长的环境、所受的教育、严谨的治学态度、正派的学风有很大关系。

黄先生出生于一个传统氛围十分浓厚的家庭，父亲是清末的秀才，曾协助村人办学。在黄先生两周岁时父亲去世，母亲守寡将其带大，他 11 岁时就远离母亲到阳江城求学，当时阳江的交通非常不便，要换乘二次车船，转车、步行，一个白天才能到达，可见求学之路的艰辛，但也培养了他坚忍不拔的意志。大学期间师承王力、岑麒祥、方光焘等著名学者，得遇名师，如鱼得水。1949 年大学毕业后考上岑麒祥的研究生，研究领域更广，钻研问题更深。1954 年国家教育部调整院系，为加强北大语言学力量，创办了 8 年的中山大学语言学系被并入了北大中文系，王力、岑麒祥两位教授和黄先生等老师，带领全系学生乘火车北上，当时黄先生家就住在北大东校门外的大城坊 6号。在北大期间，黄先生一家七口，就靠他一个人的工资和稿费维持，夫人曾外出工作，但因孩子太小，无人照看，又无力请保姆，只好留在家中操持家务。夫人虽出身名门望族，但吃苦耐劳，持家有方，当时虽然家庭压力很大，生活拮据，但家庭和睦，夫人还为黄先生誊写了大量书稿。黄先生得以专心做教学和研究工作，无须为家务费心，在北京的三年多的时间里，就写下了 30 多万字的著作和论文，迎来了他学术生涯的第二个丰收期。

50 年代，党中央发出了"支援大西北"的号召，教育部也指定北大要支援西北，北大中文系主任杨晦向黄先生说明意图后，黄先生欣然同意，决心前往兰州大学开创新局面。黄先生当时 36 岁，和其他热血青年一样"党指向哪里就奔向哪里"，不讲任何条件，举家搬迁离开美丽繁华的首都北京，来到了当时干旱荒凉的兰州。而且兰州大学和北京大学相比，教学条件的差别可想而知，生活水平更是没法比，每个月粮食指标中搭三成苞谷面，半斤大米，这对一个南方人来说是一个严峻的考验。黄先生的夫人不久就出现了高原反应，身体状况很不好，又遇三年困难时期，但黄先生无怨无悔，潜心研究，认真执教，笔耕不辍。作为兰大学术带头人、校系两级学术委员会委员，他积极领导大家展开研究工作，在初到兰大头一年内编成了《现代汉语》和《语言学概论》两部教材，解决了兰大长期缺乏自编教材的问题。1960 年，黄先生来兰大的第二年，撰写了兰州方言的系列论文，发表了署名黄伯荣、赵峻等的《兰州方言概说》，这是历史上第一次用现代语言学的理论和方法对兰州方言作全面系统的论述，因此受到了国内外语言学界的广泛关注和引用。此外，还发表了《〈水浒传〉疑问句的特点》（1958 年）、《汉语语法研究》（1961 年）等论文，出版专著《句子的分析与辨认》（1963 年）。其中《句子的分析与辨认》影响最大，当时兰大中文系学生几乎人手一册，该书对读者掌握有关分析和辨认句子的方法帮助很大，该书以及此前黄先生的著述，为后来他被选为全国《现代汉语》教材的主编创造了条件。1963 年，黄先生在兰大期间第一次开《语法研究》课，把学生引进语法研究的殿堂，以往兰大中文系语言课还比较陈旧，讲语法也只涉及词法，不讲句法，讲修辞只讲辞格等，黄先生《语法研究》课的开设引领中文系在语言学学科的发展之路上迈进了一大步。兰大作为当时全国重点综合性大学，由于地处僻远，办学条件相对艰苦等原因，师资流失严重，由于黄先生支援兰大，从此开创了兰大语言学科的新局面。

"文革"中，黄先生作为兰大中文系学科带头人，语言学界的高产作家，尤其是出身不好的知识分子，受到的冲击可想而知，黄先生被戴上了"资产阶级反动学术权威""历史反革命"的大帽子，被批斗，被关牛棚，由于多次裸露膝盖跪板凳，致使两个膝盖化脓。夫人也曾遣返回乡，儿女们有的下乡插队，有的去县下工厂当工人，全不在身边。那时兰大的江校长因难以接受莫须有的罪名而自尽，中文系的系主任也失踪了，妻子上吊自杀。平时看着文质彬彬的黄先生表现得异常镇定、坚强，他说"文革"十年虽然没有动过笔头，但从积极的方面看，劳动也把身体锻炼好了。他没有怨天尤人，而是坦然面对，当时兰大在甘肃和内蒙古的交界处的荒滩上造田平地，黄先生创造了一台简易水平仪，解决了农场的燃眉之急，受到了领导的表扬，在家还给孩子动手自制秦琴，教孩子弹奏他年轻时喜爱的广东音乐……经过炼狱的黄先生非但没有消沉，反而体魄强健了许多，性格更加坚强、豁达、开朗，作为一个知识分子，黄先生表现出了经得起磨难的大胸怀。

　　"文革"结束以后，一系列政策的落实使黄先生精神振奋，青春焕发，白天上课，晚上伏案著书。黄先生还建立了兰大中文系首批硕士点，旋即投入硕士生的培养工作，并连年招生，同时利用假期举办现代汉语讲习班和研讨会，每期近百名学员，授课专家都是国内有名望的前辈，为我国培养了一大批汉语工作者。黄先生在兰大期间还创建语言实验室，这在 80 年代初在全国高校中是有前瞻性的，后来用计算机完成了《老乞大朴通事索引》（1991 年语文出版社)、《老乞大朴通事语法研究》和《动词分类和研究文献目录总览》（高教出版社 1998 年）等著作。

　　"文革"以后，由于正常的社会科学研究中断了十年之久，全国高校的教材大都已不适应形势的发展和社会的需要，1978 年高教部将《现代汉语》教材纳入编写计划，黄先生被推为教材主编。从此就有了风行全国的"黄廖本"现代汉语教材。

　　为使《现代汉语》教材有足够的教学参考书，1981—1985 年黄先生组织人力物力，主编《现代汉语知识丛书》，内容涉及语言、文字、词汇、语法、修辞等 25 个分册。其中《现代汉语方言》一册被日本光生馆翻译出版。

　　1987 年黄先生支援刚刚诞生的青岛大学，并担任中文系汉语教研室、研究室主任。他高屋建瓴地提出了编写汉语方言语法类编和方言语法调查手册的设想，并立即付诸行动，组成编写组，并于 1996 年出版了《汉语方言语法类编》，这是一部填补空白的巨著，2001 年出版了《汉语方言调查手册》，这两部方言力作，得到了学术界的高度赞誉。

　　黄先生敬业治学，淡泊名利，1991 年从青岛大学退休后，仍然致力于语言学的研究，笔耕不辍，除了主编《类编》及《手册》以外，还发表了创见颇多的《框架核心分析法》等论文，这对于建立一套切合汉语实际、适合计算机信息处理的汉语语法体系起到了很大的推动作用。

　　2011 年 7 月 18 日——7 月 20 日由中山大学中文系和北京大学中国语言研究所主办的"高等院校现代汉语、语言学概论教材教法研究会暨黄伯荣九十华诞庆典"在中山大学隆重召开，黄先生精神矍铄，认真听取与会者的意见，解答他们提出的问题。在现代汉语教材教法的学术探讨中同庆黄先生九十华诞，必将成为中国语言教学界的一大佳话，北京大学、中山大学、兰州大学、西北师范大学代表以及黄先生弟子到会，祝贺黄先生九十华诞，高度赞扬了黄先生的学术成就和人生品格。黄先生是中国语言学界的一棵长寿树，无论在学术还是在精神上都洋溢着大师的风采！

　　黄先生是一位让人敬仰的老一辈语言学家，他丰硕的学术成果在以下几个方面尤显突出：

一、主编的高校《现代汉语》统编教材，自1978年开始持续至今，在国内外影响深远，面世30多年以来风行全国

《现代汉语》统编教材自1978年纳入教育部编写计划到1979年出版发行以来，总发行量达500万套，年发行量在全国同类教材中位居榜首，打破了历史纪录，创造了奇迹。可以毫不夸张地说，大半个中国的文科大学生都是黄先生的"学生"。它以科学简明、生动流畅的内容让我们如沐春风，使我们在众多的教材中记住了它，也让我们感到了现代汉语的无穷魅力，很多人都是受这套书的影响走上了现代汉语的研究和教学之路的。当时全国各地不断有同类的教材出版，但该教材一直享有崇高的地位，1986年获甘肃省委、省政府颁发的优秀图书奖；1987年获甘肃教育厅颁发的省高校优秀图书奖。除省级奖励以外，得到教育部的奖励就有4次：1986年教育部刊物《高教战线》发表了一篇《一部受欢迎的现代汉语教材》，对此教材作了充分的肯定；1987年颁发全国优秀教材二等奖；1999年审定并公布其为文科推荐教材；2006年，又将其列入国家"十一五"规划教材。

"文革"结束以后，百废待兴，被停开近十年之久的现代汉语课得以恢复。原来各高校使用的是1962年胡裕树主编的《现代汉语》统编教材，时隔多年，不少内容有待重新修订，重新编纂势在必行，各高校自发组织编写的新教材、讲义，犹如雨后春笋层出不穷。1978年由郑州大学张静先生等三校教师发起的全国现代汉语协作会（先后在郑州、昆明）召开，当时全国60多所高校的专家学者参加了会议，黄先生以他深厚的功底和丰富的编写经验，被推选为《现代汉语》全国统编教材第一方案（兰州版）的主编，廖序东为副主编。张静和刘世儒为第二方案（郑州版）的正副主编。1979年3月，两套教材的定稿会议分别在兰州和郑州同时召开，"兰州本"顺利定稿，并由甘肃人民出版社出版试用本。1980年7月经教育部批准兰州本《现代汉语》专家审稿会在青岛举行。由教育部函请吕叔湘、周祖谟、张志公、胡裕树等10多位专家审定通过并被推荐为全国高校文科统编教材，获教育部认可。1981年出版正式本，学术界称之为"兰州本"或"黄（伯荣）廖（序东）本"。20世纪80年代各省高校本专科自主选定教材，后经调查发现各高校及省自考办普遍选用兰州本。从问世至今，黄廖本教材何以能一直受到师生的欢迎，它的与众不同在哪里？

1. 反复修订，与时俱进

黄廖本教材遵循传统、恪守基础但并不墨守成规。为了与时俱进，这本教材出版以来先后进行了八次修订，每次都吸收学科新成果。从开始的37万字，增加至现在的61万字。就反映新成果而言，如果把语法研究的三个平面理论体系算作八九十年代以来的新成果的话，黄廖本已在增订二版（1997 年）和增订三版（2002 年）中逐渐吸收，增订四版则在明确加以定义并概括介绍之外增加了语义分析和语用分析以及变换分析等新内容，这在同类教材中并不多见。

2. 海纳百川，吸取精华

黄廖本《现代汉语》是黄先生学术研究的代表作，虽属于集体编写，但黄先生的学术思想贯穿于该教材的字里行间。在编写这套教材之前，黄先生就先后出版了专著八本，主编三部著作，写了大量的论文，并且一直工作在教学的第一线，所以黄先生在现代汉语教材建设上取得的令人瞩目的成就，绝非偶然。这是他深厚的学术功底和科研贮备的外在呈现。为了使教材更加完备，黄先生听取各方面意见，黄廖本教材参编者之多，提意见之众，请提意见的渠道之广，也为国内教材所少见，从各版的前言里可以看出，国内本专业的大师和专家几乎一个不漏。黄廖本教材不仅争取到很多专家的指点，而且虚心向广大教师请教，通过暑期现代汉语讲习班，召开现代汉语研讨会来征集意见，黄先生非常重视一线教师的意见，吸取其精华，作为历次修订和增订的参考。

为了使教材更加完备，黄先生博览群书，倾注了大量的心血，特别是修订以后的语法体系都是黄先生亲自主持制定的，书中增加了宾语的对应成分"动语"，使语法学术体系更加科学完整，析句体系也继承和创新并重，从中心词析句法到修订本改为层次析句法，始终都坚持既讲层次又讲中心的原则，析句过程简括为 16 个字：从大到小，基本二分，寻求枝干，确定句型。阐述语言规律时常一正一反，相互比较，构成了自己独特的析句体系。继承与创新并重，在先后八次修订过程中不断完善，教材的学术质量不断提升。有人说黄廖本教材有三好：好教、好学、效果好。这也是黄先生一直以来所追求的目标，教材内容对"讲什么、讲多少、怎么讲"三方面的问题都处理得恰到好处，内容完备、分量适中，系统分明，重点突出，要求明确，使这部教材具有简明适用、雅俗共赏、适用面广泛的特点。

1980 年朱星教授在审阅本教材时看到了这些思路，就曾预言：此教材今后将取代现有最流行的教材。这并不是溢美之词，30 年以来已成为现实，创造了同类教材出版发行的奇迹。

黄先生退休后被母校中山大学聘为兼职教授，黄先生深知，随着社会的发展进步，他与廖序东先生的"黄廖本"需要不断地充实新内容。廖先生 2006 年仙逝，黄先生虽已九十高龄，仍笔耕不辍，带领中山大学并联合相关院校共十余位教师，编写了新的《现代汉语》教材，该教材于 2012 年上半年由北京大学出版社出版，被称为"中大本"。"中大本"《现代汉语》，虽以"黄廖本"为蓝本，但对内容进行了整合、充实，前面一部分为基础知识部分，适应所有学习现代汉语的学生，后面一部分加入了新的研究成果，为"延伸"内容，可根据教学对象和要求进行灵活取舍，适合更高层面的本科生乃至研究生学习，这是新时期黄先生对现代汉语界的又一重大贡献。

二、在现代汉语语法研究方面的卓越成就

三年困难时期，黄先生在兰大工作期间，于1963年出版专著《句子的分析和辨认》，在兰州大学及甘肃语言学界影响很大。本书着重谈句子成分与句型的分析辨认方法，并拿一些文章依次作句子成分分析与句型分析，提出了相邻和易混的成分、句型的辨认方法，书中把黎锦熙等人适合成分分析法"原句加符号法"的析句符号加以修改，并逐步改造成为同时也适合层析分析的"线条括号表示法"，为后来大学教材和《中学教学语法系统（试用）》所采用。该书对读者掌握有关分析和辨认句子结构的知识和方法帮助很大，受到读者的热烈欢迎，多次重印。

黄先生1958年发表专著《陈述句、疑问句、祈使句、感叹句》一书，在此书中首先说明人们为了表达思想感情，就要使用不同用途的句子，不同用途的句子表现在所用语调的不同、语气助词的不同、语序的不同，对四种句子格式和规律进行了说明，其中疑问句的分析最为详细，在疑问句的分析中用"正反问"这类名词代替传统的"反复问"，认为正反问有结构特点，不主张归并到选择问中去，并对特指问、是非问、选择问等句子辨认作了深入的探讨。

黄先生主编的《语法修辞》（1978年）（与谢晓安、赵浚合作）从造句、用词、词语的辨析和推敲，句子的选择和组织，描绘手段等方面介绍了语法修辞基础知识，指出为了准确、鲜明、生动地表达了思想感情必须把握句子，句子不对是语法问题，讲了组词成句的语法规则，讲了怎样的句子是通的，合语法的，怎样的句子是不通的，不合语法的，还全面介绍了词句的描绘手段修辞的问题，辩证地指出了语法是修辞的基础，两者关系密切。

在《关于划分词类问题的考察》这篇重要的论文中，黄先生不同意汉语的实词不可以分类的说法，认为划分词的类属，应以语法特点为依据，其中应以句法特点为重点，在《汉语语法的研究》一文中，对汉语语法的研究历史作了全面周详的论述，认为语法研究可分为四个阶段：自发阶段、摹仿西洋语法教科书阶段、搬用西洋语法理论阶段、从汉语实际出发的汉语语法学初步建立阶段。该文列举并评价了各阶段的代表著作。此论文对研究汉语语法学术史具有重要的参考价值。

黄先生1999年发表了《框架核心分析法》，2005年又写了《框架核心分析法答客

间》，后来又发表了《三论框架核心分析法》，它是既讲核心又讲层次，既讲框架又讲位次的新的析句法。它对句子成分分析法、层次分析法既有继承又有发展，"框架核心分析法"能细致地描写句型结构，还有助于辨认词性，确定词类，有助于快捷辨认句子成分。中心词分析法、层次分析法分别来源于传统语法和结构主义语法，各有优缺点，把两者结合起来既讲中心又讲层次是人们一直追求的方向。框架核心分析法是黄先生探索汉语语法的新方法、新思路。它继承吸收了几种析句法的合理内核并融为一体，成为有自己的独特的理论框架和析句符号的一种新体系。

三、在方言研究上主编填补空白的巨著

黄先生是新中国最早发表方言论文的学者，即先生关于广州话和阳江话的一组语法研究文章。新中国成立初期在兰大期间黄先生发表了粤方言语法论文《广州方言语法的几个特点》《阳江话的几种句式》《广州话补语宾语的词序》等系列论文，1962年发表了《兰州方言》（与赵俊合写）长篇论文，全面描写了兰州方言的概况，这是历史上第一次用现代汉语语言学的理论和方法对兰州方言所作的全面系统的论述。受到了国内外语言学界如桥本万太朗和王士元等学者的广泛关注和引用。

退休以后，编著了长达180万字的《汉语方言语法类编》（1996年由青岛出版社出版），主编了12.5万字的《汉语方言语法调查手册》（2001年由广东人民出版社出版），发表论文多篇，这对一位高龄学者尤为难能可贵。1949年以前，汉语方言研究几乎都着重在语音的系统描写和古今比较上，最早系统论述汉语方言语法的文章，只有赵元任的《北京、苏州、常州语助词的研究》，零碎地提到方言语法的语法著作首推王力的《中国现代语法》一书中的"比较语法"。过去向来认为方言间的差别主要在语音，其次在语汇，语法方面差别很小，因而方言语法的研究是薄弱环节，黄先生主编的《类编》这一巨著，全面系统地把1991年以前全面250多个方言点语法材料汇集起来，语法条目2500多条，将这些琳琅满目的方言语法资料汇集起来，做一番全面系统的剪裁鉴别整理工作，这是一项开创性的工作，在国内尚属首例，编写体例无可借鉴。著名语言学家、国家语委副主任王均教授亲自为该书作序，他认为："这是一件开创性的工作，非有像黄伯荣先生这样理论修养有素，并统览全局辨析入里的能力专家，是很难办到的。"著名语法学家、北京大学教授卢俭明先生认为：《类编》集汉语方言语法事实研究之大成，对汉语方言语法的研究和汉语语法研究包括语法史的研究将起到极大的推动作用。《类编》的姊妹篇《汉语方言语法调查手册》也是黄先生主持编写的，著名方言学家、博士生导师詹伯慧教授看到该书的初稿，撰写了《汉语

方言语法研究大有可为》一文，在文中充分肯定了这本书在汉语方言语法研究和调查领域的作用和地位："现在伯荣教授利用《类编》资料爬罗剔抉，精心设计，从方言语法调查的需要出发，编就这本《汉语方言调查手册》，这对方言调查工作，无疑又做了一件雪中送炭的好事。"最后还指出这是一部"理应人手一册的《手册》，愿意向读者推荐"。黄先生在方言研究领域所作出的开创性的贡献有助于方言语法调查研究和汉语科学语法体系的建立，还有助于汉语史和理论语言学的探索。

在《类编》的编写过程中他搜集了已刊方言论文好几百篇，各地方言志和方言专著好几十种，又征集了大量未刊资料，运筹帷幄、胸有成竹，从语法的意义、语法功能、语法形式出发，纲举目张，既忠于原文，让"百家"在"类编"中争鸣。

黄先生不仅在学术研究方面成绩突出，还是一位卓越的导师和学术带头人，在全国南北西东四所大学默默耕耘了40多年，其中30年留给兰大。仅20世纪80年代就有40多所大学请他讲学，为多所高校培养出了诸多的语言学方面的学术骨干、学术带头人50多位，其中知名专家教授15人。他培养的学生遍布内地和港澳地区，他言传身教，为学生树立了诚实做人、严谨治学、乐观向上、不断进取的高尚学术人生楷模。曾有学者这样评价他："先生视野开阔、思想活跃，对学术发展、学术建设总能审时度势、深思熟虑、恰当把握，无论是学术研究还是人格培养都对后辈有深刻的启发。"

黄先生的弟子王森曾说过一件这样的事："1985年暑假，黄先生在敦煌主持开办了汉语讲习班和教学研讨会，在此之前，黄先生唯一的儿子病情危重，黄先生已把病情如实地向我告知，但却嘱咐我不要向师母说。会期迫近时，噩耗传来了，但讲习班和研讨会如期召开，两个会由黄先生全盘主持，同时又给自己安排了两次演讲。一次是在研时会开全体大会时，他讲得很投入，另一次是在会议结束前夜，有些学员已在考虑回家的事，没去听课，听课的人也心神不安，黄先生还是认真负责，一直讲到下课。有些老师说黄先生过于认真了，那一次课即使不上，大家也不会说什么。是的，先生老年丧子，痛何以堪！但黄先生还是圆满地完成了教学任务，当时的情景深深地留在大家的记忆中。"从这件事中可以看出，黄先生百分百的真诚，不管世事如何变换，始终都以一颗淳厚温存之心待人处事，以严肃认真的态度对待自己的事业和学生，真诚奉献，淡泊名利。青岛大学中文系戚晓杰教授曾感慨："黄伯荣先生谦逊待人，从不要求学生盲从自己，讲究学术上的真正民主，可以畅所欲言，就是错了，他也会以大海一样宽广胸怀海纳百川。"真可谓，学术界得此良师，今复何求？

春秋迭易，岁月轮回，黄先生今年已九十高寿，还要主持编写新版的《现代汉语》

教材，这份对事业的执着让人动容，他生命不息，笔耕不辍，始终保持一颗纯真的心待人处事，在与笔者互通 Email 的过程中，感受到了先生关心后辈学子，豁达大度，爱心拳拳。先生无论为人、为师、为学都堪称一个时代的表率，在此我们衷心地祝黄先生百岁平安，人共梅花老岁寒！

《陇上学人文存·黄伯荣卷》(第二辑)

作者：马小萍

叶 萌

叶萌（1926 年 1 月—2013 年 7 月），曾用名叶国华，字方生（亦用为笔名），原籍四川省温江县，出生在四川省成都市一个有文化的普通平民家庭。叶先生的父亲是一位中学文史教师，博学而富于藏书。崇文尚古的家庭环境，使叶先生自幼就受到了较好的中国传统文化的熏陶。

1945 年，叶先生考入重庆中央大学（今南京大学）中文系学习，后来因病休学了一年多时间，于 1947 年就近转入四川大学中文系。抗战胜利后，中央大学返回南京，因家境不够殷实，叶先生没有随原校去南京，最后毕业于四川大学。在大学学习期间，叶先生曾在朱东润先生指导下攻读过《史记》，也曾师从赵少咸、殷孟伦先生学习过音韵学、古文字学。叶先生之所以能够在古代汉语和古典文学的研究领域取得骄人的成绩，与先生自身天资聪颖、敏而好学，以及家学根底坚实紧密相关，也与青年时期就受到名师指点、打牢研究学问的基础不能分开。

1950 年 2 月，叶先生参加了中国人民解放军，成为西康军区政治部文工团创作组的一名创作员，并兼为部队报社做编采工作。

1952 年，叶先生转业到西北师院从事高等教育工作，历任助教、讲师、副教授、教授。讲授过外国文学、19 世纪俄罗斯文学、雨果研究、古文字学、理论语言学、昭明文选、赋与骈文等课程，是古代汉语硕士研究生导师，兼任过学校科研处副处长职务。在陇原大地上滋兰树蕙辛勤工作，为祖国的文化教育事业作出了贡献。

叶先生起初是以外国文学，特别是以 19 世纪的苏联文学为自己的教学和科研专业方向的。50 年代，叶先生就在《甘肃日报》上发表过这个研究方向上的论文。叶先生的英语、俄语都具有较好的阅读和笔译的能力，还粗通法语，可以阅读浅显一些的法文书籍。早年翻译过布加索夫论高尔基《母亲》的论著，翻译过列斯科夫的中、短篇小说，补充翻译完了肖洛霍夫《被开垦的处女地》第二部，还翻译了苏联科学院多卷本文学史中的一些章节。①

1958 年，叶先生被错划为右派，甚至被学校取消了中文系的讲师职称。1963 年被师大调到第一附属中学做语文教员。1966 年"文革"开始以后，叶先生在中学教书的权利也被剥夺了，曾多次被关入"牛棚"，人身自由受到了限制。起先，叶先生在校内接受劳动改造，后来被送到学校农场长期做繁重的喂猪劳动。在农场艰苦的环境中，叶先生始终与祖国优秀的传统文化保持着密切的接触，身边一直带着《唐诗别裁》《庄子》和《词综》，夜深人静时悄悄坚持阅读。叶先生具有旷达乐观的人生观，即便是身处逆境也从来没有对未来失去信心。

随着"文革"的结束，1978 年叶先生从农场返回师大附中。

1979 年 5 月，师大彻底推翻了一切扣在叶先生头上的不实之词，恢复了叶先生师大中文系的讲师职称，7 月调叶先生回师大中文系从事外国文学的教学和科研工作。从叶先生填写的档案材料上可以看到这样的内容：1960 年，虽戴了右派的帽子，但起初还能在中文系上课，教学和研究的方向已经改换到语言学专业方向上来了。叶先生写道："我的夙愿是从事汉语特点，尤其是古汉语特点的研究。""因教学需要，（1979年）又回到外国文学专业，现在担任外国文学教学工作。"

笔者是 1978 年 9 月考入师大中文系学习的本科学生，也是聆听叶先生重返讲台讲授外国文学课程的第一批学生。叶先生教书的风格，在我的印象里那是口若悬河，滔滔不绝。叶先生讲课绝不会脱离文本内容，对作品中的情节、人物总是说得活灵活现，引人入胜。记得叶先生讲到外国人的名字的时候，总喜欢直接用外语说出来，有时还用外文写到黑板上，告诉我们如果用汉语说，或者用汉字写外国人的名字，在不同的人的口里，在不同的人的笔下，难免出现错乱。

50 年代初期叶先生在外国文学研究方向上面投入的精力最多，"文革"结束后在这个领域又重新开始辛勤耕耘，很快便有了令人振奋的收获。1982 年写成初稿，1984年修改后发表了论文《从雨果看浪漫主义》；1983 年写成初稿，1985 年修改后又发表了论文《人道主义与雨果》。叶先生的文章很快受到学界的广泛关注，其中《人道主义

---

① 先生 50 年代的科研成果原件，在"文革"时期被抄缴，且全部遗失。笔者通过查阅档案资料，看到了叶先生自己报告过的这些内容信息。

与雨果》被中国人民大学书报资料社编辑的《外国文学研究》全文转载。

《从雨果看浪漫主义》一文是讨论什么是浪漫主义这个文艺理论的重要概念的文章。叶先生针对学术界纷繁复杂的议论，专门选择了自己长期深入研究的法国大作家维克多·雨果作为分析研究的对象，准确客观地揭示了浪漫主义的本质特征。在文章里面，叶先生讨论了浪漫主义和现实主义的创作方法问题，解释了雨果文学创作发展道路各个阶段的表现，参考了文学评论大家对产生过重要影响的浪漫主义作家的评论，鉴别了雨果与其他浪漫主义大作家的异同，最后为我们准确阐释了浪漫主义与现实主义的区别，强调指出研究浪漫主义必须注意"浪漫主义和现实主义二者之间的联系和结合"，谆谆告诫我们只有这样解释浪漫主义才会对文艺理论和文学创作的发展有重要意义。在"文革"结束不久，文艺理论学界还没有完全摆脱僵化的极左思想影响的时候，不能不佩服叶先生的真知灼见，那充满智慧的分析论证，有如醍醐灌顶，使人耳目一新。

《人道主义与雨果》是为纪念雨果逝世一百周年而作的一篇文艺理论长篇文章。这更是一篇对当时社会极其敏感的"人道主义"话题大胆展开思辨的学术论文，其中充满着浓郁的哲学分析气息。叶先生在文章中首先告诉了我们一个真真实实的雨果——"为什么雨果的作品至今仍这样大受欢迎呢？这难道只从雨果的艺术造诣一个方面就可以加以解释？诚然，雨果的浪漫主义艺术自有其独到之处：他不粉饰现实，倒力求真实；他总是尽力写得鲜明触目，尽力给人以最深刻的印象，他的语言又是如此绚丽多彩、铿锵有力，如此富于激情和诗意——这些，都为他赢得了许多读者。但是，正因为他是一位伟大的、积极的浪漫主义作家，他又总是要通过他的艺术去宣传他的主观意图，宣传他的思想，而且终生都是如此。这种思想不是别的，要一言以蔽之，那就是人道主义。"

什么是人道主义？叶先生从这个概念产生于文艺复兴时期说起，解释了"人道主义是伴随着市民意识的觉醒而出现"，"并随着资产阶级的成长壮大而取得更多的内容和更大的声势"的准确涵义。叶先生告诫我们说："从客观的发展条件来说明人本身和人的解放问题，还是从抽象的人出发，从主体、主观出发去说明社会历史的发展问题，这正是历史唯物主义与历史唯心主义的原则区别之所在。"叶先生就是本着这个原则上的区别，进一步对什么是雨果的人道主义问题展开深入细致的讨论的。叶先生在论述雨果的人道主义精神的时候，既分析雨果的艺术创作，又联系雨果的社会活动，用雨果自己的言论和行动来证明人道主义在雨果身上的真实表现。叶先生的讨论非常切合实际，把一个在许多人的眼睛里都觉得生疏、抽象的概念，讲述得清晰透彻，明明白白。这在那个时代，对人们提高政治思想认识水平是具有非常重要的意义的。

叶先生的两篇专门研究雨果的学术论文，对法国作家雨果做出了比较全面、客观的分析和评价，对国内关于大作家雨果研究的向前发展产生过积极的影响。

1984 年，或 1985 年以前从师大中文系毕业的学生，差不多都认为叶先生就是教外国文学的专家，很少有人知道叶先生用功最勤、知识积淀最雄厚的地方其实还在对古代汉语的研究上面。

叶先生在 20 世纪 90 年代初期出版了自己的专著——《古代汉语貌词通释》，这部著作倾注了叶先生一生最多的心血，被誉为传世之作，这部力作无可争辩地证明了叶先生术业专攻领域之所在。

叶先生在这本书的《出版后记》中说："想把古代汉语描绘性词（现定名为貌词）分析出来，加以探讨，这已是 60 年代初的事了。那时就开始搜集材料，历时四五年，也颇有积累。不幸'十年浩劫'中全部被焚毁，数年之功，废于一旦。到 80 年代初恢复工作，于课余及各种杂务之暇，又重新筹划，真正能下功夫，已经是 1984 年病后了。又经五年，于 1989 年写成初稿。"

被叶先生视为"亦师亦友"①的西北师大教授、中国著名的自然语言逻辑学研究专家张文熊先生在《喜读〈古代汉语貌词通释〉》一文中给叶先生的著作以充分的肯定，下面是文章中的一段话：

> 我认为叶书是做得相当好的。这是因为：第一，作者是在对古代貌词作了全面的搜集、整理和通体研究之后，才逐个注解的。第二，此书从最初构想到最后定稿，历时三十年，几乎是每个貌词都在作者头脑里盘桓甚久，做起注解来，自然是得心应手了。

在叶先生的档案材料里面可以看到，叶先生在自己到师大工作的各个阶段上的证明人的名字，填写的基本上都是张文熊先生，这表明张文熊先生与叶先生相知甚深。

笔者 1994 年在《社科纵横》杂志"陇上社科人物"专栏曾撰文《叶萌教授与古代汉语研究》②。当时叶先生健在，文章发表前还请叶先生审读过，叶先生对笔者的介绍和评论内容基本认可。

四川大学博士生导师张永言教授曾致函叶先生，对《古代汉语貌词通释》给予极高的评价："大作都四十五万余言，炜炜煌煌，允为钜著，不惟内容充实，见解精卓，兼体例严，条理密栗，洵乎前所未有之新书，求之群雅之伦，殆无其匹。"

北京师院徐仲华教授给《古代汉语貌词通释》专门写了《序》，特别指出，古代汉

---

①叶先生《聊存诗钞》中有一首题名《病起述怀并悼念张文熊先生》的诗，其中有两句是这样写的："亦师亦友相知久，纵谈真如忘年友。"
②《社科纵横》1994 年第 4 期，文章署名理玉。

语貌词与英文的 epithet 和俄文的 эцитет（源于古希腊文 ἐπίθετου，意为加于名词之上表示性状特征，增益艺术形象性的词）相吻合，誉曰："叶君之貌词与古希腊人之研究竟而不谋而合，智者所见略同，亦艺术作品形式研究中之佳话也。"

叶先生遍察从汉至清所有经师、小学家和注疏家对魏晋以前汉语描绘性质的词的说解，心领神会，断言古人对此类词的理解本来就不与现在所谓形容词和副词的概念相混，娴熟而审慎地从语音、语义、句法三方面对貌词做了深入细致地分析研究，指出古代汉语貌词与形容词等词类的联系和区别，阐发精当，结论可信。

叶先生还从文化现象学角度提出了自己的独到看法："……貌词的使用是反映了汉民族早期的一种心态。……貌词的涵义往往模糊不清，难以实指。实际上它只是用约定俗成的某种语音形式去摹写某些事物、某些情景，有时究竟是绘声或绘景也难以区分开来。在古人的心目中，也许觉得这样用特定的语音形式去描摹某事物更能诉诸人们的感情，更能增加表达上的具象性和生动性。"①细心品味上面的话语，让我们感到所言合情入理，不失为智者之见。

《古代汉语貌词通释》在说解貌词的词义方面更显示出叶先生博古通今的才华。每条之下，先列己见，次举书证及古注。古注有不合或未尽其义者，引后人说或以己见订正。全书匡正古人谬误处，据不完全统计也在一百例以上。为此，徐仲华教授称赞叶先生是："上承朴学实事求是之精神，融贯中国古代训诂学各流派之成就，已臻三难之境，而成一家之言。其所持论，率皆戴氏所谓'十分之见'也。……至其有裨阅读整理古籍之功，犹其余事焉。"②

叶先生所做的工作，在汉语史研究领域弥缺补遗，集历代研究成就之大成，为古代汉语研究作出了极大贡献。随时日之推移，必然还会给古代汉语研究的向前发展带来更加深远的影响。

《古代汉语貌词通释》面世不久就参加了甘肃省社会科学优秀成果的评奖，获得一等奖评奖结果；后来又参加了华东六省一市优秀图书的评奖，再次获得了一等奖评奖结果。

写到这里，我想起了一句老话——"酒香不怕巷子深"。叶先生身处相对偏远的西北地区，但是，叶先生的这部著作却是受到了全国许多作古汉语学问的人的积极关注，欲求者不在少数，因而大大小小的书店里早就不见了踪迹。叶先生在 2007 年还写过一首诗，反映了《古代汉语貌词通释》购书困难的情况。这是一首七言绝句诗，题为《拙著〈古代汉语貌词通释〉市面久已绝版，朱君耀辉忽于网上购得持来，为赋一绝》，

---

① 参见《古代汉语貌词通释》一书《前言》部分第二十一至二十二页。
② 见《古代汉语貌词通释》徐仲华教授所作《序》第六页。

内容如下：

覆瓿归来色尚新，攻书且幸有今人。

青春好学应过我，料想宏图势必伸。

1988 年，叶先生曾在《西北师大学报》（社会科学版）发表论文《论古代汉语词类中应立貌词一类——古代汉语貌词研究之一》，全面阐述了自己对古代汉语貌词在古代汉语语法系统中的地位的认识，比较充分地表达了自己把貌词定为一个语法类别的名称的理由。这篇文章除了"引论"和"余论——研究貌词的意义"两个部分之外，另有"貌词的类义""从貌词的形式看它与形容词、副词的区别""从貌词的句法功能看它与形容词、副词的区别""貌词另成一词类只限于古代汉语"和"貌词在古人心目中本自成一类"五个部分的内容。叶先生通观传统语言学给貌词做解释的一贯表现，根据现代语言学的语法理论，从貌词词汇的构成、貌词的句法功能等方面，为貌词在古代汉语语法系统中独立成类进行了比较严密的论证。这篇论文充分表明，叶先生为了研究古代汉语的特点，已经开始了对古代汉语语法新体系的探索研究。

记得叶先生给我说过，在《古代汉语貌词通释》中讨论到的很多词条，都分析研究了它们的产生和发展，如果把它们从书中分离出来都可以独立成篇。这个情况可以说明叶先生在《古代汉语貌词通释》里面所做的工作，主要是对貌词词汇意义的研究，因此这本著作所具有的学术价值应该也是主要在传统语言学的训诂学意义方面。在这一点上，前面我引述过的张文熊先生、张永言先生和徐仲华先生的评论文字，所肯定的内容基本上也都是高度评价叶先生对古代汉语貌词的词汇意义的研究。毋庸讳言，叶先生在传统语言学方面有深厚的功底，长于文字、音韵和训诂，但对古汉语语法学做出全新的系统研究，对叶先生来说，可能也是心有余而力不足的事情。逮至 1993 年《古代汉语貌词通释》专著问世，叶先生参照《论古代汉语词类中应立貌词一类——古代汉语貌词研究之一》写了《论貌词（描绘性词）》，作为自己著作的《前言》。在这个《前言》中叶先生特别强调说：古代汉语貌词实际上"并不涉及整个词类问题"。这就表明，叶先生对古代汉语语法体系还没有做比较全面的研究，当然更没有建立起由自己总结出来的古代汉语语法系统。众所周知，中国传统语言学本身在语法研究方面就比较欠缺，严格说来古代汉语又是属于一个几千年发展过程中的历史范畴，不像现代汉语属于活在人们口头的语言现象，构建古代汉语语法体系谈何容易。叶先生在讨论古代汉语貌词的问题上，充分注意到了自己所说明的对象的范围。叶先生指出："所谓古代，是指魏晋以前。在这段时期里，描绘性词的使用基本是一脉相承的。后代的所谓的古文和旧体诗词也模仿和沿用。"①对比《论貌词（描绘性词）》和《论古代汉语词类中应立貌词一类——古代汉语貌词研究之一》两篇文章的内容，不难发现叶先生在一定程度上修正了自己在貌词研究上面存在的认识方面的问题。尽管貌词在句法功能方面有特点，但是，在古代汉语语法研究里面，暂时不让它脱离形容词词类，似乎是合理的；今天把貌词仅仅放在词汇范畴进行研究，似乎也是较为稳妥的。叶先生以研究总结古代汉语的特点为己任，对古代汉语貌词的研究，从传达意义的角度上准确说明了古代汉语表现出来的特点，已经是功不可没！叶先生从语法角度对古代汉语貌词展开的分析探讨，对古代汉语语法系统研究的深入发展具有极大的启迪意义也是确定无疑的。

大约是从 20 世纪 90 年代开始，到了退休的年龄，不再从事繁重的教学工作，不再做招收、培养古代汉语专业研究生的工作以后，叶先生的主要精力投入了对中国古代诗歌传统的研究和探索上面来了。历时十多个酷暑严冬，终于又磨得一柄利剑，写就了三十余万言的《唐诗的解读：从文化传统和汉语特点看唐诗》。也是在这个时期，叶先生还完成了八十余万言的长篇历史小说《皇帝梦》的创作，接着又写出了十五万余字的《成人看的童话——我是一只流浪狗》，以及十二万字的《杂感·琐谈》。这四本书在叶先生离开我们之前，都获得出版，与渴望阅读叶先生文字的广大读者见了面。饱经风霜，腿病眼疾严重的叶先生，耄耋之年笔耕不辍，奋力完成一百三四十万言之巨的文字工作，大凡对叶先生有所了解的人，无不叹服。

"故人莫笑痴情甚，垂老春蚕尚有丝。"

"屈指光阴能有几，会当快马更加鞭。"②

叶先生的奉献精神，堪称世之楷模。

下面我再对叶先生的这几本著作做一些简单的介绍：

《唐诗的解读：从文化传统和汉语特点看唐诗》是当今难得的一本关于唐诗研究的好书。之所以这么说，是因为它是"从文化传统与汉语特点及其灵活性这两个角度"对唐诗进行深入分析和研究的，它是"一位从事古典文学和古代汉语教学与研究数十年的老人，读唐诗和有关古籍的一些心得体会和感想"。③叶先生一生关注唐诗研究，掌握丰富的与唐诗研究相关的文献资料。在对唐诗的研究过程中，叶先生做到了"尽力不假手第二手材料，不因袭、照搬前人和近人的成说，凡对前人之论有所取，都是

---

①见《古代汉语貌词通释》的《前言》部分第八页。
②这四句诗引自叶先生1979年写的七律《终得昭雪写呈诸故人(二首)》。
③参见《唐诗的解读：从文化传统和汉语特点看唐诗》的《自序》部分。

经过自己的消化，融入自己的思想"之中。①另外，叶先生几十年间一直都在写作古代诗词，留给后世的几十首古风、律绝更为同行称道。正是这些原因，使得叶先生的研究具有独树一帜的风格。

《唐诗的解读：从文化传统和汉语特点看唐诗》写有六个部分的内容，分别冠名为："绪说篇""内涵篇""韵律篇""语言篇""风格篇"和"意境篇"。在各篇目下面，分别列出数量不等的专题做详细、透彻的论述。通读全书，给人这样的感觉——它既是文学艺术理论专家探讨唐诗中的中国文化传统和汉语运用特点的专著，同时也是精通古典诗词的诗人评析唐诗、总结格律诗创作规律的艺术指南。这部著作的绪说篇属于引入性的内容，主要讲唐诗与中国传统诗歌的关系和唐诗的时代背景；内涵篇主要是讲唐诗广泛的题材内容和相关联的诸多成因；韵律篇主要是讲唐代律体诗形成到成熟和用韵表现；语言篇主要是讲唐诗中字、词、句的特点和对仗方面的讲究；风格篇主要是讲诗人的修养和唐代各个阶段上诗人、诗作的风格；意境篇主要是讲唐诗中表现出来的"人"与"诗"、"文"与"情"、"景"与"情"诸多因素之间的关系。在一本书里面，能够把探讨唐诗的文化传统、汉语特点的内容与评析、总结唐诗创作艺术的内容有机地结合起来开展深入的讨论，如果在所涉及的多个学科领域没有具备深厚的知识底蕴，是很难做得到的。上面的概括，严格说来还显得过于宽泛，如果我们深入这部著作的篇目之下具体专题当中去，我们还会对叶先生著述的独具匠心有更多的理解。下面我们仅用举例式的方法做一些简单的证明：

在"诗道与妙悟"题目下面，叶先生细致入微地讲述了唐诗中反映出来的"才"与"学"的关系，"修饰"和"语出自然"的差异，以及"想象"和"虚构"的区别，用辩证唯物论的观点深入分析了唐诗中耐人寻味的好诗佳句的成因，为我们提高对唐诗的鉴赏能力指出了正确的途径。

在"唐诗中的理趣"题目下面，叶先生拿唐诗和宋诗作比较，辨析通常人们认识上的误差，告诉了我们最有说服力的解说。我们不妨引录一段，从中体味叶先生精密的思想认识过程：

> ……前人和近人大都认为唐诗以韵味气象胜，宋诗以意蕴思理胜。……这样讲自然有其理由，但不妨再加以仔细的探讨和分析。首先，所谓"意"，应该不是意志、意图或意义的"意"，而是俗话说"有意思"的"意"；所谓"理"，也不是义理、理性的"理"，更不是理学家常说的"理"，而该是"有道理"的"理"。因此，诗中的意和理应该是从诗人的诉说和描写里生发出来的，

---

① 参见《唐诗的解读：从文化传统和汉语特点看唐诗》的《自序》部分。

而不是外加的。其次，如上述那样的"意"和"理"，唐诗中并不是没有，而是也常见，这就像宋人虽重意和理，也不是不讲韵味气象那样。问题主要在于不同时代的诗人会各自有所偏爱，各自有所侧重而已。

在"唐初律诗之定型不能仅归功于沈、宋"题目下面，叶先生非常客观地讲述了律诗的形成过程，指出"不管是五言律体或七言律体，都得有几代诗人的努力，在逐渐顺应并认识汉语的特点和规律中摸索、实践，最后才形成一种历久不衰的程式"。对人们经常因袭的旧说给予批驳，还历史以真实。

在"律诗成熟的重要标志：唐诗的拗救"题目下面，叶先生总结出律诗成熟的两个特征："一是不见受格律拘束的痕迹，很少有凑句凑韵现象，还有拗救以济格律之穷窘；二是有丰富的句法变化，能充分利用汉语的灵活性，在用韵、用字、构词和对仗的讲究上，都大大地增强了诗的表现力，扩充了诗的领域和意境。"叶先生的总结建立在对许多唐诗佳作分析的基础上面，从理论上解释了一般看来不合程式的诗句之所以能够被人们普遍接受，甚至成为脍炙人口的好诗的个中缘由，结论自然令人心悦诚服。

在"唐诗特殊的句法句型"题目下面，叶先生分析了唐诗诗句的语法结构情况，分别讲述了"名词性词组句""省略句""倒装句""紧缩句""兼语句"和"其他特殊造句方式"等结构类型。在语言学教科书中，讲语句的结构类型，通常都显得简单，甚至有脱离实际的感觉。而叶先生却是在大量占有语言材料的基础上，实实在在对精炼复杂的诗句作分析之后归纳出结果，一点都不会给人空洞、抽象的感觉。叶先生也注意到诗句与日常说话的句子的差异，指出"在律体诗已成为一种普遍通行的格式时，诗人为求新颖别致又要迁就格律和韵脚，轶出常规的造句当然不会少。"对"那些过于费解，似乎不足为法"的诗句，叶先生用"修辞手段""诗坛风气"进行解释，认为是"诗人要充分利用汉语的灵活性，要有所创新的努力"的结果。叶先生的分析讨论是客观的，是符合实际的。

更值得称道的是，在"貌词在唐诗中的运用和发展"题目下面，叶先生对古代汉语貌词在唐诗中的表现做了具体的考察研究，更加清晰地把古代汉语中一类描绘性的词——貌词，展现了出来，并有力地证明了研究貌词的意义。叶先生在讨论中先是交代貌词的概念，之后指出："这种貌词由于穷形尽相、绘声绘影的作用，当然是诗人所乐于用的，所以在唐诗中几乎是随处可见，所使用的形式也是多种多样。"叶先生以杜甫的诗句为例，重点解释了语音重叠形式的貌词的表现。例如："芳草霏霏承委佩，炉烟细细驻游丝。"句中"细细"与貌词"霏霏"作对仗，表明"细细"也被当作貌词使用。"穿花蛱蝶深深见，点水蜻蜓款款飞。""衣冠空穰穰，关辅久昏昏。"两个诗句中貌词的表现与"芳草霏霏"一句情况相同。叶先生指出杜诗中许多处所词和时间词也重叠使用，像是副词，其实也起貌词作用，并举出九个例子，如："晴浴狎鸥飞处处，雨随神女下朝朝。""花杂重重树，云轻处处山。"……好些本身带有描述性的动词，尤其是不及物动词，也可以重叠起来用作貌词，如："信宿渔人还泛泛，清秋燕子故飞飞。""喧喧道路多歌谣，河北将军尽入朝。"……叶先生还讲了一个诗坛佳话，说明古代汉语使用貌词产生的重要价值：唐代诗人王维《积雨辋川庄作》的颔联是"漠漠水田飞白鹭，阴阴夏木啭黄鹂"。这联诗，李肇《国史补》卷上因李嘉祐诗有"水田飞白鹭，夏木啭黄鹂"，便以为是王维"好取人文章佳句"而袭取之的。后代叶梦得《石林诗话》卷上为王维辩护则说："此两句好处，正在添'漠漠'、'阴阴'四字。此乃摩诘为嘉祐点化，以自见其妙，如李光弼将郭子仪军，一号令之，精彩数倍。"

我觉得，《唐诗的解读：从文化传统和汉语特点看唐诗》这本著作实在应该称作是研究唐诗的论文专集。叶先生就像是一位指挥作战的将军，给战役规划了完完整整的战略部署，无懈可击，而且不仅仅是规划战略部署的指挥员，还是披坚执锐的战士。叶先生对唐诗鞭辟入里的分析，发人深省的见解，呈现在世人面前的不就是能征善战者冲锋陷阵的身影吗？

掩卷静坐，闭目冥思，我似乎明白了叶先生之所以很少发单篇学术论文的原因了。在叶先生的一生当中，心里所筹划的总是学术领域里规模比较大的战役，并力求全歼敌人。《古代汉语貌词通释》《唐诗的解读：从文化传统和汉语特点看唐诗》两部力作都是这样的表现。如若急功近利，写一篇发一篇，叶先生的单篇论文少说也在一百余篇。可是，那样做就不是叶先生的风格了。从客观上来讲，叶先生的特殊经历也不容许这样，他没有时间为发表一篇一篇的论文而做消耗时间的琐碎工作。今天真正对叶先生的学问有全面了解的人也许并不是很多，但是，叶先生的著作将彪炳后世，叶先生必为无数来者所敬仰！

《皇帝梦》是叶先生1992年着手创作的长篇历史小说，1995年完成初稿，后来由于种种原因搁置多年，于2011年又开始反复修改，一年后完成。"他久久思考一个问题——为什么'王莽谦恭未篡时？'"他要以文学的手法写一个不一样的王莽出来：是谦恭俭让的道德楷模，还是阴险毒辣的盗国高手？是大贤人、真书生，还是野心家、伪君子？80万字篇幅，呈现了在攫取权力、失去权力过程中人性的扭曲和变异，展示了王莽极富争议而又值得后人反思品味的多面人生。叶先生的答案是：权力诱惑人，腐蚀人，害死人。阅读本书，知古亦可鉴今。对身处商场、官场乃至世俗中的人们，领悟该如何做人做事，极具教益。叶先生在《皇帝梦·后记》里写有一首诗，表达出叶先生写作时的一些思想，谨誊录于下：

> 饱经风雨晓窗寒，闲置诗书事稗官。
>
> 娱己娱人聊戏语，求知求解颇为难。
>
> 辉煌自有前修在，意趣当凭后世看。
>
> 老迈徒思明鉴诫，休讥学步向邯郸。

叶先生在古代汉语、古典文学、外国文学几个研究领域都有极深的造诣，不想晚年还创作出工程浩大的长篇历史小说，用学富五车、才高八斗来称说叶先生，应该是不为过的！

《成人看的童话——我是一只流浪狗》和《杂感·琐谈》是叶先生最后的写作。前者，叶先生说是在自己改写《皇帝梦》的过程中突发奇想的记录，"实际上也反映作者的心情和对现实社会的观感"；①后者，叶先生把其中的主要内容看作是自己最后"向亲友、向比我年轻的朋友的交心"，"是完全真实地表露自己的思想认识"的随笔。②通读叶先生最后的两部作品，细心领会其中字里行间透露出来的微言大义，让我们对叶先生有了更全面、更充分地了解。叶先生的一生，不仅是做大学问的一生，而且是有着铮铮铁骨、刚正不阿的一生。叶先生命运多舛，一生坎坷，晚年也流露出许多复杂、纠结的思想感怀，这在叶先生最后写的两本书中有充分的表现。我认为，一个正直的有良知的老知识分子所吐露出的真言，同样也是宝贵的、值得珍视的精神财富。

甘肃省社会科学院重大社科项目《陇上学人文存》收入叶先生的著述，这是对叶先生一生为我省教育事业辛勤工作的肯定，是叶先生的光荣。作为学生做了编选叶先生的著述的工作，并撰写了编选前言，我感到十分荣幸。为做好这个工作，并尽可能写好编选前言，我对叶先生的夫人做过访问，得到叶先生的夫人和女儿多方面的帮助。

西北师大赵逵夫教授审读了编选前言初稿，提出了很好的修改意见，在此表示诚挚的谢意。

《陇上学人文存·叶萌卷》（第七辑）

作者：李敬国

---

① 参见《成人看的童话——我是一只流浪狗》一书的《引言》。

② 参见《杂感·琐谈》一书的《前言》。

刘瑞明

勤奋　多产　创新

——刘瑞明科研评介

刘瑞明，陇东学院教授，1934 年出生于甘肃平凉，1958 年毕业于西北师范学院中文系。他的科研起步早，在 1977 年他还是平凉二中语文教师时，甘肃人民出版社就出版了他的《古汉语语法常识》，共印刷 5 次，累计发行 30 多万册。调入陇东学院任教后，数十年坚持不懈研究语言学、敦煌学、民俗学、古代文学。在《中国语文》《文学评论》《中国社会科学》《文史》《文学评论》《文学遗产》《敦煌研究》《辞书研究》及许多大学学报发表了大量学术论文。专著有《冯梦龙民歌集三种注解》（中华书局 2005 年版）、《北京方言词语谐音理据研究》（与刘敬林合著，中国言实出版社 2008 年版）、《性文化词语汇释》（百花洲文艺出版社 2013 年版）。《刘瑞明文史述林》（甘肃人民出版社 2012 年版）则是已发表与未发表的 370 万字 400 多篇论文的合集，实际包含了 8 本书:《谐音造词法论集》《词义论集》《泛义动词论集》《词缀论集》《汉语人名文化》《敦煌学论集》《文学论集》《说神道鬼话民俗》。真可谓硕果累累。

刘瑞明先生治学的特点是:勤奋，多产，创新。

一

语言学方面,他先有"泛义动词"新说。欧阳修《归田录》:"今世俗言语讹,而举世君子小人皆同其谬者,唯打字耳。其义本谓考击,故人相殴,以物相击,皆谓之打,而工造金银器,亦谓之打,可矣,盖有锤击之义也。至于造舟车曰打船、打车,网鱼曰打鱼,汲水曰打水,役夫晌饭曰打饭,兵士给衣粮曰打衣粮,从者执伞曰打伞,以糊粘纸曰打糊,以尺丈量地曰打量,举手试眼之昏明曰打试。至于名儒硕学,语皆如此:触事谓之打。"这样的"打"字,近代刘半农也无法给予合理解释,而气愤地斥责为"混蛋动词"。而王力先生曾称之为动词的"记号"。或誉为"万能动词",或称为"弹性动词",都是就现象说现象,刘瑞明从理论而有新说。语言是群众创造的,所谓"举世君子小人皆同者",正是群众生动活泼的语言实践,绝对不能判为"谬""混蛋",而应是有一种机制。就像戏剧演员有被誉为"八面角",能从事多种工作的干部被誉为"多面手"一样,语言也需要这样的动词。刘瑞明把它们定名为"泛义动词",并将学者们只注意的"打"字,开拓成为包括"作、为、取、修、却、见、加、行"等字的泛义动词系列。学者们只注意的"打"字的单独使用的泛义,刘瑞明开拓出泛义动词前缀于表意具体的动词(如"打扫"就是"扫"的意思),与泛义动词后附于表意具体的动词(如"搂打"就是"搂"的意思)。又用泛义动词纠正了一些被错误解释的疑难的语法、词汇问题。又对比了英语 take、make,俄语的 дедать,认为也是泛义动词,这就落实了说泛义动词是语言的一种灵活性机制的论点。

曾经是一堆陈年烂账的"打"字的异常用法,经刘瑞明纵横捭阖地论证,就既见树木又见森林而了如指掌。

刘瑞明继"泛义动词"后的新说是:汉语有独特的谐音造词法,更是弘扬了汉语独特韵致,彰显了群众语言智趣。这就是把词义理据的真实用字,用谐音的虚假字来隐蔽,使词有指鹿为马、颠倒黑白、张冠李戴的智趣,并且是创造了大量的隐实示虚趣难词。这与词义是由正确的文字负载的准则大相径庭,却是在汉语所有方言中都大量存在的,也有不少被普通话吸收了,而许多语言学家与一般众人一样,久入芝兰之室而不闻其香。观察细致而思考锐敏的刘瑞明独树一帜地、稳扎稳打地论证倡言谐音造词法。从《青海师专学报》1996年第4期《隐实示虚:论证俗语方言词的奇巧修辞方法——为陈望道"辞趣"命题张目》初步试论,到《谐音造词法论集》结册的92篇文章,前后13年间,用五类研究来做颠扑不破的立论。第一类:从某个词语作汇集性论证,如《含假"罗汉"、"观音"的趣难系列词》《详释"两头蛇、三脚猫、乌鸡眼"等系列词语》等。第二类:从北京、东莞、福州、苏州、南京、宁波、成都、香港、哈尔滨、柳州、乌鲁木齐、武汉、长沙、贵阳、娄底、西安、银川、固原、西宁、太原、忻州、海口、梅县、厦门、徐州、南宁、洛阳、南昌、山丹等众多方言作论证。从三本北京方言词典中调查出谐音趣难词占词条总量的比例竟然高达 12.7%。充分说明是各方言共有的造词法，是亿万群众的创造。第三类:总论性质的论文，如《隐实示虚趣难词与谐音文化概论》《近代汉语隐实示虚趣难词》《现代汉语谐音趣难词例说》《谐音造词法研究是提高辞书质量的一大途径》。第四类:用谐音趣难词理论研究古神话及民俗的论文，如《灶神神话补说》《"蛊"的多元文化研究》。第五类:就某一名著的谐音趣难词作穷尽性的研究，如:《〈全元散曲〉的谐音趣难词》《〈红楼梦〉语言的谐音艺术性》。

俗语把有勇无谋的人叫"半吊子""二百五"，一般都以五百、二百五十个铜钱不够一吊作比喻解释。《"二百五"与"半吊子"词语家族及理据辨析》说:没有以钱多少表示知识多少的事理。否则"百万富翁""腰缠万贯"与"一文不名""穷光蛋"这两类词，岂不是各有了知识丰富和毫无知识的词义？这样解释恰是受了趣假的欺骗。文章汇集大量同义词而区分为六个系列来对比辨析。第一个系列是含"二五"的词语。如南京话"二五"应是指"二乘五"的积是十，而又谐音为谜底的"实"，指不灵活。第二个系列就是"二百五"。有"二百五"词的方言很多，词义虽同，方言读音或不同，理据也不同。多数是"二倍五"的谐音，仍然是"十、实"的谐音。第三个系列是含"二八"的词语。如山西忻州说"二八货""二八点"。"二八"要解读为是表示"二、八"相加。和是十，谐音"实"。而厦门话"二步八"由"二补八"谐音:只有二成知识，可勉强应付，还应补八成。又说"二路八"，是"路、落"谐音，指丢掉了八成。这两个词与有的方言说"二把刀"不约而同。应是"二把到"的理据:只有二成把握到了。第五个系列是含"半"字的词语。如"半倒数""半刀数"是扬州话，应是"到半数"谐音及倒序:知识只到一半，一知半解。洛阳:"半把刀"。也是说只把握到半数。第六个系列是"半吊子"之类，是"半铫子"的俗写，是从"一瓶子不响，半瓶子咣当"的仿说。与俗谚:"浅碟盖不住底。""沉甸甸的谷穗低垂头，干瘪的谷穗高抬头。"都是同义的。

《辞书研究》2011 年第 6 期刘玉红、曾昭聪《方言词理据研究刍议——兼评刘瑞明先生的相关研究》:"方言词理据研究的相关成果尚不多见，其佼佼者当属刘瑞明先生……刘瑞明先生在一系列研究中，提出并证明了汉语有一种谐音造词法，特点是'隐实示虚，设难成趣'。这一研究结论是有开创性的……刘瑞明先生所作的方言词谐音语理据研究，在研究方法上多所创获，研究结论大多新颖可喜。读其论著，深感方言词谐音语理据研究的方法是最重要的。"这可以代表语言学界对谐音造词法的肯定。

　　刘瑞明语言学研究的扎实的基础是词义研究。词义研究，乃至汉语词语类辞书解释词义常见的弊病是王力先生深刻指出的"以通代确"。关于正确阐释词义，王力先生在《关于古代汉语的学习和教学》中说："什么叫做'望文生义'？就是看到一句话，其中的某个字用这个意思解释它，好像讲得通，以为讲对了。其实这个意思并不是那个字所固有的意思，在其他地方从来没有这么用过，只不过是在这个地方这样讲似乎讲得通。但是'通'不等于'对'，不等于'正确'。你要说这样解释就通了，那就有各种解释都能通的。"这是很有道理的，可惜没有引起重视，唯独刘瑞明先生深得其中三昧而深获教益。

　　要解释词的确义，纠正误义，必得求出词义的理据。屈原《九歌·云中君》"龙驾兮帝服，聊翱翔兮周章。"对"周章"的解释有：往来迅疾貌、恐惧不知所之、惊视、舒缓、周遍张设、强梁、欺狂、驰逐、仓皇，等等。王逸注为"周流"，言云神行迹遍及各处。刘瑞明说，只有这才是正确的，因"周"为周遍，《说文》言"乐一竟为一章"；"章"也可为全义。"周章"为联合式复词，与"周匝""周遭"一致。"周章"词义议言的繁纷，至今歧释误释不能澄清，这在词义研究中，应是典型而有代表性的。对于古汉语词义的研究，对于语义辞典的编纂和修订，它会给我们以多方面的启发：（一）对旧有的释义，首先要看是否从语素分析获得，是否达到形、音、义的统一；（二）歧义甚多的释义，要辨析释义异中之同，它可能是接近正确词义的，也要辨析释义方法或角度上的异中之同，它可能是致误的共同原因；（三）每一词义都应经过多量书证的检核，"例不十，法不立"于此是值得重视的；（四）要注意通假义的辨证，辞书中应予说明；（五）词义要高度概括，表述要简明。

　　《"方便"词义梳理及辨误》《"无赖"词义辨误及梳理》《从"所"字误增词义论词义研究方法》等许多文章都是这样论证的。

　　刘瑞明的研究不盲目崇拜权威，有再辨真谛的悟性与胆识。

　　王引之《经传释词》卷十《不、丕、否》用六十三条例证来说明"不""丕"是无词汇意义的"助词"，所有的词义论著都信从，刘瑞明《〈经传释词〉"不""丕"助词说辨误》则把所有例证辨析成为四类，从而把助词说一风吹而全部推翻。第一类，"丕"的意思是：大。"不"是"丕"的通假。《说文》："丕，大也。"王氏有二十七例都把此类的"不""丕"说成发声，约占总例的一半。《尚书·康诰》："惟乃丕显考文王。"按，此"不"字是通假，所以先要排除它的字面意思，因此毛传："不显，显也。"就是表示不是否定句，句子正是要说明"显"。这类注释是解释句意，而不是解释词义。王氏的错误犹如把"大车""红车"等同于"车"一样。把训诂区辨析出是解释句意，而不是解释词义，是很有见地的。第二类，例句实际是反问句，"不"字是否定副词的常义。反问句的实际意思是强调肯定，语气是上扬的，现代以问号传示。"不好?"＝"好"。古代没有标点符号，反问句容易误解成否定句，所以古注特有"不好，好也"之类的表述。这是疏通句意，排除误解，而不是训诂词义。王氏疏忽这种情况，按照"不好＝好"，于是误说"不"与通假的"丕"都是发声，把反问句当成肯定性叙述句。共有十五例。例如《尚书·西伯戡黎》："我生不有命在天。"句号误，应是问号。实际是说:我的诞生不是负有天命? 即有天命。王书:某氏《传》曰："我生有寿命在天。"盖"不"为发声。"不有命在天"下，不须加"乎"字以足之。第三类，句子是单纯否定，"不"字也是表示否定。共十六例。第四类，五个杂例。

清初刘淇《助字辨略》首言"为有选择连词一义"。张相《诗词曲语辞汇释》再言"为""为复"是选择连词。蒋礼鸿、张永言、徐震、王锳、刘坚、郭在贻、江蓝生、王海棻、项楚、梅祖麟、李崇兴等十多位先生共扩充成"为、当、为是、为当、是"都是选择连词。刘瑞明复核了倡言者一百几十条和自辑的几十条书证，却认为只有"为复"一个是"还是"的意思，确实是选择连词，其余的都仍是它们的判断系词"是"的常义，没有"还"的语素，因而绝非选择连词。因为例句都是不用选择连词的选择问句，翻译时可以加上选择连词。这与把"你去? 是不去?"的"是"换成"还是"，而说是选择连词的错误一样。刘瑞明于是有《"为、当、为是、为当"等绝非选择连词》文。

王力先生《汉语史稿》说"艺术家""建筑家"之类的词尾"家"古代是没有的。刘瑞明1988发表《"家"是古汉语中历史悠久的词尾》用《史记》等证明西汉已有，2005年还有学者撰文说词缀"家"最早见于东汉。

词缀的研究是比较薄弱的，真正有哪些，各自的具体情况或朦胧不清，又常常有论著轻易把难以解释的字都说成词尾。刘瑞明从这两方面都有促进性研究。蒋绍愚先生简议"自""复"是助词，刘瑞明与蒋宗许论证为词尾。师范专科学校两位老师的文章引发了《中国语文》的一场讨论，遂使词尾说得以肯定。刘瑞明对词缀"生""日"等都有详证。《误说的词尾、词头种种》与《"~应"、"伊~"等并非附加式双音词》对众多的误说都一一厘定。

二

日本学者南方熊楠氏早在1920年首先提出印度神猴哈奴曼曾经影响孙悟空形象创造。俄国钢泰和继有同说，但都未有论证。胡适提出"五证"。鲁迅与吴晓铃先生否定此说，但不够有力，因而季羡林等再主影响说者甚多，萧兵是最详细而最自誉的，他把胡适的"五证"扩大为"八证"。

《孙悟空是我国猿猴志怪文学的升华》（与刘敬林合撰）以雄辩的论证把影响说一风吹了。文章首先指明我国从公元前 11 世纪《逸周书》开始，不断积累，从猿猴习性、形态、名字三大系统组成一个庞大、复杂、细密的志怪网络，都是对猿猴的灵敏性唱赞歌的。在此文化蕴涵雄厚的基础上升华结晶出孙悟空。

对猿猴习性的志怪说法很多。第一种:能言。第二种:食人、食猿猴。第三种:能笑。第四种:猩唇味美。第五种:盗女。第六种:左手操管、操竹。第七种:喜酒。第八种:喜鞋，与喜酒成为配套趣说。第九种：善变。是从猿猴"能言"而繁衍来的说法。能言就是善辩。它也善辨人意。都可以谐音成为善于变化形状。首先是善于变人，而且所变的人往往谐音成为姓袁、胡、孙、申（属相的猴与地支的申对应）。孙悟空的姓就由"猢狲"而来。第十种:能辟马瘟疫。第十一种:戴帽。第十二种：觅蟹。第十三种:盗人盐。第十四种:助人为乐，由此而有帮助唐僧取经。

由于孙悟空已经完全人物化，所以猿猴的"能笑""喜酒""喜鞋"等等就没有意义。"盗女"是负向的，也就被淘汰。"能言"的原型是"能焉"，孙悟空充分地体现了这个特点。他因对"三更早"准确领会而独得师传。《西游记》又把"能焉"再谐音成为"能眼"，而说他善于看破妖精的伪装和伎俩，所谓"火眼金睛"的志怪写法。原来，"火眼金睛"是"豁眼净睛"的谐音，指视力通明，眼珠没有浑浊。特殊的"能焉"也就是善变，就结晶成为孙悟空的七十二变。

猴与取经的联系，天机奥妙仍然是猿猴志怪文学中颠倒黑白、指鹿为马、张冠李戴、无中生有的谐音方法。边境烽火是在台上点燃的，而这种边防守望的台，也叫"堠"，或写成"候"，与"猴"恰可谐音。文章的《候者——孙悟空的历史人物原型》一节，举出孙悟空是从真实的历史原型而再艺术化的，孙悟空是中国土生土长的铁证。

唐慧立、彦悰《大唐大慈恩寺三藏法师传》卷一说:河西的慧伟法师向玄奘详说前面路途的危险。"关外西北又有五烽，候望者居之，各相去百里，中无水草。五烽之外即莫贺延碛，伊吾国境。"玄奘"闻之愁愦，所乘之马又死，不知计出，沉默经月余日"。传记对过五烽之险与得助有详细记叙:"径八十余里，见第一烽。恐候者见，乃隐伏沙沟，至夜方发。到烽西见水，下饮盥手讫，欲取皮囊盛水，有一箭飒来，几中于膝。须臾更一箭来，知为他见，乃大言曰:'我是僧，从京师来，汝莫射我。'烽上人亦开门而出，相见知是僧，将入见校尉王祥。"王祥听了玄奘的表白，很受感动，便赠送粮和水，送出十里。说:你到了第四烽，就说是我请他帮助你。"既去，夜到第四烽。恐为留难，欲默取水而过。至水未下间，飞箭已至，还如前报，即急向之，彼亦下来。入烽，烽官相问，答:'欲往天竺，路由于此，第一烽王祥校尉故遣相过。'彼闻欢喜留宿，更施大皮囊及马、麦相送。云:'师不须向第五烽。彼人疏率，恐生异图。可于此去百里许，有野马泉，更有水。'从此已去，即莫贺延碛……"

胡适《西游记考证》特别提到这篇传记，说："传中说玄奘路上经过许多艰辛困苦，乃是《西游记》的种子。我们且引他一段。"所引就是上面的原文。接着引述了高昌国王等对玄奘的大力支持与帮助，从而说："从此以后，玄奘就是'阔留学'了。"即最大的困难已经解决。胡适还客观地说到"候望者"帮助取经的重要，由于要证成"进口"说心切而对候望者与猴行者的关系失之交臂。而萧兵先生则故意只字不及，便是对于自己不利的论据特意隐蔽。

萧兵说："举一个我自鸣得意的例子。我在《西游记》里'发现'了孙悟空救援朱紫国王妃金圣娘娘的故事，跟《罗摩衍那》里哈奴曼救援罗摩王妃息达的情节简直如出一辙。……甚至《罗摩衍那》里的描写也跟《西游记》相似。"（按，即两者都烦恼得不打扮。）"这种密合得天衣无缝的细节，中国古代学者称之为'铁板注脚'。得到这个钢铸一般的'物证'，我不免洋洋自得。如今谁还能否定《西游记》接受过《罗摩衍那》的间接影响？果然，江绍原、袁珂、季羡林、伊藤清司、孙述宇等海内外名家都复函给我以热情鼓励，以为此案已定，万世难翻。连始终反对'影响说'的金克木先生都说他并不排除某种间接的'细枝末节'的交流或移植，吴晓铃先生也没有怎样责备我的狂妄和自信，而予以'默认'。"

刘先生说：如果的确是密合得天衣无缝，那就是说成抄袭，何尝不可以呢？但是，两段的文字的差异却很大。《罗摩衍那》是说仍然带着爱情的纪念物，即耳环、手镯、额上和胸上依然有宝石等"珍饰"这分明是打扮富丽。《西游记》则确实是写不打扮，而这是我国古代文学的常规性方法。《诗经·魏风·伯兮》："自伯之东，首如飞蓬。岂无膏沐？谁适为容？"《战国策》已经有格言："士为知己者死，女为悦己者容。"还要受《罗摩衍那》间接影响才这样描写吗？刘先生就这样一一具体论证《罗摩衍那》影响说"八证"不能成立。

茅盾曾论证中国没有高雅成熟的性文学，刘先生则以《冯梦龙民歌集三种注解》论证其误。并论证中国高雅成熟的性文学即以谐音把性内容包装得天衣无缝为高明巧妙的手段。《性文化词语汇释》则构建了中国性文化的词语系统与网络。这一研究也是振聋发聩的。

三

刘瑞明的研究条件差，没有对照敦煌文书显微胶卷的方便，不能作对校，就扬长避短，发挥他精细思考的思辨作理校。他的敦煌学研究似乎可以概括为既拾遗补缺，又攻坚解难。

初唐民间诗人王梵志的诗歌曾是中外研究的热点，项楚先生《王梵志诗校注》是大获高誉的名著，刘先生把四万字的《项楚〈王梵志诗校注〉补遗与商兑》敬请周一良先生指教，周先生给刘瑞明的信中说："稿中胜义不少，如'负特'当为'负持'，'无赖'之同'无奈'，'长生'之为'常生'，以及'鬼朴'、'连脑'等词之解释，皆以钦服。大稿着重体会原诗用意，尤见细心。'天下恶风俗'解为冥婚，颇有见地。"

1997年中华书局出版黄征、张涌泉《敦煌变文校注》成了敦煌变文校勘断后之作，再也没有相关的讨论新作。刘瑞明则有《〈王昭君变文〉再校议》等多篇文章。"直为作处，伽陀人多出来掘强"简直是不知所云。《史记·匈奴列传》："逐水草迁徙，毋城郭常处耕田之业"，"利则进，不利则退，不羞遁走。苟利所在，不知礼仪……急则人习战攻以侵伐，其天性也。"据此，刘先生议句似可恢复为："□□（唯利）是竟（竞），□直□□（不羞遁走），□□□□（逐水草徙），为作处伽（在处为家），□人多（人习侵伐），出来掘强。"又如"传闻突厥本同威，每唤昭君作贵妃。呼名更号烟脂氏；独恐他嫌礼度微。"刘瑞明校勘为"传闻突厥不同俗，毋唤昭君作贵妃。呼名更号烟脂氏；犹恐他嫌礼度微。"又如把"首领尽如云雨集，异口皆言斗战场"校勘为"首领尽如云雨集，异日皆曾斗战场"。把"妾貌如红线"校勘为"妾愿如鸿雁"。把《孔子项托相问书》"妇坐使姑，初来花下也"校勘为"初来他家也"。《韩擒虎话本》："有北番大下单于遂差突厥首领为使，直到长安。"项楚《敦煌变文选注》把"大下"校为"大夏"，特为设注："原文'下'当做'夏'。大夏是东晋时赫连勃勃建立的政权（407-431），与韩擒虎时代不相值。又北宋党项族李元昊所建政权也称大夏。"这等于说，此变文的作者、讲说者发生了历史年代的极大错误。刘瑞明说"北蕃大下单于"宜校为"北蕃下大单于"，"北蕃下"即"北蕃家"即"北番"之意。

《孔子项托相问书》第二部分尤为奇特，而出人意料。项托预计到孔子出于妒才要杀害自己，便躲在地下石堂中读书。孔子又设计而探知他藏身处，终于杀死项托。此变文结尾两句是："夫子当时甚惶怕，州县分明置庙堂。"项楚《敦煌变文选注》："州县分明置庙堂：谓州县皆将孔子像置于高堂之中供祀。"但是，这个注释反而更把人弄糊涂了。孔子当时对杀项托害怕，下文当叙他因此而有什么补救措施，怎么会一下跳跃到与此无关的唐代州县设孔子庙呢？若说设孔子庙，北齐已如此，为什么反说后来的唐代呢？更为重要的是：孔子杀项托是极卑劣的，他自己也惶怕，变文作者为什么反而要舍此不作交代，以作孔子庙来抬高孔子，莫非是以为杀项托不但无损于孔子伟大，反而证明了孔子的伟大。刘瑞明说："今议孔子杀项托是特意用'既生亮，何生瑜'式的夸大艺术手法。这是很有匠心的大手笔，也是险笔。先给大圣人脸上抹大大的一团黑，然后再让他将功补过，从而给大圣人脸上贴金。'解铃还得系铃人'，欲进先退的设计。孔子建议，各地建项托庙，传颂祭祀这位神童。这正是《论语·子张》中子贡的话：'君子之过也，如日月之食焉。过也，人皆见之；更也，人皆仰之'。如此，文章便由险而夷，由石而金，思想性与艺术性双兼了。祭项托而有庙，不会全是作者的艺术构思，应当也有唐时现实依据。只是记载缺失，笔者只查到明代一条资料。黄瑜《双槐堂岁钞》卷6'先圣大王'条：'保定满城县南门有先圣大王祠。神姓项，名托，周末鲁人。年八岁，孔子见而奇之。十岁而亡，时人尸而祝之，号小儿神。'"所言的"时人"，即项托死后不久，孔子尚活的时候。所以可以处理为庙由孔子倡议而建。可以相信，明代之前，在唐代或以前，民间多有称项托为"小儿神"的，也有庙祭的。《〈下女夫词〉的古代婚姻文化蕴涵》说：《下女夫词》是以婚姻习俗为素材的讲唱文学，其中包含了古代婚姻文化的许多蕴涵，很有认识与欣赏价值，值得挖掘。

蕴涵之一："摄盛"与"新郎官"。《下女夫词》中新郎自称"长安君子，进士出身。选得刺史，故至高门"。谭蝉雪先生解释说，新郎在婚礼中这样夸大自己身份，超越自己级别举行婚礼，反映的是古代"摄盛"的婚礼习俗。《仪礼·士昏礼》贾公彦疏："《周礼·巾车》云：'……大夫乘墨车，士乘栈车，庶人乘役车。'士乘大夫墨车，为摄盛也。"《明史·舆服志》："庶人婚，许假九品服。"明代已经没有车的那些区别，就以穿九品的官服来摄盛。刘先生补言，从"摄盛"可以解释民间为什么或把新郎叫"新郎官"。真正摄盛的也只是富裕而爱好虚荣的人家，但影响所致，做不到的不妨特意只是口头"说道"，以凑热闹。于是人们把新郎用"官"来趣称。之二：追索难新郎的产生由来及传承。之三：唐代婚礼的时间在晚上。之四：在女家成婚。之五：最早的用镜避煞记载。之七：情深意远的"合发"。之八：从"系指头"到"缠臂"。之十："下女夫"与"下高坐"。之十一：《下女夫词》与以梦预测婚姻的民俗。之十二：新娘顶盖头的最早记载。这些可以不叙。之六：祝愿多生儿，少生女。《下女夫词》的《至堆诗》："彼处屋瓦砾，何故生此堆？不假用锹镢，且借玉耙摧。"谭蝉雪《敦煌婚姻文化》："'堆'是何物？……是为婚礼专设的土堆。我国西周以来，在宴饮宾客时，就有反坫之设：'邦君为两君之好，有反坫。'疏曰：'宾主饮毕，反爵于坫上。'此时只限于国君宴宾，最后把酒器覆于坫上。'宾礼甚重，两楹间有反爵之坫，筑土为之'。（《通典》卷58，典337）可知坫是用土作成。……在婚礼的合卺中，则必须设坫。……据此看来，敦煌婚礼的'堆'应是'坫'的俗称。"刘先生说：但是，诗中明明说的是"瓦砾堆"，是临时设施，还要把它摧倒。也与酒无关。至堆时，新郎还没有进门，并不是合卺的时候。而古代的坫，却是专门用于置酒器的固定的设施。

《诗经·小雅·斯干》："乃生男子……载弄之璋。……乃生女子……载弄之瓦。"于是"瓦"特殊地与生女孩联系起来。陆游《老学庵笔记》:"童谣云:'牵郎郎,拽弟弟,打碎瓦儿不着地。'以为祝生男之意。"梁绍壬《两般秋雨庵笔记》卷四《山歌》:"儿童扯衣裙相戏唱说:'牵郎郎,拽弟弟,踏碎瓦儿不著地。'《询蒭录》曰:'此祝生男也。踏碎瓦,禳之以弄璋;牵衣裙,禳之以衣裳;不著地,禳之以寝床。上二句说多男,下一句说禁生女。'"清顾张思《土风录》卷十九《牵郎郎,拽队队》说或把此童谣变成:"牵郎郎,拽队队,打碎瓦儿不着地。"也把"瓦窑"作为对只生女孩的妇女的谑称。清褚人获《坚瓠三集·弄瓦诗》:"无锡邹光大连年生女,俱召翟永龄饮。翟作诗云:'去岁相召云弄瓦,今年弄瓦又相召。作诗上覆邹光大,令正原来是瓦窑。'"《聊斋志异》卷三《翩翩》:"女迎笑曰:'花城娘子……小哥子抱得未?'曰:'又一小婢子。'女笑曰:'花娘子瓦窑哉!'"台湾一些地方在大门与新房前要放一些新瓦,新娘进门时要用力踩碎它们,叫"踩破瓦"。当地的解释是,因台湾土语中"破瓦"与"破邪"读音近似。其实从深处说,也是希望多生儿子,少生女子。蕴涵之九:"牵绳入此房"与"月下老人"。《下女夫词》"牵绳入此房",指一根无形的绳子把新郎牵到新房。这无形的绳子是"绳—丝—情思"的三曲折。即绳是丝制的,"丝"又谐音"情思"。这种谐音从金文与《诗经》中已经开始,民间文学大量引用。唐李复言《续玄怪录·定婚店》又用同样的谐音方法编造配套的"月下老人"说法。

四

刘瑞明《说神道鬼话民俗》一书分"鬼神编""预测编""婚姻编""一般民俗编",独到之处是深入揭发隐秘机制而可以破除迷信,有助于建设社会主义精神文明。早在一些单篇文章发表时,就有"洞幽烛微,独到卓绝""道人所未道,发人所未发"之誉。例如:为什么喜鹊叫,客人就到呢?为什么会有"七十三,八十四,阎王叫你商量事"的年忌呢?迷信的镇鬼符上为什么有特别的"靐"字呢?一百多年的民俗研究,论著多多,名家也不少,然而大都对此类的疑难避而不谈,原因只能是问题本身难于解释。连"圣人"孔子很早就是"不语怪、力、乱、神"的,他的态度是一概回避,说都不说。他全力阐述经国济世理论,无暇旁骛疑难民俗。而民俗学已经是我国学术的一个学科,就不应当回避此类疑难。刘瑞明先生知难而上,专门从事民俗探源揭秘研究,已发表了许多内容深刻、见解独到的论文。这些论文对疑难探源研究的指导性认识是:

(一)民俗虽然表现为一种说法,一种事象,但实际上是多元文化的复合体,有哲理、科学、文学、宗教、迷信、语言、历史等内涵。正因为是多元的,单从某一方面就难以解释清楚。也正因为是多元的,在学术上就成了"三不管"的空白区域,要让民俗学独当一面，冲锋陷阵，就不能奏效。

（二）民俗与语言特别有不解之缘，那些难以解释的地方，往往是借助语言手段来显弄神通。其中最常见的正是刘瑞明先生近年新论的"谐音隐实示虚，追求趣难"的机杼。很有文化的人，包括语言学家、民俗学家在内，往往不知道这种机杼，而一般来说文化程度不高的迷信的初始制造者与后来的繁衍者，却是对它非常精通而又善于随机应变的，他们善于在正统文化中钻空子，移花接木，狗尾续貂。这实在是出人意料的。

（三）对不合常理而有隐秘性的民俗，要了解它的演变形成的网络，常常要追究源始。

（四）民俗研究要破除迷信，民俗研究要与语言研究紧密结合。

"鬼神编"的文章的宗旨都是说明神由人造，鬼也由人造，编造鬼神及其各种说法的人，是要卖弄"捣鬼有术"的聪明才智。例如《简说三魂七魄》发掘出宋代俞琰《席上腐谈》卷上对"三魂七魄"另作如下解释："医家谓肝属东方木而藏魂，肺属西方金而藏魄，道家乃有三魂七魄之说。魂果有三、魄果有七乎？非也。盖九宫数以三居左，七居右也。白玉蟾三龙四虎之说亦犹是，盖《太玄》以三为木，四为金也。"再作解释:把这一、二、三等数与各组事物（如五星、九野、九神、九色）来一一搭配，从而推论某种所谓的事理。如与五星相配时，一配水星；二、五、八配土星；三、四配木星；六、七配金星；九配火星。中医把魂与五行的木，把魄与五行的金搭配。把这两种搭配与九宫结合起来，就成为这样的纯形式的推理:肝=木=魂=三；肺=金=魄=七。将二者的前半部分截取，各是:三=魂；七=魄。把二者联合起来，又去掉等号，便成为:三魂七魄。其实它的内部关系用现在的标点符号表达，本应标点为"三（魂）七（魄）"，即"三"代表魂，"七"代表魄。但古代没有这样严密、细致的标点符号，道教理论家便钻空子有意歧解成:三种魂、七种魄。

《地狱及其内容是怎样编造的》的一些内容。坟墓在大山里，"大"字可以通假"太"字，"太"字可以通假"泰"。于是作"大山—太山—泰山"三曲折。"大山"摇身一变，成为专名的"泰山"。于是古代就有"魂归泰山"，泰山是地狱所在之说。泰山脚下实有一条河叫"漆河"，变成了魂灵过奈何桥。"迷魂汤"词出现在元代，是揭露、讥斥妓女花言巧语骗人钱财的。无名氏《点绛唇·赠妓·后庭花》："则待学不下糟糠妇，怎做得出墙花、临路柳歧？使了些巧心机，那里有真情实意？迷魂汤滋味美，纸汤瓶热火煨。初相逢一面儿喜，才别离便垂泪。"今时陕甘方言、徐州方言有"给人灌米汤"说法，指说对方爱听的话；听了这样的话叫"喝了人家的米汤"。"米汤"是"蜜糖"的谐音倒序趣说。由此"迷魂汤"成为人死再转世，离开地狱时要喝"迷魂汤"。"望乡台"本是一般词语。出征的军人，远离家乡的人，登上任何高处瞭望家乡方向，都说成"望乡台"。唐王勃《九日升高》："九月九日望乡台，他席他乡送客杯。"把这种说法移用于地狱，便说地狱实有"望乡台"。

《灶鸡、蟑螂是这样成为灶神的》的一些内容。《礼记·礼器》："燔柴于奥。夫奥者，老妇之祭也，盛于盆，尊于瓶。"灶神是老妇，应是地地道道的最早的民间传说的灶神，指远古时的烹调炊饭有名的一批家庭老主妇。《庄子·达生》说"灶有髻"。晋代司马彪注："髻，灶神，著赤衣，状如美女。"这又是由老妇到后时变说。"髻"应是"积"的谐音。《荆楚岁时记》："灶神姓苏，名吉利。"《后汉书·阴识传》注引《杂五行书》："灶神名禅，字子郭。"《酉阳杂俎前集·卷十四·诺皋记上》："灶神名隗，状如美女。又姓张名单，字子郭。夫人字卿忌，有六女皆名察（一作祭）洽。"

灶神是由人们都希望灶上粮油不断，即"灶有积蓄""灶有码积"而创造出来的。唐段成式《酉阳杂俎前集·卷十七虫篇》："灶马，状如促织，稍大，脚长，好穴于灶侧。俗言：'灶有马，足食之兆。'"灶马是南方灶间常接连有的一种昆虫人。把接连在灶间出现可以说成"灶码"，而谐音成为趣名"灶马"。由虫鸣声"唧唧"谐音得趣名"灶鸡"。即"灶马""灶鸡"各隐喻"灶有码积""灶有积蓄"的希望。于是这种昆虫成为灶神。

蟑螂是昆虫学中蜚蠊目的俗名。常咬坏衣物，由腹部背板两小孔分泌特殊臭气，沾污食物。厦门、柳州、贵阳、长沙、成都，都叫"偷油婆"。娄底叫"油盐虫"，都是从有臭味称名的。娄底的称名实际是对"有厌"的谐音隐实示虚。偷油婆之名甚有趣，但此虫并不如老鼠一样专偷吃油或食物。民俗对厌恶事物有语言避忌习俗而反向吉说，特称"改彩"。把蟑螂是有厌的虫，谐音趣说为"油盐充"，寓油盐足之意，与"灶有马，足食之兆"相似。遂成"油盐虫"之名。而"偷油婆"之名是从"透有厌气而多"的事理说法趣味谐音而变的，又变成"投油盐多"的吉说。"颇"在古代意思是：多。"多"换为同义的"颇"，又趣成同音的"婆"。如此，害虫的蟑螂也就摇身一变为灶神了。

"隗"当是火神祝融异名"吴回"的反切拼音。灶神夫人"卿忌"，当是"庆吉"的记音别写，承"灶鸡"之鸡，与"苏吉利"一致。字"子郭"似由"锅子"倒序而谐隐。锅与灶相属。灶神女儿之名一作"祭洽"似合宜，也从灶鸡来。可见"灶有髻"的"髻"，也是从灶鸡虫之名而来的。可以说在庄子时代，人们已对此虫神化了。后来又说灶神叫"苏吉利"，此"吉"与"鸡"，而"苏"应是"粟"的隐实示实。粟积（灶）里，这是人们的希求，"苏"是假趣成姓。就像以"孙悟空"来隐含它本是猢狲一样。

范成大《祭灶词》特叙:"男儿酌献女儿避。"民俗又有"男不圆月,女不祭灶"的谚语。这是怎么一回事呢?刘先生以为,由于灶神是男神而状如美女,所以趣说女不祭灶,怕妻子、女儿与灶神有了人神之恋。而"男不圆月"本当指汉代已有的女儿七夕乞巧,由此搭配上女不祭灶。到清代时,男不拜月"指八月中秋节,其实也是一种趣说,民俗并不刻意避忌,风俗书籍中所叙即不一致,此不赘言。

以前一年两次祭灶。《月令》:"孟夏之月,其祭灶。"又,腊祭五祀中再祭。《后汉书·阴识传》:阴子方一次腊月祭灶时,灶神因他仁孝而现身。由此暴富,人口兴旺。《搜神记》又有转叙。受此影响,原来六月的祭灶也和合并在腊月。

《淮南万毕术》:"灶神晦日归天,白人罪。"灶鸡成为灶神,本寓粟积灶里之意,趣说为名叫苏吉利。而聪明的好事者又暗中谐音为希望他归天"诉吉利",所以人们又担心他白人罪,便有了新的趣谑民俗。《东京梦华录卷十·十二月》:"二十四日交年……帖灶马于灶上,以酒糟涂抹灶门,谓之'醉司命'。"不用醇酒,而用酒糟,是戏耍他。《梦粱录卷六·十二月》:"二十四日,不以穷富,皆备蔬食、饧、豆祀灶。"用麦芽糖粘牙粘嘴,用其豆崩牙,都是让他无从白人罪的调侃说法。后世祀灶对联"上天言好事;回宫降吉祥"承此。

《婚礼中"避煞"民俗探微——兼论处女红禁忌始原》的一些内容。现在婚礼或有向新娘新郎撒彩色纸屑的,这是古代对新娘避煞的无寓意的转化,而古代对新娘避煞的习俗是非常普遍而重视的。有多种避煞方法。(一)用镜使煞鬼怕显形而逃避。(二)用射箭、火烧、水泼。(三)用鞍、秤、瓶谐音"平安"。(四)扇、伞、筛等物。明代剧本《刘知远白兔记》:"新人入得李家宅,怀里抱着银宝瓶。"《金瓶梅》第19回叙李瓶儿嫁给西门庆:"妇人抱着宝瓶,径往他那边新房里去了。"第91回孟玉楼嫁李衙内:"媒人替他带上红罗销金盖袱,抱着金宝瓶。"就是把抽象的平安意谐音而物化为具体的瓶,与鞍、秤一样,有了可操作性。今洛阳、太原等地还有跨马鞍的习俗。在河南太康,是把秤与斗、镜等放在拜天地的桌上。山东一些地方,放着装满高粱的升和斗,斗中插秤,新郎到时候用秤杆揭新娘的盖头。

煞是什么?由于各种原因,人们已不确知。所有的避煞措施都是针对新娘实施的,即实际上都以为煞是新娘内在的。有的地方就直接说是新娘所带的"红煞"。然而从做女儿到新婚之夜,新娘最大的区别或新情况,就是首次性交的流女儿红。所以婚礼的避煞就是源于处女红禁忌。对原始人类进化及风俗演变的全局性研究已经明确知道,原始人类因有血的禁忌,而有处女红及月经禁忌。流血是与伤亡相联系的,因畏惧而禁忌,本属自然。处女膜因性交破裂而流血,定期的月经,又看不到什么明显的不良影响,原始人类很难理解而奇怪,会把以后的某些灾难乃至死伤以为正是这种流血所致，也就畏惧而禁忌。正面的处女红禁忌早已荡然无存，并且走向它的反面的追求"见喜"。人去楼空，但它的影子顽固地隐藏在几千年的婚俗中。

最近几十年来，以武则天称帝为题材的电影、电视、小说甚多，都大肆渲染袁天纲为武则天相面的奇事，致使许多人相信而称赞不已，由此更坚信相面真的可预知未来。《袁天纲为武则天相面是编造的谎言》先引此说的出处：《新唐书·方伎·袁天纲》："武后之幼，天纲见其母曰：'夫人法生贵子。'乃见二子元庆、元爽曰：'官三品，保家主也。'见韩国夫人曰：'此女贵而不利夫。'后最幼，姆抱以见，绐以男，天纲视其步与目，惊曰：'龙瞳凤颈，极贵验也；若为女，当作天子。'"文章从十方面论证是谎言。如，疑义之七：在武则天做天子之前，谁也没有女天子的概念和想法，更不会有女天子会有什么特殊贵相的研究和说法，袁天纲怎么会突然之间就会有这个判定呢？武则天当了天子之后，好事的相面术者就可以从此实例再做理论研究，提出皇后妃子贵相的项目，来补充"学术"空白。然而没有，这说明女皇帝本没有什么异相。疑义之八：断定某人有天子之相，断言他必当天子，无疑怂恿造反，是反动之言。相面者与被相面者都是杀头之罪。袁天纲及武则天父母岂不知，岂不怕？疑义之九：袁天纲怎么会给武则天一家人来相面的呢？故事躲避交代时间、原因。《谭宾录》："敕召袁天纲诣京师，途经利州，士使相妻杨氏。"当时武则天在襁褓中，即充其量是两岁。武则天生于唐高祖武德七年，即公元624年。相面应是625年。但《旧唐书》明言"贞观八年，太宗闻其名，召至九成宫"。《新唐书》言是"贞观初"。贞观八年即公元634年，此时武则天已11岁。即令把"贞观初"视为贞观元年即公元627年，武则天也四岁了。也就是说，故事所言的时间不确，由此可知袁天纲在武则天两岁时，并未被唐太宗诏到京城，也就不可能路过利州而给武则天等人相面。

在以前，《推背图》在文化较低的群众中曾是很有影响的一本书，现在的老年人有时还提到它。它的主要影响是宣传迷信，对于未来朝代的变化，天命早已决定了，个别会算卦的高人可以预知以后几百年甚至近千年的朝代兴衰代替。因而人们或把它神秘地称为"天书"。《〈推背图〉评说》论证了其实这完全是一种假造的骗术。例如第六十图画的是两人推背而行。有诗："茫茫天数此中求，世道兴衰不自由。万万千千说不尽，不如推背去归休。"民间由此编造了这样一个故事：有一天李淳风在画这种预言图的第六十图，袁天纲到来，暗中在背后看到他画完后，就把李淳风的脊背推了一下，说："别推了。"因而再未多画，书名也叫《推背图》。这实在是个巧妙的结尾。因此也有说《推背图》是李淳风与袁天纲二人合写的。刘先生说图中的诗句"万万千千说不尽，不如推背去归休"，实际意思是：万万千千的具体后事是预言不完的，不如只推算一下一辈一辈的皇帝传位而结束吧。上述故事的"别推了"一意不合原诗之意。

　　总之，刘瑞明先生的论著都是针对学术疑难与误说而研究，内容充实，观点新颖，胜义如云。他还有待出版书稿:《〈山海经〉新校注新论》90万字、《神话传说精怪详解词典》90万字、《古代爱情民歌性文化解读》30万字、《敦煌神秘文化研究》30万字。

《陇上学人文存·刘瑞明卷》(第三辑)

作者：马步升

辛安亭

屈指算来，辛安亭先生离开我们已经整整 34 个年头了。斗转星移，沧海桑田，唯有笔墨文字可以长存人世。整理编辑辛安亭文存，不仅是对他个人半个多世纪学术生涯的回顾，也折射着国家与时代变迁某些重要的历史片段。

一、生平简介

辛安亭（1904—1988），我国著名的教育家、编辑出版家和青少年通俗读物作家。1904 年 12 月 16 日，他出生于山西省离石县沙会则村一个农民家庭，少年时期在家乡上了冬学和初级小学，1920 年秋考入八十多公里外方山县的省立第二贫民高级小学。[①] 1923 年考入山西著名的公立学校——太原进山中学，在进山长达六年的学业中，他阅读了大量五四新文化及马克思主义的著作，开始接受共产主义的思想理论。[②]

1931 年夏，辛安亭考入北京大学历史系，是当年山西省唯一考上北大的学生。北大学术自由兼容并包的氛围，使他有更好的条件阅读马列著作以及进步的文学作品。

---

① 高小三年辛安亭印象深刻，尤其怀念当时的张修校长。晚年撰写《纪念蔡元培先生逝世四十周年——兼怀张修校长》（《钟情启蒙 执著开拓——纪念著名教育家辛安亭诞辰100周年》，兰州大学出版社2004年版）；《旧社会一位杰出的教育工作者张修》（《西北师院学报》(社科版)，1988年第4期）两文以示纪念。

② 辛安亭晚年撰写《"进山"六年》（《中学生文史》1985年第1期）对进山中学严格的入学考试和学校生活均有回忆。这一时期的同学后来很多走上革命道路，以后成为国家重要领导干部，有的成为著名学者。

入校不久他与进步同学共同组织了"宏毅读书会"，①研究探讨马列主义理论。由于经济原因，在北大读书前后，他先后在山西省祁县中学、运城师范、内蒙古呼和浩特正风中学、太原师范教书六年时间，太原师范期间曾因思想进步被捕入狱 72 天，对社会黑暗有了更深的感触。

全面抗战爆发后，辛安亭决定奔赴延安。1938 年 3 月他到达延安，在陕北公学学习三个月，于 7 月 1 日被分配到陕甘宁边区教育厅，开始了长达十一年的教材编写生涯。1939 年 2 月他加入中国共产党，年底被任命为编审科长，此后一直负责中小学课本和通俗读物的编写和审查工作。延安十一年辛安亭成果卓著，他编写的教材和读物四十余本，大致有以下几类：初小和高小的语文、地理、历史、自然、卫生等课本；边区民众课本、冬学识字课本、日用杂字、农村应用文等民众读物；中国历史讲话、农村干部文化课本等教师读物；儿童三字经、儿童作文、儿童日记、儿童谜语等儿童读物；干部文化课本、干部识字课本等干部读物。此外，他还撰写了一批有关教材教学的论文，发表在《边区教育通讯》《解放日报》等报刊。辛安亭编写的课本和通俗读物，流传地域甚广，除陕甘宁边区外，华北、华中的抗日根据地和解放区多有翻印。当时，陕甘宁边区流传着"政府的林主席（林伯渠），编书的辛安亭"②顺口溜，足见其知名度。可以说，辛安亭为革命根据地的教材编写出版事业做出了卓越贡献，被称为共产党编写小学教材的"鼻祖"。③

1949 年 6 月，辛安亭随军到西安、兰州，以军管代表的身份，先后接管了陕西师范专科学校（陕西师范大学前身）、兰州大学、西北师范学院（西北师范大学前身）等高校。他尽快处理各种复杂情况，除旧布新，稳定了学校秩序。军管结束后，辛安亭被中央人民政府先后任命为甘肃省人民政府委员会委员、西北军政委员会文化教育委员会委员，被政务院任命为甘肃省文教厅厅长，兼任兰州大学校务委员会主任。

1951 年 8 月，辛安亭作为党的教材编写专家，被调往人民教育出版社（简称人教社）任党委书记、副社长兼副总编辑，主持出版社的日常工作。④人教社是国家统一编辑出版中小学教材的专门机构，直属国家教育部，汇聚了一批国内知名的专家学者。

---

① 宏毅读书会的主要成员有：北大的宋劭文、张元美、刘岱峰、任伯超；清华的裴丽生、李裕源；北师大的狄景襄、席尚谦等一批进步同学，其中有好几位是进山中学时的同学。参见敬小行：《辛安亭传略》，《钟情启蒙 执著开拓——纪念著名教育家辛安亭诞辰100周年》，第286页。

② 牛喜林：《教育家——"编书"的辛安亭》，《中国教育报》2005年3月5日第四版。

③ 1979年，在全国教育学研究会的首届年会上，教育部副部长张健称辛安亭是我党编写小学教材的"鼻祖"。参见敬小行：《辛安亭传略》，《钟情启蒙执著开拓——纪念著名教育家辛安亭诞辰100周年》，第292页。

④ 人民教育出版社1950年12月1日在北京成立，是新中国第一家教育出版社，负责统一编辑出版中小学教材，直属国家教育部。中央人民政府对人教社高度重视，毛泽东亲自为出版社题写了社名。参见郭戈：《70年前人民教育出版社的筹建》，《中国出版史研究》2020年第4期。

辛安亭与社长兼总编辑叶圣陶（1894—1988）先生密切配合，全力以赴地投入人教社十一年的教材编写工作中。按照教育部制定的大纲，1954 年辛安亭主持编写了我国第一套全新的中小学教材，为我国的基础教育做了奠基性的工作；作为早期领导，他还为人教社初创时期的机构设置和制度建设作出了重要贡献；同时他积极从事相关的研究工作，创办了内部交流的业务期刊《编辑工作》，他自己在该期刊以及《人民教育》《语文学习》《教师报》等发表论文 20 多篇，为我国中小学教材编写出版和研究事业作出了开拓性和奠基性的贡献。

1962 年年初，辛安亭再度来到甘肃兰州，受省委之命创办甘肃教育学院，任党委书记兼院长，短短几年时间将这个从无到有的学校办得有声有色。1966 年 "文化大革命" 开始后辛安亭被打成 "走资派" 和 "反动学术权威" 受到批判，1969 年教育学院被撤销，并入西北师范大学。1976 年粉碎 "四人帮" 后，年逾古稀的辛安亭再度焕发青春，他被任命为兰州大学的党委副书记、副校长，主持全校工作。1982 年辛安亭 78 岁高龄退居二线，1984 年 80 岁时离休。复出后直到去世的十一年，他以体弱多病之躯，每天写作阅读，出版了 3 部学术著作，多本青少年通俗读物，在各种学术期刊发表论文 60 余篇，可谓老骥伏枥，笔耕不辍。

从辛安亭丰富的个人经历中可以看出，他是一位集中小学教材编辑出版、通俗读物作家、高校领导于一身的教育家。他除了撰写出版教材及通俗读物外，还发表过百余篇相关的学术论文，字数近百万字。本文存从他已发表的论文及遗作中精选 24 篇论文，力求反映辛安亭一生所涉猎的主要领域和主要研究成果，根据不同的主题分为四辑内容：教材编写研究，语文教学研究，教育学与人才培养，历史文化及其他。本人根据自己的整理和粗浅阅读，对四部分内容依次给予介绍和评论，以见教于方家，也希望对各位读者有所帮助。

二、教材编写研究

辛安亭一生从事中小学教材编写工作长达 22 年，在延安编审科和人民教育版社各 11 年，因而教材编写研究在其论文中占有极为重要的地位。在长期的教材编审实践中，他积累了丰富的经验，形成了比较系统的见解和认识，并总结出教材编写的若干原则与规律。同时，辛安亭的教材编写实践，也见证和反映了延安时期和中华人民共和国成立初期我党中小学教材编写的发展历程，具有重要的历史价值和借鉴意义。文存第一辑选择论文 9 篇，延安时期 5 篇，人民教育出版社时期 4 篇。

辛安亭延安时期的 5 篇论文，有 2 篇写于 20 世纪 40 年代，另外 3 篇是 20 世纪 70 年代后期对延安教材编写工作的回顾。写于 1979 年的《编写陕甘宁边区小学及农村文化教材的几点体会》一文，近4万字，对延安时期的教材编写有系统性的总结，引用了相当丰富的课本资料，值得特别关注。初稿于1949年、修改于1977年的《回顾在延安十一年的教材编写生活》一文，与前文相得益彰，可视为姊妹之作。写于延安时期的2篇论文，分别讨论成人课本和初小课本。数文参照，可以较为完整地了解延安时期教材编写的基本情况。概括而言，最可关注的内容如下：

第一，延安时期三次小学教材改编。自1937年冬季开始，在陕甘宁边区教育厅编审科主持下，近十年的时间中，小学教材开展过三次大规模的编撰和修订，这是中国共产党建立后全面编写教材的开端，具有深远影响。辛安亭是三次教材改编的亲历者和主持者，其论文对此有比较完整的说明与讨论。第一次新教材的编写开始于1937年年底，辛安亭1938年7月报到后，马上投入工作，他负责高小历史和地理课本的编写。这套教材的主旨是突出抗战主题，在抗日战争初期起到了动员全体同学奋起抗日的积极作用。随着陕甘宁边区政治局势逐渐稳定，自1940年开始，在科长辛安亭的主持下开始了第二套教材的编写，到1942年全部完成出版。这套教材更加注重小学教材的教育特征及自身的系统性和完整性，并涵盖了初小和高小各年级全部阶段，内容包括国语、算术、历史、自然、地理、卫生等门类，共计八种三十三册，学科配套齐全，编制较为规范，被认为是在新教育方针指导下编出的一套完美的现代小学教材。延安整风开始后，编辑们反复学习毛泽东的整风文献，马列主义水平和为人民服务的意识有了新的提高，于是从1944年开始，用一年半的时间，对全套教材又做了大幅度的修订改编，于1946年第三次出版发行。与前两次相比，这次改编在方法上尤其注重走群众路线，内容上更加强调结合边区儿童的农村生活和家庭生活的实际。经过此次修订，陕甘宁边区两级小学的通用教材大体臻于完善，[①]这套小学教科书基本上使用到中华人民共和国成立前夕。三次小学教材改编，尤其是后两次的全套教材在共产党小学教材编写史上占有极为重要的地位，它们不仅在陕甘宁边区受到各界广泛的好评和表扬，其传播和影响也扩及其他各根据地和解放区，同时也为中华人民共和国成立后全国统编教材打下了深厚和良好的基础。

第二，成人课本和成人读物的编写。延安时期辛安亭不仅主持编写了三套小学教材，还编写了多种成人课本，主要有农民识字课本和干部识字课本等。他认为成人课本在编写方面应注意两个问题：一是要区别对象。成人不同于儿童，在编写课本时要针对他们生活经验丰富而文字知识贫乏的特点，教会他们快速识字掌握知识，并学以

[①]陕甘宁边区两级小学是指当时边区初小和高小两种形式。根据1938年8月《陕甘宁边区小学法》的规定，"边区小学修业期限为五年，前三年为初级小学，后二年为高级小学，合称为完全小学，初级小学得单独设立"。参见陕西师范大学教育研究所：《陕甘宁边区小学法》，《陕甘宁边区教育资料·小学教育部分（上）》，教育科学出版社，1981年，第11页。

致用，而不是机械地采用小学课本的编法；还要区分干部和农民的不同，区乡干部有工作和学习的特殊需求，一般也比农民的理解力稍高，在教材内容上要有所区别。二是教材的编写形式要恰当。辛安亭主张可以用他们喜闻乐见的方式，比如格言式、谚语式的编法，"以简练精粹的词句，表达丰富而深刻的内容，使学的人既无生字太多的困难，也不感到内容的浅薄"①。他编写的农民识字课本，都是采用三字经、杂字书等旧形式编写，但内容是全新的，"课文采用旧《三字经》的形式，但装上了新的内容，用精练、通俗而有韵的词句，既宣传了党的政策，又没有儿童的腔调，很适合成年农民学习"②。辛安亭用这种形式编成的《边区民众读本》《日用杂字》《识字课本》以及《干部识字课本》和《干部文化课本》③等在边区流传甚广，受到普遍的欢迎。

第三，总结了若干教材编写的经验与规律。通过三次系统性的小学教材改编以及编写各种农民读物、干部读物、教师读物等，辛安亭在实践中总结出若干教材编写的原则和规律，《编写陕甘宁边区小学及农村文化教材的几点体会》一文对此有系统的说明。首先，教材编写要贯穿马克思主义理论和新民主主义思想。正如他以后的回忆："抗日战争以后，老解放区的小学语文课本，除在编写方法上批判地继承了以前语文教材改革的成果外，在内容方面以毛泽东思想为指导，初步运用无产阶级的立场与辩证唯物主义的观点，结合中国革命的实践和劳动人民的生产与生活的实际，从根本上前进了一大步。"④具体说，三套小学教材贯彻了政治思想教育、阶级观念、劳动观念、群众观念、理论联系实际、德智体全面发展等等，都是马克思主义理论、观点、方法以及中国革命实践在教材中的反映和体现，也是区别于旧式教材和国统区教材的核心与关键；在其他各类读物的编写中，辛安亭也始终坚持结合边区实际、走群众路线、区别不同对象、实事求是等符合时代潮流的思想方法。其次，对教育规律本身的积极探索。尤为突出的是三套小学教材的编写，在系统性和科学性上下足功夫，辛安亭总结为综合连贯、精简集中、深入浅出、启发心智等，表现出编者在小学教育和教材编写方面精益求精的专业水准。作为普及教育的重要载体，三套教材在通俗化、大众化、儿童化方面更是用了大量的心思，不论是题材、内容、语言、编排都体现了科学化和儿童化的特征，有些课文今天看来都堪称经典，具有永久的传承和借鉴价值。

①辛安亭：《关于农民识字课本的编法问题》，《教材编写琐忆》，陕西人民出版社，1981年，第126页。
②辛安亭：《编写陕甘宁边区小学及农村文化教材的几点体会》，《教材编写琐忆》，第44页。
③据辛安亭相关论文介绍，1940年编写的《边区民众读本》，内分《抗日三字经》《实用四言常识》《新五言杂字》三部分；1944年编写了《日用杂字》《识字课本》《农村应用文》；1948年编写了《干部识字课本》和《干部文化课本》。
④辛安亭：《小学语文的阅读材料必须丰富起来》，《论语文教学及其他(增订)》，甘肃人民出版社，1982年，第25—26页。

第四，保存了大量的原始资料。由于各种原因，延安时期的很多教材已经散落遗失。辛安亭论文的重要特色是以事实为依据，在论证的过程中经常引用教材原文，今天看来这都是极为珍贵的历史资料。事实上，辛安亭主持编写的三套小学教材和其他各种读物，具有极强的时代感和区域特点，基本反映了延安时期方方面面的大事，包括共产党的主要政策、大生产运动、政权建设、学习劳动英雄、扫盲运动、减租减息、土地改革等等；同时也记录了陕甘宁边区的地理风貌、物产资源、风土人情、耕地种子、医疗看病、富人穷人、土匪官吏等等，多角度多方位地展示了陕甘宁边区广大农村儿童和农民的生活状况，以及时代变迁带来的各种发展和变化，具有极为珍贵的史料价值。

第五，记录了延安时期教材编写团队。延安时期的编审科隶属于陕甘宁边区教育厅，工作人员多时十几人，大多情况下只有三四人，是一个非常精干而专业的团队，他们普遍有多年的教学或普及教育的经验，工作热情和工作效率是前所未有的。辛安亭生动地记述："当时编写的同志共四人，同住在一孔土窑洞里，除了集体讨论外，白天各写各的，很少说话；晚上直写到十一点钟才熄灯上床，次日一早起来，就又开始工作了。一天工作大约十一二小时，并且天天如此，只感到愉快，不知道疲倦，全副精神都倾注到工作中，那种情景今天想起来，还历历如在眼前。"[1]根据各自的特点和专长，几位编辑的基本分工是：辛安亭编写高小历史和地理，以后又加了自然和卫生；刘御（1912—1988）编写初小国语；马肖云（1904—1992）编写高小国语；霍得元（1920—1988）编写初小和高小的算术和自然。[2]这几位都是共产党优秀的教材编写精英，他们经过延安时期的磨炼，以后也成为我国教材编写的主要骨干和教育战线上的重要领导。

辛安亭在人教社十一年的教材编写工作中，不仅主持编写了1954年全国第一套中小学统编教材，[3]而且不断研究各种新问题，发表论文20多篇，提出了很多编辑工作的原则、方法、措施等，为中华人民共和国的教材编写作出了新的开拓性贡献。这里选取其中的4篇，可以大致反映这一时期辛安亭对教材编写的主要探索和想法，涉及新编教材的特色、教材编写的原则以及教材编写中一些不可忽视的问题。

---

[1] 辛安亭《回顾在延安十一年的教材编写生活》，《教材编写琐忆》，第1页。

[2] 据辛安亭论文和其他相关文献，辛安亭和刘御从未离开编审科直到中华人民共和国成立初期；马肖云曾有三年时间在绥德专署任教育科长，后重回编审科直到中华人民共和国成立初期；霍得元加入较晚，但此后一直在编审科到中华人民共和国成立初期。

[3] 全国第一套中小学统编教材1955年部分出版，1956年秋季在全国陆续使用。这套教科书包括课本41种97册，教学参考书23种69册。参见吴小鸥、石鸥：《新中国第一套统编教科书——1955年人民教育出版社编辑出版的教科书研究》，《课程·教材·教法》2010年第10期，第10页。

第一，学习苏联经验需要与中国实际相结合。中华人民共和国成立初期学习苏联是基本国策，在各行各业学习苏联的热潮中，教材编写也积极走在前列，辛安亭有多篇文章论及当时的情况：从1951年开始人教社把苏联十年制学校的各科教学大纲、教科书、教学法都陆续翻译成中文，供编辑们研究体会；数理化科目在中华人民共和国成立初期的课本和1954年全国第一套统编教材几乎是完全照搬的，"只是作了度量衡的相应改变和一些技术性的处理，内容几乎没有变动"。①对于语文、历史等不能直接照搬的教材，也做了相当程度的借鉴和效仿。最突出的是1956年的中学语文课本，仿照苏联的俄语和文学分科，将语文改为汉语和文学两门课，以加强语言训练和文学教育。②辛安亭认为学习苏联的经验，成绩是很大的，"如我们许多教科书的思想性、科学性、逻辑性比较强，这主要是吸收了苏联先进经验的结果。如果单凭我们自己摸索，需要很长的时期才能达到这样的水平"③。

但与此同时，教条主义的问题也很突出。1956年辛安亭发文专门对此讨论，他归纳为几点：一是机械照搬较多。尤其在植物学、动物学、自然地理、外国经济地理等课程中，很多内容完全是讲苏联的情况，与中国实际相差很远；二是教学内容偏重。苏联的课本普遍内容多且重，导致学生学习压力大，身体健康受到很大影响，不能做到因材施教；三是忽略了我们自己的教育经验。一方面忘记了老解放区与实际相结合的好经验，另一方面也忽略了我国传统行之有效的教学经验。而这些教条主义的错误都源于思想方法上的盲目迷信，缺乏具体分析和独立思考的冷静头脑。他强调学习苏联经验一定要与中国实际相结合："如果我们对中国社会的实际、中国历史的实际、中国自然的实际，特别是中国教学的实际了解得多一些，并强调和这些实际尽量结合，好多错误是可以避免的。"④

第二，教材编写的原则与方法。辛安亭在人教社发表的文章中，谈论教材编写原则与工作方法的很多，文存所选的4篇都与此相关。他明确指出教材是培养未来人才的精神食粮，也是体现国家政策的重要材料，因而是一件非常严肃的工作，不能有半点含糊。关于教材编写的具体原则，辛安亭提出很多专业的意见：要恰当地处理抽象理论与实际练习的比例；注意学生的已有知识，尤其是破除已有的错误知识；对学生要有系统研究，把一般了解与重点研究结合起来；教科书要有稳定性，以利于教学的

①辛安亭：《三十年来中小学语文课教学的回顾》，《论语文教学及其他（增订）》，第128页。
②1956年中学语文分为汉语和文学两门课的教学，实行了三个学期。参见方成智：《艰难的规整——中小学教科书研究》（湖南师范大学博士论文），第95页。
③辛安亭：《课本编辑工作方面的经验教训——对朝鲜教育考察团报告的一部分》，《辛安亭论教材》，人民教育出版社，2020年，第116页。
④辛安亭：《课本编辑工作方面的经验教训——对朝鲜教育考察团报告的一部分》，《辛安亭论教材》，第118页。

进行等。在工作方法上，辛安亭主要强调教材编写不是个人创作，不可闭门造车，一定要走群众路线，了解师生的要求，有的放矢。具体的办法大概有：以书面或座谈会的方式征求专家、教师或业务部门的意见；必须处理好读者来信；认真组织参观教学，地点不仅在北京，还应该去外地；积极走访调查，面向更广大的基层工农群众征求意见。所有这些方式，他都做了细致的说明并提出具体的办法，具有相当的实用性和可操作性。他特别指出，工作上能落实好，一定源于思想上对群众观念的真正重视："必须在编辑同志的思想上建立起群众观点，建立起为人民群众服务和向人民群众学习的观点，群众路线的执行才能彻底；才不会是形式主义的，而会收到实际的效果；不会是照例去做，而会随工作情况的改进而改进。"①这些意见是非常中肯和切合实际的。

第三，教材编写的细节不可忽略。辛安亭认为教科书是一个整体，每一个环节都不可忽视，包括课本中的数字、插图等，他有两篇文章对此专门讨论。首先，精确性。辛安亭指出，教科书中的每一个字都应该经过认真的衡量，这里所谓每一个字，不单指文字，也应包括数字。"有人把数字称为'数字语'，是很有道理的。数字也是一种表达意思的语言，而且是很精确的、很科学的语言。"②事物的量的状况与质的差异要用准确的数字才能够表示明确。同样的道理，课本中的插图也要求精确性，图画本身以及与文字配合的准确性都要特别注意。其次，明确性。数字使用还应该注意它的明确性，即利用有最大表现力的最小数字，就是说数字的形式十分简单，说明的问题却十分清楚。图画也应做到显明，使人能够一目了然。"图画和语言、数字一样，也应讲求最简明有力的表现形式。"③再次，使用的计划性。不论是数字还是图画，使用的目的一定要很明确，做到通盘筹划，抓住教材的重点，补充教材的不足，切不可随意为之。这三点意见他列举了很多课本中的例子，具体到几册几页几段，说理与举例相结合，体现出非常高的专业水准和高度的责任心。

三、语文教学研究

语文教学研究是与教材编写研究互为表里的重要内容，辛安亭教材编写生涯中，曾长期负责语文课本的编辑审定，因而对语文课本的编辑及语文教学都有相当深入的

---

① 辛安亭：《谈课本编辑工作的群众路线问题》，《辛安亭论教材》，第100页。
② 辛安亭：《课本中的数字使用问题》，《辛安亭论教材》，第68页。
③ 辛安亭：《课本内的图画问题》，《辛安亭论教材》，第106页。

研究。①文存第二辑选取了6篇文章，主题高度集中，时间跨度从20世纪50年代到80年代，不仅反映了他对中小学语文教学的主要看法和意见，也从一个侧面展现了中华人民共和国成立后中小学语文教学的主要改革和基本发展脉络。大致而言，这一部分论文主要讨论了以下一些问题：

第一，语文课的性质问题。关于语文课的性质和任务长期以来都存在争论，辛安亭在多篇文章中表明自己的观点，他认为语文课是一门中国语言训练的课程，具有工具课的性质，其自身的科学性和系统性要给予高度重视。他明确反对两种倾向：一是把语文课作为政治课来上。中华人民共和国成立后，语文课从选材到教法，都忽略了语文课自身的特点和性质。他认为一定要回归到语文课的自身规律："语文课是工具课，是培养学生掌握语言文字这一工具的课程。它的主要任务应该是训练学生识字、写字，培养学生的阅读能力和思维能力，培养学生口头语言和书面语言的表达能力。"②也就是说，语文课的主要任务是培养学生掌握语言文字，一切内容和手段要围绕这一任务，在课文的选编和教学上不必考虑太多的政治因素。二是把语文课作为文学课来上。辛安亭认为语文课主要的功能是解决学生的口头和书面表达能力，文学虽是其中不可或缺的部分，但绝不可以占主导地位。尤其是小学的语文课，教学时不要把过多的时间花费在分析主题思想、故事情节、人物性格等方面，把语文课教成文学欣赏课或文学创作课。在他看来，语文课是最不可忽略语言成分的教学，应该注意语言的精密细致，讲清楚字、词、句、篇章的确切意义，使儿童真正理解课文，进而提高阅读和写作能力。

第二，低年级集中识字问题。小学阶段的识字任务是以低年级集中识字为主，还是将识字教学均衡地分散在各个年级，始终是语文教学中有争议的问题。早在延安时期，辛安亭借鉴中国传统的语文教学方式，就主张低年级应集中识字。中华人民共和国成立后50—60年代他写过多篇文章，系统阐述了对集中识字的观点和看法，并指出这是语文教学的一项重要改革，应该引起高度重视。辛安亭认为，一二年级的教学任务主要是集中识字，只有快速解决了识字问题，才可以为高年级以阅读为主的语文教学提供条件。"为什么低年级要以识字为重点呢？因为词句是用字组成的，字是语言的符号，不认识这个符号，或认识的太少，就不能利用它，不能阅读和写作。所以及

①辛安亭在人民教育出版社期间主要负责小学语文教材编写工作。据当时语文编辑文以战先生回忆，在辛安亭主持下，组成了强有力的小学语文教材编写班子，有语言学家蒋仲仁、儿童文学家陈伯吹，还有陆静山、袁微子等人。此外文学家叶圣陶、语言文学家朱文叔、语言学家吕叔湘、张志公等专家也加入讨论。"总之，这样的编辑力量，堪称小学语文编辑史上中国的第一。"参见文以战：《辛安亭与新中国小学语文课本》，《钟情启蒙执著开拓——纪念著名教育家辛安亭诞辰100周年》，第188页。
②辛安亭：《三十年来中小学语文课教学的回顾》，《论语文教学及其他（增订）》，第134页。

早加强识字教学，识到两千左右字，就好进行阅读和写作的教学了。我国传统的语文教学，总是先识字，后阅读，先集中地大量地识字，然后才开始阅读，这是很有道理的。"①也就是说，低年级和高年级要有不同的侧重点，如果一二年级可以认识两千左右的汉字，而不是拖到三年级以后，那么高年级的语文教学就顺畅很多。若识字与阅读并驾齐驱，结果是两方面都很难达到目标。

低年级集中识字是否可以实现呢？辛安亭认为关键是教学方法要随之改革，他提出了很多具体的办法：首先教师要明确重点，将大量的时间放在识字教学上，改变识字与阅读并重的教学方式；其次，采用的具体方法非常重要，教师可以根据自己的擅长和经验，自行选择。他的个人看法是要从中国语言教学的历史传统中汲取养分：一方面吸取中国两千年来编写识字教材"以类相聚"和"便于诵读"的经验，另一方面吸取民国以来小学语文课本尽可能每课配有插图的经验。"归纳起来，我的意见是集中识字课本的主要编写方式应采取多样化的以类相聚，同时要便于诵读，配有插图。"②这既是课本的编写方式，也是教学依循的原则。

从识字教学改革的实际情况看，辛安亭的回顾和总结也非常有价值。中华人民共和国成立初期，在学习苏联的热潮中大家有一点共识，即苏联的小学课本之所以分量大且内容丰富，是由于苏联的拼音文字儿童大约半年就可以掌握，为以后的大量阅读奠定了基础。③中国汉字学习也可以尝试在低年级集中突破，这与他多年来对识字教学的看法不谋而合。在此背景下，人教社1954年编写的新课本突出了一二年级的识字教学，这是语文教学上的一个重要改革。但由于各方面准备不够充分，致使改革半途而废。辛安亭晚年回忆时指出其不足，但对这一改革方向充满信心："一二年级多识字，三年级以后大大丰富教材内容，我至今仍认为这是语文教学的重大改革。这一改革是有充分的道理的，也是可以行得通的。"④事实证明，他倡导呼吁了几十年的识字教学改革很有道理，今天的语文教学已经贯彻了低年级集中识字的教学要求。

第三，精讲精读与略讲略读问题。精讲精读是语文课堂主要的教学方式之一。辛安亭认为语文课是语言学习的课程，因此讲与读是必不可少的。所谓精讲，是指老师对课文的讲解，一定要中肯实在，符合学生的实际，而不是高谈阔论满堂灌："但所谓精讲，不是要讲得多，讲得细，尤其不是要讲得高深，而是要讲在点子上，要讲得

---

①辛安亭：《对小学语文教学的一些意见》，《论语文教学及其他（增订）》，第37—38页。

②辛安亭：《我对小学集中识字的一些看法》，《论语文教学及其他（增订）》，第17页。

③苏联小学四个年级课本译成中文总字数达到80万字，而当时我们六年的小学语文课本总共才30万字。参见《对识字教学争论的一点建议》，《论语文教学及其他（增订）》，第157页。

④辛安亭：《对识字教学争论的一点建议》，《论语文教学及其他（增订）》，第158页。

简明扼要。不要什么都讲，尤其不要离开课文架空讲。不要把课堂的活动主要弄成教师的讲授，而要给学生留下不少的阅读和思考时间。"①辛安亭不主张太多讲语法，他认为对中小学生而言，语法既弄不清楚，又用处不大，不如少学一些；他也反对让学生大量抄黑板。正确的做法是精讲之后，指导学生多多诵读，如个人读、集体读、朗读、默读、分段读、全篇读、反复地读等等，"精读才能把书本上的语言化为自己的，用到时得心应手"②。他强调这是中国语文教学行之有效的传统经验，需要很好地继承发扬。

与精讲精读相辅而行的是略讲略读。辛安亭认为与前者相比，略讲略读是语文教学的薄弱环节，也是与低年级集中识字并列的一个重点改革内容。他指出要提高语文的阅读和写作能力，仅凭精讲精读一些课文是远远不够的，尤其是对三年级以上的学生，课堂教学中就应该培养他们读书的能力、兴趣和习惯，而略讲略读正是养成这种能力和习惯的重要方式。为此，语文课程在教材和教学方面都要进行改革，一是语文课本的阅读材料一定要大大丰富起来，课文的选择可以不拘一格，尤其不要害怕长课文，重点是要内容生动，深浅适度，写法上有某些优点。二是教师的教学要有所改变，可采用指点方式，不必面面俱到。"略讲略读的课文其作用在于增长学生的知识，开阔学生的眼界，丰富学生的语言，提高学生的思想，培养学生读书的兴趣、习惯和能力，这对写作是很有帮助的。"③只要学生有兴趣，总是会在课文中获得思想上、知识上、语言上的益处。他认为当时的教材与教学在这方面严重不足，需要大大提高所占的比重，应该说这是很有见地的教学改革思路。

第四，作文教学。语文教学的重要任务是提高学生的阅读和写作能力，作文是培养写作能力的重要训练方式，辛安亭对此高度重视，相关的论述很多。早在延安时期，他就发表过数篇作文教学的文章。④中华人民共和国成立后研讨语文教学的论文，也大多涉及作文教学。辛安亭几十年来对作文教学的观点，简而言之主要是以下几点：

首先，作文写作要循序渐进，即由说到写，由述到作，从叙到议。也就是说，作文的练习应该遵循从简单到复杂的原则，逐步提升。第一步由说到写。就是把说的话写下来："作文不过是写在纸上的话，口头语言是书面语言的基础，说话是作文的基

---

①辛安亭：《中小学语文教学改革的两个大问题》，《论语文教学及其他（增订）》，第9—10页。

②辛安亭：《我与语文教学——三十多年来我在中小学语文教学方面的主要意见》，《西北师院学报》（社科版）1984年第4期，第86页。

③辛安亭：《改进语文教学提高教学质量》《论语文教学及其他（增订）》，第141—142页。

④延安时期辛安亭发表过《〈儿童日记〉编者的话》《〈儿童作文〉编者的话》《文从写话起——想说什么，就写什么话怎样说，就怎样写》，都是讲作文教学的。

础。说话能做到用词、造句连贯，语言都很通妥，作文就容易了。"①先让学生口头说，话怎么说就怎么写，破除写作的为难情绪。第二步由述到作。就是记述比较复杂的一些的内容，比如一次活动、一次参观等，内容上需要取舍选择，这就是创造性的作文了。第三步从叙到议。在叙述的基础上，可开始练习发表议论，这个难度就更大一些。"小学中年级一般不必写议论文，高年级可很少地试写几次，也不应写那些抽象的大题目，应该结合儿童的生活写一些。"②在他看来，整个小学阶段还是以由述到作为主，中学可以增加议论文的比例。

其次，作文的要求应该始终如一，即"言之有物，言之有序，词句通妥，字号正确"。③不论什么年级这四点要求是同样的，只是深度、宽度有所区别。言之有物是要求学生的作文必须写所见、所闻，写真心实意，不说空话；言之有序是要求学生作文应该语言连贯，层次有条理，不东拉西扯；词句通妥是说用词要妥当，造句要通顺；字号正确是说文字和标点符号都应该没有错误。辛安亭尤其强调一定要言之有物，说真话实话，很反对说假话或华而不实："我们在指导学生初学作文时，一定要求说老实话，还要提倡写得平实、朴素，反对堆砌词藻，矫揉造作，华而不实，使作文和说话一致起来。"④让学生老老实实地把所见所闻和真实的思想感情用自己的话写出来，这是作文最基本和最核心的要求。

再次，教师指导作文不能有太多条条框框。作文命题要贴近学生生活，否则"会惯成学生抄袭成文、生拉硬扯、浮夸、瞎吹等各种坏习气"⑤；对作文内容不能要求过繁过死，这会严重束缚学生的头脑；对作文的批改要中肯，讲求实效，并贯彻上面几点要求。在辛安亭眼里，教师肩负着引导学生形成良好文风的重要使命，一定要让学生敢说话，说自己的心里话，从而写出真切朴实的作文。这些原则和要求今天看来仍然非常有价值和指导意义。

四、教育学与历史文化的相关研究

文存第三辑"教育学与人才培养"和第四辑"历史文化及其他"主要是辛安亭晚年的论文，共计9篇，基本写于20世纪80年代，这些论文涉及的问题相对分散。在教育学和人才培养方面有3篇论文，分别讨论大学优秀人才培养问题；学龄前幼儿教

---

①辛安亭:《对小学语文教学的一些意见》,《论语文教学及其他(增订)》,第43页。
②辛安亭:《对小学语文教学的一些意见》,《论语文教学及其他(增订)》,第45页。
③辛安亭:《对小学语文教学的一些意见》,《论语文教学及其他(增订)》,第45页。
④辛安亭:《怎样指导学生作文入门》,《论语文教学及其他(增订)》,第149页。
⑤辛安亭:《如何加强中学语文的基础知识教学与基本技能训练》,《论语文教学及其他(增订)》,第69页。

育的开发；孔子教育思想研究。历史文化部分有6篇论文，其中2篇讨论青少年的历史文化教育；2篇是历史人物研究；另外2篇是人物追忆。下面依次做一点简单梳理：

第一，大学优秀人才培养问题。辛安亭的后半生主要担任大学领导工作，因而对大学教育和优秀人才的培养极为重视，有多篇论文对此讨论。打开国门后年过七旬的辛安亭最先关注的是世界教育的发展趋势，他敏锐地注意到欧美国家科学技术的发展日新月异，使原有知识急速地陈旧化，教育要跟上时代步伐，就要与科技尽快结合，不仅教育的内容要不断更新，教育手段也要现代化，教育观念更要与时俱进。辛安亭尤其关注大学课程设置的重要性，对欧美大学强调的通识教育很认可，他举例说："美国麻省理工学院的学生，除学自然科学的公共必修课外，还必须学人文和社会科学七十二个学分，占了四年大学全部三百六十个学分的百分之二十。"[①]可见现代社会通才培养是至关重要的。与此相关的是国际知名大学课程设置中选修课比例非常高，他认为这是现代科学各学科之间互相渗透、使课程内容综合化的结果，也值得中国大学好好借鉴："我们应该鼓励教师开出各式各样的课，特别要鼓励他们开出新兴学科与不同流派的学科"[②]，这不仅有利于发挥教师的学术专长，形成百家争鸣的学术气氛，更是培养新型人才所必需的。针对兰州大学的具体情况，他还提出破格培养优秀学生的一系列办法，如单独编班、课程优化、提供更自由宽松的学习环境等，足见辛安亭对培养人才的迫切心情。在20世纪80年代早期，辛安亭的人才理念具有相当的前瞻性，体现出在他在人才培养方面开阔的眼界与见识。

第二，学龄前幼儿智力开发研究。发表于1980年的《对三岁前幼儿语言发展教育的试验》是一篇过万字的长文，在其晚年论文中占有独特地位。他很赞同国内外教育界的一种说法："过去人们把婴幼儿的智力都估计过低，以致儿童有很大的潜力没有充分发挥出来；如果发挥出来，教育的成效会是惊人的。"[③]儿童的语言能力是其智力水平的主要标志，因此辛安亭有目的有计划地对身边一岁四个月的外孙乔岳进行语言方面的训练开发，在一年零八个月指导他学习语言的过程中，随时记录一些教法和收到的效果以及某些体会，并逐渐具体化为十一条指导原则。同时辛安亭归纳了取得的八项成果，其中包括会用的词句、儿歌、谜语、快板、故事以及观察力与注意力、记忆力与理解力等，非常翔实具体。从研究方法看，这一个案研究，借鉴了生理学、心理学、教育学等多学科的理论和方法，并参照了当时国际上最流行的幼儿智力开发的一些观点和意见，其第一手的实证性数据和成果有极好的参考价值。辛安亭希望借此

①辛安亭：《改进教学更有效地培养人才》，《辛安亭论教育》，湖南教育出版社，1983年，第68页。
②辛安亭：《改进教学更有效地培养人才》，《辛安亭论教育》，湖南教育出版社，1983年，第73页。
③辛安亭：《对三岁前幼儿语言发展教育的试验》，《辛安亭论教育》，第1页。

引起教育工作者和家长更多地关注比较薄弱的幼儿智力开发问题："我殷切希望担任婴幼儿教育工作的同志和婴幼儿的父母，认真学习国内外关于婴幼儿教育的理论与经验，加意培养祖国可爱的花朵，高标准、高要求地教育我们的新生一代，使其顺利成长为明天祖国的栋梁之才。"①

第三，孔子教育思想研究。"文化大革命"时期，孔子及儒家教育思想被否定。辛安亭1981年发表2万余字的《孔子的教育思想》长文，以图恢复孔子及其教育思想的本来面貌。全文包括复杂的社会经历、高度的好学精神、教育的目的与对象、教育的内容、教育的方法、对社会生活的教育六个方面，对孔子的教育思想给予全面的梳理分析。他在开篇对孔子评价说："孔子称得上是我国历史上一位杰出的思想家与伟大的教育家。他整理古籍，传播文化，对我国古代文化的发扬光大起了很大作用。他聚徒讲学，积累了丰富的教育经验；对教育提出好多创见，在中国教育史上，甚至世界教育史上影响极大。在教育目的与教育内容的某些方面，因其与政治有较直接的关系，不免有保守与消极的成分，但他在教育对象、教育方法与社会生活教育方面的经验，却有很多创新，是积极与进步的，今天还应该借鉴、学习和继承。"②他还指出，孔子的某些教育经验和社会生活经验，经过长期传授与沉淀，几乎成了中华民族的共同心理结构，是民族文化的重要组成部分；他的不少言论，几乎成为广泛流传的格言谚语，也是人们长期以来评论是非的共同标准。在具体研究上，辛安亭对许多问题的阐释合情合理又不乏新见，体现了深厚的学术功力，得到了学术界的广泛认同与好评，也为孔子研究的正本清源作出了积极贡献。

第四，独具特色的历史文化观。作为一个青少年普及读物的作家，辛安亭晚年出版了多本青少年通俗读物，主要有文言文作品选编和中外历史人物介绍。③文存选入的《文言文读本》前言，重点谈作品的选择标准，他很强调突出思想性："不应只限于文学作品范围，而对讲哲学思想、政治思想、教育思想、历史知识、社会知识、科学知识的文章都应吸收，不然，就抛弃了不少宝贵的文化遗产。"④他进一步解释说从思想性出发的多元选择，可以开阔青少年的视野，引发他们多方面的思考。《中国历史人物》序言则表明，其重点在于彰显中华民族历代先贤的杰出贡献和他们的家国情怀，"我认为在增进青少年文史知识的同时，结合对他们进行爱国主义的思想教育"。⑤不难

---

① 辛安亭：《对三岁前幼儿语言发展教育的试验》，《辛安亭论教育》，第20页。
② 辛安亭：《孔子的教育思想》，《辛安亭论教育》，第258—259页。
③ 辛安亭晚年出版的通俗读物主要有：《新编儿童谜语》《中国历史人物》《外国历史人物》（一、二、三册）、《中国著名现代人物选》，选编了《文言文读本》。还再版了他早年流传甚广的《儿童三字歌》《历史歌》《中国古代史讲话》等。
④ 辛安亭：《〈文言文读本〉前言》，《辛安亭论教材》，第311页。
⑤ 辛安亭：《〈中国历史人物〉序言》，《中国历史人物》，甘肃人民出版社，1983年，第2页。

看出辛安亭对青少年倡导和传递的历史文化观。有关历史人物的学术研究，《崔述及其〈无闻集〉》最有特色。辛安亭指出自民国以来，学术界对清代考古学家崔述（1740—1816）的研究主要集中在他的皇皇巨著《考信录》上，却很少关注他有一本充满人民性的《无闻集》，这不公平。辛安亭对《无闻集》的文章做了系统的归类分析，其中有多篇救荒策，多篇治理河水，还有反映民间疾苦、吏治黑暗、鼓励老百姓敢于争讼等文章。辛安亭认为书中的每一篇都是裨益于社会、实惠于民生的实在之论，这与历史上许多应接酬酢、游山玩水、歌功颂德、溢美虚功的文集大不相同，"但这30来篇文章，我却认为是沧海明珠，是崔述遗书中最宝贵的东西，它富有很高的人民性，在中国学术思想史上应占突出的地位"。①由此足见辛安亭的历史观中人民性具有的重要地位。此外，孔子研究是辛安亭晚年重要的学术关切，除上述孔子教育思想长文外，还选入1篇讨论孔子中庸思想的读史札记。

第五，人物追忆。辛安亭一生经历丰富，阅人无数，他晚年追忆的人物都对他一生有过重要影响。文存选入的《德智体全面发展的光辉典范——怀念徐特立同志》一文，对他与革命前辈徐特立先生在延安和北京22年的交往娓娓道来，徐老"学而不厌，诲人不倦"的形象跃然纸上。尤其是延安十一年，辛安亭与徐老交往频繁，他用具体事例表现了徐老的博学多识和平易近人，徐老身上体现出共产党人的平等和民主精神更让辛安亭十分怀念。另一篇《纪念蔡元培先生逝世四十周年——兼怀张修校长》，则高度赞扬了蔡元培在新文化运动中主张的思想自由："蔡先生用了这样一个似乎对新旧思想无所偏袒的口号——'循思想自由原则，取兼容并包主义……苟其言之成理，持之有故……悉听其自由发展'，团结了一批进步学者，在北大占下了一个传布新文化、向旧思想斗争的阵地，实际上大大削弱了旧思想的势力，发展了新文化的力量。"②辛安亭上高小时的张修校长，受新文化运动影响积极宣传各种新思潮，让他十分赞佩和怀念。应该说，新文化运动所倡导的自由民主理念，也是辛安亭一生最重要的思想底色之一。

纵观辛安亭一生的学术生涯，可以看出其特有的学术特征与学术贡献：第一，涉猎领域广泛，成果丰硕，具有很强的开创性。辛安亭一生钟情教育，在基础教育、大学教育、人才培养、通俗读物撰写、传统教育思想研究等诸多领域都有建树，尤其在教材编写和语文教学方面造诣高深。作为中国共产党中小学教材编写的开拓者，其相关研究不仅记录和反映了中国共产党中小学教材编写的发展历程，而且总结出一系列

①辛安亭：《崔述及其〈无闻集〉》，《西北师院学报》（社科版）1983年第2期，第40页。
②辛安亭：《纪念蔡元培先生逝世四十周年——兼怀张修校长》，《钟情启蒙　执著开拓——纪念著名教育家辛安亭诞辰100周年》，第361页。

教材编写的原则和规律，具有相当的开创性和超越时代的普适性，也有很高的史料价值。辛安亭本人对教材编写研究最为看重，晚年曾打算将四十年间的相关论文再集辑出版，可见在他心目中的地位。[①]第二，务真求实，具有鲜明的时代性。辛安亭的著述与论文，其问题意识都是源于时代和实际的需求，有很强的针对性和务实性，满足时代之需始终是他关注的核心；在研究方法上，辛安亭强调实地调查，走群众路线，不搞闭门造车。他认为解决广大师生和工农群众的实际问题，才是有价值的真学问。第三，通俗易懂，具有广泛的大众性。辛安亭的学术志趣从不刻意向上看，而是始终向下看，心中有芸芸众生。他在一次访谈中说，"就我的特点而言，主要是特别重视通俗读物（包括小学教材）的作用，我的理想是要写出深入浅出、雅俗共赏的作品"。[②]辛安亭的著作和论文都充分体现了这个特点，其文风平实朴素，抽象理论少，事实说话多；文字朴实明了，很少华丽词藻。他用一首诗来表达自己的追求："深入浅出苦用功，雅俗共赏最称神；阳春要学黄花曲，定要千人做赏音。"[③]这的确是他一生写作风格及学术特征的真实写照。在 21 世纪的今天，辛安亭的学术成果、学术思想和学术风格，依然有历久弥新的生命力，对我们当今相关领域的研究和建设仍具有重要的借鉴和指导意义。

辛安亭不仅是一位成就突出的专家学者，还是一位共产党的高级领导干部。他一生清正廉洁，淡泊名利；他崇尚真理，凡事以理为准，不媚上不媚俗；他平易近人，待人以诚，从来不把自己当成什么"官"；他尊重知识，爱惜人才，对有才能的青年积极奖掖，放手使用，对有专长的学者，处处给予支持和帮助。在长期的领导岗位上，他得到了大家一致的好评与爱戴，是十分受人尊敬的学者型领导和人民的教育家。

在即将搁笔之际，我想以另一身份向辛安亭先生——我的祖父致敬！我和祖父朝夕相处二十多年，点点滴滴尽在心头。整理编辑文存，是我与祖父的一次心灵对话，也是一次学习和提升，更是对祖父最好方式的纪念。在此，我要特别感谢西北师范大学蹇长春先生的热情鼓励和大力支持，促使我下决心去完成这一责无旁贷的任务。还要感谢《陇上学人文存》的总主编范鹏先生、副总编马廷旭先生的信任和支持，感谢甘肃省社科院赵敏老师的多次沟通和交流。此外，人民教育出版社的郭戈总编和曹周

[①] 辛安亭《序言》："1938年至1949年，我在陕甘宁边区教育厅编审科写过十一年教材；1951年至1962年又在人民教育出版社领导编写教材十一年。在这二十二年中，我写过不少评论编写教材的文章。在此之后，直至1986年有时也回顾研究，还写过一些关于编写教材的论文。前后所写文章约计四五十篇，登载于各时期的刊物和报纸上。以后报刊多已散失，现在仅收集到长短十六篇东西，汇集成一册，希能出版。"《钟情启蒙　执著开拓——纪念著名教育家辛安亭诞辰100周年》，第355页。

[②] 敬小行：《辛安亭传略》，《钟情启蒙　执著开拓——纪念著名教育家辛安亭诞辰100周年》，第303页。

[③] 辛安亭：《〈中国历史人物〉序言》，《辛安亭论教育》，第249页。

天老师以及兰州大学的杜林致教授都提供过宝贵的意见和帮助，一并表示感谢！由于本人水平所限，文存的编辑可能有诸多不足，但衷心希望文存的出版可以为相关的研究者和广大读者提供更多的便利和参考，我想这也是辛安亭和我们共同的愿望！

《陇上学人文存·辛安亭卷》(第十辑)

作者：卫春回

李秉德

李秉德先生（1912—2005）是我国当代教育学界一位德高望重的著名教育家，是新中国教学论、教育科学研究方法、语文教育等学科领域的开拓者和奠基人。他1934年从河南大学毕业，1947年赴瑞士和法国留学，1949年10月初作为第一批回到新中国的旅欧学生，投身中国的教育事业。1950年被国家教育部分配到西北师范学院工作，先后任教育系教授兼副教务长和教育科学研究所所长，1980年担任西北师范学院院长，是第一批由国务院学位委员会授予的教学论专业博士生导师。在教育学术团体中，他担任过中国教育学会、中国高等教育学会和中国教育国际交流学会的第一届理事、中国教育学会教育实验研究会顾问、中国小学语文教学研究会第一届副会长、甘肃教育学会第二届会长等职，还任第六、第七届全国政协委员。

在跨越了两个世纪、长达六十余年的辛勤耕耘中，李秉德先生在教育教学的多领域形成了丰富的学术思想，他对教育教学创造性的实践、研究和贡献，也得到了社会公认与尊重。

李秉德先生对教育的研究与思想表现在众多领域，如教育基本理论、教育政策、教育发展战略、教育法规、教育人口、教育经济、教育文化交流、高等教育、早期教育、社会教育等。但李秉德先生毕生对教学论、教育研究方法、说文教育的研究用心最多，成就卓著，本文有主要精选李秉德先生在教学论、教育研究方法、语文教育三大领域的36篇文章。

一、教学"七要素"说的创立与教学论学科体系的建构

关于教学问题的研究，是李秉德先生的学术生命中的首要领域。针对20世纪80年代初我国中小学教学存在的许多实际问题，李秉德先生从理论上给予了仔细阐析。如1980年他发表的《论启发式》一文，提出教学中最关键的问题，就是充分调动学生学习的积极性和主动性，而要做到这一点，就必须把启发式的思想贯彻到一切教学方式方法中去。他指出，启发式是一种普遍的教学指导思想，必须澄清在"启发式"问题上的一些模糊认识，如把启发式等同于问答法，或把启发式看成是"耍花样"，"走过场"等。他尤其对实践中许多教师认为"教学时间少，教学任务重，启发式浪费时间，影响进度，完不成任务，不如灌着省力省时间"而否定"启发式"的说法，给予了非常细致的学理分析。李秉德先生指出，否定启发式的说法究竟是浪费时间，还是节省时间，必须从学习效果上全面地加以衡量比较。灌的"多"又"快"，学生没学通，不掌握，不会用，只是教师"讲"完了，这样能算是达到了进度，完成了任务吗？能说是"多灌多得"吗？究竟"多得"了些什么呢？至于是否浪费时间，不能从形式上看"进度"达到了没有，从主观上看"任务"完成了没有，必须要从实际效果上，看学生是否能用所学到的理论、知识、技能去分析、解决实际问题。而且，浪费不浪费时间，要算总账，不能只算一两次零账。他举例说："由于教师怕在备课上花时间，没在方法上深钻，学生学习效果不好，还得补习，甚至增加了以后学习上的困难，造成了难以弥补的损失，这不是很大的浪费吗？这个账倒值得好好地算一算呢！如果着眼于实际学习效果，全面地算总账，那就一定会得出这样的结论：还是启发式效果好，省时间。"[①]这样入理透彻的分析，才可以解决广大教师的疑惑，也显示了一位教育家用理论解释、判断和分析解决教育实际问题的坚实功力。

在研究教学具体的、实际的问题的基础上，李秉德先生一直在思考建立中国自己的教学论。他说："回顾半个多世纪来我国学校教学的发展轨迹和个人学习教育学的情况，我产生了这样一种反思：我们为什么老是跟着外国的教育学者们亦步亦趋呢？学校教学现象是我们教育工作者天天遇到的现象，为什么不可以用我们自己的头脑对之加以认真的探讨呢？这就是我给自己提出的一个严肃的课题。当然，我这样说丝毫没有闭关自守或闭目塞听、拒绝学习外国的意思。我在这里只是强调，用自己的眼睛看我们的教学现象，并且用我们自己的头脑来对之进行分析"[②]。为了给自己这个"严肃的课题"寻找答案，为"我们自己"的教学论谋求一席之地，李秉德先生"花了近

---

① 《李秉德文集》第65页。

② 《李秉德文集》第100页。

五年的时间"研究思考，于 1989 年在《华东师范大学学报》（教育科学版）第三期发表了《试论教学诸要素以及他们之间的关系》一文，吸收现代系统论的观点，首次提出了学校教学由学生、课程、教学目的、教学方法、教学环境、教学反馈、教师七个要素（范畴）所构成，并详尽阐述了七要素之间的相互关系，探寻到了确立我国现代教学论体系结构的逻辑基础，并从"现代教学的任务"出发讨论和分析了"现代教学论的基本任务"。他明确指出："现代教学论就是从教学诸要素的联系中，探讨各要素的本质特点与基本内容，从中找出一些带有规律性的东西来，并在此基础上提出一些原则、方法与建议，以期能帮助教学工作者自觉地处理好各要素之间的关系，使能达到最优化的程度，最后达到培养社会主义新人的目的。这就是现代教学论的任务与基本内容。"沿着教学"七要素"学说所提供的逻辑思路和架构，李秉德先生于 1991 年主持编写了我国高等学校文科教材《教学论》。这本由人民教育出版社出版的教材，依照教学"七要素说"的设想展开，比较系统地表达了李秉德先生在建构中国自己的教学论的理论思想，在教育教学理论界产生了广泛深远的影响。这一标志着李先生在教学论学科体系建构上的重要成果，不仅为广大的教育工作者提供了教学理论学习和研究的理论成果，也以其理论上的创新成就，奠定了他在中国教学论学科研究上的重要地位。2000 年，《教学论》又被教育部师范教育司作为全国中小学继续教育学习参考书再次修订出版时，李秉德先生又组织相关研究者吸收了国际国内教育科学研究和其他学科研究的最新成果，使之更加科学和完善。

从对教学实际问题的关注和研究开始，积累和形成关于教学论的学术思想，再到构建更具理论价值的教学论学科体系；从对一个个具体问题研究所发表的成果，再到奠定形成具有更大影响力的学术著作，是李秉德先生在教学论研究上给我们最具示范性的方法论启示。对于教学论的研究，倾注了李秉德先生毕生的心血。在已取得一系列重要成就的基础上，他不断思考和完善现代教学论的学科体系。他认为："教学论同其他学科一样是不断发展的，要与时俱进才行。现代教学论研究既要适应时代的要求，又要能体现中国的特色。这是我们现代教学论工作者的努力方向。"[1]基于此，他继续研究探索现代教学论的学科体系与发展问题，于 1996 年发表了《论教学论三题》（《教育研究》第四期）、1999 年发表了《时代的呼唤与教学论的重建》（《社科纵横》第二期）等文章，深入探讨了教学论作为一门学科在科学体系中的位置及其与相关学科的关系问题、教学论研究方法论问题和新的时代背景下现代教学论范畴体系框架等，进一步明确了教学论的学科地位、学科范畴和研究方法，进一步发展了他的教学论体系建构的思想。

---

[1]《李秉德文集》第134页。

二、教学论研究要特别重视正确的态度与科学的方法

在李秉德先生关于教育研究的思想中，非常重视强调研究者必须讲究正确的研究态度和科学的研究方法。虽然这些思想是就整个教育研究而言，但作为以教学论为核心研究领域的教育家，关于教育研究的思想贯穿在他对于教学论研究的始终。早在1946 年，34 岁的李秉德先生在《国立河南大学学术丛刊》复刊第一期上发表了近 8000 字的《学术研究与科学态度》一文①，文章围绕"从学术研究说到科学态度""什么是科学""科学的态度应该怎样""科学态度与科学方法""科学研究在应用上的限度"几个方面非常严密地论述了一个非常专业的非"教育和教学"的学术研究问题，阐明了他的学术研究立场。如果我们能用心去体会李秉德先生的学术之路，可以真正体会他不断强调和身体力行的学术信念。在《学术研究与科学态度》中，他独到地谈到了"科学的态度"在实际中其实表现为消极和积极两个方面，消极的方面是：勿为权威所操纵、勿为名利所动摇、勿为成见所支配、勿为情感所左右。并强调这四者中，权威与名利属于外力，成见与感情属于内力。"科学工作者于此内外二力双方夹击的情况下超脱以后，还只是做到了消极方面的修养，更重要的是要有积极方面的修养"。这样的修养包括：要忠诚——学者第一需要忠实，也就是要凭良心；要客观——一个学者在研究学问时总是要守着第三者的立场，不能有入主出奴之见，要以纯然客观的态度去观察评述一切事物，而不能戴有色眼镜；要认真——"确切"既为科学知识之特质，那么确切的态度自然也是为科学研究者所应有的，这也就是一种认真的功夫；要实在——就是说研究学问的人要尊重发生的实在事件，要求证验的具体结果没有踏虚的地方，一步一步都是脚踏实地地走，一步不实，不踏第二步；要忍耐——普通的人们都有一种毛病，就是不喜欢把疑惑的问题留存在心里，仔细考究，而想立刻予以解答以求满足。②这些学术研究应有的态度，不仅是李秉德先生治学的根基，也是他倡导教育（教学）研究的思想和方法论基础。

改革开放初期，我国教育事业和教育研究工作在中断十多年之后获得了恢复与发展的新机遇，李秉德先生就呼吁和倡导对教育一定要进行科学研究，采用科学的研究方法。在 1979 年《教育研究》第 1 期（创刊号）上，他发表了题为《教育研究，必须讲求科学的研究方法》一文，尖锐地指出，我国的教育学缺乏科学性，要使教育学真正成为一门科学，就必须承认教育"有着它本身的规律"。要办好教育，就不能不尊重

---

① 《李秉德文集》第36页。
② 《李秉德文集》第41、44页。

教育本身的客观规律，不能靠老经验、常识或"长官意志"办事，必须开展教育科学研究，而要搞好教育科学研究，又必须具有科学的态度并讲求科学的研究方法。1981年，李秉德先生又发表了《要充分认识教育、教育科学、教育科学研究的重要性》，1982年发表了《如何开展教育科学研究新局面》等文章，非常鲜明地表达了对教育、教学必须用科学的态度和方法去研究的思想，并且介绍了教育研究的一些主要方法。这些思想现在看来也许是常识，但在李秉德先生那个时代，却是一个必须直面认识和需要思想引领的重大问题。

在教育和教学的多种研究方法中，李秉德先生特别倡导和推崇"实验法"。20世纪30年代中期，李秉德先生就在河南开封教育实验区从事"廉方教学法"（又称"合科教学法""卡片教学法"或"二年半制"）的实验工作，进行"以一般小学学龄儿童二年半授课时数修完四年课程之实验"。这项实验在当时的农村学校课程和教学等诸方面的改造取得了显著成绩，也使李秉德先生认识到"实验是乡村教育改善最有力的武器"。不仅如此，他还从学理上论述了"实验法"对教育教学研究的独特价值。他指出，有许多教学实验效果很好，甚至有些实验问题一致而采用两种截然不同的方法都取得了显著效果却无法评判孰优孰劣而进行推广，主要是因为"实验的方法不大严格、规范，实验报告不很详细、具体，未能将实验数据进行科学处理"的缘故。因此，李秉德先生不但在各个时期极力倡导教育实验活动，而且还深入研究教育实验的方法和技术，并率先在《教育研究》杂志上向广大教育工作者介绍教育实验方法，如单组实验法、等组实验法和循环实验法等几种常用的教育实验方法，并对实验情况的控制、采用教育实验法的先决条件以及教育实验的实践等具体问题进行了深入讨论，对于教育实验法的普及和推广起了积极的推动作用[1]。

20世纪80年代中后期，我国教育学术界发出了"教育科学的生命在于教育实验"的呼声，并在基础教育领域形成了繁荣的"教育实验"局面，许多观点、流派此起彼伏。在这个过程中，也产生了一些"非科学"甚至"反科学"的形式化的"教育实验"现象。针对这些现象，李秉德先生及时给予理论的分析与引导。在1984年"部分省市区中学语文教学实验讨论会"上，他发表了《进一步提高语文教学实验研究的科学性》一文，指出要使教学实验合乎"科学要求"，必须要真正做到"实验对象选样要有广泛的代表性""实验因子要明确突出""确定测量标准与方法，做好对照比较""对比较结果要进行认真分析"等。1988年又发表了《对于教育实验要保持科学的态度》（《教育研究》第十期），明确呼吁："既然把实验当做科学研究的方法，就应该在实验

[1] 参阅王嘉毅：《学高身正为人师——专访西北师范大学李秉德教授》，《李秉德文集》第515页。

的全过程始终保持科学的态度，也就是实事求是的态度"。文中对"实验者""行政部门"和"具有权威者"提出了非常中肯的建议。这些思想的声音和理论的及时引领，对于推动教育教学改革和实验的顺利进行，无疑都是非常必要和重要的，也显示了一个教育家在对教育研究和实践的责任力量。

李秉德先生又在多年对教育教学研究方法的具体问题的研究和思想的表达的基础上，也基于我国教育教学研究的现实状况和需求，力图构建更具理论价值力量的"教育科学研究方法"的学科体系。在教育教学研究方法这个领域的研究中，李秉德先生又为我们展现了从关注具体问题开始、到多方面的思考研究、再到建构学科体系的方法论的魅力。1986年，他主持编写了《教育科学研究方法》，并由人民教育出版社出版。这部作为李秉德先生对教育科学研究方法学科体系构建的思想结晶，被教育部列为我国高等学校文科教材的专著，是20世纪80年代我国教育科学研究方法的第一部著作，也是我国出版次数较多、影响最大的一部教育科学研究方法著作。它反映了当时国内外教育科学研究方法方面的最新成果，也较为详细深入地介绍了教育研究的基本方法和技术，并探讨了现代方法论思想对教育研究的指导意义，对推动我国教育研究的科学水平起到了重要的作用，也帮助许多人走上了教育教学研究的道路，并成为广大教育工作者必备的学习参考书。

三、语文教学思想的演进：从语文教学法到语文教学论再到语文教育学

我国教学论研究者，大多数长期被一个羞涩又纠结的问题所困扰，那就是研究教学，只有"一般教学的专业理论"而没有"学科教学的经历与背景"。也许这是造成理论研究较为空泛、理论缺乏影响力和变革力的重要原因之一。李秉德先生在1982年的《如何开展教育科学研究新局面》一文中，谈到教育研究工作者要"眼光远大"时说，教育研究者"就应该力求多知道一些东西，作为我们研究的基础。多知道些什么呢？第一，教育科学范围内的东西要尽量多知道些，包括教育内部的规律，特别是外部规律的重要内容。第二，除教育知识外，要尽可能掌握一门专业学科，社会科学或自然科学都行；能掌握一门自然科学，达到大专程度更好。第三，新的技术科学最好也能知道一些"[1]。不难看出，李秉德先生倡导教育研究者"除教育知识外，要尽可能掌握一门专业学科"，他自己就是一个具备这样知识结构的教育家，他在中小学语文教学方面的研究与影响，以及所形成的思想观点，不仅是他思想体系的重要部分，他的研究之路更为我们树立了榜样，值得我们学习借鉴。

---

[1]《李秉德文集》第52页。

　　李秉德先生对语文教学的研究，是有其学术的实践和兴趣基础的。早在20世纪30年代中期，李秉德先生从事李廉方先生在河南开封主持的"改造小学国语课程"三期教育实验方案，在民众和儿童识字教学方面形成了一些基本观点，也为他打下了语文教学研究的基础。在20世纪五六十年代，李秉德先生被下放到小学教语文课程。虽然身处逆境，但他以自己的教育专长，结合教学实践，集中研究小学语文教学问题，先后撰著了《关于小学生作文中错别字情况的一个小型调查》（1959）、《小学识字教学改革途径的探讨》（1960）、《小学学生课外阅读的组织与指导》（1960）、《引导学生通过语文形式逐步深入理解内容是语文阅读教学的中心问题》（1962）等文章。虽然教小学语文是对李秉德先生的"惩罚"，但这种"惩罚"却成为他在教学实践中研究教学问题的绝好机会。我们一直倡导最为理想的教学论研究是针对实际的教学问题又能解决问题的研究，李秉德先生不仅以自己的行动践行了这种理想的研究信念，也为我们如何做研究树立了榜样。十年动乱之后，李秉德先生返回大学的教学研究岗位，但他对语文教学的关注、思考和研究从未间断。他结合自己的观察和思考，先后发表了《漫话中小学语文教学三十年》（1979年）、《论中小学语文讲读课中的读、练、讲》（1979年）、《努力使中小学语文教学方法科学化》（1980年）等文章。这些基于语文教学实践和研究的思想，又以学科体系的方式集中反映在1980年由甘肃人民出版社出版的《小学语文教学方法》专著中，更加全面系统地探讨了小学语文教学改革的重大问题，也奠定了他在中小学语文教学研究中的学术地位。

　　20世纪80年代后期，李秉德先生虽然担负着大学教学、研究和管理的重任，对中小学语文教学问题继续给予深入细致的研究，先后发表了《关于小学语文阅读教学重要性的再认识》（1984年）、《在小学语文阅读教学中培养学生的创造性》（1985年)、《"以识字为重点"不可轻易丢掉》（1985年）、《当前小学语文教学中存在的问题和我们的着眼点》（1985年）等一系列文章，其中所论及的问题，在今天仍具有现实意义和时代意义。尤其是在这些研究基础上，李秉德先生已不再满足对语文教学具体问题的思考，而是开始构建具有学科意义的语文教育思想。1987年，他在《教育研究》第6期发表了《关于建立语文教育学的初步设想》，1996又在《教育研究》发表了《从语文教学法、语文教学论到语文教育学》，这两篇文章在当时教育界产生了重要的影响。李秉德先生认为，语文教学法这一学科，主要是从教学方法上着眼，来培养未来教师的授课能力，从而保证并提高语文教学质量的。其实，从时代发展来看，影响人们语文教育水平的人，不仅是有关的语文教学工作者，还有广大的社会群众，特别是语文工作人员。因此，在已有的语文教学研究的基础上发展、建立"语文教育学"，不仅能有力地普及并提高语文的教育功能，而且能从更广阔的视野和更高的角度来审视语文教育现象。李秉德先生从中小学语文教学问题的研究再到他努力建立"语文教育学"学科的观点和思想，得到了国内同行的广泛赞同和响应，也再一次给了我们研究教育教学问题的方法论启示。20世纪末许多师范院校纷纷将"语文教学法"转型为"语文教学论"和"语文教育学"，与李秉德先生的研究、倡导和努力有着密切的关系。

四、解决教学理论与教学实践"两张皮"问题必须区分不同情况

教学理论与教学实践的关系，是长期以来困扰教学论研究和教学论学科发展的"老、大、难"问题。解决这一问题应该努力的方向是，教学论研究者如何既捍卫教学论学科的理论本性，又增强教学论学科的实践品性。而广大的从事教学实践的教育工作者又能够不断用理论滋养自己的教育教学观念和思想，使理论成为实践行动的力量源泉。可是，越是期望努力，人们越会失望，问题的症结究竟在哪里？许多人借助于多学科的知识与方法，从多个角度给予过分析和探讨，也提出过许多解决问题的办法，但教学理论与教学实践的关系问题仍然没有破解的有效途径和方法。

作为教育家的李秉德先生，在他一生的教育学术生涯中，都在不断倡导教育教学研究必须联系和结合实际，必须脚踏教学实践，他在教育每个领域尤其是教学领域的研究，都是紧紧把着时代与实践的脉搏，而且用自己的行动体现着理论研究与实践发展的紧密结合。针对教学理论与实践相脱离的"两张皮"现象，李秉德先生认为，之所以这个问题长期解决不好，是人们没有认真仔细地分析各种原因，区分不同情况，要么对"两张皮"现象有夸大和误解，要么因为原因和情况不明而束手无策。1996年，李秉德先生在《教育研究》第10期发表了《关于教学理论与教学实践的所谓"两张皮"现象的剖析》的文章，他指出，用理论来指导实践，以实践来促进理论的学习，这样往复循环不断地把教学实践和理论提到更高的水平，是理论与实践结合的目标。但是对教学实际工作者和从事教学理论工作者"双方都感到苦恼"的所谓教学理论与教学实践"两张皮"的现象，要解决必须分析不同情况，方可找到道路和方法。

在李秉德先生看来，所谓教学理论与教学实践"两张皮"现象的出现，是由五种情况所导致。第一种情况是，有些教师并未认真地系统地学习理论；第二种情况是，有些所谓教育教学理论工作者，虽然读了些教育书籍，学了些关于教育的知识，但是对于教育理论并未真正掌握，对于教育教学实际情况更是不甚了了……这种情况属于书籍文章的质量问题，也就是作者的态度与水平问题以及出版界的风气问题，不能责怪教师；第三种情况是，由于理论表达深浅的程度与教师已有的水平不相符，因而产生不能很好地结合的情况；第四种情况是，从较高的教学理论到实际应用，这中间还缺乏相应的一系列过渡性学科的建设问题，或者是指教学论的应用性的层次而言；第

五种情况是，教学实际工作者运用理论的态度与方法问题，有的教学实际工作者总是想着把书上现成的东西搬来直接就用，结果发现未能取得预期效果，因而怪罪教学理论脱离实际。基于对这五种情况的仔细分析，李秉德先生指明了"理论"与"实践"双方各自努力的方向，也从各种情况中提出了具体的解决办法。对"理论联系实际"或"理论脱离实际"这样一个"老、大、难"问题的细致入微的梳理分析，令人耳目一新，豁然开朗。李秉德先生更加强调指出："特别是理论工作者要面对教育实践，并尽可能参与实践活动，绝不可一直坐在书斋里苦思冥想、闭门造车"。也就是说，在解决教学理论与教学实践结合的问题上，教学理论研究者要特别明确自己的责任。同时，教学实际工作者也要学理论，用实践行动促成"有用"的理论。"这样，双方心里都想着对方，心往一处想，劲往一处使，应该说，这是使教学理论与教学实践结合的一个非常重要的思想基础。"建立这样的思想基础甚至比方法更重要，而人们却总在寻找方法的路上忘记思想基础的重要性。

当我们借助体现李秉德先生思想智慧的文本，学习、理解和分享他的教学论思想，寻求他给我们的方法论启示时，我们还能感受到一位教育家之所以能给我们留下他的思想光辉和成就，是与他治学与做人的崇高品德分不开的，秉承这些品德，也能让我们获得比具体的思想与方法更有价值的财富。

对教育无限热爱的情怀。李秉德先生在 60 多年的学术生涯中，始终不渝地忠诚于自己挚爱的教育事业，记挂着他的教学论专业。他是把教育作为终身职业，把学术当作生命的一部分，甚至是生命意义的全部。在他 2002 年 90 岁生日前夕完成的《一个老年教师的心声》和 2004 年（也就是他去世的前一年）写作的《我对教育工作的认识和体会》两篇文章，是李先生对自己教育人生发自内心的整理和总结，文章中充溢的那种对教育的挚爱之情，今读来仍令人感动不已。那一句"假如有来生，我还会从事教育事业，我还会当老师"的话语，令人感佩。李秉德先生就是这样以自己对教育的无限热爱，既"向我们诠释了教育事业与人生价值之间的互动发展规律"①，也使我们寻求到了他的学术成就的根本。

对学习永不懈怠的追求。教育的人生在本质上是学习的人生。学术的研究也是以学习奠基。学习二字，对李秉德先生是一种生活的习惯，也是他生命的重要组成部分。田慧生博士说："回想起来，先生在治学方面给我留下的最深印象，除了严谨、求实、博学外，就是他对教育现实问题的格外关注、对各种知识始终如一的学习热情以及对新事物、新观点抱有的一种孩童般的好奇。"②正是每天的对新的信息的阅读思考，使

---

①张铁道：《我的导师李秉德先生》，《李秉德文集》第475页。

②《李秉德文集》第525页。

他对新知识、新问题、新动向保持了非凡的敏锐性。即使到九十高龄的晚年，他依然坚持每天阅读教育方面的书刊，还要思考写作。李秉德先生真正用自己对学习永不懈怠的追求精神与行动，为我们树立了"终身学习"的榜样。

对学术深入研究的执着。一个教育家的思想，必定依赖于他对学术系统深入的研究。从李秉德先生对教学论的思想贡献看，无论是对教学论的研究，还是对教育教学研究方法和语文教学的研究，都清晰地体现了他对学术系统深入研究的执着。对每一个研究领域，李秉德先生都从关注具体的现实和理论问题开始，围绕这些问题，全面深入思考和表达，形成自己的学术观点，再以此为基础，形成系统的学术思想，建构相应的学科体系。同时，以科学的方法为手段，从一般的教学论问题到学科教学论问题的研究，也体现了他对教学研究的系统深入。这样的"咬定青山不放松"的执着，不仅成就了李秉德先生教育家的地位，更对我们"今天如何做研究"给予了最有说服力的回答。许多时候，我们对学术研究缺乏的就是系统深入的执着，对问题零敲碎打、浅尝辄止，甚至功利性地趋炎附势，虽然会略有"成果"，但必定难以"成家"。

对学生严慈相济的关爱。教育家的形象不仅体现在对学术的研究与贡献，也体现在教育活动中对学生的教诲与培养。李秉德先生曾把他对学生言行总结为八个字：那就是"关心爱护，严格要求"。他对学生既有严师的期望与要求，更有父母般的宽容和朋友般的关怀。在对学生的严与慈之间，他更是有慈有严、先慈后严。他曾说："博士生、硕士生都是我从事的这个专业的接班人，将来要为国家的教育事业做贡献。因此，我爱护他们，关心他们的成长，关心他们的疾苦，维护他们的利益，尽力帮助他们。尽管个人的力量是有限的，但这颗爱心却是非常重要的。有了这颗爱心，师生关系就建立在一个坚固的、深厚的相互信赖的基础之上。"[①]2002年年底，李秉德先生已是九十高龄，而且刚刚动完一个较大的手术，出院休养，一些硕士、博士研究生很想见见他，听听他的教诲。他得知后十分重视，认真准备，而且坐着轮椅到教室，就"教育"的概念、观念和思想，给学生长达3个小时的讲解。这次晤聚讲课后，他写了一首表达自己喜悦之情的诗："憎恨往日分两地，最喜今日共一席。腿软须靠轮椅推，脑健犹然壮思飞。九十老人何所愿？薪火更旺超前辈。"那时那景定格难忘，爱生之情何止深厚！

对人生老实做为的信念。李秉德先生曾在《群言》杂志的专访中谈道："为人之道与治学之道是相通的，都离不开'老实'二字，即老老实实地做人，老老实实地做学问。老老实实做人，这意思是说，对人对己，都要表里如一，言行一致。人活着不

①《李秉德文集》第498、499页。

仅是为自己，也要做一个有益于别人的人，有益于社会的人，提得高一些就是要为人民服务。我这里说的有益于人民、有益于社会的人，不一定是指做大事的人，而是指大多数普普通通的人。我认为一个普普通通的人，只要能忠于本行本职工作，把本职工作做好，就已经是对自己也对别人做了好事。然后力之所及地再给别人一些有益的帮助，就算是无愧于心了。我想这是一个普普通通的人都能做得到的，我就是这样的一个普普通通的人。我时时刻刻清醒地认识到这一点，并在努力地这样做。"①也正是基于这样的信念与行动，才使我们从他身上感知到了大家的风范，这种风范也是我们后学晚辈努力追求的境界。

《陇上学人文存·李秉德卷》(第二辑)

作者：李瑾瑜

---

①《李秉德文集》第498、499页。

南国农

　　甘肃省社会科学院主持编写的大型学术文献丛书《陇上学人文存》，拟编选《南国农卷》，并将编选工作委托于我。南国农先生于 2014 年 9 月去世，已经离开我们五年了，一直想为先生做点事情，却没有着手，这次正好是一个机会。作为亲炙先生教诲的弟子，在先生身边学习、工作 20 多年，有责任、有义务做好这件事情。研究和传播先生的学术思想既是学生的责任，也是学生的荣幸，我也十分乐意做好这件事情。

一

　　南国农先生是新中国电化教育事业的开拓者与奠基人，是我国著名教育家、知名电化教育专家。先生 1920 年 9 月出生于江西省清江县（现樟树市），1943 年毕业于广州国立中山大学教育系，同年到国民政府教育部工作。1945 年至 1947 年，在国立社会教育学院附属中学（青木关中学）工作，任校长。1948 年赴美国留学，在哥伦比亚大学教育研究院攻读比较教育与视听教育专业硕士学位。1950 年响应祖国号召，回国参加新中国建设。1950 年至 1951 年，在北京华北人民革命大学政治研究院学习。1953 年受聘为国立西北师范学院教授。直至去世，先生一直工作在西北师范大学，历任西北师范大学教育科学研究所副所长、所长，电化教育系主任、名誉系主任，教育科学研究院名誉院长，教育技术与传播学院名誉院长，网络教育学院名誉院长。曾担任中国电化教育协会副会长、顾问，教育部电化教育课程教材编审组组长，教育部高等学校教育技术学专业教学指导委员会顾问等社会职务，兼任华南师范大学等多所高校兼职教授、客座教授。1991年经国家人事部批准，延迟退休。1992年享受国务院特殊津贴。2008年，南国农先生获得"甘肃省教学名师"称号。2011年，南国农先生获得"全国教育科研终身成就奖""中国教育技术事业杰出贡献奖"和"情系陇原·献身教育特别荣誉奖"。

南国农先生一生躬耕于大西北这片沃土，把毕生的智慧和精力都奉献给了新中国的电化教育事业，为探索中国特色电化教育理论体系与实践道路、发展我国电化教育事业、建立新中国电化教育专业和学科作出了突出贡献。先生与电化教育结缘始于工作之初，1943年他以电化教育委员会下设的电影教育委员会科员身份进入国民政府教育部工作，初识电化教育。1948年，他赴美留学，在哥伦比亚大学学习时再次接触到视听教育。1953年，先生到西北师范学院工作后兼任学校教育实习指导委员会秘书，在学校举办的教育实习展上，采用了电化教育手段进行演示，吸引了校内外许多师生前来观摩，效果很好，影响很大。1954年至1956年，他与萧树滋教授编写了电化教育课程大纲，首开电化教育课程，开展了电化教育的教学活动，促进了西北师范学院的教育改革。1960年至1973年，他们为外语系和音乐系开设了"电教教法"课及"电教实验"课。1979年，先生在"五院校教育学"教材编写会议上，率先提出在《教育学》教材中增加"电化教育"专章并亲自撰稿。1979年6月至8月，先生受教育部委托与萧树滋教授在西北师范学院举办了全国37所高等院校50余名教师参加的"电化教育研讨班"，培养了首批新中国电化教育骨干和电化教育课程教师，为全国电化教育的重新起步奠定了人才基础。1980年，先生创办《电化教育研究》杂志，旨在为大家提供一个理论与实践成果交流的平台。经过30多年努力，先生把杂志办成了电教界的学术理论园地和国家级权威性学术期刊，被誉为"中国电化教育理论研究基地"。进入20世纪80年代，先生倡导建立电化教育专业和学科，在先生等老一辈专家的帮助和指导下，华南师范大学于1983年率先在全国创办了电化教育专业。先生也于80年代中期亲自主持创办了西北师范大学电教系和电化教育专业。在先生等人的倡导下，陕西师范大学等高校先后创办了电化教育专业。在先生等几代学人的共同努力下，教育技术学（电化教育）已经形成了本科、硕士和博士研究生三个学历层次的专业人才培养体系，成为一个独立的学科。1983年至1990年，先生担任全国电化教育课程教材编审组组长，先后组织编写或主编了《电化教育学》《电化教育基础》《电化教育导论》等10余部教材和《传媒·教育·现代化——教育传播的理论与实践》等近20本的"电化教育丛书"，为我国电化教育教材建设和理论体系的完善奠定了坚实的基础。1983年，经先生等人精心策划，成功举办了"电化教育成就展览"。全国17个省、市、自治区和香港地区的专家、教师和电教工作者四万余人参观了展览。此次展览是当时全国范围内的一次规模最大的展览，在全国引起了强烈反响。1985年，先生主编了我国第一本系统阐述电教理论与方法的教材《电化教育学》，创立了以现代教育媒体的研究和应用为核心、由"七论"构成的具有中国特色的电化教育理论体系，得到了电化教育领域研究者的公认，对于建立电化教育学科起到了开创和奠基的作用。先生提出的"大电教"的概念，扩大了电化教育的视野，从根本上说明了电化教育系统在我国教育发展中的重要地位与意义。1990年，先生组织举办了"全国首届电教知识大奖赛"，吸引了数万读者参加，对普及电教知识产生了重要影响。1992年春天，先生受国家教委电教司委托，主持开展了"全国电化教育考察万里行"大型活动，活动历时50多天，行程近12800公里，途经17个省（市、自治区），受到了各级电教主管部门、电教中心（馆）和大中学校的热情支持。考察取得了丰硕的成果，不仅为我国电化教育方针政策的制订起到了参谋作用，而且对全国电化教育的改革与发展产生了宣传激励效应，被赞为"中国电教史上的一次成功的壮举"。进入20世纪90年代，先生除了对电化教育近10多年来的发展做了系统的回顾和总结，预测其未来发展趋势，还投入大量的精力对"教育传播学"进行了深入系统的研究，主编了《教育传播学》。先生晚年时仍活跃在教学科研第一线，为教育技术学科的发展耕耘不止。他组织开展了"中国电化教育（教育技术）发展史研究"课题，主编出版《中国电化教育（教育技术）史》，对中国电化教育发展历程及发展规律进行了系统研究。

二

以上是对南国农先生生平和学术生涯的回顾，在先生60多年的教育和学术生涯中，创立和发展了中国特色信息化教育（电化教育）理论体系，倡导和创建了新中国教育技术学（电化教育）学科和专业，开拓和推动了新中国电化教育事业的发展，取得了丰硕的学术成果，形成了丰富的教育思想。先生60年如一日，工作在教学科研第一线，教书育人，著书立说，可谓著作等身。本书也仅在先生众多文章中编选了34篇，只是先生众多文章中的一小部分，是先生改革开放以来各个时期信息化教育（电化教育）研究的代表作，涉及信息化教育（电化教育）基本理论、学科与专业建设、教材建设与教学改革、研究与实验等方面。下面对这些文章的主要内容和反映的学术思想略作述论。

（一）信息化教育（电化教育）基本理论

1. 名称问题

自 1978 年电化教育重新起步以来，电化教育的名称就一直存有争议，总共有四次：（1）第一次，1984 年—1986 年，争议的焦点：要不要改？何时改和如何改？南国农先生认为，应当坚持使用"电化教育"这一名称。1987 年，因教育部颁布的《高师本科专业目录》中的专业名称采用"电化教育"而结束了争议。（2）第二次，20 世纪 90 年代前期，由于美国 AECT1994 定义的引入，又一次出现了名称争议，焦点是采用引进的"教育技术"，还是保留"电化教育"。1998 年，教育部《高等学校本科专业目录》将"电化教育"专业改为"教育技术学"专业，使争议暂时画上了句号。（3）第三次，2005 年左右，由于 AECT2005 定义的引入，又引起了人们对于电化教育名称的争议，主要有：将"电化教育"改为"教育技术"真的是有必要吗？要不要再改名？一种观点认为，改名很有必要，是学科走向成熟的表现，是历史的必然，更名便于日益频繁的国际交流；另一种观点认为，改名是不恰当的，是"依附"心理的表现，国际交流不一定要使用统一的名称。（4）第四次，2011 年左右，教育部就《普通高等学校本科专业目录（修订一稿）》征求意见，拟将"教育技术学"改名为"教育信息技术"征求意见。第一次、第二次争议中，先生认为，应该坚持使用"电化教育"。第二次争议中，改名引起了先生的忧虑，他认为我国的电化教育和美国的教育技术有本质不同，改名会带来照搬国外理论的倾向和做法，这不利于我国电化教育的发展。第三次争议中，先生认为，"教育技术"这个名称已经确立，并广为流传，不一定去改变它，也不太可能改变它。目前可以多个名称同时使用，让时间考验其具有的生命力。他认为，"电化教育"仍活着：有些地方仍在使用它；有些地方虽未使用它的名称，却用了它的实质；有些人至今还在对它表示留恋和赞扬。第四次争议中，他认为改名很有必要，改为"信息化教育"比较好。他认为，信息化教育也就是信息时代的电化教育，"信息化教育"这个名称属于"中国造"，植根于中国文化土壤，符合中国实际需要，以之概括该学科领域的研究与实践最为恰当。这样，既可不定位为技术，又能准确反映学科的本质——现代信息技术与现代教育思想理论的融合；既可保持中国特色，又可凸显时代的特征。新时代的核心特征是信息化，这已是人们的共识。

现在来看，先生对于"电化教育"名称的执着坚持体现了一位老一辈电教工作者严谨的科学态度、强烈的事业心和责任感以及对中华民族的热爱。同时，我们也应看到，他对待名称的态度也是开放的和富有包容精神的。郭琴教授指出：电化教育本身具有很大的魅力，"电化教育"这一名称能较恰当地反映本学科的本质特征，"电化"这一术语具有较大包容性。前天的电化是电力化，昨天的电化是电子化，今天的电化是信息化。它始终扮演着先进技术代表的角色，它是先进的信息技术与先进的教育理论相结合，应中国教育改革的需要而产生的教育创新，它是中西文化交融的产物，它是中国接受西方文化，并将其本土化的一个典型范例。连我国最早主张改名的何克抗教授也认为，用"电化教育"这一术语来概括这一领域的研究与实践，实在是有高度智慧的创造——既能定位于教育，从而把定大方向，坚持姓"教"，不姓"电"，又能准确反映那个时代"技术在教育中应用"的本质，而且用语中国化，有民族特色。同时，先生主张应该以"信息化教育"名义，走向一级学科。他认为，经过30多年的发展，我国的教育技术学科已基本具备成为一级学科的条件，它有自己独立的研究对象、实践领域，已生出众多的分支学科，如信息化教育原理、现代远程教育与网络教育、数字教育媒体、教育软件工程、教育影视编导与制作、教学设计与绩效技术、信息技术与课程整合等等。该学科应走出教育学下的二级学科，走向教育学门类中与教育学、心理学、体育学并列的一级学科。这既是该学科自身发展的需要，也是实现教育信息化和现代化的需求。

2. 定义与本质问题

30多年来，先生一直关注和研究电化教育的定义与本质。早在1981年，他就给电化教育下过定义。关于电化教育（信息化教育）的定义，在电化教育界使用最为广泛、最经典的定义是他总结的三个定义，即1985年定义（运用现代教育媒体，并与传统教育媒体恰当结合，传递教育信息，以实现教育最优化，就是电化教育）、1998年定义（电化教育，就是在现代教育思想的指导下，主要采用现代教育媒体和媒传教学法，进行教育活动，以实现教育过程的最优化）和2004年定义（信息化教育，就是在现代教育思想和理论的指导下，主要运用现代信息技术，开发教育资源，优化教育过程，以培养和提高学生信息素养为重要目标的一种新的教育方式）。先生的三个定义，体现了时代特色，反映了中国实际，闪烁着他睿智的思想光芒。就以1985年电化教育定义看，就反映了混合学习的思想，混合学习方式正是今天我们大力倡导和努力推广的学习方式。对于电化教育的基本内涵，南国农先生从20世纪80年代就概括为一个公式：现代教育思想理论×现代教育媒体=电化教育。这个公式经过不断发展，表示为：现代教育思想理论×现代信息技术=成功的信息化教育。现代教育思想、理论与现代信息技术是构成信息化教育的两个基本要素，两者缺一，都不能取得成功的信息化教育。

对于电化教育（信息化教育）的本质，先生认为，电化教育（信息化教育）是属于现代教育范畴的一种新的教育方式。它不只是一种新的教育工具，不只是一种新的教育方法，不只是一种新的教育内容传递形态，不只是一种新的教育形式，而是所有这些的综合，是一种新的教育方式。

3. 信息化教育（电化教育）发展重大问题

先生善于宏观地把握时代脉搏，洞察电化教育前进中的重大问题，以敏锐的眼光和决断的胆识，不失时机地提出富有发展战略的观点和主张。

关于电化教育与教育改革。早在 1984 年，先生就对"教育改革要以电教为突破口"进行了论述。其后又对电化教育在高等学校教学中的地位和作用进行了分析，认为电化教育有助于高等学校教学改革实现"课堂教学、教材建设、教学形式方法和手段、教学研究和教学管理"四个突破。进入 20 世纪 90 年代，对于电化教育在教育现代化中的重要作用，他提出"电化教育是实现学校教育现代化的必由之路"，并进行深入论证。

关于"大电化教育观"。早在 1983 年，先生就指出："电化教育既要深入学校小课堂，也要走向社会大课堂，要放宽视野，走向宏观，着眼整个教育系统，在初等教育、中等职业教育和高等教育、干部教育、职工教育、农民教育、扫盲教育中，发挥积极作用。要特别重视为农村教育改革服务，为农业服务。"1987 年，先生明确提出了"大电教"的概念，明确了大小电教的区别，阐述了大电教是多样、开放、综合系统，由普通学校电教系统、广播电视教育系统、卫星电视教育系统和计算机辅助教育系统四个子系统组成。他提出的"大电教"的观点，既为我国教育、电教上级主管部门关于电教事业发展提供了决策依据，又推动了全国教育改革与发展新高潮。

关于"三件"建设。20 世纪 90 年代中期，南国农先生在他以前关于队伍建设、教材建设、理论建设等思想的基础上，明确提出了"三件"（硬件、软件和潜件）建设思想，认为电化教育和学校教育现代化的主要任务就是进行"三件"建设，要提高"三件"建设水平。"三件"建设就是硬件建设、软件建设和潜件建设。硬件建设，主要是电教设备、设施的建设。软件建设，主要是电教教材的建设。潜件建设，主要是电教理论和方法的建设。他认为，"硬件是躯体，软件是灵魂，潜件是动力。""这三件，紧密相连，互相制约，互相促进。"

（二）学科与专业建设

1. 学科理论体系

电化教育作为一门新兴学科，构建其理论体系是电化教育学科确立的内在要求和电化教育深入发展的客观需要。先生基于创建具有中国特色电化教育理论研究体系的目标，在 20 世纪 80 年代初，首先提出了电化教育学科研究应由本质论（电化教育的本质）、功能论（电化教育的功能与作用）、发展论（电化教育发展史）、媒体论（现代教育媒体的开发与应用）、过程论（电化教育过程的规律）、方法论（电化教学方法和电化教育科学研究方法）、管理论（电化教育管理与评价）七论组成的创见，并分别进行了科学的界定和精辟的阐述。其后，为不断完善和深化这一理论体系的内容，进一步指出：以现代教育媒体的研究与应用为核心，是我国电化教育的最大特色。应该肯定，先生构建的"七论"理论体系，无论对电化教育理论研究中出现不同学术观点的争鸣，还是对建设有中国特色的电化教育实践活动，都具有迫切的现实意义和深远的历史意义。先生一直在对构建电化教育（教育技术）理论体系的问题进行思考和探索。他认为不应照搬国外的理论，这样会出现"水土不服"，应当"主要在不断总结本国实践经验和理论研究的基础上建立"。晚年，他提出重构信息化教育理论体系，并提出了重构理论体系的路线图。对于新理论体系的内容结构，他的设想是由"六论"组成：总论（信息化教育的概念、功能、发展），基础论（信息化教育媒体理论、过程理论、系统优化理论），技术论（信息化教育硬件环境建设、信息化教育软件资源开发、信息化教学系统设计），模式论（信息化课堂教学模式，现代远程教育模式，信息化环境下自主、协作、探究模式），方法论（信息化环境下学习方法、教学方法、教育研究方法），管理论（信息化教育管理体制、专业建设、评价）。新的理论体系应该以现代教育媒体的研究和应用为核心，是现代教育思想理论与现代信息技术相融合的产物，同时关注学习者认知、情感、动作技能的发展，同时为学校教育、家庭教育、社会教育的改革与发展服务。对于如何构建新的理论体系，他在多年深入思考的基础上提出了一个理论体系重构的路线图，即遵循"和为贵"的理念，采取"和而不同，求同存异"的策略，主要通过"三重"（关注学科基础、前沿、特色三个重点的研究）、"三化"（关注"三化"的研究，即中华传统文化经典的现代化，有关西方理论的中国化、本土化，学科本身基本理论的细化、深化）、"三防"（防止"西方中心，依附理论"，防止"浅尝辄止"，防止"学术腐败"）三种途径，促进已有两类理论体系框架（一个是以美国 AECT 教育技术 1994 定义为依据建立的理论体系框架，另一个是在不断总结本国理论研究和实践经验的基础上建立的理论体系框架）的融合，达到"建构一个适合中国文化土壤、符合中国实际需要，具有中国特色的新理论体系"的目标。

2. 定位问题

早在电化教育重新起步之初，电教界就产生了姓"电"还是姓"教"的争论。1980 年，先生就提出"电化教育，要以教育为主"。1988 年，他针对当时电化教育中出现的问题，明确指出电化教育姓"教"不姓"电"。自 1998 年电化教育改名为教育技术以来，电化教育（教育技术）的学科定位的问题又一次凸现。他认为，AECT1994定义的引入使得学科定位变了，学科定位由一般定位于"教育"变为一般定位于"技术"。他不同意"'全部物化形态+全部智能形态'广义技术定义下的教育技术定位"，认为这会"走进普通教学论"，使得研究领域"泛化"。他仍然坚持"教育技术姓

'教'，不姓'技'"。这是因为：教育技术要解决的问题（研究对象）是教育中的问题；主要关注的不是现代技术本身，而是它在教育中的应用；所追求的不是教育的机械化，而是教育的最优化；作为学科是教育科学的一个分门；作为事业是教育事业；从事教育技术的人是教育工作者。随着教育技术学科建设的不断深入和理论体系的不断完善，他对学科定位的思考也在不断完善，认为以定位为"教育—技术"（双重定位）较好，双重定位能较好地体现学科的本质，认清自我；有助于形成自己的特色和优势；双重定位有助于培养复合型人才。

3. 逻辑起点问题

关于电化教育逻辑起点问题。20 世纪初，关于逻辑起点的讨论是教育技术领域的热点问题，出现了很多关于逻辑起点的观点。先生在 20 世纪 80 年代末、90 年代初就提出："以现代教育媒体的研究和应用为核心是我国电化教育的最大特色"，也是"建立整体电化教育理论体系的逻辑起点"。并以此为起点，构建由"七论"构成的中国电化教育的理论体系。"以现代教育媒体的研究和应用为核心"，也可以表述为"基于现代教育媒体的教与学"，这两种表述是同一个意思，是电化教育的逻辑起点。2009 年，在讨论信息化教育理论体系重构时，他认为新理论体系的逻辑起点应该是"现代信息技术环境下的学习、教学和教育"，这其实与"基于现代教育媒体的教与学"逻辑起点的观点一脉相承，是这一观点在新时代的发展。先生关于逻辑起点的观点是我国出现最早、最具有典型意义的观点，对我国电化教育理论体系的构建产生了重要影响和作用。

4. 专业建设与人才培养

1981 年，先生提出设置电化教育专业，培训、培养电教人员。其后，他对电化教育专业的培养目标和主要课程进行了研究，对电化教育专业的特点等进行了分析。他将培养目标概括为"四种人"，认为我国的电化教育专业是多层次、多方向和多性质的。2005 年，先生回顾了我国教育技术学（电化教育）专业二十年的办学历程，针对教育技术学专业举办过程中出现的问题和面临的困境，确立了办教育技术学专业应遵循的指导思想、原则公式、培养目标和本科专业课程体系。

1981 年，先生就指出，"电教人员是发展电教事业的决定因素"，并对电教人员的构成和应具备的基本条件作了阐述。其后，他一直关注电教人员或队伍的问题，对其应具备的基本条件和素质进行了多次阐述。1997 年，他提出了"电教者"的概念，并对其进行了界定，对电教者的基本素质进行深入阐述，指出了电教者在思想品德、科学文化和身体方面应具备的素质，其后又对电教者的使命、应做好的事情进行了论述。进入 21 世纪，他又对信息化教育工作者的使命进行了阐述，指出在新世纪，信息化教育工作者的使命在于推进"14345"工程——明确一项任务（帮助他人学会数字化学习）、做好四件事情（硬件环境建设、软件资源开发、新型模式建立、基本理论研究）、采取三个途径（开设信息技术必修课、广泛开展信息技术与课程整合实验、办好教育技术专业和现代教育技术培训）、遵循四个公式、实现五个标准（全新的教育理念、丰厚的教育资源、先进的教育技术、探究的教育模式、规范的教育管理）。

（三）教材建设与教学改革

自 1983 年始，先生担任全国电化教育课程教材编审组组长，他十分重视普通电教课程（面向师范院校全体学生开设的电教课程）和专业电教课程（面向电教专业学生开设的课程）教材建设，组织制订了教材编写规划和电教丛书编写规划，并组织实施。针对当时教材建设的现状，他提出"以马克思主义为指导，采用'三论'提供的科学方法，编写出水平高、适应教学需要、反映现代科学研究成果的，具有中国特色的电教课程的教材"，并提出教材建设要遵循"五性"（思想性、科学性、启发性、先进性、适用性）原则。南国农先生阐述了现代教材体系的概念，现代教材体系由两个部分构成：一是书本教材（又叫文字教材、印刷教材）系统，包括教科书、讲义、教学指导书、学习指导书、习题集、实验实习指南等；一是非书教材（又叫音像教材、视听教材、电教教材）系统，包括幻灯、投影、录音、电影、电视、唱盘、视盘、计算机课件等。他认为，两类教材都以教学大纲为依据，为实现同一教学目的服务。现代教材体系有两个明显的特点：一是成套化、系列化；二是多媒化。先生关于教材建设的思想，对于今天数字教育资源建设仍具有很强的指导意义和现实的启发意义。

（四）电化教育研究与实验

先生一贯非常重视电化教育实验，认为科学的电化教育实验不仅是检验和发展电教理论的必然手段，而且是推进电化教育"三深入"的必然途径。1981 年，先生就提出"要提高电教工作质量，必须把电教科研搞上去"。"今后，一定要在电教实验上下点功夫，如此，我们的电教理论才不会是苍白无力的。"后来，他对电化教育研究的目的和方法、应遵循的原则进行了深刻论述。进入 20 世纪 90 年代，他在总结电化教育研究实践的基础上，对 90 年代我国电化教育科学研究的指导思想和原则、目标、课题和方法等进行了探讨，有力地促进了我国电化教育科学研究工作的开展和深入发展。同时，更加关注电化教育实验，对我国电化教育实验（现代教育技术实验）的发展、概念、理论基础、基本经验等进行了系统的总结和概括。他将现代教育技术（电化教育）实验中取得的基本经验总结为：成功的现代教育技术（电化教育）实验必须要有现代教育思想理论的指导，三种技术（教学设计、现代教育媒体、媒传教学法）的支持，明确的目标和恰当的选题，认真的评价，创新的精神。南国农先生倡导电教实验研究的深入开展促进了全国电教实验的蓬勃发展，出现了全国性的电教实验热潮。由此，我们深深感到，先生一贯注重电教实验的地位与作用，其目的在于通过科学实验的途径，开辟一条电化教育创新之路。

南国农先生的理论建树是多方面的，对信息化教育（电化教育）基本理论、学科与专业建设、教材建设与教学改革、电化教育研究与实验等均有独到的见解和精辟的论述。以上仅是对南国农先生信息化教育（电化教育）学术思想的简要述论，也仅是本人对先生学术思想精髓的粗浅理解，无法概括他学术思想的全部。

三

南国农先生一生躬耕于信息化教育（电化教育）领域，建树深广、思想深邃。总结起来讲，建设中国特色信息化教育（电化教育）理论体系是其学术思想的精髓和灵魂，立足实际、不断创新是其学术思想的突出特点。

先生辛勤工作半个多世纪，将建设中国特色信息化教育（电化教育）理论体系作为其毕生的学术追求。他一贯反对照搬国外经验，主张根据我国国情，"走自己的道路，逐步建立有中国特色的电化教育，这是我国办电化教育应树立的基本指导思想"。在1985年出版的《电化教育学》的前言中，他写道："为建立具有中国特色的电化教育学迈出第一步。"20世纪80年代末，他就指出，中国电化教育要"适应着我国国情，走自己的发展道路，即以现代教育媒体为核心的发展道路"，"以现代教育媒体的研究和应用为核心，是我国电化教育的最大特色，是我国的电化教育与外国视听教育或教育技术等的最大区别之处"，"我国的电化教育，走以现代教育媒体为核心的发展道路……这是由我国国情决定的"。提出"以建立既具有中国特色，又有时代精神的电化教育学为目标，走适合中国国情的自我发展道路"。2006年左右，他在以前的基础上提出了"中国道路"的理论追求。他认为：中国道路是一条摆脱依附、自主创新之路。它是在不断总结电教理论研究和实践经验的基础上修建起来的。中国道路的原名是"电化教育"，现名是"信息化教育"。信息化教育也就是电化教育，是电化教育发展的新阶段，也就是信息时代的电化教育。他赞成采用"信息化教育"这个名称，用"信息化教育"来代表（不是取代）"电化教育"。采用这个名称，既可保持中国的特色，又可凸显时代的特征。他指出，中国道路的实质是：以科学发展观为指导，实现现代教育思想理论与现代信息技术的融合。他指出中国道路的两个特征是"立足本国实际，追踪现实问题；既要借鉴，更要超越"。前者就是"要从本国国情出发，着重研究本国实际，总结本国经验，解决本国问题"。后者就是"要学习、借鉴他国的优良经验，积极吸收人类的一切先进文明成果，'他山之石，可以攻玉'，对于外国的一切好的东西，可以采取拿来主义，把它'拿来'，但是，不能止于'拿来'，而应在'拿来'的基础上有所创新，使它变成'拿去'，既要借鉴，更要超越"。2010 年，他又提出"建构一个适合中国文化土壤、符合中国实际需要，具有中国特色的新理论体系"。由此可见，在 30 多年的理论研究和实践探索中，先生一直坚持构建中国特色信息化教育（电化教育）理论体系的理论追求，一直坚持走"中国道路"。2016 年 5 月，习近平在哲学社会科学座谈会上的讲话中提出："要按照立足中国、借鉴国外，挖掘历史、把握当代，关怀人类、面向未来的思路，着力构建中国特色哲学社会科学，在指导思想、学科体系、学术体系、话语体系等方面充分体现中国特色、中国风格、中国气派。"先生毕生的执着坚持和学术追求正是习近平这一思想的生动写照和有力诠释，也反映了老一辈电教工作者严谨的科学态度和对中华民族的热爱。

先生学术思想的突出特点是立足实际，不断创新。先生一贯倡导"从本国国情出发，着重研究本国实际，总结本国经验，解决本国问题"。立足实际，一是要立足本国实际，解决本国问题。先生一生的研究都是站在中国大地进行的研究，都是在研究解决中国信息化教育（电化教育）发展中出现的实际问题。二是体现在从实际出发，理论联系实际。先生的研究都是从实际出发的，没有"空对空"的理论，都是在总结来自基层的实际经验和解决实际问题中进行的理论阐发，这一点从先生文章的题目就可以看出。不断创新，体现在他善于学习新事物、研究新问题。他一直将创新作为研究的方法论和追求的目标，他强调"电教研究是一项开创性工作，是在向未来开战，在研究中要有新发现、新发明、新突破"。他认为，"注意处理好继承与创新的关系。在学习和研究中，可以采取拿来主义，但不能止于'拿来'，要在'拿来'的基础上，有所创新，使之变成'拿去'。""教育技术学科建设的发展，只有通过创新、超越，才能实现。""要借鉴，更要超越。"这些理念，他一生都在躬行。他立足中国实际，总结中国经验，解决中国问题，不断追求创新，提出了很多具有时代价值的创见，如关于电化教育的定义、"七论"构成的理论体系、逻辑起点、"三件"建设等观点，无不对中国信息化教育（电化教育）的发展产生重要而深远的影响。构建中国特色信息化教育（电化教育）理论体系和立足实际、不断创新是相辅相成的，要建立自己的理论体系离不开创新，没有创新就会照搬国外经验和理论。

建设中国特色的信息化教育（电化教育）理论体系和立足实际、不断创新是相辅相成的，前者是目标，是追求，是灵魂，后者是方法，是路径，是特点。要建立自己的理论不能脱离实际，离不开创新，脱离实际，没有创新就会照搬国外经验和理论。

先生虽已远去，但其学术思想的智慧光芒依然熠熠生辉，照耀我们在教育信息化2.0 时代大展宏图、创造伟业，建立中国特色信息化教育理论体系，建立中国的信息化教育学，为构建中国特色哲学社会科学奉献智慧和理论。

四

　　文存只编选了南国农先生众多文章的一部分，在文章的编选上，难免存在挂一漏万，在思想的述论上，难免存在粗浅疏漏，这个编选前言也只是给读者阅读先生文章、研究先生思想提供一些简单的指引。文章编选和思想述论如有不当，我虚心接受意见和批评，期待读者和专家不吝赐教。

　　需要说明的几个问题：（1）在文存编选时，将收录文章分为信息化教育（电化教育）基本理论、学科与专业建设、教材建设与教学改革、研究与实验和其他几类，主要是参考先生的两本论文集《教育现代化的必由之路——南国农电化教育论文集》（高等教育出版社，2000年）、《教育技术学科建设：中国道路》（北京师范大学出版社，2010年）的分类，以本人粗浅的理解所做的一个简单分类，如有不当，敬请指正。（2）文存收录的文章，在编选时做了一些删减和修改。一是将原文的参考文献，处理为注释，无法处理为注释的做了删减；二是部分文章的图表，根据需要进行了适当修改或处理为文字表述；三是根据新的规范对文字表述、标点符号等进行了适当处理。

　　文存的编选得到了甘肃省社会科学院副院长马廷旭研究员和赵敏老师的大力支持，在此表示诚挚感谢。在文存编选过程中，经常与西北师范大学杨改学教授、郭绍青教授等进行讨论，他们对文存的编选提出很多富有建设性的意见和建议，也提供了很多方便，在此一并致谢。

《陇上学人文存·南国农卷》（第七辑）

作者：俞树煜

胡德海

　　胡德海先生是当代著名教育学家。他在教育学原理、中国传统文化、人生哲学、教育史学等学术领域均有深厚的功力和很高的造诣，在我国教育理论界声名卓著，影响深广。

　　胡先生一生以教师为职业，以教育学理论的教学和研究工作为主要的学术事业。他于1953年北京师范大学毕业之后，分配来甘肃兰州的西北师范学院（现西北师范大学）工作。从此，扎根西北，献身师范教育，倾心学术研究，迄今已整整60年。

　　60年来，胡先生矢志不渝，忠于自己的职业选择，为教育学术文化传薪播火，教书育人，培养了大批杰出的学生。他的嘉言懿行、思想学问，在学生、同事和学界有口皆碑。2002年，胡先生被学校聘为教育学原理专业博士生导师，至今仍在为教育学博士研究生们授课，为高层次人才的培养和教育学的学科建设殚精竭虑，贡献力量。2006年，他先后荣获第二届西北师范大学教学名师奖和甘肃省高等学校教学名师奖。

　　60年来，胡先生耽于旨趣，安于淡泊，甘于寂寞，潜心学问，以"振兴教育学理论，发展教育学术事业"为己任。在漫长的求索道路上，他志存高远，善于独立思考，勇于解放思想，敢于坚持真理，广泛阅读，勤于著述，向以好学深思、见解精深、富有创获见称。从20世纪90年代后期起，先后出版了《人生与教师修养》《教育学原理》《雷沛鸿与中国现代教育》《教育理念的沉思与言说》等著作，而《教育学原理》则可视为先生集数十年思考所得和其教育学思想的代表作。该书自1998年出版以来，先后印刷 6 次，印数 2 万余册。1999 年，此书连续荣获第四届国家图书奖提名奖、第一届全国教育图书奖一等奖和中国教育学会"东方杯"优秀科研成果一等奖。2001 年，此书又荣获第四届甘肃省优秀图书奖特别优秀奖。2005 年，此书入选教育部学位管理与研究生教育司遴选推荐的"研究生教学用书"。多年来，此书已为国内多所高校用作专业课教材，学术影响广泛。2013 年经先生精心修订，此书又在人民教育出版社出版。

改革开放 30 多年来，胡先生心系社会，积极参加社会活动，担负起学术为社会服务的责任和使命。20 世纪八九十年代，他先后任全国教育科学规划领导小组教育基本理论学科规划组成员，国家教委中小学教材审定委员会审查委员，甘肃省高等学校教师高级职称评审委员会委员，广西雷沛鸿教育思想研究会顾问，《教育研究》杂志编委、顾问，《教育大辞典》（修订版）编委等。进入新世纪，他又兼任中国教育学会教育学分会学术顾问，甘肃省第三、四、五届中小学教材审查委员会副主任委员，甘肃省教育学会教育学研究会名誉理事长，西北师范大学学位委员会委员，《中国教育大百科全书》编委等。现在，胡先生虽盛年不再，但他老骥伏枥，壮心不已，弦歌不绝，治学不辍，以知识分子的良知和责任尽可能为社会的进步发挥余热，增添一些力量。

胡先生常说，他这一生，是读书、教书、著书的一生，走的是一条与书打交道的学术之路。回首先生的学术之路，他留给我们的不仅有体大思精、意蕴宏深的教育学术思想，更有一代学者的治学风范、精神境界和人格魅力。

一

胡德海先生，1927 年 9 月 29 日出生于浙江金华县（时为汤溪县，1958 年 10 月，该县建制撤销，并入金华县）大坟头村。金华自古山灵水秀，是人文荟萃之地，崇尚教育为金华县情特色之一。宋元以来，金华向有"小邹鲁"之称，以杂博致用为特色的金华学派在全国颇有影响，一直衍化至元末明初。胡先生的家乡，虽是地处乡野的村落，却也同样氤氲着尊师重教的文明耕读之风。1933 年春，他入本村初小就读，接受该校唯一的一位教师李连美的启蒙教育。1938 年秋至 1940 年冬，他先后在龙游县湖镇启明小学、汤溪洋埠小学就读。小学毕业后，受当时当地小学生中普遍存在的一股读补习班风气的影响，1941 年上半年进安定小学补习班，下半年又转入上陈补习班就读。在上陈补习期间，他受到一位叫钱良老师的悉心指导，认为获益最多，感受也最深。1942 年 9 月，他进入刚成立的汤溪县立初级中学（即现浙江省金华市汤溪高级中学），在这里度过了初中的求学生涯。当时的汤溪县立初级中学校址在一乐堂，一乐堂虽是个小村落，但素有较深厚的历史文化底蕴，仅以其村得名之缘由即可略见一斑（一乐，出自孟子"得天下英才而教之，一乐也"之语）。根据胡先生的回忆，汤溪中学当时除聘请本地的一些教师外，也延揽了一些从金华、兰溪等地因避日寇之难而来的优秀教师。其时虽烽烟遍地，生活维艰，但也正是这段"祠堂作杏坛，烽火伴书读"的岁月①，以及家乡尊师重教、尊重知识、尊重人才的文化氛围的濡染熏习，他开始把心思真正放在了读书上，并真正从思想上接受了"天下事只有读书最乐、最好"的观念，这为以后的读书求学、学术研究开了好头，奠定了知识和思想基础。1946年春，先生考入浙江省立金华中学读高中。该校在当地享有盛誉，是一个学习的好地方。在这里，他对自己的人生方向有了初步的规划和思考，抱定了学师范、搞教育的志向。其间，曾发表习作10数篇。1949年年初，他高中毕业，应汤溪私立维二中学之聘，在该校任初中英语教师一学期，是为一生从教之始。是年9月，他被北京师范大学教育系录取。从此，他的人生迎来了新的曙光，揭开了新的篇章。

在北京师范大学求学期间（1949年9月至1953年7月），胡先生醉心学问，一心向学。他的同窗好友顾明远先生曾这样评价说："他在学习的时候，好学深思、刻苦钻研，具有深厚的理论基础，是我们班上的优秀者。"②读书期间，他曾于1949年10月至1951年7月兼任北京虎坊桥平民夜校校长和前门区职工业余中学语文教师近2年。1951年10月至1952年4月间，他随集体到江西于都县参加土地改革近半年。四年的大学生活，奠定了先生的学问和人生之基。

大学毕业之后，胡先生被分配来西北师范学院任教，从此开始了在高校的教学研究工作。但在随之而来的"肃反""反右"等运动中，先生被作为重点对象审查政治历史问题，继而被划为"右派分子"，遭受批斗，不能上课，安排在教育系资料室、办公室做资料和打杂工作，"文革"中又被关进"牛棚"，强制劳动改造，接受贫下中农再教育等，直至1978年年底彻底宣布"右派"系错划并改正，才重新回到大学的讲台上。这一时期，胡先生不能安心教学，无缘学术研究，经受了身心的双重煎熬，遭遇了人生的大磨难。在此期间，他镇定自若，自守坚贞，不惧淫威，不辱良知。

1979年以来，随着极"左"路线的有所敛迹和社会政治、经济、文化形势的逐步好转，已过知天命之年的先生重新焕发出长期被压抑了的学术活力，呼应教育学术发展的时代需求，紧紧围绕教育学理论研究前沿问题，陆续发表了大量见解精深、不同凡响的教育学术研究成果，在国内教育理论界产生了深远影响。

---

①这二句诗出自胡德海先生诗作《忆昔在汤溪中学读书》，见于《在一乐堂汤溪中学读书》，载汤溪高级中学团委主办《汤中写真》2007年4月号（总第116期）。
②见顾明远为胡德海先生《人生与教师修养》所作的"序"。

二

胡先生的学术研究有着深广的思想渊源。他一向认为，在中国当代语境中，研究人文社会科学，很需要系统学习和深刻领会马克思主义哲学。他认为这是一个千万不可忽视、可以启人心智的智慧之源。因此，早在大学期间，他就下功夫研读了不少马克思主义经典作家的重要著作，打下了深厚的马克思主义哲学理论功底，掌握了马克思主义的基本观点和方法，这就从根本上保证了他观察问题具有了一个必不可少的正确的理论根据和思想方法。不过，在他看来，马克思的学说本来应该是开放的、发展的，是能够包容吸收一切有价值的东西的，而不能被任意曲解、割裂和"改造"。马克思主义哲学要真正有大发展，决不能只在范畴体系上做文章，而必须深入研究人的问题。

胡先生的教育学思想与他对人、社会、宇宙等的哲学思考是融为一体、互为表里的。他认为，要切实弄清教育，就一定要把它放在更广阔的背景下进行剖析，把它与人类乃至和整个物质形态进化的历史线索联系起来，从整体的历史的角度对它进行深入研究。这就是说，对人类的认识，缺少不了对教育的认识，而对教育的认识更离不开对人类、对物质世界的认识。根本上说，他对教育的思考主要就体现在对人、人类社会、宇宙世界的系统思考上。可以这样说，先生对人、社会、宇宙等问题的哲学思考是他为建构自己教育学理论体系所做的思想准备和理论武装，他对教育学诸多理论问题敏锐的观察力，深刻的洞察力，敏捷的思维能力和正确的思维方法，往往也即是他关于人、社会、宇宙世界的哲学智慧和哲学观点的具体运用和生动体现。

教育的对象是人，人的问题是教育的根本问题。在先生看来，研究人，研究人性，研究人心，研究人之为人的本质，研究文化是研究教育的理论前提。基于此，他很早就对人的问题作了系统、深入的思考，并将其作为自己教育学理论体系的合理内核而一以贯之。他认为，从根本上说，人是一种文化性存在，文化是人类的本质所在，是人之所以为人的根本原因。[①]文化是我们这颗星球上人类独特的创造物，是人的本质力量的展现，是人的不同形态创造物的多元复合体。人类的发展就是由文化发展所构成的，一部人类发展史就是文化发展史。离开了文化，就没有人类，也就没有人类的发展。教育就处在人类文化传承发展与人之生成的需要之间。对人的文化本质的确证是先生全部教育学思想的一块理论基石。

物质形态进化理论是胡先生教育学思想的又一块理论基石。在先生看来，物质世

---

① 胡德海：《人生与教师修养》，上海教育出版社，1996年，第85页。

界就是各种物质形态的联合总体。物质世界的发展就是物质形态由低级向高级的不断进化。宇宙间物质的变化气象万千，所谓进化是指上升的发展。物质形态的进化包括个体形式和群体形式两个方面。从目前学术界公认的大爆炸时期开始，从个体的角度看，进化的基本线索是：基本粒子的物理物质→原子、分子的化学物质→动物、植物、微生物的生命物质→人类；伴随着这条个体进化线索，还有相应的一条群体形式上的进化线索：气状弥漫物质（基本粒子的群体）→各类星球（原子、分子的群体）→生物圈（生物的群体）→社会（人类的群体）。这两条线索实际上是绞合在一起而不能分开的。这就是我们目前科学能力所认识到的宇宙的进化历程，也就是已历 150 亿年之久物质形态进化至今的过程。人（human being），地球上生命有机体发展的最高形式，就是经过这样的过程进化、产生出来的。

社会即是人类的群体存在形式。他认为，物质形态出现的个体形式与群体形式的区别，乃是由事物所必然具有的质与量的辩证关系决定的。物质形态进化与否，关键也在于个体形式上是否发生变化。物质形态的进化虽然在表现上有两条线索，但又有主次之分。由于个体确定物质形态的质，而群体只是其集合的规模，所以，个体进化线索是一条主线。研究物质形态的进化，必须抓住个体进化的主线才是正确可靠的。他指出，物质体的内外相互关系本身又是处在相互联系之中的，这表现为物质体的性能与结构的密切关联和有机统一。所以，任何形态的物质体都是特定性能与特定结构的统一。同样，物质形态不仅是上升发展的，而且还是分化发展的。客观存在的物质形态，不仅有纵向的区别以形成不同的阶段，而且有横向的区别以形成同一物质形态内的不同具体形式。此外，整个物质世界及其各种物质形态，不仅表现为物质的系统，而且表现为物质的过程，二者的统一才是整个物质世界及其各种物质形态的完整形态。上述这些物质形态运演变化的基本规律，先生将其归结为"个体—群体律""性能—结构律""进化—分化律"和"过程—系统律"这四大规律。在先生看来，物质世界演变进化的全部秘密就在于此。掌握了这些规律，就获得了洞察物质世界运演变化的有力武器，进而也就掌握了探究教育基本理论问题极端重要的不二法门。

可以看出，胡先生对人、社会、宇宙、世界等问题的哲学思考，体现了一种"真正的终极关切"——对学问的追根究底的思考。正是这种思考问题的彻底性和深刻性，给我们展现了一个高妙的学术境界和研究范式，也使先生的教育思想具有为他人所不及的深刻性、彻底性和科学性。这也正是胡先生教育学原理显得通透深邃、大气磅礴、酣畅淋漓的根本原因之所在。

三

综观胡德海先生的学术生涯，他用力最勤、思考最深、耗时最久、成就最大的莫过于对教育学的基本理论问题研究及对教育学原理体系的系统建构上。在改革开放之后的二十多年里，先生围绕教育学的基本概念、体系，教育的起源，人类教育的存在和发展历程、趋势，人类社会的教育现象，教育本质，教育功能，教育与人、社会的关系，教育与自我教育等几乎所有教育学基本理论问题次第作了系统、深入、独立的思考和探索，在权威刊物发表了一系列学术论文，这些研究成果最终凝结成《教育学原理》（甘肃教育出版社 1998 年版）、《教育理念的沉思与言说》（人民教育出版社 2005 年版）两本巨著，成为教育学研究尤其是教育基本理论研究领域特色独具的学术存在，也奠定了先生在中国当代教育学术发展史上的地位。

胡先生对教育学基本理论问题的研究，始于对中国教育学落后面貌的深刻反思。在先生看来，"教育学的落后仍是一种无可否认的事实，也是当前世界范围的普遍现象"[①]。而造成教育学落后面貌的根本原因在于从其基本概念到基本理论上的混乱、肤浅和失范，不能给教育学以恰切的学科定位和透彻的理论阐释，从而不能透显出教育学的理论价值和存在意义。因此，重建教育学的学术尊严的根本之策首先就要从教育学基本概念、基本理论问题入手，争取首先在宏观的理论教育学领域求得一个合格的分数。

胡先生敏锐地认识到，要正确思考教育学的理论问题，重建教育学学术大厦，首先就需要正确回答"什么是教育学"这一基本而又带有前提性的理论问题。1990 年，他在《教育研究》第 3 期发表《教育学概念和教育学体系问题》一文指出，20 世纪 50 年代以来，由于受苏联教育学理论、观点的影响，我国教育理论界把教育学和教育科学错误地看作两个不同的概念，认为两者的研究范围、研究对象有大小宽窄的不同，甚至在许多人的观念中，把教育学等同于一门具体学科或者是一门课程甚至看作是一本书。这种误解和误用，使我国教育学长期因袭苏联教育学的理论框架，在一本所谓"教育学"书的"四大块"和前后章次范围内打圈子做文章，难以走出自我设置的迷宫，也直接导致了教育理论的贫困和不够成熟。所以，必须要从理论上、思想上、逻辑上对"教育学"这一基本概念作一番"拨乱反正""正本清源"的深究和"概念重建"的思索。在全面考查了世界范围内对这一概念的使用情况后，先生正确地指出："所谓教育学和教育科学此二者应是同义语，教育学和教育科学此二者讲的是同一回事

[①] 胡德海：《思考教育学》，《西北师大学报》（社会科学版）2004 年第 1 期。

而不是两回事，这两个概念完全是同一的，是二而一的关系，所以，我们不能把此二者分割开来去认识。教育学是教育科学的简称，而教育科学乃是教育学的全称而已。"①以此为理论前提，才能在研究对象问题上避免陷于内涵与外延不一致的逻辑矛盾和严重的理论混乱状态。至此，教育学理论大厦找到了一个科学的概念基础，教育科学研究也因此有了一个明确的研究对象。

在界定教育学的概念内涵和研究对象之后，尚需进一步回答：教育学发展到今天，它的总体面貌或存在状况是怎样的？这既是今天教育科学发展的现实需要和教育理论建设的时代任务，也是教育实践发展的客观要求。胡先生认为，教育学在当今时代存在的显著标志便是教育学体系。教育学体系是教育学研究的范围和学科，是教育学的各个分支学科构成的一个有机联系的整体。先生站在科学发展的前沿，以广阔的教育学视野和大教育学观，认为目前教育学体系形成了理论教育学、部门教育学、边缘教育学和应用教育学这一现代教育科学系统的基本结构。它具体体现着"理论—应用"的科学基本秩序。按照这个思路，教育学体系应由宏观、中观和微观三个层次构成。宏现层次可谓是"理论教育学"包括教育学原理、教育哲学等学科；中观层次包括部门教育学诸如高等教育学、中等教育学、初等教育学等学科，边缘教育学诸如教育心理学、教育社会学、教育经济学等学科，以及教育活动与过程论如教学论、学习论、课程论、教师论等；微观层次是"应用教育学"，包括教育管理学、教育统计学、教育评价学及各门学科教育学等。这个理论构想，体现先生卓越的理论思维和宏阔的教育学视野，给教育学的学习者以宏观的眼光和思想理路，由此使人们能够得窥教育学这一学术百花园的全貌，也使我们清楚地认识到包括教育学原理在内的教育学各分支学科在教育学体系中的地位、作用等。

在明确回答了"什么是教育学"这一基本理论问题之后，胡先生又围绕着"什么是教育"这一基本理论问题，从教育起源、教育在人类社会中存在和发展的历程、教育现象、教育本质、文化传承中教育与自我教育的关系、教育功能以及教育、人、社会之间的关系等方面展开系统、深的思考，并以此作为自己教育学术思想的核心。

教育起源问题是一个重大的理论问题。在我国，理论界对这一问题的认识颇多分歧。中华人民共和国成立前，主要传播的是西方的观点，即教育的生物起源论、心理起源论等；中华人民共和国成立后，主要是从苏联教育史和教育学著作中引进的劳动起源论。此后，在很长的历史时期内，教育的劳动起源论为我国学者所信奉，认为这是符合马克思主义的正确的教育起源理论。1985年，胡先生发表《教育起源问题刍议》

①胡德海：《教育学概念和教育学体系问题》，《教育研究》1990年第3期。

一文，对几种流行的教育起源理论作了深刻的理论剖析之后，认为它们"都各有其理论上的显著的片面性而难以令人信服"①，尤其是，他对"教育的劳动起源论"这一被普遍认为是无可置疑的马克思主义教育起源观从其立论依据、概念范畴、论证逻辑等方面均指出其存在谬误。立足于教育的本体功能，先生鲜明地提出了教育起源于人类社会生活需要的理论观点。此文发表后，在教育理论界曾引起了相当的反响。胡先生面对各种讨论，静心沉思，并于10年之后又发表《论教育起源于人类社会生活的需要》，②重申自己的观点，并从哲学上的需要理论、文化学对社会的分析以及马克思主义、人类学对人的本质的认识等有关理论观点出发，多角度、多层面论证了这一观点，从而牢固地确立起自己的教育起源观。在20世纪80年代及后来的有关教育起源的讨论中，先生的观点独树一帜，自成一家，得到了学界的普遍关注和认同。

合理解释了教育的起源以后，胡先生接着对人类社会教育的存在和发展演变的历程作了"长时段"的审视和关照。纵观三百多万年人类教育发展的历史，先生认为，存在着自在教育和自为教育这两种不同层次、不同体系、不同形式、不同特点的教育。自在教育是人类历史上出现最早、层次最低、形式最简单的教育形态，也广泛存在于人类社会的各个历史阶段。自为教育则以学校教育的出现为标志，是人类教育进入自觉阶段的产物。人类教育总的发展趋势是由自在教育向自为教育发展，是从"自在之物"向"为我之物"的发展，这是历史的必然。③这里，先生勾勒出了教育在人类社会存在和发展的基本线索，对人类社会教育的来龙去脉、历史面貌、总体特征、演变规律作了宏观的概括和把握。

纵向考察了人类教育发展的历史演变轨迹之后，先生又从横向的角度考察了人类教育的现象即教育形态。他认为，讨论什么是教育的问题，要求我们既看到教育的本质，也要看到教育的现象，并且要通过对教育现象的认识得出教育本质的结论来，即必须透过现象抓住本质，通过现象认识事物的本质，这是唯物辩证法的一般要求。作为一种社会现象，先生认为，人类教育现象是由教育活动、教育事业、教育思想三种形态所构成。教育活动是人类最基本的教育形态；教育事业是人类一种层次较高的教育形态；教育思想则是教育活动和教育事业的理论形态。④对教育现象或教育形态的结构分析，在先生的教育学理论中是一个重要组成部分。正确认识了教育现象，才有对教育本质的深刻言说。对教育现象的全面把握，使得对教育本质的认识建立在了一个

①胡德海：《教育起源问题刍议》，《华东师范大学学报》(教育科学版)1985年第2期。
②胡德海：《论教育起源于人类社会生活的需要》，《西北师大学报》(社会科学版)1995年第5期。
③胡德海：《论教育的自在和自为》，《教育研究与实验》1988年第3期。
④胡德海：《论教育现象》，《教育研究与实验》1991年第1期。

坚实可靠的事实或实践基础上。

教育的本质是什么？20世纪80年代以来，我国教育学界对这一问题有很多探讨，也出现了很多理论观点。教育本质问题涉及的是对教育的根本认识，也就是要从根本上回答"什么是教育"这个问题。正确认识教育本质是理解教育理论中一系列概念、范畴、原理和规律的基础。对这个问题的回答总体上反映一个人的教育视野和教育观。早在1981年，先生就在《教育研究》发表《关于教育的本质属性》一文，反对那种把教育的社会属性只当作阶级斗争这一历史现象的反映的观点。[①]此后，先生又发表《关于什么是教育和教育的功能问题》一文指出，回答什么是教育的问题，我们只有从对教育客观所具有的功能、作用问题这个方面来考虑和认识才是正确和合理的。教育的本体功能就在于传递社会文化。因此，教育就是人类文化的传递形式、手段和工具，教育的基本属性是其传递性、手段性和工具性。胡先生对教育本质的言说，其贡献在于：第一，是在全面把握三百多万年来人类教育存在和发展的全部事实的基础上得出的结论，因此，超脱了对教育的认识仅仅囿限于学校教育的视野和范围，避免了"一叶障目、不见泰山"，"只见树木、不见森林"的理论缺陷；第二，先生对教育本质的认识奠基于对人的本质、社会的本质、文化的本质及其相互关系的深刻认识上，具有人学、社会学、文化学、人类学、哲学、传播学等多学科的理论基础，是对多学科研究成果严密分析、融会贯通的结果；第三，超越了20世纪80年代以来习见的"生产力与生产关系""经济基础与上层建筑"等意识形态话语和思维模式的局限，显现出独立探索的可贵。

胡先生还富于创造性地提出人类文化传承的两种基本手段，即教育和自我教育。二者在理论上既有区别，在实践中又具有互补性和统一性。其基本区别就在于教育在文化传递、继承过程中的师授性和他控性，而自我教育则是人对人类文化继承吸收的自控性和自授性，前者从社会整体出发，而后者则从社会个体着眼。同样，二者之间也存在着相互依存、相互消长、循环不已的辩证关系，这和中国古代"太极图"所蕴含的事物阳往阴来、辐辏轮转、终坤始复、循环无穷的辩证关系正相符合。[②]这一理论全面地解释了人类文化的传承现象及个体的文化提升过程。同时，对人们的自我教育和自学成才提供了理论上的依据。

教育的功能问题，是同教育的本质问题是密切联系着的。教育的本质问题是要回答"教育是什么"的问题，而教育功能则是要回答教育自身究竟有何种作用的问题。先生认为，教育的功能是分层次存在的。教育的本体功能在于传递社会文化，在此基

①胡德海：《关于教育的本质属性问题》，《教育研究》1981年第3期。
②胡德海：《论教育和自我教育》，《华东师范大学学报》(教育科学版)1998年第4期。

础上，教育对社会个体首先发生作用，在"文而化之"中促使其成为"文化人"，即"成人"和"成材"，此为教育第二层次的功能；教育对社会的作用是教育第二层次功能派生的结果，表现为两个方面：一是极大地提高全民族的文化素养；二是为社会培养各级各类人才。对教育、人及社会关系的认识上，先生还创造性地提出了"以个体发展为基础，以社会发展为主导"的理论观点，鲜明地反映出一种"以人为本"的思想理念。

另外，胡先生对教育活动和教育事业也有深入的探讨，限于篇幅，此不赘述。

从根本上说，胡先生对教育学基本理论问题的思考，是当今时代教育学发展和人类教育实践发展的客观需要的产物，也可以说，是教育科学发展的历史必然。可以看出，胡先生的教育学理论体系紧紧围绕着"什么是教育学""什么是教育"这两个根本问题、核心问题展开，他运用多学科的理论资源，用正确的思维方法，从多角度、多层次、多方面对上述问题作了系统、全面、深刻的回答，从而建构了一个堂庑特大、结构严密、令人着迷的教育理论世界。这个理论体系在体系构建、思想内容、方法论原则、理论思维及教育学术视野等方面在当代教育学术史上都堪称创构。

四

对教育史实的钩沉和梳理也是胡先生学术研究的一个重要领域，尤其对20世纪中国的教育改革、中国历史上的教育家等的宏观思考，显现出先生宽广的历史视野和卓绝的史识。

20世纪的百年，在中国历史上是极为重要的时期，它历经三千年来所未有之大变局，在政治、经济、文化、思想等诸多方面都对后世产生了不可估量的影响，因而值得对之作反复咀嚼和深长之思。胡先生也以一个过来人的身份，对20世纪发生在中国大地上的教育改革作了一番宏观的理性思索，对其基本经验、基本走向和主要内容作了高度概括。先生认为，教育改革是20世纪中国教育存在和发展的根本特点。20世纪整个中国的教育改革起步于19世纪中叶，是西学东渐的结果，其表现出的全局性、深刻性、时代性，在几千年中国历史上和中国教育发展史上是空前的，无可比拟的。[①]

胡先生对中国历史上的教育家也作了深入的研究。他对教育家的研究，既有对教育家群体的研究，如对中国历史上不同时期的教育家群体整体的研究，也有对教育家个体的研究，如对容闳、王国维、雷沛鸿、韦善美等人的专门研究。

胡先生认为，中国历史上的教育家是中国历史的创造者和中华民族文化文明最有

---

①胡德海：《论20世纪中国的教育改革》，《教育研究与实验》2003年第1期。

力的推动者。数千年中华文化文明的延续、存在和发展，清晰地凝聚着教育家的功绩和智慧。数千年中华文化文明也生动地体现在中国历史上诸多教育家的身上。可以说，教育家的思想和活动是教育史上一颗颗璀璨的明珠。因此，研究历史上的教育家，不仅是十分必要的而且是十分重要的。先生认为，我国历史上存在着三类或三批不同特点和类型的教育家，即上古时期、古代时期和近现代时期这三个不同历史阶段的教育家群体。上古时期传说中的部落氏族首领如有巢氏、燧人氏、神农氏、伏羲氏、皇帝、尧、舜等人是我国历史上第一批杰出的教育家，在先生看来，这些人"第一位的身份并不是部落首领，而是教师、教育家，他们首先具有了教育家的气质和表现，才成为部落的首领人物"。"他们是发展社会文化、推进社会生活的创造人才，同时也是中国史前时期最典型的教育家。"先生深情地指出，正是这些传说中的教育家形象的存在，证明中华民族历来是一个重知识、重教化的民族，也说明中国人民具有一贯的尊师重教的优良传统。中国古代时期的教育家是中国历史上第二批教育家。在他们身上，反映着中国古代教育实践状况和凝聚着中华民族智慧的教育思想，体现着中国古代教育所具有的鲜明的民族特点。从根本上说，中国古代教育家都是一些胸怀化民成俗、建国君民之志而又言行一致的社会思想巨子。中国历史上第三批教育家出现在近现代时期。此一时期，中国教育面向世界成为百年来我国教育历史的基本气候。这一时期的教育家，适应时代潮流和社会与历史的使命，站在时代和社会的制高点，怀抱经国济民之志，目光所及无不在探索中华民族整个教育的出路。[1]先生语重心长地指出，在当代中国，办大教育，就要有大智慧、大视野、大气魄，就首先要有卓越的思想家、战略家。这些理论观点，高屋建瓴，视野开阔，启人深思。

胡先生对教育家雷沛鸿的研究可谓圆了心中的一个梦，圆了自己苦苦寻觅多年的理想教育家之梦，也可以说，完成了和自己理想中的教育家的一次精神对话和思想际遇。因此，他对雷沛鸿的教育思想作了全面系统的研究，且前后历时10年之久，这些研究成果就全部体现在他的专著《雷沛鸿与中国现代教育》一书中。他对雷沛鸿的研究内容涵盖雷沛鸿的家世、生平事业及其所处的时代，雷沛鸿的社会理想和政治道路，雷沛鸿教育实践的思想准则和哲学特征，雷沛鸿教育思想的文化学术渊源，雷沛鸿教育思想的发展过程及其能够在广西得以实施的原因及雷沛鸿民族教育体系的理论与实践等方面，几乎涉及雷沛鸿一生的方方面面。胡先生高度评价了雷沛鸿在中国近现代教育史上的地位。[2]从先生的研究中，我们可以深切感受到，他的的确确找到了自己心

[1]胡德海：《论中国历史上的教育家》，《教育研究》1998年第8期。
[2]胡德海：《代前言——论中国历史上的教育家和雷沛鸿在中国近现代教育史上的地位及其基本特点》，胡德海：《雷沛鸿与中国现代教育》，甘肃教育出版社，2001年，第15、16页）。

中的教育家，并为之倾心，为之鼓舞且为之笃行。

此外，胡先生对近现代教育史上的容闳、王国维、韦善美等教育家也作了专题研究。研究内容涉及他们的生平事迹、学术思想及精神气质等诸多方面。他充分肯定了他们为发展我国文化教育事业所作出的可贵成绩和贡献，对这些教育家的崇高人格和高尚品质表示了由衷的敬仰。

五

作为教育理论家的胡德海先生，其对后学的影响，不仅是他的博大精深的教育学术思想，更有他的人格魅力和治学精神，而且，在笔者看来，后者作为一种无形的资源，其影响力尤为深远、广泛且持久。

读书治学当以"先立乎其大者"最为重要。这是先生对后学的谆谆教导，也是每一个研读过先生著述的人所共有的体验。先生曾多次说过，研究教育学原理，一定要站得高，看得远，视野开阔、深邃。"放开眼睛看世界，才能真正有今天的学术，也才能谈得上有真正思想的学术和有学术的思想。"①他说："好学深思、知书达理的读书人，应该站得高、看得远，走向大系统、大思路、大视野，在精神上当有一股'判天地之美、析万物之理'的豪气与激情。"②这其实是要求治学者要具有一种通透灵动的心灵气象，一种兼容并包、兼收并蓄的胸襟和气魄，一种"超越学科局限的宏观视野，一种从整体出发把握本学科中关键问题的领悟力"。③这其实也是学养、眼界、胸襟和气度熔铸为一的人格魅力。

"求真理，做真人"，这是胡先生一生立身行事的坚守和修为。他为人真诚，对学问对人生始终坦诚相对。其真在于其言行均能发自本心，无论环境怎样的变化，都力求不说违心的话、不做违心的事；其诚在于尊重事实，尊重规律，尊重人情人性。"④的确，先生是懂修养，也重修养的人。一言一行，表里如一，一任其诚，大朴无华，确乎当得起"先哲的精神，后生的楷模"。⑤先生曾多次以"自爱、爱人；自尊、尊人；自立、立人；自强、强人"这十六个字嘉勉后学，其实，这也正是先生自己精神气象的真实写照。如今，耄耋之年的先生，依然学而不厌，诲人不倦，笔耕不辍，以他的人格精神烛照着每一个亲近他的人。

①胡德海：《教育学原理》（第二版）"第二版前言"，甘肃教育出版社，2006年。
②胡德海：《教育学原理》（简缩本）"本书前言"，甘肃教育出版社，2008年。
③胡德海：《教育理念的沉思与言说》，人民教育出版社，2005年，第391页。
④胡德海：《教育理念的沉思与言说》一书"序"，人民教育出版社，2005年，第8页。
⑤鲁迅：《且介亭杂文末编·关于章太炎先生二三事》，《鲁迅全集》第六卷，人民文学出版社，1981年，第547页。

系统梳理胡先生的学术思想，绝非本人所能为，仅因近水楼台之便，加上先生的多方鼓励，遂有是卷之选。本卷之成，从选目、定篇、学术年表及编选前言撰写，胡先生都细加指点，从而让我再次有机会得以亲聆先生的教诲，感受先生的风范。感谢李虎林师兄、王等等师弟对书稿的细心校对。

《陇上学人文存·胡德海卷》(第三辑)

作者：张永祥

任先行

任先行先生 1929 年 8 月出生于四川苍溪。1959 年毕业于西南政法大学法律系，分配到甘肃省定西县财政局工作，后任县财政局局长。1981 年，兰州商学院成立时调入工作，任商经系主任，兼任中国商法研究会常务理事，甘肃省人大、省政协法律顾问等职位。长期从事商法学教学与研究工作，发表学术论文数十篇，出版多部著作。

回望任先生的法学岁程，他苦心孤诣，潜学慎思，学贯中西，博古通今，将法学作为一项精神上的事业，以文字为载体，展示了理论风采和思想精髓。梳理先生主要的学术著作与论文，最突出的是商法学领域的成果。商业发展的结果，必然是民富国兴。无商不富，是政治家们的治国观。商法是兴国之法。任先生基于这样的出发点，对商法展开研究，主要学术成果体现在《商法原论》《比较商法导论》《商法总论》等专著以及许多富有真知灼见的论文中。他提出的许多观点、主张和建议，不仅在当时对我国商法、经济法理论研究和实践产生了影响，而且直至今天，对我国的法治建设仍具有启发和借鉴价值。任先生的主要研究成果专注于以下领域。

法商的交叉融合

中国古代重农抑商的思想以及长期以来轻视商业的历史背景，推崇重商主义，并贯之以商法理念，致力于营商环境建设，成商法学之基本理论，是任先生在学术上最为卓著的成就。若论商法领域的事功，当首推《比较商法导论》。任先生谙熟世界两大法系的异同，以比较法研究为特色，引进西方商事法律制度，著说于比较商法导论一书，这是他多年来研究商事法律的集大成之作，深厚的法学造诣展现无遗，当为吾辈后学所诚心追索者。该书资料翔实，内容庞博，详尽地阐述了商法学的基础理论和商事法律实务问题，它对构建我国比较商法学学科体系具有奠基意义。

任先生对法商交叉融合的研究，显示了他深厚的法学功底，也可见对商科的底蕴与熟稔，穿插期间，游刃有余。他倡导重商主义的经济思想与主张，但指出重商主义不是计划经济、管制经济。并在此基础上提出，在国际市场与国内市场、发展对外贸易与满足内需的关系中，由于我国发展对外贸易的成本和风险较大，故而应立足于拉动内需，依靠国内市场；与此同时，也不能放弃国际市场，要更多、更有效地去发展国际贸易和经济往来。这些经济主张与策略经过实践的检验，为中国经济发展所验证，与当前构建双循环发展新格局的战略目标一致。我国经济加快构建以国内大循环为主体、国内国际双循环相互促进的新发展格局，与任先生的经济思想与主张一脉相承。

一种新的经济思想和政策体系，必然会带来法律上的变化。重商主义作为一种经济政策的表述，延伸至法律领域，便是商事立法的加强。任先生指出，人类只要有交易活动存在，只要有商人存在，就需要有专门的特别的法律加以规范。我国在抑商、轻商的背景下，更应当顺应时代潮流加快制定完备的商事立法，确立、规范、保护兴商、兴市、兴业、兴国的各项制度。为此，他不仅从分工、交换、商人阶级的进化过程观察分析商法的起源和发展，理清其历史脉络，更是从世界商事立法模式来判断当今商事立法的趋势。这些商事立法的梳理、民商分离以及商法法典化的主张，在我国已经颁布《民法典》、商事立法不断加强、商事立法法典化呼声不断的今天，仍然有着重大的理论和现实意义。

任先生不仅悉心于成谱系的商法学研究，还致力于经济体制改革中的营商环境建设。一是从企业角度出发，他呼吁商事立法应当突破以所有制层次为模式的传统立法格局。传统按先国有、后集体、再个体等顺序进行排列，造成各种主体在法律地位上的不平等。他主张商事主体立法应按照经济组织的形态，从而打破国有商业一些不应有的特权和优惠待遇，使各类经济主体在平等的条件下进行竞争。这对市场经济建设中营造公平竞争环境，有着重要的意义。二是从政府角度出发，他提出西部大开发中要着力营造好招标投标的法制环境。招标投标不仅关系到权力寻租可能产生的腐败问题，更是对市场环境净化的关键环节。招标投标所应遵循的公平、公开、公正以及竞争性，决定了营造好招标投标的法制环境和市场建设，对发展西部经济、公平竞争、反腐倡廉都是十分必要的。三是从市场角度出发，他还适时提出要培育和发展拍卖市场。拍卖是流通环节中较为特殊的部分，其他买卖形式无法代替。法律规定司法部门、仲裁机关或当事人都有以拍卖的方式处理有关财产的权力和权利，只有有了拍卖市场，法律规定才能真正得到实现。这些切中时弊的见解，对于后来中国法律的发展也不无积极影响。

任先生置身于西北这片热土，将学问做到了陇原大地上。他作为甘肃省人大、省政府首席立法顾问，服务于地方经济发展，并努力营造兰州市发展商业的法律环境。连锁经营是商业活动不断发展后规模较大型组织体。任先生在研究了美国连锁的主要形式、法律制度及我国连锁经营法律规制的基础上，走访了兰州市商业主管部门和一些连锁总部，并从兰州市商委获取第一手数据资料，经过调研统计分析了兰州市连锁经营的情况与特点，并提出发展连锁经营与对国有企业进行战略改组结合起来，通过产权重组和结构调整及建立股份制企业的方式，把一些规模小、实力弱的企业联合起来，加速公司化和股份合作制的进程。这些咨政建议对彼时兰州市地方经济发展的政府决策提供了重要的参考。

经济法的社会整体本位观

商事活动总是通过市场去实现的，搞好市场立法至关重要。任先生认为，市场立法既要充分尊重无形之手——价值规律的作用，又要高度重视有形之手——国家干预的作用，由此，引发了对经济法学的研究。他指出，经济法作为一门新兴的部门法，自身存在着三个缺陷，一是缺乏较为科学的基础理论，二是缺乏自身的范畴体系，三是缺乏部门法属性的基本法。经济法作为一门独立的学科或独立的部门法，必须有自己特定的、科学的、稳定的、系统的基础理论与范畴体系。他呼吁要突破传统法学理论的局限性，克服保守疑问心态，开辟新领域，建立新天地。

在研究经济法的基础理论时，任先生提出经济法的理论基础是整体本位论，经济法应当以规范整体利益为价值追求。建立整体本位论，不仅使经济法有自己独立的理论基础，而且更有利于界定经济法与相邻部门法各自的理论基础。经济法在整体本位的理念下，应当坚持国家干预原则，加强宏观调控，坚持权利义务统一观，市场规律与政府干预并重，责权利相结合。整体利益本位是经济法的逻辑起点和价值追求，是对经济法的法学观最基本的概括，它内含系统、制衡、发展、动态平衡、层次等基本思想。经济法以此为理念，肩负着解构与重构多维度关系中法律制度的重要使命。

经济法的范畴体现的是经济法的价值观、理论体系和实然构建框架。在经济法基本理念的指导下，任先生概括出了经济法的范畴应由核心范畴、基本范畴和普通范畴组成。他不仅提出了经济权力是经济法的核心范畴，配置好经济权力更有利于对利益的界定，而且对调整对象、原则、主体、行为、责任、历史、运作等基本范畴都进行了分析，并且将经济法的普通范畴界定为一些经济法学中的普通法律概念。该范畴体系的提出，成为经济法学界的一个流派，这些学术观点写进了许多经济法学的教科书中，在经济法学家李昌麒教授主编的《经济法学》中，就将任先生的范畴论作为重要的一个学派观点进行了梳理。任先生有关经济法的范畴体系的建立，为经济法的部门法独立及学科内涵奠定了理论基础。

任先生还从国家利益、社会利益与公民利益的三元结构出发，指出三者协调一致中的基本环节是共同的整体利益，基于此，提出了经济法调整对象的"纵横统一说"。他指出，虽然经济法的理论基础是整体本位论，但不是要把所有的经济关系都囊括在经济法的调整范围之内。经济法既调整纵向经济关系，又调整横向经济关系，纵向经济关系不可能脱离横向经济关系孤立存在，横向经济关系要受纵向经济关系的控制、调解和监督。同时，通过对"干预说""协调说"等学界观点各自产生的历史社会背景进行分析，清晰地界定了经济法的性质。政府在经济活动中扮演的角色不同，既可能是协调者，又可能是干预者，也可能是平等的参与者，但最主要是实施组织和管理职能。基于市场经济发展的现实需要，经济法扮演了资源配置和秩序维护之责，是组织、管理经济之法。这些主张和观点今天读起来依然富有启迪。

市场主体法的两个维度

无论是商事活动的正常开展，还是市场经济的发展，健全的主体制度都是基础。其中，企业与消费者的二元结构可以作为主体制度研究中的基本框架。

从法律上赋予企业以商事主体自主经营的权利，从制度上设计公司具有独立人格的法律地位，是社会主义市场经济体制建立的基础。任先生认为，现代企业不仅仅是市场经济中的一个细胞，更重要的是应该具有独立人格意义上的组织形态。建立与市场经济相适应的现代企业制度，最为科学合理的组织形式便是公司。法人财产权和股权是公司制在法律上的两个产物。公司作为拟制的法人，建造于所有权和经营权两权分离基础之上。公司所有权与经营权相分离是公司获得法人独立人格的前提条件，是现代公司的重要标志。所有权与经营权分离，随之而来出现了公司治理问题。公司治理结构的设计最终转换为法律制度形式。根据股权分权制衡的特点，公司法将公司权力按照决策、执行和监督三权相互分立、相互制衡的原则，设置公司组织机构，即股东会、董事会、监事会，从而促进了组织结构和职能的规范化和系统化。任先生不仅较早地系统研究了现代企业制度，更是在我国国有企业改制的历史背景下，明确了作为国有财产，国家仍保持对企业财产的所有权，为当时的国有企业改制提供了理论指引。

在经济法主体中，力量较为薄弱的消费者，应为立法保护的重点。用法律手段保护消费者利益是商品经济发展的必然要求。任先生指出，发展商品经济与保护消费者利益的立法必须同步而行。基于商品的专卖制度和卖方市场条件下，商家的专营权及优势地位会对消费者权益形成挤压，搭售、回扣、操纵物价，均构成对消费者利益的侵犯。为了维护消费者的利益，通过立法对一些商事行为加以强制性的制约，是必要的。消费者权益的保护，既是保护弱者的需要，也是确保生产者、经营者和消费者共同利益的需要。维护消费者的正当权益，明确商品生产者、经营者和劳务提供者的义务，是保护消费者立法的基本出发点和归宿。任先生所主张的在消费者权益保护的立法中，既要有保护消费者的基本法，又要有与之相应的配套法，已成为当前消费者权益保护法律体系的现状；他所主张的对商品和服务的了解权、选择权、安全权、监督权、索赔权等项权利也最终均被写入了消费者保护法，成为消费者最基本的法定权利。

经济学分析方法的应用

法学研究离不开方法论。任先生不仅在学术思想上体现了他对普适性法律价值的关注，而且在法学研究与实践中坚持法学的多元方法，通过多视角理解法律。从他的学术著述中可见的具体研究方法有比较研究方法、实证分析方法、价值分析方法等，在法商融合、法与经济的研究中，还十分注重经济学分析方法的运用。他不仅是法学交叉研究方法的探索者，也是法经济学发展的推动者。

法与经济的关系十分紧密，经济法与经济更是密不可分，经济法必须遵循客观经济规律。将经济学的方法应用于经济法学中，是经济法经济性的内在要求。任先生认为，运用经济学中成本理论、博弈理论分析法律成本、效益和博弈中的法律问题，可以揭示出隐藏在法律背后的经济义理，使法律更具理性。他运用经济学分析方法，实证分析了商业信用对交易成本的影响，从而得出结论，从整个经济运营过程而言，商业信用的存在会降低商品循环和周转成本。为保障交易信用的可靠性，一般总是以合同形式将信用固定下来，因此，又利用合同曲线分析卖者与买者之间的关系的优劣，推导出买卖双方信用度的优劣，以此寻找买者和卖者之间的最优组合选择。

任先生运用经济学分析方法分析法律中的价值，交融价值分析方法，是较为独特的研究方法。任先生认为，公平、正义、信用无一不是道德的范畴，其不仅是道德概念，更是上升为法的概念，在法理上是为法的基本价值，在部门法中是为终极追求的目标。在市场经济条件下，道德植根于商品经济与物质利益的需要，从而具有了经济属性。在经济属性视角下探讨道德问题，可通过经济学方法展开分析。按照成本效益的分析方法，可对道德进行经济成本分析。无论是道德损害成本，还是道德价值追求成本，最终都会演化在法律制度的设计中，这不仅可以通过在立法中设置责任制度解决惩罚性成本，也会在司法与执法的法律程序中将经济损害成本和道德错误成本的总额最小化。

不仅如此，在诚信制度构建中要厘清道德规范和法律规范。从职业伦理中的信用，到以信用设计的金融产品，再到围绕信用所构建的法律制度，信用不仅是道德，是商品，也是制度。任先生认为，信用作为人类社会不可或缺的经济制度，对其进行经济分析具有现实意义。他运用经济学中的博弈、纳什均衡分析信用制度，从而得出结论，健全商业信用机制要走合作博弈之路，在交易博弈中，合作是最有效的信用机制。从制度上讲，商法就是商事交易中一系列合作规则和商事习惯的总括。任先生运用经济学分析方法研究了信用制度的最终表现形式为商法，从经济理性的角度验证了商法的基本理念，阐释了商事制度的功能与作用。

任先生将思想和行动完美地结合，他对法律的坚定信仰，是通过坚持不懈的行动去践行的。对任先生学术思想的梳理，挖掘出了很多已经或正在被淡忘的史实，这些思想和史料是我们向着法治前行道上弥足珍贵的财富。如今任先生已是耄耋之年，却仍然笔耕不辍，尚有待完成的书稿，期待早日面世。

《陇上学人文存·任先行卷》（第九辑）

作者：胡　凯

蹇长春

当我受命为我校文学院蹇长春教授编选《陇上学人文存》卷时，既深感荣幸，又不无惶惑，担心不能很好地完成任务。好在，蹇先生虽已年届耄耋，但犹精神矍铄，读书笔耕不辍，我在编选过程中可以随时登门求教，以期不辱使命。

先生 1933 年 2 月出生于四川省营山县。1950 年年初参加中国人民解放军，在部队服役六年。其间，曾于 1950 年冬入朝参加"抗美援朝"战争，至 1955 年 4 月，始奉命随部队回国。在朝约四年半，荣立三等功一次，获朝鲜民主主义人民共和国颁发的军功章一枚。先生常说，他一生最宝贵的青春年华，是在"抗美援朝"战争中度过的。

1956 年年初，他转业到河西走廊工作不久，即赶上是年全国高考扩大招生，遂以同等学力考入西北师范学院中文系学习。1960 年以优异成绩毕业，留校任教，1987 年晋升为教授。曾先后担任《西北师大学报》（社科版）主编、西北师大中文系主任及敦煌学研究所所长。长期从事中国古代文学教学与研究工作，发表学术论文数十篇。对唐代大诗人白居易的研究，用力尤勤，成就斐然，是国内外影响卓著的白居易研究专家。

先生一生读书、治学的经历是曲折的。16 岁时，因家庭困难，初中毕业后，即辍学自修。但缘于外祖父的影响，他的文化基础远远超过了同龄人。先生的外祖父姓刘，是清末秀才，能文、善书法，早年以坐馆授徒为生，后入川军幕，是当地饱学的乡绅。先生幼年即承外祖父指导，熟读"三百千"及《声律启蒙》《千家诗》《幼学琼林》

《古文观止》等蒙学读物，具备了阅读和写作浅近文言文的能力。后来，在炮火连天的朝鲜战场，他也惜时如金，利用战事间隙，陆续阅读了除日记和书信外的鲁迅先生的全部著作；同时，还逐字逐句阅读了刚出版的《毛泽东选集》一至三卷。革命领袖与文学巨匠的经典著作，开阔了他的眼界，提高了他的人文素质和思想境界，为他革命的人生观和世界观铸就了坚实的基础。20世纪50年代，先生实现了他进入高校继续深造的夙愿。此时的西北师院，文科师资力量十分雄厚，就中文专业而言，赵荫棠、杨伯峻、尤炳圻、郑文、彭铎、郭晋稀、陈涌、张文熊、李鼎文等一批学有根柢、享誉学林的知名学者正在此间执教，使他受到了良好的学术熏陶。家学与师承的滋养，加之他多年来养成的好学深思之习，使其就读期间，中国古代文学成绩尤为突出。同时，由于战壕里的苦读经历，也为他的现当代文学学习打下了扎实的根基。在1958年西北师院中文系现代文学教师和学生代表编著的《中国现代文学史》教材中，他受命编写了《瞿秋白的文学业绩及其影响》一章，约5万字，受到师生的好评。

在"文化大革命"期间，"世事茫茫难自料"，人人忙于运动，他却抓紧一切可以利用的时间，阅读了不少马列主义经典著作和中外文学名著。1970年秋，在老领导辛安亭（曾任甘肃教育学院党委书记兼院长，后调任兰大党委书记兼校长）同志的关照下，他得以调入辛老领导的甘肃省中小学教材编写组，从事中学语文教材编写工作，直至"文化大革命"结束。辛老德高学硕，是当代著名的教育家、出版家，平日宽以待人，严于律己，工作一丝不苟，蹇先生深受其风范的影响和熏染。改革开放初，先生很长时期担任西北师大学报（社科版）主编，成绩斐然，与辛老的影响不无关系。

"文化大革命"后期，因阅读郭沫若《李白与杜甫》、章士钊《柳文指要》等著作，激发了先生对唐代文学的兴趣。他先后细读了李杜、元白、韩柳、刘禹锡、李贺、张籍、王建及杜牧、李商隐等著名诗人的作品。通过比较，他认为白居易是唐代仅次于"李杜"的伟大诗人；就其诗文数量之多及保存之完好而言，均居唐人之冠。于是，他暗下决心，将白居易作为自己后半生学术研究的重点。

流年急景，光阴易逝，已届中年的他深感时不我待，于是抓紧一切时间，开始了对白居易的深入研究。一方面，在《白氏文集》的文本上狠下功夫；另一方面，尽可能广泛而完备地搜集自唐宋以来有关白居易研究的论著及史料。从南宋陈振孙《白居易年谱》、清初汪立名《白香山诗集》和《年谱》，到现当代陈寅恪、岑仲勉等著名学者关于白氏诗文的笺证、版本源流、文本辨正等一系列重要著作和文章，以及游国恩、顾学颉、王拾遗、霍松林、卞孝萱、朱金城、褚斌杰等先生关于白居易的论著，他无不爬罗剔抉，一一细读。同时，观照到白氏的"全人""全书"及其所处时代背景，草成约10万字的读书札记——"白居易论纲"，作为这一研究课题的总体规划。由此可见，蹇先生的白居易研究，准备极其充分，起点甚高。后来，他所发表的关于白居易研究的文章，大都是针对学术界论争的热点有感而发，极富现实针对性和挑战性。因此，有多篇被"人大"复印资料全文转载；其所持学术观点，亦多引起同行专家甚至海外学者的关注和响应。

回顾蹇先生的学术活动，主要集中在"文革"结束后至21世纪初的二十多年里。在此期间，就其学术成就而言，最突出的是参与了两项由中央倡导的、具有划时代意义的重大文化建设工程：一是力争将白居易列入《中国思想家评传丛书》的传主之一，并被确定为《白居易评传》的撰稿人，于2002年出版了40多万字的《白居易评传》①。这是一部被誉为白居易研究集大成的力作。二是经南京大学卞孝萱教授荐请，担任了《中华大典·文学典·隋唐五代文学分典》（1000万字）副主编兼《中唐文学部》（300万字）主编，高质量地完成了编纂任务。

由党内老专家匡亚明同志主编的《中国思想家评传丛书》，被誉为"规模最大的中国传统思想文化研究工程"。中宣部、国家教委曾联合发文，要求全国各有关高等院校、出版社、科研单位，高度重视和支持这一重大项目。因此，蹇先生是带着严肃的使命感开始《白居易评传》的撰写工作的。白居易作为中唐诗坛重镇，思想儒释道杂糅，诗文遗产3700余篇（首），向来是学术界关注的热点。当时已出版关于他的传记多种，研究论著更不计其数。因此，要突破前人陈说，按"中国思想家研究中心"要求完成《白传》的写作任务，决非易事。

如前所述，由于蹇先生对白居易研究前期准备功夫极为扎实细致；其次，除早岁曾对革命先烈瞿秋白的文学业绩做过专题研究外，还在20世纪80年代初，与友人合作对傅玄、阴铿及岑参三位诗人的别集作了校注整理②，从而积累了较丰富的研究作家、作品的方法和经验。再者，《白居易评传》的写作，"评""传"兼顾，详略得当，重点突出。因此，此书甫一出版就获得学术界广泛的认可和好评；认为之前出版的多种或过于简略，或失之粗疏，或评价有失片面的白居易传记作品，与它诚不可同日而语。2004年，该书荣获甘肃省高校社会科学成果一等奖，次年又获甘肃省社会科

---

①20世纪80年代中期，《中国思想家评传丛书》项目启动时，未将白居易列为传主。先生乃主动去信与南京大学中国思想家研究中心联系，建议将白氏列为传主，并附上近万言《白传》撰写构思提纲。其建议被"中心"采纳，并决定请先生为《白传》撰稿人。

②20世纪80年代初，先生曾与省图书馆余贤杰、甘报社王会绍二位友人合作，从事古籍校注整理工作。商定好校注体例，确定底本及参校本后，先由余、王二位写出初稿，再由他作为第一作者，逐篇审订定稿，并通观全书，写出《前言》。至1983年年底，完成《傅玄阴铿诗注》（约18万字）、《岑参集校注》（约40万字）两部书稿。前者，列入《历代甘肃作家作品选注丛书》，由甘肃人民出版社于1987年7月出版；后者，曾由西北师大科研处请彭铎教授审订，认为书稿基础尚可，修改后可以出版。后因此书已有校注本正式出版在先，事遂寝。

学成果二等奖。

统观《白居易评传》全书，创获与新意颇多。这里仅就为学术界所关注的四个热点，亦即蹇先生白居易研究的四大亮点，略作评析。

其一，对白居易扑朔迷离的先祖、世系与家族问题的厘清和补正。

这是一个学术界长期聚讼不休，也是为白居易立传不容回避的大问题。先生凭着扎实的考据学功底，在有鉴别地汲取前人研究成果的基础上，积极发掘和补充新材料，厘清并明确地回答了这一大问题所涵盖的四个具体问题。

一是大胆地否定了白氏在其《家状》中伪冒的煊赫的种姓、先祖及世系。蹇先生认为，由于受到魏晋以来矜阀阅、重谱牒遗风的影响，白居易在《家状》中伪冒的远祖，自北齐五兵尚书白建以上的秦名将白起，以及更远的白乙丙、白公胜等等，均出于杜撰。尤其值得关注的是，他最先发现李商隐为白公所撰的墓碑《铭》中，开篇就拈出"公之世先，用谈说闻"，对白氏自撰的伪冒不实的《家状》，提出了质疑。李商隐与白居易为忘年之交，其表述自然值得重视。《白居易评传》第一章第一节即引用上述《铭》文开头的八个字为标题，显然是不无用意的。以往许多论者简单地认定乐天之先祖出自"西域龟兹白姓"，并拼凑自汉至唐一连串出自西域白姓的所谓"名人"，敷衍成白居易先祖由胡入汉的世系。对此类不确切的观点，他引《通典》《高僧传》等相关史料，予以驳斥。比较起来，他认为陈寅恪先生只同意"白居易出于西域"，与"西域之白或帛氏有关"，而并未简单地认同乐天先世出自"西域龟兹白姓"（参阅《元白诗笺证稿·附论（甲）白乐天之先祖及后嗣》）之说，甚为允当。

二是否定了白居易伪冒的郡望，落实了其籍里与出生地。清钱大昕《十驾斋养新录·郡望》称："自魏晋以门第取士，单寒之家，屏弃不齿，而士大夫始以郡望自矜。"由此可知，伪冒世系与郡望，实质上是同一社会陋习所表现的两个不同的侧面。蹇先生指出：既然白居易在《家状》中一再重复秦名将白起乃其远祖，是伪冒不实的，则"始皇思武安之功，封其子仲于太原，子孙因家焉，故今为太原人"（《故巩县令白府君事状》），也当然是不靠谱的。查核《史记·白起传》及《始皇本纪》，均无"封其子仲于太原"的载记，则以太原为其郡望之说，不攻自破。蹇先生以"断自近祖"为原则，以可靠的史料为依据，认定白氏近祖先占籍同州韩城，后徙下邽（今陕西渭南），因而，以下邽为其籍贯，河南新郑为其出生地，是符合历史实际的（参阅《白传》第一章第二节《郡望与籍里》）。

三是坐实了白居易父母乃亲舅甥婚配的问题。白氏不但是天才诗人，而且早登科第，入居近侍之职，公忠体国，是具有辅弼之才的资深能吏，为何仕途坎坷，最终只落得"同时六学士，五相一渔翁"的结局？这固然与封建专制时代，仕途险恶有关，但其中一个重要的原因，盖因其父母乃亲舅甥婚配，有悖于当时社会之礼法人情。此点对于乐天之仕途与思想转变，影响至巨。

关于乐天父母乃亲舅甥婚配一事，早在唐末高彦休《唐阙史》中即提供了可信的史料。罗振玉认为"（白居易父）季庚所娶乃妹女"（《贞松老人遗稿》甲集之一《后丁戊稿·白氏长庆集书后》），陈寅恪支持此说。岑仲勉则认为，罗、陈二氏之说，"既加季庚以刑事罪名，又重诬大诗人之家风浮薄"，"季庚与颍川县君不过是中表结婚，绝非舅甥联婚"（岑仲勉《隋唐史》卷下第四十五节，注22）。顾学颉引据乐天所撰其外祖母陈白氏志铭对岑说予以反驳，称：志铭中分明说，"惟夫人在家以和顺奉父母，故延安君（指乐天祖父白锽）视之如子"；又说，"延安终，夫人哀毁过甚，为孝女"（《白居易世系·家族考》）。霍先生通过对以上观点的梳理对比与分析论证，指出乐天父季庚与其外祖母陈白氏乃兄妹关系；季庚娶其妹陈白氏之女为妻，确系亲舅甥婚配。此说遂成定论。

四是澄清了对白氏子嗣与后裔的疑问。从其诗文中可知，乐天无子。其子嗣为谁？向来有三说：1. 侄孙阿新；2. 侄景受；3. 侄孙景受。诸说均有文献为据，各执一词，难为遽断。霍先生对以上诸说及其所依据的文献作了详细考辨，并以李商隐《白文公墓碑志》及《樊南文集补编》卷七《与白秀才状》为据，确定乐天以景受为嗣，而景受即延请李商隐为乐天撰写墓碑之人。但景受与乐天之亲属关系究竟是侄或侄孙，仍未详。20世纪80年代初，在洛阳市郊发现了完整的《白居易家谱》（顾学颉编纂注释，中国旅游出版社，1983年1月出版），其中载明白居易"取胞兄幼文次子景受嗣"，直接印证了霍先生的论断，同时廓清了景受为乐天之侄而非孙的问题。至此，千载疑团，涣然冰释。

由上可见，霍先生在考辨乐天之先祖、世系及家族问题上，既尊重前人成果，又不轻率盲从，辨析厘正，用力甚勤。对文献学、考据学有兴趣的学人，值得一读。

其二，关于白居易的思想及其前后期分期问题。

白氏之思想儒释道杂糅，其面貌本来纷纭复杂。检点前人对其思想研究的成果，或失之粗疏肤廓，或"以偏概全"，可谓乏善可陈。而霍先生撰著的《白居易评传》，乃《中国思想家评传丛书》系列之一，故着力剖析其思想，既是为白氏立传题中应有之义的重点，也是毋庸回避的难点。早在20世纪80年代初，霍先生就发表了长达两万余言的《白居易思想散论》（原载《甘肃师大学报》（社科版），1981年第4期）。此文针对陈寅恪先生依据"丹药之行为与知足之思想"二端，论定"乐天之思想乃纯粹苦县之学"（《白乐天之思想行为与佛道关系》，《岭南学报》10卷1期，1949年第12期）的论点，提出商榷。他认为，必须结合白氏所处之时代背景及其仕途经历，从动态中分阶段去把握白氏的思想，才能得其要领。他指出：以唐宪宗元和十年（815年），白氏含冤贬江州司马为分界线，其思想可分为前期和后期两个阶段。前期积极用世，以"兼济天下"为己任，用"纯粹苦县之学"的结论来衡量白氏思想，"至少是与其前期思想大相径庭的"。再者，乐天后期虽确有"丹药之行为"，但不过浅尝辄止，总的看，对服食是持批判态度的；而"知足知止"的观念，在本质上同儒家"既明且哲，以保其身"的"乐天知命"思想有其相通之处，从儒家典籍中就可找到它的渊源。因此，陈氏之说，大有商榷的余地。蹇先生坚持认为：纵观白氏一生，儒家思想基本上是其思想的主干。只不过他的前期思想更多地反映了儒家思想"兼济天下"的积极面；而在其后期，他虽然说过"栖心释梵，浪迹老庄"的门面语，但实质上他既不佞佛，也不信道，而是以"执两用中"的儒家中庸之道，作为其思想和行为的杠杆的；带有"儒道互补"倾向的中庸主义，实质上是白氏后期应付一切现实矛盾的处世哲学。这主要表现在以下三个方面，即：在思想领域里，对待儒释道三教，"持调和平衡、兼包并容的圆融立场"；在出处进退的问题上，持"似出复似处"的"中隐"观念；在朋党之争中，"持中立、调和"的骑墙态度。

《散论》一文曾于1982年春提交在陕西师大召开的全国唐代文学研讨会，进行学术交流，被同行专家誉为白居易研究领域填补空白的力作（此文编入《白居易论稿》时，略有改动，更名为《白居易思想论略》）。

在此后二十多年时间里，关于白居易的思想及其分期，一直是蹇先生学术研究的重点课题，并就此发表了多篇论文。如：《〈百道判〉及其学术价值——兼论白居易的早期思想》（原载《西北师院学报》（社科版），1984年第3期），《进不趋要路，退不入深山——白居易的"中隐"观念及其影响》（原载《文史知识》2002年第12期；日文译文载日本白居易研究会编《白居易研究年报》2003年第四号），《白居易的江州之贬与王涯的落井下石——兼论元和朝局及乐天遭贬的政治原因》（原载《西北师大学报》（社科版），2005年第1期），《〈三教论衡〉简析》（原载《诸子百家名篇鉴赏辞典》，上海辞书出版社2003年9月第1版），《论江州之贬是白居易前后期思想的分界线——兼与王谦泰先生商榷》（原载2005年10月洛阳市龙门《白居易诗歌国际研讨会论文选》，河南文艺出版社2009年3月第1版）等等。不言而喻，作为《白居易评传》精华部分的第六章《白居易的前期思想——激进的民本主义》、第七章《白居易的后期思想——知足保和的中庸主义》，正是在上述系列论文的基础上，并充分汲取白氏早期的温卷之作《策林》中所反映的仁政理念和民本主义倾向，加以综贯融通，结撰而成的。

为白居易这样的文学巨匠立传，本来极易于重文学而轻思想。但蹇先生却能不惜篇幅，对白氏思想分前后期专章深入论析。这在"评传丛书"中是不多见的，也是蹇先生所撰《白居易评传》最大的亮点。

其三，对白氏"为时为事而作"的文学主张，及其所倡导的新乐府运动，予以充分肯定与积极阐扬。

白居易作为唐代诗坛的重镇，在我国文学史上之所以占有重要地位及巨大影响，正因为他鲜明地提出了"文章合为时而著，歌诗合为事而作"（《与元九书》）的进步文学主张，"但歌民病痛，不识时忌讳"，大胆地倡导并创作了以《新乐府》《秦中吟》为代表作的新乐府诗作，并推衍之成为运动，从而继承和发扬了远绍《诗经》和汉魏乐府，近承杜甫的中国古代诗歌的现实主义传统。20世纪80年代，塞先生曾就白氏的诗论主张以及他倡导的新乐府运动问题，发表多篇有影响的论文。如《试论白居易对永贞革新的态度及新乐府运动的历史背景》（《甘肃师大学报》（社科版）1979年第3期）、《白居易诗论的美学意义》（《甘肃师大学报》（社科版）1980年第4期）、《白居易讽喻诗的人道理想》（《西北师院学报》（社科版）1983年第1期）、《试论白居易诗歌的艺术风格》（《甘肃社会科学》1980年第2期）、《新乐府诗派与新乐府运动——关于白居易评价的一个问题》（《西北师院学报》（社科版）1986年第4期）等论文。其中，关于《白居易诗论的美学意义》一文，坚持运用历史唯物主义的审美基本理念，全面而概略地依次讨论了诗与政治、诗与现实、诗与人民、诗的内容与形式之间的关系等问题。这些基本命题，后来成为他撰写《白居易评传》第八章《白居易的诗歌理论》的架构和基本内容。

20世纪80年代初，我国文艺界"拨乱反正"，为清除生硬的"文艺为政治服务"庸俗社会学的影响，竟然矫枉过正，把白居易当作我国古代诗人中强调"诗歌为政治服务"的典型，肆意贬损白氏在文学史上的地位，否定他所倡导的以"救济人病，裨补时阙"为主旨的新乐府运动，甚至从根本上否定这一具有现实主义精神和历史进步意义的文学流派运动的存在，并对白氏进行人身攻击。《新乐府诗派与新乐府运动》一文，正是针对这一问题有感而发。文章认为："新乐府运动"一语，自20世纪20年代，胡适在其《白话文学史》中提出以来，迄至20世纪80年代初，已经成为学术界的共识。问题在于以往有关新乐府运动的讨论，对这一运动形成的外部条件（即社会的、政治的原因）研究比较充分，而对其最重要的内部原因，即：对一个思想倾向、文艺观点和艺术风格大体相近的诗人群体（"新乐府诗派"）本身的存在及其影响的研究，则不免失之粗略。

为此，塞先生此文分三个层次来剖析新乐府诗派的构成。即：白居易、元稹、李绅作为新乐府运动的倡导者，是这一诗派的核心和第一个层次。其中，以白氏成就最大，鼓吹最力，被认为是这一运动的领导者。张籍、王建，作为新乐府运动的同盟军和参加者，是构成这一诗派的第二个层次。唐衢、邓鲂作为白居易的追随者，李余、刘猛作为元稹的追随者，都可以看作新乐府运动的积极支持者，是构成这一诗派的第三个层次。鹇先生在充分利用前辈学者研究这一派诗人行实考辨成果的基础上，仔细爬梳钩稽此派诗人（特别是白、元、李三人）之间密切交往、彼此呼应的史料，从而有力地论证了在中唐元和初期，确实存在一个出身于中下层士人，思想倾向、文艺观点、艺术风格大体相近，企图通过诗歌改革，以"即事名篇""刺美见事"的讽谕诗来干预时政，揭露社会黑暗，关心民瘼的诗人群体——新乐府诗派。这一诗派的存在及其理论主张和创作实践活动，对当时社会以及在文学史上所产生的影响，即为"新乐府运动"。他特别强调指出："新乐府运动"这一提法，正是前辈学人借鉴西方现代文艺学关于文学流派运动的理念，针对我国中唐新乐府诗的创作实践这一文学现象而作出的理论概括。限于当时的历史条件，"我们不能指望他们会以开大会、发宣言、办同人刊物、出派别丛书等现代的活动方式来表明他们正在开展一个有组织、有纲领的文学流派运动。"这一富有理论概括性的提法，对促使我国学术研究吸纳西方现代文艺理论成果具有前瞻性；而且，重申了我国诗歌发展史上具有历史进步意义的现实主义传统的存在，以及白居易在继承和发扬这一传统中所起的巨大作用和他在我国文学史上应该享有的崇高地位。

为此，在所谓"对元白再评价"中，鹇先生坚持认为：对为我国学术界许多前辈所认同，并沿用已久的"新乐府运动"这一提法，应否摒弃不用，须持郑重态度。此文发表后，学术界反响甚大。陕西师大杨恩成先生在《1986年白居易研究述评》（《陕西师大学报》（社科版）1987年第3期）一文中称："鹇长春同志的文章的成功之处就在于，他从整体上把握了新乐府诗派，而不像某些同志那样，仅仅从局部现象上对复杂的问题作平面的、直观的、单线条的简单推论。因此，鹇文的结论就显得合情合理。"其后，在朱易安、杨恩成合撰的1986年"白居易研究"综述稿中，又强调指出：鹇文"以朱著《白谱》、卞著《元谱》《李谱》的年代为经，以白、元、李三位诗人从贞元末相识到元和四年的有关行迹为纬，进行综合考察，从而看出……从理论到创作，实际上已形成了一个诗派。运用关于文学流派运动的现代文艺学观点来衡量，无疑可以称之为'新乐府运动'"（参阅《唐代文学研究年鉴》1987年号）。

从这场关于"新乐府运动"的论辩中可以看出，鹇先生全凭材料说话的实事求是的严谨学风，不随俗俯仰的胆识和见地。

其四，对《长恨歌》主题论争的公允评析与创新。这一问题，也是学术界长期聚讼不休的一个热点。

作为白居易诗作中艺术成就最高的不朽杰作《长恨歌》，甫一问世就博得万口竞传、雅俗共赏的社会效果。但是，由于其题材的特殊性、表现手法的独特性，以及作者创作思想上的矛盾性，从它问世那一天起，对其主题思想的认知，就"见仁见智"，众说纷纭。据蹇先生统计，从 20 世纪 20 年代到 90 年代，我国学术界研究白居易的论文有近千篇。其中，约半数是关于《长恨歌》主题思想的论争的。早在 20 世纪 80 年代初，先生就曾应约对当时论争方炽的《长恨歌》主题思想问题进行过梳理，撰成《关于〈长恨歌〉主题》这篇综述稿（《唐代文学研究年鉴》1984 年号）。此后数年间，关于这一问题的论争更为激烈，报刊上发表的文章也越来越多。于是，又应日本勉诚社之约，撰写了长文《〈长恨歌〉主题平议——兼论〈长恨歌〉悲剧意蕴的多层次性》，对这一论争做了阶段性总结。

该文首先对在长期论争中形成的讽谕说、爱情说、双重主题说、隐事说、时代感伤说五派观点，逐一给予客观公正的评述，指出各派的长短得失；同时认为，随着论辩的深入，双重主题说与隐事说两派观点，已失去继续存在的理由。其次，大胆地破除长期统治文坛的一部作品只允许一个主题的"单一主题说"的艺术教条的禁锢。在此前提下，依据作品所描写的主人公的历史原型及故事情节，把《长恨歌》看作一个典型的历史悲剧①，进而抓住《长恨歌》悲剧意蕴的多层次性这一症结问题，分三个层次去把握其主题内涵。即：对李、杨爱情悲剧充满同情和赞美的爱情主题；谴责李、杨是导致"安史之乱"这场大悲剧的制造者的政治讽谕主题；悼惜盛极一时的"开元盛世"一去不返的时代感伤主题。《长恨歌》主题内涵的多义性，正是作品悲剧意蕴多层次性的反映。

从这样的视角和思路去探究《长恨歌》主题，就使得讽谕说、爱情说与时代感伤说这三派观点，虽各自有其相对独立存在的合理性，但又各自有其片面性，得以分层次地结合在一个有机统一的整体框架之中，变以往的相互排斥为相互依存，从而更加全面准确地反映作品思想内涵的实际。这样的评述，无疑是对《长恨歌》主题研究的一个突破性的新进展。

前人谈治学经验有言："业以专故精，精必传。"由于蹇先生对白居易的研究用力执着专精，不回避论争的疑点、难点，极富现实的针对性和挑战性，故其研究成果问世后，学术界反响热烈，甚至引起了日本学术界的关注。这里须要特别提到的是，先生与日本著名汉学家下定雅弘教授之间一段密切的学术交往。下定先生卒业于日本京都大学文学部，历任帝塚山学院大学文学部、冈山大学文学部教授，致力于我国中唐

---

①亚里斯多德认为："悲剧的英雄是善良的贵族中人物，但因犯了错误，由泰运而转入否运。"（转引自缪朗山：《西方文艺理论史纲》，人民文学出版社，1985年，第92页）按西方古典文论关于悲剧的经典定义，对照李杨爱情故事，它无疑也是一个典型的悲剧。

"韩柳""元白"等著名诗人的研究，对大诗人白居易的研究，用力尤勤，有多种论著问世。20 世纪 80 年代，霍先生"论白"系列论文陆续发表后，引起了下定先生的关注。先是主动来信联系，并于 1990 年 4 月专程来校访问，曾受到白光弼校长的热情接见。下定先生精通汉语，彼此间可以无障碍地进行学术交流，并建立了初步的友谊和学术联系。1991 年 7 月，下定先生又偕衣川贤次、太田孝彦、小池一郎等六位日本学者及其家属一行 9 人，来校访问，与西北师大部分文史教师就唐代文学、敦煌学举行了小型学术研讨会，并受到校领导的热情接见和宴请。后来，又于 1992 年 4 月、2005 年 10 月，先后在洛阳白居易诗歌国际研讨会上，与霍先生有过面晤和交流。

由于二人学术观点相近，借助于白居易研究这个平台，不仅有益于个人之间的相互切磋，还做了一些有益于促进中日两国文化学术交流的实事。二人除经常互通信息，交换各自的研究成果外，还约请对方撰文介绍本国白居易研究的成果和动态，以资交流切磋。下定先生应霍先生之约写了《战后日本白居易研究概况》这篇近 3 万字的长文（连载于《西北师大学报》（社科版）1989 年第 4、5 期）。相应的，由于下定先生的约请与推荐，霍先生也先后写了三篇"论白"的文章，即：《〈长恨歌〉主题平议——兼论〈长恨歌〉悲剧意蕴的多层次性》《八十年来中国白居易研究述略》和《进不趋要路，退不入深山——白居易的"中隐"观念及其影响》（分别载于七卷本《白居易研究讲座》第二、五卷及《白居易研究年报》2003 年第四号）。"他山之石，可以攻玉"。通过信息和不同学术观点的交流与碰撞，对推进白居易研究的深入，无疑是具有积极意义的。

同时，二人还在文献资料方面互通有无，特别是无私地交换本国所珍藏的《白集》善本、古本。下定先生曾以《神田本白氏文集研究》（内有《新乐府》五十首古抄件影印，精装一巨册）、日本静嘉堂文库所藏《白氏六帖事类集》（东京汲古书院影印，精装三巨册）两种文献见赠。霍先生则以傅增湘藏绍兴本《白氏六帖事类集》三十卷、四库全书本《白孔六帖》一百卷，及国家图书馆善本室藏《新雕白氏六帖事类添注出经》残存两卷回赠。使霍先生倍感欣慰的是，从陆心源《皕宋楼》流出，入藏日本静嘉堂的北宋善本《白氏六帖事类集》，亦因这次交换的机缘而得以收藏，从而促成了他晚年倡导并组织学生校勘整理作为唐代四大类书之一的《白氏六帖》这一重要项目。

在专注于白居易研究之外，霍先生学术生涯中另一项重要内容，是关于《中华大典·文学典·隋唐五代文学分典》编纂工作。我国向来有"盛世修典"的传统。《中华大典》是国务院批准的"新中国成立以来最大的一项文化出版工程"，是由当代专家学者用现代科学方法编纂的含《文学典》在内共 24 个典、近百个分典，总字数约 8 亿的大型工具书。经筹备会决定，以《文学典·隋唐五代文学分典》，作为《中华大典》全典的试点；聘请南京大学卞孝萱教授担任该分典主编，于1989年全面主持并启动了试点工作。孝萱先生出于对蹇先生多年学术研究的了解和信任，于1991年年初，正式邀请他担任分典副主编、兼中唐文学部主编。

接受这一任务后，蹇先生毅然决定暂时搁置正紧张撰写的《白居易评传》，以便全力投入《隋唐五代文学分典》的编纂工作。一方面，向校、省科研管理部门申报立项，争取科研经费；一方面，以校内力量为主，同时积极与在兰高校有关学者联系，迅速组成一支近30人的老中青结合的编纂队伍。这支队伍大多数成员系由高校中文系青年教师及在读硕士生组成，学养及专业素质参差不齐；为了保证质量并按时完成编纂任务，蹇先生在组织调配力量方面，颇费了一番苦心。首先，他增设了两位中唐文学部副主编，一位侧重于负责对稿件的初审，从起点上严把质量关，以确保所立条目必须著录的重要文献不致遗漏；另一位侧重于负责校对，以确保文本准确无误。其次，鉴于《隋唐五代文学分典》所收评述作家作品之资料，绝大部分见于我国历代诗话词话；为了收到"事半功倍"之效，以加快编纂进度，他组织部分在读研究生和中青年教师，分工合作，在分头通读历代诗话词话近500种的基础上，在短时间内汇编成一套《中国历代诗话词话隋唐五代人名索引》，复印数十套供同仁们使用。这套"急就章"式资料索引，大大加快了编纂工作的进度，获得《分典》主编卞孝萱先生的称赞。再次，他作为中唐部主编在最后终审把关时，对重要作家条目（如"大历十才子"及"韩孟""元白"诗派等数十位作家），进一步蒐辑稀见文献，做了大量拾遗补阙的工作，补入资料字数总计近12万字。先生以身作则的奉献精神，获得同仁们的钦佩与好评。

其中，由先生亲自辑录的中唐部"白居易"条，有31万余字。其中，对白氏作总体评述的纬目《综论》栏，引书153种，收入资料334条，共6.2万余字；对白氏单篇诗文作评析的纬目《分论》栏，评诗814首，文97篇，引书数百种，共16万余字。这种琐细的辑录资料的过程，实际上促使蹇先生对《白集》文本作了一次更深入的审视和品味，也为他撰写《白居易评传》作了更扎实的资料积累。

与同仁们群策群力，历经近十年的艰辛，《中华大典·文学典·隋唐五代文学分典》于2000年12月出版。其中选录资料约1000万字，收作家约2000人，引用古籍近2000种，被誉为"迄今为止有关隋唐五代文学资料最全最精的一部"，是已出版的同类书籍"都不能代替的"。该书于2001年8月获第三届全国古籍整理图书奖一等奖。由于蹇先生的严谨求实，以身作则，搜辑资料力求详备，信而有征，他所主编的《中唐文学部》（约300万字），被认为是分典各部中篇幅最大、资料最全的一部。

更具实际意义的是，借助于编纂《文学典》这个学术平台，为我校及在兰部分高校培养了一批中国古代文学人才。这批当时参与编纂《文学典》的青年学人中，后来成长出近十位文学博士；他们今天大都晋升为教授，有的已被遴选为博导，成为各自所在单位的学术带头人或业务骨干。再者，在这批中青年学人中，后来有多部高质量的唐人诗文集整理专著问世，追本溯源，盖亦多得益于编纂《文学典》时的文献资料积累。

作为一个文化人，有幸参与上述两项国家级的重大文化出版工程，经过二十多年孜孜不倦的耕耘，终于在古稀之年得以顺利完成，为弘扬中华优秀传统文化作出了不凡的贡献，对此，先生是深感欣慰的。2003年，先生年届七旬，作七律《七十感怀二首》，之一云：

书剑飘零春复秋，百年身世任沉浮。

鸭江浴血惊残梦，蛙井放言贻小羞。

樗栎讵期三不朽，颠顸直合四宜休①。

数编聊供蟫鱼饱，漫喟平生志未酬。

诗中回首往昔，自惭虽无大的成就，却也未曾光阴虚掷，差可自慰矣。

在稍后的2005年秋，先生应邀参加了洛阳龙门"白居易诗歌国际研讨会"。会议仅邀请了国内、台、港及日、韩共23位学者与会，先生的前辈卞孝萱先生与日本友人下定雅弘教授也在其中。这是塞先生最后一次外出参加学术会议，故人重逢，兴致颇高。面对秋山红叶，良辰美景，深感盛会不常，后会难期，即兴题七律《乙酉金秋欣与洛阳白居易诗歌国际研讨会感赋》一首云：

香山又值叶红时，盛会群贤品白诗。

才比元刘堪伯仲，名追李杜似参差。

百般幽怨《琵琶引》，万种风情《长恨辞》。

千古忧思何与继？高标"二为"是吾师②。

即景起兴抒怀，终以对白诗的文采风流，对白公体国忧民思想精神境界的高度赞颂为旨归。司马迁云："余读孔氏书，想见其为人。"先生对白居易研究的执着专一，矢志不渝，盖亦缘于长期浸沉于白氏诗文，因而对白公心仪景仰，情有独钟。

及至退休多年后，先生仍对白氏文学遗产中，一向少人问津的《白氏六帖》《策林》及《百道判》等，念念不忘，期望在有生之年奋其余勇，对它们做一番探讨。否则，他认为对白居易的研究是不全面的。脱离《白集》而单独传世、颇具文献价值的

①四宜休，语本黄庭坚《豫章集八·四休居士诗序》。时有太医孙昉，自号"四休居士"，并谓："粗茶淡饭饱即休，补被遮寒暖即休，三平二满过即休，不贪不妒老即休。"

②《与元九书》云："文章合为时而著，歌诗合为事而作。"乃白居易坚持继承和发扬我国古典诗歌现实主义传统理论主张之核心理念。

《白氏六帖事类集》三十卷，是唐代四大类书之一，早就引起先生的关注，从中年起即着手蒐集该书存世的善本、古本及相关资料。直到 21 世纪初，下定先生回赠的静嘉堂文库本到手后，准备工作已大体就绪。随即联络河南师大、四川大学及江西科技师范大学的三位弟子，于 2015 年 9 月在新乡河南师大聚会，共商校勘《凡例》，确定以傅增湘藏绍兴本为底本，以静嘉堂文库本为主要参校本，由先生担任学术顾问，协调三位弟子通力合作，正式启动了对《白氏六帖事类集》的校勘整理事宜。该项目已于 2017 年申请到国家社科基金资助，整理工作进展顺利，可望于 2020 年付梓问世。倘天假以年，先生还想利用《策林》中丰富的史料，完成一部研究白氏前期激进民本主义思想的专著；并对文采灿然，极富学术价值的《百道判》加以注译，以广其传。天道酬勤，但愿先生的愿望能够及早实现。

鉴于先生是在国内外有影响的白居易研究专家，入选本卷的文章，自然以白居易研究成果为主。在内容安排上，大体是先家世，次思想，后创作，力求突出著者有所发现和突破的新意与亮点，而不依文章发表时间先后的次序。卷末所附的几篇与白居易研究不相关的短文及序、跋之类，亦各具见地，非泛泛肤廓之论，从中可窥知先生学术交游的圈子，及其开阔的学术视阈与趣向。

作为与先生年龄相差悬殊的后学，限于自身学识的不足，对先生的人生阅历、精神境界与学术造诣，毕竟所见尚浅。在《前言》中为之所作的解读与评述，只能略陈梗概，供读者作为阅读本卷之引导而已。不当之处，敬希方家学者批评指正。

《陇上学人文存·蹇长春卷》(第八辑)

作者：李天保

李定仁

　　李定仁先生（1935—）是湖北武汉人。1951 年参加中国人民解放军，后保送至第一军医学院（后改名为第四军医大学）学习。不幸一场大病迫使他转业，1956 年考入西北师范学院（今西北师范大学）教育系学习，1960 年以优异成绩毕业留校任教至今，为西北的教育事业发展已经贡献了五十余个春秋。

　　李定仁先生先后任西北师范大学教育系副主任、主任和教科所所长等职务达 13 年之久，先后为本科生、研究生系统地开设了《外国教育史》《教育名著选读》《西方现代教学流派》《教学论》《教学思想发展史》等课程。他善于在教学中运用科研成果，充实教学内容，效果显著，深受学生好评。同时，他还积极参与甘肃省高校师资培训工作，连续三年为甘肃省高校师资培训中心讲授《大学教学原理与方法》课程，培训高校青年教师 300 余人。凡是听过他授课的人，对他教学的条理性、启发性和语言表达的艺术性，都留下了深刻的印象。

　　1992 年，李定仁先生获得了国务院颁发的"为发展我国高等教育事业做出突出贡献"证书和政府特殊津贴。1993 年，李定仁先生由国务院学位委员会批准成为教学论专业博士生导师。1996 年，李定仁先生主持的甘肃省社会科学重点项目《西北少数民族基础教育发展对策研究》获中宣传部"五个一"工程奖。1997 年，李定仁先生获甘肃省教学成果一等奖和国家教学成果奖。1999 年，李定仁先生主持的《中国西北少数民族教育》荣获甘肃省社会科学优秀成果一等奖和全国教育科学优秀成果奖。1982—

2001 年担任甘肃省教育协会副会长专业委员会的学术顾问。

李定仁先生学术严谨，著述颇丰，在国内教学理论界具有很高的学术地位和极好的口碑。1990 年，李定仁先生担任副主编，协助著名教育家李秉德先生出版了我国高等师范院校教育专业教材《教学论》，这部著作在很大程度上确立了西北师范大学在全国教学论界的地位。之后，李定仁先生亲自担任主编，邀约全国教学论界专家编写了《教学思想发展史略》，则展示了他的治史功底与教学论造诣的完美结合，也奠定了他在国内教学理论界的学术地位。

李定仁先生的学术研究与贡献是多方面的，涵盖了外国教育史、课程与教学论、教师教育、高等教育、民族教育、成人教育以及教育发展战略等诸多领域。由于篇幅所限，本书仅辑录了李定仁先生在教学基本理论、外国教育思想和教师发展诸方面的研究成果。这些方面的研究与贡献，也体现了李定仁先生的学术精华。

对教学理论的研究，李定仁先生特别关注教学生"学会学习"问题。1994 年，李定仁先生在《西北师大学报》发表了《论教会学生学习》一文，他认为，教会学生学习不是一个方法问题，而是一个教学的指导思想问题；教会学生学习是教学的实践要求，更是教学理论的逻辑基础。教师既要研究如何教，又要研究学生如何学，使学生掌握学习规律，懂得如何学习，才能真正提高教学质量。1995 年，李定仁先生在《高等师范教育研究》发表了《论高等学校教学方法改革的若干趋势》，提出了在当代科技革命背景下，学校教学方法的改革应该体现教法和学法同步改革相辅相成，多种方法的合理结合的显著特征。2001 年，李定仁先生又在《高等教育研究》发表了《试论高等学校教学过程的特点》，指出高等学校的教学过程在教学目标上，要有明确的专业性；在教学内容上，要有一定的探索性；在教与学的关系上，学生的学习要有相对的独立性；在教学形式上，要有更多的实践性。关于高等学校教学方法的改革问题，李定仁先生分析了大学教学方法的特殊性，尤其倡导问题教学法、协同教学法、个案教学法，阐述了每种教学方法的特点、实施步骤、操作原则与要求。1994 年李定仁先生主编的《大学教学原理与方法》一书在科学出版社出版，这部著作就是他在长期致力于探索高等学校教学规律，不断总结高等学校教学改革经验基础上的系统成果，该书全面探讨了大学教学的目标、课程、原则、形式、方法、技术、艺术、风格、心理、师生关系、智能培养、学习评价等问题，拓展深化了对于高等学校教学的研究，具有重要的开创性意义，也是我国较早研究大学教学的著作，荣获了甘肃省第五次社科优秀成果二等奖。

进入 21 世纪，中国教育界正在孕育着一场巨大的改革运动，这是在批判应试教育的基础上为推行素质教育找到一个突破口。李定仁先生正是在这一背景下提出了"教学研究"的思想。2000年第11期李定仁先生在《教育研究》杂志发表了《论教学研究》一文，详细论述了教学研究的特点、教学研究的意义、教学研究的内容、教学研究活动的开展等，率先提出中小学教师作为研究者的意义与特点，并强调教学研究的创造性及对教学的改进功能。在文章中李定仁先生特别强调，即将到来的知识经济时代，向教育提出了严峻的挑战，必须抓住时机，加强教学研究，把强化学生的全面素质教育放在首位；而且在中小学开展教学研究活动，必须要领导重视，方法得当，形成制度，这样才能持之以恒。这正是把握了新世纪基础教育改革过程中如何以教学研究提升教学质量、加速教师专业成长的现实需求而高瞻远瞩地把教学研究作为教师专业发展和教学质量提升的突破口。事实证明，在新课程改革的过程中，近十多年的"教研兴教""科研兴校"的学校变革路径，以及基于校本和教师职场的教学研究促进教师专业发展的策略，成为基础教育改革的一个热点取向，证明了李定仁先生的远见卓识。

教学理论的研究不仅有理论视角和现实视角，更要有历史的视角。只有把理论、现实和历史结合起来，才能构成完整的学术研究视野。20世纪90年代初，正值我国教学论发展的高峰期，李定仁先生任全国教学论专业委员会副主任，他率领国内最具实力的一批学者，完成了《教学思想发展史略》一书，系统地考察了教学思想史的发展历程，提出了许多全新的观点，尤其是在方法论方面，中西两条线索比较研究，体现了中国传统教学论的思想体系。本书涉及教学基本理论问题各个方面，以教学目的、课程、教学过程、教学原则、教学方法、教学手段、教学组织形式、教学模式、教学艺术、教学评价等教学理论的基本问题为中心，分别介绍了古今中外有代表性、有影响的教育家的思想及其代表作，探寻源流，理清脉络，服务现实，形成了"以问题为中心、史论结合、理论联系实际"的教学思想史的重要成果，在学术界产生了较大影响。

对于当代教学论发展的研究也是李定仁先生从历史视角关注的学术领域。尤其是我国教学论与课程论的学术研究经历了拨乱反正，进入繁荣发展时期，学术的广度和深度都是未曾有过的。为了反映这一时期的教学论与课程论的研究成果，从当代学术史的视角审视教学论与课程论的发展历程及特点，李定仁先生与徐继存教授领先主编，组织西北师范大学的青年教师和博士研究生，共同编写了《教学论研究二十年（1979—1999）》和《课程论研究二十年（1979—1999）》，均由人民教育出版社出版，形成了当代教学论与课程论学术史研究的经典之作。这两本著作以专题为线索，以时间为顺序，材料丰富，论证严密，风格独特，被全国各高师院校课程与教学论专业研究生用作了教学参考书。

20世纪80年代初，国外教育家的思想在中国开始了传播并逐渐产生影响。李定仁先生作为国内有影响的外国教育思想研究专家，他从空想社会主义者欧文、傅立叶、卡贝等人的教育思想研究出发，分析社会主义教育家的思想源头及共同主张，接着研究了马克思、恩格斯、列宁、斯大林等马克思主义者的教育思想，指出了马克思主义教育思想的内容体系及其特点，再进一步研究了苏联教育家的教育思想研究，系统而深入地研究了赞科夫、巴班斯基、马卡连柯、苏霍姆林斯基等教育家的思想。李定仁先生较早地向国内系统介绍了世界教学理论及实践发展的新情况和新进展，其间着重考察了外国主要教学流派与重要教育家的教学思想。

对于外国教育教学思想的研究，李定仁先生特别注重"洋为我用"的学术逻辑，在仔细研究分析每一个思想流派背景内涵的同时，还要强调外国教育思想对我们教育教学改革与发展的借鉴之处。例如对要素主义教育思想的研究，李定仁先生剖析了要素主义教育流派的形成和发展背景与原因，比较要素主义与进步主义在学校制度、课程设置、教学内容、教学方法和学校纪律等方面的差异与对立，分析了要素主义教育主张传递文化要素是教育的核心，注重"天才"的发掘与培养，指出要素主义重视教育在社会发展中的作用，重视对人的丰富才能资源的开发，重视基础知识的教学等等，对我们也有一定的参考价值。对于永恒主义与进步主义抗争，李定仁先生着重分析了进步主义适应论与永恒主义永恒论在教育目的观、教学过程观、课程设置上的对立及其理论基础，比较了要素主义与永恒主义的异同，指出：永恒主义偏重于古典的、人文学科的知识，要素主义则偏重于现代的、自然科学的知识，这样的比较分析对于我国课程与教学改革中如何处理传统与现代、知识与素质等诸多关系亦具有重要的参考价值。李定仁先生还对杜威教育思想以及在中国的影响进行了研究，对苏联教育学家凯洛夫、赞可夫、布鲁纳、巴班斯基的教学论思想进行了系统的研究与介绍。特别值得一提的是李定仁先生对苏联教育家巴班斯基的系列研究，该研究涉及巴班斯基的教学方法体系、教学过程最优化思想等方面。李定仁先生指出，巴班斯基提出的教学过程最优化理论，把教学过程看成一个系统，综合地研究教学过程，有助于找到全面提高教学质量的途径；全面看待教学职能，以最大的教学效果促进理想的教养、教育和发展；重视研究学生，摆正教与学的关系。这样的研究与总结，对指导当前我国教学改革不无积极的借鉴意义与参考价值。

教师的培养与专业发展是教育教学实践的核心问题，也是教育教学研究的重大理论问题。

李定仁先生十分关注教师教育改革问题，为此发表了一系列研究教师问题的文章。针对我国师范院校普遍轻视和忽视教育课程教学的现实问题，李定仁先生在1984年第1期《课程教材教法》杂志发表了《师范院校必须加强教育课程的教学》的文章，指出无论从我国近代师范教育发展的历史来看，还是从师范教育的任务来看，或是从当前各国师范教育发展的趋势来看，高等师范学校必须加强教育课程的教学。在此基础上，他深入分析了我国高等师范学校轻视教育课程的原因，提出了加强高等师范学校教育课程的建议：增加课时，开好教育学、心理学、教学法课程；改革教育课程的教学内容和方法；健全组织、积极开展教育科学的研究；制订措施，提供教育课程的地位。这些建议直到今天都还有现实意义。针对 20 世纪 80 年代后期我国师范教育逐步走向开放，师范院校也纷纷开始了综合化的探索，师范生的培养出现了明显的"危机性"迹象，李定仁先生在 1989 年第 2 期《西北师大学报》上发表了《师范院校应坚持为基础教育服务的方向》文章，明确提出"师范院校必须坚持为基础教育服务的办学方向"的主张。李定仁先生从师范教育的产生、发展，从师范院校的性质、任务，从基础教育师资队伍状况的现实诸方面论证了师范院校为什么必须坚持为基础教育服务的思想。他指出：就整个高等师范教育的现状来看，在办学指导思想方面，存在着盲目追求高层次和向综合大学看齐的做法，为基础教育服务的观念淡薄；在思想教育方面，学生的专业思想普遍较差，没有树立为人民的教育事业奋斗终身的思想；在教学内容、培养规格方面，脱离中学实际，作为合格的中学教师基本训练不够。这些问题的存在，直接影响到基础教育的发展和提高。因此，进一步明确为基础教育服务的办学思想，仍然是师范院校深化改革的关键所在，也是师范院校的责任与使命。在师范院校全面愈来愈"综合化"发展的今天，如何继续坚持师范院校（专业）为基础教育服务的方向，仍然值得研究。除了对教师培养的这些立场性和方向性问题的研究，李定仁先生还非常注重对"教师"本身的角色与素质的挖掘和研究，重视挖掘教育家的教师教育思想，开展了教育家论教师的系列研究，如叶圣陶论教师、第斯多惠论教师、马卡连柯论教师、赞可夫论教师等教师教育思想，为丰富我们对教师工作的性质、地位、作用、任务、教师修养、教师政策的认识，优化教师培养、培训过程与管理工作，提供了重要的思想资源与研究资料。

前文已经说明，李定仁先生的学术研究涵盖多个方面。由于篇幅所限，本卷仅辑录了李定仁先生在教学基本理论、外国教育思想和教师教育诸方面的研究成果。但是，关于西北少数民族教育的研究，也是李定仁先生用心用力的学术领域，而且取得过具有重大影响的成果，所以在这里特别需要对李定仁先生少数民族教育的学术贡献再多添一笔。

李定仁先生在西北工作五十余年，对西北地区和西北少数民族有着深厚的感情，对西北少数民族地区的基础教育尤为关注。20 世纪 90 年代，受甘肃省哲学社会科学重点项目的资助，李定仁先生带领年轻教师深入实际，对西北少数民族基础教育现状、问题进行调查研究，在此基础上完成了"西北少数民族基础教育问题与对策研究"的报告，报告基于对我国西北地区基础教育发展的背景与特征分析，提出了民族地区基础教育发展滞后的根本原因，同时，指出民族教育的文化特征是民族基础教育发展中的难题，将民族教育中学校缺乏吸引力，办学效益差，学生流失严重、教学质量低下等之间的关系进行了梳理，形成了对民族基础教育发展思路的科学论证，进而提出了发展民族地区基础教育的模式与对策，主要包括：内地对口支援民族教育发展模式、以寄宿制为主集中与分散结合的办学模式、两个为主"一通一懂"的双语教育发展模式、学校社会家庭三位一体的女童教育发展模式。这项研究直接指向西北民族地区基础教育中当时面临的迫切的、重大的现实问题，对策建议也有力地支持了民族教育事业的发展，获得了 1996 年的中宣部"五个一工程奖"。在这个研究领域，他带出了一支研究团队，他们现在都是我国民族教育领域的重要研究者。

李定仁先生在民族教育领域的另一代表作就是他主编的《中国西北少数民族教育》，该书于 1997 年在宁夏人民出版社出版。这部著作是李定仁先生带领研究团队对西北少数民族教育作系统深入的研究，从宏观上对西北的少数民族的历史与文化进行了全面的考察，并将历史文化作为教育发展的背景，对西北少数民族教育研究中的基本理论问题、政策问题、双语教育问题、文化与课程问题、女童教育问题等逐一开展个案研究，提出了发展西北少数民族教育的主要思路。该研究成果获得第四届全国教育科学研究优秀成果二等奖。

2005 年，70 岁的李定仁先生仍然坚持在教学和研究的第一线，承担着全国教育科学规划项目"西北民族地区校本课程开发研究"。李定仁先生带领研究团队开始了西北民族地区的校本课程开发研究。他们结合我国基础教育领域的校本课程开发理论，以西北多民族地区的学校为案例，深入民族地区开展调查研究和行动研究，对西北民族地区学校校本课程开发的现状与问题、西北民族地区校本课程开发的资源问题、西北民族地区校本课程开发模式问题、西北民族地区校本课程开发的评价问题等进行了深度研究，形成了民族教育领域校本课程的经典之作《西北民族地区校本课程开发研究》，该书 2006 年由民族出版社出版。这部著作的核心思想，就是在少数民族地区开发校本课程，既要挖掘对地方经济和社会发展具有重要意义的文化资源，保持对本地文化传统的尊重，消除不同知识之间存在的高低之别，还要依靠教师与家长、社会人士的支持和学生的积极参与；课程开发的过程中还要调整课程的内容，使各种有价值的知识都进入课程体系，形成一种互补的、共同进步的状态，处理好国家课程、地方课程与学校课程之间的关系。

《陇上学人文存·李定仁卷》（第六辑）

作者：李瑾瑜

李仲立

一

　　李仲立（1936年11月出生），男，四川广安人，中共党员，历史学教授。1957年7月毕业于四川大学历史系历史学专业，按高教部分配方案，分配至西北畜牧兽医学院（今甘肃农业大学）政治理论助教。1958年新年伊始，又响应党和国家1957年毕业在高校工作的大学生到农村或基层锻炼一年的号召，到庆阳县师范学校（1963年改名为甘肃省庆阳师范学校）任教。一年结束后，并未回到西北畜牧兽医学院，而是留在了庆阳师范学校。他先后在西北畜牧兽医学院、庆阳师范学校、庆阳师范高等专科学校工作。曾任庆阳师专历史系副主任、庆阳师专教务处长、校党委委员、副校长等职，是庆阳师专历史系的创建者、陇东古代历史文化、陇东革命文化研究的开启者。曾兼任中国先秦史学会理事、甘肃省历史学会副会长、甘肃省党史学会理事、甘肃省高等教育发展战略研究会理事、西北高教管理研究会理事、庆阳地区自学考试委员会副主任、西北大学先秦史硕士生导师等职，1998年7月退休。1989年被国家教委、人事部、全国教育总工会评为全国优秀教师，1997年获曾宪梓教育基金会高等师范院校教师三等奖。曾获甘肃省社会科学成果奖一次，多次荣获甘肃省教育厅哲学社会科学一、二等奖、获甘肃省教育厅优秀教学成果奖、优秀教材二等奖等奖项。

李仲立教授执教四十余年，热爱教育事业，认为教书担负着历史、文化、思想、学术、道德行为、礼仪规范的传承，肩负着培养中国革命和建设事业创新者的神圣职责，他曾说："作为一位教师就是教书育人，教师的职业就是培养人才。"无论是在庆阳师范学校还是庆阳师专，他总是以把培养学生成为德、智、体、美、劳全面发展的、健康的、健全的人作为首要任务。无论是在庆阳师范学校担任中国历史、世界历史、政治理论课教学、教研组长和班主任，还是在庆阳师专从事中国古代史、中国现代史、中学历史教学法、先秦史讲座等课程的教学，无论是教授正式的师范学生，还是短期师资培训班、红医班、写作班学员，他都是认真扎实、精益求精地备课、授业、解惑，启迪学生思维，培养学生动手、动脑和创新能力。为了扩大学生的知识面，满足培养和提高学生能力的需要，还为学生开设专题讲座，组织开展课堂讨论、撰写小论文等，提高了学生专业学习的兴趣、夯实了学生的专业根基。他尊重和关心学生，与学生谈心交朋友，使学生健康成长。李先生一贯忠诚教育事业，一丝不苟，在教学中任劳任怨，桃李遍陇上，深受学生们的爱戴和敬重。

李先生十分注重以科研促教学、以教研促教改，认为想要给学生一杯水，教师就要有一桶水，严师出高徒，要想学生事业有成就，教师就要有过硬的本领。他说："没有扎实的科研，就没有高水平的教学。"他坚持及时将自己的研究成果转化为课堂教学的内容，见解精辟，益人心智，增加了教学内容的学术含量，培养了学生的学术兴趣。他所负责的《深化教育改革·完善教学管理》课题获1997年甘肃省教委优秀教学成果奖。在20世纪八九十年代，高等教育改革还处于实践摸索的阶段，理论研究基础相对薄弱。李先生清醒地认识到，理论是实践的先导，没有理论的引领就很难有实践的突破，于是结合学校实践教学和课程改革的实际需要，突出师范教育特色，合著了《教育实习概论》（兰州大学出版社1989年版）。在教育改革不断深入的形势下，培养和提高师范学生综合素质能力，书面表达不能忽视。文书写作是教师连接广大群众和学生家长的纽带，师范院校文理科学生都必须提高写作水平，也是将来作者必备的重要素质之一。李先生提议对师范文理科学生开设了写作课，并合编了《应用文体写作概论》（陕西旅游出版社1992年版）。《教育实习概论》侧重于解决师范生实践教学的理论和方法问题，而《应用文体写作概论》则着力于培养学生的语言表述能力和规范文体表达方式，两者结合，就是要解决学生言和行的问题，根本目标就是要锻造学生的思维表达和实际操作能力。

从教之余，李先生致力于中国古代史、陇东区域史、陕甘边老区革命史、史学理论，以及教育教学管理等方面的研究，在先周史、秦直道、陇东革命史、陇东老区教育史、教育管理理论的研究中都有重要建树。先后发表学术论文80余篇，主编或参编学术著作 8 部。

在大学学习时，李先生从范文澜著《中国通史简编》中了解到，1920 年桑志华在庆阳考古中获得三件旧石器时代的石制品，表明庆阳历史文化悠久，热爱之心油然而生。庆阳是甘肃唯一的革命老区，有着丰富的红色文化资源。1958 年暑假期间庆阳县组织中小学教师在庆城学习，并安排到北干渠修水利，李先生听说五蛟村有不少老红军后，就利用工余时间去访问了老红军，了解到刘志丹、谢子长、习仲勋等老一辈无产阶级革命家在陇东、陕北等地开展革命斗争的许多故事。庆阳师范学校校长、党支部书记王恩泽也曾对李先生讲述过陕甘边革命斗争以及老区教育和整风运动的一些情况，从而激发了他研究革命老区历史、宣传革命历史事迹的热情。

在先秦史研究方面，他发表了《井田制和农村公社》（《人文杂志》1982 年增刊）一文，否定了"井田制作为一种土地制度"的观点，提出并论证了"井田制是一种耕作制度"的新论点，受到史学界的关注。《试论先周文化渊源》（《社会科学》1981 年第 1 期）一文，系统地讨论了周人文化渊源问题，论据充分，观点新颖，与其所著《周人未臣服殷商——辨》，被《历史年鉴》作为当年年度我国史学研究的突出成果进行了评介。《公刘迁豳辨析》（《社会科学》1985 年第 1 期），对周人的起源及公刘迁豳提出了新说，认为陇东庆阳地区是周人的发祥地之一，公刘是由北豳迁至豳地。他还以先秦文化研究为基础，对古代方国、西北史地进行了研究，如《密须国初探》（《陕西师大学报》 1989 年第 4 期）。专著《先秦历史文化探微》（甘肃人民出版社 2006 年版）从中国的奴隶制和国家、先夏历史文化、先周历史文化、西周与东周历史文化、陇东方国文化、区域历史文化等方面对先秦历史文化进行多角度、多领域的探幽发微，中国先秦史学会会长、清华大学博士生导师李学勤教授为该书的出版题词"弘扬祖国文化，探索古史幽微"予以祝贺。

在古籍整理方面，李先生深感对号称"东汉三贤"之一的甘肃镇原籍学者王符研究不够，于是，悉心研究，以中华书局《潜夫论笺校正》为基础，参考前贤诸多成就，与他人合作撰写《王符〈潜夫论〉译注》（甘肃人民出版社 1991 年版），对《卜列》至《叙录》的 12 篇文章作了注释和翻译，便于一般读者阅览。

在秦直道的研究方面，李先生通过翔实的史料和多次实地考察，发表系列论文 5 篇，纠正了甘肃境内无秦直道的观点，弄清了秦直道的具体走向、修筑方法、直道的宽度和军事设防等问题，为进一步研究先秦和秦代交通史提供了新的依据。这组论文被评为甘肃省教委第三次社会科学优秀成果一等奖。

在陇东革命史方面，出版了一系列的著作。由于复杂的历史原因，关于陕甘边根据地的研究在很长一个时期成为学术禁区，许多研究者视为畏途，不敢越雷池一步。

李先生不畏艰难险阻，勇于探索，在革命老区数次实地考察，走访历史当事人和知情人，搜集第一手资料，深入开展研究，主编了《陇东老区教育史》（甘肃教育出版社1988年版）、合著《陇东老区政权史》（兰州大学出版社1994年版）、《陇东老区红军史》（兰州大学出版社1996年版）等论著。

二

纵观李先生的学术生涯和研究成果，能够看出这样五个特点。

第一，尊师传道，学有所承。李先生早年就读于四川大学，进校的第一学期聆听了徐中舒先生的中国通史先秦史段的讲授和教诲，四年级时选修了徐先生的先秦历史，1979年3月参加教育部在四川大学开办的由徐先生主讲的先秦史教师进修班研修活动，对徐先生的研究方法有着较为深刻的认识。徐中舒先生将古文字学与民族学、社会学、古典文献学和历史学结合起来，创造性地把王国维开创的"二重证据法"发展成为"多重证据法"，惠及后学。李先生在《先秦历史文化探微》的前言中坦言"这本书的出版也是我学习运用徐中舒师'治史'思想和'治史'方法的结晶。"具体而言，就是从中国古代历史实际出发，运用文献、文字、考古、民族、民俗、实地考察等"多重证据法"，求得历史的真实性、合理性。在研究秦直道的过程中，遵循徐中舒先生多重证法的教导，阅读《史记》和方志《元和郡县图志》《读史方舆纪要》，赵本植编《庆阳府志》和庆阳地区博物馆的考古资料，结合实地考察中发现的考古遗迹进行综合分析，并多次复察，弄清了秦直道由陕西淳化县北梁武帝村开始进入子午岭西端山梁——甘泉山，由旬邑石门关进入甘肃省庆阳地区正宁县刘家店，沿分水岭到陕西定边县，秦直道经庆阳地区正宁县、宁县、合水县、华池县四县的大部或小部分地方的具体走向，行程290公里，发现了秦汉时期的关隘、城郭和兵站等重要遗址，证实了秦直道经过庆阳地区。《周祖文化研究》中关于"豳"字渊源的考证，也很好地继承了"多重证据法"的方法。

第二，求真求实，知人论世。在了解一个历史人物时，必须先研究他所处的时代背景及其遭逢，《孟子》说："颂其诗，读其书，不知其人可乎？是以论其世也。"戚本禹在《历史研究》1963年第4期发表《评李秀成自述——并同罗尔纲、梁岵庐、吕集义等先生商榷》，通过一些推论，断言忠王不"忠"，反对"历史局限性"问题，认为《李秀成自述》"是一个背叛太平天国革命事业的'自白书'"，直截了当地把李秀成描绘成一个投降变节的"叛徒"，"认贼作父"，并因此迅速蹿红，风光无限。这种不顾客观历史环境而空洞褒贬议论严重背离了知人论世的原则，历史评价严重失实，给学术发展带来严重的不良后果。翦伯赞先生指出，"李秀成在太平天国革命史上功勋卓著，在国内外的名声都很大，作为历史上的农民出身的农民革命领袖，评价应当慎重，应当看主流，看大节"。李先生在1956年所写的学年论文是《论李秀成》，对李秀成的功过是非有着一定的认识。他认为戚本禹的观点有失偏颇，因此向甘肃省历史学会提交了《忠王名字永不忘》的论文，纪念李秀成被害一百周年。文章依据历史事实肯定了李秀成的功绩，并与戚本禹商榷。在那个特殊的年代，这是需要很大的理论勇气的。这篇文章给李先生带来了诸多的灾难，受到批判，下放农场，降低工资。1979年，甘肃省历史学会给李先生进行了平反，多年后偶然有人提及此事，李先生只是淡然一笑，并未对这样的做法表示后悔。1964年8月李先生撰写了《不同意用这两种方法来研究〈李秀成自述〉》，1979年元月写了《评李秀成》，1980年7月又撰写《关于评李秀成的几个问题》，这些文章由于种种原因没有公开发表，但通过题目可以看出，对于李秀成问题的研究，李先生始终反对苛求古人，坚持实事求是，护惜古人之苦心。在《论史学价值的实现》（《庆阳师专学报》1995年第1期）中分析指出，对历史主义的批判导致历史虚无主义的恶性泛滥，"所谓为革命研究历史不是强调史学的革命性，而是要求史学跟在现行政策的后边，为现行政策做注脚，根据政治私欲随意改铸历史……史学价值的迷失是史学虚效（负价值）的暴露，是由于社会主体不能或不愿深刻地理解客观历史发展的事实，忽视或无视历史与现实既有联系又有区别的辩证关系而产生的肤浅的历史观念。无论把现实古典化还是把历史现代化，都是对史学价值的曲解"。在《替鲧翻案》（《社科纵横》2002年第1期）依然坚持求真求实的态度，征引大量的史料，探讨鲧被杀的深层原因，认为鲧之被"殛"并非治水无绩，而是参与争夺联盟领导权的斗争，反对舜为盟主失利所致。鲧在不同时间、不同地域、采用的防水治水的不同方法，既有"堙"，也有"决"，并不是只"堙"不"疏"，这在当时代表了防水治水的最高水平，为后人提供了有益的借鉴，其治水的功绩应当充分肯定。可见，李先生恪守治史准则，实事求是，不唯书，不唯上，在四十多年的学术活动中一以贯之，其研究成果中可圈可点之处颇多，与这种正确的治学态度不无关系。

第三，考而后信，行而后知。李先生治学严谨，脚踏实地，把历史科学研究与社会调查紧密结合，多次采访老干部，阅读有关档案材料，发表了多篇陕甘边及陕甘宁边区革命历史的文章。1984年参加了甘肃省教育厅领导，庆阳行署、庆阳师专参与的《陇东老区教育史》的编写工作，广泛收集整理有关教育方面的历史档案，多次采访老革命干部和召开老干部座谈会，他所获得的历史认识和体会，都是在庆阳四十多年工作中，通过多次调研、考察、采访革命老干部、革命军人，阅读历史档案、历史文献、考古材料以及实地考察才得以形成的。1975 年，史念海先生发表了《秦始皇直道遗迹的探索》指出"秦直道由秦林光宫（汉甘泉宫——今陕西淳化县北梁武帝村）开始沿子午岭主脉北行，经旬邑县石门关入今甘肃境，出华池县至陕西定边县，然后达内蒙古自治区包头市西"。有学者认为秦直道未经过甘肃境内，说"甘肃一侧的古道在地图上的位置绕了一个大弯，不能说是直道。……甘肃一侧的古道标准宽度只有 4 米左右，……陕西一侧的古道标准宽度为 13 米。……甘肃古道西侧发现的多是宋代历史文化遗迹，而陕西古道……多秦汉历史文化遗迹"。还有人认为子午岭东侧的路线在 30 米~45米之间，比子午岭西侧的路线宽度多一到三倍。为搞清楚直道是否经过甘肃庆阳地区境内，李先生向省教委二处申请立项实地考察。获得批准立项后，在庆阳师专、庆阳地区博物馆等单位的支持配合下，于 1989 年 4—5 月牵头组建研究团队开始考察工作。在对直道进行的田野调查过程中，还发现了新石器时代仰韶文化、齐家文化四处，西周文化遗址七处。经实地勘测发现子午岭路段的直道是在原西周至战国时期车道基础上修筑的。子午岭，子为北，午为南，即南北走向的山岭之意，直道与子午岭的走向是一致的，即直道经子午岭路段的。对秦直道的许多见解就是出自李先生实地踏勘后的感悟，"直道所经子午岭山区是沿子午岭主峰由南向北行进的，应该说主峰上早就存在着一条小道，直道是在原有道路基础上修建的，否则这条道路的测量问题在短时期内也难以顺利进行"，而秦直道的历史价值，"除具有军事意义，增强秦王朝军事防御体系力量外，还有更为重大的政治、经济、文化方面的战略上的意义"。对于秦直道大多在陕西境内、甘肃境内的可能是秦通向西北的故道而不是秦直道的说法，李先生经过仔细的田野调查和充分的论证，详细记述秦直道在甘肃境内的经行，认为折向东北而去的观点不能成立，"因为很明显这是用子午岭的支脉去代替子午岭的主脉，正南北方向改变为东北方向，是与直道的行进方向不相符合，而且子午岭支脉甚多，必然要下山、上山或过河，诸多不便，只有子午岭主脉才能贯通"。可见，李先生的研究工作不是关进书斋寻章摘句，或者不顾实际随意臆断，而是走进历史现场，感悟历史氛围，与历史人物和历史事件进行潜对话，是接地气的。田野调查工作对于李先生的研究起到了重要的作用。李先生还带领学生到陕西省宝鸡、周原、乾陵等地参观考古发掘文物，以及指导检查学生在庆阳、平凉地区及长庆油田中学进行教育教学实习工作，将古人"读万卷书，行万里路"的思想灌输给学生，取得了良好的效果。

第四，勤于思考，勇于创新。黄帝是中华民族的祖先，其对制度文化的开创很少有人做出系统的论证，李先生不停留于泛泛而谈，而是深入发掘，认真思考，在《黄帝开创的制度文化》中作出全面的论断。《从〈潜夫论〉中对羌汉战事的论述看王符思想的先秦西部思想文化特色》从字源上考证了王符的名、字、号（"符""信"

"潜""潜夫")的含义，进而提出，"从对王符和《潜夫论》的名释中不难看出先秦西部思想文化在王符思想中的巨大魅力"。文章《论子午岭秦直道的修筑和军事防御体系设置》认为"子午岭秦直道上的关隘、烽燧、兵站等均系防御信号体系都是经过认真的选择和细心的研究，根据其不同的用途，设置在不同的地形特点和地理位置上的，这种防御体系的完备性和设置的科学性，显现了秦朝军事科学发展到了一个相当高的程度"，观点言之成理，持之有故。文章千古事，得失寸心知。没有深入的思索和不懈的努力，就很难有见解上的突破；没有缜密的分析和推论，就很难有认识上的创获。这也正是李先生取得历史研究创新性成果的密码。

第五，终身研学，新见迭出。李先生的教育教学生涯四十多年，而其研究活动则并未随着退休而画上句号。退休之后取得了一系列研究成果，既有对此前研究的延续，也有新的学术拓展。特别是关于南梁精神的研究，是在其80多岁时完成的，这需要乐学不知疲倦的毅力，需要有一种超功利的学术坚守，表现出强烈的历史使命和诚挚的学术情怀。李先生没有停留于就精神谈精神，而是从《辞海》中关于"精神"的解释入手，提出要"从古代以来陕甘边人民的民俗民情、优秀品质素养、战略战术、战斗精神诸多方面揭示陕甘边地区地域环境、人文特色及优秀文化传统阐明南梁精神的诸多因子和历史渊源"。2018年10月，陇东学院四十周年校庆之际召开了"从南湖驶来，在南梁兴起：南梁精神学术研讨会"，提交了一篇11000多字的论文，题目为《区域地理环境和优秀文化传统的统一 ——南梁精神解读》，并在研讨会上饱含激情慷慨陈词，表达自己对陕甘边革命根据地和南梁精神的独特见解，以及对在校师生学习和研究工作的期望，声音洪亮底气十足，尽显学界老骥壮心未已的飞扬神采，与会师生深受感动。之后被陇东学院评为"校庆感动人物"。

三

学者的学术生命力在于推动认识的进步。李先生利用考古材料、文献资料、地方志阐明庆阳是周人发祥地之一，是庆阳地区最先比较系统地研究先周历史的开拓者，《试论先周文化渊源》（《社会科学》1981年第1期）认为庆阳是周部族的发祥地之一，后稷是传说人物，周人真正的始祖是不窋。《公刘迁豳辨析》（《社会科学》1985年第1期）认为公刘出生在庆阳，并非从武功迁至豳地，而是从北豳（庆阳北部）迁至南豳（宁县、正宁、旬邑一带）。从知网上查知，两篇文章被学术界下载了800多次，引用了30多次。

李先生的秦直道研究，在学术界产生了很大的影响。史念海先生在《黄土高原历史地理研究》一书的前言中说："我的这番考证，后来得到李仲立同志的证明。李仲立同志在子午岭北段实地探索，证明我的考证并非虚语。李仲立同志撰写有《甘肃庆阳地区秦直道考察报告》，揭载于《甘肃社会科学》。据其所记，直道由南向北，经过合水县到青龙山，沿合水、华池两县分水岭向西北延伸，纵贯华池县境，经过老爷岭、墩儿山，到陕甘两省交叉处，直过营崾崄"（前言第 11 页）；"子午岭北段的直道遗迹，后来得到李仲立同志的考察……现在也有些人侈谈直道，话说的不少，可能就没有登上子午岭，走过这段直道，更不要说子午岭的北段了"（前言第 27—28 页）。这段话既是对李先生研究成果的认可，也是对其不辞辛苦开展田野调查工作的赞赏。

李先生在陇东老区研究方面取得的成就，得到广泛的认可。《社科纵横·陇上社科人物》称赞这些成就"全面地、系统地肯定了陇东老区政权建设和教育发展的成就，阐述了各个历史时期的特点，揭示了发展规律，赋予地方特色，具有现实意义，填补了学术研究的空白"。《陇东老区教育史》总结了陇东老区继承教育传统，改造旧教育，贯彻党在三个历史时期教育方针政策，服务革命战争，多种形式办学、扫盲，提高中、小学教育质量等方面的经验和教训，为陕甘边老区教育史的编写提供了资料，第一次系统地阐述了我党在陇东老区不同阶段教育的发展历程和宝贵经验，对庆阳全区教育事业的发展起到了很好的借鉴和促进作用。1990 年 7 月获甘肃省教委 1979—1989 社会科学优秀成果二等奖，1991 年获中共甘肃省委、甘肃省政府第二届优秀图书奖。这本书的出版也受到中央领导同志的关注。曾在庆阳老区工作过的中央领导习仲勋同志为本书题写书名，耿飚、张才千、马文瑞等为本书题词。这也充分表明老一辈革命家时时事事对庆阳老区人民的深深关怀之情。学术界对这本书也很重视，西北师范大学教授宋仲福先生在编著的《中国现代史》中也多次引用《陇东老区教育史》。著名先秦史学家、陕西师范大学教授斯维至先生看到《陇东老区教育史》后说："不但可以见其辛勤搜集整理之功，而且可以见其古今一贯的历史科学方法，是一部很有特色的教育史的专著。"1995 年 10 月，湖北省图书馆中文编目部致信说："由于您可贵的探索精神，《陇东老区教育史》大作，其观点真知灼见，带有填补学术研究领域空白的性质……定会使读者受到教益。"

作为教育管理工作者和一线教育工作者，李先生认识到教育实习是师范院校一个十分重要的教学环节，必须将教育理论和教育实践密切结合起来，搞清楚为什么和怎么做的问题。结合实际体会编写的《教育实习概论》阐述了教育实习的作用、组织形式和方法、教育实习的内容、目标管理、质量管控、成绩评定、实习指导教师的基本条件与工作职责等，系统地探讨了教育实习的基本规律和原则，还简要阐述了国外教育实习动态及其启示。著名教育家、西北师范大学教授李秉德先生在为该书撰写的序言中评价说："这本书的体系是相当完整的，它把实习各方面的重大问题都说到了。内容也相当丰富，甚至还介绍了 7 个国家的教育实习的情况供我们参考，使读者开了眼界，可以看出本书的编者们的编写态度是严肃的，他们为编写这本书是下了很大功夫的。"李秉德先生曾经在 50 年代主编过《教育实习》，由于诸多原因未能出版，看到李先生主编的《教育实习概论》后感慨道，这本书"在一定程度上弥补了我对那段往事的遗憾"。该书受到教育界的欢迎，1992 年获甘肃省教委优秀教材二等奖。河南教育学院教务处于 20 世纪 90 年代致信庆阳师专教务处负责同志索购，希望以这本书作为学习和指导他们学院教育实习工作的教材。

<h2 style="text-align:center">四</h2>

本书所收录的 26 篇文章，大致代表了李先生数十年来研究先秦秦汉历史、革命传统、史学理论、教育教学管理等四个方面的学术成就，是对李先生庆阳教学和研究工作印迹的存留和回放。对于一所知名高校而言，学有专攻是对学者的基本要求。而地方高校的教师，却不得不考虑特定区域文化资源的特点进行跨时代、跨领域的研究，研究领域显得有些庞杂，但这一点也不影响对问题的深入探讨。李仲立先生的研究就是这样，他所作的研究的聚焦点大多与陇东这块文化厚土有关。

李先生治学的严谨，在对于黄帝问题的认识上得到充分体现。李先生认为，传说中的黄帝并不是什么神和仙，而是真实存在过的部族和人物，是上古时代的英雄人物，是中华民族的人文初祖。对黄帝时代历史的剖析，不仅对我们认清黄帝文化的内涵、实质、精神、特征，以及黄帝文化与中华文化、传统文化的关系，而且对于认识社会发展与文化发展的联动作用具有重要意义。20 世纪 90 年代，庆阳一些文史工作者有意拔高当地历史，不断抬高甘肃正宁黄帝陵，大有争取正统和独尊地位以压倒他处的气势。李先生冷静分析黄帝陵（冢）问题，认真梳理了其中较有代表性的七种说法，建议不要厚此薄彼，应将其作为一种文化现象来对待，认为"从文字记载上讲，时间有先后之别，但很难说有什么真假之分，因为都是根据传说而记载下来的，而且这七处都有一定的依据，只能视为是从不同角度、不同层面来反映了黄帝文化地域的广泛性和内核的多样性，都是值得珍视的宝贵的历史文化遗产"。对于古代王正编纂《真宁县志》时将历代流传的关于黄帝冢的材料删除，李先生很不赞成，"如以王正之轻率地'削去'，那么正宁县黄帝冢传说历史就被淹没了。从这个意义讲，王正对待传统历史文化的态度是不够端正的，对待历史是不严肃的"。不跟风虚说，不厚此薄彼，也不厚彼薄此，不轻易否定前人的记载，这就是史学工作者应该持有的实事求是、无证不信、信以传信、疑以传疑的态度。

对于周先祖文化的研究，李先生认为不窋以来，周人长期居幽，可以说是庆阳的拓荒者。周祖文化既是周部族起始阶段的文化，也是一种区域文化，是与周部族活动联系在一起的地域文化，其特色是窑洞文化、非纯农业文化和质朴文化。对于秦直道的研究，结合历史文献和实地考察，对秦直道子午岭段的走向、重要遗址、遗迹、历史地位和久远影响作出了系统的研判，以丰富的史实和科学的论证澄清了许多问题。

对于革命传统的研究，李先生认为，老区革命传统是关于党的建设和社会主义精神文明建设的重要课题，也是对全国人民进行传统教育的主要内容。本书收录的两篇文章，大致反映了李先生在这一领域的主要观点。《老区革命传统简论》分析了老区革命传统的形成、内容和实质及其历史地位。《区域地理环境和优秀文化传统的统一——南梁精神解读》认为，以南梁为中心的陕甘边根据地是经过多次革命实践，在血与火的考验中，在与"左"倾机会主义的斗争中逐步建立起来的。特定的区域地理环境，特有的历史文化传统是陕甘边根据地创建的客观条件。正是刘志丹、谢子长、习仲勋等老一辈无产阶级革命家在创建陕甘边革命根据地过程中形成的将区域地理环境和优秀文化传统相统一的南梁精神的结晶。这些论述在今天传承红色基因，赓续红色血脉的革命传统教育中依然有重要的参考价值。

李先生立足庆阳，大多文章围绕庆阳历史文化资源展开论述，但不局限于只是做一些"小历史"的研究。本书收录的关于中华人文始祖研究的系列文章，则反映出作者开阔的视野、丰赡的资料积累、深厚的学术功底和极强的研究能力。

历史学是中国传统学术的大宗，在古代目录学四部（经史子集）中排在第二位。可是在20世纪八九十年代社会上出现了"史学危机"的说法，认为历史科学在现代化建设中丧失了作用。如果不予以澄清，则有可能影响历史学的健康，动摇和损害史学工作者的研究热情。回应社会的诘难，坚定史学从业者的信心，成为当务之急。李先生认为"史学价值即史学的有用性、有效性、集中体现在它的有益于社会有益于人生"。对于史学危机的声音也不是一味地批驳，而是冷静地分析其产生的原因，"八十年代以来的史学危机呼声体现了史学工作者和社会大众不满史学的现状，要求史学与时代接轨，积极参与社会创造的愿望"。只有了解了根源，才能对症下药，提出解决问题的有效途径，如改进研究方法、调整研究选题、提高史学成果传播的效益、改进史学表述的手法等。对于史学价值的研究，体现了史学工作者"以良史之忧忧天下"的优良传统。

对于一个终身从事历史学的教学者，专注于史学价值和教育教学方面的研究，则是出自内心的责任。教育教学中要不要改革，如何改革等问题，是在工作和学习中遇到的现实问题，不能回避，只能面对。李先生坚持历史唯物主义和唯物辩证法思想，阐明历史科学价值和按照教育自身的规律，根据教育层次和受教育对象的不同，从实际出发，从有利于学生健康成长，成为热爱党、热爱中国特色社会主义事业接班人的要求对教学管理、教学方法、教材内容、课程体系进行全面的改革。书中收录的关于学风教育、爱国主义教育、教育教学改革、专业改造等问题的研究，则具有普遍性的意义，反映了一位教育工作者崇高的教育情怀和使命担当。

由于体例的要求，本书不可能尽揽李先生的学术成果。为了弥补这种缺憾，本书以《李仲立论著目录》作为附录，使读者可以通过这个简要的索引，对李先生四十年学术生涯及其成就进行学术巡游，了解其大概，理解其思想。

五

陇东地区有着深厚的文化底蕴，无论是古代文化还是现代红色文化都有许多得天独厚的丰富资源，如先周历史、秦直道、陕甘边根据地史、陕甘宁边区史等，既有鲜明的区域特点，又具有不可替代的全国意义。由于特殊的地理位置和复杂的历史原因，很长时间被学界忽略，出现研究迟缓、成果产出少、历史地位不被认可的窘状。陇东学院（原庆阳师专）的几代文史工作者自觉承担起调查、发掘、整理资料，开展深入研究的工作，不断缩短与全国学术发展的差距，不断打破闭门造车自说自话的局面，在诸多研究领域实现了与全国学界的接轨。在这诸多领域的研究工作中，李先生无疑是多有开创之功。李先生的学术活动，在三个方面不断得到回响。

一是社会效应的强烈回响。21世纪以来庆阳市注意对当地文化资源的发掘，首先是先周文化资源的开发运用，其次是陇东老区红色文化的研究，后来逐渐集中到周祖文化、革命历史、陇东民俗、岐黄文化的研究和传承，凝练成红色文化、岐黄文化、农耕文化、民俗文化四大特色文化。而对于上述四种文化资源的发掘和整理，如果要进行学术史溯源，都绕不开李先生。庆阳连续举办的农耕文化节、香包民俗文化节等，都能从李先生的研究成果中找到事实证据和理论支撑，因此在多次节会期间举办的研讨会中都要邀请李先生。《中国文物报》《甘肃日报》《陇东报》《庆阳师专报》等先后刊发《李仲立等实地考查证实我省境内确有秦直道》《李仲立刘得祯等实地考察证实我区境内确有秦直道》《李仲立教授调查证实秦直道曾经过甘肃》《子午岭上看秦直道》《李仲立刘得祯实地考察解疑释惑秦直道横穿庆阳子午岭主峰》《史学疑团被解甘肃确有秦直道》等文章，介绍李先生等人秦直道研究的重大学术进展，在社会各界引起了巨大的反响。庆阳媒体广泛宣传的"秦直道是古代第一条高速公路",实际上是演绎李先生"就陇东境内的直道而言,可以说是我国第一条山区公路""甚至可以视为当时一条高速公路"的观点,两者的区别只在于一个严谨平实,一个夸张渲染,实际上是用大众化的语言、普及化的形式传递历史文化研究的火炬。李先生《论秦直道与秦长城的关系》较早关注到秦长城与秦直道的关系,认为庆阳境内秦昭王时所建之长城遗迹之存在,为我们论述直道与长城的关系提供了难得的线索和依据,"秦长城与秦直道间各自形成的军事防御体系,在一旦发生战争的情况下,它们间相互作用,相互联系,相互影响,相互促进,则大大地强化了秦对匈奴的抵御能力,强化了秦王朝的军事防御体系。这一点,西汉王朝与匈奴的战争中表现得非常突出"。文章发表多年之后,纪录片《黄土大塬》脚本中的一段话生动地诠释了上述观点:"如果说长城像一面横挡着的盾,那么秦直道就是一柄直刺而出的矛;如果说长城是一张拉开的弓,那么秦直道就是一支即将飞出的箭。"这一形象的说明,恰好表明了战国秦长城与秦直道在历史上的重要作用和相互关联,很好地印证了《论秦直道与秦长城的关系》的基本观点。

二是学术研究的持续回响。范仲淹戍守庆州,是其仕途的一个重要转折点,以前却很少有学者论及。李先生1986年在《西北史地》发表《范仲淹在庆州》,以丰富的史料和缜密的论证,阐明了范仲淹知庆州的历史地位和历史贡献,开启了庆阳学人研究范仲淹知庆州历史与功业的先河。现在有关范仲淹知庆州的研究已形成一支颇有影响的地方文史学者群体,在全国已经形成气候。陇东学院有着研究区域历史文化的传统,几代学人对区域历史的探讨虽然侧重点不尽相同,但大致都离不开先周历史、义渠戎国、战国秦长城、秦直道、范仲淹戍边、陕甘边根据地史、陕甘宁边区史、以老区精神、南梁精神为代表的老区革命传统等重大课题,可以说都是对以李先生等为代表的前辈们的研究薪火传递,是历史知识传播和学术观点接受、传承、创新的结果。

三是专业设置、学科建设的悠长回响。1978年12月28日国务院批准成立庆阳师范专科学校后,李先生积极为开办历史专业做准备,他被任命为历史科副主任,全面负责历史科工作,还兼任班主任。在20世纪八九十年代,省内几所师专中只有庆阳师专设有历史系,其他几家均为政史系。那一代学人一开始就认识到历史学的作用,四十多年来为庆阳、平凉、定西等地培养了大量优秀的中小学历史教师,也为庆阳师专和升本后的陇东学院历史学科的发展奠定了基础。2019年陇东学院的中国史学科被确定为省级重点学科。在撰写省级重点学科申报书的过程中,学科团队成员仔细盘点了四十年来本单位中国史学科在教学和科研方面取得的成就,根据主要研究领域、特色与优势,凝练出三个学科方向。结果发现,每个方向上都有李先生的早期成果,都有那一代教师筚路蓝缕以启山林的足迹。龚自珍自称"一事平生无齮齕，但开风气不为师"，意思是我平生所作所为只有一件事情是幸运的而没有招致毁伤，那就是我只以著书立说来开启一代风气，绝不开门招集生徒、好为人师。套用这个诗句，我们觉得李先生对于陇东学院中国史学科的发展的贡献是"一事平生有嘉誉，亦开风气亦为师"。李先生的研究成果，特别是关于秦直道、先周文化以及陇东革命文化方面，都有独到的历史见解，是陇东历史文化研究的源头活水，是陇东学院历史学专业的创设、中国史学科的发展、历史研究工作的起点和来时的路。

作为后学，作为陇东学院一位普通的史学工作者，我深受李先生的影响。记得20世纪90年代刚从偏僻的农村中学调进庆阳师专不久，没有一点学术积累，也找不到一个研究课题，只是乱翻资料苦苦思索，陷入"独上高楼，望断天涯路"的窘迫境地。李先生热情鼓励我结合实际、找准方向，在史学危机论的情况下，以史学理论为切入点，探讨史学价值。后来涉足农耕文化研究，是在阅读李先生关于先周文化论述的基础上展开的；再后来又作了一点有关南梁精神方面的研究，是在拜读了李先生《陇东老区教育史》《陇东老区政权史》以及他在《庆阳师专学报》上发表的《陇东革命根据地史稿》之后慢慢介入的；我对秦直道沿线佛教遗存的考察以及撰写《秦直道与子午岭沿线的佛教遗存》，是在《甘肃庆阳地区秦直道考察报告》的启发下着手进行的。我在撰写《庆阳通史》上卷时，也多次征引李先生的论述。现在有幸与董积生先生一起编选本书，使我有机会重新学习李先生的重要见解，系统了解李先生做人作文章的心路历程，也引起了我对所在单位学术发展以及我个人治学历程的回顾和遐思。相信这本选集的出版，能够对先秦秦汉史研究、陇东老区历史研究、师范教育教学研究起到积极的推动作用。

《陇上学人文存·李仲立卷》得以编纂和出版，首先要感谢甘肃省社会科学院同志的支持和帮助，将李仲立先生及其学术成果列入丛书系列。其次要感谢陇东学院党政领导的关心和爱护，还有省内外学界前贤的启示和激励，未能指名道姓，请予谅解。第三要感谢李先生的夫人游利彬老师及其子女们。游老师在岗时除完成她自身的工作外，还协助李先生查找资料并承担着全部的家务，使他全身心地投入学校管理和教学科研工作中，是李先生取得如此丰硕的教学科研成果的坚强后盾。李先生的子女们秉承家教，学有所成，均任教于省内各高校，可谓书香满门，他们对父亲的执着追求予以理解和支持。对于该书的谋篇布局、文章体例的统一、注释的规范处理等，李先生都一一审定；游老师和子女们也在李先生生平简历的梳理、论著目录的编订、出版程序的履行等方面做了大量的工作；特别是儿媳赵志霞为本书文稿收集、打印，付出了辛劳的工作，加快了书稿编纂的进程。最后还要感谢甘肃人民出版社和董积生先生，由于你们的认真高效以及精细校勘，减少了行文中的衍讹脱误，使本书增色不少。

《陇上学人文存·李仲立卷》（第十辑）

作者：董积生　刘治立

吴文翰

　　吴文翰，字菩默，1910 年 10 月 22 日生，天津市人。1920 年—1925 年，在天津市市立第二小学就读，1926 年—1929 年，在天津商科职业学校就读。1930 年—1936 年在北京朝阳大学法律系大学部本科学习六年，获法学学士学位。1945 年在甘肃学院法律系任讲师，1948 年—1949 年在国立兰州大学法律系任副教授，1949 年—1958 年，在兰州大学经济系任副教授。1950 年，在北京中国新法学研究院第一期学习班结业，1957 年在中国人民大学法律系进修一年。1958 年—1962 年在甘肃财经学院任副教授，1962 年—1969 年在甘肃教育学院任副教授，1969 年—1985 年，在西北师范学院任副教授、教授，1986 年—1991 年在兰州大学法律系任教授、硕士生导师。

　　曾任中国九三学社甘肃省委员会主任委员，甘肃省人大第五届常委，甘肃省政协第六届常委，中国法学会理事，中国政治学会理事，中国行为法学会理事，甘肃省法学会会长，甘肃省检察学会名誉会长，甘肃省维护青少年合法权益协会名誉会长，兰州市法学会名誉会长，兰州大学法律系名誉主任，甘肃政法学院名誉院长等职，于2004 年 10 月 31 日 22 点 10 分在兰州逝世，享年 95 岁。

经历坎坷辗转流落异乡

　　20 世纪初叶，中华大地军阀混战，民不聊生。1910 年深秋，吴文翰出生在了天津。父亲是个小职员，微薄的收入，养着他们兄弟姐妹 8 人。他天资聪慧，喜欢读书，读了历代许多法家的书。1930 年，去北京考入了朝阳大学法律系大学部本科。吴文翰在求学时期，受梁启超、章太炎等学者影响颇深，尤其深受当时法学界著名学者余启昌、程树德、陈瑾昆、江庸、黄佐昌等老师的指导和影响，对民法、刑法、中国法制史、罗马法等学科产生了浓厚的兴趣。1936 年，以优异成绩毕业。然而 1937 年 7 月卢沟桥事变后，天津沦陷，到处笼罩着国破家亡的阴霾。吴文翰昼夜兼程，甚至以步当车来到了西安，但是西安的上空仍然经常盘旋着日本飞机，他难以宁身，又向西行了。1943 年他落脚到了甘肃兰州。起初由甘肃学院院长李镜湖（曾在朝阳大学任教）介绍，在该院任讲师，1946 年甘肃学院升格为兰州大学，吴文翰又先后任讲师、副教授等职。1958 年吴文翰到甘肃财经学院（现兰州商学院），1962 年到甘肃教育学院（现甘肃联合大学），1969 年到甘肃师范大学（现西北师范大学），1981 年晋升为教授，1984 年起任甘肃政法学院名誉院长，1985 年 1 月调回兰州大学法律系，并指导民法、经济法两个专业的硕士研究生。至 2004 年去世，在兰州整整 62 年。

赤胆忠心错被划为右派

中华人民共和国成立后，受过旧社会煎熬的吴文翰倍加珍惜新中国的来之不易。在课堂内外，他积极投身到社会主义的法制建设中，为建立社会主义的民主和法制奔走呼告。20 世纪 50 年代前期，他作过各种发言，撰写了各种著述。由于他对法学研究方面的突出成绩，成为中国法学会理事。

1957 年 4 月，在社会主义改造基本完成、社会主义建设即将全面展开的历史转折关头，中共中央发出《关于整风运动的指示》，决定在全党进行一次以正确处理人民内部矛盾问题为主题，以反对官僚主义、宗派主义和主观主义为内容的整风运动。号召各界帮助共产党整风，改进工作。各个阶层和领域都在开座谈会，法学界于 5 月 27 日下午也召开了座谈会。参加座谈会的有政法学会在京理事，高等学校的法律教授、讲师以及在各机关工作的法学界人士等共九十多人。中央政法机关的党员负责干部也参加了座谈会。

当时吴文翰正在中国人民大学进修，他参加了会并发了言。5 月 29 日《人民日报》第 2 版以"法学界人士在中国政治法律学会召开的座谈会上提出对我国法律制度的意见"为题做了报道，吴文翰的发言被排在第一位。但晴天一声霹雳，报纸的墨迹未干，吴文翰便陷入了四面楚歌的境地。他的发言被定为右派言论，他被批为右派分子。

当时吴文翰究竟讲了什么？下面原文照录法律出版社 1957 年 10 月出版的《政法界右派分子谬论汇集》中收录的吴文翰发言全文：

为旧法"招魂"

（吴文翰在北京法学界座谈会 5 月 27 日第一次会议上的发言）

意见分三大点：

（一）"百家争鸣"方针的提出，对法学界来说起招魂的作用，过去的法学家大部分被一棍子打死了，或埋没在不乐意做的工作里；而新法学家，几年来虽在法学上有成就，然基本上被教条主义缠住失了魂。因而都要把它招回来。

中华人民共和国成立后，兰州大学法律系也不例外，解散的只剩两个人，做做临时工及教外系的课，犹如吃闲饭，很多同志遭到失业、流散，被打入冷宫。在司法改革中学过旧法的更受歧视、打击，一无是处，并说我们是"法妖""六根未净"，使很多人噤若寒蝉，暗地发牢骚，悔恨自己不早生或晚生二十年。此外，说同一句话，如党员说的则是马列主义法律观点了。

1950 年在新法学研究院学习，集中到法制委员会搞出个刑法草案，一党员同志对之一言以毙之，说这是"六法翻版"，几个月的辛苦劳动付之一炬。这种批评即使对，也不能心服。

几年来打杂工，教经济方面，拼命啃名词，心里很空虚。在这种情况下，年已半百，七八年恍恍惚惚就如此过去。现在党提出"百家争鸣、百花齐放"的方针，使我们如枯树衰草得以逢春。

去年以来，法学界情况有些活跃，上海法学会成立，创办"法学"杂志，北京数次座谈，说明这些法学家还可以为国家贡献力量。

学新法学的人当中造就了很多人才，但所学的只限苏联的法律教科书，生搬硬套，是一种教条主义的学习。1938 年后苏联社会科学发展不大，特别是法学。苏联法学著作的内容都差不多，十个和尚念一本经。中国也跟着十个和尚念一本经。维辛斯基发表的一系列著作长期束缚苏联法学，他的著作不止一处有问题，如斯大林在肃反问题的扩大化有错误，都给以法学根据。中国本来没有"前科"也学着用"前科"等。几年来虽有所改变但先入为主了。苏联对法律概念怎么说我们也跟着说，苏联法律，如民法典，自相矛盾的地方很多，但没人指出。教学计划是学苏联的。新的一辈为教条主义迷住了，缺乏独立思考。

（二）整风除三害，如不尽，可以法制力量帮助整掉。部分领导有法律的虚无主义思想，认为是马上得天下。宪法已颁布，但以党代政现象到处皆有。肃反中私设公堂。党的命令应遵守，但必须变党令为法令，使全国都遵守。个别党员的说话是金科玉律。少数不懂法律的人在作立法司法等事，政治水平高，但是业务水平没有。由什么人"举证"的问题在诉讼上很重要，但今天是不问青红皂白任意让人举证。量刑缺乏标准，一轻一重，还有个别的冤狱。三人评议，说 10 年，一说 15 年，一说 20 年。结果，好吧，就 15 年。如说 15 年重了，他们说 15 年算什么！试问：让审判员同志坐几天看守所如何？开国以来喜用重典，今应慎刑。其次，根据"八大"精神保障公民民主权利。要深入检查错判，如发现有故意违法行为，希望在整风中处理几个。

（三）法学界存在宗派主义，领导多是党团员，有学法的，甚至也有没学过的。老的抬不起头，无名小辈休想。

法学理论与实践有矛盾，理论工作者专搞理论，实际工作者专搞实际。在实际工作中成就很大，但问题也不少。实际资料北京的同志还勉强能看到，外地不必说。整个保密制度与科学研究的矛盾，数法学为最深。我呼吁理论要联系实际；我呼吁废除不必要的"保密"制度。

苏联学制是五年，按中国实际，五年抑四年好？20 多门课哪些课需要？更改或增减？政法学院和综合大学的法律系究竟造就哪种人才？如不同应如何分？这些都应让人放胆大鸣，畅所欲言。

科学院法学研究所应成立，并可考虑和国际关系问题研究所合并。

当时的吴文翰在兰州大学经济系教授"财经法规"。就在这时经济系被分出成立甘肃财经学院，他只有去财经学院了。但岂容右派分子登台讲课！于是锅炉房、猪圈、菜园子等地方便成了他们的工作场所。1969 年财经学院合并甘肃师范大学，吴文翰被下放到河西地区的临泽、高台等县劳动。1972 年因痔疮发作，难以坚持，才返回甘肃师范大学图书馆当资料员，有时还干一些勤杂事务。吴文翰唯一的女儿，因父亲的右派帽子被压的高考不得入榜，只能在以后去补上夜大。

十一届三中全会后的 1979 年，吴文翰受邀为省委领导讲解资产阶级的议会制，他着重讲了资本主义国家的三权分立。英国是三权分立最早的国家，但搞得没有美国好，这是为什么呢？他以广博的学识和深刻的见解指出：资产阶级的东西，不是没有可以借鉴的！

历经 20 余年风刀霜剑，吴文翰重新登上了讲台，在甘肃师范大学政教系讲起了《法学概论》。

矢志不渝奠基甘肃法学

十一届三中全会后，作为新旧中国法制见证人的吴文翰，抓住一切机会向学生、向领导、向人民群众大力讲解加强社会主义民主和法制建设的重要性。1979 年 4 月，他向当时的省委主要领导同志面陈三点建议：（一）法院要依法实行公开审判制度；（二）恢复律师辩护制度；（三）建立甘肃省法学会，以加强甘肃的法学研究、法制宣传工作。省委领导表示同意，三条建议都被采纳。由于吴文翰对建立甘肃省法学会的率先倡导、积极筹备和辛勤工作，他先后被推选为甘肃省法学会第一届至第四届的副会长、会长、名誉会长，中国法学会的第一、二、三届理事，第四届名誉理事。嗣后以极大的热情帮助筹建和完善了甘肃政法学院和兰州大学法律系。在 1983 年—1988 年任甘肃省人大常委会委员期间，更是为甘肃的地方立法和地方法制建设做了大量的工作。

自 1980 年以来，吴文翰的主要学术成果有：合著《罗马法》（群众出版社 1983 年版），主编《新编法学概论（陕西师范大学出版社 1987 年版）、《国家所有权与企业经营权适度分离研究》（兰州大学出版社 1991 年版）、《中国法律文化名人评传》（兰州大学出版社 1993 年版）。承担国家教委"七五"重点课题"国家所有权与企业经营权的适度分离"以及"丝绸之路与国际贸易"等项目的研究工作。撰写法学论文四十余篇，对一些法学理论上的重大问题形成了自己独特的看法。

其主要学术观点有：

1. 在宪法和法律基础理论方面，认为法治就是"以法治国，依法办事"，要实行法治就必须划清权与法的关系，加强法律调整，限制非法权力；对于法制的自身协调问题，指出法律、法规要与宪法精神完全相符，改变法出多门、各立所需的现状，改变有关部门之间、法与法之间存在的互相重叠、互不衔接的现象，使法制本身成为一个有机联系的、互相配合的整体。同时，还要将执法视为法制的关键，使立法和执法相协调，切实严格执行宪法第五条的规定，杜绝某些个人凌驾于法律之上的违法现象。法律只有得到切实的、公正的实施，才能起到其应有的作用。

2. 在民主和法制方面，认为没有民主就没有社会主义，就没有社会主义现代化。民主的制度化和法律化是建设高度社会主义民主的必由之路，其途径在于：一是要使社会主义民主的行使得到制度和法律的保障；二是要使社会主义民主的不断实现同巩固和发展社会主义法制建设结合进行；三是为适应政治生活民主化、民主法律化的需要，必须改革党和国家的领导制度。

3. 关于法律和经济体制改革的关系，认为经济体制改革中除采取各种行政手段和经济手段外，都需相应的法律来调整客观存在的新的经济关系。法律不仅要及时适应新的经济关系的要求，而且在某些情况下，要进行一些超前性的立法，以指导社会经济关系的发展。

4. 特别强调民法、经济法在经济体制改革中的作用，认为经济体制改革要首先从微观经济基础的重构入手，在界定国有资产的产权归属的基础上，实现国家所有权结构的多层次调整，并提出了股份物权所有权（独立国有企业所有权）的企业制度的设计，从权利主体的重构上突破经济体制改革的操作难关。

5. 认为要建立商品经济法律观。商品经济新秩序要有一整套法律制度相配套，现有的法律及法规尚不完善，需要通过总结中国经济体制改革的实践经验和借鉴国外的先进经验，创立新法，如海商法、公司法、票据法、银行法等，建立与商品经济相适应的、符合中国国情的新的法律体系。同时，认为与商品经济秩序相配套的法律体系的建立和民主政治的法律化是相辅相成的，是关系中国体制改革的两大建设。

老骥伏枥化铸冰雪之品

吴文翰在68岁又获讲学、研究的权利以来，不仅在理论著述上取得了丰硕成果，而且躬亲深入社会普法实践中，为广大干部群众讲解法律知识，宣传社会主义法制思想。无论是为各种会议作报告、进行专题法律知识讲座，还是到街头接受法律咨询，他都有请必到，平易近人，精心准备，以其广闻博学，结合现实、国情，深入浅出、通俗易懂的宣讲，受到了社会各方面的欢迎和赞誉。

不仅如此，吴文翰作为甘肃有声望的法学家、老教授，还在对外法学交流中，作出了贡献。1984年12月他应邀到香港讲学。他热情地为广大香港同胞介绍了中国内地政治经济发展情况，改革开放后带来的社会繁荣，尤其是几十年来社会主义民主与法制建设取得的成果；宣传了邓小平同志提出的"一国两制"的宏伟构想；宣讲了制定香港基本法的原则和意义，对广大香港人士了解内地的政治、经济、法律制度作出了有益的贡献，对沟通香港与内地的相互密切往来，实现香港主权回归祖国产生了积极影响。1987年，新西兰总理来兰州参观期间，吴文翰还与其共同探讨了有关法律问题，介绍了我国的民主、法制建设情况，增进了两国之间的友好联系和往来。

吴文翰为司法实务、法学研究两界培养出大批高级法学人才。吴文翰弟子姜建初先生任至最高人民检察院副检察长。曾任兰州大学法学院院长蔡永民教授、副院长胡晓红教授，南京大学法学院副院长、博士生导师陶广峰教授都师从吴文翰。国内著名罗马法、民法学学者米健教授的毕业论文在吴文翰指导下完成。2004年10月底吴文翰辞世，姜建初、米健等赴兰参加吴文翰追悼会。

回顾吴文翰一生从事法学工作的历程，他忠诚于人民教育事业，为社会主义法制事业无私奉献的精神时时激励着我们。吴先生之所以有卓越的成就，得到社会的普遍尊敬和爱戴，是他勤奋、刻苦、努力的结果；是他对社会主义民主与法制事业执着追求、不断进取、开拓创新的结果；更是他几十年如一日，一丝不苟、勤勤恳恳、兢兢业业地默默工作、奋斗的结果。吴先生为健全和完善我国社会主义法制艰苦奋斗的精神，对待法学教育和科研工作谦逊、努力的敬业精神，永远值得我们学习和缅怀！

先生之德高齐泰岳，先生之文灿若华章，先生之论深如江海，先生之教泽被四方！

《陇上学人文存·吴文翰卷》(第一辑)

作者：杨文德

毕可生

　　1927年12月，毕可生先生出生于山东文登一将门之家，其父毕庶澄曾任渤海舰队司令、澄威将军等职。1949年，毕可生先生从北平辅仁大学社会学系毕业后，于1950年考入清华大学社会学系攻读硕士研究生，师从我国早期社会学家、人口学家陈达先生。1952年院系调整中，社会学学科被取消，毕可生先生先是被分配到中央劳动部工作，两年后又下调至西安、兰州等地的劳动部门工作。1958年4月，在时代洪流席卷之下，毕可生先生以错案被发往河西监督劳动，20年间命若浮尘，旋转于甘肃玉门县蘑菇滩农场和安西县小宛农场等地。1978年年底，"没有任何帽子"的毕可生先生重返金城，在"兰州市教师进修学校"教授英语课程。两年后，历经多艰，54岁的毕可生先生终于回到专业队伍，调入了甘肃省社会科学院，开始从事社会学研究工作。1983年起，出任该院社会学研究所副所长，主持所务工作，同期兼任甘肃省社会学会副会长、中国人口学会甘肃省分会副秘书长等职。1988年年底退休。退休后，毕可生先生仍笔耕不辍，力作迭出。2011年12月9日，因突发心血管疾病医治无效，毕可生先生溘然长逝，享年84岁。

　　毕可生先生一生命运多舛，但他对国家对社会却始终保有一颗赤子之心。无论身处何种境况，他始终将观察和解读社会、维护社会的良性运行、建设更加美好的社会作为自己身为知识分子的天然使命。早在青年求学时代，目睹动荡社会中民生之多艰，他毅然选择了"社会学"作为自己的专业，参加社会调查、分析社会问题，试图用专业的力量寻求救国救民之路。在远离书斋、生存条件极其艰难的 20 年农场生涯中，他保持着学习、阅读和思考的习惯。即使不被人理解，依然通过阅读英文小说、查阅英汉词典的方式坚持自学英语，他深信，总有一天，他可以用这些才能回馈社会。茫茫草滩上，他发挥知识分子特有的专长，通过观察、思考和反复实验，改进了育羊、牧羊的技术。在终于回到专业队伍后，面对我国人口结构出现的转型，面对社会上的种种误解和担忧情绪，毕可生先生又迅速投身于人口老龄化和老年学的研究，从理论到现实问题，用自己的专业贡献，为学界、为社会作出了积极而有力的回应。在社会学学科重建过程中，他响应时代召唤，发挥着自己的"社会学的想象力"，一边从理论上高屋建瓴地为中国社会学的发展勾画蓝图，一边披荆斩棘，在实践中一步一个脚印，探索多种路径展开学科重建的具体工作，为甘肃的社会学学科发展奠定了扎实的基础。退休后的二十余年间，他依然始终坚守并践行着学者的天然使命：他关注学术议题的讨论，拓展自己的研究领域，开创性地将抽样调查的方法运用到汉字研究中，提出了关于汉字发展规律的独特观点，呼吁学界建立和发展语言文字社会学；他关注学界的健康发展，针对学术界的不良风气，他公开发文质问；他深知教育对少年儿童成长的重要性，与妻子孙亚英先生一起，在家里免费教授周边的学生；他发现当时市面上兼具文采和思想性的青少年课外读物不多，而自己青年时代喜爱的读物《人猿泰山》在国内译本不全，便毅然与孙先生一道，耗时多年，分两次翻译了《人猿泰山》全套，希望通过"泰山"这样一个充满正义感、责任感的角色，帮助青少年树立积极向上的人生观和价值观。（2001 年，《人猿泰山》8 本系列由译林出版社出版。10 年之后，耄耋之年的两位老先生再次翻译《人猿泰山》后 4 本，工作接近尾声时毕先生去世，孙先生独自完成了最后的工作。12 卷本《人猿泰山》译本最终于 2015 年由中国青年出版社出版。）

正如孙正英先生后来回忆毕先生时所言，毕可生先生的一生，是一位赤诚学者的一生，无论顺境逆境，从不改变"学而不厌，诲人不倦"的精神，一直用自己的知识为社会为人类服务，鞠躬尽瘁，死而后已！

一、矢志不渝投身学术研究硕果累累

（一）致力于人口老龄化和老年学研究

人口老龄化和老年学的研究是毕可生先生回归专业队伍后倾心投入的第一个研究领域。他从对老年人生活状况的实证调查开始，进而反思"人口负担系数"概念的具体含义，并以此为出发点，为当时的人口学界澄清了几种疑难和谬误。他对"人口老龄化究竟是一种什么性质的社会现象"的回答，增进了学界内外对人口老龄化问题的认知。与此同时，毕可生先生还积极投入《老年学辞典》的编撰工作，并为《中国大百科全书–社会学卷》（1991年版）撰写了"老年社会学"等词条。随着研究的深入，他发现中华人民共和国成立后我国虽在改善老年人生活状况方面做了大量的具有中国特色的实际工作，取得了显著成绩，但能反映现状又具有完整理论体系的老年学学科研究成果却付之阙如。因此，他先是组织翻译了美国克伦塔尔著的《老年学》，随后又主编了《老年学基础》，为国内老年学研究的奠基事业屡献其力。

1984年和1986年，毕可生先生与中国社会科学院社会学所研究者凌仪真合作发表了两篇调查研究论文：《七〇九例城市老人调查》和《上海市的老人家庭》。两文不仅对老年人的家庭状况、工作状况、健康状况、生活状况等多个方面进行了统计描述，还如实反映了受访老年人的想法和要求。在《七〇九例城市老人调查》一文中，两位研究者根据统计资料的结果注意到了人口老龄化的发展趋势，并指出了由此可能带来的社会问题。文中提到，就调查所在地区而言，关于未来老年人口发展趋势"最应引起有关方面重视的一个问题"是"出现老年人口突然增加的可能"，"大量职业工人先后在相当短期内接近于同步退休的状况，必然带来职业劳动力突然面临更新的严重问题，与此同时人口的赡养比也会发生急剧变化"①。在《上海市的老人家庭》一文中，两位研究者又在调查研究的基础上呼吁，为改善老人处境，社会和家庭应该共同携手，解决老年人的住房问题、医疗问题，满足老人精神生活的需要等。

随着我国老龄化进程的加快，当时社会上出现了对人口老龄化现象的不解和对"白发浪潮"的担忧情绪。为此，毕可生先生先是发表了《人口老龄化究竟是一种什么性质的社会现象》一文进行了回应，此后，又在其主编的《老年学基础》中，详细阐述了自己的观点。他认为，人口学界相沿已久的人口负担系数公式［人口负担系数=（少年人口+老年人口）/劳动人口］是导致人们对人口老龄化产生误解的原因之一。在这个公式里，老年人口被视为劳动人口的负担，而事实上，随着时代的发展，这个状况正在发生变化。一方面，随着老年人寿命的延长和体质的增强，大部分老年人除患病者外，仍然可以从事力所能及的劳动，可以养活自己，甚至还可以为劳动人口提供各种支持和帮助；另一方面，把老年人口视为劳动人口负担的说法实际上是忽略了养老金的实质：老年人口在其工作年龄段中曾经向社会提供大于自己生活所需的劳动贡献，在现代社会保障制度中，这一点部分地以养老金等形式体现出来，因此，养老金可以被视为一种养老的储蓄，即在人们年轻、劳动能力强盛时，向其征收一定的税金，以待其年老时支付其赡养费用。因此，旧的人口负担系数公式已经"不能反映人口年

①霄、毕克：《七〇九例城市老人调查》，《社会科学》1984年第6期。

龄结构变化的社会经济效果";相反,"如果完全按照这个公式去套用当代的人口实际,就会或者得不出结论或者导致错误的结论。"①

澄清了误解之后,毕可生先生呼吁,全社会都应该做好迎接老龄化社会的准备。比如,建立和完善社会保障体系,设立养老保险基金,保障"老有所养";建立健全法律法规,保障老年人合法权益;设立各种企业或组织,向老年人提供社会参与的机会,实现"老有所为";解决与"老有所乐"相关的各种设施、活动组织和经费问题,等等。②从今天的视角来看,当年毕先生所关注的这些老年问题,都成了如今快速老龄化的中国社会需要迫切聚焦并着手解决的问题,更成了中国社会学和人口学界越来越重视的重大社会议题。

(二)拓荒汉字社会学研究

向来陶醉于汉语的博大精深并孜孜不倦研习英文的毕可生先生,在耳顺之年,逐渐将学术旨趣移焦于语言文字现象。

在多次参与编写《英汉大学辞典》《英汉辞海》以及翻译国外社会学著作、为社会学各类辞典撰写专业词条的过程中,毕可生先生注意到了语言和文字在社会中的重要性。然而他发现,当时相关的研究基本都集中在语言学领域,名之曰"社会语言学(sociolinguistics)";在社会学领域,语言文字长期以来处于被忽视甚至被遗忘的状态。欧美学术界虽有"语言社会学(sociology of language)"这个概念,但也因鲜有学者涉足,而常常被混同于"社会语言学"。因此,要将语言文字纳入社会学研究的范围,就必须首先将"语言社会学"与"社会语言学"这两个概念区分开来。

在1988年出版的由王康主编的《社会学词典》"社会语言学"词条中,毕可生先生旗帜鲜明地提出,社会语言学和语言社会学是两个不同的学科。社会语言学研究社会是为了了解语言,因此归根到底仍然是语言学的研究;而语言社会学研究语言是为了了解社会,属于社会学研究。与社会语言学把社会当作语言变异、差别的因素不同,社会语言学认为语言是社会的一项十分重要的功能因素。因此,两者不能混淆。而在同一部词典的"语言社会学"词条中,毕可生先生又进一步指出,社会语言学和语言社会学的分野在于,前者对社会和语言文字间关系的研究,始终只限于考虑社会因素对语言的影响,而后者则是从社会学角度研究或考察语言和文字对社会生活、社会发展的影响和关系。这一区分,为语言社会学的研究界定了概念空间。

在具体的研究过程中,毕可生先生又意识到,与口耳相传的声音符号——语言相比,文字的出现突破了人类社会信息传递的时空局限,在漫长的历史过程中,文字逐

---

①毕可生、李晨主编:《老年学基础》,甘肃人民出版社,1991年,第279页。
②毕可生、李晨主编:《老年学基础》,甘肃人民出版社,1991年,第287—288页。

渐成为文明传承与传播的主要载体。因此，在《中国大百科全书·社会学》1991 年版中，他结合自己的研究发现，更新了"语言社会学"这一词条，将"文字"与"语言"以中间加顿号的形式并列呈现，认为它们同为社会交往、社会互动的符号体系。

【语言社会学】 （sociology of language）

研究影响语言、文字发展规律的社会因素以及语言、文字社会功能的一门社会学分支学科。语言和文字是社会交往、互动的符号体系，语言社会学把它的社会因素和社会功能作为研究对象，探讨它与社会的关系，对社会的存在、发展的作用，如何适应社会发展的要求，等等。

——《中国大百科全书——社会学》，中国大百科全书出版社，1991.12，第 467 页

从此，语言社会学研究前路豁然开朗。毕可生先生马不停蹄，从批判自 19 世纪末期兴起的汉字拉丁化、简化汉字等文字改革风潮入手，开启了对汉字发展规律的社会学研究。发表于《汉字文化》1993 年第 2 期的《汉字的社会学研究》是毕可生先生在这一研究领域中的第一篇重要论文。文中他旁征博引、气势恢宏地提出：（1）文字不是记录语言的书写符号；（2）拼音文字不是全世界文字发展的共同方向；（3）文字是文化的基础；（4）文字改革对全民族文化的发展不是促进而是促退；（5）文字的发展趋势不是简化；（6）汉字难学难认远非定论；（7）普通话应该推广，方言和方音却根本不可能取消；（8）文字改革可以休矣。

这些鲜明的观点迅速引发了学界的讨论，其中既有喝彩叫好声，也不乏相异的见解，特别是在"文字的发展规律到底是简化还是繁化"这一问题上，学界提出了针锋相对的观点。

对此，毕可生先生并没有立刻回应。他认为，争鸣有助于问题的深化探讨，各种质询恰恰可以促使自己从多角度开始探索。当时已年近古稀的他坐定下来，在两年时间中，"一方面补充自己的语文知识；一方面也做了点力所能及的小小的研究"。[①]他开创性地将社会学定量研究的方法运用到汉字笔画的研究中，一丝不苟地建立抽样框、抽取样本、调查、建立数据库、统计、分析……最后，他以翔实的实证材料论证和细化了自己的观点，发表了《汉字发展规律社会学考辨——兼答聂鸿音先生》一文。文中，他详细列出了调查统计后的结果：在 3657 个有效样本字中，小篆隶变后增笔的共 2671 字，占有效样本总数的 73%；隶变后减笔画的共 426 字，占 12%；笔画不增不减的占 15%。据此他认为，从小篆到隶书的发展，作为一种趋势来说，起码不能说是笔

---

①毕可生:《汉字发展规律社会学考辨——兼答聂鸿音先生》,《汉字文化》1995年第3期。

画的"简化"。他进一步推理认为，许慎对小篆隶变的"以趣约易"观不做"笔画简化"解，此处的"约"应指规范划一，"易"则指书写容易便捷。因此，"总括说来，汉字发展在楷书以前，是以繁化为主，每次大的文体变化与调整时，大约只有10%的字是简化了的。至于楷书以后，至少字数的增加是与笔画的繁化成正比例发展，而不是相反"①。由此他得出结论：自古以来汉字的发展总趋势是由简到繁。

在前述对汉字问题的具体研究的基础上，毕可生先生一边高声呐喊，呼吁社会学界关注文字领域的研究，一边披荆斩棘，开启了建立"汉字社会学"的拓荒之旅。

沿着瑞士语言学大师索绪尔对汉字的认识路径，②毕可生先生指出，正因为汉字不是拼音文字，因此，最初建立在对拼音文字认知和解读基础上的西方语言学基本理论——"文字是语言的书写符号"——并不完全适用于对汉字和汉语之间关系的认知和解读。语言和文字都是人表达思维的工具，是交流信息或社会互动的符号。语言取其便捷，而文字则求其久远；语言组成了社会，而文字则把社会带进文明，产生与该社会相依存的文化。③对于拼音文字来说，形是次要的，它们主要是由声达义，而对于汉字来说，声是次要的，它主要是由形达义。④汉字凝聚着中国人几千年的智慧，是华夏文明的载体。汉字之所以能够传承华夏文明，是与其作为表意符号的特点直接相关的。从文体来看，自甲骨文始，由于书写工具的原始，汉字自然而然地形成了一种字简意赅并与语言（发音）脱离的书写形式。三千多年来，尽管历代文体皆有演变，如所谓诗、辞、歌、赋、词、曲、记传、骈体、近体以至书信、日记等，无一是当时口语的直接记录。⑤从字体来看，在几千年的历史进程中，汉字的字体虽然经历了不同的发展阶段，但并没有发生根本性的改革，而是以其特有的方式解决了在发展中遇到的一些矛盾，保证了文明传承的可能性。同时，正因为汉字是一种表意文字，它与拼音文字最大的区别在于其拒绝随语音的地域改变而改变、随时间的流转而变化，因此，尽管不同地域方言语音纷繁复杂，却能因使用共同的汉字而保存和发展共同的文明。从这个意义上说，汉字的影响力并不局限于国内，而是辐射到整个相邻的文化圈（即今天的汉字文化圈）。因此，他提出，从国家发展战略的角度来说，"建立一个包括亚洲使用汉字的各方、各民族，在平等协商的基础上，对汉字的发展、应用，进行沟通、协调、咨询和合作的机构，是重建汉字文化圈的最为迫切的要求"⑥。

①毕可生：《汉字发展规律社会学考辨——兼答聂鸿音先生》，《汉字文化》1995年第3期。
②索绪尔认为，"对汉人来说，表意字和口说的词都是观念的符号"，"汉语各种方言表示同一观念的词都可以用相同的书写符号。"——（瑞士）费尔迪南·德·索绪尔著，高名凯译：《普通语言学教程》，商务印书馆，1980年，第51页。
③席群、毕可生：《社会学研究的新领域：汉字社会学》，《兰州大学学报》1996年第2期。
④毕可生：《东方明珠——汉字——异彩重光》，《东方文化》1996年第1期。
⑤毕可生：《让文字回归伟大与光荣》，张朋朋《文字论》代序，华语教学出版社，2007年。
⑥席群、毕可生：《社会学研究的新领域：汉字社会学》，《兰州大学学报》1996年第2期。

学术研究讲究创新，在理论积累的基础上大胆假设并提出新的观点是推动学术进步的重要环节；与此同时，创新又必须遵守学术规范，进行有理有据的求证，满足逻辑自洽。这一"大胆假设、小心求证"的治学之道，在毕可生先生对汉字发展规律的研究中得到了近乎完美的践行。学术研究又总是在批判、继承与扬弃中发展。在今天看来，或许毕先生的有些观点还有待进一步推敲，有些观点需要学界进一步论证，但这种探索的精神却值得发扬，探索的脚步也值得学术史记载。

二、扎根陇原致力学科重建功载史册

毕可生先生对学术界的贡献不仅体现在他的研究成果上，也体现在他为社会学学科恢复与重建作出的巨大努力之中。

20世纪70年代末，中断了30年的中国社会学迈开了学科恢复与重建的步伐。春雷一声万物苏，当时平反后被安排在兰州教师进修学院教授英语的毕可生先生，感受到了春天的召唤。他立刻将30年蕴积之力倾注笔端，既放眼世界社会学发展之大局，又深深扎根于当时我国现实的社会发展状况，发表了《社会学前景刍议》一文。与此同时，他又不断探索"归队"之路，在多次努力遭遇失败之后，他将自己的经历发给了《人民日报》。[1]

他充满困惑：

"从去年我就陆续看到报纸上呼吁恢复社会学研究，和关于社会学人才是个空白的谈论，于是我就着手进行归队的探索。先是给社会学会、社会科学院和社会学研究所写信，后来，又给上海复旦大学写信，但结果都答复说：目前无法解决归队问题。一方面报纸上大声疾呼社会学人才是空白，一方面我千方百计探求归队，却又无门而入，思想起来真令人困惑不解。"

他深信自己的能力：

"……这30年来，英语和日语也没丢，所以一回来就担任起英语专业课的教师。相信如果能够归队，哪怕是搞社会学资料翻译，也是能胜任的。"

"自信还能工作一二十年，可以为刚刚恢复的社会学勤恳奋斗一番。"

他发出心底的呼声：

"我多么期盼能回到研究社会学的工作岗位上来！"

字里行间，一个学者对自己专业矢志不渝的热忱溢将而出。

---

[1] 毕可生：《社会学人才是空白，对口归队谈何易？》，《人民日报》1980年8月24日。

最终，在 1981 年，毕可生先生历经坎坷，调入了甘肃省社会科学院社会学研究所开始工作。从此，他扎根陇原，上下求索，与其他学人一道，为甘肃的社会学学科发展打开了局面，奠定了良好的基础。

（一）倾三十年蕴积之力，展望社会学前景

在刊发于《兰州学刊》1980 年第 3 期上的《社会学前景刍议》一文中，毕可生先生满怀深情地回溯了自满清末年严复译介《群学肄言》始，社会学在中国大地取得的成就和发展的坎坷历史。他指出，在中国大地上，社会学之所以"昨日春风才破土，今朝庭内竹萧森"，是因为它已非"婴儿"，"按年龄说它已经是一个青年人了"；因此他痛惜道："啊！祖国的社会学呵！原来它就是这样一位早熟的经历曲折道路的年轻人。"[①]

环顾世界社会学发展的局势，他意识到中国社会学发展面临的紧迫现状。当时世界各国社会学的发展已是生机盎然，而中国社会学在经历近三十年的断裂之后，在很多方面已经与世界社会学研究的进展拉开了距离。形势逼人！他擂响战鼓："新长征路上的中国人毕竟不是悲观论者，逼人的形势往往就逼出一个崭新的天地来。不是吗？起步的枪声已经鸣响，健儿在突奔，后来居上！美国曾经如此，我何后人！"[②]

那么，恢复后的中国社会学该何去何从？在回溯中国社会学发展中曾经发生的覆车之痛后，他指出，中国社会学恢复后不应该效仿美国，更不能照搬苏联，而应该走自己的道路，发展出自己的理论。应该说，直到社会学恢复重建三十多年后的今天，这一问题依然是中国社会学学科发展的核心问题；毕可生先生的这一认知，也依然是中国社会学界几代学者一直为之努力的方向。

"社会学具体的研究领域有哪些？"社会学恢复之初，社会上对这一问题存在不少误解。比如当时比较常见的一种误解认为，社会学是一门研究走后门、拉关系、徇私情、搞夹缝活动的学问。对此，毕可生先生单刀直入，明确指出：社会学并不是"关系学"，但"关系学"的存在却可以为社会学研究提供发现问题的线索：社会学可以研究关系学产生的症结所在，从而提出解决的办法，推动社会，造福人民。

破除误解后，毕可生先生又立足于当时社会发展的现状，提出了当时以及未来社会学研究涉及的一些较为迫切的应用性课题。这些课题包括：（1）农村社会学和农业现代化的道路；（2）人口问题；（3）社会保险与劳动保险；（4）人才问题；（5）劳动社会学；（6）地震社会学、环境保护社会学、能源社会学、生态社会学等跨学科问题；（7）访贫问苦和系统工程学，等等。毕可生先生提出的这些学科研究方向，将社会学融入时代发展的宏大叙事之中，既关切当务之急、民生之需，又关注人类发展

[①]毕可生：《社会学前景刍议》，《兰州学刊》1980年第3期。

[②]毕可生：《社会学前景刍议》，《兰州学刊》1980年第3期。

的长远问题，兼具现实性、开拓性和前瞻性。

此外，毕可生先生还在文中指出了社会学研究方法的重要性。他认为，没有社会学方法也就不存在社会学研究。他注意到，在中国，相比于社会学学科的发展状况，社会学方法有它独特的发展道路：即使是在中国社会学一度中断的二三十年中，社会学方法仍然为社会科学其他门类所广泛应用，并得到了很好的发展。但他同时也指出，随着科学的进步和电子计算机的广泛应用，国外社会学方法已经从传统的调查和统计方法步入了新的时代。由此，他呼吁我国的社会学者必须虚心学习，以完善我国社会学研究方法，为社会学研究提供可靠的、全面的、准确的社会情况。

（二）为恢复和重建甘肃社会学上下求索

社会学学科在甘肃的起源，可以追溯到 20 世纪三四十年代的李安宅先生和谷苞先生。此后，在时代洪流的冲击之下，社会学在甘肃也甫兴即逝了。1981 年，当毕可生先生终于来到甘肃省社会科学院开始社会学研究工作时，与全国其他地方一样，甘肃的社会学界也几乎是一片空白。面对此状，三十年魂牵梦萦终得一朝梦圆的毕可生先生争分夺秒，全身心地投入了学科的恢复和重建之中。在他的牵头努力下，甘肃社会学的重建工作逐渐打开了局面。1983 年，甘肃省社会科学院社会学研究所正式成立，毕可生先生成为第一任副所长（无正所长），主持所务工作。1983 年 9 月，甘肃省社会学会成立，毕可生任副会长。在学会的成立大会上，时任中国社会学学会会长费孝通先生应邀参加，并专程赴甘肃省社科院作了"关于社会学研究与边疆开发"的讲话。良好的开局鼓舞了学界。陇原大地对社会学感兴趣的各种相关专业人才源源不断地汇入到社会学学科的大家庭中，各大高校和科研机构也纷纷开展了社会学教学和/或研究活动。1985 年秋，考虑到当时社会学界专业学者青黄不接、跨专业学者又渴望得到社会学专业知识熏陶的现状，毕可生先生又牵头组织了由甘肃省社科院社会学所联合甘肃人民广播电台举办的"社会学 60 讲"学术讲座。该讲座既包括社会学理论方面的探讨，也涵盖社会学实践方面的议题，内容丰富且深入浅出，满足了多层次社会学研究者、教学者和爱好者的需求，对在甘肃传播社会学知识，起到了有效的启蒙和普及作用。[1]可以说，毕可生先生是甘肃乃至西北社会学学科恢复和重建的领军人物之一。[2]

---

[1]甘肃省社会学学会：《〈社会学广播讲座〉介绍》，《社科纵横》1986年第3期。

[2]关于甘肃社会学重建的这些成就，著名社会学家王康也曾提及："从社会学来说，兰州也有突出的表现。记得1979年3月中国大陆的社会学恢复重建后，没有多久，《人民日报》就刊登了历尽坎坷的毕可生同志从兰州发出的呼吁加速社会学建设的文章。随后甘肃省社会科学院成立了社会学研究所。这不仅使从牧场归来、自青年时期就专攻社会学的毕可生同志有发挥所长为国效力的机会，而且改变了西北历来是社会学空白的状况。……在成立了西北地区第一个社会学所后，又建立了西北的第一个社会学会，使这门为适应改革开放而恢复重建的学科，能团结和发动许多社会学的爱好支持者，共同为甘肃也为西北的改革开放事业服务。在党的领导下，所、会的同志们进行了多项社会实际问题的研究和实地调查，为有关领导部门提供了可信的资料和决策依据。"——王康：《西部的足音》（宋超英、曹孟勤主编：《社会学原理》，警官教育出版社，1991年）。

关于这段经历，孙亚英先生曾回忆道：

"首先，他与所内同志商酌，给每个人定下了科研方向，大家齐心协力共同开展工作。他自己则与全国各地社会学名家建立了联系，如北京的费孝通、王康、折小叶、杨雅彬，甘肃的谷苞，上海的邓伟志、胡申生，武汉的雷洪，后来还有南京的姚兆余等等。于1984年9月16日在他的策划组织下，创建了甘肃省社会学会，可生任秘书长。与省老龄协会、省老龄委都有联系，协同工作。把被取消了几十年，刚恢复起来的社会学，搞得风生水起、有声有色。"

——孙亚英《此情已待成追忆》

三、求实创新治学精神薪火相传

毕可生先生硕果累累的学术生涯，既体现着其导师陈达先生讲求实证的风范，又以实际行动诠释着"大胆假设、小心求证"的治学之道。作为民国时期清华社会学的创始人之一、受过良好社会学专业训练的陈达先生，聚焦于人口、劳工等研究领域，强调社会调查与数据分析，被视为"社会调查运动"的先驱和代表人物之一。[1]毕可生先生对人口学、老年学的关注，对社会学调查和统计方法的运用，以及在人口老龄化研究中始终坚持从时代发展的实际情况出发去发展理论而不局囿于学科传统概念的限制这些做法，可以说都是直接师承陈达先生的产物。在语言和文字领域，他仍然坚持实证取向，开创性地将社会调查、统计分析的方法运用到了汉字的研究中，提出了汉字发展的"繁化论"。这一承接和发展，体现了学术体系的薪火相传、生生不息。

如今，甘肃社会学界人才辈出、学术昌盛，农村社会学、灾害社会学、民族社会学、旅游社会学、西部社会学等分支学科百花齐放，走出了一条具有西部特色的学科发展之路。这些成就，都让我们更加深切地缅怀毕可生先生等老一辈社会学界学者为甘肃社会学的恢复和重建所作的巨大贡献。此次借"陇上学人文存"编撰之机，我们将毕先生文稿集萃于此，一则为更好保存先生学术观点以供后学参考、思辨、继承；二则为重温先生严谨治学之道、心怀天下之宏德，以继学风延传；三则为缅怀先生致力社会学学科恢复重建之功，以勉励我辈后生继续为学科大厦添砖加瓦。先生身已去，功业永流传！

附：

---

[1]闻翔：《陈达、潘光旦与社会学的"清华学派"》，《学术交流》2016年第7期。

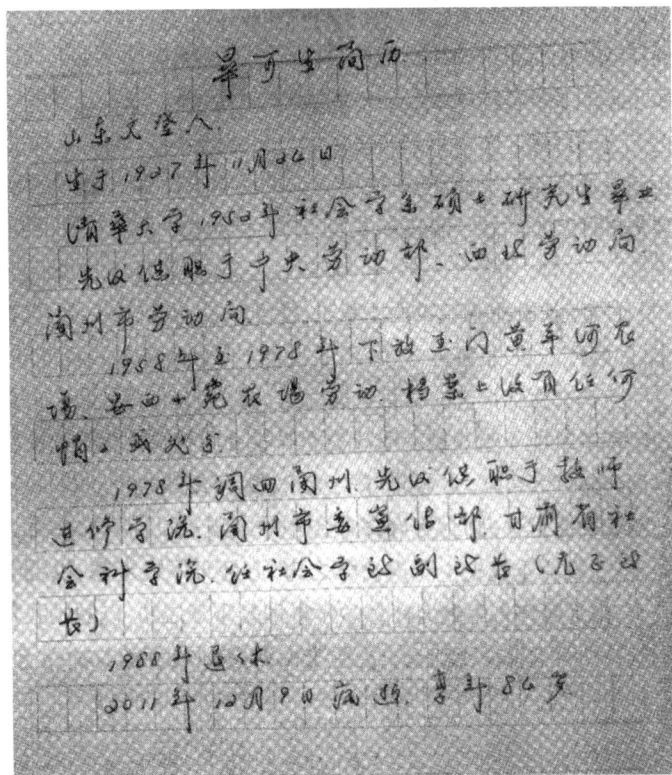

毕可生简历

山东文登人。生于 1927 年 11 月 24 日（农历——编者注）。

清华大学 1952 年社会学系硕士研究生毕业。先后供职于中央劳动部、西北劳动局、兰州市劳动局。

1958 年至 1978 年下放玉门黄羊河农场、安西小宛农场劳动。档案上没有任何帽子或处分。

1978 年调回兰州。先后供职于教师进修学院、兰州市委宣传部，甘肃省社会科学院，任社会学所副所长（无正所长）。

1988 年退休。

2011 年 12 月 9 日病逝。享年 84 岁。

这是孙亚英先生（毕可生先生的妻子）在毕先生去世后为他写的简历。彼时，孙先生再三嘱托：若有一天为毕先生出文集，就以此作为生平简介列入书内。如今文集将成，孙先生却已于 2016 年的夏天随毕先生仙去。目及孙先生这份手书中端秀俊逸的字迹，怎不痛极！

——愿二老在天国再叙圆满！

《陇上学人文存·毕可生卷》（第七辑）

作者：沈冯娟 易 林

杨子明

　　杨子明先生是甘肃省法学界享有崇高声望的前辈法学家。值先生的文选即将出版之际，作为后学晚辈，受命承担文选编选工作并撰写"编选前言"，我是不自信的。透过篇章中掷地有声的文字，回望八秩老人在"颠簸和思治中行走"的心路历程，我们所能从中管窥到的是，先生对真理永不言弃的追求精神、处世治学的师表风范、至真至诚的人生态度。我想，一生致力于学术研究，致力于法学教育，致力于推动中国法治事业的进步，矢志不渝而终得世人认同的累累硕果，大致可以看作是先生治学之旅的一个缩影。

一

　　身处不同的时代，每个人都不能摆脱历史的烙印。追寻杨子明先生的学术轨迹，我们发现，波澜壮阔的时代在他的身上留下了深深的印记，在先生跌宕起伏的人生旅途中，唯一贯穿始终的是对真理的不懈追求和对学术恒久探索的精神。

　　杨子明先生是江苏睢宁人，1934 年出生。1948 年参加革命，1951 年赴朝参加抗美援朝战争，1955 年考入中国名校复旦大学法律系。先生对学术的追求、对真理的探索精神从青年时代就已崭露头角。攻读大学期间，中华大地正处在政治运动风云突变的前夜。当年意气风发的青年学子，胸怀济世理想，受复旦学风的熏陶，以稚嫩的笔墨写下针砭时弊的文章《中华人民共和国主席非终身制研究》《试论农业合作化逐步前进的列宁准则》《官僚主义的根源在哪里》等。其主要观点是：宪法对主席职务不应该只规定任期而不规定任次，否则将产生终身制，最终可能危害党和人民的事业。农业合作化不能不顾规律盲目推进，只有不断创造条件逐步推进才是正途。官僚主义的最大根源，在于庞大而臃肿的官僚机构，消除官僚主义应当从改革官僚机构着手。今天看来，这些观点无不闪耀着真理的光芒，直到 21 世纪的今天仍然有着强烈的现实意义。然而，不幸的是，在那个政治挂帅的年代，先生的真知灼见为自己带来了无妄之灾：在 1957 年的"反右"运动中，先生因言获罪，被定性为反党反社会主义反毛泽东思想的"右派"分子，遭受到长达 22 年的不公正待遇。在"牛棚"改造、下放劳动中锻炼着革命意志。

曾经看到过一句震撼人心的名句：个人是历史的人质。我们无法身临其境感受那个时代强加给芸芸众生的心灵之痛，不同的是，面对时代的"绑架"，面对不公正的批判，面对无情的打击，先生没有放弃自己的主张，没有在大水冲向龙王庙中自甘沉沦，而是在忍辱负重中厚积薄发。1979 年，复旦大学为先生恢复了名誉。在这前后，杨子明先生先后在甘肃省司法实务部门、法学院校、党政机关工作。曾担任甘肃省庆阳市正宁县人民法院审判员，甘肃政法学院教授、科研处长，《甘肃政法学院学报》主编，甘肃省政协常委、甘肃省政协法制委员会副主任等职。主要兼职有：甘肃省人民政府环境资源委员会顾问、甘肃省反邪教协会副会长、兰州市法学会副会长、甘肃省刑法学研究会副总干事、中国刑法学研究会理事、司法部特聘通讯评审专家等。

在重获学术生命之后，先生倍加珍惜来之不易的机遇，在大学讲坛上教书育人，勤奋著述，笔耕不辍。面对现实生活向法律和法学提出的挑战，发表了一系列有价值、有见地的学术论著，影响广泛，为学术界、实务界所认可和推崇。重要的著作有《刑法学教程》《刑事诉讼法民事诉讼法例解》《全国人大修改补充的犯罪》和《关贸手册》等，重要的论文有《刑法在惩治腐败中的地位和作用》《略论缓刑适用的几个问题》《大陆、台湾著作权法处罚制度比较》《依法治邪几个理论和实践问题之我见》《中国道德政治法律全面拒绝"诱惑侦查"》《中国经济建设重点转向西部与西部法制环境建设》等数十篇。收录在本文选中的成果，即是先生的部分代表作品。

二

杨子明教授的主攻专业是刑法学，缘于自身的命运遭际和对长期中国社会现状的深刻观察，让他在法学研究中养成了批判性的思维模式。所谓批判，其实就是站在一个更高的层面上，对历史或现实作甄别和审视，对人或事进行分析和解剖，以期发现问题和解决问题。其最终目的是为了更好的发展，其着眼点是广阔的未来。批判的充分必要条件，是思想、人格和精神的独立。因此批判所引申出来的丰富内涵和积极意义，便远远地大于批判本身。没有批判精神，法学研究也就失去了其存在的意义。通阅全部文稿，不难发现，批判精神正是杨子明先生从事法学学术研究所秉承的基本理念，文稿的字里行间，无不透露出强烈的批判精神和深刻的忧患意识。

第一编"法学研究篇"中，收录了先生在刑法学研究领域具有代表性的十几篇论文。

《刑法在惩治腐败中的地位和作用》《必须向玩忽职守的犯罪行为做不懈的斗争》和《刑法修订前后惩治职务犯罪立法比较》三篇文章集中指向职务犯罪，具有强烈的现实针对性。论文所要表达的核心观点是，一个国家，没有良好的吏治，就不会有国泰民安。在各级官员中，现在多见的是一手抓工作，颇像那么回事，另一手却搞腐败，同样不含糊，这种"两手"官员是最伤人心的，这种官员不会带来老百姓欢迎的官风。改革开放以来，多少省部级以上高官倒在国家整肃吏治的利剑下，中下级干部多少人因贪腐而走上犯罪道路，无不都是所谓"两手"干部，连身居最高人民法院副院长的国家一级大法官也有不自重的，他们敢冒天下之大不韪，与党风作对，跟这些人不知今日之中国是秦是汉有极大关系。今日之中国已经走上依法治国的道路，以法律秩序凸显社会秩序是不可抗拒的历史潮流。有鉴于当前腐败问题的严重性、危害性以及现实危险性，必须加大惩治腐败的力度，刑法在惩治腐败中具有不可替代的作用，应当受刑罚处罚的腐败，是指触犯刑律的贪污、贿赂、玩忽职守、徇私枉法、敲诈勒索、投机倒把以及其他严重妨害廉政、勤政建设的行为。利用刑罚同犯罪做斗争是完全必要的，只有根据犯罪分子所犯的罪行，分别处以轻重不同的刑罚，才能收到预防犯罪、减少犯罪、消灭犯罪的效果。针对实践中部分国家工作人员不忠实地履行法律义务，工作漫不经心、不负责任、不调查研究，不倾听群众意见，官僚主义十足，致使公共财产、国家和人民的利益遭受重大损失的玩忽职守犯罪，应当予以严厉打击。向玩忽职守罪做斗争应当注意区分玩忽职守罪与非罪的界限，严格划清玩忽职守罪与索贿、受贿罪的界限。《中华人民共和国刑法》于1979年颁布施行，1997年做了重大修订，由于立法的时代背景不同，在惩治职务犯罪方面有很大区别。修订前的《刑法》中，贪污罪是侵犯财产罪一章中的1条，贿赂罪是渎职罪一章中的1条。修订后的《刑法》专门为贪污贿赂罪设立了一章；增加了关于回扣、手续费、礼物的禁止性规定，集体私分犯罪的规定，民事、行政审判活动中的枉法构成犯罪的规定，一改修订前惩治职务犯罪视角过窄的流弊，把司法、工商、金融、税务、经贸、林业、环保、卫生、土地、海关、商检、检疫、厂商、出入境、教育等系统的渎职，以及在解救被拐卖、绑架的妇女、儿童中的不作为，在查禁犯罪活动中的不作为，均作了禁止性规定，使向这些领域的渎职犯罪行为做斗争有了法律依据。尽管上述论文均作于 20 世纪八九十年代，但在党和国家重拳反腐的今天，仍具有强烈的现实意义。

《略论缓刑适用的几个问题》《当前烟毒犯罪的情况及法律对策》《破坏军人婚姻未遂初探》几篇论文，是针对某一具体领域的犯罪与刑罚适用问题的探讨。针对缓刑适用中出现的"在对严重刑事犯罪分子坚持依法从重从快严厉打击的同时，对轻微犯罪分子依法适当多判一些缓刑"论调，提出了不同的看法：如果承认"依法适当多判一些缓刑"的命题是对的，那么，"依法适当少判一些缓刑"的命题无疑也是对的；今天说"多判一些"，明天就可能说"少判一些"。那么法律规定的缓刑条件权威何在？为此，应当坚持依法宣告缓刑，有多少符合缓刑条件的就宣告多少，建议刑法对缓刑条件应作如下修改和补充："缓刑适用于具备下列条件的犯罪分子：被判处拘役、三年以下有期徒刑；有悔罪表现；特定的犯罪原因已经消失；无反革命犯或者累犯身份。"针对社会转型时期烟毒犯罪活动猖獗，给个人、家庭、社会和国家带来严重危害，提出刑法不应只惩罚制造、贩卖运输毒品的犯罪活动，还应当把吸毒行为纳入规制的视野。针对司法实践中对破坏军婚罪忽视对未遂的惩处，导致军人婚姻得不到应有保护和犯罪分子逍遥法外的情形，提出对待该罪不仅要注重对既遂的惩处还应当注重对未遂的惩处。

《大陆、台湾著作权法处罚制度比较》一文，是向彼时颁布不久的《中华人民共和国著作权法》提出质疑的一篇檄文。国家新闻出版总署作为主管部门，对自己起草的《著作权法》宠爱有加，本文则批判其中处罚制度不到位，尚缺刑事处罚，而缺刑事处罚，则不足以保护著作权法所要保护的客体。通过与台湾地区著作权法的比较，本文得出的结论是：一是台湾地区著作权法的有关立法用语比较准确，而大陆著作权法相关的立法用语不够科学；二是大陆著作权法的有关处罚制度限于民事和行政处罚，台湾著作权法把严重侵犯著作权的行为规定为犯罪，适用刑事处罚；三是处罚的前提——有关行为，大陆、台湾地区均规定得有粗有细。比较研究得出的启示是：大陆在修改著作权法时应当力争立法用语科学化；要加强对大陆、台湾地区著作权法处罚效应的调查研究，取长补短，完善大陆著作权法处罚制度。本文发表后被国家广播电影电视部在其机关刊物上原文照登，并推动了立法的修改，在其后《中华人民共和国著作权法》的修订中，专门增加了刑事处罚的条款。

《犯罪基础理论研究》《刑罚基础理论研究》两篇文章选自先生撰写的刑法学教科书。通篇用严谨规范的语言，对犯罪与刑罚的基本理论，如犯罪的概念与特征，犯罪构成要件，正当防卫和紧急避险等排除社会危害性的行为，犯罪的预备、未遂、中止和犯罪既遂等故意犯罪的阶段，共同犯罪，以及刑罚的本质与目的，刑罚体系和种类，量刑，数罪并罚，缓刑、减刑和假释，时效和赦免等刑法基础理论问题做了深入浅出的阐述。字里行间流露出对学术、对真理的思考和坚守。比如，关于犯罪构成理论，先生结合自身的经历，以沉痛的笔墨写道：

> 不幸的是，1957年那次"反右"开始之后，犯罪构成理论被说成是资产阶级的理论，是"束缚我们的手脚的理论"，是"为罪犯服务的理论"。然而，在司法实践中，却又不能不研究行为侵犯了什么，行为人本身情况如何，行为人是故意还是过失，以及是什么目的，行为和结果之间的关系怎样等等。定罪总是离不开这些东西，这是客观的东西，不在于允不允许讲。所以尽管这个理论被批了，批的人成了一代天骄，提这个理论的人被打翻在地，但除了十年动乱期间这个理论起不了作用以外，实践中大部分同志还是运用这一理论来分析认定犯罪的。1957年以后就不能专题讲授犯罪构成理论了，但担任有关课程的同志精心设计了传授这方面知识的办法，你"左"倾路线不让我讲犯罪构成四要件，我讲构成犯罪的八个条件，实际上把犯罪构成四要件讲得更细了。当时有些教材对认定犯罪的条件，一讲故意，二讲过失，三讲意外事件，四讲行为，五讲结果，六讲因果关系，七讲国家工作人员，八讲责任能力、责任年龄。借助这种迂回的办法跟禁锢刑法理论的专横斗了好多年。粉碎"四人帮"以后，特别是党的十一届三中全会以后，迎来了法学的春天，犯罪构成理论重新受到重视。

三

中国建构法治社会的进程中，社会中存在一些不良现象，侵蚀着法治的原意。中国的法学学者的使命，不仅要建构一个理论体系，追求法的正义性和目的性，还应该关注中国社会现实，对法治实践中的问题进行独立思考，为中国法治建设建言献策，提出合乎法律本质的解决问题之道，推动法治建设的进步。

改革开放之后，杨子明先生恢复了话语权。先生痛感十年"文化大革命"给人民带来的深重灾难，深知法治建设之于国家发展、社会进步和人民幸福的重要意义，并用实际行动践行着对法治的认知。先生利用一切机会不遗余力地为地方法治建设鼓与呼，为决策层建言献策，为基层作法制宣传，为社会提供法律服务，完美地诠释了知识的价值、知识分子的使命、责任与担当。

第二编"法治建言篇"中，收录的十几篇文章正是先生对法治实践的建言和行动。

《完善执法检查制度，让执法检查更富成效》一文，是杨子明先生在甘肃省人民代表大会常委扩大会议上的演讲。他指出，"一府两院"的执法检查报告没有把执法中的深层次问题检查出来，深层次的问题——执法缺乏使命感才是随意执法的要害。不解决执法使命感的问题，执法、司法所追求的正义、公平目标就无从实现，上访率居高不下、群体性事件频发等问题发生就在所难免。执法检查本来是纠正"执法走偏"的救济措施，身负执法检查责任的主体如何才能避免工作走过场？必须依靠完善的执法检查制度，建立执法检查责任追究机制，用制度保证执法检查的效果。这次演讲面对的是甘肃省200多名政府官员，反响热烈，普遍反映先生说出了官员们想说而受处境所限难以说出的话，为完善执法检查制度开出了一剂良方。

《依法治邪几个理论和实践问题之我见》一文是为当年反邪教北京研讨会提交的论文，这次会议实际上是反邪教主管高层向专家问政的会议。针对当时反邪教"全民动员"的做法，先生指出，要用法治思维来应对邪教，用不着兴师动众，应当由负有法定职责的专门机关应对法轮功等邪教，该取缔的取缔，对其信徒该争取的争取，该惩戒的惩戒。沿袭以前搞运动的方式把群众都发动起来搞"人民战争"，无形地张扬了邪教，其负面影响不可低估。这篇论文的观点会后见诸中央和地方的相关红头文件。

《中国道德政治法律全面拒绝"诱惑侦查"》一文直击骇人听闻的"诱惑侦查"。搞诱惑侦查的人，人为制造案件，转而又去"破案子"邀功请赏，把一个本来没有犯意的人，直接做成身负重罪的罪犯。中国道德讲"仁者爱人"，诱惑侦查却利用职权害人，践踏了道德底线，理应发现一起，重拳打击一起，这应当是无可非议的。中国政治讲以人为本，搞诱惑侦查的人，把无辜的人员当成自己加官晋爵领取"破案"奖金的残害对象，天理难容。中国现行法律中，无论是《刑事诉讼法》《警察法》，还是《刑事侦查工作细则》《公安机关办理刑事案件程序规定》等，都对"诱人犯罪"作了严格的禁止性规定。现实中诱惑侦查案件屡屡发生，严重地损害了人民警察的形象。仅就媒体公开披露的，有甘肃缉毒警察设圈套的"贩卖毒品案"，有河北"警察与卖淫女合谋勾引嫖客案"，连上海这样大的都市，都发生"钓鱼执法案"，如此种种，不胜枚举。针对某些学者撰文论证"诱惑侦查具有必要性和合理性"的论调，先生奋笔疾书，从中国道德、政治、法律的全视角给予猛烈抨击，指出绝不应当把利用线索破案和诱人犯罪看成一回事。该文结语中写道："诱惑侦查"之类的恶行，无情地糟蹋着国人的生存环境，在少数人搞恶行的时候，及时地加以扑灭，固能使恶行收敛，但最需要花大力气去做的，是提高全民对国家安危的敬畏。全民敬畏国家安危，是我们守卫和谐社会的最低限度，也是最根本的一道防线。读到这段文字，想来读者也会有同感。

《中国经济建设重点转向西部与西部法制环境建设》《甘肃必须加快构建良好法制环境的步伐》《转变法制观念，坚持公正司法》三篇文章重点关注甘肃及西部的法制环境，为地方法制建设进行精确把脉并提出可供借鉴的对策和思考。如果把改革开放以来东西部的法制工作放在一起对比，很容易发现一个十分突出的不同之处，那就是许多在西部认为是违法犯罪的事，在东部根本没有人把它当成问题。同是一个国家，而国家又极为强调法制的统一，为什么出现这样大的差别？一言以蔽之：东部的观念是新的，"新"到在执法问题上也讲"水至清无鱼"；西部的观念仍然是旧的，"旧"到还要"割资本主义尾巴"。要想不吃经济发展滞后的苦果，必须更新法制观念。立法滞后现象什么时候都会有，但观念落后的执法者不应当有。执法者观念落后，即使立法是全新的，也会出现执法偏差。执法者能有全新的法律观，即使立法滞后，所办的案件，也会有利于生产力的发展。邓小平同志的"三个有利于"的观念，即有利于综合国力的提高，有利于社会生产力的发展，有利于人民生活的改善的观念，确系现代精神，应当成为西部地区执法行为的准则。如何构建良好的法制环境？杨子明教授开出的良方是：对各类执法司法人员要定期轮训，牢固树立法制观念，尤其是领导干部更要带头树立法制观念；严把进人关和干部提拔关，用严格的制度规范执法和司法人员的行为；启用一些老同志做督查、做教官；充分发扬民主，加强各方监督，切实纠正有法不依、执法不严、违法不究和办人情案、关系案的问题，杜绝司法腐败。

《为政协法制工作规范化、制度化贡献力量》是先生在甘肃省政协常委任上，对加强政协法制工作提出的建言。文章结合工作实际，提出了政协法制工作任务四个方面的基本内容：积极参与立法协商；开展对国家宪法、法律、法规实施情况的民主监督；将立法和执法问题研究成果转化为参政议政职能；开展法制宣传和法律咨询服务。这就使政协法制工作内容在规范化方面有了基本要求，有了比较明确的目标和任务。要努力实现立法环节上的规范化，实现政协法制工作机构的规范化，通过参与执法检查等活动，探索履行民主监督的方法与途径，通过开展法制宣传、法律咨询，拓宽政协法制工作的服务领域。

在"法治建言篇"中，还收录了杨子明教授的办案心得。一位投保人，面对保险公司拒绝理赔继而撤销合同，并玩弄花样以"通融"退还保金为饵，以骗取投保人息讼的困境，反复交涉但对方毫不让步因而束手无策。投保人请杨子明教授代理诉讼。接案后，他仔细地研究了案情，以保险公司"五违"将保险公司告上了法庭：一违《保险法》第十六条第二款，滥用合同解除权，在投保人无故意又无重大过失的情况下，未承担"如实告知义务"而进行客观归责；二违《保险法》第十六条第三款，在《保险合同》签订后第291天才决定解除合同，远远超过合同解除权在合同签订30日内行使的时限；三违《保险法》第十六条第六款，保险人在签订合同时，已知投保人"未如实告知"，对比《保险法》明文规定"保险人不得解除合同"；四违合同本身的约定，该合同约定解除合同必须投保人写出申请，并递交身份证明，故"必须"缺位不得解除合同；五违行文常识，保险公司以无客户签名、无经办人签名、无签批人签名、无单位签章、无日期的"五无"文书，焉能剥夺投保人应得的理赔。这样依法维权的诉状，保险人无言以对，法官也只好支持。《从一例保险合同纠纷管窥〈保险法〉亟需大力普及》一文是向保监会的进言，其用心显在抓住主要矛盾。那么多矛盾，又很复杂，抓大放小恐系良方，维护法律尊严，唯此为大。

《我也在想睢宁的事儿》是先生对家乡法治建设的建言。先生向当地县委建言，不像写其他论文那样直来直去，那种细腻和委婉，使人读后甚感先生从效果出发连文风都能运用自如，不胜感慨。

四

杨子明先生的建树，不限于法学研究领域，在法学高等教育的理论和实践方面，同样以强烈的开拓精神，取得了一批既有理论深度又具有实践指导意义的研究成果。

第三编"法学教育篇"中，收录了杨子明先生对法学教育发展的相关论文。

作为法学教授，在三尺讲坛教书育人、传道授业，同时，时刻在思考如何提高法学教育人才培养的质量。《刑法案例教学刍议》一文中，先生结合自己数十年的刑法教学实践，认为刑法教学过程中缺乏案例和案例堆砌两种倾向，都偏离教学法，刑法学是一门地道的应用科学，理应在教学活动中拿出一部分时间进行案例教学。案例教学法可以归纳为：列举式案例教学法，讨论式案例教学法，应试式案例教学法，"活"的案例教学法等。在列举式案例教学中，应当注意选取短小精悍的案例，不拖泥带水，该举则举，不该举则不举。在讨论式案例教学中，要讲究覆盖面，讲究讨论质量，选择供讨论用的案例，一般应当是疑难案例。应试式案例教学，是以案例考学生，是锻炼学生实际工作能力的重要途径，不宜选取专家们都认识不一的案例去考学生，让学生在试卷中去争鸣是不妥的。旁听式案例教学和模拟法庭实验案例教学，是课堂内外结合的案例教学，是融理论知识和实践操作于一炉的"活"案例教学，有其他形式的案例教学所无法取代的效果。《学习研究刑法的方法》是一篇关于方法论的文章，一定的方法论，总是以一定的世界观作为基础的。有什么样的世界观，就有什么样的方法论。辩证唯物主义和历史唯物主义是学习研究刑法的根本方法，应当根据马克思主义关于经济基础与上层建筑的理论，联系阶级斗争和社会制度学习研究刑法，以辩证发展的观点，把刑法的现行规定与历史状况和未来前景联系起来学习研究，遵循唯物主义认识论，坚持理论与实践相结合。分析和比较的方法是学习和研究刑法经常采用的方法，应当在辩证唯物主义和历史唯物主义方法的指导下，把分析和比较方法运用在学习研究刑法上，分析比较现行刑法和比较古今中外刑法。认真研究我国刑事立法，深入钻研刑法理论，是学习研究刑法的有效方法。《提高法科学生政治素质的刑法教学思考》一文提出，法科学生要政治素质、业务素质全面提高，在当前特殊的历史时期，政治素质的提高尤为重要，因为实践中一些刑事案件的办理保证不了质量，问题多不出在业务素质上，而是出在政治素质上。大学法学教师要从自己有影响的范围做起，在各学科教学全方位加强的同时，努力提高学生的政治素质，这是我们的当务之急。《高等法学教育应以研究生为培养目标》一文写于 90 年代初期，其时国内的高等法学教育分为三级结构，以培养本科生为主，专科生次之，研究生更次之。彼时体制中的法学研究生教育，主要是为高等法学教育机构和法学研究部门培养教学研究人才的，只有专科生和本科生才是为政法机关培养的从事实际司法工作的人才。先生认为，植根于计划经济基础之上的数十年前形成的法学教育模式，已无法适应改革开放的新形势，已到了非改革不可的时候了。开办以培养研究生为主的高等法学教育已具备了主观条件和客观条件，应当尽快实行。其后数年的高等法学教育改革实践，验证了先生的观点是具有前瞻性、预见性和可操作性的。《立足"三严"、造就合格人才》成文时间更早，针对新建的甘肃政法学院面临如何提高人才培养质量的问题，有针对性地提出要"严格管理、严格训练、严谨治学"。

杨子明先生曾担任甘肃政法学院科研处长、《甘肃政法学院学报》主编，其时这所新建政法院校的科研工作处于从零开始的起步状态，职责所系，他对学院的科研工作倾注了大量心血。《十年科研十年甘苦》一文翔实地记述了其时甘肃政法学院科研工作从艰难起步到不懈成长的历程。《高校社科成果管理几个问题之我见》一文对高校社科成果管理中的登记、评鉴、奖励、宣传、推广等环节做了详尽探讨，是作者多年管理工作经验的结晶。《以改革精神办好法学学报》《论法学学报之选题》是对学报办刊工作的理论思考，指出法学学报应当与法学的发展同呼吸、共命运，提倡"百家争鸣、百花齐放"的办刊理念。法学学报要面向社会主义市场经济选题，从国际宏观经济的大格局论证选题，紧密联系院校实际选题，面向区域特色选题，实际上是对法学学报的定位、特色和质量要求的深层次思考。饮水思源，今天的《甘肃政法学院学报》已成为在国内有重要影响力的法学专业期刊，与杨子明教授的辛苦"奠基"是分不开的。

一部文选，刻印了杨子明先生的学术足迹。在大学的讲堂上，在公开发表、出版的论著中，在各种法制宣讲的讲坛上，我们所能看到的是，一位历经磨难而矢志不渝的知识分子忧国忧民的高尚情怀，一位信念坚定的法学学人对法学教育和学术研究数十年如一日的不懈追求，一位令人起敬的前辈法学家诲人不倦的长者风范……美国总统约翰·肯尼迪说过："诊断一个国家的品格，不仅要看它培养了什么样的人，还要看它的人民选择对什么样的人致敬，对什么样的人追怀。"掩卷感怀，我们有理由向杨子明教授表达我们由衷的敬意。

曾任甘肃省社会科学院国情调研中心主任、中华美学学会理事、中国社会科学院国情研究中心特邀研究员、甘肃省美学研究会会长的穆纪光曾经这样对杨子明先生的为人为学作出评价：

> 杨子明先生和我虽无共患难的经历，却早已成为莫逆之交。他性情耿直，却与人为善；敢于坚持，却不刚愎自用；作为一名受人尊敬的法学专家，他谙熟律令，从不苟且，却又实事求是，从不生搬硬套。他敢说敢做敢爱敢恨，对人民群众满腔热情，对残害人民的不法分子毫不留情。对亵渎法律随意判案，常以锋利的文笔对之鞭挞。一部《文选》，凝结着他的心血，他的智慧，他的学养，他的思索，他的"犯颜直谏"，他对法治的忠诚，他对真正的法治社会的期盼。

文选即将出版之际，恰逢先生 80 华诞，谨此祝贺先生健康长寿！

《陇上学人文存·杨子明卷》(第五辑)
作者：史玉成

刘延寿

刘延寿（1936— ），字西凉，号肃州延寿，甘肃酒泉市肃州区人。中共党员。读者出版集团甘肃人民出版社编审及甘肃民族出版社和读者晋林工作室特邀编审。刘延寿出生于旧中国肃州农村，在一个有文化、有教养的家庭中长大，从小受到良好的传统教育。1952 年延寿先生考入甘肃省酒泉中学，1958 年以优异成绩考入北京大学法律学系，1963 年本科毕业后即服从分配来到兰州甘肃省行政干校从事教学工作。1968 年行政干校撤销，遂下放甘肃省红旗山"五七"干校。1971 年 9 月由"五七"干校分配到甘肃人民出版社，先后在文教编辑室、政治理论编辑室、政治经济编辑室、老年读物编辑室从事多学科社科图书编辑工作。

延寿先生是一位学者型编辑。他于 20 世纪 70 年代初步入编辑生涯，不久便确立了"走学者型编辑家道路"的职业信念。

"做学者型编辑家，不做编辑匠"，一直是延寿先生从业几十年来坚持不懈的职业理念。他不只是自己说到做到，身体力行，在主持编辑室工作期间，一再倡导图书编辑应挤时间搞点科研，做学者型编辑家，不做编辑匠。他在《现代中国编辑学刍议——我的编辑实践的一些体会》（《甘肃出版》1989 年第 1 期）一文中就如何提高编辑队伍素质问题，提出：编好需要学好，不学则不能编，学促进和提高了编……知识更新是当前很突出的问题，编辑不务学，是很难适应这种形势的……中国编辑学不能不研究编学是如何相长的。

敬业奉献，刻苦勤奋。这八个字基本可以概括延寿先生编辑工作实践和做学问的精神风貌。也是他在职工作几十年和退休至今一以贯之的作风。连他的老师、中国社会科学院法学所研究员周新铭都说"延寿像个八路军干部"。他在职期间，除任责编审读加工书稿，还有复审及诸多编辑业务和编辑室管理工作，本就很忙，但还见缝插针，硬是挤时间读书学习，致力科研，参加有关学术研讨会，撰写学术论文、兼论（文）式书评等。在编辑和著述两方面皆有创获。截至 2016 年不完全统计，责编和参编图书 500 余种，其中有 30 余种获省部级图书优秀奖；3 种图书分获国家高校优秀教材奖、"五个一工程"奖和中国图书奖。

延寿先生不惟本专业法律学基础知识和理论功底厚实，在编辑工作实践中，编什么学什么，很重视编前读书学习，关注理论前沿新观点和学术动态，经常与作者共同参加法史学、犯罪学、中逻史、因明学等学术研讨会，从而获得法学之外，诸如中国哲学、中逻史·明辩学和因明、社会学、伦理学、美学、心理学等相关学科知识的话语权，使自己的学科知识积累不断丰富和广博起来，因而能够胜任多学科社科图书的审读加工和选题策划及组稿工作。同时，在编辑之余，著书立说，撰写学术论文，在《光明日报》、中国社会科学院哲学所《哲学研究》、上海社会科学院《学术季刊》、西南政法大学学报《法学季刊》、北京《法学杂志》、光明日报出版社、甘肃人民出版社、甘肃民族出版社等省部级以上报刊、出版社发表和出版宪法学、行政法学、社会学、伦理学、中国哲学、中逻史之名辩学、因明学等学科方面的学术论文（30 多万字）和犯罪学专著《犯罪的人性解读》，自选论文集《学步集》以及法理学通俗读物《法制问题解答》《老年法学对话》等。主编的图书有《简明法律知识读本》《老年法律知识教程》等。

本卷《文存》是在选辑了延寿先生各个时期几个学科方面主要的科研成果，包括学术著作和论文的基础上加以梳理、补充而成。延寿先生在长期的编辑工作和学术科研活动实践中形成了独立思考、独立批判、独立人格的"三独"精神。他在编辑学、法理学、犯罪学等学科的论著中都有自己独立的见解和观点，特别是关于法概念定义和犯罪原因的研究。他旗帜鲜明地批判了长此以往存在于法学理论界"以阶级论是非"的"左"倾教条主义和"左"倾空想共产主义，形成了自己独立的思想格局和理论框架，可谓有造诣的学者型编辑和出版工作者。

延寿先生恪守自己提出的"三终"，即终身学习、终身工作、终身做学问，以为其终身守护的精神家园和养生之道。他自 20 世纪 70 年代初步入编辑生涯，到 1997 年退休至今，40 多年来从未中断编辑工作和学术科研活动。他先后应聘上海大学法学院学报《法治论丛》编辑部、北京大学出版社、人民法院出版社等任特邀编审，以及至今还在为应聘的甘肃民族出版社和读者晋林工作室审读加工书稿。在应聘北大出版社期间，参与责编和审读加工了大型多卷本法学辞书《北京大学法学百科全书》（共九卷），他独立审读加工一审稿和参与责编的《宪法学·行政法学》《中国法律思想史·中国法制史·外国法律思想史·外国法制史》《刑法学·犯罪学·监狱法学》《诉讼法学》《法理学·立法学·法律社会学》《国际公法学·国际私法学》6卷，至今已全部出版。这套辞书每卷大都在300万字左右，最少的一卷也有200多万字。另外，4年前还独立审读加工和参与责编了北大法学院中国法制史专家、资深教授蒲坚先生独立著作的大型法史学辞书《中国法制史大辞典》（400万字）。并为所有上述出版社审读加工和责编的书稿撰写了审读加工报告，有的重点书还撰写了兼论（文）式书评文章。如今，刘先生已是80岁老人，但还在审读加工作者书稿，参加学术研讨会并提交学术交流论文。

延寿先生广结善缘，他的作者朋友很多。这与他淡定处世，低调做人，善于包容，以及为人厚道，率真诚实的性格很有关系。他结识的作者朋友多为学界一流专家、学者和学科领军人物。所以能组来像《中国法律思想史纲》（上下卷）、国家古籍整理出版"六五"规划重点项目《中国逻辑史》（五卷）及其配套工程《中国逻辑史资料选》（五卷）、《犯罪学大辞书》《因明论文集》《逻辑学》《中国古代哲学精华》《虞愚文集》等优秀出版选题。他与作者朋友过从交往保持着"士之相知，温不增华，寒不改叶"的良性互动关系，有不少20世纪70年代末、80年代初的作者老友至今还与延寿先生有亲密来往。他的做人做事品德和风格为甘肃人民出版社在学界赢得了良好声誉。正如他的作者挚友、中国逻辑史学家、成人教育家、中国社会科学院哲学所研究员、金岳霖学术基金会秘书长、中国逻大董事长刘培育教授在庆祝甘肃人民出版社建社40周年贺词中说的："作者编辑是挚友，巧撰精编出好书"。

以上所述，只是延寿先生为人、为学及其编辑和学术成就的一个简单概括。而在编辑学及相关学科研究方面，拙以为更有建树。

一、为中国现代编辑学的建构较早提出了一个初步的理论框架

20世纪80年代初，中国现代编辑学尚在研讨中，乃至有人质疑究竟有无"编辑学"这一学科时，延寿先生明确主张编辑有学。为建构编辑学理论框架，他根据自己从事多学科图书编辑工作实践的心得体会，著文《现代中国编辑学刍议——我的编辑实践的一些体会》。他说："编辑作为一门学问，在人类文化史上具有悠久的历史。它的存在几乎可以和出版物同龄……古文化中的部分就有卷帙浩繁的古代典籍和其他出版物。这是古代中国的精神财富。创造这财富的是两支队伍：一支是作者，一支是编

辑。古代中国的这两支队伍往往是合二为一的。像古代的司马迁、欧阳询、刘知几、房玄龄等，既是造诣很深、知名度很高的学问大家、作者，又是当朝主管皇家编辑工作的大编辑家。他们的社会地位都很高，大都是三品以上乃至一、二品的高官，有的甚至做到了宰相一级。"

延寿先生认为，现代中国编辑学的理论框架应当具备以下四个方面。

（一）关于现代中国编辑学的研究对象

编辑是一种职业。这种职业与文化科学知识的传播和积累紧紧联系在一起。编辑又是一种应用性和实践性很强的工作。编辑具有技术和艺术的特点。它涉及的范围较广。有文学图书编辑，美术图画编辑，报纸杂志编辑，影视编辑，装帧设计编辑，校对、印刷、编务技术编辑等等……总起来看，一切出版物的编辑工作都在编辑的范围之内……上面列举的现代编辑工作的范围，正是现代编辑学的研究对象。

（二）关于现代中国编辑学的知识结构

就图书编辑而言，现代中国编辑学的知识结构大体上应包括策划选题、组稿、编审、装帧设计、发稿、出书、宣传发行这七个方面的学问。

1. 策划

对于编辑工作来说，策划不仅是开端，而且具有战略决策的意义和分量。

2. 组稿

组稿在编辑工作中的地位也是至关重要的。……一本图书的质量和它的作者及其责编水平的一个重要方面，是由组稿工作的状况决定的。而组稿工作状况的好坏，最能说明问题的，一是选题，二是作者。这两条不但是决定组稿成败的基因，而且是决定编辑工作整体命运如何的最重要条件。

3. 编审

（1）责任编辑的选定。选定责任编辑，务要知识面广，基础理论扎实，文字修养好。这三条是选定责任编辑的基本要素。此外，还有职业道德与活动能力两个方面，也是不可忽视的条件。

（2）求知、创造、奉献。一个合格的责任编辑，应将这三个信念转化为编辑职业习惯。这是审稿的基本功。

（3）熟练编辑技术。编辑本身就是一种艺术，自然有许多技术工作。

4. 装帧设计

装帧设计一般包括书籍的整体设计、封面设计、版式设计三部分。

5. 发稿

"齐""清""定"是发稿前必须具备的基本条件。这一关，从负责初稿审读加工的责编到负责终审的总编辑都要把关……严格来说，发稿应指发稿以后、出书以前这一段的工作系列。

6. 出书（略）

7. 宣传发行

出书以后，责编要做的一件基本工作就是图书的宣传发行，期刊编辑也是一样。图书宣传的基本形式，就目前（20世纪80年代）实际能做到的，一是书评、书讯，二是刊登广告，三是召开专题发行会。

（三）关于提高编辑队伍素质问题

任何一种出版物，其质量如何，是由作者和编辑的素质、水平决定的，尤其是编辑。在一定意义上讲，编辑工作对出版物的命运起着更为重要的作用。所以，现代编辑学应当十分关注编辑队伍的素质问题……延寿先生就自己的实践体验和走过的路程，认为提高编辑队伍素质比较现实有效的办法是，要求编辑人员做到：第一，务学；第二，练笔；第三，勤奋。

（四）关于编学相长问题

编好需要学好，不学则不能编……新兴学科的出现，要求编辑人员学的东西更多，知识更新就是当前很突出的问题，编辑不务学，是很难适应这种形势的……像我们前面列举的古今知名学者兼编辑大家，他们无一不是编学相长的典范。编辑学原本就是一门实践性很强的学问，编学不结合，难能做好编辑出版工作。所以认定编学相长并评价它，是建立有中国特色的现代编辑学体系不可或缺的组成部分。（以上参见《甘肃出版》1989年第1期）

二、关于21世纪中国和世界犯罪问题的研究

20世纪90年代初，中国犯罪学研究会（全国一级学会）成立。延寿先生自参加其学术活动，撰写自定选题的学术交流论文，至2009年出版犯罪学专著《犯罪的人性解读》（以下简称《解读》），16年来，大半的学术研讨会他都参加了，并一直未离开过自定的研究课题——从人性视角探究犯罪与不犯罪的根源，以及思考犯罪治理的对策问题。其主要观点和思想体系以及研究成果集中反映在他的专著《犯罪的人性解读》中。

（一）提出犯罪根源的人性研究是对"以阶级论是非"公式的否定。

（二）关于古代中西人性观辨析。在对人之犯罪与不犯罪原因的研究中，延寿先生首先厘清了古代中西人性观的特点及其与犯罪根源研究的逻辑关系。

（三）关于犯罪观的辨析。关于犯罪观问题的讨论，在《解读》的基础理论部分占

有重要的学术分量。

延寿先生在表述自己关于犯罪观问题的认知的同时，也介绍了马克思主义的犯罪观，以及犯罪学界有关专家学者的犯罪观。

（四）以六章的篇幅论述人为什么不犯罪。"人为什么不犯罪"这一块，是延寿先生犯罪学研究的创新之作。他以六章的篇幅详尽述之。虑篇幅有限，这里只列出六章标题，即可窥知其内涵。

第十三章，人性是一个复杂的动态过程；第十四章，名与耻：人性自尊的精神家园——解读"人为什么不犯罪"之（一）；第十五章，孝道复归，善莫大焉——解读"人为什么不犯罪"之（二）；第十六章，人心向善：人性的理性追求——解读"人为什么不犯罪"之（三）；第十七章，学会做人才能学会做事：中国人深刻的人性——解读"人为什么不犯罪"之（四）；第十八章，终身学习是一种善——解读"人为什么不犯罪"之（五）。

（五）研究方法的创新。曾有学者言，选择了一种研究方法，就选择了一个学科。延寿先生对犯罪原因的研究实际选择了人性论研究方法，最终建构了"人性犯罪学"的理论框架。

三、关于行政法学研究

20世纪80年代初，我国内地行政法学研究刚进入起步阶段。延寿先生即已开始行政法学的研究，并在《光明日报》、西南政法学院（现西南政法大学）学报《法学季刊》等先后发表了《加强行政立法和行政司法工作》（1982年）和《略论行政立法的宪法依据》（1983年）等文章。不久，即引起了学界的关注。杭州大学法律系于1984年6月发函商调延寿先生去该系教授行政法课，后因诸多原因未能去成。但他并未停止行政法学的研究。1984年他在《甘肃日报》发表了《改革中要高度重视效率问题》，1988年在上海社会科学院《社会科学》发表了《加强学术行政立法与发展学术民主》，以及为参加1987年在嘉峪关市召开的"西北五省区体制改革与法制建设学术研讨会"撰写了学术交流论文《加强行政法制建设，根除官僚主义弊端》。此文会后收入兰州大学出版社1988年出版的论文集《体制改革与法制建设》一书。在这次学术研讨会交流论文中，刘先生提到英国行政法创始人、剑桥大学教授威廉·韦德爵士向我国介绍的一篇文章里两个醒目的概念：一曰"行政行为的'合理主义'"，一曰"行政程序的'公正主义'"。威廉教授讲，这是行政法的"两根柱石"。刘先生认为这是行政法的两条普遍性原则，是任何国家都可适用的。他领悟"两个主义"的精神，结合我国的国情实际，归纳提出下列5点：

1. 行政及其工作人员的行政活动必须具有符合有利于人民利益的正当理由。

2. 为防止政府擅断，行政权应当受到法律约束，办事要有法律根据，包括依法执行正确的政策。

3. 政府的行政权只能在适当和负责的条件下行施。

4. 公民有权获得法律保护。

5. "两个主义"的精神要旨在于澄清是非，实事求是；处理行政诉讼要保护当事人的声辩权和反诉权，反对不问青红皂白、先入为主、武断问案的不民主作风。处理任何一次行政诉讼都要按照法定的行政程序办事。

延寿先生 30 年前归纳的"5 条"，是很务实的行政法律主张。在当时是超前的，在今天对我国行政法制建设还是具有现实意义的。

四、关于中国逻辑史·名辩学、因明学方面的研究

自 20 世纪 80 年代初，延寿先生便积极参与组稿，追踪学术前沿活动，责编出版了中国内地第一本因明论文集。参加北京抢救因明座谈会，参与首届全国因明学术研讨会的筹备工作。到 90 年代初，国家古籍整理出版"六五"规划重点项目《中国逻辑史》（五卷）、《中国逻辑史资料选》（五卷）、《中国古代哲学精华·明辩篇》《虞愚文集》（三卷）等重点图书的组稿、编辑出版工作，延寿先生都参与其中。他退休以后到现在的 20 多年，中国逻辑学会因明专业委员会几乎每年一届的学术研讨会都参会并提交学术交流论文。

当此甘肃学界编辑出版《陇上学人文存》之盛事，余有幸承担陇上学人刘延寿卷的学术编辑，有机会再次拜读延寿先生的著作和文章，重新认识和学习他的人品、学识，不得不由衷地感叹这位 40 年奉献和耕耘在甘肃出版业土地上的编辑、学者的精神风貌。时值我国改革开放 40 年之际，编辑和出版这部文存对彰显甘肃出版学人精神，于后继年轻编辑的启迪和鞭策都具有积极的意义。

《陇上学人文存·刘延寿卷》(第七辑)

作者：郝 军

刘　敏

　　刘敏（1946年—），男，汉族，出生于甘肃定西。1970年毕业于西北师范大学政教系。历任甘肃省社会科学院副院长、党委委员，二级研究员，享受国务院特殊津贴专家。曾任中国社会学学会副会长、国家哲学社会科学基金社会学学科评审委员、中国人权研究会理事、甘肃省社会学会会长等职。西北师范大学社会学硕士生导师，兰州大学、西北民族大学、兰州理工大学、甘肃政法大学等多所大学兼职教授。

　　如何撰写社会学家思想史？美国当代著名社会学家刘易斯·科塞，曾主张从生平、学说、学术背景和社会背景四个方面展开。理解刘敏先生的社会学思想，这种撰写方式有着特别的启示。从先生的研究中，既能看到中国两个世纪社会结构转变在刘敏先生学术思想上的印记，又能全面地展现一位学人的思想、人生与社会的交互影响。

一、认识刘敏先生

（一）艰难困苦，玉汝于成

　　刘敏先生1946年五月初八出生于甘肃省定西县（今安定区）山区的一个农民家庭，根据家中长者回忆，先辈因逃避水患从四川来到黄土高原上的定西县小西岔村。经过数代人的努力，家道殷实，然而1949年却突遭巨大变故。刘敏先生的父亲学生时代参加长跑得了吐血病，由于当时医疗条件限制，年关前不治早逝。父亲的去世彻底地摧垮了这个家庭，按照当地习俗，年关前去世的人要先寄丧到节后才可出殡。当时只有3岁的刘敏（作为长子）跟着爷爷到窑洞里面给父亲脚前的油灯添油，还好奇地问父亲为什么躺在这里，他冷不冷？这是他人生的最早记忆，也是最残酷的记忆。这一幕深深地刻印在刘敏先生的心里，失去父爱的遗憾也造就了男儿当自强的勇气、对家庭亲情的重视和培育后学亦师亦父般的情怀。

父亲去世后，先生的母亲自24岁就守寡，带着3岁的刘敏和不到1岁的弟弟，以柔弱的肩膀挑起五口之家艰辛的生活。逆境激发了先生求学的动力和勇气，先生初小毕业时以第一名的成绩被保送到定西县城的大城小学，但求学之路上却横亘着学费难关，赤贫的家中每天都眼巴巴地等着母鸡下的几颗鸡蛋和一些柴火秸秆。爷爷年迈奶奶小脚，两位十多岁的少年为了一分一角的微薄收入，步行到二十里外的县城去变卖这些物资。先生上初中的时候，正逢1960年的三年自然灾害，年初尚有野草子和杂粮混磨的炒面，下半年只能吃谷糠、麦麸皮和草子的炒面。1961年炒面已经没有，只能吃野草揉成的菜团，苜蓿草、苦苦菜、灰条、玉米秆、榆树皮、柳树叶、秸秆都成为果腹之物，就连这样的食物都是母亲一口一口省下来的。苦难没有打倒先生，也没有留下烦恼、怨恨、退缩，而是成就了先生的乐观、坚持、执着，啃着菜团的先生又以优异成绩考上定西地区的重点高中。四十年后，先生的代表作《山村社会》提出广为流传的"二源动力聚合转换机制"，我们能够透过先生的学术思想看到，促进发展几乎成为内化到先生生命中的基因，而强调内源驱动发展何尝不是先生艰难困苦玉汝于成的映照。而借《山村社会》这一著作成为学术名村的小西岔村，更是能看到生于斯的家乡对于先生的影响。先生回报给故乡的，却扩展到陕北、宁南、陇东、陇中四大黄土高原山区的乡村发展理论与政策实践。

进入高中学习，在那个时代意味着有了国家供应粮和助学金。先生非常珍惜难得的学习机会，习字、绘画、体育为艰辛的生活抹上难得的快乐色彩，但挥之不去的艰苦仍然无形中影响着先生最为关键的高考选择。1965年高考结束后刘敏先生虽为该校文科尖子生，后来得知成绩超过了重点线，但他不顾校领导和班主任的反对，毅然报考了甘肃师范大学（现西北师范大学）政教系，原因不过是该校离家近、花费少，以及师范院校的助学政策可以减轻自己上学给家里造成的负担。先生大学期间正值"文革"，学习受到极大干扰，虽然先生本人没有受到伤害，但在后来的回忆中，先生仍然用五味杂陈、不堪回首来形容。

（二）扎根田野，往复书斋

1970年9月，先生和所有大学生一样延迟一年分配，被分配到甘肃省农村毛泽东思想宣传队永昌县分队朱王堡公社小队头沟生产大队。一年后省农宣队撤销，被留到当地当公社干部。1972年，先生作为驻队干部在头沟大队推进粮食亩产上《纲要》

（国家 1956 年提出、1960 年公布的《一九五六年到一九六七年全国农业发展纲要》要求，北方粮食亩产达到 400 斤）。先生在当时可谓开风气之先，创造性地提出三项措施：一是小麦品种全部由土品种换为"阿勃"和"甘麦 8 号"等优良品种；二是每亩种子量由 25 斤增加到 40 斤；三是每亩地增施 15 斤磷肥。科学合理的方法被农民接受并不容易，农民有的偷种土品种，有的弃化肥不用，最后组织大队所有干部坚守春耕地头监督才得以落实。当年小麦亩产一下子由 237 斤增长到 415 斤，农民喜获丰收，当地农业生产的观念也为之一变！

先生此后被公社任命为团委副书记、教育干事，抓学校工作，成绩斐然。此后又被派到省委党校学习，后调动到县委办公室担任秘书工作，1975 年被提拔为县委办公室副主任，成为当时全县最年轻的科级干部。先生在永昌十年的工作经历在田地也在案牍，曾与农民一起深耕翻地，春种夏收，清晨手推车运送化肥，半夜扛着铁锨田地浇水，撰写的文件报告达一米多。这些扎根到社会中的体验，为以后先生进行社会学研究造成了深刻的影响。先生的研究一直关注社会发展，强调实地调研，研究难得的实践品格和对民生的关注，很多学术思想创造性地转换为甘肃乃至西北地区社会经济发展的实践模式与政策。

党的十一届三中全会后落实邓小平鼓励"专业对口"的政策，先生被调到甘肃省社会科学研究所（现甘肃省社会科学院）工作。1979 年，先生正式开始了从学、治学，以及后来的治所、治院之路，在农村社会学、民族社会学、社会问题与社会发展、城乡关系与毒品问题等领域展开深入研究，先后任社会学、法学研究所副所长、所长和副院长，为甘肃社会科学事业发展繁荣，为社会学学科的恢复、重建与发展，为西北地区社会学人才培养倾注大量心血。

（三）耕耘陇上，研究西北

刘敏先生笔耕不辍，著作等身。先后主持和完成国家社科基金项目 12 项，国内外合作项目 8 项，省级项目 16 项；出版专著和合著 20 余部，发表论文和研究报告百余篇，其中在国内国际会议发表论文 5 篇。11 项成果先后获得省级以上社会科学优秀成果奖，在学术研究中有五个"第一"。

一是刘敏先生 1986 年主持的《甘肃省农村社会问题和社会发展调查》的阶段性成果"小农观念的调查与思考"，在当时省委双周座谈会上发言后，得到省委领导的充分肯定；时年《光明日报》8 月 4 日头版头条做了报道，并同步发表《甘肃日报》的长篇评论员文章；文章此后又在国家权威期刊《社会学研究》公开发表。一篇社会学的调研成果引起媒体和高层的如此重视，在甘肃社会科学研究界至今还没有第二例。

二是 1986 年当选为甘肃唯一的国家社会科学基金社会学学科组评审委员，在全国

200 多名委员中也是最年轻的一位。

三是 1992 年由于研究成果比较突出，由中级职称直接破格晋升为研究员，成为当时甘肃人文社会科学领域最年轻的研究员。

四是 1999 年作为学科带头人与西北师范大学合作，申报了当时西北地区的第一个社会学硕士点，至今已培养出近 200 名高级社会学人才。

五是 2005 年当选为中国社会学学会副会长，是中西部地区当选的唯一的副会长，也是当时甘肃唯一的国家一级学会副会长。

二、刘敏先生的学术思想

（一）农村社会学研究

黄土高原地区和山区农村之所以发展滞后，其根本原因是经济、社会、人口、资源和环境的恶性循环。而人类不断增长的需要与脆弱的生态环境之间的矛盾，是这一循环链中最薄弱的环节。要打破这一恶性循环的掣肘，实现可持续发展，就必须强化这一环节。刘敏先生认为，加快这些地区的发展必须运用新的思维，将整个黄土高原和山区划分为整体级、区域级和单元级，采取分级治理模式。

整体级即基础转型，主要指以农业为主的黄土高原和山区，要把生态再造与农业发展有机结合起来，使农业这个基础逐渐由传统农业转向生态农业和持续农业，以协调人与自然、发展与环境的关系，为西北黄土高原的农业转型指明了方向。

区域级即区域减压，指在生态环境恶劣、人口密度较高的山区，通过人口控制、劳务输出和出口、开发型移民、建立无人生态区等措施，进行人口布局的区域性调整，逐步减缓一定区域内人口对资源、环境和生态压力，使生态环境逐步由掠夺型转向反哺型和保护型。1982 年以来，在西北地区的"三西建设"中实施的移民百万计划，取得了显著的经济效益、社会效益和生态效益。刘敏先生的理论既是对这一政策实践的生动解释，又为后期生态移民扶贫研究和实践提供了重要的理论指导。

单元级即单元增力，指以组成黄土高原的所有小流域为治理单元，进行各种措施多管齐下的综合治理，增强其经济、生态、社会功能。将原来的低经济能量单元变为高能量单元，将侵蚀流失单元变为生态平衡单元，将物质单能单元变为综合强能单元，使弱质单元成为社会功能单元。

刘敏先生的理论是对西北地区本土产生的小流域为单元的综合治理实践的系统总结，运用系统论、协同学、流域经济学和耗散结构理论进行科学研究。先生坚信，以社区发展思想导引，坚持不懈地、一个单元一个单元地长期治理，总有一天，由单元到整体、由小流域到大流域、再到整个黄土高原，都会重披绿色盛装，实现社会的文明进步和全面发展将不再是梦想。2000年出版的《山村社会》是先生的代表作之一，也是刘敏先生对西北农村社区发展理论的再深入。

刘敏先生将农村社会发展概括为三种类型：一是区外动力嵌入型发展。即发展动力源于社区外部，社区内部的动力要素处于被动状态。这种发展的领域是局部的，发展过程是间断的，发展成果是有限的。二是内外源动力聚合型发展。即发展过程由外源动力输入而起，但主要动力源于社区内部，表现为外、内源动力的有序聚合。三是内源动力扩张型发展。即在内外源动力聚合发展的基础上，社区内部的动力要素不断强化和扩张，日益成为农村社区发展的主体性力量，这时外源动力输入减缓，社区发展主要表现为高度组织化的群体自主行为。这种发展涉及经济和社会结构的各个领域，发展状态是持续的，发展成果是全面的。先生指出，任何社区社会发展的主体性力量源于其内部，外源动力要通过内源动力而发挥作用。但在偏僻落后的高原山区，排斥外源动力输入的发展是根本不可能的，唯一有效的途径是促使外内源动力的聚合和转换。西北黄土高原山村社会发展亟待从外部政府行为向社区自主行为转换，把发展动力从外源推力向内外源合力、内在生长力转换，这种聚合转换过程和机制即"二源动力聚合转换"理论，被先生细分为三个阶段：

第一为外源动力要素输入阶段。即区外组织（政府）通过行政手段，向社区推行宏观性的社会政策、发展战略及其计划，以及输入必要的资金等。动力来源于政府的明政，表现为单一的区外组织行为。

第二为外、内源动力要素聚合阶段。即外源动力要素输入后，以社区组织为载体，与社区居民、家庭的需要相结合，形成社区发展的"二源合力"，表现为社区自组织行为。

第三为内源动力扩张阶段。即在"二源合力"的基础上，动员社区成员广泛参与社区规划、社区决策和社区发展，使内源动力不断发展、扩张，外源动力要素输入相对减弱，区外组织的功能由"输入"转向"服务"，社区发展主要表现为组织化了的社区群体自主行为。刘敏先生先后在陕北、宁南、陇东、陇中四大黄土高原山区进行广泛调查与验证，发现这一理论符合山村社会发展的实践，动力来源贴近上述三个过程，并存在聚合和转换的必然性。目前高原山村社会发展普遍处于第一阶段向第二阶段的过渡过程，只有加快动力要素向第三阶段的转换，促使内源动力生长和扩张，才能加速山区农村社会的全面发展。

西北曾是中华民族农耕文明的发祥地，至今仍是一个农村人口占大多数和以农业为主的相对落后地区。刘敏先生长期耕耘西部农村研究，得到学术界的高度认可，著名社会学家陆学艺为刘敏先生1989年完成的国家社科基金项目《中国不发达地区农村社会发展》作序予以肯定和鼓励,并向全国推介,认为"这项成果,对于领导部门制定不发达地区农村经济社会发展的决策、对于创建和发展具有中国特色的农村社会学都是很有意义的"。在 2000 年的《山村社会》中陆学艺先生再次作序向全国社会学工作者进行了推介,评价该书"既具有乡土特色,又不失理论创新的独特风格"。

(二)民族社会学研究

刘敏先生在三十多年的学术生涯中,一大半时间和精力从事民族社会学研究,他从民族社会学学科理论出发,站在社会转型和西部发展的高度来审视这一问题,提出我国民族地区正处于一个从传统社会向现代社会的过渡过程,社会变迁的加速进行,使得社会分化和解组势不可免。民族地区基本上保持了社会稳定和民族关系稳定,原因在于民族关系正处在一个健康和良性运行时期,特别是改革开放的全面推进,为各民族快速发展、民族差别日益缩小奠定了更为坚实的基础,为各民族的相互接近、认同、互助和国家意识的提升,创造着更为良好的环境和条件。因此,为了因势利导,进一步巩固和发展平等、团结、互助的民族关系,必须超前应对新形势下的新倾向和新问题,对民族关系这一特殊的社会关系进行适时的战略调整。刘敏先生提出坚持"稳定与发展的统一战略、发展与缩小的同步战略、政策连续性与稳定性的协调战略、坚持马克思主义民族观教育和政治发展的并举战略"四个方略,为解决具有挑战性的民族问题提供了有益的启示和借鉴。

基于西部地区多民族历史形成的"完整社会发展史"这一难得实践,刘敏先生论证了少数民族地区社会转型过程中的结构性障碍,敏锐指出区域性的社会特征是社会转型的起点。少数民族地区除了具有一般社会的特性外,在自然地域、经济社会、思想文化和人口发展等方面又有许多区域性的特征,构成了民族地区社会发展的特殊环境。概括了目前和今后少数民族地区社会转型的四种趋向:一是差别发展中的转折点趋近趋向;二是城乡一体化发展趋向;三是连片滚动趋向;四是单质突破趋向。

回归民族问题研究的本源与理论体系,是刘敏先生在民族社会学研究领域的一种新探索。刘敏先生发现,国家和政府越来越重视民族关系和民族地区经济社会的发展,并以极大的投入获得了显著的成效。但这种努力的社会认同并不乐观,许多冲突和矛盾并没有因发展加快而减少,甚至在一些地方还出现诡异的悖反现象。这与在准确理解和科学坚持马克思主义民族关系理论体系上发生的偏误有关,与在科学研究上理解民族关系的本质问题有关。从马克思主义民族关系理论体系来看,准确解读和坚持马克思主义民族理论体系中的民族平等理论、民族发展和共同繁荣理论、民族融合理论,是解决民族关系的发展基础、发展过程和发展目标等最基本的理论和实践问题的定向与定位问题,是"避免混乱和谬误"的理论基础,也是对整个中华民族复兴和繁荣的责任担当。

刘敏先生在对国内外民族社会学的诸种观点进行比较的基础上，提出了民族社会学研究对象"两位一体论"观点。"两位"一是指民族社会本体，包括社会制度、社会组织、社会结构、社会关系和社会机制等；二是指民族社会主体，即作为人的社会个体、社会群体。由此延伸下去，民族社会学的研究对象就可概括为，研究民族社会本体的变迁、进步，以及民族社会主体的需要满足和全面发展。其宗旨是实现民族社会"一体"的全面发展和现代化。在民族社会学的理论框架问题上，刘敏先生主张构建"动静二分式"的框架，明确民族社会学的主要内容包括：研究对象和方法，多元一体格局和各民族的区位分布，民族社会结构，民族文化和社会心理，民族意识、民族认同和民族社会化，民族交往和民族关系，民族社会流动与社会分层，民族问题与民族政策，民族社会控制、社会工作和社会保障，民族社会问题，民族社会变迁和稳定，民族社会发展和社会现代化。民族社会学的任务就是通过富有成效的调查研究和融学术性、战略性、政策性为一体的研究成果，一是要为少数民族地区的改革、稳定、发展和现代化建设服务；二是为民族社会学自身的学科建设和学科发展，以及建构具有中国特色的民族社会学理论和方法体系服务。

(三) 西部社会学研究

西部发展，纵使千曲百折，但始终牵动人心，是因为西北的环境脆弱与保护、民族与文化多样性、地区差距与失衡、社会经济协调等等，都是与国计民生相关的世纪议题。

刘敏先生深深地植根于西部历史、文化和民族的丰厚土壤，对发端于西部独特的区情和开发发展的实践进行研究。作为西部社会学的倡导者和开创性研究者之一，刘敏先生以冷静、理性的态度，运用社会学的基本原理，总结和反思前人开发的经验教训，系统性地从实践基础、理论架构和研究主题论证了西部社会学的议题，并聚焦西部发展的民族、文化、环境、贫困等实践问题，研究地区开发同社会发展的关系，探讨西部开发对象、开发目标、开发条件、开发能力和开发效益有机结合的方法与途径。

刘敏先生认为西部社会学需要"破解五个难题、把握五个向度"：一是破解西部人全面发展的难题，把握人的发展与开发过程的和谐度；二是破解资源与生态环境难题，把握资源开发与环境代价的依存度；三是破解区域发展差异性难题，把握经济与社会、区域与整体发展的协调度；四是破解路径依赖难题，把握发展战略与社会政策的对接度；五是破解风险和安全难题，把握开发发展同稳定的对称度。

西部尤其是西北地区，曾是中华民族历史上人类活动最早的地区之一，已有七千多年的历史。我们常说西北是中华民族的发祥地，实际上指的就是历史上人类开发活动创造的华夏文明，尤其是农业文明。不过到了近代，西部却"昔日耕桑，今为草莽"，甚至"陇中苦瘠甲于天下"。今日的西部，既是社会经济欠发达地区，又是国家的重要生态屏障；既要开发西部，又要保护西部。在诸多二元难题中，如何走出第三条道路是当今研究的重要议题。刘敏先生通过反观西部开发的历史，发现过度的农业开发活动使西北付出巨大的生态环境代价，新时代西部开发需要新的理论应对和支持，刘敏先生创造性地提出"低代价开发理论"。从西部大开发的目标、对象、动力、手段和基础等出发，"低代价开发理论"的主要内容可以概括为：一循环二转换三协调，即循环理论、转换理论和协调理论。

"一循环"是指开发行为发生和发展的社会系统内部实现要素的良性循环；"二转换"包括两个方面：一是作为开发基础的资源系统转化，二是开发动力系统转换；在这一基础上展开的西部新一轮开发，要在保持合理开发强度上下功夫，即做到"三个协调"：一是开发目标与社会主体的多层次需要（生存需要、享受需要、发展需要）相协调，力戒急功近利式开发、与社会群体需要相悖的开发、无社区发展的开发；二是开发规模与资源容量及其循环替代相协调；三是开发规模与可持续发展能力相协调。

"三协调"的核心在于正确处理好开发行动与资源环境、人的需要和可持续发展之间的关系，在改造自然中实现人与自然的和谐相处，防止重蹈历史上西北开发和当今一些区域发展的覆辙。"三协调"不是一套抽象的理论，在如何切实实现低代价开发由理念到实践的转变，必须将其政策化，建立与低代价开发相关的配套机制。

如果我们将观察的时空坐标再延展一下，就不难发现，"一带一路"倡议向西延展的丝绸之路经济带沿线国家的地理社会文化与刘敏先生关注的中国西部有着诸多相似之处。"低代价开发理论"对"一带一路"沿线国家有着积极的启示价值，而我们将视野更进一步西延，则可以发现在更为广阔的欧亚非大陆，低代价开发思想也有着广阔的价值。

人是万物的尺度。甘肃在历史长河中先后涌现出孔丘三名徒、一批二十四史立传人物，西汉"飞将军"李广、军事家赵充国，东汉哲学家王符、书法家张芝，三国蜀将姜维，魏晋医学家皇甫谧，北魏尚书仆射李冲，唐明君李世民等，以及近现代以来涌现的一大批名流志士。刘敏先生针对历史演变中的多民族与人口大迁移特征，以社会学家的理性和充满历史人文的笔触对陇人品格进行精确的分析。甘肃境内既有新石器时代仰韶文化和龙山文化两个系统，又有早于且与仰韶文化不全相同的马家窑文化，这些多元文化系统在历史文化长河中激荡融合，锻造出独特的陇人品格：勤奋（勤）、坚韧（韧）、包容（容），这三种品格折射着三个方面的人生态度，分别是对己、对事、对人，为中华民族的繁衍、传承、进步和文明作出了积极贡献。这是对甘肃区域文化与人文品格的跨历史分析，也是从社会学视角作出的生动阐释。陇人品格的生成，既是历史上中华帝国南北冲荡的历史积淀，更像一条玉如意将这些品格与文化带向全国，成为大中华版图和版图构建的发动机。

（四）社会发展理论

刘敏先生早在 20 世纪 90 年代，就开始系统引介社会发展理论，并探索建立中国特色的社会发展理论体系。刘敏先生认为，社会发展理论可以分为四种类型：经典社会发展理论、发展理论、经济社会协调发展理论、社会可持续发展理论。从 19 世纪三四十年代社会发展理论的出现到当代，社会发展理论演变的基本走向是由重物到人、物并重，再到以人的永续需要为中心。刘敏先生特别强调建立具有中国特色的社会发展理论体系，提出中华人民共和国从 1949 年成立以来对社会发展从理论到实践的探索具有明显的阶段性特征，形成独特的社会发展模式和社会发展战略，构成社会发展理论体系中介层次的两大支柱。从世界性现代化的时序系统来看，中国的发展模式的前提明显带有"后发外生型"的性质，从推进社会向现代化发展的力量来看，主要由国家或政府自上而下地发动和组织；从现代化的起点来看，起步于国家统一和民族独立之后。

理论无实践则空，实践无理论则盲。刘敏先生在推动中国特色的社会发展理论体系的同时，特别关注中国社会发展的实践问题。在《中国不发达地区农村社会发展》（中国经济出版社 1990 年）一书中，刘敏先生概括提出"开发社会学"的理论框架及其体系，被学界称之为西部社会学人的觉醒，为 20 世纪末国家提出"西部大开发"战略做了知识准备和理论呼应。在《中国民族地区社会发展特征及其转型》（《社会学研究》1994 年第 1 期）一文中，提出四种社会转型趋向，即差别发展中临界点趋近趋向、城乡一体化发展趋向、连片滚动发展趋向、单质突破发展趋向。其中"城乡一体化"概念在十多年后党的十七大报告中得以采用。后来，先生对各种社会发展思潮进行建设性评述，将社会发展理论进行了宏观层次、中观层次、微观层次更为系统的论述，指出宏观社会发展理论运用于中观社会发展模式和社会发展战略的路径，强调只有宏观、中观、微观三者之间的有机组合和双向作用，实现理论层次—实践层次—技术层次的转换，才有可能实现理论与实践的统一，使社会发展理论体系具有完整性和科学性。

（五）社会问题研究

社会学被誉为"社会医生"，社会问题是社会学家关注的主要领域。刘敏先生指出，社会学的批判性与公共意识是其学科发展的灵魂。社会学研究中批判性与反思性研究过少，维护性研究过多；小人物的日常生活研究过少，宏观性社会研究过多；底层视角研究过少，官方视角研究过多；使得社会学面临着一种被其他学科"淹没"和自身"学术品质"下降的危险。刘敏先生主张社会学应与社会现实紧密结合，大力培育其"独立取向"与社会批判精神，同时加强底层研究，从日常生活中捕捉个体命运与社会制度变迁之间的微妙关联，从而真正实现社会学的学科理念。

刘敏先生将这种社会学的学术关怀贯穿于研究的始终，在三十余年的学术生涯中，先生既从风险社会角度探讨过社会问题研究的理论维度，又关注过毒品问题、甘肃省小城镇发展战略、甘肃省人才建设工作等传统社会问题，更是深入研究过网络成瘾、企业社会责任等相当"新潮"的问题，他的学术关怀始终与时代的脉搏紧紧联系在一起。

2005年，刘敏先生敏锐注意到伴随互联网的出现和普及，网络成瘾问题已成为一个潜在的重要社会问题，对网络成瘾的名称、类型、特征、危害、成因、诊断和对策专门撰文进行全面系统的梳理。提出网络成瘾研究的重点应放在两个方面，一是研制具有较高信度和效度的诊断工具，二是探讨可行性较强、有效性较高的防治措施。今日反观，2005年中国网民1亿左右、网络成瘾问题主要存在于青少年群体，2020年中国网民已近10亿、网络成瘾蔓延到各年龄段的"低头族"，先生社会学家的敏感洞察力和对社会问题预判的前瞻性让人钦佩不已。

早在20世纪，初现端倪的毒品问题引起刘敏先生的高度关注，通过系统的数据分析、千人普查、深入甘肃省监狱戒毒所的百人专访，一副副令人心寒的惨境引起刘敏先生的深切思考，毒品严重摧残着社会个体和群体的身体健康，对家庭构成严重威胁，还严重破坏生产、生活和工作的正常秩序，败坏社会风气，以极大的反社会性威胁着社会秩序和社会安全。从历史来看，甚至威胁着中华民族的生存和发展。作为国内最早系统研究毒品问题的社会学家，刘敏先生1992年出版的《日趋严重的毒品问题》一书受到著名社会学家雷洁琼先生的高度认可，她亲自听取刘敏先生毒品问题的研究汇报，并题写了"发动全民禁毒，提高民族素质"的题词。

民生安全呼唤企业履行社会责任，刘敏先生不但深入实地调查社会责任承担情况，而且从学理层面分析企业社会责任的思想传承和理论建构。基于对企业获取社会责任的渠道和企业履行社会责任的调查，提出加强企业社会责任思想的宣传和普及，不仅要提高企业的社会责任意识和履行社会责任的自觉性，还要加强政府对企业履行社会责任的管理以及民众和社会对企业履行社会责任的监督，特别是引导企业主动融入甘肃扶贫工作中。这些洞见在十年前完全称得上是学术新潮，在今天仍然有着重要的实践价值和政策启示。刘敏先生还创造性地把发端于西方的企业社会责任理念，与我国儒学文化思想渊源相结合，提出认真挖掘我国传统思想中的"仁义观""德化观"

"慈善观" "惠民观" 等思想资源，在现代化和全球化实践中推陈出新，建构中国特色的企业社会责任与企业公民思想实践体系。

三、陇上社会学家刘敏

刘敏先生在分析中国社会学的学术品格时指出，儒家"经世致用"思想的滋养与近代中国社会的苦难历程，使得中国的社会学理论自诞生之日起便具有了一种贴近底层生活的责任意识。这也是几乎与共和国同龄的先生自己的学术之路的思想表述。在跨越两个世纪的时间里，他的人生经历和学术生活始终体现着社会学家的良知。

我们可以看到刘敏先生在专业社会学、政策社会学、批判社会学和公共社会学四个领域同步行进的轨迹，刘敏先生既在学术思想上开创出新的领域，成为全国引领西部社会学研究的著名学者，又积极参与甘肃社会经济发展的社会政策研究与资政工作，为甘肃的发展贡献了不可或缺的力量。

如果说学术研究是知识分子的本职，那么凭借以学术为天下之公器的精神来投身社会学教育事业，可以说是刘敏先生的另一大贡献。1998 年，刘敏先生受西北师范大学邀请，作为学术带头人同西北师范大学政法学院合作，申报获准了西部地区第一个社会学硕士点（1999 年正式招生），全身心地投入社会学人才的培养和教育事业当中。先生当时已经是国内知名社会学家，但执教于大学培养社会学人才，先生却将自己的姿态降到最低，甚至把自己当小学生一样学习教育教学方法，以先生一贯认真的精神来教书育人。从西北师范大学走出去的众多社会学研究生一定有深刻的印象，那就是先生拿着厚厚的手写讲稿，中间夹杂着最新的文献、资料、数据报告。

先生不仅仅教授社会学之术，新入校研究生的开学第一讲，先生每每以王国维先生的治学三境界开场，讲授先生自己总结，在西北社会学人中脍炙人口的"三自三多三高"学习法。"三自"即"自知、自立、自强"，刘敏先生在教育中常常和后学分享自己的学术之路，社会学家认识别人容易，但认识自己特别是正确认识自己很难，生活中我们或许可以战胜许多外在的困难，但往往很难战胜自己。古今中外许多功亏一篑者大多是因为无法认识自己或战胜自己的缘故。自知仅仅是手段、是途径，自立、自强才是目的，而且自强要强知（增强知识）、强智（增强智力）、强力（增强体力，要健康）。"三多"即"多读书、多思考、多写作"，如果说前两者在教学工作中并不稀奇的话，多写作真正打开了社会学初入门者的障碍，刘敏先生鼓励大胆地将每一个观察和想法都记录下来。甘肃许多社会学青年学者都珍藏着刘敏先生修改过的手稿，文章上面总是留着先生俊秀有力、密密麻麻的修改意见，先生提的修改意见在文字表述和学术规范上严谨规范，但在学术观点上却从来不以专家自居，而是充满鼓励和讨论的角度，激发出更深更新的思考。刘敏先生对慕名而来求助指导国家社科基金项目的单位和青年学者更是青睐有加，以广阔的胸怀和悉心的指导，大力扶持省内高校和青年学人成长。据不完全统计，他从 20 世纪 90 年代开始至今，在省内 10 多所高校和宁夏、陕西、浙江、安徽、广东等省区作国家社科基金项目申报辅导报告 30 多场次。经他指导、推荐、参与评审和争取的国家社科基金项目不计其数。社会学家郑杭生先生曾在多个场合赞扬，甘肃社会学成为全国瞩目的西北军团，刘敏先生在背后几十年如一日扶持和指导青年人才居功至伟。

大学之道在大师，更在明德。刘敏先生在教学中特别重视学生高尚的品德、高昂的学习精神和高远的学术境界即"三高"的培养。谆谆教导青年人要做好学问，先学好做人，人要正直、正派、正义，并且要准备吃苦、准备克服困难。20 年间，西北师范大学共毕业社会学硕士研究生 201 位，考取博士研究生 61 位，晋升副教授、教授近 70 人，还有一批在政府从事专业相关的领导干部。以此为开端，甘肃培养社会学人才的步伐不断加快，规模日益壮大，成为西部地区社会学发展最为强劲的省份。到目前为止，甘肃省共有社会学教育机构 10 个，社会学博士点方向 1 个，硕士点 3 个，本科专业 3 个，社会工作专业硕士点 4 个，本科专业 7 个。从事社会学教学和相关领域研究的教授研究员 30 多人，副教授 40 多人，在校博士、硕士研究生 500 多人，本科生超过千人。

刘敏先生的社会学研究教育之路，既是一代社会学家思想的轨迹与刻写，也是展现以社会责任和关怀下一代学人的生动记录。先生曾经的感悟自己在人生和事业中坚持"谋事不谋人、包容不排斥、记情不记仇、知足不苛求"，可以说是文以载道，是他奉献给学术界的另外一份珍贵的礼物。

众多受惠于刘敏先生教育的后学在大江南北学术会议相会回望陇原时，都会情不自禁吟咏起"众里寻他千百度，蓦然回首，那人却在灯火阑珊处"，那是青年学人对社会学之路上成长的欣喜，更是对师恩的感念感恩！此时此刻，那人就是——我们敬爱的刘敏老师！

《陇上学人文存·刘敏卷》（第八辑）

作者：焦若水

王沂暖

必慎其独，行己有耻

王沂暖先生在他的《〈大学〉新注》中说：有人说《大学》是孔子的大弟子曾子所作，此盖臆测也，要之与《礼记》一书同为战国末年之作，但其思想内容，乃为儒家之绪余，则可信也。我写的这个新注，与朱注或有出入。现在总结起来说一句，大学之道，包括两个基本的学习，一是做人，二是生财。

在《自述》中又说：我在一师读了四个年头，那时有一位国文先生叫李一真，他很喜欢我。他崇奉孔子，尤爱明末大儒刘宗周。明儒学案中有刘宗周的蕺山学案，蕺山是他的别号。他学宗慎独，因此我也爱读蕺山学案，更喜欢他的慎独学说。慎独之说，出于《大学》《中庸》。莫现乎危，莫显采微，故君子慎其独也，不愧于屋漏，内省不疚，这便是慎独之实质。我从此亦以慎独自律，定了两句名言为座右铭，曰："必慎其独，行己有耻。"对于读过的四书五经，视之为珍宝，也为我做人要做个正人君子的心愿，奠定了基础。

诗云：瞻彼淇澳，绿竹猗猗，有斐君子，如切如磋，如琢如磨。

先生 1907 年生于吉林省九台县石头嘴子村。8 岁就读乡塾。1931 年从北京大学中文系毕业后，回乡任教。"9·18"事变，日本帝国主义入侵东北三省，先生怀着宁作刀下鬼，不当亡国奴的爱国之心，逃出"伪满洲国"，来到北京任教。1936 年日寇向北京进逼，先生随学校南迁。之后入蜀，在四川康定开始自学藏文。从此他和藏族历史和藏族文化结下了不解之缘，曾先后在成都西陲文化院、重庆汉藏教理院工作。日寇投降后，始得还乡。自1943年至1949年，先生就职于上海农民银行。中华人民共和国成立后，于1950年调往北京，在中国人民银行总行计划处工作。该年北京、吉林、甘肃三地的三所大学聘请他任教。先生放弃生活条件优厚的北京和吉林，毅然接受兰州大学的聘请，任藏文、汉文副教授，从此，他在大西北扎下了根。1952年院系调整，先生调到西北民族学院任副教授，开始投身于藏语文教学、研究和翻译，并指导研究生。1979年，先生被晋升为教授。同年，先生主持西北民族研究所格萨尔研究室的工作，把全部心血都倾注在《格萨尔王传》的翻译与研究上，培养了一批卓有成绩的年轻人，形成了一支强大的翻译和研究队伍，为以后成立的格萨尔研究院打下了坚实的基础。先生退休后，仍坚持翻译和研究。先生晚年不幸中风，身体偏瘫，虽缠绵病榻，仍笔耕不止。1998年1月6日，92岁的王沂暖教授终于放下手中的笔，告别了他辛勤奋斗一生的藏学事业。

为了达到交流，翻译从人类交往的第一天就出现了。翻译的角色隐而不显，但他（她）的作用远远不止于人们所俗称的"传声筒"，而是一个重要的文化中介。

老先生首先就是一个这样重要的文化中介。早在农行工作时，曾译出藏文《印度佛教史》《西藏王统记》《米拉日巴的一生》三书，均由商务印书馆出版。在西北民族学院教书时，又译出藏文《猴鸟的故事》《玉树藏族民歌选》《西藏短诗集》三书，由作家出版社出版。1957年翻译了《格萨尔王传贵德分章本手抄本》。译毕后，首先在《青海湖》杂志上发表，这是翻译长篇英雄史诗《格萨尔》之始。以后又续译几部，均由青海省文联内部发表。这时还译了五部藏戏，是中国戏剧出版社的邀稿，1964年译稿寄到戏剧出版社。1966年年初，"文化大革命"开始，此五部译稿，一直压到1979年才找出来，尚未丢失，但已无力付印。1978年青海给《格萨尔》平反，1979年甘肃文艺杂志社让先生重操旧业，重新译《格萨尔王传》，把《降伏妖魔》译成汉文，《甘肃文艺》登了两期。1980年又由甘肃人民出版社出了单行本。以后西北民院成立了格萨尔研究室，学院委任先生为室主任，前后调了四名助手，格萨尔工作又兴盛起来，翻译出《格萨尔王传》（贵德分章本）《世界公桑》《花岭诞生》《分大食牛》《安定三界》（同时译出两异本）《门岭大战》《卡切玉宗》《赛马七宝》《木占骡宗》《香香药物宗》《松岭大战》《雪山水晶宗》《辛丹相争》《天岭九藏》《抢马》《霍岭大战》（根据西藏文本译出）《降伏紫姜》。还缩写贵德分章本等一十余部，只因后来出版需要补贴，有的已译毕，尚未能出书。1980年，青海人民出版社还出版了先生译的《仓央嘉措情歌》单行本。总计汉译藏族文史等著作近四十部，被誉为民族文化交流推动者。

索飒在《语言的情感价值与译者的角色》一文中说："其实并不存在这样的完全平等的两种文化。一个现代的翻译一般来说就是一个知识分子，在他的技术性翻译背后，是对另一种文化和另一个世界的翻译，实际上，很多职业翻译也都在从事文化介绍工作。一个所谓属于高等文明民族的翻译如何译介所谓落后民族的文化以及后者如何向他的同胞译介前者的文化，绝不仅仅是个语言和技术的问题。仔细审视我们的周围，这种双向意义上的充满误解和错误的'翻译'还少吗？"

"在那东山顶上，升起明亮的月光，未嫁少女的脸庞，时时浮现在我的心上。"这首人们比较熟悉的藏族歌曲，就出自王译《仓央嘉措情歌》。近年来，有在王译《仓央嘉措情歌》的基础上润色的，有重译的。藏族作家才旺脑乳说，由于这些情歌是六世哒赖喇嘛所作，人们趋之若鹜。甚至，对这些重译和润色的《仓央嘉措情歌》提出了是误读还是亵渎的问题。足见王译学力之深厚，怎一个"雅"字了得。

先生是一个重要的汉藏文化中介，但不仅仅是文化中介，还有很多学术成果。先生对《格萨尔》的"宗"的研究很有卓见高识。他说："我认为《格萨尔》之所以能写那么长是和'宗'的形式分不开的。《格萨尔》共进行一百多次战争，这样写战争好像容易写。内容是战争，形式是'宗'，先假设一个对象，找出几员格萨尔大将。然后写由于什么原因，或者因为某种神的授意，组织多少军队出发。交战时，双方对话，说完了，双方开始战斗，说说唱唱，你说一段，我说一段，形式便于掌握，内容易于拉长，一部一部，好像无尽无休。有了这种形式就容易写书。"土登尼玛在《史诗〈格萨尔〉的"宗"》的文章中，将上面王老师的这段话作为文章的结束语，作者最后说："这就是为什么英雄史诗《格萨尔王传》大部分的分部本，要用'宗'来命名的原因所在。"可见王老师对《格萨尔》的研究、探索，是有相当成效的，并起着促进《格萨尔》研究的带头作用。先生不但致力于《格萨尔王传》的翻译，而且注重研究工作，先后发表了20多篇高质量的论文。他在1983年发表的《藏族史诗〈格萨尔王传〉》一文中，在国内外学术界首次提出了"分章本"与"分部本"的分类法，并被藏学界所承认。为了证实《格萨尔王传》是世界上最长的一部史诗，他曾对所收集到的42部藏文本的257300行诗句逐行清数提供真实数据，写出了卷帙浩繁的长篇英雄史诗《格萨尔王传》《再做一次不完全的统计——藏族格萨尔王传的部数与诗行》文章，证实了《格萨尔王传》确较印度的《摩诃婆罗多》为长，是世界上最长的史诗。先生对《格萨尔王传》的翻译和研究的突出贡献，得到了学术界的赞扬，受到政府的肯定和奖励。著名学者贾芝先生称先生是"第一个使藏族的史诗巨作《格萨尔王传》，一部又一部地以汉译出版，向全国推广介绍，您的名字与英雄史诗《格萨尔》是连接在一起的"。先生编著的《藏族文学史略》几乎涉及了与藏族文学有关的全部著作，对汉族文学也多有涉猎。因为藏族文化的各个方面都受到佛教的影响，所以《藏族文学史略》中除汉藏对照外，后面还有一段文学评述。如对《旬努达美的故事》的评语："本书的写法，语不通俗，词必典故，异常艰深难懂。对一个事物，不惜远涉旁及，肆意形容，雍容华贵，满目琳琅，堆砌雕琢，失去纯朴自然风趣。"这些评述写的多么确切，看过《旬努达美的故事》的人都有同感。黄显铭说，王老师的藏族文学和藏史造诣颇深。这就说明他有能独著《藏族文学史略》的藏学基础。再如，对《禅师与鼠》这个故事的评述："这个故事是站在宗教尊严的立场上，是维护寺院领主统治权思想的作品。"真是一针见血。《藏族文学史略》有"略"的含义，但有一条主线是"史"，他把各种藏族文学著作，都以古、中、近3个时代的前后顺序加以排列，带的浓厚的时代色彩、时代风格。从各种文学体裁因时间的推移一步步向前发展的轨迹，可以看出它们的连贯性。用这一条史的主线，把内容和形式相似的部分放在一起加以比较评述是很好的。从6世纪到20世纪中叶，直至中华人民共和国成立前后的几十年，藏族文学艺术的发展达到了高峰，可以说繁荣似锦，万紫千红。在这漫长的历史过程中，除藏族本族的文学作品外，印度的作品也不少。这些翻译作品，经过蒙古族长期理解、消化、改进和发展，已融进藏族文学，变成自己文学的组成部分。对外来文化的消化、吸收，在《藏族文学史略》中都有明确的说明。这是一种文化吐故纳新、增强文化生命力的有效方式之一，这一点在写"史"的时候应高度重视。如对《诗镜论》，经过藏族的理解与发展，就在理论上创建了新的观点，树立起了藏族自己的诗论。吸收外来文化并经过创造变成自己的文化，这是一件光辉的事例。

编写了《藏汉大辞典》。这本辞典的蓝本，是张怡荪教授（王老师的老师）于抗战末期写成，共10册。张教授说："早期参加蓝本编写现仍从事藏语言工作的同志，仅祝维翰、金朋、王沂暖三人而已。"张教授也是北大毕业，也是自学藏文的。王老师懂藏文、又懂佛学，很受张先生器重，在编写蓝本中有别人难以替代的作用。这本辞典从20年代开始，经数十年之久，朝夕暮夕、风夕雨夕，经藏汉学者的共同努力，《藏汉大辞典》于20世纪80年代问世了。这本《藏汉大辞典》，到目前为止，无论在国内还是国外，均手执牛耳、无与伦比。先生还主编了《藏汉佛学词典》，翻译校词了《白史》和《上官教派源流晶史》。他编写有《佛学概论》《翻译概论》《翻译论文集》《藏语语法》《藏族历史讲授提纲》《藏族文学史略》等教材和辅助教材。如先生在《自述》中总结的那样，自己从事藏汉文的翻译工作，出书也不少，仰不愧于天，俯不怍于人，可以自娱自慰矣。

先生还是一个优秀的诗人。

先生出版诗词集两本，收入了1170多首诗词。创作的时间，是由1929至1990

年。对他的诗词，学界评论很高。"尊作自具独特风格，不随人俯仰，在诗坛新旧风格嬗变中，属于突破藩篱者。"（周采泉）"大作是史诗是诗史，思想之深沉若杜甫，文笔之酣畅近陆游，堪与少陵之史诗、放翁之剑南诗抄媲美。"（孙金恕）他自己觉得："出语比较贴切自然，颇少缛饰造作，遇事有感，因情起兴，如是而已。于诗我酷爱工部，兼及放翁；于词我最喜坡仙，兼及稼轩、后主。于意境，对前贤'不隔'之谈，'气韵生动'、'羚羊挂角'之论颇为心折。于诗人修养，认为作为诗人，应是有品德、有思想的人，应是热爱祖国的人，千万不能随人文人无行的泥坑。"

"诗必穷而后工。"他的诗是经过失家，民族垂危、山河破碎、流浪天涯海角、生活极度困厄——是经过了严峻的考验而产生的。他早期的诗词更是这样，"9·18"事变后，在潜逃入关的途中写道："蛇豕西来凌上国，望南云，午夜离乡邑，愁重叠，恨堆积。"十年乱离，当可以归乡时，父母已经过世。"燕台犹记送东还，短发萧萧两鬓斑，世乱更堪生死别，西风吹泪过榆关。"在漂泊与动荡中，先生还遭受了丧妻与丧子之痛。"一缕芳魂呼不起，儿啼声杂女啼声。""东望招魂处，群山一片青。""伤心怕见群儿戏，兄弟同行差一肩。"

先生自从走上研究藏学之路后，以坚定不移的信心，勤学不辍地学习藏族的语言文学。在半个多世纪的漫长岁月，无论是战乱动荡，还是工作繁忙，生计窘迫，他都没有中断这一光荣事业。马克思·韦伯在《学术生涯与政治生涯——对大学生的两篇演讲》中说："一个从事学术研究的人的生涯基本上以财富为前提，一个一贫如洗的年轻学者，要完全正视学术生涯的条件，需要超乎寻常的胆量。"先生在《自述》中讲述过一段关于生活的困顿："我们是夏天到康松札，离去时是 1941 年 1 月，重新回到崇庆。这时钱币贬值，百物上涨，我每月收入只 100 元，五口之家实难维持，无奈将五人伙食包给一家小餐馆，商定月初发薪资时提前交给他们九十五元伙食费，这样一百元钱只留下五元算作零用。至于孩子们生病感冒，只好不看病、不吃药。又过了一年多，我们编的《藏汉大辞典》已经脱稿，当时经济困难，文化院已有断炊之虞，我因寻找生活出路辞去文化院工作，前往重庆谋生。"就是在这样的状况下，依然从事着他的学术研究。这也正是先生在他的明志——学孔斋联中撰写的"志岂在温饱，学欲究天人"的写照。

在 1986 年"全国格萨尔工作总结、表彰及落实任务大会"上他被评为"先进个人"；他所领导的格萨尔史诗研究室被评为"先进集体"。1997 年国家文化部、国家民委、中国文联、中国社科院联合授予他荣誉奖。2006 年 5 月，"首届中国藏学研究珠峰奖"在北京揭晓，先生成为首届中国藏学研究珠峰奖荣誉奖获得者。他的事迹被写入《中国作家大辞典》《中国名人大辞典》《中国当代文艺名人辞典》《北大人》等辞书。

凡此种种，算是先生清白一生之雪泥鸿印吧（王沂暖语）。

《陇上学人文存·王沂暖卷》（第一辑）

作者：张广裕

才旦夏茸

一、才旦夏茸小传

才旦夏茸先生不仅是藏传佛教格鲁派高僧,现代著名藏学家,同时也是一位致力于汉藏文化交流的大师。他祖籍甘肃张掖,出生在一个叫大杨家的村子,属杨姓汉族,约在清道光年间,先祖杨光林迁居青海循化,至他五代,家族因与当地藏族联姻而藏化,这在汉藏交错杂居地带极具典型性。

才旦夏茸的"才旦"二字源于青海海东地区民和回族土族自治县才旦寺,而"夏茸"二字则因该寺有两位才旦活佛,即才旦堪布和才旦夏茸,才旦堪布是寺主活佛之意,而才旦夏茸则是仅次于寺主的活佛,故名才旦夏茸。才旦堪布和才旦夏茸活佛,共同管理民和县和化隆县的才旦寺、赵木川寺和丹斗寺、土哇寺、尕洞寺、工什加寺等六寺及所属的香火庄,通称"才旦寺六族"。

才旦夏茸(1910—1985),青海省循化县人。全名才旦夏茸·久美柔贝洛珠。3岁时被认定为转世灵童。

才旦夏茸到1岁左右,就跏趺而坐,能够书写藏文元音和辅音字母。到了四五岁,与别的孩子一起玩耍时,以符合佛法行为为准,常以坐禅、诵经为乐。到了才旦寺之后,于1916年受沙弥戒。1918年又到土哇寺修习佛法;1919年入丹斗寺学习佛法和诗学、历算学、因明学;1923年拜尕楞寺活佛晋美丹却嘉措为师,学习佛经和诗学;

1924 年往返于尕楞寺、丹斗寺和才旦寺学经传法。其间，又拜赛日嘛尼班智达及当时藏传佛教界很有名望的高僧久美三旦嘉措大师等许多著名学者和喇嘛为师，主习显宗一切规章教律，以研究三藏（即论藏、律藏、经藏）、三学（即戒律、禅定、胜慧）、四宗（即有部、经部、唯识部、中观部）为主，通过背诵、师授、辩论的形式，达到通晓释量、般若、中观论、俱舍、律学五部大论，广闻深思，学识大进。还拜师研习修辞学、声律学、天文历算、医学等大小五明。

1925 年在尕楞寺专门学习摄类学，并兼习佛学和历算学的同时，还在丹斗寺、才旦寺、土哇寺和尕洞寺等寺院从事法事活动，并受比丘戒。1931 年，在继续研习佛法的同时，到黄南桑格雄（今青海同仁县隆务镇地区）和四川阿坝藏区等地拜师学经，收集经典。1936 年，开始到各地弘法讲经。同年，在土哇寺修建了一座印经院。1937 年到丹斗寺、工什加寺等寺讲经，并前往甘肃永靖县、兰州等地云游、传法。1940 年到甘肃省夏河县噶达寺及才旦寺所属各寺，主持寺院的维修和扩建。

1949 年 9 月 5 日，青海解放，根据工作需要军管会成立了翻译科。当时翻译科的工作除了翻译有关的布告、命令、通告、指示和《约法八章》外，主要是在各少数民族代表人物和宗教上层人士为了拥护共产党、迎接解放军，前来军管会谒见党政军首长时提供口头翻译，便于交换意见。

1950 年 1 月 1 日青海省政府成立后，在原翻译科的基础上成立了省政府翻译委员会，才旦夏茸任副主任。翻译委员会的主要任务是：一、重要的中央文件和省府下达的文件，均译成蒙、藏文字，与汉文同时下达；二、各少数民族人民的来信来访，均译成汉文，供领导便于处理；三、翻译《青海政讯》月刊；四、翻译重大会议的文件、报告和讲话等。后来省翻译委员会虽然更名为省政府翻译室，但工作任务仍然同前。

当时，民族语文翻译工作者为了做好翻译工作，在积极学习党的各项政策，认真领会文件精神的要求下，不论是文字翻译或口头翻译，都必须严格坚持"信、达、雅"的翻译原则。所谓"信"，就是原原本本地、不折不扣地忠实于原文原意；所谓"达"，就是语言文字通顺流畅，用词准确，逻辑性强；所谓"雅"，就是口词清晰，通俗易懂。因而在传达政策文件和口头翻译等方面均收到了良好效果。

才旦夏茸先生在青海省翻译委员任职期间，主要审核和修改同事们翻译的重要公文、会议文件、领导讲话和省人民政府办公厅主编的《青海政讯》等译稿。有时也代译省级各单位的有关文件，工作任务很繁重。

才旦夏茸先生为人热情谦和，对待工作严密谨慎，在审核和修改译稿过程中一丝不苟，如有疑难或词不达意之处，即找有关同志，对照原文反复研究，直到完全符合原文的含义才放下心来。同时，对所译的一些新词术语，为了求得准确、统一，他尽量查阅资料，寻找依据，然后和翻译委员会的同行们共同研究确定。这个研究的过程，实际上就是新名词、新术语统一、规范化的过程，也是民族语文翻译工作者提高业务水平的过程。在这方面，才旦夏茸先生付出了大量心血。

才旦夏茸先生有强烈的求知欲，他为了丰富自己，扩大知识面，还积极学习汉语文。虽然他原来略识汉字，但阅读汉文报纸尚有一定困难。后来经过一年多的刻苦学习，读报纸，看文件，基本上没有什么问题。在这个基础上，他如饥似渴地翻阅汉文书刊，如遇到难解的词句和典故，他就查《辞海》或请教别人，因此他进步很快。他的这种"博学之，审问之，慎思之，明辨之，笃行之"的学习精神和治学态度，为民族语文翻译工作者树立了良好的学习榜样。

在党的重视下，藏汉文化交流频繁开展，但工具书籍跟不上形势发展的需要。1954 年，他在青海人民出版社出版了简明《汉藏词汇》，解决了当时国内对汉藏词汇方面图书的迫切需求，方便了各族群众的互相交流与学习。

从 20 世纪 50 年代起，才旦夏茸先生历任青海省政府办公厅副主任、省翻译委员会副主任、省政协委员；甘肃省佛教协会副会长、中国佛协理事、第六届全国政协委员、西藏天文历算研究所名誉所长、中国语言学会理事等职。其间，于 1954 年夏，赴北京参加宪法、党和政府的政策法令、毛泽东著作哲学部分的藏译和审订工作，开中国汉藏现代翻译事业之先河，并积极协助创办《青海藏文报》和发展藏文出版事业。1955 年再度进京承担会议文件的藏译任务。1956 年冬到各大城市参观访问。1957 年，与桑热嘉措一道整理藏族史诗《格萨尔王传》。后入青海民族学院从事教学工作。1959 年再度赴京到民族出版社从事文件和论著的翻译。他一生致力于民族事务和藏族文化的发展事业，"文化大革命"期间受到不公正待遇。1979 年平反以后，受聘为西北民族学院少数民族语言文学系教授，边从事教学工作，培养教师和研究生，边著书立说，在短短几年中整理、撰写论著 100 多万字。

1984 年，先生拿出自己多年省吃俭用的积蓄，出资设立"才旦夏茸奖学金"，对西北民院、循化民中等校优秀学生予以奖励。

才旦夏茸先生是当代名贯藏区的学者，法行高洁，德行严谨，心地善良，学识渊博，僧俗大众朝拜有礼，无比恭敬。他唯以讲经修行，发菩提心弘扬佛教是从，绝不追求个人的名誉地位。当时大师撰写的《诗镜论总义》《雪域文法》及词典《土弥主张庄严》等著作，思想深邃，文辞优美，至今作为藏区大学和各大寺院的教材。

才旦夏茸先生给学生们讲解大小五明之经典时，能做到词严义正，语言精练，简明扼要，学生们非常喜欢听他的讲课。他为国家和民族培养了大量的人才，对民族教育的发展贡献巨大。

才旦夏茸先生有一颗慈悲的心，凡来拜访他的人，无论地位高低、贫贱富贵，他均一视同仁，绝无等级亲疏之分。先生才华横溢，在繁忙的工作之余，仍勤于著述，出版了语法《土弥言教》《夏琼寺志》《汉历含义》及诗《西北民院赞》《十世班禅传》，其大小著述，词句优美，浅显易懂，独具一格。他的诗，构思别致，文笔清新，画意如生，形象生动，感情炽烈，语言精练，思想深邃，饱含哲理，具有强烈的感人力量。

才旦夏茸先生学富五车，通晓诸学。晚年，夜以继日，除潜心修持外，勤奋著述，以新的观点撰著了《菩提道次第广论之备忘录》等显密和大小五明之注疏十余部，著作之句义毫无谬误，深入浅出，明释要义，含义精辟，词句优美，有破有立，篇篇言简意赅。他毕生以济利众生为己任，向藏区僧俗大众讲经传法授灌顶，为具缘弟子授戒，功业卓著，有益弘扬佛教，故位居当代中国藏传佛教界最著名的活佛之列。

才旦夏茸先生早在20世纪40年代已闻名藏区，公认他和西卜莎格西罗哲嘉措是继承广大安多高僧格塘罗桑华旦和晋美三旦（晋美丹却嘉措之师）学说的两大高徒。至20世纪70年代，在国内藏学界，他与西藏的东噶·罗桑赤列先生和四川的毛尔盖·桑木旦先生齐名，是当时最出名的藏族学者。

才旦夏茸先生是一位学识渊博、教学严格的名师，更是一位关爱后学、诲人不倦的大德、长者。在课堂教学中，主要讲授藏文文法、古体诗作、古典名著选读等课程。藏文文法主讲藏语格词造句法和音势词义变化的规律，是学藏文者的必修课。先生提炼《司徒文法》《色多文法》等相关传统名著的精华，自编教材，按藏族独特命名法，称之为《吞米夏隆》，意思是"吞米桑布札上师之教言"。一般认为，公元7世纪中叶，吐蕃著名学者吞米桑布札创制了藏文，并写出过最早的文法书。先生之命名，取不忘师承、源于正统意。教材本多新意，更兼先生教授深入浅出、语言优美，颇受听课师生欢迎。后来著作公开出版，作为相关院校教材，2006年《吞米夏隆》获首届"中国藏学研究珠峰奖"。藏文古体诗歌，通称"年阿"，是指以古印度学者旦志的《诗镜》为基本理论指导，采用不同修辞方法写成的格律诗。从古到今，其写作水平是衡量藏文学识的重要尺度。先生极擅长此类诗作，作品数量多，且妙语连珠，意境深远，享有盛名。先生亦自编教材，取名《诗学通论》（后亦正式出版）。讲授时，他要求严格，必须通过写作实践领会掌握诗格理论。

才旦夏茸先生是一位宗教学者，有很深的佛学造诣，他所讲授的藏文古典名著，几乎都涉及宗教文化，先生总能举纲张目、提要钩玄，表现出广博的知识和对佛教理论的理解，尤对宗喀巴大师的《菩提道次第广论》有过卷帙浩繁的诠释。

才旦夏茸先生学识渊博、行持严谨，虽享誉学界，却无傲气。虽生活菲薄，而恪守戒律。对印藏诸先哲之著述，从未不经研讨就死背学舌，也不无根无据地讥讽批驳，而是句句推敲。在批驳有违显密经论及其教授之谬论时，彼绝不强不知以为知，亦未依语不依义，更不会无见识地抨击他人。绝不偏袒某一宗派而反对其他宗派，讲授印藏种种古籍，有破有立，且绝无趋于好坏两极端边执之见。

才旦夏茸先生生活俭朴、待人敦厚，课堂教学之余，常教诲恩被后学。常忠告欲成就事业，既要苦学专业知识，更要培养高尚的道德情操，做学问先做人，慎勿违背做人原则，说违心话，做违心事。

才旦夏茸先生是一位理论联系实际、注重社会实践的学者。1982 年夏，他以古稀之年，不辞劳顿，亲自带领研究生去西藏作田野考察。二十多天，从拉藏到江孜，再到日喀则、萨迦、拉孜、折东去扎囊。桑耶、乃东、琼结，几乎走遍了卫藏两地的主要山川、古镇、寺庙、古堡和其他名胜故地，领略神奇的高原风光，考察古老的民族风情和宗教文化。每到一地，先生滔滔不绝地讲解相关的历史和典故，提醒我们应搜集的文献和需要弄清的问题。先生严谨的学风和丰厚的藏族历史文化知识，进一步激励了同学们的学习动力，并学到了许多田野调查方法，为后来的研究考察提供了借鉴。

先生教授的弟子中有不少汉族学子，并与汉族学者多有交往。如原首都图书馆黄民信先生，早年学藏文于拉卜楞寺，研究藏族历算成就卓著，与先生过从甚密，多有学术交流。先生一生精进，笔耕不辍，在佛教哲学、诗作、文法、修辞、历算、历史、教史、文字、考古、藏梵文体书法等各个领域都有作品。早期木刻或铅印的，除前文提及者外尚有《藏文词典》《藏语语法简论》《书信格式》《夏琼寺志》《藏族历史年鉴》《款仁波切转》《灵塔志》《普世立算法》《丹斗寺志》等。主要学术论文有《藏传佛教各宗派》《菩提道次弟广论备忘录要义集论》等，1987 年至 1992 年，青海民族出版社陆续出版其文集 4 卷。其中，第一卷为经师晋美丹却嘉措和本人传记；第二、三卷为宗喀巴的《菩提道次弟广论》的释论，第四卷诠释宗喀巴的《密宗道次第广论》，另汇集有教诫、诗作，收入喇勤贡巴饶赛、夏琼寺多瓦贝斯仁波切罗桑丹巴嘉措等人的传记和《丹斗寺简志》中。1991 年，甘肃民族出版社出版了久美琼鹏整理的《才旦夏茸札记选编》，选录札记 24 篇，为 32 开本，共计 300 页。先生还是著名的藏文书法家，有各种字体墨宝传世。

从 20 世纪 50 年代起，他还出版了有关藏文的正字学、语法等多种著述。20 世纪 80 年代又出版了《藏文语法·通米教诲》，系统精确地阐述藏语语法精义，并对过去的一些语法著述中的偏差予以纠正，在藏族学术界引起了巨大震动，视为语言学方面的典范。

他对天文历算的造诣一直受到藏族学术界的尊重。20 世纪 30 年代起，即推算一年或数年的藏历，供人们使用；接着进而推算编出一个胜生即六十年的历书，并写出《时轮历速算法》《夏历节气、闰月、日月食速算法》，开创了藏族学者过去未曾有过的新算法。在《汉历义释》中，又首先采用先进民族的科学观，否定了藏族历史上一些学者在天文学方面的错误论述。

《藏族历史年鉴》是他对藏族史学方面的巨大贡献，是一本集约型藏族历史，20 世纪 80 年代出版后，风行于广大藏区及国外。在藏传佛教方面，他继承格塘·洛桑华丹、晋美丹却嘉措学派，是这一学派的中坚。在甘、青、川各地讲学时，颇受人们的尊崇。20 世纪 50 年代与桑热嘉措等修改审定的史诗《岭·格萨尔王传·霍岭大战》行销国内外，深受藏族群众喜爱。

才旦夏茸先生学海荡舟，书山劈径；学富五车，著作等身。

1. 《藏语语法简论》1955 年青海人民出版社出版。
2. 《藏汉词典》1955 年青海人民出版社出版。
3. 《藏语语法》1980 年甘肃民族出版社出版。
4. 《诗学通论》1980 年甘肃民族出版社出版。
5. 《藏文拼音字帖》1980 年青海教育出版社出版。
6. 《瓦都字帖》1981 年青海民族出版社出版。
7. 《藏族历史年鉴》1982 年甘肃民族出版社出版。
8. 《汉历解释》1983 年甘肃民族出版社出版。
9. 《藏文字帖》1984 年青海民族出版社出版。
10. 《兰札字帖》1984 年青海民族出版社出版。
11. 《梵文字帖》1984 年青海民族出版社出版。
12. 《夏琼寺志》1984 年青海民族出版社出版。
13. 《藏族历算》1985 年青海民族出版社出版。
14. 《才旦夏茸文集》第一卷，1987 年青海民族出版社出版。
15. 《才旦夏茸文集》第二卷，1990 年青海民族出版社出版。
16. 《才旦夏茸文集》第三卷，1988 年青海民族出版社出版。
17. 《才旦夏茸文集》第四卷，1993 年青海民族出版社出版。
18. 《才旦夏茸文集》第五卷，1994 年青海民族出版社出版。
19. 《才旦夏茸论文集》1991 年甘肃民族出版社出版，收录了 24 篇论文。

据统计，大师的所有作品超过了一千万字，其中部分作品在"文革"中惨遭厄运，如专为青海民族学院师生而写的《诗歌学》一卷、《藏医药学》一卷，以及天文历算方面的《时轮大疏》约两卷等精辟著述今已失传，目前所剩的从文字数量而言有八百七十万字左右。经才旦夏茸大师侄子久美琼鹏的努力抢救，并担任主编，将大师现存作品分类编纂成《才旦夏茸全集》十三卷，作为西北民族大学专家学术文库，于 2007 年 4 月由民族出版社出版。《才旦夏茸全集》所收内容除先前出版者外，还有很多为首次出版，具体内容编排如下：

第一卷，《自传》部分，自 1910 年出生之日起一直写到 1978 年平反后，邀请到西北民院讲课为止，其后续部分由其高徒久美热样和久美特却二位分别撰写完成。

第二卷，《晋美丹却嘉措大师传》，晋美丹却嘉措大师是才旦夏茸一生中最主要的良师，从字里行间看出晋美丹却嘉措大师治学严谨，毕生致力于藏族传统文化的研究与推广上。

第三卷，《菩提道次第广论要义备忘录》，从名义、广义和意义等对宗喀巴的《菩提道次第广论》的下士道部分加以阐释，笔触阔远，哲见精辟。

第四卷，《菩提道次第广论要义备忘录》，应用大量的资料对宗略巴的《菩提道次第广论》的中士道部分加以详尽阐释，旁征博引，义理深奥。

第五卷，《菩提道次第广论要义备忘录》，对宗喀巴的《菩提道次第广论》下士道即后半部的阐释，从原文和道理两方面作了广泛详尽的注释，还对难点及历来争议的一些问题作了透彻的解答，充分显示了作者的博大精深和独特观点。

第六卷，《藏语语法》，主要收录了先前出版的《藏语语法》《藏语语法简论》等，其中《藏语语法》自 1980 年首次出版后，受到了国内外藏学界的一致好评，至 2005 年 6 月已作了第九次印刷，发行量近五万册，对藏文书籍而言，这是一个不小的数字。

第七卷，《诗歌学》，主要收录了先前出版的《诗学通论》及其相关的诗歌作品，《诗学通论》至 2006 年 5 月已进行了第六次印刷，发行量近五万册。

第八卷，《梵文及天文历算、书法》，天文历算类的有《时轮历算速算法》《夏历节气及、闰月、日月食速算法》等，书法类的有《藏文拼音字帖》《瓦都字帖》等，他的书法以苍劲有力、美观大方著称。

第九卷，《密续》所收的内容主要是密宗注解，难点解析类经典文章。

第十卷，《密续》所收的内容主要是密宗注解，难点解析类经典文章。

第十一卷，《历史》主要收录了《喇勤贡巴热色传略》《夏琼寺志》《丹斗寺志)《宗喀巴传略》等。

第十二卷，《藏汉词典》，1955 年由青海人民出版社出版，在国内用藏汉对照形式出版的尚属首次。

第十三卷，《论文、训诫、书信及其他零散部分》，收录了各个时期所著的论文、训诫、书信及其他零散部分，有些作品是首次披露。

才旦夏茸先生是博学爱国的一代高僧大德，为汉藏文化交流，培养翻译人才作出了卓越贡献；才旦夏茸先生是当代藏族伟大的佛学家、思想家、历史学家、诗人和文学家。他诗文俱精、尤工天文，开创了藏族学者过去未有的新算法；他编写的《藏族历史年鉴》是藏族史学方面不可多得的著作。

二、《才旦夏茸教授文集》题录

第一卷（贺文宣 译）

本函是才旦夏茸全集十三函中之第一函。本函藏文共 509 页，约 254500 字，共收录才旦夏茸传记类作品四篇。

（1）《遍阅五明怙主俄项央旦瑞饭道觉吉祥贤之传记·月珠之花》；（2）《无等释迦王之仗士久美茹饭罗追自身传记·实言益耳甘露》；（3）《〈文殊上师金刚萨埵之本体息德无比尊者久美茹饭罗追吉祥贤之传记·实言益耳甘露〉之辅充·良缘鲜花绽放之蔓藤》；（4）《自传补充》。

此四篇各自内容之简介如下：

（1）《遍阅五明怙主俄项央旦瑞饭道觉吉祥贤之传记·月珠之花》。本文从书名和赞颂词的表达上，都反映出本文属他人代写，全文几乎都用偈颂体诗分二十七个段落撰写而成。其内容主要是根据才旦夏茸自己撰写的自传内容撰写而成。

（2）《无等释迦王之仗士久美茹饭罗追自传·实言益耳甘露》。本自传乃由作者自己亲笔撰写。全文共分二十七段落，文中主要讲述了自己故乡所处的地理位置、自然风光、宗祖起源、自己一生中的成长和经历过程等。自传中说，其祖父原属汉族，从他父辈起，就有了藏汉两族的血统。他由于居住地区和语言习惯都接近藏族，故随属藏族。其父名罗桑，母名拉毛塔。自己出生于清宣统二年（1910 年），岁次庚戌。听说他的母亲怀孕后，家里常现瑞相，刚一出生他就会叫妈，家里既惊且喜。1912 年，岁次壬子，自己 3 岁时，由夏玛尔班智达更登丹增嘉措大师确认为第六世才旦夏茸。1915 年，岁次乙卯，自己 6 岁时，即登上以主寺才旦甘丹协珠寺为主的一切先师之寺的最高宝座。1916 年，岁次丙辰，自己 7 岁时，被延请至突观三旦宫五世赛日嘛呢班智达更登丹增坚参吉祥贤面前受居士戒、沙弥戒等。那时取法名为更登夏智嘉木措。后在多结强前受比丘戒，更法名为久美瑞饭罗追。在善知识罗桑达瓦前精习诵经等法行。此后，经常接近遍观五明之大班智达久美旦木其嘉措吉祥贤师徒二人，获得了自如地运用显密经籍文明的胆识。继承了大金刚持圆寂后的法太子位，培养了无数弟子。

中华人民共和国成立后,1954 年,岁次甲午,45 岁时,曾奉调去北京参加新宪法翻译工作数月。在周恩来总理的直接关怀下,曾任青海省人民政府办公厅副主任、青海省人民政府翻译委员会主任、青海民族学院教授等职。

1958 年,岁次戊戌,49 岁,因受陷害,无罪入狱十年,因属爱国人士,终获释放。1978 年,岁次戊午,69 岁时来西北民族学院任教授,当选全国政协委员、甘肃省政协常务委员、甘肃省人民代表大会代表、甘肃省佛教协会副会长、西藏医学院名誉院长等职。

(1985 年,乙丑夏,76 岁时,示涅槃相于拉卜楞扎西曲寺。)

(3)《〈文殊上师金刚萨埵之本体息德无比尊者久美茹皈追吉祥贤之传记·实言益耳甘露〉之补充·良缘鲜花绽放之蔓藤》,本文是给下述本人的《自传补充》中某些事例作解释的,内容较多。

(4)《自传补充》。本文内容是作者后半生即从 1978 年,岁次戊午,69 岁时受聘为西北民族学院教授时起,约至圆寂前的 1984 年,岁次甲子,75 岁间这六七年内的经历记录。全文以日记摘要的形式,记述了作者在饱受了最痛苦的十年冤狱生活,获释出狱获得人身自由后,自己的人格、人品和学识重新得到了政府、社会的共同认可和尊重,是一生中最为愉快和幸福的一段经历。这段自传补充性的经历,记载较详,包括日常的社会活动和教学活动的各个方面,凡他认为颇有记载意义的经历,包括参观、参会、访问、受访、著书立说、学术交流、省亲会友、佛学活动等都有较详记述。

第二卷 (看召本 译)

本函是才旦夏茸全集十三函中的第二函,总名称为才旦夏茸杰赞久美如必洛哲文集卷二,全函藏文计 506 页,514,00 千字。

本函收录了才旦夏茸教授的五篇文章,内容涉及高僧传、塔誌、释疑、颂词等。各篇题目及内容简介如下:

一、传记

(1) 篇名:久美旦曲加措传。共 399 页。久美旦曲加措于 1898 年生于青海省黄南藏族自治州同仁县阿武尔地方,父更登索南、母卓玛吉。幼年时被夏尔·洛桑格丹且贝坚赞和夏玛尔哇班智达认定为久美桑旦的转世灵童。7 岁时从夏玛尔哇班智达处受居士和比丘戒,取法名为久美旦曲加措。不久,前往他前世的主寺噶让扎西曲去坐床。10 岁时前去塔尔寺接受十三世达赖喇嘛土丹加措的认定。从那里拜杰姜龙赤干加央图旦加措为师,系统地学习了五部大论等。19 岁时从加央图旦加措处提前获得。20 岁时师从洛桑华旦学习是学因明学等。29岁前往绒武（今同仁县）寺弘扬佛法。洛桑华旦的著作内容涉及传记、颂词、续释、五部大论、道次第要义、佛学论文、辩文、戒律、藏文语法等104篇，近20函。1946年圆寂。

（2）篇名：帕果多杰谦·米旁央金贵贝多杰之舍利塔，共47页。文章介绍了修建佛塔、佛像、壁画、佛殿的功德；介绍了修建米旁央金贵贝多杰的舍利殿的详细情况。

（3）篇名：颂堪钦多杰强，2页。这篇是专为堪钦多杰强而写的颂词。

（4）篇名：《妙吉祥大传》释疑，文中释疑200多词条。

第三卷（看召本 译）

本函是才旦夏茸十三本文集中的第三函，全函藏文共516页，523000字。

本函共收录了才旦夏茸教授撰写的寺志。高僧传记等共10篇文章，篇名及内容简介如下：

（1）夏琼寺志，168页；（2）宗喀巴传，16页；（3）贡巴饶色大师传，20页；（4）噶丹嘉措传，2页；（5）多杰强上师简史，2页；（6）贝斯仁布齐罗桑丹巴嘉措略传，53页；（7）十世班禅返乡侧记，15页；（8）旦迪寺志；（9）喀迪喀瓦寺之主佛像，22页；（10）上师教授菩提道次第要义实记，10页。

（1）夏琼寺志。夏琼寺始建于1349年，是安多地区最古老的寺院之一。其创建者即宗喀巴大师的启蒙老师曲结硕仁（1309-1385），今黄南藏族自治州同仁县夏卜让人，曾学经于拉萨聂塘、那塘等寺，任临洮寺法台，先后建同仁夏卜让寺、尖扎昂拉塞康、夏琼寺等。夏琼寺因藏传佛教格鲁派一代宗师宗喀巴大师在此剃度出家而闻名于世。历代三世、七世、十三世达赖捐金数千两用于修缮该寺。夏琼寺中先后出了很多高僧大德，他们先后充当了七世达赖、八世达赖，九世班禅和三世章嘉活佛的经师。1788年乾隆赐名"法净寺"，并敕赐汉、藏、满、蒙四种文字的"大乘兴盛地"匾一幅。建寺以来，经历了123任堪布传承。

（2）宗喀巴略传。宗喀巴（1357—1419）生于青海湟中县，藏语称"宗喀"的地方。父名达尔喀且鲁崩格，母名馨茂阿却。宗喀巴3岁时，夏琼寺创建人敦珠仁钦做了个梦，于是他派徒弟带着马羊等财物去宗喀家，叮嘱其家人在日常养护中应注意事项，并请求适时送孩子去夏琼寺，得到应允。不久，从第四世若白多杰处受加持灌顶，授了近事戒。那个孩子7岁时被其家人送到夏琼寺喇嘛敦珠仁钦处。敦珠仁钦为这位孩子的生活、学习做了周密安排。这位未来的大师在夏琼寺开始学习藏文读写与佛经。在此受沙弥戒，取法名罗桑扎巴，他在此学了九年佛法，打下了坚实的佛学基础。为了进一步深造，他 16 岁时，在敦珠仁钦的安排下，前往西藏学法，拜各教派高僧为师，吸取了各家之长，对佛教密乘典籍、灌顶诸法了如指掌。当时他已经能精准讲解17 部经典，包括大乘显宗各派的代表著作。人们对此非常敬佩，认为这不是一般人的才智所能达到的，罗桑扎巴的声望也随之越来越高。他 46 岁时著了《菩提道次第广论》，这部著作，总依慈氏《现庄观严论》，别依阿底峡《菩提道灯论》，开演三士道次第。后半别明止观，更是他的精心之作。以后又著菩萨戒品广释《密宗根本罪释》。《密宗道次第》和《苦提道次第》是宗喀巴生平两部重要著作。宗喀巴并没有改革佛教，准确地说，他对当时的佛教进行了整顿。

　　(3) 篇 (4) 篇 (5) 篇 (6) 篇 (7) 篇 (8) 篇 (9) 篇都属高僧略传，因各函中均有所涉及，故未予列入题录。 (10) 篇在第十一函中有专述。

第四卷（贺文宣 译）

　　本函是才旦夏茸全集十三函中之第四函，总名称为声明学部分论著辑录。全函藏文为 480 页，约 488000 字。

　　本函共收录才旦夏茸教授有关语言、文学方面的学术论著共十三篇，具体各篇名称和内容简介如下：

　　(1) 论藏文的形成和发展概况，7 页； (2) 论藏文的构词规律，10 页； (3) 论藏文文法八语格和虚词，5 页； (4) 十三颂精华释义，8 页； (5) 添性颂精华释义，7 页； (6) 藏文文法正字学入门，10 页； (7) 语法学明鉴，40 页； (8) 藏语语法三十颂添性颂详释，256 页； (9) 图弥造字献新诗释难，5 页； (10) 诗学概论，88 页；(11) 藏文书信程式简介，21 页； (12) 藏文书法之练习过程，4 页； (13) 某些固定词组中变形字研究，5 页。

　　①略论藏文的形成和发展概况。文中简述了藏族的起源、西藏的地理自然环境并转述了松赞干布王派遣图弥桑布扎赴印学习并创造了藏文的情况。

　　②论藏文的构词规律。此文谈到了藏文是借鉴于梵文的历史情况；谈到了藏文构词规律，藏文实词和虚词的使用规律；介绍了藏文的字根、前后加字、又后加字、头加字、系足字的使用情况，词尾表达词性的情况；介绍了标点符号的使用情况等。

　　③藏文文法中的八语格和虚词等。文中分别对八种语格从理论到实践使用上通过各个实例进行了论述，并对其他一些虚词作了详细介绍。

　　④三十颂精华释义。文中以十首偈颂体诗的歌诀形式，歌颂了图弥桑布札创造了藏语语法的过程，并将藏文三十字母的构词造句法等作了介绍后，还列表举例说明了

某些字的构词规律和方法。

⑤添性颂精华释义。本文以 25 首偈颂体诗的形式叙述了向何处、由何者、如何、为何添加等四大纲目。解说了何等前后加字、加于何等语基前后，当发生何等音势和词义变化规律，并列举了音势和词义变化的实例。

⑥语法正字入门。本文用偈颂体诗形式分别讲述了以三十字母为字根的构词方法。

⑦语法学明鉴。本文共分藏语语法的三十颂和添性颂两大部分做了论述。添性颂中又分为字根之添性、前置字之添性和后置字之添性三方面对字性的添加作了详细的论述。

⑧藏语语法三十颂和添性颂详释图弥教言。本文是作者曾给研究生讲授语法课时所写的语法教材，内容比较详尽。将三十颂分成 22 个问题予以论述。这 22 个问题是：第一，藏语语法学之作者图弥之优越传记；第二，图弥造字过程；第三，几种著名新旧语法注释；第四，声明学与藏文所需之典籍种种；第五，名称实义；第六，译藏顶礼；第七，藏文元辅音之确立；第八，辅音字母内部之划分；第九，语格与虚词；第十，"依"音判位词；第十一，作者词；第十二，修饰词和结合词；第十三，有余词；第十四，分合词；第十五，从由词；第十六，第八语格呼唤词；第十七，不受前面的后加字限制的自主虚词；第十八，连词"和"字；第十九，指示代词；第二十，疑问代词；第二十一，主人词；第二十二，否定词。

对添性颂共分为 13 个问题予以论述。这 13 个问题是：第一，字母总体字性划分；第二，前置字的字性添加；第三，字母音调之论述；第四，五前置字之必要性；第五，自他三时之含义；第六，习都所举重要实例之释难；第七，三时之动词为方便起见共分一般、个别和零散三种；第八，通过是否周延三十问，练习理解动词词义之智力；第九，后置字之字性添加法；第十，怎样添加字音的强弱；第十一，为何要添加后置字，其必要性何在；第十二，字母添加之总的必要性；第十三，撰写添性颂典籍之必要和善愿。由于此文属于教材，所以，上述各问题都列出了原文实义和辨析两个内容分别进行了探讨。本文曾由甘肃民族出版社单行出版发行。

⑨图弥造字献新诗释难。本文将图弥桑布扎在造成藏文后第一次以难作体修辞格写给松赞干布王的两首献新词，从修辞和内容含义上所作的难点注释。

⑩诗学概论。本文是一部曾给研究生讲授过的诗学教材。此文因是给《诗镜》一书作注释的，其内容范围也和原文一样，全文共分三章三个部分。第一章，诗学的本体；第二章，诗学的庄严（修辞格）；第三章，藏文诗的除过。这三章中以第二章为重点，主要讲述了两三百种修辞格的定义和各种修辞格的应用实例；第三章中主要讲述了写作诗歌，亦包括写作散文时应该消除的十种语病。本书的藏文，曾于 1981 年 8 月

由甘肃人民出版社出版发行。2013 年由西北民族大学退休教授贺文宣译成汉文，民族出版社出版。

（11）藏文书信程式。本文共分三个内容：1.行文的遣词造句；2.各种辞格的运用；3.书信的格式实践情况。关于行文的遣词造句，文中认为作为一个知识分子，应该达到讲、辩、著三条件。在著作方面，首先应该写出符合书信程式的书信来，这是起码的条件。一封信的完整内容应该有七个因素构成：对收信人的赞颂；对收信人的敬称；对收信人的问候语；介绍自己的情况；切入正题；对今后的良好祝愿和结尾等。文中还对书信的用纸规格等作了介绍。精通辞格运用，这是书信中很突出的要求，应尽力做到。

（12）藏文书法的练习过程。自公元 7 世纪的上半叶图弥创造了藏文以来，就出现了正规的正楷书法和不太正规的须速度快一些的行书两种字体的写法。练习书法的过程是先易后难，先练正楷字后练草楷字，先练基本功，后练艺术技巧。

（13）某些固定词组中出现的约定俗成的变形字研究。藏语的某些固定词组中的某些字，其字形可以简化变形为另一同音字以代其音。这种简化了的变形字，由于已约定俗成，虽与原字的字形有一定差异，但出现在这种词组中，人们仍能理解其原义，而并不以为它是错别字。譬如表自始至终含义的"始末中三者"这一固定词组中的"末"字。"上中下三者"一词中的"下"字，"孟仲季三月"一词中的"季"字，这三个字在藏语固定词语中都用的是表"边缘""末尾"之义的 mthav 字一个字的简化变形 tha 字，此字若离开此固定词组的语言环境，其含义就不是这个意思了。如此等等，在藏语中，类似这种文字变形的固定词组还有很多。

第五卷（贺文宣　译）

本函是才旦夏茸全集十三函中第五函。此函的总名为大班智达、金刚持上师才旦夏茸玉尊久美瑞皈洛追全集之第五函。全函藏文为 504 页，约 252000 字。

本函共收录才旦夏茸教授两部工具书：藏文词典（藏汉对照）和动词变化表（藏汉对照）。

1.藏文词典（藏汉对照）。本文共有 368 页，约 184000 字，是一部常用词词典。全文共收录有常用虚词、实词和词组 5348 个，每一词条都用藏汉双语释明其义，所有词条均按藏文三十个字母顺序排列，查阅十分方便、准确。本词典在中华人民共和国成立初期，藏文工具书奇缺而且社会又急需的 20 世纪 50 年代出版发行后，在藏学界发挥了极其重要的作用，为当时的社会主义革命和社会主义建设作出了巨大贡献。

动词变化表（藏汉对照），这是一部专门查阅藏文动词的准确含义及其词形变化的动词词典，全文共有 132 页，收录藏文动词 710 个，其中他动词 440 个，自动词 266 个。都按藏文动词三十个字母顺序依次排列。藏文动词可分为他动词和自动词，这两类动词中，他动词一般都有未来时、现在时和过去时三时和命令式的字形变化，也有没有命令式的他动词，那只是少数现象；自动词也有三时一式的字形变化，而有命令式者则属少数。大多数动词都有着不同的时式变化，每一个动词，连同它们的不同时式排列在一起，自然就形成了一个动词组，所以，在动词中，有多少动词就有多少个动词组。本词典为了使一个动词组与另一动词组互不相混，每一动词都按表格形式排列，一词一格、一格一组，眉目清晰，每一动词的原本含义、三时一式的准确字形和实用举例等都能在本词条一格之内查阅清楚。本动词变化表既属词典性质的工具书籍，又与上述藏文词典都有异曲同工的作用，两者只是分工上的不同而已，所以，它属于上述字典的补充部分，它的名称也就叫作"上述藏文词典的美丽庄严"。

本函在正文只有这两部词典的前面，另有赛仓·罗桑华旦先生于 2005 年 10 月 15 日撰写的一篇简短前言和在其贤侄久美琼鹏与贤侄孙久美德钦，旦斗寺的久美丹炯、洛萨以及夏琼·隆朵迫吉等之激励下，由大师之再次化身洛桑嘉华诺吾所撰之才旦夏茸小传一篇。正文最后则列有本全集共十三函之总目录一篇。

第六卷（看召本　译）

本函是才旦夏茸全集十三函中之第六函，总名称为《才旦夏茸杰赞久美如必洛哲文集卷六》。全函藏文页数 514 页，约 525000 字。

本函收录了才旦夏茸教授有关佛学、历史、问答、学术讲座、佛学论文、道哥教言、发愿回响《序》作汇编等七方面的内容，共计 88 篇。各篇题目及内容简介如下：

一、皈依讲义

针对普通信徒的实际，用通俗明了的语言介绍皈依三宝入门次第，愿三宝予以加持。

何为皈依？就是投入三宝护佑之下，并向其托付你的吉凶祸福，就如一个孩子信赖母亲还强百倍。例如，某人连感冒都不得，那么他不可能想到医生，也想不到吃药。假如突然得个病，马上就能想起医生。自有生命起，轮回未曾中断，或生为天、或生于恶趣道，甚至生为街头流浪的猪狗之身的也不计其数。假如我生牲畜怎么办？常常要居安思危，如何解脱苦难轮回？如果皈依神仙、水族、山神，就像依靠泥菩萨过河。那么，唯一的拯救者只有佛法才能拯救自他。

践行皈依的步骤如下：首先要清洁佛堂，摆放佛像、佛经、佛塔。然后安坐佛翁前，仔细观察自性、思想：今生得此宝贵难得之身不易，既已得到，能否活得有意义，死时会牵挂何事，迄今我积德多还是作恶多。要用"十善""十恶"称准进行衡量。因轮回无边，我们必然积攒了无数恶事，至今我们仍未能挣脱苦海。如果我现在死了，无法取得天身，无疑会生往恶趣，并轮回无止。由此要生起畏惧之心。要想从轮回中解脱，只有皈依三宝，并一心一意全身心寄托于三宝，才是挣脱轮回苦难的唯一办法。按着观想自己的左右为父母，面前是敌人，背后是亲属，四周是六道众生围绕。把他们观想为恩重如山的母亲，对他们生起大慈大悲之心。逐步由观想图像过渡到观想佛翁中的佛像群。

要想更深一步，请解读《菩提道次论》。

二、问答

此部分共有 14 篇文章。（1）三事仪轨。"三事"指长净、安居、解制。三事的程序：①首先对长净的场所进行清洁，然后按顺序摆放十六尊者和有关佛像，按着摆放主佛释迦牟尼；其次，在佛像前供奉净水和六味良药，塑造神馐，然后诵念相关佛经。②安居。律典《毗奈耶经》中安居分前安居和后安居。如遵循前安居，那就从藏历六月十六日算，如按后安居，那就从藏历七月十六算。当今，多数遵循前安居，遇闰月，顺推。③解制。因藏历六月常逢闰月，如遵循前安居，那就闰月下旬解制，如该闰月有第三十日，那三十日当天解制，如没有，二十九日解制。（此文因应赛日寺的阿旺丹德尔的再三请求而写）写于本人 73 岁时藏历正月初八。

三、答疑解惑

（一）篇名：《律经根本律》疑难词语解释。《律经根本律》是持"根本说一切有部"持律者的顶饰之宝。古印度论师功德光所著，是一部注释四部律典总义的著作。此典为持律倍徒的闻思之依托。现将其中的疑难词语予以注释。（本文共注释了近 500 个词条，是对佛学名词的权威注解，对今后编纂藏文词典有重要价值。——题录者注）

（二）篇名：答律经中的几个疑难问题。文章就号称热振第二的拉加寺的几位信徒在向我提出了律经中的几个疑难问：打木的质地、做法、尺寸大小、颜色、敲击法；忏罪的类型及适用，对三种法衣的加持；如何获得大乘布萨；如何还戒等一一作了解答。

（三）篇名：答隆务寺更登旦增问。这篇短文回答隆务寺更登旦增提出的有关天文历算中的日、月食余数及自生曼荼罗等方面问题。

（四）篇名：一个藏传佛教的信徒需要掌握的佛学知识。内容简介，经藏曰：不为一丝罪恶事，尽力多少善事业；全面驯服个人心，此乃真正佛之教。从身、语、意全方位地弃十恶及一切不善之业；尽管自己也跟六道众生一样企盼享受，但要通过事业获取幸福，欲驯服别人的心，首先要驯服自己如同烈马一样的心。要准确掌握修炼，践行"四谛"，要全身心地皈依三宝，还有"五道"、"梵世"、世尊三轮法轮等。作为一个佛教徒，就应准确理解和掌握佛学入门知识抑或基本常识。

（五）篇名：答信徒才让道尔吉问（之一、之二）。太让道尔及先生先后提出了40道问题，问题内容涉及教派、证觉、《大方广菩萨文殊师利根本经仪轨》中的预言，"分别说一切有部"中的覆藏罪、五部大论、立体坛城、噶居派的红帽子、支贡赞普的治国方法、宁玛派的新旧教派，等等。该文用两篇文章30页的篇幅做了详细解答。

（六）篇名：评藏传佛教各教派的名称，关于喇嘛教的称呼，藏文中"喇嘛"指上师。藏传佛教的任何一个教派都有各自的上师，那么用各教派上师的称呼来命名其中一个教派的名称，其不妥之处显而易见，另一种是从某教派的僧衣颜色来称呼那个教派，如花教、红教、白教、黑帽派、黄教等。藏传佛教有很多教派，光噶举派就有十个小派，还有其他如觉囊派、西斜巴，等等。用其衣服颜色命名很不科学。

我们可以借鉴目前很通行的做法，如汉传佛教、藏传佛教、道教、天主教、基督教，等等。这些命名既有意译，也有音译，符合命名规律。

（七）篇名：消解十方黑暗之如意祷文。（根据藏传佛教对方位的认识，方位分四面八方，加上下共十方，而十方都有佛。根据具体情况，向不同的方位祈祷，获得佛的保佑。）

（八）篇名：对《诗镜》中一些列举的看法。

《诗镜》作者出生于印度南部的婆罗门家族，作者依靠外部世界五彩缤纷的题材和自己驰骋的想象力创作了《诗镜》。藏人译师将其译为藏文，经过历代藏人的吸收、消化，有了创新和发展，最终形成了具有藏人自己的独特诗歌风格。

然而，作者毕竟是凡夫俗子，为了个人利益竭力跻身王宫贵族圈子，王宫贵族的生活成了他的主要创作题材，也免不了男女方面的内容，并很直白。

当下国家提倡"五讲"四美"，诗歌教学课男女同堂，还有藏族的风俗习惯等，因考虑到以上问题，需重新创作一些诗歌列举，以便替换《诗镜》中比较露骨直白的诗歌列举。

四、学术讲座

（一）篇名：学术讲座六篇，才旦夏茸先生先后为中央民族大学藏学院，西藏师范大学，青海省黄南师范、黄南民中，甘南藏族自治州，循化籍藏族教师培训班等做了六场学术讲座。内容涉及天文历算、佛教、诗歌学、藏文创制、藏文文法、正字、音势论等方面。

（二）篇名：历代藏人大译师如何将梵文译成藏文（之一、之二）。

①藏文的元辅音取自梵文；②藏文的名词构成特点；③佛经翻译中主要有意译、

直译、音译。历代藏人翻译大量佛经的经验，对我们今天的翻译有重要的指导作用和借鉴意义。

五、修持仪轨

（一）篇名：消除装藏时邪行之金刚捶。此文讲了两个内容：①装藏的传承只有甲哇（达赖）和班禅两个传承，其余装法均属邪行；②持戒，上上者出家为僧持戒，通俗人也可获取授权后持。持戒期要严守各项戒律。

（二）篇名：纪念杰赞久美柔白宁布华桑布驾临此净土之日的祷词。应班禅大师之托，杰赞久美柔白宁布华桑布访问表示热情欢迎，特作此祷词。

（三）篇名：弥勒佛环寺周巡行记。文章介绍了弥勒佛环绕寺周巡行仪式详细情况。

（四）篇名：宗喀巴的观修行论著中的疑难词句解答。文中对宗喀巴大师的观修行论著中的 127 个疑难词句做了权威的注解。

（五）篇名：智度七十义释读。大乘智度七十义逐条是从缘有为境之特殊行相，以修所生慧为主体之胜解行智。本文对智度七十义逐条做了详细解读。

（六）篇名：诵念万遍白伞盖母禳解经须知。生命无常，无力自控，届时亲人、财富均无助生命的终结，唯有佛法才能助你今生和来世。故抓紧当下积善弃恶，为来世准备资粮。中文还详细讲述了诵念白伞盖母禳解经的仪轨。

六、箴言戒行

（一）篇名：教言汇编，共有 20 篇文章（其中，诗歌一篇）。内容涉及寺院、上师、山间修心处的即兴创作。

（二）篇名："爱他"与"自爱"的对话驯服疯象之铁钩，把佛教中的"自爱"与"爱他"以拟人化的手法，通过二者对话（辩论），宣扬佛法的"无我"。

（三）篇名：给具解脱者心的良言，共两篇。作者询问来信者最近修心佛法的详细情况，回答了作者的问候，最后向来信者传授了如何面对生命行将终结时各阶段出现的状况的秘诀。以此强调人们在世时安心认真准备资粮的重要性。

（四）篇名：问信徒爱护佛教之动机如何，以"十善""十恶"的标准检讨自己。要做到不做任何恶事业，尽力多做善事业。全面驯服自己心，此乃真正佛之教。作者将日常信佛中出现的问题归纳了 30 条，并逐条问持戒者做到了吗？

（五）篇名：十二种愚昧之举。结合自身解读嘉斯仁布齐（又名嘉斯托美桑布，1295-1369）的一段教言，向人们揭示了世上的十二种愚昧行为。

（六）篇名：高低贵贱皆益之教言。今生得此人生不易，仅此一会儿，而所闻佛教之教言更不容易。当阎王之绳套还未投向你之前，片刻也别忘为来世准备资粮。

（七）篇名：给虔诚教徒之教言。当你遭遇到危险、恐惧、冤屈等等，不管遇到任何事情，要牢记你的上师。不管上师的修炼高低，别挑剔上师。只要有个虔诚的心，他肯定是一尊顿悟之大成者。

（八）篇名：劝诫僧人戒鼻烟。文以一个老僧人与一个年轻的严守戒律者对话形式，后者一一罗列了鼻烟的诸多罪果，劝告老僧人戒掉鼻烟。同时忠告其他吸鼻烟者，鼻烟具百害而无一益处。

（九）篇名：为在世或亡者积资粮时诵念六字真言。文章介绍了为在世者积资粮抑或为亡灵超度时如何诵念六字真言以及伴诵的祷词。

（十）篇名："非一非异"四要点践行。自有人类以来，"我"或"执我"如影随形，成了通往解脱路上的最大最坚固的绊脚石。而"非一非异"是剖析证明"我"或"执我"存在与否的方法。用"非一非异"的四要点推导"我"或"执我"并不存在。只有充分认识到"我"或"执我"的本性，才能进入"空性"阶段的修心。

（十一）给闭关中的弟末尼活佛的信。这是一份两位高僧大德之间的书信选交流。整篇信中，对世俗生活方面没有只言片语，从头到尾询问弟弟修心过程每个细节。

第七卷（看召本　译）

本函是才旦夏茸全集十三函中的第七函，总名称为才旦夏茸文集卷二，全函藏文560页，567000字。

本函收录才旦夏茸教授的10篇文章，内容涉及佛教教历及年鉴。各篇名及内容简介如下：

（一）篇名：以释迦法王的生卒年为基准的三千年历史年表诸家之说，现写一部释迦牟尼圆寂至今的详细教历年表。对释迦牟尼诞辰和圆寂年份有很多不同观点，最起码要了解有哪些权威观点。比较权威的有时轮派、萨迦派、瑞琼哇派、赞丹骄武派和汉历等五个；六十甲子年年表；从1014第一胜生年至第十七胜年的第十年之间的历史年表及所发生的历史事件。几乎每页年表下面对一些重要历史事件做了点评。

（二）篇名：解析诸著名史书中的重要历史事件。文中对《西藏王统记》《青史》《红史》《贤者喜宴》《白琉璃》《白史》中各种不同观点进行了对比分析，并提出了自己的研究结论。

（三）篇名：汉历历算。文章概要介绍了汉历的二十四节气，闰月及大小月的算法。

（四）篇名：依释迦牟尼成佛时发生的月食推算其准确生卒年月。因释迦牟尼诞辰、舍弃王权、成佛、著时轮根本续、圆寂等方面的时间上出现了诸多不同说法，本文以普巴师徒的释迦牟尼35岁成佛时出现了月食的说法为基础，倒推各年出现的月食来推算释迦牟尼一生中发生的重要历史事件的年份。并附普派教历年表。

（五）篇名：历算基础知识。文章介绍了历算基础知识，如"加减乘除"的别名、专用数字的辞藻名称、时轮历算的时间单位概念、年月日概念等。文后附乘法口诀表。

（六）篇名：梵文语法典籍概论等三篇文章，16页。根据斯德的传承，介绍了梵文的元、辅音字母及梵文语法典籍要义、梵文入门及名词解释。

（七）篇名：学术讲座，14页。此文主要讲了藏族历史上的重要历史事件和历史年代考证。

（八）篇名：大思上师多杰羌的灌顶汇集。举行吉祥金刚布恐十三天神之灌顶的前期准备事项，以及灌顶过程中的仪轨。

第八卷（看召本　译）

本函是才旦夏茸全集十三函中之第八函，总名称为藏文书法。全函藏文为371页，约40万字。

本函收录了才旦夏茸教授的藏文书法方面的7篇，具体各篇篇名和内容简介如下：

（1）藏文字母字帖，51页；

（2）有头字无头字及草书，37页；

（3）草楷和草书，共122页；

（4）兰札字字帖，29页；

（5）兰札字比例释，25页；

（6）乌尔都文字帖，35页；

（7）速算法39页；汉历法30页。

第九卷（看召本　译）

本卷是才旦夏茸十三卷中的第九卷，480页，约480000字。

《笔记要义》从大的方面分，一、名义。（1）从十五个方面讲了宗喀巴大师的无与伦比；（2）为什么把宗喀巴称为大师；（3）大师的业绩；（4）菩提的含意；（5）什么是次第；（6）解释第广论中的"广"。二、正文。（1）讲授所涉及的有关内容；（2）随时记录所讲内容；（3）讲授透彻度。三、结尾。这里需要说明两点；一是《笔记要义》对《菩提道次第广论》中出现的词、句的理解上，引用了诸家大师的观点；二是《笔记要义》中出现了很多《菩提道次第广论》的专用名词。

第十函（看召本　译）

本函是才旦夏茸全集十三函中的第十函，总名称为《菩提道次第广论》笔记要义

（中士道篇）。全函藏文 436 页，约 445000 字。

本函收录了才旦夏茸教授的两篇文章，具体篇名和内容简介如下： （1） 《〈菩提道次第广论〉笔记要义》 （中士道篇）， 161 页； （2） 《〈菩提道次第广论〉笔记要义》 （上士道篇）， 262 页。

（一）中士道篇和共道的次第道：①引文。修习中士道和共道，生起对轮回的厌恶。②正文。一是修心，真正持有从事解脱之心，生解脱心的方法；二是生解脱心之程度；三是消除对解脱的误念；四是确认解脱道之本质。

（二） 《上士道次第广论》 （上士道篇）

上士之道次第修心。①介绍。一是具智之人，当初就应入大乘道；二是，小乘仅仅小涅槃，不能去除智障，不能获得全知之智慧。②正题。一是指导生起入大乘道之心；二是如何生起菩提心。依何因生此心，修炼菩提心之道次第，检验修炼所达到的程度和累资粮的程度。③生起菩提心后开始修行。一是系统地学习大乘，训练学习菩提教材之心，守佛子之戒律，如何学习菩提心。二是如何学习金刚乘、修行、修学度无极。

第十一卷 （看召本 译）

本卷是才旦夏茸十三卷中的第十一卷，434 页，约 443000 字。

篇名： 《〈菩提道次第广论〉笔记要义之修止法、胜观法》，共两篇，309 页。 （下士篇)

（一）修止和胜观实质上是六度中的最末两度。修上的实质是如何修习禅定，胜观的实质是如何修习智慧。2.修习方法。①观修修止和胜观的功德。②修止和胜观能聚合诸定法。③修止和胜观的实质。④为什么要观修修止和胜观。⑤认定两者顺序。⑥分别修习的方法。

（修止：安定游离于外界事物的中心，并锁定于所观想的对象中。胜观：一切禅定的总括或因。以智慧眼，观察事物本性真实差别。——题录者注)

文中讲 "修止" 法时也讲到了 "胜观" 法，而后面一篇专谈 "胜观" 法。奔着 "内容简介" 的主题旋律，本人将两篇合二为一作介绍。)

（二） 篇名： 《菩提道次第广论》笔记要义之金刚乘修法，42 页。

1.修习金刚密乘。①先修习普通次第道，然后进入金刚密乘修习。②首先获得密乘灌顶。③ "二成就" 之基础是严守誓言和戒律。④灌顶和讲经。⑤展示成果。

2.要使暇满有意义。经过全面修习密乘，暂且不能完整地践行，但心中生起密乘次第，并能随顺、能细究诸概念，常能祈祷。这样，你有了全面拜读佛经的机会，此暇满也有意义了。

（三）篇名：《金刚密乘要义》，73 页。文章主要讲金刚密乘的四部恒特罗，既事续、行续、瑜伽续、无上瑜伽续，还详细介绍了坛城的画法及修法，还讲了生起次第和圆满次第。

第十二卷（看召本　译）

本函是才旦夏茸全集十三函中之第十二函，总名称为密乘要义释。全函藏文 492 页，约 545000 字。

本函共收录了才旦夏茸教授有关密乘方面的论著两篇，具体各篇名称和内容简介如下：

（一）篇名：宗喀巴金刚密乘要义释之纲要，206 页。

宗喀巴开创了显密结合修习法，为了人们便于修习，他又著了密乘典籍要义。该要义准确，便于学习，充满智慧，为有幸入门"闻思修"学习者打开了眼界。本文是对《宗喀巴金刚密乘要义释》的提纲挈领式的归纳总结。

（二）篇名：《密乘概论要义释之无上瑜伽补遗》疏，286 页。该《要义补遗》属格尔德·罗桑成来所著，内容涉及密乘中的最隐秘最抽象部分。如密乘中的灌顶，坛城及其造法，修炼法，誓言与戒律，父续母续及第三续，生起次第和圆满次第，现观修法，死亡过程八阶段，三定，舍弃，修止、胜观、因果、气功修炼、金刚集咒仪轨、金刚心修诵、合和往生等。本文用比较通俗的语言，对上述内容进行解读。使普通读者也能对密乘有个大致的了解。

第十三卷（看召本　译）

本函是才旦夏茸十三本文集中的第十三函，538 页，约 514000 字。

本函共收录了才旦夏茸教授的有关教法传承、敬事、几种烧施仪轨，高僧遗骨处置仪轨，吉祥时轮释补遗，祷词等二十篇文章，各篇篇名及内容简介如下：

（一）久美旦曲加措经教听闻传承，292 页；

（二）敬事，5 篇，共 10 页；

（三）佛顶大白伞盖息灭护摩仪轨，12 页；

（四）毗卢遮那现证佛息灭护摩仪轨，12 页；

（五）毗卢遮那现证佛坛城造法，4 页；

（六）修大威德本尊时念咒基数，14 页；

（七）十三尊大威德立体坛城造法，18 页；

（八）观修独雄大威德本尊仪轨，20 页；

（九）僧人丧葬仪轨，14 页；

（十）遗骨净荐仪轨，4 页；

（十一）消除怨敌诅咒仪轨，8 页；

（十二）《布顿文集》拉萨版中的时轮要义续本释校正，19 页：

（十三）吉祥时轮念修仪轨，13 页；

（十四）吉祥时轮四家合注授法，16 页；

（十五）六臂护法食子仪轨，13 页；

（十六）颂词及祷文，25 页。

1. 这是久美旦曲加措上师的教法传承和所听闻课程的详细记录。近期要出版久美旦曲加措上师的文集，而大师的教法传承和所听闻课程的记录近两函，为了适于出版，本人对"记录"原文进行了整理。此文即是整理过的文本。

2. 敬事（5 篇）。（敬事是将自己的根上师观想为集一切佛之总体的一种仪轨——题录者注）

3. 本中详细描述了佛顶大白伞盖息灭护摩仪轨的准备、过程和结尾的各项事宜。

4. 本文介绍了毗卢遮那现证佛息灭护摩仪轨以及仪轨过程中需诵念的秘咒和观修方法。

5. 文本介绍了毗卢遮那现证佛坛城的尺寸及造法。

6. 观修大威德仪轨有两个部分：一为先修坛城；二为要诵念观定数量的秘咒。

7. 十三尊大威德坛城的尺寸及造法。

8. 观修独雄大威德仪轨，获灌顶、有上师传授的瑜伽修炼者要修炼独雄大威德，主要先修坛城，然后诵念规数数量的秘咒。

9. 本文主要讲述僧人临终。指临终关怀、引导、死亡、超度、葬礼过程的各项仪轨及细节。

10. 处置高僧的遗骨时，先观修金刚勇识、诵念秘咒，消除对亡灵往生途中的障碍，圆满到达布施之彼岸，观想戒律化成光体变成如来之源的宝物。

11. 观修大威德，消除怨敌针对某人的诅咒符。

12. 我在讲授布顿文集（拉萨版）中的时轮要义续时，发现续和注释之标点错误，导致混乱和错误很多。出错的原因可能是续与注释核对不仔细造成的。文本予以一一纠正。

后面六篇均为几种仪轨和祷文。

《陇上学人文存·才旦夏茸卷》（第四辑）

作者：杨士宏

李国香

李国香（1921—1990），笔名斯纪，甘肃省武山县人，我国著名的维吾尔语言、文史学家，翻译家。李国香先生生前是西北民族学院汉语系教授，历任中国少数民族文学学会理事、中国民族语言学会理事、中国突厥语研究会理事、突厥古文字学会理事、甘肃省外国文学会顾问、甘肃省翻译工作者协会常务理事、甘肃省语言学会学术委员会委员、甘肃省学术职称评议委员会委员等学术职务。

　　生命如一本书，永垂于时光流逝的日历……

——李国香墓志铭

　　每每看到这段沉甸甸的文字，27年前先生给我们讲课的音容笑貌便又浮现在我的眼前，久久不能逝去……

　　记得那是大三一个寒冬的早晨，已经接近期末考试了，《维吾尔文学史》课堂上。李国香先生依旧是那一身简朴得不能再简朴的棉袄，踏着西北民族学院文科楼响亮的上课铃声准点走进了教室。为了表达对先生的敬仰之情，同学们整整齐齐地站起来向老先生行了上课礼，接着是先生对维吾尔诗歌唯美表现手法娓娓道来：

　　　　玫瑰妖娆，比不得你的身段窈窕，

　　　　待绽的花苞，赛不过你嫣然一笑。

　　　　百卉争妍，哪有你好看，惹人喜欢，

　　　　蔷薇怎能结出红唇一样的玛瑙。

花园里，千姿百态，怎比你的仪采，
花艳人娆，也难比你的下巴美好。
晚会上，有谁能够像你光辉四射，
明月样的脸儿，比灯辉更灿更皎。
古穆呀，还有谁能唱得比你好听，
有什么悲痛，比你的哀伤更苦恼?!
世界园里花万千，数你体态堪怜，
亭亭身腰，花朵儿脸，朝阳里好看。

造物主用巧手雕出你美丽的容貌，
两道弯眉，跟圣洁的新月一般。
机灵的眼睛，守望着美丽的财富，
睫毛像芦苇给湖水镶出一道边。
你的脸儿像太阳一样光彩妩媚，
黝黑的发丝中似有麝香飘散。
玫瑰花瓣，飞满你的发髻，
好像为了跟你比一比谁最妖艳。
红红的嘴唇，就是你美丽的花苞，
清新的晨风，吹开你的层层花瓣。
你那两只秀丽的耳朵啊，好神妙。
宛如衡量牙齿和嘴唇的两个秤盘。
那颗黑痣，不是万绿丛中的芳香，
是为看守俘虏站在腮边的总监。
红红的琼浆，最适合美丽的月姑娘，
眼睛一眨一眨，波光胜似太阳的光亮。
想到她的长相，暖流在浑身流淌，
怪! 太阳还没起床，黑夜怎么大亮!
是太阳胆怯，不敢逼视明月的脸，
还是光线太强，刺得目涩，心慌?
没有一处花园，花儿这般娇艳，
你那红唇，好像落进玫瑰的酒碗。
你是一株劲松，你的脸像一朵花，

我是一只鸱鸮，把你的红唇礼赞。

夜空星星的眨眼，可是珍珠之闪现？
或是为了你而嵌在天幕上的银钱？
你的脸儿是灯盏，头发像黑烟。
吐出的芬芳，在世界上到处弥漫。
我的心活像你寸步不离的小狗，
你的锁链，已经把它紧紧地捆拴。
你是一条大河，我不过是一滴水点，
让别人嘲笑吧！我融进大河有何可怨。
天空在你脚下，日和月归你调遣，
胡达许你把皇帝和乞丐随意使唤。

……

这首古穆纳木的美丽诗篇还在我们耳边萦绕，而谁知这竟是诀别……

同学们心中的李先生是那样的和蔼可亲，讲课是那样地充满了诗意和厚重，为了寻找其诗意的源泉，我特意查找了许多先生的资料和求学经历。

先生虽然出生在农村，但是甘肃武山位于天水市西端，东接甘谷，南邻岷县、礼县、漳县，西通陇西，北靠通渭。此地自古是丝绸之路必经之地和兵家必争之地，享有羲皇故里、娲皇故里、轩辕故里的荣誉，羲皇始创八卦，被誉为"易学之都"。正是这样的文化熏陶，其父李霖谙熟古文，书法遐迩闻名，对少年国香产生较大影响。国香七岁开蒙，聪颖好学，勤奋超群。先是入私塾苦读七年，"闻鸡起舞"，夜阑方眠，使他奠定了过硬的古文基础。私塾毕又读两年小学，其间他已能用文言作文，备受先生赞赏。每每考试他皆名列榜首，张贴于村校门口，令校友、村人惊叹。

1936年，先生考取中央政治学校肃州分校，该校址在甘肃河西重镇酒泉，遥距家乡千余公里。因家境窘迫，其父忍痛卖了家中的小梨园，先期赴兰州做小本经营，为子拼凑盘缠。国香时年十六岁，已深知穷苦人读书不易，他背起行李，步行赴兰，前后十余天。

1939年，先生考入重庆国立边疆学校高中部。1942年以优异成绩考进昆明国立西南联合大学外国语言文学系。此校乃清华大学、北京大学、南开大学之联合（抗战期间），名教授荟集，学风严谨，为华夏之冠。由于师从闻一多、沈从文、朱自清、卞之琳、吴达元等名师，大获收益。他学习掌握了英、法两门语言，并开始涉足文学翻译。他的译作——萨洛扬的《蛇》《猫》等发表在《世界文学季刊》上。

1946 年大学毕业,获得学士学位。一月后赴兰州求职,以出众的学识先在兰州大学附中、甘肃省实验中学高中部任英文教员,后在兰州大学外语系任教。这段时间,教书之余,他又将一些外国文学作品翻译发表,如台维思的《战时》、刻斯吞的《新的罗曼时代之来临》《商籁十四行抒情诗稿》等。

中华人民共和国成立后,西北少数民族问题日益受到政府重视,兰州大学成立了少数民族语文系。抱着"钻冷门"的决心和勇气,由外国语言文学教学转向钻研维吾尔语言文学。先生以超人的语言天赋和顽强的毅力熟练地掌握了这门语言,并开始讲授。是时,国内汉族学者中投入维吾尔文学、语言的教学与研究者为数极罕,国香亦属拓荒者之列。

1952 年全国高等院校院系调整,兰州大学少数民族语文系转入西北民族学院。此后,先生把毕生精力都奉献于少数民族教育事业和维吾尔语言、文史研究,取得了令学界瞩目的显著成就。

从 60 年代初起,先生开始维吾尔文学史研究,矢志写出国内第一本维吾尔文学史。维吾尔民族、语言文化形成与变迁历程颇为复杂,各类资料十分零散,加之古代维吾尔文字拼写迭有更动,研究之路异常艰难。几十年中,先生在遍查汉文古籍文献同时,还朝斯夕斯研读大量的古维文第一手资料,其中包括早期的鄂尔浑碑铭文献。他还发挥精通英、法、俄及波斯、维吾尔文之优势,查阅了大批国内外文献。通过精心考释辨析,科学地为维吾尔文学发展断代、分期,阐述渊源,梳理脉络,评介不同时期的文学现象及人物、作品。"文革"期间,先生受到批斗迫害,研究被迫中断。1970 年西北民族学院被撤销,国香调至甘肃工业大学重教英文。在身遭迫害的境遇里,他仍然不改几十年做学问的志向与作风,继续订阅维吾尔文报刊,惦念着维吾尔文学史研究。

粉碎"四人帮"后,1977 年年底,又调回复办的西北民族学院,继续从事维吾尔文学史研究。1982 年,先生六十岁时终于实现夙愿:写出了国内第一部维吾尔文学史。以时间论,它比苏联哈萨克斯坦科学院阿拉木图出版的《维吾尔文学简史》早一年问世。先生著述的《维吾尔文学史》填补了这一领域的汉文研究空白,受到学术界高度重视,评价它"为维吾尔文学研究之发展做出了重要贡献"。

几十年中,先生在维吾尔语言、文史方面的研究成果累累。这包括他先后发表出版了《维吾尔文学史》《维吾尔翻译史》《十二木卡姆史略》(音乐史)等一批著述及重要论文。他还翻译了大量优秀的维吾尔古典文学作品,如维吾尔长诗《热碧亚——赛丁》《爱苦相依》《诺比德全诗》《真理的礼品》《爱情诗简》等等。上述著述、论文、译作多次在国内获奖。

先生一生，还发表过相当数量的英文、俄文翻译作品，作品涉及诗歌、小说及文学评论。译作准确精当，文采斐然，显示了深厚的中外文功底。这些译作包括：托玛斯·品钦的《万有引力之虹》《非洲黑人诗选》《麦克白和邪恶的玄学》《论当代英诗》《当代文学理论导读》等。

先生一生有近五十年教龄，"桃李芬芳"，成百上千之学生早已成为建设中华的骨干人才，其中不乏一批学有所成的专家、学者。1987年，获得甘肃省高等学校教书育人奖。

《陇上学人文存·李国香卷》共分为四辑。第一辑是研究维吾尔翻译的文章；第二辑是有关十二木卡姆的论文；第三辑是关于维吾尔研究的文稿。第四辑选编的是先生一生研究的重要成果《维吾尔文学史》，也是我国第一部研究维吾尔文学史的汉语巨著。这样的选编比较全面地反映了李国香先生的思想观点和学术历程。可能在选编的过程中有些细节存在疏漏，但从总的编选体例来看基本上是先生关于维吾尔文学研究的全面展现。

在编选前言的写作中参考了先生儿子李汀著《李国香文集》的部分资料，牟克杰先生为编选工作提供了编辑指导。由于兼职党务行政工作非常忙，在编选工程中，我的妻子冯瑞（热依曼）教授在资料的搜集、整理和文稿的编撰、校对等方面做了大量的协助工作，在此一并表示感谢。

李国香教授一生如一本书。

他，永远摆放在西北民族大学的书架上——会有人重读。

《陇上学人文存·李国香卷》（第六辑）
作者：艾买提

丁汉儒

砥砺前行　奋进不息
——记民族教育的先行者丁汉儒教授

丁汉儒，汉族，1926 年 11 月生，湖南桃江县人。1951 年毕业于西北大学民族学系，其后任教于西北民族学院（现西北民族大学），长期致力于民族理论及宗教学方面的教学与研究。曾任西北民族学院民族理论教研室主任、政治系主任、学院副院长，甘肃省民族宗教学会会长、中国宗教学会理事、中国民族理论学会理事、甘肃省高等教育发展战略研究会常务理事、甘肃省老教授协会副会长等职，享受国务院政府特殊津贴。在数十年的教学及研究工作中，丁汉儒孜孜以求、诲人不倦，不仅培养了大批服务于民族地方建设的优秀人才，也参与编撰了多部在全国有较大影响力的教材与著作，如《民族理论与民族政策》教材（统稿修订、主要编写人之一）、《宗教词典》（主要编写人之一）、《藏传佛教源流及社会影响》（合著）、《中国宗教理论和政策纲要》（编著）、《兰州市志·民族宗教志》（主编）、《中华各民族谁也离不开谁的故事》（副主编）等，另撰有《论"民族问题"的实质是阶级问题》《对"民族问题"的一点理解》《民族和社会——兼及民族问题方法论》《从苏联解体谈民族问题》《喇嘛教形成的特点问题》《宗喀巴宗教思想探讨》等代表性论文多篇，在民族理论及宗教学教学与研究方面有突出贡献，其业绩被《中国当代名人录》《中国优秀专门人才事略大典》《当代湘籍著作家大辞典》《甘肃省志·教育志》《甘肃专家》《西北民族学院名流风采录》等多部出版物收录。

一、砥砺前行：动荡乱世中的求学之路

湖南省桃江县灰山港九甲湾，楠竹掩映，林园葱翠，民尚朴素，勤于衣桑。中华人民共和国成立前九甲湾人口稠密，居民以丁姓为主。丁汉儒就出生在九甲湾一户普通农民之家，于兄弟五人中排行第三。其父亲深知教育的重要，只要条件允许，便想尽一切办法让孩子读书。在父亲的坚持下，汉儒五兄弟中，除大哥务农，小弟年龄尚小，其余兄弟皆被送去读书，学费、生活费等用度则全靠父兄等人耕种的 21 亩薄田勉强维持。

当时丁汉儒就读的湖南益阳县立第五区高等小学需要住校，如今已过耄耋之年的丁汉儒仍清晰记得当年父亲用扁担挑着沉重的行李与书笼，送他前往小学的情景。时光飞逝，在琅琅书声中，丁汉儒小学毕业后考取了离家 90 多里地的、位于益阳的育才中学。该校原本在长沙，由于抗战原因，不得已迁至异地的益阳箴言书院。益阳是湖南的文化之乡，箴言书院即由晚清益阳名臣胡林翼所创。育才中学是私立学校，上学除去学费，还要交纳稻米做伙食之用。世道艰辛，家境困难，使丁汉儒格外珍惜读书学习的机会。汉儒敏而好学，博闻强记，善于思考，第一学期便名列前茅，此后的学习成绩也一直居班级前两名。由于成绩优异，学校就将丁汉儒的学费全免了。汉儒将全部精力投入学业之中，加之书院文化的良好熏陶，为其以后的人文社科研究打下了良好的传统文化基础。初中毕业后汉儒想继续读书，但又不得不考虑学费的来源问题，而唯有考取公办的省立中学，才有可能减免学费。于是便报考了当时非常出名的湖南省立第一中学。由于日军进攻长沙及衡阳大会战，一中被迫迁往湘西北的安化。时局虽乱，但汉儒求学之心从未改变。经过努力，顺利考取了湖南省立第一中学，成绩优异的他被直接插班至高中二年级就读。当时，一中的学费仍为稻米，一路须用独轮车推着稻米，徒步行走 3 天方从九甲湾行至安化。可以说，为了求学，真是费尽了周折。抗战胜利后，一中又从安化迁回了长沙。1946 年冬汉儒中学毕业，为减轻家里的负担，便在益阳私立高等小学谋得了一份教员的工作。

1947 年上半年，全国性的大学招考恢复，这是抗战胜利后第一次大学统考招生。由于自小喜欢文史，加之受古代英雄人物投笔从戎思想的影响，年轻的丁汉儒怀揣梦想，报考了位于西安的西北大学边政系（即边疆政治系，解放后改为民族学系），一心希望学成以后报效国家，作出一番事业。离家参加招考的那个夏日，天气晴朗，父亲

黎明即起，帮儿子准备远赴长沙参加考试的用具，一直到目送汉儒离家。可以说，家人的期望，为丁汉儒增加了考取的信心。统考结束后，丁汉儒回家一边帮助家里干农活，一边等候消息，录取通知送达时，已是当年的八九月份。大学倒是考上，且学费食宿等费全免，但抗战刚刚结束，家中生活艰难，加之物价飞涨，路费问题实在令人发愁。汉儒父亲东拼西借，花很大力气才凑齐路费。然此去西安，路途遥远，且世难时荒，交通十分困难，丁汉儒经过艰难跋涉，辗转劳顿，费时近两个月才到达了西安。谈及父亲，丁汉儒总是跪乳情深，称兄弟几人的教育全靠父亲支持，而父亲由于过度操劳，年仅 57 岁便离开了人世。

刚进西北大学时，来自江南鱼米之乡的丁汉儒，多少有点不习惯北方的饮食，一段时间后，也就慢慢适应了。大学期间，汉儒博览群书，开阔眼界，系统学习了社会学、人类学、民族学等方面的理论知识，并修习了维吾尔语，这为其以后从事民族教育及民族理论方面的研究打下了坚实的基础。从 1947 年秋季入学到 1949 年解放，汉儒的许多同学相继放弃学业，或是参军，或是直接参加工作。汉儒的想法却很简单，就是要坚持到大学毕业，不能半途而废。最终，丁汉儒于 1951 年顺利完成了学业，从西北大学毕业。

二、筚路蓝缕：曲折年代里的黉墙坚守

"独步幽林识路赊，乘风我欲觅天涯。十年一觉黉墙梦，还向园丁学种瓜。"这是1961 年，丁汉儒工作十年后，游览青岛中山公园时即兴所赋诗句，颇能反映汉儒坚持服务西部边疆的决心与其坚守园丁之业的梦想。1951 年，丁汉儒大学毕业后，适逢位于兰州的西北民族学院成立，急需大量教师为民族地区培养各类人才。于此，西北行政委员会民族事务委员会便分配丁汉儒到西北民族学院工作，自此汉儒一家西行兰州，汇入了支援大西北的人潮之中，六十余载再未离开，兰州成为他们的第二故乡。初至西北民族学院，由于学习过维吾尔语，懂得双语，学院便派丁汉儒在民族班里教授汉语。由于扎实的专业基础、缜密的逻辑思维、较强的工作能力，没过两年学校便将丁汉儒调至民族研究室，在做研究工作的同时开始向各民族学生讲授民族问题相关课程。这对于丁汉儒来说，是一项新的任务，作为一门新开设的课程，既无现成范式可循，又极缺乏资料的创举。从此他开始进入一个筚路蓝缕，边教边学，不断研究探索实践的过程。根据时代发展要求，伴随着民族工作的需要，丁汉儒自己创设教学内容，不断更新。1952 年、1953 年主要讲授"民族情况"，1954 年后增讲"共同纲领民族政策"，以后随着教学内容不断充实完善，课程名称也渐次改为"民族情况与民族问题"，"民族问题与民族政策"（改革开放后改名"民族理论与政策"），并编写出供本科各系

和干训班使用的《民族问题与民族政策》讲义。1958 年至 1960 年与教研室同仁又编纂出《民族问题与民族政策学习参考资料汇编》一套（两辑四册），由西北民族学院印刷厂印行，在各民族学院和有关单位内部交流，还编印了《毛泽东同志论民族问题》。"民族问题与民族政策"课的开设与教学，对于民族学院的各族学生进行民族团结和爱国主义教育具有特殊的重要意义。在"民族问题与民族政策"课程的建设发展过程中，丁汉儒作出了重要贡献。西北民族学院民族问题相关课程开设较早，积累了一定的教学经验，中央教育部于 1956 年给西北民族学院发函，让学校组织人员编写《民族问题与民族政策教学大纲》。大纲由民族史与民族问题教研室编写，开始是由丁汉儒、吴耀堃负责，教研室其他两三位教师共同参与。后来，由于各种政治因素的影响，吴耀堃被迫离开了编写组，大纲的编写便由丁汉儒独自负责。1958 年《民族问题与民族政策教学大纲》编成，报送教育部并发与全国其他民族学院交流。《民族问题与民族政策教学大纲》是中华人民共和国成立以来最早编写的和民族理论与政策相关的教学大纲，虽然它没有正式出版，但其在中国民族理论发展史中具有重要意义。

除完成教学任务、宣传党的民族政策外，民族院校教师的一项重要任务就是参与各级部门在民族地区开展的调查研究工作，有时某些临时性的民族工作也会抽调他们前去，如协调民族地区草山纠纷等。1952 年民族研究室成立伊始，甘肃省委统战部、民工委组织抽调西北民族学院丁汉儒、侯广济、李波等人参加甘南夏河桑科工作队。从 1953 年冬起，一待便是 8 个月。工作队白天深入牧区协助民主建政工作，晚上还要站岗放哨。生活条件简陋，帐篷单薄，也无床褥，队员只能席地而眠。入冬后，早上醒来，嘴巴周围全是冰霜，被面上也都是冰。当时的甘南草原，公路交通尚不发达，工作队日常行走主要靠骑马。遇山翻山，遇河涉水。有时河流湍急，一不小心，马蹄踏空，人便跌入冰冷的河水之中，棉裤棉袄湿透，只能用身体焐干。如此这般，丁汉儒落下了严重的关节炎。20 世纪 50 年代中后期，丁汉儒与侯广济等西北民族学院的部分教师共同参与了少数民族社会历史调查，并参与了三套丛书（《少数民族简史》《少数民族简志》《自治地方概况》）中甘肃省特有少数民族及自治地方概况的编写。由于工作成绩突出，丁汉儒很快就在中青年教师中脱颖而出，被评为"先进工作者"。

1958 年以后特别是从 1963 年开始，政治领域形势复杂，阶级斗争之势加剧，民族院校的办学方向有了很大改变，轮训少数民族政治干部的任务被放在了首位，不久又开始大办"社教运动"积极分子班，民族院校的本专科专业开始停招或撤并。这期间，教学中的政治性任务不断突出，系统性的学术研究根本无法开展。1960 年，西北民族学院组织丁汉儒等人到阿克塞、肃南、肃北等地调查。这次调查中丁汉儒不慎从马背摔落碰到大石，腰部受伤，落下了腰疼的毛病。1963 年以后，中央和地方各级机关派出大量工作队，分赴部分县、社开展大规模的"社教"运动，丁汉儒等教职员工也被抽调参与其间。1964年冬，丁汉儒被抽调前往甘南夏河牙利吉乡参加第一期社教，一直到1965年8月方才结束。1966年元月，丁汉儒又被抽调参加第二期社教工作，具体地址是在青海省刚察县牙秀玛公社。牙秀玛公社地处高海拔地区，工作人员白天到处奔波，晚上却又因高原反应无法入眠。1966年秋，丁汉儒结束青海的社教工作回到兰州。此时，大门口、办公楼前贴满了声讨丁汉儒的大字报，原来"文化大革命"开始后中央统战部被打成了"修正主义司令部"，全国统战、民族、宗教工作部门都被扣上了"执行投降主义路线"的帽子，民族宗教事务管理干部陆续遭到迫害，各级民族、宗教工作机构逐步被取消。丁汉儒为人低调，宽厚无争，既无所谓的"右派"言论，也无得罪他人。但由于丁汉儒在西北民族学院专业领域已小有名气，还是被冠之以"资产阶级反动学术权威"之名，其早先参观塔尔寺期间所写《塔尔寺观灯记》也被作为罪状之一受到批判。此时，西北民族学院正常的教学秩序受到冲击，学校教学陷入全面瘫痪，教书育人、科学研究、服务民族社会均被抛之九霄云外。1968年8月，丁汉儒、唐景福等人被下放至陇东泾川农村进行改造，劳动至1969年元月，丁汉儒因病被允许返回兰州休养。1970年年初西北民族学院被撤销，有的教职工返乡回家，有的被分配到甘南，也有一些被下放到干校。丁汉儒及其他分配不出去的所谓"反动学术权威""牛鬼蛇神""走资派"等则归省学习班管理。不久，兰州市街道、派出所发起了"清三史"运动，试图从家史、个人史等方面的历史清理中进一步清理阶级队伍。由于个人历史清白，丁汉儒就被从省学习班抽调至白银路街道清三史办公室（由街道办事处和派出所联合组成，办公地点设在白银路派出所），跑居委会调查，整理誊写材料。1971年前后，清三史工作即将结束，街道办事处党委书记找到省学习班、人事厅，要求将丁汉儒留在街道办工作，于是丁汉儒就成为白银路街道办事处的办事员。1973年，在周恩来总理的亲切关怀下，西北民族学院各项工作开始恢复，但复办工作受社会环境影响进展缓慢，举步维艰。到1976年年底，西北民族学院全院仅有在校学生六百余人，教师一百余人。学校复办期间，丁汉儒被调回西北民族学院，开始在图书馆清理图书，协助追讨学校停办时被分掉的公共财物。不久，学院成立了政治课教研室，丁汉儒被任命为教研组组长，给干训班学生授课。1974年，全国上下掀起了"评法批儒"运动，刚刚有了起色的教学工作又受到影响。此时已是"文化大革命"后期，人们对全民性的社会运动已无激情，迫切希望社会生活恢复常态。西北民族学院的教师们也在想如何能够多做点与教学、民族研究相关的事情，以更好地发挥民族院校的社会服务功能。1976年3、4月间，在向学校党委申请后，丁汉儒、唐景福、温华、孙尔康等人邀请王沂暖先生同行，开始在甘肃、青海、四川、西藏等省区开展民族宗教问题方面的调研。白天他们走访寺院乡村，访谈藏民，收集大量第一手资料，晚上回到驻地，整理白天调研所得材料，一直持续到 1976 年 10 月结束。这次调研为以后宗教学教学与研究做了一件基础性的事。

三、开拓创新：新时期下的民族理论与宗教学探研

"文化大革命"结束，百废待兴，民族工作开始恢复常态，西北民族学院各项工作得到快速发展。1978 年，丁汉儒与省内学者共同研究制订"甘肃省关于少数民族的科学研究工作 8 年规划纲要（1978—1985）"。同年 4 月规划纲要草案制定完成，确立要继承和发扬少数民族的优良文化传统，对少数民族的语言、历史、民族、宗教以及民族理论和民族政策等方面进行系统研究，如甘肃民族源流、藏传佛教历史及思想、西北伊斯兰教教派门宦制度、民族宗教理论及政策、少数民族文献汉译、甘肃少数民族历史文献资料汇编、少数民族语言等，力争在 8 年内写出一批少数民族相关的人文社会科学论著。由于种种原因，这份纲要后来没有形成最终定稿，但其规划内容却成为后来学者努力的方向。1978 年 12 月，党的十一届三中全会胜利召开，科学研究也迎来了生机盎然的春天。1979 年 2 月，全国宗教学研究规划会议在云南昆明召开，中国宗教学学会正式成立；同年 5 月，中国民族理论研究会成立大会也在北京召开。上述两次对民族宗教研究有重要影响的大会，丁汉儒都参与其间，为学科恢复与发展建言献策。此期，各类学术期刊开始出现，其中《西北民族学院学报》于 1979 年正式发刊，成为民族宗教研究者发表自己独立学术见解的重要园地。自 1979 年起，丁汉儒在各类刊物上连续发表了一些民族理论及宗教学研究方面的论文，并参与编写了一些教材、著作，成为改革开放后甘肃省内较早从事民族理论、宗教学研究的学者之一。

1. 率先探讨民族理论基本问题

民族问题的实质与内涵向来是民族理论界探讨的基本问题。但民族问题也是一个十分敏感的话题，"文化大革命"前除了有关机关和官员的发言或报告之外，几乎无人在媒体上置一词，更不要说发表论著了。1978 年十一届三中全会胜利召开，中央果断摒弃了曾经被奉为圭臬的"以阶级斗争为纲"的指导思想，但民族理论研究及民族政策执行中仍大量存在从阶级斗争出发来分析民族问题的现象。在这样的历史背景下，丁汉儒撰写了《论"民族问题的实质是阶级问题"》（《西北民族学院学报》1979 年第 1 期），这是改革开放后丁汉儒公开发表的最具代表性的论文之一。由于首次在公开发行的刊物上阐明这一问题，多少有点"冒天下之大不韪"，故论文措词较为谨慎，题目选用了"论"而非"评"这样的字眼，以期委婉说明民族问题的本质并非阶级问题。论文指出，有必要对我们曾经视为指导思想的"民族问题的实质是阶级问题"命题进

行新的审视。民族与阶级虽然存在一定的联系，但总体来说分属不同的范畴，二者的识别不能同一，各有其质的规定性，且民族比阶级更稳定、历史更久远。民族问题主要是指民族外部的相互关系，只有在一定的条件下，"民族间的外部联系才产生矛盾"。民族问题与阶级问题"各有它的特殊的矛盾和特殊的本质"，不能将其简单对等，否则就是实践中对民族及民族问题的否定。社会主义社会中的民族特征、民族关系是发展变化着的。民族问题的根本是民族平等问题，新时期民族问题的主要内容是"实现四个现代化，消灭民族间事实上的不平等"。具体实践工作中应进一步发扬社会主义民主，健全社会主义法制，发挥各民族在现代化建设中的积极作用，以实现共荣共进。于此，论文最后指出，"民族问题的实质是阶级问题"这样的提法，在理论与实践层面上都无法概括新时期的民族问题。《论"民族问题的实质是阶级问题"》一经发表，立刻引起政界、学界强烈反响，既有批驳者，亦有赞同者。改革开放初期，思想的迷雾仍有待清理，1980 年 7 月 15 日《人民日报》刊文《评所谓"民族问题的实质是阶级问题"》，对"民族问题的实质是阶级问题"这一命题进行了全面评述，认为这一提法曾对"民族关系造成了很大的损害"。可以说，《评所谓"民族问题的实质是阶级问题"》是对丁汉儒《论"民族问题的实质是阶级问题"》所述观点的正面肯定。关于民族问题实质的热烈讨论持续了很长时间，牙含章等人都参与到讨论中来。问题不辩不明，最终，用阶级斗争来分析社会主义时期民族问题实质的观点被彻底摒弃了。在撰写《论"民族问题的实质是阶级问题"》之后，丁汉儒又相继撰写了几篇与民族问题相关的具有很高理论水平的学术论文，如《对"民族问题"的一点理解》（载于中国民族理论研究会办公室 1981 年 1 月编辑的《民族问题理论论文集》）、《民族的形成问题》（《甘肃民族研究》1982 年第 3 期）、《学习马克思民族理论的几个问题》（《民族理论研究通讯》1983 年第 1 期）。论文所述内容，接续了改革开放初期关于"民族问题"本质、民族的形成等理论问题的讨论。上述论文中，最为典型的是《对"民族问题"的一点理解》一文。该文以马克思主义经典作家的原著为基础，探讨性地提出，民族问题理论"简言之就是关于民族和民族关系的发展规律的学说"。在一定历史条件下，"在民族交往关系中，由民族差别和民族特点而产生的矛盾，就构成民族关系问题，也就是民族问题"。民族关系问题非常复杂，"不同民族、不同历史条件下，民族关系的性质是不同的"，"必须区分不同性质的民族关系"。在考察我国民族问题的历史后，论文提出，民族问题并非单纯指民族的内部问题，它是与其他民族的对照中来讲的。民族关系的发展是同一性与多样性的辩证发展，在各民族的长期交往中，既有共性的增多，亦有民族差别与民族特点的持续存在，且民族差别、民族特点也是发展变化着的。新时期，国内民族问题仍然主要是以汉族和少数民族的关系为其基本特征。

此期，"实现民族间在政治经济和文化等一切权利方面的完全平等，仍然是民族工作的根本任务"。论文认为，民族区域自治保障了少数民族"能够充分行使政治上当家作主的民主权利"，"从政治上、经济文化上能解决我国民族关系的基本问题"。但现实中存在事实上的民族间的不平等问题，如"反映在民族关系上的经济文化发展的差别或不平衡状态"，且旧有的不平等问题解决了或没解决完，新的问题可能又会出现，于此要谨慎处理"反映在民族关系上的新的矛盾问题"。此外，还要处理好大汉族主义与地方民族主义的问题，这是"产生民族矛盾的重要因素"。物质利益上的问题常常反映到民族间的思想关系上来，要克服上述两种主义，"用同情、让步来弥补和消除"民族间的隔阂，增加民族互信。丁汉儒提出的民族问题是动态发展的，是在民族社会发展过程中与其他民族对照中产生的，相关论述对于今人理解新时期下的民族问题有重要启发意义。《民族和社会——兼及民族问题方法论》（《云南社会科学》1986 年第 3 期）是丁汉儒另一篇有着重要分量的探索民族问题的理论文章。该文认为民族共同体长期稳固的重要原因在于民族和社会的相互联系，这是"研究民族过程和民族问题规律的一把钥匙"。文章指出，民族是人类社会的群体结成形式之一，它并非超社会的现象，在其形成过程中，物质生产活动和精神文化生活都成为民族形成和发展的重要因素。文章还提出，民族具有自然属性与社会属性，二者不可分割，民族要素的四个特征既体现了民族性，又体现了社会性。民族生存繁衍的自然属性过程中渗透着社会属性。"民族是社会的客体，是社会的产物，又是社会的主体，是社会和历史的创造者"，"民族与社会的相互联系"是"研究民族问题规律的重要的方法论原理"。社会主义时期，民族问题发展趋向不是对抗性矛盾，而是"民族发展繁荣和民族接近、逐渐趋向融合这两方面的辩证统一的关系"，在此过程中，民族的个性、民族间的差别性，与民族间的交往联系、平等联系共同发展，体现为多样性与同一性的辩证统一。而这种多样性与同一性的关系，正是由于"民族和社会相互联系的缘故"。社会主义民族关系体现为平等、团结、互助，"是各族劳动人民之间的关系"。《民族和社会——兼及民族问题方法论》为民族理论研究者提出了研究民族问题的新视角——社会。如果说，此文之前的研究者还是在从阶级、民族关系等角度来分析民族问题时，丁汉儒则力图从更为一般意义上的民族与社会的关系中，来探寻民族问题的根源问题，具有深刻的方法论意蕴。而这篇论文的创作，本身也是丁汉儒对其早先关于民族问题内涵的进一步完善与发展。

随着国内改革开放的推进和国际环境的变化，新的民族问题也随之出现，新形势下民族理论与政策也需要不断创新。丁汉儒紧扣时代主题，又撰写了一系列论文，如《民族问题和商品经济》（《西北民族研究》1989 年第 2 期）、《从苏联解体谈民族问题》（《西北民族研究》1993年第2期）等，此外在一些学术会议上也论及了改革开放中的民族问题、西部大开发战略中的民族因素等。其中，《民族问题和商品经济》提出了一个探讨性的命题，即商品经济观念能否导入民族理论和政策的问题，该命题与当时大力发展商品经济的时代背景紧密相关。论文提出，现代民族的形成离不开商品经济的发展，商品经济"加速民族现代化的进程，民族愈交往开放，民族越兴旺发达"。论文分析了中国现时期民族社会发展的基本状况，认为中华人民共和国成立初期30年中某些政策过于简约，未过多考虑民族地区社会历史及现实经济状况，从而"阻滞了民族现代化的进程"。改革开放后，大力发展商品经济，民族地区社会经济走向繁荣。于此，社会主义商品经济"在经济上赋予民族平等以新的意义"。论文力图将商品经济中等价交换原则、利益原则、市场观念、竞争观念以及节约、效益、风险等观念引入处理民族关系问题当中，认为在商品经济的竞争中有利于冲破封闭保守状态，"激发民族发展的主体意识"，实现各民族共同繁荣。要开放民族地区市场，按市场导向原则发展生产。要"充分考虑民族问题的因素"，协调各民族利益。论文还提出，国家民族社会经济战略思想的实践需要在民族理论与民族政策方面有所创新，不能脱离民族社会经济发展的现实而空谈理论与政策。这些真知灼见，对丰富中国民族理论都有着重要贡献。20世纪90年代初，苏联原加盟共和国先后宣布独立，苏联解体，世界社会主义阵营受到重大冲击。苏联解体的原因是复杂的，而民族问题的历史遗留及国内盘根错节的民族关系无疑是其解体过程中的一个重要因素。丁汉儒敏锐地抓住多民族国家中的民族问题这一命题，撰写了《从苏联解体谈民族问题》。论文对苏联民族问题中的政策性错误进行了概要分析，认为民族问题与社会改革、发展有着密切关联，苏联、南斯拉夫的"民族冲突和国家分裂是国内社会经济危机和政治弊端深刻化的必然反映"，"而民族积怨、民族偏见和民族分离主义的泛滥，反过来又推进社会经济危机的加深和政治动荡的加剧"。相关地区的民族问题对中国多民族国家的发展有着重要警示。文章认为，民族问题长期存在，社会主义社会中依然存在民族问题。民族问题不能只看作是政治问题，"民族问题和国内社会经济、阶级状况、政治结构以及国际国内形势的变化互为条件，互相影响"，"它的解决是与不断调整和完善社会主义政治制度和经济制度的改革息息相关的"。民族与国家的关系是民族问题的重要组成部分，"国家的民主化是实现民族平等的重要条件"。多民族的社会主义国家里，社会主义民主"是趋向于民族联合的"，"民族联合亦应随之得到巩固和发展"。在多民族国家中，都有中央与地方的关系问题，关键在于把握好度，平衡好"各民族的政治权力和经济利益"，思想理论中的偏"左"与偏"右"及政策不当，都会导致消极结果。联系21世纪以来中国国内民族问题的现实，不难发现，《从苏联解体谈民族问题》虽然写于

20 世纪 90 年代初，但其中关于社会主义社会中民族问题与整体社会发展的复杂联系等分析，对于今天我们正确处理民族问题都有着重要启示，而论文所涉多民族国家中的民族原则与社会主义、爱国主义联系中的共同点等内容，则对我们探索多民族国家中的民族与国家认同的关系等理论问题都有着重要价值。

2. 首编民族理论与政策全国通用教材

继 20 世纪 50 年代应中央教育部要求，组织西北民族学院人员编写《民族问题与民族政策教学大纲》后，1981 年，国家民族事务委员会组织全国各民族学院中从事民族理论和民族政策教学工作的部分专家学者共同编写《民族理论与民族政策》教材，丁汉儒作为统稿修订及主要编写人之一，全程参与了教材的编写。1982 年年底，教材编修完成。先是于 1983 年 6 月由国家民委教育司印制了试用教材，后又在试用教材基础上进行了修订，1985 年由民族出版社正式出版，开始作为全国民族院校民族理论与民族政策相关课程的通用教材。该教材有以下几方面的特点：一是教材内容始终以历史唯物主义与辩证唯物主义作为方法论原则。从客观实际出发，在对物质生活条件、经济基础的变化中考察民族问题及民族文化生活，从发展的角度出发，在对共性与个性、一般与特殊、矛盾运动的规律中把握民族问题。二是教材体系相对完整，做到了逻辑与历史、理论与实践的统一。教材对民族理论研究的对象与教学内容、民族的内涵与民族的发展、民族问题及其由来、民族问题与社会发展的关系、中国统一多民族国家的由来、中国民族问题的基本政策、民族语言风俗宗教等问题都进行了高度概括性的阐述，既有对民族、民族问题本体论层面的探讨，又有对民族、民族问题发展的历史回顾，兼顾民族、民族问题与社会政治、经济、文化等各层面的关系讨论，并将党的民族宗教工作政策贯穿其间。三是语言简明易懂，极少复杂的复句、生僻词，有利于读者阅读学习及理论、政策的大众普及。该教材的编写开创了民族理论学科体系建设之先河，其框架结构、具体内容，成为以后其他相关教材编写的重要参考文本，其开拓及建构意义是不言而喻的。

3. 参编反映多民族团结内容故事集

20 世纪 90 年代初，丁汉儒已经退休。此时，青海人民出版社郑绍功社长计划出版一套能够反映民族团结的故事集，他向百余位学者发出邀请，共同搜集整理各民族故事。作为丁汉儒的学生，郑绍功希望丁汉儒能够做第一副主编，参与到对诸多故事的择选、审定工作中来。丁汉儒觉得这套图书的出版发行，对于宣传汉族离不开少数民族，少数民族也离不开汉族，巩固与宣传民族大团结有很重要的意义，便欣然允诺。由于故事数量庞大，来源复杂，故事间或交叉，使编纂工作的任务量很大，编审者既要对故事进行择选，对内容正误进行审核与修订，又要考虑故事集整体故事分类的平衡，工作非常琐碎。丁汉儒自己设计了一套表格，对故事篇名、表现的民族、故事来源地、故事反映的时代、作者、字数、故事的类型等都进行了大量详细的统计。故事集的编纂前后共花费了两三年的时间，其间还在西安召开过一次审定会议。整个编写工作中仅丁汉儒积累的手写工作笔记就有近半尺高。1995年12月，这套定名为《中华各民族谁也离不开谁的故事》终于与读者见面了，它以历史发展为经，以政治、经济、文化分类为纬，集历史与文学、知识与趣味为一体，上下两册共收编自先秦至中华人民共和国成立期间的各种故事四百多篇，洋洋洒洒近百万言，将中华历史上各民族之间的往来佳话如实地予以反映，阐明了中华各民族谁也离不开谁的道理。图书出版后，获得了社会各界的一致好评。

4. 较早开展宗教学专门研究

西北民族学院地处少数民族聚居区前沿，开展少数民族宗教调查有较为便利的区位优势。1976年丁汉儒等人在藏区进行了长达半年的民族宗教调查。调研结束后，丁汉儒、温华、唐景福等人对调研材料进行整理，着手撰写《西藏佛教述略》。书稿于1978年下半年成稿。1980年前后，利用外出参加学术会议之机，丁汉儒将书稿送与任继愈先生，希望他能提一些建议。当时对于"藏传佛教"还未形成一个统一的称法，有称"喇嘛教"的，亦有称为"西藏佛教""藏传佛教"的。在与任继愈先生的商议中，一致认为使用藏传佛教更能体现佛教本土化传播的特点，名称上也不易起争议。后来书稿油印后又分发西北民族学院相关专家学者进行交流，并召开了座谈会，才旦夏茸等人也参加了会议。学者认为，相关书稿是当时国内较早展现藏传佛教发展及社会影响的著作，对藏传佛教传播发展历史、教派形成及教义思想，对僧伽组织、活佛转世制度、寺院经济及藏传佛教的社会影响都有高度凝练的书写。由于当时并无要将书稿出版的想法，在做了一些交流工作后，书稿就被搁置一边了。1984年，丁汉儒被任命为西北民族学院副院长，一时间各种事务性的工作纷至沓来，根本无暇再考虑书稿的修改出版问题。一直到1989年左右，民族出版社的一位编辑偶然看到书稿后，觉得很有价值，认为对内容进行部分删改后完全可以公开出版。于是，《西藏佛教述略》便以《藏传佛教源流及社会影响》一名出版了，此时已是1991年2月，距离书稿成稿已过去了十余年。《藏传佛教源流及社会影响》出版后受到了学界的好评，并获得甘肃省社科成果二等奖。由于书中涉及大量珍贵的第一手寺院经济实地调查资料，对今之学者研究藏传佛教寺院经济的历史发展是一本不可多得的参考著作。

1978年，中国社会科学院世界宗教研究所开始筹备出版一部专门介绍宗教基本知识的《宗教词典》，由任继愈先生牵头主编。当时，世界宗教研究所在全国召集了一批在各专门宗教研究领域内有一定影响的学者，分头对各宗教所涉词条进行编辑。编委会的李冀诚联系到西北民族学院相关人员，希望西北民族学院能够组织一批人对词典所涉藏传佛教词条进行编写。由于丁汉儒较早从事民族理论、宗教学的研究，在学界有一定的影响。这样就形成了由丁汉儒主持，丁汉儒、唐景福、温华、孙尔康等人共同参加的藏传佛教词条编纂小组。小组成员审阅词条，分工协作，对词条作出言简意赅的解释。编写汇总誊抄完毕，又送与藏传佛教研究专家王沂暖先生审看。编纂工作完成，丁汉儒到北京参加世界宗教研究所召开的《宗教词典》编纂会议，最后由世界宗教研究所按词条检索方法统一编排。《宗教词典》于1981年年初定稿，同年12月由上海辞书出版社正式出版。该词典是中华人民共和国成立后第一部宗教辞书，它集专业与普及于一体，共涉及各类宗教词条数千条，词量适中，便于检索。词典出版后，供不应求，很快就进行了二次印刷。《宗教词典》的编纂为其他专业类型词典的编辑也提供了蓝本，1998年出版的《宗教大辞典》就是在《宗教词典》的基础上加以扩充编纂而成的。

改革开放初期，丁汉儒抓住难得的创作期连续撰文多篇，除民族理论相关文章外，也有藏传佛教相关论文。1981年，丁汉儒撰写了《喇嘛教形成的特点问题》（《世界宗教研究》1981年第2集）。在1976年藏区调研基础上，丁汉儒结合大量史料，对藏传佛教形成发展中的特点进行了理论性的分析，认为藏传佛教是印度佛教、汉地佛教和本教碰撞融合的结果；密教在西藏传播的原因主要与其传播所处历史时代密切相关，也与密教自身的特点相关。论文还对藏传佛教活佛转世制度的源与流进行了佛教思想、社会政治经济、佛教组织传续等多层面的分析，在此基础上论述了西藏政教合一制度的由来。论文语言精练，高度概括，分析透彻，是20世纪80年代初较早系统分析藏传佛教的多源形成、流派发展、教派领袖的传续制度及藏传佛教与世俗政治权力之间的结合关系的理论性论文。如今我们对藏传佛教发展的一些常识性认识，实际上都源自于丁汉儒等早期学者的先期探讨。《宗喀巴宗教思想探讨》（《世界宗教研究》1982年第1期）是另一篇非常有分量的藏传佛教研究论文。文章对宗喀巴宗教思想形成的时代背景、宗教思想渊源、宗教思想基本观点和基本特点进行了分析，认为宗喀巴宗教思想以大乘中观派月称说为基础，包容了大乘、小乘、显密思想，是综合、继承和发展历史时期藏传佛教思想的结果，而宗喀巴的宗教改革适应了当时西藏社会发展的需要。《宗喀巴宗教思想探讨》是较早对宗喀巴佛学思想进行探研的文章，后来的宗喀巴思想研究者，除继续依据宗喀巴的原著做思想解读外，丁汉儒所撰《宗喀巴宗教思想探讨》是一篇不可忽略的非常重要的参研论文。

5. 创编地方民族宗教志

民族是宗教的载体，宗教是民族文化的重要组成部分。兰州地处西北多民族交汇地带，民族宗教发展的历史非常久远。自兰州有修志的历史以来，还从未有对民族宗教编修专门志书。编修《兰州市志·民族宗教志》既构成了《兰州市志》的重要组成部分，又可弥补兰州民族宗教领域未有专志的缺憾。《兰州市志·民族宗教志》的编纂筹备工作始自1989年，正式成立编写小组开展工作则是在1991年。在兰州市地方志办公室指导下，由兰州市民委、市宗教局主持，委托甘肃省民族宗教学会组织人员编写。起先，计划编写《兰州市志·民族志》《兰州市志·宗教志》各一卷。时任甘肃省民族宗教学会会长的丁汉儒，组织唐景福、何智奇等人草拟了编纂提纲，并撰写了部分章节。后来根据上级部门要求，编纂计划有所调整，《兰州市志·民族志》与《兰州市志·宗教志》两卷合为《兰州市志·民族宗教志》一卷。丁汉儒与参编学者重新拟定了篇目细节，并开始具体的写作工作。参编人员前往图书馆、档案馆查阅资料，深入榆中、皋兰、永登三县实地调研，与各大宗教协会人士座谈。寒来暑往，春去秋来，至1995年初稿终于编写完成，1996年6月上报。同年，初稿在"全国部分城市西北地区方志经验交流会"上进行了交流，得到了肯定。编纂委员会也适时召开会议，及时通报情况，并提出了进一步完善修改的意见。历代修志，一贯谨慎。修改完成后，志稿被送与多个政府主管部门及相关负责人处，从政治观点、民族宗教政策、各民族宗教具体情况、行文、体例、用史等多个层面加以审阅。此外，由于民族宗教问题较为敏感，故志稿也被直接送与所涉相关少数民族、各宗教团体人士处加以审阅。各方意见汇总后，再加以修改。《兰州市志·民族宗教志》的编撰，前后十余年，数轮审阅，几易其编。在志书的编纂过程中，具体编纂人员一直未变，除丁汉儒、唐景福、何智奇等人负责编写外，另有大量工作人员负责校审、组织协调、收集资料、拍摄等，可见志书编修乃是一个系统工程。2007年3月，《兰州市志·民族宗教志》（兰州大学出版社）得以正式出版。它的编纂填补了《兰州市志》编修中的专志空白，具有开创性。全志分为三篇：第一篇主述民族，将古今活动于甘肃境内的各民族及民族之间的交往历史进行了宏观勾勒，对现代相关民族的来源、人口及其政治、经济、文化、生活进行全面记录。第二篇主述宗教，对佛教、道教、伊斯兰教、天主教、基督教五大宗教在兰州地区的传播发展、宗教活动、宗教组织、宗教建筑进行客观完备的记述。第三篇主述民族宗教事务管理，对相应管理机构的状况、管理事项、民族宗教研究机构及团体进行记载。此外还附录了历史时期民族宗教工作要事、重要文献、先进集体及个人、专业技术人员名录等，以备查询。《兰州市志·民族宗教志》的编纂本着忠实于历史，刻意求实的思想，对以往零散的民族宗教历史资料及民族宗教的现实状况进行了系统的梳理，对世人了解兰州的民族宗教发展状况有着极为重要的价值。

6. 编撰出版宗教学授课纲要

1996 年，经国务院学位委员会批准，西北民族学院设立了宗教学硕士点，1997 年开始招生。在后来的发展中，逐渐形成了藏传佛教、伊斯兰教、宗教理论与政策等几个专业研究方向，丁汉儒被聘为宗教理论与政策方向的硕士生导师，在学科建设、人才培养、科学研究等方面都发挥着重要的作用。自 1997 年起，丁汉儒就一直给硕士生授课，课程内容涉及宗教理论与政策、中国宗教史、马列论宗教原著选读等多门课程。在授课过程中，丁汉儒广泛查阅资料，撰写了详细的授课讲义。这些讲义，在同行教师来看，只要稍做扩充或修改，就可成书出版。只是丁汉儒只求将所学传授于学生，将退休后的精力都集中于教学上，并无意将其出版。2005 年，学校宗教学学科点要出一些著作，将丁汉儒讲授宗教理论与政策的授课讲义纳入出版计划，并于 2006 年 6 月以《中国宗教理论和政策纲要》为名，由兰州大学出版社正式出版。书中对宗教学的研究任务、方法、研究意义，宗教的本质及宗教的历史演变、宗教的社会功能、宗教与其他社会文化之间的关系、宗教政策、宗教的发展趋势都进行了简明扼要的论述，其中不乏学者对宗教文化发展现状的深思。除《中国宗教理论和政策纲要》外，丁汉儒还编写了详细的中国宗教史授课讲义，讲义成稿于 1997 年，当时全局性的中国宗教史论著还不多。现在翻看当时的讲义，内容丰富，体系完整，完全可以出一本很有分量的专著，只可惜昔日的讲稿已错过了出版先机，不免可惜。

四、奋进不息：六十载民族教育事业的无私奉献

六十载黉墙坚守，丁汉儒的人生起伏始终与西北民族学院的兴衰联系在一起。经历过曾经的曲折发展，改革开放后的西北民族学院步入了发展的快车道。曾任西北民族学院副院长的丁汉儒曾主持过学院的部分管理工作，对民族教育事业的发展倾注了大量的心血。在他看来，民族院校是我国高等教育的重要组成部分，地位举足轻重。中华人民共和国成立以来，全国陆续建立了十余所民族院校，数量不及全国高校总数的 1%，但其服务的少数民族人口却远远超过一个亿。伴随着社会发展，高等教育得到全面普及，不少人对现时期民族院校是否有必要继续存在产生疑问。丁汉儒认为，民族院校的特点体现在由民族间的差别而形成的民族性，由于历史原因，中国各民族在现代科学文化教育之间的发展很不均衡，故应给予少数民族平等的教育机会。民族问题是关系到全局发展的重要因素。针对当前的民族问题，丁汉儒语重心长地讲，民族领域内的问题，"硬"与"软"都不行，"左"不得"右"不得，最怕忽"左"忽"右"。在尊重民族文化差别的同时，民族间共同的东西还是要提倡，这需要有一定的智慧。如今，在丁汉儒等新老民族教育工作者的辛勤耕耘下，西北民族大学已发展为

拥有 56 个民族、全日制在校生 26000 余人的综合性民族院校，在校生中少数民族学生基本占据一半，在人才培养、科学研究、软硬件建设等方面取得了前所未有的发展。

几十年来，丁汉儒一直为西北民族大学各级学生授课，从其教者何止千百。针对民族院校生源来源不一的现状，丁汉儒认为，教师要将学生的需求与利益放在第一高度，重视学生的个性，因材施教，"小以小成，大以大成，无弃人也"。1997 年开始，由于新设的宗教学学科点缺乏专任教师，学校返聘丁汉儒为硕士生授课，这项工作一直持续到 2008 年他送走所带的最后一届毕业生。对于研究生阶段的学习，丁汉儒要求学生一要通览群书、博专结合，二要淡泊名利、勤勉务实，三要不拘定势、敢于创新，四要树立使命、服务社会。他常说，学习中，博是专的基础。当代人文社会科学领域，学科间的关联度愈发密切，这需要学生通晓多学科专业的基础知识，形成开阔的学术视野，在比较中举一反三、触类旁通。但作为研究者，仅有博也不行，还要逐步形成较为专一的研究领域，要在面的基础上有所精深，武艺百工必养一技之长，如此方能立足于专业领域。学生也不能死读书，还应关注社会事务、时事动态，不能变成离开专业研究领域而一无所知之人。丁汉儒也时常叮嘱学生，搞人文社会科学研究，最重要的是摆正研究态度，功利心不可太重。治学是慢功夫，急功近利，为学不可能深。但凡人文社会科学领域那些大学者，都未将名利放在第一位，他们的成名成家是功到自然成的结果。"书山有路勤为径"，读书是需要吃苦的，没有十年"冷板凳"的功力，如何能够成材。只有先注重过程，才能考虑结果。在为人处事方面，他要求学生低调做人，行事端正，不卑不亢，敢说真话。要有自己独立的见解，不能遇风吹草动就丧失自己的独立思考。要有创新精神，敢言前人所未言，能够提出一些独到的见解，如此学问才能精进。由于大量学生来自民族地区，丁汉儒常教育学生要树立服务于民族社会的使命感。他常说，知识可以改变命运，增进个人的幸福，但知识更重要的意义在于改造社会，推动社会进步。他鼓励学生要学以致用，将理论与实践相结合，针对民族社会发展中出现的新现象、新问题，不断提出新见解、新理论，服务于民族地区建设。在丁汉儒的严格要求下，学生中有传承其衣钵成为教师者，亦有考上各类院校的博士生，更有大量学生毕业后直接投入民族地区的社会建设中。"教而不研则浅，研而不教则空"，针对当今教育领域不少教师重科研轻教学的现象，丁汉儒主张要将教学与科研结合起来，在教与学的互动中推进专业研究的发展。而他自己也正是在大量的教学实践工作中，反复对民族宗教理论进行探研，才出版了用于民族理论及宗教学理论教学的教材。其所编教材创新性强，多真知灼见，有自己独立的观点。由于丁汉儒退休后依然在一线从事教学及科研工作，成绩卓著，2004 年被甘肃省老教授协会授予"老教授事业贡献奖"。

寒来暑往园丁种瓜，斗转星移桃李满园。六十年前那个意气风发的桃江小伙，如今已是皓发白首的耄耋老者，唯有不变的是那普通话中浓浓的湖南乡音。"吾生也有涯，而知也无涯"，退休之后的丁汉儒，依然坚持读书写作，心系民族教育发展。每天他都要翻阅大量的书籍报刊，卷不释手，这已然成为其日常生活中不可或缺的一部分。六十载耕耘向学，厚朴淡泊，蔼然儒者风范，丁汉儒以其对民族教育事业的热忱，砥砺前行、奋进不息，践行着他当年服务西部的理想，写就了一曲民族教育先行者平凡而动听的华歌。

《陇上学人文存·丁汉儒卷》（第五辑）

作者：虎有泽　答小群

马 通

　　马通先生是中国伊斯兰教与回族史研究的著名专家之一，在国内外学术界享有盛誉，他突出的学术成就之一就是对中国伊斯兰教派与门宦制度的起源、传承、发展及其现状研究，该项原创性的研究成果填补了中国伊斯兰教及其教派门宦研究的空白，具有开拓性的学术贡献，不仅丰富了中国少数民族文化，而且也丰富了中华民族文化。

　　谦和、求实务实、淡泊名利是马通先生一贯的为人品格和学术风范，朴实无华是其学术生涯的真实写照。问起先生为什么要研究教派门宦问题时，他说自己在西北政法大学学习法学史期间，在学习罗马法和伊斯兰法时，才知道《古兰经》不仅是宗教经典，还是一部古法学典籍，也是可以研究的。加上小时候零零散散从父辈们那里听到的一些关于教派门宦的事情，我听到最多的、印象最深的可能是"矛盾"和"斗争"两个词，"为什么会是这样"的问题一直萦绕在我的脑海里，或许是真主的拨派吧，我一工作就踏进了民族部门，与民族宗教扯上关系。缘分、机遇抑或是……就这样马通先生踏上了其与民族宗教半个世纪的情缘征途。

　　平铺直叙坦真言，朴实无华撼学界。诚然读书犹如品味美食，每个人都会有其独特的嗜好，然而，在电子阅读有取代纸质读本发展趋势的今天，我们不惜笔墨力荐先生的《中国伊斯兰教派与门宦制度史略》在于该书的四大亮点，其一，书中的资料源于先生 30 年间积累的第一手田野调查。卷首列出的 40 余位访谈者名单昭示书中的资料全部来源于民间访谈与实地搜集，写作方法采用人类学的白描，统揽全书近乎是以资料做叙述的，鲜有评或论。如，在临潭作调查时，先生在西道堂内一住就是一年多，其间他先后走访了当时道堂拥有的 12 处农庄，4 处林场，深入详尽地了解了道堂内民众的生活习惯和宗教信仰状况。西道堂是清咸丰、同治年间出现于甘肃省甘南地区的以汉文译经，以孔孟之道儒学哲理诠释《古兰经》的教派，有其自身的特色，与中国伊斯兰教的其他教派差异显著。西道堂内的教民共同居住，共同占有生产资料，共同分配，享有公共教育，是一个具有新型集体制性质的宗教公社，在中国大地上实践了伊斯兰早期穆斯林的公社思想和孔孟的大同思想。此书第一次向世人披露了西道堂教派的详情，向世界展示在中国确实成功地存在过一个具有宗教性质的乌托邦社区，为哲学和人类社会进步提供了一个对公社理想追求的理论与实践的成功个案，具有重大的理论与实践意义。其二，第一次把中国伊斯兰教划分为格底目、伊赫瓦尼和西道堂三大教派和哲赫忍耶、嘎的忍耶、虎夫耶和库布忍耶四大门宦。先生运用第一手的田野调查资料对三大教派及其四大门宦之下的 40 余个门宦分支的历史、传承演变及其现状，以及宗教思想和宗教礼仪方面的特点做了详细的记述，其意义正如中国著名史学家、回族史和伊斯兰教史专家白寿彝先生所评价的"有开拓性的贡献"。该书不仅填补了中国伊斯兰教及其教派门宦研究空白，且在海外学界引起了轰动，德国亚洲国际少数民族研究学者雷尼·戴凌特意给宁夏人民出版社写了一份感谢信，信中称该书是一本"资料十分罕见，学术价值很高"的著作。其三，信息涵盖量大、内涵丰富，其内容涉猎中外文化交流、中西关系史、中国思想史、西北史、西北民族关系史、回民起义史、西北军阀研究、教派衍化、神学、苏非主义及哲学等诸多领域，激发各学科的诸多联想。如，书中通过对北庄等派别的追本溯源，以丰富的汉文史料揭开了南疆伊斯兰文化神秘的面纱，开启了中亚研究界对新疆西南部叶城——莎车文化的新视阈。更为珍贵的是首次披露了北庄门宦教民主要使用东乡语（蒙古语族的一支）的信息，自称是信仰伊斯兰教的穆斯林民族，自此可以窥见在中国以宗教维系少数民族形成发展的存在形式，展现了中外文化交流、宗教与民族关系的多样性。对穆夫提、灵明堂等门宦的阐述，全景式地清晰地勾勒了苏非派传入中国的时间、路线和方式的图景，更为重要的是梳理了苏非派与中国门宦、与汉文伊斯兰教著述等多种复杂的关系，为中外学界探讨苏非主义的起源及其在世界各地的传播发展提供了鲜活的实例和新视野。第四，正是马通先生的这本著作使世界得以了解中国伊斯兰教及其教派门宦，使中国伊斯兰教和穆斯林社会研究走向世界。自先生的书问世以来，慕名前来拜访先生的国内外学者络绎不绝，我记忆中能数出名来的有美国南加州大学李普曼教授、波莫纳大学杜磊教授，法国高等社会科学院的莱拉教授、阿尔凤教授，日本学者高桥，还有台湾政治大学张中复教授等，还有无数我数不出名的专家学者。带着《中国伊斯兰教派与门宦制度史略》的丰硕研究成果，1989 年 4 月，应美国哈佛大学邀请，马通先生与中国研究伊斯兰教及其穆斯林社会的著名学者参加了在哈佛大学举行的"伊斯兰教在中国的遗产——纪念佛莱彻国际学术讨论会"，会后他们应邀前往加利福尼亚大学和洛杉矶、圣巴巴拉等地的大学访问交流，中国伊斯兰教和穆斯林社会研究因此登上世界人文社会科学研究的舞台，先生用学术成果架起了中外学者文化交流的桥梁。此后，先生先后应法国、德国、丹麦、日本及吉尔吉斯斯坦等国邀请进行学术访问，其所产生的影响及其意义早已超越著作本身具有了世界性。

先生的学术成就在得到学术界广泛关注的同时，多家新闻媒体，如甘肃省电视台、甘肃省广播电台、《民族报》等专门采访报道马通先生的学术生涯及其贡献。《中国伊斯兰教派与门宦制度史略》出版已近 30 个年头，先后再版 4 次，作为必读的工具书，时至今日它仍然是我国民族学、宗教学及其相关研究方向的专业研究者、硕士、博士必备的案头敲门之作，也是世界了解中国伊斯兰教及其教派发展的必读专著。

20 世纪 80 年代马通先生的《中国伊斯兰教派与门宦制度史略》问世后，创造了中国伊斯兰教研究史上的诸多第一，先生因此获得了各种荣誉，然而，先生探讨学术幽玄的步履并没就此止住，萦绕在他内心深处的是余兴未尽之缺憾，他认为"《史略》只谈了中国伊斯兰教的'流'，缺少对其'源'的记述"。之后，他历时两年，伏案完成了《中国伊斯兰教派门宦溯源》的著述，1986 年由宁夏人民出版社出版。"溯源"顾名思义追根溯源、刨根问底，全书分为 8 章，重点探讨了中国教派门宦与国外伊斯兰教派的渊源，弥补了《史略》中缺少渊源记述的缺憾，成为《史略》的"姊妹篇"，它不仅为世人全面了解中国伊斯兰教派门宦的产生、发展和演变及其社会作用提供了更为广阔的视野，更把中国教派门宦的研究推向了新的高度，为推进中国苏菲派研究与国际学术界广泛深入的交流奠定了更加深厚的学术积淀。

春华秋实探幽玄，耄耋暮年心不已。提及马通先生，在学界早已如雷贯耳，在普通民众眼中他是一位受人尊敬的谦谦学者，最为人们熟知的是与先生齐名的《中国伊斯兰教派门宦制度史略》，其实先生一生著述颇丰，先后著有《中国伊斯兰教派与门宦制度史略》《中国伊斯兰教派门宦溯源》《甘肃回族史》《甘肃回族人物》《中国西北伊斯兰教的基本特征》《丝绸之路上的穆斯林文化》和《伊斯兰教思想史纲》7 部专著，130 余万字。《甘肃回族史》全面系统地论述了甘肃回族的源流、历代政权的民族政策与甘肃回族的反压迫斗争、民主革命和回族在社会主义建设、发展经济、文化、教育、卫生等事业中所作出的贡献，以及甘肃回族的宗教信仰和风俗习惯等。《中国西北伊斯兰教的基本特征》从历史和现实的视角，在详细论述了西北伊斯兰教所具有的外来宗教、封闭型的、教派繁多、与中国传统文化相融合、提倡商业贸易、以洁身净心为尚、提倡热情待客和救济贫穷、争取民族平等、反对歧视、压迫的传统精神八大基本特征基础上，提出了不论从历史的角度，还是现实意义上看，应对宗教研究给予重视和支持。而搞好这种工作，也不单纯是宗教研究工作者的任务，应该是宗教管理工作者和宗教研究者的共同任务。一个宗教工作者，如果不懂得宗教的历史和它的发展状况，他就不能完全自觉地准确贯彻宗教政策，做好宗教工作；一个宗教研究者，如果只满足于书本知识，不到社会中去调查研究，不增加见识，同样也就不可能有好的研究成果和精辟见解。《丝绸之路上的穆斯林文化》从历史、文化的视角，记述了丝绸之路文化传播的轨迹，揭示了鲜为人知的海上和陆路丝绸之路上的穆斯林文化，向世人展示了中国穆斯林文化的多元特质，描绘了中国各少数民族文化、中外文化之间相互交流的场景，丰富了中国文化及其中外文化交流史的内容。《伊斯兰思想史纲》从哲学层面以伊斯兰为客观实体，深入浅出、提纲挈领地阐述了伊斯兰思想之源及其发展历程，其成果填补了国内伊斯兰思想史研究的空白。先生先后为《甘肃省志·民族志·回族卷》和《甘肃省志·宗教志·伊斯兰教卷》2部志书撰写30余万文字；为《中国大百科全书·宗教卷》《中国回族大词典》《中国伊斯兰教百科全书》3部辞书撰写词条10余万字；主编《伊斯兰教在中国》《西北伊斯兰教研究》《回族近现代史》《回回民族遍华夏》《甘肃近现代史料》《中国伊斯兰教库布林耶谱系》等论文集7部，130余万字；他先后主持或参与国家及省部级哲学社会科学重点研究课题4项，发表论文60余篇，其著作和论文先后获甘肃省社会科学优秀成果二等奖5次，三等奖1次。

这些研究成果中的观点和方法凝聚了这位世纪老人毕生泛舟学海的领悟和心得，虽没有惊人之语，但蕴涵丰富，先生以长期不懈的探索，勇敢地潜入中国回族、中国伊斯兰教教派门宦的深层结构，从时空的纬度考察了中国回族、中国伊斯兰教及其教派门宦的问题，对其发展演变和历史根源进行了深入的研究和剖析，为解决和研究我国民族宗教提供了成功的理论与实践的案例，其真知灼见为我国民族与宗教工作提供了可靠的理论依据。先生以商榷式、开放式的口吻，提出了诸多发人深省的问题，给读者和研究者留下了思考、参与、批评和发展的广博空间，其自觉的历史批判意识、深厚的文化底蕴和虚怀若谷的学术风范，相信读者自会在阅读过程中领悟。

除研究外，先生曾先后担任兰州大学民族学博士点博士生导师，西北民族大学兼职教授、硕士研究生导师。他培养出的多名学生现供职于国内知名大学和研究机构，如兰州大学历史系、中国社会科学院世界宗教研究所等单位，他们已成为历史学、民族学和宗教学教学和研究领域的中青年骨干。

先生在研究和教学的同时，积极参政议政，曾当选为政协甘肃省第六届委员会委员、甘肃省人大常委会民族委员会委员、甘肃省伊斯兰教协会副秘书长、常委等。作为甘肃省人大常委会民族委员会委员，多次参与了自治州、县自治条例细则的讨论和制定。

先生学术兼职主要有，曾长期担任甘肃省民族宗教学会副会长、顾问。曾任中国民族学学会理事、中国回族学会常务理事、甘肃丝绸之路学会理事、甘肃中青年史学会顾问等。

先生十多年前就患有眼疾，曾多次手术，看书时手中总是握着一个放大镜，每次去看望先生，他总是在伏案看书或写作，即使今天，80岁高龄的他，虽患有高血压、眼疾，仍不顾亲朋好友的劝嘱，每天依然坚持写作，他把自己半个世纪以来积累的有关苏菲学派的资料做了详尽梳理，著成近百万字的《中国苏菲学派典籍》，其中很多都是他的第一手调查资料，也是第一次披露，说到这本集子的关键之处老人家声情并茂，流露出犹如对儿女般的关爱，此书的出版事宜至今没有着落，老人为此而烦心苦恼。凝望着先生坚毅执着的目光，先生追求学理的执着精神再次深深地感动了我，期盼老人家的这部著作能尽快问世，以了却先生的夙愿。

回首往事，诚如马通先生对其人生的诠释，"1976年前我是一个'七品芝麻官'，1976年之后我告别了芝麻官，有了研究员、教授和硕士生导师、博士生导师的光荣称号。我最称心的有三件事：一是工作了51个年头；二是参加中国共产党也47年了；三是自觉尽心尽力，从事民族宗教工作和民族宗教研究整整半个世纪。现在，我还没有离开教学和笔耕，心不死，余热不息"①。先生最感欣慰的是"这条路选择对了！"最难忘的是为《中国伊斯兰教派与门宦制度史略》出版而奔波的日子，每每忆起此事，他总是满怀深情忘不了说的一句话是"感谢'伯乐'杨怀中先生为这本著作的出版付出了大量心血，功不可没"。

真挚地感谢马通先生以求实、执着、锲而不舍的品格和精神为我们铸就的宝贵民族文化遗产。

《陇上学人文存·马通卷》（第一辑）

作者：马亚萍

---

① 马通：《甘肃民族研究》2000年第4、5期。

赛仓·罗桑华丹

赛仓·罗桑华丹，男，藏族，1931年1月出生在青海同仁。1939年，他被九世班禅认定为德尔隆寺第六世赛仓活佛，取法名为赛仓·罗桑华丹。1940年9月，迎至德尔隆寺坐床。1952年，他前往西藏拉萨，进入哲蚌寺郭莽学院求学深造。1955年，完成学业并获得般若部格西学位后，返回德尔隆寺。1979年，受党和政府的邀请，赛仓·罗桑华丹从事革命工作，任教于甘南藏族自治州民族学校。1985年，调入合作民族师范高等专科学校任教，先后担任藏语系系主任、藏学研究所所长和副校长等职务。1992年，甘肃省委、省政府授予他"民族团结进步先进个人"荣誉称号。被国务院授予"有特殊贡献的专家"称号，享受政府特殊津贴。赛仓·罗桑华丹先生是我国藏学的奠基人之一，也是藏传佛教德尔隆寺的寺主。

赛仓·罗桑华丹先生现任甘肃省政协委员、甘南藏族自治州政协副主席、甘肃省民族研究所副所长、中国佛教协会常务理事、甘肃省藏学研究会理事、甘肃省民俗研究会副会长、甘肃省佛教协会副会长等职务。

赛仓活佛系藏传佛教界著名活佛，具有较高的宗教地位和社会威望，历辈赛仓系统中学者辈出，形成了以赛仓活佛为主的学术传统，备受人们的尊崇。他们传承了数百年的优良学术传统，激励着后学不断迈进，这个传统在当今的六世赛仓活佛·罗桑华丹延续得更加完美。六世赛仓活佛是"著名的佛学家和藏学家"，同时也是"藏族著名的教育家"。追寻他人生的足迹，坚毅执着、矢志不渝的精神令人感动。如今古稀之年的他，仍然在教育和藏学事业中发挥着余热，是甘肃合作民族师范学院师生心中树起的一座丰碑，也是我国民族教育界的一面旗帜。品评他的人格风范，儒雅博学、知趣高远的风采令人敬仰。他先后发表学术论文 30 余篇；出版有《修辞学明鉴》《格鲁派史略》等专著多部，著述收录在《赛仓·罗桑华丹文集》(1~9 册)，总计有 400 余万字。

一、赛仓·罗桑华丹生平简述

出生在青海同仁的赛仓·罗桑华丹，于 1939 年，被九世班禅认定为德尔隆寺第六世赛仓活佛，取法名为赛仓·罗桑华丹·曲吉道吉 (blo-bzang-dpal-ldan-chos-kyi-rdor-rje)，1940 年 9 月 22 日，迎至德尔隆寺坐床，从此，便开始了他的活佛生涯。1945 年，从根噶华藏、阿绕仁宝切、然卷巴嘉央智华等高僧学习藏文书法、语法、修辞以及经典诵读。1952 年 5 月 4 日，14 岁时，经人民政府协助，他前往西藏拉萨，进入哲蚌寺郭莽学院求学深造，拜华秀·嘉央嘉措等知名学者为师，学习因明、修辞、历算等学科。1953 年，前往日喀则扎什伦布寺，并拜见十世班禅大师学习佛学，获得"诺门汗"封号、册文和印鉴。1955 年，17 岁时，完成学业并获得般若部格西学位后，返回德尔隆寺。1956 年，在德尔隆寺主持寺院，继续攻读般若及文法、修辞学，他不仅精于藏、梵文书法，而且喜爱人物、山水绘画。同年，被选为甘肃省佛协副会长，并任甘南州政府民政处处长。他曾多次赴青海，恭请丹巴嘉措等诸多高僧到德尔隆寺讲法，其间修习了《中观论》《俱舍论》等经典。到青海兴海县赛宗寺，师从阿绕大师学习佛学，接受密宗灌顶。1957 年，再次到青海兴海县赛宗寺，师从阿绕大师学习佛学。1958 年，他作为牛鬼蛇神的代言人被捕入狱，送到青海监狱接受劳动改造。1962 年，释放出狱，生活漂泊不定，并与拉卜楞寺寺主六世嘉木样活佛见面。1963 年，当选为甘南藏族自治州政协委员。1965 年，派到甘肃省政治学校学习政治。1966 年，史无前例的"文化大革命"开始，他又被送进监狱。1968 年，释放后送往拉卜楞寺受监督，后被送到夏河县王格塘村接受劳动改造。

1979 年，党的民族宗教政策逐步得到了落实，他受党和政府的邀请，参加革命工作，任教于甘南藏族自治州民族学校。1980 年，全国人大常委会副委员长、十世班禅大师到甘南藏族自治州视察，赛仓活佛陪同考察。1981 年，先后修复德尔隆寺大经堂、无量寿佛殿、文殊菩萨殿。1982 年，十世班禅大师再次到甘南藏区视察，赛仓活佛陪同考察。1984 年，合作民族师专建立，从事教学工作，就任藏语系系主任、藏学研究所所长、副校长等职务。

1986 年，十世班禅大师前往四川甘孜藏族自治州视察，赛仓活佛陪同考察。《修辞学明鉴》获得第四届北方十五省、市、自治区优秀图书奖。1987 年，十世班禅大师要求他作为处理事务的助理，去北京参与中国藏语系高级佛学院的筹建工作，委任他为教材编写组总编，主持并撰写《格鲁派史略》。《修辞学明鉴》获得甘肃省哲学社会科学优秀成果奖和甘肃省优秀教材奖。1988 年，遵照十世班禅大师的指示，定期到中国藏语系高级佛学院授课，长达 6 年时间。1989 年，为中国藏语系高级佛学院撰写的《格鲁派史略》教材完稿，被列入"雪域知识百科金钥匙丛书"。1992 年，被甘肃省委、省政府授予"民族团结进步先进个人"荣誉称号。被国务院授予"有特殊贡献的专家"称号享受政府特殊津贴。1997 年，被甘肃省委、省政府授予"民族团结进步先进个人"荣誉称号。1998 年 6 月，就任青海隆务寺和卓尼禅定寺法台。2001 年 1 月，中国藏语系高级佛学院撰写的《格鲁派史略》教材由王世镇翻译成汉文，由宗教文化出版社出版发行。2002 年 5 月，御任青海隆务寺和卓尼禅定寺法台职务。2003 年，荣获"全省高校名师奖"，2009 年，他主持修建了合作寺大经堂，并主持开光典礼。2010 年，获甘肃省委、省政府"甘肃少数民族杰出人才奖""全省藏传佛教寺庙法制宣传教育工作特别奖"，80 岁高龄的赛仓·罗桑华丹先生，现仍然在甘肃合作民族师范学院从事教育工作。

关于研究和记述赛仓活佛的历史和生平的藏文文献和资料不是很多，其中常见的有一世赛仓·阿旺扎西的弟子噶居罗藏桑培 (blo bzang-bsam-vpel) 所著的《文殊上师阿旺扎西传》（vjam-dbyangs-blama-ngag-dbang-bkra-shis-dpal-bzang-povi-mam-bar-thar-ba），①格隆桑杰贡却乎所著二世赛仓活佛的传记《阿旺嘉央扎西传》②，"在智观巴的《安多政教史》(mdo-smad-chos-vbyung)③阿莽班智达著的《拉卜楞寺志》④(bla-brang-bkra-shis-vkhyil-gyi-gdan-rabs-lhavi-rnga-chen)、《辅国阐化正觉禅师第五世嘉木样呼图克图纪念集》⑤、吉迈特却著的《隆务寺志》(rrong-po-dgon-chen-gyi-gdan-rabs-rdzogs-ldan-gtam-gyi-rang-sgra-zhes-bya-ba-bzhugs-so)⑥以及周主编的《甘

①噶居罗藏桑培：《文殊上师阿旺扎西传》（藏文木刻板），拉楞寺刻印，1748年成书于拉卜楞寺，1753年藏文木刻版印刷流通。此书成书年代早，根据当时拉卜楞寺的档案记载，内容翔实，可信度高。据洲塔先生考证，在德尔隆寺原先还藏有另两种版本的《一世赛仓活佛传》，一种为一世赛仓活佛的亲传弟子阿坝·格西丹增嘉措所作，部头较大；另一种为一世德哇仓罗藏东珠所著，系手抄本，完成一半。两种版本的《一世赛仓活佛传》都在"文革"中不幸被毁，实属可惜。

②格隆桑杰贡却乎：《阿旺嘉央扎西传》，为藏文木刻版，成书年代不详，从文中内容看成书可能很晚，此书中有二世赛仓活佛一生活动的线索，但语焉不详，错讹之处又较多，显然系后人依照各家著作中的二手材料汇总而成，缺载之处多用宗教语言和内容代替。

③智观巴贡却乎·丹巴饶吉：《安多政教史》（藏文版），甘肃民族出版社，1984年。

④阿芒班智达：《拉卜楞寺志》（藏文版），甘肃民族出版社，1987年。

⑤第五世嘉木样治丧委员会编：《辅国阐化正觉禅师第五世嘉木样呼图纪念集》（藏汉两文版），1948年。

⑥吉迈特却：《隆务寺志》（藏文版），青海民族出版社，1988年。

肃藏传师教寺院大系》①等书中也皆有一些德尔隆寺历史和赛仓活佛的评述。

　　研究和评述赛仓活佛的历史和生平的汉文资料有陈庆英主编的《中国藏族部落》②、蒲文成主编的《甘青藏传佛教寺院》③、丹曲编著的《甘肃藏传佛教寺院录》④、丹曲著的《甘肃藏族史》⑤、扎扎编著的《嘉木样呼图克图世系》⑥等，以上著述都是基于藏文文献资料的基础上完成的。

二、德尔隆寺与赛仓活佛转世系统

　　"德尔隆寺自创建后的数百年中，历辈赛仓不遗余力，苦心经营健全了修习体制，以弘扬佛法为宗旨，也以崇尚学术传统为目标，形成了辐射周边地区的寺院网络体系，逐步成为甘青川交界藏传佛教著名的寺院，不仅深深吸引着蒙藏子弟纷纷前来修学，人们也为进入该寺深造而倍感自豪。⑦

　　德尔隆寺 (gter-lung-dgon-pa),坐落在今甘南藏族自治州夏河县王格尔塘乡西南五公里处，坐北向南，面积约100亩。该寺藏语全称"德尔隆益噶曲增朗"(gt-lung-yid-dgav-chos-vtshin-gling),汉语俗称"沙沟寺"。"德尔隆"汉语意为"宝藏谷"，传说此沟为藏族历史上著名的女密宗师、藏传佛教能断派创始人玛玖拉仲"伏藏"之处，并因此而得名。⑧藏历第四饶迥水马年 (1222年),年波拉杰尊师旨意止贡·仁钦桑保建造了一座小寺院，这便是最早的德尔隆寺，当时该寺属噶举派和宁玛派。于藏历第九饶迥土马年（1558年），年波·释迦坚参时，他从西藏哲蚌寺求学回归故乡后，将帕旺静修院和达宗静修院归并于德尔隆寺，改宗格鲁派，建造了大经堂。⑨该寺最大的活佛就是寺主赛仓活佛转世系统。

①道周主编:《甘肃藏传佛教寺院大系》(藏文版),甘肃民族出版社,2010年。
②陈庆英主编:《中国藏族部落》,中国藏学出版社,2004年。
③蒲文成主编:《甘青藏传佛教寺院》,青海人民出版社,1990年。
④丹曲编著:《甘肃藏传佛教寺院录》,甘肃民族出版社,2003年。
⑤丹曲:《甘肃藏族史》,民族出版社,2000年。
⑥扎扎编著:《嘉木样呼图克图世系》,甘肃民族出版社,1998年。
⑦丹曲:《试述当代藏族学者赛仓·罗桑华丹的学术实践》,《甘肃社会科学》2013年第1期,第247页。
⑧相传,1184年前后,玛玖拉仲师徒在大夏河旁山谷中修行、传法,大约藏历木龙年年初"伏藏",自此这里逐渐成为著名的佛教圣地之一;后来又有止贡噶举派的僧人如止贡·仁钦桑保、曹玉格年、宗卡道让等人带着门徒来到这里驻锡。藏历水马年(1222年)在止贡噶举的僧人们修持的故址建造了一座小寺院,这便是最早的德尔隆寺。当时该寺属噶举派和宁玛派,后来德尔隆寺改宗为格鲁派的寺院。此后,这座小寺一直由年波家族的后裔护持。传至年波·释迦坚参时,此人前往西藏求学,遂入哲蚌寺学习格鲁派教义,最终成为格鲁派的高僧。他返回故乡于藏历土马年(1558年)将帕旺静修院和达宗静修院归并于德尔隆寺,改宗格鲁派,建造了大经堂。相传藏历第十一饶迥(1624—1683年)中期,格鲁派大成就者噶丹嘉措来到雅尔莫合隆山谷修禅。
⑨洲塔、陈小强编著:《德尔隆寺与历辈赛仓活佛》,中国藏学出版社,1994年,第235页。

　　早在 18 世纪初叶，是藏族历史上的多事之秋，以代表清朝中央政府驻锡拉萨的和硕特蒙古部首领拉藏汗和以代表西藏地方政府为首的第巴·桑结嘉措的政治角逐①，导致西藏政局动荡，同时也致使藏传佛教界的一些知名高僧包括拉卜楞寺的根本寺主第一世嘉木样活佛卷入这场政治漩涡而被迫出走拉萨。1709 年，在甘川边境游牧的青海黄河南蒙古部和硕特前首旗部落首领岱青和硕齐察罕丹津（藏语称"嘉吾吉昂"rgyal-po-ju-nang）的再三迎请下，就任拉萨哲蚌寺郭莽学院堪布的高僧第一世嘉木样协巴·阿旺宗哲抵达故乡，创建了拉卜楞寺，随行的弟子中就有第一世赛仓·阿旺扎西②诚然功不可没。在成就嘉木样协巴的过程中，同时也成就了这位学富五车的佛学大师。他的出现也许是继嘉木样协巴之后，安多地区的又一个典范，拉卜楞寺建立后在他的努力下健全了寺院的修习体制，编制修习教程，监管修习传承。在偶然的一个机会里，跟随尊师嘉木样大师前往德尔隆地方，启开"伏藏"之门③，建立了德尔隆寺，并住持这座寺院。

　　嘉木样协巴鉴于赛仓·阿旺扎西为协理创建拉卜楞寺之贡献，将自己在哲蚌寺所穿戴的法衣、僧帽交给他，并委任他担任拉卜楞寺第一任总法台。赛仓也不辜负老师的期望，不遗余力，为拉卜楞寺的政教而操劳。1721 年嘉木样大师病重期间，将自己的一颗牙齿④交给了赛仓·阿旺扎西。嘉木样去世后，他亲自主持建造灵塔。就师傅嘉木样转世一事，赛仓和德哇仓两大弟子意见产生了分歧，致使嘉木样佛位空虚达 29 年之

①18世纪初期，拉萨政局动荡，风云迭起，代表清朝中央政府驻守在拉萨的西藏藏王拉藏汗与代表西藏地方政府的第巴·桑结嘉措的斗争达到了白热化，最终兵锋相见，两败俱伤，导致了六世达赖喇嘛·仓央嘉措被废除，和硕特蒙古在西藏权利的废除。这场政治风波也波及了周边地区藏族聚居区社会的稳定。

②赛仓·昂旺扎西，1676年(清康熙十五年)生于青海同仁"赛"部落土官家，1692年，赛仓随父进藏入拉萨哲蚌寺郭莽学院初习因明。1694年经六世达赖亲试获优异成绩，得到了达赖喇嘛的赞扬，并嘉奖袈裟、茶叶等物品。1696年，赛仓身患重病时，由青海隆务寺夏日仓活佛(shar-tshang)赐名为阿旺扎西，同年与嘉木样协巴邂近，拜嘉木样协巴为师。1704年赛仓以优异成绩获取"噶居巴"学位后，转至拉萨续部下院开始修习密宗。1707荣获密宗格西"俄仁巴"学位。此间他还经常参加甘丹寺辩经大会，成为群贤中之佼佼者。1708年嘉木样大师捎来口信，让他准备返回安多，遂于是年与大师等众多格西一道返回安多藏区创建了拉卜楞寺，嘉木样协巴委任他担任拉卜楞大寺第一任大法台。

③嘉木样协巴在创建拉卜楞寺的同时，对玛玖拉仲埋藏在德尔隆地方的"伏藏"非常关心，清康熙五十七年(1718年)正月上旬，带领赛仓等弟子来到德尔隆山谷启开"伏藏"洞口，掘出佛像、经文等。年波噶居将寺院奉献给了嘉木样大师。嘉木样大师嘱托赛·阿旺扎西护持此寺。

④宗喀巴大师圆寂前，曾把牙齿送给了弟子嘉央却吉，故效仿之，其意是照宗略巴的做法把拉卜楞寺的事业托付给赛仓。

久。①1738 年赛仓·阿旺扎西去世，终年 62 岁。

第二世赛仓·阿旺嘉央扎西 (ngag-dbang-vjam-dbyan-gs-bkra shis)，1738 年生于甘南夏河甘加部落，1746 年（清乾隆十一年），经德哇仓·罗桑东珠为首的高僧寻访，将拉卜楞寺附近甘加部落头人之子拥立为第二世赛仓活佛并迎入拉卜楞寺坐床，自此，赛仓活佛转世系统也正式形成。第二世赛仓活佛，继承先辈优秀传统，仍然是辅佐寺主第二世嘉木样大师的得力弟子。1748 年在黑错寺随赛赤活佛学法，1753 年随二世嘉木样学法。1759 年应二世嘉木样之邀请，二世赛仓担任总法台，他按西藏三大寺的制度法规治理，治教严厉，他与寺院个别高僧意见不合，从而产生隔阂，于 1760 年毅然辞去法台职位离寺赴德尔隆寺并住持该寺，自此与拉卜楞寺断绝关系，分道扬镳。②1792 年，住持修建瓜什则寺弥勒佛殿。暮年他不顾年迈体弱，仍经常赴甘、青一带讲经传教，弘扬佛法。1811 年二世赛仓去世，终年 73 岁，人们建造了银质灵塔以示纪念。

第三世赛仓·罗桑扎西饶杰 (blo-bzang-bkra-shis-rab-rgyas)，1811 年出生于青海同仁。5 岁时被认定为第二世赛仓活佛的转世灵童。13 岁至 17 岁，他先后在黑错寺、隆务寺、卓尼肖哇 (sho-ba) 寺随高僧学法。1846 年，第三世赛仓活佛赴藏留学，抵达拉萨后受到了当时西藏噶厦地方政府的欢迎和接待，觐见摄政王，并拜见了班禅大师。赛仓在拉萨学经 3 年，1849 年离藏。临行前西藏噶厦政府赐封他"堪钦"尊号。1854 年，三世赛仓应同仁隆务寺之敦请，担任该寺续部学院法台。1859 年，他先后抵

①关于嘉木样协巴的转世问题有两种说法：一种是第一世赛仓·阿旺扎西在嘉木样协巴大师去世后，根据他的遗嘱不再转世而反对寻找转世灵童；而嘉木样大师的另一高足第一世德哇仓·罗藏东珠力主转世，于是两者产生矛盾。由于赛仓·阿旺扎西时任拉卜楞寺法台，手握重权，致使嘉木样大师的转世问题得不到解决，被拖延了20余年，直到赛仓去世，德哇仓才将局面逆转回来使得嘉木样活佛系统得以形成。另一说法是，在嘉木样协巴去世以前就其转生来世问题赛仓请示过嘉木样，但未得到明确答复。嘉木样协巴去世后，赛仓继续担任寺院法台，就寻找嘉木样协巴的转世灵童一事也表示同意。在寻访灵童的过程中，德哇仓·罗藏东珠等人认定为青海境内尖扎头人之子"郭喇"是嘉木样大师的转世灵童；而作为总法台赛仓经过卜算则认为第二代亲王丹津旺舒克之子噶丹桑珠是嘉木样的转世灵童。转世灵童出现了两个候选人，真伪难辨，使嘉木样大师的转世问题拖延了很久，河南蒙古亲王也亲自插手此问题，使分歧进一步扩大。当时，第一代亲王察罕丹津已故，二代亲王与第一代亲王妃南吉卓玛存在着利害冲突，两人的矛盾不断加深，这在认定一世嘉木样大师转世灵童问题进一步复杂化，寻找转世灵童的正常活动陷于停顿。1738年赛仓阿旺扎西去世后，德哇仓·罗桑东珠担任了法台，他和王妃南吉卓玛力排众议，于1738年认定郭喇为嘉木样大师的转世灵童，并于1743年迎至拉卜楞寺坐床，从而结束了根本寺主一世嘉木样转世问题长达20余年的纷争。
②赛仓活佛离开拉卜楞寺的时间问题：传统的说法是1721年寺主嘉木样协巴去世之后就是否转世问题，一世赛仓活佛阿旺扎西在与拉卜楞寺发生争执后，赛仓活佛于1726年离开拉卜楞寺。到德尔隆地方单独建寺，以后自成活佛转世系统。事实上，德尔隆寺最早是嘉木样协巴大师委派其高足弟子年波噶居兴建的，时在拉卜楞寺初建后不久。在赛仓·阿旺扎西49岁时(1726年)，应德尔隆地方僧俗群众的邀请前往德尔隆寺，对该寺进行较大规模的扩建，并为寺院订立清规。约从同年起，赛仓就成为德尔隆寺的寺主。二世赛仓·阿旺嘉央扎西，于1762年，辞去拉卜楞寺法台职务抵达德尔隆寺，自此赛仓活佛转世系统就坐镇德尔隆寺。

达兰州、阿拉善旗、山西五台山等地寺院讲经说法。是年由达达贡亲王护送去朝礼圣迹，后赴蒙古国大库伦嘎尔麻各旗讲经弘法。1862年3月应布尔堆亲王之敦请前去俄国传教弘法，但因俄国边防军阻止未能入境。赛仓活佛在蒙古国伊拉哈斯寺整整住了3年时间。1864年亲赴北京朝觐，在故宫觐见了同治皇帝，并得到皇上御旨，确认了伊拉哈斯呼图克图呼毕勒罕人选，1865年，赛仓应德尔隆寺请求，他从蒙古国打算回归故里，1869年，他到达阿拉善旗住了一年时间，后经宁夏固原抵达兰州后受到了总督欢迎，6月份抵达德尔隆寺。1873年，赛仓又应阿拉善亲王敦请，赴阿拉善旗弘法，亲王为他新建了"昂谦"。 1876年，他身染重病，临终前他嘱咐弟子说："我寿命即将结束，这生未能成为一个优秀学者深感悔恨和遗憾。"后圆寂于阿拉善寺，终年66岁。

第四世赛仓·罗桑扎西丹贝坚参 (blo-bzang-bkra-shis-bstanpavi-rgyal-mtshan)，1876年诞生于青海同仁隆务，13岁时去世。

第五世赛仓·罗桑扎西成勒嘉措 (blo-bzang-bkra-shis-tshutkhrims-rgya-mtsho)，1889年出生于同仁隆务索仓。9岁时入隆务寺闻思学院学习。25岁时习完因明、般若、中论后，从显宗部毕业，任隆务寺法台，1916年，宁海军与拉卜楞寺挑起矛盾，试图统治拉卜楞藏区，德尔隆寺在冲突中被破坏。五世赛仓目睹先辈之业迹付之一炬的惨状，心中万分悲痛，于是云游四方，募化钱财，发誓重整佛业，修复寺院，终于在1934年重建了德尔隆寺，于1936年圆寂，终年47岁。

如今赛仓活佛系统转至六世。赛仓活佛系统的传承，对德尔隆寺的发展壮大发挥了重要作用，也对赛仓活佛的学术传统的继承和创新起到了承前启后的作用。正如多识活佛所言："转世活佛的崇高威望并不完全取决于他们的历史地位，而很大程度上取决于今世的戒行品德、学术贡献、宗教业绩三个方面的杰出成就。今世赛仓活佛在戒行品德、学术贡献、宗教业绩三个方面都十分杰出，这是我们宗教界最看重的方面。所以我说：赛仓活佛是我们这个时代活佛中杰出的代表之一。"[1]

三、赛仓·罗桑华丹的教育实践

作为传统知识分子的六世赛仓活佛，他树立正确的人生观，以藏族传统文化为基点，教书育人为手段，著书立说，治学严谨，为弘扬藏族文化作出了不朽功绩。他自觉地认识自己所处的时代，把影响或改造所处的时代，当作自己义不容辞的责任，充

---

[1] 多识：《赛仓活佛学术评价》(甘肃民族师范学院安多藏文化中心编：《〈赛仓·罗桑华丹文集〉简述》，内部资料，2011年，第28页)。

满了强烈的"忧患意识""责任意识",重视把学习所得的学识,以"力行"的方式,付诸实践,贡献于社会,令世人敬重与钦佩。

"众所周知,成立于改革开放的特殊年代的合作师专,以赛仓活佛为首的先锋,首先举起了藏族传统文化的大旗,认识到时下的重要任务是重建藏族本位文化,寻找藏族文化之魂。在20世纪八九十年代,这是一种了不起的举措,不看他们的成就,单看他们勇敢地举起这杆大旗的精神,就是令人敬佩的。由此,我们可以得到两点启示,第一,藏族文化和民族精神的传承,不能用简单的纯学术研究来概括;第二,它说明藏族传统文化的重要性,传统文化是根本,丢弃传统文化,对于藏民族而言,就是丢了魂魄,而丢了魂魄的人还谈得上有什么人文精神和爱国精神可以发扬光大?"①

六世赛仓·罗桑华丹先生,他经历中华民国和中华人民共和国两个时代、两种不同的社会制度,从旧社会跨入新中国,目睹了时代的伟大变迁,经历了"文化大革命"的浩劫,身心都得到了历练和净化的他深刻体会到文化知识的重要性。住持教务的寺主成为培养国家人才的教授,他深刻认识到自己对民族地区社会进步事业所担负的责任,积极投身教育事业,曾就任甘南藏族自治州师范专科学校副校长、藏语文教授,把自己所学的传统藏族文化知识传授给肩负建设民族地区任务的新一代,培养出一批批藏汉双语兼备的青年人才。

赛仓·罗桑华丹先生全身心地将自己的精力投入民族教育事业中,提倡"教育为本"的思想,明确提出"民族进步、社会发展的根本在于教育",强调:"只有大力发展民族教育,才能培养服务民族地区建设与发展的人才;只有全民、全社会高度重视民族教育,才能实现促进社会进步与发展的目标;我们有义务维护民族教育与文化的良好发展环境,有义务促进文化教育事业的持续发展。"②从改革开放的1979年起,就辛勤耕耘在民族教育的第一线。作为藏语言文学专业的教授,承担了诗学修辞、五明概论等专业课的教学任务。先后被中央民族大学、中国藏语系高级佛学院、西北民族大学等院校聘请为客座教授。

1987年,经党和国家批准,建立中国藏语系高级佛学,作为首任院长的十世班禅大师,特意邀请赛仓·罗桑华丹作为处理事务的助理,从事筹建工作。一切都是从零开始,没有现成的教材,委任他为教材编写组总编,主持并撰写《格鲁派史略》,遵照十世班禅大师的指示,定期到中国藏语系高级佛学院授课,长达6年时间,为中国藏语系高级佛学的创立和发展作出了积极的贡献。

---

①丹曲:《试述当代藏族学者赛仓,罗桑华丹的学术实践》,《甘肃社会科学》2013年第1期,第250页。
②杨世宏:《智慧与爱心的使者》,(甘肃民族师范学院安多藏文化研究中心编:《〈赛仓·罗桑华丹文集〉简述》(内部资料),2011年,第43—44页)。

在几十年的教育生涯中，赛仓活佛非常关心教师队伍的培养，认为教育的关键在于教师，教师队伍的建设是发展民族教育的核心问题，必须建设一支乐于吃苦、甘于奉献、德才兼备的民族师资队伍，民族教育才有希望，勉励在校的青年教师或即将奔赴山村牧区从事教学的学子们：热爱民族教育，安心本职工作，为民族教育的明天贡献力量。在他的关心和培养下，甘肃合作师范学院形成了一支老中青搭配，结构合理，业务精良的教师队伍；学校毕业的藏汉双语兼备的学子们，在教育战线上犹如草原上的格桑花，开遍了整个甘肃藏区。

赛仓·罗桑华丹先生在主持和从事高等教育工作的同时，还积极扶持基础教育工作，先后担任过甘南藏族自治州藏族中学、合作藏族中学、卓尼尼巴学校等多所学校的名誉校长。为扶持民族教育事业的发展，先后设立"香港赛仓助学金""奇正赛仓助学金""大明赛仓女子助学金"等系列奖学、助学金，累计资助贫困学生 3239 名，资助金额近百万元。

赛仓·罗桑华丹先生长期献身于民族教育事业，积极培养英才，真可谓桃李芬芳。他始终不渝地坚持"振兴民族的希望在于教育，提高民族整体素质只有依靠教育"这一崇高信念。从 1986 年以来，他长期担任中国藏语系高级佛学院、中国社会科学院、中央民族大学的客座教授。1995 年特聘为西北民族大学藏语系硕士研究生导师，2001年，被聘任为中央民族大学藏学系博士生导师，培养了一批藏族高级知识分子。

此外，还利用一切机会，深入广大农牧区，向广大牧民群众宣传教育的意义，让更多的农牧民子女走出村舍牧场，进入校园接受现代教育。鉴于赛仓教授渊博的知识和严谨的治学精神以及在藏学方面的突出贡献， 2006 年他被评为甘肃省第一批教学名师。

四、赛仓·罗桑华丹的学术成就

在审视和梳理中国文化的学术传统和资源时，学人在重视定位与诠释学术概念的同时，不得不关注"经世致用"学术传统，因为它是传统学术经典中的精髓。经世致用的思想，在我国先秦时代的经典中就有举足轻重的地位。他们做学问，不曾把自己置身于世道之外，去追求所谓"纯粹的学问"，而是自觉地把认识自己所处的时代、影响或改造所处的时代，当作自己义不容辞的责任。为此，我国传统知识分子们均有强烈的"忧患意识""责任意识""承担意识""使命意识"。重视把学习所得的学识，以"力行"的方式，付诸实践，贡献于社会，这是我国传统文化熏陶之下成长起来的仁人志士为人处世的重要原则。1949 年中华人民共和国成立后，特别是 1979 年改革开放后，藏学界和民族教育界以东嘎教授（活佛）、才旦夏茸教授（活佛）、毛兰木教授

（高僧）、毛尔盖三木丹（高僧）先生、多识教授（活佛）以及赛仓教授（活佛）为首的领军人物，坚守藏族文化本位论，认为这是藏族文明于世界、藏民族能产生自信心的根本。如果一个人对自己本民族的历史和文明不了解就根本无法树立自己的人生观，所以弘扬民族文化，最重要的是了解和研究民族的历史和文化。

　　作为德尔隆寺寺主的历辈赛仓活佛，就有崇尚民族文化的光荣传统。他们为了弘扬佛法，治学严谨，著书立说，不畏艰辛，往来不同民族之间，为加强藏区内部的经济文化联系，促进蒙藏民族之间和汉藏民族之间的友好往来，加强边疆民族地区与内地的联系，激励边疆各族人民的向心力作出了贡献。作为甘南藏区宗教文化中心之一的德尔隆寺，在赛仓活佛的经营下，形成了除了拉卜楞寺以外，又一大寺院网络体系。该寺也以弘扬佛法和崇尚学术而享誉藏蒙地区，同时也形成了以赛仓活佛为主的学术传统。历代赛仓活佛系统中学者辈出，其中自古迄今该活佛转世系统转至六世，其中就有四世留学西藏，在格鲁派中心寺院取得过优异成绩，备受人们的尊崇。其中的佼佼者除了第一世赛仓外，当属今天的六世赛仓活佛罗桑华丹先生。

　　如第一世赛仓·阿旺扎西曾住持拉卜楞寺教务长达29年，他是该寺历史上任职最久的法台，由于寺主嘉木样协巴大师经常外出讲经说法，赛仓就成为寺院政教事务的实际住持者。在寺院初创阶段，百业待兴，创建寺规，订立学经制度，著书立说，开坛讲学，使寺院的宗教活动逐步走上正轨，赢得藏蒙教民的普遍尊崇，拉卜楞寺教区僧俗把他看作知识的宝库、智慧的象征、文殊菩萨的化身。在二世嘉木样大师的《一世嘉木样传》中恭敬地称他为"赤甘仓"（khri-rgantshang，资深的法台），阿莽班智达在其《拉卜楞寺志》中美誉阿旺扎西是"说法自在文殊怙主"；智观巴在《安多政教史》中称赞他是"智慧宝藏"。他的威望日臻高深，权位不断巩固，到了晚年时他与嘉木样齐名。赛仓大师著述丰厚，全集有4部，共32篇，全长1496页。其代表作有《集类论教程》《中观教理藏宣讲录》《集类论破立嘉言》等。全集中最有影响、最具有代表性的是因明学著作《集类论教程》，成书后逐步成为安多藏区各大寺院的初级学习教理辩论和逻辑推理的基础知识，也是因明部班级初级必修教材而受到高度重视。该作品分为上下两册，因赛仓大师写就，故称之为"赛堆扎"（bse-bsdus-sgra,赛氏集类论）。有人评价："在拉寺初期历史上，俄昂扎西应是排在嘉木样之后名垂史册的人物。他在学业上令人羡慕，代理寺主遗职，集政教全力为一身，号令教区僧俗，竖起一面信仰的旗帜。他逝世后，围绕他的思想主张，其亲信及其追随者们不看形势转变，卷入教派纷争，致使经历一场严重的内部风波。无论如何评说是非，事实证明他仍以功德保持了应有的社会地位，影响辐射经纬，形象留在教民当中"。①

①扎扎：《拉卜楞寺活佛世系》，甘肃民族出版社，2000年，第202页。

除了一世赛仓·阿旺扎西外，在学术上卓有建树的便是六世赛仓·罗桑华丹，在新的时代里他一面参与学校管理一面亲自授课，一面还从事藏学研究工作，把求真务实、经世致用的优良学风贯彻到行动中，写下了许多传世佳作，大多已成为学术经典，培养了一大批学子，在现代藏族教育史产生了极大影响。

目前《赛仓·罗桑华丹文集》（bse-tshang-blo-bzang-dpal-ldangyi-gsung-vbum）问世，总计九卷，《文集》是分三期完成的：第一期工程由 6 卷组成，于 2001 年由民族出版社出版，分别是《诗学修辞明鉴》《阿绕仁波切传》《格鲁派史略》《殊胜赞注疏》《戒律学讲义》《论文、诗歌及其它》；第二期工程在原 6 卷的基础上新增 3 卷，即《修辞学入门》《格西罗赛嘉措传》以及《安多合作寺历史》，共由 9 卷组成，这套《文集》已于 2011 年圆满完成并发行；第三期工程是《文集》中部分作品的精选汉译与出版工作，目前汉译工作已经启动，并正在进行当中。总之，《文集》是他"长期以来从事高等教育和潜心社会科学研究的教育成果和学术探索的结晶，它是赛仓·罗桑华丹学术思想和宗教哲学思想的集中体现"①。

多识活佛曾说道："任何一部著作都是作者的思想品德，思想境界，知识才能，阅历见识的一种综合的展示。古人说，人若其文，文若其人。因此在学术界评价一部著作是和他的作者联系在一起的。藏传佛教学术界尤其重视这条。""藏传佛教界有一个传统习惯，各专业领域的学者，学术水平和公认的学术地位达不到顶级，没有人请求著述。过去的藏文书籍和文章后面都注明该著作的请求著作者是谁，有的书是经再三请求，经多人请求而才写作的。不到顶级水平就没有人请你写作，不请求就没有人敢妄自尊大地进行写作，即使你写了，也没有人捐资刻板传播……至今在寺院上仍然保持这种习俗。虽格西学者很多，写著作的人却很少。这样的学术环境中所产生的作品，各个都是千锤百炼的精品。"②赛仓·罗桑华丹先生的著述当属这样的精品。按照学术内容划分，《赛仓·罗桑华丹文集》大致分为显密经典注释、教法史、修辞学、寺院志、高僧传记、寺规、仪轨、祈愿文以及期刊序言九类。

教法史方面，第三卷为《格鲁派教法史》（dpal-mnyam-med-ribo-dge-ldan-bavi-grub-mthavi-rmam-bzhag-mdo-tsam-brjod-pavjam-mgon-bstan-pavi-mdzes-rgyan-zhis-bya-ba-bzhugs-so），始写于 1987 年，1989 年成书。中国高级藏语系佛学院建立后，六世赛仓·罗桑华丹受十世班禅大师的旨意，为佛学院编写了此教材。主要内容阐述藏传佛教格鲁派的形成及发展历史以及修习的显密教义。《格鲁派教法史》是一部融文史

①甘肃民族师范学院安多藏文化研究中心：《〈赛仓·罗桑华丹文集〉简述》，内部资料，2011 年，第 5 页。
②多识：《赛仓活佛学术评价》，甘肃民族师范学院安多藏文化中心编：内部资料，《〈赛仓·罗桑华丹文集〉简述》，2011 年，第 28—29 页。

哲于一体的藏传佛教格鲁派发展史的著作，赛仓·罗桑华丹先生在对藏传佛教各教派进行评述的基础上，重点对格鲁派的创始人宗喀巴大师的求学生涯、宗教哲学的特点及其创立格鲁教派的过程进行了阐述，特别是对格鲁派理论体系的完善、格鲁派教法的弘扬、传承等也作了翔实的阐述。总计由八章构成。这部专著，由王世镇先生翻译成汉文，2002 年由宗教文化出版社出版。①

修辞学方面，首卷和卷七第一编就系此类著术，卷首名为《诗学修辞明鉴》(tshangs-sras-bzhad-bavi-sgra-dhyangs) ②，撰写于 1980 年，此书是六世赛仓活佛在甘南民族学校讲授藏族古典诗歌课程时编写的教材，1984 年由甘肃民族出版社出版。该书是一部将藏族传统文艺理论和修辞学融为一体的理论著作，主要内容将奠定藏族古典诗学理论即印度学者执杖所著《诗镜论》(snyan-ngag-vtsa-vgrel) 为蓝本，五世达赖喇嘛所著《妙音天女欢歌》(dpyid-kyi-rgyal-mo-gludyangs) 的诗学讲授传承为依据，对印度诗学的东派和南派的不同写作风格以及两派所共同遵循的写作方法和修辞手法逐一注释并体例说明。对藏族的诗学理论和实践影响作了深入的探索和考释，尤其就藏族诗歌的审美原则以及 300 余种修辞技巧在艺术创作中的具体运用进行了详尽释证，真可谓资料翔实，考释精审，吸纳百家之长，已见纷呈，是专门探讨藏族传统文艺理论的集大成之作，对创作实践具有很强的理论指导性。《诗学修辞明鉴》主要包含三个部外：第一部分主要阐述了藏族古典诗学理论及十大特殊修辞法的功能；第二部分主要详细阐释了意饰的意义、功能以及意饰修辞法的运用技巧；第三部分主要分析音饰法、隐语饰及改正诗病等问题。卷七第一编，辑录了赛仓·罗桑华丹撰写的《修辞学入门》(gang-can-bod-kyi-snyanngag-la-vjug-pavi-sgo)，总计八章，第一章苦学五明的重要性，第二章修辞学与五明学的关系，第三章修辞学入门方法，第四章修辞学知识应用范围，第五章修辞学体裁，第六章修辞学的体裁，第七章修辞学的修饰法，第八章论修辞学之分析明辨。主要论述了修辞学的体裁、风格、修饰法以及运用修饰比喻法创作的人物传记等内容。

寺院志方面，第九卷中的《合作寺志》(mdo-smad-gtsos-dgav-ldan -chos-gling-gi-gdan-rabs-legs-bshad-nor-buvi-vphreng-bamdzes-pavi-rgan-shes-bya-ba-bzhugs-so)共分六章，记述了合作寺院的所在地及修建历史、历代赛赤仁波切坚赞桑布传略、该寺历代大堪布传、该寺各佛殿所供佛像、佛经及佛塔、该寺所属各寺史略、后宏期该寺如何弘扬佛法等内容。此外在第七卷中收录《夏秀寺志》《德尔隆寺志》《瓜什则寺志》《纳仓寺志》等。研究藏传佛教历史，首先要对寺院进行研究，研究寺院最佳

①赛仓·罗桑华丹著,王世镇译注:《藏传佛教格鲁派史略》,宗教文化出版社,第2002年。
②赛仓·罗桑华丹:《诗学修辞明鉴》(藏文版),甘肃民族出版社,1984年。

的切入点首先要阅读寺志，为此，藏传佛教各教派的高僧大德撰写了大量的寺院志，寺志成为藏文文献中重要的一个类别。赛仓·罗桑华丹先生，曾就任过部分寺院的法台，熟悉上述寺院的历史与现状，通过搜集大量的藏文文献，从而书写各寺院的历史发展脉络，这些寺志的成书，对我们研究藏区藏传佛教发展的历史奠定了重要的史料基础。

佛传、高僧传记方面，如第四卷的第一部分为《〈殊胜赞〉的注疏》（khyad-par-vphags-bstod-kyi-vgrel-ba-thub-dbang-dgyes-pavimchod-sprin-zhis-bya-ba-bzhugs-so），记述了释迦牟尼的一生的事迹，如兜率降世、入住母胎、圆满诞生、少年嬉戏、受用妃眷、出家为僧、行苦难行、趋金刚座、调服魔军、成正觉、转妙法轮、入大涅槃等；第二部分为《热贡夏日仓传》，记述了前几世夏日仓的功德和第七世夏日仓诞生及坐床纪实、出家受戒、师从罗桑华丹修习经典、在阿若仁波切座前受到教诲，从高僧大德处得到灌顶传承、利益众生、入大涅槃等；第二卷的《阿若罗桑隆多丹贝坚参传》(skyabs-rje-Aa-rolrin-po-cheyi-rnam-thar)，著于1998年。阿若仓活佛为青海省兴海县赛宗寺寺主、近代著名佛学家，赛仓在其座前先后受居士、沙弥、比丘戒律，并聆受诸多佛学要义及秘传，成为心传弟子。为自己的上师著书立传是一种传统，也是众多僧众及施主的愿望，作为弟子的赛仓活佛为上师立传是一件天经地义之事。该书主要叙述阿若仓一生的经历；第五卷第二部分《历辈阿莽仓传略》(rje-dbal-mang-sku-prengrim-rgyn-gyli-rnam-thae-mdo-tsam-brjod-pa-bden-gded-gtam-ngaggi-ril-mtsho-zhes-bya-ba-bshigs)，分别记述了第一世阿莽仓·罗桑东珠、第三世阿莽仓·嘉样丹增嘉措、第四世阿莽仓·晋美慈成南杰、第五世阿莽仓·罗桑华旦嘉措的传记；第九卷的《大成就者智观巴·噶桑丹巴格勒嘉措大师传》(nges-don-grub-pavi-dbang-phyug-chen-po-brag-dgon-pa-rje-skal-bzang-bstn-pa-dge-legs-rgya-mtsho-dpalbzang-povi-ram-par-thar-ba-pad-ma-dkar-bovi-phreng-mdzes zhes-bya-bzhugs-so)，记述了历代智观巴仓之传略、诞生及青年时代、坐床出家受戒入拉卜楞寺拜高僧大德学经、教化四方民众、圆寂等历史。高僧大德是藏族历史上传统文化的传承者，也是藏传佛教界的精英分子，高僧传也是藏文文献中的一个重要类别，重在叙述传主的高尚品格和弘法事迹，对研究藏传佛教史具有重要的价值。

仪规方面，第五卷的第一部分为戒律笔记(dam-chos-vdul-bavizin-btis-thub-bstan-lhun-grub-povi-mdzis-rgyal-zhis-bya-babzhugs-so)，内容分别为颂词及前言、闻思修的功效、戒律的本义和本质、别解脱戒的人为原因、如何获得别解脱戒、恪守别解脱戒的方法、比丘戒概述；第六卷的《菩提道广论方面》，阐述了僧侣的修炼方法、规约、常用依轨、祈福、祈求灵童转世。

此外，显密经典注释、寺规、祈愿文以及杂志序言等方面，如第六卷的最后一部分辑录了六世赛仓活佛回忆录、刻板题词和友人间的书信往来、期刊寄语、赞词等方面的作品；第七卷辑录了赛仓活佛所写的修习方法、常用仪轨、祝寿祈愿文、文章序言、颂词等等；第八卷辑录了显密宗佛经注释、历史与传记、诵经仪轨、焚香祭祀颂词、寺庙规章制度、祝寿祈愿文、刊物序言等方面的文章；第九卷辑录了一些诵经仪轨、焚香祭祀颂词、祝寿祈愿文、序言等方面的作品。

浩浩九卷文集，扬扬千万文字。凝结的是第六世赛仓活佛此生学术成就的大部分，也是继承和弘扬藏族传统文化的一种践行方式。在 2011 年举行的《赛仓·罗桑华丹文集》（藏文）发行式暨汉译工程启动仪式上，诸多专家学者已对该宏世精品的价值和地位给予了高度赞扬。但纵观全集，内容广博，在编排方面略显唐突，从体例归类上没有按照严格的学术规范将同类文章集中编排，不得不说是一个遗憾，不管怎样，浩大的整理工程也当经历了"搜集、整理和编辑的十三载历程"①。瑕不掩瑜，赛仓·罗桑华丹的著作正如学者所评价："这些学术著作，对正确认识和理解藏传佛教派，规范使用藏语言文学，均具有很高的学术理论价值和实用价值，《赛仓·罗桑华丹文集》，无疑是当代藏学研究领域中有特殊贡献的学术成果，具有里程碑的意义。"②"赛仓著作的出版无疑是给藏学园地增添了一处使众人仰慕、使学子解渴的雪域甘露神泉。"③

《陇上学人文存·赛仓·罗桑华丹卷》(第六辑)
作者：丹曲

---

① 甘肃民族师范学院安多藏文化研究中心编：《〈赛仓·罗桑华丹文集〉简述》，内部资料，2011年，第110页。
② 道周：《拜读大师　仰望大师》，甘肃民族师范学院安多藏文化中心编：《〈赛仓·罗桑华丹文集〉简述》，内部资料，2011年，第41页。
③ 多识：《赛仓活佛学术评价》，甘肃民族师范学院安多藏文化中心编：《〈赛仓·罗桑华丹文集〉简述》，内部资料，2011年，第31页。

华 侃

　　华侃（1934—），藏文名桑盖嘉措，略作桑盖，男，汉族，原籍江苏无锡，出生于苏州。在当地上小学，到高小时迁回无锡老家荡口镇，小学毕业后升入该镇学海中学。无锡城濒临太湖，荡口镇即在鹅湖之滨（现改为鹅湖镇），这是一个景色迷人、物产富饶的江南鱼米之乡。初中毕业那年，正值中华人民共和国成立，在无锡市内入读高中。1952年夏参加全国第一届高等学校统一招生考试，幸运地被北京大学东方语言文学系录取，后因大学院系专业调整，该系部分专业并入中央民族学院（后更名为中央民族大学）语文系。他的专业是藏语，1956年毕业后去甘肃青海等藏族农牧区参加全国少数民族语言普查，1957年经组织分配到西北民族学院（现更名为西北民族大学）语文系从事教学。20世纪60年代初期赴甘南夏河县牧区参加"社会主义教育"运动，也即"四清"，在一个生产队里的工作组做翻译。"社教"结束后，由于受到"文革"的干扰，西北民族学院的教学已不能正常进行，当时大部分教师被下放到甘南藏族自治州各县。华侃老师分到夏河县革委会保卫部拉卜楞寺工作组做翻译，主要组织部分上层僧人学习有关文件近两年之久。全国藏族地区的学校开始恢复藏语文教学，华侃老师被调到合作（甘南藏族自治州所在地）州师范教藏文。一年后西北民族学院恢复招生，1973年被调回兰州，此后数十年再未曾离开自己为之努力的藏语专业。1978年任讲师，藏文教研组副组长，80年代初任少数民族语文系（当时有藏语文和蒙语文两个专业）副主任兼蒙藏语文研究室主任，1978年评为讲师，1987年被评为副教授，同年被中共甘肃省委、甘肃省人民政府授予三十年教龄纪念奖章，1988年被聘为硕士研究生指导教师，首次招收藏语言研究方向硕士研究生，其间2006年起兼任西北民族大学信息研究院应用语言学研究生指导教师，1989年获国家教委、国家人事部、全国教育工会授予的全国优秀教师称号，1994年被评为教授，同年获国务院特殊津贴，当年又获甘肃省第二届民族团结先进个人称号，作为模范个人参加了省第四次民族团结表彰大会，2006年荣获甘肃省高等学校教学名师奖，同年获甘肃省语言文字工作者先进个人称号，2009年退休后曾返聘四年，2013年离开讲坛。

介绍华侃老师，我们可以对他如何走上学习藏语之路，到从事藏语文教学和研究进行回顾。当他高中毕业之时，新中国正处于一个翻天覆地、百端待举的时代，面临着一个崭新的建设高潮到来，迫切需要各方面的人才，他热切盼望参加高考继续升学，以便将来为国家建设好好工作。他选择了三个志愿：工科、理科和外语。那时候大学也不多，文理不分。至于选择外语，因为东南沿海地区历来对外语教学很重视，中学已学了六年英语，有了一定基础。何况50年代全国都在风靡地学习俄语，到处都在搞速成，想到将来在大学期间再过俄语关也是必然的事。所以他怀着一丝梦想，除西方语言外，再学一门东方语言该如何好啊！当时北京大学有一个东方语言文学系，云集了国内外知名的研究印度、日本、阿拉伯，包括国内藏、蒙古、维吾尔等一二十种语言文化方面的专家学者，都是中国当时最令人敬慕的大家，文科的志愿就这样选了北大东语系，最后幸运地被录取了，达到了他内心的冀望。1952年是全国高校第一届统招，录取的新生并不多，《人民日报》专门增印了几个版面，公布了当年录取的全部新生名单。北大东语系新生仅百余名。可是不久接到的是中央民族学院的通知，由于1952年全国高校院系调整，国家商定将北大东语系在国内所招新生以及该系部分专业的教师合并到中央民族学院语文系。

中央民族学院是一所新型的高等学府，其前身是1941年在延安创建的民族学院。1951年5月，由政务院（今国务院）通过文件正式成立。1952年10月华侃老师就从江南水乡怀着一种异样的心情乘着北上的火车直往京城。这是一座既具有浓厚文化气息的令青年学子向往的古城，又是一座朝气蓬勃的新首都，心中感到无限兴奋，但也产生了一些落差，与原来想象中的名校大不相同。新建的中央民院地处西郊（当然今日早就不是郊了）。入校报到后，在一群青年学子内心或多或少产生了一些不稳定。有鉴于此，中央民族事务委员会（即今国家民族事务委员会）及学院领导很是重视，花了不少力气做思想教育工作，讲解党的民族工作的方针政策，指出民族工作的重要性，语重心长，耐心开导。当时中央民院有一个研究部，部内都是从别的大学合并过来的人类学家、社会学家、民族历史学家（这些学科在高校中大多已撤销或停办），他们都是在这些方面研究有素的专家。民委领导、学院的学者教授轮流给新生作专题报告，介绍国内各民族的文化、历史、语言、艺术以及宗教等概况，绝大多数学生开始打开了心扉，觉得不同的语言文化处处有宝藏，产生了浓厚的兴趣，值得为之探索追寻，应是深入学习研究的领域，开始乐意学习民族语言，何况国内各民族的语言本来就是东方文化里的朵朵奇葩，是同一门类，都属于语言文化的范畴。此后就填报志愿进行分班。当时中央民院语文系共有 10 多种民族语言专业，每个班中，蒙古、藏、维吾尔等有文字的语言，每个班学生在 15 名左右，南方云、贵、广西等地的没有文字的民族语言，每个班学生在 10 名以内，人数不多，很符合教学第二语言的认知规律。根据藏语方言差别较大的特点，分成拉萨话、安多话两个班，华侃老师被分到安多班，全班 14 人。对华侃老师来说，这是一个历史性的节点，他开始走上了学习藏语言文化的大道，一生与藏语文结下了不解之缘。

今天华侃老师回想起四年美好的大学生活，校园里的那些人和事仍然历历在目。虽然民族语言专业是中华人民共和国成立后高校首次这样大规模地招生，但学校早在一年多前就开始从多方面积极筹备，各语种都有自己的教研组，制定教学计划、培养方案，准备教材，限于那时条件多数是油印或打印的讲义。安多藏语班前后有四位语文老师，其中三名藏族，一位是旦巴嘉措教授（原籍四川阿坝州若尔盖县，曾长期在著名的拉卜楞寺议仓任秘书，1945 年前后在该寺青年喇嘛职业学校任教，精于藏文法、修辞及佛教哲学。后被兰州大学聘为副教授，当时他调到北京民族出版社任编审）。每逢周一、二，学校专程进城接到民院为安多藏语班授课，其他两名是会话课老师，另有一名是汉族周季文教授，专门为该班讲解藏语言文字的特点，结合课文中重点难点，分析其中语音、语法、构词规律，后来在藏语言教学、翻译、敦煌古藏文研究方面多有著作问世，四年内该班学生深感受益良多。两位年轻藏族老师都是甘南地区长大的，语言地道，也经过中央民院一定的语言理论培训，了解教学第二语言的一般规律，教学认真，很注意讲练结合，还为班上学生一一起了藏文名字。华侃老师到甘南藏区去时一直使用着自己的藏名。除多门专业课外，其他课程有语言学概论、语音学、语法比较、教育学和喇嘛教概论及四门政治课，老师有的是从北京大学请来的，如从法国才回来不久的高名凯先生、从英国回来的袁家骅先生等，他们带来了现代语言学的理论，在当时的条件下十分难能可贵。政治课老师大多是从中国人民大学研究生班毕业。很多课程没有现成教材，一般上课都是百余人的大教室，全凭记笔记及阅读参考书。老师们备课特别认真，几乎不看讲义，出口成章，有条有理，滔滔不绝，使那些刚迈入大学之门的年轻学生敬佩之心油然而生，留下了十分深刻的印象，也成为他们一生永远值得学习的楷模。

在学习藏语文的起步阶段，充满着好奇心，有一种新鲜感，后来逐步了解到藏语言文化的底蕴深厚，典籍宏富，在国内各民族中，除汉文外也很少见，学习中常遇到不少困难。汉藏两种语言都是历史悠久的语言，而且藏语的方言很复杂，语音结构不易掌握，有的发音汉语普通话中没有，就是华侃老师自幼操用的母语——吴方言，虽有一些类同的浊音，但学习中还常碰到障碍。加之藏语书面语与口语有不小差距，其文法体系比较古老，很多地方来自古印度梵文文法，现今的口语又不全按书面语语法规则来说，所以只能在老师的引导下细心观察，反复练习，多听多说，摸索前进。华侃老师常讲到他们当时想出了很多学习的办法，如每天要求至少讲 10 句藏语，同学间互换卡片以计数；继而又规定每周有一天必须使用藏语，不能讲汉语，还提倡与预科中来自安多地区的藏族学员交朋友。可惜的是当时中央民院只有少数来自甘青藏区的干训部学员，都是当地上层人士居多，预科的学员极少。中央民院还有一个优良传统，就是学习民族语言的班级要去民族地区实习。深入基层是一种难得的磨炼，可以建立和培养民族感情，树立为兄弟民族服务的积极性和主动性，并且有更好学语言的环境，群众都是老师，可以学到生动的口头语言，以避免那种不能开口的哑巴状态。经过两年多的在校学习，语文系制定了周密的实习计划，又考虑到西北地区的气候，都由学校置备了必要的行装。离校前夕院领导跟实习队师生开座谈会，语重心长，谆谆教导，要求大家下去后认真虚心向藏族群众学习语言，克服各种困难，取得好成绩回校。实习地点定在甘肃甘南藏族自治州夏河县拉卜楞，以此为中心点，因为考虑到当地的藏语言文化在安多地区有一定代表性。为了能很好地适应气候和生活条件以及提高语言的交际能力，实习的第一阶段先到兰州西北民族学院，这里的语文系有藏文、蒙古文、维吾尔文三个专业，教师都是近年从西北大学、兰州大学合并过来的，其中藏语文专业也是教学安多语，藏汉族老师学养宏博，各有专长，由于当时高中毕业生不多，一度学制是三年。此外还有干训部，其中藏族班学员数量不少，都来自甘肃、青海藏区的基层干部和积极分子。校园内民族气氛十分浓厚，食堂里每周能多次吃到糌粑、酥油、奶茶，这是他们生平首次品尝到特有风味的藏餐。西北民院领导、语文系、干训部等单位对实习队十分重视和关心，召开座谈会帮助制定学习计划，听取大家的要求和汇报。在此期间，实习队全体学员听语文系的藏文课，同时又去听干训部用藏语讲授党史、民族政策等大课，下午分组参加他们的讨论，但只能听懂二三成。由于这里的学习环境很好，在两三个月的时间里藏语听说能力有不少提高，大大增强了学习藏语文的信心和决心。第二阶段是深入甘南藏区，当时去甘南的交通很不方便，道路崎岖逶迤，都是布满石子的土路，汽车虽可行驶，但无班车，实习队师生 10 余人包了一辆敞篷大卡车。第一天从兰州出发到临夏（旧称河州）一百四十余公里，在颠簸不平的路上摇摇晃晃行驶了近一天才到。第二天清晨，又从临夏起程，一百公里多，道路更窄，一边是悬崖石壁或黄土高山，一边是湍急的洮水，卡车行驶了大半天才抵达夏河县所在地拉卜楞，身上脸上已全是黄沙尘土。由于先行的带队老师已和当地政府联系妥当，安排住在黄正清（藏族，曾任甘南藏族自治州州长、甘肃省人民政府副省长等职）大宅后院的一间大房子内，华侃老师（当时负责实习队的财务工作）和两位老师另住一间小房。有一天，黄正清夫妇（夫人名策仁娜姆，曾任甘南州妇联主席、省妇联副主席等职）在后花园支起帐篷，亲切会见实习队师生，除表示欢迎外并请大家品尝新鲜手抓羊肉和面片。

拉卜楞寺为藏传佛教格鲁派六大寺院之一，建于公元 1709 年。寺院往东数里为县政府所在地，城镇因围寺而建，无城垣。该寺历史上有多位载入史册的高僧大德，也是著名的宗教哲学家、语言文学家，曾有许多重要著作问世。寺内存放着数万藏文木刻经典和印刷出来的各类典籍，几个经堂里累积数丈之高。这些专程来实习的青年学生，满怀好奇的心情被那种浓厚的文化气氛深深吸引住了。在当地政府重视和支持下，协助制定了具体的实习计划，将实习队员分散到藏族较多的机关或学校，如县政协办公室、法院、藏民小学等单位，吃住都在那里，以便有更多机会联系干部群众，多听多说，在自己的小本子上随时记下词句，晚上在微弱的电灯（当地只有一个很小的水电站）下或点着蜡烛整理白天记下的藏语材料，每两周老师轮流来辅导或译解。华侃老师同另外两名同学被分到县政协办公室，住在县政府西边一院子内，冬天气候很冷，只能用一火盆烧木炭取暖。政协办公室仅有一名藏族工作人员，名更登，年已 50，藏文较好。他平时事情不多，一些藏族僧人，常来办公室看看藏文报和一些学习材料。刚好华侃老师和其他两名同学抓紧这样的好机会向他们请教，得到很多帮助。县政协办公室旁是县政府粮食科，每天都有牧民群众赶着驮牛到县上购粮，由粮食科写个条子再盖上公章就可以去粮库买青稞和面粉。那些长着长毛的牦牛是实习学生第一次见到，也常走到牧民跟前攀谈几句。实习队才到拉卜楞没有几天，就引起了群众的热议，因为此前几乎从未有一群青年学生从数千里外的京城特意到那里学习藏语，能说简短但发音地道的安多话，就这样慢慢地与藏胞建立起了浓浓的感情，得到了群众的信任和帮助。甘南的冬季漫长而寒冷，零下 20 度以上是常事。春节来临之际，实习队师生集中起来住。政协的更登，以及在兰州西北民院干训部讲党史的那位老师旦正贡布（一度在语文系藏文组任藏语会话课讲师，他老家就在拉卜楞，"文革"期间民院停办回甘南任州文联主席，他父亲此时是夏河县法院院长），还有州政府畜牧处处长念智仓（拉寺活佛，50 年代初曾在中央民族学院干训部学习过）等纷纷邀实习队师生过年吃饭，大家在热炕上盘腿而坐，热闹非凡，藏餐以羊肉为主，离不开手抓、包子、面片，还有各种油炸面食品，听主人讲述藏地过春节的习俗。春节过后又进入下一阶段的实习，男同学都分到远离县上数十里之外的几个乡，一个村子只住一个实习队员。华侃老师最初分到隆瓦乡（今唐尕囊乡），后又住进完尕滩的曲东等村，与藏族群众"三同"，即同吃、同住、同劳动，开口自然必讲藏语。在曲东村的日子里，华侃老师与一户"阿米"老大爷共睡一炕，白天在打粮的场院干些零活，晚饭后在摇曳的酥油灯下听"阿米"讲成语、谚语、简短的民间故事，并尽量记录下来，不懂的地方等老师来辅导时再解决。当时实习队规定，每月除给住户买大米、面粉和青稞（大麦的一种，糌粑的原材料）外，还送上藏胞喜爱的茯茶、红糖等。日常生活虽然有些单调，但朴实、宁静，几个月的实习生活，锻炼了大家的毅力，也赢得了群众的信任，彼此有了深厚的亲情，藏语的听说能力有了明显进步。

在甘南藏区实习近一年，大多是在半农半牧区"三同"，真是做到一竿子插到底，情感上生活上他们渐渐融入了藏族人民的生活，群众都是自己的老师，如同进入了一个大课堂。同时也深刻体会到，要是仅仅从书本上来学语言是远远不够的，只有在实际生活中才能掌握好生动地道的语言，而且还能记得牢。更重要的是他们在实践中经受了锻炼，也得到关爱，从而与藏族人民建立了深情厚谊，增强了责任感，终是想将来要为社会为民族做点有益的事。华侃老师常常感叹，长达十个多月的实习，留下的是一段难忘的记忆，对一个人未来的道路产生了重要影响。如同先前研究民族语言文化的学者向往去民族地区考察研究而不可得，但现今他们一代青年学子幸运地得到了。

在回到北京学校后，另一重要又宝贵的学习机会来临了。当时为了了解国内50多个少数民族语言的分布和使用情况，以及语系语族，乃之方言的差别，为需要创制文字或改革文字收集必要的资料，还有为鉴定民族成分提供依据，决定在全国范围内进行民族语言普查，由民委和中国科学院（改革开放后将其中哲学社会科学部独立为中国社会科学院）组织领导，开办了近800人的语言调查训练班，中央民院10多个语种的大部分教师以及应届毕业生全都参加了，又从民族地区抽调来不少青年学员，汇聚了当代中国研究民族语言的师资力量给培训班授课，这些专家都请自科学院语言所、民族所和北京大学，着重讲授语言调查的目的和要求、调查研究的理论和方法，学习国际音标、记音训练以及撰写调查报告等等（所讲授内容后来大多按专题汇编成《语言调查常识》，1956年由中华书局出版，成为民族语言调查的首次经典著作）。训练班很重视理论实践结合，着力于记音审音分析能力的培养及归纳音位等一系列问题。那次全国范围的民族语言普查规模之大，人员之多，调查范围之广，任务之艰巨是空前的，在国外也绝无仅有，开一代研究民族语言之新风。藏语调查包括西藏、青海、四川、甘肃、云南五省区，还另列入了羌语、嘉绒语。华侃老师被编入第七工作队（藏语）甘青组，每一小组其中必有 1~2 名藏族成员。到达当地后，在政府和群众全力支持下，先后调查了天祝（华锐）、肃南（马蹄寺）、乐都瞿昙、化隆、循化、尖扎、同仁、泽库等 9 个点，其中化隆还增加了一个副点，每个主点记词 3000 多，副点记词 900 左右，也记录了少量句子。按通常的调查要求，在到达目的地后，第一步是物色理想的发音合作人，基本要求语音清晰，应是本地人，知识较丰富，机敏、认真和有耐心，还要交代清楚是记录口语语音。然后就按在京时已准备的词汇材料用国际音标记音。白天记音，晚上进行排比，如有疑问，翌日再与发音合作人核对，最后写出该点音位系统报告，同时简述当地的社会概况，然后在蜡纸上刻写油印。这一切都在当地解决，不留下任何后遗症。通过半年多的实地调查，华侃老师的足迹遍及河西走廊部分地区以及青海省东部藏区，基本明确了这些地方的藏语使用情况和语音特点，总的来说都属于安多方言，其内部差别不大，相互交流没有困难。但正如藏族谚语说的：一个教派一个高僧，一个山沟一种方言。在这片民族文化生态极其肥沃，语言资源非常丰富的土地上，华侃老师也识别了这些方言土语的特点，增加了词汇量，引起了极大的求知欲和研究兴趣。经过多个点的调查实践，基本掌握了语言调查的方法和过程，这是一个很大的收获。从而为后来他一生从事藏语文教学和研究打下了较好的基础，成为学术生涯中迈出的第一步，真是难能可贵的机会。至今虽然已过了 60 年，回想起那一阶段辗转各地的工作和生活，他觉得弥足珍贵，永远值得总结和珍惜。一些活跃在 20 世纪下半叶的民族语言研究工作者，很多就是从这次语言普查中锻炼培养出来的。1957 年夏在炎热的京城，甘青组调查队员将所有调查到的语料进行了汇总。实践证明，五省区的这次调查成果丰硕，达到了预期的目标，为进一步研究藏语言提供了总的方向和资源，也为汉藏语研究作出了贡献。

经过四年的大学生活以及后来的语言调查，1957 年华侃老师接受组织分配来到西北民族学院，开始踏上教学岗位，其后 50 多年始终饱含着民族情结勤奋工作。那时的高等学校对教师有不少要求，其中一项就是刚毕业的大学生两年内还不允许直接上台讲课，平时听老教师授课，帮助批改学生作业，进行辅导，每年要订出自己的进修计划和阅读书目等等。由于西北民院语文系藏文专业同样是教学安多方言，与华侃老师在大学期间所学专业一致。加之当时教研组内的藏文教授、讲师人数虽不多，但在藏文文献、文法、翻译等方面阅历丰富，有深厚造诣。为了提高藏汉族中青年教师的语文水平，很重视业务能力的提高，由藏族老师给大家讲《巴协》《云使》《藏文文法》《敦煌古藏文文献》等名著，汉族老师讲古诗词和《古文观止》，而且常是利用星期日的时间，教学和工作紧张有序，生活十分充实。老教师渊博的学识，严谨的态度对刚出校门的青年教师来说启示深刻。早期民族地区极少有本民族的高中毕业生，掌握藏语文的更是寥寥无几，但民族地区又迫切需要懂藏语文的人才，所以50年代到60年代中期大多招收汉回民族的高中生，一度还招收初中毕业的三年制大专生。华侃老师当时先后给统招进来的绝大多数是甘青两省的高中毕业生开设藏语讲读、口语与书面语实习、藏语会话等课，除"文革"时期外一直到80年代初。由于华侃老师大学期间学习的是安多话，所以当他给其他民族的高中毕业生教学藏语，认真地回顾自身的经验教训以及实习时的体会心得，其中自然另有一种可选择的路径。在教学中他十分强调应先过好语音关，准确掌握读音规划，了解音节结构、声韵母的组合关系；对藏文30个字母，不仅要按顺序熟记，还应掌握它的发音部位和方法等等。外民族学习藏语要把口语放在首位，然后跟上书面语的学习。藏语的语法有它自己的体系，而且口语和书面语之间有一定距离，要重视掌握各类虚词和句型，对动词的复杂性更应注意；复合词中的准词素也要做到能举一反三，以扩大词汇量。上述这些问题对本民族中学生来讲已经自然养成习惯了，然而对于第二语言学习者来说却是不能忽视的。要求学生背诵的课文，他自己首先背下来。平时常鼓励学生多查阅单语、双语辞书，只要自己勤快，这些"老师"都能助你一臂之力。那些亲切的叮咛，常使学生深受启发，也是他长期从事教学中的周密细致之处。

大约在1964年，西北民院师生约二百人，在省上统一调配组织下先后赴甘南和青海藏区参加社教。华侃老师被分配到夏河县南部名叫尼玛隆公社的一个生产队，是纯牧区，远离县城百余公里。起初工作组分散住在贫苦牧民帐篷中同吃同住，华侃老师在组内主要做翻译，白天访贫问苦，宣传政策，晚上进行小结，并安排第二天的工作。当时由于诸多因素，经济形势不太好，生活十分艰苦。工作组后来另行支起帐篷开伙、住宿。秋去冬来，冬天的牧区呼呼的狂风刮个不停，能连续数日下鹅毛大雪，温度常在零下20度到30度间，帐篷四周及卧铺底下几乎全冻了。一日三餐有时两餐都是擀面条或揪面片，有时买些牛奶加进去，偶尔也能买到少许风干的牛肉，根本没有青菜。更棘手的是每天要去群众住的帐篷内讲解有关文件，进行社会主义教育，可是帐房门口都有凶猛的藏獒，工作组不得不在很远处呼唤户主出来看护。草原的夏天姗姗来迟，当青草才长出一点绿芽，就要从冬窝子迁往夏窝子。华侃老师跟着牧户骑着马，一边行进，一边帮助牧民赶羊群，每群都在二百只以上，羊沿着山坡乱奔乱跑，一会儿快，一会儿吃着草不走，华侃老师真有点手足无措。户主赶着数十头牛行进，牛背上驮满箱柜、家具什物、粮食及帐篷，当天到达目的地夏季草场已是暮色笼罩，赶紧卸下驮子架帐篷。牧区的夏天温度也较高，牧民们利用捡拾到的湿牛粪，再晒成片状的干牛粪，作为燃料生火熬茶。这种燃料是藏胞充满智慧就地取材的好主意，冬天还可用来生火取暖。夏天正是牛奶挤量最多的季节，华侃老师见到牧民家里有一种高四尺余的木桶用来打奶子取酥油，以及晒奶渣，喝一种很酸的达拉水，有时还能品尝到血肠等牧民特制的佳肴，还看到牧民如何剪羊毛，老奶奶如何织牛毛帐篷的帏子以及这些整套工具，可惜当时没有带照相机，不能一一拍照，成为不小的遗憾。时至今日，他还时常告诉学生要注意记录这些即将消失的词语。近一年的社教，在实际生活中增多了阅历，学习到了很多牧业文化方面分类细微的特有语汇，其中饱含藏族的历史、文化、思维方式和生活经验等的积淀，深刻感受到劳动牧民热爱生活，勤劳纯朴。

60 年代中后期，根据社会需要招收大专、中专藏汉语文各一个班，文化基础参差不齐，每班人数多少也不定。华侃老师通常在两周时间内一一记住班里学生姓名，来自何地等基本情况，甚至数十年后仍然不忘。因为他认为，要研究学情，对学生讲什么方言土语要有所了解，以便在教学中能有针对性举例讲解。这些看似小事，但对学生来讲印象深刻，也能慢慢学会对事物的判断分析能力。从中看到华侃老师一种不懈的追求探索，力求精刻细雕提高教学质量。数十年来他一直秉承这一做法，直到 2010 年以后从五省区统招来的藏语言专业学生更是如此，藏语言班民族成分有八九个之多，有时一个班内有汉、回、蒙古、苗、纳西、彝、白、门巴等族，华侃老师一一做了详细了解，并殷切地鼓励他们，要坚持人生的目标，下功夫刻苦学习，不辜负国家民族的期望。

1973 年西北民族学院按中央文件复办招生，下放到甘南的教师先后陆续调回学院，立即要招生上课，时间十分紧急，华侃老师随同教研组教师争时间赶进度。由于以前积累的讲义课本已散失殆尽，不得不重起炉灶，编写教材，自己动手刻写油印。70 年代后期，改革开放新时代的到来，无疑是兴奋的、激动的。此后陆续有更多的藏族高中毕业生进入藏文专业学习。这新的一代有很好的藏文基础，较强的阅读写作能力。有鉴于此，华侃老师当时为了适应民族高校的发展和社会的新要求，培养掌握语言科学理论的人才，将现代语言学基本理论编写成藏文教材，直接用藏语授课，这在民族院校是较早的。这一教材的基本理论，是他在学习和吸收了民族语言学家马学良先生《语言学概论》的基础上写出来的，在讲授理论的同时，利用藏语方言土语的丰富资源，增加了 20 多个点的例证。初期仅是油印讲义，后经增删修订，由中央民大出版社出版，此书在全国藏区普及现代语言学理论知识方面也起到了积极作用。由于语言学理论发展迅速，新资料不断得到挖掘，还有新观点的提出，研究方法的改进，交叉学科的确立。华侃老师鼓励年轻教师很有必要切实下一番功夫编一册新时代藏文的语言学教程。80 年代初，华侃老师到中央民院听《吐蕃文献》课。当时是由学安多藏语时的同班同学陈践讲授，受益良多。可惜的是王尧先生是年在香港讲学，未能聆听教益。回西北民院后迅即在藏语系高年级开设此课。当年 8 月参加了在兰州召开的中国敦煌吐鲁番学会成立大会和首届学术讨论会，并递交了相关论文。该课程讲授了两回后，由本民族老师接任。时至今日，学院已建有研究古藏文方向的硕士点、博士点，并已有数十名研究生取得了学位。

80年代后期，从培养高层次人才出发，他开始指导藏语语言学硕士学位研究生，这或许是高校藏语言文学专业首批建立这样的研究方向，常特别强调并指出前辈学者对藏语言文字研究的优良传统，璀璨的研究成果和浩瀚的文献名著，在中华民族的历史语言学中占有重要的一席之地。如拼音的藏文文字创始之早、藏文文法理论之悠久、梵藏双语对照词汇之编纂等都是少有的。可以看到历史上不少文人学者非常开放，善于从中原文化、南亚文化吸收有用的东西为己所用，使之本土化。同时，他又要求刻苦钻研现代语言学理论，以及中华人民共和国成立后藏语言研究方面的相关理论、方法和大量成果，他自己也是这样实践的。其间先后为藏语系及信息研究院硕士生开设课程有：普通语言学、汉藏语言概论、语言调查、社会语言学、现代语言学流派概论、中国翻译史，讲座有藏语语言学史概要、辞典学等。在与藏族学生交谈时，要求他们注意培养语言上的敏感性，随时记录下方言土语中有异样的读音、特殊的语汇和不常见的语法虚词，这些对语言研究都是有意义的。进行语言研究时应以语言学界通用的国际音标记音，若是用藏汉文等标音将会造成误导，失去了学术上的科学性、严谨性。

华侃老师在学习藏语和工作中常查阅有关语种的辞书，每每体会工具书的重要性，又深感辞书的缺乏，特别是藏语类的双语多语词典，从而对辞书产生了关注，想进一步了解藏语辞书的产生、发展、编纂体例、选词、注释、注音等方方面面的问题及各类辞书对普及和提高全社会的教育水平、传承文化的巨大作用。为此他同时把目光集中到研究藏文类辞书的发展变迁。最早在50年代后期就投入西北民院语文系藏文教研组编纂《藏汉词典》的工作，70年代后期又增加很多词条重又修订了一次（均由甘肃民族出版社出版）。80年代参加王沂暖教授、健白平措副教授主编的《藏汉佛学词典》（1987年获甘肃省社会科学二等奖，1989年获国家民委社科优秀奖），在此基础上，90年代初又将该词典增订词条一万多再版（1993年获国家民委社科二等奖）。在此期间由他主要负责编纂的《安多藏语口语词典》出版。关于藏语辞书研究的文章，有如《藏语辞书述略》（1990年）、《四十多年来藏语双语辞书的发展》（1997年）、《藏语双语辞书发展史略》（2003年）、《对两部数学词典的翻译及专科词典编纂的几点看法》（2006年）、《一部展示藏文化的百科辞典——东噶〈藏学大辞典〉评介》（2007年）。其中，《一部展示藏文化的百科词典——东噶〈藏学大辞典〉评介》为当代著名藏族著名学者东噶赤烈先生积数十年研究资料编成，是一部共2400页多达百万字的皇皇巨著，出版后不仅在国内辞书学界得到好评，就是在国内外藏学家中也深得赞扬。21世纪前 10 年华侃老师曾多次参加上海、广州等地召开的双语辞典专业委员会学术讨论会，递交的论文大多是将藏族历史上颇具特色的众多辞书的亮点以及自己的研究心得报告给国内辞书学界，后又参加了《双语辞典学辞典》中关于藏汉双语方面的编写（待出版）。

藏语安多话是国内藏语一大方言，青海、甘肃、四川三省有七个藏族自治州和两个藏族自治县主要使用这一方言，在汉藏语言研究中的重要学术价值为语言学界所公认。华侃老师的学术生涯主要以安多藏语作为研究对象，着力于从语音、词汇等方面探索该方言的特点和内部规律，如牧区话、半农半牧区话和农区话的异同，这方面公开发表的文章较多。另外，又通过对几个地点的藏语语音的历史演变作为个案探讨了当今群众口语与藏文的对应关系，呈现出时空不同的特质，无论从纵横两方面进行比照，都可以找出其演变规律。这方面有如下三篇文章：《藏语天祝话的语音特点及与藏文的对应关系》（1992 年）、《松潘话的音系和语音的历史演变》（1997 年）、《藏语久治话的音位系统及其语音的历史演变》（2015 年）。2005 年出版了《安多方言词汇》，共 298 页，约 30 万字。该书从安多方言内选择了有代表性的 6 个点：牧区话的四川红原、青海天峻，半农半牧区话的甘肃夏河、青海同仁，农区话的青海化隆、循化，每个点 2121 个词，用国际音标记音，整理了各点的音位系统，同时加上拉萨话共 7 个点，从语音词汇（包括如动词的时式）等方面作了比较。在后面文存中选有该书的序言和词汇概述两部分。

20 世纪初，应邀参与中国社科院民族学与人类学研究所语言室黄行等负责的《中国少数民族语言语料库》课题，鉴于安多藏语的重要学术价值，该课题特要求选两个点：夏河甘加、天峻舟群，各记 3000 多词，2003 年完成寄京。

在翻译研究方面，华侃老师曾从汉译藏、梵译藏等作了不少探讨。如《汉语成语的藏译》（1979 年）一文，这是对《毛泽东选集》第四卷中的汉语成语通过译创借的手段译成藏文的研究，译者不拘泥于某种单一的死板的方法，考虑到上下文的不同语境，又注意汉藏两种语言文化的内涵。总的看来，很多成语的藏译文是能恰当地重显原文的含义。又如《藏译佛典中佛教词语的译创》（2000 年），以及后来作了补充与看本加用藏文合写的《梵译藏佛教词语译创的几个问题》（2002 年）两文，认为藏族历史上众多佛学家、翻译家、语文学家充分发挥自己的睿智和才思采用音译或意译、音义合璧等方式将宗教文化方面的大量梵语词创造性地译创成藏语，充分显示出古代译家们梵藏语文水平之高，翻译技巧能力之强，而且这些词语千百年来仍在使用。同时又指出历史上宏伟的译经事业，客观上促使藏语词汇得到很大发展，其中复音词的增加尤为明显。

任何一个国家、民族研究语言文字都有自己的传统。华侃老师从自己数十年学习和研究藏语中，深刻认识到历史上藏语言研究发轫之早，学者之众多，典籍之宏富，前赴后继，如同川流不息的雅鲁藏布江永远后浪推前浪，绵延不断。这一光辉的发展历程中屡有发聋振聩的名著译作问世，还陆续有新的学科创建，给后人留下了大批精神产品。当 21 世纪来临之初，华侃老师同多名年轻教师着手研究，撰写了一本《藏语语言学史》，因为这不仅是藏文化遗产中极为重要的一方面，也是我们伟大祖国文化宝库中难得的一部分，值得为之继往开来发扬光大。2005 年列入教育部重点研究项目，并获得民族出版社同意出版。他们迎难而上，阅读大量文献资料潜心进行研究，几经寒暑数易其稿，2014 年定稿约四十万字，已送往该出版社，近期将可与读者见面。他们也认为书中自然难免会有不尽如人意之处，所以直抒胸怀将书名定为《史稿》，就是期待以后做修改补充，并盼来者更胜一筹。以下本文存收入了该书的前言部分。

华侃老师长期以来除主要着力于安多方言本体的研究外，又从应用语言学、文化语言学的角度，对藏语也做了探讨。如发表了《从语言规划谈民族共同语的建立》（2010 年）、《藏族地名的文化历史背景及其与语言学有关的问题》（2001 年）、《散论成语和谚语在汉藏英语中的趋同现象》（1997 年）、《成语中宗教文化性透视——以汉藏英语为例》（1997 年）、《颜色词"黑白红"在汉藏英语中词义文化性分析》（1999 年）等。应中国社科院民族研究所之约，经过调查收集资料写成《甘肃地区中学的语言教学问题》（1991 年）一文，以甘南和天祝两地藏语文教学情况，谈到中华人民共和国成立后经历了一段曲折的过程。党的十一届三中全会以来，自治州、县采取了一系列有力措施，在各级各类学校恢复并加强了藏语文教学，同时实行汉语文的双语教学，这是适应当今经济文化科学技术大发展时代的需要。（该文收入《中国少数民族语言文字使用和发展问题》一书，中国藏学出版社，1997 年曾获吴玉章语言文字学优秀奖。）

我国是一个多民族的统一的国家，虽然在经济发展、语言文化、宗教信仰等方面不全相同，但自古以来各民族交往频繁，联系密切，相互依存，谁也离不开谁，共同建造了统一的伟大祖国。正是这种互助合作，你来我往，表现在语言文化方面也带来深刻影响，我中有你，你中有我。在语言中就有借用对方的词语为己所用，无论生活中的常用词或宗教等文化方面的语汇都屡见不鲜。这方面已发表的文章有《保安语中的藏语借词》（1992 年）、《土族语中的藏语借词》（1994 年）等，考察了借词的借入条件，大多是居住地接近，甚至生活在同一村内，生活习俗相同；有的宗教信仰相同，如上述后一文，也有宗教信仰不同，如上述前一文。研究借词的意义是多方面的，可以考察民族关系史或探寻借词的来源、不同的历史层次、借入的形式，还可以考证古音或词义的变迁等等，这些对于研究语言史都是有价值的。

从变动的时代，回顾了华侃老师的人生和有意义的片段。自 20 世纪 50 年代初，开始步入新型的民族高等学府，从对民族语言一无所知，到树立目标下定决心，真是千里之行始于足下，就这样一步步地日复一日年复一年，心无旁骛地学习藏语言。后来又深入安多藏区，通过"三同"进行语言实习，1956 年毕业，随即参加了藏语调查，进一步在实践中学本领，在生活中磨炼，为后来一辈子从事藏语文教学和研究在业务上奠定了基础。他数十年如一日，毫不怀疑自己的选择，深爱自己的工作，钟情于藏语言研究。这种情感的建立并非凭空而来，而是他长年累月亲历其境，与藏族农牧民一起生活，虚心向群众学习，且能与他们打成一片而形成的深厚感情；在学校里与藏族师生共同切磋学习，推心置腹相交而建立起来的。他铭记经历过的这一切，也不断砥砺自己，珍惜来之不易的现在和将来。

华侃老师在民族学院近六十年的教学生涯中，十分重视言教身教，倾满腔热情于青年学子身上，做到了浇水施肥作园丁。无论在哪一个教学时期，不论教学对象是中专、大专、本科或研究生，不管来自什么地区还是哪个民族，时时离不开加强民族团结的教育，他看成这是从事民族工作最根本的要求，要学好知识，先要学好做人。作为一名长期献身于大西北民族教育事业的南方人，在教书育人中作出了非凡的努力。后来，华侃老师于 1994 年荣获甘肃省第二届民族团结先进个人称号，作为模范个人参加了省民族团结表彰大会。

他一生热爱民族教育事业，默默地倾注自己的心血于教学中，有很强的敬业精神和责任感。根据不同的教学对象编写讲义，开设新课，更专注于课程内容上的时代性、科学性和系统性，理论和实践结合。2013 年告别讲坛后，仍保持活到老学到老的精神，每天还是坚持思考、阅读和写作，有时和青年教师一起交流，探讨学术上的诸多问题。他为人谦和热情，只要认为对青年学生有益的事总是欣然答应。他觉得这是理所应当的，是为师的准则。

在学术研究的道路上，同样体现出对民族语言的挚热感情，具有一种执着的潜沉的精神，为藏语言真切地呈现做了努力。他的研究著述不仅仅是其个人努力的结晶，也提供了不少新的思路和方法。华侃老师时常感叹：能有幸生活在这样的时代，走上学习藏语之路，而一生工作又在民族学院，在这个多民族团结友爱的大家庭中，周围的美好环境为自己提供了一个能从事专业的良好平台，这是永远应该爱护的。

在日常生活中他一贯严格要求自己，律人先律己，在物质生活方面几乎没有什么想法，纯朴至真，积极平和的修养，事迹多有感人之处，其学养和作为使我们常敬佩于心。

这里写下了值得回溯的一些往事，下面选编的是华侃老师不同时期的部分著述。他常说：其间有辛劳，有幸福；有付出，有收获。光阴飞逝一甲子，转眼双鬓染霜雪。藉此呈现出一位来自江南水乡东海之滨的年轻人，近 60 年孜孜不倦地投身于民族教育事业的辛勤劳动和心路历程。

《陇上学人文存·华侃卷》(第七辑)
作者：看本加

杨建新

在教育部百家人文社会科学重点研究基地——兰州大学西北少数民族研究中心幽静的走廊里，一扇古雅的屏风引人注目，上面书写着王国维的"古今之成大事业、大学问者，罔不经过三种之境界"：

> 昨夜西风凋碧树。独上高楼，望尽天涯路。
>
> 衣带渐宽终不悔，为伊消得人憔悴。
>
> 众里寻他千百度，蓦然回首，那人却在，灯火阑珊处。

每次走过这个屏风时，我都会情不自禁地驻足一读，其内涵不仅是兰州大学西北少数民族研究中心之求知与学术追求的准则与标高，而且隐喻着民族学这门学科在兰州大学不平凡的发展历程。"民族学在兰州大学只有十多年的历史，与许多兄弟学科相比，他只是一个襁褓中的婴儿，因此他曾被忽略过、轻视过，不过这个有极强活力的生命，终于还是在兰州大学这块沃土上坚强地成长起来，为自己争得了生存和发展的空间。至今，兰州大学的民族学已经是博士学科一级授权点，拥有五个二级博士点，同时是国家重点学科。作为民族学科的载体，教育部人文社科重点研究基地——兰州大学西北少数民族研究中心，也成长壮大，成为在国内小有名气的科学研究和培养高层次人才的新的研究型实体。"[1]从没有到有，乃至今天发展成为当代中国民族学研究

---

① 《兰州大学民族学精选文库》，民族出版社，2007年，第1页。

的重镇之一，这个辉煌的历程背后凝聚着一位拓荒者、耕耘者的全部心血，他就是我国著名的历史学家、民族学家杨建新先生。笔者从硕士（3 年）到博士（5 年）学习期间师从杨先生，现在工作、学习在杨先生主持的兰州大学西北少数民族研究中心，无数次跟随先生踏进西北民族地区，从甘肃到青海，从西藏到新疆……杨先生严谨的治学风范与博学卓识，让包括笔者在内的众多弟子终身受益。老骥伏枥，志在千里。至今杨先生依然用他最美的夕阳红呵护着民族学这门学科的发展。从 1958 年杨先生参加全国少数民族社会历史调查工作并深入东乡族社会开始，至今他已从事人文社会科学研究、教学 50 余年，品读先生著作等身、桃李芬芳的学术人生，在笔者看来王国维的大学者之"三种境界"就是杨先生学术人生之旅的生动写照。

一、杨先生的学术人生第一期（1958—1979年）：象牙塔与"田野"中的求知

1934 年杨先生出生于新疆乌鲁木齐，这里自古就是东西方文明交流荟萃之地，积淀丰厚的多元族群文化无疑是他学术人生启蒙与根植的沃土。童年的他经常随着母亲参加维吾尔族妇女充满音乐与歌舞的"恰依"聚会，平常他更喜欢观赏激情的"麦希莱谱甫"。当时的小学、中学开设维吾尔语课程，语言的学习使他进一步了解了多民族的文化。1953 年，19 岁的他正是带着这样一种从小耳濡目染的文化底蕴从新疆省第一中学毕业并以优异的成绩考入兰州大学历史系。大学 5 年的学习，历史学这门古老的学科给予了他理解社会历史与文化变迁的纵深视野。1958 年杨先生本科毕业时，正值全国人大民委从北京大学、中央民族学院（现中央民族大学）、中央国家机关和各地高等院校、国家机关抽调力量组成调查组，开展全国少数民族社会历史调查工作，杨先生参与了该项工作并担任甘肃省东乡族社会历史调查组副组长，成员由中央民族学院、北京大学、甘肃省民委等十几人组成，在对东乡族进行了一年的社会历史调查后，杨先生又主持编辑出版了东乡族的第一部史书——《东乡族简史简志合编》。①这本民族志标志着杨先生学术人生的转折点——从象牙塔到"田野"，从历史学到民族学，从文献的方法到民族学的实地调查。一年多与东乡族群众的同吃、同住与共同劳动的生活，使他在生动的社会实践中将学科的边界从历史学拓展到了民族学，从而形成了自己纵向与横向相结合的博大的学术视野，也为他以后的跨学科的科学研究奠定了深厚的基础。

1960 年，杨先生携带调研成果到北京参加全国少数民族社会历史调查的评审并参与了对全国其他若干调查成果的评审工作。半年之后，他到知名学者云集的中央民族

---

① 中国科学院民族研究所出版，1963 年 8 月。

学院历史系进修，当时的系主任是翁独健①，副主任是林耀华②（不久后聘为主任），杨先生作为进修教师经常跟民院的各位老师一起交流学习，他跟随王辅仁③、贾敬颜④两位先生分别系统地学习了藏族史、蒙古族史等民族史课程，历时 3 年之久。这次进修学习，杨先生在中国通史的基础上，再次拓展了他的学术视阈，超越了传统的"王朝——中心"史观，从传统"正史"的边缘——民族史的角度来理解中国历史，从而为他以后提出的"各民族共创中华"的理论打下了基础。同时在进修期间，他完成了《关于十二世纪蒙古族社会的性质》⑤和《1904 年英国对西藏的武装侵略》⑥两篇重要的学术成果。1963 年 8 月杨先生进修结束回到兰州大学历史系任教，第二年被抽调到甘肃省民乐县何家庄大队参加社教运动，1965 年再回到兰州大学历史系任教，首次在大学的课堂讲授《少数民族概论》选修课，开设这样的"民族类"课程在当时的中国高校界无疑是凤毛麟角。1966 年至 1975 年"文革"期间，杨先生正常的教学科研工作被迫中断，然而天性乐观、开朗的他依然卷不释手、笔耕不辍。

就在"文革"结束的前一年，中央为了中苏论战的需要，要求西北地区的高等院校等科研部门集中力量研究沙俄侵略中国西北边疆史问题，最后由兰州大学、甘肃师范大学（现西北师范大学）、西北大学、新疆大学、新疆社科院五家单位联合承担该项

---

①翁独健(1906—1986年)，福建省福清县人，著名的史学家、民族学家。1928年入北平燕京大学历史系学习，1935年赴美留学，1938年获哈佛大学博士学位，同年入巴黎大学深造，于1939年回国，先后担任云南大学、北平中国大学、燕京大学等校教授。中华人民共和国成立后，曾担任燕京大学代理校长，北京市教育局局长，国家民族事务委员会委员，民族历史研究工作指导委员会副主任委员，中国民族研究学会副理事长，中国民族研究团体联合会顾问，中国社会科学院民族研究所研究员、副所长、顾问，中国社会科学院中国边疆史地研究中心主任，中央民族学院历史系主任(1956—1966年)、研究部主任，中国史学会常务理事、理事长，中国蒙古史学会理事长、名誉理事长，中国元史研究会名誉会长，中亚文化研究国际协会副主席等职务。

②林耀华(1910—2000年)，福建省古田县人，著名的民族学家、人类学家、历史学家。1935年在北平燕京大学获硕士学位，1940年在美国哈佛大学获哲学博士学位。自1941年起先后在云南大学、燕京大学、北京大学和中央民族学院致力于原始社会史和民族学的教学、科研工作。曾被聘为国际人类学和民族学协会主编的《当代人类学》通讯编辑、日本国立民族学博物馆高级研究员和美国传记研究所的国际名誉顾问。他的传记被美国《世界名人传》第6、7版、英国《当代成功的国际名人传》和日本《文化人类学事典》等书收录。

③王辅仁(1930—1995年)，河北滦南县人，著名的民族学家、历史学家、藏学家。1949年入燕京大学社会学系学习，1952年毕业后到中央民族学院研究部任教，1956年调至历史系，1961年后任历史系研究生导师。1976年任副教授、教授、博士生导师。先后担任中央民族学院民族研究所所长、名誉所长，民族学系主任、名誉主任，民族文化交流研究所顾问，中国藏学中心干事以及北京市社会学会、中国民族史学会、中国民族学学会、中国西南民族研究会、西藏佛教研究会副会长和国家哲学社会科学基金民族研究评审组成员、中国少数民族文学艺术基金会学术委员等职。

④贾敬颜(1924—1990年)，河北束鹿县人。著名的历史学家、蒙古学家。1949年毕业于北平中法大学文史系。先在中国科学院考古研究所工作，1952年调入中央民族学院，任历史系讲师、副教授、教授，主要致力于北方民族史及历史文献学教学与研究。

⑤该文后发表于1964年4月《民族团结》。

⑥该文后发表于1979年第2期《兰州大学学报》。

科研任务。兰州大学由杨先生担纲并从历史系另聘两名学者参与工作，课题组经过4年的大量文献查阅、考证和反复论证的艰苦研究，于1979年完成专著《沙俄侵略中国西北边疆史》，①该书的第一章"中国的西北边疆"的研究和撰稿由杨先生完成。该书不仅以确凿的历史事实首次弄清了沙俄侵略中国前的我国西北边疆的"国界线"位置，有力地支持了中苏论战中的中国话语权，而且进一步阐明了历史上西北边疆与中原内地的密切关系。

从象牙塔的书本到大变迁的社会"田野"，杨先生的学术研究逐步形成了两大学科平台——历史学与民族学理论与方法的互惠依托，以中国通史和西北民族地区为场域，以民族史——民族学为研究核心的学术取向，从而成就了他的基于文献的历史学的宏观—纵向研究与民族学的"田野"微观—横向研究相结合的独特的民族学研究视野与路径。

二、杨先生的学术人生第二期（1979—1999年）：风景这般独好

1979年后，在改革开放的大好形势下，杨先生迎来了他的学术人生的春天。这一时期，他在兰州大学历史系的教学、科研工作，由于基于长期的学术积累、耕耘与思考，除了给七七级等年级的本科生开设课程之外，在民族史、民族学的研究领域硕果累累。据笔者统计，这一时期他在《新疆大学学报》《兰州大学学报》《西北史地》等学术期刊上发表学术论文25篇，出版、主编学术著作8部（卷），代表性的著作如下：

一是1981年出版的《丝绸之路》，②这部著作是国内第一部全面论述"丝绸之路"的专著，全面系统地研究了"丝绸之路"的线路、货物、转输、贮藏、交易点、历史大事、历史名人等情况，首次提出了"丝绸之路"分为东段、中段、西段的"三段划分法"，该划分一直被学界沿用至今。

二是《外国考察家在中国西北》，③这是国内第一部由中国人从正面角度描写外国考察家的著作。

三是1988年他结合多年从事教学、科研工作的研究成果，完成专著《中国西北少数民族史》，④是我国第一部系统的西北少数民族史，受到国内外学术界的关注和好评。

---

①该书1979年12月由人民出版社出版。
②与卢苇合著，甘肃人民出版社1981年版，1988年由甘肃人民出版社出版修订本，1992年再版。
③与马曼丽合著，河南人民出版社1983年版。
④宁夏人民出版社，1988年版，2003年由民族出版社出版修订本。

四是《西北民族关系史》，①全面阐述了历史上我国西北各民族政治、经济、文化等方面密切交流互动的历史关系，揭示了各民族共创中华的生动历史。

五是主编 10 卷本《各民族共创中华丛书》，②其中他完成"蒙古族卷"，首次突破学术界传统的理解中国历史的"主体论"和"大民族论"等观点，通过剖析历史上各个民族之间族体上的相互吸纳，祖国疆域的共同开拓，经济上的开发和相互促进，对中国政治历史文化传统的共同维系，共同对中华文化宝库的丰富，近代以来共同抵抗侵略和保卫中华，对中国民主革命作出的巨大贡献，维护祖国统一与反对分裂以及共铸中华精神等九个方面，系统地论述了各个民族在中国历史上的贡献，提出了各民族共创中华的新观点。如其所言："中国自古以来就是一个多民族国家，经过数千年的发展和演变，我国现在有 56 个民族。我国各民族都具有悠久的历史，而且现在中国的各民族，都是古代民族在中国历史的大环境中，在历史上中国的疆域内，经过长期的相互吸收、融和、发展而形成的。现在中国各民族就是历史上中国各民族的直接继承者。因此说，现在中国各民族都是共创中华的主体，是现在中国的各个民族共同缔造了中华。"③

六是于 1990 年和 1999 年先后主编、出版了 41 册的《中国西北文献丛书·西北史地文献》④和 61 册的《中国西北文献丛书续编》，⑤其中有不少珍贵历史文献是首次披露，作为研究西北史地的大型的文献集成不仅为国内外各大图书馆收藏，而且极大地推动了西北历史、地理与民族文化的研究。

值得提及的是，1980 年杨先生时任西北地区中俄关系史研究会秘书长，他以研究会为平台，联合志同道合的学者共同创办了《西北史地》学术期刊，学刊创立之初历尽困苦，尤其经费十分不足。从试刊的第 3 期开始，终于申请到国家新闻出版总署正式刊号，在时任兰州大学校长胡之德教授的支持下，每年给刊物 1 万元左右的经费支持，但后来所有经费开始自筹，在经费、办公条件极其困难的条件下，杨先生清贫看守，致力于学术的追求，搭建起了一个高水平的学术平台，《西北史地》不仅吸引了众多著名学者的投稿，而且通过这个平台一些年轻学者后来都发展为相关领域的知名专家。《西北史地》一度成为全国知名的高水平期刊，在当时国外订购单位就有 100 多家，当时被誉为学术界的"小禹贡"，成为推动西北历史和民族研究发展的重要力

①民族出版社，1990年。
②甘肃文化出版社，1999年。
③杨建新：《各民族共创中华》，《中国少数民族通论》，民族出版社，2005年。
④兰州古籍书店，1990年。
⑤甘肃文化出版社，1999年。

量。然而，1999年，办了近20年的《西北史地》学刊，因为一个让人无奈的理由，刊号被调用，刊物名存实亡。1997年至2000年，笔者当时是杨先生的硕士研究生，在位于兰州大学旧文科楼的《西北史地》编辑部帮助做过一段时间的编辑工作，为了坚持办好这个刊物，杨先生常常废寝忘食，殚精竭虑，至今让笔者记忆犹新。时过境迁，每每提及这个刊物，杨先生依然念念不忘，惋惜之至。

从1988年8月开始，杨先生荣任兰州大学历史系主任，在他主持系务工作的十年间，他重点致力于学科建设，实现了兰州大学人文社会科学两个零的重大突破：

一是1990年争取到兰州大学人文社会科学的第一个博士点——民族学博士点；同时杨先生也被国务院学位委员会批准为兰州大学人文社会科学第一个博士生导师——民族学专业的博士生导师，并从1991年起享受国务院有突出贡献的专家津贴。至此，兰州大学人文社会科学开始招收博士研究生。

二是1994年兰州大学历史系成功申请到教育部批准的历史学国家文科基础学科人才培养与科学研究基地，成为当时全国15个历史学国家人才培养与科学研究基地之一，成为迄今为止兰州大学唯一的国家级文科基础学科人才培养与科学研究基地，1995年业绩卓著的杨先生被甘肃省委、省政府评为甘肃省优秀专家。

这两项突破性的工作不但极大地提升了兰州大学人文社会科学的地位，也为历史系乃至兰州大学人文社会科学的发展奠定了基础。乃至今日在兰州大学这所以理工科为主的"985"大学中，在所有的人文社会科学博士点中，仅民族学和历史学的博士点就占到了一半多以上。这些辉煌成绩的取得不能不说与杨先生兢兢业业的工作和贡献息息相关。因此，回首兰州大学的人文社会学科的发展史，在20世纪80—90年代这个关键时期，杨先生无疑发挥了承前启后的关键作用，尤其民族学学科的发展，从无到有，到现在发展到本科、硕士、博士，博士后流动站之完整的学科人才培养体系，乃至兰州大学西北少数民族研究中心成为中国民族学研究的重镇之一，他无疑是开拓者和奠基人。

三、杨先生的学术人生第三期（1999年至今）：满目青山夕照明

1998年杨先生从历史系系主任的岗位上退下来之后，开始积极筹备申请西北少数民族研究中心事宜。2000年，教育部批准在兰州大学成立教育部人文社会科学重点研究基地——兰州大学西北少数民族研究中心，杨先生任中心主任。正是在这个国家级的学术平台上，杨先生的学术人生再次迎来了一个大创造、大丰收的时期，他带领学术团队在这个研究中心在民族学学科发展方面取得了更上一层楼的大发展：

一是2006年由起初的一个民族学二级学科博士点发展为民族学一级学科博士点，

5个二级学科博士点，成为兰州大学人文社会科学历史上第一个一级学科博士点，为民族学和学校人文社会科学的长足发展奠定了基础。

二是2007年民族学被确定为国家重点学科。

三是民族学成为兰州大学211工程和985工程重点建设学科。

四是十多年间的发展，西北少数民族研究中心培养博士100多人，当中大部分人都成为相关领域和机构的骨干力量，培养硕士近200人。

五是2005年，杨先生被兰州大学评为兰州大学人文社会科学中唯一的一位资深教授。

六是杨先生的专著《中国西北少数民族史》（2003年民族出版社出版修订本）和《中国少数民族通论》（民族出版社2005年版）分别荣获教育部第一届和第四届中国高校人文社会科学研究优秀成果奖二等奖。

七是2008年创办《中国民族学集刊》（后改名为《中国民族学》），搭建了一个沟通、交流国内外学术界的高水平的学术论坛。

八是2008年杨先生主编的13卷本《中国少数民族通史》由民族出版社出版，受到学术界的高度关注，先后荣获第二届中国出版政府奖图书奖提名奖和甘肃省第十二届社会科学优秀成果奖一等奖，成为兰州大学西北少数民族研究中心的标志性成果。

九是2010年杨先生主持迎接了教育部关于高校人文社会科学重点研究基地第二次评估工作，在此次评估中，兰州大学西北少数民族研究中心通过专家打分排名位居教育部人文社科百所重点研究基地前十九名，名列四个民族学类基地的首位。

这一期间，杨先生笔耕不辍，发表论文数十篇，出版了一系列重要的学术著作：

一是2002年合著的《成吉思汗忽必烈评传》在南京大学出版社出版。

二是2003年专著《中国西北少数民族史》（修订版）由民族出版社出版。

三是2005年专著《中国少数民族通论》在民族出版社出版。

四是2004年杨先生申请到教育部重大攻关项目《西部民族关系与宗教问题研究》，批准经费70万元。

五是2006年杨先生主持国家重大文化工程《清史·民族志·回族及甘宁青其他少数民族篇》，批准经费22万元。

六是2008年杨先生主编的13卷本《中国少数民族通史》由民族出版社出版。

这一时期杨先生的学术思想聚焦于一些重大问题的理论思考，包括学术界一直争论的一些"热点""前沿"问题，如民族关系、民族政策以及学术界的"去政治化"、中国民族学的建构等观点。在这些方面，他的代表性的论著有《中国少数民族通论》《关于民族发展与民族关系中的几个问题》《中国民族关系理论的几点思考》《从民族关系的视角谈中华文化》等。杨先生指出："中国有几千年的历史，有着众多的民族，其民族关系的发展，有着自己的特点，与世界许多国家的民族关系，特别是与美国、欧洲等国的民族关系，有极大的差别。"[1]相比较美国而言，他进一步指出，美国是一个移民国家。在美国的领土上，现在生活着几乎包括世界所有民族的成分，而且除了印第安人之外，几乎没有任何一个"族群"是在美国本土形成的。这些移民或族群大多是以个人或家庭为单位，因为各种各样的原因和目的而迁入美国，就是同一个族群，也不大可能在美国社会中很快形成一种牢固的、密切的联系，不可能在美国有一块属于某个族群的区域，更不可能以某个族群的集体身份在美国政治舞台上获得特殊地位。简言之，不同时期、不同情况下迁入美国的这些民族成分，并没有民族的地位、民族的身份和民族意识，也不会与美国境内的某个地区有特殊的联系，他们之间的认同，完全是迁入者个人的私事，他们"主要作为文化群体而存在"，对国家和社会来说，"所有族群的成员都被视作平等的国家公民"，"政府在各种政治、经济、文化活动中有意地淡化和模糊各个种族、族群之间的边界，鼓励族际通婚，并以各种方式来促进族群之间的相互融合"，并且"绝不允许建立在种族、族群方面具有排他性并具有'自治倾向'的政治组织和经济组织"。美国对迁入其国的不同民族成分采取这种"去政治化"，实行"文化化"的政策，自有其理由和道理，也是符合美国只有族群而没有像中国境内的蒙古族、维吾尔族、藏族等那种共同性十分严整、内凝力十分强劲的民族共同体的实际情况的。同时，苏联的民族状况又与美国有着本质的不同。"苏联的解体，原因很多，在处理国内各民族关系方面，存在的问题，是造成苏联解体的一个重要原因。但据我们看来，前苏联处理民族关系的失败决不在于所谓'政治化'、'制度化'和'群体化'，最实质的问题还是前苏联党和政府对各加盟共和国和自治共和国实行了大俄罗斯化或同化政策。……前苏联党和政府口头上主张民族平等，实际却推行大俄罗斯主义，或者说在政治体制上实行加盟共和国的联邦制度，在实际的政治和社会生活中却推行破坏联邦制度的大俄罗斯化或'文化化'，不尊重各联邦权利和利益，不维护各民族的传统，形成了各少数民族与俄罗斯之间的隔阂与矛盾，造成了俄罗斯联邦与各加盟共和国之间的矛盾和斗争，在其他条件成熟时，最后导致各加盟共和国的分裂。"[2]基于这一跨国比较的学术视野，杨先生认为，把这一套"去政治化"和"文化化"的政策搬到中国或用这种"文化化"的标准来衡量中国的民族关系，那就很不适合了。因为我国是一个历史上就形成的多民族国家，"中华民族多元一体格局"的形

---

[1]杨建新：《中国民族关系理论的几点思考》，《中国民族学集刊》2008年第一辑。
[2]杨建新：《中国民族关系理论的几点思考》，《中国民族学集刊》2008年第一辑。

成和发展，大体可用图表示如下：

A+B+C+…… 春秋战国 $A^①+B^①+C^①$……

$A^①+B^①+C^①$+…… 秦汉 $A^③+B^③+C^③$……

$A^③+B^③+C^③$+…… 唐至清 $A^⑥+B^⑥+C^⑥$

$A^⑥+B^⑥+C^⑥$+…… 社会主义 $A^{(12)}+B^{(12)}+C^{(12)}$……①

因此，他认为，在我国搬用外国，特别是搬用美国这种不存在民族共同体只存在族群的国家的"去政治化""文化化"的经验和同化、融合的政策，来处理我国的民族关系，是完全行不通的。因而，我国社会主义民族关系的最终目标和立足点不是同化，也不是融合，而是引导各民族相互尊重，和而不同，平等发展，共同繁荣。②

关于中国民族学的学科建设及其发展，杨先生同样提出了自己独到的见解。他认为，中国的民族学与西方的人类学（Anthropology）有着密切关系，但中国的民族学并不完全等于西方的文化人类学。由于中国的民族和民族问题与一些发达国家的"民族"、民族问题和"族群"有很大的区别，因此，中国学术界在运用从西方传来的"民族学"科学实践活动中，密切与中国的民族社会实际相结合，逐步发展出了中国化的民族学。民族学这门学问在中国，其基本学术概念就是"民族"，他就是研究民族这种共同体及其发展的一个学科，不研究民族，他在众多的学科中就没有地位，也就失去了他存在的价值。它的基本任务是研究和揭示民族的产生、形成、发展和消亡的规律。民族学的主要内容是研究民族这种特殊人们共同体构成的诸要素，揭示这些要素在民族共同体中的发展、变化、作用、相互联系及其运行机制；民族学当然还要研究和揭示每个民族不同于其他民族的特质及其具体发展规律。中国的民族并非仅仅是文化群体，而是一个与政治密切相连，关系到社会、经济、文化、历史、心理及种族、生物等诸多因素的群体，研究它必然涉及众多的学科，因此民族学又是一门综合性、交叉性很强的学科。③民族学在中国学术界的发展，经历了一个中国化的过程，中国民族学即有中国特色的民族学，就是这个过程的结果。中国民族学与国外民族学，有密切的联系，中国民族学在研究内容、研究方法、研究目标、研究传统、研究视角等方面，继承和吸收了大量国外民族学的优良成果，同时，中国民族学又有自己的特色。这个特色主要表现在下列五个方面：

一是在指导思想方面，坚持以马克思列宁主义为指导，放眼中国和世界民族、民

①注：ABC为中国各民族；○表示共同性；○中之数表示共同性因素之强度，数字越大强度越高；==表示各个历史时期民族的交流和交往。

②杨建新：《中国民族关系理论的几点思考》，《中国民族学集刊》2008年第一辑。

③《兰州大学民族学精选文库》，民族出版社，2007年，第2页。

族问题发展的现状和趋势，充分反映和吸收世界民族学发展的优秀思想和最新成果，促进中国和世界各民族的平等、和谐发展。

二是在内容方面，以中国民族学和民族问题为基本内容，构建符合中国和世界民族新发展的知识体系。

三是在方法方面，采用实证的、思辨的、比较的、综合的多种方法，定性和定量结合，描述与分析综合结合，田野与文献结合，充分使用现代科学技术，促进民族学研究有更加广阔的道路。

四是在视角方面，认为民族是一个包含了政治、经济、社会、文化、历史、心理及种族、生物等各种因素的群体，是一个综合的社会群体，全方位研究揭示民族的各个方面，是民族学的显著特色。

五是在思想传统方面，继承中国古代对民族实体、民族关系、民族问题丰富而深邃的思想认识，吸取中国历史上处理和对待多民族国家民族问题的经验、政策和方法，使民族学在具有数千年多民族共处历史以及积累了深厚传统民族思想的中国，得到进一步的升华和发展。[1]他的这些民族学的思想无疑对中国民族学学科的建设与发展有着重要的启发意义。

同时，更值得珍视的是杨先生作为著名的历史学家和民族学家，他既继承了中国传统史学"春秋笔法"的秉笔直书，又合"经世致用"的传统学术思想而将民族学推向了"迈向人民的人类学"。这一点他通过自己的道德文章看守了学者的立场和价值观，如他所言："作为一个民族学研究者，我想我们必须尊重各民族的传统文化，认识其产生、发展、变化的状况，同时要研究促进民族现代化，促进其传统的社会、经济、文化等因素的改变和发展，研究如何使传统文化适应现代社会的需求，如何既能保存传统又能进入现代社会等问题。"[2]他的这一民族学的学术立场和方法论观点不仅是对隐含在民族学研究领域东方主义思想的批驳和纠正，而且是作为一个民族学家对社会道义与使命的担当和呼唤，即民族学研究应该推动民族的平等、和谐共同发展。

阅读杨建新先生厚重的学术人生，"著述等身，道德文章；开拓学科，继往开来；甘为人梯，桃李芬芳"无疑是他学术人生之华章的关键词，借此也衷心祝福先生健康长寿，学术人生再度夕阳红。

---

① 《兰州大学民族学精选文库》，民族出版社，2007年，第2—3页。
② 杨文炯：《传统与现代性的殊相》，民族出版社，2002年，第3页。

尚需赘言的是，本次选编的成果仅是杨先生学术人生之伟岸正面的——侧，区区一册无法涵盖他博大精深的学术思想。但笔者深信学术界慧眼卓见，不会一叶障目。

《陇上学人文存·杨建新卷》（第二辑）

作者：杨文炯

多识·洛桑图丹琼排

教育、学术、文化保护、慈善等
领域卓有建树的活佛教授

多识仁波切，是国内藏传佛教界对西北民族大学博士生导师多识教授的称呼。仁波切，藏语意为顶饰，人中之宝。是藏传佛教对有成就的高僧大德的一种尊称。

多识仁波切本名多识·洛桑图丹琼排，简称多识，笔名多识·东舟宁洛，生于1936年1月，系甘肃省天祝藏族自治县天堂寺第六世朵什活佛。

他曾在天堂寺和拉卜楞寺学习藏文和藏传佛教十明学科，后从事藏语文教学工作，其间自学了汉语言文学。

1952年参加工作，曾在天祝师范任教，后任天祝县文教局副局长、天祝县编译室主任等职。

1983年调至西北民族学院少语系任教，1985年起任藏文专业研究生指导小组组长，1992年聘任为西北民族大学教授，任藏语文硕士研究生点导师，系享受政府特殊津贴专家。1992年到1996年任少语系系主任。2004年被国家民委聘任为西北民族大学首批博士生导师。

多识教授以75岁高龄，仍为西北民族大学藏学院博士生导师。

以下是笔者从西北民族大学藏学院网站，各类图书报纸杂志对多识教授的报道中，撷取出的部分事迹，从中可以看出一个活佛教授呕心沥血、献身民族教育文化事业的侧影。

一、教育成就突出

在一本 1957 年甘肃人民出版社出版的《甘肃省优秀教师代表大会教育经验选集》中，有一篇文章为《热爱民族教育事业的藏民优秀教师——朵什·图丹瑟撰》，记载的是多识教师 21 岁时在天祝师范教书育人的先进事迹。

在国家民委的网站上，可以看到多识教授的先进事迹评价，关于教育，文中写道：多识同志一贯忠诚党的民族教育事业，具有"献身、求实、协作"的科学精神和优良的职业道德。坚持党的路线、方针、政策，团结同志，教书育人，为人师表，具有优秀的职业道德和思想品德。他二十多年如一日，从事藏学学科的教学与研究工作……多识同志满腔热情，认真投入教学工作，在实践中不断积累教学经验，完善知识结构体系，提高教学能力。他深爱自己的岗位，努力总结和把握教学规律，及时更新教学内容，培养学生的创新意识和创新能力，以强烈的责任感履行教师职责。主要担任藏语语法、藏文修辞学、藏文历代文选、因明学、藏传佛教等课程的教学任务。培养的本科、硕士、博士研究生已遍布全藏，这些学生成为国内藏学研究界的骨干力量，多识教授也因此成为国内著名的藏族教育工作者之一。

多识教授曾荣获"甘肃省园丁奖""甘肃省高等学校教书育人奖"；1989 年被甘肃省人民政府授予"甘肃省劳动模范"光荣称号。

2007 年 12 月荣获第二届国家民委"突出贡献专家"奖。

二、学术成果突出

多识教授不但精通佛学，同时也精通藏、汉语言学以及历史、文化等诸多学科。他用两种文字撰写出版了十多本涉及多学科的图书以及大量的学术论文，部分作品已被选入大学和中学藏语文教材。

（一）藏传佛教哲学与伦理学研究

藏传佛教文化体系庞大，内容十分丰富，已成为藏族文化的主干和精髓。要想了解藏族和藏族文化，必先了解藏传佛教，这已成为共识。藏传佛教的精髓是它的哲学体系和伦理道德体系。

多识教授长期致力于藏传佛教的研究，截至目前，有关藏传佛教方面已出版的专著有十部以上，其中以《佛教理论框架》为主导的《爱心中爆发的智慧》书系，享誉海内外，被誉为"来自喜马拉雅的智慧财富""有关佛教哲学、佛经解读及藏传佛教知识最为权威、经典、最为畅销的汉文读本之一""华语世界研读、学修藏传佛教的必备之书"，获得了国内外广泛的认可。

该书系成为西南民族大学等院校宗教硕士、博士生的教材和参考书，多识教授也因此成为藏传佛教界最著名的学者之一。

（二）藏族传统文化研究

在藏族传统文化领域内，多识教授主要从事藏族传统文学、藏族历史文献、藏传因明学方面的研究。已发表出版的藏文著作有《云使浅释》《诗学概论》《藏密典籍选编》《多识论文集》《多识诗文集》《佛教总论乐道灯塔》等。

1. 藏族传统文学。藏族有包括书面文学和口头文学在内的丰富多彩的传统文学。如何正确继承发扬民族的优秀传统文学，积极促进社会发展，以满足人民的精神生活需求是摆在每个文学工作者面前的主要课题。长期以来，多识教授从事藏族文学的教学与研究工作，发表相关论文二十多篇。

2. 藏族历史文献。藏汉两种文字的藏族历史文献资料在藏族和西部各少数民族的历史研究中具有十分重要的相互参照和相互补充作用，在历来的研究中由于语言文字的隔阂，在解读古文献中的人名、地名、民族和部落名称时产生了许多错误，致使很多历史问题蒙上了一层烟雾。多识教授利用通晓藏汉两种语言文字的优势，较成功地解读了藏汉历史文献中的许多人名、地名和民族部落名称，根据研究心得撰写了《藏汉民族亲缘关系探源》和《松赞干布等吐蕃诸王年代考证》论文，这两篇论文在藏学界获得了较大的反响。

3. 藏传因明学。因明学也称佛教逻辑，与西方形式逻辑构成了性质不同的两大逻辑体系。因明发源于古印度，但在藏传佛教中经过长期的研究、补充、深化，发展到了新因明的高级阶段。正如苏联科学院院士巴尔次基所说："新因明已发展到了数理逻辑的高度"，有人说"因明是藏文化中最有价值的思想成果"。多识教授曾受过良好的因明学教育，并从事因明的教学和科研工作，指导因明硕士研究生已有十多名，发表的论文有《藏族对因明学的贡献》《因明不是迷信》等。2010年出版的《藏传佛教认识论》一书，全面介绍因明逻辑和中观哲学原理。

（三）藏语语法研究

藏文语法以吞弥桑布扎（藏文创始人）的《三十颂》和《字性颂》为藏语语法界历来所遵循的"金科玉律"。一千多年来藏文经过了几次文字改革，藏语语法词汇也有了很大的发展变化，但藏族学者除了一代一代地继承外，"二颂"的理论体系几乎没有新的发展和突破。多识教授从藏文语法教学和阅读写作中发现，传统藏语语法理论体系极不完善，不能解释很多语法现象，和语文实践严重脱节。

故从 20 世纪 50 年代起，他就潜心钻研，运用普通语言学的方法，借鉴外语和汉语语法对藏语文进行分析研究，创建了一套藏语语法新的理论体系。如将传统的八格归纳为四格二十八式，将动词三种时态分为五类、三时、九态、四十一种用法等，系统地解释了语法格和动词时态应用规律。阐述新语法规律的藏文专著《藏语语法论集》由甘肃民族出版社出版后，1989 年获得国家民委哲学社会科学优秀科研成果二等奖。该书现已被许多大专院校藏文专业作为教材和参考书，在学术界获得了普遍的认可。

（四）藏汉翻译研究与实践

多识教授是藏族著名学者中间为数不多的藏汉兼通的人士，十多年来，他翻译讲解了《热译师传·威德之光》《佛理精华缘起理赞》《西藏的心灵智慧》《菩提道次第心传录》等颇有影响的藏传佛教著作。他的翻译通俗易懂，能够准确传达藏族文化的精髓。同时也在许多论文中阐述了他的翻译观念。通俗易懂，适合汉族读者，准确传达藏族文化的精髓，是多识教授翻译作品的成功之处。

三、社会影响突出

多识教授以其学识、名望，在国内外藏学界、藏传佛教界享有极高的威望，这些威望为西北民族大学带来了很高的声誉。

多识教授在文化保护、慈善等领域也做了大量的工作。

1980 年，他在天祝任文教局副局长期间，发现并保护了国宝级文物——天祝铜牦牛。

1996 年，接受家乡天堂寺僧众的请求，主持天堂寺的工作。

为了恢复黄河北部八大寺院的天堂寺，重建当地信教群众精神以及日常生活的和谐环境，多识仁波切付出了巨大的心血。他的弟子出资千万元在天堂寺修建的宗喀巴大殿、空行宫、文殊殿等，已经成为河西走廊以及华锐藏族聚居区的著名景点及旅游区，带动了当地旅游业的发展，为当地老百姓带来了巨大的精神福祉和经济效益。

海啸和地震期间，多识教授先后捐助数万元现金钱物给有关机构。

多识教授还为安多地区许多大大小小的寺院给予现金等各方面的支持，用于寺院的恢复重建。

2006 年，多识教授自掏资金两万元，发起成立甘肃省藏人文化发展促进会，并自任会长。自促进会成立以来，仅在慈善方面，先后从各地募集，为甘肃甘南、天祝，青海海南，四川甘孜等贫穷落后地区的学校和农牧民群众捐助衣物上万件，价值几十万元。

2008 年，多识教授自筹资金十万元，建立多识爱心慈善基金，意在帮助藏族聚居区教育出版，救助藏族聚居区妇女儿童治病救医。

多识教授曾应邀赴蒙古国、日本、美国、韩国等举办藏族文化和藏传佛教讲座。同时在广州、杭州、哈尔滨、成都、西宁、甘南、天祝等地，为高校、政府以及企业、寺院，做了大量的有关藏族文化、藏传佛教、藏族教育以及和谐社会的演讲和讲座。作为藏人文化发展促进会会长、法人，多识仁波切是藏族文化"和谐思想"最有力的传播者之一，他以《爱心中爆发的智慧》系列书系所阐释的慈悲利众的崇高境界，为广大读者带来了不可估量的精神财富，赢得了他们由衷的崇敬。

多识教授曾兼任中国藏学研究中心干事，中国藏语系高级佛学院研究员，甘肃省藏学研究会副会长，甘肃省民族语文翻译专业委员会主任，甘肃省学位委员会委员，四川省少数民族语言文学研究所特约研究员，美国国际文化交流基金会名誉理事，香港藏学会第二届名誉会长，西藏大学文学院、西南民族大学藏学院客座教授，甘肃省藏人文化发展促进会会长、名誉会长等多种职务，系甘肃省第五、六、七、八届政协委员。

结语：活到老、学到老、写到老的典范

多识教授，一生许多知识都靠自学得来。他曾经自学英语、日语、法语等多国语言，同时自学书法、绘画。就在年近七十的时候，他又自学了两样东西，一是游泳，他不但坚持学习，而且每周一到两次进行锻炼；二是计算机。多识教授可以用藏文汉文同时在电脑上写作，而且可以用 PS 软件，处理制作图片。他用电脑自己制作的 100 幅新概念唐卡图片《藏传佛教造像集萃：多识仁波切电脑制作佛像 100 幅》，已于 2012 年由四川民族出版社出版。

2010 年 12 月，多识教授 19 万字的《藏传佛教认识论》一书由甘肃民族出版社出版。

2011 年 10 月，18 万字的《藏密本尊仪轨讲授集》出版；2013 年 2 月，42 万字上下两册的《密海灯塔：多识仁波切驳论文集》出版；2013 年 6 月，18 万字的《中观应成派见解难点解说》出版。

2014 年新年伊始，三册 80 多万字的"多识仁波切藏译汉图书书系"，由四川民族出版社出版上市。

由多识教授校订的四册 130 万字的《兰仁巴大师文集》（藏文）在重新校订后也在 2014 年出版。

2014 年 4 月，多识教授在西南民族大学、中央民族大学、北京大学、中国人民大学、复旦大学、同济大学、华东师范大学、佛教在线网、新浪网等高校和网站先后做

了十一场系列报告及问答交流活动，引起巨大反响和关注。

多识教授发起创办的甘肃多识爱心基金会正在起步之中。

多识教授的许多藏汉文著作还在整理之中，即将陆续出版。

……

有位学者说过，抛开多识教授的学术教育成果不提，仅仅是视野开阔、兼容并收、博览群书、不断学习、不断创作、与时俱进等品质，已经足以让后辈们高山仰止了！

《陇上学人文存·多识卷》(第四辑)

作者：杨士宏

郝苏民

一

郝苏民（1935 年—），笔名苏民、浩思茫戈、豪斯蒙哥、A.速莱蛮、虞耕等，男，回族，出生于宁夏银川。他的童年是在抗日战争中度过的。14 岁起，就读于西北民族学院预科、语文系本科，先后学习过维吾尔、蒙古语文，凡五年之久。卒业后留校担任助教。1960—1962 年，他在甘肃甘南甘加草原自学藏语文（安多口语）。通晓多种少数民族语文的他，从当时的未至而立，再到渐及耄耋——西北民族语文与民族文化的研究及传播，就是他的一生。

介绍郝苏民先生，我们不妨先通过范式性地对他的生平履历、研究方向、各种成果进行回顾。1972 年 5 月—1980 年，他任甘肃（西北）师范大学外语系蒙古国语言专业讲师。1980 年—1984 年任西北民族学院少数民族语言文学系蒙古语文教研室主任、副系主任和系主任。1984 年—1998 年参与创办西北民族研究所任所长、教授（1987年）、研究生导师（1991 年）。1992 年获国务院特殊津贴，1993 年被评为全国优秀教师。现为西北民族大学民间文艺学博士生导师，《西北民族研究》主编，西北民族"非遗"保护研究中心负责人；是文化部国家非物质文化遗产保护工作专家委员会委员、中国申报"世界人类口头和非物质遗产代表作"评审委员会委员，中国民协中国民间文化遗产抢救工程专家委员会委员。曾为北京师范大学民俗典籍文字研究中心、宁夏大学回族文化研究院、内蒙古师范大学、青海民族大学等高校、科研院所兼职、客座教授等。

郝苏民先生是西北乃至全国都有影响的语言学家、民间文艺学家和人类学家，他在1950年进入西北民族学院之后，服从组织分配学习了蒙古语，之后在钻研蒙古语的同时就接触了大量的蒙古族民间文化，这为以后他在八思巴古文字上的造诣和民间文艺学研究打下了坚实基础。在西北这片民族文化生态极其丰富的沃土上，郝苏民先生作为一名回族人，回族伊斯兰文化研究也是他学术生涯中的重要组成部分。而进入21世纪以后，郝苏民先生又老当益壮，对西北乃至中国的非物质文化遗产保护的研究和实践贡献着自己的学术智慧。作为一名资深教育工作者，在学科建设和教书育人方面的成就更是杰出。

郝苏民先生在不同的学术生涯阶段，产出了累累硕果。专著主要有《八思巴字蒙古语碑铭译补》（1989年获国家民委哲学、社会科学优秀科研成果二等奖）、《文化透视：蒙古口承语言民俗》《卫拉特蒙古民间故事选》《中国西北文献丛书·少数民族文字文献》（主编）、《中国各民族宗教与神话大词典》（西北组主编、撰稿人）、《东乡族民间故事集》《布里亚特蒙古民间故事集》《中亚东干人的历史与文化》《甘青特有民族文化形态研究》（主编）、《甘肃当代文艺50年——民间文艺编》（负责人、撰稿人）、《我不再是羊群的学者——田野随笔》。论文的专题研究更是涉及蒙古语族语言文字研究、蒙古文化研究、回族伊斯兰文化研究、非物质文化遗产研究等领域。而且郝苏民先生在学术研究中体现了"知行合一"的理念，在进行基础研究的同时也进行了大量的应用研究，1997年主持完成国家社科基金项目《甘青特有民族文化形态研究》，主持过香港OX-FAM项目《中国甘南玛曲藏族牧区社会性别分析调查研究》，主持了科技部、文化部项目《西北民俗数据库信息采集》等项目。《中国人口较少民族非遗保护课题研究》和《中国节日志·穆斯林节日》等，整个的学术生涯中，于自己的研究领域里都发出了自己的学术声音和研究成果。

郝苏民先生在六十多年治学教学生涯中对他的事业真情真心，硕果累累，桃李环墙，堪称当代陇上学界之耆宿人物。譬如，已故钟敬文先生曾赞誉他："你二十年来默默无闻，现在是赫赫有名。你们培养了西北十三个民族自己的民俗学者……少数民族学者研究自己民族的文化会事半功倍。"当代著名历史学家蔡美彪先生称赞他："有功士林。"

《陇上学人文存·郝苏民卷》是郝苏民先生半个世纪来对西北少数民族语文与民族文化研究的精粹选编。通过这部选编，我们可以更为集中地阅读到他笔下的西北少数民族文化的林林总总；通过这部选编，我们看到学人郝苏民植根西北，毕生呕心沥血、倾情西北少数民族文化的治学方向。

学人大家，风采师范，以启山林，昭示来兹。在《陇上学人文存·郝苏民卷》行将出版之际，选编者认为，有必要在前言絮语中描绘出郝苏民先生"立体的学术素描相"。譬如，他是在什么样的契机下走进了学术的道路？他成长的"生态环境"怎样影响和决定了他的学术方向？又譬如，他是一位拥有先赋身份的回族学者，在当时环境下，又是怎样的机缘使他深入了西北多民族文化研究领域的？他在波澜不惊的学术拓荒中，又经历了哪些平淡中的辉煌？

让我们一起走近学人郝苏民。

二

（一）成长于西北多族群杂居区的回族人

全面抗战爆发的前两年，郝苏民先生出生在宁夏银川。他自己是回族人，而当时人最多的"别家们"——是汉族。同时，这里还生活着"旗人"（满族）以及贺兰山中的蒙古族人。

郝苏民的童年与少年，亲历了民国后期的十五年。彼时，国民党宁夏省主席马鸿逵，倡导民族团结，并且大办各民族教育。孩提时代的郝苏民，家庭朋友、伙伴里，既有满族、汉族，还有蒙古族。不少人，还是至交好友。各族之间，除了饮食、节日习俗外，服饰等都没什么不同。用郝苏民自己的话来说，"各民族之间似乎笼罩着一种各自独有的差异，更没有不同族群之间势不两立的纠结"。

虽然当时的社会条件有限，但在旧宁夏政府大力倡导教育的背景下，郝苏民先生还是接受到了比较良好的家教。曾经是教师的父亲在他上小学之前就已经教他通读了《三字经》《弟子规》以及《尺牍》《纲鉴》《论说精华》《古文观止》等。作为回族人家的孩子，他在寒暑假期间，也进过清真寺去学念阿拉伯文的《古兰经》。但说到底，郝苏民基本上接受的是汉文化传统，入的是新式学校。

当他开始读书识字的时候，家里就有很多藏书，其中有（观察）（《新观察》前身）、《东方杂志》，上面也刊载了一些原始民族的图片，这些都使他了解到世界的多姿多彩，也激发了他强烈的好奇心。

孩提时代，旧政府倡导民族教育，他与多民族小伙伴和睦并处，加之家庭教育的熏陶，这些都奠定了他以后对民族语言、民族文化研究的情感基础。中华人民共和国成立后，他有幸成为较早期的一代大学生、知识分子，以后他成名成家，最终成为知名的语言学家和文化学者。

（二）第一批考入西北民族学院，研究蒙古语及文化的拓荒者

20世纪50年代初，郝苏民先生以中华人民共和国首批少年先锋队队员（少先队）、新民主主义青年团（新青团）员身份进入共和国第一所民族院校——今天的西北民族大学。

当时民族学院还在筹办阶段，学校的重点除了预科以外，就是培养军政干部。那时候，他年龄太小，因此读了一年预科。1952年，全国高等院校院系调整，那时的西北民族大学，研究民族史、民族语言的大家很多，可谓贤人济济，风云际会。譬如：藏族史学专家黄奋生、研究蒙古语专家谢再善、专研维文的阎锐、哈美新先生，都是从西北大学过来的。兰州大学少语系也有研究蒙、藏文的，像侯生祯、叶维熙，蒙古学的卢弼先生等。西北民族学院在这些专业人才的基础上设立了本科班，最初就是蒙、藏、维三个专业方向，都叫作语文系。蒙、藏、维三个专业的主要学员一部分是由中华人民共和国成立前考到兰大、西大的有关专业的学生合并而来，一部分是西北民族学院直接招收的学生，郝苏民先生就是新考上的。

考到本科系里了，那么要学什么专业呢？自然是他面临的选择。当时兰大、西大学蒙、藏、维的学生中，学维文的最多，学藏文的次之，学蒙文的最少。身为共青团员的郝苏民，接受了组织的分配，很不情愿地去学习蒙文。但学了一阵之后，他发现蒙古文与汉文、阿拉伯文体系不同，它的一个字写成一个词，可以分几个音节，然后连缀成词。它是阿尔泰语系，属黏着语，语言规律和汉文完全相反，所以又一改初衷，对蒙语极感兴趣。

兴趣调动了他所有的积极性，他开始如饥似渴地去学习蒙古语。那时学习没有语法书，没有字典，他就从报纸上把各类名词术语摘录下来，自己编字典，在学习过程中又学习俄文字母，用俄文字母对照自学了外蒙古的文字，还订了一份蒙古共和国的报纸——《蒙古文学报》，他主要从报纸中找名词术语，另一方面，这些报纸是文学报，传递了蒙古国的一些文学作品。由于读蒙古国文学作品和新蒙文的影响，他的蒙语口语水平飞快提高。在那个时期，他对蒙古语言几近如醉如痴，每天很早起来，很迟睡觉，从早到晚都是在练说蒙语，每天嘴里不念一点蒙语，就好像嘴巴不舒服。而且对蒙古语言的痴迷也表现为对蒙古文化的兴趣和热爱，那时偶尔在收音机中听到了蒙古族的长调歌曲就会被其旋律和特有的节奏感动得热泪盈眶。在学习蒙古语言尤其是蒙古民间语言的过程中，他也接近了蒙古族的民间文化，通过民间文学其实走进了一个民俗的天地，也就是进入了民间文化领域。而且他把这种学习付诸研究实践，他当时曾在《人民日报》连载蒙古谚语，这也是西北民族大学学习少数民族语言专业的学生发表的最高级别的报纸。还在《民间文艺季刊》第2期上用蒙古语的笔名娜布琪发表

了译作《蒙古谚语》。

（三）被批斗和下放的"右派"年轻助教

1955 年 1 月，20 岁的郝苏民留校担任助教。

当时，西北民族大学对中华人民共和国成立后的第一批自己培养的毕业生很重视，希望他们能尽快成长起来，迅速确定了包括郝苏民先生在内的不到十个人的助教。

1956 年，郝苏民翻译了我国第一本苏联布里亚特蒙古的民间故事集《金蛋》，并于次年由甘肃人民出版社出版发行。《金蛋》出版是喜事，但《金蛋》最终带给他的却是悲剧。很快，郝苏民被打成了"右派"。成为"右派"的理由——布里亚特蒙古民间故事集《金蛋》的出版也算是一条，说他是"丁玲的一本书主义白专道路的追随者"。还有人揭发他，在共青团组织生活上不讲政治，净学与政治无关的"业务"。

1957 年之后，有一部分"极右分子"被送到甘肃甚至全国有名的河西走廊夹边沟劳动教养，而他也被迫离开了助教岗位。但是，他却被留在学校，继续当反面教材，他最早被下放到图书馆，整理图书入库，后来他就成了图书馆库房的唯一工作人员，每天在库房里给大家来回奔走取书。1958 年"大跃进"，紧接着大炼钢铁，他被抽调到靖远县的白水山挖矿石，炼钢铁，白天黑夜连轴转。1960—1962 年三年最困难的时候，被送到甘南藏族牧区的甘加草原，1962 年 5 月份才回来。甘南草原上的三年时光，他的主要任务是"看守牧场里的农场"。正是在这三年里，他直接面对面地接触了藏族牧民百姓。当时全国处于饥荒，在他下放的地方一小盒火柴卖一块钱！有的地方十块钱买一个油饼。他基本天天处于饥饿状态，还有高强度的劳动。他在那个地方也要想办法解决吃饱的问题。所以，学习语言和藏族群众交流是解决肚子问题的办法之一。因为他有学语言的经验，所以很快速突击了当地的口语。他用各种符号，蒙文、汉语拼音字母、俄文字母，用他所有能用的手段记录当地方言口语，很快可以和当地人对话。在交流的基础上，在他人生最疾苦之际，又一次感悟到生命和人性！

正如郝苏民先生的回忆："草原的天气，早晚很冷，中午突然爆热，没树荫可遮掩，人被晒得没处躲；但一会儿却又是大雨如注，瞬间，或许就是冰雹狂骤。这种异常天气里，我就躲进牧民帐篷里，这时，大家都在同一天空下，都面对渺茫宇宙显得渺小而无助；老少之间无所顾忌漫天胡扯，心情反而都很舒畅。如果哪位老阿姨的牛犊子饿死了，不管多瘦，包括牛皮都煮着吃，老阿姨也总给我分一点。别人从旱獭窝里挖出来的蕨麻，我也吃过。蕨麻要是一根一根地挖，一个人一整天也挖不出多少来，田鼠冬眠储存的蕨麻，一窝也有半斤，那时顾不上担心鼠疫。在那种情况下，为了活命除猪肉外，几乎已没有穆斯林饮食的任何忌讳了。生活苦得离奇但心灵安静而纯洁。在非常破败荒凉的草原上，听不到任何信息，看不到报纸，也没有收音机，觉得天下一下子安宁了，可信了；仿佛在地球上、宇宙里能听见的就是苍蝇和蚊子的'嗡嗡'声……自然旷日持久地无力，寡言、单纯、为肚皮疯'吃'的后果是，心灵的恐慌，有一种落魄、自卑，见不得人的羞愧在心。"

（四）"无心插柳柳成荫"，介入八思巴文字研究

在甘南草原上生存，郝苏民很快学会了流利的藏族口语。

有时，所在单位的场部需要采购东西，如钉马掌、买盐巴时，领导就要青年郝苏民套上牛车，到夏河去购买。他对外出采购的工作，是格外乐意接受的。因为可以在夏河的街道上用一元钱买十颗蚕豆，借以充饥。在办事过程中，纯属好奇，他到过拉卜楞寺看过喇嘛活动，那些牧民虽然很困难，还给寺院捐米供饭。这个世界上的许多偶然也就成就了必然的结果。

他在拉卜楞寺闲逛的时候，发现在拉卜楞寺庙门两侧柱子上，刻有一些竖写的藏文，这个字母与他原来掌握的竖写蒙文也不同；而藏文字母改为直写，与元代皇帝创造新"国书"有关。蒙藏文化之间有关这件事引起他的兴趣，使他无意发现了所谓"八思巴文字"。蒙古语的八思巴文，实际上就是用藏文字母变体直书蒙古语而成的，语音体系是蒙古语的，而且是13世纪前后蒙古历史语言（文献语）的语音系统。他当时就是好奇，觉得念出来是蒙古语，虽然用藏文书写，而他学了藏文，还懂蒙语，觉得这个别人研究不了，只有他能研究。

他又开始对这种"天书"着迷，边看边琢磨，慢慢地当他发出音，翻译成蒙文对照时，他似乎进入了历史语言的天地，专注词语的当代意义及历史上的语言色彩和当今词义的差异。在那么安静的环境中，他的思绪可以拉入到遥远的历史往昔，仿佛进入了历史隧道，与古人对话。郝苏民先生对"八思巴文"的研究真是"无心插柳柳成荫"呀！

在此期间，除了体力劳动改造，他更主要通过语言走进了现实藏族百姓的心灵里，与藏族同胞共患难。最严寒时，牧童常常是把双脚插进牦牛刚拉的粪堆里；严寒时，脚后跟常常冻得裂开，疼痛难忍时，牧民把滚热的酥油或羊油浇灌进裂口里，使它被烧成死肉而消解疼痛……凡此等等，一方面使他更了解了不同民族的生活方式，他们如何看待人和人之间的关系。那时，大家都生活得十分艰难，一旦有收获，眼见的人，人人有份。在那种情况下，他们对待苦难生活的坚韧；待人的友善、互信、真挚给他留下了终生难以磨灭的印象。总的来说，语言的沟通使他走进了穷苦藏民的精神世界里，进入这个境界，往往就没有了民族的边界。那些老人、孩子直呼他"策仁扎西"（长寿吉祥），一个从康巴跑过来的穷喇嘛给他起的藏语名字。把他完全当成藏人一般看待了，这是在底层社会的"学校"里受到的生活教育……

从 1955 年当助教至 1977 年，这二十多年的时间里，生活曲折，砥砺颇多，也使他拥有了强烈的生存意识和笃定坚持。当学术之门再一次向他打开后，他非常自信地认为自己的研究应该从民众语言（即所谓"口头传统"）过渡到少数民族文化里去。

他的经历使他对人类学、民族学知识产生了渴望与思考。体会到民族学也好、人类学也罢，这门学问的发展与形成，总体来讲是一个群体、一个族群，一个不同文化状态的族群与族群之间，在大千世界中，因为有着不同立足点、不同生态环境和社会发展阶段等，相互碰撞，相互接触、相互影响。但研究者由于学养差异，总是从不同的角度入手。而他主要是从语言开始的，他感受到的文化的差异是从学习一个外民族语言开始的，而语言的学习让他进一步认识了不同的文化，不同的族群以及不同族群之间的关系。

三

改革开放之后，作为一名民族语言学家、民俗学家和教育工作者，郝苏民先生在已有积淀和新的探索基础上形成的学术履历，又一次绽放溢彩。他的学术和教育实践的成就体现在以下几个方面：

（一）蒙古学民间文化研究

郝苏民先生进入了蒙古语民间语言的世界，进入民间语言，实际上也进入了蒙古族的民间文化领域，即进入了民俗的天地。他是中华人民共和国成立后，最早把蒙古谚语翻译成汉文发表的人之一。

在反"右"之前，他翻译的《布里亚特的民间故事》（又名《金蛋》），这些布里亚特民间故事的资料全部来自俄罗斯。从实践上来说，是郝苏民先生最早把布里亚特的民间文学翻译成了中文，1957 年出版了该书，正好赶上反"右"。如前所述，该书也带给了他灾难性的后果。

对蒙古语族民间语言和民间文化的研究伴随了郝苏民先生持续的学术实践。1980 年，他就在《西北民族大学学报（哲学社会科学版）》第 1 期发表了《蒙古族谚语散论》，探讨了蒙古族谚语的思想内容、所应有的艺术手法等谚语本体内容，同时也通过蒙、汉族谚语的比较观察，看到谚语所反映的民族性。

1994 年，青海人民出版社出版了他的专著《文化透视：蒙古口承语言民俗》，其所涉论题，主要有《草原骑马民族文化的景观之一——从农耕文化的窗口看去》《民间诗学的汇通——阿尔泰语言格律的投影》《多元文化的奇光异彩——西蒙古故事〈骑黑牛的少年传〉与敦煌变文〈孔子项托相问书〉及其藏译文》等等。本书内容就从民间文化的视角，立足于民族学、民俗学领域，对蒙古族口承语言民俗进行了历史纵向和横向的透视与剖析。更是从蒙汉文化、蒙藏文化、阿尔泰语系诸民族语言文化的比较中揭示相邻民族文化之间的影响、交流、互补的历史和认同的轨迹。

为了将蒙古文化与同一语系民族文化进行对比研究，他对东乡族、保安族、土族、哈萨克族等的文化进行认真的考察，多少年来，他的足迹踏遍与之同一语系——阿尔泰诸语族各族兄弟的黄泥小屋、毡包、帐房、荒漠戈壁和原始森林以及古城堡、岩画山峰、烽健、敖包……这些努力，促成了郝苏民对蒙古语族口承语言民俗方面丰富的译著成果。20 世纪 80 年代，他出版的《布里亚特蒙古民间故事集》，是布里亚特蒙古民间文学作品在我国的唯一译本；他的另一本专著《卫拉特蒙古民间故事选》，则是开辟了卫拉特蒙古整体民间文化作品汇辑之先河，引起国内外学术界的重视和好评。

与此同时，他涉及了统一语系阿尔泰诸语各民族的全面研究。即在研究蒙古族时，催生了《东乡族民间故事集》《东乡族保安族裕固族民间故事选》的出版。这些分别属于蒙古族、东乡族、保安族、裕固族等同一语族民族的民间口承语言民俗资料，不仅是这些民族文化的瑰宝，也是中华民族文化的一部分。

（二）八思巴字蒙古语文献研究

年轻时，郝苏民在拉卜楞寺的奇遇，使他介入了对八思巴文的研究（如前所述）。从此，他开始了对蒙古八思巴文的释译与考辨。

1978 年，他的论文《对西藏元代八思巴字蒙古语圆牌的译释兼论及其意义》发表。该文对在甘肃发现的一枚来自西藏的元代八思巴字圆牌的铭文进行了释读，为前人百年来一脉相承的舛误，从语义学等方面进行了详细辨析，还原了这枚牌子的本来含义。稍后，这篇论文获得了中国蒙古语文学会优秀论文奖。论文还荣获甘肃师大科研成果奖，受到学术界的刮目相看。随后，他的八思巴文字研究方面的论述，不断问世。《新发现的兰州庄严寺元代法旨》《扬州出土元代圆牌之八思巴文和波斯文再释读》陆续发表。

1986 年，他率先在国内出版国际蒙古学大师鲍培（N.poppe）教授的名著《八思巴字蒙古语碑铭》的汉文译注补正本，还原八思巴字原形，增补了我国当时蒙古古文字研究领域中不应有的遗漏。该书一经出版，即引起了学术界与新闻界的广泛关注。

词典学专家徐文堪评价说："资料丰富、检索方便，集中外学者研究成果之大成的重要工具书。"

著名历史学家蔡美彪教授认为此举是："有功士林。"

我国蒙古语文专家、内蒙古大学副校长、教授包祥评论说："这绝非仅仅是一般意义上的翻译。"

2008 年，郝苏民重新修订出版该书，弥补了首版的某些遗憾。他认为蒙古学在中国，八思巴文是中国藏族宗教学者给元代中央政府创造的"国书"，更是中华民族的历史文化财富。因此，他出版的《八思巴字蒙古语碑铭》（汉文译注补正本），体现出了八思巴文字原形。

曾经显赫一时的八思巴文由于它的遥远、尘封和神秘，吸引着现代学术界的目光，但时至今日国内外能够破解者寥寥可数，而郝苏民先生则是推进八思巴文研究的先驱之一。

（三）倡导蒙古学中"卫拉特—西蒙古研究"

郝苏民对于蒙古学用情致专，深耕不懈。他在蒙古学研究中率先提出了"卫拉特—西蒙古研究"主张，即在整体中国蒙古学中开辟"卫拉特—西蒙古"民间文化研究分支。1987 年，第一届国际蒙古学学术讨论会上，他提交的论文《卫拉特学：蒙古学中一门综合性分支学科的设想——以 Folklore 为实例》，引起了国内外学者兴趣与关注以及响应，并在国内得以实践。

郝苏民先生对蒙古学的研究，是建立在认识的情感之上的。蒙古族后裔遍布世界各地，蒙古学是世界性学问，然而，相关权威著作却出自国外，而非中国。中国人为什么不是蒙古学研究的坛主？在这一背景下，郝苏民先生认为需要恢复中国蒙古学应有的位置和话语权，并且适时地提出了"卫拉特—西蒙古研究"的这一学术概念和独立学科体系。

他还更为具体地认识到，西北的学者关于蒙古学要做什么？他的眼光放到"卫拉特—西蒙古"研究上。卫拉特是个历史词语，现在没有卫拉特的说法。从地缘关系来看，东蒙古指的是东三省，西蒙古指中国的西边，它是跨省区的，历史上有卫拉特这个说法，卫拉特—西蒙古既包括历史，也包括现在，所以他提出卫拉特—西蒙古的研究，认为卫拉特—西蒙古研究是整体蒙古学的有机组成部分，西北乃至中国学者以西蒙古研究为个案入手来看整体蒙古族文化。他更进一步指出，开拓"卫拉特—西蒙古研究"，争取中国在蒙古学方面的话语权具有重大的意义。

他不仅是蒙古学"卫拉特—西蒙古研究"的倡导者，更是积极的行动者。对于卫拉特学的研究，他陆续发表了《卫拉特蒙古及其民间文学的研究——关于开拓蒙古民间文艺学一分支的设想》《卫拉特蒙古人民贡献于世界文化的瑰宝》《宝气瑶光遍大千——对卫拉特蒙古民间文学的思考和刍议》《西蒙古的民间文艺学：构建与开拓》《西蒙古研究：西域研究中最丰富的部分之一》《中国江格尔学的建立：认识与实践》。

（四）回族文化研究

郝苏民先生出生于旧时代的回族知识分子家庭，幼读汉书，还在清真寺里学过经文，伊斯兰和中华文化两种文明在他内心烙印很深。

尽管他在蒙古语言、文化、八思巴文等领域取得了令人瞩目的成就，或是出于自己民族属性的召唤，西北回族穆斯林文化生态圈的真实存在，回族学以及伊斯兰教的研究，终究成为他研究生涯中的重要组成部分。

如果把郝苏民先生对蒙古语言的研究定性为微观层面的研究，蒙古谚语、文化等研究定性为中观层面的研究，那么他对回族以及伊斯兰教文化的研究就迈入了宏观研究。郝苏民先生对回族及伊斯兰研究主要是从方法论层面展开的。

例如，在《二十一世纪：世变方激——中国回族研究急需社会学/人类学的大视野》（《西北民族研究》2001 年第 4 期）一文中他指出，作为发展中国家的中国及其少数民族之一的回族，在新时代在对回族研究的基础、条件、得失有所反思的基础上，应该根据回族发展、分布时空、族群与文化、文献积累诸特点，对回族的研究迫切需要加强对基础性社科之一的社会学及人类学的关注，以便准确认识回族的文化面貌，审时度势，与时俱进。从实践上来谈，对于回族大分散而又无族群统一的主体经济形态和区域文化特征突出的事实；也由于历史的原因，民族文化的文字文献积累凤毛麟角。为此，必须从抢救的意识出发做"补课"性的工作（民族志、民俗志资料）。

郝苏民先生对回族研究的理念和方法论则通过自己的学生尤其是回族学生得到了实践。在百名硕博士研究生中，回族学生在先生的指导下，从未轻忘自己文化身份和族群身份的责任和使命，对回族全面、立体的研究不断地在添砖加瓦。

他在另一篇《回族学与非物质文化遗产的抢救及保护》（《回族研究》2004 年第 4 期研究）发出呼吁，面对有关回族各类形态的文化资料、文献、实物、文物、遗址（有形的，物质的）的流失，回族学界应该以人类学和民族学的学科视野，来抢救民族精神和灵魂之根。

（五）非物质文化遗产研究

2002 年，"非物质文化遗产"这个概念第一次进入中国公众的视野，许多人甚至不怎么了解它的概念，而郝苏民先生已经开始投入探索"非遗"学术价值的研究中，思考着如何发挥高校在保护和研究"非遗"工作中的作用，以及如何抢救和传承我国（尤其是西部）的"非遗"资源等迫在眉睫的问题。

在非遗研究方面，郝苏民的成果也是丰硕的。但是他并没有停留在文章表达上，他更注重教学和实践。郝苏民先生认为，面对近年来民族民间文化逐渐衰落与濒危的情景，中国高校和现行教育体制应该在民间文化资源的普查、挖掘、研究、保护、整合，以及文化传承、创新方面发挥教育功能，以促成全球化中多元文化互动，遏制文化霸权，加强本土文化基因认知的自觉，注重民族文化的启蒙教育，所以，大学的"非遗"传承教育也应落实到学科创新、课程与教材改革及至科学发展观的实践与探索中。

在这样的理念指引下，他率先在硕士和博士研究生中开设了"口头理论与口头诗学""非物质文化遗产的保护与研究"等新课程；同时，积极参与费孝通教授指导下的科技部、文化部重大课题"西北人文资源环境基础数据库"中"西北民族民俗数据库"部分，团结并指导五省区青年专家完成了近2000万字、2000多张影像的成果。让研究生在理论与实践相结合的教学方式中，既及时获取国际"非遗"保护和研究的前沿信息，又要求他们深入民间、通过田野调查等方式参与"非遗"的考察和保护，为我国的"非遗"保护与研究培养了高级的专门人才。

2006年10月，在他为主的专家指导下，"全国非物质文化遗产保护工作现场会"在环县举行。文化部、甘肃省以及国内外专家教授集聚一堂，分析和研究环县皮影保护的经验，并把环县工作作为各省"非遗"保护工作的示范加以推广。以后，他还屡次派出自己的弟子深入环县，进行更加深入细致的调查、记录和专题研究。

在非物质文化遗产保护的研究和实践中，郝苏民先生的不断探索也受到了国家和学术界的认可。2007年6月8日，在我国第二个"文化遗产日"来临之际，国家人事部、文化部、国家文物局联合在全国范围内评选和表彰了一批全国非物质文化遗产保护先进工作者，表彰的重点对象是长期以来为非物质文化遗产作出突出贡献的著名专家、学者，郝苏民先生作为西北高校唯一当选的"先进工作者"榜上有名。作为中国申报"世界人类口头和非物质遗产代表作"评审委员会委员，文化部中国民间文化遗产保护工程专家委员会委员，中国民间文化遗产抢救工程专家委员会委员，郝苏民先生还在向联合国申报英雄史诗、十二木卡姆、花儿等西北非物质文化遗产代表作方面发挥了个人的积极作用。

（六）倡导多学科交叉研究：首创西北民族大学社会人类学·民俗学系（所）

按一般说法，中国的问题，在一定角度上讲是民族问题；中国的民族问题，在一定程度上是西北民族问题。所以，中国西部应该培养出一大批出身各族、有高素质理论修养又富有丰富实践的人类学家和民族学家，尤其是本民族的民族学学者，他们至少应该从新理论上对西北乃至中国的民族及其文化进行阐释、总结和检讨，而这种责任高等学府尤其是少数民族高等学府责无旁贷。

但遗憾的是，在历史上，西北民族大学没有建设比较权威的民族学或人类学专业，而且，属于民俗学等类型的专业被归并在中文系中，授予文学学位。所以，创办民族学、民俗学和人类学这类学科是郝苏民先生迎来"学术研究的春天"以来的最大夙愿。

20世纪末，郝苏民在西北民族大学参与创办"西北民族研究所"。2001年，又创办"社会人类学·民俗学所"，继而扩大为系（院），是西北民族大学中第一所教科结合、系所合一的教科与服务实体，也是中国高校中第一个民俗学系。它引领了中国许多高校兴办民俗学系的热潮，正如内蒙古师范大学人类学·民俗学学院的负责人说："我们完全按照郝苏民先生的模式建制，他叫什么名称，我们就叫什么名称，他是先办的，我们就跟着办起来，因为他的办法行通了，我们少走许多弯路。"

从1991年至今，郝苏民先生与同行们已先后招收蒙、藏、回、汉、维吾尔、东乡、裕固、哈萨克、锡伯、满、土等13个民族的近百名硕士生。中国民俗学界泰斗北京师范大学教授钟敬文听了郝苏民先生关于西北民院民俗学专业学科建设和少数民族硕士生培养情况后说："你二十年来默默无闻，现在是赫赫有名。你们培养了西北十三个民族自己的民俗学者，这本身是功德无量。培养少数民族自己的专家，应该作为民俗学界今后的一个系统工程来做，少数民族学者研究自己民族的文化会事半功倍。"

社会人类学·民俗学学院在西北民大的诞生和建设，是已有半个多世纪建校历史的西北民族大学的新生事物，标志着社会人类学·民俗学学科拥有了自己应有的独特地位和作用；同时，将我国学科分类中法学大类一级学科的社会学、二级学科的人类学/民族学、民俗学组合为一体，集中学科交叉优势，建立教学、科研与社会服务一体的教育实体，既进行教学、培养复合型高级人才，又开创曾在我国历经挫折的这三个学科的重建、整合和完善，是目前我国高等院校中的一项带有教育改革和探索性的首创之举，无不体现了郝先生的创新意识和开拓精神。

（七）教书育人的理念

建立完善的学科体系是为了培养更多的人才。由郝苏民先生创办的西北民族大学社会人类学·民俗学学院，如今已经基本建成了社会学、人类学（民族学）、民俗学三位一体的学科体系，形成了有本科、硕士和博士研究生教学的多层次的办学模式，通过教学带动科研，在培养学生和科研实践等方面获取了大丰收，这些成就也得益于郝苏民先生不断创新教育、因材施教的教书育人理念。郝苏民先生一直把自己作为一名教育工作者看待，他认为自己首先是一名教师，其次才是学者、研究者。

"文革"后期，一个偶然的机会使郝苏民先生到了西北师大外语系教授蒙古国语文。为了让同学们尽快掌握蒙古国的标准口语，他在教学中创造了情景式的语言教学方法，在教学上模仿蒙古国的语言情景，从兰州某部门借来蒙古文《真理报》，用读报纸得来的资料编制乌兰巴托的文化知识，甚至用蒙语编排蒙古族民间文化《好来宝》节目，教授同学们怎么哼，怎么拉四胡，怎么表演，全都模仿乌兰巴托的蒙语语态去教他们。他的努力得到同学们的热情支持和本民族老师的赞许。

郝苏民先生决心在西北民族大学创办民族学/人类学、社会学/民俗学这门学科，尽快培养一批科班人才。他很清楚：第一，得让这些学科早点进入高等教育；第二，一定要把希望寄托在未来的学生身上。他从小到大读书求学之路很坎坷，为此他有切肤之痛，所以，他喜爱有才之士，尊重有才之士，同情、帮扶好学者。他培养学生的时候以鼓励为主。他对学生有时候也很苛刻，他认为既然选择了攻读学位，走学者的道路，就要做好业内继承和创新。但是从内心深处来讲，他认为他的学生就是干他当年想干而干不了的事情，而他这个事情是中国社会需要的事业，一定有重大前途！他对学生是尊重的，他从 60 岁以后就不主动申请各类奖项，不再和年轻人竞争，尽量成全青年。

郝苏民先生招收的学生大多是来自西北的不同地区不同民族的优秀青年，他们既是现代高等学府的学子，掌握了许多专业知识，同时他们自身也是不同民族文化的载体。而郝苏民先生针对这些硕士、博士的研究选题，采取的是"因材施教""因人而异"的教学方法。他的民俗学第一届研究生蒙古族学者文化教授专门研究卫拉特，在她以后的研究中，博士论文也定为卫拉特—西蒙古文化变迁。

正如郝先生所讲，他的美好时光被淹没在历史的洪涛巨浪中去，他重新开始"学术春天"的时间很短暂，所以，他必须搭建学科体系和学术平台大力培养学生，让这些学生实践他已有的学术思想和心得，完成自己没有时间和精力去完成的事业。在另一个层面上，他因材施教的教学理念，使这些既受了学术训练，又承载自己民族文化的本土学者能够游刃有余于文化的"他观"和"自观"之中，真实而又客观地反映自己的研究对象。

如今，郝苏民先生桃李满天下，经他一手培养起来的各民族的第一代民俗学研究生已有百余人，其中不少已是北大、人大、中央民大、中山大学、北师大、南开大学、华东师大、香港中大以及国外攻博的优秀之才；并接受了来自蒙古、日本、德国、意大利、美国、韩国等国家和地区的研修生。2006 年，社会人类学·民俗学院又成功申报了人类学硕士研究生点和民俗学博士研究生点。一批批的博士不断圆满完成学业。如今，当他的学子一个个成为本专业的教授和学科带头人时，他以欣然无悔的常态说教师这个职业就是好，好在于"蜡烛成灰泪始干"，好在于"燃烧了自己，照亮了别人"。

（八）学术刊物《西北民族研究》

创立和提升学术推介平台是郝苏民先生重要的学术实践。当他再一次进入西北民族大学，进入西北民族研究所的时候就已经开始谋划研究所的论坛和平台，1984 年他和同仁一起创办《西北民族研究丛刊》（内刊），并出了几期。当时郝苏民先生思想解放、高瞻远瞩，开始运作一个公开的正式刊物——《西北民族研究》。经过两年多积极务实的申请，1986 年《西北民族研究》创刊。

《西北民族研究》主要刊载有关蒙古学、藏学、阿尔泰学、中亚学、回族与伊斯兰文化研究，并涉及边疆学以及分支学科、交叉学科和专题研究方向的生态环境、宗教、人口、妇女、文化遗产、语言文字及其文献、历史考古等内容的最新学术成果。作为主编的郝苏民先生力图把每一个时期的最新研究成果纳入整体民族学、人类学观察世界、观察民族关系的视野中去考虑去发表，通过刊物培养、鼓励一些青年学者去创新，去与国际上的同行交流、对话。《西北民族研究》一贯追求学术规范，讲求学术质量。敬重老、中学者的真知灼见，提携青年学子的创新佳作。曾连续三届被遴选为 CSSCI 来源期刊和 RCCSE 中国核心学术期刊；多次被评为《中文核心期刊要目总览》之民族学类核心期刊。是甘肃省一级名牌期刊，美国国际期刊指南收录刊物，《中国期刊网》《中国学术期刊（光盘版）》等各类学术数据库（网）全文收录刊物。

郝苏民先生创办、主编的《西北民族研究》不仅是国内外知名度较高的学术刊物，还是他实施教育理念、传递学术思想的"平台"，《西北民族研究》一向坚守"敬重名流爱新秀""学术面前皆平等"的办刊宗旨。

此刊物被费孝通先生赞誉为"专家办刊，很有水平"！

郝苏民先生办刊刚正不阿，正气凛然，对学界存在的浮躁现象、以行政管理代替学术科学的不合理现象，往往能针砭时弊，敢言人所不言，表现出一个知识分子的良知和气魄。例如，《我们给谁画像，怎样才画得像》（《西北民族研究》"卷首语" 2007.03）一文严正批评了非物质文化遗产"普查"中出现的不正之风："钱、利、权的追逐；学风的浮躁；或冷或热的朝令夕改……"先生认为"非遗"代表作真正的品质究竟如何？既需要学术田野的"诚信"作保证，又需要主导部门主管人的实际行动作保证。又如，从"处级和尚"想到学科身份座位》（《西北民族研究》"卷首语"，2008.04）严厉指出了个别大学在专业设置、新学科建设、行政管理等方面左顾右盼"，"学科带头人及专业教师的发言日趋贬值……缺乏文化创造力"的弊端和浮躁现象。

郝苏民先生认为，"故大学发展，不全指场面，还讲文化、灵魂、精神，她是灵动的，她是超越的，她是有个性思想的"。郝苏民每期撰写的《西北民族研究》的"卷首语"不仅反映这期刊物的精神内涵和追求理念，也是借刊物这块方寸之地来尽一个极具良知的知识分子的责任！郝苏民先生这种扶正祛邪的浩然正气无时无刻不在烛照着周围的学术氛围和环境，滋养着学子们的学术品质。

在漫长曲折的奋斗历程中，年至耄耋的郝苏民先生留下了一串串深深的跋涉者、开拓者足迹。面对众多的荣誉和头衔，他没有沾沾自喜，更无居功自傲，而是依然耕耘在教书育人、学术研究的天地里。用自己的行动无声地诠释着"蜡炬成灰泪始干"的真谛！

《陇上学人文存·郝苏民卷》（第三辑）

作者：马东平

柯 杨

我的民俗学道路

早在我的少年时代，就对民间文化产生了浓厚的兴趣。我出生在西北高原的重镇兰州市，从小看惯了黄河上转动的水车，漂浮的筏子，听惯了兰州鼓子和花儿的演唱。五泉山"四月八"的庙会，正月里的社火，震撼人心的太平鼓，香辣可口的牛肉面，都在我的心灵深处留下了不可磨灭的印象。当我 1954 年就读于兰州大学中文系时，曹觉民、匡扶两位教授的民间文学课程，又成为我的最爱。两位学者的授课，把我对民间文学的感性热爱初步提升到了理性认知的高度，为我终生从事民间文学的研究打下了思想基础。因此，当我 1958 年大学毕业留校任教时，便毫不犹豫地选择了民间文学作为自己的教学和科研方向。当时有人议论说："柯杨不去研究古典文学，却搞什么民间文学研究，太可惜了。"我的回答是："既然曹雪芹的一部小说——《红楼梦》有那么多专家去研究，为什么千百万人创作和热爱的、浩如烟海的口头文学就不该有人研究呢？"在当时，民间文学在高校普遍不受重视，长期处于被贬低、被排斥的地位。直到现在，它在许多高校仍然排不上座次，有的干脆不开这门课，有的只是作为选修课来讲授。"文化大革命"十年，我国高等学校社会科学与人文科学所受到的破坏是空前的，处于树矮株弱的民间文学所遭受的打击则更为严重。1978 年 10 月，正处于全国清算"四人帮"的罪行、拨乱反正的高潮时期，为了重振民族民间文学事业，由西北民族学院承办的"《中国少数民族文学作品选》教材编写及学术讨论会"在兰州召开，有100多位专家、学者到会，其中有钟敬文、黄铁、田兵、韦其麟、陶立璠、兰鸿恩、任钦道尔吉、杨亮才、陈国强、胡振华等。这是"文化大革命"后首次全国民族民间文学界的大聚会，说它是一次重振民族民间文学专业的动员大会或誓师大会，也不为过。会议期间，我请钟敬文教授专程到兰州大学，给中文系全体师生作了题为《为孟姜女冤案平反》的学术报告，引起了巨大的轰动。这是我第一次与钟先生的近距离接触，由于我在钟老讲演时帮他写了两个小时的板书，没有出现什么错误，也给钟老留下了较深的印象，成为他第二年同意我到北京师范大学进修，并参与《民间文学概论》编写工作的重要契机。

　　1979年在北师大进修和编写教材的这一年，是我的知识和学术思想突飞猛进的一年。二十多位来自全国高校的民间文学教师聚集在钟老身边，聆听他的授课，的确是如沐春风。从书稿大纲的讨论、各章节内容的确定、每个人的分工和初稿完成后的多次修改，钟老都亲自参与，一一指导。我们的学术视野在他的教诲下得以拓展，知识得以深化，研究方法得以改进，事业心也得到了空前的强化。先生的言传身教，使我们受益匪浅。正如当年潘光旦教授替清华大学校长梅贻琦所写的《大学一解》中所言："学校犹水也，师生犹鱼也，其行动犹游泳也。大鱼前导，小鱼尾随，是从游也。从游既久，其濡染观摩之效，自不求而至，不为而成。"我在北师大跟随钟老"从游"的一年，深得"濡染"之益，主要收获有四：一是明白了把民间文学纳入民俗学学科体系的科学性和必要性；二是真正理解了"兴趣是成功的一半"的道理，而兴趣的巩固和强化，则必须实现从"粗识"到"真知"的转变，亦即从感性认识到理性认识的升华；三是懂得了什么是真正的专家、学者，原来所谓专家、学者，都是始终在人类未知领域里探索的人，我们只要在前人成就的基础上，在某个未知的领域里有所发明、有所前进，那我们的劳动就是有价值的；四是对多种学科知识与方法的综合运用，使其发挥优势互补的功能，有了更深入的体会。在北师大编写教材期间，我们曾利用一个星期天，簇拥着钟老登了一回长城。那天先生兴致极高，归来后填《水调歌头》词一首，分发给大家，其辞曰："久蓄再来愿，今日出居庸。峻岭崇岗争翠，林木正葱茏。九折砥平驰道，千尺山头遗堞，游客尽西东。群向高台望，入眼叹神功。思前游，身已老，志犹雄。拄杖望京石上，云野豁心胸。落落眼前诸子，烨烨垦荒事业，相勉在奇功。俯仰先民迹，肺腑绚长虹。"在读了钟师大作后，我在激动之余，也写了下面这首《水调歌头》以表达自己的心愿："我本陇头客，久盼到雄关。风云万里兴会，师友尽欢颜。雾锁葱茏燕岭，情注蜿蜒故垒，身在画图间。更喜随藜杖，评点此江山。望京阙，心如海，起波澜。壮丽青春仍在，跨马好扬鞭。幸有峥嵘巨擘，砥砺莘莘学子，发奋苦登攀。放眼神州路，千载数今宽!"北师大教材编写工作结束之后，我返回兰州大学继续任教，并把开设《中国民俗学》《花儿研究》等新课和进一步强化田野作业作为我努力的方向。

我的民俗学课程虽然是中文系高年级的选修课，但却很受学生们的欢迎，选修的人数每年都是最多的，其原因有二：一是我的课程内容丰富、重点突出，教学方法生动活泼，理论联系实际，能与学生们家乡的民俗事象紧紧挂钩，把他们司空见惯、习以为常的民俗文化现象上升到理论的高度加以分析，使他们产生了亲切感和"原来如此"的顿悟感；二是每年授课结束后，必须要挑选十名左右、最喜欢这门课程的学生跟随我深入农村、山区，进行一个多月的田野作业——亦即教学实习，并让他们以调研材料或思考的问题为基础，认真写作，作为毕业论文，评定出成绩。

我一贯认为，一个从事民俗研究的学者，不但应当把田野作业看作是最重要的学术环节，还应当有自己的"根据地"，即自己特别钟情的、值得反复调研、长期观察其民俗文化演变的一方热土。正如我在《诗与歌的狂欢节》一书的自序中所说："只靠兴趣和爱好是不行的，仅凭一两次走马观花的采风也是远远不够的，它需要全身心地投入，需要吃苦，需要十数次、数十次地去感受、采访、记录、询问，直到弄清一个一个问题的关键所在。它是动态的、不断变异的民间文化，只是坐在书斋里凭二、三手材料去做静态的、凝固的研究，往往会丧失许多生动有趣的内容，甚至得出并不准确的结论。"我自己的"根据地"就是甘肃省境内的"花儿"流传地区，即以莲花山、松鸣岩、二郎山三大花儿会场为中心的十几个县。在近五十年漫长的岁月里，我不但率领本科生和研究生深入这一地区的各个乡镇、山村，对花儿歌手、花儿会和文化生态环境的变化进行反复调研，而且陪同国内外专家学者进行过十多次深层次的专题考查。我们住在农民家，与民间歌手和艺人交朋友，倾听他们的歌唱，感受他们的日常生活，了解他们的家世，探寻他们口头诗歌创作的奥秘，经历了由表层到深层、由感性到理性的漫长认知过程，真正实现了由"粗识"到"真知"的思想飞跃。这种"下定决心掘深井，不见清水不停歇"的劲头，对有志于民俗研究的人来说是必不可少的。我自信，经过五十年的努力，对花儿这宗大西北多民族的民间口头诗歌遗产，是有充分的发言权的。另外，我也带领学生们多次到河西走廊的武威、张掖、酒泉、敦煌一带对绿洲民俗文化进行调研。诗曰："师生联袂赴长廊，艰苦同经乐同尝。农户深谈知底细，雄关远眺意飞扬。祁连月映千年雪，朔漠沙鸣万里墙。又是一年杨柳绿，故人春色两难忘。"

改革开放以来的三十六年，是我国社会大变革、大进步的三十六年，民俗文化的研究也因之跨入空前繁荣的时期。理论研究的不断深化和应用性研究的大面积开拓，犹如鸟之双翼，车之两轮，是缺一不可的。当前民俗学界存在的问题之一，就是对应用的研究重视不够。面对社会全面转型的形势，学术界在研究宗旨与方法上，也都面临着转型的挑战与考验。从历史上看，中国文化人的学术研究心态，始终是存在着矛盾的，"文章乃经国之大业"（即与现实需求相联系的应用研究）的觉世观，与"文章乃不朽之盛事"（即纯学术、纯理论的研究）的传世观之间，在不同历史阶段、不同人物的头脑里，总是在冲撞着、抵触着，甚至在同一人身上，也往往有"彼一时也，此一时也"的不同表现。我个人认为，这两者各有其价值，不能片面地是丹非素，扬此抑彼。只是在当前社会急剧转型的条件下，为了能使传统民俗文化有一个大规模、多层次的良性转化，需要有更多的学者关注并参与应用性的研究。这种研究，既要求学术视野和价值取向的拓展，也要求学者们走出书斋、走向社会，与各行各业建立广泛的联系，当顾问，当参谋，出点子，搞设计，把自己的知识与才能奉献给社会。因此，近十多年来，我在民俗文化的保护、传承和产业化以及民俗文化作为旅游资源的重要组成部分，在其规划、利用、设计等环节上如何秉持科学性、合理性等方面，也参与了大量调研，写了一批文章，还在国家级、省级的相关会议上以民俗学者的身份参与了讨论、建言和决策，使自己的知识能对社会的发展和事业的兴旺有所裨益，尤其是在既有利于民俗文化的保护、传承，又有利于各地民众的脱贫致富方面，动了一些脑子，有了一些实际的进展。所以说，民俗文化的理论研究和应用研究，应当是"车走车路，马走马路"，各行其是，发挥一种互补的作用，而不应当相互排斥。

我已经退休十多年了，但我的民俗文化研究工作并没有停步。为了充分了解学术研究的动态和发展趋势，使自己的学术见解能尽量保持在本学科学术研究的前沿，我学会了电脑操作，不但可以用 Word 写文章，还可以畅游网页，吸收其他学者的真知灼见来丰富自己、提高自己。回顾我从事民俗教学与文化事业的五十年，可以用热爱者、探索者、守望者这三个词组来概括。"古稀已过续长征，虽退难休另有情。常效书生能报国，不停奉献度余生。"我愿以这首诗来表达自己对所热爱的民俗学事业的心愿。

《陇上学人文存·柯杨卷》（第四辑）
作者：柏斋寓所

邵国秀

邵国秀先生长期从事图书馆学情报学的研究、教学及图书馆管理工作，是享誉省内外的著名图书馆学家。他崇尚学以致用的学术理念，常常站在一个广阔的视野上，对图书情报工作实践和理论研究中的各种问题，加以科学的解析，提供一个新颖的思路，以问道的精神将理论研究和实践经验融入图书馆的具体工作中。他既是潜心学术的研究者，也是传道授业的解惑者，更是省级图书馆的领导者，"知行结合"是贯穿其学术思想及学术实践始终的主题。

邵国秀（1937—2016 年），北京顺义人。1961 年毕业于北京大学图书馆学系，支边来到甘肃省图书馆工作，历任甘肃省图书馆科技服务部、研究辅导部副主任及甘肃省图书馆副馆长，兼任甘肃省图书馆学会副会长、常务理事兼秘书长，甘肃省情报学会常务理事、甘肃省中心图书馆委员会办公室主任、甘肃省史志学会理事、中国图书馆学会学术委员会文献资源建设研究组成员、全国图书馆古籍文献编委会编委、甘肃省古籍保护专家委员会委员、《图书与情报》编委、《烃蛋白技术》主编，兰州大学、甘肃广播电视大学兼职教授等，1997 年退休。

邵国秀先生毕生从事图书馆工作，几乎干遍了图书馆的各项业务工作，为甘肃省图书馆乃至甘肃省全省的图书馆业务建设和规范化管理作出了贡献。特别是在全省图书情报单位馆际协调协作、全省文献资源普查、图书馆学情报学专业教育、地方文献整理出版、古籍文献普查等方面作出了重大贡献。退休之后，先生仍奔走在各种重大文化项目的第一线，直到生命的最后时刻，还在伏案为古籍普查做着文献整理和版本鉴定工作。

读书、著述是邵国秀先生终其一生的乐事。他的研究领域非常广泛，既有理论图书馆学、应用图书馆学的内容，也有情报学、目录学、文献学等相关学科的内容。1961 年以来，先生撰写和翻译了大量图书馆学情报学基本理论、图书馆业务建设和地方文献研究的文章，在《图书与情报》《图书馆理论与实践》《图书情报工作》《图书馆学研究》《情报杂志》等国家级、省部级核心刊物上发表，累计发表学术论文 50 余篇，译文 28 篇，出版著作（含合著）10 余部。退休居家时，先生仍笔耕不辍，2001 年，参与了《中华竹枝词全编》的编纂工作，担任分卷主编。之后，又先后完成了《陇右地方人士著述提要》《历代宫词汇编》两部遗稿，共计百余万字。

一、图书馆学情报学理论研究

20 世纪 80—90 年代，我国图书馆界正在经历着从传统图书馆到现代化图书馆的深刻转变，图书馆学的学科体系、研究对象等学科基础架构不断被重新认知，图书馆学与情报学的渗透、融合催生了图书情报工作一体化趋向。邵国秀先生大学时攻读图书馆学，又一直在图书馆工作，他顺应时代发展的需求，围绕图书情报界关注的热点问题、难点问题展开研究，先后发表了一系列涉及藏书建设、图书分类、目录学、情报信息建设等图书馆学情报学基础理论研究的文章。在他的论述中，有对图书馆学研究对象、内容体系、学科性质的探讨，也有图书馆学学科体系和内容在面临新潮流冲击时，如何向情报事业、信息事业、知识产权方面转化的探索。他的多篇论文被中国人民大学《复印报刊资料（图书馆学·情报学·资料工作）》转载。1988 年，为庆祝中华人民共和国成立 40 周年，吉林省图书馆学会、四川省图书馆学会等团体联合收集当代十余位著名图书馆学家的论文，编辑出版"图书馆学论丛"，《邵国秀论文选》位列其中。1989 年，该书荣获中国图书馆学会丛书著作奖。

1. 藏书建设研究

藏书建设亦即馆藏发展政策，是图书馆开展读者服务工作的基础。针对图书馆藏书建设的原则、途径、方法和质量，邵国秀先生先后发表了《略论图书馆藏书的研究方法》《略论图书馆藏书的再选择》等文章。他指出："读者的需要是我们建设藏书的依据""图书馆的藏书，不是许多个别图书的简单汇集和总和，而是必须形成一个合理的藏书系统。"先生的论述是对阮冈纳赞"图书馆学五定律"的进一步阐释和细化。先生认为，图书馆要综合运用数量的方法、图书目录的方法和社会学方法对藏书进行研究，从而更好地认识藏书系统发展的客观规律，科学地补充、组织和管理藏书。先生还通过对苏联图书馆学家 Ю.B.格里高利耶夫等人图书馆藏书建设"再选择"概念的介绍，全面阐释了图书馆藏书再选择理论的历史意义、内容、方法、程序和结果，认为定期对藏书进行"再选择"，有助于把藏书补充工作、藏书组织工作和藏书剔除工作向前推进一步。这些观点，充分体现了邵国秀先生构建藏书建设体系、优化藏书资源架构的思想理念。

2. 图书分类法研究

1975 年，《中国图书馆图书分类法》（以下简称《中图法》）出版，1980 年第二版问世，并得到全国 80% 以上的图书情报单位使用。但随着科学技术的迅猛发展，新兴学科、交叉学科不断涌现，文献数量大大增加，这就使得《中图法》在类目设置和分类体系上，愈来愈无法满足现实发展的需要。这一时期，图书情报界就《中图法》的编制原则、分类体系、标记符号、复分、学科类目等问题展开了广泛而深入的研究，邵国秀先生是积极的参与者之一，他撰写了《〈中图法〉加"○"问题产生的原因及解决方法》《再谈〈中图法〉加"○"问题的解决方法》《论"综合科学"在〈中图法〉中的位置》《分类目录中同类款目排列方法新探》《复合主题图书分类标引规则新探》《论标记符号的容纳性》等多篇围绕如何完善和利用《中图法》的论述。其中，针对《中图法》类目复分中纷繁复杂的加"○"问题，先生从理论、方法、规则等方面多视角地进行了研究，提出了把"○"作为《中图法》的专用复分号等建议，极具独到见解和创新价值。

对图书分类法的研究，是邵国秀先生图书馆学基础理论研究中，用力最勤建树最丰的领域。他对体系分类法类目之间存在的等级、并列、交替、相关四种关系中鲜有人论及的相关关系进行了研究，重点从概念逻辑的角度和实用的角度对体系分类法中类目之间存在的各种各样的相关关系进行了研究分析，列举大量的参见实例探讨、验证参见类目的作用和形式，指出了《中图法》类目设置欠缺和失当等问题，并有针对性地提出了修订和补充完善的建议。他的研究观点和研究成果，为《中图法》第三版的修订出版提供了可资借鉴的理论依据。

3. 情报学研究

20 世纪中后期，随着信息技术在社会各领域的广泛应用，信息的获取、传输、分析、处理受到重视，情报学研究日益兴盛，大量成果涌现。邵国秀先生在这一时期撰写了《情报信息与科学决策》《论信息产业及我国信息产业的发展战略》，翻译了（罗）阿塔那塞乌《情报需要的研究》、Ю.Т.沙拉伯契耶夫《关于免疫学领域情报流的研究》及《作为建设世界科学情报系统基础的自动化情报系统》等文章。在他的论述中，将图书情报事业发展置身于整个社会发展的大环境下加以考察，指出图书情报事业对政治、经济、科技、文化等社会生活方方面面的推动或制约作用，强调图书情报事业和信息产业的战略地位，建议培育健全的情报信息市场，建立健全政府决策的情报信息保证体制，加强情报信息立法。这些观点，在当时具有较高的前瞻意识和发展意识。先生发表在《图书馆工作》上的《试谈科技文献在期刊中的分布规律》一文，因其中较早地介绍了英国文献学家的布拉德福定律，受到了学术界的广泛关注并常为后人所引用。

二、图书情报事业研究

20 世纪 70 年代末，特别是 80 年代以来，图书馆界在反思、探索、拓展中开创了活跃、开放、进取的繁荣局面。宽松的社会环境使邵国秀先生的才能得以充分发挥。1979 年，甘肃省各系统图书馆联合成立"甘肃省图书馆学会"，邵国秀先生任副会长、常务理事兼秘书长；1981 年，甘肃省恢复中心图书馆委员会，邵国秀先生担任中心图书馆委员会办公室主任；1985 年，邵国秀先生担任甘肃省图书馆副馆长，主管业务工作和日常事务。先生善于思考，才思敏锐，对图书情报事业发展和图书馆业务工作中出现的种种现象，都及时予以分析评说，引导省图书馆步入全国业界一流行业。他的文章，立论精辟，结构严谨，具有很强的科学性，成为指导图书馆事业发展和具体业务工作的理论依据；有的文章则是对身边的事、人或书发表的某种漫谈式的看法，成为人们进一步研究和解决问题的参考或指导。

1. 馆际协作协调

1981 年，甘肃省科学技术委员会恢复"文化大革命"前的甘肃省中心图书馆委员会。该委员会由省科委、省文化局、省教育厅、省图书馆、中科院兰州图书馆、八大院校图书馆等单位联合成立，旨在全面开展本地区三大系统图书情报单位间的协作协调工作，邵国秀先生担任中心图书馆委员会办公室主任。为了更好地对全省图书情报工作进行宏观调控，最大限度地实行全省文献信息资源的共建共享，先生对国内外的协作协调情况进行认真细致的研究，撰写了《论藏书建设的馆际协调》《九年来甘肃省馆际互借工作的分析》等文章，以扎实的理论视野指导馆际协作协调工作。这一时期，中心图书馆委员会办公室在先生的领导下，制定了《甘肃省外文原版期刊工作协调办法》《甘肃省中心图书馆委员会馆际互借书刊试行办法》等，并联合各成员馆开展了外文原版期刊采购协调、编制外文期刊联合目录、发放馆际互借证、为全社会提供书刊资料查阅服务等多项行之有效的工作。

2. 省图书馆业务建设

1985 年，邵国秀先生因其卓越的工作能力和丰硕的学术研究成果，荣任甘肃省图书馆副馆长，开始了他图书馆管理思想厚积薄发的历程。先生先后主导了甘肃省图书馆南河滩新馆搬迁、新馆业务建设和规范管理、善本特藏库清点整理、馆藏古籍整理编目、珍稀文献缩微复制、自动化启动、书目文献数据库建设等工作。1986 年甘肃省图书馆南河滩新馆落成，这是甘肃图书馆史上一个划时代的大事，馆舍条件、阅览环境有了质的飞跃。为了保证新馆搬迁和对外开放工作的顺利进行，先生负责制定了搬迁工作计划和新馆开放工作计划，首先组织人力对馆藏图书、报刊和目录卡片进行全面清点，摸清了家底，剔除了破旧和复本书刊，优化完善了藏书结构；其次，合理布局新馆书库、阅览室和办公区域，修订完善了各项规章制度和借阅程序，建立了较为超前的现代图书馆服务体系。特别值得一提的是，先生负责制定了统领全馆各项业务工作的书刊采购验收统计表、业务辅导统计表、编制书目索引文摘统计表、图书宣传统计表、业务动态年度统计表等 26 种业务统计和分析表格，其中业务动态年度统计表下设五个分表，分别统计和分析图书补充、图书典藏、读者工作、参考咨询、学术交流等工作在各个时段的变更、发展情况。这些表格囊括了图书馆业务工作的各个方面，是先生图书馆事业建设和业务管理思想的集中体现，极具科学性和前瞻性。时至今日，同仁们言及于此时仍赞叹不已！

邵国秀先生是一位善于思考、勇于创新的学者型领导，在主持图书馆业务工作和日常事务的同时，先生还不断通过理论研究来指导业务工作，或从具体工作中提炼学术思想。他先后撰写了《略论省级公共图书馆的科学交流功能》《论图书馆在文化发展战略中的地位和作用》《情报意识与读者服务工作》《微生物对图书馆藏书的损害及防治》《书库害虫及防治》《西北五省（区）第六次图书馆科学讨论会总结》等论文，其中《论图书馆在文化发展战略中的地位和作用》获 1989 年中国图书馆学会优秀论文奖；《论信息产业及我国信息产业的发展战略》获西北五省（区）情报科学讨论会优秀论文奖；《情报意识与读者服务工作》获 1995 年甘肃省社会科学成果三等奖。

3. 甘肃省文献资源调查

1989 年，文化部、国家科委、国家教委等联合下达全国文献资源调查任务。甘肃省公共、高校、科研三大系统主要图书情报单位联合组成了"甘肃省文献资源调查课题组"，并获甘肃省科委批准立项。邵国秀先生担任课题主持人，负责制定了《全省文献资源调查方案》。1990 年开始，对甘肃全省不同系统、不同地区的 57 个主要文献收藏单位收藏的不同类型、不同文种的文献数量及增长情况进行了调查，历时一年，共完成了 42 项成果。邵国秀先生执笔撰写了《甘肃省文献资源现状的分析研究》《甘肃省文献资源布局、开发和利用方案》，主持合编了《甘肃文献资源利用指南》，建立了"甘肃省文献资源事实数据库"等。这是甘肃省有史以来开展的规模最大的一次文献资源调查，从整体上弄清了甘肃文献资源按系统、按学科门类分布的状况，并对全省文献资源的整体能力作出了现实的评价，确定了各主要文献收藏单位的研究级学科文献类型。同时也发现了甘肃省文献资源建设中存在的诸多问题，提出了解决问题的合理化建议。其中，《甘肃文献资源利用指南》详尽地介绍了甘肃省文献资源的状况与分布，主要的文献情报机构及其文献的报道、检索和服务体系，文献利用的技术和方法等，成为广大科技人员、教师、学生利用全省文献资源的必备工具书。《甘肃省文献资源现状的分析研究》《甘肃省文献资源布局、开发和利用方案》被收入中国人民大学出版社出版的《全国文献资源调查与布局研究成果汇编》，1992 年该项目获得国家科委优秀科技情报成果三等奖。

三、地方文献研究整理

邵国秀先生在甘肃工作、生活五十余载，有感于甘肃的历史悠久、人文灿烂，但文献零落，史料散佚，许多研究领域少有人问津。自 20 世纪 80 年代后期，他开始对甘肃藏书史、地方志书、地方人士著述、敦煌学、佛教典籍等进行整理研究，每一内容都有系列文章发表。他旁征博引古今中外知识，"辨章学术，考镜源流"，自成一家之言。在许多领域，他的研究成果无论在广度还是深度，都是开拓性和划时代的，成为我们今天从事地方史志研究的基石和依据。

1. 甘肃藏敦煌文献整理出版

甘肃是敦煌文献的出土地，境内多家单位珍藏有敦煌文献。20 世纪八九十年代，世界各地收藏的敦煌文献纷纷影印出版，惟甘肃所藏敦煌文献的完整确切情况尚不为人所知。1997 年，有关部门对甘肃全省敦煌文献的收藏情况进行了全面普查，并成立了《甘肃藏敦煌文献》编委会和编辑组。邵国秀先生作为主要成员，参与甘肃藏敦煌文献的整理、鉴定、拍摄、撰写叙录、统稿和校对的全过程。2000 年，《甘肃藏敦煌文献》（全六卷）正式出版，次年，该书获中宣部颁发的"五个一工程奖"，以及第五届中国国家图书奖提名奖。在此期间，先生撰写了三篇相关文章，即《甘肃省图书馆藏敦煌写经题录》《甘肃省藏敦煌文献知多少》和《关于敦煌文献中几种装帧形式的研究》。南宋张邦基在《墨庄漫录》中说，书籍装帧形式除蝴蝶装外尚有缝缋装，但具体如何"缝缋"已无实物留传，后人始终茫然。在鉴定敦煌文献的过程中，邵国秀先生发现敦研 096《金刚般若波罗蜜经注》、甘博 016《劝善经》等四件敦煌文献与张邦基所说的缝缋装相符，通过敦煌文献提供的实物，先生深入研究了 4 至 10 世纪中国古代文献的装帧形式，纠正了以往书史著作和敦煌学研究中的一些错误说法，把缝缋方法详细写进了《关于敦煌文献中几种装帧形式的研究》中，确认了一种被历史湮灭了八九百年的独立装帧形式——绳（或线）装册叶，极大地丰富了中国古代书史的研究成果。

2.《永乐南藏》鉴定整理

搬迁新馆后，甘肃省图书馆即着手对善本书库的珍本图书和名人字画进行清点整理。1987 年，邵国秀先生对本馆收藏多年而为人所不识的《大藏经》进行了逐册逐页翻检，并参阅大量文献进行甄别、鉴定，最终确定该书为明永乐年间刊刻于南京的《永乐南藏》。先生先后撰写了《甘肃省图书馆藏本〈永乐南藏〉考略》和《世事沧桑话〈南藏〉》两篇论文，前者详尽叙述了该书刊刻于永乐年间、印刷于万历二十八年（1600 年）的史料依据，后者考述了该书四百年间的沧桑流传史。此次鉴定对佛教文献学、大藏经编纂研究以及版本学、印刷史研究都具有非常重要的价值，受到媒体的广泛关注，中央电视台新闻联播、甘肃电视台、《光明日报》《中国文化报》《甘肃日报》等媒体均予以宣传报道。

1994 年，甘肃省图书馆在整理未分编古籍时，发现了 60 册原藏于兰州五泉山崇庆寺的大型木刻佛教典籍丛书——《永乐南藏》残本，邵国秀先生撰写了《关于五泉山崇庆寺的〈永乐南藏〉——兼谈我省善本书保护问题》一文，考订了该藏经的印制、存藏和流失情况，先生写道："观其纸色，闻其墨香，考其历史，叹其命运，真是感慨良多！"于是先生提出：在省文化主管部门的领导下，对全省的古籍善本进行普查鉴定、统一登记、拨付专款保护、制定统一保管办法和阅览规定等五项具体意见。这些意见和建议完美契合了 2007 年国务院办公厅颁发的"中华古籍保护计划"中的一些条款。

3. 甘肃藏书史研究

甘肃是华夏文明脉流的重要组成部分，在这里，产生了秦汉简牍、丝路文明、敦煌遗书、西夏遗迹、宗教学说、黄河经典等丰富多彩的古代文化遗存，可以找到中华文化的诸多源头，因而甘肃也就成为中华民族最早使用文字、生产著作和存藏图书的地区之一。邵国秀先生广泛收集整理甘肃的地方史志资料，撰写了《辛亥革命以前甘肃的藏书事业》《民国时期甘肃的藏书事业》和《陇右著名藏书家——邢澍》等多篇著述，详尽考述了甘肃辛亥革命以前的私人藏书、寺院藏书、儒学与书院藏书，以及民国时期甘肃的公共图书馆、学校图书馆、科学教育馆的产生和发展脉络及藏书状况。先生对甘肃各个历史时期藏书事业发展的基本线索与主要特征的考述，史料翔实，治学严谨，功力深厚。特别是文章中对甘肃藏书史上某些具体问题的考证，以及提出的某些重要的观点，是今天我们在从事甘肃图书馆史乃至文化史研究时，必须翻阅、足可借鉴的成果，而且从中获益良多。

4. 甘肃地方志研究整理

对甘肃境内古旧地方志的整理研究，是邵国秀先生为甘肃地方史志学及文献学作出的另一重大贡献。1987 年，海峡两岸二百余位学者共襄盛举，合作编纂《中国地方志总目提要》，邵国秀先生受邀担任甘肃部分的撰稿工作。经过近十载苦心孤诣，《中国地方志总目提要》于 1996 年由台北汉美图书有限公司出版。在对甘肃古旧地方志进行全面整理研究的过程中，先生发现了许多过往记载中的疏漏和讹误，于是撰写了近两万字的《甘肃省地方志考略》，对甘肃省地方志的发展脉络进行了全面梳理，考证出甘肃古旧地方志共 350 余种，较甘肃著名方志学家张维先生的《陇右方志录》和《陇右方志续录》多出近 60 种。与此同时，先生还编辑整理了《中国西北稀见方志》（全8 册）《中国西北稀见方志续集》（全 10 册），分别于 1994 年至 1996 年由全国图书馆文献缩微复制中心影印出版。1995 年《甘肃地方志考略》一文获甘肃省社会科学成果佳作奖。

5.《陇右地方人士著述提要》

邵国秀先生退休后仍笔耕不辍，耗时五载收集西汉至民国年间，甘肃籍 300 余位地方人士编著的 580 余部（篇）著述，考订篇名、卷数、著者、刊印版本等信息，并撰写内容提要，辑纂为《陇右地方人士著述提要》，共约 30 万字。该书将古代及近代甘肃地区文人学者的著作，全面而集中地呈现在世人面前，对开发和利用甘肃地方文献资源、研究甘肃学术思想脉流具有极其珍贵的参考价值。该书的整理出版，已纳入甘肃省图书馆"十四五"规划之中。

四、编译国外报刊文献

邵国秀先生学识广博，学术领域宽泛，他发表、出版的论著不止于图书馆学、情报学及与之相关的文献学、目录学等方面。先生有着极好的俄文功底，这也成就了他的国际视野，他一直致力于将国外的图书馆学情报学思想和理念引入国内。除在发表、出版的论著中大量引用国外图书馆学情报学的前沿思想和观点外，还翻译了《作为建设世界科学情报系统基础的自动化情报系统》《医学科学文献的语言障碍》《城市高等学校图书馆藏书补充的协调》《关于免疫学领域情报流的研究》《科学期刊利用情况分析》《选择对专家最有用的杂志的方法》《情报需求的研究》等多篇论述，刊载于期刊或在科学讨论会上交流，至今仍为许多学者所引用。

1973 年，邵国秀先生受甘肃省科技局委托，负责主编刊载英、俄、日、法等国家关于烃蛋白研究与生产技术译文的期刊《烃蛋白技术》，他先后翻译了《微生物对正烷烃和石油芳香烃的消耗》《石油蛋白》《肉用仔鸡日粮中的烃饲料酵母》《烃培养的饲料酵母中游离氨基酸的测定》等 18 篇俄文文献。1975 年该刊停刊后，他仍持续关注该领域的研究趋势，1980 年在重庆科技情报所出版的《应用微生物（科技参考）》上发表《苏联微生物合成蛋白质的研究概况》和《由泥煤水解生产蛋白质维生素制剂》两篇译文。

五、教书育人，桃李满园

改革开放初期，甘肃省图书馆事业亟须补充具有专业知识的工作人员，以提高工作水平和服务质量。邵国秀先生作为当时甘肃为数不多的有学科背景的图书馆专家，在 20 世纪 80、90 年代，甘肃省开展的各类图书馆学专业教育中，义不容辞地承担起了大量的教学工作。自 1980 年以来，先后有兰州大学举办的图书馆学专修科、夜大学图书馆学专修科、图书馆专业干部进修班，西北师范大学夜大学图书馆学专修科，西北民族学院夜大学图书馆学专修班和金城联合大学图书情报专修科，以及甘肃省广播电视大学图书馆学专科班、北京大学图书馆学情报学系函授班等等，邵国秀先生奔走在各类教学的第一线，主讲图书分类、主题标引、期刊工作等课程。1983 年兰州大学设立图书馆学系，1985 年甘肃省广播电视大学设置图书馆学专业，邵国秀先生均被聘任为兼职教授，并兼任"甘肃广播电视大学省图书馆工作站"站长。

先生勤于治学，并能与时俱进，他根据学科的发展变化，不断调整修改自己的授课讲义和教学大纲，编写了逾百万字的《图书分类》《主题标引方法》《期刊工作》等各课讲义。1996 年，为了满足在兰州大学任教期间的教学需要，与安邦建先生合作出版教材《科技文献管理》，该书荣获甘肃省第五次社会科学优秀成果评奖三等奖。先生讲课思路开阔、条理清晰、内容丰富、论点新颖，既引人深思，又给人解惑。尤其对求教者不分生人熟客，无论多忙总是热情接待、耐心指导，深受学生的尊敬和爱戴。十几年如一日的风雨躬耕，邵国秀先生培养了大批图书馆学情报学的专门人才，桃李满园，硕果累累，曾经聆听过先生教诲的众多学子在各自的岗位上担当重任，建功立业，成为甘肃乃至全国图书情报行业的中坚力量。

六、书画赏析与文献整理

邵国秀先生是位通才，诗词、书法、绘画无不探究。20 世纪 90 年代末，先生先后在《兰州晚报》上发表了《乾隆御笔画观音》《乾隆〈御制诗〉书作鉴赏》《清代帝王书法荟萃》《何绍基墨迹赏析》等多篇书法、绘画赏析文章。2000 年，应主编潘超先生之邀，参与被誉为中国竹枝词集大成之作的《中华竹枝词全编》的编纂工作，收集整理甘肃地区所有竹枝词汇编成集，并担任分卷主编。

在编选《陇上学人文存·邵国秀卷》时，我们走访了先生的家。当邵先生家人打开书柜时，我们看到了满满三柜子先生的手稿和读书笔记，触景生情，感慨良多！特别是有个柜子里分门别类放着一沓又一沓手稿，仔细翻阅是先生生前辑录的历代宫词，起自隋朝至于清末，有 7800 余首，40 万字左右，先生为每首宫词都作了注释，考证其诗法、体例及相关宫词总集的版本源流，特别是对各个历史时期宫廷生活和风俗掌故的研究，精详而细致，且文词涓洁，剪裁有度，极具史料价值和文献价值。望着沉寂在角落里的遗稿，不胜惋惜，在征得先生家人同意后，我们把遗稿带回了单位，希望能得到进一步的编辑整理……

北宋著名思想家张载有云："克己工夫未肯加，吝骄封闭锁如蜗。试于中夜深思省，剖破藩篱即大家。"邵国秀先生在几十年如一日的耕耘、求索中，不断冲破传统的束缚，站在社会发展的高度和人文视角去探讨图书馆学、情报学、文献学及其许多领域中的新课题，在理论与实践、学术与工作的交融中，完成了一部部、一篇篇充满创新思想的论述和一桩桩、一件件影响深远的工作成就，用自己的行动完美地诠释了图书馆学家笃行"知行结合"的真谛。

《陇上学人文存·邵国秀卷》（第十辑）
作者：肖学智 岳庆艳

（此文及书稿得到甘肃省图书馆副馆长陈军、业务处副处长张超、研究辅导部副主任王文涛、信息咨询部黄建辉和韩德彦等同仁的专业指导，特此致谢！）

白玉岱

白玉岱，1943 年生于甘肃省永登县，1968 年毕业于甘肃师范大学地理系。1971 年进入甘肃人民出版社工作，历任文教编辑室编辑、总编室副主任、甘肃教育出版社副总编辑、青年读物编辑室主任、甘肃教育出版社总编辑等职务。2004 年退休后，担任甘肃省出版工作者协会副主席。曾经荣获甘肃省新闻出版局系统优秀共产党员、省直机关优秀共产党员、甘肃省十佳优秀出版工作者、甘肃出版突出贡献奖、甘肃省优秀专家等荣誉称号。1997 年被批准为享受国务院特殊津贴专家。

一、理念先进的出版人

白玉岱先生在三十多年的出版工作生涯中，热爱图书出版事业，坚持党的出版方针政策，遵守出版纪律，善于学习，勤于思考；长期耕耘出版第一线，在实践中锻造提高自己的业务能力和学术水平，逐步形成了个人独到的编辑出版理念。他倡导专业出版、特色出版和品牌优势，提倡出版社要根据各自的专业分工，选拔符合自己专业的出版人才，培养合理的编辑队伍，提倡编辑学者化。要求编辑要具备足够的专业知识，要有科学常识和法律常识，在选题策划上要有自己独到的见识。要有高度的作品鉴赏能力。图书编辑要把选题作为工作的重点，要站在本学科的前沿阵地，高瞻远瞩，做好选题策划，选好作者，把最新的知识和优秀的文化以不同的形式和优美的文字传播给读者。出版社要以特色出版和品牌优势开创自己的出版事业并在激烈的竞争中找准自己的位置，发展自己的事业。在其思想指导下，甘肃教育出版社形成了理念先进、板块清晰、特色突出的出版风格，取得了良好的社会效益和经济效益，同时也培养了一支优秀的出版队伍。

二、专业出版的践行者

白玉岱先生曾经在甘肃人民出版社（现读者出版集团）的多个岗位任职，长年在编辑一线从事出版编辑经营工作。多岗位的历练为他积累了丰富的出版经验，形成了他独到的出版经营理念和管理思想。在他主持甘肃教育出版社工作期间确立了"立足本省、面向全国、服务教育、积累知识、传播文化、突出特色、打造品牌"的出版宗旨，体现了他对出版专业化的深入思考。这一宗旨被甘肃教育出版社沿用至今并发扬光大。

甘肃教育出版社的最初专业分工主要是出版大中小学教材、教学辅导用书和地方文化类图书。白玉岱先生主持甘肃教育出版社工作之后，在教育出版这一专业方向上深入思考，主动策划，积极经营，为本省的大中小学师生出版了一批教育理论、教材教辅、科普知识和思想品德修养方面的图书，践行了"服务教育"这一宗旨，为甘肃的教育事业作出了突出贡献，也为甘肃的出版行业引领了专业发展的方向，受到了教育界和出版界的好评。

深刻认识教育出版服务教育事业这一根本任务，密切配合省内教育行政部门的教育规划，策划地方教材和教学辅导用书。他主持出版的由甘肃省中小学教材编审室编写的地方教材《高中劳动技术》系列，教学辅导用书《中小学生同步作文》系列、《配套练习与检测》系列，甘肃省教育科学研究所编写的《甘肃省中考指导纲要》系列等图书，充分体现了他的这一出版思想。这些由省内教育科研机构编写的教材教辅图书，既很好地满足了省内教学发展的需要，也以可观的发行量为甘肃教育出版社赢得了良好的社会效益和经济效益，使得甘肃教育出版社成为甘肃教育事业发展中的自觉参与者和教育出版这一专业领域内的引领者。

恪守教育出版的专业方向，在教育理论类图书方面深耕细作。在他主持工作期间，甘肃教育出版社相继出版"教学论研究丛书"、"少数民族教育研究丛书"、《教育学原理》《中国藏族寺院教育》《西藏教育五十年》等高质量的教育理论图书，得到国内教育学术界良好的学术评价，为甘肃出版获得了持续而良好的社会效益。其中，胡德海先生编写的《教育学原理》一书，以作者影响广泛的高尚师德和科学严谨的学术质量，成为国内多所高校的专业课教材，并于1999年获得"国家图书奖"。由此，教育理论类图书也成为甘肃教育出版社服务教育科研、体现专业方向的一个重要板块。

满怀为中小学生出版精品图书的情怀，精心策划出版中小学生课外成长读物。他先后策划出版了"中学生修养丛书"、《历史歌》《地理歌》《典故选读》等一大批既有丰富的文化知识含量，又易于诵读理解，符合中小学生阅读认知特点的通俗读物。这种传承和弘扬中华优秀传统文化的自觉意识，体现了他作为一名优秀出版者的责任感和使命感。

白玉岱先生对"专业出版"这一理念的深入思考和践行，奠定了甘肃教育出版社的主要专业方向。他在精心策划选题和出版经营管理方面的身体力行，又深刻地影响到了继任者和整个出版团队。在他退休之后，经过十多年的坚持和发展，甘肃教育出版社成为读者出版集团所属的专业出版社中特色最为鲜明、发展最为良性的出版社之一，为该社在全国教育出版这一专业领域内赢得了一份自尊的存在。

三、特色出版的引领者

迄今为止，出版行业如何寻求特色化发展，避免同质化竞争一直是个业内难题。其难就难在对"特色化发展"的认知和实践上。无数生动的案例证明，行业内各个出版单位的起落兴衰，无一不是对特色出版是否有精准认知和坚持践行的结果。也有无数的实践证明，出版单位唯有走特色化发展的路子，才能在竞争激烈的出版市场中拥有独特的资源，定位精准的产品，塑造个性的形象，赢得独立的空间。白玉岱先生的特色出版理念，主要体现在敦煌学研究、地方文化和民族文化等方面。经过多年的努力，甘肃教育出版社打造了一批精品，赢得了声誉，取得了良好的社会效益和经济效益，引领了甘肃出版特色发展的方向。

2002 年，白玉岱先生主持策划的"敦煌学研究丛书"（12 册）的出版，是他"特色出版"思想的代表之作。这套书的策划始自 1998 年，是为纪念敦煌藏经洞发现 100 周年（2000 年）这一重大事件和时间节点而策划的。这一套书约请了当时敦煌学界的一批中坚学者，对敦煌藏经洞发现百年来敦煌学研究的各个领域进行了系统性的归纳总结，分别是：黄征（南京师范大学）的《敦煌语言文字学研究》，郑阿才、朱凤玉（台湾南华大学）的《敦煌蒙书研究》，荣新江（北京大学）的《敦煌学新论》，邓文宽（中国文物研究所）的《敦煌吐鲁番天文历法研究》，史苇湘（敦煌研究院）的《敦煌历史与莫高窟艺术研究》，陈国灿（武汉大学）的《敦煌学史事新证》，陆庆夫、王冀青（兰州大学）的《中外敦煌学家评传》，孙修身（敦煌研究院）的《敦煌与中西交通研究》，张鸿勋（天水师范学院）的《敦煌俗文学研究》，郑汝中（敦煌研究院）的《敦煌壁画乐舞研究》，刘进宝（浙江大学）的《敦煌学通论》，贾应逸、祁小山（新疆维吾尔自治区博物馆、新疆大学）的《印度到中国新疆的佛教艺术》。这套书出版后受到敦煌学术界的高度肯定，获得了"第十四届中国图书奖"。

"敦煌学研究丛书"是甘肃出版第一次以重大事件的时间节点而主动策划的敦煌学术类图书。自敦煌藏经洞发现以来，经过中外敦煌学者的不懈努力，敦煌学成为一门国际显学而受人瞩目。国外汉学家的研究成果不断问世，而文献流散所带来的"国殇"情结，使得国内的学者也奋起直追。敦煌学的这一显学地位，使得敦煌文化成为中国现代学术很有代表性的一种文化符号。虽说学术研究无国界亦无省界，但敦煌在甘肃这是无法撼动的事实，对于敦煌文化的整理、挖掘和出版，是甘肃出版人责无旁贷的使命。但在当时，甘肃对敦煌文献的整理出版已经落于人后。流失海外如英藏、法藏、俄藏敦煌文献的整理、刊布和出版，大多都由外省的出版社完成。虽然这其中有诸多原因，但任何原因都无法弥补甘肃出版的缺憾。当文献的整理出版告一段落，学术研究成果的出版就成为敦煌学图书出版的另一热点。图书出版如何将学术热点和重大时间节点相结合，以取得最大的效益，这无疑最能体现一个出版工作者的能力和水平。虽然此前甘肃的出版社也出版了许多敦煌学图书，但总体上比较零散，不成规模，在学界的影响有限。而白玉岱先生主持出版的"敦煌学研究丛书"，是甘肃出版界第一次以重大事件的时间节点主动策划的成套系、成规模的敦煌学术类图书。这一套书出版后在学术界引起了极高的评价，既充分地体现了图书出版服务于国家文化建设这一最高社会效益，又最大化地实现了经济效益。

"敦煌学研究丛书"的出版，为甘肃教育出版社开拓了特色出版的道路，不仅锻炼了一支专业学术出版的队伍，积累了出版经验，更为重要的是，这套书还为甘肃教育出版社在敦煌学图书出版方面积累了丰富的作者资源。在此之后，该社相继推出的"国际敦煌学"（2册），"走近敦煌丛书"（12册），"敦煌讲座丛书"（21册），均是在这一套书的作者队伍基础上扩展而成的，这些图书使得甘肃教育出版社成为全国连续五届"中华优秀出版物奖"的获奖单位，也为该社在敦煌学术界赢得了良好的口碑。甚至可以说，读者出版集团后来在图书出版方面所形成的"敦煌特色"，都与这一套书的成功有莫大的关系。

在高度重视敦煌学图书出版的同时，白玉岱先生还非常重视挖掘地方文化、中国西部文化和民族文化等方面的出版资源，并将它们作为特色出版的有机组成部分。他主持出版的以"陇文化丛书"、《居延汉简通论》《河西开发史研究》《甘肃的窟塔寺庙》为代表的地方文化图书和以《西藏文化发展史》《中国藏族文化发展史》《中国藏族寺院教育》《西藏教育五十年》为代表的民族文化图书，特色突出，风格鲜明，彰显了甘肃出版的本土性和西部文化特征。

自1998年起，甘肃教育出版社出版的《教育学原理》《陇文化丛书》《藏族文化发展史》《三礼研究论著提要》《敦煌学研究丛书》等图书连续五年分别获得国家优秀图书三大奖。"国际敦煌学丛书"、"走近敦煌丛书"、《北魏政治史》《甘肃石窟志》"敦煌讲座丛书"等图书于2006年起又连续获得五届中华优秀出版物奖，使甘肃教育出版社成为甘肃省专业出版社中获得国家级奖项最多的出版社。这些优异的成果，与白玉岱先生所坚持和开创的特色出版这一思想和理念是分不开的。

四、从不脱产的编辑家

三十多年来，即使是在走上总编辑这一重要管理岗位后，白玉岱先生也仍然坚持担任图书的责任编辑，笔耕不辍，愿为他人作嫁衣裳。他风趣地把自己的总编辑职务比作工厂车间不脱产的班组长，以带领大家一起做好编辑工作为荣。他担任责编或共同责编的图书有上百种，其中不乏精品："陇文化丛书"和"敦煌学研究丛书"分别于2000年和2004年获中国图书奖；《斯坦因与日本敦煌学》2006年获首届中华优秀出版物奖，《中国的冰川》《著名中外敦煌学家评传》《河西开发史研究》分别获全国第二、四届优秀教育图书二、三等奖；《敦煌本佛说十王经校录研究》《居延汉简通论》分别获西部九省区第一、第二届优秀教育图书奖；《农村综合教育改革研究》《敦煌莫高窟史研究》分别获北方十五省市优秀图书奖；《地质学概论》《中国的冰川》《中国的冻土》《中学生修养丛书》《居延汉简通论》《河西开发史研究》《中华文化与民族精神》《敦煌历史与莫高窟艺术研究》《斯坦因与日本敦煌学》等分别获甘肃省第一、二、三、四、五、六、七届优秀图书一、二、三等奖。一直到他退休，他都坚持担任图书的责任编辑或者审读工作，自始至终都保持了对于出版工作的热爱。

五、编辑学者化的示范者

白玉岱先生不仅是一位优秀的出版人，而且还是一位成绩卓著的出版理论和图书出版史研究者，同时也是编辑学者化的示范者和带头人。数十年来他锲而不舍，执着于图书出版史料的收集整理，他的研究成果集中在敦煌遗书与中国中古时代的图书出版、唐代国家图书出版、书院与中国的图书出版、甘肃图书出版史等方面，提出了一系列新观点、新见解和新理论，使人耳目一新。

以敦煌遗书为主要内容而产生的敦煌学，是一门多学科的综合学问，其中包括政治、经济、语言、文字、文学、艺术、历史、地理、天文、历算、医药、卫生、宗教等。近百年来，中外敦煌学家在各自领域都进行了深入研究，成果累累。白玉岱先生从图书出版的角度，以图书史学家的眼光，把敦煌遗书作为中古时代的图书版本进行深入细致的研究。检读《新唐书》《唐六典》《唐会要》等史书的相关记载，文献典籍结合，以具体资料来印证历史记载，以小见大，把微观的考订与宏观的记载结合起来，层层综合分析，提出新观点，探求新理论。对中国中古时代，尤其是唐代图书出版史的研究取得了极为重要的成果。

通过对敦煌遗书的研究，白玉岱先生第一次提出敦煌遗书是我国中古时代的"图书版本库"的新观点，并提出"版本学"应是敦煌学的一个重要组成部分这一新观点，为敦煌学研究提出了新的研究课题，也为敦煌学增加了一个新的研究方向。在《敦煌遗书的版本价值》《敦煌遗书与我国中古时代的成书业》《敦煌遗书与蝴蝶装》《唐代国家出版事业考》中，白玉岱先生对敦煌遗书中一些典型图书的成书年代、纸张、墨色、书法、题记、行款、装帧等进行了深入细致的研究，并吸纳有关敦煌学者的研究成果，将文献资料与典籍相结合，大胆提出了以下几点个人的学术见解：

一是自汉晋以来，国家对图书生产的管理逐步完善、规范、统一。尤其到了唐代，国家对图书生产施行了统一管理、分散出书的政策。建立健全出书机构，规范出书程序，严格校审制度。唐贞观之治，奉太宗之命，由孔颖达编定用于科举取士而颁发的《五经正义》一百八十卷儒家经典标准文本和注释本的浩大图书工程，使我国的图书生产进一步规范化、程序化。由此白玉岱先生提出，自此中国图书的生产便产生了一校、二校、三校及初审、复审和决审的成书程序，并指出唐代自贞观始，国家图书由宰相尾签，就是说国家图书由宰相决审。这一观点有理有据，在中国图书出版史研究中第一次明确提出我国沿用至今的校审制度源起的具体年代，彰显中华文化的文明历史。

二是书籍制度的发展变化。唐代的书籍制度是卷轴装，插架森森，琉璃轴、紫檀轴、玛瑙轴、绿牙轴，应有尽有。敦煌遗书并非完全是唐代卷轴图书，不乏经折装和册页装图书。但白玉岱先生从杂乱的敦煌文献中发现多种册页装图书，观其装帧形式，对照典籍记载，定为蝴蝶装，并明确提出，盛行宋代的蝴蝶装在唐代已在民间使用；其装法单口向外，版心向内，与史书记载相一致。但"不只用糊粘书脊，也有用线缝成"，这与史书记载"蝴蝶装者，不用线定，但以糊粘书背"的结论不完全相同。他的研究结论不仅把我国蝴蝶装起用年代提前了数百年，而且还丰富了装订方法。他的个人见解，可改变图书史观。

三是有关雕版印刷的研究。雕版印刷在图书生产中被广泛应用的时间，在出版史学界确认为宋代。而在敦煌遗书中却保存有大量的佛经、佛像古印本数十件，最早的有咸通九年（868年）的《金刚般若波罗蜜经》，僖宗乾符四年（877年）的《丁酉年历书》，僖宗中和二年（882年）的剑南四川的《樊赏家历》和晚唐写经印像的《佛名经》。还有一些五代时的雕印佛经、佛像，如天福至开运年间（936—947年）雕印的

《大圣毗沙门天天王像》《观世音菩萨像》《千佛像》，还有西夏统治时期（1038—1227年）雕印的《妙法莲华经·观世音菩萨普门品》等。白玉岱先生对其进行了深入细致的研究，得出了如下的结论：中国的雕版印刷至迟发明于公元7世纪末或8世纪初；雕版印刷是我国劳动人民的智慧结晶，始于民间家刻，经不断完善后才被官方采用，广泛应用于国家的图书生产；佛教是中国雕版印刷的最早使用者和推广者。雕版印刷最初是由佛教信徒雕印佛像开始，后加文字，才图文并茂的，而宋初连环式图解本标志着中国雕版印刷工艺进入了新的历史阶段；四川是我国最早使用雕版印刷的地区之一，为中国古代雕版印刷之中心。

白玉岱先生的研究成果因资料翔实、观点新颖、论理清晰而受到学界的广泛关注和重视。《敦煌遗书与蝴蝶装》1998年在国家新闻出版署主办的《中国出版》发表后，被许多图书出版史研究者引用；《敦煌遗书与我国中古时代的图书出版》一文获全国第二届出版科研优秀论文奖，并收入获奖论文集，由中国书籍出版社出版，后又收入《印刷出版史料》。

敦煌遗书为上起东晋、下至宋初的写本和古印本，多为原始的译经和早期的各类图书的原抄本、注释本，有的为隋唐国家图书的标准版本，多为绝世孤本。它避免了千余年经数代抄写、印刷等人为因素而造成的今本讹误、脱漏、增衍，具有十分珍贵的校勘价值。在《敦煌遗书的版本价值》一文中，白玉岱先生广泛采纳数十年来中外敦煌学家在各个领域的研究成果，全面系统地论述了敦煌遗书在宗教经典、儒家经典、语言文字、文学艺术、历史地理、医学等领域的校勘价值，以具体而明确的资料对照，列举了敦煌遗书纠正史籍之讹误，补其脱落，剃除增衍的事实，有些可补充历史之空白。今本与敦煌古本对照，使千余年来的研究难题迎刃而解、焕然冰释，遗书中的数句之言，可改后世之史观。

白玉岱先生的图书史研究是从甘肃图书出版史开始的，他参加了《甘肃省志新闻出版志·出版》的编写工作，继而又撰写了20余万字的专著《甘肃出版史略》。在其著作中，他将秦汉简牍、敦煌遗书纳入甘肃图书出版史研究范畴，把甘肃图书出版的历史向前推进千余年。他还花费了一年多时间，详细查阅了甘肃省图书馆和天水、张掖、武威、定西等地的图书馆所藏明清时期甘肃印刷的图书，详细记录了其作者、出版时间、开本、字数、装帧等，对一些重要图书如地方史志等，还做了简要的评介，为后来学者研究甘肃图书提供了便利条件。白玉岱先生对中华人民共和国成立后甘肃60年的图书出版做了高度概括和详细记载。他将甘肃60年的图书出版分为五个阶段，即开创阶段、波动发展阶段、畸形的"文革"阶段、高速发展阶段和转型改制阶段，并记述了每个时期的出版方针、管理模式、机构变化及出书概况，对各阶段的重点图书做了简要介绍。《甘肃出版史略》填补了甘肃图书出版研究的历史空白，利在当代，功在千秋。

《历史上甘肃藏文图书的出版与发行》为白玉岱先生的特色之作。他费尽心血，查阅汉文资料，并请懂藏文的同事、同行陪同了解甘南拉卜楞寺、禅定寺、郎木寺、阿木去乎寺、佐盖新寺和天祝天堂寺、石门寺等寺院的藏经及印经院的印经历史及现状，详细记载藏文图书的经典之作、书籍形式和装帧特点等，并将甘肃藏文图书的出版发行分为吐蕃统治时期的沙州地区、元明清时期的甘南和天祝地区分别进行论述，对各个时代不同地域寺院的主要著作和图书做了论述评介，并对重要学者和主要著作做了介绍，同时又详细记述了藏文图书的书籍形式和装帧艺术的发展变化。他还详细记述了藏族寺院印经院刻印图书的生产机构、刻印分工，以展现藏族文化的博大精深。这也是一篇有关藏族图书出版史的开先河之作。

白玉岱先生的中国图书出版史研究论著还有《唐代国家出书事业考》《书院与我国的图书出版事业》《左宗棠与西北的图书出版事业》等。《唐代国家出书事业考》对唐代国家的出书管理、出书机构设置、成书队伍的责任分工、工作程序和书籍制度做了细致探究。《书院与我国的图书出版事业》对中国历代著名书院的刻书印书详加论述，时间自唐代开始直到清代，是非常详细的出版史料。《左宗棠与西北的图书出版事业》通过对左宗棠督办西北军务期间，劝学兴教、刊印图书相关史料的整理挖掘，为西北图书出版史增添了珍贵的一笔史料，该文获得甘肃省第四届社科优秀成果奖三等奖。

六、善于带队伍的领头人

出版作为一个智力密集型行业，人才是最为核心的生产力和竞争力，是一个出版单位决定性的生产要素。有什么样的人才队伍，就有什么样的出版单位。白玉岱先生一直十分注重人才培养，坚持以人为本的管理理念，主张先做人再做书，不仅身体力行出版好书，而且以身作则，言传身教，培养了一批优秀的出版人才。在他任职期间，他针对甘肃教育出版社的专业特点，设置学科齐全的编辑岗位，配备专业对口的编辑人员，使得该社成为学科专业齐全、队伍年龄梯次合理、专业方向明确、出版特色鲜明的出版社。他带队伍的经验方法可以总结为这么几点：

一是有意识地通过出版项目来锻炼和培养队伍。这是白玉岱先生在工作期间成效最为突出的人才培养方法。优秀的出版人才不是自然生长的，即使是基础素养非常好的人，在进入这个行业的最初，也仍然需要有人来带领和培养。白玉岱先生非常重视对年轻编辑的培养，让年轻人参与各种出版项目，并予以充分的指导和协助，鼓励他们尽快成长。在参与项目的过程中，年轻人不仅学到了出版规范和知识，还从他的身上学到了出版经验和出版理念。这种润物无声的培养方式，对于年轻编辑的成长具有很好的潜移默化的作用。他所带领和培养的一批业务骨干，后来都走上了读者出版集团各个部门各个层级的重要岗位，为甘肃出版事业发挥着重要作用。

二是以高尚的情操感染人。白玉岱先生还善于以自身的品行和节操，为年轻人的成长起到了示范作用。他为人随和、待人诚恳，喜欢与年轻人交朋友。很多年轻的出版工作者就是在和他的交往中，自觉不自觉地受到他高尚的品行和情操的感染，从而形成了正确的人生观和职业观。他很少讲应该怎么做一个优秀的出版人这样的大题目，却总是以自己的身体力行，无声地把答案告诉年轻编辑。

三是从生活上关心人。对于年轻人来说，白玉岱先生是工作中的领导，也是生活中的良师益友。除了在工作上给予年轻人以无私的指导帮助之外，他还总在生活上给年轻人以照顾和关爱。许多与他一起共事过的年轻人，都曾得到过他在生活上的悉心关照。这种关心与关爱，既有上级对下级的温暖，也有同事朋友间的温润，能够使初入职场的年轻人迅速在集体中找到归属感。

我从 1995 年大学毕业进入甘肃教育出版社工作开始，跟随白玉岱先生工作六年。我本人就是在他的指导和帮助下，一步步地在编辑出版岗位上探索求知，并不断成长的。他对待年轻人，既有一位领导应有的认真负责和严格要求，也有长辈式的慈爱和关怀。

我至今还能想起他当年带领我们共同参与"陇文化丛书"编辑工作的情景。这一套书是由西北师范大学著名教授胡大浚先生主编，分十个专题介绍甘肃历史文化的大众读物。十位作者都是当时省内研究地方文化成果显著的一流学者。我本人担任了这套书其中两本的责任编辑，正是通过参与这一套书的编辑工作，我跟随白玉岱先生学习到了策划大型图书的宝贵经验，总结起来最重要的两点就是，必须要考虑学术性与普及型的结合，学术价值与出版价值的统一。在我此后的工作生涯中，参与编辑这一套书所带给我的编辑经验和出版思维，使我能够在后来主持大型丛套书出版的时候，有前例可以借鉴，能够做到有章可循和有条不紊，可谓受益无穷。这套书出版之后，获得了学界的高度评价，也取得了良好的社会反响和销售量。并获得了 2000 年的"中国图书奖"。在我看来，直到今天，对甘肃历史文化总括式介绍的众多图书中，"陇文化丛书"仍然是策划力度最强、结构最合理、论述方式最统一和书名最优美的。我对白玉岱先生人才培养方式的总结，无一不是我的亲身体验。在我日后走上领导岗位之后，他对我的影响无处不在，我努力践行从他身上学习到的出版经营和管理的理念和方法，虽然也有力所不逮的时候，但也所幸没有画虎类犬。

白玉岱先生还十分热爱社会工作，积极参加各种社团工作，互通情报，交流信息，不断提高图书策划能力和学术研究水平。自 20 世纪 80 年代起，他历任中国编辑学会会员、中国地理学会出版工作委员会委员、中国出版工作者协会教育图书研究会常务理事、中国西部教育图书协会副会长。2004 年退休后任甘肃出版工作者协会副主席十年，为甘肃的出版事业奉献着余年的力量。

2001 年，白玉岱先生从甘肃教育出版社总编辑的岗位上退居二线。时任甘肃人民出版社总编辑的张正杰同志评价说："老白干工作，是以德服人。"出版是为后人立德树言的工作，"德"是这一工作的前提和基础。白玉岱先生正是以这样的德行，以他勤勉的工作态度，既为甘肃的出版事业奉献了最为美好的年华，也为我们这些后来者树立了学习的榜样。

《陇上学人文存·白玉岱卷》（第八辑）

作者：王光辉